KB111730

고조선문명의 복식사

박선희

박선희 朴仙姫

단국대학교 문과대학 사학과를 졸업하고 국립대만대학교 대학원에서 석사학위를
받았으며, 국립대만사범대학교 대학원에서 박사과정을 수학하다가 귀국하여 단국대학
교 대학원에서 박사학위를 받았다. 상명대학교 사학과 교수로 재직하면서 사회과학부
학부장, 교육개발센터 소장, 인문사회과학대학 학장을 역임했다.

주요 저서로《한국고대복식—그 원형과 정체》(2002)와《우리 금관의 역사를 밝힌다》
(2008),《고조선 복식 문화의 발견》(2011),《고구려 금관의 정치사》(2013) 등이 있다.

고조선문명의 복식사
A Costume History of Gojoseon(Ancient Korean) Civilization

초판 1쇄 인쇄 2018. 9. 18.
초판 1쇄 발행 2018. 9. 30.

지은이   박 선 희
펴낸이   김 경 희
펴낸곳   (주)지식산업사
           본사 ▪ 10881, 경기도 파주시 광인사길 53(문발동)
           전화 (031) 955-4226~7 팩스 (031) 955-4228
           서울사무소 ▪ 03044, 서울시 종로구 자하문로6길 18-7
           전화 (02) 734-1978 팩스 (02) 720-7900
           영문문패   www.jisik.co.kr
           전자우편   jsp@jisik.co.kr
           등록번호   1-363
           등록날짜   1969. 5. 8.

책값은 뒤표지에 있습니다.

이 책을 읽고 저자에게 문의하고자 하는 이는
지식산업사 전자우편으로 연락 바랍니다.

고조선문명의 복식사

박선희

지식산업사

이 저서는 2013년 대한민국 교육부와 한국학중앙연구원의 한국학특정분야 기획연구사업의 지원을 받아 수행된 연구임(AKS-2013-SRK-1230001)

머리말

이 책은 고조선문명이라는 거대한 흐름 안에서 복식이라는 도구를 사용하여 고조선문명의 원류와 발전 과정을 찾아 복원해 보고자 하였다. 고조선은 우리 한민족이 세운 첫 번째 국가이다. 따라서 우리 민족의 문화원형은 고조선에서 찾아야 한다는 것이 필자의 오랜 생각이다. 고조선문명이라는 용어에 대해 아직도 많은 논란이 있다. 고조선에 문명이라는 단어를 붙이는 것이 과연 맞느냐 하는 문제 때문이다. 흔히 황하문명, 이집트문명, 인더스문명과 같이 거대한 문명의 발상지에만 문명이라는 표현을 사용해야 한다고 생각한다. 하지만 만주와 한반도에 존재했던 고조선의 발전과정을 살펴본 결과 우리 문화의 원류라고 믿었던 중국 황하문명과는 확연한 차이를 보였으며, 그에 비해 문화의 발전단계나 규모가 훨씬 앞서고 방대한 고조선문명이 존재했음을 확인할 수 있었다. 또한 고조선은 동북아시아에서 가장 먼저 출현한 국가 단계의 사회로, 학계에서 구분하는 문명사회라는 정의에도 부합한다.

우리는 우리 문화의 많은 것들이 중국이나 서양 같은 외부로부터 들어온 것이며 우리 문화는 주변보다 항상 늦게 발달되었을 것으로 생각하는 경향이 있다. 오랜 세월 외세로부터 침략당하고 약탈당했던 역사가 이러한 선입관을 갖게 하였는지도 모른다. 하지만 이러한 생각은 사실과는 다른 것이다. 고조선 시대에 만주와 한반도는 동북아시아에서 가장 먼저 문명단계에 진입했으며 고유의 정체성을 가진 문명을 꽃피웠다.

그동안 고조선 관련 연구는 주로 영역, 중심지, 사회발전 단계 등의 논쟁에 치중되었고, 의식주와 같은 생활사 부분에 대한 연구는 매우 빈약하였다. 특히나 남겨진 복식자료가 희귀한 상황이어서 더욱 엄두를 내지 못했던 것이 사실이다. 일반적인 복식사 개설서에 상고시대나 고대의 복식은 문헌과 벽화 자료를 근거로 하는 몇 장의 아주 빈약한 서술에 그치고 있을 뿐이다.

하지만 한반도와 만주지역에서 발굴되는 고고학 자료들은 그 시대를 살았던 사람들이 어떤 옷을 입고, 어떤 치장을 했는지 생생하게 증언해 주고 있다. 이런 자료들을 외면하고 빈약한 복식자료들만을 토대로 우리 민족의 복식사를 설명하는 것은 적절하지 않다.

복식 연구는 복식유물로만 해야 한다는 입장을 자주 접하게 된다. 하지만 출토복식의 경우 그 연대를 올려 잡아야 지금부터 5백 년 정도이며, 따라서 15세기 이전의 복식유물을 만나기 어렵다. 그나마 삼국시대의 복식연구는 문헌이나 벽화, 초상화 같은 자료를 통해 연구할 수 있지만, 고조선이나 그 이전 선사시대로 거슬러 올라가면 남겨진 복식자료가 없기 때문에 연구가 어렵다는 것이다.

필자는 이 책에서 많은 고고학 자료를 중심으로 우리 민족의 고대 복식을 복원하는 작업을 시도하였다. 홍산문화에서 발견된 옥장식과 방직도구, 서포항 유적에서 출토된 뼈로 만든 북과 바늘, 소하연 유적지에서 출토된 인형식, 그 밖에 다양한 양식의 청동장식단추를 품은 많은 무덤 유적 등은 그 시대를 살았던 사람들이 어떠한 차림새를 하고 활동했으며, 어떠한 재료를 사용하여 옷을 만들고 어떤 장식품을 사용하였는지 알려 준다. 문헌자료 위에 이러한 고고학 자료들을 덧입히면 당시 사람들의 차림새를 구체적으로 복원할 수 있다.

출토복식의 발굴이 복식사의 연구 범위를 조선 중기까지 가능하게 했다면, 이제는 고고 복식자료들을 통해 복식사 연구를 선사시대까지 올려 잡아야 할 것이다. 그동안 수많은 고고 복식자료들이 축적되었지만, 역사학자나 고고학자들은 자신들의 전공이 아니라는 이유로 부수적으로 생각했고 복식학자들은 이들 고고학 자료들을 자신들의 영역이 아닌 것으로 생각해 외면해 왔다.

상고시대 복식연구를 출토 복식으로만 하는 것은 한계가 있으며 고고 발굴 유물들을 적극적으로 활용해야 한다. 다양하고 풍부한 고고 복식자료들을 개발하고 활용하면 우리의 고대사를 더욱 광범위하고 전체적으로 조망할 수 있다. 하지만 고고학 발굴 자료를 사용할 때 주의해야 할 점도 있다. 중국 동북지역의 발굴보고서들은 대부분 중국에서 간행되었기 때문에 중국학자들의 해석이나 견해를 넛붙인 경우가 많다. 중국학자들은 만주지역에서 발굴된 유물을 대부분 자신들의 문화로 해석하기 때문에 이럴 경우에는 반드시 비판적이고 객관적인 입장에서 검토, 분석하는 것이 필요하다.

이 책에서 필자는 우리 상고시대 복식과 관련된 고고유물들, 즉 고고 복식자료들을 적극 활용하여 우리 조상들이 선사시대부터 고조선시대를 거쳐 삼국시대까지 어떠한 복식을 착용하였는지 살펴보았다. 독자들의 이해 편의를 위해 모두 5부로 구성하였다.

제1부에서는 고조선문명의 시원으로서 '홍산문화'를 주목하였다. 홍산문화는 일반적으로 신석기시대로 알려져 있지만 초기에 이미 연동(煉銅)과 주동(鑄銅)의 발달된 기술을 가지고 있던 금석병용시대였다. 홍산문화에서 발견되는 청동기는 고조선지역이 동아시아에서 가장 먼저 청동기문화를 출현시키고 이웃 나라에도 영향을 주었음을 밝히는 근거가 되었다. 홍산문화에서 하가점 하층문화로 이어지는 한반도와 만주지역의 청동기문화는 중국의 청동기문화인 이리두문화보다 더 빨리 청동기시대에 진입하였는데 이러한 점을 고고학 유적과 문헌기록 모두에서 확인할 수 있었다. 또한 이들 자료를 통해 우리 민족이 홍산문화시기부터 한반도와 만주지역에 거주하면서 하나의 복식문화권과 제의(祭儀)문화권을 형성해 왔음을 확인할 수 있었다.

중국에서는 만주의 고대문화를 총칭하여 '요하문명'이라고 부르며 중국 문명의 창시자로 알려진 황제문화에 포함시키고 있다. 우리 학계에서도 요하문명이라는 용어를 무비판적으로 사용하고 있다. 하지만 요하문명이라는 표현에는 한반도와 연해주지역의 고대문화를 배제시키거나 변방지역의 문화로 격하시키려는 목적이 들어 있기 때문에 주의해야 한다. 황하문명과는 성격이 확연히 다른 한반도와 만주지역의 선사문화를 요하문명으로 통칭하는 것은 적절하지 않으며 '고조선문명'이라고 불러야 할 것이다.

제2부에서는 홍산문화를 계승한 소하연(小河沿)문화 유적에서 출토된 조개껍질로 만들어진 인형식의 의복양식을 고찰하여 고조선의 복식양식과 발전사를 추정해 보았다. 인형식의 둥근 달개장식은 홍산문화부터 일관되게 보이는 양식으로, 이후 고구려의 불꽃문양을 표현한 금관과 금동관 등에도 나타나는 것으로 보아 태양신을 섬기는 천신신앙의 전통이 계승된 것으로 생각된다. 옥장식 등과 같은 홍산문화에서 보이는 다양한 복식의 특징이 고조선의 복식문화로 이어져 우리만의 고유하고 독특한 복식문화로 발달해 갔음을 알 수 있었다.

또한 소하연문화의 인형에서 나타나는 복식장식과 장식기법 또한 한국 고대복식의 원형이 중국이나 북방 호복 계통에서 비롯되었다는 종래의 통설이 모순임을 확인시켜 주었다.

제3부에서는 복식문화와 정치체제를 분석하여 고조선문명의 지리영역을 고찰했다. 이 부분에서 중요한 것은 '기자조선'의 존재 문제였다. 현재 우리나라의 고대사는 '단군조선 — 준왕 — 위만조선 — 한사군'의 체계로 구성되어 있다. 기자(箕子)의 40여 세 후손인 준왕이 위만에게 정권을 빼앗기는 고조선의 마지막 왕이고, 고조선이 멸망하고 위만조선과 한사군이 그 지역을 대체했다고 서술되어 있는 것이다.

기자조선 문제는 오랫동안 한국고대사의 논쟁거리였다. 3세기 이전의 사서인 《논어》와 《죽서기년》에 기자에 관한 내용만 있을 뿐 조선에 갔다는 기록이 없으며, 고고학적으로 기자의 동래(東來) 사실이 뒷받침되지 않는다는 점 때문에 학계에서는 20세기 초 이래 기자동래설에 관한 견해가 부정되어 왔다. 기자조선설을 부정하는 입장에서 한씨조선설을 주장하기도 하였으며, 한국 민족의 기원을 종족의 이동이라는 입장에서 바라보면서 기자조선을 이해한 견해도 제기되었다. 즉 기자는 고고학적으로 그 근거를 찾아 볼 수 없다는 이유 때문에 오랫동안 한국고대사학계에서 부정되어 왔다. 하지만 기자는 문헌과 갑골문, 금문자료 등 다양한 자료를 통해 확인되기 때문에 그 존재마저 부인하기는 어렵다. 기자에 관한 자료를 구체적으로 검토해 본 결과 '조선후' 기자는 난하 하류 유역의 객좌현에 위치했던 조그마한 지역에 있었을 뿐, 고조선을 대체한 세력은 아니었다.

또한 고조선의 영역 변화의 주요한 기점으로 여겨지던 연나라 소왕(昭王) 때 진개의 고조선 침략도, 그의 침략으로 고조선의 영토 1천여 리를 빼앗긴 것은 맞지만 곧 회복되었고 고조선의 영토는 커다란 변화가 없었다는 것을 문헌기록과 고고학의 유물자료를 통해 확인할 수 있었다.

필자는 한사군의 영역과 위치 문제를 검토하기 위해 평양지역에서 출토되어 일반적으로 낙랑군의 유물로 알려진 자료들을 검토하였다. 실제로 낙랑 유적에서는 중국이나 북방지역에서 만들어진 유물도 있었지만, 한민족의 유물이 다량으로 출토됨으로써 평양지역은 한사군의 낙랑군이 아니라 최리왕의 낙랑국이었음을 알 수 있었다. 더 나아가 고구려의 평양성, 한사군의 낙랑군, 위만조선의 왕검성은 동일 지역이었으며 그 위치는 지금의 요서지역이었음을 확인할 수 있었다.

제4부에서는 고조선으로부터 이어지는 복식의 기본이 되는 복식재료와 양식의 특징들을 고찰하여 한민족의 문화적 정체성을 보여 주는 재료의 고유성과 양식적 독창성을 도식화하였다. 특히 한민족의 직물과 척도, 갑옷의 종류와 생산양식 등을 비교를 통해 상세히 밝혀 보았다. 갑옷을 중심으로 복식사를 검토하자, 고조선을 중심으로 형성된 한민족의 고대문화가 일정한 한류를 형성하며 동아시아 지역문화 발전에 크게 영향을 미쳤음을 알 수 있었다. 이처럼 만주와 한반도 지역에서 보이는 복식의 재료와 양식에는 한민족만의 독특한 특징들이 발견된다. 연구를 계속 진행하면서 고대 복식자료들이 고조선의 영역과 일치하며 고대사

체계와도 일치하는 것을 발견할 수 있었다. 고조선의 영역을 확인할 수 있는 1차적인 자료는 문헌이다. 하지만 고조선의 영역을 알려 주는 문헌은 많지 않으며, 그마저도 서로 상반된 내용인 경우가 있다. 따라서 문헌의 내용이 서로 상반되고 해석이 어려운 경우 고고학적 유물이 문헌의 내용을 보완해 주는 역할을 한다. 실제로 선사시대부터 열국시대에 이르기까지 한반도와 만주의 대부분 지역에서는 한민족의 특징적인 복식유물들이 나타나고 있다.

제5부는 책의 전체적인 내용을 이해하기 쉽도록 요약 정리하였다.

이번 연구를 통해 다음과 같은 몇 가지 사실들을 확인할 수 있었다.

첫째, 고조선문명권을 설정하고 그 형성과 발전과정을 확인하였다. 고조선의 시원이 되는 홍산문화단계부터 고조선에 이르기까지 고조선문명은 동아시아에서 가장 먼저 문명을 형성하며 찬란한 문명을 꽃피웠음을 확인할 수 있었다.

둘째, 한국고대사 체계를 바로잡을 수 있었다. 한국사에서 통용되는 '고조선 ― 준왕 ― 위만조선 ― 한사군'의 체계는 역사적 사실과는 부합하지 않는 것으로, 검토 결과 문헌과 금문자료를 통해 기자의 존재와 동래를 확인할 수 있지만 '조선후' 기자, 위만조선, 한사군이 위치했던 곳은 고조선 서부 변경지역의 일부를 차지한 것에 지나지 않으며 우리 역사의 중심에 있었던 적이 없다.

셋째, 고조선 복식문화를 통해 고조선사람들의 생활과 문화를 구체적으로 이해할 수 있었으며, 더 나아가 우리 민족 복식문화의 정체성과 우수성을 확인할 수 있었다. 이전까지는 우리 한민족의 복식이 중국이나 북방지역의 영향으로 이루어졌다는 견해가 일반적이었다. 하지만 연구 결과 우리 민족은 홍산문화시기인 선사시대부터 고조선을 거쳐 열국시대와 삼국시대에 이르기까지 연결되는 고유한 복식문화 전통을 가지고 있었음을 알 수 있었다.

이 책은 2013년 교육부와 한국학중앙연구원의 '고조선문명의 학제적 연구' 과제의 일환으로 지원을 받아 작성한 논문을 모아 완성한 것이다.

연구팀은 4년 동안 매달 만나서 공부한 것을 서로 발표하고 토론하는 과정을 거쳐 '고조선문명'이라는 대주제 아래 각자 자신들의 전공에 맞는 결과물을 완성할 수 있었다. 방학에는 우리 민족의 원류가 되는 지역들을 답사하면서 시각을 새롭게 넓히는 기회도 가질 수 있었다. 혼자 작업했다면 이러한 방대한 양의 연구를 하기는 힘들었을 것이다. 이 자리를 빌어 함께 연구를 진행했던 고조선문명 연구팀의 여러 선생님께 감사의 인사를 전한다. 특히 연구팀을 이끄신 신용하 교수님은 원로 학자이시면서도 항상 배우려는 자세로 진지하고 적극적으로 학문에 임하셔서 모두의 귀감이 되어 주셨다. 이 자리를 빌어 감사의 인사를 전하고 싶다. 지식산업사의 김경희 사장님은 한민족 역사에 대한 각별한 관심과 사명감을 갖고 계신 분이다. 매번 필자의 책을 애정을 가지고 보기 좋게 만들어 주셔서 항상 감사의 마음을 갖고 있다. 사진자료가 많은 필자의 책을 예쁘게 편집해 주시고 꼼꼼하게 교정해 준 맹다솜 선생님께도 마음을 담아 고마운 뜻을 전한다.

2018년 여름
자하관 연구실에서
朴 仙 姬

차 례

제1부

복식과 제의문화로 본 홍산문화와 고조선문명

제1장 복식과 제의에서 찾는 고조선문명의 정의와 범위

1. 복식양식과 제의 유적으로 본 고조선문명 정의

중국은 만주지역의 고대문화를 총칭하여 요하문명(遼河文明)이라 부른다. 요하문명에 포함되는 대표적인 문화는 동석병용시대에 속하는 홍산문화와 초기 청동기시대의 하가점 하층문화이다. 1980년대부터 중국학계는 만주지역에서 큰 규모의 문화 유적이 계속 발굴되고 연구가 축적되자 그 거대한 규모와 높은 수준에 경외감을 가지며 이 문화를 개별적으로 황하 중류유역에서 전파되었을 것으로 도식화하기 시작했다.

그러나 만주지역에서 광범위하게 지속적으로 발견되는 유적과 유물의 성격은 이러한 중국학자들의 모순된 해석을 용납하지 않았고, 결국 만주지역 선사문화를 하나의 독립된 성격을 가진 문명권으로 구획하며 이를 총칭하여 요하문명이라 불렀다. 이러한 문화 총칭이 만들어진 근본적인 목적은 만주지역의 고대문화를 황하유역의 문화와 독립시키기 위한 것이 아니라, 만주와 황하유역의 문화를 모두 황제(黃帝)문화에 포함시키기 위한 것이었다.

자연스레 만주지역의 문화가 한반도, 연해주, 일본열도 등의 고대문화와 분리되거나 황하문화와는 다른 변방의 문화로 격하되게끔 하고자 함이다. 그러나 만주지역의 선사문화는 매우 광범위하고 한반도 등지 문화의 성격과 거의 유사하기 때문에 요하(遼河)라는 하나의 강 이름으로 구분될 수 없으며, 황하문명과는 그 성격이 확연히 구분되는 까닭에 황제문화에는 더욱 포함될 수 없는 상황이다. 따라서 1절에서는 복식과 제의문화의 연구로부터 홍산문화와 고조선문명과의 연관성을 분석하여

〈그림 1〉 우하량 유적지 전경 항공사진(북－남)

고조선문명을 올바르게 정의하고자 한다.

　　고대사회를 지배하는 가장 중요한 요소는 종교이다. 종교가 정치보다
도 우위에 자리했던 까닭에 고대사회의 정치와 문화는 종교를 중심으로
이루어진다. 그러므로 고조선문명의 성격을 밝히는 작업 가운데 하나로
종교를 소홀히 할 수 없을 것이다. 당시대의 종교와 이에 따른 제의문화
는 민족사와 민족문화의 원형으로 자리매김될 수 있기 때문이다.

　　고조선의 제의문화는 이전 시대로부터 연원을 찾아야 하는데, 고조
선 이전 시기라면 '신시'(神市)[1]시대의 '신시'문화를 들 수 있다. 그동안

---

1)《三國遺事》卷1〈紀異〉古朝鮮(王儉朝鮮)條. "《古記》에 이르기를 옛날에 桓因의
지차 아들인 桓雄이 있었는데 자주 천하에 뜻을 두고 인간세상을 탐내었다. 아
버지가 아들의 뜻을 알고 (하늘) 아래의 三危 太伯을 내려다보니, 인간을 널리
이롭게 할 수 있는 곳인지라, 天符印 세 개를 주어 보내어 가서 그곳을 다스리
도록 하였다. 桓雄은 무리 삼천을 이끌고 太伯山 마루 神壇樹 아래로 내려와
그곳을 神市라 하였는데, 이분을 桓雄天王이라 일컬었다(《古紀》云, 昔有桓因庶子
桓雄, 數意天下, 貪求人世. 父知子意, 下視三危太伯可以弘益人間, 乃授天符印三個,
遣往理之. 雄率徒三千, 降於太伯山頂神壇樹下, 謂之神市, 是謂桓雄天王也)."

　'신시'시대의 문화를 살펴볼 수 있는 발굴유물들이 학계에 널리 보고되었고 국내외의 관련 발굴보고서와 연구들이 상당히 축적되어 있다. 따라서 복식사와 예술사는 물론 상고사를 부정하는 학계의 고정관념을 벗어나 상고시대 제의문화를 통해 고조선문명이 형성되어 가는 내용을 실증적으로 입증할 수 있는 자료들이 풍부하게 보고되고 있다. 그러므로 이 논의도 그동안 축적된 자료들을 중심으로 고찰하면 무리한 추론 없이 상당히 실증적인 해석을 할 수 있을 것이다.특히 복식과 예술 관련 유물은 주로 무덤에서 주검과 함께 출토되는데, 주검이 묻힌 곳에는 으레 복식과 관련한 부장품이 있게 마련이다. 오랜 세월 동안 의복은 거의 부식되어 부분적으로 찾아지고 있으나, 의복에 부착했던 장식물이나 몸에 지녔던 장신구, 또는 제의적 의기들은 그대로 남아 있다. 이러한 복식과 제의적 성격을 가지는 예술관련 자료를 뒷받침하는 것이 만주 요서지역의 홍산문화와 한반도지역에서 출토된 유물과 유적들이다.

　　고조선문화와 직접적인 관련이 있는2) 홍산문화 유적인 서기전 3700년경의 요령성 건평(建平) 우하량(牛河梁) 유적은 광활한 면적에 두루

〈그림 2〉 우하량 유적 제2지점 전경(1986년 촬영)

널리 펼쳐져 있다(그림 1)3). 현재 이루어진 발굴지역은 16곳 정도이지만 이미 발굴된 유적들의 규모가 거대하고 아직 얼마나 많은 유적과 유물들이 발굴될지 가늠하기 어려울 정도로 방대한 유적단지이다. 우하량 제2지점 제단 유적(그림 2·2-1)4)과 3호 제단 유적(그림 3·3-1)5)에서는 3단의 원형(N2Z3)과 방형(N2Z2)의 제단 유적이 발굴되었다.

특히 1992년에는 우하량 제

〈그림 2-1〉 우하량 제2지점
전경 조감도(2009년 촬영)

2) 박선희, 〈홍산문화 복식유물의 성격과 고조선복식〉, 《고조선 복식문화의 발견》, 지식산업사, 2011, 65~125쪽.
3) 遼寧省文物考古研究所, 《牛河梁−紅山文化遺址發掘報告(1983−2003年度)》, 2012, 文物出版社, 圖版1.
4) 遼寧省文物考古研究所, 위의 책, 圖版 38−2·圖版 40.
5) 遼寧省文物考古研究所, 위의 책, 圖版 118−1·2.

〈그림 3·3-1〉 우하량 제2지점 3호 제단유적 북-남 방향(左)과 남-북 방향(右)

13지점에서 처음으로 총 면적 1만 평방미터의 피라미드형 거대 적석총
(그림 4)이 발견되었다. 이 거대한 규모의 적석총은 아직 정식 발굴이
이루어지지 않았으나, 밑변이 60m×60m에 이르는 7층으로 된 피라미드
형식이고 남쪽에는 60m×40m 규모의 제사터를 갖추었다. 이 적석총은
현재 표면만을 발굴했을 뿐이지만 청동기를 제조할 때 주물을 떠서 옮
기는 도가니 파편 등 중요한 유물들이 발견되었다. 이러한 내용은 발굴
자들이 홍산문화 만기(서기전 3500년~서기전 3000년)를 동석병용시대
로 편년하는[6] 기준이 되기도 했다.

〈그림 4〉 우하량 제13지점 거대 적석총으로 층수 확인을 위한 부분 시굴 모습

6) 孟昭凱·金瑞淸 編著, 《五千年的文明: 牛河梁遺址》, 中國文聯出版社, 2009, 22~24쪽.

〈그림 5〉 장군총

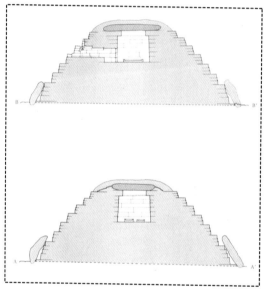

〈그림 5-1〉 장군총 동서남북 단면도

우하량 13지점 적석총은 전체적인 양식과 7층으로 쌓아 올린 점에서 고구려 장군총(그림 5·5-1)과 유사할 것으로 추정된다. 이 같은 피라미드식 적석총은 한반도와 만주지역의 고구려가 있었던 길림성 환인현과 집안시 주변 및 평양 주변지역에 수백 기가 있다. 백제가 있었던 한강 주변과 임진강 주변도 마찬가지이다. 즉 적석총 양식은 중국의 중원지역에서는 전혀 나타나지 않으며, 홍산문화에서 하가점 하층문화로 이어지고 이후 부여·고구려·백제·신라·일본 지역에서 주로 나타난다.

그리고 우하량 제1지점 주실에서 발견된 대형의 여신상이 출토된 무덤(그림 6)과[7] 서기전 3500년경의 요령성 객좌현(喀左縣) 동산취(東山

---

7) 遼寧省文物考古研究所, 〈遼寧牛河梁紅山文化女神廟與積石塚群發掘簡報〉, 《文物》 1986年 8期, 1~18쪽; 遼寧省文物考古研究所, 위의 책, 圖版 6.

〈그림 6〉 우하량 제1지점 여신상 출토 무덤

嘴) 유적에서 발견된 원형의 제단 유적(그림 7·7-1)8), 서기전 3400년경
의 내몽고자치구 파림좌기(巴林左旗) 부하구문(富河溝門) 유적에서 출토
된 점뼈9) 등의 유물은 당시 사람들의 종교관과 제의문화를 이해할 수
있는 중요한 내용들을 알려 준다. 이 유적들과 유사한 형태의 고조선 제
단 유적으로 해석되는 돌돌림
유적이 한반도의 남한과 북한
에서도 모두 발견되어 한반도
와 만주지역이 동일한 제의문
화권이었음을 보여준다.

　예를 들어 남한에서는 경
상남도 창원 덕천리 돌돌림   〈그림 7〉 동산취 제단 유적
유적10)과 임진강유역의 철원 두문동 유적11)이, 북한에서는 대동강유역

8) 郭大順·張克擧,〈遼寧省喀左縣東山嘴紅山文化建築群址發掘簡報〉,《文物》, 1984年
11期, 1~11쪽; 徐秉琨·孫守道,《中國地域文化大系-東北文化》, 上海遠東出版社,
1998, 38쪽 그림 27.
9) 中國科學院考古研究所內蒙古工作隊,〈內蒙古巴林左旗富河溝門遺址發掘簡報〉,《考
古》, 1964年 1期, 1~5쪽.
10) 이상길,〈昌原 德川里遺蹟 發掘調査報告〉,《三韓社會와 考古學》, 제17회 한국고
고학회 전국대회 발표요지, 1993, 103~117쪽.
11) 석광준,《긱지 고인돌 무덤조사 발굴보고》, 백산자료원, 2002, 376~378쪽.

〈그림 7-1〉 원형 제단이 보이는
동산취 유적 조감도

의 평양 용성구역 화성동 당모루 유적(그림 8)[12]을 비롯하여 황해북도 연탄군 송신동 유적(그림 9)[13], 함경북도 길주 평륙리 1호·2호 유적[14], 길주 문암리 유적[15], 평안북도 피현 동상리 유적[16], 평안남도 신양 와동 유적[17] 등이 발견되었는데 같은 성격을 보인다. 이들 유적 가운데 당모루 유적을 제외한 돌돌림 유적들은 대부분 고인돌 또는 선돌 유적들과 함께 발견되는 특징을 가진다. 특히 송신동 돌돌림 유적은 고인돌 떼의 가운데 자리하고 있어 고인돌을 축조한 다음 이곳에서 제의를 행했던 것으로 해석된다.[18] 즉 고인돌은 무덤의 기능을 가지지만 돌돌림 유적은 제의를 치루기 위한 제단의 역할을 했을 것으로 해석된다.[19]

----

12) 류충성, 〈새로 발견된 룡성구역 화성동 고대 제단유적〉, 《조선고고연구》 3호, 사회과학출판사, 1998, 42~43쪽.

13) 河文植, 《古朝鮮 地域의 고인돌 硏究》, 백산자료원, 1999, 124~130쪽; 하문식, 〈고조선의 돌돌림유적에 관한 문제〉, 《단군학연구》 10호, 2004, 311~328쪽; 하문식, 〈고조선의 돌돌림유적 연구: 追補〉, 《단군학연구》 16호, 2007, 5~28쪽; 석광준, 〈오덕리 고인돌 발굴 보고〉, 《고고학 자료집》 4집, 사회과학출판사, 1974, 100쪽.

14) 석광준, 〈오덕리 고인돌 발굴 보고〉, 《고고학 자료집》 4집, 사회과학출판사, 1974, 100~103쪽.

15) 석광준, 앞의 책, 2002, 401~404쪽.

16) 석광준, 위의 책, 418쪽

17) 석광준, 위의 책, 200~203쪽.

18) 류충성, 〈새로 발견된 룡성구역 화성동 고대 제단유적〉, 《조선고고연구》, 1998년 제4호, 사회과학출판사, 42~43쪽.

〈그림 8〉 평양 당모루 2호 유적

　길주 평륙리 1호 유적과 연탄 송신동 유적, 길주 문암리 유적은 돌돌림의 가장자리에 판자돌이 놓여 있어 제의시 제단의 기능을 가졌을 것으로[20] 생각된다. 또한 송신동 1호 유적과 당모루 1호·2호 유적, 길주 평륙리 2호 유적, 길주 문암리 유적, 철원 두문동 유적은 둘레돌 안에 돌을 채워 넣어 제의를 위한 구조물을 구축했던 것으로 해석되는데, 이러한 특징은 앞에 서술한 우하량과 동산취 제단 유적에서도 마찬가지이다. 이것은 한반도와 만주지역에서 이 같은 양식의 제단을 구축하였음을 알려 주는데, 이러한 독특한 현상은 제단 유적에서 출토된 옥기의 성격에서도 찾을 수 있다.

　주목되는 것은, 제단 유적의 양식에서뿐만 아니라 홍산문화지역과 평양지역 제단 유적에서 출토되는 복식에 사용되었을 옥기들이 대부분 동물과 인물 등을 형상화한 양식을 특징으로 하고 있는 점이다. 반면에 다른 지역의 무덤들에서도 많은 양의 옥기가 출토되지만, 단지 장식품과 비실용성의 생산도구만을 장례의식 용도로 만들어 매장한 모습으로, 위의 제단

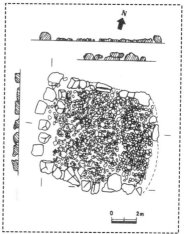

〈그림 9〉 연탄 송신동 1호
돌돌림 유적 발굴 현장 모사도

19) 하문식, 〈고조선의 돌돌림유적 연구: 追補〉, 18쪽.
20) 하문식, 위의 글, 8~9쪽.

유적에서 출토된 옥기들과 그 양식 및 성격에서 차이를 보인다. 이를 제
2장 1절에서 상세히 서술하고자 한다.

　이처럼 인류는 신석기시대부터 정착생활을 하면서 마을을 형성해
나갔고 이러한 마을들이 성장하면서 지역적 특징을 지니는 문화를 발생
시켜 지역문화의 터전을 이루었다. 이러한 상황들은 고고학이 출현하기
이전에는 과학적으로 설명되지 못했고 단지 신화나 전설 등으로 그 시
대 상황을 전하고 있을 뿐이었다. 한민족의 경우에도 이러한 시대 상황
을 전하는 설화를 가지고 있다. 바로 《삼국유사》〈고조선〉조에 실려 있
는 단군왕검의 개국신화인 것이다.[21]

　단군사화는 고조선이 건국되기까지 우리 민족이 성장한 과정을 이
야기하고 있다. 단군사화는 그 내용이 크게 4단계로 나누어지는데, 이를
인류학과 고고학에서 말하는 사회발전단계와 비교한 것이 〈표 1〉의 내
용이다. 위의 여러 제의 유적들은 바로 〈표 1〉에서 신석기시대에 속하
는 환웅의 시대와 환웅과 곰녀가 출현했던 시대에 속하게 된다. 특히
후기 신석기시대에 속하는 우하량 유적(그림 6)에서는 흙으로 만든 여
신상과 함께 곰뼈와 곰의 조소품등이 옥기와 함께 출토되어 주목된다.

〈표 1〉 단군사화 시대 구분

단군사화의 시대 연대	고고학의 시대	사회발전의 단계[22]	중국의 사회단계[23]
환인시대 10,000년 B.P. 이전[24]	구석기시대 중석기시대	band society	遊團사회
환웅시대 10,000년 B.P. 이후[25]	전기 신석기시대	tribal society	村落(部落)사회
환웅과 곰녀시대 6,000년 B.P. 이후[26]	후기 신석기시대	chiefdom society	村群(部落聯盟體)사회
단군 왕검이 건국한 고조선시대 4500여 년 B.P. 이후[27]	청동기시대	state society	國家사회

---

21) 《三國遺事》券1 〈紀異〉 古朝鮮條.
22) Elman R. Service, *Primitive Social Organization*, Random House, 1962.

제2절에서 분석되지만 홍산문화 복식과 예술관련 유적과 유물에서 보이는 제의적 인소들은 고조선과 이후 고구려를 중심으로 열국시대 문화에 그대로 지속되어 한민족 제의문화의 원형과 정체성을 이루어 나가

---

23) 張光直 지음, 尹乃鉉 옮김, 《商文明》, 民音社, 1989, 454~455쪽.

24) 도유호, 〈조선의 구석기시대 문화인 굴포문화에 관하여〉, 《고고 민속》, 1964년 2호, 3~7쪽; 손보기, 《구석기유적》-한국·만주, 한국선사문화연구소, 1990; 손보기, 〈층위를 이룬 석장리 구석기 문화〉, 《歷史學報》 35·36, 1~25쪽.

25) 任孝宰·權鶴洙, 《鰲山里遺蹟》, 서울대학교박물관, 1984; 金元龍·任孝宰·權鶴洙, 《鰲山里遺蹟Ⅱ》, 서울대학교박물관, 1985; 任孝宰·李俊貞, 《鰲山里遺蹟 Ⅲ》, 서울대학교박물관, 1988; 北濟州郡·濟州大學校博物館, 《濟州高山里遺蹟》, 1998; 濟州道·濟州大學校博物館, 《濟州高山里遺蹟-고산리유적 성격규명을 위한 학술조사보고서》, 2003 참조(제주도 고산리 유적에서는 많은 양의 화살촉 등과 함께 토기가 발견되었는데, 그 연대가 서기전 8000년~서기전 10000년 무렵으로 추정되고 있다); 劉國祥, 〈紅山文化墓葬形制與龍玉制度研究〉, 《首屆紅山文化國際學術研討會》 자료집, 2004(만주에서는 1987년 흥륭와 유적보다 훨씬 이른 서기전 7000년경에 속하는 내몽고 적봉시 오한기(烏漢旗) 소하서(小河西) 유적이 발굴되어 동북지역 최고의 신석기문화 유적으로 발표되기도 했다).

26) 함경북도 선봉군 굴포리 서포항 유적, 강원도 양양의 鰲山里 유적, 내몽고자치구 동부의 興隆洼 유적의 연대가 서기전 6000년경으로 나타났다. 그런데 오산리유적에 대한 방사성탄소연대측정 결과 서기전 10000년의 연대도 얻어져 이 유적의 연대는 서기전 6000보다 훨씬 올라갈 가능성이 크다. 또한 고성 문암리 유적의 연대는 서기전 6000년~서기전 10000년으로 제시되었다(楊虎, 〈內蒙古敖漢旗興隆洼遺址發掘簡報〉, 《考古》, 1985年 10期, 865~874쪽; 劉國祥, 〈西遼河流域新石器時代至早期靑銅時代考古學文化槪論〉, 《遼寧師範大學學報》, 2006年 第1期, 社會科學出版社, 113~122쪽; 국립문화재연구소, 《고성문암리유적》, 2004; 朴玧貞, 〈高城文岩里 先史遺蹟 發掘調査〉, 《韓國新石器研究》 第5號, 한국신석기학회, 2003 참조; 고동순, 〈양양 오산리유적 발굴조사 개보〉, 《韓國新石器研究》 第13號, 한국신석기학회, 2007, 127쪽).

27) 한반도에서 서기전 25세기로 올라가는 청동기 유적으로는 경기도 양평군 양수리의 고인돌 유적을 들 수 있다. 다섯 기의 고인돌 유적에서 채취한 숯에 대한 방사성탄소연대측정 결과는 서기전 1950±200년이며, 교정연대는 서기전 2325년경이다(Chan Kirl Park and Kyung Rin Yang, "KAERI Radiocarbon Measurements Ⅲ", RADIOCARBON, vol.16, no.2, 1974, 197쪽). 또한 전남 영암군 장천리 주거지 청동기시대 유적에서 수집된 숯에 대한 방사성탄소연대측정 결과는 서기전 2190±120년(4140±120 B.P.)·1980±120년(3930±120 B.P.)으로 나왔으며, 교정연대는 서기전 2630년·2365년경이다(崔盛洛, 《靈巖長川里 住居址》 2, 木浦大學博物館, 1986, 46쪽). 요서지역의 청동기문화인 하가점 하층문화 연대는 서기전 25세기경이다(中國社會科學院考古研究所, 《新中國的考古發現和研究》, 文物出版社, 1984, 339쪽; 中國社會科學院考古研究所 編著, 《中國考古學中碳十四年代數據集》, 文物出版社, 1983, 34쪽).

며 중국이나 북방지역의 것과 특징을 달리한다. 특히 홍산문화 복식에서 일정하게 드러나는 옥장식 등은 고조선 복식양식으로 그대로 이어져 매우 화려하고 현대적인 장식기법을 이루게 된다. 실제로 한반도와 만주지역의 많은 고조선 무덤 유적에서는 의복에 장식했던 다양한 장식품들이 다수 출토되고 있어, 고조선사람들의 복식 갖춤새가 어떠한 변천사를 가졌는지 시대별로 잘 보여 주고 있다. 고조선사람들은 주검에서 가죽과 모피, 마직물, 모직물, 사직물(누에천) 등으로 만든 옷28)을 여러 겹 입었으며, 홍산문화의 전통을 이어 모자에서 겉옷과 신발에 이르기까지 절제된 장식기법으로 일정한 양식을 갖추어 생명력 있는 조형의지를 표현하고자 한 것이 특징적이다. 주검에서 나타난 한반도와 만주지역 고조선 사람들의 의복에는 뼈, 뿔, 옥, 청동, 철, 금과 은, 유리 등을 재료로 한 장식품이 단순반복과 사방연속 등으로 일정한 이치를 지닌 양식을 표현하며 화려한 조형미를 이루었다.

필자는 지난 연구에서 한반도와 만주지역에서 출토된 다양한 복식 자료들이 홍산문화 복식유물들과 그 문양이나 양식에서 공통성을 지니면서도 중국이나 북방지역의 것과는 다른 차이점을 가지고 있음을 분석하였다. 특히 고조선 초기 유적에서는 청동으로 만들어진 장식품들이 의복에 사용되기 시작하는데, 한반도와 만주지역에서 모두 같은 복식양식을 나타낸다.29) 이는 이를 생산하고 사용했던 사람들이 동일한 정치체제를 갖는 하나의 국가에 속한 거주민들이었음을 보여 주는 것이라 생각된다. 이들에게 공통의 귀속의식이 없었다면 공통성을 지닌 복식문화를 만들어낼 수 없었을 것이기 때문이다.

《삼국유사》〈기이〉(紀異) 고조선(왕검조선)조에는 "《위서》(魏書)에

---

28) 劉素霞, 〈夏家店上層文化考古資料反映的有關民族習俗〉, 《中國考古集成》 東北卷 靑銅時代(一), 北京出版社, 1997, 416~417쪽; 박선희, 《한국고대복식-그 원형과 정체》, 지식산업사, 2002; 박선희, 《고조선 복식문화의 발견》, 지식산업사, 2011 참조.

29) 박선희, 《한국고대복식-그 원형과 정체》; 박선희, 《고조선 복식문화의 발견》; 박선희, 《고구려 금관의 정치사》, 경인문화사, 2015 참조.

이르기를 지금으로부터 2천 년 전에 단군(壇君) 왕검(王儉)이 있어 도읍을 아사달에 정하고 나라를 세워 이름을 조선이라 하였는데 고(高, 堯)와 같은 시기였다고 하였다. 《고기》(古記)에 이르기를, …이름을 단군왕검이라 하는데, 당고(唐高, 堯)가 즉위한 지 50년 되는 경인년(庚寅年)에 평양성에 도읍하고 비로소 조선이라 불렀다"30)고 기록했다. 조선(朝鮮)은 한국사에 처음으로 등장한 국명인 것이다. 그리고 고조선(古朝鮮)은 옛날에 있었던 조선이라는 의미로 단군 왕검에 의해 건국되었으므로 왕검조선(王儉朝鮮)이라 부르는 것으로 해석된다.

Lewis Henry Morgan은 《Ancient Society》에서 초기 인류문화의 발전단계를 야만단계에서 미개단계를 거쳐 문명단계에 도달한다고 보며, 문명단계의 사회를 국가단계의 사회를 일컫는 말로 사용하였다. 이러한 견해는 학계에서 아무런 이의 없이 그대로 받아들여지고 있다. 고조선은 동아시아에서 한반도와 만주에 처음으로 등장한 국가로, 문명사회라는 위의 정의와도 오롯이 부합된다. 고조선 건국과 함께 우리 겨레가 형성되고 역사의 출발점이 시작되었으므로 고조선문명은 우리 문화의 원형인 것이다.

Glyn Daniel은 현재까지 발견된 인류 최초의 문명으로 약 5,500년 전 티그리스·유프라테스강 유역에서 탄생한 메소포타미아 슈메르문명을 들었다. 뒤이어 이집트문명(약 5,100년 전)과 인도문명(약 4,500년 전)이, 그 다음으로 중국문명(약 3,700년 전)이 탄생하였다고 보았다.31)

그러나 고조선문명은 현재까지의 발굴자료로 보아 적어도 약 4,500년 이전에 탄생한 문화이므로 위의 내용과 견주면 '슈메르문명 ⇨ 이집트문명 ⇨ 고조선문명 ⇨ 인도문명 ⇨ 중국문명'의 순서이므로 세계에서 3번째로 형성된 문명인 것이다. 고조선문명은 한반도와 만주지역에서 농경

---

30) 《三國遺事》 卷1 《紀異》 古朝鮮(王儉朝鮮)條. "《魏書》云, 乃往二千載有壇君王儉, 立都阿斯達, 開國號朝鮮, 與高(堯)同時.《古記》云, …號曰壇君王儉, 以唐高(堯)卽位 五十年庚寅, 都平壤城, 始稱朝鮮."
31) Glyn Daniel, *The First Civilizations*, Thamas & Hudson, 1968, 15~68쪽.

문화와 청동기문화를 중심으로 탄생한 독자적인 동아시아 최초의 고대
문명으로 이웃 나라에 영향을 주었던 것이다. 특히 중국의 문명 형성에
매우 큰 영향을 주었다고 하겠다.

고조선의 강역이었던 한반도와 만주지역은[32] 선사시대부터 황하문
명과는 그 성격을 달리하며 고유한 동질성의 문화를 공유하고 문화공동
체를 이루었다. 다시 말해 고조선은 동북아시아에서 가장 먼저 출현한
국가로 문명의 중심을 이루고 있었던 것이다. 우리는 한반도와 만주지
역을 중심으로 고조선이 이루었던 동아시아 고대문명[33]을 고조선문
명[34]이라 불러야 마땅할 것이다. 이 책에서는 복식문화를 중심으로 지
리적 환경과 문헌적 근거 및 고고학적 근거를 재해석하여 고조선문명의
성격과 고조선문명권의 지리적 경계를 밝히게 될 것이다.

2. 복식양식과 제의 특성으로 본 고조선문명 범위

한반도와 만주지역의 신석기시대문화는 동질성을 가지며 난하유역
을 경계로 하여 황하문화와 차이를 보인다. 일반적으로 고고학 자료의
근거로는 크게 두 가지를 들 수 있는데, 하나는 햇살무늬 질그릇의 분
포 범위이고, 또 다른 하나는 후기신석기시대에 출현하는 돌무덤이다.

---

32) 주 29와 같음.
33) 윤내현, 〈동아시아 고대문명을 다시 쓰자〉,《한겨레》, 1996.11.5.
34) 愼鏞廈, 〈韓國民族의 기원과 형성〉,《韓國學報》, 2000, 211~323쪽(愼鏞廈, 〈韓
   國民族의 기원과 형성〉,《韓國民族의 形成과 民族社會學》, 지식산업사, 11~144
   쪽, 2001 재수록); 愼鏞廈, 〈고조선 '아사달'문양이 새겨진 산동 대분구문화
   유물〉,《韓國學報》第102輯, 2001, 2~23쪽; 愼鏞廈, 〈고조선문명권의 삼족오태
   양 상징과 조양 원태자벽화묘의 삼족오 태양〉,《韓國 原民族 形成과 歷史的 傳
   統》, 나남출판, 2005, 89~111쪽; 윤내현, 〈고조선문명 개념〉,《고조선문명의
   형성과 전개》, 고조선문명 소모임 토론회, 2011; 박선희,《고조선 복식문화의
   발견》, 84~110쪽; 박선희, 〈복식으로 본 고조선문명과 고대사 체계의 재정
   립〉,《고조선단군학》제26호, 2012, 81~158쪽.

질그릇은 동일한 국가 안에서도 지역에 따라 그것이 만들어진 토양과 기후가 다르고 그것을 만든 사람들의 지역문화에 차이가 있어 다양한 양상을 띠게 마련이다. 신석기시대가 아닌 청동기시대, 즉 국가단계 사회에 이르면 여러 씨족이나 종족이 통합되어 하나의 정치세력을 이루게 된다. 결국 하나의 국가 안에서 다양한 특징을 갖는 질그릇 문화가 하나의 정치권을 형성하게 되는 것이다.

중국의 경우 상(商)나라 질그릇에는 신석기시대에 같은 황하유역에서 발생되었지만, 전혀 다른 특징을 갖는 채도(彩陶)와 흑도(黑陶) 외에 산동지역의 대문구(大汶口)문화와 밀접한 관계를 가진 백도(白陶)35)가 포함되어 있다. 그러나 학자들은 중국의 이 서로 다른 세 개의 질그릇 형태나 특징을 기준하여 상나라의 강역 혹은 문화권을 나누어 설명하지는 않는다. 단지 상나라 안에서 씨족이나 종족의 생활문화권으로서 구분할 뿐이다.

반면에 난하 동쪽의 한반도와 만주지역의 신석기시대 질그릇은 대체로 햇살무늬 질그릇으로 특징지어진다. 이 햇살무늬 질그릇문화는 난하유역으로부터 동북쪽으로 연해주지역과 남쪽으로 제주도에 이르기까지 한반도 전 지역에 분포하여 하나의 문화권을 이루고 있어 황하유역의 신석기시대 질그릇과 구분된다.

한반도와 만주지역에서 주로 발견되는 돌무지무덤과 돌널무덤, 돌상자무덤 등은 황하문화에서 움무덤이 주류를 이루었던 것과 크게 차이를 보인다. 이후 고조선시대에 이르면 새로운 무덤 양식으로 고인돌이 출현했다. 고인돌과 함께 고조선의 대표적인 청동기인 비파형동검이 한반도와 만주지역에 널리 분포되었다. 이러한 내용들은 일반적으로 고조선문명권이 난하를 경계로 황하문명권과 구별되고 있음을 알게 해 준다.

필자는 지난 연구에서 한반도와 만주지역에서 출토된 고조선의 복식자료 가운데 가락바퀴, 원형과 나뭇잎모양의 장식, 곡옥, 긴 고리 모

---

35) 張光直, 〈殷商文明起源硏究上的一個關鍵問題〉, 《中國史學論集》 第3輯, 幼獅文化 事業公司, 1979, 176쪽.

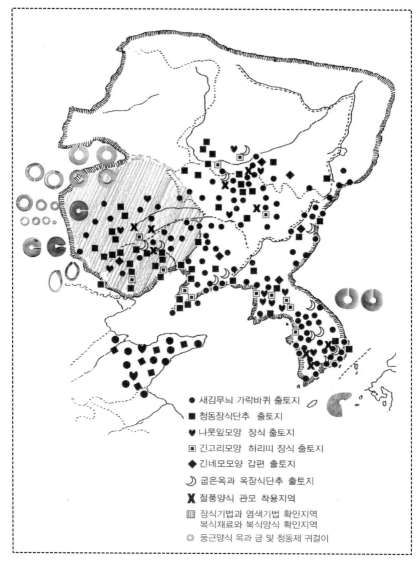

● 새김무늬 가락바퀴 출토지
■ 청동장식단추 출토지
♥ 나뭇잎모양 장식 출토지
▣ 긴고리모양 허리띠 장식 출토지
◆ 긴네모모양 갑편 출토지
☽ 굽은옥과 옥장식단추 출토지
✗ 질풍양식 관모 착용지역
▥ 장식기법과 염색기법 확인지역
  복식재료와 복식양식 확인지역
◎ 둥근양식 옥과 금 및 청동제 귀걸이

〈지도 1〉 고조선 고유양식의 복식유물 출토지와
복식재료 및 복식양식 확인 지역, 홍산문화권(빗금 부분)

* 액이고납하(額爾古納河) 유역과 흑룡강성 북부지역에서는 유물들이 거의 출토되지 않고 있어 유물분포를 표시할 수 없다. 액이고납하 아래에는 대흥안령산맥이 있고 흑룡강 아래에는 소흥안령산맥이 가로 놓여 있는 고산지대이므로 사람들이 거주하기에 적합하지 않았던 지역이기 때문일 것이다. 그리고 흑룡강성 지역에서는 다른 지역에 견주어 고고학적 발굴이 거의 없었다는 점도 이유가 될 것이다.

양의 허리띠 장식, 갑옷조각 등이 그 문양이나 양식에서 공통성을 지니면서도 중국이나 북방지역의 것과는 다른 차이점을 가지고 있음을 고찰하였다. 또한 한반도와 만주지역에서 사용한 가죽과 모피, 모직물, 마직물, 사직물(누에천), 면직물 등의 종류가 지역마다 조금씩 특성을 달리하지만, 기본적으로는 같은 종류였음도 확인하였다.

또한 이것을 재료로 하여 만든 모자, 웃옷과 겉옷, 아래옷, 허리띠, 신, 갑옷과 투구 등의 복식양식에서도 공통성을 확인하였다. 그 위에 중국이나 북방지역과 구별되는 고조선 복식의 고유한 특징으로 머리양식에 따른 옥고와 변이나 절풍 양식이 나타나는 지역, 의복에 곡옥과 옥장식을 사용했던 지역 연구를 더했다. 장식기법과 염색기법의 특성이 동일하게 나타나는 지역도 보완하였다. 이러한 관점에서 중국이나 북방지역과 차이를 가지는 한반도와 만주지역에서 출토된 공통적 문화인소를 지닌 복식 유물의 출토지를 각 내용별로 지도에 표기하여 고조선의 영역을 확인한 바 있다.36)

이는 이를 생산하고 사용했던 사람들이 동일한 정치체제를 갖는 하나의 국가에 속해 있었음을 말해 주는 것이라 여겨진다. 이들이 하나의 국가라는 동일한 귀속의식이 없었다면 같은 양식과 성격의 복식문화를 만들어낼 수 없었을 것이기 때문이다. 고대 우리 민족은 신석기시대로부터 한반도와 만주 전 지역에서 거주하면서 하나의 복식문화권을 형성하였고, 청동기시대에 이르면 고조선이라는 국가를 세워 하나의 민족이 이루어지면서 고조선문명을 탄생시켰음을 알 수 있다.

고조선의 복식유물 가운데 특히 장식단추는 중국이나 북방지역과 달리 이른 시기 한반도와 만주지역의 고조선 초기 무덤 유적에서부터 줄곧 빠짐없이 나타나고 있어 고조선의 표지유물이라 할 수 있다. 특히 청동장식단추는 그 크기와 형태, 문양의 양식 등이 변화하며 여러 공간에서 융통성 있게 조합될 수 있다는 특징을 지니고 있어 고조선사람들

---

36) 주 29와 같음; 박선희, 《우리 금관의 역사를 밝힌다》, 지식산업사, 2008 참조.

의 자유로운 조형의지와 잘 부합된다. 이처럼 고조선에서 청동장식단추
가 이웃 나라보다 앞서 발달한 것은[37] 금속문화를 일찍부터 발달시켰
던 까닭에서였을 것이다. 청동장식단추뿐만 아니라 다양한 장식품이 정
교하게 만들어지고 양적으로 풍부한 것도 금속으로 만들어진 생산도구
등이 이웃 나라보다 앞서 생산되었기 때문이라 생각된다.

홍산문화의 분포 범위는 요령성, 내몽고와 하북성을 나누는 연산(燕
山) 남북과 장성지대이다. 그동안의 고고학 발굴 조사를 통해 홍산문화
의 북쪽 경계는 이미 서랍목륜하(西拉木倫河)를 넘어 파림우기(巴林右旗)
의 넓은 초원에서도 전형적인 홍산문화 유적이 발견되었다. 남쪽 끝으
로는 하북성 옥전현(玉田縣)에 이르고, 서쪽 변으로는 하북성 장가구(張
家口) 부근까지 다다른다. 동쪽 경계는 요령성 철령(鐵嶺)지구 강평현
(康平縣)에 이르고, 동북방향으로는 철리목맹(哲里木盟)의 개원현(開原
縣)과 과좌중기(科左中旗)에도 역시 광범위하게 분포되어 있으며, 서요
하(西遼河) 이북에까지 다다른다.[38] 대체로 동쪽으로는 요하에서 서쪽
의 난하에까지 이르는 지역이라 하겠다(지도 1 참조).[39]

홍산문화 유적 발견 이후 금속문화의 기원은 신석기후기문화인 홍
산문화로부터 시작되었을 것으로 추정되었다.[40] 홍산문화는 신석기시대
에서 청동기시대로 가는 동석병용시대에 속하는 중요한 과도기적 문화
인 것이다. 중국학자 양호(楊虎)는 홍산문화 후기(서기전 3500년~서기
전 3000년) 유적에서 발견된 주조틀과 동환(銅環)을 들어 "홍산문화 초
기에 연동(煉銅)과 주동(鑄銅)을 잘할 수 있는 기술이 당연히 있었을 것
(早期當有掌握煉銅·鑄銅技術的可能性)"이라 하여 이 시기 청동주조기술이
있었을 것으로 밝혔다.[41] 곽대순(郭大順)도 홍산문화 출토 유물들과 우

37) 박선희, 《한국고대복식-그 원형과 정체》, 547~612쪽.
38) 李宇峰, 〈槪述建國以來紅山文化的考古發現與硏究進展〉, 《中國考古集成》 東北卷
　　　新石器時代(一), 165~168쪽 참조.
39) 박선희, 《고조선복식문화의 발견》, 471쪽.
40) 白雲翔·顧智界 整理, 〈中國文明起源座談紀要〉, 《考古》, 1989年 第12期, 1110~1120쪽.
41) 楊虎, 〈遼西地區新石器-銅石并用時代考古文化序列與分期〉, 《文物》, 1994年 第5

하량 Ⅱ지점 4호 무덤에서 출토된 동환(銅環)을 들어 금속문화의 시작을 홍산문화로 보는 견해를 제시했다.42) 오한기 왕가영자 향서태(鄕西台) 홍산문화 유적에서는 다수의 청동을 주조하던 도범(陶范)이 출토되었고, 건평(建坪) 우하량 제사 유적에서도 동환(銅環)과 청동을 녹이는 데 쓰인 질그릇 솥[坩鍋] 등이 출토되어 이미 야련업(冶鍊業)이 출현했던 사실을 알 수 있다.

이를 근거로 유관민(劉觀民)은 주조형태가 결코 간단히지 않았음을 판단했고,43) 유소협(劉素俠)도 후대의 발달된 청동 야련(冶鍊) 수준은 아니지만 홍산문화에서 이미 단순하지 않은 청동 야련 작업을 시작했다고 보고 있다.44) 그 외에 서기전 2700년경 홍산문화의 객좌 유적에서는 적탑수에서 동광(銅礦)을 채취한 흔적을 발견했고, 적봉 일대에서는 동광 채취의 상황과 야련 유적을 발견했다.45) 우하량 유적 85M3에서는 청동제 귀걸이와 옥장식들이 출토되었다(그림 10·11).46) 이처럼 지금까지 홍산문화 후기 금속문화의 발견 지역이 적봉(赤峰), 오한기(敖漢旗), 건평(建

〈그림 10〉 우하량 85M 유적
청동제 귀걸이와 옥장식 출토 상황

期, 48쪽.
42) 郭大順, 〈赤峰地區早期冶銅考古隨想〉, 《內蒙古文物考古文集》, 中國大百科全書出版社, 1994, 278~282쪽.
43) 劉觀民, 〈中國文明起源座談紀要〉, 《考古》 1989年 12期, 1110~1120쪽.
44) 劉素俠, 〈紅山諸文化所反映的原始文明〉, 《中國考古集成》 東北卷 新石器時代(一), 176~178쪽.
45) 王曾, 〈紅山文化的走向〉, 《中國考古集成》 東北卷 新石器時代(一), 190~195쪽 참조.
46) 遼寧省文物考古研究所, 《牛河梁－紅山文化遺址發掘報告(1983-2003年度)》, 2012, 文物出版社, 圖版 167-3·4.

〈그림 11〉 우하량
85M3 유적 출토
청동제 귀걸이

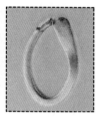

〈그림 12〉 오한기
대전자 유적 출토
금제 귀걸이

平), 객좌(喀左) 등인 점으로 보아 제사 유적지를 중심으로 금속문화가 발달하기 시작했음을 알 수 있다. 〈그림 11〉의 청동 귀걸이와 동일한 양식의 금으로 만든 귀걸이(그림 12)가 고조선의 하가점 하층문화인 오한기 대전자향 대전자(大甸子) 하가점 하층문화 묘지 제516호묘에서 출토되어47) 홍산문화의 귀걸이 양식이 고조선으로 이어졌음을 알게 한다. 이 금제 귀걸이는 성년 남성 왼쪽 귀 부분에서 출토되어48) 당시 남성들이 귀걸이를 했음을 알게 한다.

그러나 청동기문화의 발달 양상은 홍산문화지역에서뿐만 아니라 서기 전 4000년경에 속하는 요동지역 심양의 신락 상층문화 유적에서도 일찍이 나타난다. 신락 상층문화 유적은 부계 씨족사회 단계로 그 분포가 매우 광범위한데, 이 유적에서 청동부(靑銅斧)와 청동도(靑銅刀)의 일부가 출토되어49) 청동기문화가 이미 상당 부분 발달했던 정황을 알 수 있다.

고조선 초기에는 복식품으로 신석기시대에 많이 사용되었던 다양한 색상의 돌, 옥, 뼈 등으로 만든 장식품을 청동장식과 함께 사용했다. 그러나 차츰 청동기술이 발달하면서 복식에 청동을 재료로 하는 장식을 더욱 많이 사용하여 이전보다 화려한 양상을 보인다. 이것이 모자를 비롯하여 복식에 청동장식단추를 장식하는 양식이 고조선의 대부분 유적에서 골고루 나타나는 요인이다. 이러한 고조선 복식에 사용된 청동장식단

---

47) 于建設, 《赤峰金銀器》, 遠方出版社, 2006, 3쪽의 CJ001.
48) 中國社會科學院考古硏究所 編著, 《大甸子》-夏家店下層文化遺址與墓地發掘報告, 科學出版社, 1996, 189쪽·圖版 56(LVI)-3(M516:2).
49) 沈陽市文物管理辨公室, 〈沈陽新樂遺址試掘報告〉, 《中國考古集成》 東北卷 新石器時(二), 1061~1064쪽. 新樂상층문화에 대한 中國社會科學院考古硏究所 1977年 碳-14測定에 따르면, 距今 6145±120년(公元前4195±120년), 樹輪校正年代 6800±145年)이다.

추는 중국지역에서는 늦은 시기 일부 지역에서만 소량 나타난다.

중국에서 가장 이른 시기의 청동장식단추는 상대 후기의 유적으로 서기전 11세기경에 해당하는 하남성 안양 곽장촌(郭莊村) 유적50), 하남성 안양 곽가장 상대 차마갱(車馬坑) 유적51), 섬서성 수덕언두촌(綏德塢頭村) 유적52), 산동성 보덕현(保德縣) 유적53) 등에서 출토되었다. 상대 후기에서 서주 초기의 유적으로는 섬서성 순화현(淳化縣) 유적,54) 산동성 교현 서암(西菴) 유적55)과 하북성 북경시 창평현 백정(白淨)에서 청동장식단추들이 출토되었다.56) 이보다 후기인 서주시대에 속하는 하남성 신촌(辛村) 위묘(衛墓)57), 하남성 평정산시(平頂山市) 유적58), 감숙성 영현 서구(西溝) 유적59), 섬서성 부풍현 소이촌(召李村) 유적60), 강소성 단도 대항모자곽(大港母子墎) 유적61), 섬서성의 기산(岐山)과 부풍(扶風) 유적62), 장안 보도촌(普渡村) 유적63) 등에서도 청동장식단추들이 출토

50) 安陽市文物工作隊, 〈河南安陽郭莊村北發現一座殷墓〉, 《考古》, 1991年 第10期, 902~909쪽.
51) 中國社會科學院考古研究所安陽工作隊, 〈安陽郭家庄西南的殷代車坑〉, 《考古》, 1988年 第10期, 882~893쪽.
52) 陝西省博物館, 〈陝西綏德塢頭村發現一批窖藏商代銅器〉, 《文物》, 1975年 第2期, 83~84쪽.
53) 吳振錄, 〈保德縣新發現的殷代靑銅器〉, 《文物》, 1972年 第4期, 62~64쪽.
54) 淳化縣文化館 姚生民, 〈陝西淳化縣出土的商周靑銅器〉, 《考古與文物》, 1986年 第5期, 12~22쪽.
55) 山東省昌濰地區文物管理組, 〈膠縣西菴遺址調査試掘簡報〉, 《文物》, 1977年 第4期, 63~71쪽.
56) 北京市文物管理處, 〈北京地區的又一重要考古收穫－昌平白淨西周木槨墓的新啓示〉, 《考古》, 1976年 第4期, 246~258쪽.
57) 郭宝鈞, 〈濬縣辛村古殘墓之淸理〉, 《田野古報告》第1冊, 188쪽.
58) 平頂山市文管會 張肇武, 〈河南平頂山市出土西周應國靑銅器〉, 《文物》, 1984年 第12期, 29~31쪽.
59) 慶陽地區博物館, 〈甘肅寧縣集村西溝出土的一座西周墓〉, 《考古與文物》, 1989年 第6期, 25~26쪽.
60) 扶風縣文化館 羅西章·陝西省文管會·吳鎮烽 尚志儒, 〈陝西扶風縣召李村一號西周墓淸理簡報〉, 《文物》, 1976年 第6期, 61~65쪽.
61) 鎭江博物館·丹徒縣文管會, 〈江蘇丹徒大港母子墎西周銅器墓發掘簡報〉, 《文物》, 1984年 第5期, 1~10쪽.
62) 陝西省文物管理委員會, 〈陝西岐山·扶風周墓淸理記〉, 《考古》, 1960年 第8期, 8~11쪽.

되었다. 이들 청동장식단추의 모습은 원형과 뒷면에 꼭지가 있어 이를
의복에 달아맬 수 있는 양식 두 가지였다. 중국학자들은 이를 동포(銅
泡)로 지칭했다. 동포라는 명칭은 중국 고고학자들이 붙인 이름이며, 서
양학자들은 이것을 단추와 비슷하다고 하여 청동단추(bronze button)라
부른다. 필자는 고조선의 경우 이를 옷·모자·신발·활집·갑옷·투구·마구
등 여러 곳에 장식으로 사용했으므로 청동장식단추로 분류하고자 한다.

  앞의 발굴 내용으로 보면, 중국에서 청동장식단추의 생산은 상대 후
기인 약 서기전 11세기경으로 거슬러 올라가는 셈이 된다. 이와 달리
고조선의 영역에서 발굴된 청동장식단추로 가장 연대가 앞서는 것은 서
기전 26세기(4,539±167년 B.P.)의 것으로 측정된 평안남도 상원군 용곡
리 4호 고인돌무덤에서 발굴된 4cm의 청동장식단추와[64] 서기전 25세기
경에 해당하는 평양 부근 강동군 룡곡리 4호 고인돌 유적에서 출토된
청동장식단추이다.[65] 같은 청동기시대 초기에 속하는 길림성 대안현 대
가산(大架山) 유적에서도 타원형의 청동장식단추가 출토되었다.[66] 이보
다 후기의 것으로 서기전 20세기 후반기에 해당하는 황해북도 봉산군
신흥동 유적에서도 청동장식단추 조각이 발굴되었다.[67] 그리고 서기전
16세기경에 해당하는[68] 요령성 대련시 여순구구(旅順口區) 우가촌(于家

63) 中國社會科學院考古硏究所灃西發掘隊, 〈1984年長安普渡村西周墓葬發掘簡報〉, 《考
  古》, 1988年 第9期, 769~777쪽.
64) 조선기술발전사편찬위원회, 《조선기술발전사》 원시·고대편, 과학·백과사전편
  찬종합출판사, 1997, 31~38쪽.
65) 강승남, 〈고조선시기의 청동 및 철 가공기술〉, 《조선고고연구》, 1995년 2기,
  사회과학원출판사, 21~22쪽; 김교경, 〈평양일대의 단군 및 고조선 유적유물
  에 대한 연대 측정〉, 《조선고고연구》, 1995년 제1호, 사회과학원출판사, 30쪽.
66) 吉林省文物工作隊, 〈吉林大安縣洮兒河下游右岸新石器時代遺址調査〉, 《考古》, 1984
  年 第8期, 692~693쪽.
67) 김용간, 〈금탄리 원시 유적 발굴 보고〉, 《유적발굴보고》 제10집, 사회과학원
  출판사, 1964, 38쪽.
68) 이 유적의 방사성탄소측정연대는 서기전 3230±90년(5180±90 B.P.)·3280±85
  년(5230±85 B.P.)으로 교정연대는 서기전 3505~3555년이 된다(中國社會科學院
  考古硏究所實驗室, 〈放射性碳素測定年代報告(七)〉, 《考古》, 1980年 第4期, 373쪽;
  北京大學歷史系考古專業碳十四實驗室, 〈碳十四代側報告(三)〉, 《文物》, 1979年
  第12期, 78쪽).

村) 상층 유적에서도 원형과 단추형의 청동장식단추가 출토되었다. 이처럼 고조선의 청동장식단추 생산연대는 중국보다 매우 앞선다. 따라서 중국의 청동장식단추는 고조선의 영향을 받아 만들어졌을 가능성이 크다. 이는 중국 상왕조의 청동기가 고조선 초기의 문화인 하가점 하층문화와 밀접한 관계를 갖기 때문에 더욱 그러하다. 이 하가점 하층문화에 대해 장광직(張光直)은 "상(商)에 인접한 최초의 금속사용 문화 가운데 하나였으므로 상의 가장 중요한 혁신 가운데 하나—청동기 주조—의 최초 기원을 동부해안 쪽에서 찾는 것은 가능할 것이다"[69]라고 밝혔다.

하가점 하층문화는 황하 유역의 초기 청동기 문화인 이리두문화나 상문화와는 전혀 다른 서기전 2500년경에 속하는 고조선의 초기 청동기문화로, 북경 근처의 난하(灤河)를 경계로 동쪽에 분포한다. 이 문화는 중국의 상(商) 시대보다 훨씬 앞선 시기부터 존재하였고 비파형동검문화인 하가점 상층문화로 발전해 나갔으며, 지금까지의 조사결과로 요령성과 길림성 지역에 널리 분포되어 있는데 약 3천여 곳의 유적이 발견되어 있다.

만주지역에서 가장 이른 청동기문화는 요서지역의 하가점 하층문화인데, 내몽고자치구 적봉시 지주산(蜘蛛山) 유적은 그 연대가 서기전 2015±90년(3965±90 B.P.)이고 교정연대는 서기전 2410±140년(4360±140 B.P.)이다. 이 연대는 지금까지 확인된 하가점 하층문화의 연대 가운데 가장 이르다. 하가점 하층문화 유적은 길림성 서부에도 많이 분포되어 있는데, 이 지역은 아직 발굴되지 않았다.

청동기문화의 시작연대를 보면 황하유역은 서기전 2200년경이고 고조선지역과 문화적으로 관련이 있는 시베리아의 카라수크문화는 서기전 1200년경이다. 고조선의 청동기 문화는 서기전 2500년경으로, 동아시아에서 청동기 생산 시작연대는 고조선이 가장 이르다. 그러나 앞에 서술한 바와 같이 우하량 유적 85M3에서 청동 귀걸이가 출토된 사실로 보면 고조선의 청동기 시작연대는 이보다 앞설 가능성이 매우 높다. 이

---

69) 張光直 지음·尹乃鉉 옮김, 《商文明》, 民音社, 1988, 435쪽.

는 중국의 청동단추 생산이 고조선의 영향일 가능성을 뒷받침하며, 고
조선 청동장식단추에서 나타나는 고유한 특징에서도 확인된다.

　중국의 경우에는 감숙성·섬서성·하남성 등의 지역과 지리적으로 고
조선지역과 가까운 산동성지역에서 소량의 청동장식단추가 발견되었을
뿐이다. 반면에 고조선의 영역이었던 한반도와 만주지역에서는 거의 모
든 청동기시대 유적에서 다양한 크기와 문양, 양식의 청동장식단추들이
일정하게 발견되고 있다. 또한 중국 청동장식단추에 보이는 문양은 중
국의 청동기나 질그릇 및 가락바퀴 등에서 볼 수 있는 특징적 문양과는
달리 고조선 청동장식단추 문양과 같거나 가깝다. 고조선의 청동장식단
추는 가락바퀴와 청동기 및 질그릇 등에서 보이는 문양 혹은 청동거울
이나 비파형동검 검집에 나타나는 문양과 같은 햇살문양70)으로 장식되
어 고조선의 유물들이 갖는 특징과 그 맥락을 같이한다.71)

　고조선의 청동장식단추는 그 크기와 양식, 문양 등을 서로 달리하며
복식에서 특징적 갖춤새를 이루어 나갔는데, 이러한 요소들은 홍산문화
의 복식 특징을 그대로 발전시켜 나간 모습이다. 이처럼 청동장식단추
가 복식에서 빛나는 성격을 보이며 한반도와 만주의 모든 지역에서 사
용되었던 점과 표면에 일정한 햇살문양을 나타냈던 조형의지는 한민족
복식의 고유양식으로 제의문화와 무관하지 않을 것이며, 고조선문명권
을 나타내 주는 중요한 표지유물이라 생각된다.

　이러한 고조선 복식에 자주 사용되었던 청동장식단추는 이후 열국
시대에 이르면 복식에 크게 확대되어 보편적으로 사용된다. 고구려를
중심으로 사국시대를 거쳐 삼국시대가 되면 더욱 화려한 조형미를 나타
내며 발전적 양상으로 나타나 한민족의 고유한 복식양식으로 정착된다.
그러나 중국에서는 상주시대 복식에서 소량 나타났을 뿐 이후 거의 사

---

70) 일반적으로 선으로 표현된 문양을 빗살무늬 혹은 새김무늬로 부른다. 그러나
　　빗살 혹은 빛살은 모두 햇빛을 표현한 것으로 햇살이라 일컫는 것이 적절하
　　다고 생각하여 이 책에서는 빗살무늬 혹은 새김무늬를 햇살무늬 혹은 햇살문
　　양으로 일컫기로 한다.
71) 박선희, 〈고조선의 갑옷 종류와 특징〉, 《한국고대복식-그 원형과 정체》 참조.

용되지 않아 변천사가 없다.

고조선의 청동장식단추는 이웃 나라보다 일찍 만들어져 그 크기와 형태, 문양의 양식 등을 서로 달리하며 공간에서 융통성 있게 조합될 수 있는 특징을 지니고 있어 고조선사람들의 자유로운 조형의지와 잘 부합된다. 고조선에서 복식에 사용된 장식단추 혹은 달개장식의 일정한 조형직 이치는 둥근 것과 네모와 세모, 마름모 등의 양식에서도 모두 보이는데, 그 가운데 새김문양의 둥근 양식이 가장 많이 사용되어 두드러진 장식기법을 나타냈다.

특히 모자에는 주로 둥근 양식의 것들이 사용된 점도 특징적이다.[72) 둥근 달개장식의 사용이 오랫동안 일관되게 고조선 영역에 전반적으로 확산된 것을 단순히 한 시기의 조형적 유행으로 볼 수도 있다. 그러나 원형의 달개장식 기법은 신석기시대로부터 비롯되어 고조선과 이후 열국시대에 이르기까지 지속적으로 사용되었다. 원형의 달개장식이 이후 의례용으로 사용되었을 고구려와 백제, 신라, 가야의 금관과 금동관 등에도 일정하게 나타나는 것으로 보면 태양신을 섬기는 천신신앙의 문화적인 전통이 계승된 것으로[73) 해석된다.

고조선 중기부터는 청동장식단추의 사용량이 크게 증가하면서 모자와 의복에 옥과 청동, 금으로 만든 장식물과 함께 적극적으로 장식되었다. 이것은 청동장식물이 주물틀을 사용해 생산량이 많아지면서 복식에서 쓰임새가 늘어났음을 알려 준다. 고조선 중기부터 비롯된 이러한 현상은 제의복식에서도 마찬가지였을 것이므로, 이는 장속(葬俗)이 이전보다 화려하고 장엄한 분위기를 나타내게 된 까닭일 것으로 여겨진다.

좋은 예로 고조선 중기부터 무덤 유적에서는 청동장식단추를 복식에 보편화시킨 공통적인 특징이 나타난다. 그 가운데 모자와 아래옷에

---

72) 박선희, 《고조선 복식문화의 발견》, 319~414쪽.
73) 박선희, 《우리 금관의 역사를 밝힌다》 참조; 박선희, 〈고조선 관모양식을 이은 고구려 금관의 출현과 발전 재검토〉, 《고조선단군학》, 고조선단군학회, 2011, 141~216쪽.

가장 많이 장식한 경우로는 약왕묘 M11 유적[74], 지주산과 홍산후무덤
유적[75], 주가지 45호 무덤 유적[76], 남산근 유적[77], 소달구 유적[78] 등의
출토 상황이다. 이처럼 청동장식단추가 모자와 아래옷에 많은 양 장식
되었다면 일반의복으로는 실용성이 없으므로, 평상시 착용했다기보다는
장속(葬俗) 혹은 제의(祭義)를 행할 때 갖추어 입었던 복식으로 해석된
다. 일상복에서는 장식들이 비교적 소극적으로 표현되어야 자유롭게 활
동할 수 있기 때문이다.

고조선 후기로 오면 원형 청동장식단추는 크기가 청동거울만큼 커
지기도 한다. 대표적인 사례가 요령성 조양현 십이대영자무덤에서 원판
형으로 직경 20㎝ 정도의 청동장식품들이 햇살문양 청동거울과 함께 출
토된 것이다.[79] 심양 정가와자 유적에서도 큰 크기의 청동장식단추가
햇살문양 청동거울과 함께 출토되었고[80], 요령성 소조달맹 영성현 남산
근무덤 등에서도 마찬가지이다.[81] 발굴자들은 이것이 청동거울과 유사
한 형태이지만 옷 위에 달았던 장식품일 것으로 판단했다.[82] 이 거울모
양 청동장식은 대부분의 무덤에서 매장자의 머리와 가슴, 배, 두 다리
사이, 다리 아래에 위치하고 있어 종교의식과 관련된 장속일 가능성을

74) 中國科學院考古研究所內蒙古工作隊, 〈赤峰葯王廟, 夏家店遺址試掘報告〉, 《中國考
    古集成》 東北卷 靑銅時代(一), 663쪽.
75) 劉素霞, 〈夏家店上層文化考古資料反映的有關民族習俗〉, 《中國考古集成》 東北卷
    靑銅時代(一), 416~417쪽.
76) 靳楓毅, 〈夏家店上層文化及其族屬問題〉, 《中國考古集成》 東北卷 靑銅時代(一),
    409쪽; 中國社會科學院考古研究所內蒙古工作隊, 〈內蒙古敖漢旗周家地墓地發掘簡
    報〉, 1997, 《中國考古集成》 東北卷 靑銅時代(一), 814쪽; 劉素霞, 〈夏家店上層文
    化考古資料反映的有關民族習俗〉, 《中國考古集成》, 東北卷 靑銅器時代(一), 416쪽.
77) 中國科學院考古研究所內蒙古工作隊, 〈寧城南山根遺址發掘報告〉, 《中國考古集成》
    東北卷 靑銅時代(一), 709쪽.
78) 吉林省博物館·吉林大學考古專業, 〈吉林市騷達溝山頂大棺整理報告〉, 《中國考古集
    成》東北卷 靑銅時代(三), 2373쪽.
79) 조선유적유물도감 편찬위원회, 《조선유적유물도감》 2-고조선·진국·부여편,
    조선유적유물도감 편찬위원회, 1988, 41·42쪽, 그림42·46.
80) 조선유적유물도감 편찬위원회, 위의 책, 67쪽, 그림107·108.
81) 張錫瑛, 〈東北地區鏡形器之管見〉, 《中國考古集成》 東北卷 靑銅時代(一), 243쪽.
82) 張錫瑛, 〈試論東北地區先秦銅鏡〉, 《中國考古集成》 東北卷 靑銅時代(一), 236쪽.

엿보게 하며, 제의 복식과도 맥락을 같이할 것이라 여겨진다.

고조선 사람들은 복식에서 장식기법과 직조기법뿐만 아니라 염색기법에서도 과학적인 수준을 이루었다. 실제로 신석기시대 여러 유적에서는 한민족이 고조선 이전 시기부터 다양한 색상의 염료를 사용한 사실이 나타난다. 좋은 예로 요령성 적봉시 오한기에 위치한 조보구 유적(서기전 5000년~서기전 4400년)의 채색질그릇, 심양 부근 신락 유적(서기전 5000년경)에서 재색질그릇과 함께 출도된 붉은색과 검은색 염료와 연마기 등을 들 수 있다. 또한 홍산문화(서기전 4500년~서기전 3000년)에 속하는 우하량 유적(서기전 3500년경)[83] 여신묘 벽화에는 붉은색과 황백색이 채색된 화려한 기하학문양이 보인다.[84] 이같이 신석기시대부터 발달된 채색과 염색기법은 제단 유적에서 적극 나타나며 악기와 인물조형물 등이 동반되어 출현하는 까닭에 제의 의식과 관련지어 그 발달사를 해석하게 된다.

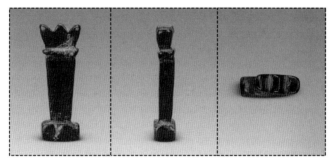

〈그림 13〉 우하량 N2Z4H1:15 유적 출토 '인장형' 옥기

그 밖에 우하량의 돌돌림 유적 N2Z4H1:15에서 출토된 '인장형'(印章形) 옥기(그림 13)는[85] 인장용으로 사용되었다면 채색을 필요로 했을 것으로 생각되며, 제의식과 관련된 옥기였을 것이다. 이 옥기를 발굴자

---

83) 許玉林,〈東北地區新石器時代文化槪述〉,《中國考古集成》東北卷 新石器時代(一), 52쪽.

84) 楊虎,〈關于紅山文化的幾個問題〉,《慶祝蘇秉琦考古五十五周年論文集》, 文物出版社, 1989.

85) 遼寧省文物考古硏究所,《牛河梁－紅山文化遺址發掘報告(1983-2003年度)》, 2012, 文物出版社, 圖版 130-1.

들의 분류처럼 인장으로 본다면, 아래 그림 가운데 마지막 그림 부분이 찍을 수 있는 부분이 된다. 이 부분만을 확대한 것이 〈그림 13-1〉이다. 이들을 찍어 보면 〈그림 13-2〉의 모양으로, 《설문해자》(說文解字)의 '목'(目) 자와 거의 같다. 이를 '目' 자로 본다면, 《설문해자》의 "人眼象形 重童子也"에 따라 눈동자로 해석되어 중심 혹은 우두머리를 표현했을 가능성을 생각하게 한다.

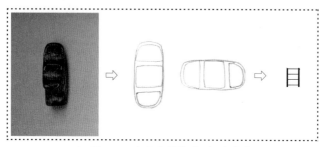

〈그림 13-1·2〉 '인장형' 옥기 아래면

이 '目' 자형 문식은 조보구문화인 오한기 왕가영자향 소동량(小東梁) 유적에서 출토된 돌로 만들어진 통형기(筒形器)(그림 14)에도[86] 나타난다. 이 통형기는 '인장형' 옥기에 보이는 것과 같은 문식이 양각으

〈그림 14〉 소동량 유적 출토 석통형기(石筒形器)

로 도드라지게 새겨져 있어 제의식에 사용되었을 의식용 기구로 생각되며, 제의식의 우두머리와 관련된 상징적 유물로 해석된다.

'인장형' 옥기에 구멍은 뚫려 있지 않지만 윗부분의 돌출된 부분에 끈을 걸 수 있어 몸에 달거나 걸었던 지배계층의 복식유물로 해석된다. '인장형' 옥기가 발굴자들의 견해처럼 인장으로 분류된다면, 그 출토지가 우하량의 돌돌림 유적인 점으로 보아 제의식에서 중요한 위치에 있던 지배계층이

---

86) 于建設, 《紅山玉器》, 遠方出版社, 2004, 164쪽.

사용하던 신정(神政)적인 성격을 가진 상징물이었을 것이다.

　이 같은 홍산문화의 제의성은 필자로 하여금 이 책에서 문헌자료와 홍산문화로부터 지속적으로 고조선 복식에 나타나는 장식기법과 예술의지 등을 통해 고조선 제의문화에 접근하게 하는 요인이 된다. 특히 홍산문화에서 보여지는 제단 유적과, 한반도의 돌돌림 유적을 비롯하여 복식과 예술에 나타나는 이웃 나라와 구분되는 제의문화를 해석하는 일은 '고조선문명'을 밝히는 하나의 접근방법이 될 것이다. 우리 민족은 신석기시대로부터 한반도와 만주 전 지역에서 거주하면서 하나의 복식문화권과 제의문화권을 형성해 왔고, 청동기시대에는 고조선을 세워 하나의 민족을 이루었기 때문이다. 고조선 지역에서 나타나는 복식과 예술자료의 특성 연구로 제의문화의 정체성을 밝히고, 나아가 고유성에 관한 분포연구로부터 고조선문명권의 지리적 경계도 확인할 수 있다.

　앞에서 부분적으로 서술했듯이, 홍산문화에서 보이기 시작하는 달개 혹은 장식단추에 대한 통시적 전승만을 검토해 보아도 이 장식기법이 고조선시대 한반도와 만주지역 복식에 광범위하게 사용되고 열국과 삼국으로까지 계승되어 한민족의 중요한 장식기법으로 자리잡았음을 알 수 있다. 특히 이러한 장식기법의 발달 양상을 시기별로 검토해 보면, 홍산문화가 고조선이 출현한 초기 청동기시대인 하가점 하층문화로 발전했고 다시 고조선의 비파형동검문화인 하가점 상층문화로 발전했음을 인식할 수 있다.

　그런데 중국에서는 홍산문화를 포함한 만주의 고대문화를 총칭하여 '요하문명'이라 부르며 이를 황제문화에 포함시키고 있다. 다시 말해 이 명칭은 한반도와 연해주 지역의 고대문화를 변방문화로 격하시키려는 의미를 내포하고 있다. 그러나 한반도와 만주 선사문명의 성격은 황하문명과는 확연한 차이점을 보이고 있어 요하(遼河)라는 하나의 강 이름으로 포괄될 수 없다. 우리가 이 용어를 그대로 따른다면 중국의 역사 왜곡을 그대로 따르는 것이 된다. 우리는 이 문화를 반드시 '고조선문명'이라 불러야 할 것이다.

제2장 복식과 예술로 본 홍산문화와 고조선 제의문화

1. 옥기양식의 지역별 특성과 제의 성격

《설문해자》(說文解字)에서는 영(靈)에 대해 "영무(靈巫)는 옥으로 신(神)을 섬긴다"[1]고 했다. 이러한 내용으로부터 고대사회의 종교 지도자는 제의에서 옥기를 사용하였음을 알 수 있다. 옥기는 신앙을 상징하는 종교적 의기(儀器)였던 것이다. 일반적으로 신석기시대에서 청동기시대로 가는 과정에서 보이는 여러 가지 사회변화의 요소로 고고학자료에 나타나는 돌무지무덤과 성터의 출현, 그리고 옥기의 사용 등을 든다. 홍산문화는 이러한 요소들을 골고루 갖추고 있는데, 특히 돌무지무덤에서 곡옥을 비롯한 다양한 양식의 옥기가 많이 출토되고 있다.[2]

문제는 홍산문화 유적과 이후 고조선 유적들에서 출토되는 옥기들 가운데 어떤 종류의 것이 《설문해자》의 내용대로 종교지도자가 사용했던 의기였는지 여부를 가늠하기 어려운 점이다. 실제로 만주지역 발굴에 참여한 중국학자들도 일반적으로 고대의 옥기를 제옥(祭玉, 瑞玉), 패식(佩飾), 용기(用器, 容器), 예술 조각품 등으로 구분하지만, 이것은 단지 서술에 편리하도록 한 것일 뿐 엄격하게 분류할 수 없다고 했다.[3] 필자 역시 복식자료를 중심으로 홍산문화 유적에서 출토된 옥기를 고찰하면서 복식에 사용된 옥기 가운데 어떤 것이 신물(神物)로서 제의적 기능을 한 것인지, 또는 특별한 목적으로 장식효과를 위한 것이었는지

---

1) 《說文解字》. "靈, 靈巫以玉事神."
2) 孫守道·郭大順, 〈牛河梁紅山文化女神頭像的發現與硏究〉, 《文物》, 1986年 第8期, 19쪽; 郭大順·張克擧, 〈遼寧省喀左縣東山嘴紅山文化玉器墓的發現〉, 《文物》 1984年 第11期, 1~11쪽.
3) 孫 機, 〈玉器Ⅰ〉, 《漢代物質文化資料圖說》, 文物出版社, 1991, 365쪽.

해석하기 어렵다. 따라서 신석기시대로부
터 고조선시기까지 복식과 관련된 옥장
식 등의 통시적인 변천사를 통해 그 기
능과 역할을 해석하고 지역별 특징도 고
찰해 보고자 한다.

홍산문화 후기의 요령성 건평현 부근
에 위치한 우하량 여신무덤 유적(서기전
3500년)에서는 큰 규모의 돌무지무덤과
흙으로 만든 도소(陶塑) '여신상'(女神
像)(그림 1)4)이 출토되었고, 중앙에 있는

〈그림 1〉 우하량 제1지점
여신전 출토 여신 두상

석관무덤에서 많은 양의 옥기가 출토되었다.5) 우하량 여신무덤 유적에
서는 인간의 1배 크기 4명, 2배 크기 1명, 3배 크기 1명 등 총 6명에 해
당하는 여신상이 발견되었다.6) 홍산문화의 또 다른 유적에서도 옥기들
과 함께 도소 '여신
상'과 '남신상' 및 성
별을 가늠하기 어려
운 얼굴상 일부(그
림 2)7) 등이 출토되
었다. 이 얼굴의 옆
모습(그림 3)8)은 우
하량 유적 출토 여
신상의 옆모습(그림

〈그림 2〉 우하량 유적
N3G2 출토
사람얼굴상 부분

〈그림 3〉 우하량 유적
N3G2 출토
사람얼굴상 옆모습

---

4) 徐秉琨·孫守道, 《東北文化》, 上海遠東出版社, 商務印書館, 1996, 40쪽 그림 30.
5) 徐秉民·孫守道, 《東北文化》, 26쪽, 그림 26·30.
6) 우실하, 〈5,300년 전 홍산문화(紅山文化) 도소남신상(陶塑男神像) 소고〉,《2012년
   고조선단군학회 추계 학술대회 논문집》, 고조선단군학회, 2012.10.13, 1쪽 참조.
7) 遼寧省文物考古硏究所, 《牛河梁-紅山文化遺址發掘報告(1983-2003年度)》, 2012,
   文物出版社, 圖版 195.
8) 遼寧省文物考古硏究所, 위의 책, 圖版 196.

〈그림 4〉 우하량 유적 출토
여신상 옆모습

4)[9])이 곡선으로 이루어진 것과 대조적으로 직선에 가까우며 남성적인 조형미를 보인다.

이 '신상'들은 부분적으로 발견되어 전체 모습을 가늠하기 어렵지만 남아 있는 부분을 살펴보면 제의적 특징들이 나타난다. 아직 발굴되지 않은 많은 홍산문화 유적에서 이러한 '여신상'과 '남신상'들이 계속 발굴될 것으로 생각된다.

이러한 신상과 신전터는 이 시기에 종교가 상당한 권위를 가지고 군림하였음을 알려 준다. 우하량 유적에서 보이는 돌무지무덤과 규모가 큰 건축물 및 정교한 옥기의 생산은 많은 인력이 동원되어야 하는 일이다. 따라서 신석기 후기에 속하는 우하량 유적은 여러 부족이 연맹을 이루고, 정치적 지배자가 출현했던 상황을 보여 준다. 사회적 신분과 빈부의 차이가 발생하고, 전문 수공업자가 출현했으며, 전쟁의 발생과 함께 종교의 권위자가 존재하였을 것이다. 이 지역에서 다량의 옥기가 출토되는 것도 같은 이유에서라고 생각된다.

그런데 주목할 점은 홍산문화 유적들에서는 인물과 동물, 식물, 곤충 형상을 사실적으로 조각한 것 또는 추상적인 동물형상을 조각한 옥 장식물이 많이 출토되는데, 같은 시기 다른 지역의 유적에서는 이 같은 양식의 옥기가 보이지 않는 점이다. 홍산문화 이외의 유적들에서는 주로 옥구슬과 옥귀걸이 등의 장식품과 비실용공구인 옥도끼와 옥칼 등이 출토된다. 이러한 현상은 같은 지역의 홍산문화보다 앞선 시대의 유적에서도 마찬가지이다. 이를 상세히 고찰해 보기로 한다.

홍산문화보다 앞선 내몽고자치구 동부의 규모가 크고 오래된 신석기 집단 거주지인 흥륭와 유적(서기전 6200년~서기전 5200년)에서는 동아시아 최초의 옥귀걸이(그림 5, 표 1)와 함께 옥도끼 등 지금까지

---

9) 遼寧省文物考古硏究所, 위의 책, 圖版 11-1.

약 1백여 점의 옥기가 출토되었다.[10)]
중국의 옥 전문가들은 흥륭와 유적
에서 출토된 옥귀걸이가 세계에서
가장 오래된 것이라고 밝혔다.[11)] 흥

륭와 유적에서는 옥기와 함께 동북   〈그림 5〉 흥륭와 유적 출토 옥귀걸이
지역에서 가장 이른 시기에 만들어진 햇살무늬 질그릇이 출토되었다.[12)]

　흥륭와문화는 이후 요하지역의 주요 신석기문화인 부하문화(서기
전 5200년~서기전 5000년)로 이어지고, 대체로 같은 분포지역에 있
는 조보구문화(서기전 5000년~서기전 4400년)와 병존하면서 발전해
나아가[13)] 동석병용시대인 홍산문화로 이어진다. 흥륭와문화 이후 발
굴된 요령성 서부 부신에 위치한 사해문화 유적(서기전 5600년경)에
서도 흥륭와문화에서 출토된 것과 같은 양식의 옥귀걸이(그림 6)와

다양한 옥기가 햇살무늬 질그릇과 함
께 출토되었다.[14)] 이 유적에서 출토
된 옥기도 옥귀걸이, 옥구슬 등의 장
식품과 비실용공구인 옥도끼와 옥칼,
화살촉 등이었다.

〈그림 6〉 사해 유적 출토 옥귀걸이

　사해 유적은 흥륭와문화가 발굴되기 이전까지는 세계에서 가장 이른
시기에 옥기가 출토된 지역이었다.[15)] 이처럼 흥륭와문화와 사해문화는

10) 中國社會科學院考古研究所, 〈一遺址保存完好房址布局淸晰葬俗奇特出土玉器時代之
　　早爲國內之最-興隆洼聚落遺址發掘獲碩果〉, 《中國考古集成》 東北卷 新石器時代
　　(一), 607~608쪽; 王永强·史衛民·謝建猷, 《中國小數民族文化史》 北方卷 上·貳,
　　廣西敎育出版社, 1999, 14쪽.
11) 鞍山日報, "中國最早玉器出自岫岩", 2004年 7月 14日(우실하, 《동북공정 너머
　　요하문명론》, 소나무, 2007, 111~112쪽).
12) 中國社會科學院考古研究所內蒙古工作隊, 〈內蒙古敖漢旗興隆洼遺址發掘簡報〉, 《中
　　國考古集成》 東北卷 新石器時代(一), 611~621쪽; 《中國文物報》 第48期, 〈興隆洼
　　聚落遺址發掘獲碩果-遺址保存完好房址布局淸晰葬俗奇特出土玉器時代之早爲國內之
　　最〉, 1993年 12月 13日 참조.
13) 劉晋祥, 〈趙宝溝文化初論〉, 《中國考古集成》 東北卷 新石器時代(一), 643~645쪽.
14) 徐秉民·孫守道, 《東北文化》, 上海遠東出版社, 26쪽, 그림 13.

<표 1> 흥륭와문화 유적 출토 옥 귀걸이

파언탑랍소목소달륵 (巴彦塔拉蘇木蘇達勒) 유적 출토		사간낙이진(查干諾爾鎭) 홍격력도산(洪格力圖山) 유적 출토	
바깥지름 3.3cm 안지름 0.7cm 두께 1.3cm	바깥지름 3.1cm 안지름 0.8cm 두께 1.4cm	바깥지름 3.6cm 안지름 0.2cm 두께 1cm	바깥지름 3.2cm 안지름 0.7cm 두께 1.4cm
사간낙이진 석본포릉묘(錫本包楞墓) 출토		사간낙이진 홍격력도산 유적 출토	
		직경 5~1.2cm	
옹우특기(翁牛特旗) 해방영자(解放營子) 유적 출토		왕팔돈자산(王八膊子山) 유적 출토	
직경 2.1cm 두께 2.1cm		직경 4.7cm 두께 0.7cm	

---

15) 魏運亨·卜昭文, 〈阜新查海出土七八千年前的玉器〉, 《中國考古集成》 東北卷 新石器
時代(二), 1639쪽; 方殿春, 〈阜新查海遺地的發掘與初步分析〉, 《中國考古集成》 東
北卷 新石器時代(二), 1646~1651쪽

홍산문화보다 앞선 문화로 서로 계승관계에 있어 우리 민족의 선사시대를 연구하는 데 매우 중요한 문화이다. 이들 문화는 분포지역이 거의 같고[16] 계승관계를 나타내는 유물은 옥기뿐만 아니라 질그릇의 경우도 마찬가지이다. 특히 이 문화들에서 출토된 옥기의 재료가 분석 결과 모두 요령성 수암현(岫岩縣)에서 생산되는 옥으로 밝혀진 점[17]에서도 그러하다.

이처럼 만주지역에서 이른 시기부터 옥기가 생신된 것과 달리 중국에서는 곡옥을 비롯한 옥기들이 위의 지역들보다 약 1,000년 정도 늦게 만들어졌던 것으로 나타난다. 중국의 신석기시대문화는 황하 중하류지역과 양자강 중하류지역으로 크게 나누어진다. 황하 중류유역의 서기전 5000년기의 앙소문화에 속하는 남정현(南鄭縣) 용강사(龍崗寺) 유적에서 도끼모양의 옥제품 등이 출토되었다. 중국의 신석기문화에서 옥기제작기술이 가장 발달한 것은 양자강 하류유역의 양저(良渚)문화(서기전 3000년~서기전 2000년)이다. 양저문화는 보다 앞선 서기전 3000년기에 속하는 가빈(家濱)문화와 숭제(崧澤)문화, 절강성 중동부의 하모도(河姆渡) 3·4층문화(서기전 5000년~서기전 4000년기)로부터 발달된 것으로, 이들 문화층에서는 다양한 옥제품들이 출토되었다.[18] 이러한 내용으로부터 옥기문화는 한반도나 만주지역에서 기원하여 중국에 전파되어 지역적 특색을 달리하며 발달해 나갔을 것으로 추정된다. 그러므로 동아시아의 모든 문화가 황하유역으로부터 다른 지역으로 전파되었을 것으로 보는 것은 모순이며 옥기의 경우도 마찬가지라 하겠다.

한반도에서는 흥륭와 유적과 거의 같은 시기에 속하거나 더욱 이른 시기일 것으로 추정되는[19] 강원도 고성군 문암리 선사 유적(서기전

---

16) 楊虎, 〈關于紅山文化的幾個問題〉, 《中國考古集成》 東北卷 新石器時代(一), 169～175쪽; 李恭篤, 〈昭烏達盟石崩山考古新發現〉, 《中國考古集成》 東北卷 新石器時代(一), 583쪽.

17) 주 12와 같음.

18) 林巳奈夫 著, 《中國玉器總說》, 吉川弘文館, 1999, 148~278쪽; 周南泉, 〈故宮博物院藏的幾件新石器時代飾紋玉器〉, 《文物》 1984年 第10期, 42~48쪽.

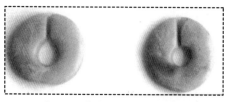

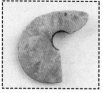

〈그림 7〉 문암리 유적 출토 옥귀걸이   〈그림 8〉 고산리
유적 출토 옥귀걸이

10000년~서기전 6000년)에서도 수암옥으로 만든 것과 같은 모양의 옥
귀걸이가 출토되었다(그림 7).[20] 또한 제주도 고산리 유적에서는 많은
양의 화살촉 등과 함께 토기 및 옥귀걸이(그림 8)가 발견되었는데, 그
연대가 서기전 8000년~서기전 10000년 무렵으로 추정되고 있다.[21] 전
남 여수시 남면 안도리 패총 유적(서기전 4000년~서기전 3000년경)에
서도 문암리와 같은 유형의 귀걸이가 새김무늬 질그릇과 함께 출토되
었다.[22] 뿐만 아니라 신석기시대 중기에서 후기에 속하는 울산 처용리
유적에서도 여인상과 함께 같은 양식의 옥귀걸이가 출토되었다.[23] 이
러한 양식의 귀걸이는 당시 실제로 사용되었던 것임을 앞에 서술한 홍
산문화 유적에서 출토된 도소 신상에서 확인할 수 있다. 즉 '여신상'에
는 귓불에 작은 구멍(그림 9)이 보이고, '남신상'에는 귓불에는 큰 구멍
(그림 10)이 보인다. 이러한 내용으로 보아 신석기시대 한반도와 만주
지역이 제의에서 동일하게 가늘고 두터운 양식의 둥근 귀걸이를 하였음
을 알 수 있다. 앞의 1장에서 서술한 우하량 유적 출토 청동귀걸이(제1
부 제1장 2절의 그림 11)도 둥근 모양으로 같은 양식이었다.

흑룡강성지역의 신석기시대 무덤 유적에서도 많은 양의 옥기가 햇

19) 우실하, 앞의 책, 119쪽.
20) 국립문화재연구소, 《고성문암리유적》, 2004; 朴玧貞, 〈高城文岩里 先史遺蹟 發
掘調査〉, 《韓國新石器研究》 第5號, 한국신석기학회, 2003 참조; 고동순, 〈양양
오산리유적 발굴조사 개보〉, 《韓國新石器研究》 第13號, 한국신석기학회, 2007,
127쪽.
21) 北濟州郡·濟州大學校博物館, 《濟州高山里遺蹟》, 1998; 濟州道·濟州大學校博物館,
《濟州高山里遺蹟-고산리유적 성격규명을 위한 학술조사보고서》, 2003 참조.
22) 조현종·양성혁·윤온식, 《安島貝塚》, 국립광주박물관, 2009.
23) 울산박물관, 《울산박물관특별유물-역사편-선사》, 울산박물관, 2015, 19쪽.

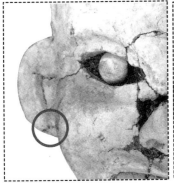

〈그림 9〉 '여신상' 부분

〈그림 10〉 '남신상' 부분

살무늬 질그릇과 함께 출토되었는데 옥의 재질에서도 동질성을 가진다. 발굴자들은 흑룡강성지역 여러 신석기시대 유적에서 출토된 많은 옥기들의 재질이 모두 세밀한 재질적 특성을 가지는 수암옥이라고 분석했다.[24] 또한 발굴자들은 이 옥기들이 수암옥인 까닭으로 지금의 흑룡강에서 길림성에 이르는 지역에는 수암옥과 같은 재질의 옥산지가 발견된 적이 없는 점과 흑룡강성에서 출토된 옥기양식이 홍산문화의 것과 서로 유사하다는 점을 들었다.[25] 이러한 사실은 신석기시대 흑룡강성지역에 살던 사람들이 요령성의 수암(岫岩)과 관전(寬甸) 일대에서 옥기의 재료를 가져왔을 것임을 추정케 한다. 그리고 홍산문화 이전 신석기시대 초기부터 한반도와 만주지역이 하나의 문화권이었음과, 옥기 양식이 홍산문화의 것과 서로 유사한 특징을 가지게 된 까닭을 알게 한다.

　　그러나 이들 홍산문화 이전 시기 유적에서 출토된 옥기에는 인물과 동물 등의 형상을 조각한 것이 보이지 않는 점이 특징적이다. 이러한 내용에서 인물과 동물을 형상화한 옥기는 유독 홍산문화시기에 출현했던 특징이었음을 알 수 있다.

24) 張廣文, 《玉器史話》, 紫禁城出版社, 1991, 2쪽. 수암옥의 주요성분은 蛇紋岩으로 硬度 2.5~5.5·比重 2.5~2.8의 우수한 품질의 옥으로 밝혀졌다.
25) 孫長慶·殷德明·干志耿, 〈黑龍江古代玉器文化問題的提出與硏究〉, 《中國考古集成》 東北卷 新石器時代(二), 1976쪽; 黑龍江省博物館, 〈昻昻溪新石器時代遺址的調査〉, 《中國考古集成》 東北卷 新石器時代(二), 2043쪽.

<그림 11> 옥도끼

그러면 홍산문화 유적과 같은 시기의 다른 지역은 어떠한 양식의 옥기를 생산했는지 홍산문화지역의 것과 비교해 보기로 한다. 한 반도와 만주에는 돌무지무덤이 널리 분포되어 있는데, 홍산문화의 우하량 유적은 발굴된 돌무지무덤 가운데 가장 연대가 이른 것이다. 우하량 유적들에서 출토된 옥기의 종류로 비실용성 생산공구류로는 옥도끼와 옥끌, 옥각도(玉刻刀) 등(그림 11~13)26)이 있고, 무기류로는 옥창(그림 14)27)이 있다. 이들은 구멍이 없어 옷에 달거나 걸었던 패식은 아니었던 것으로 여겨진다. 그러나 흥륭와문화 유적의 보일물소진(寶日勿蘇鎭)에서 출토된 '박옥'(璞玉)은 구멍이 없는 옥기이지만 광물질이 녹아 있는 직물의 흔적이 남아 있어28) 직물에 싸서 제의식에 사용되었을 가능성을 생각하게 한다. 비실용성 공구이지만 <그림 15~18>29)의 경우는 구멍이 있는 것으로 보아 패식이나 목걸이 등으로 사용되었을 것으

<그림 12> 옥끌

<그림 13> 옥각도

<그림 14> 옥창

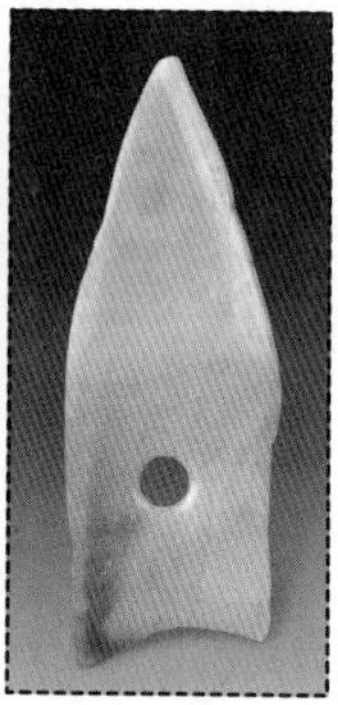

<그림 15> 옥과

26) 孫守道·劉淑娟, 〈紅山文化玉器新品新鑒〉, 吉林文士出版社, 2007, 290쪽 그림 297; 戴煒·侯文海·鄭耿杰, 《眞賞紅山》, 內蒙固人民出版社, 2007, 19쪽; 遼寧省博物館· 遼寧省文物考古研究所, 《遼河文明展》, 遼寧省博物館, 2006, 15쪽 그림 1.
27) 孫守道·劉淑娟, 〈紅山文化玉器新品新鑒〉, 吉林文士出版社, 2007, 295쪽 그림 302.
28) 巴林右旗博物館文物精品薈萃, 《文物載千秋》, 內蒙古出版集團 內蒙古人民出版社, 2012, 21쪽.
29) 孫守道·劉淑娟, 〈紅山文化玉器新品新鑒〉, 213쪽 그림 206·286쪽 그림 291·290 쪽 그림 296.

〈그림 17〉 옥자귀   〈그림 18〉 옥도

로 생각된다. 옹우특기의 삼성타랍 유적에서도 곡옥을 비롯하여 옥으로 만든 머리꾸미개, 용·물고기·돼지·거북·새 등 다양하고 정교한 동물 장식품들이 출토되었다.30) 이

〈그림 16〉
손잡이 옥기

처럼 홍산문화 유적들에서 출토된 옥기는 대부분 장식으로 쓰였을 장식품이 많고, 인물(그림 19~34)과 동물 및 물고기류(그림 35~51), 곤충형상(그림 52~60)을 사실적으로 조각한 것 또는 추상적인 동물형상(그림 61~84)을 조각한 것 등으로 그 종류가 매우 다양하다.31) 이 가운데 인물과 동물형상 조각품이 비교적 많은 편이다. 이들 역시 대부분 구멍이 뚫려 있어 줄을 사용해 걸거나 의복에 달았던 것으로 생각된다.

　이와 달리 흑룡강성지역은 홍산문화지역과 출토된 옥기양식이 다르게 나타난다. 흑룡강성지역에서는 송눈평원이 옥기 출토지역과 출토량에서 가장 우세하고 장광재령과 소흥안령 이동지역에서도 다량 출토되며, 소흥안령 서록 구릉 평원지역은 비교적 적은 편이다. 이처럼 송눈평원지역이 출토지와 출토량에서 월등히 우세한 것은, 이 지역이 지리적으로 요서지역과 비교적 가깝게 위치하고 있다는 것이 가장 큰 요인이

30) 林巳奈夫, 앞의 책, 149~168쪽; 王曾, 〈紅山文化的走向〉, 《文史硏究》 1987年 1輯; 殷志强, 〈紅山·良渚文化玉器的比較硏究〉, 《北方文物》, 1988年 1期; 李恭篤·高美璇, 〈紅山文化玉雕藝術初析〉, 《史前硏究》, 1987年 3期.

31) 遼寧省文物考古硏究所, 〈遼寧牛河梁紅山文化“女神廟”與積石塚群發掘簡報〉, 《中國考古集成》 東北卷 新石器時代(二), 1580~1596쪽; 孫守道·劉淑娟, 〈紅山文化玉器新品新鑒〉, 吉林文士出版社, 2007; 戴煒·侯文海·鄭耿杰, 《眞賞紅山》, 內蒙固人民出版社, 2007. 옥기의 종류는 사람형상의 종류가 많고, 동물형상으로는 곰과 독수리, 매, 고양이, 돼지, 해표, 거북이, 부엉이 등이 있고, 곤충으로는 잠자리와 거미, 누에, 사마귀, 벌, 나비 등 매우 다양하다.

될 것이다. 이 지역에서 출토된 옥기는 크게 장식품과 비실용성 생산도
구로 구분된다. 중국학자들은 출토된 옥기를 대체로 패(珮), 부(斧), 분
(錛), 환(環), 황(璜), 비(匕), 산(鏟), 착(鑿), 주(珠), 관(管) 등으로 구
분하였다. 특징적인 차이점은 홍산문화 옥장식품과 달리 흑룡강성 옥기
문화에는 인물 혹은 짐승모양 등의 옥제품이 거의 발견되지 않는다는 것
이다.32) 이러한 홍산문화 유적 출토 옥기들을 인물형상 옥기, 동물과 물
고기형상 옥기, 곤충형상 옥기, 추상적형상 옥기로 구분하여 정리해 보면
다음의 〈표 2~5〉과 같다.

〈표 2〉 인물형상 옥기

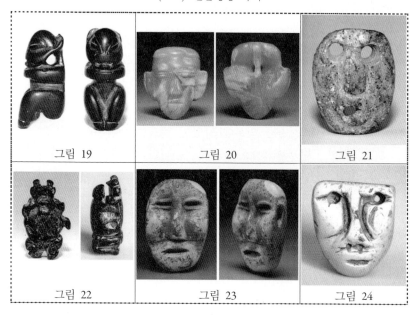

| 그림 19 | 그림 20 | 그림 21 |
| 그림 22 | 그림 23 | 그림 24 |

---

32) 孫長慶·殷德明·干志耿, 〈黑龍江古代玉器文化問題的提出與硏究〉, 《中國考古集成》
    東北卷 新石器時代(二), 1976쪽; 黑龍江省博物館, 〈昂昂溪新石器時代遺址的調査〉,
    《中國考古集成》 東北卷 新石器時代(二), 2043쪽 참조. 흑룡강성 지역에서 옥기
    가 많이 출토된 유적은 肇源縣에 위치한 望海屯 유적과 商志業布力 유적, 依安
    縣 烏裕爾河大橋 유적, 杜爾伯特 李家崗 유적, 刀背山 유적 등으로 햇살무늬 질
    그릇이 동반유물로 많이 출토되었다.

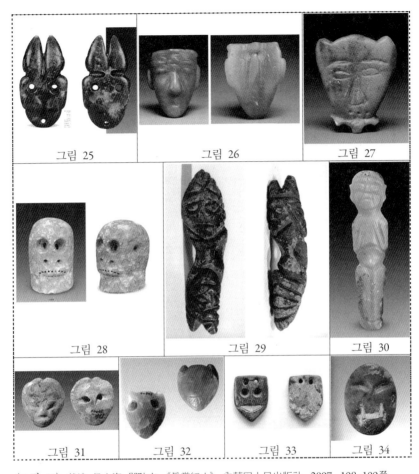

그림 25   그림 26   그림 27

그림 28   그림 29   그림 30

그림 31   그림 32   그림 33   그림 34

〈그림 19〉 戴煒·侯文海·鄭耿杰,《眞賞紅山》, 內蒙固人民出版社, 2007, 108·109쪽.
〈그림 20〉 戴煒·侯文海·鄭耿杰,《眞賞紅山》, 122·123쪽.
〈그림 21〉 戴煒·侯文海·鄭耿杰,《眞賞紅山》, 129쪽.
〈그림 22〉 戴煒·侯文海·鄭耿杰,《眞賞紅山》, 142쪽.
〈그림 23〉 戴煒·侯文海·鄭耿杰,《眞賞紅山》, 120·121쪽.
〈그림 24〉 戴煒·侯文海·鄭耿杰,《眞賞紅山》, 134쪽
〈그림 25〉 孫守道·劉淑娟,《紅山文化玉器新品新鑒》, 吉林文士出版社, 2007, 54~55쪽
    그림 1.
〈그림 26〉 戴煒·侯文海·鄭耿杰,《眞賞紅山》, 2007, 124·125쪽.
〈그림 27〉 戴煒·侯文海·鄭耿杰,《眞賞紅山》, 126쪽.
〈그림 28〉 孫守道·劉淑娟,《紅山文化玉器新品新鑒》, 64·65쪽 그림 9.
〈그림 29〉 戴煒·侯文海·鄭耿杰,《眞賞紅山》, 136쪽.
〈그림 30〉 遼寧省文物考古硏究所,《牛河梁－紅山文化遺址發掘報告(1983－2003年度)》, 文
    物出版社, 2012, 圖版 279.

〈그림 31〉 于建設,《紅山玉器》, 遠方出版社, 2004, 38쪽.
〈그림 32〉 于建設,《紅山玉器》, 37쪽.
〈그림 33〉 于建設,《紅山玉器》, 32쪽.
〈그림 34〉 于建設,《紅山玉器》, 33쪽.

〈표 3〉 동물과 물고기형상 옥기

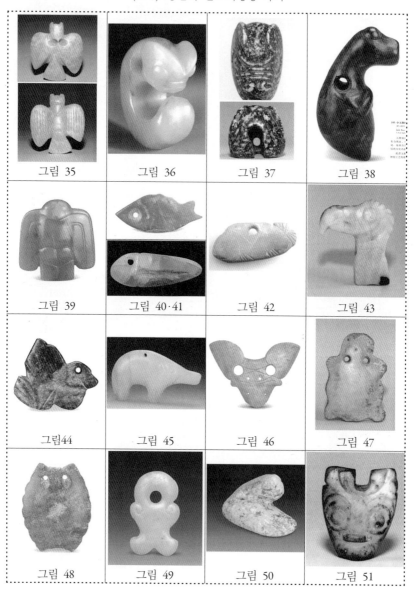

그림 35	그림 36	그림 37	그림 38
그림 39	그림 40·41	그림 42	그림 43
그림44	그림 45	그림 46	그림 47
그림 48	그림 49	그림 50	그림 51

〈그림 35〉 戴煒·侯文海·鄭耿杰,《眞賞紅山》, 內蒙固人民出版社, 2007, 56쪽.
〈그림 36〉 戴煒·侯文海·鄭耿杰,《眞賞紅山》, 88쪽.
〈그림 37〉 戴煒·侯文海·鄭耿杰,《眞賞紅山》, 100·101쪽
〈그림 38〉 孫守道·劉淑娟,《紅山文化玉器新品新鑒》, 吉林文士出版社, 2007, 181쪽 그림 165.
〈그림 39〉 孫守道·劉淑娟,《紅山文化玉器新品新鑒》, 144쪽 그림 96.
〈그림 40〉 孫守道·劉淑娟,《紅山文化玉器新品新鑒》, 196쪽 그림 190.
〈그림 41〉 于建設,《紅山玉器》, 遠方出版社, 2004, 173쪽.
〈그림 42〉 王冬力,《紅山石器》, 華藝出版社, 2007, 94쪽.
〈그림 43〉 戴煒·侯文海·鄭耿杰,《眞賞紅山》, 66쪽.
〈그림 44〉 孫守道·劉淑娟,《紅山文化玉器新品新鑒》, 158쪽 그림 127.
〈그림 45〉 孫守道·劉淑娟,《紅山文化玉器新品新鑒》, 180쪽 그림 164.
〈그림 46〉 孫守道·劉淑娟,《紅山文化玉器新品新鑒》, 187쪽 그림 171.
〈그림 47〉 戴煒·侯文海·鄭耿杰,《眞賞紅山》, 85쪽.
〈그림 48〉 孫守道·劉淑娟,《紅山文化玉器新品新鑒》, 161쪽 그림 133.
〈그림 49〉 孫守道·劉淑娟,《紅山文化玉器新品新鑒》, 192쪽 그림179.
〈그림 50〉 孫守道·劉淑娟,《紅山文化玉器新品新鑒》, 191쪽 그림 177.
〈그림 51〉 戴煒·侯文海·鄭耿杰,《眞賞紅山》, 102쪽.

〈표 4〉 곤충형상 옥기

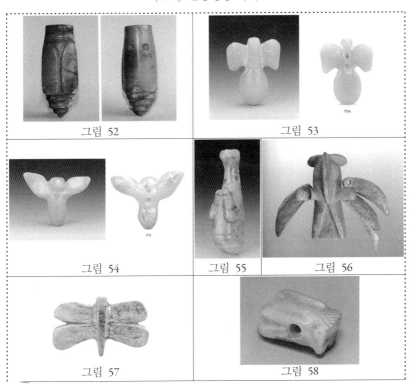

그림 52

그림 53

그림 54

그림 55

그림 56

그림 57

그림 58

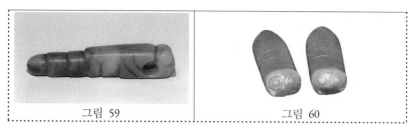

| 그림 59 | 그림 60 |

〈그림 52〉 戴煒·侯文海·鄭耿杰, 《眞賞紅山》, 內蒙固人民出版社, 2007, 71쪽.
〈그림 53〉 孫守道·劉淑娟, 《紅山文化玉器新品新鑒》, 吉林文士出版社, 2007, 188쪽 그림 172.
〈그림 54〉 孫守道·劉淑娟, 《紅山文化玉器新品新鑒》, 189쪽 그림 173.
〈그림 55〉 孫守道·劉淑娟, 《紅山文化玉器新品新鑒》, 176쪽 그림 160.
〈그림 56〉 于建設, 《紅山玉器》, 遠方出版社, 2004, 111쪽.
〈그림 57〉 孫守道·劉淑娟, 《紅山文化玉器新品新鑒》, 12쪽 揷圖 11.
〈그림 58〉 戴煒·侯文海·鄭耿杰, 《眞賞紅山》, 68쪽.
〈그림 59〉 戴煒·侯文海·鄭耿杰, 《眞賞紅山》, 80쪽.
〈그림 60〉 孫守道·劉淑娟, 〈紅山文化玉器新品新鑒》, 13쪽 揷圖 14.

〈표 5〉 추상적 형상 옥기

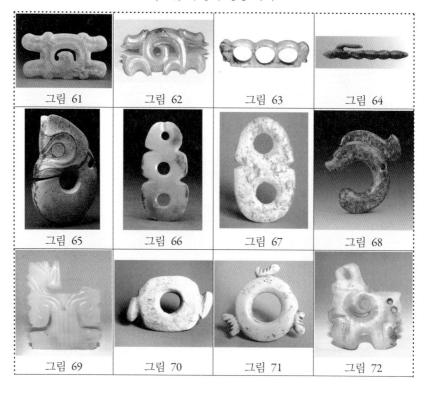

그림 61	그림 62	그림 63	그림 64
그림 65	그림 66	그림 67	그림 68
그림 69	그림 70	그림 71	그림 72

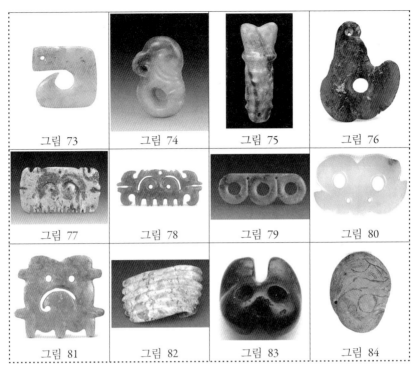

그림 73 그림 74 그림 75 그림 76

그림 77 그림 78 그림 79 그림 80

그림 81 그림 82 그림 83 그림 84

〈그림 61〉 遼寧省博物館·遼寧省文物考古硏究所, 《遼河文明展》, 遼寧省博物館, 2006, 20쪽.
〈그림 62〉 戴煒·侯文海·鄭耿杰, 《眞賞紅山》, 內蒙固人民出版社, 2007, 150쪽.
〈그림 63〉 遼寧省文物考古硏究所, 《牛河梁－紅山文化遺址發掘報告(1983~2003年度)》, 文物出版社, 2012, 圖版 284.
〈그림 64〉 于建設, 《紅山玉器》, 遠方出版社, 2004, 194쪽.
〈그림 65〉 遼寧省博物館·遼寧省文物考古硏究所, 《遼河文明展》, 18쪽.
〈그림 66〉 徐秉民·孫守道, 《東北文化》, 上海遠東出版社, 1998, 44쪽, 그림 39.
〈그림 67〉 戴煒·侯文海·鄭耿杰, 《眞賞紅山》, 157쪽.
〈그림 68〉 孫守道·劉淑娟, 《紅山文化玉器新品新鑒》, 吉林文士出版社, 2007, 89쪽 그림 28.
〈그림 69〉 戴煒·侯文海·鄭耿杰, 《眞賞紅山》, 135쪽.
〈그림 70〉 戴煒·侯文海·鄭耿杰, 《眞賞紅山》, 155쪽.
〈그림 71〉 戴煒·侯文海·鄭耿杰, 《眞賞紅山》, 153쪽.
〈그림 72〉 戴煒·侯文海·鄭耿杰, 《眞賞紅山》, 152쪽.
〈그림 73〉 孫守道·劉淑娟, 《紅山文化玉器新品新鑒》, 99쪽 그림 42.
〈그림 74〉 孫守道·劉淑娟, 《紅山文化玉器新品新鑒》, 121쪽 그림 66.
〈그림 75〉 孫守道·劉淑娟, 《紅山文化玉器新品新鑒》, 130쪽 그림 91.
〈그림 76〉 孫守道·劉淑娟, 《紅山文化玉器新品新鑒》, 131쪽 그림 92.
〈그림 77〉 孫守道·劉淑娟, 《紅山文化玉器新品新鑒》, 204쪽 그림 196.
〈그림 78〉 孫守道·劉淑娟, 《紅山文化玉器新品新鑒》, 204쪽 그림 197.
〈그림 79〉 孫守道·劉淑娟, 《紅山文化玉器新品新鑒》, 245쪽 그림 251.

〈그림 80〉 孫守道·劉淑娟,《紅山文化玉器新品新鑒》, 243쪽 그림 248.
〈그림 81〉 孫守道·劉淑娟,《紅山文化玉器新品新鑒》, 205쪽 그림 199.
〈그림 82〉 孫守道·劉淑娟,《紅山文化玉器新品新鑒》, 316쪽 그림 319.
〈그림 83〉 王多力,《紅山石器》, 華藝出版社, 2007, 94쪽.
〈그림 84〉 孫守道·劉淑娟,《紅山文化玉器新品新鑒》, 176쪽 圖 176.

앞에서 홍산문화 옥장식품과 달리 흑룡강성 옥기문화에는 인물 혹
은 짐승모양의 옥제품이 없는 것이 특징적 차이점임을 서술하였다. 이
러한 특징은 길림성지역에서도 마찬가지로 나타난다. 길림성지역 신석
기시대 유적에서는 곡옥 장식품[33], 백석(白石)으로 만든 구슬[34], 옥추
(玉墜)[35], 옥환(玉環)[36], 옥부(玉斧), 옥구슬, 옥패(玉佩), 옥관(玉管), 옥
벽(玉璧)[37] 등으로 홍산문화 유적들에서 나타나는 유물 특징들이 보이
지 않는다. 이들은 대부분 햇살문양 질그릇들과 함께 출토되었으며 구
멍이 있어 홍산문화에서 출토된 것들과 마찬가지로 옷에 달거나 걸었던
것으로 여겨진다.

위의 내용으로부터 알 수 있는 내용은 첫째, 홍산문화보다 앞선 시
기의 유적들에서는 주로 옥귀걸이, 옥구슬 등의 장식품과 비실용공구인
옥도끼와 옥칼 등이 출토된다는 공통점이 있다. 홍산문화 옥기의 특징
인 인물과 동물, 식물, 곤충형상을 사실적으로 조각한 것 또는 추상적인
동물형상을 조각한 것 등의 옥기양식이 보이지 않는다.

---

33) 何明,〈吉林省新石器時代的考古發現與認識〉,《中國考古集成》東北卷 新石器時代(二),
1704쪽.
34) 劉振華,〈吉林省原始文化中的幾種新石器時代遺存〉,《中國考古集成》東北卷 新石
器時代(二), 1698쪽; 李蓮,〈吉林安廣縣永合屯細石器遺址調查簡報〉,《中國考古集
成》東北卷 新石器時代(二), 1963쪽.
35) 延邊博物館,〈吉林省龍井縣金谷新石器時代遺址淸理簡報〉,《中國考古集成》東北卷
新石器時代(二), 1889~1890쪽.
36) 吉林省文物考古研究所,〈吉林東豊縣西斷梁山新石器時代遺址發掘〉,《中國考古集
成》東北卷 新石器時代(二), 1848쪽; 李景冰,〈鎮賚聚寶山砂場遺址調查〉,《中國
考古集成》東北卷 新石器時代(二), 1928~1930쪽; 王國范,〈吉林通楡新石器時代
遺址調查〉,《中國考古集成》東北卷 新石器時代(二), 1935쪽.
37) 吉林省文物考古研究所·白城地區博物館·長嶺縣文化局,〈吉林長嶺縣腰井子新石器時
代遺址〉,《中國考古集成》東北卷 新石器時代(二), 1903~1915쪽; 李蓮,〈吉林安
廣縣永合屯細石器遺址調查簡報〉,《中國考古集成》東北卷 新石器時代(二), 1966쪽.

〈그림 85〉 우하량 유적 N1J1 출토
곰 턱뼈와 이빨

〈그림 86〉 우하량
유적 N1H3 출토
사람 두상 조소품

〈그림 87〉 우하량
유적 N16H95 출토.
사람 두상 조소품

둘째, 홍산문화 이전 시기에 속하는 부신 사해문화 유적과 같은 지역에 위치하지만 더욱 후기에 속하는 홍산문화의 부신 호두구 유적의 옥기는 종류와 양에서 큰 차이를 보인다. 즉 사해문화 유적과 달리 호두구 유적의 옥기는 양적으로 풍부해지고 그 양식에서도 주로 물고기와 새, 거북이, 올빼미 등을 형상화한 옥기들이[38] 출토되었다. 이처럼 같은 지역임에도 시기에 따라 옥기 성격에서 차이를 보이는 것은 동물형상 등의 옥기가 홍산문화시기에 갑자기 나타난 현상으로 해석된다. 옥기뿐만 아니라 우하량 여신묘 유적에서는 곰 턱뼈와 이빨(그림 85)[39] 혹은 사람모양 조소품들(그림 86·87)[40]과 곰과 새의 날개 등 조소품의 일부 (그림 88·89·90)[41]가 발견되었다. 이러한 현상은 홍산문화지역에 널리 분포되어 있는 제단 유적에 행해진 제의의 성격과 무관하지 않을 것이다.

〈그림 88〉 우하량 유적 N1J1 출토
곰 조소품의 발 부분

---

38) 方殿春·劉葆華, 〈遼寧阜新縣胡頭溝紅山文化玉器墓的發現〉, 《中國考古集成》 東北
卷 新石器時代(二), 1652~1656쪽.
39) 遼寧省文物考古硏究所, 《牛河梁-紅山文化遺址發掘報告(1983-2003年度), 2012,
文物出版社, 圖版 19-3.
40) 遼寧省文物考古硏究所, 위의 책, 圖版 36-1·313-7.
41) 遼寧省文物考古硏究所, 위의 책, 圖版 20-1·2, 圖版 19-2.

〈그림 89〉 우하량 유적 N1J1B
출토 새 조소품의 날개 부분

〈그림 90〉 우하량 유적 N1J1B 출토
새 조소품의 발 부분

실제로 홍산문화는 우하량지역의 유적 분포에서도 나타나듯이 여신
상이 출토된 여신무덤과 함께 적석총 형태로 건축된 제단 유적들이 산
재해 있다. 여신무덤 유적에서는 신전터가 발견되었고, 동남쪽에 위치한
우하량 제2지점에서는 원형과 방형의 거대한 제단 유적이 발굴되었다.
현재도 홍산문화 여러 지역에는 발굴조사가 진행되고 있는데, 거대한 적
석총들이 계속 발견되고 있어 종교의식과 관련된 밀집지역인 것으로 추
정된다.

셋째, 한반도와 만주지역 유적에서 사용한 옥기는 재료가 모두 수암
옥이라는 동질성을 가지면서도 그 양식 면에서 차이를 보인다. 흑룡강
성지역과 길림성지역에서는 홍산문화에서 나타나는 짐승모양의 옥제품
들이 출토되지 않는다. 이것은 홍산문화 유적들의 성격은 대규모 종교
의식과 밀접한 관련을 갖고 있는데, 제단 유적들에서 사람과 자연, 짐승
들을 대상으로 한 주술적인 의식이 있었고 이를 옥으로 형상화하여 제
의를 진행할 때 사용한 의복에 착용했을 가능성이 매우 크다. 이와 달
리 흑룡강성지역과 길림성지역의 무덤들은 단순히 주검을 매장한 무덤
들이기 때문에, 일상의 패식 혹은 장례의식 용도로 장식품과 비실용성
의 생산도구만을 만들어 매장했을 것으로 생각된다. 따라서 인물과 동
물 및 곤충형상의 옥기장식은 제의용으로 구멍에 끈을 꿰어 의복에 달
거나 걸고 제의식을 거행했다고 추정된다.

흥륭와문화 이후 옥기의 발달은 동석병용시대인 홍산문화(서기전

4500년~서기전 3000년)로 이어지고 소하연문화(서기전 3000~서기전 2000년)를 거쳐 초기 청동기시대인 하가점 하층문화로 계승되는데, 이 시기에 고조선이 출현하게 된다.[42] 고조선문화로 추정되는 하가점 하층문화 유적들에서 옥기가 많이 보이고 있는데 이 유적들의 지리적인 분포는 매우 광범위하다. 하가점은 동으로는 요령성 중부의 의무려산, 서쪽으로부터는 내몽고 적봉시 칠로도산 산록에 다다른다. 남으로는 하북성과 내몽고, 그리고 요령성의 경계를 이루는 연산 남부를 가로질러 흐르는 서랍목윤하유역에 이른다. 이 지역에서는 많은 유적들이 계속 발굴 조사되고 있는데[43] 여러 유적들 가운데 오한기 대전자(大甸子) 유적들에서 옥기가 가장 많이 출토되었다.[44]

주목할 점은, 대전자 유적들은 대형묘에서 소형묘에 이르기까지 규모가 방대하여 1974년 1차 발굴을 시작으로 1997년까지 발굴된 묘가

---

42) 고고학자들은 하가점 하층문화를 비파형동검문화의 전신으로 보며 고조선문화로 분류한다(한창균, 〈고조선의 성립배경과 발전단계 시론〉, 《國史館論叢》 第 33輯, 國史編纂委員會, 1992, 7~20쪽; 林炳泰, 〈考古學上으로 본 濊貊〉, 《韓國古代史論叢》 1, 駕洛國史蹟開發研究院, 1991, 81~95쪽 참조). 한창균은 한반도와 만주에서 발굴된 고고학 자료들을 종합적으로 세밀하게 분석·검토하여 다음과 같은 결론을 내렸다. 즉 요서지역의 신석기문화인 홍산문화는 그 지역의 초기 청동기문화인 하가점 하층문화로 발전했고, 하가점 하층문화는 비파형동검문화인 하가점 상층문화로 발전했으며, 이것이 철기시대로 발전하였기 때문에, 고조선을 서기전 2333년부터 끊어서 보아서는 안 되며 그 이전 사회로부터 점차 발전해 왔다는 점을 인식해야 한다는 것이다. 그리고 홍산문화기를 추방(chiefdom)사회 단계로 상정하면서 이러한 사회를 기초로 하여 초기 청동기문화인 하가점 하층문화시기에 고조선이라는 국가가 출현하였을 것으로 보았다.

43) 복기대, 《요서지역의 청동기시대 문화연구》, 백산자료원, 2002, 20~21쪽. "이 지역에서 지금까지 발굴 조사된 유적은 赤峰市 藥王廟, 夏家店, 蜘蛛山, 敖漢旗 大甸子, 范伏子, 白斯郎營子, 南台子, 南山根, 三座店, 四分地, 西道村, 小楡樹林子, 北票 豊下, 建平 水泉, 喀喇沁, 朝陽 勝利三角城子, 朝陽 熱電廠 夏家店下層文化遺址, 錦西 水手營子, 邰集屯, 錦州 山河營子, 義縣 向陽嶺, 阜新 平頂山, 庫論, 奈曼旗 유적 등이다."

44) 內蒙古自治區의 敖漢旗 大甸子遺蹟은 서기전 1440±90년(3390±90 B.P.)·470±85년(3420±135 B.P.)으로 교정연대는 서기전 1695±135년·1735±135년이다(中國社會科學院考古研究所 編著, 《中國考古學中碳十四年代數據集》, 文物出版社, 1983, 25쪽 참조); 中國社會科學院考古研究所 編著, 《大甸子》, 科學出版社, 1996.

804기나 되는데도 홍산문화 유적 출토 옥기에 자주 보이는 동물이나 곤충 등의 형상을 표현한 장식품이 거의 출토되지 않았다는 점이다. 대전자 유적에서 출토된 옥기는 옥고를 비롯하여 옥귀걸이·구슬 등의 장식물과 비실용성 공구인 칼과 도끼 등이며, 추상적인 형상을 대칭으로 형상화한 옥기가 3점 정도이다. 이 출토품들에서 보이는 양식은 후기 신석기시대 문화인 내몽고 적봉시 홍산후 마을에서 발견된 유물과 같은 양식으로, 홍산문화의 특징을 그대로 지속하고 있다. 그러나 앞에 서술한 홍산문화 옥기의 특징들이 보이지 않고 반면에 짐승을 묘사했을 것으로 여겨지는 문양이 그려진 화려한 색상의 채색질그릇이 등장하는 점이 특징적이며 제의적 성격을 의미하는 것으로 해석된다.[45] 이에 관해서는 3장에서 상세히 서술할 것이다.

〈그림 91〉 우하량
유적 출토 옥원

〈그림 92〉 우하량 유적
출토 옥촉

제의문화 유적에서 옥귀걸이와 함께 사용되었을 옥기로 자주 출토되는 것 가운데 하나가 옥팔찌이다. 홍산문화의 우하량 유적에서는 굵기가 굵거나 얇은 다양한 양식의 옥환과 옥촉이 다수 출토되었다. 예를 들면 〈그림 91·92〉[46] 등이다. 중국학자들은 이를 옥환(玉環), 옥촉(玉鐲), 옥원(玉瑗) 등으로 구분한다. 그러나 실제로 출토 유물들이 위의 분류에서 어느 것에 속하는지 구분해 내는 것은 쉽지 않다. 그 용도를 구분하는 것은 어렵지만 구멍이 뚫려 있지 않은 것은 그대로 팔에 걸었을 가능성이 크고, 구멍이 뚫려 있는 것은 끈에 꿰어 의복에 달거나 몸에 걸어 사용했을 것으로 생각된다. 그것은 〈그림 93·93-1〉의[47]

45) 위와 같음.
46) 遼寧省文物考古研究所,《牛河梁─紅山文化遺址發掘報告(1983-2003年度)》, 2012, 文物出版社, 圖版 172의 1·圖版 241의 1·圖版 89의 1; 遼寧省博物館·遼寧省文物考古研究所,《遼河文明展》, 遼寧省博物館, 2006, 30쪽.
47) 遼寧省文物考古研究所,《牛河梁─紅山文化遺址發掘報告(1983-2003年度)》, 圖版

실제 출토상황에서 구멍이 뚫려져 있지 않은 옥팔찌가 모두 매장자의 오른쪽 팔목에 차여져 있기 때문이다. 이 유물들은 한반도와 만주지역에서 고르게 발견되고 있어 같은 복식문화권이었음을 알려주는 좋은 예가 된다.

이처럼 팔찌를 차는 복식문화는 이후 소하연문화(서기전 3000년~서기전 2000년) 시기로 오면 더욱 적극적인 변화를 보인다. 소하연문화는 홍산문화와 마찬가지로 동석병용시대로, 뒤이어서 초기 청동기시대인 하가점 하층문화(서기전 2200년~서기전 1500년)로 이어지

〈그림 93·93-1〉 우하량 유적 N2Z1M24 묘장 출토 상황과 손목 부분 확대모습

는 과도기에 속한다. 소하연문화시기로 오면 팔찌양식은 다양해지고 수량도 늘어난다. 소하연문화 유적인 극십극등기(克什克騰旗) 신정향상점촌(新井鄕上店村) 유적과 오한기 신혜향방신(新惠鄕房申) 유적에서 출토된 다량의 팔찌들이 좋은 예가 된다(그림 94[48]).

―――――――――
99의 N2Z1M24(西-東).
48) 于建設, 《紅山玉器》, 遠方出版社, 2004, 70·71쪽.

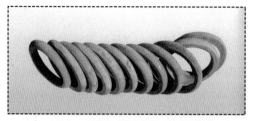

〈그림 94〉 신혜향방신 유적 출토 팔찌들

소하연문화에서 출현하는 동일한 양식과 크기로 만들어진 다량의 팔찌는 단순히 장식의 의미를 지니기보다는 제의적 상징의미를 더욱 많이 내포하고 있으며, 대규모의 제의식에서 사용되었을 것으로 여겨진다. 홍륭와문화 이후 옥기의 발달은 홍산문화로 이어지고 소하연문화(서기전 3000년~서기전 2000년)를 거쳐 초기 청동기문화로 계승되는데 이 시기에 고조선이 출현했다. 따라서 동일한 크기와 양식으로 갖추어진 다량의 팔찌는 집단으로 이루어지는 제의식용 제기로도 해석될 수 있을 것이며, 고조선이 출현하는 과정과 무관하지 않을 것이라 생각된다.

한반도지역의 옥기 상황을 살펴보면, 고조선 초기 북한지역에서는 황해북도 황주군 침촌리 유적(서기전 2000년기 말~서기전 1000년기 초)에서 둥근 구슬옥(그림 95)[49]이 출토되었다. 같은 시기에 속하는 함경북도 무산군 무산읍에 위치한 범의구석 유적에서도 옥환(그림 96)[50]이 출토되었고, 함경북도 라진시 유현동에 위치한 초도 유적[51]과 자강도 중강군 토성리에 위치한 토성리 유적에서는 긴 대롱 모양과 둥근 모양의 옥들이 출토되었다.

〈그림 95〉
침촌리 유적 출토
옥구슬

〈그림 96〉 범의구석
유적 출토 옥환

남한지역에서는 서기전 16세기에 속하는 진주 남강 옥방지구에서 곡옥형 청동제 장식과 함께 곡옥들이 출토되었다.[52] 전라남도 여천

---

49) 조선유적유물도감 편찬위원회, 《조선유적유물도감-원시편》, 동광출판사, 1990, 179쪽.
50) 조선유적유물도감 편찬위원회, 앞의 책, 204쪽.
51) 조선유적유물도감 편찬위원회, 앞의 책, 208쪽.
52) 李亨求, 《晉州 大坪里 玉房 5地區 先史遺蹟》-南江댐 水沒地區 遺蹟發掘調査報

평여동의 청동기시대 유적에서는 여러 가지
구슬옥들이 출토되었고,53) 같은 청동기시대
의 유적인 부여 송국리 유적에서도 비파형
동검과 함께 대롱옥과 곡옥이 여러 점 출토
되었다.54) 이후 초기철기시대에 속하는 함

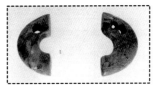

〈그림 97〉 초포리 유적 출토
곡옥

평 초포리 유적에서는 홍산문화 유적에서 자주
보이는 곡옥(그림 97)55)이 출토되었고, 대전 괴
정동 유적에서도 같은 유형의 곡옥장식이 출토되
었다.56) 같은 시대에 속하는 경기도 파주 주월
리(舟月里) 유적에서 출토된 옥장신구(그림 98)
와57) 충청북도 조동리 유적 출토 곡옥들과 옥장
식품,58) 춘천 교동 혈거 유적과 김해 무계리의
지석묘 등에서 석기시대에서 금속사용시기에 걸
쳐 줄곧 출토되는 관옥 등은59) 지속적인 옥기의
발달 양상을 보여 준다. 서기전 3세기에서 1세기
무렵에 속하는 제주도 삼양동 유적에서도 지름
6.1cm의 연옥제품이60) 출토되었다.

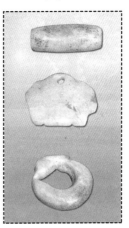

〈그림 98〉 파주 주월리
유적 출토 옥장식

　　이처럼 한반도의 대부분 지역에서 출토된 옥기들은 매우 정교하고
다양한 발달 양상을 보여 주지만, 홍산문화에서 보이는 동물형상 등의
옥기 양식은 거의 나타나지 않는다. 이와 달리 평양지역에서는 팔찌와

　　告書 第6冊, 鮮文大學校`慶尙南道, 2001.
53) 국립광주박물관, 《국립광주박물관》, 통천문화사, 1994, 15쪽, 그림 16.
54) 김경택·정치영·이건일, 〈부여 송국리유적 제12차 발굴조사〉, 《2008 호서지역
　　문화유적 발굴성과》, 호서고고학회.
55) 국립광주박물관, 위의 책, 39쪽, 그림 38.
56) 金元龍, 《原始美術》, 同和出版公社, 1973, 105쪽, 그림 98.
57) 京畿道博物館, 《坡州 舟月里 遺蹟》 - 京畿道博物館 遺蹟調査報告 第1冊, 京畿道
　　博物館, 1999.
58) 이융조·우종윤, 《선사유적 발굴도록》, 충북대학교 박물관, 1998, 305쪽,
59) 金元龍, 《韓國考古學硏究》, 一志社, 1992, 114~115쪽.
60) 이건무·조현종, 《선사유물과 유적》, 솔출판사, 2005, 212쪽.

〈그림 99·100〉   〈그림 101〉
평양 정백동3호 유적 출토 평양 정오동 유적 출토 짐승모
물고기와 새 모양 옥기   양 옥기

곡옥, 구슬, 벽옥과 함께 새와 물고기, 돼지, 등의 짐승모양 옥기(그림 99~102-1·2)가 출토되었고, 그 밖에 청동장식단추와 함께 앉아 있는 곰모양 장식품(그림 103)[61]이 출토되었다.

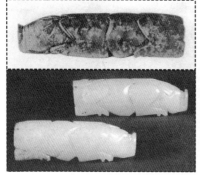

〈그림 102-1·2〉 평양 정오동 유적
출토 옥돼지들

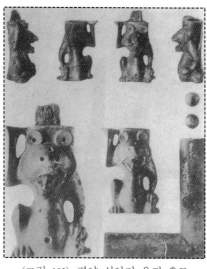

위의 평양 낙랑구역에서 발굴된 유적과 출토 유물들을 한사군의 낙랑군 유적과 유물로 분류하는 경우가 많다. 그러나 필자는 《삼국사기》·《구당서》(舊唐書)·《신당서》

〈그림 103〉 평양 석암리 유적 출토
곰모양 장식품과 청동장식단추

(新唐書)·《괄지지》(括地志)·《통전》(通典)·《회남자》(淮南子) 등의 문헌 분

---

61) 조선유적유물도감 편찬위원회, 앞의 책, 123·146·147쪽.

석과 출토된 복식유물 등을 토대로 낙랑구역에서 출토된 유물들이 한사
군의 낙랑군이 아니라 최리왕의 낙랑국 혹은 한민족의 유물임을 밝힌
바 있다.[62] 고조선 후기에 속하는 정백동 무덤들과 석암리 212호 무
덤[63]에서는 요령성과 한반도지역의 특징적 청동기인 세형동검이 출토
되어 이 무덤들이 고조선 유적인 것으로 확인되었다. 세형동검과 함께
검자루맞추개가 출토되었고, 고조선시기에 자주 사용되었던 양식의 마
구장식과 청동단추가 함께 출토되었다. 토성동 486호 무덤에서는 고조선
후기의 특징을 갖는 세형동검과 청동과(靑銅戈), 청동방울, 잔줄무늬 거
울 등 고조선의 특징을 갖는 유물들이 다수 출토되었다.[64]

낙랑구역 정백동의 부조예군무덤에서는 고조선 유물의 특징인 청동
방울들과 함께 '부조예군'(夫租薉君, 夫租濊君)이라고 새겨진 은인(銀印)
이 출토되었는데[65], '부조예군'은 고조선과 위만조선에서 사용했던 관
직명으로[66] 밝혀진 바 있다. 석암리 205호무덤에서 출토된 칠기에는
"영평(永平) 12년"이라는 명문이 있다. 영평 12년은 동한(東漢) 명제(明
帝) 시대로 서기 69년이다. 이러한 내용으로 보면 왕우무덤이 조성된
연대는 서기 69년보다 이르지 않
을 것이다.

서기 1세기 초에 속하는 석암
리 9호 무덤에서 출토된 용무늬
금띠고리〔龍文金帶金具〕(그림 104)
의[67] 금세공기술도 이미 중국에
유례가 없는 것으로, 중국 한(漢)
문화로 볼 수 없다고 분석된 바

〈그림 104〉 석암리 9호무덤 출토
용무늬금띠고리

62) 박선희,《고조선 복식문화의 발견》, 211~270쪽 참조.
63) 박진욱, 앞의 책, 148~158쪽.
64) 조선유적유물도감 편찬위원회, 앞의 책, 242~244쪽.
65) 백련행, 〈부조예군(夫租薉君) 도장에 대하여〉,《문화유산》1962년 4호, 58~61쪽.
66) 尹乃鉉,《韓國古代史新論》, 一志社, 1986, 325~326쪽.
67) 조선유적유물도감 편찬위원회, 앞의 책, 142~143쪽.

〈그림 105〉 정백동 92호무덤 출토
짐승문양 허리띠 장식

있다.68) 낙랑구역의 여러 유적에서는 이처럼 화려한 허리띠 장식과 장식들이 여럿 출토되었는데 이것은 고조선의 고유한 허리띠 장식임을 밝힌 바 있다.69) 정백동 92호 무덤 유적에서 민무늬 청동허리띠 장식이 화려하게 옥을 장식한 짐승문양의 허리띠 장식

〔獸文帶金具〕(그림 105)70)과 함께 출토되는 것은 짐승문양의 허리띠 장식이 제의용이었을 가능성도 보여 준다. 또한 낙랑구역의 무덤들에서 출토된 유리구슬의 분석 결과, 이웃 나라의 것과 달리 산화연을 유리의 주원료로 사용한 연유리와 소다유리, 회분유리 등으로 한민족 유리의 특징을 가지는 것으로 밝혀졌다.71) 이처럼 대동강유역 유물들에 관한 다양한 분석내용으로 낙랑 유적의 금속유물들이 중국의 것이 아닌 것으로 분석된 견해72)와 함께 복식방면에서도 종래의 잘못된 견해를 수정할 수 있는 근거를 마련하게 되었다. 이러한 내용들로 낙랑구역의 무덤들을 고조선 후기에 속하는 한민족의 유적으로 해석할 수 있다.

그러면 왜 한반도에서 출토된 옥기 양식의 주제와 특징이 평양지역과 기타지역에서 출토된 것과 서로 다른 차이를 갖는지 알아보기로 한다. 그것은 다음의 내용에서 설명될 수 있을 것이다. 평양지역에서는 다른 지역과 달리 고조선 초기의 제단 유적들이 발굴되었다. 1998년 8월

68) 永島暉臣愼, 〈樂浪遺蹟の發掘と硏究の現狀〉, 《彌生人の見た樂浪文化》, 大阪府立彌生文化博物館, 1993, 77~78쪽.
69) 박선희, 《한국고대복식-그 원형과 정체》, 459~504쪽.
70) 조선유적유물도감 편찬위원회, 앞의 책, 141~142쪽.
71) 강승남, 〈평양부근 고대유적에서 드러난 유리구슬의 화학조성과 그 재질에 대한 고찰〉, 《조선고고연구》 1993년 제3호, 39~43쪽.
72) 강승남, 〈락랑유적의 금속유물에 대하여〉, 《조선고고연구》, 사회과학원고고학연구소, 1996년 제2호, 37~43쪽; 로철수, 〈대동강유역에서의 금속가공기술에 대하여〉, 《조선고고연구》 1999년 제1기, 사회과학출판사, 39~42쪽.

2일에 북한 중앙방송은 "평양시 용성구역 화성동에 위치한 단군조선시대 제단 유적 2기를 발굴했다"고 했다. 2010년 10월 20일 재일본《조선신보》가 사회과학원에서 평양시 순안구역 오산리에 위치한 고조선 전기에 축조된 것으로 추정되는 제단 유적을 발굴했다고 보도한 것 등으로 보아 평양지역에 종교의 권위자가 존재했을 것으로 추정된다.

평양시 화성동과 오산리의 고조선 초기 제단 유적을 비롯하여 당모루 유적 등이 만주의 동산취 제단 유적이나 우하량 2지점 제단 유적과 같은 돌돌림양식인 점과73) 또한 평양지역과 홍산문화지역 출토 옥기가 같은 양식을 보이는 것은,74) 이 두 지역이 같은 성격의 제의문화권이었음을 알려 준다. 물론 홍산문화지역과 지금의 평양지역의 제단 유적은 시간적으로 차이를 가지지만 제의의 주체가 동일한 거주민이었을 것으로 해석된다.

《삼국사기》〈고구려본기〉에서는 "평양은 본래 선인(仙人) 왕검(王儉)의 거주지[宅]이다"75)라 하여, 단군(壇君) 왕검(王儉)을 선인 왕검이라 하고 평양에 선인으로 불리우는 단군 왕검이 존재했음을 말하고 있다. 단군 왕검은 고조선의 통치자이자 선(仙)을 추구한 고조선 최고의 종교지도자인 '선인'이라 불린 것으로, 위의 제단 유적들은 선인이 종교의식을 거행했던 곳이라 하겠다. 그러한 까닭에 한반도의 평양지역과 만주의 홍산문화지역의 제단 유적에서 유독 동물과 인물 등을 형상화한 옥기들이 출토되는 것은 이들을 주술물로 하여 다양한 생명들에 대한 풍요와 다산을 기원하는 의미의 선인을 중심으로 거행된 동일한 성격의 제의(祭儀)문화가 있었기 때문이라 해석된다.

---

73) 하문식, 〈고조선의 돌돌림유적에 관한 문제〉,《단군학연구》10호, 311~328쪽; 하문식, 〈고조선의 돌돌림유적 연구: 追補〉,《단군학연구》16호, 5~28쪽; 석광준, 〈오덕리 고인돌 발굴 보고〉,《고고학 자료집》4집, 사회과학출판사, 1974, 100쪽.
74) 박선희,《고조선복식문화의 발견》, 466~482쪽.
75)《三國史記》卷17〈高句麗本紀〉東川王 21年條. "平壤者本仙人王儉之宅也."

2. 홍산문화와 고조선 제의성의 문헌분석

1절에서 분석했듯이 한반도와 만주 요서지역의 제단 유적이 동일하게 돌돌림양식으로 나타나고 평양지역과 홍산문화지역에서 출토된 옥기가 같은 양식을 보이는 것은, 이들 지역이 같은 성격의 제의문화권으로 제의의 중심지역이었음을 알려 준다. 이러한 내용은 홍산문화지역과 고조선시기 평양지역 제단 유적들이 선후의 시간적인 차이를 가지지만, 제의의 주체는 동일했을 것으로 해석된다. 또한 아래에 제시한 문헌자료를 올바르게 해석하게 해 주는 중요한 고고학적 증거가 될 것으로 생각된다.

이 장에서는, 홍산문화지역이 서기전 3000년에 이르면 기후와 해수면의 변화 등으로 역사적인 변화를 보이지만[76] 하가점 하층과 상층문화의 주체인 고조선사람들은 여전히 이 지역에 집중 거주했었음도 분석해 보고자 한다. 동석병용시대에 속하는 홍산문화와 이를 이은 소하연문화는 초기 청동기문화인 고조선의 하가점 하층문화로 이어지고 다시 비파형동검문화인 하가점 상층문화로 발전했다. 그리고 홍산문화지역에는 이러한 사실을 뒷받침하는 고고학의 출토자료로 고조선의 특징적인 청동기문화가 집중 분포되어 나타나고 있다. 문헌자료에 대한 새로운 해석을 통해 홍산문화지역에 뒤이어 단군왕검이 거주했었음을 밝혀 보고자 한다.

《삼국사기》〈고구려본기〉에서는 고구려가 중국 위(魏)나라 관구검(毌丘儉)의 침략을 받아 도읍을 옮겼음을 다음과 같이 기록하고 있다.

> 봄 2월에 왕은 환도성(丸都城)이 난을 겪음으로써 다시 도읍할 수 없다 하여 평양성(平壤城)을 쌓고 백성과 종묘사직을 그곳으로 옮겼다. 평양은 본래 선인(仙人) 왕검(王儉)의 거주지이다. 혹은 왕의 도읍인 왕험(王險)이라고도 한다.[77]

---

76) 우실하, 〈요하문명, 홍산문화 지역의 지리적 기후적 조건〉, 《고조선단군학》 제30호, 고조선단군학회, 213~252쪽.

이처럼 《삼국사기》에서는 단군 왕검을 선인(仙人) 왕검(王儉)이라 부르며, 평양에 선인으로 불리우는 단군 왕검이 거주했었음을 말하고 있다. 또한 평양을 왕의 도읍으로 왕검(王儉)이 아닌 왕험(王險)이라고도 했음을 말해 준다. 《삼국유사》〈고조선〉조에는 다음과 같이 두 가지 내용이 보인다.

> 《고기》(古記)에 이르기를, …이름을 단군(壇君) 왕검(王儉)이라 하는데, 당고(唐高, 堯)가 즉위한 지 50년 되는 경인년(庚寅年)에 평양성에 도읍하고 비로소 조선(朝鮮)이라 불렀다. …뒤에 아사달(阿斯達)로 돌아와 은거하다가 산신(山神)이 되었다. 수명이 1,908세였다.[78]

위 내용은 첫째, 단군 왕검은 요임금이 즉위한 후 50년 되던 해 평양성에 도읍하고 조선이라 하였음과, 둘째, 이후 조선이 아사달지역으로 물러난 뒤 1,908년을 존속했음을 말하고 있다. 또한 앞에 기록된 평양성과 뒤에 나타나는 아사달은 서로 다른 곳이라는 점을 시사한다.

《통전》(通典)에서는 "고구려는 본래 조선(朝鮮)의 땅이었는데 한(漢)나라의 무제(武帝)가 현(縣)을 설치하여 낙랑군(樂浪郡)에 속하게 하였다. … 도읍인 평양성(平壤城)은 바로 옛 조선국(朝鮮國)의 왕험성(王險城)이었다"[79]고 하였다. 이 《통전》과 《삼국사기》의 내용은 고구려가 위만조선의 도읍인 왕검성을 동천왕시기에 되찾아 평양성을 축조하고 서기 247년에 천도하였던 것으로 분석된다. 또한 《삼국사기》와 《삼국유

---

77) 《三國史記》 卷17 〈高句麗本紀〉 東川王 21年條. "春二月, 王以丸都城經亂, 不可復都, 築平壤城, 移民及廟社, 平壤者本仙人王儉之宅也. 惑云王之都王險." 《史記》 卷115 〈朝鮮列傳〉과 《史記素隱》에서는 ("韋昭云, 古邑名, 徐廣曰, 昌黎有險瀆縣. 應劭注 〈地理志〉, 遼東險瀆縣, 朝鮮王舊都, 臣瓚云, 王險城在樂浪郡浿水之東也") 위만조선의 도읍지를 王險이라 했다. 그러나 《三國遺事》 卷1 〈紀異〉 衛滿朝鮮條에서는 王儉이라 달리 표기했다. 위만조선의 도읍지를 고대 한민족과 중국인들이 서로 다르게 표기했다고 하겠다.

78) 《三國遺事》 卷1 〈紀異〉 古朝鮮條. "《古記》云, …號曰壇君王儉, 以唐高(堯)卽位五十年庚寅, 都平壤城, 始稱朝鮮. …後還隱於阿斯達, 爲山神, 壽一千九百八歲."

79) 《通典》 卷185 〈邊防〉 1, 東夷上, 序略. "高麗本朝鮮地, 漢武置縣屬樂浪郡. …都平壤城, 則故朝鮮國王險城也."

사》의 내용으로부터 단군 왕검이 처음 나라를 세우고 도읍한 곳이 평양
성이라는 점과, 이 시기의 평양성은 고구려 동천왕시기에 천도한 평양
성과 같은 곳임을 알 수 있다. 그러면 시기는 서로 다르지만 고조선과
위만조선, 그리고 동천왕시기 고구려가 도읍했던 평양성은 어느 곳에
위치했었는지 알아보기로 한다.

동천왕(서기 209년~서기 248년)이 평양성을 쌓고 백성들과 종묘와
사직을 옮긴 시기는 서기 247년이다. 종래의 연구에서는 한사군의 낙랑
군이 대동강유역에 위치했다고 보는 것이 통설이었다. 따라서 낙랑군이
축출되는 서기 313년 이전에 고구려가 대동강유역으로 진출할 수 없었
다는 전제 아래, 평양성은 지금의 강계지역으로 파악되어[80] 통설화되었
다. 또는《삼국사기》에 기록된 평양의 명칭이 국내성(國內城)을 잘못 쓴
것으로 이해하고 이 시기의 평양성은 집안현 통구에 위치했다고 보기도
했다. 도리이 류조(鳥居龍藏)가 일찍이 이 같은 통구설을 제기한 이후
한국학자들도 같은 주장을 해 왔다.[81] 또는 동천왕이 지금의 평양으로
옮긴 것으로 보는 견해도 있다.[82] 그러한 까닭에 북한학자들은 이 기록
을 낙랑군이 한반도에 위치하지 않았다는 것을 밝혀 주는 자료라고 파
악하기도 했다.[83]

필자는 낙랑구역 무덤들에서 출토된 직물을 비롯한 복식유물에 대한
분석으로부터 낙랑구역 출토 유물들이 한사군의 낙랑군 유물이 아니라
한민족 복식유물의 특징을 나타내고 있음과, 아울러 평양 낙랑구역에 낙

80) 李丙燾, 〈平壤東黃城考〉,《韓國古代史硏究》, 博英社, 1976, 370~373쪽.
81) 鳥居龍藏, 〈丸都城及び國內城の位置ついて〉,《史學雜誌》25-7, 1914, 49쪽; 李
種旭, 〈高句麗 初期의 地方統治制度〉,《歷史學報》94·95합집, 1982, 114~115쪽;
신형식, 〈도성체제〉,《고구려산성과 해양방어체제 연구》, 백산자료원, 2000, 51
쪽; 최무장,《고구려고고학》Ⅰ, 민음사, 1995, 52~53쪽.
82) 손영종,《고구려사》1, 과학백과사전출판사, 1990, 153~155쪽; 박진욱,《조선
고고학전서》, 과학백과사전종합출판사, 1991, 92~93쪽; 車勇杰, 〈高句麗 前期의
都城〉,《國史館論叢》48, 1993, 18~19쪽; 차용걸, 〈高句麗 前期의 都城〉,《國史
館論叢》48, 1993, 18~19쪽.
83) 손영종, 앞의 책, 153~155쪽; 박진욱, 앞의 책, 92~93쪽.

랑군이 아니라 최리왕의 낙랑국이 위치해 있었음을 밝힌 바 있다.[84]

복식유물 분석과 마찬가지로, 사실상 지금까지 대동강유역에서 발견
된 유물과 유적에는 이 지역에 낙랑군이 있었다는 직접적인 기록은 없
다. 고대 문헌에 나타난 낙랑은 한사군의 낙랑군(郡)뿐만 아니라 열국
시대 최리왕이 다스렸던 낙랑국(國)이 있었다. 일찍이 이익(李翼)과 신
채호(申菜浩)가 최리의 낙랑국이 대동강유역에 위치했을 것으로 밝힌
바 있다. 즉 이익은 낙랑을 낙랑군과 낙랑국으로 나누고 낙랑군은 요동
지역에, 낙랑국은 대동강유역에 위치했을 것으로 보았다.[85] 신채호는
낙랑을 남낙랑과 북낙랑으로 나누고, 남낙랑은 대동강유역의 낙랑국으
로 최리왕이 다스렸던 나라이고, 북낙랑은 한사군의 낙랑군이라고 했
다.[86] 이후 리지린과[87] 윤내현[88]이 대동강유역의 낙랑은 한사군의 낙
랑군이 아니라 최리왕의 낙랑국이라고 밝혔다.

이러한 주장들은 《삼국사기》와 《후한서》 기록에 대한 새로운 해석을
통해서였다. 최리가 다스렸던 낙랑국 위치에 대한 기록들, 즉 《삼국사
기》 〈고구려본기〉 대무신왕(大武神王) 15년조(서기전 3년)에 고구려 대
무신왕의 아들 호동이 옥저에 놀러 갔다 낙랑국의 최리왕을 만나 나눈
대화가 있다. 최리왕이 호동에게 "그대의 용모를 보니 보통 사람이 아
니다. 그대가 북쪽 나라 (대무)신왕의 아들이 아닌가?"하고 물었다.[89]
이처럼 최리왕이 대화에서 고구려가 북쪽 나라라고 표현한 점에서 최리

---

84) 박선희, 《한국고대복식-그 원형과 정체》, 지식산업사, 125~188쪽; 박선희, 《고
조선복식문화의 발견》, 지식산업사, 211~270쪽.

85) 李翼, 《星湖僿說類選》 卷1下, 〈天地篇〉 下, 地理門 四郡條 참조.

86) 申采浩, 《朝鮮上古史》, 丹齋 申采浩全集 上, 丹齋 申采浩先生記念事業會, 1978, 141쪽.

87) 리지린, 〈삼국사기를 통해 본 고조선의 위치〉, 《력사과학》 1966년 3호, 20~29
쪽. 대동강유역에 위치했던 낙랑은 한사군의 낙랑군이 아니라 최리왕이 다스리
던 낙랑국이었다고 밝혔다.

88) 윤내현, 《한국열국사연구》, 지식산업사, 1998, 112~149쪽. 한사군의 낙랑군은
지금의 난하 동부유역에, 대동강유역에는 최리왕의 낙랑국이 있었다고 밝혔다.

89) 《三國史記》 卷14 〈高句麗本紀〉 大武神王 15年條. "夏四月, 王子好童, 遊於沃沮,
樂浪王崔理, 出行因見之, 問曰, 觀君顔色, 非常人, 豈非北國神王之子乎, 遂同歸以女
妻之."

의 낙랑국은 고구려의 남쪽에 위치했을 것으로 생각된다.

대무신왕 때 고구려 영토의 남쪽 경계는 남쪽 국경도 살수(薩水), 즉 청천강이었을 것으로[90] 생각된다. 그것은 대무신왕 이후 태조대왕시기까지 고구려 남쪽 국경이 살수에 이르러[91] 변화가 없었기 때문이다. 따라서 최리왕의 낙랑국 위치는 청천강 이남으로 추정된다. 이러한 사실은 《후한서》에서도 확인된다.

즉 《후한서》〈동이열전〉 예전에는 예의 서쪽에 낙랑이 있다고 했고,[92] 한전에서는 마한의 북쪽에 낙랑이 있고 남쪽으로 왜와 가깝게 있다고 했다.[93] 마한이 당시 북쪽으로 황해도 지역에 위치하고 있으므로,[94] 《후한서》〈동이열전〉에 기재된 낙랑은 최리왕의 낙랑국으로 그 위치는 대동강유역이며 고구려의 남쪽 국경과 인접해 있었던 것이다.

낙랑국의 존속기간을 살펴보면, 최리왕이 다스렸던 낙랑국의 가장 이른 기록이 서기전 28년이므로[95] 건국은 이보다 앞섰을 것이다. 이후 낙랑국은 고구려 대무신왕 15년(서기 32년)에 최리왕의 공주가 왕자 호동의 지시로 적이 나타나면 알려 주는 고각(鼓角)을 부수게 되어 결국 고구려의 침략을 받게 되고[96] 국력이 차츰 약화되었다. 이후 5년이 지나 서기 37년에 고구려에게 멸망하였다.[97] 그러나 이후 서기 44년에 낙랑국은 다시 동한 광무제의 도움으로 재건되어[98] 서기 300년 대방국과 함

---

90) 李丙燾, 《國譯 三國史記》, 乙酉文化社, 1980, 238쪽.

91) 《三國史記》 卷15 〈高句麗本紀〉 太祖大王 4年條. "4년(서기 57년) 가을 7월에 동옥저를 정벌하고 그 땅을 빼앗아 성읍을 만들고 동쪽 경계를 개척하여 바다에 이르고 남쪽으로는 薩水에 이르렀다(四年, 秋七月, 伐東沃沮, 取其土地爲城邑, 拓境東至滄海, 南至薩水)."

92) 《後漢書》 卷85 〈東夷列傳〉 濊傳. "濊北與高句麗·沃沮, 南與辰韓接, 東窮大海, 西至樂浪."

93) 《後漢書》 卷85 〈東夷列傳〉 韓傳. "韓有三種, 一曰馬韓, 二曰辰韓, 三曰弁辰, 馬韓在西, 其北與樂浪, 南與倭接."

94) 윤내현, 《고조선연구》, 512~526쪽.

95) 《三國史記》 卷1 〈新羅本紀〉 始祖 赫居世居西干 30年條 참조.

96) 《三國史記》 卷14 〈高句麗本紀〉 大武神王 15年條 참조.

97) 《三國史記》 卷1 〈新羅本紀〉 儒理尼師今 14年條. "高句麗王無恤, 襲樂浪滅之."

98) 윤내현, 《한국열국사연구》, 130~135쪽.

께 신라에 투항할 때까지 존속했다.[99] 이로부터 낙랑국은 적어도 서기
전 1세기경에 건국되어 서기 300년까지 존속했다고 할 수 있다.

그러므로 한사군의 낙랑군이 서기 313년 고구려 미천왕에게 축출
된[100] 것과 연관하여 보면, 서기 300년에 멸망한 낙랑은 최리왕의 낙랑
국으로 대동강유역에 위치해 있었고, 서기 313년에 고구려의 침략을 받
은 낙랑은 한사군의 낙랑군이었다는 사실이다. 따라서 일본인들이 낙랑
구역을 발굴하고 한사군의 것으로 해석한 유적과 유물은 최리왕의 낙랑
국의 것으로 분류되어야 할 것이다.

최리왕의 낙랑국이 서기 300년에 멸망하였음을 《삼국사기》〈신라본
기〉에서 다음과 같이 기록하고 있다.

> 3월 우두주(牛頭州)에 이르러 태백산에 망제를 지냈다. 낙랑과 대방 양국
> (兩國)이 귀복하였다.[101]

이러한 내용으로 보아 최리왕의 낙랑국은 기림이사금 3년(서기 300
년) 대방국과 더불어 신라에 귀복함으로써 완전히 멸망하였음을 알 수
있다. 따라서 동천왕시기(서기 209년~248년) 지금의 평양지역에는 최
리왕의 낙랑국이 위치해 있었으므로 평양성은 낙랑국과 동일한 지역에
위치하지 않았음이 분명해진다.

《구당서》·《신당서》·《괄지지》·《통전》 등의 문헌자료에 기재된 내용
에 고구려의 평양성에 관한 기록들을 살펴보면 다음과 같다. 《구당서》
〈동이열전〉(東夷列傳) 고(구)려전에서는 평양성이 요수(遼水)를 건너 영
주(營州)에 이른다고 했다.

> 고(구)려는 평양성(平壤城)에 도읍하였는데 바로 한(漢)의 낙랑군(樂浪郡)

---

99) 《三國史記》 卷2 〈新羅本紀〉 基臨尼師今 3年條. "三月, 至牛頭州, 望祭太白山, 樂
　　浪·帶方兩國歸服."
100) 《三國史記》 卷17 〈高句麗本紀〉 美川王 14年條. "고구려가 서기 313년에 낙랑
　　군을 치고 남녀 2천여 명을 사로잡았다(十四年, 侵樂浪郡, 虜獲男女二千餘口)."
101) 주 99와 같음.

옛 땅이다. …(고구려의 도읍에서) 동쪽으로 바다를 건너 신라에 이르고 서북으로는 요수(遼水)를 건너 영주(營州)에 이르며 남쪽으로는 바다를 건너 백제에 이르고 북쪽으로는 말갈에 이른다.[102]

또한《신당서》〈동이열전〉고(구)려전에는 평양성에서 동쪽과 남쪽으로 바다를 건너 신라와 백제에 이르며 북쪽으로는 말갈이 위치하고 있다고 다음과 같이 기재하였다.

(고구려의) 군주는 평양성에 거주하는데 또한 장안성(長安城)이라고도 부르며 한(漢)의 낙랑군(樂浪郡)이었다. ……그 땅은 동쪽으로 바다를 넘어 신라에 이르고 남쪽으로도 바다를 넘어 백제에 이르며 서북은 요수(遼水)를 건너 영주(營州)와 접하였고 북쪽은 말갈이다.[103]

위의 기록에 의하면 평양성과 낙랑군의 위치는 대동강 유역이 아니었다고 생각된다. 대동강 유역의 평양과 신라와 백제 사이에는 바다가 없기 때문이다. 그러므로 앞의 인용문에 나오는 평양성이나 낙랑군의 위치가 대동강 유역이 아닌 것이 더욱 분명히 드러난다. 동쪽으로 바다를 건너면 신라에 이르고 남쪽으로 바다를 건너면 백제에 이르는 곳은 그 위치로 보아 발해만 북부지역 즉 지금의 요서지역인 고대의 요동지역일 수밖에 없다. 따라서 고구려의 동천왕시기 천도한 도읍인 평양성은 요동지역에 있었던 것이다.

《구당서》와《신당서》에서 말하는 요수(遼水)의 위치에 대하여《회남자》(淮南子)〈추형훈〉(墜形訓)의 요수에 대한 주석에서 고유(高誘)는 "요수는 갈석산에서 나와 새(塞)의 북쪽으로부터 동쪽으로 흘러 곧게 요동(遼東)의 서남에 이르러 바다로 들어간다"[104]고 하였다. 갈석산 서쪽으

---

102)《舊唐書》卷199 上〈東夷列傳〉高(句)麗傳. "高(句)麗者, …其國都於平壤城, 卽漢樂浪郡之故地. …東渡海至於新羅, 西北渡遼水至于營州, 南渡海至于百濟, 北至靺鞨."

103)《新唐書》卷220〈東夷列傳〉高(句)麗傳. "其君居平壤城, 亦謂長安城, 漢樂浪郡也. …地東跨海距新羅, 南亦跨海距百濟, 西北度遼水與營州接, 北靺鞨"

104)《淮南子》卷13〈墜形訓〉본문에 대한 주석. "遼水出碣石山, 自塞北東流, 直遼東之西南入海."

로부터 서남쪽으로 흘러 바다에 이르는 큰 강은 지금의 난하(灤河)뿐이다. 《신당서》에서 말하는 고대의 요수는 지금의 난하인 것이다. 이러한 내용은 《사기》〈진시황본기〉에 진 이세황제(二世皇帝)가 동부지역을 순행하였을 때, 신하들이 요동의 갈석산에 다시 가서 진시황제의 송덕비를 세우고 돌아왔음을 말하는[105] 내용에서도 갈석산이 있는 곳이 요동지역이었다는 점을 확인시켜 준다.

《구당서》와 《신당서》에서 말하는 영주의 위치를 알게 되면 요수가 지금의 난하인 것이 더욱 분명해진다. 즉, 《관자》(管子)의 〈규도〉(揆道) 편에는 제국(齊國)의 환공(桓公)과 관중(管仲)이 나눈 대화에 "환공이 관자에게 묻기를, '내가 해내(海內)에 옥폐(玉幣)로 일곱 가지가 있다고 들었는데, 그것들에 대해서 들을 수 있겠는가'라고 했다. 관자가 대답하기를, '…음산(陰山)의 연민(礝碈)이 그 한 가지이고, 자산(紫山)의 백옥이 그 한 가지이고, 발(發)과 조선(朝鮮)의 문피(文皮)가 그 한 가지이고, 여한(汝漢)의 황금(黃金)이 그 한 가지이고, 강양(江陽)의 주(珠)가 그 한 가지이고, 진명산(秦明山)의 증청(曾靑)이 그 한 가지'"[106]라고 했다. 즉, 관중은 발과 조선의 특산물로 빛깔이 화려하고 무늬가 아름다운 범과 표범류의 가죽인 문피[107]를 일곱 가지 중요 특산물 가운데 세 번째로 꼽았다.

《이아》(爾雅)의 〈석지〉(釋地)에서는, "동북에 있는 척산(斥山)의 문피(文皮)가 가장 아름답다"[108]고 했다. 척산은 지금 산동반도의 동래군(東

---

105) 《史記》 卷6 〈秦始皇本紀〉 二世皇帝 元年條. "二世皇帝與趙高謀曰: '朕年少, 初即位, 黔首未集附. 並先帝巡行郡縣, 以示彊, 威服海內. 今釋然不巡行, 即見弱, 毋以臣畜天下'. 春, 二世東行郡縣, 李斯從. 到碣石, 並海, 南至會稽, 而盡刻始皇所立刻石, 石旁著大臣從者名, 以章先帝成功盛德焉. 皇帝曰: '金石刻秦始皇帝所爲也. 金襲號而金石刻辭不稱始皇帝, 其於久遠也如後嗣爲之者, 不稱成功盛德.' 丞相臣斯·臣去疾·御史大夫臣德, 昧死言: '臣請具刻詔書刻石, 因明白矣. 臣昧死請.' 帝曰: '可.' 遂至遼東而還.

106) 《管子》 卷23 〈揆道〉 第78. "桓公問管子, 曰: 吾聞海內玉幣七筴, 可得而聞乎. 管子對, 曰: …陰山 之礝石昏一筴也, 燕之紫山白金一筴也, 發·朝鮮之文皮一筴也…."

107) 《爾雅》〈釋地〉의 文皮에 대해 郭璞은 "虎豹之屬, 皮有縟綵者, 是文皮, 卽文豹之皮也"라고 했다.

萊郡) 문등현(文登縣)에 있으며109) 영주 관내에 있어 발해를 건너 요동
에서 동북지역의 특산물을 사들였다고 했다. 이러한 관계로 보아 관중
은 발해 건너 요동에서 발과 조선 등 동북지역의 민족들로부터 고급문
피를 구입하고 있는 것을 알고 바로 그들의 교역품을 받아들인다면 중
국을 침략하지 않을 것이라고 대책을 내놓았던 것이다. 《이아》〈석지〉
의 척산에 대한 주석으로 실린 《정의》(正義)에서 "이것은 영주(營州)의
이익을 설명하는 것이다. 《수서》〈지리지〉에서는 '동래군(東萊郡) 문등
현(文登縣)에 척산(斥山)이 있다', 《태평환우기》(太平寰宇記)에는 '바로
《이아》의 척산이라 기록하고 있다. 척산은 지금의 등주부(登州府) 영성
현(榮成縣) 남쪽 120리에 있다'"고 했다. 《관자》〈규도〉편에서 "발과 조
선의 문피(文皮)"라고 하고, 또한 〈경중갑〉(輕重甲)편에서는 "발과 조선
이 조근(朝覲)을 오지 않는 것은 문피와 타복(毤服)을 화폐로 할 것을
청했다고 한 발과 조선의 지역이다. 척산은 영주 구역 안에 있는데, 영
주에서 바다를 지나면 요동 땅이므로 동북의 훌륭한 것을 모을 수 있는
것이다"110)라고 했다.

　이 내용으로부터 고대 중국인들은 척산에서 뱃길을 통하여 지금의
난하 하류유역에 위치했던 고대의 요동지역에 이르러 당시 그 지역에
있었던 발과 조선지역에서 생산되는 문피 등을 수입했음을 알 수 있다.

---

108) 《爾雅》〈釋地〉. "東北之美者, 有斥山之文皮焉."
109) 《隋書》〈地理志〉에서는 "동래군 문등현에 척산이 있다(東萊郡文登縣有斥山)"
　　고 했고, 《漢書》〈地理志〉에서는 동래군은 "청주에 속한다(屬靑州)"고 했다. 또
　　한 靑州는 《括地志》와 《史記》〈齊太公世家〉에 管仲의 무덤에 대한 주석으로 실
　　린 《史記正義》에서 "管仲의 무덤은 靑州 臨淄縣 남쪽에서 21里 떨어진 牛山 위
　　에 있고, 환공의 무덤과 이어져 있다(管仲冢在靑州臨淄縣南二十一里牛山上, 與
　　桓公冢連)"고 했다. 이로 볼 때 척산은 지금의 山東半島에 위치했던 청주에 있
　　었다고 하겠다.
110) 《爾雅》〈釋地〉의 척산에 대한 《正義》의 내용을 보면 다음과 같다. "此釋營州
　　之利也. 《隋書》〈地理志〉: 東萊郡文登縣有斥山. 《太平寰宇記》: 以爲卽爾雅之斥山
　　矣. 斥山在今登州府榮成縣南一百二十里. 《管子》〈揆道〉篇: 發朝鮮之文皮. 又<輕重
　　甲>篇: 發朝鮮不朝, 請文皮毤服而爲幣乎. 斥山在營州域內, 營州越海有遼東地, 故
　　能聚東北之美."

따라서 이러한 내용들은 요수가 지금의 난하이며 고대의 요동은 지금의 요서지역임을 분명히 알려 주고 있다.

그리고 《구당서》와 《신당서》에서는 고구려의 평양성에서 동쪽으로 바다를 건너면 신라에 이르고 남쪽으로 바다를 건너면 백제에 이른다고 했다. 이 위치에 합당한 곳은 발해만 북부지역인 지금의 요서지역밖에 없다. 그러므로 고구려가 동천왕시기 천도한 도읍인 평양성은 지금의 요서지역(고대의 요동)에 있었던 것이다.

《괄지지》(括地志)에는 "고구려의 치소(治所)인 평양성은 본래 한(漢)의 낙랑군(樂浪郡) 왕험성인데 바로 고조선(古朝鮮)이었다"[111]고 했고, 또한 《통전》에서는 "고구려는 본래 조선(朝鮮)의 땅이었는데 한나라의 무제(武帝)가 현(縣)을 설치하여 낙랑군에 속하게 하였다. …도읍인 평양성은 바로 옛 조선국(朝鮮國)의 왕험성이었다"[112]는 기록이 보인다. 일부 학자들은 이 내용에 보이는 평양성을 대동강 유역의 평양으로 잘못 인식하여 위만조선의 왕검성과 낙랑군이 대동강 유역에 있었다고 믿었다. 고대에 평양성은 고유명사가 아니라 도읍이나 큰 도시를 말하는 보통명사로서 여러 곳에 존재하였는데[113] 앞에서 확인한 바와 같이 평양성은 대동강 유역에 있었던 것이 아니라 발해만 북부 요동지역에 있었을 것이다.

고구려 동천왕시기 관구검의 군사가 환도성(丸都城)을 침략하자 동천왕은 남옥저로 도망했다. 그러나 고구려는 유유(紐由)로 하여금 계략을 꾸며 다시 위나라 군대를 침략하였다. 이때 위나라 군대는 낙랑군을 거쳐 도망하였다.[114] 낙랑군이 지금의 평양에 위치했다면 위나라 군대는 낙랑군을 거쳐 지금의 요서지역인 요동으로 도망갈 수 없었을 것이

---

111) 《史記》卷6〈秦始皇本紀〉秦始皇 26年條의 朝鮮에 대한 주석으로 실린 《史記正義》. "《括地志》云, 高麗(高句麗)治平壤城, 本漢樂浪郡王險城, 卽古朝鮮也."
112) 주 79와 같음.
113) 李炳銑, 《韓國古代國名地名研究》, 螢雪出版社, 1982, 36·132쪽; 朴趾源, 〈渡江錄〉, 《熱河日記》, 6月 28日 참조.
114) 《三國史記》卷17〈高句麗本紀〉東川王 28年條.

다. 그러므로 낙랑군은 고구려 서쪽인 지금의 요서지역에 있었으며, 고
구려는 위나라 군대가 도망간 이후 요동군(遼東郡)의 서안평현(西安平
縣)을 다시 점령했던 것이다.

　서안평현이 위치한 당시의 요동군에 대하여 《한서》〈지리지〉에서는
"요동군은 진제국(秦帝國)이 설치하였는데 유주(幽州)에 속한다. 호수는
55,972호이고, 인구는 272,539명이며, 현은 18개가 있다"[115]고 기록하였
는데, 이 18개 현 가운데 하나가 서안평현이다. 또한 이 내용에 이어
"동북은 유주(幽州)라 하는데, 그 산을 의무려(醫無閭)라 한다"고 했다.
이 의무려에 대해 사고(師古)는 주석에서 요동에 있다고 하였다.[116] 실
제로 지금의 요서지역에 의무려산이 그대로 있어 서안평현이 요서지역
에 위치해 있었음과 고대의 요동이 지금의 요서지역인 것을 다시 확인
할 수 있다.

　낙랑군도 서안평현과 마찬가지로 지금의 요서지역에 위치했었던 사
실이 《수서》(隋書)〈양제기〉(煬帝紀)에 수(隋) 양제(煬帝)가 고구려를 치
기 위하여 그의 군대를 출동시키면서 지휘한 내용에서도[117] 드러난다.
수나라 군대가 진군할 길 이름 가운데 낙랑(樂浪)과 현토(玄菟) 및 임둔
(臨屯)의 군(郡)명과 낙랑군에 속한 현의 명칭인 누방(鏤方)·장잠(長
岑)·해명(海冥)·조선(朝鮮)·점선(黏蟬)·함자(含資)·혼미(渾彌)·동이(東
暆)·대방(帶方)이 보인다.[118] 만약 낙랑군이 지금의 평양인 대동강유역
에 있었다면 수나라 군대의 진군 출발지에 낙랑군과 소속현의 명칭이
나타날 수 없을 것이다. 낙랑군이 난하유역에 있었기 때문에 위나라 군
대는 지금의 요서지역에 위치했던 낙랑군을 거쳐 도망했던 것이다.

　《사기》〈진시황본기〉에서는 진제국의 영토가 요동지역에서 고조선

---

115)《漢書》卷28〈地理志〉下 遼東郡. "秦置. 屬幽州. 戶五萬五千九百七十二, 口二
　　十七萬二千五百三十九, 縣十八."
116)《漢書》卷28〈地理志〉上. "東北日幽州. 其山日醫無閭." 醫無閭에 대한 顔師古
　　주석에서 "在遼東"이라 했다.
117)《隋書》卷4〈煬帝紀〉下.
118)《漢書》卷28〈地理志〉下 樂浪郡.

과 국경을 접하고 있었다고 기록하였으며 당시의 요동은 갈석산(碣石山)지역이었다고 밝히고 있다.[119] 그리고 《사기》를 비롯한 서한(西漢)시대의 여러 문헌에서는 당시의 갈석산이 지금의 난하 하류 동부유역에 있는 지금의 갈석산이며 당시의 요수와 요동은 지금의 난하와 그 유역이었던 것으로 확인된다.[120] 따라서 평양성의 위치로 합당한 곳은 발해만 서북부지역일 수밖에 없다. 그러므로 고구려의 동천왕시기 천도한 도읍인 평양성은 요동지역, 즉 지금의 요서지역인 난하의 동쪽에 위치하고 있었던 것이다.

평양성이 난하의 동쪽에 위치했음은 《삼국사기》〈고구려본기〉태조대왕조에 서기 146년(태조왕 94년) 고구려가 동한(東漢)의 요동군 서안평현에 쳐들어가 낙랑군의 속현(屬縣)인 대방의 현령을 죽이고 낙랑군 태수의 처자를 붙잡았다[121]고 하여 요동군 서안평현과 낙랑군이 가깝게 인접해 있었다는 사실에서도 확인할 수 있다. 위에서 서술했듯이 당시에 요동군은 지금의 난하 하류유역에 있었으므로 낙랑군도 그곳과 인접한 지역에 있었다는 것이 다시 확인된 셈이다. 뿐만 아니라 위에 서술한 《구당서》〈동이열전〉고(구)려전과[122] 《신당서》〈동이열전〉고(구)려전[123], 《괄지지》[124], 《통전》[125]에 기재된 내용들에서 평양성이 낙랑군의 옛 땅이라고 하므로 평양성은 요동군, 즉 지금의 요서지역에 있었음이 재확인된다. 또한 요서지역에 있었던 평양성은 옛 조선국의

---

119) 윤내현, 《고조선연구》, 170~188쪽.
120) 유 엠 부찐 씀, 이항제·이병두 옮김, 《고조선》, 소나무, 1990, 25쪽 참조.
121) 《三國史記》卷15〈高句麗本紀〉太祖大王條. "九十四年, …秋八月, 王遣將, 襲漢 遼東西安平縣, 殺帶 方令, 掠得樂浪太守妻子.";《後漢書》卷85〈東夷列傳〉高句 驪傳. "質·桓之間, 復犯遼東西安平, 殺帶方令, 掠得樂浪太守妻子."
122) 《舊唐書》卷199〈東夷列傳〉高(句)麗傳. "高(句)麗者, …其國都於平壤城, 卽漢樂 浪郡之故地. …東渡 海至於新羅, 西北渡遼水至于營州, 南渡海至于百濟, 北至靺鞨."
123) 《新唐書》卷220〈東夷列傳〉高(句)麗傳. "高(句)麗, …地東跨海距新羅, 南亦跨 海距百濟, 西北度遼水與營州接, 北靺鞨其君居平壤城, 亦謂長安城, 漢樂浪郡也…."
124) 《史記》卷6〈秦始皇本紀〉秦始皇 26年條의 朝鮮에 대한 주석으로 실린 《史記 正義》. "《括地志》云, 高麗(高句麗)治平壤城, 本漢樂浪郡王險城, 卽古朝鮮也."
125) 주 79와 같음.

왕험성이었다126)고 하므로 평양성은 위만조선의 왕검성이었던 것이다. 이로부터 평양성은 난하의 동쪽에 위치한 낙랑군 지역이며 서안평현과 인접해 있었음을 알 수 있다. 그러면 왕검성이었던 평양성은 난하의 동쪽인 지금의 요서지역의 어느 곳에 위치했을까?

《구당서》〈동이열전〉 고(구)려전에는 "(고구려에서) …서북으로는 요수를 건너 영주에 이른다"고127) 했고, 《신당서》〈동이열전〉 고(구)려전에는 "(고구려의) …서북은 요수를 건너 영주에 닿는다"128)고 했다. 《구당서》와 《신당서》 모두 고구려 영역을 설명하면서 영주를 중심에 놓아 중요지역으로 서술하였음을 알 수 있다. 영역과 치소는 변화했지만 《위서》(魏書)〈지형지〉(地形志)에 따르면 이 시기의 영주는 6개 군과 14개 현을 포함하고 있었으며 치소는 지금의 조양(朝陽)이었다.129) 이는 고구려가 당시 6개 군을 아우르는 조양지역을 중요 중심지로 삼았음을 의미한다.

동천왕이 서기 247년 평양성으로 천도할 당시 조양지역의 정치적인 상황은 고구려가 요서지역에 진출할 수 있었던 좋은 여건에 놓여 있었다(제3부 제3장 2절 참조). 즉 흉노는 서기 3세기경까지 요령성 지역에 아직 진출하지 않았던 것으로 생각되며, 오환은 서기 3세기 초기 조양지역에서 멸망했던 것으로 나타난다. 그리고 선비는 서기 180년경 단석괴(檀石槐)의 사망과 더불어 분열시대를 맞이하는데, 삼국시대 초기에는 선비의 여러 부락 중에서 가비능(軻比能)이 가장 강성했으나 서기 235년 조위(曹魏)의 왕웅(王雄)에게 살해되면서 선비의 여러 부락은 흩어지거나 조위에 복속되었다. 그 후 3세기 중기부터 후기에 이르기까지 선비는 통일되지 않았고, 각 지역에는 소규모 부족이 산재하였을 뿐이었다. 따라서 서기 3세기 초 무렵 지금의 요서지역인 고대의 요동지역에

---

126) 위와 같음.
127) 주 102과 같음.
128) 주 103과 같음.
129) 《魏書》 卷106 〈地形志〉 中 참조.

는 강성한 세력이 없었다고 하겠다.[130] 이러한 상황은 고구려의 동천왕
이 이 시기 요서지역에 진출할 수 있었던 좋은 배경이 되었을 것이다.

서기 246년 위나라 관구검이 환도성을 침략하자 고구려 동천왕이
비록 남옥저로 도망하였으나 유유의 계략으로 다시 위나라 군대를 침략
하고[131] 위나라 군대가 도망간 이후 서기 246년 지금의 요서지역에 위
치했으며 낙랑군과 인접했던 서안평현을 다시 점령할 수 있었던 좋은
조건이 되었던 것이다. 위에 서술했듯이,《구당서》〈동이열전〉고(구)려
전과[132]《신당서》〈동이열전〉고(구)려전[133],《괄지지》[134],《통전》[135]
에 기재된 내용들에서 서안평현은 낙랑군과 인접해 있고 평양성이 낙랑
군의 옛 땅이라 하므로《위서》〈지형지〉의 기재에 따라 낙랑군을 포함
한 지역은 영주인 것이다. 영주에는 창려군(昌黎郡), 건덕군(建德郡), 요
동군(遼東郡), 낙랑군(樂浪郡), 기양군(冀陽郡), 영구군(營丘郡)의 6개 군
이 있었고[136], 치소가 북연(北燕)의 수도였던 지금의 조양인 화룡성(和
龍城)에 있었다고 하여[137] 조양을 중심지로 했다는 사실에서 평양성은
조양에 있었다는 사실을 확인할 수 있다.

이러한 까닭에《구당서》와《신당서》에서 고구려의 영역을 설명하면
서 영주를 중요한 지역으로 설명했다고 여겨진다. 또한 평양성이 옛 조
선국의 왕험성[138]이었으므로 고구려가 동천왕시기에 단군 왕검과[139]
뒤이어 위만조선의 도읍이었던 왕검성을 되찾아 평양성을 축조하고 서
기 247년 천도하였던 것으로 추정된다. 실제로 고구려는 남하정책을 실

---

130) 박선희,〈조양 袁台子村 벽화묘의 국적과 고구려 영역확대〉,《고조선단군학》
　　제31호, 고조선단군학회, 2014, 39~126쪽.
131)《三國史記》卷17〈高句麗本紀〉東川王 28年條.
132) 주 122과 같음.
133) 주 123과 같음.
134) 주 124와 같음.
135) 주 79과 같음.
136)《魏書》卷106上〈地形志〉上 참조.
137)《魏書》卷106上〈地形志〉上. "營州治和龍城. …領郡六縣十四."
138) 주 124와 같음.
139) 주 78과 같음.

시하기 이전 요서지역에 있던 중국의 군현을 축출하여 난하유역에 이르기까지 영토를 확장해 나갔다. 이 지역은 앞에 서술한 《삼국유사》〈고조선〉조의 기록과 같이 고조선의 영역이었는데 고조선 말기에 위만조선에게 빼앗겼고 다시 서한 무제시기에 한사군이 설치되었던 곳이다. 고구려는 바로 이 지역을 확보한 이후 전쟁방향을 남쪽으로 향했던 것이다. 이러한 상황은 고구려가 요서지역을 정복하고자 했던 목적이 고조선시기 한사군 등의 설치로 빼앗겼던 영토를 되찾고자 했던 것으로 해석하게 한다. 즉 고구려가 건국 초기부터 추구해 왔던 정치이념인 다물이념, 즉 고조선의 천하질서를 회복한다는 국가시책이었던 것이다.[140)]

이러한 사실과 관련하여 동천왕이 천도한 평양성이 발해만 북부지역의 조양일 것이라고 추정하는 필자의 견해를 더욱 뒷받침해 주는 것은 당시 조양지역에 조성된 여러 고구려 유적들이다. 문헌자료에 기재된 내용과 함께 고구려의 금관 테둘레와 금제관식들이 출토된 지역이 서기 3세기~4세기에 속하는 요령성의 조양지역 유적들에서 집중되어 나타나기 때문이다.[141)] 이들 유적에서는 갑옷과 말갑옷, 말투구, 등자를 비롯한 금동 마구장식 등이 출토되는데, 그 제작기법에서 중국이나 북방지역 개마보다 약 2세기 정도 앞섰던 고조선을 계승한 고구려 고유 양식을 보여 주어 이 무덤들의 국적을 고구려로 추정하게 한다.[142)]

그러면 동천왕의 평양성은 발해만 북부 요동지역(지금의 요서지역)의 어느 곳일까? 지금까지의 발굴 자료로 보면, 서기 3세기~4세기에 속하는 고구려의 특징적인 복식유물들이 주로 요령성 북표(北票) 방신촌(房身村, 서기 3세기 말기~4세기 초), 요령성 조양 십이대향 원대자촌(서기 3세기~4세기), 조양 전초구(서기 3세기 말기~4세기 초기), 조양 십이대영자 향전역 88M1무덤(서기 3세기 말기~4세기 초기), 조양 왕자분산묘군(王子墳山墓群, 서기 226년~336년) 등으로 조양지역에 집

---

140) 박선희, 《고구려 금관의 정치사》 참조.
141) 위와 같음.
142) 박선희, 《한국고대복식-그 원형과 정체》, 547~674쪽.

〈표 1〉 조양지역 출토 금제 장식들

그림 1 전초구묘 출토 금제관식	그림 2 방신촌묘 출토 금제관식	그림 3 전초구묘 출토 금제관식
그림 4 방신촌묘 출토 금제관식	그림 5 방신촌묘 출토 금제관식	그림 6 방신촌묘 출토 금제방울
그림 7 방신촌묘 출토 금제관식	그림 8 원대자촌 왕자 분산묘 출토 금제관식	그림 9 방신촌묘 출토 비취를 넣은 금제반지

중되어 나타난다.[143] 특히 왕릉급 유물에서 볼 수 있는 금관 테둘레와

---

143) 박선희, 《고구려 금관의 정치사》, 88~143쪽. 陳大爲, 〈遼寧北票房身村晋墓發掘簡報〉, 《考古》, 1960年 1期, 24~26쪽. 遼寧省文物考古硏究所·朝陽市博物館, 〈朝陽王子墳山墓群 1987, 1990年度考古發掘的主要收穫〉, 《文物》 1997年 第11期,

<지림 10〉 청암리
출토 금동관식

〈그림 11〉 고구려 금동관식

금제 관식, 금방울, 금장식단추, 금반지, 금과 은으로 만든 귀걸이를 비롯하여(표 1-그림 1~9) 금동 허리띠장식, 청동장식단추, 청동방울 등 수많은 복식유물이 출토된 점이 특징인데, 모두 고구려의 고유 양식을 나타내고 있다. 그림과 같이 관의 테두리에 꽂았을 금제 관식은 그 기본양식이 모두 동일하다. 주목할 것은 이 고구려 양식들이 고조선의 장식기법을 그대로 계승했다는 점이다.[144] 나뭇잎양식과 꽂는 장식부분의 불꽃문양이 특히 그러하다. 예를 들어, 위의 관식들에서 나타나는 불꽃문양

〈그림 12〉 고구려 금동관식

의 조형성과 같은 양식이 고구려의 청암리 출토 금동관식(그림 10)과 고구려 금동관식 문양(그림 11·12), 가야의 복천동 11호 고분 출토 금동관(그림 13), 환인현 출토 고구려 환두대도의 손잡이

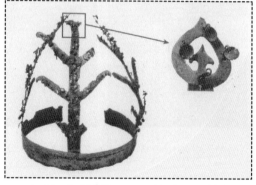

〈그림 13〉 복천동 11호 고분 출토 금동관

4~18쪽.遼寧省文物考古硏究所·朝陽市博物館·朝陽縣文物管理所, 〈遼寧朝陽田草溝晋墓〉, 《文物》, 1997年 第11期, 33~41쪽. 遼寧省文物考古硏究所·朝陽市博物館, 〈朝陽十二台鄕磚歷88M1發掘簡報〉, 《文物》, 1977年 第11期, 19~32쪽.
144) 박선희, 《고구려 금관의 정치사》, 88~143쪽 참조.

부분 문양(그림 14)145)에 보이며, 이 두 양식은 〈표 2〉의 내용과 같이

〈그림 14〉 고구려 환두대도 손잡이 부분 불꽃문양

〈표 2〉 가야와 신라의 불꽃문양 손잡이 환두대도

그림 16 의성 학미리 1호분146)	그림 17 황남대총 북분147)	그림 18 부산 복천동148)	그림 19 경주 보문동149)	그림 20 경산 조영동150)	그림 21 대구 내당동151)

---

145) 조선유적유물도감 편찬위원회,《조선유적유물도감》4-고구려편, 조선유적유
물도감 편찬위원회, 1989, 237쪽의 그림 405.

<그림 15> 황남대총북분 출토 환두대도
손잡이 부분 불꽃문양

이후 열국시대와 삼국시
대의 신라(그림 15) 등
으로 이어지는 발전 양
상을 나타낸다. 그 외에
갑옷과 말갑옷, 말투구,
등자를 비롯한 금동 마

구장식 등의 제작기법 역시 중국이나 북방지역 개마보다 약 2세기 정도
앞섰던 고조선을 계승한 고구려 고유 양식을 보여 주고 있어 이 무덤들
의 국적은 고구려로 추정된다.[152]

　　그 외에 조양에 위치한 원태자(袁台子) 고분벽화[153] 역시 마찬가지이
다. 은으로 만든 그릇과 복식유물들이 여럿 출토되었고, 등자를 비롯한
금동과 청동으로 만들어진 아름다운 마구장식들이 많이 출토되었다. 이
원대자 고분벽화에 나타나는 복식 양식은 고구려의 고유한 특징들로,
국적을 고구려로 볼 수밖에 없다. 원대자 고분벽화에 보이는 복식은 안
악 3호 고분벽화에 나타나는 복식과 거의 같다.

　　벽화의 상태가 좋지 않아 살펴볼 수 있는 부분만을 비교해 보면 다
음의 내용으로 정리된다. 원대자 고분벽화에 나타나는 복식은 대부분의
고구려 고분벽화들에 나타나는 복식 양식과 유사한데, 특히 안악 3호
고분벽화 묘주의 복식과 양식에서 더욱 그러하다. 필자는 안악 3호 고
분벽화의 복식을 관모에서 신발에 이르기까지 상세히 고찰하여 이를 고

146) 신라천년의 역사와 문화 편찬위원회, 《마립간시기 Ⅰ》 02 자료집, 경상북도
　　　문화재연구원, 2016, 167쪽.
147) 위와 같음.
148) 위와 같음.
149) 신라천년의 역사와 문화 편찬위원회, 《마립간시기 Ⅰ》 02 자료집, 168쪽.
150) 위와 같음.
151) 신라천년의 역사와 문화 편찬위원회, 《마립간시기 Ⅰ》 02 자료집, 169쪽.
152) 박선희, 《한국고대복식-그 원형과 정체》, 547~674쪽.
153) 遼寧省博物館文物隊·朝陽地區博物館文物隊·朝陽縣文化館, 〈朝陽袁台子東晋壁畵
　　　墓〉, 《文物》, 1984年 第6期.

조선 복식을 계승한 고구려의 고유 양식으로 보고, 이 고분의 국적을 고구려로 분석한 바 있다.154) 예를 들어 원대자 고분벽화 봉식도에 보이는 관모와 웃옷, 아래옷, 신 등과 안악 3호 고분 시종무관도의 옷은 거의 같은 양식이며, 원대자 고분벽화 주방도의 시녀머리양식과 안악 3호 고분벽화 시녀의 머리양식이 유사하다. 또한 원대자 고분벽화의 갑사기마도의 갑옷과 안악 3호 고분벽화 혹은 감신총과 삼실총, 덕흥리 고분벽화의 갑옷은 거의 같은 양식이다. 원대자 고분벽화의 〈봉식도〉에 보이는 머리쓰개와 웃옷, 아래옷, 신 등의 양식은 덕흥리 고분벽화의 것과 거의 같다. 원대자 고분벽화 〈우차도〉의 마차와 수산리 고분벽화 〈우교차도〉의 소가 끄는 수레 양식이 같다.

원대자 고분벽화의 묘주가 쓴 관모로부터 신분을 가늠해 보고자 한다. 원대자 고분벽화의 묘주가 쓴 관모에 대해 발굴자들은 흑관(黑冠)이라고만 서술하고 흑관 위에 씌워진 얇은 관에 대해서는 설명치 않았다. 이 덧관이 어떠한 색상인지 가늠하기 어렵지만, 안악 3호 고분벽화에서와 같이 금테가 둘러지지 않은 점과155) 이 무덤에서 금으로 만들어진 복식유물 등이 출토되지 않았고 마구 장식들이 대부분 청동으로 만들어진 점에서 왕릉은 아니라고 여겨진다. 왕릉급 무덤들에서는 금동제 마구 장식들이 많이 출토되는데 이 무덤에서는 주로 청동과 철제품이 주류를 이루었다.

《구당서》〈열전〉 고(구)려전과 《신당서》〈열전〉 고(구)려전에는 고구려의 왕과 대신들이 썼던 관모에 대하여 다음과 같이 기재하고 있다.

웃옷과 아래옷의 복식을 보면, 왕만이 오채(五綵)로 된 옷을 입으며, 흰색 나(羅)로 만든 관을 쓰고 흰 가죽으로 만든 소대(小帶)를 두르는데, 관과 대는 모두 금으로 장식했다. 벼슬이 높은 자는 푸른 나로 만든 관을 쓰고 그 다음은 붉은 나로 만든 관을 쓰는데, 새 깃 두 개를 꽂고 금과 은으로 장식한다.156)

---

154) 박선희, 〈복식의 비교연구에 의한 안악 3호고분 묘주의 국적〉, 《白山學報》 제76호, 白山學會, 2006, 187～237쪽.
155) 박선희, 《한국고대복식-그 원형과 정체》, 221～292쪽 참조.

왕은 오채로 된 옷을 입고 흰색 나로 만든 관을 쓰며 가죽으로 된 허리띠
에는 모두 금테(금단추)를 두른다. 대신은 청색 나로 만든 관을 쓰고 그 다음
은 진홍색 나로 만든 관을 쓰는데, 두 개의 새 깃을 꽂고 금테(금단추)와 은테
(은단추)를 섞어 두른다.157)

위의 내용으로부터 원대자 고분벽화의 주인은 흑관 위에 푸른 나
혹은 붉은 나로 만든 덧관을 쓴 고구려의 고급관리였을 것으로 생각된
다. 이러한 사실을 확인할 수 있는 것은 원대자 고분벽화에 삼족오가
보이는 〈태양도〉(太陽圖)(제3부 제3장 4절의 그림 49 참조), 〈월량도〉
(月亮圖)와 함께 〈흑웅도〉(黑熊圖)(제3부 제3장 4절의 그림 50 참조)가
있는 점이다. 이러한 내용들은 중국 고분벽화와 달리 고구려 고분벽화
에 자주 나타나는 내용들이다. 특히 검은 곰이 서있는 모습으로 표현된
것이 특징적이다. 원대자 고분벽화에 관해서는 이 책 제3부의 제3장에
서 상세히 다루고자 한다.

발굴자들은 원대자 고분벽화의 연대를 서기 4세기 중엽으로 보고
있다. 이 시기 고구려는 고국원왕시기로, 동천왕이 천도한 평양성에서
서기 342년 환도성으로 이미 천도한 시기이다. 따라서 고구려 천도 이
후 남아 있던 고구려의 귀족 혹은 고급관리의 무덤이라 여겨진다. 이러
한 조양 중심이나 조양지역과 가까운 지역들에서 출토된 복식 유물들의
국적이 고구려의 고유한 특징을 보이고 있는 점으로 보아 동천왕시기
평양성은 조양지역이었을 것으로 추정된다.

한국학자들은 이러한 점들은 소홀히 하고 중국학자들이 조양을 포
함하여 당시 요서지역 등을 발굴하고 선비족 무덤이라고 한 내용을 그
대로 받아들이고 있다. 한반도와 만주지역 무덤들에서 출토되는 모든
유물들의 통시적인 양식사를 고찰하지 않은 채 중국학자들이 북연 또는

---

156) 《舊唐書》 卷199 〈列傳〉 高麗傳. "衣裳服飾, 唯王五綵, 以白羅爲冠, 白皮小帶, 其
　　冠及帶, 咸以金飾. 官之貴者, 則靑羅爲冠, 次以緋羅, 揷二鳥羽, 及金銀爲飾."
157) 《新唐書》 卷220 〈列傳〉 高麗傳. "王服五采, 以白羅製冠, 革帶皆金釦. 大臣靑羅
　　冠, 次絳羅, 珥兩鳥羽, 金銀雜釦."

선비족 무덤이라고 한 내용을 비판과 분석 없이 받아들여, 한반도 남부
와 만주 집안지역의 한국 고대 문화의 다양한 내용들이 삼연(三燕)문화,
즉 북방문화의 영향으로 이루어졌다고 무분별하게 연결시켰던 것이다.

분명한 것은 삼연(三燕)은 전연(前燕)과 후연(後燕), 북연(北燕)으로,
전연과 후연은 선비족이 세웠지만 북연은 고구려 사람이 세운 나라라는
점이다. 따라서 북연문화에는 고조선과 이를 계승한 고구려 문화의 특
징들이 나타나기 마련이다. 그런데 한국학자들은 북연의 문화를 달리
구분하지 않고 삼연의 문화로 총칭하여 선비족의 문화로 분류했기 때문
에, 한반도에서 출토되는 유물의 성격과 양식이 북연의 문화와 유사하
면 쉽사리 선비족의 삼연문화로 분류했다. 이어서 한반도의 문화가 선
비족의 영향을 받았다는 전래설을 주장하기 일쑤이다. 신라와 가야지역
문화에 대한 해석에서 더욱 그러하다.158)

그러면 고구려는 어느 시기부터 고조선시기에 빼앗겼던 요서지역을
차지하였는지 알아보기로 한다.《삼국사기》〈고구려본기〉에는 고구려의
대외전쟁과 관련한 기록이 큰 비중을 차지하고 있어 이를 통해 대외정
책의 성격을 이해할 수 있다. 건국 초부터 광개토대왕에 이르기까지 전
쟁의 성격은 다음의 내용으로 정리된다. 초기 추모왕 때부터 민중왕 때
까지는 주변의 작은 나라를 병합해 기반을 다져 나가는 시기로, 전쟁
성격은 영토 확장에 있었다. 그러나 어느 정도 영토가 확보되고 국력이
충실해지자 이를 기반으로 모본왕 때부터 미천왕 때까지는 지금의 요서
지역으로 적극 진출했다. 이후 고국원왕시기부터는 전쟁의 방향을 남쪽
으로 돌려 백제와 신라를 침공하기 시작하면서, 중국에 있던 나라들과
는 되도록 충돌을 피하고 자주 사신을 파견하여 화친관계를 유지하려고
크게 노력했다.

고구려는 이처에 중국의 서한과 동한이라는 통일제국이 있던 시기
에 지금의 요서지역으로 진출했다. 그러나 3세기 말 무렵 서진(西晉)에

---

158) 박선희,《고구려 금관의 정치사》참조.

서는 외척이 정권을 장악하여 8왕의 난이 일어나는 등 몹시 혼란하였
다. 이러한 기회를 틈타 중국 북쪽에 위치한 이민족들이 북부지역으로
진출하여, 304년 무렵에는 흉노와 선비, 강, 저 등의 이민족들이 세운
16개의 정권들이 계속 교체되는 혼란한 시기였다. 이처럼 고구려는 중
국이 여러 나라로 분열되어 흥망이 거듭되는 혼란기에는 오히려 남쪽으
로 전쟁의 방향을 돌려 백제와 신라를 공격했던 것이다. 물론 중국의
정세가 혼란스러운 틈을 타서 고구려가 안정적으로 남하정책을 펴 나가
기 시작했다고도 볼 수 있다. 그러나 상식적으로 생각해볼 때 고구려의
전쟁 목적이 영토 확장에만 있었다면, 고구려는 중국이 분열되어 혼란
하던 시기에 차라리 서쪽으로 계속 진출해 나가는 것이 그 어느 시기보
다 영토 확장에서 수월했을 것이다.

이러한 일반적인 판단과 달리 고구려는 전쟁 방향을 남쪽으로 돌렸
던 것이다. 이것은 고구려가 지금의 요서지역으로 향했던 전쟁이 영토
확장만을 목적한 것이 아님을 의미하며, 그 목표가 일단 이루어졌기 때
문에 다시 전쟁의 방향을 남쪽으로 옮겼을 것으로 해석할 수밖에 없다.
이러한 남하정책이 있기 이전 미천왕은 요서지역에 있던 중국의 군현을
모두 축출하여 난하유역에 이르기까지 영토를 확장해 나갔다. 이 지역
은 고조선의 영역이었는데 고조선 말기에 위만조선에게 빼앗겼고 다시
서한 무제시기에는 한사군이 설치되었다. 고구려는 바로 이 지역을 확
보한 이후 전쟁 방향을 남쪽으로 향했다. 이러한 상황으로 볼 때, 고구
려의 요서지역 정복 목적은 한사군 등의 설치로 빼앗겼던 고조선 영토
의 회복이었다고 해석된다. 아울러 고구려의 남하정책도 마찬가지로 고
조선의 영역이었던 한반도 남부지역을 병합하기 위한 목적으로 진행되
었다고 생각된다.[159]

---

159) 광개토대왕시기 고구려는 한반도, 만주 전 지역과 일본 지역까지를 형식적
    이나마 통치권 안에 넣었다고 할 수 있다. 이러한 사실은 〈광개토왕릉비문〉에
    보이는 주변에 대한 정복기록에서 잘 나타난다. 고구려는 정복한 주변 나라들
    에게 신하나라로서 조공을 바치도록 하여 고조선의 강역인 한반도와 만주를
    전 지역으로 하는 천하질서를 확립했다고 할 수 있다. 즉 고구려가 건국 초기

따라서 고구려는 모본왕(서기 48년~53년) 때부터 미천왕(서기 300
년~331년) 때까지는 지금의 요서지역으로 적극 진출하였다고 하겠다.
384년에 고국양왕이 소수림왕을 이어 즉위하였다. 중국 동북부지역에서
는 전진에게 멸망한 전연 모용황의 아들 모용수(慕容垂)가 후연(後燕)을
건국하였다. 고구려와 모용씨는 이전부터 관계가 좋지 않아 계속 충돌
하였다. 이 시기에 지금의 난하 하류유역에 위치했던 요동군과 난하 서
쪽으로 옮겨 위치했던 대방군과 현토군을 고구려가 공격하였다.160) 또
한 후연이 이를 다시 탈환하는 전쟁도 있었다.161) 이러한 고구려의 정
치적 상황은 서기 3세기부터 4세기까지 고구려가 요서지역에 많은 유적
과 유물을 남기게 된 요인이라 하겠다.

　지금까지 진행한 요서지역에 대한 정치적 분석으로, 한반도와 만주
지역에는 홍산문화시기부터 제의 유적이 만들어졌고, 뒤이어 고조선시
기부터 홍산문화 유적에서 보이는 것과 동일한 성격의 제의를 거행하던

　　부터 추구해 왔던 정치이념인 다물이념, 즉 고조선의 천하질서를 회복한다는
　국가시책이 광개토대왕시기에 명분상으로 일단 완성되었다고 해석된다. 고구
　려가 고조선의 천하질서를 재건하고자 했던 것은 자신들이 고조선을 계승했다
　고 생각했기 때문이며, 이러한 고구려 사람들의 의식은 장수왕 414년에 만들
　어진 〈광개토왕릉비문〉에서 확인된다. 이 비문에는 "동부여는 옛날에 추모왕
　의 속민이었다"라고 했고, 또한 "백제와 신라는 옛날에 속민이었다"라고 했다
　(《廣開土王陵碑文》. "百殘·新羅舊是屬民, 由來朝貢."; "東夫餘舊是鄒牟王屬民, 中
　叛不貢."). 그러나 실제로 광개토대왕 이전에 동부여와 백제 및 신라는 고구려
　의 지배를 받은 속민이었던 사실이 없다. 그러므로 비문의 내용은 고조선시기
　의 상황을 표현한 것으로 해석해야 할 것이다. 고조선은 한반도와 만주 대부
　분 지역을 영역으로 했기 때문에 이 지역에 거주한 주민들은 고조선의 속민이
　었다. 따라서 고구려사람들은 자신들이 고조선을 계승한 나라로서 동부여와
　백제 및 신라, 가야의 거주민들은 마땅히 단군의 후손인 추모왕이 세운 고구
　려왕의 속민이라고 생각했던 것이다. 그러므로 고구려가 평양으로 수도를 천
　도하고 남쪽으로 전쟁의 방향을 전환한 것은 한반도 남부해안지역까지 옛 고
　조선의 영토를 병합하여 새로운 통치 질서를 재건하고자 했던 것으로 생각된
　다(박선희, 《고구려 금관의 정치사》, 경인문화사, 2013 참조).
160) 윤내현, 《고조선연구》, 499~524쪽.
161)《三國史記》卷18〈高句麗本紀〉故國壤王條. "二年, 夏六月, 王出兵四萬襲遼東,
　先是. 燕王垂命帶方王佐, 鎭龍城, 佐聞我軍襲遼東, 遣司馬郝景, 將兵救之, 我軍擊
　敗之, 遂陷遼東·玄菟, 虜男女一萬口而還. 冬十一月, 燕慕容農, 將兵來侵, 復遼東·
　玄菟二郡. 初, 幽冀流民多來投, 農以范陽龐淵爲遼東太守, 招撫之."

돌돌림 유적과 제단 유적이 만들어졌음을 올바르게 해석할 수 있었다. 아울러 고조선시기 제단과 무덤의 기능을 함께하는 고인돌이 만들어져 제의의 기능을 하였음과, 이후 고구려시기로 오면 홍산문화와 고조선의 특징을 이은 적석무덤들과 성곽 유적들이 제사의 중심지로서 제의의 중요한 장소였음을 알 수 있다.

《삼국유사》〈고조선〉조에는 "(단군 왕검은) 당요가 즉위한 지 50년이 되던 경인년에 평양성에 도읍하고 비로소 조선이라 했다"162)고 하였고, 또 "뒤에 아사달(阿斯達)로 물러나(돌아와) 은거하다가 산신이 되었다. 수(壽)는 1천 9백 8세를 누렸다"163)고 하였다. 이 내용은 두 부분으로 나뉜다. 하나는 단군 왕검은 요임금이 즉위한 후 50년 되던 해 평양성에 도읍하고 조선이라 하였음과, 다른 하나는 이후 조선이 아사달지역으로 물러난 후 1,908년을 존속했음을 말하고 있는 것이다. 또한 앞에 기록된 평양성과 뒤에 나타나는 아사달은 서로 다른 곳이라는 점을 시사한다.

앞에서 서술했듯이 《삼국사기》〈고구려본기〉에서는 "평양은 본시 선인 왕검의 택(宅)이다"164)라 하여 평양에 선인(仙人)으로 불리우는 단군 왕검이 존재했음을 말하고 있다. 고구려시기에는 선인의 명칭이 관직에서 나타난다. 《삼국지》에서는 '선인'으로, 《후한서》와 《양서》에서는 '조의선인'(皂衣仙人)으로, 《북사》·《주서》·《구당서》에서는 '선인'으로 기록하고 있다. 이는 정치적 발전과 제의식의 변화에 따라 고구려시대로 오면 관직명으로 변화되어 역할을 수행했을 것으로 생각된다.

《사기》〈진시황본기〉에는 진시황이 고조선 말기에 해당하는 서기전 199년(진시황제 28년)과 서기전 195년(진시황제 32년)에 선인을 찾아 나서게 했던 기록이 보인다. 즉 《사기》〈진시황본기〉에는 "(진시황 28년) 이미 제인(齊人) 서불(徐市) 등이 글을 올리기를, 바다 가운데 삼신

---

162) 주 78과 같음.
163) 위와 같음.
164) 《三國史記》卷17〈高句麗本紀〉東川王 21年條. "平壤者本仙人王儉之宅也."

산이 있으니 그 이름을 봉래(蓬萊)·방장(方丈)·영주(瀛洲)라고 이르며
그곳에 선인이 산다고 말합니다. 청하옵건데 재계(齋戒)하고 동남동녀
(童男童女)들과 더불어 그것을 구할 수 있도록 하여 주시기 바랍니다.
이에 서불(徐市)을 보내어 동남동녀 수천 명을 풀어 바다에 들어가 선
인을 구하도록 하였다"[165]는 기록이 있다. 이에 대해서 《사기정의》의
주석에서 "《한서》(漢書) 〈교사지〉(郊祀志)에 이르기를, 이 삼신산(三神
山)은 발해(渤海) 가운데 있다고 전해 오는데 그곳에 (중국)사람이 간
것은 오래지 않았다. 아마도 예전에 그곳에 도달한 사람이 있었을 것이
다. 여러 선인과 불사(不死)의 약(藥)이 모두 있다고 전한다"[166]고 하였
고, 또한 "《괄지지》(括地志)에 이르기를 단주(亶洲)는 동해 가운데 있는
데, 진시황제는 서복(徐福, 徐市)으로 하여금 동남동녀를 데리고 바다에
들어가 선인을 구하도록 하였다"[167]고 했다.

　　위의 내용에서 진시황제는 선인과 불사의 약을 구하러 서불(徐市,
徐福)과 많은 어린 소년 소녀들을 바다로 보냈는데, 그 땅은 중국의 동
쪽에 있는 발해 가운데 있었다는 것이며 그 이름은 단주(亶洲), 즉 단
(亶)의 땅이라는 것이다. 서불(서복)이 동쪽의 바다로 도달한 선인이
사는 땅은 한반도였을 것으로 생각된다. 경상남도 남해군 금산에 위치
한 마애석각(磨崖石刻)에는 "서시(徐市)가 일어나 일출에 대한 예를 올
렸다(徐市起 禮日出)"[168]는 문구가 있다. 그리고 제주도 서귀포시 정방
폭포에도 "서불이 이곳을 지나갔다"[169]는 내용의 마애석각이 있다. 이

---

165) 《史記》 卷6 〈秦始皇本紀〉 秦始皇 28年條. "旣已, 齊人徐市等上書, 言海中有三神
　　山, 名曰蓬萊·方丈·瀛洲, 仙人居之. 請得齋戒, 與童男女求之. 於是遣徐市發童男女
　　數千人, 入海求仙人."
166) 《史記》 卷6 〈秦始皇本紀〉 秦始皇 28年條 기록의 三神山에 대한 주석으로 실린
　　《史記正義》. "《漢書》〈郊祀志〉云, 此三神山者, 其傳在渤海中, 去人不遠, 蓋曾有至者,
　　諸仙人及不死之藥皆在焉." 이와 동일한 내용이 《史記》〈封禪書〉에도 보인다.
167) 《史記》 卷6 〈秦始皇本紀〉 秦始皇 28年條 기록의 仙人에 대한 주석으로 실린
　　《史記正義》. "《括地志》云, 亶洲在東海中, 秦始皇使徐福將童男女入海求仙人."
168) 李元植, 〈徐福渡來傳說を追う〉, 《讀賣新聞》, 平成 元年(1989) 12月 28日字 文化面.
169) 위와 같음.

러한 고고학 자료들은 서불이 선인과 불사의 약을 구하기 위해 도달한 땅인 단주가 한반도였음을 밝혀 준다.

이후 4년이 지난 서기전 195년에 진시황제는 갈석(碣石)으로 가서 연나라 사람 노생(盧生)을 시켜 이문(羨門)과 고서(高誓)라는 사람을 찾도록 했는데[170] 《사기집해》와 《사기정의》에 기록된 주석에서 이들은 고선인(古仙人)이라고 했다.[171] 갈석은 갈석산(碣石山)을 말한 것으로, 지금의 하북성(河北省) 창려현(昌黎縣)에 위치하며 연나라와 진제국의 시대 고조선과의 국경이었다. 이러한 내용과 《삼국사기》〈고구려본기〉 동천왕 21년조에서는 단군 왕검을 선인 왕검이라 부르는 것[172]에서 단군을 포함하여 고조선에서 제의를 거행하는 종교 지도자들을 선인(仙人)이라 불렀다고 생각된다. 따라서 진시황제는 고조선에 가장 가깝게 위치한 연나라 사람에게 갈석산과 인접한 고조선의 경계 너머에서 선인, 즉 옛 종교 지도자들을 찾게 했던 것으로 해석된다.

이상의 내용을 정리하면, 첫째는 진시황이 서기전 199년에 선인과 불사의 약을 구하러 서불(서복) 등을 보냈던 지역은 한반도였다. 둘째는 서기전 195년에 연나라 사람 노생을 보내 선인을 찾고자 했을 때 고조선의 선인이 살고 있었던 지역은 요동지역으로, 고조선의 영역이었던 지금의 요서지역이었다.

따라서 진시황 재위시기 고조선의 강역은 갈석산이 있는 창려현(昌黎縣)에까지 이르렀던 것이며 이러한 내용들에서 고조선시기부터 고구려시기까지 한반도와 만주지역 모두 홍산문화의 제의적 전통을 그대로 이어갔음을 알 수 있다. 아울러 진시황 재위 시 한반도와 만주지역에 모두 선인이 살았음도 알 수 있다. 단군 왕검은 고조선의 통치자이며 선(仙)을 추구한 고조선 최고의 종교지도자로 선인이라 불렸던 것이며, 위의

---

170) 《史記》 卷6 〈秦始皇本紀〉 秦始皇 32年條. "始皇之碣石, 使燕人盧生求羨文·高誓."
171) 《史記》 卷6 〈秦始皇本紀〉 기록의 주석으로 실린 《史記集解》와 《史記正義》. "韋昭曰: 古仙人.", "亦古仙人."
172) 《三國史記》 卷17 〈高句麗本紀〉 東川王 21年條. "平壤者本仙人王儉之宅也."

제단 유적들은 선인이 종교의식을 거행했던 곳으로 한반도와 만주지역
은 모두 고조선과 같은 성격의 제의문화권이었던 것이다.

3. 관모와 장식단추에 보이는 제의 기능

〈그림 1〉 우하량 유적 N16M4 분토(墳土) 내 옥기 출토 상황

〈그림 1-1〉 N16M4 분토 내   〈그림 1-2〉 N16M4 분토 내
옥고, 팔걸이 출토 상황   옥인, 옥환 등 출토 상황

홍산문화의 우하량 유적 석곽무덤들에서는 상당히 많은 양의 옥고
(玉箍)(그림 1~1-2)[173]가 출토되었다. 발굴자들은 옥고가 속발구(束髮

〈그림 2〉 옥고   〈그림 2-1〉 우하량 유적 출토 옥고에 보이는 구멍

具)로 쓰였을 것으로 추정했다. 또 머리를 정수리에서 묶고 이를 옥고
로 덮었을 것인데, 무게로 인해 미끄러지므로 머리꽂이로 고정시켰을
것이라고 설명했다. 실제로 옥고의 양쪽 아래 부분을 관통하는 구멍이
뚫려 있어, 머리꽂이를 꽂거나 끈을 꿰어 관끈처럼 턱밑에 묶어 고정했
을 가능성도 있다(그림 2·2-1)[174]. 이 옥장식은 머리 장식품일 뿐만
아니라 신분을 나타내는 상징물의 구실도 했을 것으로 보았다.[175] 실제
로 홍산문화에서 출토된 조
개껍질이나 뼈로 만든 인형
식들의 머리양식은 틀어 올
린 상투머리 위에 옥고와
유사한 것을 덮어씌워서 매
무새를 갖춘 모양이다(그림
3·4)[176]. 이러한 옥고는 홍
산문화권에서 현재까지 우

〈그림 3〉 홍산문화   〈그림 4〉 조보구문화 유적
유적 출토 인형식   출토 인형방식의 부분

---

173) 遼寧省文物考古硏究所, 《牛河梁-紅山文化遺址發掘報告(1983~2003年度)》, 2012,
     文物出版社, 圖版 275. 필자는 앞선 연구 《고조선 복식문화의 발견》에서 위 그림
     에 보이는 인형식을 옥검으로 잘못 보았다. 이 책에서 인형식으로 바로잡는다.
174) 遼寧省文物考古硏究所, 앞의 책, 圖版 93.
175) 周亞利, 〈紅山文化祭祀舞蹈考〉, 《中國考古集成》 東北卷 新石器時代(二), 北京出
     版社, 1997, 1573쪽.
176) 戴煒·侯文海·鄭耿杰, 《眞賞紅山》, 內蒙古人民出版社, 2007, 190쪽; 于建設,
     《紅山玉器》, 遠方出版社, 2004, 39쪽; 劉冰 主編, 《赤峰博物館 文物典藏》, 遠方出
     版社, 2006, 20쪽.

하량 유적 이외의 지역에서는 출토되지 않아 제의를 거행할 때 사용했을
것으로 여겨지며, 방대한 면적에 분포되어 있는 우하량 유적들이 제의의
중심지역이었을 가능성을 보여 준다. 옥고를 쓰지 않는 지역의 경우는
틀어 올린 머리의 끝자락을 옥으로 장식하거나 머리꽂이를 사용해서 고
정시켰을 가능성이 고고학의 출토자료로부터 나타나므로, 옥고를 집중적
으로 사용했던 우하량지역은 매우 중요한 의식을 거행했던 지역이었다고
생각된다.

〈그림 5〉 흥륭구 유적 출토 '남신상'의 부분

실제로 틀어 올린 머리를
옥으로 장식한 경우가 옥인장
이 출토되어 당시 중요한 정치
적 중심지역이었을 것으로 여
겨지는 나만기 유적177)과 가깝
게 위치한 적봉시 오한기 흥륭
구 홍산문화 유적에서 출토된
도소(陶塑) '남신상'(男神像)(그림 5·5-1)에서 보인다. 발굴자들은 이
'남신상'이 서기전 3300년 무렵에 속한다고 했다.178) '남신상'의 틀어 올
린 머리양식은 매우 특징적인데, 머리
뒤에서 땋아 세 번 돌리면서 정수리로
올려서 끝자락을 이마 바로 윗부분까
지 내려 장식으로 마무리했다. 당시
옥문화가 발달하고 머리장식이 출토된
예로 보아 땋은 머리자락을 마무리한
장식은 옥제품일 가능성이 크다.179)

〈그림 5-1〉 '남신상' 머리양식의
옆모습

---

177) 박선희, 〈홍산문화 유물에 보이는 인장의 기원과 고조선문화〉,《比較民俗學》
    第49輯, 比較民俗學會, 2012, 45~100쪽.
178) 赤峰博物館 소장, 김대환 사진.
179) 인물상의 머리양식을 관모로 보는 견해도 있으나 이 양식은 관모일 수 없
    다. 대부분의 조소품은 머리와 이마를 구분하기 위해 이마와 머리 사이를 이
    중 면으로 입체감 있게 표현하는 것이 일반적이다. 불상의 경우가 좋은 예가

이처럼 틀어 올린 머리양식은 한민족의 고유한 습속으로, 중국이나 북방 지역에서는 보이지 않는다.[180]

한민족의 고유한 습속은 남신상의 앉아 있는 자세에서도 찾을 수 있다. 중국에서는 남신상처럼 다리를 접고 앉거나 쭈그리고 앉는 것이나 가부좌, 무릎을 꿇고 앉는 습속 등을 이속(夷俗)으로 생각하였다.[181] 이와 관련해서는 제1부 제3장 3절에서 상세히 서술하겠다.

이러한 사실들로부터 남신상의 머리양식과 앉은 자세는 이 유물을 중국문화로 분류할 수 없게 한다. 남신상의 머리양식과 앞에 설명한 옥고 등을 통해 고조선 이전 시기 한반도와 만주에서 거주하던 사람들이 머리꽂이와 장식을 사용해 일정한 머리양식을 갖추기 시작했음을 알 수 있다. 머리꽂이는 틀어 올리는 머리양식 때문이기도 하지만, 틀어 올린 머리를 덮는 고조선과 고구려, 백제, 신라 등에서 널리 사용된 변(弁)이나 절풍(折風)(그림 6·7)[182]과 같이 모자를 고정시키는 역할을 했을 것이

〈그림 6〉 부여 출토 백제   〈그림 7〉 무용총에
토기편에 보이는 변   보이는 절풍

다. 우하량 유적에서는 작은 크기의 옆모습이 절풍처럼 보이는 옥장식품이 출토되었다(그림 8·8-1·2).[183] 이 옥장식품이 머리에 사용했던 것이라면, 절풍양식은 고조선보다 앞선 홍산문화 시기부터 발전해 온 상투

된다. 조소품에서 머리카락을 달리 묘사하지 않는 경우 면을 나누어 표현할 수밖에 없기 때문이다. 우하량 유적에서 출토된 여신상도 면을 나누어 이마와 머리 부분을 달리 표현했다.

180) 박선희, 《한국고대복식-그 원형과 정체》, 지식산업사, 2002, 221~292쪽.
181) 박선희, 《고구려 금관의 정치사》, 경인문화사, 2013, 21쪽.
182) 박선희, 《우리금관의 역사를 밝힌다》, 지식산업사, 2008 참조.
183) 遼寧省文物考古硏究所, 《牛河梁-紅山文化遺址發掘報告(1983-2003年度)》, 2012, 文物出版社, 圖版 190; 朝陽市文化局·遼寧省文物考古硏究所, 《牛河梁遺址》, 學苑出版社, 2004, 53쪽.

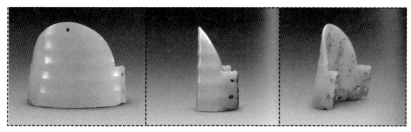

〈그림 8·8-1·2〉 우하량 유적 출토 머리 옥장식

머리를 가리는 머리양식이었다고 하겠다. 이러한 홍산문화 유적에서 출토된 옥고와 절풍모양 옥장식은 고조선시대와 이후 열국시대를 거쳐 삼국시대에 이르기까지 널리 사용되었던 절풍의 원형으로 볼 수 있고 그 기원이 매우 오래되었음을 알게 한다.

《후한서》(後漢書)와 《삼국지》(三國志) 및 《진서》(晉書) 등에는184) 고대 한민족이 머리를 틀어 올렸음을 설명하고 있다. 이 기록들은 고조선이 붕괴된 후의 한(韓)에 관한 것이지만, 위의 내용으로 보아 이러한 머리양식 내용은 신석기시대로부터 갖추어져 고조선으로 발전되어 나갔을 것이다. 실제로 신석기시대 한반도와 만주의 유적들에서는 머리를 틀어 올리면서 꽂았을 머리꽂이가 많은 양이 골고루 출토된다.185) 신석기시대의 머리꽂이는 주로 새의 뼈와 뿔 등 가벼운 재료로 만들었고, 옥이나 돌, 질그릇조각으로도 만들었다.186) 이러한 출토자료로부터 고조선 이전 시기 한반도와 만주지역에 거주하던 사람들이 머리꽂이를 사용해 일정한 머리양식을 갖추기 시작했음을 알 수 있다.

한반도의 신석기시대 유적들에서 출토된 머리꽂이의 내용을 보기로

184) 《後漢書》 卷85 〈東夷列傳〉 韓條. "대체로 머리를 틀어 묶어 상투를 드러낸다(大率皆魁頭露紒).";《三國志》 卷30 〈烏丸鮮卑東夷傳〉 韓傳. "그들의 성질은 굳세고 용감하며 머리카락은 틀어 묶어 상투를 드러내는데 마치 날카로운 병기와 같다(基人性彊勇, 魁頭露介如炅兵).";《晋書》 卷97 〈列傳〉 馬韓條. "남자들은 머리를 틀어 상투를 드러낸다(其男子科頭露紒)."

185) 박선희, 《고조선 복식문화의 발견》, 지식산업사, 2011, 51~64쪽.

186) 朴仙姬, 〈유물자료로 본 고조선 이전 시기의 복식문화 수준〉, 《단군학연구》 제20호, 2009, 101~109쪽.

한다. 한반도에서 머리꽂이가 출토된 유적으로는 서포항 유적(서기전 6000년~서기전 5000년)[187]과 궁산 유적(서기전 6000년~서기전 5000년)[188]에서 출토된 것이 가장 이르다. 이후 서기전 3000년대 초기에 속하는 두만강유역에 위치한 온성군 강안리 유적의 제2문화층 4호 집자리와 제3문화층 5호 집자리[189]에서 뼈로 만든 머리꽂이가 출토되었다. 같은 시기에 속하는 회령오동 유적에서도 20여 개의 머리꽂이가 출토되었다.[190]

만주지역에서는 요서지역의 적봉현 동산취(東山嘴) 유적에서 뼈장식품과 함께 뼈로 만든 머리꽂이 7개가 출토되었다.[191] 건평(建平)의 수천(水泉) 유적(교정연대 4130±110년)에서도 머리꽂이가 출토되었는데 원추형으로 광택이 나게 만들어졌다.[192] 금주(錦州)의 산하영자(山河營子) 유적에서는 뼈로 만든 머리꽂이 2개가 출토되었는데 전체가 원형으로 광택이 나고, 발굴자들은 현재의 잠(簪)과 유사하다고 했다.[193] 그 실제 모습은 〈표 1〉에서 제시했듯이 우하량 유적(N5H16:3)에서도 뼈 머리꽂이(그림 9)가 출토되었고, 고조선 초기 청동기문화인 하가점 하층문화 유적에서[194] 머리꽂이(그림 10)가[195] 출토되었다.

---

187) 고고학연구소, 〈서포항 원시유적 발굴보고〉, 《고고민속론문집》 4, 사회과학출판사, 1972; 사회과학원 력사연구소, 《조선전사》 1-원시편, 과학·백과사전출판사, 1979 참고.

188) 고고학 및 민속학연구소, 《궁산원시유적발굴보고서》, 1957, 과학원출판사 참조; 김용남, 〈궁산문화에 대한 연구〉, 《고고민속론문집》 8호, 과학·백과사전출판사, 1983, 2~57쪽.

189) 석광준·김종현·김재용, 《강안리 고연리 구룡강유적 발굴보고》, 사회과학출판사, 2002, 23~65쪽.

190) 고고학 및 민속학연구소, 《회령오동 원시유적 발굴보고》-유적발굴보고 제7집, 과학원출판사, 1960.

191) 遼寧省博物館·昭鳥達盟文物工作站·赤峰縣文化館, 內蒙古赤峰縣紀四分地東山嘴遺址試掘簡報〉, 《中國考古集成》 東北卷 新石器時代(一), 北京出版社, 1997, 445~453쪽.

192) 遼寧省博物館·朝陽市博物館, 〈建平水泉遺址發掘簡報, 《中國考古集成》 東北卷 新石器時代(二), 1672쪽.

193) 劉謙, 〈錦州山河營子遺址發掘報告〉, 《中國考古集成》 東北卷 新石器時代(二), 1685쪽.

194) 1부 2장 1절의 주 42와 같음.

195) 遼寧省文物考古研究所, 《牛河梁-紅山文化遺址發掘報告(1983-2003年度)》, 圖版 314.

〈표 1〉 다양한 양식의 뼈머리꽂이들

그림 9 우하량 유적 (N5H16:3) 출토 뼈머리꽂이	
그림 10 하가점 하층문화 유적(N16J2②:9) 출토 뼈머리꽂이	
그림 11·12·13 곽가촌 유적 출토 뼈머리꽂이	

요동반도지역에서는 대련의 신석기시대 유적인 소주산 유적, 상마석 유적, 노철산 유적, 오가촌 유적, 곽가촌 유적 등에서 방직공구와 함께 뼈로 만든 머리꽂이가 다량 출토되었다(그림 11~13).[196] 장해현(長海

縣) 광록도(廣鹿島) 중층문화 유적과 오가촌(吳家村) 유적에서는 다양한
양식의 뼈로 만든 머리꽂이가 출토되었고,197) 심양(沈陽)의 신락(新樂)
유적에서는 뼈로 만든 도구와 장신구가 많이 출토되었는데, 뼈로 만든
머리꽂이가 18개 출토되었다.198)

　길림성지역의 여러 유적에서도 머리꽂이가 출토되었다. 좌가산 제1
기문화 유적(6755±115년 전)에서는 주로 동물의 장골(長骨)과 녹각(鹿
角)을 갈아 만든 머리꽂이가 출토되었다.199) 그 외에 길림성 대청취(大
靑嘴) 유적200)과 농안현(農安縣) 원보구(元寶溝) 유적201), 백성파산(白城
靶山) 유적에서도 머리꽂이가 출토되었다.202) 흑룡강성지역에서도 신석
기시대 후기에 속하는 영안현(寧安縣) 대목단둔(大牧丹屯) 유적에서 뼈
로 만든 머리꽂이가 출토되었으며,203) 두이백특(杜爾伯特) 이가강(李家
崗) 유적과 밀산현(密山縣) 신개류(新開流) 유적 및 동령(東寧) 대성자
(大城子) 유적 등에서도 많은 양의 가락바퀴와 함께 뼈로 만든 머리꽂
이가 골고루 출토되었다.204)

器時代(二), 1339쪽; 劉俊勇·曲傳林, 〈大連新石器時代社會形態初探〉, 《中國考古集
　　成》 東北卷 新石器時代(二), 1347쪽; 郭富純·越錫金, 《大連古代文明圖說》, 吉林文
　　史出版社, 2010, 43쪽의 圖 2-40, 2-41, 2-42.

197) 遼寧省博物館·旅順博物館·長海縣博物館, 〈長海縣廣鹿島大長山島貝丘遺址〉, 《中
　　國考古集成》 東北卷 新石器時代(二), 1859쪽.

198) 沈陽市文物管理辨公室·沈陽故宮博物館, 〈沈陽新樂遺址第二次發掘報告〉, 《中國
　　考古集成》 東北卷 新石器時代(二), 1068쪽.

199) 何明, 〈吉林省新石器時代的考古發現與認識〉, 《中國考古集成》 東北卷 新石器時代
　　(二), 1704쪽; 吉林大學考古敎硏室, 〈農安左家山新石器時代遺址〉, 《中國考古集成》
　　東北卷 新石器時代(二), 1760쪽.

200) 劉紅宇, 〈長春市德惠縣原始文化遺址調査述要〉, 《中國考古集成》 東北卷 新石器時
　　代(二), 1754쪽.

201) 龐志國, 〈吉林農安縣元寶溝新石器時代遺址發掘〉, 《中國考古集成》 東北卷 新石器
　　時代(二), 1795쪽.

202) 吉林省文物考古硏究所, 〈吉林白城靶山墓地發掘簡報〉, 《中國考古集成》 東北卷
　　新石器時代(二), 1892쪽.

203) 黑龍江省博物館, 〈黑龍江寧安大牧丹屯發掘報告〉, 《中國考古集成》 東北卷 新石器
　　時代(二), 2098쪽.

204) 杜爾伯特蒙古族自治縣博物館, 〈黑龍江省杜爾伯特李家崗新石器時代墓葬淸理簡報〉,
　　《中國考古集成》 東北卷 新石器時代(二), 2039쪽; 黑龍江省文物考古工作隊, 〈密山縣

이상의 한반도와 만주지역
에서 출토된 머리꽂이에 대한
정리 내용을 보면, 머리꽂이
가 한반도와 만주의 모든 유
적에서 골고루 출토되는 점으
로 보면 고조선문명권의 대부
분의 지역에서 사용되었음을
알 수 있다. 또한 고조선시대
의 틀어 올린 머리모양이 신
석기시대부터 형성되었음을 확인할 수 있다.

〈그림 14〉 극십극등기　〈그림 15〉 적봉시
우주지 유적 출토　오한기박물관 소장
석인상　　　　석인

주목할 것은 홍산문화 유적에서 출토된 옥고가 다른 지역에서는 출
토되지 않는 점이다. 홍산문화 유적지에서도 유독 우하량 유적지에서만
많은 양이 출토된다. 이것이 우하량 유적지가 고조선 이전 시기 제의문
화의 가장 중요한 중심지 역할을 했을 것으로 여겨지는 이유다. 제의의
중심 지도자들이 제의를 거행할 때 모두 동일하게 옥고를 쓴 머리양식 차
림새를 갖추었음을 알려 준다.

이러한 사실은 홍산문화의
우하량 유적지 이외의 지역에
서 출토된 석인조상(石人雕像)
들의 머리양식에서 확인된다.
〈그림 14·15〉의 석인상은 모두
머리를 늘어뜨리지 않은 상태
이다. 같은 시기 신강(新疆) 초
원지역의 석인상(그림 16)[205]
이 긴 머리를 늘어뜨린 것과

〈그림 16〉 신강지역 석인상

新開流遺址〉,《中國考古集成》東北卷 新石器時代(二), 2125쪽; 黑龍江省博物館,〈黑
龍江東寧大城子新石器時代居住地〉,《中國考古集成》東北卷 新石器時代(二), 2149쪽.
205) 李肖冰,《中國西域民族服飾》, 新疆人民出版社,, 1995, 30쪽의 그림 26.

구별된다. 또한 이들 홍산문화 유적 출토 석조인들은 대부분 배가 불룩하게 나온 것으로 묘사되었고, 두 손을 모두 가슴 아래 배 위에 얹거나 합장한 모습이다. 이들 홍산문화 유적 출토 석조인상들의 출토지는 극십극등기(克什克騰旗) 우주지(宇宙地) 유적(그림 14), 파림우기(巴林右旗) 파언한소목(巴彦漢蘇木) 나일사태(邪日斯台) 유적(그림 15)206)으로 서로 다르지만 동일하게 두 손을 배 부분에 올려놓고 있어 의식을 거행할 때의 일정하게 갖추었던 의례일 것으로 생각된다.

이러한 고고학 출토자료들로 보아 우하량 유적지 이외의 다른 홍산문화지역과 한반도 및 만주지역은 앞 장에서 서술했듯이 틀어 올린 머리양식에 옥고가 아닌 다른 양식의 옥장식 혹은 장식품을 하거나 장식한 모자를 사용했던 것이다. 그러한 내용을 알려 주는 것이 고조선 초기 유적인 요령성 창무현 평안보 3기문화층에서 출토된 625개나 되는 뼈구슬이다. 발굴자들은 뼈구슬이 대부분 묘주의 머리와 목 부분에서 출토되어 이를 모자에 달고 목에 둘렀던 장식품으로 판단했다.207) 모자에 화려하게 장식하는 습속이 이후 시기에도 지속되었음이 서기전 11세기~서기전 9세기경에 속하는 적봉 약왕묘 M11 유적에서 출토된 많은 양의 뼈구슬과 청동장식단추 및 청동구슬에서 나타난다. 발굴자들은 청동장식단추 뒷면에 천이 붙었던 흔적이 있어 모자와 의복 위에 장식했던 것으로 추정했다.208) 이러한 장식에 관하여는 다음 절에서 다시 상세히 서술하고자 한다.

고조선시대에는 머리꽂이를 금속으로 만들기도 하는데, 서기전 6세기경에 속하는 요령성 금서(錦西) 사과둔(沙鍋屯) 유적에서는 금으로 만든 18㎝ 길이의 머리꽂이가 출토되었다.209) 이처럼 서열이 높은 금속인

---

206) 于建設, 《紅山玉器》, 遠方出版社, 2004.

207) 遼寧省文物考古硏究所·吉林大學考古學系, 〈遼寧彰武平安堡遺址〉, 《中國考古集成》 東北卷 靑銅時代(二), 1554쪽.

208) 中國科學院考古硏究所內蒙古工作隊, 〈赤峰葯王廟, 夏家店遺址試掘報告〉, 《中國考古集成》 東北卷 靑銅時代(一), 663쪽.

209) 韓立新, 〈錦西沙鍋屯發現春秋晚期墓葬〉, 《中國考古集成》 東北卷 靑銅時代(二),

금으로 머리꽂이를 만들어 사용했던 것은 당
시 틀어 올린 머리양식이 복식 양식에서 큰
의미를 가졌다고 생각된다. 같은 시대에 속
하는 고조선의 유적인 오한기 초모산(草帽
山) 제사 유적에서 출토된 남자상은[210] 머리
를 정수리 위에 틀어 올리고 그 위에 상투만
을 덮는 모자를 쓴 모양으로(그림 17) 절풍
일 가능성을 보여 준다.

〈그림 17〉 초모산 유적 출토
석조인상(石雕人像)

　이러한 고대 한민족의 관에 대하여, 《후
한서》〈동이열전〉의 서(序)에서는 "동이(東
夷)는 거의 모두 토착민으로서, 술 마시고 노
래하며 춤추기를 좋아하고, 변(弁)을 쓰고 금(錦)으로 만든 옷을 입었
다"[211]고 했다. 동한(東漢)시대 한반도와 만주에 거주하던 한민족이 공
통적으로 변을 관으로 사용했다고 했는데 이들은 모두 토착인이라 하므
로 이는 고조선시대부터 널리 사용해왔을 것으로 생각된다. 고조선 붕
괴 이후 열국시대와 삼국시대로 오면서 부여와 고
구려, 신라, 백제, 가야 등에서 상투머리에 변이나
절풍을 많이 썼음이 고분벽화에 보이는 관모와 출
토된 유물들로부터 확인된다.

　좋은 예로 부여사람들의 틀어 올린 머리양식이
길림시 모아산 유적에서 출토된 청동으로 만든 사
람에게서 나타나는데 우하량 유적에서 출토된 옥고
를 쓴 모습처럼 보인다(그림 18).[212] 같은 상투머
리 양식이 길림시 동단산에서 출토된 부여의 금동

〈그림 18〉 모아산
유적 출토 동부여의
청동제 머리양식

　　1580쪽.
210) 昭國田, 《敖漢旗文物精華》, 內蒙古文化出版社, 2004 참조.
211) 《後漢書》 卷85〈東夷列傳〉序. "東夷率皆土著, 憙飮酒歌舞, 或冠弁衣錦."
212) 黃斌·黃瑞, 《走進東北古國》, 遠方出版社, 2006, 72쪽.

〈그림 19〉 부여 금동제 가면

〈그림 20〉
고구려 금동제 가면

가면(그림 19)과 요령성 북표에서 출토된 고구려의 금동가면(그림 20)에서도 나타난다.[213] 신라시대 초기 토우들의 머리모양도 모두 크고 작은 머리꽂이를 사용하여 틀어 올린 맨머리를 변이나 절풍으로 씌워 아름답게 꾸몄다. 경주 황남리에서 출토된 남자 토우들이 대부분 고깔 모습을 한 관을 쓰고 있어 고조선을 이어 변을 썼음을 알 수 있다. 백제에서도 변을 사용했음이 부여에서 출토된 토기편에 보이는 변의 모습[214]에서 확인되는데, 양쪽에서 관모의 끈을 내려 턱 밑에서 묶었음을 알 수 있다. 고구려의 경우도 백성들은 변을 많이 썼는데,[215] 그 실제 모습이 집안에 위치한 우산 2110호 무덤에서 출토된 고구려의 표지유물인 청동굴대(그림 21)[216]와 신라 초기 토우들

〈그림 21〉 우산무덤 출토
청동굴대

---

213) 李文信, 〈吉林市附近之史迹及遺物〉, 《中國考古集成》 東北卷 綜述(二), 1364쪽; 黃武·黃瑞, 앞의 책, 67쪽; 馬德謙, 〈談談吉林龍潭山·東團山一帶的漢代遺物〉, 《中國考古集成》 東北卷 秦漢之三國(二), 1248~1250쪽; 遼寧省博物館·遼寧省文物考古硏究所, 《遼河文明展》, 2006, 115쪽.

214) 부여 박물관 소장, 백제 토기편.

215) 《舊唐書》 卷199 〈列傳〉 高(句)麗傳. "國人衣褐載弁."; 《新唐書》 卷220 〈列傳〉 高(句)麗傳. "庶人衣褐, 載弁."

216) 吉林省文物考古硏究所·集安市博物館, 《集安高句麗王陵-1990~2003年 集安高句麗王陵調査報告》, 文物出版社, 2004.

의 머리모양(그림 22)[217])에
서도 보인다.

이상의 내용으로부터 첫
째, 일반적으로 홍산문화시기
에는 틀어 올린 머리를 하였
는데, 이렇듯 머리 끝자락을
옥으로 장식하거나 올린 머리
를 옥고로 덮거나 옥절풍을
쓴 머리양식은 신분을 상징함

〈그림 22〉 변을 쓴 신라 토우들

과 동시에 제의와 관련이 있을 것으로 생각된다. 옥고 등을 썼을 경우
활동성보다 제의적 상징성이 클 것이기 때문이다.

둘째, 고조선시기로 오면 일반적으로 폭이 넓지 않고 높이가 있는
변이나 절풍과 같은 모자가 한민족의 고유한 복식으로 자리 잡게 된다.
변과 절풍에는 장식이 더해져 화려해지는데 이러한 양식은 장의문화에
서도 마찬가지로 나타난다.

고조선사람들은 변이나 절풍을 주로 가죽과 자작나무껍질 또는 사
직물(누에천)으로 만들어 사용했으나, 이후 열국시대와 삼국시대로 오
면서 금과 은, 금동 등으로 만들어 신분을 상징하며 의식을 거행할 때
사용되었다.[218] 고구려 광개토대왕이 썼던 관 전체를 금동으로 만든 절
풍이 좋은 예가 될 것이다(그림 23).[219] 백제와 신라(그림 24), 가야에
서 만들어진 금관과 금동관 등도 모두 고조선시대부터 오랫동안 지속된

217) 秦弘燮, 《土器 土偶 瓦塼》-韓國美術全集 3, 同和出版公社, 1974, 96쪽 그림
    90(국립경주박물관 소장).
218) 박선희, 《우리 금관의 역사를 밝힌다》, 지식산업사, 2008 참조.
219) 吉林省文物考古研究所·集安市博物館 編著, 《集安高句麗王陵》-1990~2003年 集
    安高句麗王陵調査報告, 216~334쪽. 집안 광개토대왕릉에서 절풍양식 금동관과
    금관식들이 출토되었다(朴仙姬, 《고구려 금관의 정치사》, 289~343쪽 참조).
    필자는 이 묘 둘레에서 출토된 명문이 있는 청동방울과 기타 유물에 대한 분
    석을 비롯하여 묘양식, 제대유적, 배장묘, 案飾과 幔架 등의 해석을 통해 태왕
    릉을 광개토대왕릉으로 보았다.

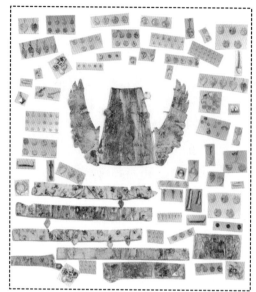

〈그림 24〉 천마총 출토 금절풍

〈그림 23〉 광개토대왕릉출토 금동관과 관식 모음

상투머리와 그 위에 썼던 절풍을 기본형으로 하고 달개 등의 장식을 더했다.[220] 이처럼 우리나라 금관의 기본 양식은 홍산문화로부터 비롯된 고조선문화의 전통에서 그 실체와 정체성을 재인식할 수 있다. 아울러 금속으로 만들어진 금동관과 은관, 금관은 홍산문화의 옥고와 마찬가지로 의식을 거행할 때 썼던 관모[221]라는 점에서 맥락을 같이한다.

절풍양식 관모와 더불어 금관을 비롯하여 복식에 널리 쓰였던 달개 장식과 장식단추 양식도 곡옥과 함께 신석기시대로부터 고조선을 이어 다시 삼국시대에 이르기까지 통시적인 발달사를 지속적으로 보여 준다.

앞장에서는 홍산문화지역과 다른 지역의 옥기유물의 양식 차이가 제의문화와 관련이 있을 것으로 분석했다. 아래에서는 이러한 지역적인 차이를 보여 주는 문화현상이 고조선시기로 오면 어떠한 변화를 보이는지, 고조선 후기에 이르기까지 달개 혹은 장식단추의 발달 양상을 통해 고찰해 보기로 한다. 이러한 과정에서 고조선 복식의 제의와 관련된 장식양식과 장식기법에 접근할 수 있을 것이다. 달개 혹은 장식단추의 발전 양상은 한반도와 만주지역의 신석기시대 이른 시기부터 보편적으로

---

220) 朴仙姬, 《우리 금관의 역사를 밝힌다》 참조.
221) 위와 같음.

나타나기 시작하여 직물생산의 발달과 병행되어
화려한 복식문화를 이루어 나갔다. 한반도의 신석
기시대 초기 유적인 궁산 유적(서기전 6000년~서
기전 5000년)에서는 뼈구슬과 둥근 모양의 토기단
추가 출토되어 실제로 바늘과 실을 사용해 의복에
단추와 구슬을 달거나 꿰어 걸었던 사실을 확인시
켜 준다.[222]

〈그림 25〉 신락 유적
출토 옥단추의
윗면과 뒷면

　　요령성 심양의 신락문화 유적(서기전 6000년대
후기)에서도 새김무늬(햇살) 질그릇과 함께 옥단
추(그림 25·26)가 출토되었다.[223] 신석기중기의
후와 유적(서기전 4000년)에서는 둥근 모양의 돌
단추가 방직도구와 함께 다량 출토되었다.[224] 서
기전 4000년경에 속하는 신락하층 유적에서는 검
은색 광택이 나는 흑옥으로 만든 장식품이 많이
출토되었다. 다양한 양식의 흑옥 장식품 가운데 원
형이 가장 많았으며 흰색 돌구슬과 같이 출토되
어[225], 이들을 의복에 장식했을 경우 흑백의 색상
이 교차하는 화려한 형상이었을 것이다. 곽가촌 유
적(서기전 3780년~서기전 3530년)[226]에서는 둥근

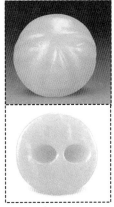

〈그림 26〉 신락 유적
출토 옥단추의
앞면과 뒷면

222) 김용남, 〈궁산문화에 대한 연구〉, 《고고민속론문집》 8, 과학백과사전출판사, 1983,
　　　34~38쪽.
223) 遼寧省文物考古研究所, 앞의 글, 1580~1596쪽.
224) 許玉林·傅仁義·王傳普, 〈遼寧東溝縣后洼遺址發掘槪要〉, 《中國考古集成》 東北卷
　　　新石器時代(二), 1272쪽.
225) 沈陽新樂遺址博物館·沈陽市文物管理辨公室, 〈遼寧沈陽新樂遺址搶救淸理發掘簡
　　　報〉, 《中國考古集成》 東北卷 新石器時(二), 1038~1039쪽; 沈陽市文物管理辨公
　　　室, 〈沈陽新樂遺址試掘報告〉, 《中國考古集成》 東北卷 新石器時(二), 1053쪽; 沈陽
　　　市文物管理辨公室·沈陽故宮博物館, 〈沈陽新樂遺址第二次發掘報告〉, 《中國考古集
　　　成》 東北卷 新石器時(二), 1068쪽; 王菊耳, 〈新樂文化遺址出土煤精制品試析〉, 《中
　　　國考古集成》 東北卷 新石器時(二), 1150쪽.
226) 中國社會科學院考古研究所內蒙古工作隊, 앞의 책, 70쪽.

모양의 토기단추와 돌과 뼈로 만든 구슬들과 함께 출토되었다.227) 이후 신석기후기의 좌가산 유적과 서포항 유적 4기층(서기전 3000년)에서는 곡옥과 뼈, 돌로 만든 나뭇잎모양의 달개장식과 조개껍질로 만든 구슬 등이 많이 출토되어228) 주검에 나타나는 의복장식이 이전보다 화려한 조형미를 보이고 있다.

이처럼 신석기중기부터 둥근 장식구슬의 출토량이 증가한 것은 전문 기능인 수공업자의 출현과 함께 달개 혹은 장식단추의 생산 규모가 커졌음을 말해준다. 아울러 의복에 장식단추를 사용하고 구슬로 장식하거나 달개장식을 달아 의복을 꾸몄던 조형적 전통기법이 정착되며 이후 고조선으로 이어져 지속적인 발달 양상을 보인다.

고조선 초기에는 모자 위에 신석기시대에 많이 사용되었던 뼈와 조개껍질로 만들거나 다양한 색상의 돌, 옥, 흙으로 구워 만든 구슬 등을 재료로 한 장식품을 청동장식과 함께 사용했다. 청동기술이 발달하면서 모자위에 뼈구슬과 함께 청동을 재료로 하는 장식을 더 많이 사용하여 이전보다 화려해진다. 이처럼 모자를 비롯하여 복식에 다양한 장식을 한 양식은 고조선의 여러 유적에서 골고루 나타난다.

고조선 유적에서 출토되는 옷에 달았던 청동장식단추는 주로 원형과 나뭇잎양식으로, 고조선보다 앞선 서기전 25세기경부터 출현한다. 원형의 경우 가장 연대가 앞서는 것은 평양부근 강동군 룡곡리 4호 고인돌 유적에서 출토된 것으로 서기전 25세기에 해당한다.229) 나뭇잎모양의 경우는 평양시 강동군 순창리 글바위묘에서 출토된 금동 귀걸이 끝부분에 달린 장식으로 서기전 25세기~서기전 24세기에 해당한다.230)

227) 許玉林·蘇小幸, 〈略談郭家村新石器時代遺址〉, 《中國考古集成》 東北卷 新石器時代(二), 1400~1403쪽.

228) 김용간·서국태, 앞의 글, 52~105쪽 ; 何明, 〈吉林省新石器時代的考古發現與認識〉, 《中國考古集成》 東北卷 新石器時代(二), 1704~1712쪽.

229) 강승남, 〈고조선시기의 청동 및 철 가공기술〉, 《조선고고연구》, 사회과학원 고고학연구소, 1995년 2기, 21~22쪽.

230) 한인호, 〈고조선초기의 금제품에 대한 고찰〉, 《조선고고연구》, 사회과학원출판사, 1995년 제1호, 22~26쪽; "강동군 순창리와 송석리에서 발굴된 금제품들은

이로 보아 고조선에서 사용되었
던 원형과 나뭇잎양식의 장식은
적어도 서기전 25세기 이전에 출
현했음을 알 수 있다.

　나뭇잎양식을 만드는 주물틀
로서 지금까지 출토된 유물 가운
데 가장 이른 연대의 것은 하가
점 하층문화에 속하는 요령성 북
표 강가둔성 유적에서 출토된 석
범(石范)(그림 27)231)이다. 또한

〈그림 27〉 북표 강가둔성 유적 출토 석범

고조선의 영역이었던 요령성 오한기에서 출토된 서기전 11세기~서기전
841년경에 해당하는 석범232)이 있다.

　청동기 초기에 해당하는 길림성 대안현 조아하 유적에서 돌구슬 등
과 함께 청동장식단추가 출토되었다. 청동장식단추는 원형으로 뒷면에
꼭지가 있어 의복에 달았던 것임을 알 수 있다.233) 이보다 늦은 시기에
만들어진 것으로는 서기전 20세기 후반기에 해당하는 황해북도 봉산군
신흥동 유적에서 출토된 청동장식단추 조각이 있다.234) 이후 이 같은
원형의 청동장식단추 양식은 한반도에서는 평양 일대의 고조선 초기 유
적인 문선당묘·대잠리묘·구단묘·금평리묘 등에서 출토된 금동 혹은 금
으로 만든 귀걸이 양식 등에서 일관되게 나타난다.235)

　모두 사람 뼈와 함께 나왔다. 사람 뼈에 대한 절대연대 측정치는 글바위 2호 무
덤의 것은 4376±239년이고 글바위 5호 무덤의 것은 4425±158년이다."
231) 遼寧省博物館·遼寧省文物考古研究所, 《遼河文明展》, 遼寧省博物館, 2006, 42쪽
　　그림 2.
232) 邵國田, 〈內蒙古昭烏達盟敖漢旗李家營子·出土的石范〉, 《中國考古集成》 東北卷 靑銅時代
　　(一), 801~802쪽.
233) 吉林省文物工作隊, 〈吉林大安縣洮兒河下遊右岸新石器時代遺址調査〉, 《中國考古
　　集成》 東北卷 新石器時代(二), 1956쪽.
234) 김용간, 〈금탄리 원시 유적 발굴 보고〉, 《유적발굴보고》 제10집, 사회과학원출
　　판사, 1964, 38쪽.
235) 한인호, 〈고조선의 귀금속 유물에 대하여〉, 《고조선연구》 제3호, 사회과학출판

고조선 초기 유적인 요령성 창무현 평안보 3기문화층에서는 뼈로 만든 구슬이 625개 출토되었다. 대부분이 묘주의 머리와 목 부분에서 출토되어 모자에 달고 목에 둘렀던 장식품으로 판단된다.236) 이처럼 모 자에 달았던 장식과 목걸이를 같은 종류의 재질로 만들어 한 벌로 사용 한 차림새는 서기전 11세기경에 속하는 요령성 객좌 화상구묘에서도 나 타난다. 이 유적에서는 비파형동검과 함께 직경 0.2㎜의 가는 청동실로 만든 목걸이가 목 부분에서 출토되었고, 이 목걸이와 함께 사용했을 모 자 위에서 직경 1.7㎝의 청동장식단추들이 출토되었다.237)

모자에 화려하게 장식하는 습속이 오랫동안 지속되고 있음을 다음 의 유적들에서도 볼 수 있다. 즉 서기전 11세기~서기전 9세기경에 속 하는 하가점 상층문화 유적인 적봉 약왕묘 M11 유적에서는 다양한 양 식의 머리꽂이와 함께 뼈구슬 289개, 다양한 크기와 양식의 청동장식단 추와 청동구슬이 모두 105개 출토되었다. 이 서로 다른 재질과 양식의 장식들은 주로 묘주의 머리와 목, 가슴, 다리 위에서 출토되었다. 발굴 자들은 청동장식단추 뒷면에 천이 붙었던 흔적이 있어 모자와 의복 위 에 장식했던 것으로 추정했다. 특히 연이은 구슬모양의 청동장식단추는 마실로 꿰어 모자에 장식했던 것으로 모두 80줄이나 된다. 다리 부분에 서는 청동장식단추와 함께 청동장식이 2조씩 4개조가 조별로 출토되었 는데, 매 조가 6개의 장식으로 이루어졌다. 이로 보아 아래옷에는 6개 의 청동장식으로 이루어진 긴 모양장식을 2개씩 달았던 것으로238) 화 려한 갖춤새였을 것이다.

서기전 11세기에서 서기전 5세기경의 하가점 상층문화에 속하는 서 랍목윤하와 노합하유역에 분포한 지주산, 홍산후 등의 무덤 유적에서는

사, 1996, 9~11쪽.
236) 주 207과 같음.
237) 遼寧省文物考古硏究所·喀左縣博物館, 〈喀左和尙溝墓地〉, 《中國考古集成》 東北 卷 靑銅時代(二), 1458쪽.
238) 中國科學院考古硏究所內蒙古工作隊, 〈赤峰葯王廟, 夏家店遺址試掘報告〉, 《中國 考古集成》 東北卷 靑銅時代(一), 663쪽.

다양한 장식의 의복이 출토되었고, 개갑(鎧甲)의 모습도 보인다. 묘주들이 의복을 여러 겹을 입고 있는데 가죽옷을 비롯하여 마직물옷과 모직옷 들이다. 가죽옷의 윗면은 양감(鑲嵌)한 청동으로 만든 작은 새모양 장식, 누에모양의 청동구슬, 녹송석(綠松石) 구슬과 갑옷조각모양의 금 장식 등으로 꾸몄다. 겉 부분에는 크고 작은 청동장식단추, 청동방패, 원형의 청동장식, 청동도끼모양 장식, 청동칼, 활, 화살, 반월형 두구멍 돌칼 등을 가득 달았다. 가슴 앞에는 금으로 만든 원형의 새 문양 패식을 달았다.[239]

하가점 상층문화 유적으로 서기전 8세기~서기전 6세기경에 해당하는 오한기의 주가지 45호묘 유적에서는 마포로 얼굴과 머리를 모두 덮고 마포의 옷을 입은 묘장습속이 보인다. 묘주의 머리 부분 오른쪽에는 자작나무껍질로 만든 모자가 있고, 마포로 덮은 머리와 얼굴 위에는 청동장식단추와 녹송석을 달아 장식했다. 그 위에는 부채와 같은 조개를 덮은(그림 28) 특이한 묘장 습속이 보인다.[240] 앞의 노합하유역에 분포한 무덤 양식에서와 같이 묘장에서 마직물을 주된 의복재료로 사용했고 옷 위에 옥과 청동으로 만든 새모양 장식 혹은 동물문양의 다양한 장식품을 달았다.

같은 하가점 상층문화에 속하는 요령성 영성에 위치한 고조선

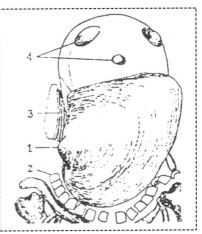

〈그림 28〉 주가지 45호묘 유적 머리 부분 출토 상황 묘사도

---

239) 劉素霞,〈夏家店上層文化考古資料反映的有關民族習俗〉,《中國考古集成》 東北卷 靑銅時代(一), 416~417쪽.

240) 靳楓毅,〈夏家店上層文化及其族屬問題〉,《中國考古集成》 東北卷 靑銅時代(一), 409쪽; 中國社會科學院考古硏究所內蒙古工作隊,〈內蒙古敖漢旗周家地墓地發掘簡報〉, 1997,《中國考古集成》 東北卷 靑銅時代(一), 814쪽; 劉素霞,〈夏家店上層文化考古資料反映的有關民族習俗〉,《中國考古集成》 東北卷 靑銅器時代(一), 416쪽.

〈그림 29〉 오금당 유적 출토 청동장식

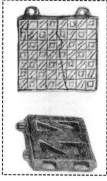

〈그림 30〉 오금당 유 적 출토 청동장식

의 남산근 유적에서는 뼈 장식품과 함께 의복에 달았던 연이은 구슬모 양 청동장식과 여러 모양의 청동장 식단추 등 많은 양의 복식 장식품이 출토되었다. 뼈 장식품은 흰색과 검 은색 뼈구슬 1,250알이 출토되었고, 청동으로 만들 어진 장식품은 청동장식 160개, 청동장식단추는 종 류별로 원형 8개, 네모모양 20개, 새모양장식 17개 가 출토되었으며, 청동방울도 51개나 출토되었 다.241) 이는 고조선에서 청동장식단추를 도범과 석 범 등의 주물틀을 사용해 많은 양을 생산했기 때 문이다. 이처럼 청동장식단추는 여러 모양으로 만 들어졌고 표면에 보이는 문양의 양식도 다양하게 나타난다. 청동장식단추에는 문양을 나타내는 경우 와 문양이 없는 소면(素面)의 상태도 많은데, 대부분 햇살무늬질그 릇242)이나 가락바퀴 등에 보이는 문양과 유사하다. 서기전 8세기경에

〈그림 31·32〉 십이대영자 유적 출토 장식들

해당하는 요령성 금서현 오 금당 유적에서 출토된 원형 (그림 29)과 세모와 네모의 기하학 문양이 보이는 큰 구 멍이 있는 청동장식단추(그림 30)243)가 네모문양과 선문양 이 서로 교차하여 연속된 청 동장신구 등과 함께 출토되었

241) 中國科學院考古硏究所內蒙古工作隊, 〈寧城南山根遺址發掘報告〉, 《中國考古集成》 東北卷 靑銅時代(一), 709쪽.
242) 이 책의 제1부 제1장 1절의 주 70 참조.
243) 조선유적유물도감 편찬위원회, 《조선유적유물도감》 2-고조선·진국·부여편, 44쪽, 그림 51.

다. 이는 청동장식단추 문양의 다양한 조합을 보여 주는 좋은 예가 된다.
서기전 8세기경에 속하는 요령성 조양 십이대영자 유적에서는 비파형동
검과 함께 사람얼굴양식의 장식과 새모양의 장식이 다양한 양식과 크기
의 청동장식단추와 함께 출토되었는데(그림 31~33) 모두 구멍이 나 있
어 옷에 꿰어 달아 장식했을 것으로 여겨진다.[244]

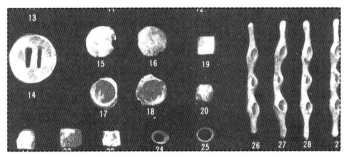

〈그림 33〉 십이대영자 유적 출토 장식들

서기전 5세기에서 서기전 3세기에 해당하는 오한기 철장구(鐵匠溝)묘
유적에서는 청동방울과 함께 직경 2.9~4.2㎝ 크기의 청동장식단추[245]
가 많은 양 출토되었다. 발굴자들은 청동장식단추에 보이는 문양을 방
사선문(放射線紋), 점상문(点狀紋), 편직문(編織紋), 와문(渦紋), 문양이 없
는 소면(素面) 등으로 분류했다.

서기전 7세기~서기전 5세기경에 속하는 요령성 여대시의 누상 1호
묘와 요령성 심양시의 정가와자 6512호묘에서도 비파형동검과 함께 많
은 양의 청동장식단추가 출토되었다(그림 34). 정가와자 6512호묘의 경
우는 주로 매장자의 발밑에서 청동장식단추들이 180여 개 출토되어(그
림 35) 가죽장화에 달았던 장식물로 추정된다.[246] 누상 1호묘에서는 청

244) 徐秉琨·孫守道,《中國地域文化大系》, 上海遠東出版社, 1998, 78·80쪽; 조선유
    적유물도감 편찬위원회,《조선유적유물도감》2-고조선·진국·부여편, 조선유적
    유물도감 편찬위원회, 1988, 40~43쪽.
245) 邵國田,〈敖漢旗鐵匠溝戰國墓地調査簡報〉,《中國考古集成》東北卷 靑銅時代(一),
    828쪽, 圖 9.
246) 沈陽市文物工作組,〈沈陽地區出土的靑銅短劍資料〉,《中國考古集成》東北卷 靑銅
    時代(二), 1880쪽. 박진욱,《조선고고학전서》고대편, 과학백과사전종합출판사,

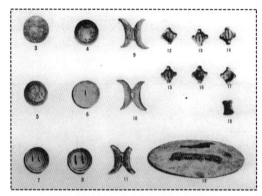

〈그림 34〉 정가와자 유적 출토 청동장식

〈그림 35〉 정가와자 유적
청동장식단추 출토 상황

동장식단추 41개가 출토되었는데, 이 묘 유적은 서쪽 유물 절반이 완전히 없어진 상태였으므로 더 많은 양의 장식단추가 있었을 것으로 판단된다.[247)

서기전 4세기경에 속하는 길림성 소달구 유적에서는 3~6㎝ 크기의 주물틀로 만들어진 청동장식단추 13개가 출토되었다. 이들 청동장식단추는 묘주의 몸 아랫부분에서 출토되었는데, 큰 것은 가슴의 한가운데에서 대도(大刀)와 가깝게 출토되었고 나머지는 모두 묘주의 다리부분에서 출토되어[248) 아래옷에 장식했던 것으로 추정된다. 소달구 유적에서 출토된 청동장식단추는 위치와 크기, 모양으로 보아 평평한 모양의 크고 작은 청동장식단추를 알맞게 배열하여 아래옷에 달아 역동적인 표현을 이루게 하고, 다시 그 위에 연이은 구슬모

───────────

1997, 56~59쪽. 청동장식단추의 직경이 2.4㎝ 되는 것 124개와 직경 1.7㎝ 되는 것 56개가 출토되었다.

247) 조선유적유물도감 편찬위원회, 《조선유적유물도감》 2-고조선·진국·부여편, 1988, 60쪽.

248) 吉林省博物館·吉林大學考古專業, 〈吉林市騷達溝山頂大棺整理報告〉, 《中國考古集成》 東北卷 靑銅時代(三), 2373쪽.

양의 작은 청동장식단추를 장식하여 의
복이 움직일 때마다 변화를 보여 주는
분위기를 연출했을 것이다.

　같은 길림성 서단산문화 유적(서기
전 9세기~서기전 2세기경)에서는 마직
물과 모직물 조각이 출토되어 여러 직
물의 옷을 함께 입었던 것으로 보이는
데, 이 옷들에 달았을 옥과 청동으로 만
든 장식품이 약 2천 개 정도 출토되었
다.249) 이러한 현상은 고조선 후기로 오
면서 방직업과 장식품을 만드는 기술이
무척 발달했음과250) 아울러 장속(葬俗)
혹은 제의복식이 더욱 화려하고 풍성해
졌음을 알려 준다.

　한반도에서도 가장 북쪽으로는 함경
북도 나진 초도 유적과 무산 범의구석 유
적을 비롯하여 남쪽의 경상북도 영천군
어은동(그림 36~38)과 경주 죽동리 유
적(그림 39)에서 원형과 타원형 혹은 방
형의 새김문양이 있는 장식단추들251)이
광범위하게 출토되었다.

〈그림 36·37·38〉 어은동 출토
청동장식단추

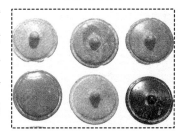

〈그림 39〉 죽동리 유적 출토
청동장식단추

249) 董學增, 〈試論西團山文化的裝飾品〉, 《中國考古集成》 東北卷 靑銅器時代(三),
　　2206쪽; 吉林省博物館·吉林大學考古專業, 〈吉林市騷達溝山頂大棺整理報告〉, 《考
　　古》 1985年 10期, 901~907쪽.
250) 郭民·李景冰·劉雪山·韓淑華, 〈吉林省鎭來縣坦途北崗子靑銅時代墓葬淸理報告〉,
　　《中國考古集成》 東北卷 靑銅器時代(三), 2522쪽.
251) 고고학 및 민속학연구소, 《나진초도원시유적 발굴보고서》, 유적발굴보고 제
　　1집, 과학원출판사, 1956, 45쪽; 고고학연구소, 〈무산범의구석 발굴보고〉, 《고
　　고민속론문집》 6, 사회과학출판사, 1975, 205쪽; 국립경주박물관, 《국립경주박
　　물관》, 통천문화사, 1995, 17쪽·80쪽.

이상의 고조선 초기 묘 유적에서 후기에 이르기까지 나타나는 장식품의 출토 상황으로부터 다음의 내용이 정리된다. 첫째, 하가점 상층 유적에서 출토된 장식단추는 그 양식과 종류에서 하가점 하층문화와 서로 계승관계에 있음을 알 수 있다.

둘째, 요령성 객좌 화상구 유적, 적봉 약왕묘 유적, 영성현 남산근 유적, 지주산 유적, 홍산후 유적, 오한기의 주가지 45호묘 유적, 조양 십이대영자 유적 등의 유적들은 대부분 홍산문화지역에 위치하는데 다른 지역의 청동장식품과 달리 새모양 장식과 동물문양의 청동장식이 출토되는 공통점을 보인다. 이는 제1부 2장 1절에서 분석했듯이 홍산문화지역과 다른 지역 옥기 양식의 차이와 마찬가지 현상으로 제의적 복식장식품일 가능성이 크다.

셋째, 고조선시기 유적에서 보이는 공통적인 특징은 모자와 아래옷에 많은 양의 장식을 한 점이다. 실제로 아래옷에 많은 장식을 한 옷은 실용성이 없어 평상시 착용했다기보다는 장속(葬俗) 혹은 제의(祭義)를 행할 때 갖추어 입었던 옷으로 생각된다. 일상적인 생활복식에서는 활동성을 고려하여 장식들을 비교적 소극적으로 표현했을 것이기 때문이다.

고조선 후기로 오면서 원형의 청동장식단추는 크기가 청동거울만큼 커지는 현상이 나타난다. 이처럼 큰 크기의 청동장식으로는 서기전 8세기경에 해당하는 요령성 조양현 십이대영자묘 유적 1호와 2호에서 원판형으로 직경 20.4cm, 20~20.1cm의 청동장식품들이(그림 40), 3호묘에서도 직경 22.5cm의 같은 장식이 햇살문양252) 청동거울과 함께 출토되었다.253) 서기전 7세기경에서 서기전 5세기경에 속하는 심양 정가와자 유적에서도 큰 크기의 청동장식단추(그

〈그림 40〉 십이대영자묘
출토 청동장식

252) 이 책의 제1부 1장 1절의 주 70 참조.
253) 조선유적유물도감 편찬위원회, 《조선유적유물도감》 2-고조선·진국·부여편,
    조선유적유물도감 편찬위원회, 1988, 41·42쪽, 그림 42·46.

림 41)가 햇살문양 청동거
울과 함께 출토되었고,[254]
하가점 상층문화에 속하는
서기전 9세기경에서 서기
전 8세기경에 속하는 요령
성 소조달맹 영성현 남산
근 석곽묘에서도 출토되었
다.[255] 발굴자들은 이것이
청동거울과 유사한 양식이
지만 뒷면에 꼭지가 있기
때문에 원판형의 단추일
것으로 추정하며 명칭을
'경형식'(鏡形飾)이라 부르
기도 했다. 또한 이들 뒷면
에 모두 꼭지가 있어 옷
위에 달았던 것으로[256] 보
았다.

〈그림 41〉 정가와자 6512호 유적
청동장식 출토상황

일반적인 크기의 청동장식단추는 한반도와 만주지역 대부분의 고조
선 묘장에서 일정하게 출토되어 고조선의 표지유물로 분류된다. 하지만
거울모양 청동장식은 지금까지 만주지역에서만 출토되고 있다. 이 거울
모양 청동장식의 특징은 몸체가 얇고, 대부분 1개의 꼭지가 있다.

이 거울모양 청동장식은 주로 묘주 몸의 여러 곳에 놓인 상태로 출
토되는데, 그 위치가 비교적 공통성을 나타내고 있어 종교의식과 관련
된 장속일 가능성을 보여 준다. 대표적인 유적으로 요령성 영성현 남
산근묘와 길림성 후석산묘, 조양 십이대영자묘, 건평현 수천성자 7701

254) 조선유적유물도감 편찬위원회, 위의 책, 67쪽, 그림 107·108.
255) 張錫瑛, 〈東北地區鏡形器之管見〉, 《中國考古集成》 東北卷 靑銅時代(一), 243쪽.
256) 張錫瑛, 〈試論東北地區先秦銅鏡〉, 《中國考古集成》 東北卷 靑銅時代(一), 236쪽.

호묘와 7801호묘 등이다.

이러한 장속과 병행하여 고조선사람들은 청동장식단추를 옥장식과 함께 웃옷과 겉옷, 아래옷, 허리띠, 신발, 활집 등에 달아 화려한 복식 양식을 지속적으로 이어간다. 옥장식 또한 꾸준한 발전 양상을 보이는 데, 고조선 붕괴 이후에도 마찬가지로 나타난다. 서기 1세기 초에 해당

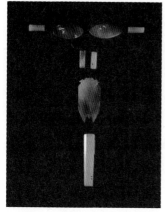
하는 평양시 낙랑구역 정오동 유적에서는 벽옥과 옥팔찌가257) 출토되었다. 서기 1세기중엽에 속하는 평양시 낙랑구역 정오동 5호묘에서는 신체 여러 부분에 주검을 장식했을 옥장식들(그림 42)258)이 출토되었다. 정오동 1호묘·4호묘·5호묘·12호묘·36호묘 등은 필자가 이 묘장 유적들에서 출토된 사직물(누에천)259)을 분석하여 고조선의 무덤 유적임을 밝힌 바 있다.260) 이

〈그림 42〉 정오동 유적 출토
주검 옥장식

묘들에서 주검을 장식한 옥장식은 긴 대

257) 조선유적유물도감 편찬위원회, 《조선유적유물도감》 2-고조선·진국·부여편, 조선유적유물도감 편찬위원회, 1988, 150~151쪽.
258) 조선유적유물도감 편찬위원회, 《조선유적유물도감》 2-고조선·진국·부여편, 154쪽.
259) 이 책의 제4부 1장 3절에서 누에천 용어에 관해 상세히 서술했다. 한국에서 현재 일반적으로 모든 사직물을 비단(緋緞)과 주단(綢緞) 등으로 부르는데 그 시작은 단(緞)이 많이 생산되기 시작한 고려시대부터였을 것으로 생각된다. 비단과 견(絹) 및 주단(綢緞)은 중국 사직물의 명칭으로 한국 고대 사직물(누에천)의 총칭이 될 수 없어 시정되어야 할 것으로 생각된다. 견이 자연의 누에고치실을 있는 그대로 짠 것이고 비단이 붉게 물들여 짠 것이듯, 이들의 종류들도 모두 직조와 가공방법 등이 다르다. 그러나 일반뿐만 아니라 복식사 연구에서도 이들의 다양한 특성을 정확히 구분하지 않고 견 또는 비단 등으로 부르고 있다. 이렇게 직조와 가공방법을 구별하지 않고 불러왔던 것은 우리나라 고유의 명칭을 잃어버리고, 중국의 명칭을 빌려쓰거나 일반의 명칭을 그대로 썼기 때문이다. 필자는 '누에천'을 한국 고대 사직물을 총칭하는 단어로 사용해도 좋을 것으로 생각하여 이 책에서는 낯설지만 '누에천'이라는 명칭을 사용해 보고자 한다.
260) 박선희, 《한국고대복식-그 원형과 정체》, 지식산업사, 2002, 137쪽~188쪽.

롱모양과 타원형이며, 배 부분에는 딱정벌레를 조
각한 옥장식이 놓여져 있다. 홍산문화시기에서 이
미 딱정벌레 조각품(그림 43)[261]이 보이고 있어,
딱정벌레를 불멸과 환생의 상징으로 삼았을 이러한
풍습은 오랜 기간 이어 온 것이라고 여겨진다. 이
처럼 고대인들이 풍뎅이 종류의 곤충을 신성하게
여긴 까닭은 풍뎅이들의 행동 양식과 번식 시기 때

〈그림 43〉
홍산문화 유적 출토
옥 딱정벌레

문일 것이다. 풍뎅이류 곤충들은 늦여름 무렵 가축
의 배설물을 모아 만든 먹이 안에 알을 낳고, 그
알을 땅속에 보관한다. 이후 알에서 깨어난 유충은 먹이를 먹으며 땅속
에서 성장해 이듬해 봄에 성충이 되어 땅 위로 나온다. 풍뎅이의 이러
한 습성을 관찰한 고대인들은 땅속에 들어가 죽은 풍뎅이가 이듬해 봄
에 다시 살아 나오는 것이라고 생각해 풍뎅이를 불멸과 환생의 상징으
로 삼았던 것이다. 그 밖에 복식에 장식으로 쓰임새가 있었던 것은 날
개가 철·구리·마그네슘 등을 포함하고 있어 색색의 광택을 발산하기
때문일 것이다. 이후 시기에도 딱정벌레의 속 날개를 장식재료로 사용
하는 기법이 고구려와 백제, 신라 등에서 옷이나 마구 등의 장식에 줄
곧 사용되었다.

　　이상의 내용들에서 홍산문화시기로부터 지속성을 지닌 고조선사람
들의 장속과 제의에 사용되었을 복식을 추정해 볼 수 있다. 즉 고조선
사람들은 주검에 가죽과 모피, 마직물, 모직물, 사직물(누에천)[262]로 만
든 옷[263]을 여러 겹 입혔으며, 모자와 겉옷에 집중적으로 화려하게 많
은 장식을 했다. 특히 홍산문화의 전통을 이어 틀어 올린 머리양식에
옥고로부터 발전했을 절풍양식의 모자를 씌웠고, 그 위에 다양한 장식

261) 孫守道·劉淑娟, 《紅山文化玉器新品新鑒》, 吉林文史出版社, 2007, 172쪽, 그림
　　155.
262) 위와 같음.
263) 박선희, 《한국고대복식-그 원형과 정체》, 125~188쪽.

을 더했다. 고조선 중기부터는 모자와 의복에 옥과 청동, 금으로 만든
장식물을 적극적으로 장식했는데 그 가운데 청동장식단추의 사용량이
가장 크게 증가한다. 이것은 주물틀을 사용해 청동장식물의 생산량이
늘면서 복식에서 쓰임새가 늘어났음을 알려 준다. 고조선 중기부터 장
속(葬俗)은 이전보다 화려하고 장엄한 분위기를 보여 주는데, 이는 장속
뿐만이 아니라 제의복식에서도 마찬가지였을 것으로 생각된다.

　　옥기와 큰 원형의 거울모양 청동장식은 종교적 의기로 해석된다. 특
기할 점은, 고조선 후기에 이르면 청동장식의 크기가 청동거울만큼 커
지며 매장자의 몸 위에 놓여진 위치가 서로 같게 나타나 종교의식과 관
련된 장속일 가능성이 엿보이며 제의복식과 맥락을 같이할 것이라 여겨
지는 것이다. 이러한 장속의 특징은 홍산문화 유적에서 묘주의 신체 여
러 부분에 놓여진 옥기의 화려하고 상징적인 전통이 계승된 것으로 생
각된다. 고조선 제의문화의 특징은 홍산문화 관모의 전통과 상징적인
조형물들을 의복에 달거나 걸어 장식하는 복식 차림새로 의식을 거행하
는 화려한 제의문화였다고 추정된다. 이러한 제의문화의 특징이 신석기
시대부터 고조선시기에 이르기까지 한반도와 만주 모든 지역에서 동일
하게 나타나 하나의 동일한 제의문화권이었음이 재확인된다.

제3장 홍산문화 예술에 보이는 제의적 성격과 고조선

1. 채색기법의 성격과 문양의 상징 의미

한반도와 만주지역에서는 신석기시대부터 질그릇에 채색을 하거나 벽화를 그리고 의복에 물감을 들이는 등 채색기법과 염색기법에서 상당한 수준을 이루었다. 실제로 그러한 예들이 암화(岩畵)와 벽화, 채회도, 채도, 칠기 등에서 나타난다.

신석기시대의 예로 요령성 심양 부근의 신락 유적(서기전 5000년경)에서는 채색질그릇이 붉은색과 검은색 염료와 함께 출토되었다. 붉은색 철광석과 석묵(石墨)을 사용한 흔적이 있고, 연마기(그림 1)가 출토되어[1] 당시 사람들이 연마기를 사용해 염색 재료를 발전시켜 나갔음을 알 수 있다. 흑룡강성 목단강 해림현에 있는 자하향암화(紫河鄕岩畵)에는 적색과 자색의 광물성 안료가 사용된 것[2]으로 밝혀졌다. 적봉시 오한기의 조보구(趙寶溝) 유적(서기전 5000년~ 서기전 4400년)에서 출토된 채색질그릇(그림 2)에도 염료를 사용한 모습

〈그림 1〉 신락 유적에서 채색질그릇과 함께 출토된 연마기

〈그림 2〉 조보구 유적에서 출토된 채색질그릇

1) 黎家芳, 〈新樂文化的科學價値和歷史地位〉, 《中國考古集成》 東北卷 新石器時代(二), 1977, 北京出版社, 1079쪽.
2) 盖山林, 《中國岩畵學》, 北京: 書目文獻出版社, 1995, 36쪽.

图11 女神廟壁畫
Mural paintings of the goddess temple

〈그림 3〉 우하량 유적
여신묘 벽화에 보이는 기하학 문양

이 나타난다.3) 이것은 황하유역의 앙소문화(서기전 4512년~서기전 2460년)에서 보이는 채색질그릇보다 훨씬 이른 시기인 것이다. 특히 조보구 유적 출토 질그릇에는 단순한 채도가 아니라 질그릇 바탕에 검정색상을 먼저 입히고 그 위에 사선을 그어

도안을 표현한 수준 높은 채색기법이 사용되었다.

홍산문화의 우하량 유적(서기전 3500년경)4) 여신묘 벽화에는 붉은색과 황백색이 채색된 화려한 기하학 문양이 보인다(그림 3).5) 홍산문화 유적에서도 연마기(그림 4)가6) 출토되어 채색도구로 쓰였음을 알 수 있다. 벽면에는 적색과 홍색 사이에 황백색을 교차하여 삼각문양으로 채색한 기하학 문양을 표현했고, 소하연문화에서는 흰색을 입히고 그 위에 흑색과 홍색 등을 사용했다. 이 두 내용은 서로 다른 것을 그렸지만 소하연 채도의 부호문양(그림 5)과 여러 종류의 색채가 함께 장식된 특징으로 본다면7) 연

〈그림 4〉 홍산문화
유적 출토 연마기

3) 敖漢旗博物館, 〈敖漢旗南台地趙宝溝文化遺址調査〉, 《中國考古集成》 東北卷 新石器時代(一), 632~636쪽; 中國社會科學院考古研究所內蒙古工作隊, 〈內蒙古敖漢旗趙宝溝一號遺址發掘簡報〉, 《中國考古集成》 東北卷 新石器時代(一), 637~641쪽; 劉晋祥, 〈趙宝溝文化初論〉, 《中國考古集成》 東北卷 新石器時代(一), 643~646쪽.

4) 許玉林, 〈東北地區新石器時代文化槪述〉, 《中國考古集成》 東北卷 新石器時代(一), 52쪽.

5) 楊虎, 〈關于紅山文化的幾個問題〉, 《慶祝蘇秉琦考古五十五周年論文集》, 文物出版社, 1989.

6) 遼寧省文物考古研究所, 《牛河梁－紅山文化遺址發掘報告(1983-2003年度)》, 2012, 文物出版社, 圖版 212-1·2.

7) 楊虎, 〈關于紅山文化的幾個問題〉, 《中國考古集成》 東北卷 新石器時代(一), 169~175쪽; 李恭篤·高美璇, 〈試論小河沿文化〉, 《中國考古集成》 東北卷 新石器時代

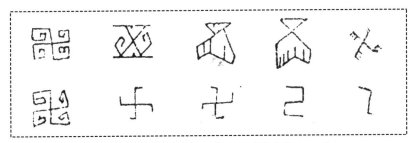

〈그림 5〉 소하연 유적에 보이는 도화문자문양 모사도

원이 같은 공통의 요소를 가진다. 여신묘 벽면에 보이는 적홍색 기하문
양과 소하연문화의 뇌문(雷紋) 또는 기회자형(幾回字形)으로 불리는 문
양과 유사하다.

　소조달맹(昭烏達盟)의 석붕산(石崩山) 유적에서 출토되는 질그릇에서
도 같은 문양(그림 6)이 나타난다.[8] 이 문양은 질그릇에 연결되어 문양
을 이루기도 하지만, 다른 부호와 함께 연속하거나 단독으로 그려져 원
시글자 혹은 도화자(圖畵字)로 인식되며 '뇌'('雷) 와 '신'(神) 혹은 '무'
(巫) 등으로 해석되기도 한
다.[9] 주로 홍산문화의 제사
유적들에서 이 부호가 나타
나고 있어 제사와 관련된
의미를 내포했을 가능성을
생각하게 한다.

〈그림 6〉 석붕산 유적 출토 질그릇에 보이는
도화문자문양 모사도

　석붕산 유적과 소하연
유적에서는 장식품들이 많은 양 출토되었으나 홍산문화 유적들에서 보
이는 특징의 장식품이 없는 것으로 보아 이들 부호문양 혹은 도화자가

　(一), 572쪽 圖 4의 3.

8) 李恭篤, 〈昭烏達盟石崩山考古新發現〉, 《中國考古集成》 東北卷　新石器時代(一),
　582쪽 圖 5.

9) 陸思賢, 〈翁牛特旗石崩山原始文字釋義〉, 《中國考古集成》 東北卷　新石器時代(一),
　597~599쪽; 陳 惠, 〈內蒙古石崩山陶文試釋〉, 《中國考古集成》 東北卷 新石器時代
　(一), 600~603쪽 圖 2.

홍산문화 유적의 장식품들처럼 제사의식과 관련된 상징 의미를 가졌을 것으로 생각된다.

홍산문화 유적에서는 신석기시대 유적들에서 나타나는 피리와 같은 관악기를 비롯하여 타악기인 석경이 여럿 발견되었다. 이 악기들에 대해서는 2절에서 밝히고자 한다.

홍산문화의 객좌 동산취 유적과 우하량 유적, 능원 삼관전자 유적, 부신 호두구 유적에서는 모두 밑바닥이 없는 채색질그릇이 출토되었다. 발굴자들은 이처럼 밑바닥이 없는 직통형의 채색질그릇을 당시 사람들이 가죽을 씌워 북으로 사용했을 것으로 추론하여 '도고'(陶鼓)라고[10] 부르기도 한다. 이 질그릇이 '도고'인 까닭으로는 이들이 모두 홍도(紅陶)인 점, 대부분 채색을 했고 직통형으로 입구에 구부러진 가장자리를 만들었으며 밑바닥이 없는 점을 들었다. 특히 출토된 위치가 묘장(墓葬) 위의 돌로 쌓은 원형의 언저리거나 혹은 제사 제단의 가장자리로, 묘장 내부에서는 아주 적게 발견되었다. 이러한 특징들이 이 통형기(筒形器)

〈그림 7〉 우하량 유적 출토 통형 채색질그릇

가 일상적인 용기도, 일반적인 생활필수품도 아니라는 점을 말해 주며 종교용품으로 해석된다고[11] 보았다.

능원 우하량 유적 제16지점 하층 적석총에서 출토된 통형(筒形) 채색질그릇(그림 7)[12]의 입구 부분에 속경(束頸)이 있어 북면의 가죽을 편리하게 묶을 수 있었을 것이다. 그밖에도 우하량 유적 N2Z4M6묘에서 출토된 또 다른 문양과 다른 크기의 채색 통형 질그릇(그림 8·9)[13]과 발굴자들이 '훈로기개'(薰

10) 陳星燦, 〈紅山文化彩陶筒形器是陶鼓推考〉, 《中國考古集成》 東北卷 新石器時代 (一), 259~261쪽.
11) 위와 같음.
12) 遼寧省博物館·遼寧省文物考古硏究所, 《遼河文明展》, 遼寧省博物館, 2006, 31쪽,
13) 遼寧省文物考古硏究所, 《牛河梁-紅山文化遺址發掘報告(1983-2003年度)》, 2012,

〈그림 8·9〉 우하량 유적
출토 통형 채색질그릇

〈그림 10〉 우하량 유적 출토
훈로기개

〈그림 11〉 우하량 유적 출토 탑형기   〈그림 12〉 우하량 유적 출토 채색질그릇

爐器盖)로 이름한 그릇 뚜껑(그림 10)14)과 '탑'형기(塔形器)로 이름한 그
릇(그림 11)15), 아름다운 채색질그릇(그림 12)16) 등이 다량 출토되었다.
이들 채색질그릇은 주로 큰 무덤과 주무덤의 외부를 둘러싸며 세워져

文物出版社, 圖版 137-6; 遼寧省文物考古硏究所, 앞의 책, 圖版 32-3.
14) 遼寧省文物考古硏究所, 위의 책, 圖版 29-1.
15) 遼寧省文物考古硏究所, 위의 책, 圖版 117-1·2.
16) 遼寧省文物考古硏究所, 위의 책, 圖版 135.

있어 특정한 제사형식 (그림 13)을 갖추었을 것으로 생각되고,[17] 아울러 제사의식과 채색이 연관성을 가질 것으로 생각된다. 또한 '훈로기개'와 '탑'형기도 제사의식에서 일정한 역할을 담당했던 제기로 생각된다.

〈그림 13〉 통형 채색질그릇이 놓인 원형제단 복원도

여신묘 벽화의 채색은 소하연문화(서기전 3000년~서기전 2000년)의[18] 채색 문양으로 계승되고 다시 하가점 하층문화(서기전 2000년~서기전 1500년)로 이어진다.[19] 이러한 염료의 사용은 화려한 채색질그릇을 만들어낸 오한기에 위치한 대전자 유적에서 잘 나타난다.[20] 대전자 유적에서는 아름다운 문양의 질그릇(그림 14)과 함께 붉은색 안료가 담긴 돌그릇(그림 15)이 출토되어[21] 채색이 활발히 이루어졌음을 알게 한다. 그 외에 칠기(漆器)도 출토되어[22] 이 시기 칠을 통한 채색기법도

---

17) 周業利, 〈紅山文化祭祀舞蹈考〉, 《中國考古集成》 東北卷 新石器時代(二), 1573쪽; 郭大順·張克擧, 〈遼寧喀左東山嘴紅山文化遺址第一·二次發掘簡介〉, 《中國考古集成》 東北卷 新石器時代(二), 1629쪽; 方殿春·劉葆華, 〈遼寧阜新縣胡頭溝紅山文化玉器墓的發現〉, 《中國考古集成》 東北卷 新石器時代(二), 1652~1656쪽; 越振東, 〈遼寧阜新胡頭溝新石器時代紅山文化積石塚二次淸理硏究探索〉, 《中國考古集成》 東北卷 新石器時代(二), 1657~1659쪽.

18) 遼寧省博物館·昭烏達盟文物工作站·敖漢旗文化館, 〈遼寧敖漢旗小河沿三種原始文化的發現〉, 《文物》 1997年 第12期, 1~11쪽.

19) 陽虎, 〈關于紅山文化的幾個問題〉, 《中國考古集成》 東北卷 新石器時代(一), 168~175쪽.

20) 中國社會科學院考古硏究所 編著, 《中國田野考古報告集 考古學專刊 第48號 大甸子》, 科學出版社, 1996, 326~327쪽 참조. 대전자유적은 서기전 1440±90년(3390±90 B.P.)·1470±85년(3420±135 B.P.)으로 교정연대는 서기전 1695±135년·1735±135년이다(中國社會科學院考古硏究所實驗室, 〈放射性炭素測定年代報告(一五)〉, 《考古》, 1988年 第7期, 25쪽).

21) 中國社會科學院考古硏究所 編著, 앞의 책, 彩版 18·20.

22) 위와 같음.

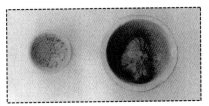

〈그림 15〉 대전자 유적 출토
붉은색 안료가 담긴 돌그릇

〈그림 14〉 대전자 유적
출토 채색질그릇

발전했음을 알 수 있다. 그러나 채색한 질그릇은 이곳에서만 나타나는 특징적 현상으로 일반적으로 널리 사용되었던 생활용품으로 볼 수 없고 제의와 관련이 있을 것으로 생각된다.

제2장에서 서술했듯이 대전자 유적에서는 약 8백여 기의 묘가 발굴되었다. 그러나 이들 유적에서는 홍산문화 유적에서 보이는 동물이나 곤충 등의 형상을 옥기로 만든 장식품이 출토되지 않는다. 단지 대칭기법으로 만든 추상적인 형상의 옥기가 3점 정도이고, 모두 팔찌와 반지, 귀걸이, 옥고 등 홍산문화의 양식적 특징을 그대로 보여 주는 장식물과 비실용성 공구인 칼과 도끼 등이다. 반면에 〈표 1〉의 모사도처럼 추상적인 다양한 짐승문양 또는 귀문에 가까운 문양이 그려진 화려한 색상의 채색질그릇이 많이 등장하여 제의적 용구였을 것으로 여겨진다. 이처럼 대전자 유적 출토 옥기들은 홍산문화의 특징을 그대로 보여 주지만, 채색질그릇에 짐승문양 등 추상적인 형상을 도식화하여 생물체 형상 옥기장식의 역할을 대신하고 있다는 점에서 홍산문화와 차이가 있다.

이러한 대전자 유적 질그릇에 나타나는 문양과 달리, 홍산문화의 전통을 이은 장식단추 양식에는 고조선시기 질그릇에 나타나는 문양과 같은 양식이 일관되게 나타난다. 청동장식단추는 고조선에서 복식 등에 매우 광범위하게 지속적으로 사용되어 여러 나라와 삼국시대까지 그대로 계승된다. 앞의 제2장 3절에서 서술했듯이 고조선의 청동장식단추는 여러 모양으로 만들어졌고, 표면에 보이는 문양의 양식도 다양하게 나

타난다. 청동장식 단추에는 문양을 나타내는 경우와 문양이 없는 소면
(素面)의 상태도 많은데, 대부분 새김무늬(햇살문양)질그릇이나 가락바
퀴 등에 보이는 문양과 같은 표현 양식이다. 청동장식단추의 문양이 다
양하게 나타나는 좋은 예로는 서기전 8세기경에 해당하는 요령성 금서
현 오금당 유적에서 출토된 청동장식단추(이 책의 제 1부 2장 3절의 그
림 29, 30 참조)로 햇살문양이23) 연속된 것이다.24)

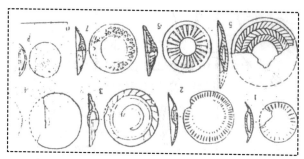

⟨그림 16⟩ 오한기 철장구 유적 출토 청동장식단추 모사도

서기전 5세기에서 서기전 3세기에 해당하는 오한기 철장구 무덤 유
적에서는 청동방울과 함께 다양한 크기의 주로 햇살문양이 새겨진 청동
장식단추가 다량 출토되었다(그림 16).25) 한반도에서도 가장 북쪽으로
함경북도 나진 초도 유적과 무산 범의구석 유적을 비롯하여 남쪽으로
경상북도 영천군 어은동과 경주 죽동리 유적에서 문양이 있는 장식단추
들이26) 광범위하게 출토되었다.

그러면 장식단추 혹은 달개장식과 그 표면에 나타나는 햇살문양들
은 어떠한 의미를 지니며, 한반도와 만주 전 지역에서27) 오랫동안 지속

---

23) 이 책의 제1부 1장 1절의 주 70과 같음.
24) 조선유적유물도감편찬위원회, 《조선유적유물도감》 2−고조선·진국·부여편, 조
    선유적유물도감편찬위원회, 1988, 44쪽, 그림 51.
25) 邵國田, 〈敖漢旗鐵匠溝戰國墓地調査簡報〉, 《中國考古集成》 東北卷 靑銅時代(一),
    826쪽.
26) 고고학 및 민속학연구소, 《나진초도원시유적 발굴보고서》, 유적발굴보고 제1
    집, 과학원출판사, 1956, 45쪽; 고고학연구소, 〈무산범의구석 발굴보고〉, 《고
    고민속론문집》 6, 사회과학출판사, 1975, 205쪽; 국립경주박물관, 《국립경주박
    물관》, 통천문화사, 1995, 17쪽·80쪽.

적으로 확산되며 화려한 복식양상을 보였는지, 그 의미와 기능적 역할을 고찰해 보기로 한다.

고조선 복식에 보이는 장식단추 혹은 달개장식들은 다양한 양식으로 만들어져 둥근 것과 네모뿐만 아니라 세모와 마름모 이외에 어떠한 입체적 형태를 갖춘 것들도 있다. 그 가운데 둥근 양식이 가장 주류를 이루며 사용되었다. 특히 관모에는 웃옷이나 아래옷 또는 겉옷과 달리 주로 둥근 양식의 것만 사용된 것이 특징이다.[28] 이처럼 둥근 달개장식 혹은 둥근 장식단추가 오랫동안 일관되게 고조선 영역에 전반적으로 사용된 것이 복식문화의 한 시대적인 조형적 양상으로 해석될 수도 있을 것이다. 그러나 둥근 달개장식 혹은 둥근 장식단추의 사용이 고조선 붕괴 이후 열국시대에 이르기까지 지속적으로 사용되었고, 이후 고구려의 불꽃문양을 표현한 금관과 금동관[29] 등에도 나타나는 것으로 볼 때 태양신을 섬기는 천신신앙의[30] 문화적인 전통이 계승된 것으로 해석하게 한다.

《삼국사기》〈고구려본기〉의 시조 동명왕조와[31] 〈광개토왕릉비문〉에서는 고구려의 건국과정을 설명할 때, 주몽은 자신을 '천제(天帝)의 아들'[32]이라고 했다. 〈모두루묘지〉에서는 "일월(日月)의 아들인 추모(鄒牟)"라[33] 했다. 추모는 천제의 아들인 해모수와[34] 유화를 부모로 한다.

---

27) 張錫瑛, 〈東北地區鏡形器之管見〉,《中國考古集成》東北卷 靑銅時代(一), 243쪽.

28) 박선희,《고조선 복식문화의 발견》, 지식산업사, 2011, 319~414쪽.

29) 박선희,《우리 금관의 역사를 밝힌다》, 지식산업사, 2008 참조; 박선희, 〈고조선 관모양식을 이은 고구려 금관의 출현과 발전 재검토〉,《고조선단군학》, 고조선단군학회, 2010, 141~216쪽.

30) 임재해,《신라 금관의 기원을 밝힌다》, 지식산업사, 2008, 605~612쪽 참조; 임재해, 〈신시고국 환웅족 문화의 '해' 상징과 천신신앙의 지속성〉,《단군학연구》제23호, 단군학회, 2011, 343~399쪽.

31)《三國史記》卷13 〈高句麗本紀〉 始祖 東明聖王條 참조.

32)《廣開土王陵碑文》. "옛날에 시조인 추모왕이 나라를 세울 때 북부여에서 나왔는데, 천제의 아들이었고 어머니는 하백의 딸이었는데…(惟昔始祖鄒牟王之創基也, 出自北夫餘, 天帝之子, 母河伯女郎…)."

33)《牟頭婁墓誌》. "하백의 손자요 해와 달의 아들인 추모성왕은 원래 북부여에서 나왔다(河伯之孫, 日月之子, 鄒牟聖王元出北夫餘)."

《삼국유사》〈기이〉편 고구려조의 저자 자신의 주석에서는 "《단군기》(壇君記)에 이르기를, '단군이 서하(西河) 하백의 딸과 친하여 아들을 낳아 부루(夫婁)라 이름하였다' 하였으니 부루와 주몽은 어머니가 다른 형제일 것이다"[35]라고 했다. 이 내용으로부터 단군과 해모수가 같은 사람이라는 것을 알 수 있고, 천제의 아들인 단군을 해모수라고도 불렀다고 해석된다. 또한 추모왕은 북부여에서 출생하여 그곳에서 성장했지만 그의 혈통은 고조선의 단군계였음이 확인된다. 단군은 고조선의 정치와 종교의 최고 우두머리, 즉 최고 통치자에 대한 칭호였다.[36]

해모수의 해(解)는 하늘의 해, 모수(慕漱)는 '머슴애'를 뜻하는 것으로, 해모수는 해의 아들, 즉 일자(日子)를 의미한다.[37] 고조선의 단군은 해의 아들이라 불렸고 태양신을 상징했다. 이처럼 고구려 사람들은 고조선을 계승하여 태양을 숭배하는 전통뿐만 아니라 장식기법까지도 그대로 이어 원형의 달개장식 혹은 원형의 장식단추를 매개체로 하여 태양의 기능인 열과 빛의 모습을 복식 등에 표출했을 것으로 생각되며, 이러한 복식의 특성은 중국이나 북방지역에서는 나타나지 않는다.

태양을 숭배하는 천신신앙의 전통은 고구려의 룡산리 7호묘에서 출토된 금동절풍에 투각된 삼족오에서도 나타난다. 삼족오는 이 금동절풍에서뿐만 아니라 고구려 고분벽화의 여러 곳에서 불꽃문양과 함께 보이고 있다. 고구려는 고조선을 계승했으므로, 고조선 문명권의 삼족오를

---

34) 李奎報,《東明王篇》. "漢 神雀 3년 壬戌年에 하느님이 태자를 보내어 扶余王의 옛 도읍에 내려가 놀게 했는데, 解慕漱라 이름했다. …熊心山에 머물다가 십여 일이 지나서야 비로소 내려왔다. 머리에는 烏羽冠을 쓰고 허리에는 용광의 칼을 찼다(漢神雀三年壬戌歲, 天帝遣太子降遊扶余王古都号解慕漱, …止熊心山經十餘日始下. 首戴烏羽之冠, 腰帶龍光之劍)."

35)《三國遺事》卷1〈紀異〉高句麗條의 저자 자신의 주석. "《壇君記》云, 君與西河河伯之女要親, 有産子, 名曰夫婁, 今按此記, 則解慕漱私河伯之女而後産朱蒙.《壇君記》云, 産子名曰夫婁, 夫婁與朱蒙異母兄弟也."

36) 최남선 지음·정재승·이주현 역주,《불함문화론》, 우리역사연구재단, 2008, 113~119쪽.

37) 金庠基,〈國史上에 나타난 建國說話의 檢討〉,《東方史論叢》, 서울대학교출판부, 1984, 6~7쪽의 주 7 참조.

벽화의 여러 곳에 남겨 놓았던 것이다. 예를 들어 안악 3호분, 진파리 1호분, 강서중 무덤, 장천 1호분, 삼실총, 안악 1호분, 덕흥리 고분, 천왕지 신총, 복사리 벽화분, 연화총, 쌍총, 성총, 덕화리 1호분, 덕화리 2호분, 개마총, 내리 1호분, 각저총, 무용총, 통구사신총, 오회분 5호 무덤, 오회분 4호 무덤, 약수리 고분, 우산리 1호분, 매산리 사신총, 진파리 4호분,[38] 조양 원태자 벽화묘[39]의 '삼족오 태양' 등에 보인다.

고조선문명권의 원민족들은 '태양'과 '새'를 결합하여 태양신을 상징적으로 형상화할 때는 '삼족오'(三足烏), '세발까마귀'로 상징화해 표현했다. '까마귀'를 신성시하는 원시부족은 사회사에 가끔 보이지만, '삼족오', '세발까마귀'는 오직 고조선문명권만이 가졌던 '태양신'의 상징이었다.[40] 룡산리 7호묘에서 출토된 금동절풍은 해뚫음무늬와 삼족오문양이 핵심을 이루고, 평양시 대성구역에서 출토된 금동관은 불꽃뚫음무늬 양식으로 장식되어 있는데, 이것들은 모두 고구려 건국신화인 주몽신화 가운데서 특히 해모수의 출현을 상징한다. 주몽의 아버지인 해모수는 천제(天帝)의 아들로서 하늘로부터 지상세계로 내려오는데, 다섯 마리의 용이 끄는 수레를 타며 머리에는 새 깃을 꽂은 관을 쓰고 허리에는 용광검을 차고[41] 있다. 그리고 주위에서 해모수를 옹위하는 다른 사람들은 흰 고니를 타고 있다. 용과 새는 모두 하늘을 나는 천상의 존재이면서, 하늘의 신성한 존재를 지상으로 실어다 주는 매개자의 구실을 한다. 해모수는 곧 태양신을 상징하는 존재이기 때문이다.

---

38) 김주미, 《한민족과 해 속의 삼족오》, 학연문화사, 2011, 121쪽 표 1 참조.
39) 遼寧省博物館文物隊·朝陽地區博物館文物隊·朝陽縣文化館, 〈朝陽袁台子東晋壁畵墓〉, 《文物》 1984年 第6期, 29~45쪽; 박선희, 〈조양 원대자촌 벽화묘의 국적과 고구려의 영역 확대〉, 《고조선단군학》 제31집, 2014, 39~126쪽.
40) 愼鏞廈, 《韓國 原民族 形成과 歷史的 傳統》, 나남출판, 2005, 99~104쪽. "오직 고조선 문명권에서만 태양신 또는 태양신의 천사를 '삼족오'(三足烏)로 표현하였다. 왜 '삼족'(세발)일까? 필자는 이것이 삼신(三神)을 상징화한 것이라고 생각한다. 고조선문명권에서는 '삼족오' 자체가 실재하지 않는 까마귀이기 때문에 처음부터 '신' 자체였으며, '삼족오'는 삼신을 상징화한 것이었다고 본다. 고조선의 '삼신'은 널리 아는 바와 같이 '환인·환웅·단군'으로 인지되었다."
41) 주 34와 같음.

앞에서 질그릇과 고분벽화에 표현된 채색문양과 부호문양 등의 검토로부터 이들이 홍산문화 유적의 장식품들과 마찬가지로 태양신 숭배 사상과 제의적 의미를 내포하고 있음을 고찰해 보았다. 또한 둥근 장식 단추양식 등이 고조선 이후 열국시대에 이르기까지 한반도와 만주 전지역의 묘장에서 지속성을 지니며 공통적으로 나타남으로써 이러한 장식유물과 장식기법의 분포 연구로부터 동일한 신앙과 제의문화권의 지리적 경계를 파악할 수 있었다.

2. 악기와 인물상 패식에 보이는 제의성

환웅의 '신시'(神市)시대는 마을 연맹체를 형성하여 정치권이 형성된 시기로, 유적과 유물들은 종교의식을 반영한 것들이 대부분이다. 이것은 고대사회를 지배하는 중요한 수단이 종교와 무력이었지만 종교가 정치보다 우위에 있어 사회를 지배했음을 말해주는 것이다. 그러한 현상을 보여 주는 대표적인 유적이 홍산문화 우하량 유적의 신상과 거대한 제단 유적이다. 이 제단은 원형과 방형의 적석제단이고 제단의 돌돌림 울타리는 3중 원형을 이룬다. 우하량 유적 이외에도 요령성 서부와 내몽골지역을 중심으로 발달된 홍산문화 유적인 요령성 객좌현 동산취 유적, 부신현 호두구 유적에서는 제단의 기능을 했을 것으로 여겨지는 원형의 돌무지를 비롯해 제사를 지냈던 건물터, 돌무지 안에 돌널무덤이 있는 유구 등이 발굴되었다.[42] 이러한 유적과 유물들은 이 시기에 종교가 일정한 권위를 가지고 군림하고 있었음을 말해준다.

이러한 특징의 제단 유적들은 중국이나 북방 유목문화지역에서 보이지 않는 반면 한반도의 북한지역에서 발굴되고 있다. 지금까지 한반

---

42) 하문식, 〈고조선의 돌돌림유적에 관한 문제〉, 《단군학연구》 제10호, 단군학회, 2004, 311~328쪽.

도에서는 방형과 원형의 돌돌림 제단 유적이 2곳에서 모두 5기가 발견
되었다. 황북 연탄군 오덕리의 송신동 유적과 평양시 용성구역 화성동
의 당모루 유적이 대표적이다.[43] 이 유적들은 고조선시기에 고인돌을
축조하면서 제의를 행하였던 제단이었을 가능성이 높은 것으로, 그 기
원은 요서지역의 홍산문화에서 보이는 제단시설과 관련이 있을 것이
다.[44] 이러한 사실들은 홍산문화의 제단 규모와 양식, 유물 등을 환웅
시대의 '신시'문화 유적으로 해석하게 하며, 이곳에서 형성된 제단 유적
이 고조선시기에 한반도와 만주 일대에 널리 전승되었다고 하겠다.

환웅의 '신시'문화에 이어 고조선시대에 이르러서도 같은 성격의 유
적들이 줄곧 나타나는 것은 단군사화에 표현된 종교의식을 엿볼 수 있
는 것이기도 하다. 단군사화에 서술된 환웅과 곰, 호랑이의 상징성이 종
교의식으로 나타난 것이다. 고조선은 하느님을 수호신으로 했던 환웅족
과 곰을 수호신으로 했던 곰족, 호랑이를 수호신으로 했던 호랑이족 등
으로 구성되어 있었다. 단군은 이 같은 종족들을 다스리는 종교와 정치
의 통치자였다. 이러한 고조선의 종교의식을 표현한 좋은 예로 요령성
평강지구 유적에서 출토된 고구려 초기의 금제 장식(제1부 4장 그림 9
참조)[45]을 들 수 있는데, 단군사화의 내용이 사실적으로 표현되어 있
다. 이 장식품은 그 크기로 보아 제의식에서 패식으로 사용되었을 것으
로 여겨진다.

홍산문화시기 제단 유적에서는 제의식에서 사용되어졌을 가능성이
크다고 여겨지는 악기와 인물상 패식들이 자주 출토된다. 또 홍산문화
유적에서는 종교의식에 사용되었을 타악기의 한 종류인 석경이 출토되
며[46], 만주의 여러 유적에서도[47] 발전된 모습의 석경들이 나타나고 이

---

43) 하문식, 〈금강과 남한강유역의 고인돌문화 비교연구〉, 《孫寶基博士停年記念考
   古人類學叢書》, 지식산업사, 523~525쪽.
44) 하문식, 〈고조선의 돌돌림유적에 관한 문제〉, 325~327쪽.
45) 徐秉琨·孫守道, 《中國地域文化大系》, 上海遠東出版社, 1998, 129쪽 그림 149. 이
   금동장식은 높이가 7㎝이고 너비는 13㎝이다. 발굴자들은 이 금동장식에 나타
   나는 동물을 곰과 호랑이로 보고 토템숭배와 관련이 있을 것으로 해석했다.

후 고조선문화로 지속된다. 중국에서 석경은 가장 이른 시기의 것이 이
리두문화에서 발견된 것이다.[48] 이리두문화시기는 서기전 21세기 무렵
에서 서기전 17세기 무렵으로, 홍산문화 유적의 석경 출토시기보다 약
2,000년에서 1,800년 정도 늦기 때문에 석경의 발달사에서도 홍산문화
는 한민족의 문화였음이 밝혀진다.

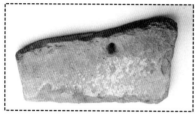

〈그림 1〉 홍산문화 유적 출토 석경

〈그림 2〉 홍산문화 유적 출토 석경

〈그림 3〉 우하량 유적 N16
하가점 하층문화 유적 출토 석경

홍산문화 유적에서는 석경이 출토되었는데 길이 44cm, 넓이 26cm, 두
께 5cm의 것(그림 1)과 길이 58cm, 넓이
20cm, 두께 2cm의 것(그림 2)이다. 중국학
자들은 앞에 설명한 석경은 낮고 묵직한
음이 나며, 또 다른 하나는 청동종의 소리
와 유사하다고 밝혔다.[49] 우하량 유적의
N16 하가점 하층문화 유적에서도 석경(그
림 3)이[50] 출토되었다. 같은 우하량의

46) 王冬力,《紅山石器》, 華藝出版社, 2007, 91~92쪽, 圖 91·圖 92.
47) 遼寧省博物館·遼寧省文物考古研究所,《遼河文明展》, 2006, 47쪽, 그림 2; 憑永
   謙·鄧寶學, 〈遼寧建昌普查中發現的重要文物〉,《文物》, 1983年 第9期, 66~67쪽;
   遼寧省博物館文物工作隊·朝陽地區博物館文物組, 〈遼寧建平縣喀喇沁河東遺址試掘簡
   報〉,《考古》, 1983年 第11期, 976쪽; 姜念思, 〈建平縣喀喇沁出土距今約四千年的石
   磬〉,《遼寧文物》第1期, 1980.
48) 中國社會科學院考古研究所山西工作隊·臨汾地區文化局, 〈1978-1980年 山西襄汾
   陶寺墓地發掘簡報〉,《考古》1983年 第1期, 38~39쪽; 東何馮考古隊, 〈山西河縣東
   河馮遺址東區·中區發現簡報〉,《考古》1980年 第2期, 100~101쪽.
49) 王冬力,《紅山石器》, 華藝出版社, 2007, 91~92쪽, 圖 91·圖 92.
50) 遼寧省文物考古研究所,《牛河梁-紅山文化遺址發掘報告(1983-2003年度)》, 2012,
   文物出版社, 圖版 313-6.

〈그림 5〉 수천 유적 출토 석경

〈그림 4〉 N16 하가점 하층문화 유적 출토 복골

N16 하가점 하층문화 유적에서는 복골(卜骨)(그림 4)이[51] 출토되어 제의식이 거행되었음을 알려주며 제의식에서 석경이 다른 악기들과 함께 사용되었을 것으로 여겨진다.

고조선시대의 석경으로 요령성 조양 수천 유적의 하가점 하층문화 층에서 온전한 모습의 석경(그림 5)[52]이 출토되었다. 같은 청동기시대의 하가점 하층문화 유적인 요령성 객라심기(喀喇沁旗) 유적에서도 3개의 서로 다른 모양의 석경(그림 6-1·2·3)[53]이 출토되었다. 수천 유적에서는 복골(그림 7)이[54] 출토되어 이 지역이 제의식을 거행하던 곳이었음을 알려준다. 요령성 건평현의 이도만자 동남구 유적[55]에서도 석경

〈그림 6-1·2·3〉 객라심기 유적 출토 석경

51) 遼寧省文物考古研究所, 위의 책, 圖版 315-5.
52) 遼寧省博物館·遼寧省文物考古研究所,《遼河文明展》, 2006, 47쪽, 그림 2.
53) 于建設,《紅山玉器》, 遠方出版社, 2004, 198쪽·199쪽.
54) 遼寧省博物館·遼寧省文物考古研究所,《遼河文明展》, 2006, 43쪽.
55) 憑永謙·鄧寶學,〈遼寧建昌普查中發現的重要文物〉,《文物》, 1983年 第9期, 66~67쪽.

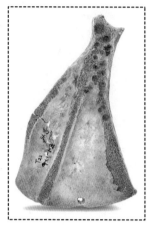

〈그림 7〉
건평수천 유적 출토 복골

〈그림 8〉 도사 유적 출토 석경

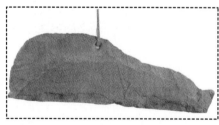

〈그림 9〉 동하풍 유적 출토 석경

이 발견되었는데, 떨어져 나간 부분을 복원하면 대략 1미터 정도의 큰 석경이다. 이 석경은 대략 서기전 2000년 무렵의 것으로, 석경의 몸체 윗부분에 직경 0.6㎝ 정도의 구멍을 뚫어 끈으로 매달도록 했다. 요령성 부신시 고대산유형의 물관지 유적과 요령성 건평현 동북부에 위치한 객라심 하동(河東) 유적에서도 석경56)이 출토되었다. 이 유적들의 연대는 서기전 2100년경으로 고조선 초기에 해당된다. 고조선에서는 홍산문화 사람들의 석경을 그대로 계승하여 사용했음을 알 수 있다.

중국 중원지역에서 발견되는 가장 이른 시기의 석경으로는 이리두문화 유적인 산서성 양분현 도사 유적(그림 8)57)과 하현 동하풍 유적에서 출토된 석경(그림 9)58)이다. 이리두문화시기는 대개 서기전 1900년 내지 1600년 무렵으로, 만주지역의 석경보다 훨씬 늦은 시기에 만들어진 것이다. 서기전

56) 遼寧省博物館文物工作隊·朝陽地區博物館文物組, 〈遼寧建平縣喀喇沁河東遺址試掘簡報〉, 《考古》, 1983年 第11期, 976쪽; 姜念思, 〈建平縣喀喇沁出土距今約四千年的石磬〉, 《遼寧文物》 第1期, 1980.

57) 中國社會科學院考古研究所山西工作隊·臨汾地區文化局, 〈1978~1980年 山西襄汾陶寺墓地發掘簡報〉, 《考古》 1983年 第1期, 38~39쪽.

58) 東河馮考古隊, 〈山西河縣東河馮遺址東區·中區發現簡報〉, 《考古》 1980년 第2期, 100~101쪽.

14세기 무렵에 해당하는 상나라 무정(武丁)의 왕비무덤인 부호묘에서 출토된 석경[59]은 다듬어지기 이전의 형태를 보이고 있다. 그 외에 서기전 14세기에서 서기전 11세기 무렵에 속하는 중국 하남성 안양시 무관촌 상나라의 큰 무덤에서 출토된 석경[60]이 있다. 이러한 내용으로 보면 중국의 석경은 고조선으로부터 영향을 받아 만들어졌음을 알 수 있다.

동산취(東山嘴) 유적과 우하량 유적 및 능원(凌源) 삼관전자(三官甸子) 유적, 부신(阜新) 호두구(胡頭溝) 홍산문화 유적에서는 밑바닥이 없는 통형(筒形)의 질그릇이 출토되었다. 이처럼 밑바닥이 없는 통형의 채도기(彩陶器)는 당시의 북으로 사용되었을 가능성이 크다. 그것은 밑바닥이 없기 때문에 그릇으로 사용할 수 없고 특히 통형 채도기 입구 주위에 속경(束頸)이 있어 이곳에 가죽을 덮어 손쉽게 묶을 수 있기 때문이다. 《여씨춘추》(呂氏春秋)에서 "帝堯立, 乃命質爲樂. 質乃效山林溪谷之音以歌, 乃以麋革置岳而鼓之…"라 하였고, 《노사》(路史) 〈후기〉(后記) 3에서도 "(神農氏)柎土鼓以致敬于鬼神…"라 하여 "이미혁치악"(以麋革置岳)의 북과 "토고"(土鼓)는 아마도 이처럼 바닥이 없는 통형 도고(陶鼓)를 뜻하는 것이라 여겨진다.

이러한 타악기로 사용되었을 통형 질그릇이 우하량 유적에서 집중적으로 가장 많이 출토되는 것으로 보아 이곳에서 가장 큰 규모의 제의식을 거행했을 것으로 여겨진다. 통형 질그릇의 형태도 매우 다양하다. 예를 들어 높이가 높거나 낮은 것, 지름이 넓은 것과 좁은 것이 있어 그 크기와 모양에 따라 서로 다른 소리를 내었을 것이다. 몇 가지 예를 〈표 2〉의 그림들에서 살펴볼 수 있다.

홍산문화 유적에서 옥으로 만든 대나무모양 긴 관이 출토되었다. 이

59) 常任俠, 〈古磬〉, 《文物》, 1978年 第7期, 77~78쪽.
60) 위와 같음.
61) 遼寧省文物考古研究所, 《牛河梁-紅山文化遺址發掘報告(1983-2003年度)》, 2012, 文物出版社(그림 9); 도판 32-2, 그림 10; 遼寧省博物館·遼寧省文物考古研究所, 《遼河文明展》, 遼寧省博物館, 2006, 31쪽, 그림 11; 도판 33-5, 그림 12; 도판 121-6, 그림 13; 137-6, 그림 14; 도판 32-3).

〈표 2〉 우하량 유적 출토 통형 질그릇[61]

유물은 극십극등기공안국(克什克騰旗公安局)에서 극십극등기(克什克騰旗) 박물관에 넘긴 유물로, 박물관에서 '옥골절'(玉骨節)(그림 10)[62]로 이

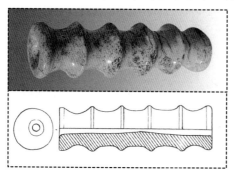

름했다. 유사한 것이 홍산문화 유적에서 출토되었다. 후문해 (候文海) 등은 이를 '죽절형 옥관'(竹節形玉管)(그림 11)[63]이라 이름하였다. 그러나 구멍이 앞 뒤로 관통하고 있어 관악기의 성격을 띨 것이라 생각된다.

〈그림 10〉 옥골절과 모사도

62) 于建設,《紅山玉器》, 遠方出版社, 2004, 193쪽.
63) 戴煒·侯文海·鄭耿杰,《眞賞紅山》, 內蒙古人民出版社, 2007, 161쪽

홍산문화 유적에서는 옥으로 만든 것 말고도 뼈로 만든 사선문양의 피리(그림 12)가 발견되었는데, 고조선 시기 유적인 함경북도 선봉군 굴포리

〈그림 11〉 죽절형 옥관

서포항 유적에서 출토된 새다리 뼈로 만든 피리(그림 13)와[64] 유사한 형태이다. 이 피리는 구멍이 13개 나 있다.《고려사》악지 당악조에 따르면 9공의 피리가 있고, 속악조에는 7공의 피리가 있다 하여 고려시대에 7구멍과 9구멍의 피리를 사용했음을 알 수 있는데. 서포항 유적의 것이 13개의 구멍을 가진 것으로 보면 한반도에서 이른 시기부터 이미 다양한 음을 만들어 조화롭게 표현했음을 알 수 있다.

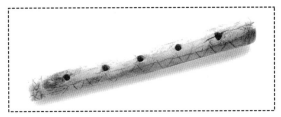

〈그림 12〉 홍산문화 유적 출토 뼈피리

〈그림 13〉 서포항 유적 출토 뼈피리

이러한 내용으로 보면 홍산문화 사람들은 제의식을 거행할 때 관악기와 타악기를 함께 사용해 수준 높은 음악을 연주했을 것으로 생각된다. 특히 우하량 유적에서 다양한 통형 질그릇이 많은 양 출토되는 것으로 보아 다양한 악기가 출현하는 큰 규모의 제의문화를 거행하였을 것으로 생각된다. 이러한 음악이 있는 제의문화는 고조선으로 계승된다.

앞의 제2장에서 서술했듯이, 홍산문화 유적들에서는 인물과 동물, 곤충형상을 사실적으로 조각한 것 또는 추상적인 동물형상을 조각한 옥장식물이 많이 출토되는데(제1부 제2장 1절의 표 2~4 참조), 이 가운데 인물형상을 조각한 것도 적지 않게 출토된다. 이들은 주로 얼굴만을

---

64) 조선유적유물도감편찬위원회,《조선유적유물도감》1-원시편, 조선유적유물도감편찬위원회, 1988, 148쪽 그림 286.

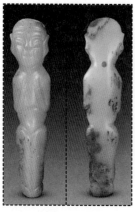

〈그림 14·14-1〉   〈그림 15〉   〈그림 16·16-1〉
우하량 N16M4 유적 출토   홍산문화 유적   홍산문화 유적 출토
옥인의 앞면과 뒷면   출토 옥인   옥인의 앞면과 뒷면

표현한 인물상들로 모두 뒷면에 구멍이 뚫려 있어 끈을 꿰어 패식으로
사용하였음을 알게 한다.

옥기는 아니지만 돌로 만든 여러 석인조상(石人雕像)(제1부 제3장 3
절의 그림 2·3, 표 1 참조)들 또한 대부분 배가 불룩 나오고 두 손을
모두 가슴 아래 배 위에 얹거나 합장한 모습으로, 제의식과 관련된 통
일된 의식구조를 드러내고 있다. 이러한 표현들은 옥기 인물상 패식에서
도 마찬가지로 나타난다. 예를 들어 우하량 유적의 N16M4에서 출토된
옥인(玉人)(그림 14·14-1)은[65] 두 다리를 모으고 두 손을 가슴 위에 대
고 있다. 홍산문화 유적에서 출토된 또 다른 옥인들은 두 다리를 모으
고 양손을 합장하여 가슴에 모으고 있다(그림 15·16·16-1).[66] 따라서
석인조상과 옥인들 모습은 두 손을 가슴 앞에서 모으거나 합장하는 자
세를 표현한 것으로 여겨진다. 홍산문화 사람들의 모습이 패식으로 만
들어진 옥인에 반영되었다고 하겠다. 이러한 인물상 패식은 옥기뿐 만
아니라 아래와 같이 도기에서도 나타난다.

---

65) 王冬力,《紅山石器》, 華藝出版社, 2007, 108쪽.
66) 孫守道·劉淑娟,〈紅山文化玉器新品新鑒〉, 吉林文士出版社, 2007, 58쪽 그림 4;
    孫守道·劉淑娟,〈紅山文化玉器新品新鑒〉, 吉林文士出版社, 2007, 57쪽 그림 3.

〈그림 17·18·19〉 북오둔 유적 출토 인물상 패식

신석기시대의 유적인 대련(大蓮) 장하시(莊河市) 북오둔(北吳屯) 유적에서는 여러 개의 사람 얼굴을 표현한 도편(陶片)(그림 17~19)이[67] 출토되었는데, 모두 구멍이 뚫려져 있어 패식으로 사용했을 것으로 생각된다. 신석기시대 사람들의 예술행위는 사람이 죽은 후에도 영혼의 세계가 있으며 동물이나 식물, 자연에도 영이 있다고 믿었던 것을 반영하므로, 인물형상 옥기와 도기들도 당시 신앙과 관계가 있을 것이다. 이 인물형상 옥기와 도기들은 대부분 뒷면에 단추꼭지처럼 구멍을 내어 끈에 꿰어 차거나 매달았을 것으로 여겨져, 주술적 종교생활의 중요한 부분을 차지했으며 제의에서 중요한 의미를 가졌을 것으로 생각된다.

한반도에서도 함경북도 선봉군 굴포리 서포항 유적(서기전 6000~5000년경)에서 출토된 호신부와 동물의 치아나 뼈와 뿔 등을 조각하여 만든 사람의 일부분(그림 20)[68]과 동물 등의 조각품에서도 당시 사람들의 제의적 성격을 엿볼 수 있다. 서포항 유적 청동기시대문화층(서기전 2000년경)에서는 인물 조소품(그림 21)[69]이 출토되었는데

〈그림 20〉 서포항 유적 출토 인물상 부분

67) 郭富純·越錫金,《大連古代文明圖說》, 吉林文史出版社, 23쪽 圖 2-10·圖 2-11·24쪽 圖 2-12.
68) 조선유적유물도감편찬위원회,《조선유적유물도감》1-원시편, 80쪽 그림 128.
69) 조선유적유물도감편찬위원회,《조선유적유물도감》1-원시편, 148쪽 그림 288.

역시 구멍이 있어 패식이
었을 것으로 여겨진다. 고
조선 출현을 전후로 하여
한반도와 만주지역에서 나
타나는 이러한 동일한 예
술품의 출현은 여러 씨족
들이 각각 모시고 있는 수
호신과 조상신, 자연신 등

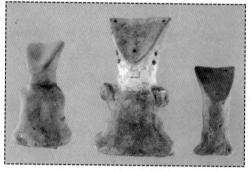

〈그림 21〉 서포항 유적 출토 인물상

을 상징물로 만들어 제의의 대상으로 삼았던 까닭일 것이다.

저조선이 건국된 후 이러한 여러 종족들의 수호신은 최고신인 하느
님보다 권능이 약한 신으로 계보를 이어갔음이 단군사화에 잘 나타나
있다. 또한 고조선의 국신(國神)은 하느님으로, 열국사람들이 하느님을
숭배하였던 사실은《후한서》〈동이열전〉과《삼국지》〈오환선비동이전〉
에 기록된 부여의 영고와 고구려의 동맹, 예의 무천, 한의 5월제와 10월
제 등의 기록에 잘 나타나 있다. 열국시대 각 나라마다 온 국민이 하늘
에 제사를 지냈던 종교의식은 고조선으로부터 계승되어 온 것이었다고
하겠다.

3. 홍산문화 유적 출토 인물상의 조형의지

지금까지 출토된 홍산문화의 유적 가운데 우하량 유적에서는 옥고
(玉箍)가 비교적 많은 양 출토되었다. 이러한 상황은 제의의 중심지도
자들이 의식을 거행할 때 틀어 올린 머리양식에 옥고를 쓴 머리양식 차
림새를 갖추었음을 알려준다. 이 유적에서 출토된 옥인들의 경우도 머
리를 늘어뜨린 양식은 보이지 않는다.

이러한 사실은 홍산문화의 우하량 유적 이외의 지역에서 출토된 여

러 석인조상들(표 1의 그림 1~7)[70]
의 틀어 올린 머리양식과 늘어뜨리
지 않은 머리양식에서도 확인된다.
이는 같은 시기 신강(新疆) 초원지
역의 석인상들(그림 1, 제1부 2장 3
절의 그림 16 참조)[71]이 긴 머리를
늘어뜨린 것과 구별된다. 〈표 1〉의
석인상들은 모두 머리를 늘어뜨리

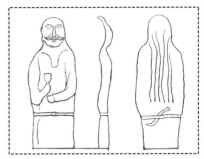

〈그림 1〉 이곡탑사(伊曲塔斯)초원
석인 모사도

지 않은 상태이며, 특히 〈표 1-그림 2〉의 석인은 올린 머리위에 원형의
3단을 쌓아올린 듯한 장식을 하였다.

이러한 머리양식과 함께 홍산문화 유적 출토 석조인들은 특징적인
자세를 하고 있는 것으로 표현되었다. 석조인의 일부는 배가 불룩하게
나온 것으로 묘사되었고, 모두 두 손을 가슴에 나란히 대거나 가슴 아
래 혹은 배 위에 놓거나 합장한 모습이다. 이러한 석상의 모습은 홍산
문화보다 앞선 내몽고자치구 동부의 규모가 크고 오래된 신석기 집단
거주지인 흥륭와(興隆窪)문화 유적(서기전 6200년~서기전 5200년)에서
이미 출토된 바 있다(그림 2).[72]
이들 홍산문화 유적 출토 석조인
상들의 출토지는 극십극등기(克什
克騰旗) 우주지(宇宙地) 유적(표 1-
그림 1), 파림우기(巴林右旗) 파언
한소목(巴彦漢蘇木) 나일사태(那日
斯台) 유적(표 1-그림 2)[73], 극십
극등기 만합영향산전촌(万合永鄕山

〈그림 2〉 흥륭와 유적 출토
석인상과 모사도

70) 于建設, 《紅山玉器》, 遠方出版社, 2004.
71) 李肖冰, 《中國西域民族服飾》, 新疆人民出版社, 1995, 30쪽의 그림 26·32쪽의
    그림 31.
72) 昭國田, 《敖漢旗文物精華》, 內蒙古文化出版社, 2004, 52쪽.
73) 巴林右旗博物館文物精品薈萃, 《文物載千秋》, 77쪽.

〈표 1〉 홍산문화 유적 출토 '석인조상'과 모사도74)

극십극등기 우주지 유적 출토	파림우기 파언한소목 나일사태 유적 출토
그림 1·1-1	그림 2·2-1
극십극등기 만합영향산전촌 조보구 유적 출토	적봉시 출토
그림 3·3-1	그림 4·4-1
임서현 서문외 흥륭와 유적 출토	임서현 성관서 흥륭와 유적 출토
그림 5·5-1	그림 6 그림 7

前村) 조보구(趙寶溝) 유적(표 1-그림 3), 적봉시(표 1-그림 4)[75], 임서현(林西縣) 서문외(西門外) 흥륭와 유적(표 1-그림 5), 임서현 성관서(城關西) 흥륭와 유적(표 1-그림 6·7) 등으로 모두 다르지만 동일한 손동작을 보이고 있어 의식을 거행할 때 일정하게 갖추었던 매무새로 생각된다. 단지 손동작에서 펴거나 주먹을 쥐거나 합장을 한 점에서 차이를 가진다.

홍산문화의 우하량 유적에서도 동일한 손동작의 옥인(제1부 3장 2절의 그림 14~16 참조)이 N16M4 유적에서 출토되어 의식에서 의미 있는 몸동작이었을 것으로 해석된다. 이러한 고고학의 출토자료로 보아 북방지역의 석인들의 늘어뜨린 머리양식과 달리 우하량 유적 이외의 다른 홍산문화지역과 한반도 및 만주지역의 석인은 틀어 올린 머리양식에 옥고나 다른 양식의 옥장식을 하거나 장식한 모자를 사용했다고 여겨진다.

요령성 객좌 대성자진(大城子鎭) 동산취(東山嘴) 유적에서는 도소 '여신상'의 일부분(그림 3·4)[76]이 출토되었고, 요령성 우하량 제5지점 2호무덤에서는 신발을 신은 '나여소상'(裸女小像)(그림 5)[77]이 출토되었다.[78] 적봉시 오한기 보국토향(寶國土鄕) 흥륭구(興隆溝) 유적 제2지점의 약 5,300년 전의 집터에서도 높이 55㎝의 도소 '남신상'(그림 6)[79]이 발굴되었다.

이 '신상'들은 부분적으로 발견되어 전체 모습을 가늠하기 어렵지만, 남아 있는 부분을 살펴보면 제의적 특징들이 나타난다. 즉 〈그림 3〉은 머리 부분은 없으나 복부가 많이 나온 점과 같은 양식의 것이 2개 출토된 것으로 보아 출산과 관련된 상징성을 보여 주며 만물의 풍요로움을 기원하는 상징 의미를 나타내는 것으로 생각된다. 〈그림 4〉는 원형의 제단 유

74) 于建設, 《紅山玉器》, 遠方出版社, 2004, 31쪽·34~36쪽.
75) 劉冰 主編, 《赤峰博物館 文物典藏》, 遠方出版社, 2006, 12쪽.
76) 徐秉琨·孫守道, 《東北文化》, 41쪽 그림 31·42쪽 그림34와 35.
77) 徐秉琨·孫守道, 위의 책, 42쪽 그림 36.
78) 徐秉琨·孫守道, 앞의 책, 41쪽 그림 31·34·35·36.
79) 赤峰博物館 소장.

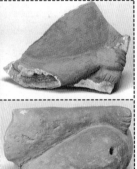

〈그림 3〉 동산취 유적 출토   〈그림 4〉 동산취 유적 출토
　　　여신상 부분　　　　　　　　　여신상 부분

적에서 출토되었는데, 오른손을 왼쪽 손에 모으
고, 오른쪽 다리를 왼쪽 무릎 위로 올려 가부좌
를 하고 있다. 그리고 오른손을 왼쪽 팔목에 올
렸는데 엄지손이 벌려져 있는 것이 특징적이다.

〈그림 5〉 우하량 제5지점
2호 무덤 출토 나여소상

　이 같은 가부좌와 엄지와 검시 사이를 벌려 왼손 팔목 위를 덮은 모
습은 〈그림 6〉의 '남신상'에서도 마찬가지로 나타나 동일한 의식을 진
행하고 있었다고 여겨지는데, 이러한 몸동작과 손동작이 고조선 제의문
화와 밀접한 관련을 가질 것으로 생각된다. 그것은 〈그림 4〉와 〈그림
6〉에서 보이는 가부좌 습속이 한민족 고유의 것이기 때문이다. 즉 중국
에서는 남신상처럼 다리를 접고 앉거나 쭈그리고 앉는 것 혹은 가부좌,
무릎을 꿇고 앉는 습속을 이속(夷俗)으로 생각하였다.《논어》〈헌문〉(憲
問)에 "원양이의"(原壤夷矣)의 '이'(夷) 자를 주자(朱子)는《논어장구집
주》(論語章句集註)에서 '준거'(蹲踞)라 해석하여, 원양이 예의 없이 구부
리고 앉아서 공자를 기다렸다고 보았다. 오대징(吳大澂)은《자설》(字說)
에서 이 '이'(夷) 자에 대하여 갑골문의 이(夷) 자와 인(人) 자가 서로
유사한 것으로 분석해 동이(東夷)로 해석하였고, 준거(蹲踞)는 예의 없
는 동이의 습속으로 중국과 구별된다고 보았다.[80] 그러나 이제(李濟)는
안양 후가장의 은허 유적에서 출토된 대리석으로 만들어진 후가장상(侯

〈그림 6·6-1〉 홍룡구 유적 출토 남신상

家莊象)의 꿇어앉은 모습과 소둔(小屯)에서 출토된 두 다리를 쭈그리고 앉은 대리석상(大理石象)의 모습을 상대(商代)의 두 가지 습속으로 보았다. 그는 중국 경전에서 준거(蹲踞)와 기거(箕踞)의 모습을 예의 없는 동이의 습속이라고 보는 관점은 주인(周人)의 관점으로 상인(商人)의 습속을 본 견해라고 밝히면서, 이를 뒷받침할 수 있는 자료로서 갑골문의 상형문자에 묘사된 궤좌준거(跪坐蹲踞)의 모습을 제시했다.[81] 이제의 견해대로 상주시대의 옥으로 만든 조소품에는 준거와 꿇어앉은 모습이 여럿 보인다.[82] 이 옥조소품과 거의 같은 시기인 무정(武丁) 말기에서 조경(祖庚)시기로 추정되는[83] 1976년 하남성 안양 은허 부호묘(婦好墓)에서 출토된 무릎을 꿇고 앉은 모습의 옥인의 모습도 좋은 예가 된

---

80)《字說》. "夷爲東方之人, 𢎥(夷)字與𠆩(人)字相似, 象人曲窮蹲踞形; 白虎通, 夷者
　　　 尊, 夷無禮義. 論語原壞夷矣, 集解引馬注, 夷踞也, 東夷之民, 蹲踞無禮義, 別其非中
　　　 國之人…."
81) 李濟,〈跪坐蹲居與箕踞〉,《李濟考古學論文集》上, 臺北: 聯經出版事業公司, 1977,
　　　 563~588쪽.
82) 上海市戲曲學校中國服裝史硏究 編著, 周汛·高春明 撰文,《中國服飾五千年》, 商務
　　　 印書館香港分館, 1984, 17~18쪽.
83) 李學勤,〈論'婦好'墓的年代及有關問題〉,《文物》, 1977年 第11期, 32~37쪽.

다.[84] 1929년 하남성 안양에서 발굴된 소둔석상(小屯石像)[85]과 사반마 석조상(四盤磨石造像)[86]도 두 다리를 쭈그리고 앉아 있는 모습이다. 따라서 이러한 내용으로 본다면 홍산문화에서 보이는 한민족의 앉는 자세에 대한 습속은 중국 상(商)문화에 영향을 주었고 주대(周代)에 이르기까지 지속되었음을[87] 알 수 있다.

〈그림 6〉의 '남신상'은 틀어 올린 머리 양식이 특징적이다. 머리를 뒤에서 땋아서 세 번 돌리면서 정수리로 올려 끝자락을 이마 바로 위까지 내려 장식으로 마무리하였다. 당시 옥문화가 발달하고 머리장식들이 출토되었던 예로 보아 땋은 머리카락을 마무리한 장식은 옥장식일 가능성이 크다. 발굴했던 중국학자들은 이 유물을 '홍산문화 만기의 샤먼이나 왕' 혹은 '신상' 및 '집단 내에서 지위가 있는 일반 사람' 등으로 해석하였다.[88] 그 외에 〈그림 5〉는 서 있는 여자 모습으로 목이 있는 신발을 신고 있는 것이 특징적이다. 당시 목이 있는 신발을 신었음을 알려준다. 홍산문화 유적에서는 아마도 아직 발굴되지 않은 많은 유적들에서 이러한 '여신상'과 '남신상'들이 계속 발굴될 것으로 생각된다.

조소품들의 몸동작과 자세를 살펴보면, 동산취 출토 여신상은 풍만한 배 위에 손을 얹고 있어 풍요와 다산을 기원하는 모습이고, 옥인과 석인상들은 대부분 가슴에 두 손을 가지런히 대칭되게 얹고 있다. 이같은 몸동작의 조형의지는 신분을 상징하며 제의성을 내포하고 있다고 여겨진다.

---

84) 上海市戲曲學校中國服裝史硏究編著, 周汛·高春明 撰文, 앞의 책, 18쪽.
85) 李濟, 〈民國十八年秋季發掘殷墟之經過及其重要發現〉, 《安陽發掘報告》 第2期, 249~250쪽.
86) 陳仁濤, 《金匱論古初集》, 香港亞洲石印局印, 1952.
87) 박선희, 《고구려금관의 정치사》, 경인문화사, 2013, 21쪽의 주30 참조.
88) 이 견해들은 2012년 9월 내몽고 적봉에서 열린 第7屆 紅山文化高峰論壇에서 발표된 논문들에서 제시된 것이다. 이 학술회의에서 유국상(劉國詳)은 〈興隆溝紅山文化整身陶人的發現及相關問題探討〉의 주제 발표에서 '홍산문화 만기의 샤먼이나 왕'으로, 전광림(田廣林)은 〈關于敖漢陶質人形造像性質的幾点認識〉에서 '신상'(神像)으로, 석영걸(席永杰)은 〈오한도인적기점간법〉(敖漢陶人的幾點看法)에서 '집단 내에서 지위가 있는 일반 사람'이라 보았다.

제4장 고조선복식과 제의문화권의 열국시대로의 계승

앞의 제3장 2절과 3절에서 홍산문화 유적들에서 출토된 인물과 동물형상 등의 옥기는 제의에서 일종의 매개체의 역할을 감당했던 예기(禮器)이고, 일반적인 무덤들에서 출토된 복식 장식품과 비실용성 공구로서의 옥기는 권세와 지위의 물질적인 표상(標象)이었을 것으로 해석했다. 그리고 홍산문화 복식에 장식했을 옥기와 옥고는 제의에서 최고 통치권력의 상징적 표지(標志)일 가능성을 분석했다. 아래에서는 고조선 이후 여러 나라에서 지속적으로 나타나는 옥장식의 성격과 발달 양상에서 고조선을 계승한 제의적 성격을 살펴볼 수 있다.

고조선의 옥장식은 청동기의 발달과 함께 일상적인 의복에 장식하는 비율이 적어지고 청동장식으로 적극 대체되는데, 반면에 장례의식에서 쓰임새는 고조선 후기에 이르기까지 꾸준한 발전양상을 보인다. 좋은 예로 서기전 5세기에서 서기전 4세기경에 속하는 길림성 서단산무덤 유적을 들 수 있는데 녹송석과 마노, 옥종류의 장식품이 다량 출토되었다. 서단산문화의 패식 가운데 옥장식이 차지하는 비중이 가장 크고, 청동과 아골(牙骨) 종류가 차지하는 비중은 비교적 적다. 발굴자들은 서단산문화가 숙신족과 관련이 있을 것으로 보았다.[1] 서단산문화가 동부여나 고구려가 이 지역에 건국되기 이전 고조선 후기의 토착문화일 것으로 추정하는 것은 옳은 해석이다.

그것은 북부여의 지배세력이 동쪽으로 이동하여 서기전 59년에 세운 동부여는 지금의 길림성 북부와 내몽고자치구 동부 일부 지역과 흑

---

1) 東北考古發掘團, 〈吉林西團山石棺墓發掘報告〉, 《中國考古集成》 東北卷 靑銅時代 (三), 北京出版社, 1997, 2158쪽; 中國社會科學院考古硏究所, 《新中國的考古發現 和硏究》, 文物出版社, 1984, 344~345쪽.

룡강성지역을 차지하고 있었기 때문이다. 또한 서단산문화 가운데 가장 이른 시기의 유적인 길림성 영길현의 성성초 유적[2]은 연대가 서기전 1000년기 초이므로[3] 동부여와 고구려 건국 이전 고조선 후기의 토착 문화 유적으로 해석할 수 있을 것이다. 이 유적에서 출토된 옥종류의 장식품 가운데는 흰색 옥을 꿰어 연결했을 관(管) 양식이 절대적으로 많은 수량을 차지하는데 1,559건 정도나 된다.[4]

또한 서기전 3세기~서기전 2세기에 속하는 길림성 화전 서황산둔 유적에서는 옥으로 만든 장식품과 함께 청동장식단추와 청동반지, 청동 거울, 비파형동검 등이 다량 출토되었는데, 옥장식품이 가장 큰 비율을 차지했다.[5] 이 유적에서 출토된 대부분의 청동장식단추들은 묘주의 가슴과 배 부분에 위치했던 것으로 웃옷과 겉옷에 달아 표현했던 제의성을 엿볼 수 있다.

흑룡강성지역에서 옥기가 많이 출토된 유적은 북부여의 유적일 것으로 추정되는 조원현에 위치한 망해둔(望海屯) 유적[6], 상지업포력(商志業布力) 유적[7], 의안현 조유이하대교(鳥裕爾河大橋) 유적[8], 두이백특 이가강(李家崗) 유적[9], 도배산(刀背山) 유적[10] 등인데 모두 옥기와 함께

---

2) 吉林省博物館·永吉縣文化館, 〈吉林永吉星星哨石棺墓第3次發掘〉, 《考古學集刊》 3, 中國社會科學出版社, 1983, 120쪽.

3) 이 유적의 방사성탄소측정연대는 서기전 1015±100년(2965±100 B.P.)인데 교 정연대는 서기전 1275±160년이다. 中國社會科學院考古研究所 編著, 《中國考古學中碳14年代數據集》, 文物出版社, 1983, 34쪽.

4) 董學增, 〈試論西團山文化的裝飾品〉, 《中國考古集成》 東北卷 靑銅時代(一), 2206쪽.

5) 吉林省文物工作隊·吉林市博物館, 〈吉林樺甸西荒山屯靑銅短劍墓〉, 《中國考古集成》 東北卷 靑銅時代(三), 2488쪽.

6) 丹化沙, 〈黑龍江肇源望海屯新石器時代遺址〉, 《中國考古集成》 東北卷 新石器時代(二), 2022쪽.

7) 黑龍江省文物考古研究所, 〈黑龍江商志業布力新石器時代遺址淸理簡報〉, 《中國考古集成》 東北卷 新石器時代(二), 2024쪽.

8) 于鳳閣, 〈依安縣鳥裕爾河大橋新石器時代遺址調査〉, 《中國考古集成》 東北卷 新石器時代(二), 2034쪽.

9) 杜爾伯特蒙古族自治縣博物館, 〈黑龍江省杜爾伯特李家崗新石器時代墓葬淸理簡報〉, 《中國考古集成》 東北卷 新石器時代(二), 2039쪽.

10) 武威克·劉煥新·常志强, 〈黑龍江省刀背山新石器時代遺存〉, 《中國考古集成》 東北

청동장식들이 동반된다. 흑룡강성지역 유적에서 출토된 옥기 가운데 옥 벽(玉璧)이 가장 많은데, 둥글거나 각이 진 것들이다.11) 요서지역에 위 치했던 부여가 분열하는 과정에서 흑룡강성지역으로 이주해12) 이러한 토착문화의 전통을 이어 옥문화를 한층 더 발전시켜 나가게 된 것이라 여겨진다. 그 좋은 예로《삼국지》〈오환선비동이전〉부여전에는, 동부여 에서 붉은 옥과 대추만한 아름다운 구슬이 나고, 사람들이 선대부터 줄 곧 전해 오는 옥벽과 옥규(玉珪), 옥찬(玉瓚) 등을 보물로 여겼음을13) 말하고 있다.

길림성 유수현 노하심묘 중간층에서는 특수한 용도의 옥기들이 출 토되었다. 옥기는 주검에서 매장된 사람들의 신체 각 부분에 장식되어 있는데, 발굴자들은 이를《포박자》(抱朴子)에서 "金玉在九竅, 則死者爲之不 朽"라 했던 내용을 들어 신체의 모든 구멍을 폐쇄하여 정기가 밖으로 나가지 않고 부패하지 않도록 하기 위함이었다고 해석했다.14) 노하심묘 유적 발굴자들은 이 묘를 동한시기 선비족이 거주하던 길림성지역에 위 치했으므로 선비족의 유적이라고 단정하거나,15) 부여족의 유적이라고 주장했다.16) 동부여는 서기전 59년에 북부여의 해부루왕이 동쪽의 가엽 원으로 이주하여 건국한 것으로 길림성 북부와 내몽고자치구 동부 일부 및 흑룡강성 지역을 차지하고 있었으며, 그 정치의 중심지는 지금의 길 림성 북부에 있는 부여현 지역이었다.17) 동부여는 서기전 59년부터 서

卷 新石器時代(二), 2156쪽.

11) 孫長慶·殷德明·干志耿, 〈黑龍江古代玉器文化問題的提出與研究〉,《中國考古集成》 東北卷 新石器時代(二), 1976~1989쪽.

12) 윤내현,《한국열국사연구》, 지식산업사, 1998, 6쪽 참조.

13)《三國志》卷13〈烏丸鮮卑東夷傳〉夫餘傳. "…出名馬·赤玉·貂狖·美珠. …今夫餘庫 有玉璧·珪·瓚數代之物, 傳世以爲寶, 耆老言先代之所賜也."

14) 黃武·劉厚生,《夫餘國史話》, 遠方出版社, 2005, 188쪽.

15) 吉林省文物工作隊·長春市文管會·楡樹縣博物館, 〈吉林楡樹縣老河深鮮卑墓群部分墓 葬發掘簡報〉,《文物》, 1985年 第2期, 68~82쪽.

16) 劉景文, 〈從出土文物簡析古代夫餘族的審美觀和美的裝飾〉,《中國考古集成》東北卷 秦漢至三國(二), 1242~1245쪽.

17) 尹乃鉉, 〈扶餘의 분열과 變遷〉,《祥明史學》第三·四合輯, 1995, 447~480쪽.

기 494년 고구려에 투항할 때까지 이 지역에 계속 거주했다.[18] 그러므로 동한시기 길림성지역에는 선비족이 거주했던 것이 아니라 동부여가 위치했던 것이다. 따라서 길림성 북부지역에 위치한 노하심 유적은 당연히 동부여의 유적으로 분류되어야 할 것이다.

환웅천왕의 '신시'문화에[19] 이어 고조선시대에 이러한 옥기들이 출토되는 종교 유적들이 지속적으로 나타나게 되는 것은 단군사화에 보이는 종교의식의 반영으로 볼 수 있다. 단군사화에 등장하는 환웅과 곰, 호랑이의 상징성이 바로 고대인들의 종교의식으로 반영된 것이다. 고조선은 하느님을 수호신으로 했던 환웅족과 곰을 수호신으로 했던 곰족, 호랑이를 수호신으로 했던 호랑이족 등으로 구성되어 있었다. 고조선의 단군은 바로 이러한 여러 종족들을 다스리는 종교적 통치자인 동시에 정치적 통치자였던 것이다. 따라서 고조선시기의 종교의식을 담은 상징적 유물들이 삼국에 이르기까지 지속적으로 다양한 양식을 나타내며 발전되어 갔다.

〈그림 1〉 능원
삼관전자촌 출토
비파형동검

옥기뿐만 아니라 금속문화의 발달로 인하여 청동과 금으로 만든 제의용 장식품과 제의용 그릇들이 다양한 양식으로 생산된다. 좋은 예로 서기전 4세기 무렵에 속하는 요령성 능원(凌源) 삼관전자(三官甸子) 유적에서는[20] 고조선유물의 특징인 비파형동검(그림 1)[21]과 부채모양 청동도끼 및 원형의 청동장식단추들과 함께 호랑이와 사슴(제3부 제1장의 2절의 그림 40~41 참조),[22] 가오리(그림 2),[23] 개

18) 박선희, 《한국고대복식-그 원형과 정체》, 618쪽.
19) 《三國遺事》卷1〈紀異〉古朝鮮(王儉朝鮮)條.
20) 遼寧省博物館, 〈遼寧凌源縣三官甸靑銅短劍墓〉, 《考古》1985年 2期, 125~130쪽.
21) 徐秉琨·孫守道, 《中國地域文化大系-東北文化》, 上海遠東出版社, 1998, 78쪽 그림 87.

〈그림 2〉 청동제 가오리장식

〈그림 3〉 청동제 개구리장식들

구리 양식(그림 3)[24] 등의 금과 청동으로 만들어진 동물형상 장식품들이 출토되었다. 특히 개구리장식은 등 부분을 옥으로 장식한 청동과 옥의 혼합양식으로 개구리의 형상미를 높였다. 발굴자들은 이 유물들이 제의용 기물일 것으로 분류하고, 가오리양식의 청동기물은 발해만 일대에 자주 나타나므로 해양문화와 밀접한 관련이 있을 것으로 보았다. 실제로 이 유적에서는 제의식을 거행할 때에 사용했을 뚜껑이 있는 향로(그림 4·4-1)가[25] 햇살문양 질그릇들과 함께 출토되었는데, 한반도와 만주지역 가락바퀴에 늘 나타나는 햇살과 점문양 및 고조선 질그릇에 자주 나타나는 타래문양

〈그림 4〉 능원 유적 출토 청동향로

〈그림 4-1〉 능원 유적 출토 청동향로의 부분

22) 遼寧省博物館·遼寧省文物考古硏究所,《遼河文明展》, 遼寧省博物館, 2006, 91쪽 그림 1·2.
23) 徐秉琨·孫守道, 앞의 책, 81쪽 그림 93.
24) 遼寧省博物館·遼寧省文物考古硏究所,《遼河文明展》, 遼寧省博物館, 2006, 92쪽.
25) 遼寧省博物館·遼寧省文物考古硏究所, 앞의 책, 93쪽.

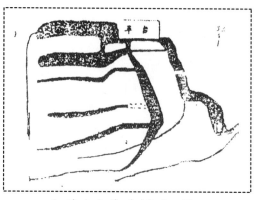

〈그림 5〉능원 제사유지 모형도

등이 연속으로 표현되어 있어 중국의 청동기문양과 구별된다.

이 능원(凌源)지역에는 하가점 하층문화 제사유적이 남아있다. 이 유적은 동북으로 홍산문화의 우하량 여신묘 유적에서 22km 거리에 있고, 동남쪽으로는 동산취(東山嘴)의 제사 유적에서 44km 거리에 있다. 이 유적의 주변에는 낮은 산들이 계속 이어져 있고 유적 안으로 돌담을 쌓았는데, 그림에서처럼 나르는 붕조(鵬鳥)와 같은 모습(그림 5)인 까닭에 이 지역의 사람들은 '남권자'(南圈子)라고 부른다. 또 다른 산의 정상에는 'm'자형의 돌담이 있는데 그 지역의 사람들이 '서권자'(西圈子)라고 부른다. 이 유적에서 동북으로 120m 떨어진 지역에는 불규칙한 원형의 제단이 있어 남권자 유적과 서권자 유적이 서로 밀접한 관련이 있을 것

〈그림 6〉 서우파라향 유적 출토 청동시루

으로 보여지며, 이 유적들이 위치한 지역은 사람이 거주하기에 적합한 조건이 갖추어지지 않았고 적석총도 보이지 않아[26] 당시 사람들이 제사의식을 거행하던 곳이라 추정된다.

홍산문화에서 보이는 제의식의 전통은 고조선시대에 그대로 이어져 요서지역의 여러 유적에서 다양한 형태로 나타난다. 서기전 16세기~서기전 11세기에 속하는 적봉시 송산구 서우파라향(西牛波羅鄕) 유적에서 출토된 3줄의 문양이 있는 청동시루(그림 6)[27]가 좋은 예이다.

26) 張洪波,〈凌源發現夏家店下層文化祭祀遺址〉,《中國考古集成》東北卷 靑銅時代(二), 1502쪽.

또한 하가점 상층문화(서기전 약 1000년~서기전 476년)에 속하는 적봉시 영성현 남산근 M101호묘 유적에서는 제3부 제1장의 4절에서 서술했듯이 고조선의 지도층이 거주했을 것으로 여겨지는 유물들이 제사와 관련된 유물들과 함께 다량 출토되었다. 복식유물로는 금제(金制) 팔찌가 의복에 장식했을 청동제 장식품들과 함께 출토되었다.

특히 남산근 M101호묘 유적에서는 고조선의 특징적인 둥근 청동장식단추가 상식된 청동투구기 호랑이가 서로 마주한 양식의 손잡이가 달린 비파형청동검과 청동칼집 등과 함께 출토되었다. 이러한 지도층의 상징물들과 함께 제의용으로 사용되었을 청동정(靑銅鼎), 청동부(靑銅瓿), 청동고(靑銅觚), 청동보(靑銅簠) 등이 다량 출토되었다.[28]

서기전 9세기~서기전 8세기경에 속하는 것으로 여겨지는 같은 요령성 영성(寧城)의 필사영자(必斯營子) 유적에서는 남산근 유적에서 출토된 것과 동일한 양식의 청동방울(그림 7), 청동투구, 청동 쌍칼집, 청동의기 등이 출토되었다. 이러한 요령성 영성지역의 고고학적 출토 유물의 성격으로 보아 이 지역에 정치 지도자가 거주하였고 대규모 제의식이 거행되었을 것으로 확인된다.

〈그림 7〉 필사영자 유적 출토 청동방울

위의 영성현(寧城縣) 남산근 유적과 같은 지역으로 하가점 상층문화에 속하며 약 서기전 8세기 무렵에 해당하는[29] 소흑석구(小黑石溝) 유적에서도 남산근 유적에서 출토된 것과 동일한 청동장식단추가 장식된 청동투구가 또 다른 양식의 투구 및 비파형청동검과 함께 출토되었다. 이 청동기들과 함께 출토된 제의용 청동그릇들은[30] 남산근 유적에서

27) 劉冰 主編, 《赤峰博物館 文物典藏》, 遠方出版社, 2006, 36쪽.
28) 劉冰 主編, 《赤峰博物館 文物典藏》, 57~61쪽.
29) 林雪川, 〈寧城小黑石溝夏家店上層文化顧骨的人像復原〉, 《中國考古集成》 東北卷 靑銅時代(一), 757쪽.
30) 劉冰 主編, 《赤峰博物館 文物典藏》, 遠方出版社, 2006, 64~73쪽.

출토된 것들보다 발전되고 다양한 양식을 표현하고 있다. 발굴자들은 청동주조기술과 청동기 양식의 유사성으로부터 남산근 M101호묘와 시대 및 족속에서 일정한 관련이 있을 것으로 추정했다. 이러한 내용들은 영성현 지역의 고조선 사람들이 홍산문화의 전통을 이어 제의식을 거행했음을 알게 해주는 것이다.

남산근 유적 및 소흑석구 유적들과 유사한 시기인 서기전 8세기 무렵에 속할 것으로 여겨지는 요령성 금서(錦西) 호호도(葫芦島) 오금당(烏金塘) 유적에서는 네모난 양식의 두 개의 꼭지가 있는 청동방울이 방패모양의 3개의 꼭지가 있는 청동거울과 함께 출토되었다.[31] 이 청동방울과 청동거울은 제의용으로 사용되었을 것으로 생각된다.

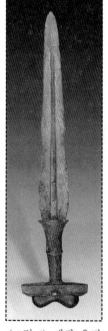

능원 유적과 가까운 곳에 위치한 서기전 8세기 무렵에 해당하는 객좌(喀左) 유적에서는 온전한 상태로 출토된 비파형동검(그림 8)과 함께 연속된 불꽃문양과 타래문양이 새겨진 청동의기가[32] 출토되었다. 이후 서기전 770년~서기전 221년에 속하는 적봉시 송산구 대영자(大營子) 서량산정(西梁山頂)에서 출토된 옥으로 만든 호랑이장식도 끈을 꿰어 걸거나 의복에 달았던 제의용 장식일 것으로 여겨진다. 이러한 고조선의 제의적 전통이 그대로 계승되었음은 요령성 평강지구 유적에서 출토된 고구려 초기의 금동으로 만들어진 복식에 사용되었을 장식품(그림 9)[33]에서도 알 수 있다. 이 금동장식품에는 삼족오와 호랑이, 곰 등을 표현한 단군사화의 내용이 사실적으로 표현되어 있다. 또한 각저총의 〈씨름도〉에는 곰과 호랑이의 모습이 있고, 장천 1호 북벽

〈그림 8〉 객좌 유적
출토 비파형동검

31) 遼寧省博物館·遼寧省文物考古研究所, 《遼河文明展》, 遼寧省博物館, 2006, 89~90쪽.
32) 遼寧省博物館·遼寧省文物考古研究所, 《遼河文明展》, 86·87쪽.
33) 徐秉琨·孫守道, 《中國地域文化大系-東北文化》, 129쪽 그림149.

〈그림 9〉 평강지역 출토 금동장식

벽화에는 신단수로 보이는 나무 아래 굴속에 곰이 표현되어 단군신화의
내용이 고구려로 이어졌음을 알 수 있다.

　고조선의 단군은 정치적 통치자임과 동시에 종교 지도자였음을 다
음의 기록으로부터 알 수 있다. 즉,《후한서》의 〈한전〉에 "여러 국읍(國
邑)에는 각각 한 사람으로 천신(天神)에 대한 제사(祭祀)를 주재하도록
했는데, 천군(天君)이라 이름했다"[34]는 내용이 보인다. 단군은 몽골어에
서 하늘을 뜻하는 텡그리(tengri)와 뜻이 통하며 하느님 또는 천군(天
君)으로서 종교 최고 지도자에 대한 호칭이었다.[35]

　이러한 내용으로 보아 한에는 국읍에서 하늘에 제사를 주재하는 종
교 지도자인 천군이 있었던 것이다. 그리고《후한서》〈동이열전〉한전
의 "또 소도(蘇塗)를 만들고, 그곳에 큰 나무를 세워 방울과 북을 매달
아 놓고 귀신을 섬긴다"[36]는 내용에서 고조선을 이어 종교 지도자뿐만
아니라 종교적 성지인 소도가 있었음을 알 수 있다.

　소도의 나무에 매달았던 방울은 고조선의 대부분의 유적에서 고루

---

34)《後漢書》卷85〈東夷列傳〉韓傳. "諸國邑各以一人主祭天神, 號爲天君."
35) 崔南善,〈不咸文化論〉,《六堂崔南善全集》2, 玄岩社, 1973, 56~61쪽.
36)《後漢書》卷85〈東夷列傳〉韓傳. "又立蘇塗, 建大木以縣鈴鼓, 事鬼神."

〈그림 10〉 청동방울   〈그림 11〉 청동방울

출토된다. 청동방울은 고조선의 특징적 유물 가운데 하나로, 가지방울
과 팔수형방울을 비롯하여 다양한 양식의 것들(그림 10·11)이 만들어
졌다.37) 이러한 방울이 고구려시대로 오면 금으로 만들어지기도 한다.
좋은 예가 요령성 북표 방신촌 무덤에서 출토된 금제방울(그림 12)38)
이다. 필자는 문헌자료의 분석과 함께 무덤에서 출토된 금제관식 등이
고구려의 국적을 가졌음을 이미 밝힌 바 있다.39)

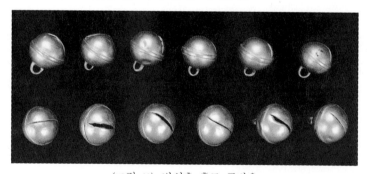

〈그림 12〉 방신촌 출토 금방울

앞의 제3장 1절에서 고조선의 건국주체인 환웅은 천제 환인의 아들
이고 단군은 천제의 손자로, 고조선 건국 이전 '신시'에서40) 이미 천제

___

37) 조선유적유물도감 편찬위원회, 《조선유적유물도감》 2-고조선·부여·진국편,
    조선유적유물도감 편찬위원회, 1989, 233~234쪽; 金元龍, 《韓國考古學槪說》第3
    版, 일지사, 1986, 92쪽의 그림 84·97쪽의 그림 91.
38) 遼寧省博物館·遼寧省文物考古硏究所, 앞의 책, 124쪽.
39) 박선희, 《고구려 금관의 정치사》, 경인문화사, 2013, 88~164쪽.

하느님을 믿는 태양신앙이 정립되었음을 서술하였다. 이러한 종교의 내용이 여러 나라로 이어졌음을 각 나라들의 건국신화에서 알 수 있다. 부여의 건국시조인 동명은 하늘의 기(氣)를 받고 태어났다.[41] 고구려 건국시조인 주몽왕의 아버지는 해모수인데, 《삼국유사》〈기이〉고구려조와 《삼국유사》〈기이〉북부여조 및 《제왕운기》〈전조선기〉[42]에 따르면 단군과 해모수는 동일인이다. 단군은 해모수라고도 불리었다. 해모수는 해머슴애를 한자로 표기한 깃으로[43] 단군은 해의 아들이었다. 따라서 주몽왕도 하느님의 아들인 것이다.[44]

신라의 건국시조 혁거세왕 신화도 번갯불과 같은 이상한 기운을 받아 알에서 왕이 태어나자 그 알을 지키던 말은 하늘로 올라갔다고 하여[45] 하늘과 연관되어 있음을 표현하고 있다. 가야는 수로왕과 다섯 가야의 군주들이 모두 하늘에서 내려온 알에서 출생했다고 기록하고 있다.[46] 한(韓)에서는 여러 국읍(國邑)에 각기 한 천신(天神)이 제사를 주재하는데, 그 사람을 천군(天君)이라 부른다고 했다.[47] 이러한 내용들로부터 한반도와 만주지역에 있던 여러 나라들이 모두 고조선을 이어 하늘을 섬기고 태양을 숭배하는 천신신앙의 전통을 고스란히 이어 갔음을 알 수 있다.

열국시대는 고조선시기와 달리 종교적 권위는 축소되었으나 그 기본적인 성격은 그대로 이어졌음을 다음의 내용으로부터 알 수 있다. 즉

---

40)《三國遺事》卷1〈紀異〉古朝鮮(王儉朝鮮)條.
41)《論衡》卷2〈吉驗篇〉;《後漢書》, 卷85〈東夷列傳〉夫餘國傳 참조.
42)《三國遺事》卷1〈紀異〉高句麗條의 저자 자신 주석과 《三國遺事》卷1〈紀異〉北扶餘條 및《帝王韻紀》卷下〈前朝鮮紀〉의 저자 자신 주석 참조.
43) 金庠基,〈國史上에 나타난 建國說話의 檢討〉,《東方史論叢》, 서울대학교출판부, 1984, 6~7쪽의 주 7 참조.
44)《三國史記》卷13〈高句麗本紀〉始祖 東明聖王條 ;《광개토왕릉비문》참조.
45)《三國遺事》卷1〈紀異〉1 新羅始祖 赫居世王條 ;《三國史記》卷1〈新羅本紀〉始祖 赫居世居西干.
46)《三國遺事》卷2〈紀異〉駕洛國記條.
47)《後漢書》卷85〈東夷列傳〉韓傳. "諸國邑各以一人主祭天神, 號爲天君.";《三國志》卷30〈烏丸鮮卑東夷傳〉참조.

《삼국지》〈오환선비동이전〉 한전에서는 "귀신을 믿기 때문에 국읍(國邑)들은 각각 한 사람씩을 세워서 하느님에 대한 제사를 주재하게 하는데, 그 사람을 천군(天君)이라 부른다. 또 열국에는 각각 별읍(別邑)이 있으니 그것을 소도(蘇塗)라 한다. 그곳에 큰 나무를 세우고 방울과 북을 매달아놓고 귀신을 섬긴다"48)고 하였다. 이 기록으로부터 한에는 제사를 주재하는 천군이라는 종교 지도자가 있었고 종교의 권위가 여전히 높았음을 알 수 있다.

또한 열국시대에는 온 국민이 하늘에 제사를 지내며 하느님을 숭배하는 국가적인 종교 의식이 있었다. 부여에는 12월에 제천행사를 거행하는 영고가 있고49), 고구려에는 10월에 하늘에 제사 지내는 큰 모임으로 동맹이 있었다.50) 예에도 해마다 10월이면 하늘에 제사를 지내는 무천이 있었고51), 또한 한에서는 해마다 5월과 10월에 농사일을 마치고 귀신에게 제사를 지냈다.52) 이처럼 열국시대 각 나라마다 제사 의식을 치루었는데, 시기의 차이는 있었지만 의식의 성격과 내용은 모두 비슷하였으며 이러한 국가적인 종교의식이 한반도와 만주 전 지역에서 고루 이루어진 것은 고조선 천신신앙의 전통과 제의문화를 그대로 계승했던 까닭이라 생각된다. 이러한 상황은 복식문화에서도 마찬가지였다.

고조선 복식에 널리 표현했던 원형의 달개 혹은 장식단추는 태양열과 빛의 모습을 복식 등에 두루 표출함으로써 이를 매개체로 신석기시대부터 이어 온 태양을 숭배하는 천신신앙의 전통을 나타낸 것으로 해석된다.

홍산문화시기 한반도와 만주지역에 거주하던 사람들은 복식재료로

---

48) 《三國志》卷30 〈烏丸鮮卑東夷傳〉韓傳. "信鬼神, 國邑各立一人主祭天神, 名之天君. 又諸國各有別邑, 名之爲蘇塗. 立大木, 縣鈴鼓, 事鬼神."
49) 《後漢書》卷85 〈東夷列傳〉夫餘國傳. "以臘月祭天, 大會連日, 飮食歌舞, 名曰'迎鼓'. 是時斷刑獄, 解囚徒."
50) 《後漢書》卷85 〈東夷列傳〉高句驪傳. "以十月祭天大會, 名曰東盟."
51) 《後漢書》卷85 〈東夷列傳〉濊傳. "常用十月祭天, 晝夜飮酒歌舞, 名之爲'舞天'."
52) 《後漢書》卷85 〈東夷列傳〉韓傳. "常以五月田竟祭鬼神, 晝夜酒會, 群聚歌舞, 舞輒數十人相隨蹋地爲節, 十月農功畢, 亦復如之."

〈표 1〉 한반도와 만주지역에서 출토된 가락바퀴들54)

| 그림 1 | 그림 2 | 그림 3 |
| 그림 4 | 그림 5 | 그림 6 |

서 중요한 위치를 차지하는 가락바퀴에 새긴 문양에서도 일정하게 햇살 문양을53) 나타냈다. 고조선의 영역이었던 한반도와 만주 지역에서 발견된 가락바퀴 무늬는 대부분 복판의 구멍을 중심으로 햇살이 퍼져 나아가듯이 점선을 곧바로 또는 휘게 여러 줄 새긴 것들로서(표 1의 그림 1~6 참조)55) 공통된 모습을 보여 준다. 이는 고조선 청동거울과 비파형동검 검집(그림 13)56)에 나타나는 문양과 같은 맥락이다. 이같이 선을 그어서 만든 무늬는 신석기시대 유적과 청동기시대 유적에서 나온 뼈바

---

53) 이 책의 제 1부 1장 1절의 주 70 참조.
54) 조선유적유물도감 편찬위원회, 앞의 책, 133쪽의 그림 246; 고고학연구소,〈서포항원시 유적발굴보고〉,《고고민속론문집》4, 사회과학원출판사, 1972, 69·105쪽; 郭富純·越錫金,《大連古代文明圖說》, 吉林文史出版社, 46쪽의 圖 2-49·圖 2-52·52쪽의 圖 2-65.
55) 주 39와 같음.
56) 조선유적유물도감 편찬위원회, 앞의 책, 261쪽의 그림 641.

늘통(그림 14)[57]이나 그 밖의 뼈 조각품에 새겨진 기하
문양에서도 보인다.

이러한 고조선사람들의 장식기
법은 고조선 붕괴 이후 열국시대로
이어져 나라마다 지역적 특색을 달
리하여 발전해 나갔다. 《삼국지》
〈오환선비동이전〉 예전에는 "(예의
사람들은) 남녀 모두 곡령(曲領)을
입는데, 남자는 너비가 여러 촌(寸)
되는 은화(銀花)를 옷에 꿰매어 장
식했다"[58]고 하여 예에서 일반적으
로 남자들이 입는 곡령[59]에 약 5㎝
이상 되는[60] 은장식을 꿰매어 장식
했음을 알 수 있다.

또한 《삼국지》 〈오환선비동이전〉 부여전에 따
르면, "(부여사람들은) 국내에 있을 때 …금은(金
銀)으로 모자를 장식했다"[61]고 하였다. 이러한 내
용으로부터 부여사람들이 금과 은으로 화려하게

〈그림 14〉 서포
항 유적 출토
바늘과 바늘통

〈그림 13〉 검집에
꽂힌 청동단검

---

57) 付惟光·辛建, 〈滕家崗遺址出土的刻劃紋飾藝術〉, 《中國考古集成》 東北卷 新石器
時(二), 2075쪽; 김용간·서국태, 〈서포항원시 유적발굴보고〉, 《고고민속론문
집》 4, 사회과학출판사, 1972, 116쪽.
58) 《三國志》 卷30 〈烏丸鮮卑東夷傳〉 濊傳. "男女皆衣著曲領, 男子繫銀花廣數寸以爲飾."
59) 곡령(曲領)은 임형(袵形)을 가리키기도 하고 유(襦)의 명칭으로 불리기도 하
는데, 위의 기재에서는 유(襦)의 명칭으로 사용되었다
60) 1촌(寸)은 10분의 1척(尺)이다. 수호지진묘죽간정리소조(睡虎地秦墓竹簡整理
小組)는 《수호지진묘죽간》(睡虎地秦墓竹簡) 〈창율〉(倉律)에서 1척을 지금의 약
0.23㎝로 보고 있어, 이를 따르면 1촌은 2.3㎝가 된다. 그러므로 예(濊)에서
너비가 수촌(數寸)이 되는 은화(銀花)를 달았다는 것은 적어도 2촌 이상일 것
으로 5㎝ 정도 이상되는 은화를 달았음을 알 수 있다.
61) 《三國志》 卷13 〈烏丸鮮卑東夷傳〉 扶餘傳. "在國 …履革鞜. 出國則尙繪繡錦罽, 大
人加狐狸 狖白黑貂之裘."

장식한 모자를 썼음을 알 수 있다. 실제로 동부여의 유적인 동한 초기에 속하는 흑룡강성 액이고납우기 납포달림의 묘에서는 잔줄문양이 있는 청동거울과 함께 청동장식단추 등이 출토되어[62], 부여에서는 모자뿐만이 아니라 의복에도 청동장식단추를 장식했음을 알 수 있으며, 이러한 장식들은 부여 유적들에서 많이 출토되는 붉은색 마노구슬[63]과 함께 사용되었을 것이다.

《삼국지》〈오환선비동이전〉[64]에 부여에서는 붉은 옥과 아름다운 구슬이 나는데 구슬의 크기가 대추만하다고 하였다. 이것은 마노와 붉은 옥이 많이 사용되었기 때문일 것으로, 동부여의 유적인[65] 길림성 유수현 노하심에서 출토된 붉은색 마노구슬 266개를 줄에 꿰고 그 사이에 6돈의 금으로 만든 네모모양의 장식을 달아 길이가 98㎝나 되는 화려한 목걸이와 귀걸이장식[66]에서 확인된다. 부여에서 일반인의 의복을 수많은 청동장식단추와 구슬로 화려하게 꾸민 것은 고조선 복식 양식을 계승한 것으로, 이웃 나라에서는 찾아볼 수 없는 고유한 특징이다.

고구려사람들은 공공모임에는 모두 물감을 들인 오색실로 섞어 수놓아 짠 누에천〔繡錦〕옷을 입고 금과 은으로 장식했다[67]는 기록이 있

62) 內蒙古文物考古研究所·呼倫貝爾盟文物管理站·額爾古納右旗文物管理所,〈額爾古納右旗拉布達林鮮卑墓郡發掘簡報〉,《中國考古集成》東北卷　兩晋至隋唐(一), 114~122쪽.

63) 馬德謙,〈談談吉林龍潭山·東團山一帶的漢代遺物〉,《中國考古集成》東北卷 秦漢之三國(二), 1248~1250쪽; 吉林省博物館文物隊·吉林大學歷史系考古專業,〈吉林大安漁場古代墓地〉,《中國考古集成》東北卷 秦漢之三國(二), 1256~1262쪽.

64)《三國志》卷30〈烏丸鮮卑東夷傳〉夫餘傳. "…出名馬·赤玉·貂狖·美珠, 珠大者如酸棗."

65) 吉林省文物工作隊·長春市文管會·楡樹縣博物館,〈吉林楡樹縣老河深鮮卑墓群部分墓葬發掘簡報〉,《文物》1985年 第2期, 68~82쪽; 孫守道,〈'匈奴西岔溝文化'古墓群的發現〉,《文物》1960年 第8·9期, 25~36쪽; 尹乃鉉,〈扶餘의 분열과 變遷〉,《祥明史學》第三·四合輯, 1995, 447~480쪽; 박선희,《한국고대복식-그 원형과 정제》, 617~618쪽; 오강원,《서단산문화와 길림지역의 청동기문화》, 學硏文化社, 2008 참조.

66) 王永强·史衛民·謝建猷,《中國小數民族文化史》東北卷 一, 廣西教育出版社, 1999, 32~33쪽.

67)《後漢書》卷85〈東夷列傳〉高句麗傳. "其公會衣服皆錦繡, 金銀以自飾."

는 것으로 보아 금(錦)으로 만든 옷에 수를 놓고 그 위에 귀한 금속으로 장식했다고 여겨진다. 동옥저 사람들도 고구려와 의복이 같았다.[68] 마한 사람들은 금·보화(寶貨)·은·모직물 등을 귀하게 여기지 않았으며, 오직 구슬을 귀중히 여겨서 옷에 꿰매어 장식하기도 하고 목이나 귀에 달기도 했다.[69] 이러한 문헌의 내용으로 보아 한반도와 만주 모든 지역에서 화려한 복식 갖춤새를 이루었음을 알 수 있다.

고구려는 고조선을 계승했으므로 이러한 고구려의 복식 차림새도 예와 마찬가지로 고조선의 그것을 이었을 것인데, 그 실제 모습이 안악 3호 고분벽화의 〈주인도〉와 〈부인도〉,

〈그림 15·15-1〉 안악3호 고분벽화
〈주인도〉에 보이는 장식단추와 부분

〈왕회도〉에서 확인된다. 《구당서》〈열전〉 고(구)려전에서 고구려왕은 오채로 된 옷을 입는다고 했다.[70] 안악 3호 고분벽화의 〈주인도〉에 보이는 오채로 된 겉옷은 깃과 끝동에 선을 두르고 그 위에 작은 장식단추를 장식하여 우아함을 나타냈다(그림 15·15-1). 〈부인도〉 여주인공의 겉옷에도(그림 16·16-1) 깃 위에 둥근 장식단추를 장식하여 자주색과 붉은색 바탕에 화려하게 꾸며진 문양의 옷을 더욱 빛나게 하고 있으

---

68) 《後漢書》卷85〈東夷列傳〉東沃沮傳. "言語·飮食·居處·衣服有似句驪."
69) 《後漢書》卷85〈東夷列傳〉韓傳. "不貴金寶錦罽, 不知騎乘牛馬, 唯重瓔珠, 以綴衣爲飾."
70) 《舊唐書》卷199〈列傳〉高(句)麗傳. "衣裳服飾, 唯王五綵, 以白羅爲冠, 白皮小帶, 其冠及帶, 咸以金飾."

며, 겉옷에는 문양 사이에
흰색으로 보이는 둥근 장식
을 입체감 있게 전개하여
아름다움을 더했다.[71]

고구려에서 복식에 장식
단추를 사용하는 것은 홍산
문화의 복식 양식으로부터
발전해 온 고조선의 복식 양
식을 계승한 것이다. 왕회도
에 보이는 고구려 사신(그림
17)은 붉은색 옷에 크고 화
려한 문양의 겉옷을 입었는
데, 문양 위에 금화(金花)를
장식하여 화려함을 더했다.
특히 이 고구려사신의 귀걸
이는 홍산문화의 여러 유적
들에서 출토된 것과 같은

〈그림 16·16-1〉 안악3호 고분벽화
〈부인도〉에 보이는 장식단추

둥근 양식의 것으로 오랜 지속성을 보여 준다. 백제 사신(그림 18)도
팔 부분에 크고 화려한 장식을 했다.[72]

고조선 붕괴 이후 열국시대를 거쳐 삼국시대에 이르기까지 고조선
의 복식 양식과 장식기법은 그대로 계승되었으며, 복식뿐만 아니라 여
러 예술품들과 마구 등의 생활용품에도 적용되어 한민족 고유의 장식양

71) 朝鮮畵報社, 《高句麗古墳壁畵》, 朝鮮畵報社出版部, 1985.
72) 李天鳴, 《中國疆域的變遷》 上冊(國立故宮博物院, 臺北, 1997), 80쪽. 그림 24·25
    는 당 태종(唐太宗, 서기 627~649년)시기의 〈왕회도〉(王會圖)로서 고구려·백
    제·신라의 사신을 그린 것의 부분이다. 〈왕회도〉는 염립본(閻立本, 서기 ?~서
    기 673년)의 작품으로 알려져 있지만, 대만(臺灣) 고궁박물원(故宮博物院)에서
    출판한 《고궁서화록》(故宮書畵錄)에 따르면 정품 여부를 가리지 못하여 이 〈왕
    회도〉를 간목(簡目)에 열입(列入)시킨다고 했다.

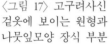

〈그림 17〉 고구려사신
겉옷에 보이는 원형과
나뭇잎모양 장식 부분

〈그림 18〉〈사신도〉에
보이는 백제사신 부분

식으로 정체성을 이루어 나
갔다고 하겠다.

　고구려와 백제, 신라, 가
야에서도 절풍과 금관, 금
동관 등에 금이나 은으로
만든 세움장식을 꽂고 그
위에 금과 은으로 만든 원
형장식과 곡옥장식을 금실
과 은실로 꿰어 매달거나
금박장식을 하기도 했다.[73]

이처럼 열국시대 관모 양식은 고조선의 관모 양식뿐만 아니라 고조선에
서 널리 사용했던 청동장식단추 또한 그대로 계승하여, 한민족의 고유
한 복식 갖춤새로 자리매김하였음을 알 수 있다.

　열국과 삼국시대의 사람들은 복식에 청동보다 서열이 높은 금속인
금과 은을 사용한 화려한 조형미의 복식 갖춤새를 이루어 나갔다. 또한
장식물 대신 염색과 직조, 자수 등의 기법을 통해 고조선시기의 장식효
과를 대신하거나 장식물과 병행하여 화려함을 나타내기도 했다. 그 대
표적인 예가 고구려 고분벽화 등에 보이는 다양한 기하학 문양의 대칭
과 비대칭 기법의 의복과 일정한 이치를 지닌 장식효과들이다. 고구려
고분벽화에 보이는 둥근 문양은 보통 둥근 것과 긴 타원형으로 구분되
며 크기와 구성도 다양하게 나타난다. 고구려 복식은 둥근 문양을 남녀
노소, 신분과 계층에 구분 없이 널리 사용했다. 그 좋은 예가 아래에 보
이는 고구려의 시녀 도용(陶俑)(그림 19·19-1)의 긴 겉옷 양식에 나타
난다. 이 도용은 다소곳이 무릎을 꿇고 앉아 두 손으로 음식이 담겨진

73) 梅原末治, 〈慶州金鈴塚飾履發掘調査報告〉, 《大正十三年度古蹟調査報告》, 朝鮮總
督府, 1932, 216~217쪽 ; 濱田耕作·梅原末治, 〈慶州金冠塚と其遺實〉, 《古蹟調査
特別報告》 第3冊, 朝鮮總督府, 1924 ; 吉林省文物考古研究所·集安市博物館, 《集安
高句麗王陵－1990~2003年 集安高句麗王陵調査報告》, 文物出版社, 2004 ; 충남역
사문화원, 《공주수촌리유적 현장설명회자료》, 충남역사문화원, 2003.

접시를 들고 있는데, 겉
옷의 아래 부분에 모두
둥근 점문양을 음각으로
새겨 넣었고, 여밈새에
두른 선(襈)에는 기하학
적인 문양을 넣었다. 이
도용의 뒷면에는 "晉永和
乙巳大兄元加殊女造律物"
의74) 명문이 새겨져 있

〈그림 19·19-1〉 고구려 명문 시녀도용

어 고구려 고국원왕 15
년(서기 345년)에 만들어졌을 것으로 추정된다.

또한 둥근 문양들은 웃옷과 아래옷에서 상하대칭과 부대칭을 이루
며 자유로우면서도 절제 있게 혼합된 조형미를 표현하여 고구려만의 개
성적인 아름다움을 이끌어 냈다. 이처럼 고구려 사람들이 신분과 계층
구분 없이 보편적으로 둥
근 문양과 그 위에 구슬
이나 장식단추를 달아 장
식하는 기법을 즐겨 사용
한 것은 고조선부터 지속
된 것으로 해석된다. 장
천 1호 고분벽화의 〈불교
공양도〉에 보이는 주인공
들(그림 20)75)이 둥근
문양의 옷을 입은 것으로
보아 공양을 드리러 가는

〈그림 20〉〈불교공양도〉의 부분

---

74) 개인소장: 한국토지공사 토지박물관,《생명의 땅, 역사의 땅》-토지박물관 연
   구총서 제13집, 한국토지공사 토지박물관, 2005, 124~125쪽.
75) 주 71과 같음.

의식에서도 다른 기하학 문양의 옷이 아닌 둥근 문양의 옷으로 갖춤새를 갖추었음을 알 수 있다.

　홍산문화로부터 비롯된 옥 등을 재료로 한 둥근 양식의 장식단추는 고조선 복식에 가장 많이 사용된 것으로, 화려한 장식기법을 이루며 독창성과 고유성을 잘 보여 주고 있다. 특히 장식단추 표면에 사용된 문양은 한반도와 만주지역에서 출토되는 질그릇이나 가락바퀴, 바늘통, 청동거울, 청동방울 등에 보이는 한민족의 특징적 햇살무늬와 사선으로 표현되는 기하학 문양이 중심을 이룬다.

　특히 둥근 장식을 자주 사용하는 복식 양식은 태양을 숭배하는 천신신앙의 전통이 배경으로, 고조선 이전시기부터 복식 장식물로 다양하게 사용되어 이후 열국과 삼국으로 이어지며 한민족의 중요한 장식 양식으로 자리잡게 되었다. 이러한 고대 한민족 복식에 보이는 달개 혹은 장식단추에 대한 비교 분석과 통시적 전승의 검토로부터, 원형과 나뭇잎양식의 장식은 생명력 있는 조형의지와 역동적이며 생동하는 한민족의 제의적 정서를 줄곧 표현해 온 고유한 문화인소였음을 알 수 있다. 고조선 복식에 나타나는 장식기법과 문양의 고유성은 한민족의 문화적 정체성을 드러내는 결정적 자료이자 고조선문명권을 증언하는 시각적 기호로서 그 정체성이 올바르게 자리매김되어야 할 것이다.

제2부

소하연문화 유적 출토 인형식의 복식양식 해석

제1장 고조선 복식양식의 형성기 유물 시석(試釋)

　　종래의 복식사 연구에서는 일반적으로 웃옷과 겉옷의 경우 여밈새와 소매폭 및 길이를 기준하여 중국 계통은 오른쪽 여밈의 넓은 소매와 긴 길이로, 북방 계통은 왼쪽 여밈의 좁은 소매와 짧은 길이로 구분되어 왔다. 이 북방 계통의 요소 가운데 왼쪽 여밈과 좁은 소매가 우리에게 들어온 것으로 여겨져 한국 고대 복식의 성격은 북방계 호복(胡服)이며[1] 그것은 스키타이계에서 원류하는 것[2]으로 보았고 이를 통설로 삼아 왔다. 또한 한국 고대의 바지 역시 북방계 호복인 고습(袴褶)으로 주장되었고, 치마는 '중국계통(中國系統)의 의복(衣服)에서 원류(源流)한 것'으로[3] 연구되어 왔다.

　　필자는 문헌자료와 고고학 발굴자료들을 실증적으로 해석하여, 이처럼 전래설에 따른 한국 고대복식의 원류에 대한 견해가 모순임을 증명하고 한민족 복식의 고유 양식과 정체성을 입증하고자 노력해 왔다.[4] 이는 출토 복식 연구에 머물렀던 복식사 연구의 한계를 고고 복식 연구로 극복하면서, 시공간을 확대하여 통시적으로는 복식사를 상고시대까지 끌어올리고 공시적으로는 다양하고 풍부한 복식자료를 확보한 덕분이다. 고조선 이전 시기에 대한 복식 연구는 축적된 구체적인 유물 자료를 근거로 진행되기 때문에, 자료의 실증성과 논리적 체계를 모두 갖추며 무리 없이 고대복식의 원형을 찾아갈 수 있었던 것이다.

---

1) 李如星, 《朝鮮服飾考》, 白楊堂, 1947; 金東旭, 《增補 韓國服飾史硏究》, 亞細亞文化史, 1979; 柳喜卿, 《한국복식사연구》, 梨花女子大學校出版部, 1989.
2) 金文子, 《韓國服飾文化의 源流》, 민족문화사, 1994, 97~115쪽.
3) 주 1·2와 같음.
4) 박선희, 《한국고대복식−그 원형과 정체》, 지식산업사, 2002; 박선희, 《고조선 복식문화의 발견》, 지식산업사, 2011.

〈그림 1〉 옹우특기
해방영자 출토 인형방식

이 장에서는 고조선문화와 직접 관련이 있는 홍산문화(서기전 4500년~서기전 3000년)를 이은 소하연(小河沿)문화 유적(서기전 3000년~서기전 2000년)에서 출토된 '인형방식'(人形蚌飾)(그림 1)[5]에 보이는 의복양식을 주목한다. 이 조개껍질로 만들어진 인형식은 부분적으로 훼손되었으나, 고조선시기 복식양식과 발전사를 추정할 수 있는 결정적 유물자료로서 머리양식과 의복양식 이외에 장식기법, 허리띠 양식, 문양 등을 사실적으로 보여 주고 있다.

이 인형식에 나타나는 복식양식에 주목하는 까닭은, 소하연문화가 홍산문화보다 늦은 동석병용시대에 속하는 문화로 뒤이어 초기 청동기시대에 속하며, 고조선문화로 분류되는 하가점하층문화(서기전 2000년~서기전 1500년)로 곧바로 계승되기 때문이다. 또한 홍산문화의 유적과 유물들이 그 시기와 양식을 고려할 때 고조선문화의 전 단계로 해석되며 복식유물에서 그러한 양상이 두드러지는 까닭이다.[6]

고조선 이전 시기에 형성된 동석병용시대에 속하는 홍산문화는 동북아시아에서 가장 오래된 신석기문화인 소하서(小河西)문화(서기전 7000년~서기전 6500년)를 이었으며, 세계적인 독창성을 가진 옥기유물과 제단 유적이 크게 주목을 끌었다. 복식과 관련된 유물만 하더라도 방직도구와 재봉도구, 머리꽂이, 옥 머리덮개, 장신구, 조소품 등 많은 양의 유물들이 다양하게 출토되었다.

---

5) 戴煒·侯文海·鄭耿杰,《眞賞紅山》, 內蒙古人民出版社, 2007, 190쪽; 于建設,《紅山玉器》, 遠方出版社, 2004, 39쪽; 劉冰 主編,《赤峰博物館 文物典藏》, 遠方出版社, 2006, 20쪽.
6) 박선희,《고조선 복식문화의 발견》, 20~125쪽; 주 5와 같음.

홍산문화에서 출토된 다양한 복식유물들은 한반도와 만주지역에서
출토되는 복식유물들과 양식적인 연관성은 물론 역사적 계승관계를 가
지며 동질성을 보여 준다. 뿐만 아니라 홍산문화의 제단 유적들과 유사
한 형태의 고조선 제단 유적으로 해석되는 돌돌림 유적이 한반도에서도
모두 발견되어 한반도와 만주지역이 동일한 제의문화권이었음을 알게
한다. 또한 소하연문화와 하가점 하층문화의 사람들이 체질 인류학적인
특징에서도 같은 계통의 인종일 것이라는 견해가 제출되었다.[7] 이러한
내용들은 홍산문화의 전통을 이은 소하연문화의 사람들이 하가점 하층
문화의 고조선사람들과 같은 계통의 종족이었음을 밝혀 주고 있다. 그
러므로 이 논의는 소하연문화 유적에서 출토된 인형식을 주목하여 고조
선 이전 시기 한반도와 만주지역의 복식유물들을 이웃나라의 것과 비교
분석을 통해 실증적으로 해석하고 고조선복식이 형성된 원류를 다각적
으로 밝혀 보고자 한다.

---

7) 朱泓, 〈中國東北地區的古代種族〉, 《박물관기요》 13, 단국대학교 석주선기념 박
   물관, 1998, 21쪽.

제2장 소하연문화와 고조선문화의 연관성

먼저 홍산문화와 소하연문화는 어떠한 관련이 있는지 서술하고, 이어서 홍산문화와 고조선문화의 관련성을 복식문화의 특징으로부터 분석하고자 한다. 소하연문화 유적은 일찍이 1930년경에 발견되었으나 홍산문화와 중첩되어 있는 까닭으로 독립적으로 구분되어 명명되지 못했다. 이후 1960년대 초기 내몽고자치구 소조달맹 오한기(敖漢旗) 석양석호산(石羊石虎山)묘 유적과 오한기 소하연 백사랑영자(白斯郎營子) 남태지(南台地) 거주지 유적이 발굴되었는데 특징적인 질그릇들이 많은 양 출토되었다.[8] 1973년에는 노합하(老哈河) 동쪽 해안에 위치한 삼도만자(三道灣子) 유적, 백사랑영자촌(白斯郎營子村) 남쪽에 위치한 사릉산(四稜山) 유적, 백사랑영자의 서남쪽에 위치한 남태지 유적들이 계속 발굴되었다. 발굴 결과 남태지 유적에서는 하가점 하층문화의 거주지 유적들이 발견되어 소하연문화가 하가점 하층문화보다 이른 시기에 조성된 문화임을 분명히 증명하게 되었다.

위에 나열된 발굴 유적들 가운데 삼도만자 유적은 홍산문화에 속하고, 사릉산 유적은 출토 유물이 홍산문화와 유사성이 있는 반면 더욱 풍부하고 새로운 형태의 것들이 많아 홍산문화를 계승했던 인접 문화로 해석되었다. 그리고 하가점 하층문화의 거주지 유적 F3과 F12는 소하연문화의 지층문화와 구별되어 소하연문화가 하가점 하층문화보다 앞선 연대에 속하고 있음을 알게 한다. 특히 소하연문화와 홍산문화는 기물(器物)과 화문도안(花紋圖案)의 변화양상에서 서로 많은 공통점을 가지고 있어 두 문화의 관련성을 시각적으로 잘 나타내 주고 있다. 다시 말

---

8) 李恭篤·高美璇, 〈試論小河沿文化〉, 《中國考古集成》 東北卷 新石器時代(一), 北京出版社, 1997, 575쪽.

해 소하연문화의 특징에는 홍산문화보다 새로운 기물이 늘어나고 매우 우수한 누공(鏤孔)기술과 같은 특징적 요소들이 여러 종류의 색채로 표현되는 다양한 화문도안과 함께 새로운 발달 양상을 보이고 있다. 이러한 특징적 요소들로부터 소하연문화는 홍산문화를 뒤이은 문화로 '홍산문화 → 소하연문화 → 하가점 하층문화(고조선문화)'[9]로의 발전단계가 정리된다.

이후에도 소하연문화 유적에 대한 발굴과 조사가 계속 이어져, 1977년 소조달맹문물공작참(昭烏達盟文物工作站)·옹우특기문화관(翁牛特旗文化館)·요령성박물관은 공동으로 옹우특기 석붕산(石崩山) 소하연문화의 무덤 유적을 발굴하여 채색질그릇 등 귀한 재료들을 획득하였다. 1980년대에는 소조달맹 임서현 과탱자산(鍋撑子山), 객라심기 누자점서산(屢子店西山), 적봉현 삼좌점(三座店)과 요령성 조양현 묘전지(廟前地), 능원현 삼관전자(三官甸子) 성자산(城子山), 객좌현 동산저(東山咀), 남구문(南溝門), 수중현 용왕산(龍王山) 등의 소하연문화 유적이 발굴 조사되었다. 결과적으로 이러한 일련의 소하연문화 유적들의 발굴 상황은 이 문화의 특징을 보다 상세히 고찰할 수 있게 하였고 아울러 그 분포 범위가 요령성 일대의 광범위한 지역이었음을 밝혀 주었다.[10]

소하연문화 유적의 특징적 유물 가운데 하나는 채색질그릇인데, 채도에 부호문양(제1부 제3장 1절의 그림 5 참조)이 보인다. 홍산문화의 우하량 유적(서기전 3500년경)[11] 여신묘 벽화(제1부 제3장 1절의 그림 3 참조)에서도 화려한 기하학 문양이 보이는 채색질그릇이 많이 출토되었다.[12] 이 둘은 서로 다른 것을 그렸지만 부호문양과 여러 종류의 색

9) 고고학자들은 일찍이 夏家店下層文化를 비파형동검문화의 전신으로 보며 고조선문화로 분류하였다(한창균, 〈고조선의 성립배경과 발전단계 시론〉, 《國史館論叢》 第33輯, 國史篇纂委員會, 1992, 7~20쪽; 林炳泰, 〈考古學上으로 본 濊貊〉, 《韓國古代史論叢》 1, 駕洛國史蹟開發硏究院, 1991, 81~95쪽 참조).

10) 위와 같음.

11) 許玉林, 〈東北地區新石器時代文化概述〉, 《中國考古集成》 東北卷 新石器時代(一), 52쪽.

12) 遼寧省文物考古研究所, 《牛河梁-紅山文化遺址發掘報告(1983-2003年度)》, 2012, 文物出版社; 楊虎, 〈關于紅山文化的幾個問題〉, 《慶祝蘇秉琦考古五十五周年論文集》,

채가 함께 장식된 특징으로 본다면[13] 연원이 같은 공통의 요소를 가진
다고 할 수 있다. 여신묘 벽면에 보이는 적홍색 기하문양과 소하연문화
의 뇌문(雷紋) 또는 기회자형(幾回字形)으로 불리우는 문양과 매우 유사
하다.

　　소하연문화에 속하는 소조달맹의 석붕산 유적에서 출토된 질그릇에

보이는 문양(제1부 제3장 1절의 그
림 6 참조)과 옹우특기 대남구묘장
(大南溝墓葬) M52 유적에서 출토된
질그릇에서도 유사한 부호(그림 2)
가 나타난다.[14] 주로 홍산문화의 제
사 유적들에서 이 부호가 나타나고
있어, 제사와 관련된 의미를 내포했
을 가능성과 소하연문화의 부호가 그
양식과 의미에서 홍산문화를 그대로
계승했음을 알게 한다.

〈그림 2〉 옹우특기 대남구묘장 M52
유적 출토 통형(筒形) 질그릇

　　석붕산 유적과 소하연 유적에서
는 장식품들이 많이 출토되었으나 홍산문화 유적들에서 보여지는 특징
의 동물 등을 표현한 장식품이 없는 것으로 보아 이들 부호문양 혹은
도화자(圖畵字)가 홍산문화 유적의 장식품들처럼 제사의식과 관련된 상
징의미를 가졌을 것으로 생각된다. 특히 오한기의 소하연문화 유적에서
는 위의 도화문자문양이 채색된 질그릇이 기좌(器座)를 갖추고 있어
(그림 3)[15] 제의식에서 사용되었음을 알려 준다. 이 '채도(彩陶)와 채
도존'의 문식 모사도(그림 3-1)는 석붕산 유적 출토 질그릇에 보이는
도화문자문양 모사도(제1부 제3장 1절의 그림 6 참조)의 내용과 유사하

文物出版社, 1989.
13) 楊虎, 위의 글, 169~175쪽.
14) 李恭篤, 〈昭烏達盟石崩山考古新發現〉, 《中國考古集成》 東北卷 新石器時代(一),
　　582쪽 圖 5; 劉冰 主編, 《赤峰博物館 文物典藏》, 遠方出版社, 2006, 23쪽.
15) 劉冰 主編, 《赤峰博物館 文物典藏》, 遠方出版社, 2006, 25쪽.

여 이 문양 도안들이
제의식과 관련성이 있
을 것으로 여겨진다.

앞에서 서술했듯이
소하연문화는 고조선
의 하가점 하층문화로
이어지는데, 특히 소
하연 백사랑영자 남태
지 유적과의 지층관계
에서 뚜렷하게 소하연
문화가 하가점 하층문
화보다 이르다는 점이

〈그림 3〉
오한기 소하연 유적 출토
채도와 채도존

〈그림 3-1〉
채도와 채도존의
문식 도안

증명되었다.16) 이러한 분석으로부터 하가점 하층문화의 채도 역시 소하
연문화로부터 계승되었다는 주장이 제출되기도 했다.17) 또한 중요한 것
은 체질 인류학적인 특징에서 소하연문화와 하가점 하층문화의 사람들
이 같은 계통의 인종이라는 연구가 제출된 점이다.18) 이러한 내용들은
소하연문화의 사람들과 하가점 하층문화의 고조선사람들이 같은 계통
의 종족이었음을 말해 주며, 소하연문화의 인형식에서 고조선복식의 원
류를 찾는 연구가 타당한 것임을 알려 준다.

지금까지 홍산문화와 소하연문화가 계승관계에 있음을 고찰하였다.
아래에서는 홍산문화가 고조선문화와 어떠한 관련이 있는지 더욱 상세
히 알아보기로 한다. 고조선문화와 홍산문화의 관련성은 다양한 유적과
유물에서 모두 찾아진다. 제2장에서는 홍산문화의 제단 유적이 고조선
문화와 관련성이 있음과 홍산문화 복식유물 가운데 옥귀걸이와 장식단

16) 주 8과 같음.
17) 遼寧省博物館·昭烏達盟文物工作站·敖漢旗文化館, 〈遼寧敖漢旗小河沿三種原始文
化的發現〉, 《文物》, 1977年 第12期, 1~16·17~22쪽.
18) 주 7과 같음.

추 양식이 고조선문화로 계승되었음을 서술하고자 한다. 그 밖에 홍산
문화 복식유물 가운데 고조선문화와 관련성이 두드러지는 옥고(玉箍)에
관하여는 3장 1절에서 분석하고자 한다.

　고조선문화와 직접적인 관련이 있는[19] 홍산문화 유적인 요령성 건
평(建平) 우하량 유적(서기전 3700년경)은 매우 광범위하여[20], 현재 발
굴된 지역은 겨우 16곳 정도이지만 이미 발굴된 유적과 유물들의 규모
가 방대하다. 현재까지 발굴된 유적 가운데 우하량 제2지점 제단 유적
(제1부 제1장 1절의 그림 2-1 참조)[21]과 3호 제단 유적[22]에서는 3단
의 원형과 방형의 제단 유적이 발굴되었다. 또한 우하량 제 1지점 주실
에서는 대형의 여신상이 출토되었고[23] 요령성 객좌현 동산취 유적(서
기전 3500년경)에서는 원형의 제단 유적(제1부 제1장 1절의 그림 7 참
조)이[24] 발견되어 당시 사람들의 제의문화에 대한 중요한 내용들을 제
시하고 있다. 이 유적들과 유사한 형태의 고조선 제단 유적으로 해석되
는 돌돌림 유적이 한반도의 남북한지역에서도 발견되어 한반도와 만주
지역이 동일한 제의문화권이었음을 알려 주며 이러한 독특한 현상은 제
단 유적에서 출토된 옥기의 성격에서도 마찬가지로 찾아진다.

　홍산문화 후기의 우하량 여신무덤 유적(서기전 3500년)에서는 큰
규모의 돌무지무덤과 흙으로 만든 도소 '여신상'(그림 4·4-1)[25]이 출
토되었고, 중앙에 있는 석관무덤에서 많은 양의 옥기들이 출토되었다.[26]

19) 박선희, 〈홍산문화 복식유물의 성격과 고조선복식〉, 《고조선 복식문화의 발
　　견》, 65~125쪽.
20) 遼寧省文物考古研究所, 《牛河梁－紅山文化遺址發掘報告(1983－2003年度)》, 2012,
　　文物出版社, 圖版 1.
21) 遼寧省文物考古研究所, 위의 책, 圖版 38-2·圖版 40.
22) 遼寧省文物考古研究所, 위의 책, 圖版 118-1·2.
23) 遼寧省文物考古研究所, 〈遼寧牛河梁紅山文化女神廟與積石塚群發掘簡報〉 《文物》
　　1986年 8期, 1~18쪽; 遼寧省文物考古研究所, 위의 책, 圖版 6.
24) 郭大順·張克擧, 〈遼寧省喀左縣東山嘴紅山文化建築群址發掘簡報〉《文物》1984年
　　11期, 1~11쪽; 徐秉琨·孫守道, 《中國地域文化大系－東北文化》, 上海遠東出版社,
　　1998, 38쪽 그림 27.
25) 徐秉琨·孫守道, 《東北文化》, 上海遠東出版社, 商務印書館, 1996, 40쪽 그림 30.

홍산문화의 또 다른 유적
에서도 옥기들과 함께 도
소 '여신상'과 '남신상' 및
성별 구분이 어려운 얼굴
상 일부(그림 5·5-1)27) 등
이 출토되었다. 요령성 객
좌 대성자진(大城子鎭) 동
산취 유적에서는 도소 '여

〈그림 4·4-1〉 우하량 제1지점 여신전 출토
여신 두상과 그 옆모습

신상'의 일부분28)이 출토되었다. 또
한 적봉시 오한기 흥륭구(興隆溝)
유적 제2지점의 약 서기전 5300
년경의 집터에서는 높이 55㎝의 도
소 '남신상'29)이 발굴되었다.

이러한 신상과 신전터는 이 시
기 종교가 당시 사회에서 중요한
위치를 차지하고 있었음을 알려

〈그림 5·5-1〉 우하량 유적 N3G2 출토
사람얼굴상 부분과 그 옆모습

준다. 그리고 유적들에서 보이는 돌무지무덤과 규모가 큰 건축물, 정교
한 옥기의 생산은 이 시기에 이미 강력한 조직력을 갖춘 부족연맹체가
형성되었을 것으로 여겨진다.

홍산문화보다 앞선 흥륭와문화 유적(서기전 6200년~서기전 5200
년)에서는 동아시아 최초의 옥귀걸이(제1부 2장 1절의 그림 5, 표 1 참

---

26) 徐秉民·孫守道,《東北文化》, 26쪽, 그림 26·30.
27) 遼寧省文物考古硏究所,《牛河梁-紅山文化遺址發掘報告(1983-2003年度)》, 圖版
195.
28) 徐秉琨·孫守道,《東北文化》, 41쪽 그림 31·42쪽 그림 34·35.
29) 우실하,〈5,300년 전 홍산문화(紅山文化) 도소남신상(陶塑男神像) 소고〉,《2012
년 고조선단군학회 추계 학술대회》, 고조선단군학회, 2012.10.13, 1쪽 참조. "社
會科學院 考古硏究所 內蒙古1工作隊 劉國祥, 熬漢旗博物館 考古發掘隊 田彦國 발
굴, 총 65개의 파편을 모아 복원한 것으로, 머리 길이는 20.7㎝·몸통 길이 33.08
㎝·최대 몸통 둘레 65㎝·밑부분 직경 21㎝이다."; 김대환 사진.

조)가 약 100여 점의 옥기와 함께 출토되었다.[30] 지금까지 흥륭와문화 유적에서 출토된 같은 양식의 옥귀걸이를 이 책의 1장 2절의 〈표 1〉에 서 제시한 바 있다.[31] 이 표의 내용으로 보아 흥륭와문화의 여러 지역 에서 동일한 양식의 귀걸이를 사용했으며 그 크기가 다양하여 어른부터 어린아이들에 이르기까지 두루 사용되었을 것으로 여겨진다.

흥륭와문화 유적에서는 옥기와 함께 동북 지역에서 가장 이른 시기 에 만들어진 한반도와 만주지역 질그릇의 특징적인 새김무늬 질그릇 이 출토되었다.[32] 흥륭와문화는 이후 부하문화(서기전 5200년~서기전 5000년)로 이어지고 같은 분포지역에 있는 조보구문화(서기전 5000년 ~서기전 4400년)와 병존하면서 발전해 나아가[33] 동석병용시대인 홍산 문화로 이어진다. 흥륭와문화 이후 발굴된 요령성 서부에 위치한 사해 문화 유적(서기전 5600년경)에서도 흥륭와문화 유적에서 출토된 것과 같은 양식의 옥귀걸이(제1부 제2장 1절의 그림 6 참조)가 새김무늬 질 그릇과 함께 출토되었다.[34] 사해 유적은 흥륭와문화 유적이 발굴되기 이전까지는 세계에서 가장 이른 시기에 옥기가 출토된 지역이었다.[35] 흥륭와문화와 사해문화는 홍산문화보다 앞선 시기의 문화로, 서로 계승 관계에 놓여 있어 우리 민족의 선사시대를 연구하는 데 매우 중요한 문

---

30) 中國社會科學院考古研究所, 〈一遺址保存完好房址布局淸晰葬俗奇特出土玉器時代之 早爲國內之最—興隆洼聚落遺址發掘獲碩果〉, 《中國考古集成》 東北卷 新石器時代(一), 607~608쪽; 王永强·史衛民·謝建猷, 《中國小數民族文化史》 北方卷 上·貳, 廣西敎 育出版社, 1999, 14쪽.
31) 巴林右旗博物館文物精品薈萃, 《文物載千秋》, 內蒙古出版集團 內蒙古人民出版社, 2012, 26~31쪽; 劉冰 主編, 《赤峰博物館 文物典藏》, 遠方出版社, 2006, 12쪽.
32) 中國社會科學院考古研究所內蒙古工作隊, 〈內蒙古敖漢旗興隆洼遺址發掘簡報〉, 《中 國考古集成》 東北卷 新石器 時代(一), 611~621쪽; 《中國文物報》 第48期, 〈興隆 洼聚落遺址發掘獲碩果—遺址保存完 好房址布局淸晰葬俗奇特出土玉器時代之早爲國 內之最〉, 1993年 12月 13日 참조.
33) 劉晋祥, 〈趙宝溝文化初論〉, 《中國考古集成》 東北卷 新石器時代(一), 643~645쪽.
34) 徐秉民·孫守道, 《東北文化》, 26쪽, 그림 13.
35) 魏運亨·卜昭文, 〈阜新査海出土七八千年前的玉器〉, 《中國考古集成》 東北卷 新石器 時代(二), 1639쪽; 方殿春, 〈阜新査海遺地的發掘與初步分析〉, 《中國考古集成》 東 北卷 新石器時代(二), 1646~1651쪽.

화이다. 이들 문화는 분포지역도 같고[36], 계승관계를 나타내는 유물로 옥기뿐만 아니라 질그릇이 있다는 점도 마찬가지이다.

한반도에서는 흥륭와문화 유적과 거의 같은 시기에 속하거나 더 이른 시기일 것으로 추정되는[37] 강원도 고성군 문암리 선사 유적(서기전 10000년~서기전 6000년)에서도 수암옥으로 만든 것과 같은 모양의 옥귀걸이가 출토되었다(제1부 제2장 1절의 그림 7 참조).[38] 또한 제주도 고산리 유적에서는 많은 양의 화살촉 등과 함께 토기 및 옥귀걸이(제1부 제2장 1절 그림 8 참조)가 발견되었는데, 그 연대가 서기전 8000년~서기전 10000년 무렵으로 추정되고 있다.[39]

흑룡강성의 신석기시대 무덤 유적에서도 많은 양의 옥기가 새김무늬 질그릇과 함께 출토되었는데 옥의 재질이 동일하다. 발굴자들은 흑룡강성지역에서 출토된 옥기의 재질은 모두 수암옥이라고 분석했다.[40] 이로 볼 때 신석기시대 흑룡강성지역의 사람들은 요령성의 수암(岫岩)과 관전(寬甸) 일대에서 옥석을 가져다 옥기를 생산한 듯하다. 이러한 내용들은 홍산문화 이전 신석기시대 초기부터 한반도와 만주지역이 하나의 문화권이었음을 알게 해 준다.

고고학의 출토자료로 본 고조선의 복식은 장식기법이 매우 화려하고 현대적이다. 한반도와 만주지역의 많은 고조선 무덤 유적에서는 의복에 장식했던 다양한 장식품들이 출토되어, 고조선사람들의 복식 양식

---

36) 楊虎,〈關于紅山文化的幾個問題〉,《中國考古集成》東北卷 新石器時代(一), 169~175쪽; 李恭篤,〈昭鳥達盟石崩山考古新發現〉,《中國考古集成》東北卷 新石器時代(一), 583쪽.

37) 우실하, 앞의 책, 119쪽.

38) 국립문화재연구소,《고성문암리유적》, 2004; 朴玑貞,〈高城文岩里 先史遺蹟 發掘調査〉,《韓國新石器硏究》第5號, 한국신석기학회, 2003 참조; 고동순,〈양양 오산리유적 발굴조사 개보〉,《韓國新石器硏究》第13號, 한국신석기학회, 2007, 127쪽.

39) 北濟州郡·濟州大學校博物館,《濟州高山里遺蹟》, 1998; 濟州道·濟州大學校博物館,《濟州高山里遺蹟-고산리유적 성격규명을 위한 학술조사보고서》, 2003 참조.

40) 張廣文,《玉器史話》, 紫禁城出版社, 1991, 2쪽. 수암옥의 주요성분은 蛇紋岩으로 硬度 2.5~5.5·比重 2.5~2.8의 우수한 품질의 옥으로 밝혀졌다.

이 시대별로 어떠한 변화를 가지는지 잘 보여 준다. 고조선사람들은 주
검에서 가죽과 모피, 마직물, 모직물, 사직물(누에천) 등으로 만든 옷[41]
을 여러 겹 입었으며, 모자에서 겉옷과 신발에 이르기까지 생명력 있는
조형의지를 표현하고자 했다. 주검에서 나타난 고조선 사람들의 의복장
식은 뼈, 뿔, 옥, 청동, 철, 금과 은, 유리 등을 재료로 한 장식으로 단순
반복과 사방연속 등의 기법을 사용해 화려한 조형미를 이루었다.

특히 청동으로 만들어진 장식단추는 중국이나 북방지역과 달리 이른
시기 한반도와 만주지역의 고조선 초기 무덤 유적에서부터 빠짐없이 보
이고 있어 고조선의 표지유물이라 할 수 있다. 청동장식단추는 그 크기
와 형태, 문양의 양식 등에서 변화를 가지며 공간에서 융통성 있게 조
합될 수 있는 특징을 지니고 있어 고조선사람들의 자유로운 조형의지와
잘 부합된다. 이처럼 고조선에서 청동장식단추가 이웃나라보다 앞서 발
달한 것은[42] 두 가지 요인 때문이라고 생각된다. 하나는 홍산문화의 여
러 유적들에서 장식단추가 자주 출토되어 홍산문화의 사람들이 복식에

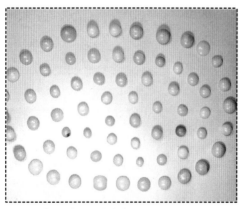

옥단추를 자주 사용했음을
알 수 있는데, 이러한 복식
의 특징들이 고조선 복식문
화에 그대로 계승되었기 때
문일 것이다. 좋은 예가 홍
산문화의 파언한소목(巴彦漢
蘇木) 나일사태(那日斯台) 유
적에서 출토된 둥근 양식으
로 뒷면에 단추구멍이 있고
직경이 1.3~1.8cm인 다량의

〈그림 6〉 나일사태 유적 출토
둥근 양식의 옥단추들

---

41) 劉素霞, 〈夏家店上層文化考古資料反映的有關民族習俗〉, 《中國考古集成》 東北卷
青銅時代(一), 416~417쪽; 박선희, 《한국고대복식-그 원형과 정체》, 지식산업
사, 2002 참조.
42) 박선희, 《한국고대복식-그 원형과 정체》, 547~612쪽.

옥단추이다(그림 6·6-1)[43].
또 다른 요인은 동석병용시
대인 홍산문화 시기부터 이
웃나라보다 앞서 금속문화
를 발달시켰던 까닭에서였을

〈그림 6-1〉 나일사태 유적 출토
단추구멍이 있는 옥단추

것이다. 청동장식단추뿐만 아니라 다양한 장식품이 정교하게 만들어지고
양적으로 풍부한 것도 청동기술의 이른 발달로 금속으로 만들어진 생산
도구 등이 이웃나라보다 앞서 생산되었기 때문일 것이다.

　홍산문화 유적에서 청동과 관련된 자료들이 출토되어 홍산문화가 신
석기시대에서 청동기시대로 가는 동석병용시대에 속하는 중요한 과도기
적 문화임이 밝혀졌다.[44] 홍산문화 후기(서기전 3500년~서기전 3000
년) 유적에서 주조틀과 동환(銅環)이 출토되어 이 시기에 청동주조기술
이 있었음이 밝혀졌다.[45] 그 외에 오한기(敖漢旗) 왕가영자 향서태 유
적에서는 도범(陶范)이 출토되었고, 건평 우하량 제사 유적에서도 청동
환과 질그릇 솥[坩鍋] 등이 출토되어 야련(冶鍊) 작업이 있었음을 알 수
있다. 그 외에 서기전 2700년경의 홍산문화의 객좌(喀左) 유적에서는
적탑수에서 동광(銅礦)을 채취한 흔적을 발견했고, 적봉(赤峰) 일대에서
는 동광채취의 상황과 야련 유적을 발견했다.[46]

　이보다 앞선 우하량 유적 85M3에서는 옥장식들과 옥귀걸이 양식과
유사한 청동 귀걸이가 출토되었다(제1부 제1장 2절의 그림 11 참조).[47]

43) 巴林右旗博物館文物精品薈萃, 《文物載千秋》, 內蒙古出版集團 內蒙古人民出版社,
　　2012, 66쪽.
44) 白雲翔·顧智界 整理, 〈中國文明起源座談紀要〉, 《考古》, 1989年 第12期, 1110~1120쪽.
45) 楊虎, 〈遼西地區新石器-銅石并用時代考古文化序列與分期〉, 《文物》, 1994年 第5
　　期, 48쪽; 郭大順, 〈赤峰地區早期冶銅考古隨想〉, 《內蒙古文物考古文集》, 中國大百
　　科全書出版社, 1994, 278~282쪽; 劉素俠, 〈紅山諸文化所反映的原始文明〉, 《中國
　　考古集成》東北卷 新石器時代(一), 176~178쪽.
46) 王曾, 〈紅山文化的走向〉, 《中國考古集成》東北卷 新石器時代(一), 190~195쪽 참조.
47) 遼寧省文物考古研究所, 《牛河梁-紅山文化遺址發掘報告(1983-2003年度)》, 2012,
　　文物出版社, 圖版 167-3·4.

이처럼 지금까지 홍산문화 후기 금속문화의 발견지역이 적봉, 오한기, 건평, 객좌 등인 점으로 보아 제사 유적지를 중심으로 금속문화가 발달하기 시작했음을 알 수 있다. 그림 19-1의 청동귀걸이와 동일한 양식의 금으로 만든 귀걸이가 고조선의 하가점 하층문화인 오한기 대전자(大甸子) 하가점 하층문화묘지 제 516호묘에서 출토되어(제1부 제1장 2절의 그림 12 참조)48) 홍산문화의 귀걸이 양식이 고조선으로 이어졌음을 알게 한다.

고조선 초기에는 복식에 홍산문화의 전통을 이어 신석기시대에 많이 사용되었던 뼈와 조개껍질로 만들거나 다양한 색상의 돌, 옥, 흙구슬 등을 재료로 하는 장식품을 청동장식과 함께 사용했다. 청동기술이 발달하면서 청동을 재료로 하는 장식을 옥장식보다 많이 사용하여 매우 화려해진다. 모자를 비롯하여 복식에 청동장식단추를 화려하게 장식하는 기법은 고조선의 유적들에서 고루 나타난다. 고조선 무덤 유적 가운데 모자와 아래옷에 가장 많이 장식한 경우로는 약왕묘 M11 유적49), 지주산과 홍산후묘 유적50), 주가지 45호묘 유적51), 남산근 유적52), 소달구 유적53) 등이 좋은 예가 된다. 그런데 이 유적들에서 나타나는 것처럼 청동장식단추가 모자와 아래옷에 많은 양 장식되었다면 일반의복으로는 실용성이 없었을 것이므로, 평상시 착용했다기보다는 장속(葬俗) 혹은

---

48) 于建設,《赤峰金銀器》, 遠方出版社, 2006, 3쪽의 CJ001.

49) 中國科學院考古硏究所內蒙古工作隊,〈赤峰葯王廟, 夏家店遺址試掘報告〉,《中國考古集成》東北卷 靑銅時代(一),663쪽.

50) 劉素霞,〈夏家店上層文化考古資料反映的有關民族習俗〉,《中國考古集成》東北卷 靑銅時代(一), 416~417쪽.

51) 靳楓毅,〈夏家店上層文化及其族屬問題〉,《中國考古集成》東北卷 靑銅時代(一), 409쪽; 中國社會科學院考古硏究所內蒙古工作隊,〈內蒙古敖漢旗周家地墓地發掘簡報〉,《中國考古集成》東北卷 靑銅時代(一), 814쪽; 劉素霞,〈夏家店上層文化考古資料反映的有關民族習俗〉,《中國考古集成》東北卷 靑銅器時代(一), 416쪽.

52) 中國科學院考古硏究所內蒙古工作隊,〈寧城南山根遺址發掘報告〉,《中國考古集成》東北卷 靑銅時代(一), 709쪽.

53) 吉林省博物館·吉林大學考古專業,〈吉林市騷達溝山頂大棺整理報告〉,《中國考古集成》東北卷 靑銅時代(三), 2373쪽.

제의(祭義)를 행할 때 갖추어 입었던 복식으로 이해된다.[54] 일상복에서는 장식들이 비교적 소극적으로 표현되어야 자유롭게 활동할 수 있기 때문이다. 이러한 고조선 복식의 특징은 홍산문화 사람들이 많은 양의 옥장식 등을 의복에 걸거나 장식했던 것과 같은 맥락으로 해석된다.

또한 홍산문화의 청동주조기술을 이은 고조선의 청동장식단추는 이웃나라보다 일찍 만들어져 그 크기와 형태, 문양의 양식 등을 서로 달리하며 복식에서 융통성 있게 조합될 수 있는 특징을 지녀 고조선사람들의 자유로운 조형의지에 잘 부합되었다. 청동장식단추가 복식에서 빛나는 성격을 보이며 자주 사용되었던 점과 표면에 일정한 잔줄문양을 나타냈던 조형의지는 홍산문화로부터 이어진 한민족 복식의 고유성이라 생각된다.[55] 이처럼 장식단추 하나만을 보더라도 홍산문화의 옥장식은 지속성을 지니며, 고조선 복식에 줄곧 나타나 독특한 장식기법과 예술의지를 통해 고유한 정체성을 가지는 복식문화로 승화시켜 나갔음을 알 수 있다.

이러한 분석 내용으로부터 홍산문화 복식의 다양한 특성들이 고조선 복식문화로 그대로 계승되어 지속적인 발달양상을 보이고 있음을 알 수 있다. 또한 홍산문화를 이은 소하연문화인들과 고조선사람들이 체질인류학적으로 동일한 계통이라는 점은[56] '인형방식'에 나타나는 복식양식에서 한민족 복식의 원류를 살펴보는 연구가 무리를 내포하지 않았음을 밝혀 준다.

---

54) 박선희, 《우리 금관의 역사를 밝힌다》, 지식산업사, 2008 참조; 박선희, 〈고조선 관모양식을 이은 고구려 금관의 출현과 발전 재검토〉, 《고조선단군학》, 고조선단군학회, 2011 참조.
55) 박선희, 《고조선 복식문화의 발견》 참조.
56) 주 7과 같음.

제3장 인형식에 해석된 고조선 복식양식의 부분

1. 머리양식과 관모

〈그림 7〉 우하량 제16지점
4호묘의 출토 상황

소하연문화 유적(그림 7)과 조보구문화 유적에서 출토된 조개껍질로 만든 인형식들(제1부 제2장 3절의 그림 3 참조)[57]의 머리양식은 모두 틀어올린 상투머리 양식이고 그 위에 옥고(玉箍)를 씌워 매무새를 갖춘 모습이 아닐까 한다. 머리 위에 올린 양식이 둥글지 않고 각으로 표현되었기 때문이다. 실제로 홍산문화의 우하량 유적 석곽무덤들에서는 상당히 많은 양의 옥고들(그림 7·8)[58]이 출토되었다. 발굴자들은 옥고가 속발구(束髮具)로 쓰였을 것으로 추정했는데, 머리를 정수리에 올리고 옥고가 이를 덮으면 그 무게로 인해 미끄러지므로 머리꽂이로 고정시켰을 것이라 했다.

---

57) 朝陽市文化局·遼寧省文物考古硏究所, 《牛河梁遺址》, 學苑出版社, 2004, 679쪽, 圖 88.
58) 遼寧省文物考古硏究所, 《牛河梁-紅山文化遺址發掘報告(1983-2003)年度》, 圖版 81-3.

이러한 옥고의 양쪽 아래 부분에는 구멍이 관통하게 되어 있어(그림 8)[59] 머리꽂이를 꽂거나 관끈처럼 끈을 꿰어 턱밑으로 내려서 묶어 고정할 수 있었을 것이다. 이 옥장식은 단순한 머리 장식품일 뿐만 아니라 신분을 나타내는 상징적인 의미를 가졌을 것이다.[60] 즉 옥고는 홍산문화권에서 주로 우하량 유적들에서 출토되어 제의시 이를 머리에 장식했을 것으로 여겨지며, 이들 유적이 펼쳐져 있는 지역이 제의의 중심지였을 것으로 생각된다.

이러한 내용들은 고조선 이전 시기 한반도와 만주에서 거주하던 사람들이 머리꽂이와 장식을 사용해 고유한 머리양식을 갖추기 시작했음을 알게 한다. 머리꽂이는 틀어 올리는 머리양식에서도

〈그림 8〉 우하량 유적 출토 옥고

필요하지만, 틀어 올린 머리를 덮는 고조선과 열국에서 널리 사용된 변(弁)(그림 9)[61]이나 윗부분이 각이 지거나(그림 10) 둥근 절풍(折風)(그림 11·12)[62]과 같은 모자를 고정시키는 역할을 했을 것이다. 중국에서도 계(筓)는 주로 틀어올린 머리를 고정시키는 머리꽂이를 가리키지만, 《설문해자》에서 "잠야"(簪也)라 했듯이, 후에 잠(簪)으로 불리며

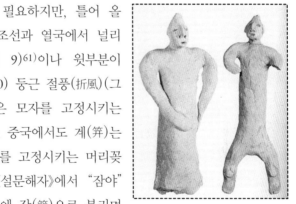

〈그림 9〉 신라 초기 변을 쓴 토우

---

59) 遼寧省文物考古硏究所, 앞의 책, 圖版 86의 1.

60) 周亞利, 〈紅山文化祭祀舞蹈考〉, 《中國考古集成》 東北卷 新石器時代(二), 1573쪽.

61) 秦弘燮, 《韓國美術全集 3-土器·土偶·瓦塼》, 同和出版公社, 1974, 96쪽의 그림 90.

62) 朝鮮畫報社, 《高句麗古墳壁畵》, 朝鮮畫報社出版部, 1985. 필자는 지난 연구 《고구려 금관의 정치사》에서 동암리 고분벽화에 보이는 붉은 관모를 책으로 분류했으나, 머리 뒷부분이 그대로 드러나고 정수리에 쓰여진 점으로 보아 이 책에서는 각이 진 절풍으로 수정 분류한다.

〈그림 11〉
장천 1호 고분
벽화에 보이는
둥근 절풍 부분

〈그림 12〉
무용총 〈무용도〉에
보이는 절풍 부분

관이 벗겨지지 않도록 고정시키는 역할을 하기도 했다.

우하량 유적에서는 작은 크기의 옆모습이 절풍처럼 보이는 옥 장식품이 출토되었다(제1부 제2장 3절의

〈그림 10〉 동암리 고분벽화에 보이는
각진 절풍

그림 8 참조).63) 이 옥 장식품이 머리에 사용했던 것이라면, 절풍양식은 고조선보다 앞선 홍산문화시기부터 발전해 온 상투머리를 가리는 머리양식이었다고 하겠다. 이러한 홍산문화 유적에서 출토된 옥고와 절풍모양 옥장식은 고조선시대와 이후 열국시대를 거쳐 삼국시대에 이르기까지 지속적으로 사용되던 절풍의 원형으로 삼을 수 있을 것이다.

《후한서》와 《삼국지》 및 《진서》 등에는64) 고대 한민족이 머리를 틀어 올렸음을 기록하고 있다. 이러한 기록들은 고조선이 붕괴된 후의 한(韓)에 관한 것이지만, 앞의 예로 보아 이러한 머리양식과 그에 따른 모자양식이 신석기시대에 형성되어 고조선에서 정착되었던 것으로 생

---

63) 遼寧省文物考古硏究所, 《牛河梁─紅山文化遺址發掘報告(1983─2003年度)》, 圖版 190; 朝陽市文化局·遼寧省文物考古硏究所, 《牛河梁遺址》, 學苑出版社, 2004, 53쪽.
64) 《後漢書》 卷85 〈東夷列傳〉 韓條. "대체로 머리를 틀어 묶어 상투를 드러낸다(大率皆魁頭露紒)."; 《三國志》 卷30 〈烏丸鮮卑東夷傳〉 韓傳. "그들의 성질은 굳세고 용감하며 머리카락은 틀어 묶어 상투를 드러내는데 마치 날카로운 병기와 같다(基人性彊勇, 魁頭露介如炅兵)."; 《晋書》 卷97 〈列傳〉 馬韓條. "남자들은 머리를 틀어 상투를 드러낸다(其男子科頭露紒)."

각된다. 실제로 신석기시대 한반도와 만주의 유적들에서는 머리를 틀어 올리면서 꽂았을 머리꽂이가 많이 출토된다.[65]

만주지역에서는 옥고가 출토된 우하량 N5H16 유적에서 뼈 머리꽂이가 출토되어(제1부 제2장의 3절 표 1의 그림 9 참조) 틀어 올린 머리나 옥고를 고정시켰을 가능성을 보여 준다. 〈그림 7〉의 옥고의 아래 부분에는 구멍이 양쪽으로 나 있어 머리꽂이를 관통하여 고정시켰을 것으로 생각되며, 〈그림 13〉의 예에서 더욱 분명히 드러난다. 고조선 초기 청동기문화인 하가점 하층문화 유적들에서도[66] 머리꽂이[67]가 보이므로(제1부 제2장 3절 표 1의 그림 10 참조), 머리양식에서 변화가 없었음을 알려 준다.

〈그림 13〉 우하량 N16M4 유적 출토 옥고

주목할 것은 홍산문화 유적에서 출토되는 옥고가 다른 지역에서는 출토되지 않는 점이다. 이 점은 홍산문화와 이를 이은 소하연문화 유적에서 출토된 조개껍질 인형식의 머리양식이 틀어 올린 머리에 옥고를 썼을 가능성을 확인시켜 주는 요소가 된다. 이러한 분석 내용은 홍산문화의 우하량 유적지 이외의 지역에서 출토된 석인조상[68]들의 머리양식에서 확인된다. 같은 시기 신강 초원지역의 석인상(1부 2장 3절의 그림 16 참조)이[69] 긴 머리를 늘어뜨린 것과 구별된다. 홍산문화의 석인상들은 모두 머리를 늘어뜨리지 않은 상태이며, 파림우기

65) 박선희, 《고조선 복식문화의 발견》, 51~64쪽.
66) 한창균, 〈고조선의 성립배경과 발전단계 시론〉, 《國史館論叢》 제33집, 국사편찬위원회, 1992, 7~20쪽; 林炳泰, 〈考古學上으로 본 濊貊〉, 《韓國古代史論叢》 1, 가락국사적개발연구원, 1991, 81~95쪽 참조.
67) 遼寧省文物考古研究所, 《牛河梁-紅山文化遺址發掘報告》1983-2003年度, 文物出版社, 2012,
68) 于建設, 《紅山玉器》, 遠方出版社, 2004.
69) 李肯冰, 《中國西域民族服飾》, 新疆人民出版社,, 1995, 30쪽의 그림 26.

〈그림 14〉   〈그림 15〉 나일사태
나일사태 유적   유적 출토 석인상
출토 석인상

파언한소목 나일사태(那日斯台) 유적에서 출토된 석인들(그림 14·15)[70]은 머리를 틀어 올리거나 올린 머리위에 원형으로 3단을 쌓아올린 양식이다. 이 모습은 모자일 수도 있지만 흥륭구 유적 출토 '남신상'의 경우처럼 머리를 땋아 3단으로 올린 양식을 묘사했을 가능성도 있다.

더욱 논의되어야 할 문제는 현재의 모습처럼 당시에 틀어올린 상투머리가 남성들만의 머리양식이 아닐 것이라는 점이다. 후대의 모습이지만 고구려 고분벽화에는 여성들의 다양한 틀어 올린 머리 차림새가 자주 보인다. 고구려의 여성 도용(제1부 4장의 그림 19·19-1 참조)에서도[71] 틀어 올린 머리양식이 나타난다. 신라무덤들에서는 대부분 상투만을 덮는 금, 은, 금동, 백화수피 등으로 만들어진 절풍이 출토된다. 묘주의 성별은 절풍과 함께 출토되는 요패의 가장 길게 드리운 부분의 위치가 피장자의 왼쪽이면 여성이고 오른쪽이면 남성일 것이라고 판단하기도 한다.[72] 이 주장이 옳다면 황남대총 북분과 천마총, 금령총은 요패의 긴 부분이 모두 피장자의 왼쪽으로 드리워져 있어 묘주가 여성일 것으로 추정되며[73], 모두 절풍이 출토되었다. 이러한 견해를 따르면 신라에서는 여성들도 틀어 올린 상투머리를 했다고 할 수 있다.

70) 巴林右旗博物館文物精品薈萃, 《文物載千秋》, 內蒙古出版集團 內蒙古人民出版社, 2012, 77~78쪽.
71) 개인소장. '晉永和乙巳年'(서기 345년)의 연대와 '大兄'의 관직이 새겨진 고구려 陶俑.
72) 崔秉鉉, 《皇南大塚-北墳發掘調査報告書》, 文化財管理局 文化財研究所, 1975, 70쪽.
73) 박선희, 《우리 금관의 역사를 밝힌다》, 265~268쪽.

이러한 분석 내용으로부터 홍산문화 사람들은 틀어 올린 머리를 하였는데, 머리 끝자락을 옥으로 장식하거나 옥고와 옥절풍을 사용했음을 알 수 있다. 또한 이처럼 다양한 머리양식은 신분을 상징하기도 하며 의식을 거행할 때 사용했던 머리 갖춤새였을 것으로 여겨진다. 이후 홍산문화 복식의 전통은 소하연문화 등의 발전시기를 거쳐 고조선으로 이어져 변이나 절풍과 같은 모자가 한민족의 고유한 복식으로 자리잡게 되며, 여기에 장식이 더해져 화려해졌다고 하겠다.

2. 웃옷과 아래옷 차림새

〈그림 1〉의 '인형방식'에 대해 발굴자들은 다음과 같이 설명하고 있다. 즉 인형의 복식양식에 대해 "방편(蚌片)은 조각하여 만든 것이다. 머리 꼭대기의 기둥형상은 관이거나 머리양식이다. 둥근 구멍은 오관(五官)을 표시하며, 서있는 자세에 짧은 치마를 입고 허리 사이에는 대식(帶飾)이 있다"[74]고 했다. 현재 이 '인형방식'의 남아 있는 길이는 11cm이고 넓이는 2cm이며, 두께는 0.4cm이다. 위의 내용을 세분화하여 정리하면 아래 표의 내용이다.

〈표 1〉 '인형방식'의 복식양식

머리양식	머리를 틀어 올려 옥고를 쓴 양식
웃옷양식	소매 폭이 넓은 웃옷에 둥근 장식을 한 양식
아래옷양식	바지 위에 짧은 길이의 기하학 문양이 있는 치마를 입은 양식
허리띠양식	네모난 대식(帶飾)을 단 양식

위 표의 내용을 차례대로 분석해 보기로 한다. '인형방식'의 상태로

---

74) 劉冰 主編,《赤峰博物館 文物典藏》, 20쪽. "蚌片雕制. 頭頂柱狀冠或髮式, 圓孔表示五官. 立姿, 短裙, 腰際有帶飾."

보아 부분적이긴 하지만 넓은 소매의 웃옷을 묘사하고 있다. 후대의 웃옷에 관한 기록이지만, 문헌에 기재된 고대 한민족이 입었던 웃옷은 삼(衫)과 유(襦)로 분류된다.[75] 고구려의 남자들은 웃옷으로 삼(衫)을 입고 여자들은 웃옷으로 유(襦)를 입었다.[76] 이는 백제와 신라 역시 마찬가지였다.[77] 고대 중국에서 삼(衫)은 반의(半衣)로 설명되는 것으로 보아 길이가 포(袍)보다 짧았을 것임을 알 수 있다.[78] 유(襦)는 《설문해자》에서 단의(短衣)라고 했다.[79] 《급취편》(急就篇) 안사고(顔師古)의 주석에서 단의(短衣)는 유(襦)로 무릎 이상의 길이라고 설명하고 있어[80] 유와 삼은 긴 웃옷임을 알 수 있다. 또한 진시황의 중국통일 이전 중국에서 삼은 여자의 웃옷이었으나 진시황 원년부터 남자들도 입게 되었다. 이 같은 중국의 경우와 달리, 고대 한국에서 삼은 남자의 웃옷을 가리키는 명칭이었고 유는 여자의 웃옷을 가리키는 명칭이었다. 이러한 내용으로부터 우리나라의 웃옷은 후대에 비교적 긴 길이였던 것과 달리 홍산문화보다 늦은 소하연문화시대에는 비교적 짧은 웃옷이 있었음과

---

75) 《北史》卷94〈列傳〉高句麗傳. "服大袖衫.";《北史》卷94〈列傳〉高句麗傳. "婦人裙襦加襈.";《南史》卷79〈列傳〉百濟傳. "襦曰複衫.";《舊唐書》卷199〈列傳〉高(句)麗傳. "衫筒袖.";《新唐書》卷220〈列傳〉新羅傳. "婦長襦.";《梁書》卷54〈列傳〉新羅傳. "襦曰尉解." 참조.

76) 《周書》卷49〈列傳〉高(句)麗傳. "남자는 통소매의 衫에 통이 넓은 바지를 입고, …부인은 치마와 유(襦)를 입는다(丈夫衣同袖衫·大口袴 …婦人服裙襦)."; 《隋書》卷81〈列傳〉高(句)麗傳. "귀인은 …넓은 소매의 삼(衫)과 통이 넓은 바지를 입으며, …부인은 치마와 유(襦)에 선(襈)을 두른다(貴者 …服大袖衫, 大口袴, …婦人裙襦加襈)."; 《舊唐書》卷199〈東夷列傳〉高(句)麗傳. "웃옷과 아래옷의 복식은 왕만이 5가지 색이 나는 누에천 옷을 입을 수 있으며, …삼(衫)은 통소매이고 바지는 통이 넓다(衣裳服飾, 唯王五綵,…衫筒袖, 袴大口)."

77) 《南史》卷79〈列傳〉百濟傳. "언어와 복장은 고(구)려와 거의 같다(言語服章略與高麗同)."; 《北史》卷94〈列傳〉新羅傳. "풍속·형정·의복은 고(구)려·백제와 거의 같다(風俗·刑政·衣服略與高麗·百濟同)."; 《舊唐書》卷199〈東夷列傳〉新羅傳. "그 풍속·형법·의복은 고(구)려·백제와 대략 같으나, 조복은 무늬가 없는 것을 숭상한다(其風俗·刑法·衣服, 與高麗·百濟略同, 而朝服尙白)."

78) 《正字通》. "衫子, 婦人服也.";《中華古今注》. "古婦人衣裳相連, 始皇元年, 詔宮人及近侍宮人皆服 衫子, 亦曰半衣, 蓋取便於侍奉."

79) 《說文解字》. "短衣也."

80) 《急就篇》. "短衣曰襦, 自膝以上."

착용방식에서 바지나 치마 속에 넣어서 입었음을 알 수 있다.

　고대 한국 복식의 원류를 논하는 데 소매〔袖〕는 주요한 근거가 되어
왔다. 종래의 복식사 연구에서는 일반적으로 삼·유·포의 경우 소매 폭
을 기준하여 중국 계통은 광수(廣袖)로, 북방 계통은 착수(窄袖)로 구분
되어 왔다.[81] 이 북방 계통의 요소인 착수(좁은 소매)가 우리에게 들어
온 것으로 여겨져 고대 한국 복식의 성격은 북방 호복계통의 고습(袴
褶) 형식으로 구분되며 이후 중국의 영향으로부터 좁은 소매가 차츰 광
수(넓은 소매)로 되었다고 보아 왔다.[82]

　그러나 고대 중국의 복식을 보면 이 같은 분류의 내용과 달리 상시
대부터 전국시대까지 소매가 좁은 옷을 주로 입었다. 고조선의 고고학
유물과 고구려 고분벽화에 보이는 복식은 이와 달리 상시대부터 춘추전
국시대까지의 중국 복식에서 보이는 특징들이 나타나지 않는다. 이후
중국은 진제국시대부터 큰소매〔大袖〕와 착수가 혼용되었지만, 고구려 관
복에는 착수가 보이지 않는다. 삼국·양진·남북조시대 중국 복식에는 대
수(큰소매)가 유행했고 북방민족들의 영향으로 착수와 요대(腰帶)의 호
복을 입기 시작하며 고습을 입기도 했다. 그러나 고구려 고분벽화의 복
식에는 고습이 보이지 않는다.[83]

　고대 호복은 중국의 전국시대로부터 진·한시대에 이어 양진남북조
시대에 이르기까지 착수 및 좁은 폭의 옷을 주된 양식으로 했다. 그러
나 고구려 고분벽화에서는 이 같은 호복의 특징에서 보이는 착수와 좁
은 폭의 옷이 보이지 않는다. 이러한 내용들은 복식사 연구에서 삼·유·
포의 경우 소매 폭 등을 기준하여 중국 계통은 광수로, 북방 계통은 착
수로 구분하여 고대 한국 복식의 성격을 북방 호복계통의 고습형식으로

81) 李如星,《朝鮮服飾考》, 白楊堂, 1947, 122~126쪽·132~134쪽.
82) 金東旭,《增補 韓國服飾史研究》, 亞細亞文化社, 1979, 3~9쪽; 柳喜卿,《한국복식
　　사연구》, 梨花女子大學校出版部, 1989, 19~27쪽; 李京子,《韓國服飾史論》, 一志
　　社, 1998, 11~12쪽; 金文子,《韓國服飾文化의 源流》, 민족문화사, 1994, 97~115
　　쪽 ; 유송옥·이은영·황선진,《복식문화》, 敎文社, 1997, 29쪽.
83) 박선희,《한국고대복식-그 원형과 정체》, 지식산업사, 2002 참조.

구분하는 계통론에 수정을 불가피하게 한다.

실제로 고조선에 속해 있던 부여(扶餘)·한(韓) 등에서는 큰 소매의 포를 입었고 이는 이후 고구려·백제·신라에 그대로 계승되었다.[84] 고대 한국 수(袖)에 관한 문헌사료에 기재된 내용에도 '대수'(大袖)[85]·'대몌'(大袂)[86]·'동수'(同袖)[87]·'통수'(筒袖)[88]·'용수'(箭袖)[89] 혹은 소매가 약간 넓다는 '미대'(微大)의 내용만이 보일 뿐 착수는 보이지 않는다. 고구려 고분벽화에 보이는 유·삼·포의 소매에서도 광수·대수·관수(寬袖)·통수가 나타나고 착수는 보이지 않는다. 이 같은 소매의 양식은 고대 한국 복식의 원형이 중국이나 북방 호복 계통으로부터 이루어졌다는[90] 종래의 통설을 수정하도록 하는 중요한 근거들이 되었다. '인형방식'의 웃옷 양식도 이러한 사실을 재확인시켜 주는데, 비교적 넓은 소매와 반소매의 양식일 것으로 표현되었다.

'인형방식'은 발굴자들의 견해에 따르면 아래옷으로 바지 위에 치마를 입고 있는 모습이다. 문헌기록에 열국시대의 일반 남자들은 고(袴)를[91] 아래옷으로 입었고, 여자들은 고(袴)를 치마인 군(裙)[92] 속에 입

---

84) 《周書》卷49〈列傳 異域上〉百濟傳. "남자의 의복은 대체로 고(구)려와 같다. …부인 옷은 포(袍)와 비슷한데 소매가 약간 크다(其衣服男子畧同於高麗 …婦人衣以袍而袖微大)."; 《隋書》卷81〈列傳〉新羅傳. "풍속·형정·의복은 대략 고(구)려·백제와 같다(風俗·刑政·衣服略與高麗百濟同)."

85) 《北史》卷94〈列傳〉高句麗傳. "大袖衫."; 《隋書》卷81〈列傳〉高(句)麗傳. "大袖衫."; 《新唐書》卷220〈列傳〉百濟傳. "大袖紫袍."

86) 《三國志》卷30〈烏丸鮮卑東夷傳〉. 夫餘傳. "白袍大袂."

87) 《周書》卷49〈列傳 異域上〉. 高(句)麗傳. "同袖衫."

88) 《舊唐書》卷199〈列傳〉. 高(句)麗傳. "衫筒袖."

89) 《新唐書》卷220〈列傳〉. 高(句)麗傳. "衫箭袖."

90) 李如星, 《朝鮮服飾考》, 121~140쪽; 金東旭, 《增補 韓國服飾史研究》, 3~63쪽 참조; 앞의 책, 《韓國服飾史論》, 82~122쪽; 劉頌玉, 《高句麗의 服飾構造》, 《韓國의 服飾》, 韓國文化財保護協會, 1982, 47~64쪽; 金文子, 《韓國服飾文化의 源流》, 97~115쪽.

91) 고대 한국의 아래옷을 가리키는 '고'(袴) 자는 《설문해자》에 없다. 안사고(顔師古)는 고(綺)를 고(袴)의 옛 글자라고 했다. 《설문해자》에서는 綺를 '경의야'(脛衣也)라 했고, 안사고는 《漢書》〈趙充國辛慶忌傳〉의 경(脛)에 대하여 '膝以下骨也', 즉 '무릎 아래의 뼈'라고 했다. 단옥재(段玉裁)는 《說文解字注》에서 綺를 청대(淸代)의 투고(套袴)와 같은 것으로 보았다(段玉裁, 《說文解字注》. "綺, 卽今所謂套袴."). 즉 綺는 무릎 이하에 착용한 것이 된다. 그러나 후대에

었다.93) 고구려 풍속에 궁고(窮袴)94)를 입었는데 대신(大臣)이나 존귀한 사람95) 및 일반인들은 모두 대구고(大口袴)96)를 입었다. 부여에서도 고를 입었다.97) 동옥저98)와 백제 및 신라에서도 고구려와 같은 고를 입었다.99) 이처럼 한민족의 지역에서 신분에 관계없이 모두 고를 착용한 것으로 보아 고는 고조선시대 이전부터 착용되던 복식으로 추정된다. 이러한 고의 모습이 '인형방식'에서 치마 속에 바지를 입은 것으로 나타나며, 이러한 착용방식으로 보아 '인형방식'은 여성일 가능성이 크

쓰인《釋名》에서는 "袴는 사타구니이다. 두 다리가 각기 사타구니에서 갈라졌다(《釋名》〈釋衣服〉. "袴, 跨也, 兩股各跨別也.")"고 하여, '袴' 자가 '과(跨)' 자에서 연유된 것이라고 했다. 즉,《釋名》에서는 사타구니에서 발목까지 길게 내려온 것을 '袴'라고 한 것이다.

92) '군'(裙) 자는 중국에서 서한 중기 이후에 나타난다. 裙은 이전에 건군(巾君)으로 쓰였는데,《說文解字》의 "巾君은 혹은 衣를 따르기도 한다. 下裳이다. 巾과 君을 따랐다(《說文解字》. "巾君或從衣. 下裳也. 從巾君.")"고 한 내용에서 이를 알 수 있다. 강릉 봉황산의 西漢묘에서 출토된 목간에서도 巾君이 裙으로도 쓰였음이 확인된다(金立,〈江陵鳳凰山八號漢墓竹簡試釋〉,《文物》, 1976年 第6期, 69~70쪽).

93)《三國史記》卷33〈雜志〉色服條에 기재된 아래의 내용에 따르면 여자들은 속에 고(袴)를 입고 겉에 상(裳)을 입었음을 알 수 있고, 실제로 이 같은 모습은 고구려 고분벽화에서 확인된다. "六頭品女, …袴禁罽繡錦錦繡羅綎羅金泥, …表裳禁罽繡錦繡羅綎羅野草羅金銀泥繡綎…五頭品女, …袴禁罽繡錦羅綎羅野草羅金泥, …表裳禁罽繡錦野草羅, …平人女, …袴用絁巳下, 表裳用絹巳下…."

94)《南齊書》卷58〈列傳〉高(句)麗傳. "고(구)려 풍속은 궁고를 입고…(高麗俗服窮袴…)."

95)《北史》卷94〈列傳〉高(句)麗傳. "貴者, …服大袖衫·大口袴.";《隋書》卷81〈列傳〉高(句)麗傳. "貴者 …服大袖衫·大口袴.";《新唐書》卷45〈輿服志〉. "왕공 이하 …등은 각각 관서와 품급에 준한 복식을 입었다. 그 밖에 관품이 없이 관서에서 일할 때는 모두 평건책·비삼·대구고를 착용했다(王公以下…等各準行署依品服. 自外及民任雜掌無官品者, 皆平巾幘·緋衫·大口袴)."

96)《周書》卷49〈列傳〉高(句)麗傳. "남자들은 통소매의 衫과 통이 큰 바지를 입고…(丈夫衣同袖衫, 大口袴…)."

97)《三國志》卷30〈烏丸鮮卑東夷傳〉夫餘傳. "(부여사람들은) …在國衣尙白, 白袍大袂, 袍·袴."

98)《後漢書》卷85〈東夷列傳〉東沃沮傳. "言語·飮食·居處·衣服有似句麗.";《三國志》卷30〈烏丸鮮卑東夷傳〉"東沃沮傳". "食飮居處, 衣服禮節, 有似句麗."

99)《梁書》卷54〈列傳〉百濟傳. "今言語服章略與高麗同.";《南史》卷79〈列傳〉"百濟傳". "言語服章略與高麗同.";《北史》卷94〈列傳〉新羅傳. "風俗·刑政·衣服略與高麗·百濟同."

다고 여겨진다.

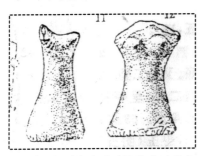

〈그림 16〉 서수천 홍산문화 유적에서
출토된 여성 도인상 모사도

당시 이러한 짧은 치마양식 이외에 긴 길이의 치마양식이 있었음이 홍산문화 유적에서 찾아진다. 신석기시대 후기의 유적으로 서기전 2600년경에 속하는 요령성 적봉에 위치한 서수천(西水泉) 홍산문화 유적에서는 치마(裙)를 입은 것으로 보이는 도인상(陶人像)(그림 16)이 출토되었다. 이 흙으로 만든 사람상은 갈도(褐陶)로 만들어졌는데 반신으로 하부 주변에는 가는 선을 새겼으며 머리 부분이 손상된 상태이다. 발굴자들은 가슴이 나온 흉부로 보아 여성상으로 분류했는데, 아래가 넓게 퍼진 치마를 입은 것으로 생각된다.[100]

실제로 삼국시대 이전 우리나라에서는 여자만 군(裙)을 입었으며, 남자는 군을 입은 적이 없는 것으로 나타난다. 이러한 사실은 신라 초기 토우[101]와 고분벽화, 문헌자료 등을 통해 확인할 수 있다.[102]

서수천 유적 도인상이 입은 군의 아래 부분에 사선이 보이는데 '인형방식' 치마의 한쪽에도 유사한 사선문양과 교차된 사선문양이 묘사되어 있다. 이 치마에 나타난 사선문양은 염색 혹은 직조의 방법을 통해 만들어졌을 가능성이 크다. 한민족이 고조선 이전 시기부터 다양한 색상의 염료를 사용하기 시작했던 사실이 신석기시대 유적에서 실제로 나타나기 때문이다. 요령성 적봉시 오한기에 위치한 조보구(趙寶溝) 유적 (서기전 5000년~서기전 4400년)에서 처음으로 그림이 그려진 채색질그

---

100) 中國社會科學院考古研究所內蒙古工作隊, 〈赤峰西水泉紅山文化遺址〉, 《中國考古集成》 東北卷 新石器時代(一), 454~464쪽 圖 4의 그림 15.

101) 秦弘燮, 《土器 土偶 瓦塼》-韓國美術全集 3, 同和出版公司, 1974, 93쪽 그림 87.

102) 진덕왕 2년에 신라가 당의 복제를 받아들인 뒤부터 중국의 상(裳)을 착용하기 시작했고(《三國史記》 卷6 〈新羅本紀〉 眞德王 2年條), 상은 조선조까지 복제로 존재했다.

룻이 보인다. 황하유역의 앙소문화(서기전 4512년~서기전 2460년)에서 보이는 채색질그릇보다 이른 시기이다. 요령성 심양 부근의 신락(新樂) 유적(서기전 5000년경)에서는 채색질그릇과 함께 붉은색과 검은색 염료가 출토되었다. 적철광석(赤鐵光石)과 석묵(石墨)을 사용한 흔적이 있고, 연마기 1개가 출토되어,103) 당시 사람들이 연마기를 사용해 염색재료를 만들었음을 알게 한다.

앞에서 서술했듯이 우하량 유적104) 여신묘 벽화에는 붉은색과 황백색이 채색된 화려한 기하학 문양이 보인다.105) 여신묘 벽화의 채색은 소하연문화의106) 흑색과 홍색 등의 채색 문양으로 계승되고 다시 하가점 하층문화(서기전 2000년~서기전 1500년)로 이어진다.107) 염료의 사용이 발달했음은 고조선의 하가점 하층문화에 속하는 서기전 17세기경에 속하는 내몽고자치구 오한기 대전자(大甸子) 유적108)에서 출토된 도기(陶器) 문식(紋飾)109)에서도 나타난다.110) 이 유적에서는 직물의 직조 양식

---

103) 黎家芳,〈新樂文化的科學價値和歷史地位〉,《中國考古集成》東北卷 新石器時代(二), 1079쪽.

104) 許玉林,〈東北地區新石器時代文化槪述〉,《中國考古集成》東北卷 新石器時代(一), 52쪽.

105) 楊虎,〈關于紅山文化的幾個問題〉,《慶祝蘇秉琦考古五十五周年論文集》, 文物出版社, 1989.

106) 遼寧省博物館·昭烏達盟文物工作站·敖漢旗文化館, 1997年 第12期,〈遼寧敖漢旗小河沿三種原始文化的發現〉,《文物》, 1~11쪽.

107) 陽虎,〈關于紅山文化的幾個問題〉,《中國考古集成》東北卷 新石器時代(一), 168~175쪽.

108) 내몽고자치구의 오한기(敖漢旗) 대전자(大甸子) 유적은 서기전 1440±90년(3390±90 B.P.)·1470±85년(3420±135 B.P.)으로 교정연대는 서기전 1695±135년·1735±135년이다(中國社會科學院考古硏究所 編著,《中國考古學中碳十四年代數據集》, 文物出版社, 1983, 25쪽).

109) 劉觀民,〈內蒙古東南部地區靑銅時代的幾個問題〉,《中國考古集成》東北卷 靑銅時代(一), 628~631쪽.

110) 中國社會科學院考古硏究所 編著,《中國田野考古報告集 考古學專刊 第48號 大甸子》, 科學出版社, 1996, 326~327쪽 참조. 대전자 유적은 서기전 1440±90년(3390±90B.P.)·1470±85년(3420±135B.P.)으로 교정연대는 서기전 1695±135년·1735±135년이다(中國社會科學院考古硏究所實驗室,〈放射性炭素測定年代報告(一五)〉,《考古》, 1988年 第7期, 25쪽).

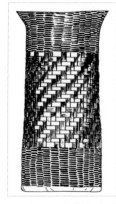

<그림 17> 대전자 유적
출토 직물처럼
엮어 만든 기물

<그림 18> 나사태 유적 출토 대식(帶飾)

을 표현한 칠목기(漆木器)(그림 17)가 출토되었는데, 대나무 껍질을 직물처럼 엮어서 만든 것으로 표면에 칠(漆) 흔적이 남아 있다.111) 이러한 편직문으로 만들어진 기물로부터 당시 다양한 직조방법과 염색기법, 칠 기법 등이 매우 높은 수준이었음을 알 수 있다. 실제로 당시 직조기술이 매우 발달했음을 가늠할 수 있는 고고학의 자료는 매우 많다. 한반도와 만주지역의 신석기시대 이른 시기부터 가죽과 모피, 마직물, 사직물(누에천), 면직물 등이 생산되어 복식의 재료로 사용되었고, 그 위에 장식기법을 더하여 화려한 복식문화의 갖춤새를 정형화시켰다.112)

'인형방식'의 허리부분에는 대식(帶飾)이 보인다. 이처럼 대식을 허리띠에 사용하는 양식은 곡옥과 달개장식 등과 같이 이미 나사태(邪斯台) 홍산문화 유적(그림 18)113) 등에서 나타나기 시작하여 이후 고조선과 부여, 고구려 등의 초기 유적에서 보이며 삼국으로 이어진다.114) 그런데 일반적으로 복식사와 고고학 연구자들은 고대 한국의 복식에 나타나는 대(帶)는 북방 계통이라는 견해를 가지고 있다. 복식연구에서는 고대 한국 복식에서 요대(腰帶)는 "고습민족(袴褶民族)의 경우 필요 불가결한 복식요구이다. 애초에는 혁대(革帶)였으리라 보이나, 농경사회에 정착하면서 포제로 바뀌었을 것"115)이라고 주장하기도 하고, 중국학자

111) 中國社會科學院考古研究所 編著,《中國田野考古報告集-大甸子-夏家店下層遺址與墓地發掘報告》, 科學出版社, 1996, 191~192쪽.

112) 박선희,《고조선 복식문화의 발견》, 지식산업사 참조.

113) 劉振峰·金永田,《紅山古玉藏珍》, 万卷出版公司, 2007, 52쪽의 圖29.

114) 박선희,《한국고대복식-그 원형과 정체》, 459~506쪽.

왕우청(王宇淸)의 고습(袴褶)에 대한 견해를 들어 고구려 복식에서 보이는 대(帶)가 고습의 특징과 같다[116]고도 했다. 이들은 모두 고대 한국의 복식을 북방민족의 고습 계통으로 본 것이다. 또한 "중국식(中國式)의 대대(大帶)와는 달리 호복계(胡服系)의 혁대(革帶)를 사용하고 있었으며 후에 포백대(布帛帶)로 되어서도 매듭을 짧게 매는 형식을 취해 활동하기 편리하게 했다"[117]고 설명하기도 했다. 고고학 연구자들은 "과대(銙帶)와 요패(腰佩)는 본래 기마 유목민들의 풍속이었던 것이 중국으로 들어온 것이며, 우리나라에서는 직접 또는 간접으로 그러한 것을 배운 모양"[118]이라고 주장했다.

그러나 위의 주장들은 다음과 같은 모순을 안고 있다. 우선 고조선은 건국 당시 이미 농경사회에 진입해 있었기 때문에 고대 한민족을 유목민족으로 보는 것은 잘못이다. 또한 고조선시대에는 이미 높은 수준의 다양한 직물들과 동아시아에서 가장 앞선 높은 수준의 청동가공기술이 있었기 때문에 대(帶)의 재료가 가죽에서 직물로 바뀌게 되었다는 견해도 성립할 수 없다. 고조선은 초기부터 복식의 재료로서 가죽과 직물 및 금속재료들을 병행하여 사용했음이 문헌자료와 고고학의 출토자료로부터 확인된다. '인형방식'에 나타나는 대식의 모습은 한국 고대 허리띠장식의 북방 혹은 중국기원설을 극복할 수 있는 좋은 증거 자료가 될 것이다.

이를 뒷받침해 줄 수 있는 또 다른 자료가 하가점 상층문화 유적으로 서기전 8세기~서기전 6세기경에 해당하는 고조선의 유적인 오한기의 고로판호향(古魯板蒿鄕) 주가지(周家地) 45호묘 유적에서 출토되었다. 주가지 45호묘 유적에서는 마포로 얼굴과 머리를 모두 덮고 마포의 옷을 입은 묘장 습속이 보인다. 묘주의 머리 부분 오른쪽에는 자작나무

115) 金東旭, 《百濟의 服飾》, 百濟文化開發研究院, 1985, 123쪽.
116) 李京子, 《韓國服飾史論》, 一志社, 1998, 85·99쪽.
117) 金文子, 《韓國服飾文化의 源流》, 民族文化社, 1994, 117~121쪽.
118) 金元龍, 《韓國考古學 槪說》, 一志社, 1977, 183~185쪽; 李仁淑, 《한국고대사논총》 제3집, 한국고대사회연구소, 1992, 62~113쪽.

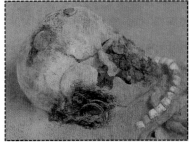

〈그림 19·19-1·2〉
주가지 45호묘 출토 상황

껍질로 만든 모자가 있고, 마포로 덮은 머리와 얼굴 위에는 청동장식단추와 녹송석(綠松石)을 달아 장식했다. 그 위에는 부채와 같은 조개를 덮은(그림 19·19-1·2) 특이한 묘장 습속이 보인다. 허리 부분에는 두 줄의 가죽 허리띠가 보이는데 네모 양식으로 7개의 청동대식이 연결되어 있고 안쪽으로는 작은 청동장식단추가 일정한 간격으로 연결되어 있다. 그리고 허리띠 아래 의복 위에는 그림과 같이 청동장식단추를 3개씩 이어서 장식했다.119)

이러한 고고학의 출토 상황으로 보아 한국 고대의 대식과 요패 양식은 중국이나 북방지역과 다르며 홍산문화로부터 계승된 고조선시대의 양식이 그 후 줄곧 이어졌다고 하겠다. 고구려는 서기 7세기 이후 대식에 요패를 늘어뜨리는 양식을 보이기 시작하는데 요패에 달린 패식(佩飾)의 내용은 북방지역의 모습을 받아들이지 않고 당(唐)의 패식 내용에서 일부분을 수용할 뿐 고구려의 고

119) 靳楓毅, 〈夏家店上層文化及其族屬問題〉, 《中國考古集成》 東北卷 靑銅時代(一), 409쪽; 中國社會科學院考古硏究所內蒙古工作隊, 〈內蒙古敖漢旗周家地墓地發掘簡報〉, 《中國考古集成》 東北卷 靑銅時代(一), 814쪽; 劉素霞, 〈夏家店上層文化考古資料反映的有關民族習俗〉, 《中國考古集成》 東北卷 靑銅器時代(一), 416쪽.

유 양식을 고수한다. 이는 신라의 경우도 마찬가지였다.

이상의 '인형방식'에 보이는 의복 분석으로부터 고조선의 머리양식, 웃옷과 아래옷, 허리띠양식, 장식기법, 문양 등의 원류에 대해 부분적으로나마 접근할 수 있었다. '인형방식'의 머리양식과 더불어 웃옷과 아래옷의 조화로움과 장식양식의 아름다움은 발달된 염색기법과 장식기법, 직조기법 등의 기반 위에서 당시 사람들의 미의식과 생동하는 조형적 이미지를 나타낸 것이라 하겠다.

3. 웃옷의 장식기법

'인형방식'의 상태로 보아 부분적이긴 하지만 웃옷은 넓은 소매의 옷을 묘사하고 있으며, 가슴 부분에 두 개의 둥글게 조각된 부분은 홍산문화 복식의 특징을 이은 것으로, 달개장식을 표현했을 가능성이 크다. 이러한 복식은 한반도와 만주지역의 고조선 복식유물에서 보편적으로 나타나는 고유양식으로 소하연문화의 복식 특징이 고조선으로 이어졌음을 말해 주는 것이다.

앞에서 서술했듯이 소하연문화와 고조선문화의 사람들이 체질 인류학적인 특징에서 같은 계통의 인종일 것[120]이라는 요소에서도 그 가능성이 뒷받침된다. 흥륭와문화 이후 옥 등으로 만들어진 장식의 발달은 홍산문화(서기전 4500년~서기전 3000년)로 이어지고 '인형방식'이 출토된 소하연문화(서기전 3000년~서기전 2000년)를 거쳐 초기 청동기시대인 하가점 하층문화로 계승되는데, 이 시기에 고조선이 출현하기 때문이다.

제의문화 유적에서 옥귀걸이와 함께 사용되었을 자주 출토되는 옥

---

120) 주 7과 같음.

〈그림 20〉 우하량 유적   〈그림 21〉 우하량 유적
출토 옥촉   출토 옥환

장식 가운데 대표적인 것이 옥팔찌이다. 홍산문화의 우하량 유적에서는 굵거나 얇은 다양한 양식의 〈그림 20·21〉[121]과 같은 옥환과 옥촉이 다수 출토되었다. 중국학자들은 이를 옥환(玉環), 옥촉(玉鐲), 옥원(玉瑗) 등으로 구분한다. 그러나 실제로 출토유물들이 위의 분류에서 어느 것에 속하는지 구분해 내는 것은 쉽지 않다. 그 용도를 구분하는 것은 어렵지만, 구멍이 뚫려 있지 않은 것은 그대로 팔에 걸었을 가능성이 크고, 구멍이 뚫려 있는 것은 끈에 꿰어 의복에 달거나 몸에 걸어 사용했을 것으로 생각된다. 그것은 실제 출토상황에서 구멍이 뚫려져 있지 않은 옥팔찌가 모두 매장자의 오른쪽 팔목에 차여져 있었기 때문이다(제1부 제2장 1절의 그림 93 참조).[122] 이 유물들은 한반도와 만주지역에서 고르게 발견되고 있어 같은 복식문화권이었음을 알려 주는 좋은 예가 된다.

이러한 팔찌를 차는 복식문화는 이후 소하연문화(서기전 3000년~서기전 2000년)시기로 오면 더욱 적극적인 변화를 보인다. 소하연문화는 홍산문화와 마찬가지로 동석병용시대로 뒤이어서 초기 청동기시대인 하가점 하층문화(서기전 2000년~서기전 1500년)로 이어지는 과도기에 속한다. 소하연문화시기로 오면 팔찌 양식은 보다 다양해지고 수량도 늘어난다. 소하연문화 유적인 극십극등기(克什克騰旗) 신정향상점촌(新井鄕上店村)과 오한기(敖漢旗) 신혜향방신(新惠鄕房申)에서 출토된 팔찌들이 좋은 예가 된다(제1부 2장 1절의 그림 94 참조)[123]. 이 팔찌들은 의복

---

121) 遼寧省文物考古研究所,《牛河梁-紅山文化遺址發掘報告(1983-2003年度)》, 2012, 文物出版社, 圖版 61의 N2Z1M25:5·圖版 66의 N2Z1M1:1; 遼寧省博物館·遼寧省文物考古研究所,《遼河文明展》, 遼寧省博物館, 2006, 30쪽.

122) 遼寧省文物考古研究所,《牛河梁-紅山文化遺址發掘報告(1983-2003年度)》, 圖版 99의 N2Z1M24(西-東).

과 함께 매우 화려한 분위기를 연출했을 것으로 생각된다.

'인형방식'의 가슴 부분에 두 개의 둥글게 조각된 부분은 의복에 달았던 달개장식을 표현했을 것으로 여겨진다. 달개 혹은 장식단추의 발전양상은 한반도와 만주지역의 신석기시대 이른 시기부터 보편적으로 나타나 직물생산의 발달과 함께 화려한 복식문화를 이루어 나갔다. 특히 우리나라 금관을 비롯하여 관모와 기타 복식 등에 널리 쓰였던 달개장식과 장식단추양식은 굽은옥과 함께 신석기시대부터 고조선을 거쳐 삼국시대에 이르기까지 통시적인 발달사를 보인다.124)

한반도의 신석기시대 초기 유적인 궁산 유적(서기전 6000년~서기전 5000년)에서는 뼈구슬과 둥근 모양의 토기단추가 출토되어 실제로 바늘과 실을 사용해 의복에 단추와 구슬을 달거나 꿰어 걸었던 사실을 확인시켜 준다.125) 요령성 심양의 서기전 7000년경에 속하는 신락문화 유적126)에서 새김무늬 질그릇, 옥으로 만든 도끼와 칼 등의 도구와 함께 원형과 타원형 혹은 구슬 모양의 장식단추들이 많은 양 출토되었다.127)

요령성 대련시 여순구구 곽가촌 유적(서기전 3780년~서기전 3530년)에서는 둥근 모양의 토기단추와 돌단추가 돌과 뼈로 만든 구슬들과 함께 많은 양 출토되었다.128) 이후 길림성지역의 신석기 후기에 속하는 좌가산 유적과 한반도의 함경북도 선봉군 굴포리 서포항 유적 4기층(서

123) 于建設, 《紅山玉器》, 遠方出版社, 2004, 70~71쪽.
124) 박선희, 《우리 금관의 역사를 밝힌다》, 지식산업사, 2008.
125) 김용남, 〈궁산문화에 대한 연구〉, 《고고민속론문집》 8, 과학백과사전출판사, 1983, 34~38쪽.
126) 馬沙, 〈試析新樂文化的原始農業〉, 《中國考古集成》 東北卷 新石器時代(二), 1094쪽; 沈陽市文物管理辨公室, 〈沈陽新樂遺址試掘報告〉, 《中國考古集成》 東北卷 新石器時(二), 1053~1064쪽·1059쪽의 그림 17·18.
127) 沈陽新樂遺址博物館·沈陽市文物管理辨公室, 〈遼寧沈陽新樂遺址搶救清理發掘簡報〉, 《中國考古集成》 東北卷 新石器時代(二), 1032~1040쪽; 李曉鐘, 〈沈陽新樂遺址1982-1988年發掘報告〉, 《中國考古集成》 東北卷 新石器時代(二), 1041~1052쪽.
128) 許玉林·蘇小幸, 〈略談郭家村新石器時代遺址〉, 東北卷 新石器時代(二), 1400~1403쪽; 遼寧省博物館·旅順博物館, 〈大連市郭家村新石器時代遺址〉《中國考古集成》 東北卷 新石器時代(二), 1404~1432쪽.

기전 3000년)에서는 곡옥과 뼈, 돌로 만든 둥근 달개장식과 조개껍질로 만든 구슬 등이 많이 출토되어[129] 주검에 나타나는 의복장식이 이전보다 화려한 조형미를 보여 준다. 이처럼 한반도와 만주지역에서 신석기 중기부터 둥근 장식의 출토량이 증가한 것은 전문 기능인 수공업자의 출현과 함께 달개 혹은 장식단추의 생산 규모가 커졌음을 말해 준다. 아울러 의복에 장식단추를 사용하고 구슬로 장식하거나 달개장식을 달아 의복을 꾸몄던 조형적 전통기법이 정착되며 이후 고조선으로 이어져 지속적인 발달양상을 보이는 것이다.

고조선 초기에는 모자 위에 장식품과 청동장식을 함께 사용했다. 청동기술이 발달하면서 청동을 재료로 하는 장식을 더 많이 사용하여 이전보다 화려해진다.

고조선에서 출토되는 옷에 달았던 청동장식단추는 주로 원형과 나뭇잎양식으로, 서기전 25세기경부터 출현한다. 원형양식의 경우 가장 연대가 앞서는 것은 평양 부근 강동군 룡곡리 4호 고인돌 유적에서 출토된 것으로 서기전 25세기에 해당한다.[130] 나뭇잎양식의 경우는 평양시 강동군 순창리 글바위 무덤에서 출토된 금동 귀걸이 끝부분에 달린 장식으로, 서기전 25세기~서기전 24세기에 해당한다.[131] 고조선에서 원형과 나뭇잎모양 장식은 적어도 서기전 25세기 이전부터 사용되었음을 알 수 있다.

지금까지 출토된 나뭇잎양식의 주물틀로서 가장 이른 연대의 것은 하가점 하층문화에 속하는 요령성 북표(北票) 강가둔성지(康家屯城址) 유적에서 출토된 석범(제1부 제2장 3절의 그림 27 참조)[132]이다. 상말

---

129) 김용간·서국태, 앞의 글, 52~105쪽 ; 何明, 〈吉林省新石器時代的考古發現與認識〉, 《中國考古集成》東北卷 新石器時(二), 1704~1712쪽.

130) 강승남, 〈고조선시기의 청동 및 철 가공기술〉, 《조선고고연구》, 사회과학원 고고학연구소, 1995년 2기, 21~22쪽.

131) 한인호, 〈고조선초기의 금제품에 대한 고찰〉, 《조선고고연구》, 사회과학원출판사, 1995년 제1호, 22~26쪽; "강동군 순창리와 송석리에서 발굴된 금제품들은 모두 사람 뼈와 함께 나왔다. 사람 뼈에 대한 절대연대 측정치는 글바위 2호 무덤의 것은 4376±239년이고 글바위 5호 무덤의 것은 4425±158년이다."

(商末) 주초(周初)에 속하는 고조선의 영
역이었던 강가영자향(康家營子鄕)의 이가
영자(李家營子) 유적에서 출토된 나뭇잎모
양 장식물의 석범(그림 22)[133]과 요령성
오한기 유적에서 출토된 서주시대(서기전
11세기~서기전 841년경)에 해당하는 석
범(石范)[134]이 있다. 그 밖에 상말 주초에
해당하는 오한기 유적에서 수습된 둥근
문양이 있는 장식단추를 만들었을 석범
(그림 23)[135]이 보인다.

〈그림 22〉
이가영자 유적 출토 석범

서기전 약 1700년경에 속하는 고조선
초기 유적인 요령성 창무현 평안보 3기문
화층에서는 뼈로 만든 머리꽂이들과 함께
뼈구슬 625개가 출토되었다. 출토 당시 대
부분이 묘주의 머리와 목 부분에 분포되어
있어 모자에 달고 목에 둘렀던 장식품으로
판단된다.[136] 서기전 11세기~서기전 9세

〈그림 23〉 오한기 유적에서
수습된 석범

기경에 속하는 하가점 상층문화 유적인 적봉 약왕묘 M11 유적에서는
여러 양식과 크기의 청동장식단추가 105개나 출토되었다. 석범을 사용
해 생산량이 많아졌음을 말해 주는 것이다. 이 장식들은 주로 묘주의
머리와 목, 가슴, 다리 위에서 출토되었다. 발굴자들은 청동장식단추 뒷
면에 천이 남아 있어 모자와 의복 혹은 신발, 활집 등에 장식했던 것으

132) 遼寧省博物館·遼寧省文物考古研究所, 《遼河文明展》, 遼寧省博物館, 2006, 42쪽
　　　그림 2.
133) 邵國田, 《敖漢文物精華》, 內蒙古敖漢博物館·內蒙古文化出版社, 2004, 80쪽.
134) 邵國田, 〈內蒙古昭烏達盟敖漢旗李家營子出土的石范〉, 《中國考古集成》 東北卷 靑
　　　銅時代(一), 801~802쪽.
135) 邵國田, 《敖漢文物精華》, 81쪽.
136) 遼寧省文物考古研究所·吉林大學考古學系, 〈遼寧彰武平安堡遺址〉, 《中國考古集
　　　成》 東北卷 靑銅時代(二), 1554쪽.

로 추정했다.[137] 하가점 상층문화에 속하는 적봉시 남부지역에 위치한
영성현(寧城縣) 전자향(甸子鄕) 소흑석(小黑石) 유적에서는 개갑(鎧甲)을
갖춘 의복의 모습이 나타난다. 묘주들은 여러 겹의 의복을 입고 있는데
마직물옷과 모직옷, 가죽옷들이다. 가죽으로 만들어진 의복의 윗면에는
양감(鑲嵌)한 청동으로 만든 작은 새모양 장식, 누에모양의 청동구슬,
녹송석(綠松石) 구슬과 갑옷조각모양의 금장식 등을 달았다. 의복의 겉
부분 상반신에는 크고 작은 청동장식단추, 청동방패, 원형의 청동장식,
청동도끼모양 장식, 청동칼, 활, 화살, 반월형 두 구멍 돌칼 등을 가득
달았다. 가슴에는 금으로 만든 원형의 구멍이 있는 새 문양이 연속된
패식〔鳥紋金牌飾〕(그림 24)을 달았는데[138], 'T'형으로 단추구멍이 있어
의복에 달았던 것임을 알 수 있다.[139] 이처럼 태양을 동심원으로 나타
내고 그 안에 여러 마리의 새문양을 연속 표현한 것은 하늘의 대리자인
지도자의 신성성을 강
렬하게 표현한 것으로
해석된다. 앞의 〈그림
7〉에서 옥봉황새가 묘주
의 머리 위에 놓여 있는
것처럼, 고조선문명권의
여러 지역에서는 새 토
템의 상징물들이 자주 나타난다.

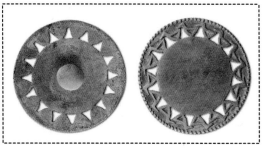

〈그림 24〉 새문양 금패식의 뒷면과 앞면

서기전 8세기경에 해당하는 요령성 금서현 오금당 유적에서 출토된
원형과 세모와 네모의 기하학 문양이 보이는 큰 구멍이 있는 청동장식
단추[140]가 네모문양과 선문양이 연속된 청동장신구 등과 함께 출토되

137) 中國科學院考古研究所內蒙古工作隊, 〈赤峰葯王廟, 夏家店遺址試掘報告〉, 《中國
    考古集成》 東北卷 靑銅時代(一),663~688쪽.
138) 劉素霞, 〈夏家店上層文化考古資料反映的有關民族習俗〉, 《中國考古集成》 東北卷
    靑銅時代(一), 416~417쪽.
139) 于建設, 《赤峰金銀器》, 遠方出版社, 6~7쪽의 CJ005와 007·207쪽. 寧城縣 遼
    中京博物館 소장.

었다. 이는 청동장식단추의 다양한 문양을 보여 주는 한 예라 할 수 있
다. 서기전 8세기경에 속하는 요령성 조양 십이대영자 유적에서는 비파
형동검과 함께 다양한 양식과 크기의 청동장식단추가 출토되었는데(제1
부 제2장 3절의 그림 33 참조), 모두 구멍이 나 있거나 뒷면에 꼭지 등
이 있어 옷에 장식단추와 같은 용도로 꿰어 달았을 것으로 생각된
다.141) 서기전 5세기에서 서기전 3세기에 해당하는 오한기 철장구 유적
에서는 청동방울과 함께 청동장식단추142)가 다량 출토되었다. 발굴자들
은 청동장식단추에 보이는 문양을 방사선문(放射線紋), 점상문(点狀紋),
편직문(編織紋), 와문(渦紋), 문양이 없는 소면(素面)으로 분류했다. 이러
한 문양 특징들은 '인형방식'의 치마에 보이는 것과 유사한 특징을 가진
다.

서기전 7세기~서기전 5세기경에 속하는 요령성 여대시의 누상 1호
묘와 요령성 심양시의 정가와자 6512호묘에서도 비파형동검과 함께 많
은 양의 청동장식단추가 출토되었다(1부 2장 3절의 그림 34·35 참조).
같은 길림성 서단산문화 유적(서기전 9세기~서기전 2세기경)에서는
여러 직물의 옷조각들이 출토되었는데, 이 옷들에 달았을 옥과 청동으
로 만든 장식품이 약 2천 개 정도 함께 출토되었다.143) 이러한 현상은
고조선 후기로 오면서 방직업이 발달하고 장식품 생산이 다량으로 이루
어졌음144)을 알려 준다.

---

140) 조선유적유물도감 편찬위원회, 《조선유적유물도감》 2-고조선·진국·부여편,
    44쪽, 그림 51.
141) 徐秉琨·孫守道, 《中國地域文化大系》, 上海遠東出版社, 1998, 78·80쪽; 조선유
    적유물도감 편찬위원회, 《조선유적유물도감》 2-고조선·진국·부여편, 조선유적
    유물도감 편찬위원회, 1988, 40~43쪽.
142) 邵國田, 〈敖漢旗鐵匠溝戰國墓地調査簡報〉, 《中國考古集成》 東北卷 靑銅時代(一),
    828쪽, 圖 9.
143) 董學增, 〈試論西團山文化的裝飾品〉, 《中國考古集成》 東北卷 靑銅器時代(三),
    2206쪽; 吉林省博物館·吉林大學考古專業, 〈吉林市騷達溝山頂大棺整理報告〉, 《考
    古》1985年 10期, 901~907쪽.
144) 郭民·李景冰·劉雪山·韓淑華, 〈吉林省鎭來縣坦途北崗子靑銅時代墓葬淸理報告〉,
    《中國考古集成》 東北卷 靑銅器時代(三), 2522쪽.

한반도에서도 가장 북쪽으로 함경북도 나진 초도 유적과 무산 범의
구석 유적을 비롯하여 남쪽으로 경상북도 영천군 어은동과 경주 죽동리
유적에서 다양한 양식의 새김문양이 있는 장식단추들[145]이 출토되었다.
이처럼 고조선시기 한반도와 만주의 대부분의 지역에서는 동일한 양식
과 문양이 있는 청동장식단추가 광범위하게 출토되어[146] 동일한 복식
문화권임을 잘 나타내고 있다.

---

145) 고고학 및 민속학연구소, 〈나진초도원시유적 발굴보고서〉, 유적발굴보고 제
    1집, 과학원출판사, 1956, 45쪽; 고고학연구소, 〈무산범의구석 발굴보고〉, 《고
    고민속론문집》 6, 사회과학출판사, 1975, 205쪽; 국립경주박물관, 《국립경주박
    물관》, 통천문화사, 1995, 17쪽·80쪽.
146) 필자는 2002년 출판한 《한국고대복식-그 원형과 정체》의 제3부 〈고대한국
    의 갑옷〉 부분에서 한반도와 만주지역의 청동장식단추 분포를 도표화하였다.
    이후 새로운 출토자료를 더하여 〈도표 1; 한반도와 만주지역의 동일양식과 문
    양의 청동장식단추와 출토지 일람표〉를 작성하였다.

제4장 소하연문화에서 찾아본 고조선복식 원류

고조선 이전 시기로부터 고조선 초기 유적을 거쳐 후기 유적에 이르기까지 공통적으로 나타나는 장식품의 출토 상황으로부터 다음의 내용이 정리된다. 첫째, 고조선의 비파형동검문화인 하가점 상층 유적에서 출토된 장식단추는 그 양식과 종류에서 고조선의 하가점 하층문화와 서로 계승관계에 있음을 알 수 있다. 둘째, 고조선의 하가점 하층문화로 이어지는 소하연문화의 '인형방식' 웃옷에 나타난 둥근 달개장식의 사용이 홍산문화로부터 비롯되어 일관되게 후기에 이르기까지 고조선 영역에 전반적으로 확산된 것은 복식문화의 시대적인 조형적 양상으로 볼 수도 있다. 하지만 달개장식이 고조선 이후 열국시대까지 지속적으로 사용되고, 이후 고구려의 불꽃문양을 표현한 금관과 금동관[147]등에도 나타나는 것으로 보아 태양신을 섬기는 천신신앙[148]의 전통이 계승된 것으로 해석된다.

《삼국사기》〈고구려본기〉와 〈광개토왕릉비문〉, 〈모두루묘지〉, 《삼국유사》〈기이〉편 등의 내용으로부터[149] 단군과 해모수가 같은 사람이며 단군을 해모수라고도 불렀음을 알 수 있다. 단군은 고조선의 정치와 종교의 최고 통치자에 대한 칭호이다.[150]

---

147) 박선희, 《우리 금관의 역사를 밝힌다》, 지식산업사, 2008 참조; 박선희, 〈고조선 관모양식을 이은 고구려 금관의 출현과 발전 재검토〉, 《고조선단군학》, 고조선단군학회, 2010, 141~216쪽.
148) 임재해, 《신라 금관의 기원을 밝힌다》, 지식산업사, 2008, 605~612쪽 참조; 임재해, 〈건국본풀이로 본 시조왕의 '해' 상징과 정치적 이상〉, 《比較民俗學》 43, 比較民俗學會, 2010, 467~510쪽.
149) 이 책의 제1부 제3장의 주 31~35 참조.
150) 최남선 지음·정재승·이주현 역주, 《불함문화론》, 우리역사연구재단, 2008, 113~119쪽.

해모수의 '해'(解)는 하늘의 해, '모수'(慕漱)는 '머슴애'를 뜻하므로 해모수는 해의 아들이라는 뜻이다.151) 즉 고조선의 단군은 해의 아들로 불렸으며 태양신을 상징한다. 따라서 고구려는 홍산문화로부터 비롯되고 소하연문화를 이은 고조선문화를 계승하여 태양을 숭배하는 전통과 장식양식 및 표현기법에 이르기까지 일관되게 원형의 달개장식을 매개체로 하여 태양의 열과 빛의 모습을 복식 등에 표출했다.152) 이처럼 오랜 기간 통시적인 발달양상을 보이는 장식기법은 중국이나 북방지역의 복식에서는 거의 나타나지 않는 한민족의 고유양식인 것이다.

소하연문화의 '인형방식'에 나타나는 복식양식과 장식기법은 한국 고대복식의 원형이 중국이나 북방 호복계통에서 비롯되었다는 종래의 통설화된 견해들이 모순임을 잘 나타내 주고 있다. 아울러 홍산문화 복식의 특징적 요소들이 소하연문화로 이어지고 다시 고조선의 고유한 복식전통의 밑거름이 되었음을 확인할 수 있다. 특히 옥과 청동 등을 재료로 한 원형의 장식기법은 홍산문화의 복식 전통을 이은 고조선의 고유한 장식기법으로, 한민족 복식의 문화적 정체성을 시각적으로 보여주는 결정적 자료라고 할 수 있다.

---

151) 金庠基, 〈國史上에 나타난 建國說話의 檢討〉, 《東方史論叢》, 서울대학교출판부, 1984, 6~7쪽의 주 7 참조.
152) 박선희, 《고구려 금관의 정치사》, 경인문화사, 2013.

제3부

복식문화와 정치체제로 본
고조선문명의 지리영역

제1장 문헌과 복식비교로 본
위만조선과 한사군의 위치와 성격

1. 문헌과 유물로 본 '조선후'와 준왕의 혈통

지금까지 우리나라 국사 교과서에 '조선후'(朝鮮侯) 준왕(準王)[1]은 단군 왕검이 세운 고조선의 마지막 왕으로서 위만(衛滿)에게 정권을 빼앗긴 것으로 기술되어 있다.[2] 이러한 내용이 옳다면 준왕은 단군의 혈통이며 위만조선이 고조선을 멸망시킨 것으로 된다.

그러나 한국과 중국의 문헌에 준왕은 단군조선의 왕이 아니라 중국의 서주(西周)에서 단군조선으로 망명한 기자(箕子)의 후손으로 기록되어 있다. 또한 중국 서한(西漢)에서 망명한 연(燕)나라 사람 위만은 기자의 후손인 준왕의 정권을 빼앗아 위만조선을 건국하였고 이후 서한은 위만조선을 멸망시킨 뒤 그 지역에 한사군을 설치하였다. 이러한 일련의 사실들이 모두 우리 역사의 주류에 위치하고 있어 문헌에 대한 재해석과 출토된 복식유물 등의 비교분석을 통한 상세한 검토가 불가피하다.

---

1) 《後漢書》卷85〈東夷列傳〉濊傳. "옛날에 무왕이 기자를 조선에 봉했는데, …그 후 40여 세에 조선후 준에 이르러 스스로 왕이라 칭하였다(昔武王封箕子於朝鮮, …其後四十餘世, 至朝鮮侯準, 自稱王).";《三國志》卷30〈烏丸鮮卑東夷傳〉濊傳. "옛날에 기자가 조선으로 갔는데, '8조의 가르침'을 만들어서 그들을 가르치니 문을 닫지 않아도 백성들은 도적질하지 않았다. 그 뒤 40여 세에 조선후 준은 외람되이 왕이라 칭하였다(昔箕子旣適朝鮮, 作八條之敎以敎之, 無門戶之閉而民不爲盜, 其後四十餘世, 朝鮮侯準僭號稱王)."
2) 교육인적자원부(국사편찬위원회),《중학교 국사》, 2007, 19쪽. "기원전 2세기경, 서쪽 지방에서 세력을 키운 위만이 준왕을 몰아내고 고조선의 왕이 되었다(기원전 194). 이 시기에 철기 문화가 확산되면서 고조선은 이를 바탕으로 주위의 여러 부족을 통합하여 세력을 크게 확장하였다. 또 한반도 남부 지방에 위치한 진의 여러 나라와 중국의 한 사이에서 중계무역을 하면서 경제적인 이익을 얻어 부강해졌다."

기자(箕子)는 상나라 왕실의 후예로서 기국(箕國)에 봉해져 자(子)라
는 작위를 받은 상나라의 제후였다. 기자는 그의 조국인 상나라가 주족
(周族)에게 멸망하게 되자 조선으로 망명하게 되었다고 전해오고 있
다.[3] 《사기》(史記) 등의 문헌에 주나라의 무왕이 기자를 조선에 봉했다
고 기록하고 있어 고려시대와[4] 조선시대 학자들은[5] 그가 조선에 와서
통치했을 것으로 생각했다. 그 결과 기자가 봉해지면서 고조선은 끝이
나고 기자조선이 시작되었다는 견해가 고려시대부터 근세 조선시대로
까지 이어지게 되었던 것이다. 이후 견해는 서로 다르지만 일제 때 '기
자동래설'(箕子東來說)을 부정하는 학자들이 출현하였다.[6] '기자동래설'
은 중국인들이 주변민족의 역사를 중국 중심으로 꾸미기 위해 허구로
만들어낸 것으로, 기자를 실존하지 않는 전설적인 인물로 보았던 것이
다. 이러한 주장이 광복 이후 그대로 당연하게 받아들여졌다.

　이러한 내용을 배경으로 현재 통용되는 국사교과서와 한국사 개설
서에서 기자가 삭제되었다. 그러나 기자의 후손인 중국 혈통의 준왕은
여전히 고조선의 왕으로 되어 있고[7], 우리 고대사 체계는 '단군조선 —
준왕 — 위만조선 — 한사군 — 열국시대 — 삼국시대'로의 큰 모순이
이어진다. 기자는 중국의 고대 문헌과 갑골문, 청동기명문 등에 관련된

---

3) 《尙書大傳》卷2〈殷傳〉洪範條;《史記》卷38〈宋微子世家〉.
4) 《高麗史》〈禮志〉'雜祀'條;《高麗史》〈志〉卷12 '地理' 3.
5) 尹斗壽,《箕子志》; 李珥,《箕子實錄》; 徐明膺,《箕子外紀》등.
6) 崔南善,〈朝鮮史의 箕子는 支那의 箕子가 아니다〉,《六堂 崔南善全集》2, 玄岩社,
　　1973; 鄭寅普,《朝鮮史研究》上, 서울신문사, 58~61쪽; 安在鴻,〈箕子朝鮮考〉,
　　《高麗史》, 民友社, 1947, 7~59쪽.
7) 교육인적자원부(국사편찬위원회),《고등학교 국사》, 2002, 35~36쪽. "고조선
　　은 요령 지방과 대동강유역을 중심으로 독자적인 문화를 이룩하면서 발전하였
　　다. 기원전 3세기경에는 부왕, 준왕과 같은 강력한 왕이 등장하여 왕위를 세습
　　하였으며, 그 밑에는 상, 대부, 장군 등의 관직도 두었다. 또 요서 지방을 경계
　　로 하여 연나라와 대립할 만큼 강성하였다." "위만은 1,000여 명의 무리를 이
　　끌고 고조선으로 들어왔다. 위만은 준왕의 신임을 받아 서쪽 변경을 수비하는
　　임무를 맡게 되었다. 그는 그곳에 거주하는 이주민 세력을 통솔하면서 자신의
　　세력을 점차 확대하여 나갔다. 그 후 위만은 수도인 왕검성에 쳐들어가 준왕
　　을 몰아내고 스스로 왕이 되었다(B.C. 194)."

기록이 연이어 나타나기 때문에 이를 무조건 부정하는 것도 타당성이 없다. 이 시기 한중관계사에 대한 면밀한 검토로부터 한국 고대사 체계에 관한 수정이 필요하다.

기자가 실존 인물이었음을 다음의 문헌기록에서 알 수 있다. 기자는 《논어》(論語) 〈미자〉(微子)에 어진 사람으로 평가되고[8], 《사기》 〈주본기〉(周本紀)에는 상나라 주왕이 그를 감옥에 가두었는데, 주 무왕의 명을 받은 소공(召公) 석(釋)이 그를 풀어주었다는[9] 내용이 있다. 이러한 기록들은 기자가 실존 인물이었음을 밝혀준다. 소공 석은 연국(燕國)의 제후로 봉해져 진시황제가 중국을 통일하기 이전 고조선의 서쪽변경인 난하유역과 가까운 지역에 위치해 있어 기자가 망명하기에 비교적 가까운 곳이었다.

《사기》 〈송미자세가〉(宋微子世家)에서는 "이때 무왕은 기자를 조선에 봉했다. 그러나 신하는 아니었다"[10]고 하였다. 주무왕이 상나라를 멸망시킨 후에 상벌을 논하면서 제후국을 세웠는데 이때 기자를 조선에 봉했다는 것이다. 이러한 내용으로보면 기자는 주나라의 제후로 조선에 봉해진 것이므로 무왕의 신하여야만 한다. 그런데 사마천은 기자가 무왕에 의해 봉해졌다고 기술하면서도 무왕의 신하는 아니었다고 했을까.

이는 《상서대전》(尙書大傳) 〈은전〉(殷傳) '홍범'(洪範)의 다음 내용에서 설명된다. "무왕은 은(상)나라에 승리하고 공자(公子) 녹부(祿父)로 하여금 (은)을 계승하도록 했으며 갇혀 있는 기자를 풀어주었는데, 기

---

8) 《論語》 〈微子〉. "미자는 그곳을 떠나고, 기자는 노예가 되었으며, 비간은 간하다가 죽임을 당했으니, 은(殷, 商)나라에는 세 명의 어진 사람이 있었다(微子去之, 箕子爲之奴, 比干諫而死, 殷有三仁焉)."

9) 《史記》 卷4 〈周本紀〉. "상나라의 紂王의 아들 祿父를 봉하여 은의 남겨진 백성을 다스리도록 하였다. 주나라의 무왕이 은(상)을 평정한 초기라서 사회가 안정되지 않아 곧 그의 동생 管叔 鮮과 蔡叔 度로 하여금 녹보를 도와 은을 다스리도록 하였다. 그리고 召公 奭에게 명하여 갇혀 있는 기자를 풀어주었다(封商紂子祿父殷之餘民, 武王爲殷初定未集, 乃使其弟管叔鮮·蔡叔度相祿父治殷, 而已命召公釋箕子之囚)."

10) 《史記》 卷38 〈宋微子世家〉. "於時武王乃封箕子於朝鮮而不臣也".

자는 주나라에 의해 석방된 것을 참을 수가 없어서 조선으로 도주하였
다. 무왕은 그 소식을 듣고서 그를 조선에 봉하였다. 기자는 이미 주나
라로부터 봉함을 받았으므로 신하로서의 예(禮)가 없을 수 없어서 (무
왕) 13년에 인사를 왔는데, 무왕은 그가 인사 온 기회에 홍범(洪範)에
대해 물었다"[11]는 내용에서 기자가 조선으로 간 것은 주 무왕이 봉해서
가 아니었음을 분명히 알 수 있다.

기자는 상나라가 주족에게 멸망하였는데 오히려 주족에게 구출된
것을 부끄럽게 생각해서 고조선으로 망명했던 것이다. 그러므로 무왕이
기자를 조선에 봉했다는 것은 지극히 의례적인 표현인 것이다.《사기》
〈송미자세가〉에서 "주 무왕은 기자를 조선에 봉했으나 신하는 아니었
다"[12]고 한 기록은 이러한 상황을 잘 보여 주고 있다.

사마천은《사기》에서 무왕과 기자의 관계를 정확하게 파악하고 기
술했던 것이다. 기자가 조선으로 망명한 시기는 상·주 교체기인 서기전
12세기~서기전 11세기경이다. 그런데 당시 고조선은 독립국가였기 때
문에 고조선지역으로 망명한 기자가 주나라의 제후일 수 없다. 이러한
분석은《사기》의 체제에서 분명히 밝혀진다. 사마천은《사기》에서 위만
조선에 관해서는 〈조선열전〉으로 독립해서 기록했다. 그러나 기자는
〈송미자세가〉나 〈태사공자서〉 등에 부분적으로 서술되었을 뿐이었다.

사마천은《사기》의 서술체제를 중국의 천자 중심으로 하였기 때문
에 천자의 지배체제에 속했던 곳만을 범주에 포함시켰던 것이다. 위만
(衛滿)은 나라를 세운 뒤 서한(西漢)의 외신(外臣)이 될 것을 약속하였
기 때문에 중국의 천자 지배체제에 속하게 되어 열전(列傳)에 넣었던
것이다. 반면에 기자는 주 무왕이 후로 봉했지만 이는 단지 형식적인
것일 뿐, 그의 신하가 아니었으므로《사기》의 체제에 포함될 수 없었던

---

11)《尚書大傳》卷2 〈殷傳〉'洪範. "武王勝殷, 繼公子祿父, 釋箕子之囚, 箕子不忍爲周
   之釋, 走之朝鮮. 武王聞 之, 因以朝鮮封之. 箕子旣受周之封, 不得無臣禮, 故於十三
   祀來朝, 武王因其朝而問洪範."
12) 주 10과 같음.

것이다. 이러한 내용들은 '조선후'(朝鮮侯)가 한낱 의례적인 표현이었음을 확인시켜 준다.

주목할 문제는 우리나라 국사 교과서에 단군왕검이 세운 고조선의 마지막 왕으로 기자의 40대 후손인 준왕이 자리 잡고 있으며 자연스레 단군의 혈통으로 자리매김되어 있는 점이다. 그러나 중국의 사서는 분명히 준왕이 기자의 후손임을 다음과 같이 기록하고 있다. 《후한서》〈동이열전〉 예전(濊傳)에는 "옛날에 무왕은 기자를 조선에 봉하였는데, 기자는 예의와 농사짓고 누에 치는 것으로써 가르치고 또 '팔조의 가르침'을 제정하니, 그 지역 사람들은 끝내 서로 도적질하지 않으므로 집의 문을 잠그는 사람이 없었다. 부인은 정신(貞信)하였다. 마시고 먹는 데는 변(籩)과 두(豆)를 이용하였다. 그 뒤 40여 세(世) 조선후(朝鮮侯) 준(準)에 이르러 스스로 왕이라 칭하였다"13)고 했다.

이와 유사한 내용이 《삼국지》〈오환선비동이전〉(烏丸鮮卑東夷傳) 예전에 "옛날에 기자가 조선으로 갔는데, '팔조의 가르침'을 만들어서 그들을 가르치니 문을 닫는 집이 없어도 백성들은 도적질하지 않았다. 그 뒤 40여 세 조선후 준은 참람하게 왕이라 칭하였다"14)라고 기록되어 있다. 이처럼 한국사에 등장하는 준왕은 기자의 40여 세 후손으로 원래 조선후라 불리었는데, 뒤에 스스로 왕이라 칭하였다는 것이다. 이러한 내용들은 기자의 치적을 높이고자 윤색된 것이라 생각되는데, 사실 여부를 양잠에 관한 내용을 분석하여 밝혀 보기로 한다.

우선 고조선의 양잠과 직물 생산기술이 기자로부터 비롯된 것이 아님을 상세히 밝히고, 양잠기술과 더불어 진행된 '팔조의 가르침' 또한 기자에 의한 것이 아님을 밝히고자 한다. 고대 한국의 사직물(누에천)에 대하여 종래의 연구에서는 《한서》와 《후한서》 등 중국 역사서의 기

---

13) 《後漢書》 卷85 〈東夷列傳〉 濊傳. "昔武王封箕子於朝鮮, 箕子敎以禮義田蠶, 又制八條之敎, 其人終不相 盜, 無門戶之閉. 婦人貞信. 飮食以籩豆. 其後四十餘世, 至朝鮮侯準, 自稱王."

14) 《三國志》 卷30 〈烏丸鮮卑東夷傳〉 濊傳. "昔箕子旣適朝鮮, 作八條之敎以敎之, 無門戶之閉而民不爲 盜. 其後四十餘世, 朝鮮侯準僭號稱王."

자와 양잠에 관련된 기록을 근거로 상·주 교체기인 서기전 12세기 말경 중국으로부터 수입되었을 것으로 보았다.15) 중국에서 수입되었는지의 여부를 밝히기 위해 중국사서의 기록들을 다시 검토해 보기로 한다.

《한서》〈지리지〉의 기자 관련 내용은 "殷道衰箕子去之朝鮮敎其民以禮義田蠶織作"이다. 이 내용은 두 가지로 해석할 수 있다. 하나는 "은의 도가 쇠퇴하자 기자는 조선으로 갔고, 예의와 누에를 치며 옷감 짜는 법을 그 백성들에게 가르쳤다〔殷道衰, 箕子去之朝鮮, 敎其民以禮義·田蠶·織作〕"로, 예의(禮義)·전잠(田蠶)·직작(織作)의 세 가지를 조선의 백성에게 가르쳤다고 해석할 수 있다.

또 다른 하나는 "은의 도가 쇠퇴하자 기자는 조선으로 갔고, 예의를 그 백성에게 가르치고, 누에를 치며 옷감을 짰다〔殷道衰, 箕子去之朝鮮, 敎其民以禮義, 田蠶織作〕"이다. 즉 기자는 조선의 백성에게 예의를 가르치는 한편, 자신은 누에를 치고 옷감을 짜며 보냈다는 것으로 해석할 수 있다. 이 두 가지의 해석에는 큰 차이가 있는데, 《한서》보다 앞서 쓰인 《사기》 등의 기자와 관련된 내용을 검토해 보면 위의 해석 가운데 어느 것이 타당한지 알 수 있을 것이다.

기자는 상나라 종실사람으로 상의 제신(帝辛, 紂)이 포학해지자 거짓으로 미친 척하여 감옥에 갇히게 되었다.16) 주 무왕 형제와 제후들은 제신을 죽인 후 상의 종실을 제후로 봉하고, 죽은 비간(比干)의 묘를 세우고는 소공(召公)에게 기자를 풀어주도록 하는 등 상민(商民)을 수습했다. 그러나 상민이 이러한 주의 수습책을 그대로 받아들일 까닭이 없다. 주가 제신을 죽였다고 하지만 상이 완전히 멸망한 것은 아니었다. 흩어

15) 蔣猷龍, 《家蠶遺傳育種學》, 中國農業科學院 蠶業硏究所主編, 1981, 240쪽 ; 민길자, 《세계의 직물》, 한림원, 1998, 71쪽; 朴京子, 〈古墳壁畵에서 본 高句麗服飾小考〉, 《韓國服飾論攷》, 新丘文化社, 1983, 29쪽; 鄭玩燮, 《織物의 起源과 交流》, 書景文化社, 1997, 99쪽.

16) 《今本竹書紀年》에는 제신(帝辛) 50년에 제신이 기자를 가두고, 왕자 비간(比干)을 죽이고, 미자(微子)가 도망쳤다고 했다. 주무왕 형제는 다음 해인 52년부터 상을 공략하기 시작하여, 12월에 상을 멸망시켰다.

진 상민이 다시 결집되고 상의 지지세력이 규합한다면 무왕 형제는 감당하기 어렵게 된다. 무왕 형제는 주(周)로 후퇴하여 수습하려 하였으나 마땅한 수습책을 찾지 못한 무왕은 기자를 찾게 된다.

《사기》〈주본기〉(周本紀)에 이와 관련된 내용으로 "무왕이 벌써 은을 멸망했고, 2년이 지난 뒤 기자에게 은이 망한 까닭을 물었다. 기자는 은의 악한 것을 말할 수 없어, 국가 존망으로 대답했다. 무왕 또한 못마땅해 천도로서 물었다[17]"고 했다.

주의 무왕이 기자를 만난 것은 기자가 풀려난 2년 뒤였다. 무왕은 기자에게 싱의 멸망을 인정하고 상민에게 현실을 받아들이도록 설득해 달라고 만났던 것이다. 그러나 기자는 제신의 잘못은 인정하지만 상이 망한 것을 인정하려 하지 않았던 것이다. 주나라 무왕이 못마땅해 하자 기자는 홍범(洪範)의 정치를 베풀 것을 설명했다.

《사기》에서 기자는 독립된 세가나 열전으로 기록되지 못했다. 〈송미자세가〉에 "무왕은 기자를 조선에 봉했으나 신하는 아니었다[18]"고 부분적으로 서술되었을 뿐이다. 조선으로 이주한 기자가 서주의 신하가 아니라 오히려 고조선에 속했을 가능성을 말하고 있다. 그래서 사기보다 후에 저술된 《한서》에서도 감옥에서 풀려난 기자가 상을 떠나 조선으로 갔다고 했지만 후(侯)로 봉해졌다고 하지는 않았다. 이는 《사기》가 중국의 천자를 중심으로 그의 통치 아래 있는 곳만을 기술 대상에 포함시키고 그 밖의 지역은 제외했기 때문이다. 그리고 《후한서》에서는 "옛날에 무왕이 기자를 조선에 봉했고, 기자는 예의와 누에 치는 법을 가르쳤다[19]"고 하여, 기자가 조선의 후로 봉해졌다고 아예 바뀌었다.

---

17) 《史記》卷4〈周本紀〉. "武王已克殷, 後二年, 問箕子殷所以亡. 箕子不忍言殷惡, 以存亡國宜告. 武王亦醜, 故問以天道."

18) 《史記》卷38〈宋微子世家〉. "於是武王乃封箕子於朝鮮而不臣也."

19) 《後漢書》卷85〈東夷列傳〉濊傳. "昔武王封箕子於朝鮮, 箕子敎以禮義田蠶." "箕子敎以禮義田蠶"은 "箕子敎 以禮義, 田蠶"으로 해석해도 좋지만, 조선에 봉해진 후가 누에를 쳤다는 것은 받아들이기 어렵다. 따라서 누에 치는 법을 가르쳤다고 해석하는 것이 옳을 것이다.

이러한 왜곡에는 바로 《사기》·《한서》·《후한서》가 쓰일 당시의 정치적 상황도 함께 작용했을 것이다. 《사기》가 쓰인 때, 한 무제는 위씨(衛氏)를 공략한 뒤 그 점령 지역에 군현(郡縣)을 설치했지만 아직 확실히 점령하지 못했던 것으로 보인다.[20] 《한서》가 쓰였던 동한(東漢) 때는 고구려의 국력이 급성장하여 고구려의 옛 영토를 되찾는 등 중국을 압박했으므로, 한의 군현이었던 지역을 되찾고자 기자와 조선을 관계 지으려 했던 것으로 보인다. 그러나 《후한서》가 쓰였을 때는 고구려가 위(魏) 등의 공략으로 도읍이 완전히 파괴당한 상황이었기 때문에 조선을 기자의 봉지(封地)로 하여 중국의 영역으로 하려는 의도를 담은 것이다.

이러한 기자와 관련된 중국 사서의 자료를 정리하면 다음과 같다.

첫째, 《사기》는 주 무왕이 기자를 조선에 봉했으나 주의 신하가 아님을 밝히고 있어, 오히려 고조선에 속했을 가능성을 표현하고 있다.

둘째, 《한서》는 기자가 조선으로 갔다고 했다.

셋째, 《후한서》는 주 무왕이 기자를 조선의 후로 봉했다고 했다.

이처럼 기자와 조선을 직접적으로 관련시킨 것은 바로 《한서》에서 시작되었고, 《후한서》는 조선을 주의 제후국으로 만들고 기자를 조선후로 책봉한 것처럼 만들어 버렸다.

만일 기자가 상이 멸망한 뒤 조선으로 망명했다면 기자는 조선의 통치자가 아니라 백성의 한 사람으로 살았을 것이다. 그렇지 않다면 기자의 후손에 관한 기재가 없을 수 없다. 기자는 상의 유민(遺民)으로서

---

20) 《史記》 卷115 〈朝鮮列傳〉에 "元封三年夏, 尼谿相參乃使人朝鮮王右渠來降. 王險城未下, …以故遂定朝鮮, 爲四郡. 封參爲澅淸侯, 陰爲荻苴侯, 陜爲平州侯, 長(降)爲幾侯. 最以父死頗有功爲溫陽侯."라고 하여 원봉 3년 여름에 조선을 점령하고 군을 설치했다고 했다. 그러나 〈建元以來侯者年表〉에 따르면 홰청후(澅淸侯)는 원봉 3년 6월에, 적저후(荻苴侯)는 원봉 3년 4월에, 평주후(平州侯)는 원봉 3년 4월에 봉해졌고, 기후(幾侯)는 원봉 4년 3월에, 온양후(溫陽侯)는 원봉 4년 3월에 봉해지는 등 1년여에 걸쳐 봉해졌다. 먼저 봉해진 후들은 조선이 점령당하며 곧바로 봉해진 것으로 보아 무제가 투항을 조건으로 후로 봉한 것으로 볼 수 있다. 이들을 후로 봉하여 조선 등을 점령하고 군을 설치했다고 했지만, 아직 점령하지 못한 상태에서 전략적상 이 군들을 설치된 것으로 보았던 것 같다.

조선의 토착민에게 상의 예의를 가르치고, 그들처럼 양잠과 옷감을 짜면서 자신의 남은 삶을 마쳤을 가능성이 크다. 기자가 망명했던 서기전 12세기경 당시 조선 등에서는 이미 사직물(누에천)을 생산했고, 뿐만 아니라 이전부터 이미 오랫동안 중국과 교류를 가져왔기 때문이다.

그러면 실제로 한민족이 언제부터 중국 등과 교류를 갖기 시작했는가에 대해 문헌자료를 검토해 보면 다음의 내용과 같다. 《삼국지》〈오환선비동이전〉에서는, "우(虞)에서 주에 이르기까지 서융(西戎)에서는 백환(白環)이 바쳤고,[21] 동이(東夷)에서는 숙신(肅愼)이 바쳤는데, 모두 여러 해가 지나서야 이르렀으니 그 멀고 멀기가 이와 같았다"[22]고 하여, 동이 가운데 가장 멀리 있던 숙신이 우의 순(舜)이 제위에 오른 뒤부터 주대(周代) 건국 초까지 교류해 왔다고 했다.

《사기》〈오제본기〉(五帝本紀)에서는, "요(堯)가 늙자, 순(舜)에게 천자(天子)의 정치를 섭행(攝行)시켜 순수(巡狩)하게 했다. 순은 20년을 일했고, 요는 섭정을 시켰다. 섭정 8년에 요가 죽었다. 3년 상을 마치고 요의 아들 단주(丹朱)에게 넘겨주었으나 천하는 순에게 돌아섰다. …이 스물두 사람 모두 궐공(闕功)을 이루었고, …9주를 정하고, 각자 이 직분으로 내공(來貢)하니, 궐의(闕宜)를 잃지 않았다. 사방 5천 리로 황복(荒服)에 이르렀다. 남쪽으로 교지(交阯)·북발(北發)을, 서쪽으로 융(戎)·석지(析枝)·거수(渠廋)·저(氐)·강(羌)을, 북쪽으로 산융(山戎)[23]·발(發)·식신(息愼)을, 동쪽으로 장(長)·조이(鳥夷)를 어루만지니, 사해가 모두 제순(帝舜)의 공으로 추켜세웠다"[24]고 하여, 제순이 제위에 오른

---

21) 《今本竹書紀年》〈五帝〉帝舜有虞氏 9年條의 "九年西王母來朝"에 대하여 王國維는 西王母가 來朝할 때 白環玉玦을 바쳤다고 했다.
22) 《三國志》卷30〈烏丸鮮卑東夷傳〉東夷傳. "自虞暨周, 西戎有白環之獻, 東夷有肅愼之貢, 皆曠世而至, 其 遐遠也如此."
23) 《今本竹書紀年》殷商 名和 3年條. "西征丹山戎."
24) 《史記》卷1〈五帝本紀〉. "堯老, 使舜攝行天子政, 巡狩. 舜得擧用事二十年, 而堯使攝政. 攝政八年而堯崩. 三年喪畢, 讓丹朱, 天下歸舜. …此二十二人咸成闕功, …定九州, 各以其職來貢, 不失闕宜. 方五千里, 至 于荒服. 南撫交阯北發, 西戎析枝渠廋氐羌, 北山戎發息愼, 東長鳥夷, 四海之內咸戴帝舜之功."

뒤 중국의 세력이 미치지 않는 '황복'의 영역에 있던 여러 나라들까지 조공을 바쳤고, 이 가운데 발과 식신, 숙신도 있었다고 했다. 이러한 내용으로부터 고조선의 발·숙신 등과 어떤 정치적 교류를 가졌음을 알 수 있다.

《금본죽서기년》(今本竹書紀年)에 나오는 숙신과 중국에 관한 자료는 다음과 같이 세 가지이다. 오제(五帝) 제순유우씨(帝舜有虞氏) 25년조에 "식신씨(息愼氏)가 내조(來朝)하여 활과 화살을 바쳤다"[25)]는 것과 주(周) 무왕(武王) 15년조의 "肅愼氏來賓", 그리고 성왕(成王) 9년조의 "숙신씨가 내조했다. 왕은 영백(榮伯)을 보내고 숙신씨 명(命)을 내렸다"[26)]는 것이다. 이는 숙신이 제순 25년(서기전 2209년)에 중국과 정치적인 교섭이 있었음을 말해 준다. 주 무왕 15년은 무왕이 상을 멸망시킨 지 4년째 되던 해로 무왕이 상민의 반란을 수습하기 위해 노력하던 때이다. 그리고 성왕 9년은 성왕이 동이를 공략하던 시기로, 이때 숙신이 내조했다는 것을 널리 알리려는 목적에서 '회숙신씨지명'(賄肅愼氏之命)[27)]을 짓게 했던 것이다. 이들 자료는 모두 정권 교체기 때 자신들을 지지해 달라는 정치적 목적과 관련된 내용이다. 이러한 내용들은 한민족이 기자가 활동했던 상·주 교체기 이전에 이미 중국과 우호적인 정치적 관계를 가져왔음을 알려 준다. 만일 한민족이 중국으로부터 양잠기술을 받아들였다면 이 같은 오랜 시간의 정치적 교류과정에서 충분히 가능했을 것으로, 상·주 교체기에 와서야 기자로부터 양잠 기술을 배우기 시작했다는 것은 객관적으로 타당성이 없다.[28)]

실제로 만주지역의 요령성 동구현(東溝縣) 마가점진(馬家店鎭) 삼가자촌(三家子村)에 위치한 6,000년 전의 후와(后洼)하층 유적에서는 새김무늬 가락바퀴와 함께 벌레모양의 조소품이 출토되었다.[29)] 조희승과 중

---

25) 《今本竹書紀年》'五帝'. 帝舜有虞氏 25年條. "息愼氏來朝, 貢弓矢."
26) 《今本竹書紀年》周 成王 9年條. "肅愼氏來朝. 王使榮伯錫肅愼氏命."
27) 《史記》卷4 〈周本紀〉. "成王旣伐東夷, 息愼來賀. 王賜榮伯, 作賄息愼之命."
28) 박선희, 《한국고대복식-그 원형과 정체》, 125~136 참조.
29) 許玉林·傅仁義·王傳普, 〈遼寧東溝縣后洼遺址發掘概要〉, 《文物》, 1989年 12期,

〈그림 1〉 나일사태
유적 출토 옥잠

〈그림 2〉 홍산문화
유적 출토 옥잠

〈그림 3〉 홍산문화 유적
출토 굽은 소옥잠

국의 고고학자들은 이 조소품의 체형을 분석하여 누
에로 추정했다.[30] 그 밖에 홍산문화(서기전 4500
년~서기전 3000년)에 속하는 내몽고 파언한소목(巴
彦漢蘇木) 나일사태(那日斯台) 유적에서는 옥잠(玉
蠶)(그림 1) 4개가 출토되었다.[31] 홍산문화의 또 다
른 유적에서도 옥으로 만든 누에의 모형들(그림
2·3)과 석잠(石蠶)(그림 4)이 다수 출토되었다.[32] 이
러한 사실들은 고조선의 사직물(누에천)[33] 생산기술

〈그림 4〉 홍산문화
유적 출토 석잠

1~22쪽, 圖 24의 10.

30) 조희승, 《조선의 비단과 비단길》, 사회과학출판사, 2001, 4~23쪽.

31) 石陽, 《文物載千秋》,內蒙古出版集團·內蒙古人民出版社, 2012, 52쪽; 孫守道·劉淑
娟, 《紅山文化玉器新品新鑒》, 吉林文史出版社, 2007, 13쪽의 揷圖 13·14.

32) 巴林右旗博物館, 〈內蒙古巴林右旗那斯台遺址調查〉, 《中國考古集成》 東北卷 新石
器時代(一), 北京出版社, 1997, 536쪽; 孫守道·劉淑娟, 《紅山文化 玉器新品新鑒》,
吉林文史出版社, 그림 139·146·150; 王冬力, 《紅山石器》, 화예출판사, 2007, 182
쪽; 載烨·侯文海·鄭耿杰, 《眞賞紅山》, 內蒙古人民出版社, 2007, 76쪽.

33) 이 책의 제4부 제1장 3절에서 緋緞과 絹 및 綢緞 등은 한국 고대 사직물(누
에천)의 총칭이 될 수 없음을 밝히고 '누에천'을 한국 고대 사직물을 총칭하는
명칭으로 사용하고자 하는 까닭을 밝혔다. 요약하자면, 한국에서 현재까지 일
반적으로 모든 사직물을 비단이나 견, 또는 주단이라는 용어로 부르나, 이는
중국 사직물의 명칭이므로 한국 고대 사직물(누에천)의 총칭이 될 수 없다.
한국 사직물의 다양한 직조와 가공방법 등을 정확히 구분하지 않고 견 또는
비단 등으로 부르는 것은, 우리나라 고유의 명칭을 잃어버리고 중국의 것을
빌리거나 일반의 명칭을 그대로 쓰는 것이므로 시정해야 한다. 때문에 한국 고
대 사직물을 총칭하는 단어로 이 책에서는 '누에천'이라는 명칭을 사용하였다.

이 중국에서 유입된 것이 아님을 확인시켜 주며 기자에 의해서 고조선에 양잠기술이 전달되었다는 《후한서》〈동이열전〉의 기록은 모순임을 알게 한다. 아울러 한반도와 만주지역의 양잠기술이 홍산문화시기로 거슬러 올라갈 가능성을 생각하게 된다.

다음으로 앞에 서술한 《후한서》와 《삼국지》의 '팔조의 가르침'에 대한 내용을 분석해 보면, 《후한서》와 《삼국지》에서 기자는 조선으로 망명하여 '팔조지교'(八條之敎)를 제정하고 그곳의 주민들을 가르쳤다고 했다. 그러나 이와 같은 내용이 《한서》〈지리지〉에는 달리 기록되어 있다. 즉 "은(상)의 도가 쇠퇴하니 기자는 조선으로 갔는데, 그곳의 주민을 예의로써 가르치면서 농사짓고 누에 치며 길쌈하였다. 낙랑조선 주민의 범금 8조는 사람을 죽이면 바로 죽음으로써 배상하고, 남에게 상해를 입히면 곡물로써 배상하며, 남의 것을 도적질하면 남자는 몸을 몰수하여 그의 가노(家奴)로 삼고 여자는 비(婢)로 삼는다. 속전(贖錢)을 내고 벌을 면하고자 하는 사람은 한 사람에 50만을 내야 했다…"[34]고 하였다. 이 내용은 기자가 조선으로 망명했을 때, 그곳에는 이미 '범금 8조'가 시행되고 있었던 사실을 알려 준다.

이러한 내용에서 중요한 것은 《한서》가 《후한서》와 《삼국지》보다 앞서 편찬되었다는 점이다. 그 사료적 가치를 우선하여 생각하면, '범금 8조'는 고조선의 법이었음을 확인할 수 있다.

그러면 기자는 고조선의 어느 지역으로 망명하여 정착했던 것일까? 《한서》〈지리지〉〈낙랑군〉 '조선현'에 대한 주석에서 동한(東漢)의 학자인 응소(應劭)는 옛날 주 무왕이 기자를 봉했던 곳이라고[35] 설명하였다. 같은 내용이 晉시대에 서술된 《진서》(晉書)〈지리지〉 낙랑군 조선현에 대한 주석에서도 "조선현은 주나라가 기자를 봉한 땅이다"[36]라고 기

---

34) 《漢書》 卷28下〈地理志〉下. "殷道衰, 箕子去之朝鮮, 敎其民以禮義, 田蠶織作. 樂浪朝鮮民犯禁八條, 相殺以當時償殺, 相傷以穀償, 相盜者男沒入爲其家奴. 女子爲婢, 欲自贖者. 人五十萬…."

35) 《漢書》 卷28〈地理志〉下〈樂浪郡〉 朝鮮縣에 대한 주석에서 "應劭曰, 武王封箕子於朝鮮".

록되어 있다. 이러한 내용들로부터 기자가 망명했던 조선은 이후 한사
군의 낙랑군 조선현이었음을 확인할 수 있다.

실제로 그동안 한사군의 하나인 낙랑군의 위치에 대하여 많은 연구
가 진행되어왔다. 낙랑군의 위치에 대한 학계의 견해는 기존의 대동강
유역을 중심으로 본 평양설[37]과 북한학자들에 의해 대두된 요동설[38],
그리고 요서지역에 위치할 것으로 보는 난하설[39]로 구분된다. 이러한
연구과정에서 낙랑구역 무덤들에서 출토된 복식유물에 관한 분석에는
비교적 소홀했고, 복식유물 가운데 직물에 대한 비교연구는 거의 이루
어지지 않았다. 필자는 낙랑구역에서 출토된 누에천이 한민족의 고유한
섬유였음과 낙랑군이 대동강유역에 위치할 수 없음을 밝힌 바 있다.[40]
또한 낙랑국이 대동강유역에 위치하였으므로, 한사군의 낙랑군이 서기
313년에 고구려 미천왕에게 축출되었다는[41] 사실과 연관하여 보았을
때, 서기 300년에 멸망한 낙랑은 최리왕의 낙랑국으로 대동강유역에 위
치해 있었다. 그리고 서기 313년에 고구려의 침략을 받은 낙랑은 한사
군의 낙랑군이었다는 사실이다. 아울러 일본인들이 한사군의 유적과 유
물로 해석한 낙랑구역에서 발굴한 유적과 유물들은 최리왕의 낙랑국의
것이라 할 수 있다. 이에 관해서는 이 장 3절 '평양지역 복식유물 특성

---

36) 《晉書》卷14〈地理志〉上〈樂浪郡〉朝鮮縣에 대한 주석에서 "朝鮮縣, 周封箕子
地"라 했다.

37) 池內宏,〈樂浪郡考〉,《滿鮮地理歷史硏究報告》16, 1941(《滿鮮史硏究》上世 第1册,
吉川 弘文館刊行, 昭和26(1951), 19~61쪽 재수록); 도유호,〈왕검성의 위치〉,
《문화유산》, 1962-5, 60~65쪽; 李丙燾,〈樂浪郡考〉,《韓國古代史硏究》, 1976, 박
영사, 133~157쪽.

38) 리지린,《고조선연구》, 과학원출판사, 1963, 187~191쪽; 이순진·장주협,《고
조선문제연구》, 사회과학출판사, 1973; 사회과학원고고학연구소,《고조선문제
연구논문집》, 1977 참조.

39) 尹乃鉉,〈漢四郡의 樂浪郡과 平壤의 樂浪〉,《韓國古代史新論》, 一志社, 1986,
331~340쪽; 윤내현,《고조선연구》, 一志社, 1994, 358~395쪽. 윤내현은 灤河
유역을 고대의 요동지역으로 보았다.

40) 박선희,〈평양 낙랑유적 복식유물의 문화성격과 고조선〉,《단군학연구》20호,
단군학회, 2009, 143~189쪽.

41) 《三國史記》卷17〈高句麗本紀〉美川王 14年條. "十四年, 侵樂浪郡, 虜獲男女二千
餘口."

으로 본 최씨낙랑국과 낙랑군' 부분에서 상세히 분석할 것이다.

위에 소개한 내용들과 함께 낙랑군이 지금의 대동강유역 평양에 위치하지 않았음은 《위서》(魏書) 〈지형지〉(地形志) 상 〈북평군〉(北平郡) '조선현'(朝鮮縣)에 대한 주석에서 더욱 확실해 진다. 즉 "조선현은 이한(二漢, 서한과 동한) 시대로부터 진(晉)시대에 이르기까지 낙랑군에 속해 있었다. 그 뒤 폐지되었다. 연화(延和) 원년(서기 432년)에 조선현의 주민들을 비여현(肥如縣)으로 이주시켜 조선현을 다시 설치하여 북평군에 속하게 하였다"42)고 했다. 이 《위서》의 내용으로부터 조선현은 서한시대부터 동한을 거쳐 진(晉)시대까지 위치에 변화 없이 낙랑군에 속해 있었으나 이후 폐지되었고, 북위시대에 조선현이 낙랑군에서 북평군으로 옮겨졌음을 알려 준다.

이러한 낙랑군지역의 변화는 고구려가 미천왕 12년에 요동군을 침략하고 이어서 14년인 서기 313년에 낙랑군을 멸망시켜 한사군을 모두 축출한 사실과 관련이 있다. 이 시기 중국의 서진(西晉)은 서기 317년경 남방으로 밀려나게 되어 동진(東晉)시대를 맞이하고, 화북지역은 흉노, 선비, 갈, 저, 강족 등의 북방민족이 침입하여 오호십육국시대가 되었다. 이후 화북지역은 선비족이 세운 북위가 통일을 이루며 남북조시대가 열린다. 이러한 상황에서 낙랑군과 조선현은 서진 말기에 고구려의 축출로 사라졌었는데, 북위가 북방지역을 통일하면서 조선현 주민들을 비여현지역으로 이주시켜 다시 조선현을 설치하였던 것이다.

비여현의 위치에 대하여 두우(杜佑)는 《통전》(通典) 〈평주〉(平州) '노룡'(盧龍)조에서, "한(漢)의 비여현에 갈석산이 있는데 바닷가에 우뚝 서 있어서 그 이름을 얻었다. 《사기》〈하본기〉(夏本紀)에 주석으로 실린 《사기색은》(史記索隱)에 진(晉)시대 저술된 《태강지(리)지》[太康地(理)志]에는 진제국이 쌓은 장성이 갈석으로부터 일어났다고 하였다. 지금의 고려(고구려) 옛 경계에 있는 것은 이 갈석이 아니다"43)라고 했다. 두

---

42) 《魏書》 卷106 〈地形志〉上 〈北平郡〉 朝鮮縣에 대한 주석. "二漢·晉屬樂浪, 後罷. 延和元年徙朝鮮民於肥 如, 復置, 屬焉."

우는 자신이 살았던 당(唐)시대의 평주(平州) 노룡현(盧龍縣)에 갈석산이 있는데 그곳으로부터 진제국의 장성이 시작되었음을 말하고 있다. 담기양(譚其驤)도[44] 당 시대의 평주는 지금의 난하 하류유역이라 했다.

그런데 두우는《통전》〈고구려〉조에서는 "갈석산은 한의 낙랑군 수성현(遂城縣)에 있는데 장성이 이곳에서 일어났다. 지금의 증거로 보아 장성은 동쪽으로 요수(遼水)를 끊고 고려(고구려)로 들어가는데 그 유적이 아직도 남아 있다"[45]고 하여 갈석산이 낙랑군 수성현에 있고 그곳에서 장성이 시작되었다고 했다. 이처럼 두우가 앞의 〈평주〉 노룡조에서는 갈석산이 한(漢)의 비여현에 있었다고 말했는데, 뒤의 고구려조에서는 한의 낙랑군 수성현에 있었다고 한 내용으로 보아 갈석산은 비여현과 수성현을 모두 포함한다고 해석된다.

낙랑군 수성현이 창려(昌黎)의 갈석(碣石)지역인 난하 하류 동부유역에 있었다면 조선현도 같은 낙랑군에 속하였으므로 멀지 않은 지역에 위치해야 할 것이다. 그리고《대명일통지》(大明一統志) 〈영평부〉(永平府) '고적'(古蹟)조에서 "조선성(朝鮮城)이 영평부 내에 있는데, 전해 내려오기를 기자가 봉함을 받았던 땅이라고 한다"[46]는 내용으로부터 예전에 이곳으로 기자가 망명했음을 알 수 있다. 이러한 내용은 위에서 서술했듯이《한서》의 낙랑군 '조선현'에 대한 주석에서 응소가 옛날 주 무왕이 기자를 봉했던 곳이라고[47] 설명한 것과《진서》의 낙랑군 '조선현'에 대한 주석에서 "조선현은 주나라가 기자를 봉한 땅이다"[48]라는 내용과 일

---

43) 《通典》卷178 〈州郡〉 8 〈平州〉 盧龍縣條. "漢肥如縣有碣石山, 碣然而立在海旁故名之. 晉《太康地志》同秦築長城所起自此碣石, 在今高麗舊界非此碣石也."
44) 譚其驤 主編,《中國歷史地圖集》第5冊, 〈隋·唐·五代十國時期〉, 地圖出版社, 1982, 32~33쪽 참조.
45) 《通典》卷186 〈邊防〉 2 〈東夷〉下 高句麗條. "碣石山在漢樂浪郡遂城縣, 長城起於此山, 今驗 長城東裁遼水而入高麗, 遺址猶存."
46) 《大明一統志》卷5 〈永平府〉 古蹟條. "朝鮮城在府內, 相傳箕子受封之地."
47) 《漢書》卷28 〈地理志〉下 〈樂浪郡〉朝鮮縣에 대한 주석. "應劭曰, 武王封箕子於朝鮮."
48) 《晉書》卷14 〈地理志〉上 〈樂浪郡〉朝鮮縣에 대한 주석. "朝鮮縣, 周封箕子地."

치한다. 이러한 내용들로부터 기자가 망명했던 조선은 이후 한사군의 낙랑군 조선현이었음과 낙랑군 수성현은 갈석산 지역에 있었다는 기록 등과 일치한다.

기자 일족은 위에서 분석했듯이 한사군의 낙랑군 조선현과 수성현이 위치한 갈석산 지역을 포함한 난하 하류 동부유역에 거주했을 것으로 여겨지는데 난하 동부유역인 객좌현(喀左縣)에서 출토된 기후(箕侯)의 명문이 있는 방정(方鼎)[49]이 이를 뒷받침한다. 이를 아래 2절에서 고고학의 유물 특징으로 좀 더 상세히 알아보기로 한다.

이상의 고찰로부터 기자와 그 후손들은 연나라와 국경을 접하고 있었으며, 고조선의 서부 변경지역에 위치하여 세력을 형성하여 중국 사람들에게 '조선후'로 불리웠음을 알 수 있다. 기자의 40여 대 후손인 준왕은 분명히 중국 혈통으로, 스스로 왕이라 칭했던 것뿐 단군조선을 멸망시킨 적이 없기 때문에 한국 고대사 체계에서 단군조선을 이은 것으로 삽입될 수 없는 것이다. 한국 고대사에서 기자나 기자 일족은 주류에 위치할 수 없으며 '기자조선'이라는 용어도 사용될 수 없음을 확인할 수 있다.

2. 문헌과 유물로 본 '조선후' 거주지와 조·연 전쟁

앞의 1절에서 문헌을 분석하여 기자 일족이 지금의 난하 하류 동부유역에 거주했을 가능성을 분석했다. 그러면 현재 이 지역 이외의 여러 곳에 기자의 유적지들이 남아 있는 상황을 어떻게 해석해야 할지 설명

---

49) 喀左縣文化館·朝陽地區博物館·遼寧省博物館 北洞文物發掘小組, 〈遼寧喀左縣北洞村出土的殷周青銅器〉, 《考古》 1974年 第6期, 364~372쪽; 李亨求, 〈大凌河流域의 殷末周初 靑銅器文化와 箕子 및 箕子朝鮮〉, 《韓國上古史學報》 第5號, 韓國上古史學會, 1991, 13~15·23~27쪽 참조.

이 필요하다.

《사기》에서 기자는 제신(帝辛)의 친척이라고 했다. 그러나 《사기색은》(史記索隱)에서 마융(馬融)과 왕숙(王肅)은 기자가 제신의 서형(庶兄)이라고 했다고 인용하였다.[50] 《사기집해》(史記集解)에서는 마융의 말을 인용하여 기자의 기(箕)는 국명(國名)이고 자는 작위의 명칭이라고 하였다. 그리고 또 사마표(司馬彪)의 말을 인용하여 기자의 이름은 서여(胥餘)였다고 했다.[51] 기자가 봉하여졌던 기국(箕國)은 상왕(商王)의 직할지내인 상읍(商邑) 부근으로 지금의 하남성 상구현(商邱縣) 지역이었을 가능성이 크다. 서기전 11세기경 주족(周族)이 상왕국(商王國)을 멸망시키자 주족이 이끄는 연합세력 가운데 가장 큰 공을 세운 강족(羌族)의 한 지족이었던 기족(箕族)은 서주왕국에 의해 지배계층의 지위를 얻게 됨에 따라 강성(姜姓)의 제후가 출현하게 되었다. 그 결과 기국의 통치권과 지위를 모두 상실하게 된 자성(子姓)의 기자는 일족을 데리고 서주 왕실로부터 멀리 떨어진 중국의 동북부지역으로 옮겨가게 되었다.

《사기》〈송미자세가〉에 주석으로 실린 《사기집해》에서 "두예(杜預)는 말하기를 양국(梁國) 몽현(蒙縣)에 기자의 묘가 있다고 하였다"[52] 그러나 기자묘에 관해서는 여러 기록들이 서로 다르게 나타난다. 《수경주》(水經注)에는 박성(薄城)의 서쪽에 있다고 하였고,[53] 《대청일통지》(大淸一統志)에서는 상구현 북쪽에 있다고도[54] 했다. 이들은 모두 매우 근접한 지역에 위치하는데 지금의 하남성 상구현과 산동성 조현(曹縣)의 경계 지역인 것이다. 위 기록들이 말하는 기자묘는 같은 묘를 말하는 것인지 각각 다른 묘를 말하는 것인지 분명하지 않다.

실제로 기자와 관련된 내용으로 상 시대의 기록인 갑골문(甲骨文)과 금문(金文)에서 확인되는 것이 기(異)에 봉해진 기후(異侯)이다. 왕헌당

---

50) 《史記》卷38〈宋微子世家〉.
51) 위와 같음.
52) 《史記集解》; 《史記》卷38〈宋微子世家〉의 주석. "杜預曰, 梁國蒙縣有箕子冢."
53) 《水經注》卷23〈汲水〉.
54) 《大淸一統志》卷194〈歸德府〉2 陵墓條 箕子墓.

(王獻唐)은 산동성 황현(黃縣) 남부촌(南埠村)의 무덤에서 출토된 청동기들을 분석하면서 기(畁)와 기(箕)를 같은 것으로 보았다. 그리고 한대(漢代)에 산동성의 치유(淄濰)유역에 기현(箕縣)이 있었고 주대(周代)에 유수(濰水) 상류지역에 강성의 나라가 있었음을 근거로 제시하면서 명칭과 지리적 위치 또는 성씨 등이 일치하므로 한대의 기현 일대가 옛 기국의 위치였을 것으로 추정하였다.55) 이러한 견해를 받아들인 진반(陳槃)은 '기'(箕)라는 지명과 관련된 내용에 따라 기족이 원래 산서성에 있었기 때문에 산서에 2개의 기성(箕城)이 있었고 차츰 하남성으로 이동하게 되어 등봉현(登封縣) 동남쪽에 또 기산(箕山)이 생겼으며 이후 산동성으로 옮겨갔을 것으로 보았다.56)

위에서 서술한 난하 동부유역인 요령성 객좌현(喀左縣) 북동촌(北洞村)에서 출토된 기후의 명문이 있는 방정(方鼎)57)뿐만 아니라 여러 지역에서 기국(畁國)의 위치와 실체를 알려 주는 청동기들이 출토되었다. 일찍이 산동성 황현 남부촌에서 8점의 기기(畁器)가58) 출토되었고, 산동성 연대시(烟臺市)에서도 '기후정'(畁侯鼎)59)이 출토되었다.

이처럼 산동성에서 기국의 것으로 생각되는 청동기들이 출토되었고, 산동성 조현에 '기자묘'가 남아있어 기자와의 관련성이 연결되고 있다. 기자는 기(箕)라는 지역에 봉해진 자(子)라는 작위를 받은 제후를 가리킨다. 그러므로 작위는 세습되는 것이기 때문에 이후 제후가 교체될 때마다 새로 봉해진 제후도 기자로 불리우게 될 것이다. 그러므로 기자는

---

55) 尹乃鉉, 《韓國古代史新論》, 一志社, 211~223쪽 재인용(王獻唐, 《黃縣箕器》, 山東出版社, 1960, 168쪽; 王獻唐, 《山東古國考》, 齊魯書社, 1983, 157쪽.
56) 陳槃, 《不見於春秋大事表之春秋方國稿》 1册, 中央硏究院歷史語言硏究所, 民國 59(1970), 50쪽.
57) 喀左縣文化館·朝陽地區博物館·遼寧省博物館 北洞文物發掘小組, 〈遼寧喀左縣北洞村出土的殷周靑 銅器〉, 《考古》 1974年 第6期, 364~372; 李亨求, 〈大凌河流域의 殷末周初 靑銅器文化와 箕子 및 箕子朝鮮〉, 《韓國上古史學報》 第5號, 韓國上古史學會, 1991, 13~15·23~27쪽 참조.
58) 王獻唐, 《山東古國考》, 齊魯書社, 1983 참조.
59) 齊文濤, 〈槪述近年來山東出土的商周靑銅器〉, 《文物》, 1972年 5期, 8쪽.

조선으로 망명한 기자뿐만 아니라 여러 기자가 있었을 것이고 이에 따라 기후(箕侯)와 관련된 청동기들이 다수 출토되는 것은 당연하다고 하겠다. 이러한 사실들은 기자의 조선 망명을 허구로 볼 수 없게 한다.

기자가 생존했던 서기전 11세기경 요령성의 다른 지역에서는 고조선의 특징적인 유물들이 주로 출토된다. 그러나 위에서 서술한 바와 같이 난하 동부유역인 요령성 객좌현 북동촌에서 기국의 위치와 실체를 알려 주는 기후의 명문이 있는 청동기인 방정[68]이 출토되어 기자 일족이 난하 하류 동부유역의 작은 영역을 차지했을 것으로 여겨진다. 이는 《한서》·《진서》·《대명일통지》 등의 내용을 토대로 기자가 망명했던 조선은 이후 한사군의 낙랑군 조선현이었음과 그 위치가 난하 동부유역이었다는 1절의 분석내용과 일치한다. 실제로 요령성 객좌지역의 고고학의 출토상황은 이러한 기자 일족의 조선 망명 상황을 잘 설명해 주고 있다. 객좌지역의 고조선과 상나라의 특징적인 유물 출토 상황을 정리하면 아래와 같다.

〈표 1〉 객좌지역 유물 출토 내용

유물 출토지	연 대	유물 출토 내용
객좌 화상구묘	상주지제(商周之際)	비파형동검 3개, 금천(金釧) 1개, 청동실로 만들어진 청동목걸이 1개, 청동장식단추 1개 등[60]
객좌 산만자	서주(西周)초기	청동존(尊) 혹은 정(鼎) 발견[61]
객좌 소파태구	상대(商代)후기	상대(商代) 대정(大鼎) 출토[62]
객좌 북동촌	서주 초기	정(鼎) 등 상주(商周) 청동기[63]
객좌 남동구묘	서기전 700년~서기전 500년	비파형동검, 청동제기[64]
객좌 남구문묘	서기전 700년~서기전 500년	비파형동검[65]
객좌 노야묘향	서기전 500년~서기전 400년	비파형동검, 청동허리띠장식, 청동방울[66]
객좌 토성자묘	서기전 400년	청동허리띠장식, 비파형동검[67]

60) 遼寧省文物考古研究所·喀左縣博物館, 〈喀左和尙溝墓地〉, 《中國考古集成》 東北卷

〈표 2〉 객좌의 일부 지역 유물 출토 내용

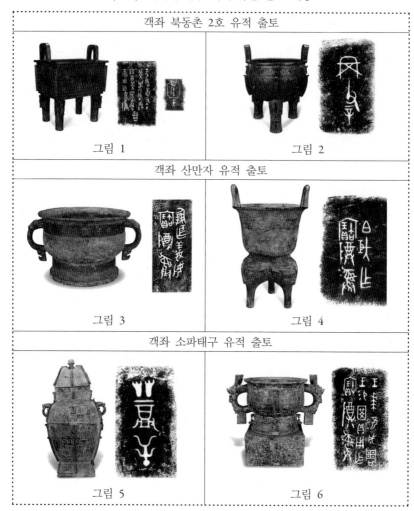

객좌 북동촌 2호 유적 출토

그림 1

그림 2

객좌 산만자 유적 출토

그림 3

그림 4

객좌 소파태구 유적 출토

그림 5

그림 6

──────────

靑銅時代(二), 1458~1463쪽.

61) 劉淑娟, 〈山灣子商周靑銅器斷代及銘文簡釋〉, 《中國考古集成》 東北卷 靑銅時代
   (二), 1465~1468쪽; 遼寧省博物館, 《遼河文明展》, 73~74쪽; 喀左縣文化館·朝陽
   地區博物館·遼寧省博物館, 〈遼寧省喀左縣山灣子出土殷周靑銅器〉, 《中國考古集成》
   東北卷 靑銅時代(二), 1478~1486쪽.

62) 遼寧省博物館, 《遼河文明展》, 遼寧省文物考古研究所, 2006, 79~80쪽.

63) 주 57과 같음.

객좌지역의 출토 유물은 앞의 제1장 1절에서《후한서》와《삼국지》의 내용을 분석했듯이 기자 일족이 고조선사람들과 양잠과 길쌈을 하며 더불어 잘 지냈음을 알게 해 준다. 즉 객좌현 중부 구릉지대에 위치한 화상구(和尙溝)지역 유적은 상(商)·주(周) 교체기에 해당하는데 중국식 유물이 출토되지 않는다.[69] 또한 기자 일족이 정착한 이후 일정 시간이 지난 서기전 700년~서기전 500년에 속하는 남동구(南洞溝)묘와 남구문(南溝門)묘에서도 비파형동검이 주로 출토된다.[70] 이보다 늦은 서기전 500년~서기전 400년에 해당하는 노야묘향(老爺廟鄕) 유적[71]과 토성자(土城子)묘에서도[72] 비파형동검을 비롯하여 고조선의 특징적 유물인 청동허리띠장식과 청동방울 등이 출토되었다.

그러나 객좌지역에서도 북동촌(北洞村) 유적[73](그림 1·2)[74], 산만자(山灣子) 유적[75](그림 3·4)[76], 소파태구(小波汰溝) 유적[77](그림 5·6)[78]

64) 劉冰,〈試論夏家店上層文化的靑銅短劍〉,《中國考古集成》東北卷 靑銅時代(一), 391~396쪽; 遼寧省博物館,《遼河文明展》, 86~87쪽.

65) 주 62와 같음.

66) 劉大志·柴貴民,〈喀左老爺廟鄕靑銅短劍墓〉,《中國考古集成》東北卷 靑銅時代(二), 1489~1491쪽.

67) 朝陽地區博物館·喀左縣文化館,〈遼寧喀左大城子眉眼溝戰國墓〉,《中國考古集成》東北卷 靑銅時代(二), 1492~1496쪽; 傅宗德·陳莉,〈遼寧喀左縣出土戰國器物〉,《中國考古集成》東北卷 靑銅時代(二), 1499~1500쪽.

68) 주 57과 같음.

69) 遼寧省文物考古硏究所·喀左縣博物館,〈喀左和尙溝墓地〉,《中國考古集成》東北卷 靑銅時代(二), 北京出版社, 1997, 1458~1463쪽.

70) 劉冰,〈試論夏家店上層文化的靑銅短劍〉,《中國考古集成》東北卷 靑銅時代(一), 391~396쪽.

71) 劉大志·柴貴民,〈喀左老爺廟鄕靑銅短劍墓〉,《中國考古集成》東北卷 靑銅時代(二), 1489~1491쪽.

72) 傅宗德·陳莉,〈遼寧喀左縣出土戰國器物〉,《中國考古集成》東北卷 靑銅時代(二), 1499~1500쪽.

73) 張震澤,〈喀左北洞村出土靑銅銘文考釋〉,《中國考古集成》東北卷 靑銅時代(二), 1469~1477쪽; 李振石,〈遼寧喀左縣北洞村出土的殷周靑銅器〉,《中國考古集成》東北卷 靑銅時代(二), 1487쪽; 遼寧歷史文物,〈喀左北洞村發現的商周靑銅器〉,《中國考古集成》東北卷 靑銅時代(二), 1488쪽.

74) 遼寧省博物館,《遼河文明展》, 79~80쪽.

75) 劉淑娟,〈山灣子商周靑銅器斷代及銘文簡釋〉,《中國考古集成》東北卷 靑銅時代

에서는 정(鼎)·존(尊) 등 상·주의 특징을 지니는 제의용 청동기들이 주로 출토된다. 이 지역에서 이러한 제의용 기물(器物)이 출토된 것은 기자 일족이 객좌의 일부 지역을 중심지로 했음이 확인된다(표 2 참조).

〈표 2〉청동기의 성격과 달리 객좌의 다른 지역에서는 고조선의 특징적 유물들만이 출토되고 있어 고조선의 영역인 객좌에서[79] 기자 일족은 일정한 지역에만 국한하여 거주했음을 알 수 있다. 객좌지역의 고고학적 출토유물들을 정리하여 고찰하면 다음의 내용이다.

위의 〈표 1〉의 유적 가운데 객좌 남동구(南洞溝)묘에서 출토된 비파형동검(그림 7)[80]과 제의용 청동기는 요령성박물관에 전시되어 있어 다행히 그 모습을 살펴볼 수 있다. 그림과 같이 비파형청동검의 손잡이 부분은 번개문양으로 장식되어 있다. 그리고 이 지역이 제의식을 거행했던 곳임을 알려 주는 청동으로 만들어진 가오리양식(그림 8)[81]이 함께 보인다.

청동제기의 경우 몸통 부분은 불꽃문양을 대칭으로 장식했고 아래

〈그림 7〉 객좌 남동구묘 출토 청동검

〈그림 8〉 객좌 남동구묘 출토 가오리양식의 청동식

(二), 1465~1468쪽; 喀左縣文化館·朝陽地區博物館·遼寧省博物館, 〈遼寧省喀左縣山灣子出土殷周青銅器〉, 《中國考古集成》 東北卷 青銅時代(二), 1478~1486쪽.

76) 遼寧省博物館, 《遼河文明展》, 73·74쪽.
77) 孫守道 撰文·李振石 配圖, 〈商代大鼎爲啥出土在遼寧?〉, 《中國考古集成》 東北卷 青銅時代(二), 1464쪽.
78) 遼寧省博物館, 《遼河文明展》, 86·87쪽.
79) 윤내현·하문식·박선희, 《고조선의 강역을 밝힌다》, 지식산업사, 2006.
80) 遼寧省博物館, 《遼河文明展》, 遼寧省文物研究所, 2006, 86쪽.
81) 遼寧省博物館, 《遼河文明展》, 88쪽.

〈그림 9〉 객좌 남동구묘 출토 청동제기   〈그림9-1·2〉 남동구묘 줄토 청동제기에
보이는 불꽃문양과 타래문양

부분은 타래문양을 연결하였다(그림 9·9-1·2).82) 불꽃문양과 타래문양
은 모두 고조선의 질그릇과 금속장식품 등에 자주 보이는 한민족의 고
유한 특징적 문양들이다. 이와 달리 기자 일족이 거주했을 것으로 추정
되는 객좌의 산만자 유적에서 출토된 청동제기에는 상·주 청동기의 특
징적인 문양이 장식되었고 그림과 같이 금문(金文)이 새겨져 있다.

위의 〈표 1〉에 정리된 객좌의 일부 지역 이외에 요령성지역의 발굴
상황을 보면, 서기전 25세기부터 서기전 400년경에 속하는 대부분 유적
들에서는 복식유물을 비롯하여 주로 고조선의 고유한 특징적 유물들만
이 출토되고, 중국식 유물이 출토되지 않는 점이 주목된다. 기자 일족이
요령성지역으로 온 시기는 서기전 1100년경이며, 위만에게 기자의 40대
후손이 멸망한 시기는《사기》〈한신노관열전〉(韓信盧縮列傳)을 참조하여
노관이 흉노로 망명한 연대인 서기전 195년경으로 볼 수 있다. 이러한
존망연대로 보면 다음 〈표 3〉에 정리한 유적들은 기자 일족이 요령성에
위치했었을 기간에 속하는 것인데, 만일 이들이 요령성의 넓은 지역을
차지했다면 이 지역에 중국식 유물들이 널리 분포되어 있어야 할 것이
다. 그러나 〈표 3〉에 정리된 내용에서 나타나듯이, 객좌의 산만자, 소파
태구, 북동촌 이외의 유적들에서는 주로 고조선의 특징적 유물들이 출
토된다.

---

82) 遼寧省博物館,《遼河文明展》, 87쪽.

〈표 3〉 영성, 적봉, 조양, 건평, 금서지역 유적지의 유물 출토 상황

유물 출토지	연 대	고조선의 특징적 유물 출토 내용
영성 남산근	서기전 900년~ 서기전 700년	동경(銅鏡) 3점83)
영성 남산근 M101:20	서기전 850년~ 서기전 750년	비파형동검84)
영성 소흑석구 M8501	서기전 800년	비파형동검85)
영성 석자	서기전 800년~ 서기전 700년	비파형동검86)
영성 손총구 M7371	서기전 600년~ 서기전 400년	비파형동검87)
영성 남산근	서기전 800년 이전	비녀 1개88)
	서기전 800년~ 서기전 400년	1호: 청동장식단추, 관상골주(管狀骨珠) 6개, 능면편(棱面扁) 골주(骨珠) 1개, 녹송석주(綠松石珠) 1개 2호: 골주(骨珠) 1개 3호: 쌍미동식(双尾銅飾) 40개, 영형동식(鈴形銅飾) 9개, 동환(銅環) 1개, 천공패(穿孔貝) 100개, 나형환(螺形環) 1개 4호: 동시(銅匙) 1개, 네모청동장식단추 20개, 연(聯) 주형(珠形)청동장식 160개, 조형(鳥形)청동장식단추 17개, 영형동식(鈴形銅飾) 42개, 청동바늘통 1개, 관상골주 654개, 소관상골주(小管狀骨珠) 263개, 설형(楔形) 쌍공골주(双孔骨珠) 110개, 녹송석주 1개 5호: 방식(蚌飾) 2개, 관상골주(管狀骨珠) 1개 7호: 관상골주 77개, 소관상골주 1개 10호: 천공패(穿孔貝) 4개 12호: 관상골주 62개, 타원형 쌍공골주 75개89)
조양 십이태영자	서기전 800년~ 서기전 600년	1호묘: 비파형동검, 다뉴동경(多紐銅鏡) 2점, 부채꼴 청동도끼, 인면(人面)청동장식, 관상(管狀) 청동장식 59개90) 2,3호묘: 비파형동검 2개, 다뉴동경 2점, 도끼 1개, 원형청동단추 10개, 청동허리띠장식 7개91) 3호묘: 다뉴동경 1개92)
조양 소파적	서기전 600년~ 서기전 400년	비파형동검1개, 원형 청동장식단추 23개 등93)

유물 출토지	연 대	고조선의 특징적 유물 출토 내용
조양 십이태영자	서기전 800년~ 서기전 600년	동경(銅鏡) 5점[94]
건평 수천성자	서기전 800년	경형식(鏡形飾) 2점[95], 비파형동검[96]
건평 수천 유적	서기전 700년~ 서기전 300년	청동장식단추 16개, 경형식 1개, 비파형동검 1개, 청동장식[97]
건평 채 2호	서기전 300년	비파형동검[98]
신평 대랍한구	서기전 300년	경형식 2면[99]
건평 이십가자 72-2호	서기전 300년	비파형동검[100]
건평 고산자향 대랍한구촌 대랍한구 851호묘	서기전 900년~ 서기전 800년	비파형동검 1개, 쌍뉴동경 1개, 동경 2점, 경형식 1개 등[101]
건평 유수임자향 포수영자 881호묘	서기전 850년~ 서기전 800년	비파형동검 1개, 청동방울, 경형식 1개, 청동장식단추 43개, 돌구슬 등[102]
건평 유수임자향 포수영자 851호· 881호묘	서기전 850년~ 서기전 800년	쌍뉴(双紐) 청동거울[103]
건평 유수임자향 난가영자 901호묘	서기전 800년	비파형동검 1개, 청동방울 2개, 압형(鴨形) 청동장식단추 44개, 금천(金釧) 금팔찌 1개, 돌구슬 42알 등[104]
금서 오금당묘	서기전 800~ 서기전 700년	비파형동검[105] 비파형동검 4개, 청동투구 1개, 청동방울 형식 4개, 갑옷조각 15개, 원형 청동장식단추[106]
금서 사과둔	서기전 500년	청동투구 1개, 금비녀[金釵] 1개, 청동장식단추 26개[107]
적봉 하가점	서기전 1046년~ 서기전 800년	비파형동검[108]
적봉 약왕묘	서주 초기~ 춘추 초기	구슬, 비녀, 복골(卜骨)[109]
적봉 약왕묘, 하가점 상층의 1호-17호묘	서주 초기~ 춘추 초기	M1호묘: 청동장식단추 43개, 골주 690개 M7호묘: 청동장식단추 1개 M11호묘(여성무덤): 쌍미동식(双尾銅飾) 20개, 연주동식(連珠銅飾) 80개, 청동장식단추 5개, 골주 289개 M14호묘(여성무덤): 청동장식단추 3개, 골주 431개 M15호묘(여성무덤): 청동장식단추 1개 M17호묘(여성무덤): 청동장식단추 39개, 골주 471개[110]

그 유적들은 영성(寧城)의 남산근(南山根)·소흑석구(小黑石溝) M8501·

---

83) 張錫瑛, 〈試論東北地區先秦銅鏡〉, 《中國考古集成》 東北卷 靑銅時代(一), 235~242쪽.

84) 遼寧省昭烏達盟文物工作站·中國科學院考古研究所東北工作隊, 〈寧城縣南山根積石槨墓〉, 《中國考古集成》 東北卷 靑銅時代(一), 734~746쪽; 靳楓毅, 〈夏家店上層文化及其族屬問題〉, 《中國考古集成》 東北卷 靑銅時代(一), 397~415쪽.

85) 項春松, 〈小黑石溝發現的靑銅器〉, 《中國考古集成》 東北卷 靑銅時代(一), 752~754쪽; 項春松, 〈內蒙古小黑石溝大型的發掘收穫〉, 《中國考古集成》 東北卷 靑銅時代(一), 761~762쪽.

86) 靳楓毅, 〈論中國東北地區含曲刃靑銅短劍的文化遺存(上)〉, 《中國考古集成》 東北卷 靑銅時代(一), 81~103쪽 참조.

87) 위와 같음.

88) 中國科學院考古研究所內蒙古工作隊, 〈寧城南山根遺址發掘報告〉, 《中國考古集成》 東北卷 靑銅時代(一), 709~725쪽.

89) 위와 같음.

90) 朱貴, 〈遼寧朝陽十二臺營子靑銅短劍墓〉, 《中國考古集成》 東北卷 靑銅時代(二), 1393~1400쪽.

91) 위와 같음.

92) 위와 같음.

93) 張靜·田子義·李道升, 〈朝陽小波赤靑銅短劍墓〉, 《中國考古集成》 東北卷 靑銅時代(二), 1401~1402쪽.

94) 주 83과 같음.

95) 주 83과 같음.

96) 遼寧省博物館·朝陽市博物館, 〈建平水泉遺址發掘簡報〉, 《中國考古集成》 東北卷 靑銅時代(二), 1438~1449쪽.

97) 위와 같음.

98) 靳楓毅, 〈論中國東北地區含曲刃靑銅短劍的文化遺存(上)〉, 《中國考古集成》 東北卷 靑銅時代(一), 81~103쪽 참조.

99) 張錫瑛, 〈試論東北地區先秦銅鏡〉, 《中國考古集成》 東北卷 靑銅時代(一), 北京出版社, 1997, 235~242쪽.

100) 주 98과 같음.

101) 李殷福, 〈建平孤山子,榆樹林子靑銅時代墓葬〉, 《中國考古集成》 東北卷 靑銅時代(二), 1426~1433쪽.

102) 위와 같음.

103) 위와 같음.

104) 위와 같음.

105) 靳楓毅, 〈夏家店上層文化及其族屬問題〉, 《中國考古集成》 東北卷 靑銅時代(一), 397~415쪽.

106) 錦州市博物館, 〈遼寧錦西縣烏金塘東周墓調査記〉, 《中國考古集成》 東北卷 靑銅時代(二), 1581~1583쪽.

107) 韓立新, 〈錦西沙鍋屯發現春秋晩期器墓葬〉, 《中國考古集成》 東北卷 靑銅時代(二), 1580쪽.

108) 劉冰, 〈試論夏家店上層文化的靑銅短劍〉, 《中國考古集成》 東北卷 靑銅時代(一), 391~396쪽.

석자(汐子)·손총구(孫冢溝) M7371, 조양(朝陽)의 십이태영자(十二台營子)·소파적(小波赤)·원태자(袁台子) 동산파(東山坡)묘, 건평현(建平縣) 수천성자(水泉城子)·채(采) 2호·대랍한구(大拉罕溝)·이십가자(二十家子) 72-2호·난가영자(欒家營子) 901호, 적봉(赤峰) 약왕묘(藥王廟), 하가점(夏家店) 유지, 금서(錦西) 오금당(烏金塘)묘·사과둔(沙鍋屯)·소집둔(邵集屯)·사인보(寺儿堡)·태집둔(台集屯) 서가구(徐家溝)묘, 의현〔義(乂)縣〕, 임서(林西) 대정(大井) 고동광(古銅礦) 유지·대판(大板) 남산(南山)묘, 옹우특기(翁牛特旗) 대포자(大泡子)묘 등이다.

〈표 3〉과 같이 하가점 하층문화시기부터 춘추시기(약 서기전 2500년경부터 서기전 400년경)의 유적에서는 모두 고조선의 특징적 유물들이 나타난다. 중국학자들은 "하가점 하층문화는 이 지역 청동기시대의 매우 빠른 단계의 유적을 대표하는 것으로 그 연대는 대략 하(夏)·상(商) 시대에 해당한다. 몇 개 지점에서 발굴된 표본에 의한 탄소측정 결과 지금부터 3965±90년〔나무의 나이테 교정 서기전 2410±140년, 적봉 지주산(蜘蛛山) H42〕; 3550±80년〔나무의 나이테 교정 서기전 1890±130년, 요령 북표(北票) 풍하(豊下) T10〕으로 확인되어 이 지역들의 금속문명 진입시기가 황하유역보다 매우 이른 시기임이 밝혀졌다"[111]고 했다.

이러한 견해로 보아도 위의 표에 정리된 유적지들은 중국보다 앞선 청동기문명을 토대로 비파형동검을 생산했던 고조선문명권의 일부 지역이었다고 하겠다. 따라서 기자 일족은 객좌의 일부 지역이었던 산만자, 소파태구, 북동촌 등을 주요 거점으로 존재했을 것으로 확인된다. 산만자 유적의 하가점 상층문화층에서 비파형동검과 거푸집(그림 10)이 출토되어[112] 산만자지역의 거주민들이 고조선 사람들에서 기자 일족으로 교체되었거나 공존했을 가능성을 알려 준다.

109) 中國科學院考古硏究所內蒙古工作隊, 〈赤峰葯王廟,夏家店遺址試掘報告〉,《中國考古集成》東北卷 靑銅時代(一), 663~688쪽.
110) 위와 같음.
111) 中國社會科學院考古硏究所編著,《新中國的考古發現和硏究》, 文物出版社, 1984, 339쪽.
112) 邵國田,《敖漢文物精華》, 內蒙古文化出版社, 2004, 84쪽.

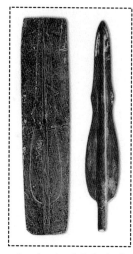

〈그림 10〉 산만자 유적
출토 비파형동검과 거푸집

고조선 유적들의 출토 상황을 보면 조양, 적봉, 영성, 건평 등지의 유물들이 가장 양적으로 풍부하고 질적으로도 수준 높으며, 화려한 양식들로 제의적 상징성을 크게 나타내어 약 서기전 2500년경부터 서기전 400년경 무렵 고조선의 중심지였을 가능성이 엿보인다. 이는 제1부에서 분석했듯이 이들 지역에서 거대한 규모의 많은 제단 유적과 유물들이 대거 출현하는 것과 서로 통한다. 그러한 까닭에 이들 유적에서는 공통적으로 지도자의 상징물인 비파형동검과 청동거울을 비롯하여 의복에 장식했던 다양한 양식의 청동장식단추들이 다량 출토된 것이다.

적봉 약왕묘(藥王廟)의 복식출토품은 비교적 원형의 상태를 가장 잘 보존하고 있는데, 청동장식이 머리와 목, 가슴, 다리 위에서 고루 출토되었다. 청동장식단추의 크기는 서로 다르며, 어떤 것은 뒷면에 방직물의 흔적이 남아 있는데 발굴자들은 의복과 모자에 장식했던 것이라 했다. 다양한 양식의 청동장식단추 가운데 연주형동식(連珠形銅飾)은 이마와 머리에 80줄이 둘러져 있다. 감정 결과 이 연주형동식은 마(麻)실을 이용하여 모자 둘레에 달았던 것으로 관찰되었다.

목 아래에도 같은 배열로 의복의 깃 부분에 배열하였다. 청동장식과 청동장식단추는 목부터 허리까지 이르며 허리에는 구슬을 두 줄로 장식했다. 왼쪽에는 한 줄로 길게 드리워 허리에 이르고, 오른쪽에는 한 줄로 가슴에 구부려 장식했다. 구슬 두 줄의 아랫부분에는 쌍미동식(双尾銅飾)이 4개 있다. 다리 사이에는 쌍미청동식이 두 줄 있어 매 조가 6개로 장식되어 있다.[113] 이러한 내용들은 당시 고조선 사람들의 대단히 화려하고 짜임새 있는 제의적 성격의 복식 갖춤새를[114] 잘 보여 준다.

113) 주 109과 같음.
114) 박선희, 《고조선 복식문화의 발견》, 지식산업사, 2011.

〈표 4〉 조양, 건평, 영성, 적봉 지역의 특징적 유물 출토 상황

조양의 십이대영자 2호묘[115], 용성구(龍城區) 서삼가자(西三家子) 유적 출토[116]

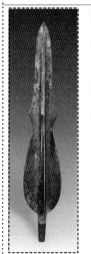

그림 11·12
비파형동검과 청동거울

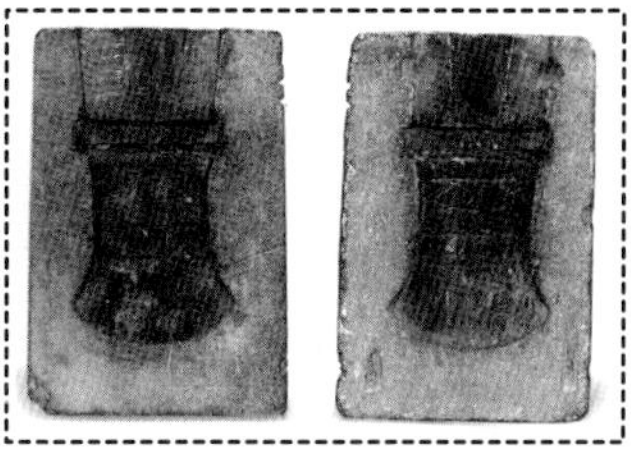

그림 13
부채꼴 청동도끼 석범

그림 14·15
청동장식들

건평의 포자영자(炮子營子) 881·851호묘, 난가영자(欒家營子) 901호묘 출토[117]

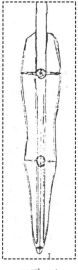

그림 17
포자영자 M851·M881호묘 출토 청동거울

  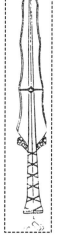

그림 16
포자영자 851호묘
출토 비파형동검

그림 18
포자영자 M901호묘
출토 청동방울

그림 19
포자영자 881호묘 출토
부채꼴모양 청동도끼

그림 20
포자영자 M901호묘
출토 동검

영성현의 남산근 M101묘·소흑석구묘·사도영자·나사태묘 출토[118]

그림 21
영성현 남산근
M101묘 출토
금팔찌

그림 22
영성현 소성자향
나사태묘 출토
금패식

그림 25
영성현 남산근
M101묘 출토 청동투구

그림 27
남산근 M101묘
출토 청동검

그림 23
영성현 전자향 소흑석구묘 출토
동물문양 청동장식

그림 26
영성현 전자향
소흑석묘 출토
금귀걸이와 금장식

그림 24
영성현 소흑석구묘 출토
쌍호랑이문양 청동장식

그림 28
영성현
사도영자
출토 청동검

적봉시·적봉 옹우특기 홍산수고 유적 출토[119]

그림 29
적봉시 출토 청동장식

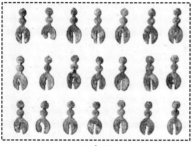

그림 30
적봉 옹우특기 홍산수고 출토 청동장식

그림 31
적봉시 출토 호랑이와 새 문양 청동 장식

위의 조양, 건평, 영성, 적봉 등의 지역들과 더불어 더 북쪽에 위치
하며 공통적으로 하가점 상층문화에 속하는 오한기(敖漢旗), 옹우특기,
임서, 파림우기, 극십극등기 등의 유적에서도 전국시대에 이르기까지
일관되게 고조선의 특징적 유적과 유물들만이 출토된다. 아래에서는 이
들 지역 문화의 성격에 관하여 상세히 밝혀 이를 확인해 보고자 한다.
우선 적봉지역과 가장 가깝게 위치한 오한기의 유적과 복식유물 성격에

115) 遼寧省博物館, 《遼河文明展》, 遼寧省文物考古研究所, 2006, 82~84쪽.

116) 遼寧省博物館, 《遼河文明展》, 遼寧省文物考古研究所, 2006, 85쪽의 2.

117) 李殿福, 〈建平孤山子, 楡樹林子靑銅時代墓葬〉, 《中國考古集成》 東北卷 靑銅時代
    (二), 1426~11433쪽.

118) 劉冰, 《赤峰博物館文物典藏》, 遠方出版社, 2006, 49~51·75쪽; 于建設, 《赤峰
    金銀器》, 遠方出版社, 2006, 4쪽의 CJ002·5쪽의 CJ003·4.

119) 劉冰, 《赤峰博物館文物典藏》, 遠方出版社, 2006, 80~83쪽.

대하여 정리하면 다음의 내용이다.

〈표 5〉 오한기 유적지의 유물 출토 상황

출토지	시기	유물내용
오한기 이가영자 유적	서기전 11세기~ 서기전 8세기경	나뭇잎양식의 청동장식단추를 만든 석범120)
오한기 대전자 유적	서기전 17세기경	청동팔찌, 옥구슬, 마노(瑪瑙)구슬 등, 채색질그릇121)
오한기 주가지 유적	서주시기~ 춘추시기	M5; 석주(石珠), 쌍련(双聯)청동장식단추, 뼈바늘, 넓은 혁대와 좁은 혁대, 청동장 식단추, 청동팔찌, 조개껍질로 만든 목 걸이, 마포(麻布) 의복의 잔편 등 M16; 조개껍질로 만든 목걸이, 나뭇잎 양 식의 청동장식단추, 쌍련청동장식단추, 뼈와 질그릇 가락바퀴 등122)
오한기 철장구 유적	춘추 말기~ 전국 초기	청동허리띠장식, 권운문의 원형청동장식, 청동방울양식의 장식, 동물양식의 청동장식, 다량의 새김문양의 청동장식단추 등123)

위 〈표 5〉에 정리된 바와 같이 오한기의 이가영자(李家營子) 유적에
서는 고조선의 특징적인 나뭇잎양식의 청동장식단추를 만들었던 석범
(石范)이 출토되었고, 대전자 유적에서는 화려한 질그릇들이 대거 출토
되었다. 이 대전자 유적에서 출토된 질그릇문양에 관해서는 제1부 제2
장의 '복식과 예술로 본 홍산문화와 고조선 제의문화'와 제3장 1절의
'채색기법의 성격과 문양의 상징의미'에서 고조선 제의문화와 관련하여
분석한 바 있다. 오한기의 주가지무덤 유적에서는 위 표의 내용에서와

---

120) 邵國展, 〈內蒙古昭烏達盟敖漢旗李家營子出土的石范〉, 《中國考古集成》 東北卷 靑
銅時代(一), 801~802쪽.
121) 劉觀民, 〈內蒙古赤峰市大佃子墓地述要〉, 《中國考古集成》 東北卷 靑銅時代(一),
806~810쪽.
122) 中國社會科學院考古硏究所內蒙古工作隊, 〈內蒙古敖漢旗周家地墓地發掘簡報〉, 《中
國考古集成》 東北卷 靑銅時代(一), 814~820쪽.
123) 邵國田, 〈敖漢旗鐵匠溝戰國墓地調査簡報〉, 《中國考古集成》 東北卷 靑銅時代(一),
825~829쪽.

같이 매우 화려하고 다양한 크기의 청동장식단추들이 출토되어 특징적
이다. 더구나 목 부분의 장식과 다양한 허리띠 장식들은 한국 고대복식
이 북방계통에서 원류한다는 주장이 모순임을 잘 드러내 준다. 특히 오
한기의 철장구(鐵匠溝) 유적에서 출토된 청동장식들과 그 양식에서 계
승관계를 잘 나타내 주고 있으며, 대부분 원형으로 이루어진 청동장식
단추들의 문양(제1부 제3장 1절의 그림 16 참조)은 대부분 햇살문양을
표현하고 있다. 이 유적을 발굴한 중국학자들은 청동장식품들이 하가점
상층문화의 요소를 가지며 연나라세력이 들어오기 이전의 북방지역 문
화로 분류했다.[124]

파림우기의 서쪽에 위치한 서기전 11세기경에 해당하는 임서현 대
정(大井) 유적에서는 옛 동광(銅礦) 유적이 발견되었는데 고풍관(鼓風
管)을 비롯하여 복골(卜骨), 청동도구, 무기류 등이 출토되었다.[125] 임서
유적의 아래쪽에 위치한 옹우특기의 서주(西周) 중기(서기전 8세기경)
에 속하는 대포자(大泡子) 유적에서는 영성 남산근 101호묘에서 출토된
작은 청동검(그림 32)[126], 또는 영성현 소흑석구(小黑石溝)에서 출토된
비파형동검(그림 33)[127]과 유사한 양식의 것(그림 34)이 출토되었
다.[128] 대포자 유적에서는 연주형 청동장식과 크고 작은 청동장식단추
가 17개 출토되었다. 서기전 5세기경에 해당하는 파림우기의 대판(大
板) 유적에서도 위의 임서현 대정 유적과 옹우특기의 대포자 유적에서
출토된 것과 동일한 청동검(그림 35)과 청동장식단추, 연주형 청동장식
등이 출토되었다. 발굴자들은 청동검은 남산근 유적의 것과 동일하고
질그릇은 길림성의 성성초 유적에서 출토된 것과 동일하다고 했다.[129]

124) 위와 같음.
125) 靳楓毅, 〈夏家店上層文化及其族屬問題〉,《中國考古集成》 東北卷 靑銅時代(一),
      399쪽 圖 2의 19.
126) 柳冰,《赤峰博物館文物典藏》, 遠方出版社, 2006, 55쪽.
127) 項春松, 〈小黑石溝發現的靑銅器〉,《中國考古集成》 東北卷 靑銅時代(二), 752~754쪽.
128) 賈鴻恩, 〈翁牛特旗大泡子靑銅短劍墓〉,《中國考古集成》 東北卷 靑銅時代(一),
      834~837쪽.
129) 董文義, 〈巴林右旗發現靑銅短劍墓〉,《中國考古集成》 東北卷 靑銅時代(一), 839쪽.

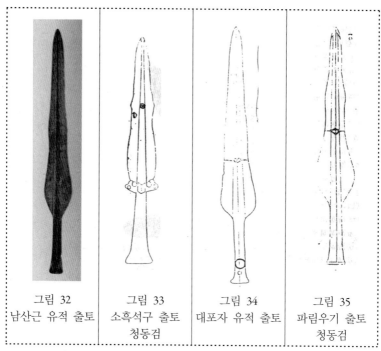

그림 32	그림 33	그림 34	그림 35
남산근 유적 출토	소흑석구 출토 청동검	대포자 유적 출토	파림우기 출토 청동검

〈그림 31~34〉 남산근·소흑석구·대포자·파림우기 출토 청동검

임서현의 아래에 위치한 서주 이전에서 춘추시기에 걸쳐있는 극십극등
기 용두산(龍頭山) 유적에서도 원형의 청동장식단추, 연주형 청동장식,
청동허리띠장식, 가락바퀴 등의 복식유물이 출토되었다.130) 이렇듯 실
제 유물로써 요령성 북쪽지역 거주민들이 요령성 전 지역은 물론 길림
성지역을 포함하여 한반도의 거주민들과 함께131) 동일한 민족이었다는
사실을 볼 수 있으며, 이는 고조선문명권을 나타내고 있다고 생각된다.

요서지역과 마찬가지로 지금의 요동반도와 요동지역 및 압록강유역
의 경우도 고조선의 특징적 유물들만이 주로 출토되고, 중국식 유물은
거의 출토되지 않는다. 특히 심양(沈陽)지역은 신석기시대에서 청동기

---

130) 內蒙固自治區文物考古硏究所·克什克騰旗博物館, 〈內蒙古克什克騰旗龍頭山遺址
第一·二次發掘簡報〉,《中國考古集成》東北卷 靑銅時代(一), 841~847쪽.
131) 박선희,《고조선복식문화의 발견》, 지식산업사, 2011 참조.

시대문화로 발전상황을 잘 보여 주는 유적지역으로[132], 신락(新樂) I (서기전 4600년~서기전 4100년, 수정연대 5200~4800년), 고태산(高台山) 조공가(肇工街) I, 고태산 II (서기전 1420±90년, 수정연대 1670±135년), 정가와자 I (춘추시기), 조공가 II (춘추시기), 신락 II 문화로의 진행 상황에서 고조선문화의 발달양상을 잘 전달해 주고 있는 경우이다. 그 밖의 송화강(松花江)유역의 길림시 후석산(猴石山) 유적에서는 경형식(鏡形飾) 6개[133], 길림 화전횡도하자(樺甸橫道河子) 서황산둔(西荒山屯) 유적에서 동경(銅鏡) 3점[134]이 출토되었는데 역시 고조선 고유의 특징적 청동거울이다.

〈표 6〉 요동반도와 요동지역 및 압록강유역의 유물 출토 상황

유물 출토지	연 대	고조선의 특징적 유물 출토 내용
심양 정가와자(鄭家洼子)	정가와자 1기 (춘추 말기)	동경(銅鏡) 1점, 경형식(鏡形飾) 14개,[135] 비파형동검[136]
심양 남탑(南塔)	춘추 말기	비파형동검[137]
심양 법고(法庫)	춘추 말기	비파형동검[138]
본계(本溪) 고태자 양가(高台子梁家)	춘추 중만기	동경 1점[139]
무순(撫順)	춘추시대~전국시대	부채모양 청동도끼[140], 비파형동검[141]
철령시(鐵嶺市) 강평현(康平縣) 순산둔(順山屯) 유적	신락(新樂)상층 문화시기	옥식(玉飾) 1개, 뼈비녀, 골주(骨珠) 등[142]
창도현(昌圖縣)	전국시대~한대(漢代)	세형동검[143], 철기
본계	서기전 600년~ 서기전 400년	고대의 석축방(石築防)호 위장(圍墻)이 두 길로 남북으로 있음[144], 비파형동검, 청동거울[145]

132) 中國社會科學院考古研究所東北工作隊, 〈沈陽肇工街和鄭家洼子遺址的發掘〉, 《中國考古集成》 東北卷 靑銅時代(二), 1883~1888쪽.
133) 張錫瑛, 〈試論東北地區先秦銅鏡〉, 《中國考古集成》 東北卷 靑銅時代(一), 235~242쪽.
134) 위와 같음.
135) 中國社會科學院考古研究所東北工作隊, 〈沈陽肇工街和鄭家洼子遺址的發掘〉, 《中國考古集成》 東北卷 靑銅時代(二), 1883~1888쪽.
136) 沈陽市文物工作組, 〈沈陽地區出土的靑銅短劍資料〉, 《中國考古集成》 東北卷 靑銅

유물 출토지	연 대	고조선의 특징적 유물 출토 내용
집안현(集安縣) 태평오도령구문 (太平五道岭溝門)	춘추시대~전국시대	동경 1점146)
단동(丹東) 관전쌍산월가보 (寬甸双山越家保)	춘추시대~전국시대	동경 3점147)
요동반도 후목성역루상 (后牧城驛樓上)묘지		요동반도에서 동경 등이 출토된 예가 공백이었으나 1개가 원판구뉴 (圓板具鈕)의 청동조각 출토
신금현(新金縣) 마소점(馬小店) 서산(西山)	서기전 400년~ 서기전 300년	비파형동검 3개148)
대련(大連) 우가촌 (于家村) 타두(坨頭) 적석(積石)묘지	3230±90년 (교정 3505±135년), 3280±85년 (교정 3555±105년) 상말주초(商末周初)	청동장식단추2개(청동2-1803), 석 주(石珠), 도주(陶珠), 마노(瑪瑙), 녹송석(綠松石)149)
장해현(長海縣)	서주 말기~진(秦) 말기	비파형동검150)
여순구구 (旅順口區) 후목성역 (后牧城驛)	서기전 500년~ 서기전 300년	1호묘: 3개, 청동장식단추 19개, 다 공원형식(多孔圓形飾) 4개, 이 공방형식(二孔方形飾) 1개, 2호묘: 원형청동장식단추 1개, 쌍 공(双孔)원형청동장식 3개 등 3호묘: 비파형동검 4개, 방울 1개, 청동장식단추 8개151)
단동지구(丹東地區)	전국 중만기	세형동검152)
단동월가보 (丹東越家堡)	서주 만기~전국 만기	소면경(素面鏡)153)
관전(寬甸)	서주 만기~전국 만기	소면경154)
화전(樺甸) 서황산둔	서주 만기~전국 만기	소면경155)
집안(集安) 오도령 구문(五道岭溝門)	서주 만기~전국 만기	소면경156)

時代(二), 1880~1881쪽; 中國社會科學院考古硏究所東北工作隊, 〈沈陽肇工街和鄭
家洼子遺址的發掘〉, 《中國考古集成》 東北卷 青銅時代(二), 1883~1888쪽.
137) 위와 같음.
138) 沈陽市文物工作組, 〈沈陽地區出土的青銅短劍資料〉, 《中國考古集成》 東北卷 青銅

이상의 문헌분석과 고고학 유물자료들로부터 다음의 내용이 정리된다.

첫째, 지금의 요동지역과 요서지역은 한반도지역과 마찬가지로 서기 전 2세기 무렵까지 고조선사람들이 주로 거주하던 하나의 정치권으로

時代(二), 1880~1881쪽.

139) 魏海波,〈本溪梁家出土青銅短劍和双鈕銅鏡〉,《中國考古集成》東北卷 青銅時代(二), 2053쪽.

140) 孫守道·徐秉琨,〈遼寧寺兒堡等地青銅短劍與大伙房石棺墓〉,《中國考古集成》東北卷 青銅時代(二), 1592~1599쪽.

141) 撫順市博物館考古隊,〈撫順地區早晚兩類青銅文化遺存〉,《中國考古集成》東北卷 青銅時代(二), 1997, 1989~1994쪽; 撫順市博物館,〈遼寧撫順市發現青銅短劍〉,《中國考古集成》東北卷 青銅時代(二), 2004쪽.

142) 辛店山,〈康平順山屯青銅時代遺址試掘報告〉,《中國考古集成》東北卷 青銅時代(二), 1946~1956쪽.

143) 裵耀軍,〈西豊和隆的兩座石棺墓〉,《中國考古集成》東北卷 青銅時代(二), 1983~1984쪽; 裵耀軍,〈遼寧昌圖縣發現戰國,漢代青銅器及鐵器〉,《中國考古集成》東北卷 青銅時代(二), 1987~1988쪽.

144) 高美璇,〈本溪縣傳樓鄕越甸青銅時代遺址〉,《中國考古集成》東北卷 青銅時代(二), 2052쪽; 魏海波,〈本溪梁家出土青銅短劍和双鈕銅鏡〉,《中國考古集成》東北卷 青銅時代(二), 2053쪽.

145) 魏海波,〈遼寧本溪發現青銅短劍墓〉,《中國考古集成》東北卷 青銅時代(二), 2041~2042쪽; 梁志龍,〈遼寧本溪劉家哨發現青銅短劍墓〉,《中國考古集成》東北卷 青銅時代(二), 2046쪽; 魏海波,〈本溪連山關和下馬塘發現的兩座石棺墓〉,《中國考古集成》東北卷 青銅時代(二), 2060쪽.

146) 張錫瑛,〈試論東北地區先秦銅鏡〉,《中國考古集成》東北卷 青銅時代(一), 235~242쪽.

147) 위와 같음.

148) 劉俊勇,〈新金縣馬小店西山曲刃青銅短劍寶藏〉,《中國考古集成》東北卷 青銅時代(二), 1791쪽.

149) 旅順博物館·遼寧省博物館,〈大連于家村坨頭積石墓地〉,《中國考古集成》東北卷 青銅時代(二), 1801~1809쪽.

150) 劉俊勇,〈大連地區曲刃青銅短劍遺存研究〉,《中國考古集成》東北卷 青銅時代(二), 1825~1828쪽; 許明綱,〈大連地區的青銅短劍文化〉,《中國考古集成》東北卷 青銅時代(二), 1829~1836쪽.

151) 旅順博物館,〈旅順口區后牧城驛戰國墓淸理〉,《中國考古集成》東北卷 青銅時代(二), 1816~1820쪽.

152) 許玉林·王連春,〈丹東地區出土的青銅短劍〉,《中國考古集成》東北卷 青銅時代(二), 2070~2072쪽.

153) 주 146과 같음.

154) 위와 같음.

155) 위와 같음.

156) 위와 같음.

고조선문명권을 형성하고 있었음을 알 수 있다.

둘째, 기자 일족은 난하 하류유역에 위치한 객좌지역의 산만자, 소파태구, 북동촌 등을 주요 거점으로 존재했을 것으로 추정된다. 1절에서 기자가 망명한 고조선의 조선지역이 《한서》(漢書)·《진서》(晉書)·《대명일통지》 등의 기록으로부터 이후 한사군의 낙랑군 조선현지역이었음과 난하 동부유역에 위치했음을 알 수 있었는데 고고학의 유물특징으로부터 그러한 사실이 다시 확인된 셈이다.

셋째, 복식유물의 출토 상황으로 보아 약 서기전 2500년경부터 서기전 400년경 무렵에 이르기까지 조양, 적봉, 영성, 건평지역 등의 유물들이 가장 양적으로 풍부하고 질적으로도 수준 높은 화려한 양식들로 나타난다. 아울러 이들 유물들은 제의적 상징의미도 크게 표현하고 있어 이 지역이 고조선의 정치적 중심지였을 가능성을 추정하게 한다.

넷째, 비교적 북쪽에 위치한 적봉, 오한기, 옹우특기, 임서, 파림우기, 극십극등기와 조양, 건평, 영성 등에서는 서기전 3세기에 이르기까지 고조선의 특징적 유적과 유물만이 나타나 고조선의 진번 혹은 임둔지역이었을 가능성이 크다. 이를 아래에서 더 상세히 밝혀 보기로 한다.

고조선문명권의 변화내용을 보다 명확히 하기 위해 남은 문제는 연(燕)나라 소왕(昭王) 때 진개(秦開)가 조선을 침략했던 사실이다. 과연 진개의 침략으로 고조선의 영역이 축소되고 국력이 쇠약해졌는지 여부를 문헌과 고고학의 출토유물로부터 고찰해 보고자 한다. 전국시대 중기인 연나라 소왕(서기전 312~서기전 279년) 때 진개가 조선을 침략했던 내용이 《삼국지》〈오환선비동이전〉 한전(韓傳)에 주석으로 실린 《위략》(魏略)의 내용에 비교적 자세하게 실려 있다. 즉, "옛날 기자의 후손인 조선후는 주(周)나라가 쇠퇴한 것을 보고 연나라가 스스로 높여 왕이라 하며 동쪽의 땅을 침략하고자 하니, 조선후 또한 스스로 일컬어 왕이라 하고 군사를 일으켜 거꾸로 연나라를 공격함으로써 주왕실을 받들고자 하였는데, 그 대부(大夫) 예(禮)가 그것을 간하니 곧 중지하였다. 예를 서쪽으로 보내어 연나라를 설득하니 연도 그것을 중지하고 침공하지 않았다. 그 후 자손들이 점차 교만하고 포학하여지니 연나라는 곧 장수 진개(秦開)를 파견하여 그 서방을 공격하고 땅 2천여 리를 빼앗아 만번한(滿番汗)에 이르러 경계로 삼으니 조선은 마침내 약화되었다"157)고 했다.

　　그러나 《염철론》(鹽鐵論) 〈벌공〉(伐功)편에서는 "연국(燕國)은 동호(東胡)를 물리치고 1천 리의 땅을 넓혔으며 요동을 지나 조선을 침공하였다"158)고 하였다. 이 전쟁은 시기저으로 보아 위의 《위략》에서 말하는 진개의 조선 침략이라 생각된다. 진개가 조선을 침략한 시기는 연나라 소왕시기로 서기전 311년~서기전 279년 사이이다. 당시 연나라는 진(秦)·위(魏)·조(趙)·한(韓)·초(楚)나라 등과 연합하여 산동반도의 강대국이었던 제(齊)나라를 침략하고 도읍이었던 임치(臨淄)를 점령하는 등 가장 강성할 때였다.159) 이후 5년 후 소왕이 사망하자 쇠퇴하기 시작하여 서기전 273년에 이르면 한(韓)·위(魏)·초(楚)의 연합군에게 정벌되며160) 차츰 멸망하기 시작한다.

　　이러한 연나라의 국내외적인 상황은 《염철론》〈벌공〉편의 조선 침공이 진개에 의한 것임을 확인시켜 준다. 또한 진개가 빼앗은 《위략》의 2천 리가 동호 지역의 1천 리를 제외하면 조선 지역의 빼앗긴 지역은 1천 리 정도였음을 알 수 있다. 즉 이 1천 리는 《사기》〈조선열전〉에 연나라가 전성기에 진번과 조선을 침략하여 복속시키고 관리를 두기 위해 장새(鄣塞)를 쌓았다161)고 한 내용과 같은 것으로 1천 리에는 진번과 조선의 지역이 포함되었던 것이다. 그리고 진개의 진번과 조선 침략 후

---

157) 《三國志》卷30 〈烏丸鮮卑東夷傳〉韓傳에 주석으로 실린 《魏略》. "《魏略》曰, 昔箕子之後朝鮮侯, 見周衰, 燕自尊爲王, 欲東略地, 朝鮮侯亦自稱爲王, 欲興兵逆擊燕以尊周室. 其大夫禮諫之, 乃止. 使禮西說燕, 燕止之, 不攻. 後子孫稍驕虐, 燕乃遣將秦開攻其西方, 取地二千餘里, 至滿番汗爲界, 朝　鮮遂弱."

158) 《鹽鐵論》卷45 〈伐功〉. "燕襲走東胡辟地千里, 度遼東而攻朝鮮."

159) 《戰國策》卷305 〈燕〉二;《史記》卷115 〈朝鮮列傳〉. "自治全燕時, 嘗略屬眞番·朝鮮, 爲置吏, 築鄣塞. 秦滅燕, 屬遼東外徼."

160) 《史記》卷34 〈燕召公世家〉惠王 7年條.

161) 《史記》卷115 〈朝鮮列傳〉. "自始全燕時, 嘗略屬眞番·朝鮮, 爲置吏, 築鄣塞."

만들어졌던 국경의 요새인 장새는 이후 연나라가 멸망하고 진제국(秦帝國)이 건립된 후에는 요동의 가장 변경에 있었던 외요(外徼)에 속하게 된다.162)

그러나 《염철론》〈비호〉(備胡)편에는 "대부(大夫)가 말하기를 옛적에 사이(四夷)가 모두 강하여 (중국에) 나란히 쳐들어와 피해를 입혔는데 조선은 요(徼)를 넘어 연나라의 동쪽 땅을 빼앗았다"163)고 기재되어 있다. 이러한 내용으로부터 첫째는 진개가 고조선을 침략한 후에 고조선과 연나라 사이에 설치된 연나라 요새인 '요'를164) 고조선이 다시 수복하여 영토로 했음을 알 수 있다. 둘째는 고조선이 다시 수복하고 연나라의 요가 있던 곳은 진번과 조선지역이었음을 알 수 있다.

이는 다음의 내용에서 더욱 명확히 밝혀진다. 즉 위만이 나라를 세운 후 "이로써 위만은 군사의 위세와 재물을 얻고 그 주변의 소읍(小邑)들을 침략하여 항복시키니 진번과 임둔도 모두 와서 복속하여 (그 영토가) 사방 수천 리나 되었다."165) 그 결과로 위만은 서한(西漢)의 외신(外臣)이 되었던166) 것이다. 그러므로 만일 당시 진번과 임둔지역이 서한의 영토였다면 이처럼 서한의 외신인 위만이 이 지역을 침략할 수 없었을 것이다. 따라서 진번과 임둔은 고조선에 속해 있던 지역의 명칭인데, 이 가운데 진번은 고조선이 수복한 지역이었고 임둔은 고조선에 속해 있던 지역이라고 해석된다.

위의 이러한 내용들을 실제 고고학의 출토유물들로부터 더욱 명확히 밝혀 보기로 한다. 현재까지 발굴 상황에서 전국시대부터 서한시대 이전까지의 보고서가 상당 부분 발표되지 않아 진개(秦開) 진출과 이후

---

162) 《戰國策》卷305〈燕〉二;《史記》卷115〈朝鮮列傳〉. "自治全燕時, 嘗略屬眞番·朝鮮, 爲置吏, 築鄣塞. 秦滅燕, 屬遼東外徼."
163) 《鹽鐵論》卷7〈備胡〉. "大夫曰, 往者四夷具强, 並爲寇虐, 朝鮮踰徼, 劫燕之東地."
164) 《史記》卷115〈朝鮮列傳〉. "自治全燕時, 嘗略屬眞番·朝鮮, 爲置吏, 築鄣塞. 秦滅燕, 屬遼東外徼."
165) 《史記》卷115〈朝鮮列傳〉. "以故滿得兵威財物侵降其旁小邑, 眞番·臨屯皆來服屬, 方數千里."
166) 《史記》卷115〈朝鮮列傳〉. "遼東太守卽約滿爲外臣."

퇴각하고 난 이후의 시대별 상황을 명확하게 파악하기는 어렵다. 그러
나 고고학의 출토 상황으로부터 진개에 의해 설치된 연나라 요새인 요
가 고조선에 의해 상당부분 수복되었음을 파악할 수 있다.

위에서 서술했듯이 진개가 조선을 침략한 시기는 연나라 소왕시기
로 서기전 311~서기전 279년 사이이다. 이 시기에 속하는 요령성 북표
현(北票縣) 동관영자(東官營子) 유적에서 연왕직과(燕王職戈)(그림 36)가
출토되었고,167) 북표시(北票市) 상길영자향(章吉營子鄕) 산관영자촌(三官
營子村)(서기전 403년~서기전 221년) 유적에서는 "연왕직"(燕王職) 등
의 명문이 있는 청동검이 출토되었다. 발굴자들은 이 과(戈)들이 연소왕
시기에 만들어졌을 것으로 분석했다. 그 밖에 객좌와 가깝게 위치한 건
창(建昌)지역에서는 전국시대의 동병과(銅兵戈)168)가 출토되었고, 능원
(凌源)지역에서는 연국전(燕國錢)과 연후우(燕侯盂)169)가, 금서 태집둔

(台集屯) 서가구묘(徐家溝墓)
에서는 중국의 특징을 가
진 청동거울과 은인장(銀印
章), 동모(銅矛)170) 등이 출
토되어 진개의 진출을 충분
히 확인시켜 주고 있다.

〈그림 36〉 동관영자 출토 연왕직과

전국 중기에서 만기에
속하는 능원현(凌源縣) 오도하자(五道河子) 유적에서는 전국 중기에서
후기에 이르기까지 걸쳐진 여러 무덤들이 발굴되었다. 전국 중기에 속
하는 M5 무덤에서는 복식유물로 백화수피에 청동장식의 흔적이 있는

---

167) 張震澤, 〈燕王職戈考釋〉, 《中國考古集成》 東北卷 靑銅時代(二), 1517~1519쪽;
　　公孫燕, 〈燕王職之戈〉, 《中國考古集成》 東北卷 靑銅時代(二), 1520쪽.
168) 方殿春, 〈"八年吉"與"屯留"二戈款識〉, 《中國考古集成》 東北卷 靑銅時代(二),
　　1607~1608쪽.
169) 閻奇, 〈凌源縣發現燕國錢〉, 《中國考古集成》 東北卷 靑銅時代(二), 1504쪽; 張
　　震澤, 〈匽侯盂考說〉, 《中國考古集成》 東北卷 靑銅時代(二), 1512~1516쪽.
170) 錦州市博物館, 〈遼寧錦西縣台集屯徐家溝戰國墓〉, 《中國考古集成》 東北卷 靑銅時
　　代(二), 1602~1603쪽.

부분품들이 출토되었는데, 특히 머리 부분에서 장식품이 많이 출토된 것으로 보아 고조선 복식의 특징을 잘 나타내고 있다. 그러나 전국 만기에 속하는 M7·M8·M9·M10 무덤에서는 북방민족과 중국의 특징적인 복식유물들과 청동검 등이 고조선의 특징적인 청동장식단추 등의 복식유물들과171) 복합적으로 출토되었다. 또한 능원현 소성자(小城子) 유적172)에서는 고조선의 화폐인 명도전이173) 출토되었다. 이러한 사실은 능원현 오도하자지역 등이 진개의 진출 이후 고조선이 이 지역을 다시 수복했음을 알려 주는 것이라고 여겨진다.

그리고 적봉의 일부 지역은 고조선이 다시 수복하지 못해 연나라 요새인 요가 그대로 설치되어 있었을 가능성을 보여 준다. 즉 적봉의 지주산(蜘蛛山) 유적과 삼안정(三眼井)지역에서는 연나라의 유물이 출토되지는 않았으나 진시황 26년에 만들어졌을 "이십육년조서"(二十六年詔書)의 내용이 새겨진 철권(鐵權)이 출토되었기174) 때문이다. 《사기》〈진시황본기〉(秦始皇本紀)에 진시황은 재위 25년(서기전 222년)에 장군 왕분(王賁)으로 하여금 연나라의 요동지역을 공격하게 하였고175) 이후 연나라가 멸망하고 천하를 통일하자 이 지역에 요동군을 설치하였다고 했다. 적봉현의 지주산 유적과 삼안정지역에서 진시황 26년에 만든 철권이 출토되는 것은 그러한 사실을 알려 주는 좋은 자료라고 생각된다.

금서지역은176) 고성(古城) 유적들의 검토로부터 진개의 침략과 관련

171) 遼寧省文物考古研究所, 〈遼寧凌源縣五道河子戰國墓發掘簡報〉, 《中國考古集成》 東北卷 靑銅時代(二), 1505~1511쪽.

172) 范品淸, 〈遼寧凌源縣出土一批尖首刀化〉, 《中國考古集成》 東北卷 靑銅時代(二), 1503쪽.

173) 郭富純·越錫金, 《大連古代文明圖說》, 吉林文史出版社, 2010, 148쪽의 圖 4-20; 박선미, 《고조선과 동북아의 고대 화폐》, 학연문화사, 2009 참조.

174) 昭烏達盟文物工作站, 〈赤峰縣三眼井出土秦鐵權〉, 《中國考古集成》 東北卷 靑銅時代(一), 23~24쪽; 中國社會科學院考古研究所內蒙古工作隊, 〈赤峰蜘蛛山遺址的發掘〉, 《中國考古集成》 東北卷 靑銅時代(二), 689~708쪽.

175) 《史記》 卷6 〈秦始皇本紀〉. "使王賁將, 功燕遼東"

176) 吉林大學校考古學系·遼寧省文物考古研究所, 〈遼寧錦西邰集小荒址秦漢古城址試掘簡報〉, 《考古學集刊》 11期, 中國大百科全書出版社, 1997, 130~153쪽.

이 있을 것으로 여겨진다. 즉 금서 태집둔의 영방고성지(英房古城址) 유적은 한 대의 유적이다. 이 성에서 서북으로 3리 정도에 소황지고성(小荒地古城)이 있는데, 지세가 비교적 높고 주변이 담장으로 둘러쌓였다. 성은 동서로는 210m 정도이고 남북으로 190m 정도이며, 북쪽 담장은 높이가 4m나 된다. 성안에서는 전국시기의 질그릇과 한 대의 기와가 출토되었다. 소황지성의 북쪽과 동서쪽에는 산세를 따라 만들어진 약 800m 길이의 외성(外城)이 있는데, 춘추시대의 질그릇 조각이 발견되었다. 성의 북쪽에 위치한 전구구촌(田九溝村)에는 춘추시대에 속하는 고묘군(古墓群)이 있고 비파형동검과 청동방울, 청동으로 만든 호랑이와 말 등이 출토되었다.[177] 이러한 출토유물의 내용으로 금서지역에는 춘추시대까지 한민족이 거주했던 것으로 추정되며, 전국시기부터 한 초기에 이르기까지 중국세력이 거주하기 시작했다고 생각되는데, 그 시기로 보아 진개의 침략과 관련이 있을 것으로 판단된다. 그러나 전국 후기에 속하는 금서[178]에서 고조선의 화폐인 명도전[179]이 출토되었고, 금서 사인보(寺儿堡) 유적에서는 번개문양이 있는 손잡이의 비파형동검이[180] 출토되어 고조선 세력이 다시 정착했음을 알 수 있다.

진개에게 전혀 침략되지 않았을 가능성이 있는 지역들도 유물 분석으로부터 고찰이 가능하다. 그 대표적 분석 대상이 되는 유적과 유물들이 출토되는 지역은 진개가 진출했던 북표(北票)와 건창(建昌) 등과 가까운 지역에 위치하는 의현(義縣)·부신(阜新)·금주(錦州)·금현(錦縣)·능원(凌源)의 일부 지역 등이다. 전국 후기에 속하는 금주[181]·능원현 소

177) 王成生,〈錦西邰集屯英房古城址調査〉,《中國考古集成》東北卷 秦漢至三國(二), 832~833쪽.
178) 錦州市文物管理委員會,〈遼寧錦西縣邵集屯發現戰國刀幣〉,《中國考古集成》東北卷 青銅時代(二), 1584~1587쪽.
179) 郭富純·越錫金,《大連古代文明圖說》, 吉林文史出版社, 2010, 148쪽의 圖 4-20; 박선미,《고조선과 동북아의 고대 화폐》, 학연문화사, 2009 참조.
180) 孫守道·徐秉琨,〈遼寧寺兒堡等地青銅短劍與大伙房石棺墓〉,《中國考古集成》東北卷 青銅時代(二), 1592~1599쪽.
181) 劉謙,〈錦州市大泥洼遺址調査記〉,《中國考古集成》東北卷 青銅時代(二), 1588

〈그림 37〉 금주구 팔리장(八里莊) 유적
출토 명도전

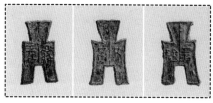

〈그림 38〉 장하시(莊河市)
첨산대장송(尖山大張宋) 유적 출토 포전

성자 유적182) 등에서는 고조선의 화폐인 명도전(그림 37)이183) 출토되었고, 금현에서는 포전과 방형의 구멍이 있는 원전(圓錢)184)이 출토되었다. 중국학자 장박천(張博泉)은 "명도"(明刀)화폐의 면문(面文)을 해석하여 조선(朝鮮)의 화폐로 보았다.185) 금현 유적에서 출토된 포전은 중국 동북지역과 한반도 서북지역에서 주로 출토되고 대릉하유역과 요동반도지역에서 유통력을 가졌다(그림 38)186). 또한 중국학자들은 "일도"(一刀)의 명문이 있는 원전(圓錢)은 북방지역에서 주로 사용되었던 것으로 중국의 화폐가 아님을 밝히고 있다.187) 한반도에서 명도전이 출토되는 주요 유적으로는 평안북도 용연동과 정백동 유적, 전라남도 무안군과 강진군, 경상북도 영주군 등을 들 수 있다.188) 그 밖에 요령성 지역에서는 첨수도(尖首刀)(그림 39)189)가 출토되기도 하는데 중국학자들은 이를 명도전의

~1589쪽.
182) 范品淸,〈遼寧淩源縣出土一批尖首刀化〉,《中國考古集成》東北卷 靑銅時代(二), 1503쪽.
183) 주 179와 같음.
184) 李凱·劉承斌,〈錦縣白台子鄕王家窩鋪出土戰國錢幣〉,《中國考古集成》東北卷 靑銅時代(二), 1600~1601쪽.
185) 張博泉,〈"明刀"幣研究續說〉,《北方文物》2004年 第4期, 北方文物出版社, 48~52쪽.
186) 郭富純·越錫金,《大連古代文明圖說》, 吉林文史出版社, 2010, 148쪽의 圖 4-17~19.
187) 위와 같음.
188) 한양대학교 박물관,《한양대학교박물관 收藏 遺物選》, 한양대학교 출판원, 1995, 44~45쪽.

조형(祖形)으로 보기도 한
다.190)

　이들 지역 가운데 특
히 능원 삼관전자(三官甸
子)지역은 전국시기에 속

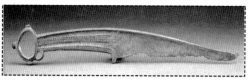

〈그림 39〉
무순(撫順) 망화촌(望花村) 출토 첨수도

하는 고조선의 특징적인 청동기와 제의식에 사용되었을 개구리장식(제1
부 제4장의 그림 3 참조)들과191) 청동세 호랑이 장식들(그림 40), 금제
호랑이(그림 41)와 사슴장식(그림 42)192) 등이 출토되고 있어 진개의
진출지역과 무관함을 확인시켜 준다.

〈그림 40〉 삼관전자 출토 청동제 호랑이들

〈그림 41〉 삼관전자 출토 금동제 호랑이   〈그림 42〉 삼관전자 출토
　　　　　　　　　　　　　　　　　　　금동제 사슴

　또한 연나라 진개가 진출한 지역이 가장 동쪽으로는 북표지역이었
음도 알 수 있다. 북표와 가깝지만 북표의 동쪽에 위치한 의현(義縣)지

189) 徐秉琨·孫守道, 《中國地域文化大系－東北文化》, 上海遠東出版社, 1998, 75쪽 그
　　림 83.
190) 王毓銓, 《我國古代貨幣的起源和發展》, 科學出版社, 30～34쪽.
191) 遼寧省博物館, 《遼河文明展》, 遼寧省文物考古硏究所, 2006, 92쪽.
192) 遼寧省博物館, 《遼河文明展》, 91쪽의 그림 1·2.

역은 유물성격에 변화가 전혀 보이지 않기 때문이다. 의현지역은 하가
점 하층문화 유적이 20여 곳이나 발굴되었고, 위영자(魏營子)유형 유적
과 후기 청동기시대 유적 또한 40여 곳 발견된 넓고 큰 규모의 취락지
였다. 그러한 까닭에 의현 유적에서는 한 유적에서 비파형동검이 6개나
출토되기도 하였다.193) 또한 부신(阜新)지역도 마찬가지이다. 부신지역
에서는 이른 시기의 신석기시대 유적인 사해(查海)문화 유적(서기전
5600년경)이 발견되었는데, 이 유적은 흥륭와문화가 발굴되기 이전까지
는 세계에서 가장 이른 시기의 옥기가 출토된 지역이었다. 사해문화 유
적에서는 옥귀걸이, 옥구슬 등의 장식품과 실용공구인 옥도끼와 옥칼,
화살촉 등 다양한 옥기가 출토되었다.194) 뿐만 아니라 부신(阜新)의 호
두구묘(胡頭溝墓) 유적에서는 서기전 8세기에서 서기전 5세기에 속하는
무덤 유적에서 2개의 비파형동검이 출토되었다. 특히 이 부신 유적에서
는 산의 지형에 따라 만들어진 하가점 하층문화 후기부터 청동기시대에
이르는 석성(石城)이 10여 곳에서 발견되어 속칭(俗稱) '석두성자'(石頭
城子) 또는 '산성자'(山城子)라고 불리우기도 하는데, 비파형동검이 모두
13개가 출토되었다. 기타 출토된 복식유물들의 특징은 고조선의 고유
양식을 보인다. 예를 들어 가락바퀴의 문양과 장식단추의 양식, 머리꽂
이가 그러하다.195)

앞에서 《염철론》〈벌공〉편, 《위략》, 《사기》〈조선열전〉, 《염철론》〈비
호〉편의 내용으로부터 진개의 고조선 침략 이후 고조선과 연나라 사이
에 설치된 연나라 요새〔徼〕를 고조선이 1천 리 정도 다시 수복하여 영토
로 했다는 사실을 분석했다. 그리고 고조선이 다시 수복하고 연나라의

---

193) 義縣文物管理所, 〈義縣出土靑銅短劍〉, 《中國考古集成》東北卷 靑銅時代(二), 1604
    ~1605쪽; 劉劍, 〈義縣出土石棺〉, 《中國考古集成》東北卷 靑銅時代(二), 1606쪽.
194) 魏運亨·卜昭文, 〈阜新查海出土七八千年前的玉器〉, 《中國考古集成》東北卷 新石
    器時代(二), 1639쪽; 方殿春, 〈阜新查海遺地的發掘與初步分析〉, 《中國考古集成》
    東北卷 新石器時代(二), 1646~1651쪽.
195) 李品淸·佟宝山, 〈阜新地區先秦古遺存研究綜術〉, 《中國考古集成》東北卷 靑銅時
    代(二), 1523~1526쪽; 遼寧省文物考古硏究所·吉林大學考古學系, 〈遼寧阜新平頂
    山石城址發掘報告〉, 《中國考古集成》東北卷 靑銅時代(二), 1527~1540쪽.

요가 있던 곳은 진번과 조선지역이었음도 확인했다. 고고학의 발굴유물들을 통해 진개의 진출지역은 적봉·북표·건창·금서·능원 등 일부 지역이고, 고조선이 다시 일부 지역을 수복한 것으로 나타났다.

이상의 문헌과 고고학의 유물 분석으로부터 기자 일족은 지금의 난하 하류 동부유역에 위치한 객좌의 일부 지역인 산만자, 소파태구, 북동촌 등에 거주했음을 알 수 있다. 1절에서 서술한 기자의 일족이 거주했던 낙랑군 조선현이 바로 이 지역들을 포함한 지역이었던 것이다. 그리고 《위략》에서 진개가 빼앗았다는 2천 리는 동호(東胡) 지역의 1천 리를 제외하면 고조선지역은 1천 리 정도를 빼앗겼다고 볼 수 있는데 이후 상당 부분 다시 수복되었음을 알 수 있다. 이 1천 리에 속하는 지역에 진번과 지역명칭으로서의 조선이 있었다. 그리고 임둔지역은 진개에 침략과 무관한 지역이라고 하겠다.

지금까지의 분석 내용으로부터 고조선의 조선과 진번 및 임둔지역의 위치를 추정해 보면 다음의 내용이 될 것이다.

첫째, 1절에서 한사군의 낙랑군 조선현이 난하 하류 유역 갈석산에 가까운 지역이었다고 한 내용과, 《염철론》〈비호〉편의 기록에서 진번과 조선지역이 연나라의 요가 있던 곳인데 고조선이 다시 수복했던 지역이라고 한 점으로 보면, 고조선의 조선지역은 기자족이 거주했던 객좌지역과 인접하며 다시 수복한 고조선의 유물 흔적을 보이는 건창·능원·금서지역일 가능성이 클 것으로 생각된다.

둘째, 진번지역은 연나라의 요가 있던 곳인데 고조선이 다시 수복했던 지역으로, 조선지역보다 난하유역에서 떨어져 있을 것이므로 적봉·북표 등이 속했을 것이라 생각된다.

셋째, 적봉에서 비교적 북쪽에 위치하며 진개의 진출과 무관한 오한기·옹우특기·임서·파림우기·극십극등기와 아래쪽에 위치한 조양·건평·영성 등에서는 서기전 3세기에 이르기까지 고조선의 특징적 유적과 유물들만이 지속적으로 나타나 고조선의 진번지역에 속했을 가능성이 크다. 이 지역은 적봉·북표·조양·건평·영성·오한기·옹우특기·임서·파림우

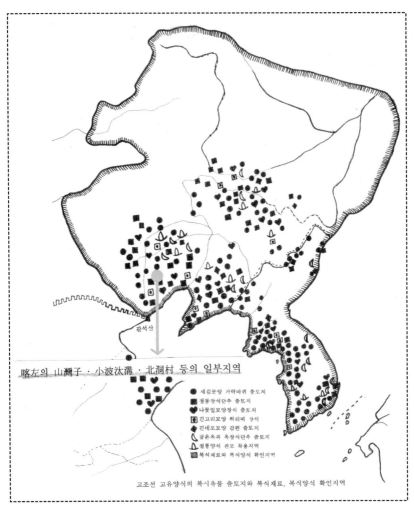

喀左의 山灣子 · 小波汰溝 · 北洞村 등의 일부지역

■ 새김문양 가락바퀴 출토지
■ 청동장식단추 출토지
✔ 나뭇잎모양장식 출토지
◨ 긴고리모양 허리띠 양식
◆ 긴네모모양 갑편 출토지
◖ 굽은옥과 옥장식단추 출토지
◗ 청동양식 관모 착용지역
▦ 복식재료와 복식양식 확인지역

고조선 고유양식의 복식유물 출토지와 복식재료, 복식양식 확인지역

〈지도 1〉 '조선후' 거주 추정지역

고조선 고유 양식의 복식유물 출토지와 복식재료, 복식양식 확인지역 위에 '조
선후'의 거주 추정지역을 아래에 표시하였다.

기·극십극등기 등을 포함하는 매우 넓은 지역이었을 것으로 생각된다.

넷째, 진개의 침략과 무관했던 의현·부신·금주·금현지역 등은 임둔
지역에 속했을 것으로 추정된다. 이 진번과 임둔 등의 위치에 대해서는
제3부 제1장의 4절에서 한사군과 관련하여 더욱 상세히 고찰할 것이다.

3. 평양지역 복식유물 특성으로 본 최씨낙랑국과 낙랑군

평양 낙랑(樂浪)구역 무덤들에서는 해방 이전과 이후 많은 양의 사
직물(누에천)196)이 복식유물들과 함께 출토되었다. 한사군의 하나인 낙
랑군의 위치에 대하여 그동안 많은 연구가 진행되어 왔다. 낙랑군 위치
에 대한 학계 견해는 현재의 대동강유역을 중심으로 본 평양설과197) 북
한학자들이 주장하는 요동설,198) 또는 요서지역에 위치했을 것으로 주
장되는 난하설199) 등이다. 그러나 낙랑군 위치 연구에서 낙랑구역 무덤
들에서 출토된 복식유물에 관한 분석은 소홀히 다루어졌고, 복식유물
가운데 직물에 대한 분석은 연구되지 않았다.

일제시대 낙랑 왕광(王光)무덤에서 견(絹)직물이 출토되어 동경공업
대학(東京工業大學)에서 조사했으나 직조방법에 관한 간단한 내용만 정
리되었다.200) 대동군 정백리(貞柏里)에 위치한 무덤들에서도 실크가 출
토되었으나 상세히 분석하지 않았다.201) 처음으로 이루어진 직물에 대
한 구체적인 연구는 일제시대 교토섬유대학에서 처음으로 평양 낙랑구
역에 위치한 왕우무덤, 채협총, 토성동 486호 무덤 등에서 출토된 누에

196) 이 책에서 고대 한국에서 생산한 絲織物을 누에천이라는 명칭으로 서술하는
까닭에 대해 이 책 제4부 제1장 3절의 '누에천 생산의 고유성과 생산품의 우
리말'에서 상세히 밝힌다.

197) 池內宏, 〈樂浪郡考〉, 《滿鮮地理歷史硏究報告》 16, 1941(《滿鮮史硏究》 上世 第1
册, 吉川 弘文館刊行, 昭和26(1951), 19~61쪽 재수록); 도유호, 〈왕검성의 위
치〉, 《문화유산》, 1962-5, 60~65쪽; 李丙燾, 〈樂浪郡考〉, 《韓國古代史硏究》, 박
영사, 1976, 133~157쪽.

198) 리지린, 《고조선연구》, 과학원출판사, 1963, 187~191쪽; 이순진·장주협,
《고조선문제연구》, 평양, 1973; 사회과학원고고학연구소, 《고조선문제연구논문
집》, 1977 참조.

199) 尹乃鉉, 〈漢四郡의 樂浪郡과 平壤의 樂浪〉, 《韓國古代史新論》, 一志社, 1986,
331~340쪽; 윤내현, 《고조선연구》, 一志社, 1994, 358~395쪽. 윤내현은 灤河
유역을 고대의 요동지역으로 보고 있다.

200) 小場恒吉·榧本龜次郎, 《樂浪王光墓-貞柏里·南井里二古墳發掘調査報告》, 昭和
10年(1935년), 朝鮮古蹟硏究會, 48~62쪽.

201) 關野貞, 〈平壤附近に於ける樂浪時代の墳墓 一〉, 《古蹟調査特別報告》 第一册,
朝鮮總督府, 大正 11년(1922년), 14쪽.

천을 실험 분석한 것이었다. 그러나 왕광무덤이나 정백리무덤과 마찬가지로 이 무덤들이 한사군의 하나인 낙랑군의 유적일 것으로 분류되어[202] 출토된 누에천의 문화적 성격도 당연히 중국 한나라의 생산품일 것으로 단정했다.[203] 이처럼 일본 학자들이 한국 고대 누에천에 대해 단순한 분석의 틀을 가지는 것은 다음 이유 때문이다. 일본학자들은 대동강유역을 낙랑군의 위치로 인정하고 논리를 전개하였고, 또한 고조선에서 누에천을 충분히 생산하지 못했을 것이라고 단정하였기 때문이다.

지금까지 고대 한국의 양잠기술은 서기전 12세기 말경 기자에 의해 중국으로부터 수입된 것이라는 견해가 정론처럼 통용되었다. 그 까닭은 문헌자료인 《한서》와 《후한서》에 기재된 서로 다른 내용을 무분별하게 해석한 결과이다. 중국에서 누에천 생산은 서기전 2700년경부터였다. 고조선은 건국 초기인 서기전 2209년경부터 중국과 계속 우호적인 정치적 관계를 맺어 왔다. 이 시기에 중국은 500년 이상 축적된 양잠기술을 가지고 있었다. 이렇듯 중국과 계속 교류를 하면서도 양잠기술을 수입하지 않고 있다가 서기전 12세기경에 와서야 비로소 기자로부터 양잠기술을 배우기 시작했다는 것은 설득력이 없다. 실제로 고조선은 신석기시대부터 양잠기술을 발전시켜 왔다. 그러므로 기자에 의하여 고조선에 양잠기술이 전달되었다는 《후한서》〈동이열전〉에 나오는 기록은 기자의 치적을 높이기 위해 윤색된 것이다.[204]

고대 한국은 중국에서 누에천을 생산한 시기인 서기전 2700년보다 앞서 지금부터 약 6,000년 전에 이미 누에천을 독자적으로 생산했을 가능성이 크다. 요령성 동구현 후와(后洼) 유적에서 누에의 조소품이 출토되었는데, 발굴자들은 이 유적의 연대를 지금부터 약 6,000년 전으로 밝혔다.[205] 홍산문화에 속하는 내몽고 파림우기(巴林右旗) 나사태(那斯

---

202) 關野貞, 앞의 책, 16쪽; 小場恒吉·榧本龜次郎, 앞의 책, 61~62쪽.

203) 조희승, 《조선의 비단과 비단길》, 사회과학출판사, 2001, 30~31쪽. 조희승은 "'고대비단천분석표·2'와 '고대비단천분석표·3'의 실험분석자료가 일본 교토섬유대학의 명예교수 누노메 준로가 진행한 비단분석결과"라고 했다.

204) 박선희, 《한국고대복식-그 원형과 정체》, 지식산업사, 2002, 125~150쪽.

台) 유적 등에서도 옥잠(玉簪)이 출토되었다.[206] 홍산문화의 또 다른 유적에서도 옥으로 만든 누에 모형 장식품이 다수 출토되었다(제3부 제1장 1절의 그림 1~4 참조).[207] 또한 고조선지역의 신석기시대 유적에서 통잎뽕나무 조각무늬가 새겨진 질그릇이 출토되었다. 따라서 한민족의 거주지역에서 메누에가 토종 뽕누에로 순화된 시기가 신석기시대라는 사실이 밝혀졌다. 그리고 북한학자 조희승이 평양의 낙랑구역 무덤들에서 출토된 고조선시기의 누에천을 실험·분석하여 고조선에서 생산했던 누에천의 독자성과 고유성을 확인했다.[208]

조희승은 해방 전후시기에 낙랑구역 11개 무덤들에서 출토된 누에천을 실험 분석하여 그 특징을 정리하였다. 또한 이를 근거로 일본 교토섬유대학에서 진행한 무덤들의 분석결과가 한민족이 생산한 누에천의 특징과 같다고 밝혔다. 그는 실크의 특징뿐만 아니라 고대 한국의 누에품종이 중국의 넉잠누에가 아닌 석잠누에라고 밝혔다. 이로써 일본학자들이 평양 일대에서 출토된 누에천은 조선 토종의 석잠누에로부터 뽑은 것이 틀림없지만[209] 그 연원은 중국의 산동일대에서 넘어 온 중국계통 넉잠누에라고 한 주장을 반박했다.[210]

이러한 결과와 문헌자료 및 고고학 발굴자료 등을 중심으로, 필자는 낙랑구역에서 출토된 누에천과 같은 시기 중국 누에천을 상세히 비교분

205) 許玉林·傅仁義·王傳普,〈遼寧東溝縣后洼遺址發掘槪要〉,《文物》1989年 第12期, 1~22쪽. 后洼 유적은 방사성탄소측정에 의하여 서기전 6055±96년·6165±96년· 6180±96년·6205±96년·6255±170년 등의 연대를 얻었다.

206) 巴林右旗博物館,〈內蒙古巴林右旗那斯台遺址調査〉,《中國考古集成》東北卷 新石器時代(一), 北京出版社, 1997, 536쪽; 孫守道·劉淑娟,《紅山文化 玉器新品新鑒》, 吉林文史出版社, 揷圖 13·14.

207) 巴林右旗博物館,〈內蒙古巴林右旗那斯台遺址調査〉,《中國考古集成》東北卷 新石器時代(一), 536쪽; 孫守道·劉淑娟,《紅山文化 玉器新品新鑒》, 吉林文史出版社, 揷圖 13·14; 王冬力,《紅山石器》, 화예출판사, 2007, 182쪽; 載 燁·侯文海·鄭耿杰,《眞賞紅山》, 內蒙古人民出版社, 2007, 76쪽.

208) 조희승,《조선의 비단과 비단길》, 사회과학출판사, 2001, 4~23쪽 참조.

209) 布目順郎,〈樂浪土城出土의 絹織物について〉,《彌生文化博物館硏究報告》1, 大阪府立彌生文化博物館, 1992, 31~35쪽.

210) 布目順郎,《絹と布の考古學》, 雄山閣, 1988, 12~36쪽; 조희승, 앞의 책, 19~34쪽.

석하여 낙랑구역에서 출토된 누에천의 성격을 구체적으로 밝힌 바 있다.[211] 이러한 사실들은 고조선의 누에천 생산기술이 중국으로부터 수입된 것이 아닌 독자적인 발달과정을 이루고 있다는 것을 입증해 주는 것이며, 기자에 의하여 고조선에 양잠기술이 전달되었다는 《후한서》 〈동이열전〉의 기록은 기자를 높이기 위해 윤색된 것임도 확인할 수 있다. 또한 한반도와 만주지역의 양잠기술이 홍산문화시기로 거슬러 올라갈 가능성도 생각해 보게 한다.

한반도에서는 신석기시대에 속하는 평양시 삼석구역 호남리 유적 (서기전 3000년경)에서 질그릇이 출토되었는데 그 밑바닥에는 뽕잎무늬가 있었다. 이것은 이 유물을 남긴 사람들이 누에를 길렀다는 것을 간접적으로 말해 준다. 이 질그릇 밑바닥의 뽕잎무늬가 통잎인 것은 이때 한민족이 야생종인 분열잎 뽕나무와 함께 통잎 뽕나무를 재배했다는 사실을 나타낸다.[212] 또한 고조선보다 앞선 신석기시대 분열잎 뽕나무를 먹는 야생누에에서 토종뽕누에로 순화되어 갔음을 간접적으로 알 수 있다. 이러한 사실을 밝혀주는 유적으로는 평양시 삼석구역 호남리 남경 유적 외에도 평안북도 룡천군 신암리 모래산 유적, 함경북도 선봉군 굴포리 서포항 유적, 자강도 강계시 공귀리 유적 등을[213] 들 수 있다.

조희승은 이 유적들에서 나타나는 나뭇잎 형태가 뽕나무 종류 가운데 산뽕나무잎과 흡사하고, 모두 가운데 굵은 주선을 새기고 5~6개의 가지선을 그렸다고 밝혔다.[214] 그 외에 신석기시대의 황해북도 봉산군 지탑리 유적 제2지구에서 출토된 질그릇에는 누에를 반복해서 새긴 문양이 보인다.[215] 조희승은 이 질그릇에 새겨진 누에는 머리에서 꼬리

211) 박선희, 《고조선복식문화의 발견》, 지식산업사, 2011 참조.
212) 조선기술발전사편찬위원회, 《조선기술발전사》 원시·고대편, 1997, 171쪽.
213) 조선유적유물도감편찬위원회, 《조선유적유물도감》 고조선·부여·진국편, 외국 문물종합출판사, 1989, 사진 206; 과학 백과사전출판사, 〈남경유적에 관한 연구〉, 《고고민속》, 1966년 3호, 51~52쪽; 고고학연구소, 《고고민속론문집》 4, 사회과학원출판사, 1972, 100쪽; 〈강계시 공귀리원시유적발굴보고〉, 1959년, 과학원출판사, 46쪽.
214) 조희승, 《조선의 비단과 비단길》, 사회과학출판사, 2001, 7~10쪽.

부분까지 약 12개 정도의 마디가 있고, 앞의 3마디에 가슴다리, 6마디에서 9마디까지 4개 마디에 4쌍의 배다리, 마지막마디에 1쌍의 꼬리다리가 있어 모두 8개의 다리가 있는 메뽕누에라고 분석했다. 한반도의 신석기시대와 청동기시대에 속하는 유물에서 누에와 뽕나무잎의 흔적을 확인한 것이다.

실제로 서기전 약 11세기~서기전 약 8세기경에 속하는 고조선의 요령성 소흑석구 유적에서 누에천이 출토되었다. 이 유적에서는 비파형동검과 함께 청동투구가 2개 출토되었다. 하나는 청동투구의 꼭대기에 장방형의 꼭지가 있고 바깥부분에 누에천이 붙어 있는 것이고, 다른 하나는 꼭대기에 짐승이 있고 기물의 바깥부분에 누에천이 붙어 있다. 그 외에 짐승모양의 청동장식이 30여 개 출토되었는데, 모두 표면에 누에천이 붙어 있어 묘주가 누에천 옷을 입었고 그 위에 청동장식품을 매달았던 것으로 추정된다.216) 투구 속 부분에 누에천을 사용한 것은, 누에천이 일반 직물보다 흡습율이 큰 장점이 있기 때문이라 하겠다. 이처럼 투구에 이르기까지 누에천이 널리 사용되었던 것은 이 시기에 이미 누에천 생산이 보편적으로 이루어졌음을 알게 한다.

중국 양잠의 경우는 산서성 하현(夏縣) 서양촌(西陽村)의 앙소문화(仰韶文化) 유적(서기전 5000년~서기전 3000년)에서 반쪽이 잘린 누에가 출토된 바 있다. 중국학자들은 이 유물을 근거로 신석기시대에 이미 양잠업이 시작되었다고 했다. 이에 대하여 하내(夏鼐)는 신석기 유적에 누에가 온전하게 남아 있을 수 없기 때문에 그 누에는 후대에 앙소문화 유적에 섞여 들어간 것이라며 앙소문화시기에 양잠이 시작되었을 가능성을 부정했다.217)

실제로 서기전 2700년경의 신석기 유적인 절강성 오흥현(吳興縣)의

215) 과학원 고고학 및 민속학연구소, 《지탑리원시유적발굴보고》, 과학원출판사, 1961년, 38~39쪽, 도판 XXXVIII의 3 및 XCIV의 1.
216) 項春松, 〈小黑石溝發現的靑銅器〉, 《中國考古集成》 東北卷 靑銅時代(一), 752쪽; 靑松, 《介紹一件靑銅劍陽短劍》, 《中國考古集成》 東北卷 靑銅時代(一), 755쪽.
217) 夏鼐, 〈我國古代蠶·桑·絲·綢的歷史〉, 《考古》, 1972年 第2期, 12~14쪽.

전산양(錢山樣)에서 집누에로 짠 누에천이 출토되었다.[218] 이후 중국 고고학계는 서기전 2700년경을 누에천 생산의 시작연대로 보며 그보다 앞선 연대에 시작되었을 가능성을 찾고자 노력하였다. 1960년에 산서성 서왕촌(西王村)의 앙소문화 후기층에서 도잠용(陶蠶蛹)이 출토되었다. 이후 약 서기전 3700년경에 속하는 하남성 영양(滎陽) 앙소문화 유적에서는 탄화된 누에천이 출토되기도 했다.[219] 또한 섬서성(陝西省) 서안현(西安縣) 반파(半坡)[220]와 화현(華縣) 등의 앙소문화 유적에서 표면에 마포(麻布)의 흔적이 나타나는 질그릇이 출토되었다.

하내(夏鼐)가 지적한 바와 같이, 앙소문화층에 누에가 온전하게 남아 있을 수는 없을 것이다. 그러나 이러한 고고학의 출토물들은 앙소문화시대에 이미 양잠이 시작되었고 누에천도 생산되었음을 확인시켜 준다.[221] 1978년 절강성 여요현(余姚縣) 하모도(河姆渡) 유적(서기전 4900년)에서 누에 그림과 편직(編織)의 화문(花紋)이 있는 그릇이 출토되었다.[222] 그러나 이 누에는 집누에가 아니고 야생에서 집누에로 변화되어가는 과도기의 것으로 분석되었다. 따라서 중국에서 야생누에는 서기전 5000년경 이전에, 집누에는 서기전 2700년경에 존재했다고 볼 수 있다. 이러한 내용으로부터 고대 한국의 누에천 생산기술이 상·주 교체기에 중국에서 들어왔다는 사서의 기재는 모순임을 알 수 있다.

고대 한국에서는 누에실로 짠 옷감의 종류는 금(錦)·견(絹)·면(綿)·주(紬)·겸(縑)·증(繒)·백(帛)·능(綾)·기(綺)·환(紈)·나(羅)·사(紗)·단(緞)·연(練)·곡(縠)·초(綃) 등으로 다양한 특징을 가진 누에천을 생산했다.[223] 필자는 조희승이 분석한〈고대 비단 천 분석표〉와 1945년 이

218) 回顧,《中國絲綢紋樣史》, 黑龍江美術出版社, 1990, 14~15쪽.
219) 越豊,《絲綢藝術史》, 文物出版社, 2005, 2쪽.
220) 考古研究所西安工作隊,〈新石器時代村落遺址的發現-西安半坡〉,《考古通迅》, 1955年 第3期, 11~16쪽.
221) 回顧,《中國絲綢紋樣史》, 黑龍江美術出版社, 1990, 14쪽.
222) 河姆渡遺址考古隊,〈浙江河姆渡遺址第二期發掘的主要收獲〉,《文物》, 1980年 第5期, 7~11쪽.
223) 주 204와 같음.

전 일본인에 의해 분석된 〈고대 비단 천 분석표〉를 중심으로 한국의 누에천을 같은 시대의 중국 누에천과 비교·분석하였다. 이러한 분석을 통해서 고대 한민족이 생산했던 누에천의 특징을 더욱 세밀히 분석했으며, 아울러 과거 일본인들이 낙랑구역에서 출토된 누에천을 중국의 생산품이라고 단정한 것이 잘못되었음도 밝혔다.[224] 정백동 200호, 정백동 389호, 석암리 212호, 낙랑 토성동 486호, 낙랑 214호 무덤 등의 연대는 대체로 고조선후기에 속한다. 정백동 무덤들과 석암리 212호 무덤[225]에서는 요령성과 한반도지역의 특징적 청동기인 세형동검과 함께 검자루 맞추개가 출토되었고, 고조선의 특징적인 마구장식과 청동장식단추, 청동방울, 잔줄무늬 거울 등이 출토되었다. 토성동 486호 무덤에서는 고조선 후기의 특징을 보이는 세형동검 7자루와 청동과(靑銅戈), 청동방울, 잔줄무늬 거울 등의 유물이 출토되었다.[226]

석암리 212호 무덤 유적에서는 세형동검이 출토되었고, 낙랑구역 정백동의 부조예군무덤에서는 고조선 고유의 양식적 특징을 가지는 청동방울들과 '부조예군'(夫租薉君, 夫租濊君)이라고 새겨진 은인(銀印)이 출토되었다.[227] '부조예군'은 고조선과 위만조선에서 사용했던 관직명이었다.[228] 이러한 연구결과와 평양 낙랑구역 출토 누에천이 고조선의 고유한 천으로 분석되었다. 또한 왕우무덤에서 출토된 칠기에는 '영평(永平) 12년'이라는 명문이 보이는데, 영평 12년은 동한(東漢) 명제(明帝)시대로 서기 69년에 해당한다. 왕우무덤이 조성된 연대가 서기 69년보다 이르지 않음을 나타내는 것이다.

그 밖에 토성지역에서는 '낙랑예관'(樂浪禮官)과 '낙랑부귀'(樂琅富貴) 등의 명문 기와가 출토되었다.[229] 낙랑이라는 문자가 새겨진 기와는 이

---

224) 위와 같음.
225) 박진욱, 앞의 책, 148~158쪽.
226) 조선유적유물도감편찬위원회, 앞의 책, 242~244쪽.
227) 백련행, 〈부조예군(夫租薉君) 도장에 대하여〉, 《문화유산》 1962년 4호, 58~61쪽.
228) 尹乃鉉, 《韓國古代史新論》, 一志社, 1986, 325~326쪽.
229) 關野貞 等, 〈樂浪郡時代の遺蹟〉-古蹟調査報告 第4冊, 朝鮮總督府, 昭和 2(1927),

지역을 한사군의 낙랑군지역으로 보는 중요한 근거가 되었다. 그러나 이 지역에는 최리가 다스렸던 낙랑국이 있었기 때문에 낙랑예관·낙랑부귀 등의 명문이 보일 수 있다는 점도 소홀히 해서는 안 될 것이다. 이들 명문은 이 지역이 반드시 한사군의 낙랑군이었다는 증거가 될 수 없기 때문이다.

기와 명문은 서체 연구에서 한민족의 특징을 나타내는 것으로 고찰되었다. 기와 명문의 필획(筆劃)에 나타나는 특징으로 볼 때, 중국의 와전명문(瓦塼銘文)이 명문을 중심으로 문양과 독립적으로 발전한 점과 달리 낙랑의 와전명문은 문양과 밀접한 관계를 가지면서 문양적 성격을 더 많이 보이고 있는 점이다. 그것은 중국미술은 문자를 주된 장식 수단으로 삼는다. 그러나 낙랑와전 명문에서는 필획을 문양화하고 점획을 원점화시킨 문양모습이 나타난다. 한국 미술은 문양을 주된 장식수단으로 하는 것이 특징이기 때문이다.[230]

‘낙랑예관’(樂浪禮官)의 명문이 있는 와당의 경우(그림 1)[231] 주연부

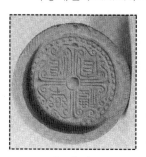

〈그림 1〉
‘낙랑예관’ 명문 수막새

에서부터 등기와까지 모두 승문으로 이어졌는데, 이러한 방법은 한(漢)대 문자와당에서는 사용되지 않던 기법이다. 또한 주연부에는 서한(西漢) 후기부터 사용되어 동한(東漢) 이후에 보편화된 거치문이 보이지 않고 고리문양이 시문되어 있는데, 이러한 고리문양은 한(漢)시대에는 나타나지 않는다.[232] 그 밖에 평양 토성지역에서는 ‘대진원강’(大晉元康)의 문자와당

172~183쪽. ‘樂浪富貴’의 와당에는 ‘樂浪’이 ‘樂琅’으로 되어 있다.

230) 柳在學, 《樂浪瓦塼銘文의 書藝史的 考察》, 홍익대학교 대학원 석사학위논문, 1988 참조.

231) 유창종, 《와당으로 본 한국 고대사의 쟁점들》, 景仁文化社, 2016, 149쪽의 도52, 도54, 유금와당박물관 소장.

232) 허선영, 〈낙랑와당연구—세끼노다다시 이론에 대한 반론적 견해〉, 《中國研究》 제70권, 韓國外國語大學校 中國研究所, 2017, 243~263쪽.

(그림 2)도 출토되었는데 '대진원강'은 서진 혜
제의 연호이다.

또한 남정리 116호 무덤에서는 목찰(木札)이
출토되었다. 목찰의 내용은 "비단 3필을 옛 관
리인 조선승 전굉이 아전을 보내어 가지고 가서
제사 지내게 한다"는 내용이다. 이 내용에 대하
여 북한학자 손영종은, 조선승 전굉이 그 부근

〈그림 2〉
'대진원강' 명문 수막새

에 살고 있었다고 주장하는 견해도 있으나, 오
히려 전굉이 채협무덤 피장자 밑에서 복무하다 먼 곳인 낙랑군으로 가
서 조선승이 되었기 때문에 자신이 오지 못하고 사람을 시켜 재물을 보
냈다고 해석해야 할 것으로 주장했다.[233] 또한 일제시기 토성지역에서
는 약 2백 개의 봉니가 출토되었는데 위조품으로 분석되었다.[234] 이러
한 분석 결과들은 정백동 200호, 정백동 389호, 석암리 212호, 낙랑 토
성동 486호, 낙랑 214호 무덤 등을 대체로 고조선 후기에 속하는 한민
족의 유적으로 해석하게 한다.

이러한 분석내용들은 과거 일본인들이 대동강유역에서 출토된 유적
과 유물을 모두 한사군 낙랑군의 것으로 해석한 것이 잘못이었음을 확
인시켜 준다. 사실상 지금까지 대동강유역에서 발견된 유물과 유적 가
운데는 이 지역이 한사군의 낙랑군이었다는 직접적인 기록을 보여 주는
것은 없다. 그러면 이 시기 평양의 낙랑구역에는 어떠한 정치세력이 존
재했는지 알아보기로 한다.

233) 손영종, 〈락랑문화의 조선적 성격〉,《력사과학》, 2005년 제1호, 과학백과사
   전출판사, 43쪽.
234) 손영종, 〈락랑문화의 유적유물에 대하여〉,《력사과학》, 2005년 제4호, 과학
   백과사전출판사, 64쪽. 분석결과에 대하여 "'樂浪大尹長'이라는 봉니가 3개 나
   왔는데 그 글씨체가 다 다르며, 또 '大尹'이란 신나라(A.D.9년~23년) 때 왕망
   이 '태수'를 고친 관직명이라고 하는데 그때 군이름도 '樂鮮'으로 고쳤으니 마
   땅히 '樂鮮大尹長'으로 되어 있어야 한다"고 설명했다. 또한 200개 봉니의 흙이
   발송한 지방마다 다른 흙으로 만들어졌어야 하는데 모두 낙랑구역의 흙으로
   만들어졌으므로 위조품이라 했다.

고대 문헌에 보여지는 낙랑은 한사군의 낙랑과 열국시대 최리왕의 낙랑국이 있다. 이익(李翼)과 신채호(申菜浩)는 최리왕의 낙랑국이 대동강유역에 위치했을 것으로 밝혔다. 즉 이익은 낙랑을 낙랑군과 낙랑국으로 나누고, 낙랑군은 요동지역에, 낙랑국은 대동강유역에 위치했을 것으로 보았다.[235] 신채호는 낙랑을 남낙랑과 북낙랑으로 나누고, 남낙랑은 대동강유역의 낙랑국으로 최리왕이 다스렸던 나라이고, 북낙랑은 한사군의 낙랑군이라고 했다.[236] 이후 리지린과[237] 윤내현[238]이 그 연구 내용에서 조금씩 차이를 보이지만, 대동강유역에 있었던 낙랑은 한사군의 낙랑군이 아니라 최리의 낙랑국인 것으로 밝힌 바 있다.

최리가 다스렸던 낙랑국의 위치에 대한 다음의 문헌 기록들이 있다. 《삼국사기》〈고구려본기〉 대무신왕 15년조(서기전 3년)에 고구려 대무신왕의 아들 호동이 옥저에 놀러 갔다 낙랑국의 최리왕을 만나 나눈 대화가 있다. 최리왕이 호동에게, "그대의 용모를 보니 보통 사람이 아니다. 그대가 북쪽 나라 신왕의 아들이 아닌가?"하고 물었다.[239] 최리왕이 대화에서 고구려를 북쪽 나라라고 표현한 것으로 보아 최리의 낙랑국은 고구려의 남쪽에 위치하고 있었을 것으로 생각된다.

고구려 영토의 남쪽 경계에 대하여 《삼국사기》〈고구려본기〉 태조대왕(太祖大王)조에, 당시 고구려는 "4년(서기 57년) 가을 7월에 동옥저를 정벌하고 그 땅을 빼앗아 성읍을 만들고 동쪽 경계를 개척하여 바다에 이르고 남쪽으로는 살수(薩水)에 이르렀다"고 했다.[240] 대무신왕 이

235) 李翼, 《星湖僿說類選》 卷1下, 〈天地篇〉 下, 地理門 四郡條 참조.
236) 申采浩, 《朝鮮上古史》, 丹齋 申采浩全集 上, 丹齋 申采浩先生記念事業會, 1978, 141쪽.
237) 리지린, 〈삼국사기를 통해 본 고조선의 위치〉, 《력사과학》, 1966년 3호, 20~29쪽. 리지린은 대동강유역에 위치했던 낙랑은 한사군의 낙랑군이 아니라 최리왕이 다스리던 낙랑국이었다고 밝혔다.
238) 윤내현, 《한국열국사연구》, 지식산업사, 1998, 112~149쪽. 한사군의 낙랑군은 지금의 난하 동부유역에, 대동강유역에는 최리왕의 낙랑국이 있었다고 밝혔다.
239) 《三國史記》 卷14 〈高句麗本紀〉 大武神王 15年條 "夏四月, 王子好童, 遊於沃沮, 樂浪王崔理, 出行因見之, 問曰, 觀君顔色, 非常人, 豈非北國神王之子乎, 遂同歸以女妻之."
240) 《三國史記》 卷15 〈高句麗本紀〉 太祖大王 4年條. "四年, 秋七月, 伐東沃沮, 取其

후 태조대왕 시기까지 고구려 남쪽 국경에 변화가 있었다는 기록은 보이지 않아 대무신왕 때 남쪽 국경도 살수 즉, 청천강이었을 것으로[241] 생각된다. 이러한 내용으로부터 최리왕의 낙랑국은 청천강 이남에 위치해 있었다고 보아야 할 것이다. 실제로《후한서》〈동이열전〉의 예전에는 예의 서쪽에 낙랑이 있다고 했다.[242] 또한 한전에서는 마한의 북쪽에 낙랑이 있고 남쪽으로 왜와 가깝게 있다고 했다.[243] 마한이 북쪽으로 황해도 지역에 위치하고 있으므로,[244] 앞의《후한서》〈동이열전〉에 설명된 낙랑은 최리왕의 낙랑국으로서 대동강유역에 위치하며 고구려의 남쪽 경계인 청천강과 맞닿아 있었다고 하겠다.

조희승이 분석한 낙랑구역 출토 나(羅)직물은 서기전 1세기 전후한 시기에 속한 것이었고, 겸(縑)직물들은 서기 2세기경에 속하는 것이었다.[245] 이 시기에 실제로 낙랑국이 대동강유역에 위치해 있었는지 여부를 알아보기로 한다. 낙랑국의 존속기간을 살펴보면, 최리왕이 다스렸던 낙랑국에 대한 가장 이른 기록이 서기전 28년에 나타나고 있어[246] 건국은 이보다 앞섰을 것으로 생각된다. 이후 낙랑국은 고구려 대무신왕 15년(서기 32년)에 낙랑왕 최리의 공주가 고구려 왕자 호동의 지시로 적이 나타나면 알려 주는 고각(鼓角)을 부수게 되어 고구려의 침략을 받아[247] 국력이 차츰 약화되었고, 서기 37년에 이르러 고구려에 멸망하였다.[248] 서기 44년에 낙랑국은 동한 광무제의 도움으로 재건되어[249] 서기 300년에 대방국과 함께 신라에 투항할 때까지 존속했다.[250]

土地爲城邑, 拓境東至滄海, 南至薩水."

241) 李丙燾,《國譯 三國史記》, 乙酉文化社, 1980, 238쪽.

242)《後漢書》卷85〈東夷列傳〉濊傳."濊北與高句麗·沃沮, 南與辰韓接, 東窮大海, 西至樂浪."

243)《後漢書》卷85〈東夷列傳〉韓傳."韓有三種, 一曰馬韓, 二曰辰韓, 三曰弁辰, 馬韓在西, 其北與樂浪, 南與倭接."

244) 윤내현,《고조선연구》, 512~526쪽.

245) 주 30과 같음.

246)《三國史記》卷1〈新羅本紀〉始祖 赫居世居西干 30年條 참조.

247)《三國史記》卷14〈高句麗本紀〉大武神王 15年條 참조.

248)《三國史記》卷1〈新羅本紀〉儒理尼師今 14年條."高句麗王無恤, 襲樂浪滅之."

이러한 내용으로부터 낙랑국은 적어도 서기전 1세기경에 건국되어 서기 300년까지 존속했으므로 평양지역에서 출토된 서기전 1세기 전후한 시기에 속하는 누에천들은 최리왕의 낙랑국 유물일 가능성이 크다. 서기 300년에 멸망한 낙랑은 최리왕의 낙랑국으로 대동강유역에 위치해 있었으며, 서기 313년에 고구려의 침략을 받은 낙랑은 한사군의 낙랑군이었음이[251] 분명해진다.

이처럼 낙랑구역의 누에천이 보여 주는 특징들은 한사군의 낙랑군이 대동강유역에 위치했다고 보는 종래의 통설에 문제점이 있음을 알게 한다. 지금까지 대동강유역이 한사군의 낙랑군이었음을 실증하는 유물이나 유적은 발견된 바 없다. 게다가 낙랑구역의 무덤들에서는 누에천과 함께 중국이나 북방지역에서 만들어진 유물도 나왔지만, 한민족의 유물이 다량 출토되었다. 일본인들이 한사군의 하나인 낙랑군의 유적과 유물로 해석했던 평양 낙랑구역의 유적과 유물들은 최리왕의 낙랑국 문화로 다시 분류되어야 할 것이다.

4. 문헌과 복식으로 본 위만조선·한사군 영역과 성격

1절에서 낙랑군 수성현이 창려의 갈석지역인 난하 하류 동부유역에 있었고 낙랑군 조선현도 같은 낙랑군에 속하였으므로 멀지 않은 지역에 위치했을 것으로 객좌지역이 포함되었음을 분석하였다. 그리고 2절에서

---

249) 윤내현, 《한국열국사연구》, 지식산업사, 1998, 130~135쪽.

250) 《三國史記》 卷2 〈新羅本紀〉 基臨尼師今 3年條. "3월에 牛頭州에 이르러 太白山에 望祭를 지냈다. 낙랑과 대방 兩國이 귀복하였다(三月, 至牛頭州, 望祭太白山, 樂浪·帶方兩國歸服)."

251) 《三國史記》 卷17 〈高句麗本紀〉 美川王 14年條. "十四年, 侵樂浪郡, 虜獲男女二千餘口."; 박선희, 《한국고대복식-그 원형과 정체》, 지식산업사, 2002; 박선희, 《고조선 복식문화의 발견》, 지식산업사, 2011 참조.

는 기자 일족이 난하 하류 동부유역에 위치한 객좌의 산만자, 소파태구, 북동촌 등에 거주했음과 조선현지역이 이러한 지역들을 포함하고 있었을 것으로 추정했다.

2절에서 진개가 빼앗은 《위략》의 2천 리는 동호지역 1천 리를 제외하면 고조선은 1천 리 정도를 다시 수복했다고 밝혔다. 그리고 진개의 침략지에는 《염철론》·《사기》·《위략》의 기록과 고고학의 발굴유물들을 동해 연나라 요새인 요기 설치되었지만 적봉·북표·건창·금서·능원 등의 일부 지역 등을 고조선이 다시 수복했음을 분석했다. 이 지역이 바로 진번과 조선이 있던 곳이었다. 그리고 진개의 침략과 무관했던 임둔지역에는 의현, 부신, 금주, 금현지역 등이 포함되었음을 밝혔다. 이들 지역보다 북쪽에 위치하며 공통적으로 하가점 상층문화에 속하는 오한기, 옹우특기, 임서, 파림우기, 극십극등기 등의 유적과 조양·건평·영성유적 등에서는 전국시대에 이르기까지 일관되게 고조선의 특징적 유적과 유물들만이 출토되어, 상당히 넓은 영역으로서 진번지역이었을 가능성을 추정했다. 또한 고조선은 연나라의 요가 있던 진번과 조선지역의 대부분을 다시 수복했으나 진번에 속했을 적봉의 일부 지역은 고조선이 다시 수복하지 못했음을 진시황 26년에 만든 철권(鐵權)이 출토되는 것을 예로 들어 분석했다.

고조선이 진번과 조선지역을 다시 수복했던 사실은 《사기》〈조선열전〉의 다음의 내용에서 더 상세히 알 수 있다. 즉 위만이 나라를 세운 후 주변의 소읍들을 침략하여 항복시키자 진번과 임둔도 모두 복속하여 영토가 사방 수천 리나 되었으며,[252] 이로 말미암아 서한의 외신이 되었던 것이다.[253] 만일 당시 진번과 임둔지역이 서한의 영토였다면 서한의 외신인 위만이 이 지역을 침략할 수 없었을 것으로, 진번은 고조선이 수복한 지역이었고 임둔은 고조선에 속해 있던 지역이었음을 밝혀주

---

252) 《史記》 卷115 〈朝鮮列傳〉. "以故滿得兵威財物侵降其旁小邑, 眞番·臨屯皆來服屬, 方數千里."
253) 《史記》 卷115 〈朝鮮列傳〉. "遼東太守卽約滿爲外臣."

고 있는 것이다.

위만조선이 멸망하고 그 영역에 한사군이 설치되었기 때문에 한사군의 위치를 파악하면 위만조선의 영역을 알 수 있다. 기자 일족이 위치했던 낙랑군 조선현은 위만조선에 설치되었던 한사군 가운데 낙랑군에 속해 있었던 25개 현 가운데 하나였다. 그러므로 기자 일족의 거주 지역이었던 고조선의 조선과 위만조선의 낙랑군 영역에는 큰 차이가 있다. 또한 위만이 기자의 후손인 준왕으로부터 정권을 빼앗고 위만조선을 건국한 후 그 영토를 계속 넓혀나갔기 때문에 더욱 그러하다.

위만조선의 영토 확장에 대해서는 《사기》〈조선열전〉에서 "효혜(孝惠)와 고후(高后) 때를 맞이하여 천하가 처음으로 안정되니 요동태수는 바로 (위)만을 외신으로 삼기로 약속하고 …(위)만은 군사적 위엄과 재정적 기반을 갖춘 후 그 주변의 작은 마을들을 쳐서 항복을 받으니 진번과 임둔도 모두 와서 복속되어 (그 영토가) 사방 수천 리가 되었다"254)고 했다. 위만은 위만조선을 건국한 이후 서한의 외신이 되었고, 국방력과 경제적 기반을 갖추고 난 이후 주변을 복속시켜 나갔던 것이다.

제2장에서 위만이 정벌해 나간 주변 지역은 마을들과 진번, 임둔이었는데, 진번과 조선은 고조선이 연나라 침략 이후 수복한 지역이었고 임둔은 고조선에 속해 있던 지역이었음을 고찰했다. 《사기》〈조선열전〉의 주석으로 실린 《사기색은》에 따르면 진번과 임둔은 동이의 소국들로 후에 군으로 삼았다고 한 내용에서 마을들, 진번, 임둔은 본래 모두 고조선에 속해 있던 마을들과 소국이었음을 알 수 있다.

---

254) 《史記》 卷115 〈朝鮮列傳〉. "효혜와 고후 때를 맞이하여 천하가 처음으로 안정되니 요동태수는 바로 (衛)滿을 外臣으로 삼기로 약속하고 국경 밖의 오랑캐들을 막아 변경을 노략질하지 못하도록 할 것이며 여러 오랑캐들의 君長들이 들어와 천자를 알현하고자 하거든 금지시키지 말도록 하였다. 이 보고를 듣고서 천자가 그것을 허락하니 이로써 (衛)滿은 군사적 위엄과 재정적 기반을 갖춘 후 그 주변의 작은 마을들을 쳐서 항복을 받으니 眞番과 臨屯도 모두 와서 복속되어 (그 영토가) 사방 수천 리가 되었다(會孝惠·高后時天下初定, 遼東太守卽約滿爲外臣, 保塞外蠻夷, 無使盜邊, 諸蠻夷君長欲入見天子, 勿得禁止. 以聞, 上許之, 以故滿得兵威財物侵降其旁小邑, 眞番·臨屯皆來服屬, 方數千里)."

그리고 진번과 조선이 동쪽으로 북표지역까지 이르렀음도 분석했다. 즉 《염철론》〈비호〉편과 《사기》〈조선열전〉와 고고학의 출토자료의 분석으로부터 의무려산과 가까운 북표·금서·능원의 일부 지역 등은 고조선이 연나라 세력을 물리치고 다시 수복하여 정착했던 지역이었음을 알 수 있었다. 그리고 북표와 가깝지만 의무려산에 인접해 있는 의현·부신지역 등은 위의 다른 지역과 달리 석성(石城)이 10여 곳에서 발견되고 주로 비파형동검과 고조선의 특징적 복식유물 등이 다수 출토되었다. 또한 금주·금현지역에서는 고조선의 화폐인 명도전[255]과 포전, 방형의 구멍이 있는 원전(圓錢)[256]만이 출토되었다. 이처럼 이들 지역에서 하가점 하층문화시기부터 청동기시대에 이르는 긴 기간 동안 고조선의 특징적 유적과 유물 성격이 일관되게 나타나는 것으로 보아 이 지역이 고조선의 임둔지역일 가능성이 크다고 하겠다.

따라서 위의 《사기》〈조선열전〉에서 위만이 서한의 외신이 된 이후 주변의 작은 마을들과 진번·임둔 등을 복속했다는 지역은 바로 의무려산과 가까운 서쪽의 임둔지역이었던 의현·부신·금주·금서·금현·영성·의현·능원 등의 일부 지역이고, 제2장에서 추정한 진번지역인 고조선의 진번지역은 적봉·북표·조양·건평·영성·오한기·옹우특기·임서·파림우기·극십극등기 등의 지역으로 생각된다. 위만조선의 영역은 난하유역의 갈석산지역부터 지금의 요서지역의 의무려산지역에 이르렀다고 여겨진다.

위만조선의 영역은 이후 한사군 가운데 가장 늦게 현토군(玄菟郡)이 새로이 설치되면서 그 영역이 더욱 넓혀졌다고 생각된다. 한사군 가운데 현토군은 다른 군들보다 1년 늦게 서기전 107년에 설치되었을 것으로 여겨지는데, 그곳은 위만조선 영역 밖에 위치했을 것이다. 현토군의 설치연대에 관해서는 《삼국지》〈옥저전〉(沃沮傳)에 원봉(元封) 2년(서기

---

255) 郭富純·越錫金, 《大連古代文明圖說》, 吉林文史出版社, 2010, 148쪽의 圖 4-20; 박선미, 《고조선과 동북아의 고대 화폐》, 학연문화사, 2009 참조.

256) 李凱·劉承斌, 〈錦縣白台子鄕王家窗鋪出土戰國錢幣〉, 《中國考古集成》 東北卷 靑銅時代(二), 1600~1601쪽.

전 109년),《한서》〈무제기〉(武帝紀)에 원봉 3년(서기전 108년),《한서》
〈지리지〉하 현토군에 원봉 4년(서기전 107년),《한서》〈오행지〉(五行
志) 권2에 원봉 4년(서기전 107년) 등으로 서로 다르게 기재되어 있다.
이들 기록 가운데 낙랑, 진번, 임둔군은《한서》〈무제기〉의 기록을 채용
해 원봉 3년에, 현토군은《한서》〈오행지〉와 〈지리지〉의 기록을 근거로
원봉 4년에 설치된 것으로 보아, 현토군은 다른 군들보다 1년 후에 설
치되었을 가능성이 크다. 진번군과 임둔군은 설치된 지 26년만인 서한
소제(昭帝) 시원(始元) 5년(서기전 82년)에 폐지되었기 때문에[257] 위에
서 언급하지 않았을 것이다. 마찬가지로 그러한 까닭에《한서》〈지리
지〉에는 진번군과 임둔군은 보이지 않고 낙랑군과 현토군만 나타난다.

현토군의 위치에 대해서는 그간 국내외의 학계에서 많은 이견과 논
란이 있었고 여러 차례 이동한 것으로 되어 있지만, 구체적으로 언제
몇 차례 이동하였는지에 대해서는 견해차가 있다.[258] 그러나 현토군의
초기 위치에 대해서는《한서》〈엄주오구주부서엄종왕가전〉(嚴朱吾丘主父
徐嚴終王賈傳)에서 "서쪽으로는 여러 나라가 연접하여 안식(安息)에 이르
고 동쪽으로는 갈석을 지나 현토와 낙랑으로써 군을 삼았으며 북쪽으로
는 흉노(匈奴)를 만 리 밖으로 쫓아 다시 병영(兵營)과 요새(要塞)를 일
으켰다"[259]고 한 내용을 참고할 수 있다.

이러한 위의 내용으로부터 첫째, 한사군 가운데 현토군과 낙랑군이
난하 하류유역의 갈석산으로부터 동쪽지역에 설치되었음이 확인된다.
둘째, 1절에서 낙랑군 수성현이 갈석산지역에 있었음이 분석되었으므로
낙랑군이 난하유역에 가장 가깝게 위치했다고 생각된다. 2절에서 기자

---

257)《漢書》卷7〈昭帝紀〉'始元 5年'條에는 "罷儋耳·臨屯郡"이라 하여 臨屯郡만 언
　　급되어 있으나《後漢書》卷85〈東夷列傳〉'濊傳'에는 "至昭帝始元五年, 罷臨屯·
　　眞番, 以并樂浪·玄菟"라 하여 臨屯과 眞番이 함께 폐지되었음을 전하고 있다.
258) 李丙燾,〈玄菟郡及臨屯郡考〉,《史學雜志》41輯 4·5號, 1930(《韓國古代史研究》
　　1976, 재수록); 馬大正·楊保隆·李大龍,《古代中國高句麗歷史論叢》, 2001, 154~158쪽.
259)《漢書》卷64下〈嚴朱吾丘主父徐嚴終王賈傳〉. "西連諸國至于安息, 東過碣石以玄
　　菟·樂浪爲郡."

일족은 객좌의 일부 지역인 산만자, 소파태구, 북동촌 등에 거주했던 것으로 나타나는데 낙랑군 조선현이 바로 이 지역들을 포함했을 것으로 분석했다. 낙랑군 조선현은 수성현보다 동쪽으로, 객좌지역을 포함하여 조양지역에까지 이르렀다고 추정했다. 셋째, 《사기》〈조선열전〉에 위만이 낙랑군에 있던 준왕의 정권을 빼앗아 위만조선을 건국한 이후 영토를 넓혀 나가면서 진번과 임둔을 복속시켰으므로 이들은 낙랑군보다 동쪽에 위치해야 할 것이다. 위만은 서하의 영역과 반대 방향인 동쪽으로 영토를 확장했을 것이기 때문에 한사군 가운데 현토군은 가장 동쪽에 위치했을 가능성이 크다. 한사군이 설치되어 있었던 시기에 지금의 요동지역과 한반도에는 고조선이 있었다.

현토군의 더 정확한 위치에 대해서는 다음의 기록들에서 고찰이 가능해진다. 《한서》〈소제기〉(昭帝紀)에 "춘 정월 군국(郡國)의 무리를 모아 요동(遼東) 현토성(玄菟城)을 쌓았다"[260]고 했고, 《삼국지》〈오주전주소인오서〉(吳主傳注所引吳書)에서는 "현토군은 요동의 북쪽에 있으며 거리는 2백 리이다"라고[261] 하였다. 또한 《후한서》〈동이열전〉 등에서는 "고구려는 요동의 천 리 밖에 있다"고[262] 했다. 《한서》의 내용에 따르면 서기전 75년(원봉 6년)에 현토군이 요동지역과 매우 가까운 곳에 위치했음을 알 수 있고, 《삼국지》와 《후한서》에 따르면 현토군은 요동의 북쪽 약 2백 리 거리에 있고 고구려와는 천 리 정도 떨어져 있었음을 알 수 있다.

현토군이 지금의 요하 서부유역에 위치해 있었음이 《한서》〈지리지〉〈현토군〉조에서 상세히 확인되어 위의 된다. 즉 당나라 안사고(顔師古)의 고구려현 부분에 대한 주석에서, "요산(遼山), 요수(遼水)가 나오며 서남쪽으로 요대현(遼隊縣)을 지나 대요수(大遼水)로 들어간다. 또 남소수

---

260) 《漢書》 卷7 〈昭帝紀〉 元封 6年條. "春正月, 募郡國徒築遼東, 玄菟城築." 《漢書》 卷26 〈天文志〉에서도 같은 내용이 보인다.

261) 《三國志》 卷47 〈吳主傳注所引吳書〉. "置玄菟郡, 玄菟郡在遼東北, 相去二百里."

262) 《後漢書》 卷85 〈東夷列傳〉 高句麗傳. "高句麗, 在遼東之東千里."; 《三國志》 卷30 〈東夷傳〉〈高句麗傳〉. "高句麗, 在遼東之東千里."

(南蘇水)가 있어서 서북쪽으로 색(塞) 바깥을 지났다"263)고 했다. 이 내용에서 한무제가 설치한 현토군의 고구려현(高句麗縣)264)이 요산과 요수를 포함한 지역으로 요대현(遼隊縣)에서 가까운 곳이었음도 알 수 있다.

현토군의 위치에 대해서는 서한 무제의 위만조선 침략과정에서도 확인된다.《사기》〈조선열전〉에 "천자(天子)는 죄인들을 모집해서 (위만)조선을 공격했다. 그 가을에 누선장군(樓船將軍) 양복(楊僕)을 파견하여 제(齊)로부터 발해를 항해했다"265)고 기록하고 있다. 양복이 군함인 누선(樓船)을 거느리고 위만조선을 향하여 지금의 산동성에 위치한 제(齊)를 출발해 발해를 항했던 것이다. 발해는 당시 산동성의 북쪽에 있었으므로, 이곳으로 향하면 도달하게 되는 곳은 난하부터 요하유역 사이이다. 위의《한서》〈지리지〉의 대요수는 지금의 요하인 것이 분명해진다.

그러나 유의할 점은《한서》〈지리지〉는 서한시대 전 기간의 지리내용을 담고 있는데 대요수는《한서》〈지리지〉의 기록 가운데 가장 동북쪽에 위치한 요수를 가리키고 있다는 것이다. 즉 서한 무제 때 위만조선을 멸망시키고 그 지역에 한사군을 설치하면서 동북지역으로 영토가 크게 확장되었기 때문에 대요수는 무제에 의해 한제국의 영토가 확장된 이후의 요수를 가리킨 것이다.266) 이와 달리 한무제가 한사군을 설치하여 영토를 확장하기 이전의 요수와 요동은 지금의 난하와 그 유역을 가리킨다.267)

---

263)《漢書》卷28 下〈地理志〉玄菟郡條 高句麗의 注. "遼山遼水所出西南至遼水入大遼水又有南蘇水西北經塞外."
264)《三國史記》卷13〈高句麗本紀〉瑠璃王 33年條. "王命烏伊摩離 領兵二萬 西伐梁貊 滅其國 進兵襲取漢高句麗縣."
265)《史記》卷115〈朝鮮列傳〉. "天子募罪人擊朝鮮, 其秋, 遣樓船將軍楊僕從齊浮渤海."
266) 윤내현,《고조선연구》, 245~246쪽.
267)《淮南子》〈墜形訓〉에는 당시의 6대 강 가운데 하나로 遼水가 기록되어 있다(《淮南子》卷13〈墜形訓〉). 이 遼水에 대해 高誘의 주석에서 "遼水는 碣石山에서 나와 塞의 북쪽으로부터 동쪽으로 흘러 곧게 遼東의 서남에 이르러 바다로 들어간다(《淮南子》〈墜形訓〉 본문에 대한 주석. "遼水出碣石山, 自塞北東流, 直遼東之西南入海.")고 했다. 그런데 司馬遷은《史記》〈秦始皇本紀〉에서 碣石山이

이러한 내용들로부터 위만조선은 가장 늦게 설치했던 현토군을 포함하여 지금의 난하에서 요하유역 사이에 위치했었음을 알 수 있다. 기자 일족의 거주지역과 위만조선 그리고 한사군은 그 영역을 차츰 넓혀가면서 동일한 지역에서 계승관계에 있었다. 그러므로 중국 동북지역에 있었던 세력 확장과 정권변화는 다음과 같이 그 성격이 정리된다. 기자 일족의 중국 동부지역 이주와 위만조선은 중국 망명세력의 역사이며, 한사군은 중국 서한제국 역사의 한 부분으로 구분된다. 따라서 기자 일족의 이주와 위만조선 및 한사군은 한국 고대사에 편입될 수 없는 것이다.

아래에서는 위에 서술된 위만조선과 한사군의 영역변화를 실제 고고학의 발굴자료로부터 더 명확히 확인해 보기로 한다. 2절에서 진개의 침략과 무관했던 한사군 설치 이전의 고조선의 임둔지역에는 의현·부신·금주·금현지역 등이 포함되었음을 밝혔다. 한사군 설치 이전의 임둔에 속했을 금현지역에서는 서한 후기에서 동한 초기에 속하는 고묘(古墓)가 많이 발견되어 한사군의 임둔군이 서기전 108년에 설치되어 25년 만에 소멸되었으므로 임둔군 후기의 무덤이라고 여겨진다. 예를 들어 발굴자들은 금현 서망(西網)의 한묘(漢墓)에서 출토된 도정(陶井)은 서한 후기의 풍격을 가지며, 동경(銅鏡)과 오수전(五銖錢) 등으로 보아 동한 초기에 속한다고 보았다.[268] 금현 우위향(右衛鄉) 창성촌(昌盛村)에서는 대량의 한대 묘에서 출토된 동경은 동한 초기의 것이고 왕망(王莽)시기인 서기 14년과 서기 20년에 만들어진 "화포"(貨布)가 출토되었다. 발굴자들은 동한시기의 무덤으로 추정했다.[269] 이러한 내용은 금현지역에 임둔군이 설치되는 서한후기부터 중국인들이 대거 거주하기 시

있는 지역이 遼東이었음과 그곳이 秦帝國의 국경이었던 것으로 서술하고 있다 (《史記》 卷6 〈秦始皇本紀〉). 이러한 내용으로부터 당시의 碣石山은 지금의 灤河 하류 동부유역에 있는 지금의 碣石山이며 당시의 遼水와 遼東은 지금의 灤河와 그 유역이었던 것이다(유 엠 부찐 씀, 이항제·이병두 옮김, 《고조선》, 소나무, 1990, 25쪽 참조).

268) 傳俊山, 〈錦縣西網漢墓發掘簡報〉, 《中國考古集成》 東北卷 秦漢至三國(二), 834~835쪽.
269) 傳俊山, 〈遼寧錦縣右衛鄉昌盛漢墓淸理簡報〉, 《中國考古集成》 東北卷 秦漢至三國 (二), 834~835쪽.

작했다는 사실을 알려 준다.

고조선의 조선과 진번지역이었고 후에 한사군의 낙랑군지역이 되었
을 조원의 고성(古城) 유적과 영성현 흑성자(黑城子) 고성(古城) 유적에
서는 모두 19개의 서한시대의 봉니(封泥)가 출토되었다. 이들 봉니는
"어양태수장"(漁陽太守章) "우북태수"(右北太守) "광성지승"(廣城之丞) 등
대부분 대군(代郡)과 우북평군(右北平郡)에 소속한 현(縣)에서 보낸 것
이었다.270) 또한 건평현(建平縣)에서 서호소태고성(西胡素台古城) 유적과
찰채영자고성(札寨營子古城) 유적이 발굴되었는데, 서호소태고성(西胡素
台古城) 유적에서는 하가점 하층문화와 하가점 상층문화 층위에 서한
초기의 유물층이 중첩되어 발견되었다. 서한 초기의 유물로는 "안락미
앙"(安樂未央)의 예서체(隸書體) 양문(陽文)으로 된 와당과 한의 반냥전
(半兩錢)이 출토되었고, 부근에 한의 옹관묘(瓮棺墓) 떼가 분포되어 있다.
찰채영자고성 유적에서는 하가점 하층문화 유적 위에서 한의 와당과 질
그릇 조각, 오수전과 철도구 등이 출토되었다. 발굴자들은 이 두 고성
유적의 유물분석으로부터 그 연대가 서한 초기에 속한다고 보았다.271)
이러한 유물층의 변화는 이 지역에 한사군이 설치되었음을 알려 준다.

또한 서호소태고성 유적의 발굴자들은 1976년에 단동(丹東)지역의 애
하첨고성(靉河尖古城) 유적에서 "안평락미앙"(安平樂未央)의 와당이 발견
되자 조신(曹汛)이 이 지역을 요동군 안평현(安平縣)으로 고증한 것이272)
잘못임을 설명하고 있다.273)

한국학계에서도 한대(漢代)의 요동군(遼東郡)이 지금의 요동과 동일
한 지역이었을 것이라는 근거로 단동에서 출토된 "안평락미앙" 명문이

---

270) 吳鵬·辛發·魯宝林,〈錦州國和街漢代貝墓發掘簡報〉,《中國考古集成》東北卷 秦
漢至三國(二), 823~825쪽.
271) 李宇峰,〈遼寧建平縣兩座西漢古城址調查〉,《中國考古集成》東北卷 秦漢至三國
(二), 794~796쪽.
272) 曹汛,〈云爱河尖古城和漢安平瓦當〉,《考古》, 1980年 6期, 566~567쪽.
273) 李宇峰,〈遼寧建平縣兩座西漢古城址調查〉,《中國考古集成》東北卷 秦漢至三國
(二), 794~796쪽.

있는 와당(瓦當)을 제시하는 견해가
제기된 바 있다.274) 이 명문 가운데
안평(安平)은 지명을 나타내는 것으
로, 이 와당이 출토된 단동지역을
한 시대의 요동군 서안평현(西安平
縣)으로 보았던 것이다. 이러한 견해
는 위의 단동 유적을 직접 발굴한
조신에 의해 제기되었고275) 일본학

자에 의해서 다시 받아들여졌다.276)   〈그림 3〉 건평현 고성 유적 출토 와당

건평현의 두 고성 유적을 발굴한 발굴자들은 "안락미앙"과 "안평락미앙"
의 내용이 보이는 와당들(그림 3)277)이 발견된 점 등으로 보아 이 유적
이 《한서》〈지리지〉에 보이는 우북평군(右北平郡)에 속해 있던 성지(城
址)였을 것으로 보았다.

2절에서 임둔태수장(臨屯太守章)의 봉니가 발견된 금서지역은278) 고
성 유적들의 유물검토로부터279) 춘추시대까지 한민족이 거주했던 것으로
추정되며 전국시기부터 한초에 이르기까지 중국세력이 거주하기 시작했
다고 추정했다. 그리고 그 까닭은 진개(秦開)의 침략과 이후 위만조선,
한사군의 설치 등과 관련이 있을 것으로 판단된다. 또한 금서지역과 마
찬가지로 같은 임둔군지역에 속했을 것으로 여겨지는 금주시(錦州市) 능
하구(凌河區) 국화가(國和街)에서 한대의 패묘(貝墓)가 발굴되었다. 복식
유물로는 청동허리띠장식 2개와 여후(呂后)시기에 만들어진 '반냥전'(半兩
錢)(그림 4)이 발견되었는데 그 연대는 전국 말기에서 서한 초기로 보았

---

274) 盧泰敦, 〈古朝鮮 중심지의 변천에 대한 연구〉, 《韓國史論》 23, 8쪽.

275) 谷豊信, 〈樂浪郡位置〉, 《朝鮮史研究會論文集》 第24輯, 1987.

276) 李宇峰, 〈遼寧建平縣兩座西漢古城址調査〉, 795쪽의 圖 5.

277) 李恭篤, 〈封泥淺談〉, 《中國考古集成》 東北卷 秦漢至三國(二), 815쪽.

278) 吉林大學校考古學系·遼寧省文物考古研究所, 〈遼寧錦西邰集小荒址秦漢古城址試
    掘簡報〉, 《考古學集刊》 11期, 中國大百科全書出版社, 1997, 130~153쪽.

279) 王成生, 〈錦西邰集屯英房古城址調査〉, 《中國考古集成》 東北卷 秦漢至三國(二),
    832~833쪽.

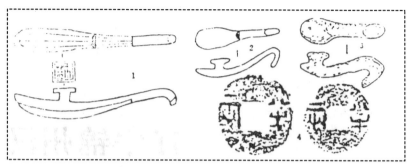

〈그림 4〉 국화가 한묘(漢墓) 출토 기물(器物)

다. 이 청동허리띠장식은 고조선보다 앞서 만들어진 것으로 중국 복식에 영향을 준 것이다.[280] 금주지역의 이러한 패묘의 발굴은 소릉하(小凌河)의 왼쪽 해안을 따라 밀집되어 있는데 59기의 무덤이 발굴되었다. 이 무덤들에서 출토된 유물도 국화가의 유물들과 유사한 것으로 청동허리띠장식과 한대의 소명경(昭明鏡)·일광경(日光鏡)·반냥전과 오수전 등이다. 발굴자들은 32기 무덤의 연대는 대체로 서한에서 동한시기에 속하고, 일부는 서한 후기와 동한시기의 묘장이라고 밝혔다.[281] 이러한 내용은 이 지역에 위만조선과 한사군이 있었던 까닭이 된다.

2절에서 조양지역의 십이태영자무덤 유적(서기전 800년~서기전 600년)과 소파적 유적(서기전 600년~서기전 400년) 등의 유물분석을 통해 이 지역에 고조선 사람들이 오랫동안 거주했음을 밝혔다. 그러나 이후 조양지역에서 서한 초기에서 후기에 이르기까지 조성된 한대의 특징을 가진 무덤들이 대량 발굴되는 것은 서한 무제의 한사군의 설치와 밀접한 관련이 있을 것으로 여겨진다.

조양 원대자(袁臺子)에서 춘추전국시대로부터 서한시대에 이르는 시기에 조성된 무덤이 모두 200여 기가 발굴되었다. 이 가운데 서한시대에 속하는 무덤은 40기이다. 이들 서한시기에 조성된 무덤들에서는 많은 양의 유물들이 출토되었는데, 발굴자들은 동경과 오수전, 질그릇 등의

---

280) 박선희, 《한국고대복식-그 원형과 정체》, 지식산업사, 2002, 459~506 참조.
281) 劉謙, 〈遼寧錦州漢代貝賣墓〉, 《中國考古集成》 東北卷 秦漢至三國(二), 826~831쪽.

분석에서 1기묘는 서한 초기인 무제 원수(元狩) 5년(서기전 118년)에 해당하고 2기묘는 서한 중후기인 원수 5년~동한 이전에 속할 것으로 추정했다.[282] 이처럼 조양지역에서 고조선시기부터 서한시기에 속하는 무덤들이 많이 발굴되는 것은 조양이 주요한 지역이었음을 알려 준다.

아래에서는 조양지역에 대하여 한사군의 낙랑군과 관련하여 살펴보기로 한다.《구당서》〈동이열전〉고(구)려전에는 "고(구)려는 평양성(平壤城)에 도읍하였는데 바로 한(漢)의 낙랑군 옛 땅이다. …(고구려에서) 동쪽으로 바다를 건너 신라에 이르고 서북으로는 요수(遼水)를 건너 영주(營州)에 이르며 남쪽으로는 바다를 건너 백제에 이르고 북쪽으로는 말갈에 이른다"[283]고 하였다. 또한《신당서》〈동이열전〉고(구)려전에 "(고구려의) 군주는 평양성에 거주하였는데 또한 장안성(長安城)이라고도 부르며 한의 낙랑군이었다. …그 땅은 동쪽으로 바다를 넘어 신라에 이르고 남쪽으로도 바다를 넘어 백제에 이르고 서북은 요수를 건너 영주에 닿고 북쪽은 말갈이다"[284]라고 하였다고 했다.《괄지지》에는 "고구려의 치소인 평양성은 본래 한의 낙랑군 왕험성(王險城)인데 바로 고조선이었다"[285]했고, 또한《통전》에서는 "고구려는 본래 조선의 땅이었는데 한나라의 무제가 현을 설치하여 낙랑군에 속하게 하였다. …도읍인 평양성은 바로 옛 조선국의 왕검성(王儉城)이었다"[286]라는 기록이 보인다.

위의 연속해서 기록된 내용으로부터 첫째, 고구려의 평양성과 한사

282) 遼寧省博物館文物隊,〈遼寧朝陽袁臺子西漢墓1979年發掘簡報〉,《中國考古集成》東北卷 秦漢至三國(二), 759~767쪽.

283)《舊唐書》卷199上,〈東夷列傳〉高(句)麗傳. "高(句)麗者, …其國都於平壤城, 即漢樂浪郡之故地. …東渡海至於新羅, 西北渡遼水至于營州, 南渡海至于百濟, 北至靺鞨."

284)《新唐書》卷220〈東夷列傳〉高(句)麗傳. "高(句)麗, …地東跨海距新羅, 南亦跨海距百濟, 西北度 遼水與營州接, 北靺鞨其君居平壤城, 亦謂長安城, 漢樂浪郡也…."

285)《史記》卷6〈秦始皇本紀〉秦始皇 26年條의 朝鮮에 대한 주석으로 실린《史記正義》. "《括地志》云, 高 麗(高句麗)治平壤城, 本漢樂浪郡王險城, 即古朝鮮也."

286)《通典》卷185〈邊防〉1, 東夷 上, 序略. "高麗本朝鮮地, 漢武置縣屬樂浪郡. …都平壤城, 則故朝鮮國 王險城也."

군의 낙랑군은 같은 지역에 위치해 있었음을 알 수 있다. 둘째는 평양
성과 위만조선의 왕검성은 동일하다는 점이다. 셋째는 평양성과 낙랑군
의 위치는 대동강 유역이 아니었음을 분명히 알 수 있다. 그리고《구당
서》와《신당서》의 기록에서처럼 대동강 유역의 평양과 신라와 백제 사
이에는 바다가 없다. 그러므로 앞의 인용문에 나오는 평양성이나 낙랑
군의 위치가 대동강 유역이 아닌 것이 분명히 드러난다. 이 평양성은
대동강유역에 있었던 것이 아니라 발해만 북부지역에 있었을 가능성을
말해 준다. 고구려의 평양성에 관해서는 이 책의 제3부 제3장 2절 '조양
지역 묘들의 국적과 동천왕의 평양성 천도'와 5절 '고구려 요서수복에
서 보이는 한사군 위치 재검토' 부분에서 상세히 밝히고자 한다.

서기 246년 위나라는 유주자사 관구검(毌丘儉)으로 하여금 1만여 명
의 군사를 주어 고구려를 침략하게 하였고, 동천왕은 보병과 기마병 2
만여 명과 맞서 싸웠다. 동천왕은 처음에 전승을 거두었으나, 관구검의
침입으로 남옥저로 도망하게 되었다. 그러나 고구려는 다시 위나라 군
대를 침략하였고, 이때 위나라 군대는 낙랑군을 거쳐 도망하였다.[287)]
낙랑군이 지금의 평양에 위치하였다면 위나라 군대가 낙랑군을 거쳐 지
금의 요서지역인 요동으로 도망가는 것은 불가능한 일이다.[288)]

낙랑군이 지금의 요서지역에 위치했었던 사실은《수서》(隋書)〈양제
기〉(煬帝紀)에 수(隋) 양제(煬帝)가 고구려를 치기 위하여 그의 군대를
출동시키면서 지휘한 내용에서도 드러난다.[289)]

《수서》〈양제기〉기록에는 수나라 군대가 진군할 길 이름 가운데 낙
랑과 현토 및 임둔의 군명과 낙랑군에 속한 현의 명칭인 누방(鏤方)·장
잠(長岑)·해명(海冥)·조선(朝鮮)·점선(黏蟬)·함자(含資)·혼미(渾彌)·동이
(東暆)·대방(帶方)이 보인다.[290)] 만약 낙랑군이 지금의 평양인 대동강유

---

287) 《三國史記》 卷17 〈高句麗本紀〉 東川王 28年條.
288) 《三國史記》 卷17 〈高句麗本紀〉 東川王條. "十六年, 王遣將, 襲破遼東西安平.";
　　　《三國志》 卷30 〈烏丸鮮卑東夷傳〉 高句麗傳. "正始三年, 宮寇西安平."
289) 《隋書》 卷4 〈煬帝紀〉下.
290) 《漢書》 卷28 〈地理志〉 下 樂浪郡.

역에 있었다면 수나라 군대의 진군 출발지에 낙랑군과 소속현의 명칭이
나타날 수 없을 것이다. 또한 낙랑군이 난하유역에 있었기 때문에 위나
라 군대는 지금의 요서지역에 위치했던 낙랑군을 거쳐 도망했던 것이다.

그리고 앞에서 서술했듯이 《구당서》와 《신당서》에서는 고구려에서
동쪽으로 바다를 건너면 신라에 이르고 남쪽으로 바다를 건너면 백제에
이르며 평양성의 서북쪽에는 요수가 흐른다고 했다. 고대의 요수에 대
해서는 《회남자》(淮南子)〈추형훈〉(墜形訓)에 기록되어 있는데[291] 이 요
수에 대한 고유(高誘)의 주석에서 "요수는 갈석산에서 나와 새(塞)의 북
쪽으로부터 동쪽으로 흘러 곧게 요동의 서남에서 바다로 들어간다"[292]
고 했다. 이 내용으로 보아 갈석산에서 동쪽으로 흘러 바다로 들어가는
강은 지금의 난하일 수 밖에 없다고 생각된다. 그러므로 평양성은 난하
의 동쪽에 위치했던 것이다.

평양성이 난하의 동쪽에 위치했음은 다음의 기록에서 더 분명해진
다. 즉 《사기》〈진시황본기〉에서는 진제국의 영토가 요동지역에서 고조
선과 국경을 접하고 있었으며 당시의 요동은 갈석산 지역이었다고 밝히
고 있다.[293] 그리고 《사기》를 비롯한 서한시대의 여러 문헌에서는 당시
의 갈석산이 지금의 난하 하류 동부유역에 있는 지금의 갈석산이며 당
시의 요수와 요동은 지금의 난하와 그 유역이었던 것으로 확인된다.[294]
따라서 평양성의 위치로 합당한 곳은 발해만 서북부지역일 수밖에 없다.

앞에서 서술한 《구당서》〈동이열전〉 고(구)려전과[295] 《신당서》〈동
이열전〉 고(구)려전[296], 《괄지지》[297], 《통전》[298]의 기록 또한 평양성이

---

291) 《淮南子》 卷13 〈墜形訓〉.

292) 위의 《淮南子》〈墜形訓〉 본문에 대한 주석. "遼水出碣石山, 自塞北東流, 直遼
東之西南入海."

293) 윤내현, 《고조선연구》, 170~188쪽.

294) 유 엠 부찐 씀, 이항제·이병두 옮김, 《고조선》, 소나무, 1990, 25쪽 참조.

295) 《舊唐書》 卷199 〈東夷列傳〉 高(句)麗傳. "高(句)麗者, …其國都於平壤城, 卽漢樂
浪郡之故地. …東渡 海至於新羅, 西北渡遼水至于營州, 南渡海至于百濟, 北至靺鞨."

296) 《新唐書》 卷220, 〈東夷列傳〉 高(句)麗傳. "高(句)麗, …地東跨海距新羅, 南亦跨
海距百濟, 西北度遼水 與營州接, 北靺鞨其君居平壤城, 亦謂長安城, 漢樂浪郡也, …."

낙랑군의 옛 땅이라고 하므로 평양성은 요동군 즉 지금의 요서지역에 있었음이 재확인된다. 요서지역에 있었던 평양성은 옛 조선국(朝鮮國), 즉 위만조선이 왕검성(王儉城)이었던 것이다.299) 이로부터 평양성은 난하의 동쪽에 위치한 낙랑군 지역이며 서안평현과 인접해 있었음을 알 수 있다.

《구당서》〈동이열전〉 고(구)려전에는 "(고구려에서) …서북으로는 요수를 건너 영주에 이른다"300)고 하였고, 《신당서》〈동이열전〉 고(구)려전에는 "(고구려의) …서북은 요수를 건너 영주에 닿는다"301)고 하였다. 《구당서》와 《신당서》 모두 고구려의 영역을 설명하면서 영주를 중요한 지역으로 중심에 놓아 서술하였음을 알 수 있다. 영주는 그 영역과 치소가 다소 변하여 갔지만, 《위서》〈지형지〉에 의하면 6개 군과 14개 현을 포함하고 있었고 치소는 지금의 조양이었다.302) 이러한 내용은 고구려가 당시 6개 군을 아우르는 조양지역을 중요한 중심지로 했음을 말해 주는 것이다.

《구당서》〈동이열전〉 고(구)려전과303) 《신당서》〈동이열전〉 고(구)려전304), 《괄지지》305), 《통전》306)에 기재된 내용들에서 서안평현은 낙

---

297) 《史記》卷6〈秦始皇本紀〉秦始皇 26年條의 朝鮮에 대한 주석으로 실린 《史記正義》. "《括地志》云, 高麗(高句麗)治平壤城, 本漢樂浪郡王險城, 卽古朝鮮也."

298) 《通典》卷185〈邊防〉1, 東夷 上 序略. "高麗本朝鮮地, 漢武置縣屬樂浪郡. …都平壤城, 則故朝鮮國王險 城也."

299) 위와 같음.

300) 《舊唐書》卷199上〈東夷列傳〉高(句)麗傳. "高(句)麗者, …其國都於平壤城, 卽漢樂浪郡之故地. …東渡海至於新羅, 西北渡遼水至于營州, 南渡海至于百濟, 北至靺鞨."

301) 《新唐書》卷220,〈東夷列傳〉高(句)麗傳. "高(句)麗, …地東跨海距新羅, 南亦跨海距百濟, 西北度遼水 與營州接, 北靺鞨其君居平壤城, 亦謂長安城, 漢樂浪郡也…."

302) 《魏書》卷106〈地形志〉中 참조.

303) 《舊唐書》卷199上〈東夷列傳〉高(句)麗傳. "高(句)麗者, …其國都於平壤城, 卽漢樂浪郡之故地. …東渡海至於新羅, 西北渡遼水至于營州, 南渡海至于百濟, 北至靺鞨."

304) 주 301과 같음.

305) 주 297과 같음.

306) 《通典》卷185〈邊防〉1, 東夷 上, 序略. "高麗本朝鮮地, 漢武置縣屬樂浪郡. …都平壤城, 則故朝鮮國王 險城也."

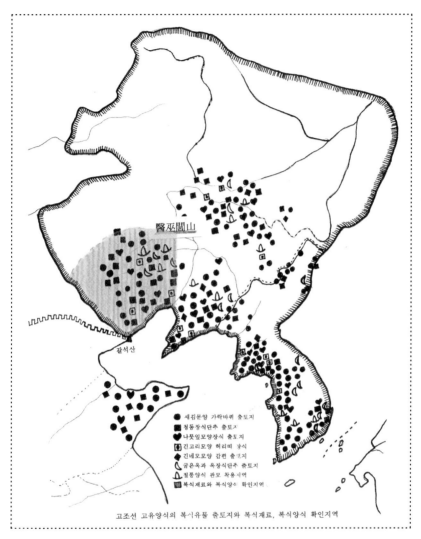

고조선 고유양식의 복식유물 출토지와 복식재료, 복식양식 확인지역

〈지도 2〉 위만조선의 추정 영역

고조선 고유 양식의 복식유물 출토지와 복식재료, 복식양식 확인지역[307] 위
에 위만조선의 추정영역을 지도에 표시하였다.

랑군과 인접해 있고 평양성이 낙랑군의 옛 땅이라고 하므로《위서》〈지
형지〉의 기재에 따라 당시 낙랑군을 포함한 지역은 영주인 것이다. 영

---

307) 주 131·204·310 참조.

주에는 창려군(昌黎郡), 건덕군(建德郡), 요동군(遼東郡), 낙랑군(樂浪郡), 기양군(冀陽郡), 영구군(營丘郡)의 6개 군이 있었고,[308] 치소가 북연(北燕)의 수도였던 지금의 조양인 화룡성(和龍城)에 있었다고 하여[309] 조양을 중심지로 했다는 사실로부터 평양성은 조양에 있었음이 확인된다.

평양성은 단군왕검이 처음으로 도읍했던 《위서》의 아사달이자 《고기》의 평양성이기도 하여 고조선의 옛 영토에[310] 속해 있었을 가능성을 생각하게 된다. 《삼국유사》〈고조선〉조에는 고조선의 도읍지에 관해서 "《위서》에 이르기를 지나간 2천 년 전에 단군 왕검이 있어 도읍을 아사달에 정하고 나라를 열고 이름을 조선이라 하니 요(堯)와 같은 시대였다"[311]고 《위서》를 인용하여 고조선의 첫 도읍이 아사달이었다고 말했다. 또한 《삼국유사》〈고조선〉조에서는 "《고기》에 이르기를, …환웅은 잠시 사람으로 변화하여 그녀와 혼인하여 아들을 낳으니 이름을 단군왕검이라 하였다. 그는 당요(唐堯)가 즉위한 50년 경인년 평양성에 도읍하고 비로소 조선이라 일컬었다…"[312]고 했다.

이상의 내용으로부터 《구당서》·《신당서》·《괄지지》·《통전》 등의 문헌자료에 기재된 내용과 요서지역에서 출토된 고고학의 유물자료의 분석에서 고구려의 평양성과 한사군의 낙랑군은 같은 지역에 위치해 있었음을 확인하였다. 또한 평양성과 위만조선의 왕검성은 동일하다는 점과 평양성과 낙랑군의 위치는 요서지역이었음을 분석하였다. 그리고 평양성은 난하의 동쪽에 위치한 낙랑군 지역으로 서안평현과 인접해 있었으며, 위만조선의 왕검성이었던 평양성은 낙랑군 지역으로 서안평현과 인

---

308) 《魏書》卷106 上〈地形志〉上 참조.
309) 《魏書》卷106 上〈地形志〉上. "營州治和龍城. …領郡六縣十四."
310) 윤내현·박선희·하문식,《고조선의 강역을 밝힌다》, 지식산업사, 2006 참조.
311) 《三國遺事》卷1〈紀異〉古朝鮮條. "《魏書》云, 乃往二千載, 有壇君王儉, 立都阿斯達, 開國號朝鮮, 與高(堯)同時."
312) 《三國遺事》卷1〈紀異〉古朝鮮條. "《古記》云, …, 雄乃假化而婚之, 孕生子, 號曰壇君王儉. 以唐高 (堯)卽位五十年庚寅, 都平壤城始稱朝鮮, 又移都於白岳山阿斯達, 又名弓忽山, 又今彌達. 御國一千五 百年, 周虎(武)王卽位己卯, 封箕子於朝鮮, 壇君乃移於藏唐京, 後還隱於阿斯達爲山神."

접해 있던 발해만 북부의 조양지역임을 밝혀 보았다.

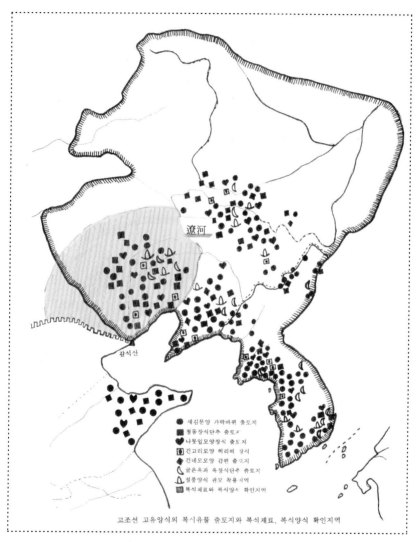

〈지도 3〉 한사군의 추정 영역

고조선 고유 양식의 복식유물 출토지와 복식재료, 복식양식 확인지역313) 위
에 한사군의 추정영역을 지도에 표시하였다.

313) 주 307과 같음.

제2장 복식과 정치체제로 본 고조선과 위만조선의 위치와 성격

1. 위만의 고조선 망명과 '퇴결이복'

고조선 복식의 고유양식과 정치체제에 대한 중국과의 비교 연구는 고조선사회에 대한 인식을 더욱 구체화시킬 수 있을 것이다. 고조선과 중국의 발식(髮式)과 복식(服飾)을 비교 분석하면 연나라 사람 위만의 '퇴결만이복'(魋結蠻夷服)에1) 대하여 바르게 밝힐 수 있고, 고조선 복식이 중국 복식과 양식이나 차림새에서 두드러진 차이를 가졌음을 확인할 수 있기 때문이다.

서한제국 '서이등'(序二等) 봉건정치체제에 대한 상세한 분석은 위만이 고조선으로 망명했던 요인과 서한제국의 외신을 주장하면서도 고조선의 관료조직을 따랐던 까닭을 밝히는 일이 될 것이며, 고조선 국가성격의 본질에 접근하는데도 일조하게 될 것이다. 아울러 위만의 망명 과정에 대한 검토로부터 위만이 연나라 진개가 복속시킨 바 있는 고조선의 진번을 다시 복속시키며 세력을 확장해 나갔던 사실을2) 분석하여 위만조선의 위치가 난하 동부유역이었음을 밝히고자 한다. 이러한 작업들은 위만조선이 고조선의 뒤를 이은 나라가 아니었다는 사실을 밝히는 또 하나의 접근방법이 될 것이다.

위만조선에 관한 가장 신빙성 있는 사료는 《사기》〈조선열전〉이다. 그것은 사마천이 위만조선 멸망 시기인 서기전 108년에 태사령이 되면

---

1) 《史記》卷115〈朝鮮列傳〉. "朝鮮王滿者, 故燕人也. …燕王盧綰反, 入匈奴, 滿亡命, 聚黨千餘人, 魋結蠻夷服而東走出塞, 渡浿水, 据秦故空地上下鄣."
2) 《漢書》卷40〈張陳王周傳〉;《史記》卷115〈朝鮮列傳〉참조.

서 사마담의 유지를 받들어《사기》저술을 위해 황실도서에서 자료를 수집하기 시작했고, 이후 서기전 95년에는 중서령이 되어 황실에서 문서를 다루는 직책에 있었기 때문이다.《사기》〈조선열전〉에는 "연왕(燕王) 노관(盧綰)이 (서한)을 배반하고 흉노로 가자 (위)만도 망명을 했는데, 천여 명을 모아 무리를 만들고 틀어 올린 머리에 만이(蠻夷)의 옷을 입고 동쪽으로 도망하여 요새를 빠져나와 패수(浿水)를 건너 진(秦)의 옛 공지(空地)인 상하장(上下鄣)에 거주하였다"고 하여3) 노관이 흉노로 간 것과 위만의 망명이 연관성을 갖는 것으로 보인다.

그러면 위만이 패수를 건너 망명한 지역은 어디이며 왜 '퇴결이복'(魋結夷服)을 하였는지 알아보기로 한다. 위만은 이보다 일찍이 진나라 통일 과정에서 이미 연나라 망명자들을 모아 세력을 형성하였다. 이에 대하여《사기》〈태자공자서〉에서는 "연나라 태자 단이 진나라에 쫓겨 요동으로 달아난 틈을 타서 위만은 그 망명자들을 거두어 바다 동쪽에 모았다. 진번을 아우르고 변방을 지키는 외신이 되었다"4)고 하였다. 이 내용으로부터 연나라 태자 단이 요동으로 도망간 때는 진나라가 통일을 해 나가는 진시황 21년(서기전 226년)으로, 연나라 태자 단의 요동망명과 위만의 세력 형성이 서로 관련되어 있음을 알 수 있다.

태자 단이 달아난 요동은 요동군을 가리킨다. 연나라는 당시 진(秦)나라·조(趙)나라와 함께 이민족의 침략을 방어하기 위해 장성을 쌓았음이《사기》〈흉노열전〉에 "연나라도 장성을 쌓았는데 조양(造陽)으로부터 양평(襄平)에 이르렀다. 상곡(上谷)·어양(漁陽)·우북평(右北平)·요서(遼西)·요동군(遼東郡)을 설치함으로써 호(胡)를 방어하였다"5)고 기록되어 있다. 이 기록으로부터 상곡·어양을 비롯하여 요서·요동군 등이 모두 연장성(燕長城)의 안쪽에 설치되어 있었음을 알 수 있다. 연장성의

---

3) 주 1과 같음.
4)《史記》卷130〈太子公自序〉. "燕丹散亂遼間, 滿收其亡民, 厥聚海東, 以集真藩, 葆塞為外臣."
5)《史記》卷110〈匈奴列傳〉. "燕亦築長城, 自造陽至襄平. 置上谷·漁陽·右北平·遼西·遼東郡以拒胡."

동쪽 끝인 양평(襄平) 역시 《한서》〈지리지〉 요동군조의 기록에 의하면 당시 요동군에 속해 있었음을[6] 알 수 있다.

요동군이 진장성(秦長城)의 안에 있었음은 《한서》〈장진왕주전〉(張陳王周傳)에서도 확인된다. 즉 연왕 노관이 모반을 하자 번쾌(樊噲)가 "(도망하는 노관을) 추격하여 장성에 이르렀는데 상곡 12현·우북평 16현·요동 29현·어양 22현을 평정하였다"[7]는 기록에서 진장성의 동쪽 끝인 요동군의 양평현(襄平縣)은 국경지대에 위치해 있었을 것으로 생각된다. 따라서 연 태자 단이 달아난 요동은 바로 요동군지역의 국경지대였다고 하겠다. 반면에 위만은 이 시기 바다 동쪽에서 망명자들과 무리를 이루고 진번땅을 아우르며 변방을 지켰다고 했는데, 그 지역은 어느 곳이며 위만과 어떠한 관련이 있는지 알아보기로 한다.

주목할 것은 《사기》〈조선열전〉에는 서한시대 위만이 진번을 복속시키기에 앞서 연나라가 이 지역을 침략했던 사실을 기록하고 있는 점이다. 즉 《사기》〈조선열전〉에서는 진번땅에서 서로 다른 시간에 일어났던 두 가지 일을 함께 서술하고 있다. 하나는 "처음 연나라의 전성기로부터 일찍이 진번과 조선을 침략하여 복속시키고 관리를 두기 위하여 장새(鄣塞)를 쌓았다"[8]고 하여 진개가 연나라의 전성기인 소왕(昭王, 서기전 312년~서기전 279년)시기 고조선 서부 변경에 위치해 있던 조선과 진번을 침략했던 사실을 말하고 있다. 그리고 또 다른 하나는 "이로써 (위)만은 군사의 위세와 재물을 얻고 그 주변의 소읍들을 침략하여 항복시키니 진번(眞番)과 임둔(臨屯)도 모두 와서 복속하여 (그 영토가) 사방 수천 리나 되었다"[9]고 하여 위만이 나라를 세운 이후 진번과 임

6) 《漢書》 卷28下〈地理志〉下 遼東郡.; 윤내현, 《韓國古代史新論》, 一志社, 1986, 42~56쪽 참조.
7) 《漢書》 卷40〈張陳王周傳〉. "破綰軍上蘭, 後擊綰軍沮陽. 追至長城, 定上谷十二縣·右北平十六 縣·遼東二十九縣·漁陽二十二縣."
8) 《史記》 卷115〈朝鮮列傳〉. "自始全燕時, 嘗略屬眞番·朝鮮, 爲置吏築鄣塞."
9) 《史記》 卷115〈朝鮮列傳〉. "以故滿得兵威財物侵降其旁小邑, 眞番·臨屯皆來服屬, 方數千里."

둔땅을 복속한 일을 기술하고 있는 것이다.

그런데 이 시기 위만은 서한의 외신이었다.[10] 만일 당시 진번과 임둔이 서한의 영토였다면 위만이 이 지역을 침략했을 리 없을 것이다. 이에 대해 윤내현은 위만이 고조선 영토를 침략했음을 《염철론》(鹽鐵論) 〈비호〉(備胡)편의 내용을 들어 분석했다. 《염철론》 〈비호〉편에는 "대부(大夫)가 말하기를 옛적에 사이(四夷)가 모두 강하여 (중국에) 쳐들어와 피해를 입혔는데 조선은 요(徼)를 넘어 연나라의 동부 땅을 빼앗았다"[11]고 했다. 이로부터 위의 《사기》 〈조선열전〉의 내용은 이전에 진개가 복속시킨 바 있는 진번을 위만이 다시 복속시켰던 것으로 보고, 진개가 진번을 침략한 후 그 지역이 다시 고조선의 영토로 수복되었음을 가리킨다고 해석했다.[12] 그것은 이 기록에 나오는 요(徼)는 고조선과 연나라 사이에 설치되어 있었던 연나라의 요새(要塞)로서 《사기》 〈조선열전〉에 의하면 진개가 고조선을 침략한 이후 설치되었던 것이기 때문이다.[13] 그러므로 이 요를 넘어 고조선이 연나라의 동부지역을 빼앗았다는 것은 고조선이 진개의 침략을 받았지만 이를 막아내고 오히려 연나라의 동부 땅을 빼앗은 사실을 말하고 있다고 하겠다.

이러한 분석 내용으로부터 《사기》 〈태자공자서〉에 기록된 위만이 있었던 바다 동쪽은 《사기》 〈조선열전〉에서 위만이 건넜다는 패수(浿水)의 동쪽을 말하는 것으로 생각된다. 진번이 연나라와 경계를 접하고 있었다는 것은 《사기》 〈조선열전〉의 기록으로도 알 수 있는데, 주석으로 실린 《사기색은》(史記索隱)에는 "동이의 소국(小國)으로 후에 군(郡)이 되었다"[14]고 하여 고조선에서 거느렸던 나라였음을 알 수 있다.

10)《史記》卷115〈朝鮮列傳〉."遼東太守卽約滿爲外臣."
12)《鹽鐵論》卷7〈備胡〉."大夫曰, 往者四夷具强, 竝爲寇虐, 朝鮮踰徼, 劫燕之東地."
12) 윤내현, 〈고조선의 강역과 국경〉, 《고조선연구》, 一志社, 1994, 199~200쪽 참조.
14)《史記》卷115〈朝鮮列傳〉."自治全燕時, 嘗略屬眞番·朝鮮, 爲置吏, 築鄣塞. 秦滅燕, 屬遼東外徼."
14)《史記》卷115〈朝鮮列傳〉의 진번과 임둔의 주석으로 실린《史記索隱》."東夷小國, 後以爲郡."

그러므로 연나라와 경계를 접하고 있던 진번은 패수의 동쪽에 있었을 것이고, 서한시대의 패수는 요동군 번한현(番汗縣)의 패수일 가능성이 크다. 서한시대의 요동군이 지금의 난하 하류유역에 있었음은 다음의 기록에서 확인된다. 《한서》〈지리지〉〈요동군〉'번한현'에 대한 응소(應劭) 주석에 "한수(汗水)가 요새 밖으로 나와 서남에서 바다로 들어간다"15)고 하였고, 《수경주》(水經注)〈유수〉(濡水)조에서는 "유수에 한수(汗水)라는 지류가 있었다"16)고 했다. 그런데 유수는 난하의 옛 명칭이었다.17) 이러한 내용들은 요동군의 번한현이 지금의 난하유역에 있었음을18) 알려 준다.

따라서 연나라 사람 위만은 진 통일과정에서 망명자들과 무리를 이루었고, 《사기》〈조선열전〉의 내용대로 노관이 반란을 일으킨 시점에 난하 하류유역으로 망명하여 나라를 세운 후, 이전에 진개가 복속시킨 바 있는 고조선의 진번을 다시 복속시키며 세력을 확장해 나갔던 것으로 추정된다. 이러한 일련의 과정에서 특히 주목할 것은 위만은 고조선을 대체한 세력이 아님을 분명히 알 수 있는 점이다.

그러면 위만은 노관과 달리 왜 난하유역의 고조선지역으로19) 망명했는지 살펴보기로 한다. 연왕 노관이 반란을 일으킨 시점은 고조 12년(서기전 195년) 2월이다. 이때 노관은 유방이 자제(子弟)로 왕을 봉하고 있음을 인식하고 유방의 아들을 왕으로 추대하였다. 이런 노관이 유씨(劉氏)가 아닌 이성왕(異姓王)은 자신과 장사왕(長沙王) 오예(吳芮) 두 사람만 남았는데, 여후(呂后)가 유방이 죽기에 앞서 이성왕과 대신들을

---

15) 《漢書》卷28 下〈地理志〉下〈遼東郡〉'番汗縣'에 대한 주석. "應劭曰, 汗水出塞外, 西南入海."
16) 《水經注》卷14〈濡水〉條.
17) 譚其驤 主編, 《中國歷史地圖集》第5冊―隋唐五代十國時期, 地圖出版社, 1982, 3~4쪽 참조.
18) 윤내현,〈고조선의 강역과 국경〉,《고조선연구》, 224쪽 참조.
19) 윤내현,〈고조선시대의 浿水〉,《고조선연구》, 一志社, 1994, 211~250; 윤내현·박선희·하문식,《고조선의 강역을 밝힌다》, 지식산업사, 2006; 박선희,《고조선 복식문화의 발견》, 지식산업사, 2011 참조.

제거할 것이라며 자신이 반란을 일으킨 까닭을 설명하였다.[20] 이러한 내용으로 보면 노관이 흉노로 망명한 연대가 서기전 195년이므로[21] 위만의 망명도 이 연대와 같거나 가까울 것으로 생각된다.

중요한 것은 연왕 노관이 반란을 일으키고 흉노로 망명한 원인을 올바르게 규명해야 하는 문제일 것이다. 이 과정에서 위만이 난하유역의 고조선지역으로 망명하게 되었기 때문이다. 즉 노관의 반란과 위만의 망명은 모두 서한제국의 왕과 일후의 '시이등' 봉건이 몰락하고 황제의 전제화가 시작되면서 일으켜진 일들로 당시 서한 정치체제의 변화를 상세히 살펴볼 필요가 있을 것이다.

연왕 노관은 유방과 같은 동네인 풍읍(豊邑) 출신으로, 두 집안이 가까웠을 뿐만 아니라 생일이 같아 어릴 때부터 남달리 친했다. 성장한 이후에도 함께 공부한 가장 친밀한 사이로, 유방의 기의(起義) 이후 '초한지쟁'(楚漢之爭)도 함께 치루었다. '초한지쟁'에서 승리한 뒤 왕들과 장상(將相)들이 유방을 황제로 추대하였을 때 그들은 초(楚) 회왕(懷王) 정치체제를 강력히 요구하였다.[22] 이들이 초 회왕의 정치체제를 요구한 것은 의제(義帝)와 왕들과의 관계처럼 독립된 왕의 지위를[23] 요구하고자 했던 것이다.

유방은 왕들과 장상들의 주장에 따라 현 정치체제를 그대로 따르기로 하고, 즉위에 앞서 제왕(齊王) 한신(韓信)을 초왕(楚王)으로, 형산왕(衡山王) 오예를 장사왕으로 옮기고, 팽월(彭越)을 양왕(梁王)에, 한왕(韓王)이었던 신(信)을 다시 한왕으로 봉하고[24], 회남왕(淮南王) 경포

20) 《史記》 卷93 〈韓信盧綰列傳〉. "漢十二年, 東擊黥布, 豨常將兵居代, 漢使樊噲擊斬豨. 其裨將降, 言燕王綰使范齊通計謀於豨所. 高祖使使召盧綰, 綰稱病. 上又使辟陽侯審食其·御史大夫趙堯往迎燕王, 因驗問左右. 綰愈恐, 閉匿, 謂其幸臣曰: "非劉氏而王, 獨我與長沙耳. 往年春, 漢族淮陰, 夏, 誅彭越, 皆呂后計. 今上病, 屬任呂后. 呂后婦人, 專欲以事誅異姓諸侯王者及大功臣."

21) 《史記》 卷93 〈韓信盧綰列傳〉 참조.

22) 《史記》 卷6 〈秦始皇本紀〉;《史記》 卷48 陳涉世家 참조.

23) 《史記》 卷8 〈高祖本紀〉;《史記》 卷7 〈項羽本紀〉 참조.

24) 《史記》 卷93 〈韓信盧綰列傳〉;《史記》 卷8 〈高祖本紀〉 참조.

(黥布)와 연왕(燕王) 장도(臧荼)·조왕(趙王) 장오(張敖)는 그대로 봉하였
다.25) 그러나 유방이 이미 왕국의 관리를 임명하고 있는 상황에서 그가
받아들인 것은 형식적인 체제였을 뿐, 중요한 점은 이들에게 독립된 왕
으로서의 실권을 가질 수 있도록 이천석(二千石) 이상의 관리 임용권을
양보하지 않았던 것이다.26) 따라서 유방은 근본적인 정치적 문제를 해
결하기 위해 왕들과 대립하지 않는 상황에서 정치체제의 개편이나 수정
을 도모하고자 했던 것으로 판단된다. 이러한 상황은 실제로 1년이 지
난 고조 6년 1월 유방의 자제로 왕을 봉할 때 구체적으로 나타났다.27)

유방은 황제 즉위 이후 임강왕(臨江王) 공환(共驩)이 반란을 일으키
자 노관과 유가(劉賈)로 하여금 이를 평정토록 하였고, 수개월 만에 공
환의 투항을 받았다. 노관이 열후가 되는 계기가 마련되었던 것이다. 유
방은 황제에 즉위한 이후 노관과 이기(利幾) 두 사람만을 열후로 봉하
였다. 기의 이후 노관은 늘 유방의 옆에 있었고, 유방이 한왕으로 봉해
진 이후에 장군이 되었지만 조참(曹參) 등과 달리 유방 옆에서 태위(太
尉)로서 도왔을 뿐 군공을 세우지 못하였다. 그러나 항우와의 마지막
전투에 앞서 유방은 노관에게 군공을 세우도록 유가와 함께 임강왕 등
을 공략케 하여 노관을 장안후(長安侯)로 봉했던 것이다.28) 그리고 도
읍을 장안으로 옮긴지 한 달 뒤인 고조 5년 10월 연왕 장도(臧荼)가 반
란을 일으키자29) 유방은 고조 6년 10월30) 장안후 노관을 연왕에 봉하

---

25) 《史記》 卷16 〈秦楚之際月表〉; 《史記》 卷8 〈高祖本紀〉 참조.
26) 《史記》 卷8 〈高祖本紀〉 참조.
27) 《漢書》 卷1 下〈高帝紀〉.
28) 《史記》 卷93 〈韓信盧綰列傳〉.
29) 《사기》 권8 〈고조본기〉에는 고조 5년 10월에 연왕(燕王) 장도(臧荼)가 반란
   을 일으킨 것으로 되어 있지만 《사기》 권93 한신노관열전(韓信盧綰列傳)에는
   노관이 7월에 임강왕(臨江王)이었던 공오(共敖)의 아들 공위(共尉)의 반란을
   평정하고 돌아와 장도를 공략하는 데 참여하였고 8월에 연왕에 봉해졌다고 되
   어 있다. 《한서》 고제기(高帝紀) 下에는 장도가 추 7월에 반란을 하였고 반란
   이 평정된 9월 노관이 연왕에 봉해졌다고 되어 있고, 《한서》 권13 이성제후왕
   표(異姓諸侯王表)는 후 9월에 연왕에 봉해졌다고 하여 연왕 장도의 반란과 노
   관을 연왕에 봉한 시점이 서로 다르다. 어느 것이 옳다고 확실히 말할 수 없

였다. 유씨가 아닌 노관을 연왕에 봉한 것은 유방이 황제 즉위 전후 열후를 왕에 봉한 유일한 경우였다.

유방이 자제를 왕으로 봉하기 시작할 때 조왕 장오는 이미 노원공주(魯元公主)와 결혼하였고, 연왕 노관은 유방의 최측근으로 유방의 자제 봉건에 대하여 반대할 수 없었으며, 이미 제2대 오신(吳臣)으로 바뀐 장사왕은 유방에게 위협의 대상이 되지 못하였다. 영향력을 미칠 수 있는 왕으로는 한왕 신·회남왕 경포·양왕 팽월 세 사람이 남아 있었을 뿐이었다. 따라서 유방은 먼저 한왕 신의 왕국을 축소시켰다. 한왕 신도 반란을 일으킬 수 없는 현실적인 입장에서 차라리 유방과 떨어진 변방으로 왕국을 옮기기를 바랐을 것이다. 즉 한왕 신은 흉노를 막기에 도읍인 진양(晉陽)이 멀다며 다시 흉노와 가까운 마읍(馬邑)으로 옮겨 주기를 청하였고, 이해 9월 흉노가 공략하자 흉노와 내통하여 흉노·호(胡)와 함께 태원(太原)을 공략하였다. 유방은 고조 7년 10월 한왕 신과 흉노를 공략하다 평성(平城)에서 도리어 흉노에게 포로가 되어 굴욕적인 화친을 맺고 후퇴하였다.

이제 회남왕 경포와 양왕 팽월 두 사람만 유방의 경계 대상으로 남게 되었다. 그러나 평성에서 참패하고 돌아오는 길에 조(趙)의 상(相) 관고(貫高) 등이 유방을 살해하려 하였고, 왕으로 봉해진 지 얼마 되지도 않은 대왕(代王) 유희(劉喜)가 흉노의 공격을 받고 도망하자 유방은 고조 7년(서기전 200) 12월에 서자(庶子) 유여의(劉如意)를 대왕(代王)에 봉하고 유희를 열후로 강등하였다. 고조 9년 1월 관고의 살해 음모가 있었음을 알게 된 유방은 조왕 장오를 열후로 강등하고 대왕 유여의를 조왕으로 옮겼다.

고조 10년 9월 조(趙)의 상국(相國) 진희(陳豨)가 대지(代地)에서 반란을 일으키자 이를 평정하는 사이에 여후가 한신과 팽월을 죽였고, 경포가 반란을 일으키자 한의 정국은 일시에 불안해졌다. 이때 유방은 서

─────────

어 노관이 연왕으로 봉해진 시점은 《사기》 권8 고조본기를 따랐다.
30) 《漢書》 卷19下 〈百官公卿表〉에는 한왕(漢王) 5년 후(後) 9월로 되어 있다.

자 유항(劉恒)을 대왕(代王)에, 유회(劉恢)를 양왕(梁王)에, 유우(劉友)를
회양왕(淮陽王)에, 유장(劉長)을 회남왕(淮南王)에, 형의 아들 유비(劉濞)
를 오왕(吳王)에 봉하는 등 기존의 왕국을 어린 아들에서 조카까지 왕
으로 봉하였다. 이때 남은 이성왕은 연왕 노관과 장사왕 오예 두 사람
뿐이었고, 유방의 아들을 왕으로 추천해야 했던 노관 등으로서는 언젠
가 왕 자리를 내어주어야 한다는 압박감에 불안해하기 시작하였다.

이때 진희가 범제(范齊)를 노관에게 보내 반란을 일으킬 것을 제의
하였던 것이었다. 진희를 죽인 뒤 이 사실을 안 유방은 노관을 불렀고,
노관이 병을 핑계로 불응하자 심식기(審食其)와 어사대부(御史大夫) 조
요(趙堯)를 보내 사실을 확인토록 하였다. 노관은 숨은 뒤 그 행신(幸
臣)에게 여후가 한신과 팽월을 죽인 사실을 들며 유방이 경포의 화살에
맞아 중병인 상황에서 정국은 여후에 의하여 주도될 것이고, 여후는 이
성왕과 대신들을 죽일 것이라고 하며 반란을 일으켰던 것이다. 이처럼
노관이 반란을 일으킨 시점은 고조 12년 2월로, 유방은 번쾌(樊噲)와
주발(周勃)로 하여금 노관을 공략케 하고 서자 유건(劉建)을 연왕(燕王)
으로 봉하였다. 노관의 반란이 아직 평정되지 않은 상황에서 유방은 고
조 12년(서기전 195) 4월에 경포에게 입은 상처로 죽었다. 유방은 죽기
전에 장사왕 이외의 이성왕을 모두 제거하고 그의 자제를 이성왕국을
분봉하여 왕으로 봉하였다.

유방은 비록 초왕 한신을 폐위시킨 이후 유공자를 열후에 봉하는
것을 조건으로 이성왕을 제거하고 자제를 왕으로 봉하였다. 그러나 초
왕 한신을 폐위시킨 이후 한왕 신·조상 진희·양왕 팽월·회남왕 경포·
연왕 노관으로 이어진 반란은 결코 이들의 정치체제에 대한 불만에서
비롯된 것은 결코 아니었음을 분명하게 나타낸다. 이는 유방이 황제에
즉위한 이후부터 구상하였던 정치체제를 실현하기 위한 목적으로 이들
을 제거한 것이었다.[31]

---

31) 朴仙姬,《西漢 帝國의 建國과 '序二等'封建》, 단국대학교 대학원 사학과 박사학
위논문, 1996.

그러면 유방의 황제 즉위 이후 초왕 한신·회남왕 경포·양왕 팽월 등이 유방의 제거 압력을 받고 있었으면서도 제대로 반란을 일으켜 보지도 못하고 죽은 까닭은 어디에 있을까? 또한 유방이 '초한지쟁'에서 항우에게 승리하기 위하여 그들의 힘을 필요로 했던 강력한 왕들 대신 통치 경험이나 능력이 절대 부족한 유방의 어린 아들들로 대체할 수 있었던 것도 정치체제에 커다란 변화 없이 진행되었던 상황으로 보아 왕의 정치적 지위 변화 없이는 결코 불가능한 일이다. 그리고 유방이 어린 아들의 수만큼 왕으로 봉할 수 있었던 것과 이후 문제(文帝)가 제(齊) 등 거대한 왕국을 군(郡)의 크기로 분봉할 수 있었던 것도 마찬가지 상황이었을 것으로 분석이 요구된다. 따라서 서한제국의 '서이등' 봉건이 어떠한 원인으로 몰락하고 황제의 전제화가 시작되었는가를 분석하는 것은, 연왕 노관이 이 과정에서 반란을 일으키고 흉노로 망명한 원인과 위만이 난하 유역인 고조선 서부 변경지역으로 망명한 까닭을 분석하는 것이 될 것이다. 아울러 연나라 사람 위만이 서한의 외신을 자처하면서도 서한제국의 정치체제가 아닌 고조선의 정치체제와 복식을 따랐던 까닭이 그가 고조선을 대체한 세력이었기 때문이라는 일반적인 인식이 잘못되었음도 구체적으로 밝히는 작업이 될 것이다.

2. 서한의 '서이등' 봉건정치체제 성격

서한의 외신을 자처한 위만이 서한제국의 정치체제를 따르지 않았던 까닭을 밝히기 위해 '서이등' 봉건정치체제의 성격을 분석해 보기로 한다.

'초한지쟁'에서 승리한 유방은 황제에 즉위하자 진의 군현제와 왕·열후의 '서이등' 봉건을 병행시킨 한 제국을 건국하였다. 사마천은 한의 '서이등' 봉건과 관련하여 건국 이후 무제에 이르기까지 1백여 명 황제의 중친(重親)들이 '서이등'에 봉하여졌으나 그 수가 많은 것에 비하여 이들이 어떤 정치적 역할도 갖고 있지 못하였음을 지적하고 "形勢雖彊, 要之以仁義爲本"이라 하여 이들은 정치적 목적보다 황제의 중친이라는 '인의'(仁義)에서 '서이등'에 봉해진 것[32]이라고 하였다.

반고(班固)·반소(班昭) 부녀도 이들 '서이등'에 대하여 "諸侯惟得衣食稅租, 不與政事"라고 하여 황제의 중친(重親)인 '서이등'은 의식세조(衣食稅租)만을 향유하는 봉건세력으로 정치에 참여하지 못하였음을 지적하며, 어린 황제들이 계위하였을 때 '서이등'이 '번보경사'(蕃輔京師)의 역할을 하지 못한 것을 한 제국이 패망하게 된 중요 원인으로 보고 그 원인을 밝히기 위한 자료로 〈제후왕표〉(諸侯王表)를 만들었다[33]고 하였다.

유방에서 경제까지 황제의 중친 이외에 논공에 의하여 열후에 봉해진 200명이 넘는 열후들도 100여 년 사이에 대부분 열후로 봉해졌을 당시 '세세불절'(世世弗絶)의 봉건의 의미와는 달리 처참하게 몰락하였다.[34] 그러나 《사기》·《한서》 등은 건국에서 왜 '서이등'봉건정치체제를 취하게 되었으며 이후 이들에게 정치적 참여가 주어지지 않은 원인과 이들이 몰락하게 된 원인에 대해서 구체적인 언급을 하지 않았다.

유방은 황제에 즉위한 이후 왕에 대한 사봉(徙封)과 분봉(分封)을 실시하였고, 왕국의 승상 및 왕국내의 군수 등 이천석 이상의 관리를 임명하였다. 따라서 왕에게 건국 초기부터 왕국의 조정 및 왕국내의 군현에 대한 통치권이 주어지지 않은 것이나 다름없었다. 이는 유방이 어린 아들들을 왕으로 봉하였지만 왕국은 왕국의 승상 등 이천석 이상의 관리들에 의하여 통치되었음에서 처음부터 왕의 통치권은 형식적이었음을 확인할 수 있다.

---

32) 《史記》卷17〈漢興以來諸侯王年表〉.
33) 《漢書》卷14〈諸侯王表〉. "至於哀平之際, 皆繼體苗裔, 親屬疏遠, 生於帷牆之中, 不爲士民所尊, 勢與富室亡異. 而本朝短世, 國統三絶, 是故王莽 知漢中外殫微, 本末俱弱, 亡所忌憚, 生其姦心. …是以究其終始強弱之變, 明監戒焉."
34) 《漢書》卷16〈高惠高后文功臣表〉. "百餘年間而襲封者盡, 或絶失姓, 或乏無主, 朽骨孤於墓, 苗裔流於道, 生爲愍隷, 死爲轉屍. 以往況今, 甚可悲傷."

문제가 즉위하자 낭중부(郎中府)에 소속된 신진 관리들인 가의(賈誼) 등이 왕국을 약화시키기 위한 분봉(分封)과 삭지(削地)를 주장하였었다. 그러나 이들이 새로운 정치 세력으로 등장하였기 때문에 비로소 분봉과 삭지가 가능했던 것은 아니었다. 이들의 출현으로 정치체제가 변화하지도 않았고 또한 이들이 정치체제를 바꿀 수 있을 정도의 권력을 갖고 있지도 않았었다. 이들은 당시의 정치체제에서 분봉과 삭지가 가능하였기 때문에 이를 문제에게 적극적으로 단행할 것을 주장하였을 뿐이며, 이때 제권(帝權)에 미치는 득실의 문제에서 조정 대신들과 주장이 달라 대립하였던 것으로 보였을 뿐이었다. 문제의 즉위 이후 왕국을 1개 군의 크기로 축소하여 많은 왕을 봉할 수 있었던 것은 당시 정치체제에서 왕에게 정치적 권력이 주어져 있지 않았음을 증명하는 것이 된다고 하겠다.

한 제국은 건국에서 멸망할 때까지 '서이등' 봉건정치체제를 그대로 유지하였다. 그러나 정치체제에 대한 수정이나 개혁 없이 '서이등'은 단순한 봉건식읍계급으로 바뀌었다. 이러한 변화가 가능하였던 것은, 바로 건국 때 '서이등' 봉건에 대한 기본 원칙이 이미 완전히 세워져 있었고, 이 원칙에 따라 점진적으로 식읍화되었던 것이라고 하겠다. 따라서 2절에서는 유방이 어떤 과정과 목적에서 '서이등' 봉건정치체제를 취하게 되었고 '서이등'이 정치적 지위를 잃고 몰락하게 된 원인 등을 살펴봄으로써 위만이 서한의 정치체제를 따르지 않았던 요인을 보다 명확히 규명할 수 있을 것이다.

유방은 황제에 즉위한 뒤 한을 제국의 국호(國號)로, 한왕(漢王)으로 즉위한 해를 제국의 기년(紀年)으로 하는 등 진시황의 전례를 따랐을 뿐만 아니라 진의 군현 정치체제와 제도 일체를 그대로 받아들였다. 정치체제에서 차이가 있다면, 승상 등 공실 대신들이 연(燕)·제(齊)·형(荊) 등 변방에 공실 자제로 봉건하고자 하였을 때 진시황은 이를 받아들이지 않았지만, 유방은 군현 정치체제 위에 왕과 열후를 봉하는 봉건정치체제를 하나 더 둔 것뿐이었다. 그러나 이 왕과 열후의 봉건도 진시황이 군현 정치체제에서 공실 자제 및 공신들에게 '공부세'(公賦稅)를 주었던 것과 크게 다르지 않았다. 이는 정치체제 및 제도 그 자체는 변화되지 않고 다만 인적(人的) 변화만이 있었다고 할 수 있어 반진 기의와 한의 건국은 서로 모순되어 보인다. 이 모순에 대하여 왕부지(王夫之)는 진이 통일 이후 군현제를 취한 것은 이전부터 형성되어 온 '세지소추'(勢之所趨)라고 하며 이는 진시황 한 사람의 선택은 아니라고 하였다. 따라서 한(漢)도 이를 받아들이지 않을 수 없었다는 것으로 해석하였다.

고조 6년 초왕 한신의 모반이 고발되자 유방은 한신을 폐위시키고 유방의 자제를 제왕(齊王)으로 봉하였고,35) 황제 즉위 이후 1년 가까이 하지 않았던 유공자에 대한 논공과 함께 자제를 왕으로 봉하는 작업을 진행하였다. 유방이 자제를 왕으로 봉한 것은 처음부터 구상되었던 것이 아니라 황제 즉위 때 왕들의 요구로 받아들인 정치체제를 그대로 인정한 상황에서 왕만을 유방의 자제로 교체한 것이었고 이를 위하여 열후를 왕과 같은 봉건세력으로 봉하는 양보를 하였던 것이었다.

고조 5년 연왕(燕王) 장도(臧荼)가 반란을 일으키자 유방은 장안후 노관을 연왕으로 봉할 것을 결정하고 고조 6년36) 노관을 연왕에 봉하였다. 이는 유방이 황제 즉위 전후 열후를 왕에 봉한 유일한 예였다. 유방은 황제에 즉위한 뒤 1년이 되도록 열후를 봉하지 않다가 고조 6년 12월에 기존의 열후를 포함하여 많은 유공자를 열후로 봉하였다. 열후는 바로 이때 사작(賜爵)에서 봉건(封建)의 성격으로 바뀌었고, 이후 무제 때 비록 승상을 열후로 봉하는 등 약간의 변화가 있었지만 한 제국이 멸망할 때까지 일관된 제도로서 정착하였다. 이는 유방이 초왕 한신을 폐위시킨 뒤 자제인 유교(劉交)·유희(劉喜)·유비(劉肥) 등을 왕으로 봉하기 위한 것이었고 이에 대한 왕 및 장상들의 불만을 무마하기 위한 것이었다.

유방이 왕 및 제장(諸將)의 요구를 받아들일 수 있었던 것은 한왕으

---

35) 《史記》 卷8 〈高祖本紀〉.
36) 주 29와 같음.

로서 광대한 국역을 갖고 있었을 뿐만 아니라 왕으로 봉하기에 앞서 왕국의 승상 및 군수 등 이천석 이상의 고위 관리들을 모두 유방이 임명하였기 때문에 왕국은 실질적으로 유방에 의하여 통치되고 있었다고 하겠다. 군권도 없고 고위 관리를 임명할 수도 없는 왕은 이름뿐인 왕에 지나지 않기 때문이었다.

그러나 유방에게도 위험은 있었다. 바로 '후자'(後子) 상속이었다. 운몽(雲夢) 수호지(睡虎地) 11호 진묘(秦墓)에서 출토된 진간(秦簡) 가운데 진시황 재위 당시의 '후자'와 관련된 법률 자료에서 상속을 제한한 방법을 알 수 있게 되었다. 이 '후자'와 관련된 상속은 한제국 건국 이후 많은 정치 사건들의 시말(始末)을 밝혀 줄뿐만 아니라 '서이등' 봉건정치체제의 실질을 규명해 주는 중요한 자료가 되고 있다.

수호지11호 진묘의 진간 〈법률답문〉(法律答問) 가운데 '후자'에 대하여 설명한 자료는 다음과 같다.

> 사오(士五) 갑(甲)이 아들이 없어 동생의 아들을 상속자(後)로 삼고 동거(同居)하다가 이유 없이 죽인 것은 기시(棄市)의 죄에 해당한다. 이유 없이 '후자'(後子)를 죽이거나 형을 가하거나 벌로서 머리칼을 자르는 것은 모두 죄(罪)로 논(論)한다. 무엇을 '후자'라고 말하는가? 관(官)이 그 아들을 작(爵)의 상속자(後)로 하거나 방군장(邦君長)이 상속자(後)로 세운 태자(太子) 모두가 '후자'이다.[37]

위 내용은 형이 아들이 없어 동생의 아들을 상속자(後)로 입양한 뒤 동거(同居)[38]하다가 그 입양한 아들을 죽인 것에 대한 판례였다. '후자'는 바로 아버지가 관부(官府)에 작위(爵位)의 상속자로 신고된 아들이

---

37) 睡虎地秦墓竹簡整理小組, 《睡虎地秦墓竹簡》, 文物出版社, 北京, 1978, 181~182쪽.
"士五(伍)甲毋(無)子, 其弟子以爲後, 與同居而擅殺之, 當棄市. 擅殺·刑·髡其後子, 讞之. 口 可(何)謂後子. 口 官其男爲爵後, 及臣邦君長所置爲後大(太)子, 皆爲後子.

38) 睡虎地秦墓竹簡整理小組, 《睡虎地秦墓竹簡》, 文物出版社, 北京, 1978, 160쪽.
"盜及者(諸)它罪, 同居所當坐. 可(何)謂同居. 戶爲同居, 坐隸, 隸不坐戶謂殹(也)."
同居는 같이 살며 죄를 지었을 때 함께 모든 책임을 지는 관계에 있는 사람을 말한다.

며, 방군장(邦君長)이 상속자로 세운 태자(太子)도 바로 관부에 신고된 '후자'와 같다고 하였다. 진은 이 '후자' 상속을 20등 작제(爵制)의 최하급인 사오(士伍)에서 방군장(邦君長) 및 왕까지 모두 적용하였으며, 한 제국도 진을 그대로 따라 황제에 이르기까지 '후자' 상속을 엄격히 실시하였다.

한왕 즉위 이후 곧바로 태자를 세웠고, 팽월에게 위왕(魏王)으로 봉하지 못한 까닭을 설명할 때 위왕 위표(魏豹)에게 '후자'가 없어 위왕으로 봉하지 못하였다고 하면서 양왕으로 봉할 것을 약속했던 것과 의제(義帝)에게 '후자'가 없다는 것을 지적한 것 등으로 보아, 유방이 황제에 즉위하기 이전에 이미 황제 및 왕에게도 '후자' 상속이 적용되었음을 알 수 있다. 따라서 유방 이후에 '후자' 없는 문제가 발생한다면 황제는 왕 가운데서 한 사람이 새로이 봉해져야 할 것이다. 따라서 유방은 태자 이외에 자제로서 왕을 봉해야 하는 부담이 있었던 것이었다. 그러나 유공자를 왕으로 봉할 때 유방은 자제를 왕으로 봉할 수 없다. 따라서 자제를 왕으로 봉할 수 있도록 해야만 했다. 따라서 유방은 초왕 한신 등 왕들을 폐위시키고 자제를 왕으로 봉하는 방법을 취하여 나아갔던 것이었다.

유방은 황제 즉위 전후 유공자에게 공을 세울 때마다 식읍으로 논공을 하였고 열후를 새로 봉하려 하지 않았다. 그러나 황제 즉위 1년 뒤 초왕 한신을 폐위시킨 이후 유방은 자제를 왕으로 봉하는 대신 유공자를 열후로 봉하고 열후를 사작(賜爵)에서 왕과 같은 봉건의 성격으로 바꾸는 정치적 교환을 하여 황제 재위 기간에 143명의 열후를 봉하였다. 이에 이르러 열후는 유공자에 대한 단순한 사작으로의 논공에서 왕과 같은 봉건의 정치적 지위가 주어졌던 것이다.

이러한 정치적 교환이 가능했던 것은 유방의 황제 즉위 이후도 왕국의 이천석 이상 고위 관리를 황제가 임명하는 등 모든 권력을 한 중앙이 갖고 있었기 때문에 왕은 왕으로서 어떤 실권도 없었다. 따라서 왕국을 분할하여 왕을 더 늘린다 하여도 정치적으로 어떤 영향을 갖지 못한 이름뿐인 왕이었기 때문이었다. 따라서 건국공신들은 유방이 어린 아들을 왕으로 봉하는 것과 옮기는 것에 대하여 어떤 반발이나 이의를 보이지 않았던 것이었다.

열후는 황제의 임명에 의하여 한 중앙 및 왕국의 이천석(二千石) 이상의 관리로서 직접 통치에 참여할 수 있도록 하였다. 그러나 열후 모두에게 정치적 참여가 보장되었던 것이 아니라 황제의 임명에 의하여 비로소 참여가 가능하였기 때문에 관리로 임명되지 않은 열후들은 왕과 같이 단순한 식읍만을 받는 봉건 세습 계급에 지나지 않았으며, 이들이 집단화하여 제권(帝權)을 견제한다는 것도 거의 불가능하였다. 또한 열후 1세대들은 관리로서 점진적인 승진과정을 거쳐 열후가 되었지만 2세대들은 이러한 과정을 거치지 않고 바로 이천석 이상의 관리에 임명되어야 하기 때문에 점차 관리의 임용에서 제외되기 시작하였다. 이것이 열후가 몰락하게 된 또 다른 이유였다.

모든 권력이 황제 한 사람으로 집중되는 전제화는 바로 한왕 유방의 황제 즉위 때 왕국의 고위 관리를 황제가 임명한 것이 주요한 원인 가운데 하나였다. 그러나 '후자' 상속이 봉건세력을 소멸시키는 데 절대적인 원인이 되었다. 이 '후자' 상속은 왕·열후뿐만 아니라 황제까지도 적용되었기 때문에 유방이 죽은 이후 모든 정치 문제의 발단이 되기도 했다. 종래의 연구에서 유방의 황제 즉위 이후의 정치 사건을 분석하면서 오류를 범하였던 원인은 바로 이 '후자' 상속을 소홀히 한 데 있었다고 하겠다. 그 대표적인 것이 '백마지맹'(白馬之盟)과 여후의 '칭제'(稱制)와 제려(諸呂)의 주멸(誅滅) 및 문제의 영입으로 이어지는 정치사건[39]이었다.

문제는 대신들의 음모로 영입되었기 때문에 제위의 선양(禪讓)을 제의하기도 하였으나 왕들의 지지를 받지 못하자 왕들을 약화시키기 위하

---

39) 《漢書》 卷1下〈高帝紀〉;《史記》 卷93〈韓信盧綰列傳 《史記》 卷9〈呂太后本紀〉;
　　《史記》 卷57〈絳侯周勃世家, 《史記》 卷17〈漢興以來諸侯王年表〉;《漢書》 卷18
　　〈外戚恩澤侯表〉;《漢書》卷16〈高惠高后文功臣表〉;《漢書》卷97 上〈外戚傳〉 참조.

여 낭중부(郎中府)에 속한 가의(賈誼) 등의 계책에 따라 왕국에 대한 분
봉과 삭지를 진행하였다. 왕국에 대한 분봉과 삭지는 바로 대신들이 황
제를 영입할 때 정치적 안정을 위하여 고려하였던 점이다. 따라서 대신
들은 분봉과 삭지를 놓고 문제와 이견을 보였던 것이다. 문제는 회남왕
유장(劉長)이 황제와 동등한 정치권력을 요구하며 제권을 위협하자 그
를 처벌하였고, 회남왕이 죽은 이후 제왕(齊王)이 '후자' 없이 죽자 이
를 기회로 제(齊)와 회남(淮南) 왕국 등을 그들의 형제와 아들로 분봉
하여[40] 이로써 왕국은 1개 군의 크기로 축소되었다. 왕국에 대한 분봉
과 삭지는 문제에 이르러 시작된 것이 아니라 유방 황제 즉위 이후 시
작되었으며 여후의 '칭제' 때도 계속되었다.[41] 문제는 이를 이용하여 왕
들을 약화시키려 하였던 것이지 '서이등' 봉건정치체제를 바꾸려 하였
던 것은 아니었다.

유방은 황제에 즉위하는 과정에서 '서이등' 봉건을 취하였으나 왕과
열후의 정치참여를 제도로서 제한하였고, 이 가운데 특히 '후자' 상속은
'서이등'의 자연스런 몰락을 가져오게 하여 황제의 전제화를 유도하였다
고 하겠다. 여기서 우리는 '서이등' 봉건정치체제를 취한 유방 및 패현
(沛縣) 출신 등 유방의 추종자들은 '후자' 상속으로 인하여 '세세불절'(世
世弗絶)과는 달리 봉건의 지위를 잃게 된다는 것을 잘 알고 있었으면서
도 이를 받아들인 것으로부터 그들 스스로 봉건정치체제의 절대권력으
로 남지 않겠다는 정치사상을 뚜렷이 갖고 있었음을 알 수 있다.[42]

결과적으로 지금까지 분석한 내용으로부터 위만이 서한의 외신을
주장하면서도 '서이등' 봉건정체체제를 따르지 않았던 요인은, 왕국의
이천석 이상 고위 관리를 황제가 임명하는 등 모든 권력이 황제 한 사
람으로 집중되는 전제화에서 어떤 실권도 없는 이름뿐인 왕위를 받아들
이고 싶지 않았던 것이었다고 추정된다.

---

40) 《史記》 卷52 〈齊悼惠王世家〉.
41) 《史記》 卷9 〈呂太后本紀〉.
42) 주 31과 같음.

3. 고조선과 위만조선의 관료체제 고찰

고조선의 국가구조와 정치체제를 직접적으로 알려 주는 기록은 없다. 고조선의 국가구조를 부분적으로 추정할 수 있는 기록이 《제왕운기》(帝王韻紀)에 보인다. 《제왕운기》〈전조선기〉(前朝鮮紀)에서는 "처음에 어느 누가 나라를 열고 풍운(風雲)을 인도하였던가. 석제(釋帝)의 손자 그 이름은 단군(檀君)일세"[43]라 서술하고, 그 주석에 "(단웅천왕은) 손녀에게 약을 먹도록 하고 사람이 되게 하여 단수신(檀樹神)과 결혼시켜 아들을 낳게 하였다. 이름을 단군이라 하였는데 조선(朝鮮)지역에 거주하며 왕이 되었다. 그러므로 시라(尸羅, 新羅)·고례(高禮, 高句麗)·남북옥저(南北沃沮)·남북부여(南北扶餘)·예(濊)·맥(貊)은 모두 단군의 후손이었다"[44]고 기록하고 있다.

위의 내용으로부터 신라·고구려·남북옥저·동북부여(東北扶餘)·예·맥을 단군이 통치했음을 알려 준다. 이를 보다 구체화한 것이 《제왕운기》의 〈한사군급열국기〉(漢四郡及列國紀)에 다음의 내용으로 기록되어 있다.

> 때에 따라 합하거나 흩어지며 흥하거나 망하여서,
> 자연에 따라 분계되어 삼한(三韓)이 이루어졌다.
> 삼한에는 여러 고을이 있었으니,
> 다정스럽게 호수와 산 사이에 흩어져 있었다.
> 각자가 국가라 칭하고 서로 침략하였는 바,
> 70이 넘는 그 숫자 어찌 다 밝혀지겠는가?
> 그 가운데 큰 나라가 어느 것인가?
> 먼저 부여(扶餘)와 비류(沸流)가 이름 떨치었고,
> 다음은 시라(尸羅, 新羅)와 고례(高禮, 高句麗)이며,
> (그 다음은) 남북옥저(南北沃沮)·예(穢, 濊)·맥(貊)이 따르더라.

---

43) 《帝王韻紀》卷下〈前朝鮮紀〉. "初誰開國啓風雲, 釋帝之孫名檀君."
44) 《帝王韻紀》卷下〈前朝鮮紀〉의 檀君에 대한 주석. "是謂檀雄天王也云云, 令孫女飮藥成人身, 與 檀樹神婚而生男名檀君, 據朝鮮之域爲王, 故尸羅·高禮·南北沃沮·東北扶餘·穢與貊皆檀君之壽也."

이들 나라 여러 임금님들 누구의 후손인가 묻는다면,

그들의 혈통 또한 단군(檀君)으로부터 이어졌다.

그 외의 작은 나라들은 이름이 무엇이었는지,

옛 책을 찾아보아도 알 길이 없고,

지금의 고을 이름도 그 때와는 다르니,

떠도는 이야기를 따져 봐도 어찌 다 알 수 있겠는가?[45]

위의 기록으로부터 단군이 삼한·부여·비류·신라·고구려·남옥저·북옥저·예·맥 등 70여 개가 넘는 나라를 거느렸음을 알 수 있다. 이 나라들에 대하여 《후한서》〈동이열전〉과 《삼국지》〈오환선비동이전〉의 〈한전〉(韓傳)에 한(韓)나라 안에는 많은 소국들이 있었는데 이 소국의 통치자를 '거수'(渠帥)라고 하였다는[46] 기록으로부터 고조선의 단군은 '거수'들을 거느린 거수국체제의 최고 통치자로 해석되었다.[47]. 그리고 이러한 국가조직은 중국의 고대국가인 상(商)이나 서주(西周)의 봉국제〔封國制, 봉건제(封建制) 또는 분봉제(分封制)라고도 한다〕와 같은 것으로 해석되었다.[48]

국가의 통치체제는 관료조직을 필요로 한다. 관료제도는 관료들의 직분이나 서열에 따른 관직명을 가지고 각 분야별 업무를 분담하여 관장했을 것이다. 따라서 고조선과 위만조선 및 서한제국의 관료조직과 관직명을 비교하여 위만조선의 정치성격에 접근할 수 있을 것이다.

위만의 망명은 연왕 노관이 서한(西漢)에 반기를 들고 흉노로 간 것과 같은 시기이다. 노관이 흉노로 망명한 연대인 서기전 195년을 일반

---

45) 《帝王韻紀》 卷下 〈漢四郡及列國紀〉. "隨時合散浮況際, 自然分界成三韓, 三韓各有
    幾州縣, 蚩蚩散在湖山間. 各自稱國相侵凌, 數餘七十何足徵, 於中何者是大國, 先以
    扶餘沸流稱, 次有尸羅與高禮, 南北沃沮穢貊膺, 此諸君長問誰後, 世系亦自檀君承,
    其餘小者名何等, 於文籍中推未能, 今之州府別號是, 諺說那知應不應."
46) 《後漢書》 卷85 〈東夷列傳〉 韓傳. "諸小別邑, 各有渠帥, 大者名臣智, 次有儉側, 次
    有樊祗, 次有殺奚, 次有邑借.";《三國志》 卷30 〈烏丸鮮卑東夷傳〉 〈韓傳〉. "弁辰亦
    十二國, 又有諸小別邑, 各有渠帥, 大者名臣智, 其次有險側, 次有樊濊, 次有殺奚, 次
    有邑借."
47) 윤내현, 《고조선연구》, 一志社, 1994, 426~554쪽 참조.
48) 윤내현, 위의 책, 440쪽.

적으로 위만의 망명연대로 볼 수 있다.[49] 위만조선의 건국연대에 대해
서는 분명한 기록이 없으나,《사기》〈조선열전〉에 위만이 서한의 요동
군(遼東郡) 태수(太守)를 통하여 서한의 외신(外臣)이 되었다고 하여 서
기전 180년에는 이미 위만조선이 건국되어 있었던 것으로 나타난다. 이
로 보면 위만조선은 서기전 195년부터 서기전 180년 사이에 건국되었
다고 해석된다.[50]

《사기》〈조선열전〉은 위만조선에 관한 기록이다. 〈조선열전〉에는 위
만조선의 중앙정부에 있었던 직명들이 다음과 같이 보인다.

　　원봉(元封) 2년(서기전 109)에 한은 섭하(涉何)를 시켜 우거(右渠)를 꾸짖
어 깨닫도록 하였으나 끝내 천자(天子)의 명령을 받들려 하지 않았다. (섭)하
가 돌아가면서 국경상에 이르러 패수(浿水)가에서 마부를 시켜 (섭)하를 전송
하러 나온 조선의 비왕(裨王) 장(長)을 찔러 죽였다.[51]

　　우거(右渠)는 사신을 보고 머리를 조아리며 사과하기를 "항복하기를 원하
였으나 두 장군이 신을 속여 죽일까 두려워했는데 이제 신절(信節)을 보았으
니 항복하기를 청합니다" 하고 태자를 보내 들어가 사죄하도록 하고 말 5천 필
을 바치고 군량미를 보내기에 이르렀다.[52]

　　좌장군(左將軍)이 이미 양군(兩軍)을 합하여 조선을 맹렬히 공격하였다. 조
선상(朝鮮相) 노인(路人), 상(相) 한음(韓陰), 이계상(尼谿相) 삼(參), 장군(將
軍) 왕겹(王唊)이 서로 상의하기를 "처음 누선(樓船)에게 항복하려 했으나 누
선은 지금 잡혀 있고, 좌장군(左將軍) 혼자서 군사들을 합하여 거느려 전세(戰
勢)가 더욱 급박하고 두려워 싸우려 하지 않는데도 왕은 항복하려 하지 않는
다"고 하고 (한)음, (왕)겹, 노인이 모두 도망하여 한(漢)에 항복하였다.[53]

49)《史記》卷93〈韓信盧綰列傳〉참조.
50)《史記》卷115〈朝鮮列傳〉. "會孝惠·高后時天下初定, 遼東太守卽約滿爲外臣." 孝
　　惠·高后시대는 서기전 195~180년이다.
51)《史記》卷115〈朝鮮列傳〉. "元封二年, 漢使涉何譙諭右渠, 終不肯奉詔. 何去至界
　　上, 臨浿水, 使 御刺殺送何者朝鮮裨王長."
52)《史記》卷115〈朝鮮列傳〉. "右渠見使者頓首謝, '願降, 恐兩將詐殺臣, 今見信節,
　　請服降.' 遣 太子入謝, 獻馬五千匹, 及饋軍糧."
53)《史記》卷115〈朝鮮列傳〉. "左將軍已并兩軍, 卽急擊朝鮮. 朝鮮相路人·相韓陰·尼

위의 기록에 보이는 위만조선의 직명들은 비왕(裨王)·태자(太子)·조
선상(朝鮮相)·상(相)·이계상(尼谿相)·장군(將軍)·좌장군(左將軍)이다. 그
러면 서한제국은 '서이등' 정치체제 아래 관료조직을 어떻게 갖추었는
지 알아보기로 한다. 유방 재위 때 만들어진 정치체제(도 1)는 이후 변
화를 갖지만, 그 큰 틀은 크게 변화되지 않고 차츰 관료조직과 관직 명
칭에서만 변화를 보이게 된다.

〈도 1〉에서와 같이 중앙정부의 조정과 제후왕국의 조정에 최고관직
으로 한 사람씩이다. 그 명칭도 상국(相國, 고조 때), 좌·우상국(左·右相
國, 혜제 때), 승상(丞相, 문제 때), 대사도(大司徒, 애제 때)로 변화를 가
진다. 서한시대 삼공(三公)으로는 승상 이외에 태위(太尉)와 어사대부
(御史大夫)가 있다. 승상과 마찬가지로 어사대부도 대사공(大司空, 성제
때), 어사대부(애제 때), 대사마(大司馬, 무제 때)로 바뀌어 갔다. 그 외
에 승상부에는 전국의 사무를 관장하는 조(曹)가 구경(九卿)으로 태상
(太常)·광록훈(光祿勛)·
위위(衛尉)·태복(太
僕)·대리(大理)·대홍월
로(大鴻月盧)·종정(宗
正)·대사농(大司農)·소
부(少府)가 있었고, 열
경(列卿)으로는 집금오
(執金吾)·전속국(典屬
國)·장작대장(將作大將)
이 있었다. 감찰직제로
는 사예교위(司隸校尉)
에 삼보(三輔)·삼하(三
河)·홍농(弘農)이 있다.

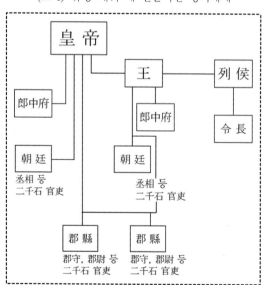

〈도 1〉 유방 재위 때 만들어진 정치체제

谿相參, 將軍 王唊, 相與謀日, 始欲降樓船, 樓船今執, 獨左將軍幷將, 戰益急, 恐不
能與, 王又不肯降. 陰·唊· 路人皆亡降漢."

이러한 서한의 관료조직을 위만조선의 것과 비교해 보면, 위만조선이 사용했던 관료명칭인 비왕·태자·조선상·상·이계상·장군·좌장군 가운데 태자와 장군, 좌장군은 서한의 정치제도에서 동일한 칭호로 나타난다. 그러나 서한의 관료제도에는 위만조선에서 사용했던 비왕·조선상·상·이계상의 명칭은 나타나지 않는다.

이처럼 위만조선이 중국과 다른 관료제도를 사용했던 까닭은 그 지역에 위만조선이 세워지기 이전에 그 지역 토착인들에게 서한과 다른 관료제도가 있었다는 것을 의미하며 바로 고조선의 관료제도로 해석된다. 그것은 그 지역이 원래 고조선의 영토였기 때문이다.[54] 이러한 사실은 고조선이 서한제국과 다른 독자적인 관료제도를 가지고 있었음을 말해 주며, 《사기》〈조선열전〉에 보이는 관직명은 고조선의 관직명을 그대로 이었던 것으로 보아야 할 것이다.

고조선에서는 최고 통치자의 칭호로 단군을 고조선 초기부터 말기까지 계속 사용하였음을 《삼국유사》의 기록에서 다음과 같이 확인할 수 있다. 즉 《삼국유사》〈고조선〉조에서는 "《위서》에 이르기를 지금으로부터 2천 년 전에 단군 왕검이 있어 도읍을 아사달에 정해 나라를 세우고 이름을 조선이라 하였는데 고(高, 堯)와 같은 시기였다"고 하였다.[55] 뒷부분에서도 "단군은 장당경(藏唐京)으로 옮겼다가, 뒤에 아사달로 돌아와 은거하다가 산신이 되었다. 수명이 1,908세였다[56]"고 하여 고조선 멸망 당시까지 동일한 명칭이 사용되었음을 알 수 있다. 그러므로 고조선의 중앙정부에는 단군 아래에 비왕·조선상·상·이계상·장군 등의 관료가 있고, 단군을 이을 태자가 있었을 것으로 추정된다.

---

54) 윤내현, 《고조선연구》, 358~424쪽 참조.
55) 《三國遺事》 卷1 〈紀異〉 古朝鮮條. "《魏書》云, 乃往二千載有壇君王儉, 立都阿斯達, 開國號朝 鮮, 與高(堯)同時."
56) 《三國遺事》 卷1 〈紀異〉 古朝鮮條. "壇君乃移於藏唐京, 後還隱於阿斯達, 爲山神, 壽一千九百八歲."

4. 고조선과 서한의 발식과 복식양식 비교

고조선과 서한의 발식(髮式)과 복식을 비교하여 '퇴결만이복'(魋結蠻
夷服)의 모습을 설명해 보고자 한다. 발식에 관하여《후한서》와《삼국
지》,《진서》등에는[57] 고대 한민족이 상투머리를 하였다고 밝히고 있
다. 이 기록들은 고조선이 붕괴된 뒤에 형성된 한(韓)에 관한 것이지만,
상투 머리양식은 고조선으로부터 계승되었을 것이다.

고조선의 머리양식은 신석기시대부터 갖추어졌을 것이다. 실제로 신
석기시대 한반도와 만주의 대부분의 유적들에서는 머리를 틀어 올리면
서 꽂았을 머리꽂이가 출토된다. 이는 고조선 이전 시기 한반도와 만주
지역에 거주하던 사람들이 머리꽂이를 사용해 일정한 머리양식을 갖추
기 시작했음을 말해 준다. 고조선시대의 틀어 올린 머리모양은 신석기
시대부터 형성된 것이라 하겠다.

머리꽂이는 주로 새의 뼈와 뿔 등의 재료로 만들었고, 옥이나 돌 및
질그릇으로 만들기도 했다. 고조선시대에는 머리꽂이를 금속으로 만들
기도 했는데, 요령성 금서(錦西) 사과둔(沙鍋屯) 유적에서는 금으로 만
든 18㎝ 길이의 머리꽂이가 출토되었다.[58] 이처럼 서열이 높은 금속인
금으로 머리꽂이를 만들어 사용했던 것은 당시 틀어 올린 머리모양이
복식 차림새에서 큰 의미를 가졌다고 생각된다.

또한 이들 머리꽂이에는 문양이 없는 것이 대부분인데, 장식적 효과
를 나타내기 위해 점 또는 선을 누르거나 그어서 문양을 새긴 것들이
있다. 이러한 문양은 신석기시대 한반도와 만주지역에서 출토된 질그릇
이나 가락바퀴 등에 보이는 문양과 같은 양식으로 이후 고조선으로 계

---

57)《後漢書》卷85〈東夷列傳〉韓條. "대체로 머리를 틀어 묶고 상투를 틀어 내놓
    으며…(大率皆魋頭露紒…)."；《三國志》卷30〈烏丸鮮卑東夷傳〉韓傳. "그들의 성
    질은 굳세고 용감하며 머리카락은 틀어서 묶고 상투를 드러내는데 마치 날카
    로운 병기와 같다(基人性彊勇, 魋頭露介如炅兵)."
58) 韓立新,〈錦西沙鍋屯發現春秋晚期墓葬〉,《中國考古集成》 東北卷 青銅時代(二),
    1580쪽.

〈그림 1〉 감숙성
진안대지만(秦安大地灣)
출토 질그릇

승되었다. 이처럼 선사시대로부터 형성된 머리양식은 고조선시대 한반도와 만주지역에 널리 정형화되어, 머리모양에 따라 모자양식도 틀어 올린 머리를 덮을 수 있도록 만들어졌던 것이다. 따라서 고대 한민족의 관모는 상투를 덮을 수 있도록 높게 만들어져, 관모 폭이 넓지 않고 높이가 있는 변(弁)이나 절풍(折風)과 같은 모자가[59] 발달하게 되었을 것이다.

중국의 선사시대 유적에서도 머리꽂이가 출토되지만 대부분의 유적에서 고루 출토되지는 않는다. 머리꽂이가 주로 출토되는 지역은 황하중류 유역인데[60] 그 까닭은 머리양식에서 비롯된다.

예를 들어 감숙성에서 출토된 신석기시대 채색질그릇에 보이는 머리양식은 앙소문화시기의 머리양식으로 구분되는데, 이마를 덮은 단발머리이다(그림 1).[61] 감숙성 임조(臨洮)에서 출토된 채색질그릇에 보이는 머리모양은 정수리에서 길게 땋아 늘어뜨렸다(그림 2).[62] 청해성(靑海省) 대통현(大通縣)에서 출토된 채색질그릇에 보이는 그림의 사람들은 모두 짧은 묶은머리를 모두 왼쪽방향으로 늘어뜨렸다(그림 3).[63] 이러한 머리양식들은 머리꽂이가 필요치 않았을 것이다.

그러나 안양(安陽) 은허(殷墟) 5호 부호묘(婦好墓)에서는 옥으로 만든 머리꽂이 20여 개와 뼈로

〈그림 2〉 감숙성
임조 출토 채도인형
모양 뚜껑

59) 朴仙姬,《우리금관의 역사를 밝힌다》, 지식산업사, 2008 참조.
60) 沈從文,《中國古代服飾研究》, 商務印書館, 香港, 1992, 9쪽.
61) 沈從文, 위의 책,《中國古代服飾研究》, 8쪽 圖 5의 1·2.
62) 沈從文, 앞의 책,《中國古代服飾研究》, 6쪽 圖 4의 1·2.
63) 周迅·高春明,《中國五千年 女性裝飾史》, 京都書院, 1993, 17쪽.

〈그림 3〉 청해성 대통현 출토 채색질그릇

만든 머리꽂이 490여 개가 출토
되었다.64) 이는 당시 상나라 귀
족의 머리양식이 화려했음을 말
해 준다. 실제로 상왕조(商王朝)
시대의 남자들은 머리를 정수리
에서 짧게 땋아 내려뜨리거나 머
리 전체를 말아 올렸는데, 하남성
은허 부호묘에서 출토된 옥인(그
림 4)과 석인(그림 5)에서 보인다.65) 〈그림 4〉의 경우는 머리를 짧게
땋았으나 이마 주변으로 머리 뒷부분까지 둥글려 머리가 흘러내리지 않
게 하였고, 〈그림 5〉의
경우는 모자 안으로 머리
를 모두 올리고 있어 머
리꽂이를 다수 필요로 했
을 것이다.

주(周)시대에 오면 여
자들의 경우 15세가 되어
머리꽂이를 사용하는 계예
(筓禮)를 거행하고 결혼이
허락되었다. 이로 보아 머

〈그림 4〉 하남성 부호무덤   〈그림 5〉 하남성
　　　출토 옥인　　　　　　　부호무덤 출토 석인

리꽂이는 당시 주나라사람들에게 큰 의미가 있는 머리양식이었다고 여
겨진다. 이러한 내용들은 한반도와 만주 대부분의 지역에서 머리꽂이가
출토되는 것과 달리 중국에서는 주로 황하중류유역을 중심으로 머리꽂
이가 출토되는 요인이 될 것이다.

---

64) 中國科學院考古硏究所安陽工作隊, 〈安陽殷墟五號墓的發掘〉, 《考古學報》 1977年
　　第2期 참조.
65) 上海市戲曲學校中國服裝史硏究組 編著, 周迅·高春明 撰文, 《中國服飾五千年》, 商
　　務印書館香港分館, 1984, 15·17쪽.

진한시대의 발식의 경우도 머리를 올려 가지런히 하거나 틀어 올리기도 하였는데, 정수리에서 틀어 올려 상투를 찌는 고조선의 머리양식과 차이를 가진다. 좋은 예가 한시대 심의(深衣)를 입은 채회도용(그림 6)과 진시황 병마용에 보이는 가죽갑옷을 입은 군사의 머리양식(그림 7)에서 나타난다.

발식 이외에 복식을 중국과 비교해 보기로 한다. 종래에는 일반적으로 고대 한국 복식의 성격을 여밈새(袵形)를 기준으로 하여 중국 한복(漢服) 계통의 요소와 북방계 호복(胡服) 계통의 요소로 구분하여 왔다. 이 같은 여밈새에 의한 계통과 변천의 구분은 1946년 이여성(李如星)[66]에 의해 주장되었고, 이후 복식사 연구자들은 모두 이를 그대로 따르고 있다. 즉 윗옷의 동정[67] 또는 깃에서부터 연결된 섶 또는 옷자락이 여며지는 방향이 한국 복식의 계통과 변천을 보여주는 근거로 제시되었는데, 오른쪽 여밈(右袵)은 중국 한복 계통의 요소이고 왼쪽 여밈(左袵)은 북방계 호복 계통의 요소라고 보았다. 이 가운데

⟨그림 6⟩ 한 채회도용   ⟨그림 7⟩ 진 병마용

---

66) 李如星, 《朝鮮服飾考》, 범우사, 1998년판, 72~74쪽.
67) 한국에서 의복의 동정이 어느 때부터 시작되었는지 알 수 없으나, 김용준이 1958년 남경박물원에서 송(宋)나라 때 '백제국사'(百濟國使)를 그린 〈직공도〉(職貢圖)를 발견하고 그것을 모사하여 《문화유산》에 발표함으로써 백제인들이 옷깃에 동정을 달았음을 알 수 있게 되었다(김용준, 〈백제 복식에 관한 자료〉, 《문화유산》, 사회과학원출판사, 1959, 64~66쪽 참조).

북방계 호복 계통의 좌임이 고대 한국 복식의 주요소였는데 후에 중국
한복 계통의 영향을 받아 우임으로 바뀌게 되었다고 본 것이다. 그러나
고대 중국의 복식을 보면 상시대부터 전국시대까지 중국은 임형에서
좌임과 우임이 혼용되고 착수(窄袖)의 옷을 주로 입었다. 중국의 상시
대에서 춘추전국시대에 이르는 기간은 서기전 1700년경부터 서기전
222년까지로, 한국사에서는 고조선의 중기와 후기에 속한다. 고구려는
고조선에 속해 있다 독립국이 되었기 때문에 고구려 고분벽화에 나타
나는 복식의 모습들은 고조선복식의 많은 부분을 그대로 계승했을 것
으로 생각된다.

　앞에서 서술했듯이 고조선은 서기전 2200년경부터 중국과 우호적으
로 교류해 왔기 때문에 복식에서도 상호 접촉과 영향이 있었을 것이다.
그러나 고구려 고분벽화에 보이는 고구려복식에는 상시대부터 춘추전
국시대까지의 중국복식의 특징이 보이지 않는다. 이것은 고조선을 계승
한 고구려복식이 고대 한국의 복식이 가지는 독자성과 고유성을 줄곧
유지했음을 말해 주는 것이다.[68]

　중국에서는 진제국시대부터 주로 우임의 관복을 입었으나 고구려
관복은 관직에 관계없이 여밈새(임형)가 자유로웠다. 중국의 경우 춘추
전국시대에 이르기까지 의복은 주로 착수였고, 진·한시대에도 대수(大
袖)와 착수가 혼용되었으나 고구려에서는 착수가 거의 보이지 않는다.
그러므로 고구려는 진·한시대까지도 중국복식의 영향을 받지 않았다고
보아야 할 것이다.

　호복은 중국의 전국시대 이전까지 임형이 정착되지 않았고, 전국시대
부터 진·한시대에 이르는 시기에 좌임과 원령의 임형이 형성되었다. 한
무제 때 비단길이 열리면서 북방에서는 이전보다 실크를 많이 사용하게
되었지만, 여전히 대금(對襟, 마주 여민 깃)·좌임·원령(圓領, 얕게 둥글
려 여민 깃)의 임형과 좁은 폭, 좁은 소매의 옷을 주요 양식으로 하고

---

68) 박선희,《한국고대복식-그 원형과 정체》, 지식산업사, 2002 참조.

있었다. 그러나 중국의 삼국양진남북조시대에 해당하는 시기의 호복 임형에 보이는 대금과 원령이 고구려 고분벽화에서는 보이지 않으며, 고습(제4부 제3장 3절 1의 그림 6·8 참조) 역시 나타나지 않는다. 따라서 이 시기까지 고구려 복식은 호복의 영향과는 무관했다고 분석된다.

그러므로 고대 한국의 복식에서 보이는 우임은 중국 한복 계통이고 좌임은 북방 호복 계통으로부터 영향을 받았다는 계통론과 변천론은 수정되어야 할 것이다. 고구려 고분벽화의 경우 약 3세기에 걸쳐 동일하게 좌임·우임·대금사령(大襟斜領, 크게 비스듬히 여민 깃)·곡령(曲領, 보통 둥글려 여민 깃)·합임형(合衽形, 맞여밈새) 등의 임형만이 사용되었다. 당시 중국이나 호에서는 곡령을 제외한 위의 여러 임형과 그 밖에 대금·원령의 임형을 오랜 기간 사용했으나, 고구려에서는 이를 받아들이지 않았던 것이다. 이로 보아 곡령을 포함한 위에 나열된 임형은 모두 고대 한국의 전통적인 임형이었다고 말할 수 있으며, 고구려 복식에 나타난 임형은 고조선으로부터 계승된 것으로서 쉽게 변동되지 않고 지속성을 보여주는 것이라고 할 수 있다.

고대 한민족이 입었던 웃옷과 겉옷은 크게 삼(衫)과 유(襦) 및 포(袍)로 구분되는데, 남자들은 삼을 입고 여자들은 유를 입었으며, 포는 긴 길이와 넓은 소매를 특징으로 하는 겉옷으로 남녀 모두 입었다. 고대 한국 복식의 원류를 논하는 데 임형과 더불어 소매〔袖〕는 주요한 근거가 되어왔다. 종래에는 좁은 소매인 착수와 통수(筒袖)는 북방 계통의 것이고 넓은 소매인 광수(廣袖)와 대수 등은 중국 계통의 것으로 구분했다. 그러나 고대 중국은 상시대와 주시대의 경우 모두 착수였다. 춘추전국시대에 와서야 대수와 관수(寬袖)가 출현하지만, 착수가 여전히 큰 비중을 차지했다. 진·한시대에는 대수와 착수가 병행되었다. 삼국양진시대의 복식은 진·한의 것을 따랐으나, 남북조시대의 복식은 한족의 의복과 북방민족들의 호복이 공존하면서 대수와 착수가 병행되었다. 호복은 착수와 통수를 특징으로 한다. 그러나 고조선에서는 큰 소매의 포를 입었고 이후 고구려·백제·신라에 그대로 계승되었다. 이 같은 임형과

수에 관한 비교와 검토는 고대 한국 복식의 원형이 중국이나 북방 호복
계통으로부터 영향을 받아 이루어졌다는 종래의 통설을 수정하는 데 중
요한 근거가 된다.

고대 한민족이 착용한 아래옷인 고(袴)와 군(裙)은 웃옷과 긴 겉옷
인 삼·유·포와 함께 고조선시대부터 계승해온 한민족 고유의 복식 양
식이다. 고대 한국의 남자들은 고를 겉옷으로 입었고 여자들은 고를 군
속에 입었다. 고대 한민족은 신분과 계층에 큰 구분 없이 궁고(窮袴)를
입었는데, 이 궁고는 바로 대구고(大口袴)이며 당(襠)이 있는 고를 말한
다. 이 같은 한민족의 고와 달리 중국 고의 원류는 밑이 터진 형태였다.
서한 때 중국의 고는 당이 터진 것과 당이 끈으로 막힌 곤당고(緄襠袴)
두 가지가 있었으며, 신분이 높은 사람들은 당이 터진 고를 입었다. 즉,
고는 심의(深衣)나 앞을 가리는 상(裳) 등을 입었을 때 입는 속옷이고,
관직이 낮거나 노동일을 하는 사람의 경우 긴 웃옷을 입을 수 없으므로
당이 막힌 곤(褌)을 입은 것이다.

고대 한민족의 고유 복식이 북방계 호복인 고습이라는 일반적인 견
해가 있어 왔지만, 문헌자료와 실제 고고학 출토자료인 도용(陶俑)에 보
이는 고(袴)와 습(褶)의 모습을 통해 이러한 견해가 잘못된 것임이 확
인된다. 북방지역 고습의 고는 넓은 폭으로 길이는 땅에 끌릴 정도로
길고 무릎 바로 밑에서 묶어지며, 바지부리는 고대 한국의 고처럼 여며
지는 것이 아니었다.[69]

중국은 상시대부터 춘추전국시대에 이르기까지 통이 매우 좁은 바
지를 주로 입었다. 진·한시대에 오면 곡거심의(曲裾深衣) 아래에 비교적
통이 넓은 바지를 입었는데, 무릎 밑에서 동여매는 형식이었다. 양진남
북조시대에 오면 포 안에 폭이 넓은 긴 길이의 바지를 땅에 끌리게 입
었다. 그러나 고대 한국의 복식에는 이 같은 중국 고의 모습이 보이지
않는다. 고대 한국의 고는 서기 6세기까지 계층과 신분에 관계없이 고의

---

69) 위와 같음.

바지부리를 여몄으나, 서기 7세기에 오면 여미는 대신 선을 두르는 양식도 출현한다. 폭은 대체로 넓은 폭과 보통 폭으로 구분되며 길이는 긴 것과 무릎 아래에서 여며지는 것이 있는데, 이는 신분을 나타내기보다는 하는 일에 따라 폭과 길이에 변화를 주어 편리성을 도모했던 것이다.

　이상의 고조선시대 복식의 대략적인 특징들로부터 위만의 '퇴결만이복'(魋結蠻夷服)에 대하여 간략히 설명해 보기로 한다. 즉 위만의 '퇴결만이복'에서 '퇴결'은 정수리에 머리를 틀어 올린 상투의 모습이고, '만이복'은 여밈새가 있는 비교적 넓은 소매의 웃옷과 부리가 여며진 통이 넓은 바지차림새에 두툼한 긴 겉옷을 입었을 것으로 생각된다. 그것은 노관이 반란을 일으키고 위만이 망명을 한 시간이 고조 12년 2월로 패수를 건너기에 쌀쌀한 날씨였을 것이기 때문이다.

5. 위만의 고조선 서부변경의 망명 요인

　위만이 패수를 건너 고조선 서부변경지역으로 망명할 때 고조선의 복식 차림새였을 가능성에 접근할 수 있었다. 또한 위만이 위만조선을 세운 후 서한의 외신을 자처하면서도 서한의 정치체제를 따르지 않았던 까닭을 서한의 '서이등' 봉건정치체제 성격과 위만조선 관료체제에서 분석해 보았다. 위만이 서한의 정치체제를 받아들이지 않은 것은 서한 제국에서 왕이 독립된 지위를 가지지 못했던 점이 가장 큰 요인이었음을 알 수 있었다.

　'초한지쟁'에서 유방과 항우는 왕들을 제재하지 못했다. 이는 왕들의 지위가 동등했기 때문이라기보다는 왕들이 서로 독립적인 관계에 있었고 하나의 정치체제로 구성되어 있지 않았기 때문이라고 보아야 할 것이다. 항우는 왕들을 봉하는 명분을 세우기 위하여 초(楚) 회왕(懷王)을 의제(義帝)로 하였지만, 의제와 왕의 군신 관계를 맹약으로만 한 정치체

제에서 왕들도 스스로의 지위에 의미를 갖지 못하였다. 유방은 항우와
다르다. 유방이 의제와의 관계를 군신관계로 밝혔기 때문에 여사면(呂
思勉)은 항우를 공략하여 '초한지쟁'을 일으킨 유방을 배반으로 보았지
만70), 실제로는 유방도 항우와 같이 황제로서 의제의 역할에 의미를 두
지는 않았다. 그러나 유방이 의제를 부정하면서도 그의 정치체제를 하
나의 정치체제로서 지켰다는 점이 항우와 크게 다르다.71)

유방의 정치체제는 왕의 수만 다를 뿐 회왕이나 항우의 정치체제와
유사하지만, 황제가 왕국의 이천석 이상의 관리를 임명했다는 점에서
커다란 차이가 있다. 유방은 한왕(韓王) 성이 항우에게 잡혀 있을 때 신
(信)을 한의 태위(太尉)로 임명하여 항우가 새로 한왕으로 봉한 정창(鄭
昌)을 공략하게 하였다. 또한 위왕(魏王) 위표(魏豹)가 왕으로 있음에도
팽월을 위의 상국(相國)으로 임명하였다. 즉 유방은 초 회왕이 봉한 왕
만을 왕으로 인정하고 새로 왕을 봉하지 않았음에도 왕국의 관리를 직
접 임명하였던 것이었다. 군권이 주어지는 승상과 같이 왕국 통치의 실
질적인 책임자인 이천석 관리를 임명함으로써 유방은 왕국을 장악할 수
있었던 것이다.

또한 점령한 왕국을 한(漢)의 군(郡)으로 하여, 유방이 임명한 군수
(郡守)가 통치하게 하였다. 유방은 황제 즉위 이전에 장이·한신·경포·
팽월을 왕으로 봉하였지만, 이미 점령하여 군(郡)으로 삼은 지역의 왕
으로 봉했기 때문에 왕들에게는 관리의 임명권과 통치권 등 실권이 없
었다. 즉 왕으로 봉해졌지만 왕국의 군수 등 이천석 이상의 고위 관리
를 임명할 수 없는 이름뿐인 왕이었던 것이다. 왕의 권한이 축소되었을
때 왕은 정치적 실권이 없는 단순한 봉건세력에 지나지 않는다. 위왕
위표가 유방을 배반하고 다시 항우에게 간 것도 바로 유방이 위표의 왕
으로서의 실권을 빼앗았기 때문이었다.

'초한지쟁'에서 승리한 뒤 왕들과 장상들이 유방을 황제로 추대하였

---

70) 呂思勉, 《秦漢史》上册, 開明書店, 1947, 41쪽.
71) 주 31과 같음.

을 때, 그들은 초 회왕 정치체제를 강력히 요구하였다. 이는 의제와 왕의 관계처럼 독립된 왕의 지위를 요구한 것이었다. 유방이 이미 왕국의 관리를 임명하고 있는 상황이므로, 결국 그가 받아들인 것은 형식적인 체제였을 뿐 이들에게 독립된 왕으로서의 실권을 가질 수 있도록 이천석 이상의 관리 임용권을 양보하지는 않았던 것이다.

유방의 황제 즉위 이후 초왕 한신·회남왕 경포·양왕 팽월 등이 유방의 제거 압력을 받으면서도 제대로 반란을 일으켜 보지도 못하고 죽은 것은, 바로 승상과 군수·군권을 가지고 있는 군위(郡尉) 등을 왕의 측근 세력으로 임명할 수 없었던 데 그 원인이 있었다고 하겠다.

이러한 왕의 정치적 지위 변화는 정치체제를 바꾸지 않고서도 봉건 정치체제에 커다란 변화를 가져왔다. 왕국에 속해 있는 군의 행정 책임자인 군수와 군권을 가지고 있는 군위를 한의 군과 같이 황제가 임명하였기 때문에, 왕국에 속한 군수·군위 및 왕국 조정의 이천석 이상 관리들은 왕과 형식적으로만 군신의 관계였을 뿐 실질적으로는 왕을 감시하는 관계에 있었다고 하겠다. 왕이 직접적인 통치를 하지 않았기 때문에 왕의 이동이 가능했고, 왕의 수를 늘리거나 줄이거나 한 중앙에 아무런 영향도 주지 않게 되었던 것이었다.

유방이 '초한지쟁'에서 항우를 꺾기 위하여 그 힘을 필요로 했을 만큼 강력한 왕들을, 통치 경험이나 능력이 절대적으로 부족한 유방의 어린 아들들로 대체할 수 있었던 것도 바로 왕 지위의 변화로 가능했다고 볼 수 있다. 유방이 왕을 어린 아들의 수만큼 봉할 수 있었던 것, 문제가 제(齊) 등 거대한 왕국을 군의 크기로 분봉할 수 있었던 바탕이 바로 유방의 황제 즉위 때 이미 완성되어 있었던 것이다. 이러한 서한제국의 이름뿐인 왕의 지위는 위만이 서한의 외신을 자처하면서도 서한제국의 정체체제를 받아들이지 않았던 요인이었을 것으로 생각된다.

제3장 고구려 평양성 천도와 요서진출로 본 위만조선과 한사군

1. 원대자 벽화묘 연대와 유물에서 찾는 묘주 국적

1982년 10월 요령성 조양현(朝陽縣) 원태자촌(袁台子村) 십이태영자공사(十二台營子公社) 원태자대대(袁台子大隊)의 사원인 위홍희(魏洪喜)의 집에서 1기의 묘가 발견되었다. 요령성박물관과 조양지구박물관 및 현문화관(縣文化館)은 11월 한 달 동안 이 무덤을 발굴하였고 편호(編號) M1으로 이름하였다. 묘 내부에는 앞부분 왼쪽에 이실(耳室)이 있고 오른쪽에 감(龕)이 있는데, 동서 양쪽 벽의 중간부분과 뒷벽 모두 감이 있으며 (그림 1), 〈묘주인도〉(墓主人圖)를 비롯하여 다양한 내용의 벽화가 그려져 있었다.[1]

이 묘는 일찍이 도굴된 상태였다. 도굴 구멍은 봉문석(封門石)의 왼쪽 위의 모서리에 있는데, 직경이 약 0.5m로 깨진 돌덩이들이 문밖 봉석(封石) 위에 쌓여 있는 상태였다. 봉석 부근에서 도굴

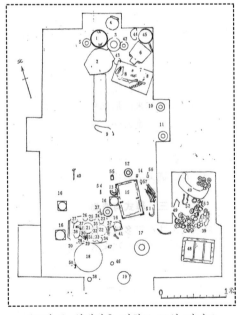

〈그림 1〉 원대자촌 벽화묘 묘실 평면도

---

1) 遼寧省博物館文物隊·朝陽地區博物館文物隊, 〈朝陽袁台子東晉壁畵墓〉,《文物》1984年 第6期, 29~45쪽.

당시 남겨진 금동제 장식이 발견되었다. 이처럼 이 묘는 일찍이 도굴이 되었으나 벽화가 남아 있고, 다양한 종류의 청동기와 철기, 석기, 질그릇, 지기, 칠기, 화폐 등의 유물과, 금동제 장식(그림 2·2-1)[2]을 비롯하여 금동과 은으로 만들어진 허리띠 장식(그림 3·3-1·4),[3] 은팔찌, 마노(瑪瑙)팔찌, 은장식, 청동장식 단추 등 중요한 복식유물들이 많이 출토되었다.

〈그림 2·2-1〉 금동제 장식들, 모사도

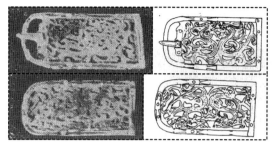

〈그림 3〉 은제 허리띠 장식과 모사도

〈그림 4〉 은제 허리띠 장식들

주목되는 것은 이 묘의 동쪽 이실에서 마구 1벌이 발견되었는데, 등자, 함표(銜鑣), 청동방울 118개가 안교(鞍橋) 윗면에서 집중적으로 출토된 점이다.[4] 또한 다양한 양식의 방울모양 청동장식과 긴 나뭇잎양식과 타원형 등의 금동 장식, 청동과 철로 만든 허리띠장식이 출토되었다. 그 외에 칠합(漆盒), 칠반(漆盤), 칠호(漆壺), 칠작(漆勺), 칠발(漆鉢) 등 다수의 칠기가 출토되었다. 칠안(漆案)의 네 모서리 아래에서는 출석(础石) 4개와 휘장을 둘렀는데, 장식한 금동제 휘장모서리[金銅帳角] 4개(그

2) 遼寧省博物館文物隊·朝陽地區博物館文物隊, 〈朝陽袁台子東晉壁畵墓〉, 34쪽의 圖 22, 35쪽의 圖 30의 1.

3) 遼寧省博物館文物隊·朝陽地區博物館文物隊, 〈朝陽袁台子東晉壁畵墓〉, 34쪽의 圖 20과 23, 35쪽의 圖 30의 2.

4) 遼寧省博物館文物隊·朝陽地區博物館文物隊, 〈朝陽袁台子東晉壁畵墓〉, 34쪽의 圖 24, 35쪽의 圖 29·38쪽의 圖 33.

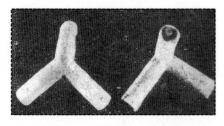

<그림 5> 금동장각(金銅帳角)

림 5)5)가 출토되어 매우 화려한 상차림새를 짐작하게 한다. 이를 복원한 내용이 아래의 <그림 6>이다.6) 그 밖에도 목상(木箱)과 골관(骨管), 오수전(五銖錢) 등이 출토되었다.

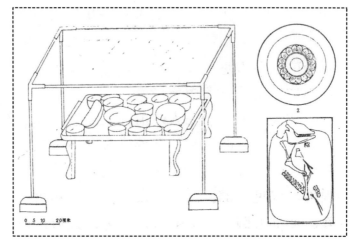

<그림 6> 장가(帳架) 및 칠안 복원도와 대원칠반(大圓漆盤),
장방칠합(長方漆盒) 안에 타원형 칠반이 있는 모습의 복원도

발굴자들은 이 무덤에서 발견된 1벌의 마구장식(그림 7·7-1·2)7)이 동북지역에서 여러 차례 발견된 것과 같다며 집안지역 고구려 마구의 내용 등을 참고하여 복원도를(그림 8)8) 제시하였다. 마구 1벌에는 금동장식을 비롯하여 다양한 양식의 청동방울이 230여 개 이상 발굴되었는데, 이러한 마구양식과 청동방울은 고조선과 고구려 유적 등에서 자주 발견되는 한민족의 고유한 양식의 것이다.

5) 遼寧省博物館文物隊·朝陽地區博物館文物隊, <朝陽袁台子東晋壁畵墓>, 34쪽의 圖 25.
6) 遼寧省博物館文物隊·朝陽地區博物館文物隊, <朝陽袁台子東晋壁畵墓>, 39쪽의 圖 34.
7) 주 4와 같음.
8) 遼寧省博物館文物隊·朝陽地區博物館文物隊, <朝陽袁台子東晋壁畵墓>, 44쪽의 圖 46.

〈그림 7·7-1·2·8〉 원대자촌 출토 마구와 복원도

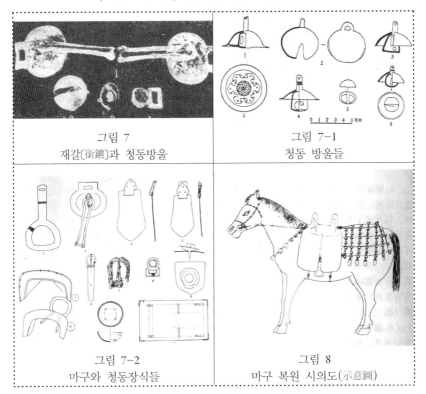

그림 7	그림 7-1
재갈[銜鑣]과 청동방울	청동 방울들
그림 7-2	그림 8
마구와 청동장식들	마구 복원 시의도(示意圖)

금동제 휘장모서리는 칠기 소반[漆案] 위에서 3개, 소반 아래에서 1개가 출토되었다. 이 금동제 모서리는 〈그림 5〉에서와 같이 관상(管狀)인데 관 안에 부패된 나무가 남아 있어 〈그림 6〉의 복원도와 같이 나무를 끼워 받치는 역할을 했을 것으로 생각된다. 금동제 휘장모서리에는 자줏빛 세견(細絹)이 부분적으로 남아 있고 이 천 위에 흑색의 채회(彩繪)도 일부 남아 있어 실크 천 위에 그림을 그린 멋진 휘장이었을 것으로 여겨진다.

원대자촌 벽화묘 묘실 내부의 석벽(石壁) 표면에는 1층의 황초(黃草)진흙이 있고, 진흙 위에 백회면(白灰面)을 약 1.5~2cm 두께로 바르고 백회 표면에 홍색, 황색, 녹색, 흑색, 자색(赭色) 등의 채색으로 벽화를 그렸다. 주요 내용은 주인상(主人像)과 부부(夫婦), 문리(門吏), 수렵(狩

獵), 봉식(奉食), 연음(宴飮), 우경(牛耕), 사신(四神), 청룡주작(靑龍朱
雀), 우차(牛車), 사녀(仕女), 선식(膳食), 도재(屠宰), 정원(庭院), 갑사기
마(甲士騎馬), 태양(太陽), 월량(月亮), 현무(玄武), 흑웅(黑熊), 차기(車
騎) 등의 도상(圖像)이다.9) 이 벽화에 나타나는 구성원들의 복식에 관
련해서는 3절에서 상세히 분석할 것이다.

　원대자촌 벽화묘의 서쪽 벽면 〈봉식도〉(奉食圖)에는 묵서제명(墨書題
銘)이 남아 있으나, 백회면이 훼손되어 "이월기"(二月己), "배만"(背万),
"묘전"(墓奠)의 몇 글자만 보이는 까닭에 그 절대연대를 추정하기 어려
운 상황이다. 벽화묘에서는 오수전이 출토되었는데 발굴자들이 동한(東
漢) 후기의 것으로 분석하고 있어10) 묘의 조성연대가 적어도 서기 3세
기 무렵 이후일 가능성이 있다. 우선 원대자묘의 연대 문제에 접근해
보기로 한다.

　발굴자들은 원대자촌 벽화묘의 연대 추정을 위해 아래 5기의 묘와
비교하여 서기 4세기 초에서 중엽일 것으로 추정하였다. 비교된 묘는
1957년에 발굴한 요양(遼陽) 상왕가촌(上王家村)의 벽화묘11), 1979년에
발굴한 조양현 대평공사(大平公社) 대평방(大平房)의 벽화묘12), 1979년에
발굴한 조양현 십이태공사(十二台公社) 사가자(四家子)의 최휼(崔遹)묘13),
1965년에 발굴된 북표(北票) 서관영자(西官營子)의 풍소불(馮素弗)묘14),
1973년부터 발굴하기 시작한 안양(安陽)의 효민둔(孝民屯)묘15)이다. 모

9) 위와 같음.
10) 주 1과 같음.
11) 李慶發, 〈遼陽上王家村晉代壁畵墓淸理簡報〉,《文物》, 1959年 第7期, 文物出版社,
　　60~62쪽.
12) 발굴자들은 이 묘의 내용에 관하여 출처를 밝히지 않았다. 단지 조양현문화관
　　(朝陽縣文化館)의 손국평이 제공한 내부자료이며, 묘는 석축 장방형이고 이실
　　(耳室)과 벽감(壁龕)이 부속되어 있으며 〈사녀도〉 벽화가 있다고 설명했다(遼
　　寧省博物館文物隊·朝陽地區博物館文物隊, 앞의 글, 45쪽의 주 2).
13) 陳大爲·李宇峰, 〈遼寧朝陽後燕崔遹墓的發現〉,《考古》1982年 第3期, 270~274쪽.
14) 黎瑤渤, 〈遼寧北票縣西官營子北燕馮素弗墓〉,《文物》1984年 第6期, 2~28쪽.
15) 中國社會科學院考古硏究所安陽工作隊, 〈安養孝民屯晋墓發掘報告〉,《考古》1983
　　年 第6期, 501~511쪽.

두 원대자촌 벽화묘가 발굴된 1982년보다 앞서 발굴된 것이다.

발굴자들은 원대자촌 벽화묘의 연대와 건축구조가 위에 제시한 5기 묘와 서로 가깝다고 보았다. 원대자촌 벽화묘의 건축구조는 장방형이며 이실(耳室)과 벽감(壁龕)이 부속되어 있는데, 요양부근에서 발견된 위진시대(서기 220~서기 420년) 묘장(墓葬)인 상왕가(上王家) 진묘(晉墓)가 장방형 주실(主室)에 단이실(單耳室) 혹은 쌍이실(雙耳室)이 부속되어 있어 서로 유사하다고 분석했다. 이러한 까닭에 원대자촌 벽화묘의 연대가 위진시대보다 늦지 않을 것으로 보았던 것이다.16) 또한 원대자촌 벽화묘는 조양현의 대평방 벽화묘의 구조와도 유사한데 모두 벽감이 부속되어 있으며 동진(東晉)시기에 해당할 것으로 추측하였다. 그러나 발굴자들은 이 대평방 벽화묘에 대해서는 조양현문화관의 손국평(孫國平)이 제공한 내부 자료를 참고하였고 벽면에 〈사녀도〉(仕女圖)가 그려져 있다고만 주석을 달았다.17) 그 외에 조양 사가자의 최흘무덤의 구조 역시 장방형을 주된 양식으로 하며 네 벽 모두 석판을 세워 원대자촌 벽화묘의 특징과 유사하다.18)

최흘묘의 연대는 묘에서 발견된 석각묘표(石刻墓表)의 내용으로부터 후연(後燕) 건흥(建興) 10년(서기 395년)으로 밝혀졌다. 즉 후연의 최흘묘에서는 두 개의 석각묘표가 출토되었는데, 하나는 "燕建興十年昌黎太守淸河武城崔遹"의 3행 15자이고 또 다른 하나는 "燕建興十年昌黎太守淸河東武城崔遹"의 3행 16자의 것이다. 최흘은 후연의 모용수(慕容垂) 밑에서 상서좌승(尙書左丞), 범양태수(范陽太守), 창려태수(昌黎太守)의 3개 관직을 담당하였는데,19) 묘표의 내용으로 보아 상서좌승 혹은 범양태수를 거쳐 마지막으로 창려태수를 지냈으며 창려태수직에 있을 때 사망한 것으로 추정된다. 《진서》(晉書) 〈모용황〉(慕容皝)의 기록에 따르면 진(晉)

16) 李慶發, 위의 글, 44쪽.
17) 遼寧省博物館文物隊·朝陽地區博物館文物隊, 위의 글, 45쪽의 주 2.
18) 위와 같음.
19) 《北史》 卷24 〈列傳〉 第20 崔遹傳 참조.

함강(咸康) 7년(서기 341년) 모용황은 유성(柳城)·창려(昌黎)·극성(棘城)에서 용성(龍城)에 이르는 지역까지 모두 병합하여 창려군이라 하였고 조양진(朝陽鎭)인 용성으로 천도하였다.[20] 최휼묘의 발견으로 후연의 할군(轄郡)의 하나였던 창려가 조양현에 위치하였음을 확인할 수 있게 되었다. 따라서 조양지역에는 서기 4세기 중엽에 이르러서야 전연(前燕)의 모용황이 진출하였음을 알 수 있다.

발굴자들은 원대자촌 벽화묘의 도관(陶罐)과 동괴(銅魁)가 최휼묘에서 출토된 것과 양식 면에서 기본적으로 서로 같으며, 원대자촌 벽화묘에서 출토된 철장식과 청동도끼는 북표(北票) 서관영자(西官營子)의 북연(北燕) 풍소불(馮素弗)묘에서 출토된 것과 그 양식이 완전히 같다고 했다. 또한 원대자촌 벽화묘에서 출토된 목심칠피(木芯漆皮)와 등자는 풍소불묘의 목심동피(木芯銅皮)와 등자의 양식과 서로 같으며, 마구 가운데 청동방울, 함표(銜鑣), 수식(垂飾) 등은 안양(安陽) 효민둔(孝民屯) 진(晋)묘에서 출토된 것과 같다고 했다.[21]

〈그림 9〉 풍소불묘 출토 범양공장 금인(金印), 대사마장 금동인(金銅印), 요서공장 금동인, 차기대장군 금동인

요령성 북표현 서관영자의 묘에서는 4개의 금과 금동으로 만들어진 인장(그림 9)[22]이 출토되었다. 발굴자들은 인장에 새겨진 관직명과 묘제, 유물, 벽화의 내용들을 종합하여 북연의 풍소불묘로 추정하였다. 출토된 인장들은 범양공장(范陽公章)·차기대장군장(車騎大將軍章)·대사마장(大司馬章)·요서공장(遼西公章)이다. 이 인장에 보이는 관직들과 《진

---

20) 《晋書》 卷109 載記 第9 〈慕容皝〉 참조.
21) 주 1과 같음.
22) 遼寧省博物館·遼寧省文物考古硏究所, 《遼河文明展》, 遼寧省博物館, 2006, 126쪽; 徐秉琨·孫守道, 《中國地域文化大系》, 上海遠東出版社, 1998, 132쪽의 그림 154.

서》〈풍발재기〉(馮跋載記)[23]에 기록된 풍소불이 임명되었던 범양공(范陽公)·시중(侍中)·차기대장군(車騎大將軍)·녹상서사(錄尙書事)·대사마(大司馬)·요서공(遼西公) 등의 관직이 일치하고 있어 이 묘는 서기 415년에 죽은 풍소불묘로 추정되고 있다.

요양(遼陽)의 상왕가촌(上王家村)에 위치한 벽화묘는 발굴자들이 벽회의 내용과 화법이 안악 3호 벽화묘와 서로 같다고 하였다. 필자가 벽화 구성원들의 복식을 관찰해 보아도 〈묘주인연음도〉(墓主人宴飮圖)에 묘주가 상투머리에 관모를 쓰고 긴 겉옷을 입은 모습과 구성원들의 복식 모두 안악 3호 벽화묘의 내용과 거의 같다고 생각된다. 뿐만 아니라 상왕가촌 벽화묘의 〈차기출행도〉(車騎出行圖)에 보이는 기마인과 우마차를 끌고 가는 모습도 안악 3호 벽화묘와 수산리 벽화묘의 모습과 유사하다. 필자가 보기에 구성원들의 복식 특징은 고구려 복식으로 晉의 벽화묘로 분류될 수 없다고 생각된다. 발굴자들은 출토유물 가운데 청자로 만들어진 호자(虎子) 등으로 보아 이 묘의 연대가 서진(西晉)시대(서기 265년~서기 316년)보다 이르지 않고 동진(東晉)시대(서기 317년~서기 420년)보다 늦지 않을 것으로 보았다.[24]

1973년에서 1974년까지 발굴이 진행된 안양 은허(殷墟) 서쪽 지역의 효민둔(孝民屯) 유적에서 진(晉)묘 5기를 발굴하였다. 이 5기묘 가운데 154호묘에서 중국에서 발견된 적이 없는 유일한 1벌의 진대 금동 마구가 모두 123건이 출토되어 주목을 끌었다. 특히 154호묘에서는 청동으로 만들어진 등자(鐙子)가 출토되었는데, 이는 비록 단등자(單鐙子)이지만 그 양식이 풍소불묘와 집안(集安)의 칠성산(七星山) 96호 고구려묘에서 출토된 청동 쌍등자(雙鐙子)와 유사하다고 밝혔다.[25] 1973년 발굴 당시까지 중국학자들은 고고학의 출토자료로 보아 한대(漢代)의 등자 도상(圖像)과 실물자료를 아직 발견하지 못하여 한대까지 등자가 생산

23) 《晉書》卷125〈崔逿傳〉.
24) 李慶發,〈遼陽上王家村晉代壁畵墓淸理簡報〉,《文物》1959年 第7期, 60~62쪽.
25) 中國社會科學院考古硏究所安陽工作隊, 위의 글, 510쪽.

되지 않았던 것으로 분석했다. 중국의 등자에 관한 가장 이른 시기의 도상자료는 장사(長沙)에 위치한 서진 영령(永寧) 2년(서기 302년)에 조성된 서진(西晉)묘에서 부분적으로 채색된 도기용(陶騎俑)에서 발견된 것으로, 단지 한쪽만이 있는 삼각형의 단등자[26]이다. 이후 남경(南京) 상산(象山)의 동진(東晉)묘에서 출토된 도마(陶馬)에서 쌍등자를 발견했다.[27] 이로부터 중국학자들은 중국의 등자가 단등자에서 쌍등자로 발전했다고 생각했다. 이 때문에 효민둔묘는 쌍등자가 출토된 서기 4세기 초기에서 서기 4세기 중기에 속하는 고구려묘보다 늦게 만들어졌을 것으로 보고, 서진 말이나 동진 초기의 십육국시대 초기(서기 4세기 초기~서기 4세기 중엽)에 속할 것으로 분석했던 것이다.

중국학자들은 안양 부근의 임장현(臨漳縣)과 골현(滑縣)이 모용선비(慕容鮮卑)가 세운 전연(前燕)과 남연(南燕)의 도성(都城)이었던 점을 들어 효민둔묘의 묘주는 십육국시대 선비족이 안양에 진출하여 건립했던 정권의 묘장일 것으로 해석했다. 중국학자들의 효민둔묘 묘주에 관한 해석은 옳다. 그러나 고구려에서 등자를 생산한 연대에 대해서는 잘못 판단하고 있는 것이다. 다시 말해 서기 3세기를 전후한 시기로 편년되는 강원도 고산군과 회양군 경계에 위치한 철령의 고구려 유적에서 출토된 개마모형들[28] 가운데는 간혹 등자가 보이고 있어 고구려의 개마와 등자 생산연대가 주변국보다 앞선 것으로 추정되며 중국이나 북방지역에 영향을 주었을 것으로[29] 판단된다.

원대자촌 벽화묘 발굴자들이 비교를 위해 제시한 5기묘 가운데 비교적 연대가 명확한 것은 후연 건흥 10년(서기 395년)의 최휼묘와 북연 태평(太平) 7년(서기 415년)의 풍소불묘이다. 안양 효민둔 진묘의 연대는 서기 4세기~서기 4세기 중엽에 속하고, 요양 상왕가촌의 벽화묘는

---

26) 湖南省博物館,〈長沙兩晉南朝隋墓發掘報告〉,《考古學報》 1959年 3期, 圖版 11·12.
27) 南京市博物館,〈南京象山 5號·6號·7號墓淸理簡報〉,《文物》 1972年 第11期, 23~41쪽.
28) 리순진,〈강원도 철령유적에서 발굴된 고구려기마모형에 대하여〉,《조선고고연구》 1994년 제4호, 2~6쪽.
29) 박선희,《한국 고대복식-그 원형과 정체》, 지식산업사, 2002, 639~641쪽.

서진시대에서 동진시대(서기 265~서기 420년)에 해당할 것으로 보았
다. 대평방 벽화묘는 동진(東晉)벽화묘로 구분하여 동진시대인 서기
317년~서기 420년에 속할 것으로 보았다. 발굴자들이 원대자촌 벽화묘
와 비교한 묘들의 발굴지역과 추정연대를 정리하면 아래의 표와 같다.

묘 명	발굴시기	위치	추정 건축 시기
원태자촌 벽화묘	1982년	조양	서기 4세기 초~서기 4세기 중엽
상왕가촌 벽화묘	1957년	요양	서기 265년~서기 420년
대평방 벽화묘	1979년	조양	서기 317년~서기 420년
최훌묘	1979년~1980년	조양	서기 395년
풍소불묘	1965년	북표	서기 415년
효민둔묘	1973년~1974년	안양	서기 4세기~서기 4세기 중엽

위의 표에 정리한 6기묘의 연대 내용으로부터 원대자촌 벽화묘의
상대연대는 서기 4세기 초에서 4세기 중엽에 이를 것으로 추정되었다.
이 시기는 위에서 서술했듯이 전연의 모용황이 진 함강(咸康) 7년(서기
341년) 지금의 조양진(朝陽鎭)인 용성(龍城)으로 천도하며 이 지역에 진
출하기 이전이거나 늦어도 진출하는 시기에 가까운 시점이었을 것으로
생각된다. 이러한 연대 추정과 더불어 발굴자들은 원대자촌 벽화묘에서
출토된 한 벌의 마구장식들이 동북지역에서 이미 여러 차례 발견된 것
임을 서술하였다. 또한 원대자촌 벽화묘 마구장식들이 동진시기 북방민
족 마구 연구에 중요한 실물자료를 제공하며 마구의 기원과 기병사(騎
兵史) 연구에도 중요한 가치를 가진다고도 하였다. 원대자촌 벽화묘 출
토 마구가 고구려의 국역인 동북지역의 것과 같은 양식의 것임을 밝히
면서도 국적은 북방민족으로 추정하고 있는 점에[30] 모순된 결론을 내
리고 있는 것이다.

---

30) 주 1과 같음.

이러한 중국학자들과 마찬가지로 일본학자들은 원대자촌 벽화묘에서 출토된 마구를 선비족의 것으로 분류했다.[31] 한국학계의 고분연구에서도 이를 비판 없이 그대로 받아들여 원대자촌 벽화묘를 동진 벽화묘로 인식하였고,[32] 복식연구에서는 원대자촌 벽화묘 구성원들의 복식이 고구려 복식과 유사한 요소들이 있어 고구려 문화가 선비 등 기마민족 문화와 밀접한 관련을 갖는 것을 실증한다고 하였다.[33] 그러나 이러한 견해와 달리 한국학자 신용하(愼鏞廈)는 원대자촌 벽화묘의 주인공이 고조선문명권의 후예의 무덤일 것으로 생각하였다.[34] 또한 중국학자 유훤당(劉萱堂)은 원대자촌 벽화묘와 무용총 벽화묘의 〈사신도〉, 〈수렵도〉, 삼족오 태양, 〈우차도〉(牛車圖)와 서 있는 시동의 복식, 시종들의 〈진식도〉(進食圖), 〈기마출행도〉 등에서 서로 유사하다고 했다.[35]

발굴자들이 원대자촌 벽화묘의 연대와 국적을 가늠하기 위해 비교의 대상으로 삼았던 위의 묘들은 1982년 원대자촌 벽화묘 발굴 시기보다 앞서 발굴된 것이다. 따라서 현재 원대자촌 벽화묘의 성격을 올바르게 분석하기 위해서 첫 번째로 2절에서는 발굴자들이 제시한 묘의 특징과 유물 성격을 1982년 이후 원대자촌 벽화묘와 같은 곳에 위치한 조양 및 인근 지역에서 새로이 발굴된 무덤 및 유물들과 다시 비교해 보고자 한다. 두 번째로, 발굴자들은 비교의 대상으로 삼지 않았지만 1982년 이전 발굴된 방신촌묘를 원대자촌 벽화묘와 비교해 보고자 한다. 방신촌 묘는 1956년과 1957년에 걸쳐 발굴되었고 원대자촌 벽화묘와 같은 시기로 유물에서도 서로 유사한 성격을 보이며 조양과 인접한 북표에 위

31) 永島暉臣愼, 〈高句麗古墳の流れと影響〉, 《日本の古代 6-王權をめぐる戰い》, 中央公論社, 1986, 312~ 313쪽.
32) 전호태, 《중국 화상석과 고분벽화 연구》, 솔출판사, 2007, 238·272쪽.
33) 정완진, 〈袁台子墓 벽화 주인공 복식에 관한 연구-고구려 복식과의 관련성을 중심으로-〉, 《服飾》 51권 5호, 2001, 95~111쪽.
34) 신용하, 〈고조선문명권의 삼족오 태양상징과 조양 원대자벽화묘의 삼족오태양〉, 《韓國 原民族 形成과 歷史的 傳統》, 나남출판, 2005, 89~111쪽.
35) 劉萱堂, 〈中國集安高句麗壁畵與遼東·遼西漢魏晋壁畵墓比較硏究〉, 《高句麗 古墳壁畵》(《高句麗硏究》 4輯), 高句麗硏究會, 1997年, 133~187쪽.

치하기 때문이다. 세 번째, 원대자촌 벽화묘에 나타난 복식양식 등을 이웃 나라와의 비교를 통해 그 국적을 올바르게 재인식해 보고자 한다.

이러한 분석을 통해 서기 4세기 초~서기 4세기 중엽에 속하는 것으로 추정되는 원대자촌 벽화묘에 어떠한 까닭으로 벽화의 복식양식을 비롯한 출토 유물에서 고구려의 특징적인 요소들이 나타나는지 해석해 보아야 할 것이다. 뿐만 아니라 서기 3세기부터 서기 4세기에 이르는 시기 조양을 비롯한 인근 지역의 여러 묘들에서노 고구려 왕족들의 고유한 특징을 가진 유물들이 출토되는데, 그 까닭은 어디에 있는지 올바르게 해석되어야 할 것이다. 이 시기는 고구려의 동천왕시기부터 고국원왕 초기 무렵이다.

원대자촌 벽화묘에 대한 새로운 분석은 벽화묘에 보이는 〈태양도〉와 〈흑웅도〉의 해석에서 고구려 역사와 관련하여 그 상징의미와 사상성을 새롭게 조명할 수 있을 것이다. 이 과정에서 동천왕시기 평양성의 위치를 올바르게 밝히게 된다면, 서기 3세기부터 서기 4세기에 이르는 시기 조양지역의 여러 묘들의 국적이 자연스레 제자리를 찾게 될 것으로 생각된다. 아울러 고구려가 고조선의 옛 땅을 수복하기 위한 목적으로 모본왕 때부터 미천왕시기까지 줄곧 지금의 요서지역에 진출했던 사실[36]을 재인식할 수 있는 계기도 마련될 것으로 기대한다.

2. 조양지역 묘들의 국적과 동천왕의 평양성 천도

원대자촌 벽화묘가 발굴된 1982년 이후 1990년대에 이르기까지 조양지역에서는 원대자촌 벽화묘의 연대와 가까울 뿐만 아니라 유사한 성격의 유물들이 출토되는 유적의 발굴이 계속 이어졌다. 좋은 예로 요령

---

36) 박선희, 《고구려 금관의 정치사》, 경인문화사, 2013 참조.

성 조양 원대자촌의 왕자분산묘군(王子墳山墓群)의 태(台) M8713:1묘³⁷⁾
는 1987년과 1990년에 두 차례에 걸쳐 발굴되었고, 조양 십이대향전역
(十二臺鄕磚歷) 88M1묘³⁸⁾는 1988년에 발굴했으며, 이어서 1989년에는
조양 전초구(田草溝)묘³⁹⁾가 발굴되었다. 1995년에는 조양 칠도령향(七道
岭鄕) 삼합성(三合成)묘⁴⁰⁾와 조양의 바로 위에 위치한 북표현(北票縣)
라마동(喇嘛洞)묘⁴¹⁾가 발굴되었다.

또한 이보다 앞서 1956년과 1957년에 발굴된 요령성 북표현 방신촌
묘에서도 앞에서 나열한 묘들에서 출토된 것과 유사하거나 동일한 양식
과 성격을 보이는 유물이 출토되었다. 방신촌묘에서는 화려한 금제 관
식들이 많은 양의 금은제 장식품들과 함께 출토되었는데, 왕자분산묘
출토 금제 관식, 전초구묘 출토 금제 관식과 같은 양식의 것으로, 이 묘
들이 서로 연관성을 가질 것으로 생각된다.

발굴자들은 왕자분산묘군 태 M8713:1묘는 삼연(三燕)의 문화로, 상
한연대는 조위(曹魏)시기로 거슬러 올라가고 하한연대는 모용선비가 요
서지역에 전연(서기 337년~서기 370년) 정권을 세우기 이전으로 서기
3세기에서 서기 4세기에 속한다고 보았다. 조양 십이대영자 향전역
88M1묘는 서기 337년~서기 370년에 속하는 것으로 보이는 전연(前燕)
의 묘라고 추정하고, 조양현 서영자향(西營子鄕) 구가점촌(仇家店村)의
전초구묘는 서기 266년~서기 419년에 속하는 요령성 북표현의 방신촌
묘보다 늦으며, 모용황이 전연을 세우고 용성(서기 341년)에 도읍할 때
보다 결코 늦지 않다고 했다. 즉 전초구묘는 3세기 후기에서 4세기 초

37) 遼寧省文物考古硏究所·朝陽市博物館, 〈朝陽王子墳山墓群 1987, 1990年度考古發
掘的主要收穫〉, 《文物》 1997年 第11期, 4~18쪽.
38) 遼寧省文物考古硏究所·朝陽市博物館, 〈朝陽十二臺鄕磚歷88M1發掘簡報〉, 《文物》,
1997年 第11期, 19~32쪽.
39) 遼寧省文物考古硏究所·朝陽市博物館·朝陽縣文物管理所, 〈遼寧朝陽田草溝晋墓〉,
《文物》, 1997年 第11期, 33~41쪽
40) 于俊玉, 〈朝陽三合成出土的前燕文物〉, 《文物》 1997年 第7期, 42~48쪽.
41) 徐秉琨·孫守道, 《東北文化-白山黑水中的農牧文明》, 上海遠東出版社·商務印書館
(香港), 1998, 141쪽의 그림 169.

기의 모용선비의 것으로 보았다.

위의 묘들은 그 연대로 보아 서기 4세기 초에서 중엽에 속할 것으로 추정되는 원대자촌 벽화묘의 시기와 같거나 가까운 시기이다. 또한 이 묘들에서 출토되는 유물의 성격과 양식은 동일한 성격을 나타내고 있어 묘주의 국적이 같을 것으로 여겨지는데, 원대자촌 벽화묘의 유물과도 같은 성격을 보이고 있어 같은 시대에 만들어졌거나 혹은 시간적인 선후 계승관계를 나타낸다고 여겨진다. 주목할 것은 위의 묘들에서 한결같이 한민족의 특징적 유물인 청동방울과 달개장식 등이 출토되는 것이 공통적인 요소이다.

묘 명	발굴시기	위치	추정 건축 시기
왕자분산묘군 태 M8713:1묘	1987년·1990년	조양	서기 220~서기 336년
십이대향전역 88M1묘	1988년	조양	서기 337년~서기 370년
전초구묘	1989년	조양	서기 3세기 후기~서기 4세기 전기
삼합성묘	1995년	조양	서기 337년~서기 370년
방신촌묘	1956년~1957년	북표	서기 265년~서기 419년
라마동묘	1979년	북표	서기 337년~서기 370년

조양 십이대영자 향전역 88M1묘에서는 철로 만든 갑옷과 투구, 목갑옷, 마면갑 등의 갑옷과 금동으로 만든 화려한 마구의 부속품들이 대량으로 출토되었다. 출토품 가운데 특히 금동으로 만들어진 마차장식과 허리띠장식은[42] 그 양식과 문양에서 원대자촌 벽화묘의 것과 동일하다. 전초구묘는 북표현의 방신촌묘와 비교하면 석실(石室)과 목관(木棺), 금관식, 금기(金器) 등에서 서로 동일한 성격을 가진다.[43] 그러나 발굴자

---

42) 주 38과 같음.
43) 陳大爲, 〈遼寧北票房身村晋墓發掘簡報〉, 《考古》 1960年 第1期, 24~26쪽. 방신촌묘의 연대에 대하여 田立坤은 서기 3세기말에서 서기 4세기 초로 보았다(田立坤, 〈三燕文化遺存的初步研究〉, 《遼海文物學刊》, 1991年 第1期).

들은 방신촌묘와 전초구묘를 비교해 볼 때 복식유물 가운데 금반지 등의 양식과 오수전(五銖錢)의 경우 동한(東漢)시대의 장속(葬俗)을 반영하고 있어 전초구묘의 상대연대는 방신촌묘보다 늦게 조성되었을 것으로 보았다. 모용황이 전연을 건국하고 용성에 도읍하는 시기보다 늦지 않으며 서기 3세기 후기에서 서기 4세기 전기 무렵일 것으로 보았다. 그리고 방신촌묘의 연대를 서기 3세기 말에서 서기 4세기 초기로 추정하고 있어44) 전초구묘와 방신촌묘가 같은 연대에 속할 가능성도 크다. 이를 정리하면 위 표의 내용과 같다.

이처럼 같은 성격의 유물들이 출토되는 묘들의 국적에 대하여 발굴 당사자인 중국학자들은 앞에서 서술한 바와 같이 원대자촌묘는 북방민족일 것으로 추정하였다. 그리고 왕자분산묘군 태 M8713:1묘는 모용선비가 요서지역에 전연(서기 337년~서기 370년) 정권을 세우기 이전이라고 하면서도 삼연의 문화로 구분하고, 조양 십이대영자 향전역 88M1묘는 전연의 묘라고 추정하였으며, 전초구묘는 모용선비의 것으로 보았다. 조양에서 가깝게 위치한 북표현의 방신촌묘는 선비족의 것이라 추측하면서도 금제 관식의 투조기법 등이 고구려의 것과 유사하다고 하였다.45) 조양의 삼합성묘에서도 금동제 관식과 금동 등자 및 허리띠장식들이 많은 양 출토되었다. 발굴자들은 금동제 관식은 대부분 훼손되었지만 달개장식 등 잔여 장식들이 52건 남아 있으며 효민둔묘와 방신촌묘에서 출토된 금제 관식과 같은 양식이라고 했다.46) 과연 이러한 중국 발굴자들의 유물 분석과 국적 해석이 올바른지 꼼꼼히 살펴보기로 한다.

요령성 북표현 방신촌묘에서는 화려한 금제 관식과 금제 관테둘레 등(그림 10·10-1·2·3)이 출토되었다.47) 이 2호묘에서는 주로 금제 장

44) 위와 같음.
45) 위와 같음.
46) 주 40·주 43과 같음.
47) 박선희,《고구려 금관의 정치사》, 경인문화사, 2013, 88~142쪽 참조.

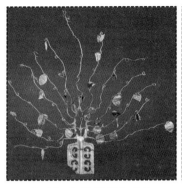

〈그림 10〉 방신촌묘 출토   〈그림 10-1〉 방신촌묘 출토 금제 관식
금제 관식

〈그림 10-2〉 방신촌묘 출토 금제 관테둘레   〈그림 10-3〉 방신촌묘 출토
금제 관식

식물들이 출토된 점이 주목된다.[48] 발굴자들은 방신촌묘가 위치한 지역
의 역사로 볼 때 진대(晉代, 서기 266년~서기 419년) 선비귀족의 무덤
일 가능성이 있다고 추측했다. 그러나 금제 관식의 양식과 투조기법 등
으로 보면 고구려의 것 혹은 환인현(桓仁縣)에서 출토된 유물과 유사하
다고 다음과 같이 밝혔다. 즉 "만든 방법과 고구려족의 금장식품은 서
로 유사하며, 그중 장식물은 환인현 연강향 고력묘자촌 201호 큰 규모
의 적석무덤에서 출토된 금동제 장식 잔여물과도 유사한 부분이 있다
(制法與高句麗族的金飾品相類似, 其中的飾件與桓仁縣連江鄕高力墓子村201號大積
石墓中出土的鎏金殘飾件, 也有似之處)"는 것이다. 이처럼 발굴자들은 방신

48) 陳大爲, 〈遼寧北票房身村晋墓發掘簡報〉, 《考古》, 1960年 1期, 24~26쪽.

촌묘 유물들이 고구려의 것일 가능성을 서술하고 있다. 1960년에 나온 이 발굴보고서는 모두 2쪽으로 매우 간략했다.

이처럼 처음 방신촌묘를 발굴한 중국학자들은 이를 북연(北燕)의 무덤이라고 하지 않았던 것이다. 사실상 이 무덤에서 출토된 유물에는 북연의 유물이라고 할 만한 근거가 전혀 없다. 북연은 고구려 왕족 출신인 고운(高雲)이 후연(後燕)의 왕위를 찬탈하고 세운 나라로 서기 407년~서기 436년까지 존속했다. 발굴자들은 이 무덤의 연대와 국적을 출토된 유물인 질그릇과 철기, 장식품 등의 유물을 토대로 서기 265년~서기 419년의 선비족 무덤일 것이라고 추측했을 뿐이다. 이러한 1960년의 연구내용과 달리 중국학자들은 1998년에 이르면 어떠한 까닭도 온전히 밝히지 않은 채 이 무덤을 북연의 무덤이라고 명명했다.49) 이러한 중국학자들의 연구내용을 한국학자들은 고스란히 받아들이기 시작했다. 1960년의 초기 발굴보고서의 내용이 소홀히 되었던 것이다. 한국학계에서 이처럼 중국학자들이 북연 또는 선비족무덤으로 정리한 내용이 비판 없이 받아들여지면서 한국 고대 문화의 다양한 내용들이 삼연(三燕)문화, 즉 북방문화의 영향을 받았다는 전래설의 근거로서 제시되었다.50)

삼연은 전연과 후연, 북연으로, 전연과 후연은 선비족이 세운 나라이지만 북연은 고구려 사람이 세운 나라였다. 따라서 북연문화에는 고조선과 이를 계승한 고구려 문화의 특징들이 나타나게 마련일 것이다. 그러나 한국학계에서는 북연의 문화를 삼연의 문화로 총칭하여 단순히 선비족의 문화로 분류해 버리기 일쑤여서, 한반도에서 출토되는 유물의 성격과 양식이 북연의 문화와 유사한 것이 있으면 쉽사리 선비족의 삼연문화로 분류되어 선비족으로부터의 전래설이 주장된다. 신라와 가야지역 유물 해석에서도 마찬가지이다.

---

49) 徐秉琨·孫守道, 《東北文化-白山黑水中的農牧文明》, 上海遠東出版社·商務印書館(香港), 1998, 138~140쪽.
50) 이송란, 《신라 금속공예 연구》, 일지사, 2004; 이한상, 《황금의 나라 신라》, 김영사, 2004 참조.

실제로 방신촌묘에서 출토된 금제 관식뿐만 아니라 동반된 출토유물에는 고조선과 이를 계승한 고구려문화의 특징들이 그대로 보여, 이 무덤을 선비족의 문화로 분류할 수 없게 한다. 유물의 성격을 통해 앞의 표에서 정리한 방신촌묘를 비롯한 조양과 북표지역의 여러 무덤들의 국적을 유물의 성격을 통해 살펴보기로 한다.

요령성 북표현의 방신촌묘와 조양현의 왕자분산묘군 태 M8713:1묘에서 출토된 유물은 같은 양식과 내용의 것이다. 유물 가운데 금제 관식은 특히 유사하다. 왕자분산묘군의 태 M8713:1묘는 발굴자들의 견해에 따르면 서기 220년~서기 336년 무렵으로[51] 고구려의 동천왕(서기 227년~서기 248년)시기부터 고국원왕(서기 331년~서기 371년) 재위 초에 이른다.

방신촌묘와 왕자분산묘군의 태 M8713:1묘에서 출토된 관식과 동반 유물들을 분석하여 묘주의 국적을 살펴보면, 방신촌묘에서는 꽃가지양식의 금제 관식과 많은 양의 금제장신구들이 주로 출토되었다.[52]

2개의 금제 관식과 한 벌을 이루었을 금제 긴 띠 모양 조각편(그림 10-2)이 4개 출토되었다.[53] 이 조각편들은 끝부분에 서로 꿰어졌던 흔적을 보이며, 뒷부분에서 점차 폭이 좁아지는 것으로 보아 금제 관식을 꽂았던 관테였을 것으로 추정된다. 금제 관식은 아래 부분에 점열문이 새겨진 불꽃문양이 투조되어 있는데 이러한 기법은 고조선 초기 유적에서부터 보이기 시작하여 고구려를 비롯한 백제와 신라 및 가야에서 모두 사용했던 투조양식이다. 한반도와 만주지역에 거주한 한민족의 고유한 금속양식이었던 것이다.

네모양식 금판 위에 원형의 달개가 달린 장식품(그림 10-3)이 2개 출토되었다. 네 귀에 모두 구멍이 뚫려 있어 관에 달았던 장식일 것으

51) 遼寧省文物考古研究所·朝陽市博物館, 〈朝陽王子墳山墓群 1987, 1990年度考古發掘的主要收穫〉, 《文物》 1997年 第11期, 17쪽.

52) 陳大爲, 〈遼寧北票房身村晋墓發掘簡報〉, 《考古》, 1960年 1期, 24~26쪽.

53) 위와 같음; 徐秉琨·孫守道, 앞의 책, 140쪽 그림 166.

〈그림 12·12-1〉 방신촌무덤
유적 출토 금반지들

〈그림 11〉 황남대총 출토 관식을
복원한 절풍모의 갖춘 모습

로 생각되는데, 같은 양식의 것이 황남 대총 출토 관식을 복원한 절풍모(그림 11)의 갖춘 모습에서 찾아진다. 그 밖에 방신촌 1호묘와 2호묘에서는 비취가 박힌 금반지와 원형의 음각된 문양이 가득 채워진 금반지(그림 12·12-1), 금제방울(그림 13), 금비녀, 금팔찌, 청동팔찌, 은장식, 칼모양 금장식, 상감한 금구슬 등 다양하고 화려한 장식물들이 많은 양 출토되었다.[54] 이 유적에서 출토된 청동거울은 잔줄문양으로 고조선 청동거울의 특징을 그대로 하고 있고, 금방울이 21개나 발굴되었는데, 이 같은 방울이 출토되는 것은 고조선시대부터 한민족이 갖는 유물의 특징이다. 방울의 형태 또한 고조선 방울의

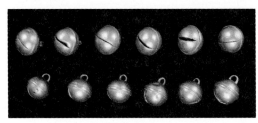

특징을 보이고 있어 이 유적은 고구려의 유적으로 해석되는데, 원대자촌 벽화묘에서 출토된 금동 방울도 같은 양식이다.

〈그림 13〉 방신촌묘 출토 금제방울

요령성 조양현 왕자 분산묘군의 태 M8713:1묘에서는 방신촌묘에서 출토된 것과 같은 양식의 불꽃문양이 투조된 금제 관식(그림 14)이 출토되었다. 발굴자들은 이 유물을 서기 3세기~서기 4세기에 속하는 선비족의 것으로 분류했

54) 주 48과 같음; 徐秉琨·孫守道, 앞의 책, 137쪽의 그림 163, 140쪽의 그림 166~168.

다. 또한 발굴자들은 금제 관식을 중국
복식양식의 특징으로 해석하여 보요식
(步搖飾)으로 분류했다.55) 그러나 이
금제 관식은 중국에서 앞머리에 사용
했던 보요식이 아니라 관모에 꽂았던
관식인 것이다.56) 금제 관식은 물론
그 밖에 여러 출토유물들의 성격이 고
조선과 고구려의 유물 성격을 나타내
고 있어 선비족의 것으로 볼 수 없다.
특히 유물 가운데 신발에 달았을 금제

〈그림 14〉 왕자분산군 태 M8713:1묘
출토 금제관식

장식단추 23개 출토되었는데, 고조선의 유적인 정가와자 6512호묘에서
도 가죽신에 달았던 것으로 추정되는 청동장식단추가 다량 출토되었던
예로 보아57) 한민족 유물이 가지는 특징을 그대로 보여준다고 하겠다.

특히 왕자분산묘군의 태 M8713:1묘 유적에서 출토된 불꽃문양이
투조된 허리띠 장식(그림 15)은 고조선 중기부터 생산되기 시작하여 한
반도와 만주의 전 지역에서 사용되던 한민족 고유 양식의 허리띠이

〈그림 15〉 왕자분산묘 출토 허리띠장식 모사도

55) 遼寧省文物考古研究所·朝陽市博物館,〈朝陽王子墳山墓群 1987, 1990年度考古發
    掘的主要收穫〉,《文物》 1997年 第11期, 4~18쪽; 孫機,〈步搖, 步搖冠與搖葉飾
    片〉,《文物》1991年 第11期, 55~64쪽.
56) 박선희,《고구려 금관의 정치사》, 경인문화사, 2013, 97~98쪽 참조.
57) 조선유적유물도감 편찬위원회,《조선유적유물도감》 1-고조선·진국·부여편,
    외국문종합출판사, 1989, 70쪽; 박진욱,《조선고고학전서》, 과학 백과사전 종합
    출판사, 1997, 50·57~58쪽.

다.58) 그 밖에 방신촌묘에서 출토된 〈그림 10-3〉과 같은 네모난 금제 장식이 출토되었다. 이러한 사실들은 왕자분산묘들의 태 M8713:1묘가 방신촌묘와 같이 같은 관모 양식을 사용한 고구려사람들의 유적임을 알게 한다. 이러한 고구려의 허리띠장식이 중국 진나라와 삼연 허리띠의 영향을 받았다고 하는 것59)은 앞서 서술한 바와 같이 우리문화를 중국이나 북방민족 문화로 보고 거기서 다시 우리문화를 찾은 탓이다.

서기 3~4세기에 속할 것으로 해석되는 조양 전초구묘에서도 위에 서술한 것과 유사한 양식의 불꽃문양이 투조된 금제 관식 2점과 네모난 금제 관식 1점(그림 16·16-1·2)60)이 출토되었다. 이들 금제 관식과 함께 금패식과 금과 은으로 만든 유물들이 출토되었는데, 대부분 원형과 나

뭇잎 양식의 장식이 달려 있는 점이 특징적이다. 이 유물에서도 금제 장식단추가 신발 부위에서 135개 출토되었는데 역시 고조선의 청동장식단추 양식과 같은 것이다. 그 밖에 은으로 만든 단추장식 59개와 구식(扣飾) 8개가 출토되었다. 이 같이 유물들이 갖는 고조선문화의 특징을 갖는 금제 관식을 비롯한 유물들을 고구

〈그림 16·16-1〉 전초구묘 출토 금제 관식들

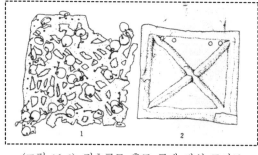

〈그림 16-2〉 전초구묘 출토 금제 관식 모사도

58) 박선희, 《한국고대복식－ 그 원형과 정체》, 478~490쪽.

59) 이한상, 《황금의 나라 신라》, 김영사, 2004, 207~210쪽.

60) 遼寧省文物考古硏究所·朝陽市博物館·朝陽縣文物管理所, 〈遼寧朝陽田草溝晋墓〉, 《文物》, 1997年 第11期, 33~41쪽

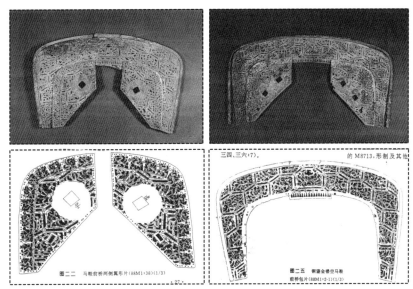

〈그림 17·17-1·2·3〉 십이대향전력 88M1묘 출토 금동제 안교와 모사도

려의 것으로 해석하지 않을 수 없다. 이 유적에서 출토된 질그릇이 새김 문양을 나타내고 있어 더욱 그러하다.

　그 밖에 조양 십이대향전력 88M1묘에서는 철제 갑옷 한 벌과 말갑 옷 및 투구 등과 함께 많은 양의 금동제 마구들이 출토되었다. 이 묘에 서 출토된 안교(鞍橋)에는 꼬리가 화려하고 나는 듯한 삼족오와 유사한 새문양이 투조의 방식으로 가득 채워져 있다(그림 17·17-1·2·3).[61] 이

와 동일한 문양의 안교가 북표 현 라마동묘에서도 출토되었다 (그림 18).[62] 같은 양식의 안 교가 조양 삼합성(三合成)묘에 서 출토되었는데, 앞의 십이대 향전력 88M1묘와 라마동묘의 것보다 더욱 다양한 내용을 표

〈그림 18〉 라마동묘 출토 금동제 안교

61) 주 38과 같음.
62) 徐秉琨·孫守道, 앞의 책, 141쪽의 그림 169.

〈그림 19〉삼합성묘 출토
금동제 안교 모사도

현하고 있다(그림 19).[63]

　　이처럼 요령성의 조양과 북표지역은 금제 관식과 함께 출토된 유물들의 성격과 규모 및 수준 등으로 보아 당시 고구려의 중심지였을 것으로 생각하지 않을 수 없다. 그러면 고구려는 어느 시기에 이 지역을 중심지로 했을까.

　　위의 금제 관식이 만들어진 시기는 왕자분산묘군의 태 M8713:1묘의 연대가 서기 3세기 초기~서기 3세기 중엽으로 가장 이르고, 방신촌묘와 전초구묘가 3세기 말기에서 4세기 초기로 정리된다. 그러면 묘주들은 고구려의 동천왕시기부터 고국원왕 재위 초기 사이에 살았던 고구려 왕족들일 것으로 추정된다. 이 시기는 동천왕 시기로 고구려가 종묘와 사직을 평양성에 옮겼을 때이다.

　　그러면 이 시기 고구려의 평양성은 어디에 위치했었는지 밝혀 보자. 당시 요서지역에서 북방민족들이 어떻게 세력을 확장하고 이동했으며 그들의 중심지가 어디였는지를 분석하게 되면 요령성 조양지역 무덤들의 국적도 자연스레 올바르게 해석될 수 있을 것으로 생각된다.

　　동천왕시기의 평양성 위치에 대하여,《삼국사기》〈고구려본기〉동천왕 21년조에는 "봄 2월에 왕이 환도성은 병란을 겪어서 다시 도읍할 수 없다 하여 평양성을 쌓고 백성들과 종묘와 사직을 옮겼다. 평양이란 본시 선인 왕검이 살던 곳이다. 혹은 왕의 도읍터 왕검이라 한다"[64]고 했다. 이처럼 동천왕이 평양성을 쌓고 백성들과 종묘와 사직을 옮긴 시기는 서기 247년이다.

　　지난 연구에서는 한사군의 낙랑군이 대동강유역에 위치했다고 보는

63) 于俊玉,〈朝陽三合成出土的前燕文物〉,《文物》, 1997年 第11期, 42~48쪽.
64)《三國史記》卷17〈高句麗本紀〉東川王 21年條. "21年春2月, 王以丸都城經亂, 不可復都, 築平壤城, 移民及廟社. 平壤者本仙人王儉之宅也. 或云王之都王儉."

것이 통설이었다. 따라서 낙랑군이 축출되는 서기 313년 이전에 고구려
가 대동강유역으로 진출할 수 없었다는 전제 아래 평양성은 지금의 강
계지역으로 파악되어[65] 통설화되었던 것이다. 또는 《삼국사기》에 기록
된 평양의 명칭을 국내성(國內城)을 잘못 쓴 것으로 이해하고 이 시기
의 평양성은 집안현 통구에 위치했다고도 보았다. 도리이 류조(鳥居龍
藏)가 일찍이 이 같은 통구설을 제기한 이후 한국학자들도 같은 견해를
보였다.[66] 또는 동천왕이 지금의 평양으로 옮겼을 것으로 보는 주장도
있다.[67] 또한 북한학자들은 위의 기록을 낙랑군이 한반도에 위치하지
않았다는 것을 밝혀주는 자료라고 파악하기도 했다.[68]

　그러나 이들 견해들은 《구당서》·《신당서》·《괄지지》·《통전》 등의 문
헌자료에 기록된 내용을 소홀히 했다. 그것은 《구당서》〈동이열전〉 고
(구)려전에는 "고(구)려는 평양성에 도읍하였는데 바로 한의 낙랑군 옛
땅이다. …(고구려에서) 동쪽으로는 바다를 건너 신라에 이르고 서북으
로는 요수를 건너 영주에 이르며 남쪽으로는 바다를 건너 백제에 이르
고 북쪽으로는 말갈에 이른다"[69]고 했다. 또한 《신당서》〈동이열전〉 고
(구)려전에 "(고구려의) 군주는 평양성에 거주하였는데 또한 장안성이
라고도 부르며 한의 낙랑군이었다. …그 땅은 동쪽으로 바다를 넘어 신
라에 이르고 남쪽으로도 바다를 넘어 백제에 이르고 서북은 요수를 건
너 영주에 닿고 북쪽은 말갈이다"[70]라고 하였다고 했다. 《괄지지》에는

---

65) 李丙燾, 〈平壤東黃城考〉, 《韓國古代史研究》, 博英社, 1976, 370~373쪽.

66) 鳥居龍藏, 〈丸都城及び國內城の位置ついて〉, 《史學雜誌》 25-7, 1914, 49쪽; 李
種旭, 〈高句麗 初期의 地方統治制度〉, 《歷史學報》 94·95합집, 1982, 114~115쪽;
신형식, 〈도성체제〉, 《고구려산성과 해양방어체제 연구》, 백산자료원, 2000, 51
쪽; 최무장, 《고구려고고학》 Ⅰ, 민음사, 1995, 52~53쪽.

67) 손영종, 《고구려사》 1, 과학백과사전출판사, 1990, 153~155쪽; 박진욱, 《조선
고고학전서》, 과학백과사전종합출판사, 1991, 92~93쪽; 車勇杰, 〈高句麗 前期
의 都城〉, 《國史館論叢》 48, 1993, 18~19쪽; 차용걸, 〈高句麗 前期의 都城〉, 《國
史館論叢》 48, 1993, 18~19쪽.

68) 손영종, 앞의 책, 153~155쪽; 박진욱, 앞의 책, 92~93쪽.

69) 《舊唐書》 卷199 上, 〈東夷列傳〉 高(句)麗傳. "高(句)麗者, …其國都於平壤城, 卽漢
樂浪郡之故地. …東渡海至於新羅, 西北渡遼水至于營州, 南渡海至于百濟, 北至靺鞨."

"고구려의 치소인 평양성은 본래 한의 낙랑군 왕험성인데 바로 고조선
이었다"71)했고, 《통전》에서는 "고구려는 본래 조선의 땅이었는데 한나
라의 무제가 현을 설치하여 낙랑군에 속하게 하였다. …도읍인 평양성은
바로 옛 조선국의 왕검성이었다"72)라는 기록이 보인다.

　　위의 내용으로부터 고구려의 평양성과 한사군의 낙랑군이 같은 곳에
위치해 있었음을 알 수 있다. 그리고 평양성과 위만조선의 왕검성은 동
일한 곳이다. 《구당서》와 《신당서》의 내용처럼 대동강유역의 평양과 신
라와 백제 사이에는 바다가 존재하지 않으므로 평양성이나 낙랑군의 위
치가 대동강유역이 아닌 것이 더욱 분명해진다. 일부 학자들은 이 내용
에 보이는 평양성을 대동강유역의 평양으로 잘못 인식하여 위만조선의
왕검성과 낙랑군이 대동강유역에 있었다고 믿었다. 고대에 평양성은 고
유명사가 아니라 도읍이나 큰 도시를 말하는 보통명사로서 여러 곳에
존재하였는데73) 앞에서 확인한 바와 같이 이 평양성은 대동강유역에 있
었던 것이 아니라 발해만 북부지역에 있었을 가능성이 크다고 여겨진다.
대동강유역에는 한사군의 낙랑군이 위치하지 않았던 것이다.

　　필자는 낙랑군의 위치에 대한 위의 해석을 더 확실히 하기 위해 지
금의 대동강유역의 평양에서 출토된 고고학의 자료 가운데 복식유물을
분석하여 이웃 나라와의 비교를 통해 그 유물의 성격과 국적을 밝혀 본
바 있다.74)

　　평양 낙랑구역의 묘들에서는 해방 전후로 많은 양의 직물이 출토되

---

70)《新唐書》卷220〈東夷列傳〉高(句)麗傳. "高(句)麗, …地東跨海距新羅, 南亦跨海
　　距百濟, 西北度 遼水與營州接, 北靺鞨其君居平壤城, 亦謂長安城, 漢樂浪郡也…."
71)《史記》卷6〈秦始皇本紀〉秦始皇 26年條의 朝鮮에 대한 주석으로 실린《史記正
　　義》. "《括地志》云, 高麗(高句麗)治平壤城, 本漢樂浪郡王險城, 卽古朝鮮也."
72)《通典》卷185〈邊防〉1, 東夷 上, 序略. "高麗本朝鮮地, 漢武置縣屬樂浪郡. …都
　　平壤城, 則故朝鮮國 王險城也."
73) 李炳銑,《韓國古代國名地名研究》, 螢雪出版社, 1982, 36·132쪽; 朴趾源,〈渡江
　　錄〉,《熱河日記》, 6月 28日 참조.
74) 박선희,《한국고대복식-그 원형과 정체》, 지식산업사, 2002; 박선희,《고조선
　　복식문화의 발견》, 지식산업사, 2011 참조.

었다. 출토 직물 가운데 실크가 가장 많았다. 직물자료는 묘주의 국적을 밝힐 수 있는 좋은 근거가 된다. 필자는 낙랑지역 출토 직물에 대한 기존 연구결과75)를 토대로 낙랑구역에서 출토된 실크와 같은 시기 중국 실크를 상세히 비교분석하여 낙랑구역 출토 실크의 성격을 구체적으로 밝혀 보았다. 과학적인 분석 결과 평양 낙랑구역에서 출토된 서기전 3세기~서기전 1세기에 만들어진 천들은 모두 중국 실크의 특징과 차이를 갖는, 고조선의 석잠누에실로 짠 생산품76)이라는 점을 알 수 있었다.

한사군 가운데 낙랑군이 설치된 연대는 서기전 108년이다. 만일 낙랑군이 평양 낙랑구역에 위치해 있었다면 이들 직물은 중국 실크의 특징을 나타내야 한다. 그러나 오히려 이들 평문견(平紋絹)이 모두 한민족의 생산품인 것으로 분석되므로, 낙랑구역에서 출토되는 유적이나 유물들은 한사군의 낙랑군 유적이 아니라 고조선 유적으로 인식되어야 할 것이다. 이러한 사실로부터 한사군의 낙랑군이 대동강유역에 위치했다고 보는 종래의 통설에 문제가 있음을 알 수 있다. 이에 관해서는 이 책의 제3부 1장 3절에서 상세히 서술했다.

낙랑국에 대한 가장 이른 기록이 서기전 28년에 있으므로77) 건국은 더 이를 것이다. 낙랑국은 고구려 대무신왕 15년(서기 32년)에 고구려의 침략을 받으며78) 국력이 차츰 약화되었다. 이후 5년이 지나 서기 37년에 고구려에게 멸망하였다.79) 서기 44년에 이르러 낙랑국은 동한 광무제의 도움으로 재건되어80) 신라에 투항하는 서기 300년 무렵까지 존

75) 小場恒吉·榧本龜次郎, 《樂浪王光墓-貞柏里·南井里二古墳發掘調査報告》, 昭和 10年(1935년), 朝鮮古蹟研究會, 48~62쪽; 關野貞, 〈平壤附近に於ける樂浪時代の墳墓 一〉, 《古蹟調査特別報告》第一冊, 朝鮮總督府, 大正 11년(1922년), 14쪽; 조희승, 《조선의 비단과 비단길》, 사회과학출판사, 2001; 布目順郎, 〈樂浪土城出土の絹織物について〉, 《彌生文化博物館研究報告》 1, 大阪府立彌生文化博物館, 1992.
76) 조희승, 《조선의 비단과 비단길》, 2001.
77) 《三國史記》 卷1 〈新羅本紀〉 始祖 赫居世居西干 30年條 참조.
78) 《三國史記》 卷14 〈高句麗本紀〉 大武神王 15年條 참조.
79) 《三國史記》 卷1 〈新羅本紀〉 儒理尼師今 14年條. "高句麗王無恤, 襲樂浪滅之."
80) 윤내현, 《한국열국사연구》, 지식산업사, 1998, 130~135쪽.

속했다.81)

이처럼 낙랑국은 서기전 약 1세기경에 건국되어 서기 300년까지 존속했으므로 낙랑 유적에서 출토된 서기전 1세기 전후한 시기에 속하는 직물과 서기 2세기경에 속하는 직물들은 낙랑국의 유물로 추정된다. 또한 낙랑국이 대동강유역에 위치하였으므로, 한사군의 낙랑군이 서기 313년에 고구려 미천왕에게 축출되었다82)는 사실과 연관하여 보면 다음의 사실이 정리된다. 즉 서기 300년에 멸망한 낙랑은 최리왕의 낙랑국으로 대동강유역에 위치해 있었고, 서기 313년에 고구려의 침략을 받은 낙랑은 한사군의 낙랑군이었다. 일본인들이 한사군의 것으로 해석한 낙랑구역의 유적과 유물들은 낙랑국의 것이라 할 수 있다.

이러한 다양한 유물들의 분석으로부터 평양 낙랑지역에 한사군의 낙랑군이 설치되지 않았다는 사실과, 동천왕이 천도한 평양성은 지금의 평양이 아니라 사서의 기록처럼 요동지역으로 지금의 요서지역이었음을 다시 확인할 수 있다.

그러면 이 시기 요서지역의 정치적인 상황은 어떠했는지 알아보기로 한다. 서기 220년에 동한이 멸망하고 위·촉한·오의 삼국시대가 시작되면서 고구려는 북방지역에 위치한 위나라와 인접하게 된다. 고구려는 위나라와 화친관계를 유지하고자 노력했다.83) 서기 238년에 이르러 고구려는 주부와 대가에게 군사 1천 명을 주어 위나라가 요동의 공손연(公孫淵)을 치는데 도움을 준다.84) 공손씨는 중국의 동한 말기부터 삼

81) 《三國史記》 卷2 〈新羅本紀〉 基臨尼師今 3年條. "三月, 至牛頭州, 望祭太白山, 樂浪·帶方兩國歸服."

82) 《三國史記》 卷17 〈高句麗本紀〉 美川王 14年條. "十四年, 侵樂浪郡, 虜獲男女二千餘口."

83) 《三國史記》 卷 17 〈高句麗本紀〉 東川王條. "八年, 魏遣使, 和親.";《三國史記》 卷17〈高句麗本紀〉 東川王條. "十年, 春二月, 吳王孫權遣使者胡衛, 通和, 王留其使, 至秋七月斬之, 傳首於魏.";《三國志》 卷 3明〈帝紀〉靑龍 4年條. "秋七月, 高句麗王宮, 斬送孫權使胡衛等首.";《三國史記》 卷 17〈高句麗本紀〉 東川王條. "十一年, 遣使如魏, 賀改年號, 是景初元年也."

84) 《三國史記》 卷 17〈高句麗本紀〉 東川王條. "十二年, 魏太傅司馬宣王, 率衆討公孫淵, 王遣主簿大加, 將兵千人助之.";《三國志》 卷30〈烏丸鮮卑東夷傳〉高句麗傳. "景

국시대 초기까지 요동지역에서 활약한 호족이다. 처음 공손탁은 군리로 임명되고 이후 요동태수가 되었는데, 그의 영역을 확장한 이후 서기 190년에는 자립하여 요동후(遼東侯)와 평주목(平州牧)이 되어 강력한 지방정권을 수립했다. 이후 그의 아들인 공손강(公孫康)과 손자인 공손연이 계승하였다. 공손탁 때부터 위나라의 조씨(曹氏)와 가까웠으나 공손연은 위(魏)나라 명제(明帝)에게 복종하기를 거부하고 스스로 연왕이라 일컬으며 백관을 두었다. 서기 238년 위나라는 정토군을 일으켜 사마의(司馬懿)로 하여금 공손연을 치게 하였다. 사마의는 요동으로 진격하여 공손연 부자를 죽였으며 이에 따라 공손씨의 정권도 멸망하게 되었다.

당시 고구려는 건국 이후 고조선의 고토를 수복하는 노력을 기울이고 있었기 때문에[85] 지금의 요서지역(고대의 요동)에서 공손씨의 세력이 성장하는 것을 그대로 보고 있을 수 없었을 것으로 생각된다. 이것이 고구려가 위나라의 공손연을 도와준 목적이자 이 지역을 위나라가 점령하는 것을 방관할 수 없었던 까닭이었을 것이다. 이후 서기 242년(동천왕 16년) 고구려는 요동군의 서안평현에 쳐들어가 위나라의 군사와 맞서 승리했다.[86]

이러한 상황이 되자 서기 246년 위나라는 유주자사 관구검(毌丘儉)에게 1만여 명의 군사를 주어 고구려를 침략하게 하였고, 동천왕은 보병과 기마병 2만여 명과 맞서 싸웠다. 동천왕은 처음에 비류수(沸流水)에서 위나라 군사 3천여 명의 목을 베었고, 양맥(梁貊)의 계곡에서도 3천여 명의 목을 베거나 사로잡는 전승을 거두었으나, 자만에 빠져 고구려 군사 1만 8천여 명이 전사하고, 관구검의 군사가 환도성을 침략하자 동천왕은 남옥저로 도망하였다. 그러나 고구려는 유유로 하여금 계략을 꾸며 다시 위나라 군대를 침략하였다. 이때 위나라 군대는 낙랑군을 거

初二年, 太尉司馬宣王率衆討公孫淵, 宮遣主簿大加將數千人助軍."
85) 박선희, 《고구려 금관의 정치사》, 경인문화사, 2013 참조,
86) 《三國史記》 卷17 〈高句麗本紀〉 東川王條. "十六年, 王遣將, 襲破遼東西安平.";
   《三國志》 卷30 〈烏丸鮮卑東夷傳〉 高句麗傳. "正始三年, 宮寇西安平."

쳐 도망하였다.87) 중요한 점은 낙랑군이 지금의 평양에 위치했다면 위
나라 군대가 낙랑군을 거쳐 지금의 요서지역인 요동으로 도망갈 수는
없는 것이다. 낙랑군은 고구려 서쪽인 지금의 요서 지역에 있었던 것이
다. 그리고 고구려는 위나라 군대가 도망간 이후 요동군(遼東郡)의 서안
평현(西安平縣)을 다시 점령했던 것이다.88)

서안평현이 위치했던 당시의 요동군에 대하여《한서》〈지리지〉에서
는 "요동군은 진제국(秦帝國)이 설치하였는데 유주(幽州)에 속한다. 호
수는 55,972호이고 인구는 272,539명이며 현(縣)은 18개가 있다"89)고
기록하였는데 이 18개 현 가운데 하나가 서안평현인 것이다. 또한 이
내용에 이어 "동북(東北)은 유주라 하는데, 그 산을 의무려(醫無閭)라
한다"고 했다. 이 의무려에 대해 사고(師古)는 주석에서 요동에 있다고
하였다.90) 실제로 지금의 요서지역에 의무려산이 있어 서안평현이 요서
지역에 위치해 있었던 사실과 고대의 요동이 지금의 요서지역인 것을
재확인 할 수 있다.

낙랑군도 서안평현과 마찬가지로 지금의 요서지역에 위치했었던 사
실이《수서》(隋書)〈양제기〉(煬帝紀)에 수(隋) 양제(煬帝)가 고구려 침략
을 위해 군대를 출동시키면서 지휘한 다음의 내용에서 밝혀진다.

> 좌제1군은 누방도(鏤方道)로, …제7군은 요동도(遼東道)로, 제8군은 현토도
> (玄菟道)로, 제9군은 부여도(扶餘道)로, 제10군은 조선도(朝鮮道)로, 제11군은
> 옥저도(沃沮道)로, 제12군은 낙랑도(樂浪道)로 진군하라. 우제1군은 점선도(黏
> 蟬道)로, 제2군은 함자도(含資道)로, 제3군은 혼미도(渾彌道)로, 제4군은 임둔
> 도(臨屯道)로, 제5군은 후성도(候城道)로, 제6군은 제해도(提奚道)로, 제7군은
> 답돈도(踏頓道)로, 제8군은 숙신도(肅愼道)로, 제9군은 갈석도(碣石道)로, 제10

---

87)《三國史記》卷17〈高句麗本紀〉東川王 28年條.
88) 주 86과 같음.
89)《漢書》卷28〈地理志〉下 遼東郡. "秦置. 屬幽州. 戶五萬五千九百七十二, 口二十
　　七萬二千五百三十九, 縣十八."
90)《漢書》卷28〈地理志〉上. "東北曰幽州 …其山曰醫無閭." 醫無閭에 대한 顏師古의
　　주석에서 "在遼東"이라 했다.

군은 동이도(東暆道)로, 제11군은 대방도(帶方道)로, 제12군은 양평도(襄平道)로 진군하라. 이 모든 군대들은 먼저 조정에서 결정한 계책을 받들고 끊임없이 진군하여 평양(平壤)에서 총집결하라.[91]

이 내용으로부터 수나라 군대가 진군할 길 이름들 가운데 낙랑과 현토 및 임둔의 군명과 낙랑군에 속한 현의 명칭들이 보인다.[92] 만일 낙랑군이 지금의 대동강유역에 있었다면 수나라 군대의 출발지에 낙랑군과 소속현의 명칭이 나타날 수 없을 것이다. 낙랑군이 난하유역에 위치했기 때문에 위나라 군대는 지금의 요서지역에 위치했던 낙랑군을 거쳐 도망할 수 있었던 것이다.

그리고 《구당서》와 《신당서》에서는 고구려에서 동쪽으로 바다를 건너면 신라에 이르고 남쪽으로 바다를 건너면 백제에 이르며 평양성의 서북쪽에는 요수가 흐른다고 했다. 고대의 요수에 대해서는 《회남자》 등의 기록에 의하면[93] 갈석산에서 동쪽으로 흘러 바다로 들어가게 되는 강은 지금의 난하일 것으로 생각된다. 평양성은 난하의 동쪽에 위치했던 것이다.

평양성이 난하의 동쪽에 위치했을 것이라는 추정은, 《사기》〈진시황본기〉에서 진제국의 영토가 요동지역에서 고조선과 국경을 접하고 있었고, 당시의 요동은 갈석산 지역이었다고 한 내용에서[94] 더욱 분명해진다. 이러한 여러 내용들로부터 평양성의 위치로 합당한 곳은 발해만 서

---

91) 《隋書》卷4〈煬帝紀〉下. "左第一軍可鏤方道, 第二軍可長岑道, 第三軍可海冥道, 第四軍可蓋馬道, 第五軍可建安道, 第六軍可南蘇道, 第七軍可遼東道, 第八軍可玄菟道, 第九軍可夫餘道, 第十軍可朝鮮 道,第十一軍可 沃沮道, 第十二軍可樂浪道. 右第一軍可黏蟬道, 第二軍可含資道, 第三軍可渾彌道, 第 四軍可臨屯道, 第五軍可候城道, 第六軍可提奚道, 第七軍可踏頓道, 第八軍可肅愼道, 第九軍可碣石道, 第十軍可東暆道, 第十一軍可帶方道, 第十二軍可襄平道. 凡此衆軍, 先奉廟略, 駱驛引途, 總集平壤."

92) 《漢書》卷28〈地理志〉下 樂浪郡.

93) 《淮南子》〈墜形訓〉(《淮南子》卷13〈墜形訓〉)의 高誘의 주석에서 "遼水는 碣石山에서 나와 塞의 북쪽으로부터 동쪽으로 흘러 곧게 遼東의 서남에서 바다로 들어간다"(《淮南子》〈墜形訓〉 본문에 대한 주석. "遼水出碣石山, 自塞北東流, 直遼東之西南入海.")고 했다.

94) 윤내현, 《고조선연구》, 170~188쪽.

북부지역으로 추정하게 된다. 고구려가 동천왕시기 천도한 도읍인 평양
성은 요동지역 즉 지금의 요서지역인 난하의 동쪽에 위치하고 있었던
것이다.

　평양성이 난하의 동쪽에 위치했음은 《삼국사기》〈고구려본기〉태조
대왕조에 서기 146년 고구려가 동한(東漢)의 요동군 서안평현에 쳐들어
가 낙랑군의 속현(屬縣)인 대방의 현령을 죽이고 낙랑군 태수의 처자를
붙잡았다95)고 하여 요동군 서안평현과 낙랑군이 가깝게 인접해 있었다
는 기록에서도 확인된다. 앞에서 설명했듯이 당시에 요동군은 지금의
난하 하류유역에 있었으므로 낙랑군도 그곳과 인접한 지역에 있었다고
하겠다. 또한 앞의 《구당서》96), 《신당서》97), 《괄지지》98), 《통전》99)에
기록된 내용들에서 평양성이 낙랑군의 옛 땅이라고 하므로 평양성은 요
동군, 즉 지금의 요서지역에 있었음을 확인할 수 있다.

　《통전》기록에 요서지역에 있었던 평양성이 옛 조선국의 왕검성이
었다100)고 하므로 평양성은 위만조선의 왕검성이었고, 난하 동쪽에 있
었던 낙랑군지역으로 서안평현과 인접해 있었다고 하겠다. 왕검성이었
던 평양성은 난하의 동쪽인 지금의 요서지역의 어느 곳이었을까.

　《구당서》〈동이열전〉고(구)려전에는 "(고구려에서) …서북으로는 요
수를 건너 영주에 이른다고101) 하였고, 《신당서》〈동이열전〉고(구)려전

---

95) 《三國史記》卷15〈高句麗本紀〉太祖大王條. "九十四年, …秋八月, 王遣將, 襲漢遼
　　東西安平縣, 殺帶 方令, 掠得樂浪太守妻子."；《後漢書》卷85〈東夷列傳〉高句驪傳.
　　"質·桓之間, 復犯遼東西安平, 殺帶方 令, 掠得樂浪太守妻子."
96) 《舊唐書》卷199〈東夷列傳〉高(句)麗傳. "高(句)麗者, …其國都於平壤城, 卽漢樂
　　浪郡之故地. …東渡 海至於新羅, 西北渡遼水至于營州, 南渡海至于百濟, 北至靺鞨."
97) 《新唐書》卷220,〈東夷列傳〉高(句)麗傳. "高(句)麗, …地東跨海距新羅, 南亦跨
　　海距百濟, 西北度遼水 與營州接, 北靺鞨其君居平壤城, 亦謂長安城, 漢樂浪郡也…."
98) 《史記》卷6〈秦始皇本紀〉秦始皇 26年條의 朝鮮에 대한 주석으로 실린《史記正
　　義》. "《括地志》云, 高 麗(高句麗)治平壤城, 本漢樂浪郡王險城, 卽古朝鮮也."
99) 《通典》卷185〈邊防〉1, 東夷 上 序略. "高麗本朝鮮地, 漢武置縣屬樂浪郡. …都平
　　壤城, 則故朝鮮國王險 城也."
100) 위와 같음.
101) 《舊唐書》卷199上〈東夷列傳〉高(句)麗傳. "高(句)麗者, …其國都於平壤城, 卽漢
　　樂浪郡之故地. …東渡海至於新羅, 西北渡遼水至于營州, 南渡海至于百濟, 北至靺鞨."

에 "(고구려의) …서북은 요수를 건너 영주에 닿는다"[102]고 하였다. 이처럼 《구당서》와 《신당서》는 모두 고구려 영역 설명에서 영주를 중심에 놓아 서술했다. 이 시기의 영주는 6개 군과 14개 현을 포함하고 있었으며 치소는 지금의 조양이었다.[103] 이러한 내용에서 당시 고구려가 조양지역을 6개 군의 중심 치소로 삼았음을 알 수 있다. 그러면 동천왕이 서기 247년 평양성으로 천도할 당시 조양지역의 정치적 상황을 알아 보자.

서기 220년 한제국이 멸망하고 중국은 정치적 분열시대인 위진남북조시대가 시작되었다. 서기 3세기 말엽에서 5세기 중기까지의 중국 북부지역은 10여 개의 정권이 병립하는 오호십육국의 분열시대였다. 흉노를 시작으로 오환(烏丸, 桓), 선비(鮮卑), 강(羌), 저(氐) 등의 민족이 중국으로 유입하여 정착하기 시작했다. 이들 가운데 강족은 조조(曹操)가 중국 북방을 통일했을 때 관중과 서북지역에 위치하고 있었고, 저족은 원래 현재의 감숙성 동남부와 섬서성 서남부 및 사천성 북부에 거주하였으나 조조가 하후연(夏侯淵)에게 저족을 정벌하게 하거나 혹은 강제로 이주하게 하였기 때문에 관중(關中)과 천수(天水) 등으로 대량 유입되었다. 따라서 요령성지역과 관련되는 흉노족과 오환족 및 선비족에 관하여만 서술하고자 한다.

흉노족은 《후한서》〈남흉노전〉에 따르면 2세기경부터 남흉노의 인구는 북흉노에서 항복한 사람들이 늘어나면서 약 50만 명에 달하였지만 후한(後漢)으로 종속화도 진행되어 갔는데, 3세기경에 이르면 산서성의 병주(并州)에 거주하는 흉노 내부에서 통합화의 움직임이 일어나 흉노왕 유정(劉靖) 혹은 우현왕(右賢王) 유표(劉豹)라 일컫는 인물이 출현했다. 조위 정권은 이러한 흉노의 통일을 저지하기 위해 분할통치정책을 서진(西晉) 초기까지 되풀이하여 진행했다. 흉노는 5부로 분할되어 서하(西河), 태원(太原), 평양(平陽), 신흥(新興) 등의 산서성의 여러 군에서

---

102) 《新唐書》卷220,〈東夷列傳〉高(句)麗傳."高(句)麗, …地東跨海距新羅, 南亦跨海百濟, 西北度遼水 與營州接, 北靺鞨其君居平壤城, 亦謂長安城, 漢樂浪郡也…."
103) 《魏書》卷106〈地形志〉中 참조.

반농반목(半農半牧)의 생활을 시작하며 정착하기 시작하여 인구도 100만 명 이상으로 증가하였다.104) 이러한 상황으로 보아 서기 3세기경까지 흉노는 요령성 지역에 아직 진출하지 않았던 것으로 생각된다.

오환은 한무제가 흉노를 정벌하게 됨에 따라 지금의 하북성 북부에서 요령성에 이르는 유주(幽州)의 상곡(上谷), 어양(漁陽), 우북평(右北平), 요서, 요동 등의 장성 이북지역으로 이동했다. 이후 광무제는 오환의 추장 80여 명을 후(侯), 왕(王), 군(君), 장(長)으로 임명하고, 요서, 우북평, 어양, 광양(廣陽), 상곡, 대(代), 안문(雁門), 태원, 삭방(朔方) 등의 여러 군으로 이주시켜 오환을 흉노와 선비 및 기타 주변세력에 대한 대책으로 이용했다. 이후 2세기경이 되면 오환은 선비 및 남흉노와 연대하여 후한의 변경지역에 침입하기도 하고 후한 변군(邊郡)의 병졸과 연합하여 선비를 공격하기도 하는 등 반란과 복종을 되풀이하며 후한을 배반하게 되었다. 오환은 초평(初平) 연간(서기 190~193년)에 이르면 요서왕(遼西王) 구역거(丘力居)가 사망하고 조카인 답돈(蹋頓)이 요서, 우북평, 요동 등 3군의 오환을 통치하게 되어 삼군오환이라 하며 황건(黃巾)의 난 이후 군웅의 한사람인 원소(袁紹)와 결합하여 세력을 확대했다. 그러나 관도(官渡)의 전투에서 원소가 조조에게 패배하였고 서기 207년에는 답돈도 지금의 조양시(朝陽市)인 유성(柳城)에서 살해되어 오환은 괴멸하였다. 결국 조조는 답돈이 지배하던 오환족 20만 명을 획득하여 그 군사들을 자신의 군대에 편입시켰다.105) 이러한 상황으로 보아 서기 3세기 초기 조양지역에서 오환세력은 멸망했던 것으로 여겨진다.

선비는 전한(前漢)시대에는 오환의 북방지역인 서랍목윤강(西拉木倫江) 이북에 위치하고 있었는데, 후한 초기에 이르면 지금의 요동지역인 요양시(遼陽市)까지 남하하기 시작했다. 서기 2세기 초기에는 후한을 침공하기도 하고 항복하기도 하면서 남흉노 및 오환과도 연대하여 공격과 방어를 반복했다. 선비는 2세기 중엽에 이르면 단석괴(檀石槐)라는 우두

---

104) 《後漢書》卷89〈南匈奴列傳〉참조.
105) 趙丕承(編), 《五胡史綱》, 藝軒圖書出版社, 2000 참조.

머리가 출현하면서 전성기를 맞이하여 후한정부와 크게 대립하였다. 단석괴는 확대된 영역을 지배하기 위하여 선비를 동부·중부·서부의 3부로 나누고, 각 부에는 지도자인 대인(大人)을 두어 부족을 통솔하는 집권체제를 구축하였다. 그러나 선비는 서기 180년경 단석괴의 사망과 더불어 분열시대를 맞이하며 후한의 침공도 끝나게 되었다. 삼국시대 초기에는 선비의 여러 부락 중에서 가비능(軻比能), 소리(素利), 보도근(步度根)이 각각 다스리는 3부의 세력이 맞서며 서로 항쟁을 전개하였다. 이 가운데 가비능의 부락은 가장 강성해져 촉(蜀)의 제갈량(諸葛亮)이 서기 231년 4번째 북벌에서 기산(祁山, 감숙성 礼縣)을 포위했을 때 제갈량과 연합하여 북지(北地, 섬서성 耀縣)까지 출병한 적도 있으나, 가비능이 서기 235년 조위(曹魏)의 유주자사(幽州刺史)이며 호오환교위(護烏桓校尉)인 왕웅(王雄)에게 살해되면서 선비의 여러 부락은 다시 흩어졌다. 일부는 조위에 복속되었고, 3세기 중기부터 후기에 이르기까지 선비는 통일되지 않았는데, 요서에는 우문(宇文), 단(段), 모용(慕容)의 여러 부족이, 음산(陰山) 북부에는 탁발부(拓跋部)가 출현하였다. 또한 독발(禿髮), 걸복(乞伏), 토곡혼(吐谷渾) 등 소위 서부(西部) 선비는 감숙성 지역으로 이동하였고 각 지역에는 소규모 부족이 산재하였다.[106]

이상의 내용으로부터 전한시대부터 서기 3세기경까지의 흉노와 오환 및 선비 등의 세력이 활약했던 발전상과 요령성지역에 대한 진출 상황을 살펴볼 수 있다. 즉 흉노는 서기 3세기경까지 요령성 지역에 아직 진출하지 않았던 것으로 생각되며, 오환은 서기 3세기 초기 조양지역에서 멸망했던 것으로 나타난다. 그리고 선비는 서기 180년경 단석괴의 사망과 더불어 분열시대를 맞이하며, 삼국시대 초기에는 선비의 여러 부락 중에서 가비능이 가장 강성했으나 서기 235년 조위의 왕웅에게 살해되면서 선비의 여러 부락은 흩어지거나 조위에 복속되었다. 그 후 3세기 중기부터 후기에 이르기까지 선비는 통일되지 않았고, 각 지역에

106) 林幹, 《匈奴通史》, 人民出版社, 1986; 池培善, 《中世東北亞史研究-慕容王國史-》, 一潮閣, 1986 참조.

는 소규모 부족이 산재하였을 뿐 이었다. 따라서 서기 3세기 초기 무렵 지금의 요서지역인 고대의 요동지역에는 강성한 세력이 없었다고 하겠다. 이러한 상황은 고구려의 동천왕이 이 시기 요서지역에 진출할 수 있었던 좋은 배경이 되었을 것이다.

즉 이는 서기 246년 위나라 관구검이 환도성을 침략하자 고구려 동천왕이 비록 남옥저로 도망하였으나 유유의 계략으로 다시 위나라 군대를 침략하고107) 위나라 군대가 도망간 이후 서기 246년 지금의 요서지역에 위치했으며 낙랑군과 인접했던 서안평현을 다시 점령할 수 있었던 좋은 조건이 되었던 것이다. 위에서 서술했듯이 《구당서》〈동이열전〉고(구)려전과108) 《신당서》〈동이열전〉 고(구)려전109), 《괄지지》110), 《통전》111)에 기록된 내용들에서 서안평현은 낙랑군과 인접해 있고 평양성이 낙랑군의 옛 땅이라 하므로 《위서》〈지형지〉의 기록에 따라 낙랑군을 포함했던 지역은 영주인 것이다. 영주에는 창려군, 건덕군, 요동군, 낙랑군, 기양군, 영구군의 6개 군이 있었고,112) 치소가 북연의 수도였던 조양 화룡성에 있었다고 하여113) 조양을 중심지로 했음을 알 수 있고, 평양성은 조양에 있었다고 확인된다.

그러므로 《구당서》와 《신당서》 기록에서 고구려 영역을 설명하면서 영주를 중요한 지역으로 삼았다고 생각된다. 또한 평양성은 옛 조선국의 왕검성114)이었으므로 고구려는 위만조선의 도읍인 왕검성을 동천왕

---

107) 《三國史記》卷17 〈高句麗本紀〉東川王 28年條.
108) 《舊唐書》卷199 上〈東夷列傳〉高(句)麗傳. "高(句)麗者, …其國都於平壤城, 卽漢樂浪郡之故地. …東渡海至於新羅, 西北渡遼水至于營州, 南渡海至于百濟, 北至靺鞨."
109) 《新唐書》卷220〈東夷列傳〉高(句)麗傳. "高(句)麗, …地東跨海距新羅, 南亦跨海距百濟, 西北度遼水 與營州接, 北靺鞨其君居平壤城, 亦謂長安城, 漢樂浪郡也…."
110) 《史記》卷6〈秦始皇本紀〉秦始皇 26年條의 朝鮮에 대한 주석으로 실린 《史記正義》. "《括地志》云, 高麗(高句麗)治平壤城, 本漢樂浪郡王險城, 卽古朝鮮也."
111) 《通典》卷185〈邊防〉1, 東夷 上, 序略. "高麗本朝鮮地, 漢武置縣屬樂浪郡. …都平壤城, 則故朝鮮 國王險城也."
112) 《魏書》卷106 上〈地形志〉上 참조.
113) 《魏書》卷106 上〈地形志〉上. "營州治和龍城. …領郡六縣十四."
114) 주 98·99·110과 같음.

시기 되찾아 양성을 축조하고 서기 247년 천도하였던 것으로 추정된다.

동천왕이 천도한 평양성이 발해만 북부지역의 조양일 것이라고 추정하는 필자의 견해를 더욱 뒷받침해 주는 것은 당시 조양지역에 조성된 여러 고구려 유적들이다. 고구려의 금 관테둘레와 금제 관식들이 출토된 지역이 요령성 북표현 방신촌, 요령성 조양현 십이태향 원대자촌, 요령성 조양현 전초구, 아래에서 분석될 조양 십이대영자 향전역 88M1묘로 조양지역에 집중되어 있다.

그러나 이들 유적과 유물 성격에 대해 발굴자들이 분류하고 추정하는 연대는 그 근거에서부터 근본적으로 큰 모순을 가지고 있다. 발굴자들은 십이대영자 향전역 88M1묘의 연대를 추정하는 근거로 출토된 갑옷 등의 양식이 안악 3호 벽화묘에 보이는 갑옷과 마구들의 양식과 유사하다고 했다. 그리고 이 안악 3호 벽화묘의 주인을 서기 336년에 고구려로 망명한 모용황의 부하 동수로 보았다. 그 결과 조양의 십이대영자 향전역 88M1묘가 안악 3호 벽화묘보다 연대가 앞섰을 것으로 추정했던 것이다. 그리고 십이대영자 향전역 88M1묘가 안악 3호 벽화묘가 축조된 서기 357년보다 당연히 앞설 것이라는 판단 아래 이 무덤의 연대를 전연(前燕)시대로 보았던 것이다. 나아가 이러한 요서지역의 삼연 문화가 고구려를 거쳐 한반도와 일본열도에 중요한 영향을 주게 되었다는 황당한 주장이[115] 성립된 것이다. 이러한 연구 결과를 현재 한국학자들은 비판 없이 받아들이고 있다. 중국학자들은 고조선으로부터 이어진 고구려유물의 통시적인 발달사 등을 비교·분석하지 않고, 고구려의 십이대영자 향전역 88M1묘 유물과 고구려의 안악 3호 벽화묘를 비교했던 것이다.

십이대영자 향전역 88M1묘는 여러 이유에서 그 국적을 고구려로 볼 수 밖에 없다. 먼저 십이대영자 향전역 88M1묘의 국적을 정확히 가리기 위해 유물을 분석하기로 한다. 이 묘에서는 금과 은으로 만든 관

---

115) 遼寧省博物館文物隊·朝陽地區博物館文物隊,〈朝陽袁台子東晋壁畵墓〉, 위의 글, 28~31쪽.

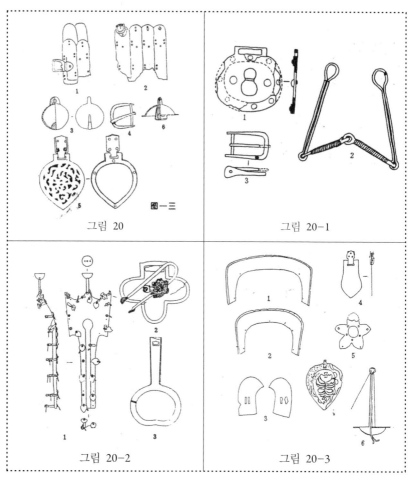

그림 20   그림 20-1

그림 20-2   그림 20-3

〈그림 20·20-1·2·3〉 십이대영자 향전역 88M1묘 출토 금동마구들 묘사도

식이 출토되었다. 관식에 금으로 만든 나뭇잎양식의 달개장식이 보이고
있어 방신촌묘 등에서 출토된 관식과 유사할 것으로 판단된다. 특히 이
묘에서는 고구려 고유 양식인 물고기 비늘양식의 철갑옷, 투구, 목(木)
갑옷, 마면갑, 철로 만든 등자, 금동으로 만든 마구(그림 20·20-1·2·3)
와 삼족오를 닮은 나는 듯한 새문양이 연속문양으로 화려하게 투조된
안장(그림 21) 등 다량의 유물이 출토되었다. 〈그림 20〉의 양식과 재질
에서 동일한 마구가 앞에 서술한 원대자촌 벽화묘에서도 출토되었

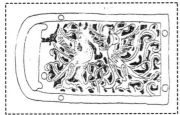

〈그림 21-1〉
십이대영자 향전역 88M1묘 출토
허리띠장식 문양 모사도

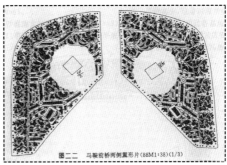

〈그림 21〉 십이대영자 향전역 88M1묘 출토
말안장 양측 날개 부분 모사도

다.[116] 원대자촌 벽화묘에서 출토된 철제 재갈과 조양왕자분산묘군 M9001:3에서 출토된 것도 같은 양식의 것이다.[117] 또한 십이대영자 향전역 88M1묘 출토 금동마구(그림 20-2·3)와[118] 허리띠장식의 양식과 문양(그림 21-1)[119]이 원대자촌 벽화묘에서 출토된 금동제 마구[120] 및 허리띠장식[121]과 동일하다. 금동제 허리띠장식은 모두 화려한 새문양이 대칭되어 있다. 원대자촌 벽화묘에서 출토된 철제 재갈과 금동 마구는 조양 칠도령향(七道嶺鄕) 삼합성(三合成)묘에서 출토된 것과 같은 양식이다. 발굴자들은 삼합성묘에서 출토된 철모(鐵矛), 철족(鐵鏃) 및 마구 등의 양식이 원대자촌 벽화묘에서 출토된 것과 서로 같으며 시대도 서로 가깝다고 했다.[122] 이 조양지역 여러 유적에서 출토된 마구 등은 한반도의 고구려 유적에서 출토된 것과 같은 양식의 것이다.[123]

---

116) 遼寧省博物館文物隊·朝陽地區博物館文物隊, 〈朝陽袁台子東晉壁畫墓〉, 34쪽의 圖 24.

117) 遼寧省文物考古硏究所·朝陽市博物館, 〈朝陽王子墳山墓群 1987, 1990年度考古發掘的主要收穫〉, 《文物》 1997年 第11期, 15쪽의 圖 31.

118) 遼寧省文物考古硏究所·朝陽市博物館, 〈朝陽十二臺鄕磚歷88M1發掘簡報〉, 《文物》, 1997年 第11期, 27쪽의 圖 20.

119) 遼寧省文物考古硏究所·朝陽市博物館, 위의 글, 30쪽의 圖 31, 31쪽의 圖 35.

120) 遼寧省博物館文物隊·朝陽地區博物館文物隊, 〈朝陽袁台子東晉壁畫墓〉, 35쪽의 圖 29.

121) 遼寧省博物館文物隊·朝陽地區博物館文物隊, 〈朝陽袁台子東晉壁畫墓〉, 34쪽의 圖 20, 35쪽의 圖 30의 2.

122) 于俊玉, 〈朝陽三合成出土的前燕文物〉, 《文物》 1997年 第7期, 42~48쪽.

123) 박창수, 〈고구려시기의 마구일식이 드러난 지경동무덤〉, 《력사과학》, 1977년

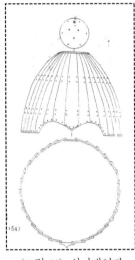

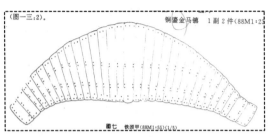

〈그림 23〉 십이대영자향전역 88M1묘 출토
목갑옷 모사도

〈그림 22〉 십이대영자
향전역 88M1묘 출토
투구 모사도

그 외에 십이대영자 향전역 88M1묘에서 출토된 갑옷과 투구(그림 22) 및 목갑옷(그림 23) 등은 고조선의 어린갑(魚鱗甲)양식의 갑옷 특징을 고스란히 보여주고 있어[124] 고구려의 유적으로 분류된다. 〈그림 19〉와 같은 양식의 투구로는 서기 4세기 무렵에 속하는 김해(金海) 예안리(禮安里) 150호묘에서 철제투구를 구성했던 장방형 혹은 윗면이 둥근 장방형의 철갑편들이 출토된 바 있다.[125] 가야는 서기 42년에 독립국으로 출범하여 서기 400년경까지는 지금의 김해지역에 있었던 금관가야가 대가야로서 가야 전체를 통치했다. 그러므로 예안리 150호묘는 금관가야의 유물로 분류된다. 가야에서는 기마 인물상에서 보이는 철제변모형 투구와 예안리 150호묘에서 출토된 찰갑편을 연결해 만든 투구양식을 사용했다. 같은 양식의 투구를 안악 2호 벽화묘에 보이는 무사(武士)가 쓰고 있는데 그 실제 유물이 요녕성 무순시 고이산성(高爾山城) 유적에서 출토되었다.[126] 서기 5세기 중엽에 속하는 동래구 복천동

제3호, 과학백화사전출판사, 46~48쪽.

124) 박선희, 〈고조선의 갑옷 종류와 특징〉, 《한국고대복식-그 원형과 정체》, 547~612쪽.

125) 申敬澈, 〈金海禮安里古墳群第4次發掘調査報告〉, 《韓國考古學年報》 8, 1980, 154~162쪽.

126) 徐家國·孫力, 〈遼寧撫順高爾山城發掘簡報〉, 《中國考古集成》 東北卷 兩晋至隋唐(二), 1992, 298~310쪽.

(福泉洞) 10호묘와 11호묘에서 출토된 투구와 목갑옷 및 단갑(短甲)[127] 등의 경우 갑편의 크기는 서로 다르지만 모두 장방형 양식을 특징으로 하며, 둥근 장식단추양식의 철징으로 이음새를 처리한 점에서 공통적이다. 십이대영자 향전역 88M1묘에서 출토된 갑옷과 투구 및 목 갑옷 등도 모두 위에 서술한 유물들과 같은 기법으로 갑편을 연결하였다. 이 같은 이음새의 처리방식을 고구려로부터의 신기법이 한반도 남부에 들어온 것으로 보는 견해가 있지만[128], 이러한 기법은 고조선의 고유한 기법[129]을 그대로 계승한 것이다.

그 밖에 한반도 남부에서 출토된 철투구[130]들은 모두 십이대영자 향전역 88M1묘에서 출토된 투구와 공통점을 갖는다. 투구를 구성한 찰갑의 형태가 모두 장방형 양식이며, 투구의 찰갑과 찰갑의 연결부분을 작고 둥근 장식단추양식의 철징을 이용하여 장식효과도 마찬가지로 나타난다. 또한 서기 5세기 중엽에 속하는 동래구 복천동 10호·11호 고분에서 출토된 투구[131]와 서기 5세기 후기에 속하는 경상북도 고령 지산동 32호 고분에서 출토된 투구[132]의 경우 장방형의 찰갑으로 구성되어 있어 다른 투구들보다 비교적 긴 형태로 윗부분을 둥글게 마무리했다. 이 둥근 정부(頂部)의 철제복발(鐵製伏鉢)을 북방적인 요소로 보고[133] 몽고발형(蒙古鉢形) 투구라 부르면서 이것을 고구려가 받은 몽골의 영향으로 보는 견해가 있다.[134]

---

127) 申敬澈, 〈釜山市福泉洞古墳群遺跡一次發掘調査槪要와 意義〉, 《釜山直轄市立博物館年報》 第三輯, 1981; 鄭澄元·申敬澈, 〈東萊福泉洞古墳群Ⅰ〉, 《釜山大學校博物館遺跡調査報告》 第5輯, 1983.

128) 鄭澄元·申敬澈·定森秀夫訳, 〈古代韓日甲冑斷想〉, 《論集武具》, 學生社, 1991, 281~282쪽.

129) 박선희, 〈여러나라시대의 갑옷〉, 《한국고대복식-그 원형과 정체》, 613~673쪽.

130) 穴澤和光·馬目順一, 〈南部朝鮮出土의 鐵製鋲留甲冑〉, 《朝鮮學報》 第七六輯, 1975.

131) 申敬澈, 〈釜山市福泉洞古墳群遺跡一次發掘調査槪要와 意義〉, 《釜山直轄市立博物館年報》 第三輯, 1981; 鄭澄元·申敬澈, 〈東萊福泉洞古墳群 Ⅰ〉, 《釜山大學校博物館遺跡調査報告》 第5輯, 1983.

132) 金鐘徹, 〈高靈池山洞古墳群〉, 《啓明大學校博物館遺跡調査報告》 第一輯, 1982.

133) 鄭澄元·申敬澈·定森秀夫訳, 〈古代韓日甲冑斷想〉, 282쪽.

그러나 실제로 북방지역에서는 십이대영자 향전역 88M1묘에서 출토된 투구와 한반도에서 출토된 것과 같이 둥근 정부의 철제복발을 하거나 긴 장방형의 찰갑을 연결하여 만든 투구를 사용하지 않았다. 이는 지난날 일부 학자들이 고구려의 갑옷과 투구가 북방지역의 영향을 받았을 것이라는 선입관을 갖고 있었기 때문에 내려진 결론인 것이다.

〈그림 24〉 십이대영자 향전역 88M1묘 출토 철제 말투구

그 밖에도 십이대영자 향전역 88M1묘에서 출토된 마차 구성물과 등자 등의 양식이 광개토대왕릉에서 출토된 것과 유사하다. 조양에는 현재까지 당시의 고구려 산성이 그대로 남아 있기 때문에[135] 그 시기 고구려인들이 이 지역에서 활동했음을 더욱 확실히 증명해 준다. 특히 이 유적에서는 철로 만든 말투구(그림 24)가 출토되었는데, 중국학자들은 이것이 중국에서 발굴된 것 가운데 가장 이른 시기로 전연(前燕)의 것으로 보고 있다.[136] 그러나 이 말투구는 당시 북방지역이나 중국보다 약 2세기 정도나 앞선 고구려의 것으로, 고구려 말갑옷의 고유한 양식이다.[137] 십이대영자 향전역 88M1묘에서 출토된 말투구가 고구려 고유의 양식이라는 점에 관해서는 이 책의 제4부 3장의 2절에서 좀 더 상세히 밝히고자 한다.

이상의 분석된 내용으로부터 조양지역의 십이대영자 향전역 88M1묘는 고구려묘인 것이 분명해진다. 그리고 위에서 비교 분석한 왕자분산묘군의 태 M8713:1묘의 연대가 서기 3세기 초기~서기 3세기 중엽으

134) 末永雅雄, 《日本上代の甲冑》, 創元社, 1944.
135) 遼寧省文物考古研究所·朝陽市博物館·朝陽縣文物管理所, 〈遼寧朝陽田草溝晋墓〉, 《文物》, 1997年 第11期, 33 ~41쪽.
136) 田立坤·張克擧, 〈前燕的甲騎具裝〉, 《文物》, 1997年 11期, 72~75쪽.
137) 박선희, 《한국고대복식-그 원형과 정체》, 613~670쪽.

로 가장 이르고, 조양의 방신촌묘와 전초구묘 및 십이대영자 향전역 88M1묘가 3세기 말기에서 4세기 초기로 정리된다. 그리고 조양의 원대 자촌 벽화묘와 삼합성묘 및 북표현 라마동묘의 연대는 서기 4세기 초~ 서기 4세기 중엽에 속한다고 보았다.

3장 1절의 앞부분에서 서술한 1979년에 조양에서 발굴한 최휼묘의 연대는 석각묘표의 발견으로 서기 395년으로 밝혀졌다. 그리고 《진서》 〈모용황〉의 기록에 따라 함강(咸康) 7년(서기 341년) 모용황이 유성·창 려·극성에서 용성에 이르는 지역까지를 모두 병합하여 창려군이라 하 였고 지금의 조양인 용성으로 천도하였음을[138] 알 수 있었다. 다시 말 해 최휼묘의 발견으로 후연의 할군의 하나였던 창려가 조양현에 위치하 였음을 확인할 수 있게 되었으며, 이러한 사실로부터 조양지역에는 서 기 4세기 중엽에 가서야 전연의 모용황이 진출하였음을 알 수 있다. 따 라서 중국학자들이 위의 원대자촌 벽화묘를 비롯하여 조양지역 묘들의 국적을 전연 혹은 선비족으로 분류한 것은 모순이라 하겠다.

지금까지 분석된 여러 내용들로부터 조양지역의 서기 3세기부터 서 기 4세기 중엽 이전까지 조성된 묘들은 그 국적을 고구려로 해석할 수 밖에 없다. 묘주는 고구려의 동천왕(서기 227년~서기 248년)시기부터 고국원왕이 재위 12년(서기 342년)에 환도산성으로 도읍을 옮길 때까지 지금의 조양지역에 위치한 평양성에 살았던 고구려 왕족들이라 하겠다.

3. 원대자 벽화묘에 나타난 복식양식의 특징과 국적

원대자촌 벽화묘 묘실 내부 석벽에는 백회면 위에 홍, 황, 녹, 자, 흑 등의 색상을 사용한 벽화가 있다. 벽화는 부분적으로 훼손이 되었지

---

138) 《晋書》 卷109 載記 第9 〈慕容皝〉 참조.

만 상당 부분 남아 있다. 발굴자들은 벽화를 〈문리도〉(門吏圖), 〈주인도〉(主人圖), 〈사녀도〉(仕女圖), 〈봉식도〉(奉食圖), 〈우경도〉(牛耕圖), 〈정원도〉(庭院圖), 〈현무도〉(玄武圖), 〈도재도〉(屠宰圖), 〈선식도(膳食)〉, 〈수렵도〉(狩獵圖), 〈차기도(車騎)〉, 〈마도〉(馬圖), 〈우차도〉(牛車圖), 〈부부도〉(夫婦圖), 〈갑사기마도〉(甲士騎馬圖), 〈유운도〉(流雲圖), 〈태양도〉(太陽圖), 〈월량도〉(月亮圖), 〈흑웅도〉(黑熊圖)의 19부분으로 분류하여 설명하고 있다.[139] 발굴자들이 제시한 벽화의 내용과 설명을 참고로 벽화에 보이는 구성원들의 복식을 고구려와 중국 및 북방지역의 것과 비교 분석해 보고자 한다.

〈주인도〉(그림 25)의 묘주는 나관(羅冠)을 쓰고 휘장 아래에 앉아 있는데 옅은 색의 속옷을 드러낸 우임의 소매가 넓은 홍포(紅袍)를 입었

다. 묘주 뒤 병풍의 오른쪽과 왼쪽에는 고계(高髻)를 한 2명의 시녀가 서 있다. 이러한 〈주인도〉의 모습은 안악 3호 벽화묘에 보이는 내용과 복식양식에서 서로 유사하다. 필자는 안악 3호 벽화묘에 보이는 구성원들의 복식이 고구려의 고유한 양식임을 상세히 분석한 바 있고[140], 묘주가 고국원왕임을 밝힌 바[141] 있다.

원대자촌 벽화묘와 안악 3호 벽화묘의 묘주를 비교해 보면 관

〈그림 25〉 원대자촌 벽화묘 〈묘주인도〉

모와 의복 및 머리양식에서 거의

---

139) 遼寧省博物館文物隊·朝陽地區博物館文物隊, 〈朝陽袁台子東晉壁畫墓〉, 《文物》 1984年 第6期, 29~45쪽.
140) 박선희, 《한국고대복식-그 원형과 정체》, 지식산업사, 2002 참조.
141) 박선희, 《고구려 금관의 정치사》, 경인문화사, 2013 참조.

동일하다. 원대자촌 벽화묘 〈묘주 인도〉의 관모는 검은색 모자 위에 투명한 흰색의 덧관이 씌워진 모습으로, 안악 3호 벽화묘의 묘주 (그림 26)가 쓴 백라관(白羅冠)과 같다고 여겨진다.

백라관에 관한 설명을 위해 고구려의 왕과 고급관리들이 썼던 나(羅)로 만든 관과 옷에 대하여 알아보기로 한다. 《구당서》 〈열전〉 고(구)려전142)과 《신당서》 〈열전〉 고(구)려전143)에는 고구려왕의 관이 흰색 나로 만들어지고 그 위에 금으로 테를 두르거나 금 장식단추

〈그림 26〉 안악 3호 고분벽화 〈주인도〉의 부분

로 장식했다고 했다. 대신은 청색 나로 만든 관을 쓰고, 그 다음 관리는 진홍색 나로 만든 관을 쓰는데, 두 개의 새 깃을 꽂고 금테와 은테 또는 금장식 단추나 은장식 단추를 섞어 둘렀다. 안악 3호 벽화묘 주인도에서 왕이 평상시 사용했던 백라관이 확인된다. 안악 3호 벽화묘에 보이는 주인도의 남주인공이 쓴 관을 관찰해 보면, 흑색의 책 위에 흰색의 나로 만든 덧관을 쓰고 있는데, 관의 앞이마 부분에는 금색의 테두리가 둘러져 있고 이 테는 또 다시 귀의 가운데 부분에서 위로 연결되어 있다. 관의 끈은 귀 뒷부분부터 내려와 턱에서 묶여져 포(袍)의 옷고름 위까지 내려와 있다. 이 같은 백라관의 모습은 위의 기록과 거의 일치한다.

원대자촌 벽화묘의 묘주와 유사한 나관을 쓰고 포를 입은 복식 차

142) 《舊唐書》 卷199 〈列傳〉 高(句)麗傳. "衣裳服飾, 唯王五綵, 以白羅爲冠, 白皮小帶, 其冠及帶, 咸以金飾. 官之貴者, 則靑羅爲冠, 次以緋羅, 揷二鳥羽, 及金銀爲飾."
143) 《新唐書》 卷220 〈列傳〉 高(句)麗傳. "王服五采, 以白羅製冠, 革帶皆金釦. 大臣靑羅冠, 次絳羅, 珥兩鳥羽, 金銀雜釦."

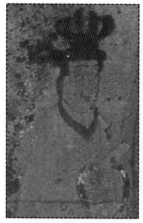

〈그림 28〉 원대자촌 벽화묘 〈사녀도〉에 보이는
여인의 머리양식

〈그림 27〉
안악 3호 벽화묘 묘주 뒤에
서 있는 여인의 머리양식

림새는 고구려 벽화묘 가운데 위에 서술한
안악 3호 벽화묘 이외에 태성리 1호묘, 감신
총, 약수리 벽화묘, 덕흥리 벽화묘, 쌍영총, 수산리 벽화묘, 팔청리 벽화
묘 등에서도 나타난다. 원대자촌 벽화묘 묘주 양쪽에 서있는 시녀의 머
리양식도 안악 3호 벽화묘의 묘주 뒤에 서 있는 여인의 머리양식(그림
27과) 거의 같다. 또한 〈사녀도〉에 보이는 네 여인의 머리양식(그림 28)
은 안악 3호 벽화묘의 〈부인도〉에 보이는 여주인공과 시녀들의 머리양식
(그림 29)과 유사하다. 〈사녀도〉는 〈주인도〉 앞면의 남쪽 벽에 그려져
있는데 벽화의 윗면에 동서로 네 사람이 병렬되어 있다. 모두 두 손을
가슴에 모으고 주인을 향하고 있다.

원대자촌 벽화묘 서쪽 벽에 그려진 〈봉식도〉(그림 30)는 한 줄(列)

〈그림 29〉 안악 3호 벽화묘의 〈부인도〉에 보이는 여주인공과 시녀들의 머리양식

〈그림 30〉 원대자촌 벽화묘 〈봉식도〉의 흑책과 흑건

에 7인이 있다. 왼쪽에서 첫 번 째 사람은 검은색 관을 썼는데 안악 3호 벽화묘의 〈의장기수 도〉(그림 31), 〈대행렬도〉, 수산 리 벽화묘의 〈주인도〉·〈신하도〉 등에 보이는 흑책과 유사하다. 〈봉식도〉의 첫 번째 사람은 오 른쪽 손에 환수(環首)의 장도

〈그림 31〉 안악 3호 벽화묘 〈의장기수도〉에 보이는 흑책

(長刀)를 들었다. 두 번째 사람은 두 손을 가슴 앞에 모았는데 병(瓶)과 같은 물건을 들었고, 세 번째 사람은 황색의 웃옷을 입고 두 손을 가슴 앞에 모았는데 물건으로 보이는 것을 들었다. 네 번째 사람은 등색(橙色)의 웃옷과 바지를 입었으며 양손에 소반을 들었는데 소반 위에는 손 잡이가 달린 잔 3개가 놓여 있다. 다섯 번째 사람도 등색의 웃옷을 입 었으며 양손에는 술통을 들고 있다. 여섯 번째 사람은 등색의 옷을 입 고 왼손에는 괴(魁)를 들고 오른손에는 술 뜨는 작(勺)을 들고 있다. 일 곱 번째 사람은 벽화가 손상되어 명확하지 않으나 양손에 소반을 들고 있는 형상이다.144)

144) 주 1과 같음.

〈그림 32〉 덕흥리 벽화묘
〈마사희도〉의 부분

〈그림 33〉 무용총
〈수렵도〉의 부분

첫 번째 사람은 깃과 끝동에 선이 둘러진 넓은 소매의 웃옷을 입었고 안에 속옷을 바쳐 입었으며 허리띠를 매었고 흑혜(黑鞋)를 신었다. 나머지 사람들도 모두 흑건(黑巾)을 썼다. 이러한 양식의 흑건은 약수리 벽화묘, 덕흥리 벽화묘(그림 32), 수산리 벽화묘, 무용총(그림 33), 장천 제1호 벽화묘 등에 보편적으로 나타나는 머리양식이다. 첫 번째 사람과 같은 양식의 옷과 신발 및 허리띠를 매었다. 이들 모두 동일한 고구려 특징의 옷을 입었다. 특히 〈봉식도〉 구성원들이 신은 이(履)는 한민족 신의 기본 양식이다. 중국은 혜(鞋)처럼 앞이 높게 들린 모양을 의례로 삼았고, 한민족은 〈봉식도〉에서 보이는 신과 같은 이(履)를 신의 기본 양식으로 하며 모양을 바꾸지 않고 금이나 은 등으로 장식하는 것을 의례로 삼았다.

특히 웃옷을 입을 때 허리띠를 뒤에서 자유롭게 묶는 것도 고구려의 고유 양식이었다. 중국의 복식에서 허리띠는 필수적인 요소였으며 허리띠를 묶는 방향은 주로 앞부분이었다. 고대의 북방민족의 경우는 의복에서 반드시 요대를 사용했던 것은 아니며, 사용하는 경우에는 좁은 폭의 요대를 앞에서 짧게 묶었다. 이후 북방민족의 대는 옷을 여미는 속대의 역할이 중심을 이루었고, 속대에 필요한 대구 또는 교구가 크게 발전했다. 중국의 경우도 전국시대에 해당하는 시기까지는 요대와 긴대를 사용했고, 양진남북조시대부터는 긴대와 교구 등을 함께 사용하는 문화가 정착되었다. 양한대에도 중국의 대는 수(綬)를 다는 등 장식적 역할에 치중했고,

북방민족의 대는 검대로서 수용되었다.[145]

이와 달리 고구려에서는 옷을 여며야 할 복식에서 가는 대를 매듭을 길게 하여 맸다. 그렇지 않은 복식에서는 대를 매지 않았다. 따라서 원대자촌 벽화묘 〈봉식도〉에 보이는 이 긴 대는 복식을 여미기 위한 것이지 검 등을 매기 위한 것은 아니었음이 확실해진다. 대를 묶는 위치도 자유스러웠으며, 신분과 직업에 관계없이 모두 같은 종류의 대를 맸다. 이는 신분을 가리지 않고 옷을 입은 고구려 복식의 고유성에서 온 것이라고 하겠다.

그 밖에 〈우경도〉·〈정원도〉·〈도재도〉·〈우차도〉·〈수렵도〉·〈차기도〉 등에 보이는 구성원들의 의복 역시 위의 설명한 내용대로 흑건을 쓰고 속옷을 갖추어 입은 웃옷에 허리띠를 묶고, 풍성한 바지를 입었으며, 검은 색 이를 신은 모습으로, 고구려 복식양식을 그대로 나타낸다.

〈그림 34〉 〈선식도〉에 보이는 여인들

〈선식도〉(그림 34)는 동쪽 벽 북측에 그려져 있다. 세 사람이 그려져 있는데, 오른쪽의 1인은 흑건을 쓰고 위에 설명한 구성원들과 마찬

---

145) 박선희,《한국고대복식-그 원형과 정체》, 459~506쪽 참조.

가지로 깃과 끝동에 흑색의 선을 두른 웃옷을 입고 있다. 오른손에는 칼을 들고 왼손에는 물건을 들었다. 여러 조리기구와 그릇들이 보인다. 왼쪽에 1인 여자는 고계(高髻)를 하였는데 안악 3호 벽화묘 〈부인도〉의 오른편에 보이는 여인의 머리양식과 유사하다.

〈그림 35〉 〈수렵도〉에 보이는 묘주

〈수렵도〉(그림 34-1)는 동벽 전체에 그렸다. 내용은 상하 두 부분으로 나뉘었는데 윗부분에는 수렵을 그린 모습이다. 그림의 묘주는 흑마(黑馬) 위에서 달리고 있는데 말안장을 모두 구비하였다. 추배(鞦背)와 목 수레방울 모두 명확하다. 주인은 흑건을 쓰고 홍색 끝동을 단 옅은 녹색 옷을 입었다. 허리띠를 둘렀고 황색 바지에 흑리(黑履)를 신었다. 몸의 뒷면에는 흑색의 활주머니가 있고 활주머니에는 4지(支)의 화살이 있으며 화살 꼬리 부분은 흑우(黑羽), 홍영(紅纓)으로 장식했다. 왼손에는 활을 잡고 오른손은 활시위를 당기는 모습니다. 말 앞에는 사슴떼와 황양(黃羊)들이 뛰어간다. 말 뒤에 1인은 흑건을 쓰고 황색 웃옷에 풍성한 바지를 입고 흑리를 신었다. 신분에 따른 복식에 큰 차이를 보이지 않는다.

〈차기도〉(그림 36)는 동벽의 윗부분에 있다. 왼쪽에 우차(牛車)가 한 대 있고 황우(黃牛)가 수레를 끌고, 수레 고봉(高篷)에는 앞에 문 혹은 기〔帘〕가 있는데 윗부분을 원형의 장식(泡飾)으로 배열을 이루었다. 옆에 차부(車夫)가 1명 있는데 흑건을 썼고, 남색의 단의를 입고 소를 끄는 상태이다. 우차 앞에 좌우로 각 1인이 있는데 모두 흑책, 단의, 장고(長褲), 흑혜를 신고 말을 타고 병렬하였다. 〈수렵도〉와 〈차기도〉는 마땅히 대규모의 출렵(出獵) 장면이다.146)

〈그림 36〉 원대자촌 벽화묘의 〈차기도〉

〈차기도〉의 우차에 보이는 원형의 장식단추는 고조선시기부터 복식뿐만 아니라 마구와 활집 등에 두루 사용되어 고구려와 열국으로 계승된 한민족의 고유한 장식기법이다. 고조선보다 앞선 시기에는 장식단추의 재료로 뼈와 뿔 혹은 옥 등을 사용했고 고조선시기로 오면 청동과 철 또는 옥과 금동으로 장식단추를 만들어 복식에 화려하게 장식했다.147) 고구려시기의 태왕릉에서도 마구에 사용되었던 청동과 철로 만든 장식단추(그림 37)148)가 다수

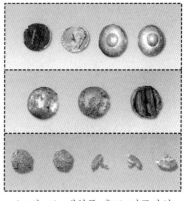

〈그림 37〉 태왕릉 출토 마구장식

---

146) 주 1과 같음.
147) 박선희, 《고조선 복식문화의 발견》, 지식산업사, 2011 참조.
148) 吉林省文物考古研究所·集安市博物館 編著, 《集安高句麗王陵-1990~2003年 集安高句麗王陵調査報告》, 文物 出版社, 2004, 圖版 80-4·82-6.

〈그림 37〉 원대자촌 벽화묘의 〈우차도〉

출토되었다. 특히 마차는 덕흥리 벽화묘, 안악 3호 벽화묘, 수산리 벽화묘 등에 나타나는 마차의 양식과 유사하다. 또한 〈우차도〉(牛車圖)(그림 38)에 보이는 우차는 안악 3호 벽화묘와 구조 및 양식 면에서 더욱 유사하다.

〈그림 39〉 원대자촌 벽화묘의 〈부부도〉

〈부부도〉(그림 39)는 동이실(東耳室)의 남쪽 벽에 그려져 있다. 남녀 두 사람이 병렬되어 있다. 여인은 왼쪽에 있는데 고계에 장포를 입었다. 남자는 오른쪽에 있는데 흑건에 장포(長袍)를 입었다. 그림의 윗부분 오른쪽에는 묵서명이 있는데 "〔夫〕婦君向□芝□ 像□可檢取□□主"의 모두 3행 14자로 해서체이다. 오른쪽 위의 또 다른 남자는 흑건을 쓰고 웃옷과 바지를 입었고 흑리를 신었다. 이 그림은 시자(侍者)가 주인 부부의 연음(宴飮)을 모시는 평상시의 모습으로 생각된다.

〈그림 40〉 원대자촌 벽화묘의 〈갑사기마도〉

〈갑사기마도〉(그림 40)는 남면(南面) 액석(額石) 위에 그려져 있다. 말의 머리 부분이 훼손되었는데 말과 말을 타고 있는 기사 모두 갑옷을 입은 철기(鐵騎)의 모습이다. 〈갑사기마도〉에서 나타나는 철기의 모습 가운데 개마(鎧馬)의 형태가 고구려적인 특징을 보여준다. 그것은 중국 이나 북방지역의 개마가 말 무릎 위까지 찰갑이 덮힌 것과 달리 고구려 의 개마는 말의 무릎 아래 정강이까지 길게 찰갑이 덮히는 것이 특징인 데[149] 위 그림의 개마 찰갑이 말의 정강이까지 내려와 있다. 이를 중국 이나 북방지역의 개마와 비교 분석해 보면 다음과 같다.

개마의 경우 중국학자 유함(柳涵)은 중국에서 가장 이른 개마의 형 상을 4세기 중엽에 속하는 안악 3호 고분벽화에 보이는 기병과 북조(北 朝) 초기에 속하는 초광파(草廣坡) 1호묘에서 출토된 개마기용(鎧馬騎 俑)(그림 41)으로 보고 있다.[150] 안악 3호 고분벽화는 유함을 비롯한

149) 박선희, 《한국고대복식-그 원형과 정체》, 613~674쪽 참조.
150) 柳涵, 〈北朝的鎧馬騎俑〉, 《考古》 1959年 第2期, 97~100쪽.

〈그림 41〉 초광파 1호묘
출토 기마무사도용 모사도

〈그림 42〉 안악 3호 벽화묘에 보이는 개마

중국의 학자들이 중국의 것으로 인식하고 있는 등 묘주에 대하여 국내외 학계에서 커다란 논란이 되고 있다. 그러나 필자는 지난 연구에서 안악 3호 고분벽화에 보이는 일반복식과 갑옷에 관한 내용을 분석하여 안악 3호 고분벽화가 고구려 복식의 특징을 보여주는 왕릉이라는 견해를 제출한 바 있다.151)

이 책의 제4부 3장의 2절에서 상세히 서술할 것이나, 고구려에서는 서기 3세기 이전에 이미 개마가 출현했고, 찰갑으로 된 갑옷의 출현도 이보다도 훨씬 앞섰던 것으로 분석되었다.

개마복식(鎧馬服飾)의 양식을 고구려 고분벽화에 보이는 개마와 중국 및 북방지역에서 처음으로 보이는 개마의 모습을 비교해 보면, 그 양식에서 여러 차이를 갖는다. 고구려 개마의 형태를 보여주는 실물자료로는 황해남도 신원군 장수산성의 고구려 유적에서 나온 3세기경의 개마모형152)과 3세기를 전후한 시기로 편년되는153) 강원도 고산군 회

---

151) 朴仙姬, 〈고대 한국 복식의 袵形〉, 《韓國民俗學》 30, 民俗學會, 1998, 333~338쪽; 박선희, 〈복식의 비교연구에 의한 안악 3호 고분 묘주의 국적〉, 《白山學報》 제76호, 白山學會, 2006.

152) 안병찬, 〈장수산일대의 고구려 유적유물에 대하여〉, 《조선고고연구》, 1990년 제2호, 7~11쪽.

153) 리순진, 〈강원도 철령 유적에서 발굴된 고구려기마모형에 대하여〉, 《조선고고연구》 1994년 제2호, 2~6 쪽; 전주농, 〈고구려시기의 무기와 무장 Ⅱ-고분벽화 자료를 주로 하여〉, 《문화유산》, 1959.

〈그림 43〉 덕흥리 벽화묘에
보이는 개마

〈그림 44〉 쌍영총에 보이는
개마 모사도

〈그림 46〉 약수리 벽화묘의
개마 모사도

양군 철령에 있는 고구려 유적에서 나온 많은 양의 기마모형들과 갑옷을 입힌 개마들이다.154) 또한 안악 3호 벽화묘(그림 42), 덕흥리 벽화묘(그림 43), 쌍영총 벽화묘(그림 44), 삼실총 벽화묘(그림 45), 약수리 벽화묘(그림 46), 개마총에서도 찾아볼 수 있다.

〈그림 45〉 삼실총에 보이는 개마

154) 위와 같음. 그림 43·45는 위의 책을 참고했다.

고구려 개마는 크게 말갑옷과 말투구로 나누어 볼 수 있는데 원대 자촌 벽화묘의 〈갑사기마도〉는 말 머리 부분이 훼손되어 마면갑(馬面甲)의 모습은 비교가 어렵다. 서기 4세기경에 속하는 태성리 1호묘, 약수리 벽화묘의 고구려 개마는 찰갑옷을 입힌 것들로, 찰갑옷을 말발굽만 보일 정도로 길게 드리웠고 말잔등에는 갑옷을 덧씌웠다.

〈그림 47〉 맥찰 127굴 북위 벽화에 보이는 개마 모사도

〈그림 49〉 저장만 북주묘 출토 개마기용 모사도

이러한 고구려 개마와 달리 북위(北魏)시대(서기 386~535년)에 속하는 맥적산(麥積山) 맥찰(麥察) 127굴 북위벽화(北魏壁畵, 서기 5세기~6세기경)에 보이는 개마(그림 47)는 가죽 갑옷에 철편을 드문드문 박아 넣은 것이다.155) 돈황(敦煌) 제285굴 서위벽화(西魏壁畵, 서기 536년~558년)에156) 보이는 기병의 모습(그림 48)은 가죽 갑옷에 철편을 드문드문 박아 넣거나 매우 큰 철편을 연결한 것이다.157) 함양 저장만(底張灣) 북주묘(北周墓) 개마기용(그림 49)은158) 육각형의 찰갑을 연결하여 만든 것으로, 말의 몸만을 가리고 다리 부분은 그대로 드러난다. 서안(西安) 초광파 1호묘 개마기용(그림

〈그림 48〉 돈황 285굴 서위벽화의 개마

---

155) 柳涵, 앞의 글, 97쪽 圖 2의 1.
156) 黃能馥·陳娟娟, 《中華服飾藝術源流》, 高等敎育出版社, 1994, 160쪽.
157) 柳涵, 앞의 글, 97~100쪽.
158) 柳涵, 앞의 글, 97쪽의 圖 2의 1.

41)159)은 말의 몸 부분만을 갑옷을 씌우고 말머리와 말의 목 부분은 그대로 드러나 있다.

또한 고구려의 개마는 모두 말투구를 했다. 말투구의 경우 귀막이 부분이 꽃잎모양과 둥근 모양의 두 가지 양식이다. 철령 유적에서 출토된 개마모형들과 삼실총, 쌍영총, 개마총에 보이는 귀막이는 꽃잎모양으로 징식적인 효과를 나타낸 것이 특징이고, 안악 3호 벽화묘와 약수리 벽화묘의 것은 둥근 모양으로 되어 있다. 이 같은 고구려의 개마와 5세기 혹은 6세기경 처음으로 나타나는 중국 및 북방의 개마는 근본적으로 차이가 있다. 즉 함양 저장만 북주묘(서기 6세기경)의 개마기용과 서안 초광파 1호묘의 개마기용에서 보이는 개마들은 모두 말투구가 씌워져 있지 않다. 북방지역의 서위 대통(大統) 5년(서기 539년)에 그려진 돈황 285굴 서위벽화에 보이는 개마의 경우도 말투구가 씌워지지 않았다. 고구려의 말투구는 금속판으로 만들어졌는데 아래턱 부분이 자유롭고 귀막이와 볼 보호용 구조면이 있다. 그러나 북방지역의 말투구는 고구려의 말투구에서 보이는 귀막이와 볼 보호용 구조면이 없다. 맥적산 맥찰 127굴 북위벽화에 보이는 말투구의 경우도 마찬가지이다.

이러한 내용들로부터 고구려 개마의 생산시기가 중국이나 북방지역보다 약 2세기 정도 앞섰음을 알 수 있다. 중국이나 북방지역의 개마는 고구려의 영향을 받았을 가능성이 매우 높을 것으로 추정되며, 고대 한국의 말갑옷이 북방지역이나 중국으로부터 영향을 받았을 것이라는 견해160)는 수정되어야 할 것이다. 아울러 지금까지 비교 분석한 원대자촌 벽화묘의 묘주와 구성원들의 복식양식 및 철기의 모습이 중국이나 북방의 철기와 무관하고 고구려의 고유 양식을 보여주고 있어 묘주의 국적은 고구려로 추정된다.

---

159) 陝西省文物管理委員會, 〈西安南郊草場坡村北朝墓的發掘〉, 《考古》 1959年 第6期, 285~287쪽.

160) 전주농, 〈고구려시기의 무기와 무장 Ⅱ-고분 벽화 자료를 주로 하여〉, 《문화유산》, 1959, 66쪽.

4. 벽화묘에 보이는 〈태양도〉와 〈흑웅도〉의 재해석

〈그림 49〉 원대자촌 벽화묘의 〈태양도〉

〈그림 50〉 원대자촌 벽화묘의 〈흑웅도〉

원대자촌 벽화묘의 꼭대기에는 구름과 일월(日月)의 도상(圖像)이 있다. 〈태양도〉(太陽圖)(그림 49)는 수렵도의 꼭대기에 그려져 있는데 태양에는 긴 꼬리가 있는 삼족오가 날개를 펴고 있다. 또한 〈흑웅도〉(黑熊圖)(그림 50)는 서쪽 벽 〈봉식도〉 상부 점석(墊石) 위에 그려져 있는데 검은 곰(黑熊)이 귀를 세우고 두 앞발을 들어 몸을 일으켜 세우고 있다.

앞의 2절에서는 원대자촌 벽화묘가 동천왕이 지금의 조양인 평양성으로 천도한 이후 만들어진 고구려의 묘임을 밝혔다. 그리고 3장에서는 원대자촌 벽화묘의 복식이 일반 복식과 갑옷과 말갑옷 등 특수복식에 이르기까지 모두 고구려의 고유 양식임을 밝혔다. 따라서 원대자촌 벽화묘 묘주의 국적은 고구려로 추정될 수 밖에 없다. 이 벽화묘에 묘사된 〈태양도〉와 〈흑웅도〉도 고구려의 역사와 밀접한 관련이 있을 것으로 해석된다.

실제로 고구려 관모에는 태양을 상징하는 내용을 형상화한 것들이 여럿이다. 고조선시대에는 둥근 청동 달개장식을 모자에 많이 달아 태양과 태양빛을 표현하고자 했는데[161] 이러한 전통이 고구려로 계승되었다고 여겨진다.

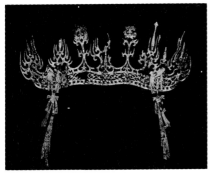

〈그림 51〉 평양시 대성구역
청암리 토성 출토 금동관

〈그림 52〉 전 평양부근 출토 금동관

이처럼 태양을 상징하는 상징물들은 고구려 복식에도 자주 나타나
는데, 의복에 장식물을 달거나 직조와 염색 또는 자수의 방법을 통하여
표현했다. 좋은 예가 안악 3호 벽화묘 〈묘주도〉와 〈부인도〉에 보이는
장식이다.162) 또한 〈왕회도〉(王會圖)에 보이는 고구려 사신 웃옷에도 나
뭇잎양식과 원형의 장식들이 화려하게 표현되었다.163) 그 외에 관모에
서는 4~5세기 무렵에 만들어진 것으로 추정되는 평양시 대구역에서 출
토된 불꽃뚫음무늬 금동관(그림 51)으로, 타오르는 듯한 9개의 세움장
식이 세워져 있다.164) 전 평양부근에서 출토된 금동절풍은 관테둘레 안
쪽으로 금동판에 투조한 장식이 변(弁)과 같은 형태로 이어진 화관형의
금동관(그림 52)인데,165) 가는 관테둘레 위에 타오르는 듯한 불꽃문양
을 투조한 두 개의 장식이 변의 양식으로 위를 맞대어 세워져 있고, 꽃
잎문양으로 투조된 낮은 세움장식이 옆으로 대칭되어 뒷부분까지 자연

---

161) 박선희, 《고조선 복식문화의 발견》, 지식산업사, 2011 참조.
162) 위와 같음.
163) 李天鳴, 《中國疆域的變遷》上册, 國立故宮博物院, 臺北, 1997, 80쪽. 〈王會圖〉는
    唐太宗(서기 627~서기 649년)시기의 것으로 고구려·백제·신라의 사신을 그린
    것이다.
164) 조선유적유물도감 편찬위원회, 앞의 책, 267쪽.
165) 金元龍, 《韓國美術史》, 汎文社, 1968, 64~65쪽; 梅原末治, 〈韓三國鼎立時代の
    金銅の杏と冠帽〉, 《朝鮮 半島の考古學》, 美術史學會, 1964(昭和 39년), 16~29쪽
    (일본 천리대 참고관 소장).

스레 연결되어 있다.

4세기 말~5세기 초로 추정되는 평양시 력포구역 룡산리 7호 무덤에서는 절풍 모양의 금동관(그림 53)166)이 출토되었다. 이 금동절풍은 가운데의 동그라미 안에 태양을 상징하는 삼족오가 날개를 활짝

〈그림 53〉 평양시 력포구역
룡산리 7호 무덤 출토 절풍양식 금동관

편 모습을 형상화해 놓았다. 그 둘레에는 바람에 날려가는 불길 같은 구름무늬와 봉황무늬를 새겼으며, 바깥 둘레에는 원형의 작은 장식을 한 테두리를 두 겹으로 둘렀다. 이를 관모장식으로 분류하여 '해뚫음무

〈그림 54〉 전 강서군 금관

늬 금동장식'이라고도 부르기도 하지만,167) 이것은 관모장식이 아니라 상투를 가리던 절풍이다.168) 그 밖에 '전 강서군 금관'(그림 54)은 꽃문양을 음각한 관테둘레 위에 불꽃양식의 7개의 세움장식을 세워 타오르는 태양을 형상화하면서 화려하고 역동적인 조형미를 표현한 왕관이다.169)

이들 관모장식이 나타낸 불꽃

---

166) 조선유적유물도감 편찬위원회, 앞의 책, 170쪽; 김병모, 《금관의 비밀》, 푸른역사, 1998, 91쪽.

167) 위와 같음.

168) 절풍양식 금동관의 금동투각판 뒤에는 나무판을 댔는데, 그 사이의 둥근 원안에는 견직물 조각이 남아 있고, 겉 둘레에는 금록색 비단벌레의 속날개를 깔아 장식한 흔적이 남아 있다(조선유적유물도감 편찬위원회, 앞의 책, 170쪽; 梅原沫治·藤田亮策, 《朝鮮古文化綜鑑》 第四卷 ’42, 金銅透彫玉虫翅飾金具, 1966, 23~24쪽). 이는 금동절풍이 실제로 쓰였던 것임을 말해 준다.

169) 박선희, 《고구려 금관의 정치사》, 344~401쪽 참조.

문양은 일반적으로 태양을 상징하는 것으로 해석된다. 동명성왕은 북부여에서 태어났지만 부여족은 아니었다. 추모왕의 어머니는 하백의 딸유화였고 아버지는 해모수였다.[170] 해모수는 '해머슴아', 즉 '일자'(日子)라는 뜻으로, 고조선의 단군을 해모수라고도 불렀다.[171] 이로부터 추모왕은 단군의 혈통을 이은 후손임을 알 수 있으며, 단군은 해의 아들로불렸다고 하겠다. 이러한 해석을 통해 이들 금동관들의 불꽃문양 세움장식은 고구려 건국신화인 주몽신화 가운데 특히 해모수의 출현을 형상화하고 있으며, 태양신을 반영하고 있다고 해석된다.[172]

　　《삼국사기》〈고구려본기〉의 시조 동명왕조와[173] 〈광개토왕릉비문〉에서 주몽은 자신을 '천제(天帝)의 아들'[174] 이라 했다. 《삼국유사》〈기이편〉 고구려조 저자 자신의 주석에서는 "《단군기》(檀君記) 에 이르기를 '단군이 서하(西河) 하백의 딸과 친하여 아들을 낳아 부루(夫婁)라 이름하였다' 했는데, 지금 이 기록을 살펴보건대 해모수가 하백의 딸을 사통하여 뒤에 주몽을 낳았다고 하였다. 《단군기》에 '아들을 낳아 부루라 이름하였다.' 하였으니 부루와 주몽은 어머니가 다른 형제일 것이다"라고[175] 하였다. 이러한 내용으로부터 단군과 해모수가 같은 사람이라는 점과 천제의 아들인 단군을 해모수라고도 불렀음을 알 수 있다. 또한 추모왕은 북부여에서 출생하여 그곳에서 성장했지만 그의 혈통은 고조선의 단군계였음이 확인된다. 단군은 고조선의 정치와 종교의 최고 우두머리 즉 최고 통치자에 대한 칭호이다.[176]

---

170)《廣開土王陵碑文》·《牟頭婁墓誌》·《三國史記》卷13〈高句麗本紀〉始祖 東明聖王條 참조.

171) 金庠基,〈國史上에 나타난 建國說話의 檢討〉,《東方史論叢》, 서울대학교출판부, 1984, 6~7쪽의 주 7.

172) 임재해, 앞의 책, 605~612쪽 참조; 임재해,〈신시고국 환웅족 문화의 '해' 상징과 천신신앙의 지속성〉,《단군학연구》제23호, 단군학회, 2011, 371~375쪽.

173)《三國史記》卷13〈高句麗本紀〉始祖 東明聖王條 참조.

174)《廣開土王陵碑文》. "惟昔始祖鄒牟王之創基也, 出自北夫餘, 天帝之子, 母河伯女郎…."

175)《三國遺事》卷1〈紀異〉高句麗條의 저자 자신의 주석. "《壇君記》云, 君與西河河伯之女要親, 有産子, 名曰夫婁, 今按此記, 則解慕漱私河伯之女而後産朱蒙.《壇君記》云, 産子名曰夫婁, 夫婁與朱蒙異母兄弟也."

또한 해모수의 해(解)는 하늘의 해, 모수(慕漱)는 '머슴애'를 뜻하는 것으로 해모수는 해의 아들이라는 뜻이다.[177] 이로부터 추모왕은 단군의 혈통을 이은 후손임을 알 수 있으며, 고조선의 단군은 해의 아들이라고도 불렀으며[178] 태양신을 상징한다. 따라서 위에 서술한 고구려 금동관들에 표현된 불꽃문양 등과 원대자촌 벽화묘에 그려진 〈태양도〉는 해모수 곧 태양신을 반영하고 있는 것이다. 해모수신화의 상징성이 원대자촌 벽화묘에도 그대로 형상화되어 고구려가 고조선의 전통을 계승하고 있음을 표현한 것이라 하겠다.

2절에서 《구당서》·《신당서》·《괄지지》·《통전》 등의 문헌자료에 기록된 내용과 요서지역에서 출토된 고고학 유물자료의 분석으로부터 고구려의 평양성과 한사군의 낙랑군은 같은 지역에 위치해 있었음을 확인하였다. 또한 평양성과 위만조선의 왕검성은 동일하다는 점과 평양성과 낙랑군의 위치는 대동강유역이 아니라 요서지역이었음을 분석하였다. 그리고 평양성은 난하의 동쪽에 위치한 낙랑군 지역이며 서안평현과 인접해 있었는데, 왕검성이었던 평양성은 난하의 동쪽인 지금의 요서지역으로 동천왕이 천도한 평양성이 발해만 북부지역의 조양임을 분석하였다. 따라서 조양에 위치한 원대자촌 벽화묘의 〈태양도〉는 고구려가 고조선의 전통을 이어 해모수신화의 상징성을 보여주는 것이라 하겠다.

고조선문명권에서 삼족오와 세발까마귀는 태양신의 상징이었다.[179] 고조선을 이어 태양신을 섬기는 전통은 고구려의 금관과 금동관뿐만 아니라 고분벽화에서도 표현되었다. 감신총 전실 북쪽 천정과 서측벽화에 불꽃문양이 연이어 보이며, 각저총의 안칸 동남쪽에도 같은 양식의 연

176) 최남선 지음, 정재승·이주현 역주, 《불함문화론》, 우리역사연구재단, 2008, 113~119쪽.
177) 《廣開土王陵碑文》·《牟頭婁墓誌》·《三國史記》 卷13 〈高句麗本紀〉 始祖 東明聖王 條 참조.
178) 金庠基, 〈國史上에 나타난 建國說話의 檢討〉, 《東方史論叢》, 서울대학교출판부, 1984, 6~7쪽의 주 7.
179) 愼鏞廈, 《韓國 原民族 形成과 歷史的 傳統》, 나남출판, 2005, 99~104쪽.

이은 불꽃문양(그림 55)
과 삼족오가 함께 보인
다. 덕흥리 고분벽화와
무용총(그림 56)에도 유
사한 양식의 불꽃문양
이 표현되어 있어 태양
신을 섬기는 문화적인
전통이 고구려 문화 속
에 자리잡고 있음을 알
수 있다.

〈그림 55〉 각저총에 보이는 불꽃문양과 삼족오

〈그림 56〉 무용총에 보이는 불꽃문양

　이처럼 4~5세기경에 속하는 고구려 고분벽화에서 보이는 태양신의
상징성은 고조선문명권에서 폭넓게 나타난다. 현재의 투르판에 위치한
진(晉)대에 속하는 아사탑나무덤의 〈묘주인 생활도〉(그림 56-1)에[180]
보이는 삼족오 태양도가 좋은 예이다. 〈묘주인 생활도〉의 묘주는 다른
북방민족들의 복식과 달리 상투머리에 책(幘)을 썼는데, 이와 유사한
책 양식의 관모가 덕흥리 고분벽화에서 보인다.

---

180) 李肖冰,《中國西域民族服飾》, 新疆人民出版社, 1995, 109쪽의 그림189.

〈그림 56-1〉 아사탑나 고분벽화의 주인 생활도

《삼국유사》〈고조선〉조에는 《위서》를 인용하여 단군왕검이 첫도읍을 아사달로 정하고, 나라 이름을 조선이라 했다고 기록하고 있다. 아사달의 '아사'(阿斯)는 바로 '조'(朝), '조광'(朝光), '조양'(朝陽)이고 '달'(達) 은 '땅' 또는 '나라'를 뜻하므로, 아침의 땅이라는 뜻의 '아사달'은 한자화되어 '조선'이라 하였을 것이다. 따라서 고조선 국가 당시 고조선의 원래 나라이름은 '아사달'과 함께 '아사나'로도 불리었을 것이다. 아사달은 중국문헌의 고조선계통의 인명과 지명에 보이는 '아사나'(阿斯那), '아사나'(阿史那), '아사양'(阿史壤), '아사덕'(阿斯德)과 같은 뜻이다. 또한 '아사탑납'(阿斯塔納)은 '아사달나(아사달 나라)'의 한자표기이다. 고조선계통의 사람들은 고조선이 붕괴된 이후 '아사나', '아사양', '아사덕', '아사탑나'의 성씨를 사용한 경우가 있었는데, 모두 '아사나', '아사달'의 한자표기[181]일 것이다.

이처럼 나라이름을 '아사달'로 정한 것은 고조선의 태양숭배사상을 나타내 주는 것으로, 《동국여지승람》에서 "조선(朝鮮)은 동쪽에 해뜨는 땅에 있으므로 조선이라 이름하였다"[182]고 한 해석에서도 확인된다. 이러한 내용으로 본다면 고창에 위치했던 아사탑나는 고조선 붕괴 이후

---

181) 李丙燾, 〈檀君說話의 解釋과 阿斯達問題〉, 《韓國古代史研究》, 博英社, 1981, 40쪽; 윤내현, 《고조선연구》, 一志社, 1994, 81~87쪽; 愼鏞廈, 《古朝鮮 國家形成의 社會史》, 지식산업사, 2010, 149~153쪽 참조.
182) 《新增東國輿地勝覽》 卷51 〈平壤府〉 郡名條. "居東表日出之址, 故曰朝鮮."

서쪽으로 이동하여 이 지역에 정착했던 고조선족의 나라였을 가능성이 크다.

아사탑나 고분벽화에는 〈삼족오 태양도〉 이외에 대칭되어 그려진 〈북두칠성도〉가 보인다. 〈북두칠성도〉는 한반도와 만주지역은 물론 일본열도에 이르기까지 고루 분포되어 있는 고인돌 유적에서 보이고 있어 고조선사람들의 높은 천문지식을 가늠할 수 있다. 고조선시기부터 중시여겨진 〈북두칠성도〉는 이후 고구려의 오회분 4호묘, 5호묘, 사신총, 약수리 고분벽화, 각저총, 무용총을 비롯하여 아사탑나고분벽화에 이르기까지 지속적으로 나타나 천문의 발달과 더불어 한민족 고유의 신앙으로 자리잡아 갔음을 알 수 있다.

〈흑웅도〉도 〈태양도〉와 마찬가지로 단군신화와 밀접한 관련이 있을 것으로 여겨지는데, 이러한 고구려 사람들의 사상은 고구려 초기에 해당하는 요령성 평강지구 유적에서 출토된 삼족오 아래 곰과 호랑이가 묘사되어 단군신화의 내용을 표현한 금동장식품(제1부 제4장의 그림 9 참조)[183]에서도 보인다.

고구려의 역사는 건국하면서부터 멸망할 때까지 이웃 나라들과 계속된 전쟁사이다. 그런데 고구려의 전쟁사는 그 시작에 '다물', 즉 고토회복의 의미를 부여했다. 졸본부여에서 나라를 세운 추모왕은 영토를 확장하기 시작했는데 건국한 이듬해 가장 먼저 송양왕의 비류국을 통합했다. 《삼국사기》〈고구려본기〉 시조 동명성왕조에는, "2년 여름 6월에 송양이 나라를 바치며 항복하므로 그 땅을 '다물도'(多勿都)라 하고 송양을 봉하여 그곳의 주(主)로 삼았다. 고구려 말에 옛 땅을 회복한 것을 다물(多勿)이라 하기 때문에 그처럼 이름한 것이다"[184]라고 하여 고구려가 추구하고자 하는 기본 이념을 제시하고 있다.

비류국은 원래 고구려의 땅이 아니었다. 그런데 고구려가 비류국을

---

183) 徐秉琨·孫守道, 《中國地域文化大系》, 上海遠東出版社, 1998, 129쪽, 그림 149.
184) 《三國史記》卷13〈高句麗本紀〉始祖 東明聖王條. "二年, 夏六月, 松讓以國來降, 以其地爲多勿都, 封松讓爲主, 麗語謂復舊土爲多勿, 故以名焉."

통합하고 나서 그의 영토였던 적이 없는 비류국을 고토회복을 뜻하는 '다물도'로 바꾸었던 것이다. 비류국이 고조선에 속해 있었기 때문이다. 그러므로 고구려가 비류국을 병합하고 그곳을 '다물도'라 한 것은 고구려가 고조선의 옛 땅을 수복하였다는 의미임과 동시에 고조선을 계승하겠다는 이념의 상징으로 해석된다. 그것은 추모왕이 비류국을 병합하기 이전 자신을 '천제자'(天帝子), 즉 하느님의 아들[185]이라 했던 것에서도 나타난다. 《삼국유사》〈기이〉고구려조의 저자 주석에는 추모왕은 단군의 아들이었다고 기록되어 있다.[186] 이러한 내용들은 천제는 단군을 가리키며 추모왕은 단군의 후손임을 인식하게 한다.

　이러한 사실들로부터 추모왕이 고구려를 건국한 후 과거 고조선의 영토를 수복하고자 하였던 의지를 알 수 있다. 또한 〈광개토왕릉비문〉에는 "동부여는 옛날에 추모왕의 속민이었다"고 했고, "백제와 신라는 옛날에 속민이었다"[187]고도 했는데, 실제로 광개토왕 이전에 동부여와 백제 및 신라는 고구려의 지배를 받은 속민이었던 사실이 없다. 그러므로 비문의 내용은 고조선영역에 포함되었던 동부여 등의 상황을 말한 것이라 하겠다. 고구려 사람들은 자신들이 고조선을 계승한 나라로서 동부여와 백제 및 신라의 거주민들은 당연히 단군의 후손인 추모왕이 세운 고구려왕의 속민이라고 생각했던 것이다. 그러므로 고구려는 고조선의 영토뿐만이 아니라 고조선의 천하질서를 재건하고자 했던 것으로, 자신들이 고조선을 계승하고 있다고 여긴 것이다. 다시 말해 '다물'은 고구려의 정치이념으로 고구려의 전쟁사는 이 이념과 맞물려 나갔던 것이며, 동천왕이 위만조선의 왕검성이 있었던 조양지역을 평양성으로 삼

---

185) 《三國史記》 卷13 〈高句麗本紀〉 始祖 東明聖王條. "答曰, 我是天帝子, 來都於某所."
186) 《三國遺事》 卷1〈紀異〉 高句麗條의 저자 자신의 주석. "《壇君紀》云, 君與西河河伯之女要親, 有產子, 名曰夫婁, 今按此記, 則解慕漱私河伯之女而後產朱蒙. 《壇君紀》云, 產子名曰夫婁, 夫婁與朱蒙異母兄 弟也." 이 기록에 따르면 단군과 해모수는 같은 사람이었으며 주몽왕은 단군의 아들로 인식되었음을 알 수 있다.
187) 《廣開土王陵碑文》. "百殘·新羅舊是屬民, 由來朝貢."; "東夫餘舊是鄒牟王屬民, 中叛不貢."

아 천도했던 것도 마찬가지 까닭이라 여겨진다.

즉 동천왕이 위만조선의 왕검성이었던 평양성을 되찾고자 했던 것은 이 평양성이 단군왕검이 처음으로 도읍했던 《위서》에서 말했던 아사달이자 《고기》에 나오는 평양성이기도 하여 고조선의 옛 영토에[188] 속해 있었기 때문일 가능성을 생각하게 된다. 《삼국유사》〈고조선〉조에는 고조선의 도읍지에 관해서 "《위서》에 이르기를 지나간 2천 년 전에 단군 왕검이 있어 도읍을 아사달에 정하고 나라를 열고 이름을 조선이라 하니 요(堯)와 같은 시대였다"[189]고 《위서》를 인용하여 고조선의 첫 도읍이 아사달이었다고 말했다. 또한 《삼국유사》〈고조선〉조에서는 "《고기》에 이르기를, …환웅은 이에 잠깐 변화하여 그녀와 혼인하고 잉태시켜 아들을 낳았다. 이름을 단군 왕검이라 하는데, 당고(堯)가 즉위한 지 50년 되는 경인년에 평양성에 도읍하고 비로소 조선이라 불렀다"[190]고 했다.

이처럼 《삼국유사》〈고조선〉조의 내용에서는 고조선의 첫 도읍지에 대하여 《위서》에서 아사달이라 했고, 《고기》에서 평양성이라 했다는 것으로 보면 아사달과 평양성이 동일한 곳에 대한 다른 명칭일 것으로 여겨진다. 즉 아사달은 '아침 땅'이라는 뜻을 지니고 있고,[191] 평양은 '펴라'로서 '넓은 벌'을 의미[192]한다. 그러나 아사달과 평양은 모두 왕읍(王邑) 또는 대읍(大邑)의 뜻으로[193] 같은 의미를 지녔으므로 동일한 지역을 가리킬 가능성도 있다.

188) 윤내현·박선희·하문식, 《고조선의 강역을 밝힌다》, 지식산업사, 2006 참조.

189) 《三國遺事》卷1〈紀異〉古朝鮮條. "《魏書》云, 乃往二千載, 有壇君王儉, 立都阿斯達, 開國號朝鮮, 與高(堯)同時."

190) 《三國遺事》卷1〈紀異〉古朝鮮條. "《古記》云, …雄乃假化而婚之, 孕生子. 號曰壇君王儉. 以唐高(堯)卽位五十年庚寅, 都平壤城始稱朝鮮, 又移都於白岳山阿斯達, 又名弓忽山, 又今彌達. 御國一千五百年, 周虎(武)王卽位己卯, 封箕子於朝鮮, 壇君乃移於藏唐京, 後還隱於阿斯達爲山神."

191) 李丙燾, 《韓國古代史研究》, 博英社, 1981, 40~41쪽.

192) 申采浩, 《韓國史研究草》, 乙酉文化社, 1987, 19~20쪽.

193) 李炳銑, 《韓國古代國名地名研究》, 螢雪出版社, 1982, 36쪽·132쪽.

서한 무제는 서기전 108년 위만조선을 멸망시키고 그 지역에 낙랑
을 비롯한 한사군을 설치하였다. 앞장에서 위만조선의 왕검성이었던 평
양성은 낙랑군 지역이며 서안평현과 인접해 있던 조양지역임을 분석하
였다. 이러한 내용들로부터, 동천왕시기의 조양지역으로 평양성 천도는
고구려가 위만조선이 세워지고 다시 한사군이 설치되면서 빼앗겼던 고
조선의 옛 땅을 수복하고자 했던 것이라 여겨진다.

5. 고구려 요서 수복에서 보이는 한사군 위치 재검토

지금까지 조양에 위치한 원태자촌 벽화묘를 분석하여 묘주의 국적
이 고구려인 것과 동천왕시기 천도한 도읍인 평양성은 지금의 요서지역
인 난하의 동쪽에 위치한 조양지역임을 밝혔다. 아울러 최흘묘에서 발
견된 석각묘표를 해석하여 고구려가 조양지역으로 평양성을 옮길 당시
이 지역에는 선비족이 아직 진출하지 않았음을 확인할 수 있었다.

최흘묘 석각묘표의 해독은 후연의 할군 가운데 하나였던 창려가 조
양현에 위치했었음을 알게 하였고, 전연의 모용황이 진 함강 7년(서기
341년) 지금의 조양진인 용성으로 천도하며 이 지역에 진출하기 시작했
음을 확인할 수 있게 하였다. 따라서 서기 3세기 중엽에서 서기 4세기
중엽에 속하는 조양지역과 인근 지역에 위치한 대평방의 벽화묘,[194] 왕
자분산묘군의 태 M8713:1묘,[195] 십이대영자 향전역 88M1묘,[196] 전초
구묘,[197] 칠도령향 삼합성묘,[198] 그리고 조양 바로 위에 위치한 북표현

---

194) 주 12와 같음.
195) 遼寧省文物考古硏究所·朝陽市博物館, 〈朝陽王子墳山墓群 1987, 1990年度考古發
掘的主要收穫〉, 《文物》 1997年 第11期, 4~18쪽.
196) 遼寧省文物考古硏究所·朝陽市博物館, 〈朝陽十二臺鄕磚歷88M1發掘簡報〉, 《文
物》, 1997年 第11期, 19~32쪽.
197) 遼寧省文物考古硏究所·朝陽市博物館·朝陽縣文物管理所, 〈遼寧朝陽田草溝晋墓〉,

라마동묘199)와 방신촌묘200) 등은 모용황이 조양지역에 진출하기 이전이거나 늦어도 진출하는 시기에 가깝게 만들어졌던 것으로 해석된다. 서기 4세기 초에서 4세기 중엽에 속할 것으로 추정되는 원대자촌 벽화묘의 경우도 마찬가지이다.

이들 묘의 성격을 복식유물의 양식 등을 중심으로 재검토한 결과, 모두 원대자촌 벽화묘의 것과 동일한 성격을 나타내고 있어 묘주의 국적이 같을 것으로 추정될 뿐만 아니라 같은 시대에 만들어졌거나 혹은 시간적인 선후 계승관계를 나타낸다고 여겨진다. 이처럼 같은 성격의 유물들이 출토되는 묘들의 국적에 대하여 발굴 당사자인 중국학자들은 모두 선비귀족의 무덤, 삼연의 문화, 모용선비의 것 등으로 분류하였다. 이러한 잘못된 유물 해석과 국적 분류는 비단 위에 제시된 묘들뿐만이 아니다. 위에 나열한 묘들 이외에 같은 시기 조양지역에서 한민족 특징의 유물들이 출토된 묘들을 나열하면 아래의 내용이다.

요령성 조양 단가점향(單家店鄉)의 5기묘에서는 금동 장식품이 여럿 출토되었는데 대부분 머리 위에서 출토된 금동 머리꽂이와 금동제 관식으로 원형 혹은 나뭇잎양식의 달개가 달려 있는 것으로 한민족 유물의 특징을 보여준다. 이처럼 원형과 나뭇잎양식의 달개 혹은 장식단추는 고조선 이전시기부터 복식에 장식물로서 다양하게 사용되어져 고조선 붕괴 이후 여러나라로 이어지고 다시 삼국시대로 이어져 금관을 비롯한 여러 예술품들과 마구 등의 생활용품에 이르기까지 한민족의 중요한 장식 양식으로 정체성을 이루었다.

발굴자들은 조양 단가점향에 위치한 5기묘의 유물 성격이 북표현 방신촌묘의 유물들과 매우 유사하여 위진(魏晋)시대(서기 220년~서기 420년) 요서지역에서 활동하던 선비족의 유물일 것으로 추정하였다.201)

《文物》, 1997年 第11期, 33~41쪽.

198) 于俊玉, 〈朝陽三合成出土的前燕文物〉, 《文物》 1997年 第7期, 42~48쪽.

199) 徐秉琨·孫守道, 《中國地域文化大系》, 上海遠東出版社, 1998, 141쪽 그림 169.

200) 陳大爲, 〈遼寧北票房身村晋墓發掘簡報〉, 《考古》, 1960年 1期, 24~26쪽.

201) 李宇峰, 〈遼寧朝陽兩晋十六國時期墓葬淸理簡報〉, 《北方文物》1986年 1期(《中國

필자는 방신촌 유적에서 출토된 금동제 혹은 금제 관식들을 분석하여 이 유적의 국적이 고구려임을 밝힌 바 있다.[202] 따라서 단가점향 5기묘들의 국적도 고구려일 가능성이 크다.

중국학자 손국평(孫國平)은 조양지역 방신촌 유적 등에서 출토된 것과 같은 유형의 금동제 혹은 금제 관식들이 모두 선비족의 것이라고 분류하면서 이러한 양식의 유물들이 출토된 묘들을 여럿 나열하고 있다. 손씨가 소개한 묘들은 서기 3세기말~서기 4세기에 속할 것으로 보는 북표 방신(房身) 2호묘·8호묘와 이보다 늦은 서기 4세기경에 속할 것으로 보는 조양 왕분산(王墳山) 6호묘·요금구(姚金溝) 2호묘·원대자 3호묘, 서기 4세기말~서기 5세기에 속할 것으로 보는 조양 왕분산(王墳山) 1호묘·서단산(西團山)묘 등이다.[203] 이 묘들에서는 한결같이 금제 관식과 크고 작은 달개장식들이 출토되는 것이 공통점이다. 이처럼 달개장식을 두루 널리 사용하는 복식양식은 고조선 복식양식의 전통으로 고구려를 비롯한 여러 나라로 계승된 한민족 복식의 고유한 전통이다.[204] 그러면 이처럼 주로 원형으로 만들어진 장식단추 혹은 달개장식의 전통은 무엇을 의미하는가?

고조선시기부터 널리 사용된 달개장식의 양식은 둥근 것 이외에도 네모와 세모, 마름모, 나뭇잎양식 등 다양하다. 그 가운데 둥근 양식이 가장 많이 사용되었다. 또한 관모에는 웃옷이나 아래옷 또는 겉옷과 달리 주로 둥근 양식의 것만 사용된 것이 특징적이다.[205] 이러한 양상은 태양신을 섬기는 천신신앙의 문화적인 전통이 계승된 것이라 여겨진다.

고구려 사람들은 고조선을 계승하여 태양을 숭배하는 전통을 원형의 달개장식 혹은 장식단추를 매개체로 하여 태양열과 빛의 현상을 관

考古集成》東北卷 兩晉至隋 唐(二), 1992, 272~275쪽).

202) 박선희, 《고구려 금관의 정치사》, 경인문화사, 2013, 88~143쪽 참조.

203) 孫國平, 〈試談鮮卑族的步搖冠飾〉, 《遼寧省考古·博物館學會成立大會會刊》, 1951 年(《中國考古集成》東北卷 兩晉至隋唐(二), 276~278쪽).

204) 박선희, 《고조선 복식문화의 발견》, 지식산업사, 2011, 319~414쪽.

205) 위와 같음.

모에 표현했다. 그러한 까닭에 고구려묘에서는 달개장식 혹은 장식단추
들이 일정하게 출토되는데 이는 열과 불꽃 또는 빛을 한꺼번에 나타냈
던 것으로 해석된다. 이처럼 조양지역 묘들에서 자주 출토되는 원형의
달개장식 혹은 장식단추들은 한반도와 만주지역에서 신석기시대로부터
고조선을 이어 태양빛 상징의 매개체로서 오랜 지속성을 가지며 계승되
어 온 우리 민족의 표지문화인 것이다.

조양시 서남쪽에 위치한 구문자향(溝門子鄕) 동산촌(東山村)에서 발
견된 벽화묘는 다양한 내용을 담고 있다. 발굴자들은 이 벽화묘가 원대
자촌 벽화묘보다 조금 이른 시기에 만들어졌을 것으로 보며, 벽화의 내
용으로 〈능창인물도〉(菱窗人物圖), 〈우경도〉(牛耕圖), 〈산림도〉(山林圖), 〈흑견도〉(黑犬圖) 등을 간략하게 설명하였다.206) 필자가 보기에는 〈급수도〉(汲水圖)에 보이는 여인의 머리양식(그림 58)과 〈능창인물도〉에 보이는 여인의 머리양식과 옷차림새(그림 59)는 안악 3호 벽화묘 〈정호도〉(井戶圖)(그림 60) 또는 〈답대도〉(踏碓圖)(그림 61)의 여인과 유사하다. 이러한 머리양식과 복식양식은 당시 중국이나 북방지역의 것과 크게 다르다.

〈그림 58〉 구문자 벽화묘 〈급수도〉의 모사도

〈그림 59〉 구문자 벽화묘 〈능창인물도〉의 모사도

---

206) 陳大爲, 〈朝陽縣溝門子晉壁畵墓〉, 《中國考古集成》 東北卷 兩晉至隋唐(二), 1286~1288쪽.

〈그림 60〉 안악 3호   〈그림 61〉 안악 3호 벽화묘의
벽화묘의 〈정호도〉   〈답대도〉

동천왕이 조양지역의 평양성으로 천도한 시기는 재위 21년인 서기 247년이다. 이후 동천왕이 서기 248년 사망하고 중천왕, 서천왕, 봉상왕, 미천왕이 뒤이어 계승하였고, 고국원왕 12년 8월(서기 342년)에 수도를 환도산성으로 옮길 때까지 고구려의 수도는 평양성이었다. 고구려는 서기 247년에서 서기 342년까지 조양지역의 평양성에 약 75년 동안 머물렀던 것이다. 따라서 위에 나열한 많은 고구려의 특징적 유물들과 벽화의 내용을 나타내는 묘들의 국적은 재검토되어야 마땅하다.

서기 3세기 초기~서기 4세기 중엽에 속하는 조양 지역의 여러 묘와 성곽유적들은 고구려가 동천왕시기 평양성으로 도읍하면서부터 이루어진 것으로, 그 하한연대는 고국원왕이 서기 342년 환도성으로 도읍을 옮기고 전연의 모용황이 서기 341년 지금의 조양진인 용성으로 천도하며 이 지역에 진출하기 이전까지로 추정된다.

이러한 조양지역 묘들의 국적을 재검토하는 일은 고구려가 추구했던 새로운 통치질서의 진행과정을 올바르게 이해하는 데 좋은 접근방법이 될 것이다. 즉 고구려의 초기 전쟁은 주변의 작은 나라들을 침략해 영토를 확보해 나가는 데 주력하는 것이었다. 그리고 국력이 어느 정도

충실해진 이후 전쟁의 방향을 지금의 요서지역으로 향하여 이 지역을 차지하기 위해 중국의 서한과 동한제국에 맞서 힘든 전쟁을 계속해 나갔다. 이후 고구려는 영토 확장과 함께 국력을 튼튼히 하여 동천왕이 평양성으로 천도한 이후 서천왕시기에는 적극적으로 서방을 향해 진출을 시도했다.

이를 기반으로 미천왕시기에는 초기부터 조양지역에 위치한 평양성을 거점으로 삼아 인접한 지역을 적극적으로 공격하기 시작했던 것이다. 당시 중국은 저족이 중국 북부에 대성(大成)을 건국하면서 선비족과 갈(羯)족, 저족, 흉노족, 강족 등이 16개의 정권을 세우고 계속 교체되는 혼란기가 이어졌던 시기였다. 이러한 중국의 혼란한 상황은 고조선의 옛 영토인 지금의 요서 지역을 되찾고자 노력해 온 고구려에게 좋은 기회였던 것으로 미천왕의 서진정책(西進政策)이 시작된 배경이 된다.

미천왕은 재위 3년인 서기 302년에 군사 3만 명을 이끌고 현토군에 침입하여 8천 명을 사로잡아 평양(平壤)으로 옮겼고,[207] 서기 311년에는 장수를 보내 요동군의 서안평현을 침략해 이를 차지하였으며,[208] 서기 313년에는 낙랑군을 침략하여 남녀 2천여 명을 사로잡았다.[209] 다음해인 대방군에 쳐들어갔고[210], 그 다음 해에는 현토성(玄菟城)을 격파하였다.[211] 이러한 과정을 거쳐 미천왕시기 고구려는 지금의 난하유역까지 고조선 옛 땅을 완전히 수복했던 것이다.

한사군의 낙랑군이 대동강유역에 있었던 것으로 잘못 인식하면, 이 시기 고구려가 서쪽과 남쪽의 양쪽에서 전쟁을 했던 것으로 해석하게 된다. 당시 지금의 대동강유역의 평양 지역에는 한사군의 낙랑군이 아

---

207) 《三國史記》 卷17 〈高句麗本紀〉 美川王條. "三年, 秋九月, 王率兵三萬侵玄菟郡, 虜獲八千人, 移之平壤."
208) 《三國史記》 卷17 〈高句麗本紀〉 美川王條. "十二年, 秋八月, 遣將襲取遼東西安平."
209) 《三國史記》 卷17 〈高句麗本紀〉 美川王條. "十四年, 冬十月, 侵樂浪郡, 虜獲男女二千餘口."
210) 《三國史記》 卷17 〈高句麗本紀〉 美川王條. "十五年, …秋九月, 南侵帶方郡."
211) 《三國史記》 卷17 〈高句麗本紀〉 美川王條. "十六年, 春二月, 攻破玄菟城, 殺獲甚衆."

니라 최리왕의 낙랑국이 있었고[212] 한(韓)의 북쪽에는 대방군이 아니라 대방국이 위치해[213] 있었다. 최리왕의 낙랑국과 대방국은 서기 300년에 멸망하였으므로[214] 이 시기에 평양지역은 고구려의 영토였다. 고구려가 서로 다른 두 지역에서 동시에 전쟁을 벌이는 위험한 일을 했을 리 없음을 밝혀 준다. 앞에 서술한 고구려의 전쟁들은 지금의 요서지역에 서로 인접해 있었던 낙랑군, 현토군, 대방군, 요동군을 침략했던 것이며 당시 고구려가 지금의 조양지역에 위치했던 평양성을 거점으로 했기 때문에 가능했던 일이라 여겨진다.

우리 역사 연구에서는 중국학자들이 북연 또는 선비족 무덤이라고 한 내용을 비판과 분석 없이 그대로 받아들인 경우가 대부분이다. 그 결과 만주 집안지역과 한반도 남부 한국 고대 문화의 다양한 내용들이 삼연(三燕)문화, 즉 북방문화의 영향으로 이루어졌다고 무분별하게 연결시키고 있는 것이다. 우리 문화를 남의 문화라고 해 놓고 거기서 다시 우리 문화의 원형을 찾는 모순이 올바르게 수정되기를 기대한다.

---

212) 박선희,《고조선 복식문화의 발견》, 211~270쪽.
213)《後漢書》卷85〈東夷列傳〉韓傳. "其北與樂浪, 南與倭接.";《三國志》卷30〈烏丸鮮卑東夷傳〉韓傳. "韓 在帶方之南, 東西以海爲限, 南與倭接, 方可四千里."
214)《三國史記》卷2〈新羅本紀〉基臨尼師今 3年條. "三月, 樂浪·帶方兩國歸服."

제4부

고조선 복식문화의 열국시대로 계승과 고조선문명의 확산

제1장 일반복식으로 본 고조선 복식문명권과 고대사 체계 재정립

이 논의는 고조선문명의 정체성과 한국 고대사 체계의 문제점을 밝히는 구체적인 대상으로 복식의 기본이 되는 복식재료와 척도를 주목한다. 한국 고대복식의 특성 연구는 곧 한민족문화의 정체성을 밝히는 것이고, 복식재료와 척도의 고유성에 관한 분포 연구는 민족국가의 지리적 경계를 파악하는 데까지 이를 수 있기 때문이다. 이처럼 복식관련 유물을 자료로 한국 고대문화의 국가 정체성을 새롭게 밝힐 수 있는 것은 복식이 고고학적 유물로서 문화적 정체성을 시각적으로 보여 주는 결정적 자료이기 때문이다.

한국 고대복식 재료와 같은 시기 이웃 나라들의 복식재료와 비교해 보면 민족문화다운 개성과 특징을 쉽게 분석해 낼 수 있다. 비파형동검과 고인돌을 표지(標識)문화로 설정하여 고조선의 강역과 민족문화의 정체성을 뚜렷하게 파악할 수 있는 것처럼, 복식재료와 복식 양식의 고유성을 분석하면 민족문화로서 고대 복식문화의 정체성이 오롯이 드러난다. 문헌자료와 고고학자료를 통한 복식재료와 양식 등의 특성을 살펴 지역문화의 특성을 밝히는 연구는 고조선의 강역과 위만조선, 한사군의 위치 및 정치세력의 성격 파악 연구에도 좋은 접근방법이 된다.

종래에는 중국과 한반도 및 만주지역에서 문화적으로 공통된 요소가 발견되면 중국에서 전파되어 온 것으로 해석하는 것이 일반적이었다. 황하유역이 동아시아문명의 발상지였을 것이라는 선입관이 작용하고 있었기 때문이었다. 그러나 근래 고고발굴과 그 연구결과에 따르면 한반도와 만주에는 구석기시대부터 계속해서 사람들이 살고 있었고, 신석기시대나 청동기시대의 주민들이 다른 곳으로부터 이주해 왔을 것이라는 견해가 성립될 수 없다는 사실이 밝혀지게 되었다. 또한 한반도와 만주의 신석기시대 시작연대는 동아시아지역에서 가장 일찍 문화가 전개된 것으로 알려진 황하유역보다 앞섰던 것으로 나타난다. 복식재료와 복식 양식의 연구도 이 같은 사실을 토대로 해야 할 것이다.

황하유역의 신석기시대 유적 가운데 가장 연대가 이른 하남성의 배리강(裴李崗) 유적1), 하북성과 하남성 경계지역의 자산(磁山)문화 유적의2) 시작연대가 모두 서기전 6000년경이다. 한반도에서는 함경북도 선봉군 굴포리 서포항 유적3), 강원도 양양의 오산리(鰲山里) 유적4)의 연대가 서기전 6000년경으로 나타났고, 만주지역의 내몽고자치구 동부 흥륭와(興隆洼) 유적의 연대도 서기전 6000년경으로5) 추정되었다. 그런데 오산리 유적에 대한 방사성탄소연대측정 결과 서기전 10000년의 연대6)도 얻어져, 이 유적의 연대는 서기전 6000년보다 훨씬 올라갈 가능성이 크다. 만주에서는 흥륭와 유적보다 훨씬 이른 서기전 7000년경에 속하는 내몽고 적봉시 오한기 소하서(小河西) 유적이7) 발굴되어 동북지역 최고의 신석기문화 유적으로 발표되기도 했다. 또한 고성 문암리 유적

---

1) 開封地區文管會·新鄭縣文管會, 〈河南新鄭裴李崗新石器時代遺址〉, 《考古》, 1978年 第2期, 73~74쪽; 嚴文明, 〈黃河流域新石器時代早期文化的新發現〉, 《考古》, 1979年 第1期, 45쪽.

2) 邯鄲市文物保管所·邯鄲地區磁山考古隊短訓班, 〈河北磁山新石器時代遺址試掘〉, 《考古》, 1977年 第6期, 361쪽; 安志敏, 〈裴李崗·磁山和仰韶〉, 《考古》, 1979年 第4期, 340쪽.

3) 조선유적유물도감편찬위원회, 《조선유적유물도감》 1 원시편, 1988, 63쪽; 북한 학자들은 이 유적을 서기전 5000년기로 편년했으나 任孝宰는 서기전 6000년으로 보고 있다(任孝宰, 〈新石器時代 編年〉, 《韓國史論》 12, 國史編纂委員會, 1983, 707~736쪽).

4) 任孝宰·權鶴洙, 《鰲山里遺蹟》, 서울대학교박물관, 1984; 金元龍·任孝宰·權鶴洙, 《鰲山里遺蹟 II》, 서울대학교박물관, 1985; 任孝宰·李俊貞, 《鰲山里遺蹟 III》, 서울대학교박물관, 1988.

5) 楊虎, 〈內蒙古敖漢旗興隆洼遺址發掘簡報〉, 《考古》, 1985年 10期, 865~874쪽; 劉國祥, 〈西遼河流域新石器時代至早期靑銅時代考古學文化槪論〉, 《遼寧師範大學學報》, 2006年 第1期, 社會科學出版社, 113~122쪽.

6) 任孝宰·李俊貞, 《鰲山里遺蹟 III》, 서울대학교박물관, 1988 참조.

7) 위와 같음.

의 연대도 서기전 6000년~서기전 10000년으로[8] 제시되었다. 제주도 고산리 유적에서는 많은 양의 화살촉 등과 함께 토기가 발견되었는데, 그 연대가 서기전 8000년~서기전 10000년 무렵으로 추정되고 있다.[9] 이들 유적에 관해서는 앞으로 세밀한 연구가 이루어져야 하겠지만, 가장 이르게는 오한기 소하서 유적과 고성 문암리 유적, 제주 고산리 유적에서 그물추를 사용했던 것으로 보아 이들 지역에서는 동아시아지역에서 가장 이른 시기에 실을 생산하고 직물을 짜내어 복식문화의 틀을 이루어 나갔을 것으로 생각된다.

이처럼 유물을 구체적인 대상으로 삼으면, 무리한 추론 없이 이른 신석기부터 시작되었을 고조선 이전 시기의 복식문화에 대하여 상당히 실증적으로 해석할 수 있게 된다. 이 복식유물들은 신석기시대부터 그 이후로 이어지는, 황하유역이나 시베리아지역과는 다른 고조선지역의 토착문화로서, 한민족이 독특한 성격의 문화권을 형성해 나갔음을 알게 한다. 고대 한국만이 가지는 복식재료와 척도의 고유한 특징들은, 비파형동검, 세형동검, 청동거울, 새김무늬(햇살무늬) 질그릇, 부채꼴 청동도끼 등의 출토를 근거로 고조선의 영역을 한반도와 만주지역으로 보는 견해에 매우 좋은 보완자료로 이용될 수 있을 것이다.

1. 고조선 복식재료의 열국시대로의 계승과 발전

필자는 지난 연구에서 우리 민족의 복식재료와 복식 양식의 원형이 중국이나 북방 지역의 영향으로부터 이루어졌다는 종래의 통설을 전면

---

8) 국립문화재연구소, 《고성문암리유적》, 2004; 朴玩貞, 〈高城文岩里 先史遺蹟 發掘調査〉, 《韓國新石器研究》 第5號, 한국신석기학회, 2003 참조; 고동순, 〈양양 오산리유적 발굴조사 개보〉, 《韓國新石器研究》 第13號, 한국신석기학회, 2007, 127쪽.
9) 北濟州郡·濟州大學校博物館, 《濟州高山里遺蹟》, 1998; 濟州道·濟州大學校博物館, 《濟州高山里遺蹟-고산리유적 성격규명을 위한 학술조사보고서》, 2003 참조.

적으로 부인하였다. 우리 민족 복식을 중국 및 북방 지역 복식과 비교
분석하여, 우리 고대 복식의 원형을 복원하고 그 독자성을 확인한 것이
다. 복식재료 역시 고조선이 있었던 한반도와 만주지역의 생태계와 밀
접한 관련을 가지며 발전해 나갔다. 동물섬유의 발달과정은 동물생태계
와 관련이 깊고, 식물섬유는 식물생태계와 관련하며 다양한 섬유의 종
류와 품질을 개발해 나갔다. 필자는 고대 한국 복식의 원형을 복원하기
위하여 고조선 사람들이 어떠한 복식 재료로 어떠한 모양의 옷들을 만
들어 입고 또 그 위에 어떠한 장식품을 더해 갖춤새를 이루어 나갔는지
중국이나 북방지역과의 비교를 통한 연구내용을 이전 저서10)에서 밝힌
바 있다.

이 책에서는 복식 재료에 관한 내용을 요약하고 새로운 자료를 더하
여 정리하였다. 한국 고대 복식의 기본이 되는 의복의 재료로는 가죽과
모피, 모직물, 마직물, 실크, 면직물 등이 있다. 고대 한국의 마직물, 모
직물, 실크, 면직물 등이 모두 중국이나 북방지역보다 생산연대나 직조
수준이 앞섰는데도 종래의 직물 연구에서는 이를 정확하게 밝히지 못했
다. 첫째, 고대 한국이 어떤 직물을 생산했는지가 불확실했고, 둘째, 이
들 직물들이 언제 생산되기 시작했는가에 대해서도 분명히 하지 못했다.

이 같은 문제들은 문헌자료와 상황만을 근거로 추리한 것일 뿐 고
고자료들을 충분히 검토하지 않았기 때문에 비롯된 것이다. 또한 이들
직물들과 관련된 고대 문헌자료에 보이는 용어들이 모두 우리의 고유한
말이 아니라 중국의 글자를 빌려온 것이기 때문에 자연스레 일으켜질
수 있는 혼란을 극복하지 못했기 때문이기도 하다. 한글이 널리 쓰이고
우리 학문이 주체적으로 뿌리내리는 현 단계에서는 마땅히 이러한 한자
용어의 문제를 극복해야 마땅하지만, 연구자들의 문제의식이 미치지 못
하여 지금까지 그대로 버려져 온 것이다.

_____

10) 박선희, 《한국고대복식-그 원형과 정체》, 지식산업사, 2002; 박선희, 《우리
    금관의 역사를 밝힌다》, 지식산업사, 2008; 박선희, 《고조선복식문화의 발견》,
    지식산업사, 2011; 박선희, 《고구려 금관의 정치사》, 경인문화사, 2013 참조.

실제로 해방 이후 우리학계는 중국의 한자나 일본식 한자어를 우리말로 바꾸지 않고 그대로 학문을 했기 때문에 사료의 종합에서 의식의 전환을 갖지 못했다. 앞에서 말한 문헌이나 고고학에서 얻은 사료들은 분석과 비판을 거쳐 종합해야 마땅하고, 이때 한민족이 가지고 있는 환경과 특수성이 중요시되어야 한다. 종래에는 이러한 작업을 할 때 한자용어에서 오는 혼란을 극복하지 못한 채 중국이나 북방의 직물을 기준으로 삼는 경우가 많아 고조선의 직물들이 올바르게 밝혀지지 못했다. 한민족은 그들 나름의 자연환경과 사회환경에서 형성된 가치관과 문화의 특수성이 있으며, 이러한 환경과 특수성은 직물문화에도 그대로 반영되었을 것이기 때문에 한자용어를 그대로 쓰는 데는 고조선과 열국의 직물생산에 대한 내용을 밝히는데 많은 문제점이 따른다. 그러므로 고대 문헌자료에 보이는 한자어로 된 용어가 갖는 혼란을 극복하고 이들 용어들을 정성들여 우리말로 다듬어 나가는 작업이 긴요하다.

이 같은 작업의 결과로 새롭게 복원된 직물사를 비롯한 고대 한민족의 사회생활사는 그 자체로 풍부하게 서술될 뿐만 아니라 고조선과 열국의 정체와 문화수준을 바르게 아는 데도 크게 기여할 것이다. 직물 등의 복식재료들은 주어진 자연환경과 사회환경에 적응하면서 그 속에서 살아온 당시 사람들의 욕구와 의식 및 가치관이 반영되어 만들어진 것이기 때문이다.

우리말로 학문하는 것이 절실한 것은, 우리말로 표현되지 못한 것은 사실 우리에게 제대로 이해된 것도 아니며, 우리 모두가 공유하고 있는 것이라고 보기도 어렵다.[11] 예를 들어 우리가 주로 실크(silk)라는 의미로 사용하는 비단(緋緞)이라는 단어는 원래 한자어로 붉은 색의 두텁게 짠 실크(누에천)만을 뜻한다. 그 밖에 자주 일컬어지는 주단(綢緞)이나 명주(明紬) 및 견(絹)의 경우도 주로 두텁게 짜여졌다는 특징을 지니지만 구체적으로는 차이를 갖는 서로 다른 중국의 실크 섬유이다. 따라서

---

11) 백종현, 〈'우리말로 학문한다'는 것의 뜻〉,《사이》 2002년 7월 창간호, 지식산업사, 49쪽.

중국의 여러 종류의 실크 섬유 가운데 어느 한 가지만 가리키는 특정
단어를 빌려와서, 우리나라 실크의 다양한 종류를 모두 총칭하는 단어
로 사용하는 것은 잘못이라 하지 않을 수 없다. 이런 사실들이 학계에
서 비판적으로 검토되지 않고 대안적인 논의도 이루어지지 않았기 때문
에 지난 세월 동안 우리 학문은 바로 서지 못했다. 이 같은 학술용어
문제들이 선결되어야만 연구를 통해서 고조선문화의 정체성을 확보할
수 있을 것이며, 나아가 그 결과들을 대중들과 올바르게 더불어 공유할
수 있게 될 것이다.

1) 가죽과 모피, 모직물 생산품의 고유성과 우리말

고고학의 유물자료들은 가죽과 모피는 물론 여러 직물들이 모두 고
조선보다 앞선 시기부터 생산되기 시작하여 고조선시기에 오면 매우 우
수하고 다양한 품질로 발달해 나갔음을 알려 준다.

고조선에서 생산한 가죽과 모피, 모직물들은 종류가 다양하고 품질
도 우수했다. 문헌자료에 나타난 특수한 가죽과 모피의 생산품목은 비
(貔)12)·붉은 표범·누런 말곰·범과 표범류의 가죽인 문피(文皮)13)·표

---

12) 비(貔)에 대해 《설문해자》(說文解字)에서는 "표범에 속하며 맥국에서 난다(豹
   屬, 出貉國)"고 했고, 《이아》(爾雅) 〈석수〉(釋獸)에서는 "貔白狐, 其子縠"의 주
   에서 "一名執, 夷虎豹之屬"이라고 했으며, "육기(陸機)는 비(貔)에 대해 호랑이
   같다고 하고 혹은 곰 같기도 하다고 하고, 집이(執夷) 또는 백호(白狐)라고도
   부르고, 요동사람들은 이를 백비(白羆)라고도 부른다(陸機疏云: 貔似虎, 或曰似
   熊, 一名執夷, 一名白狐, 遼東人謂之白羆)"고 했다. 윤내현은 맥(貉, 貊)이 지금
   의 요서지역에 위치해 있었다고 했다(윤내현, 《고조선 연구》, 一志社, 1994,
   451~454쪽 참조).

13) 《管子》卷23 〈揆道〉. "환공이 관자에게 묻기를, '내가 해내(海內)의 옥폐(玉
   幣)로 일곱 가지가 있다고 들었는데, 그것들에 대해서 들을 수 있겠는가'라고
   했다. 관자가 대답하기를, '…음산(陰山)의 연민(礝碈)이 그 한 가지이고, 자산
   (紫山)의 백옥이 그 한 가지이고, 발(發)과 조선(朝鮮)의 문피(文皮)가 그 한
   가지이고…(桓公問管子, 日: 吾聞海內玉幣七筴, 可得而聞乎. 管子對, 日: …陰山
   之礝石昏一筴也, 燕之紫山白金一筴也, 發·朝鮮之文皮一筴也,…)"; 《이아》 〈석지〉
   (釋地)에서는 동북에 있는 척산의 문피가 가장 아름답다고 했다("東北之美者,
   有斥山之文皮焉"). 《이아》 〈석지〉의 문피에 대해 곽박(郭璞)은 "虎豹之屬, 皮有

범·반어(斑魚)14)·흰 사슴·흰 노루·자색(紫色) 노루·주표(朱豹)15)·세미계(細尾雞)16)·꼬리가 긴 토끼·붉은 표범·자줏빛 여우·흰 매·흰말17) 등이다. 이러한 동물들의 가죽과 모피는 당시 중국 등의 나라와의 교역품목이었다. 한반도와 만주에서 생산되었던 일반 가죽과 모피는 사냥과 목축을 통해 생산된 것으로 멧돼지·사슴·여우·너구리·말·담비·날(㺚)·호랑이·곰·노루·꿩·족제비·수달·돼지·개·소·말사슴(백두산사슴)·사향노루·복작노루·승냥이·토끼·산양·양·낙타·오소리·물소·정서 등의 육지동물과 물개·넝에·고래와 같은 바다짐승도 있다.

《삼국사기》의 〈온달전〉(溫達傳)에서는 "고구려는 늘 봄 3월 3일에 낙랑 언덕에 모여 사냥하고, 잡은 돼지와 사슴으로 하늘과 산천의 신에게 제사를 지냈다"18)고 했다. 고구려에서는 매년 3월 3일 왕과 신하들 및

縟綵者, 是文皮, 卽文豹之皮也"라고 했다.

14) 《後漢書》卷85〈烏丸鮮卑東夷傳〉濊傳. "또한 무늬 있는 표범이 많고, 과하마가 있으며, 바다에는 반어가 나는데, 사절이 올 적마다 바쳤다(又多文豹, 有果下馬, 海出班魚, 使來皆獻之).";《三國志》卷30〈烏丸鮮卑東夷傳〉濊傳. "바다에서는 반어의 가죽이 산출되며, 땅은 기름지고 무늬가 있는 표범이 많다(其海出班魚皮, 土地饒文豹).";《이아》〈석어〉(釋魚) '분하'(鮥鰕)에 대해 주석으로 실린 《정의》(正義)에서 "분(鮥)은 하(鰕)라고 한다(鮥一名鰕). 《위략》에 '예나라에서 반어피가 나며, 한 항제(恒帝) 때 그것을 바쳤다는 것이 이런 것들이다(《魏略》云: 濊國出班魚皮, 漢時恒獻之是其類也)'라고 했다. 곽박은 분은 소하(小鰕)의 다른 이름이라고 한다(郭璞云, 鮥小鰕別名)"고 한 내용으로 보아, 반어는 소하라고 할 수 있다. 하(鰕)는 《이아》〈석어〉에 대한 주석으로 실린 정의에서 "큰예(鯢)를 하라 한다. 예어는 점어(鮎魚)와 비슷한데, 네 다리가 앞은 선후(獼猴)와 비슷하고 뒤는 개와 비슷하며 소리는 어린아이가 우는 소리와 같고 큰 것은 길이가 8·9척이며 하(鰕)라고 달리 부르기도 한다(鯢大者謂之鰕, 今鯢魚似鮎魚, 四脚前似獼猴似狗, 聲如小兒啼大者長八九尺, 別名鰕)"고 했다.

15) 《三國史記》卷15〈高句麗本紀〉. 大祖大王 55년조. "가을 9월에 왕이 質山 남쪽에서 사냥하여 紫色 노루를 잡았다. 겨울 10월에 東海谷 太守가 朱豹를 바치니 꼬리 길이가 9척이었다(秋九月, 王獵質山陽, 獲紫獐. 冬十月, 東海谷守獻朱豹, 尾長九尺)."

16) 《三國志》卷30〈烏丸鮮卑東夷傳〉韓傳. "또한 세미계가 나는데 그 꼬리는 모두 길이가 5자 남짓 된다(又出細尾雞, 其尾皆長五尺餘).";《後漢書》卷85〈東夷列傳〉韓傳. "꼬리가 긴 닭이 있는데 꼬리의 길이가 5척이다(有長尾雞, 尾長五尺)."

17) 《三國史記》卷15〈高句麗本紀〉太祖代王 69년條. "겨울 10월에 …숙신의 사신이 와서 자줏빛 여우의 갖옷과 흰매와 흰말을 바치니, 왕이 잔치를 베풀어 그들을 위로하여 보냈다(冬十月 …肅愼使來獻紫狐裘 及白鷹·白馬, 王宴勞以遣之)."

5부의 군사들이 모두 낙랑에 모여 사냥하고 여기서 잡은 멧돼지와 사슴을 제사의 희생물로 바치며 제사 의식이 거행되었음을[19] 알 수 있다.

이 행사의 규모로 보아 고구려에는 많은 사람들이 일시에 참여하여 사냥을 할 수 있을 정도로 많은 동물이 살고 있었음을 알 수 있다. 동물 가운데 멧돼지와 사슴이 가장 풍부했던 것 같다. 이 사냥에서 잡은 멧돼지는 집돼지보다 질긴 가죽을 의복의 재료로 제공했을 것이다.

《삼국지》〈오환선비동이전〉부여전에 따르면 "(부여사람들은) 국내에 있을 때 …가죽신을 신었다. 외국에 나가면 두껍게 짠 누에천〔繒〕 옷[20]·물들인 오색실로 섞어 짠 누에천에 수놓은〔繡錦〕 옷[21]·푸른빛의 모직〔罽〕 옷[22]을 즐겨 입고, 대인(大人)은 여우, 너구리, 희거나 검은 담비가죽으로

---

18) 《三國史記》卷45〈列傳〉溫達傳. "高句麗常以春三月三日, 會獵樂浪之丘. 以所獲猪鹿, 祭天及山川神.";《三國史記》卷32〈雜志〉祭祀. "高句麗常以三月三日, 會獵樂浪之丘, 獲猪鹿, 祭天及山川."

19) 《三國史記》卷45〈列傳〉溫達傳. "그날이 되면 왕이 사냥을 나가고, 여러 신하와 5부의 병사가 모두 따라갔다(至其日, 王出獵, 羣臣及五部兵士皆從)."

20) 繒은《설문해자》에서 '帛也'라 했다.《渤海國志長編》卷17〈食貨考〉에 따르면, 帛은《본초강목》에 이르기를, '帛은 흰색 실로 짜는 것으로서 수건과 같이 길고도 좁기 때문에 글자도 白과 巾이 서로 합쳐졌다. 두껍게 짠 것은 繒이라 하고 겹실로 짠 것은 縑이라…'고 했다(又本草綱目云, 帛素絲所織長狹如巾, 故字從白巾, 厚者曰繒, 雙絲者曰縑…)." 부여에서 두터운 누에천인 繒을 짠 것과 달리 남방에 위치하고 있는 辰韓이나 弁辰에서는 縑布를 짰는데, 縑布는 일반 絹보다 좀 성글면서도 매우 치밀하게 짠 것으로(《古樂府》,〈上山采蘼蕪〉에서 '織縑比織素爲慢'이라 했는데,《急就篇》顔師古의 주석에서는 '縑之言兼也, 幷絲而織, 甚致密也'라고 했다) 이는 기후 조건에 의한 것이라고 생각된다.

21) 《釋名》〈采帛〉. "錦은 金으로, 그것을 공들여 만들었기 때문에 그 가치가 金과 같아서, 글자를 만드는데 帛과 金을 합쳐 錦이라 했다(錦, 金也, 作之用功, 重其價如金, 故其制字, 從帛與金也).";《渤海國志長編》卷17〈食貨考〉第4 "錦綵". "삼가 설문을 살펴본다면 錦襄은 물감을 들여 무늬를 섞어 짠 것이다.《本草綱目》에서 '錦은 오색실로 문양을 이루어 짠 것이다. 글자는 金을 따랐고, 諧聲이다. 또한 이것을 귀하게 여겼다'고 했다(謹案設文錦襄色織文也, 本草綱目云: 錦以五色絲織成文, 章字從金諧聲, 且貴之也)."

22) 《漢書》卷1下〈高帝紀〉. "상인들은 물감을 들인 오색실로 섞어 짠 누에천에 수놓은 옷, 무늬가 있는 누에천 옷, 고운 베와 모시 옷, 무늬 있는 모직물 옷을 입지 못하게 했다(賈人毋得衣錦繡·綺縠·絺·紵·罽)." 이 구절의 罽에 대한 顔師古의 주석을 보면, "계(罽)는 털로 짠 것으로 지금의 (모직물의 종류인) 갈(毼)과 구유(氍毹)와 같은 종류이다(罽, 織毛, 若今毼及氍毹之類也)"라고 했다;

만든 옷을 위에다 더 입었으며, 또 금은으로 모자를 장식했다"23)고 했다. 이러한 내용으로부터 부여에서는 여우, 너구리〔狄〕,24) 담비가 많이 생산되고, 좋은 말과 담비, 날(豽)25)이 모피의 재료가 되었음을 알 수 있다.

담비가죽은 숙신에서도 생산되었고26) 동옥저 사람들은 담비가죽으로 조세를 납부했다는 기록이 있는 것으로 보아27), 동옥저에서도 담비가죽이 많이 생산되었던 것으로 보인다. 이 담비 가운데 흰색 담비는 서양에서도 왕실이나 귀족의 의시(儀式)에만 쓰일 정도로 귀하게 여기는 최고급 모피이다.

고조선의 모직물은 화려한 푸른빛의 새털로 만든 계(罽)와28) 고급 모직물로 만든 타복(綻服)29) 등인데, 품질이 매우 우수하여 중국과 교역

《후한서》卷51〈이순열전〉(李恂列傳)의 "香罽之屬"에 대한 《원산송서》(袁山松書)의 주석에서는 계가 "털을 짜서 포를 만든 것(織毛爲布者)"이라고 했다. 갈에 대해서 살펴보면, 《후한서》卷86〈남만서남이열전〉(南蠻西南夷列傳)에 "輕毛氎雞"에 대한 곽박의 주석에서 "《산해경》에서 말하길, 갈계는 꿩과 비슷한데 크고 청색이며 머리 위의 털이 뿔 모양을 이루었고 적을 죽일 때까지 싸운다(《山海經》曰：氎雞似雉而大, 靑色, 有毛角, 鬪敵死乃止)"고 했다. 《풍속통》(風俗通)에서 구유에 대해서는 "털로 짠 요를 구유라고 한다(織毛褥謂之氍㲣)"고 했다.

23) 《三國志》卷13〈烏丸鮮卑東夷傳〉扶餘傳. "在國⋯⋯履革鞜. 出國則尙繪繡錦罽, 大人加狐狸狄白黑貂之裘, 以金銀飾帽."

24) 狄은 《설문해자》에서 "쥐에 속한다(鼠屬)"고 했고, 《後漢書》〈班固傳〉의 주석으로 실린 〈倉頡篇〉에서는 "너구리 같다(狄似狸)"고 했다.

25) 《後漢書》卷85〈東夷列傳〉扶餘傳. "좋은 말과 붉은 구슬·담비·날이 생산된다(出名馬·赤玉·貂·豽)."；《三國志》卷30〈烏丸鮮卑東夷傳〉夫餘傳. "(出名馬·赤玉·貂·狄·美珠)." 위의 기록에서 《후한서》부여전에는 날(豽)로 기재되어 있고, 《삼국지》부여전에는 유(狄)로 기재되어 있다. 《이아》〈석수〉에서 "날은 앞발이 없다(貀無前足)"했고, 《이물지》에서 "날은 조선에서 나는데, 성성(猩猩)과 비슷하고 검푸른색으로 앞의 두 발이 없으나 쥐를 잡을 수 있다(貀出朝鮮, 似猩猩, 蒼黑色, 無前兩足, 能捕鼠)"고 한 것으로 볼 때 날과 유가 다른 동물임을 알 수 있다.

26) 《晋書》卷97〈東夷列傳〉肅愼條. "위(魏)나라 景元 말경에 고(楛)나무로 만든 화살·돌화살촉·활과 갑옷·담비가죽 따위를 가지고 와서 바쳤다(魏景元末, 來貢楛矢·石砮·弓甲·貂皮之屬)."

27) 《後漢書》卷85〈東夷列傳〉東沃沮傳. "조세로 담비가죽과 어염(魚鹽)을 징수했다(責其租稅, 貂布魚鹽)."

28) 주 22와 같음.

29) 《管子》卷24〈輕重甲〉第80. "환공이 '사이(四夷)가 불복하니 그 역정(逆政)이

하였다. 실제로 고조선의 초기 무덤 유적들에서는 가죽과 마직물 등으로
만들어진 의복의 일부와 함께 양탄자와 같은 용도로 쓰였을 모직물로
짜여진 깔개 조각이 출토되었다.[30] 또한 의복의 재료로 사용되었을 모
직물 조각과 솜옷의 재료가 되었을 동물성 솜도[31] 출토되어 당시 다양
한 소재로 추위를 이겨낼 수 있는 의복이 만들어졌음을 알 수 있다.

고조선의 영성(寧城) 소흑석구(小黑石溝) 유적에서는 금속갑편과 함께
청동투구가 출토되었는데 투구 위에 가죽 줄이 부착되었던 흔적이 있고,
갑옷 위에 걸쳐 입었을 큰 새털옷도 출토되어[32] 전쟁 때의 방한용 의복
이었다고 여겨진다. 또한 고조선 중기인 서기전 1000년기 초에 해당하는
길림성 영길현 성성초(星星哨) 유적 17호 돌널무덤에서는 양털과 개털을
섞어서 짠 모직물(그림 1)[33]이 출토되어 모직물의 종류가 다양했음도

천하에 퍼질 것을 걱정해 나를 괴롭히고 있다. 내가 이를 위해 할 수 있는 길
이 있겠는가'라고 말했다. 관자가 '오와 월이 내조(來朝)하지 않으면 주상(珠
象)을 교역의 화폐로 하고, 발과 조선이 내조하지 않으면 문피와 타복(毤服)을
교역의 화폐로 청하십시오. …한 장의 표범가죽이 큰 값으로 계산된다면 8천
리나 떨어진 발과 조선도 내조하게 될 것입니다'라고 대답했다(桓公曰: 四夷不
服, 恐其逆政游於天下, 而傷寡人, 寡人之行爲此有道乎. 管子對, 日: 吳·越不朝, 珠
象而以爲幣乎. 發·朝鮮不朝, 請文皮毤服而以爲幣乎, …一豹之皮容金也, 然後八千里
之發·朝鮮可得而朝也."). "여기서 '타복'(毤服)은, 《관자》(管子) 〈경중갑〉(輕重甲)
편의 주석에서 '毤'를 '落毛也'라고 밝히고 있고, 《集韻》에서 '毤'는 본래 '毻'로
쓰며 '鳥易毛也'라고 하므로, 새의 털로 만든 고급 모직물 옷이라고 할 수 있다.

30) 劉素霞, 〈夏家店上層文化考古資料反映的有關民族習俗〉, 《中國考古集成》 東北卷
    靑銅時代(一), 416~418쪽.
31) 中國科學院考古硏究所內蒙古工作隊, 〈寧城南山根遺址發掘報告〉, 《中國考古集成》
    東北卷 靑銅時代(一), 709~725쪽; 吉林省博物館·永吉縣文化館, 〈吉林永吉星星哨
    石棺墓第3次發掘〉, 《考古學集刊》 3, 中國社會科學出版社, 1983, 120쪽.
32) 林雪川, 〈寧城小黑石溝夏家店上層文化顎骨的人像復原〉, 《中國考古集成》 東北卷
    靑銅時代(一), 757쪽.
33) 趙承澤, 〈星星哨石棺墓織物殘片的初步探討〉, 《考古學集刊》 3, 126~127쪽; 吉林
    省博物館·永吉縣文化館, 〈吉林永吉星星哨石棺墓第3次發掘〉, 《考古學集刊》 3, 中國
    社會科學出版社, 1983, 120쪽 ; 사회과학원 력사연구소, 《조선전사》 2-고조선
    사·부여사·구려사·진국사, 과학·백과사전종합출판사, 1991(2판)(백산자료원 영
    인본), 154쪽. "성성초에서 나온 모직천을 감정한 데 의하면 날실은 양털, 씨실
    은 개털로 짠 것이었다. 실의 ㎝당 비임도는 3~4이고 천 조직의 ㎠당 밀도는 날실
    이 8~9오리, 씨실은 14~15오리이다(《中國北方8省市 考古論著彙編》 6, 830~831쪽
    참조)." 이 유적의 방사성탄소측정연대는 서기전 1015±100년(2965±100 B.P.)

알 수 있다.

서기전 11세기로부터 서기
전 3세기에 속하는 예족(濊族)
의 것으로 추정되는[34] 서단산
문화 유적에서는 모직물 조각
이 마직물과 함께 출토되었다.
이 지역은 겨울철에 영하 40
도 정도의 혹한을 견뎌야 하기
때문에 가죽과 모피로 만들어
진 의복이 많이 쓰였을 것이

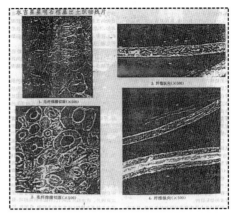

〈그림 1〉 성성초 유적 출토 모직물
500배 확대사진

다.[35] 읍루를 세웠던 숙신사람들은 돼지를 사육하고 일찍이 그 가죽으
로 옷을 만들고 털로 모포(毛布)도 만들었다.[36] 고구려사람들도 돼지털
로 모직물을 생산하였는데 장일(障日)[37]이라 했다.

모직물을 짠 돼지는 〈그림 2〉[38]와 같이 목과 등 부분에 긴 털이 있
는 돼지의 품종이었을 것이며, 이러한 모직물은 부분적으로 가죽갑옷에
부분품으로 사용되었을 것으로 생각된다.

중국학자들은 중국의 경우 서기전 5010년에 해당하는 절강성 여요
(余姚) 하모도(河姆渡) 유적[39]에서 도저(陶猪)와 가저(家猪)의 뼈가 발

인데 교정연대는 서기전 1275±160년이다; 中國社會科學院考古研究所 編著, 《中
國考古學中碳14年代數據集》, 文物出版社, 1983, 34쪽.

34) 董學增, 〈試論西團山文化的裝飾品〉, 《中國考古集成》 東北卷 靑銅時代(三), 2206
쪽; 吉林省博物館·吉林大學考古專業, 〈吉林市騷達溝山頂大棺整理報告〉, 《考古》
1985年 10期, 科學出版社, 901~907쪽.

35) 董學增·翟立偉, 〈西團山文化遺存所反映的穢貊族習俗考略〉, 《中國考古集成》 東北
卷 靑銅時代(三), 2261쪽; 宋兆麟, 《中國原始社會史》, 文物出版社, 1983, 345쪽.

36) 《晋書》 卷97 〈東夷列傳〉 肅愼氏傳. "소와 양은 없고 돼지를 많이 길러서 그 고
기는 먹고 가죽은 옷을 만들며 털은 짜서 布를 만든다(無牛羊, 多畜猪, 食其肉,
衣其皮, 績毛以爲布)."

37) 《翰苑》 〈蕃夷部〉 高(句)麗條.

38) 郭富純·越錫金 主編, 《大連古代文明圖說》, 吉林文史出版社, 2010, 166쪽의 圖 5-16.

39) 浙江省文管會·浙江省博物館, 〈河姆渡發現原始社會重要遺址〉, 《文物》 1976年 第8
期, 12쪽. 이 유적의 제4층에서 수집된 도토리에 대한 방사성탄소측정을 통하

〈그림 2〉 감정자구(甘井子區)
영성자(營城子) 유적 출토 도저

굴되어 세계에서 최초로 돼지를 사육했다고 주장하고 있다.[40] 그러나 한반도에서는 서기전 6000년~5000년에 속하는 신석기시대 전기의 유적인 평안북도 의주군 미송리 유적 1문화층에서 돼지과의 유골이 출토되었는데 집돼지의 유골이 함께 출토되었다.[41] 같은 신석기시대 전기에 속하는 서포항 유적 1기층에서도 집돼지의 뼈가 출토되었다.[42] 이러한 사실은 한반도의 돼지 사육 연대가 중국보다 앞섰음을 말해 준다.

한반도와 만주에 살던 사람들이 널리 보편적으로 돼지를 기르기 시작한 것은 서기전 4000년대인 신석기시대 중기 무렵으로 인정되고 있다.[43] 신석기 초기의 유적에서는 집돼지 뼈가 출토된 일이 없고, 신석기 중기와 그 이후 시기의 유적에서 집돼지 뼈와 함께 돌을 다듬거나 흙으로 빚어 만든 돼지의 조소품이 나타나기 때문이다. 실제로는 지금부터 약 7,000년 전에 속하는 대련(大連)지구 장해현(長海縣) 오가촌(吳家村) 유적에서 흙으로 만든 집돼지(그림 3)가 출토되었다.[44] 이후 곽가촌 유적

〈그림 3〉 오가촌 유적 출토 도저

여 얻은 연대는 서기전 4775년(5895±115B.P., 수정연대는 6725±140 B.P.)이었고, 나무 조각에 대한 방사성탄소측정을 통하여 얻은 연대는 서기전 5010년(6310±100 B.P., 수정연대는 6950±100 B.P.)으로 나타났다고 밝혔다.

40) 鐘遐, 〈從河姆渡遺址出土猪骨和陶猪試論我國養猪的起源〉, 《文物》 1976年 第8期, 24~26쪽.

41) 김신규, 〈미송리 동굴의 동물 유골에 대하여〉, 《문화유산》 6, 11~12쪽.

42) 김신규, 〈회령오동원시 유적의 포유 동물상〉, 《고고 민속》 3호, 사회과학원출판사, 1963, 46쪽.

43) 사회과학원력사연구소, 《조선전사》 1 - 원시편, 과학백과사전종합출판사, 1997, 124쪽.

44) 郭富純·越錫金 主編, 《大連古代文明圖說》, 吉林文史出版社, 2010, 52쪽의 圖 2-64.

1기층과 소주산 유적 2기층, 서포항 유적 4기층과 농포 유적, 범의구석 유적 1문화층, 곽가촌 유적 2기층(신석기 후기, 서기전 3000년기)에서는 집돼지 뼈와 함께 흙으로 빚어 만든 돼지가 보이고, 용당포 유적(신석기 중기, 서기전 4000년기)에서는 돌로 만든 돼지가 출토되었다.[45] 서기전 1250년경으로 확인되는[46] 고조선 의 변경인 흑룡강성 영안현 경박 호(鏡泊湖) 남단에 위치한 앵가령 (鶯歌岭) 상층 유적에서도 도저들 (그림 4)이 출토되어[47] 고조선 후 기에는 변경지역에서도 돼지가 널 리 사육되었음을 알게 해 준다.

〈그림 4〉 앵가령 유적 출토 도저

그런데 중국의 하모도 유적에서 출토된 도저는 머리와 몸체 비율이 약 1대 1이다. 이와 비교하여 야저(野猪) 체구 비율은 7대 3이고 현대의 집돼지는 이와 달리 3대 7이므로 하모도 유적의 도저는 야생 돼지와 현 대 돼지의 중간정도에 속한다고 볼 수 있다.[48] 그러나 고조선의 오가촌 유적과 앵가령 유적에서 발굴된 돼지의 체형은 비대하고 풍만한 모습으 로 현대의 돼지와 비슷하여 야생 돼지에서 집돼지로 길들여진 기간이 매우 긴 것으로 보인다.[49]

45) 김신규, 〈농포 원시유적의 동물 유골에 대하여〉, 《문화유산》, 44~60쪽; 사회 과학원력사연구소, 《조선전사》1 - 원시편, 124·187·224·256쪽 참조.
46) 이 유적의 상층에서 수집된 목탄에 대한 방사성탄소측정을 통하여 얻은 연대 는 3025±90 B.P.와 2985±120 B.P.로서 수정연대는 서기전 1240±155년과 서기 전 1190±145년이었다. 이 유적을 중국학자들은 숙신의 것으로 보고 있으나, 서기전 1250년은 고조선 중기로서 당시에 숙신은 지금의 요서지역에 있었고 (윤내현, 《고조선 연구》, 457~459쪽), 흑룡강성은 고조선의 영토였다.
47) 王永强·史衛民·謝建猷, 《中國小數民族文化史》東北卷 壹, 廣西教育出版社, 1999, 28쪽. 이 유적의 상층에서 수집된 목탄에 대한 방사성탄소측정연대는 3025±90 B.P.와 2985±120 B.P.로서 수정연대는 서기전 1240±155년과 서기전 1190±145 년이었다.
48) 杜石然·范楚玉·陳美東·金秋鵬·周世德·曹婉如 編著, 川原秀城·日原傳·長谷部英 一·藤井隆·近藤浩之譯, 《中國科學技術史》上, 東京大學出版會, 1997, 19쪽.
49) 容鎔, 《中國上古時期科學技術史話》, 中國環境科學出版社, 1990, 122~124쪽.

〈그림 4〉 감정자구(甘井子區)
영성자(營城子) 유적 출토 도저

앞의 고조선의 오가촌 유적과 앵가령 유적에서 고조선 사람들이 돼지를 사육한 연대는 이들 유적의 연대보다 훨씬 거슬러 올라갈 것으로 추정된다. 따라서 고조선인들이 집돼지(그림 4)[50]의 털로 모직물을 짠 시기도 매우 오래되었을 것으로 추정되며, 고구려사람들의 장일(障日) 생산은 고조선의 기술을 이은 것이라 생각된다.

평양시 낙랑구역 정백동 1호무덤(서기전 2세기말~서기전 1세기초)[51]에서는 고조선 말기의 것으로 인정되는 말꼬리 털로 짠 천조각이 발굴되었다.[52] 고조선 후기로 오면서 목축업의 발달과 함께 말을 많이 길렀기 때문에 말꼬리 털을 모직물의 재료로 사용했다고 여겨진다. 말의 털은 돼지의 털보다 길고 부드러운 장점을 가진다.

《후한서》의 〈동이열전〉에서는 "(마한사람들은) 금·보화·물감을 들인 오색실로 섞어 짠 누에천(錦)·청색 빛깔의 모직물(罽)을 귀하게 여기지 않으며…"[53]라고 했다. 이러한 내용은 마한 사람들이 이미 수준 높은 다양한 직물들을 생산하여 널리 사용했기 때문에 그것들을 귀하게 여기지 않았을 것이다.

계(罽)는 꿩과 비슷한 갈치(鶡雉)의 털로 짠 청색이 나는 모직물[54]이다. 춘추시기 발(發)과 조선(朝鮮)이 중국에 수출했던 타복과 그 재료가 같은 것이다.[55] 이로 보아 타복은 계의 한 종류로 만들어졌을 가능

50) 郭富純·越錫金, 《大連古代文明圖說》, 吉林文史出版社, 2010, 165쪽의 圖5-15.
51) 조선 유적유물도감편찬위원회, 《조선 유적유물도감》 1- 고조선·부여·진국편, 1988, 109쪽.
52) 조선기술발전사편찬위원회, 《조선기술발전사》 원시·고대편, 1997, 68~69쪽.
53) 《後漢書》 卷85 〈東夷列傳〉 韓傳. "不貴金寶錦罽."
54) 주 22 참조.
55) 주 22·29 참조.

성이 크다. 계로 만든 옷은 부여사람들도 널리 착용했는데,《삼국지》의
〈오환선비동이전〉부여전의 내용으로 보아56), 부여사람들은 증(繒)·수
(繡)·금(錦)과 함께 아름다운 색을 띤 계(罽)를 귀하게 여겼음을 알 수
있다. 부여사람들이 아름다운 색상의 화려한 옷 위에 가죽과 모직옷을
덧입은 차림새는 매우 우아한 분위기를 보여 준다.

이처럼 고조선의 대부분 지역에서 품질이 우수한 가죽과 모피 제품
을 많이 생산하고 수준 높은 직조기술로 다양한 모직물을 생산할 수 있
었던 기반은 다음 두 가지로 생각된다. 첫째는 사냥과 목축업을 통하여
동물자원이 풍부했고, 둘째는 중국과 북방 지역보다 청동기와 철기의
생산 시작연대가 훨씬 앞서 더욱 이른 시기에 가공도구와 생산기술이
발달했기 때문일 것이다.

고대 중국에서는 모직물이 거의 발달하지 않았다. 상대(商代) 후기
에 속하는 하북성 고성(藁城) 대서촌(臺西村) 상대 유적에서 마직물과
함께 양모(羊毛) 한 올이 출토되었을 뿐 모직물이 발견된 예가 없다.57)
진한(秦漢)시대에도 수준 낮은 모직물이 생산되었고 제대로 보급되지도
않았다.58) 모직옷은 신분이 낮거나 가난한 사람이 입는 옷으로 인식되
었고59), 지배계층에서 입었던 고급 모직물은 고조선과 서아시아, 중앙
아시아60) 등에서 수입되었다.

고조선의 훌륭한 모직물 직조기술은 이후 신라와 백제 등으로 이어
져 신라에서는 계뿐만 아니라 구유(氍毹)61)와 구수(毹毺)·탑등(毾㲪)

---

56)《三國志》卷30〈烏丸鮮卑東夷傳〉夫餘傳. "在國衣尙白, 白布大袂, 袍·袴, 履革鞜.
出國則尙繒繡錦罽, 大人加狐狸·狖·白黑貂之裘."
57) 容鎔,《中國上古時期科學技術史話》, 中國環境科學出版社, 1990, 122쪽; 鄭若葵,
《中國遠古曁三代習俗史》, 人民出版社, 1994, 87~88쪽.
58) 孫機,《漢代物質文化資料圖說》, 文物出版社, 1991, 74~75쪽.
59) 진대에는 조마(粗麻)로 만든 옷을 갈옷이라 했으나, 한대에는 모포로 만든 옷
을 갈옷이라 했다. 睡虎地秦墓竹簡整理小組,《睡虎地秦墓竹簡》, 文物出版社,
1978, 66쪽. "囚有寒者爲褐衣. …用枲三斤."; 《淮南子》〈覽冥訓〉의 褐에 대하여
고수(高綉)는 "褐, 毛布. 如今之馬衣也"라고 했다. 《後漢書》〈趙典傳〉의 갈(褐)에
대하여 이현(李賢)은 "褐, 織毛布之衣, 貧者所服"이라고 했다.
60) 李肖冰,《中國西域民族服飾硏究》, 新疆人民出版社, 1995, 83~85쪽.

이 생산되었고,[62] 백제에서도 탑등(毾㲪)을 생산했다.[63] 이 구유·구수·
탑등은《설문해자》(說文解字)에 따르면 모두 동물의 털로 실을 만들어
짠 것으로, 덮개나 깔개의 용도로[64] 쓰임새가 다양했다.

계를 비롯하여 구유·구수·탑등 등이 모두 남해와 서아시아 또는 중
앙아시아나 북방, 중국 등지를 거쳐 우리나라에 전래된 것으로 보는 견
해가 있지만[65] 이는 잘못이다. 그것은 앞에서 서술했듯이 갈치(毼㲩)의
털을 짜서 만든 수출품인 타복과, 이것과 같은 종류의 무늬 있는 고급
모직물인 계가 이미 고조선 시기부터 매우 발달하여 한반도와 만주 지
역에 널리 보급되어 있었으므로 이러한 모직물 직조 기술이 열국으로
이어졌을 것이기 때문이다.《삼국사기》〈잡지〉(雜志)에서는 "4두품에서
백성들에 이르기까지 …모직 보료·모포·호피·중국 담요의 사용을 금한
다"[66]고 하여 신라의 모직물과 중국의 모직물을 구별하여 설명하고 있
는 것도 좋은 예가 된다.

또한 신라의 경덕왕은 당나라 대종(代宗)이 불교를 숭상한다는 말
을 듣고 신라의 특산품인 오색구유(五色毾㲪)를 만들어 보내기도 했다.

61)《三國遺事》卷第3〈萬佛山條〉. "(경덕)왕은 또 당나라 대종황제가 불교를 숭상
한다는 말을 듣고 공장이에게 명하여 오색 모포를 만들었다(王又聞唐代宗皇帝
優崇釋氏. 命工作五色毾㲪)."

62)《三國史記》卷33〈雜志〉器用條. "6두 및 5두품은 금, 은과 도금, 도은을 사용
하지 못하며 호표와 모직 보료와 모포를 사용하지 못한다. 4두품에서 백성들에
이르기까지 금, 은, 황동과 붉은 바탕에 금, 은 돋음한 칠 그릇의 사용을 금하
며 모직 보료와 모포와 호피와 중국 담요의 사용도 금한다(六頭·五頭品, 禁金
銀及鍍金銀. 又不用虎皮·毾㲪·氍毹. 四頭品至百姓, 禁金銀鍮石朱裏平文物. 又禁毾
㲪·氍毹·虎皮·大唐毯等)."

63)《日本書紀》卷19 欽明天皇 15年條. "배로 주만 보내며, 다만 좋은 금(錦) 두
필, 탑등 한 장, 도끼 300자루, 사로잡은 城民 남자 2명과 여자 5명을 보냅니
다. 얼마 안 되어 송구스럽기만 합니다(單船遣奏, 但奉好錦二匹, 毾㲪一領, 斧三
百口, 及所獲城民, 男二女五, 輕薄追用悚懼)."

64)《說文解字》. "毾㲪毼㲩皆氈緂之屬. 蓋方言也."

65) 杉本正年 著·문광희 譯,《동양복장사논고》고대편, 355쪽; 李龍範,〈海外貿易
의 發展〉, 516~517쪽; 李龍範,,《三國史記에 보이는 이슬람 商人의 貿易品》,
98~99쪽; 鄭玩燮,《織物의 起源과 交流》, 113~124쪽; 무함마드 깐수,《新羅 西
域交流史》, 252~256쪽.

66) 주 62와 같음.

그림 4
통일신라시대(8세기경), 정창원 소장,
꽃과 식물문양의 신라 모직깔개

그림 5
통일신라시대(8세기경), 정창원 소장,
꽃과 식물 및 새문양의 신라 모직깔개

그림 6
서기전 1세기경 시베리아
파지리크(Pazyryk)무덤 출토 모직깔개:
사슴과 기마인 및 기하문양

그림 7
서기 3세기경 신강 라포박(羅布泊)
루란고묘(樓蘭古墓)출토 모직깔개:
꽃문양

그림 8
서기 3세기경 루란고성 2호묘 출토
모직깔개: 채색조형도안(彩色條形圖案)

그림 9
서기 7~8세기경 신강 약강미란(若羌美蘭)
출토 모직깔개: 기하수(幾何獸) 문양

그림 10
서기 7세기에 속하는 토번왕조(吐蕃王朝)시기 '유'(氀)로 불린 기하문양 모직깔개

고구려 고분벽화 및 일본 정창원(正倉院)에 보관된 서기 7~8세기경에
만들어진 고구려 및 신라의 실크와 신라의 모직물로 된 깔개(그림
4·5) 등에는 외래적인 인소가 보이지 않고 고대 한국의 고유한 문양양
식만이 나타난다. 이 직조문양은 고조선으로부터 이어진 것으로, 왕조
가 바뀌거나 문화적 요인이 변화하였음에도 전통적 기술과 양식이 새
로운 요소와 함께 그대로 지속되었음을 보여 주는 것이라 여겨진다. 실
제로 다음의 표에 제시한 북방지역의 구(毬)들(그림 6~10)에서 나타
나는 직조방법과 문양, 색상 등은 신라의 것과 큰 차이를 보인다.

〈표〉 고대 한국 가죽과 모직물 등의 우리말 찾기

한자어	우리말
문피(文皮)	꽃 표범 가죽
비(貔)가죽	흰 표범 가죽
주표(朱豹)	자줏빛 노루
세미계(細尾鷄)	가는꼬리 닭
장일(章日)	돼지털 천
계(罽)	공작새털 천
타복(毲服)	공작새털 옷

2) 마직물 생산의 우수성과 생산품의 우리말

한반도에서는 신석기시대 전기 유적인 제주도 고산리 유적(서기전
8000년~서기전 10000년)에서 그물추가 출토되었고,[1] 함경북도 선봉군
의 서포항 유적 제1기층(서기전 6000년)에서 뼈바늘과 바늘통·어망추·
가락바퀴 등이[2] 출토되어 신석기시대의 시작과 함께 실을 생산하고 그

---

1) 제주도·제주대학교박물관, 《濟州高山里遺蹟-고산리유적 성격 규명을 위한 학
   술조사보고서》, 2003 참조.
2) 고고학연구소, 《고고민속론문집》 4, 사회과학원출판사, 1972, 40~108쪽; 고고
   학 및 민속학연구소, 《궁산리 원시 유적 발굴보고》-유적발굴보고 제2집, 사회
   과학원출판사, 1957, 25~26쪽; 조선 유적유물도감 편찬위원회, 《조선 유적유

물을 짰음을 알려 준다. 실제로 평안남도 온천군 궁산 유적 1기층(서기
전 4500년)[3]에서 베실이 꿰어져 있는 뼈바늘이 출토되었다.[4] 그 밖에
도 궁산 유적과 같은 시기인 서울 암사동 유적(서기전 4500년)에서 어
망추와 가락바퀴[5]가 발견되었다. `

또한 만주지역의 신석기 초기 유적인 요동반도에 위치한 여대시 장
해현 소주산(小珠山) 하층 유적(서기전 4500년~서기전 5000년)과[6] 요
동반도 황해 연안의 후와(后洼) 하층 유적(서기전 4000년)의 집자리에
서 질그릇 조각으로 만들어진 가락바퀴가 출토되었다.[7] 흑룡강성 밀산
현(密山縣) 신개류(新開流) 유적(서기전 4000년)의 집자리에서도 가락바
퀴와 바늘이 출토되어[8] 한반도와 만주 모든 지역에서 같은 시기에 마
섬유가 생산되었음을 알 수 있다.

또한 신석기시대 여러 유적에서 그물추가 다량으로 발견되었다. 가
장 이른 시기로는 신석기시대 전기에 속하는 양양 오산리 유적(서기전
6000년)[9], 고성 문암리 유적(서기전 6000~서기전 3000년)[10], 지탑리

물도감》1-원시편, 조선 유적유물도감편찬위원회, 1990, 80쪽 그림 126.

3) 조선유적유물도감 편찬위원회, 《조선 유적유물도감》1 원시편, 1988, 81쪽.; 북
　한학자들은 이 유적을 서기전 4000년기로 편년을 했으나 任孝宰는 서기전
　4500년으로 보았다(任孝宰, 〈新石器時代 編年〉, 《韓國史論》12, 國史編纂委員會,
　1983, 707~736쪽); 고고학·민속학연구소, 〈궁산리 원시 유적 발굴보고〉, 《유
　적발굴보고》제2집, 1957.

4) 사회과학원 력사연구소, 《조선전사》2-고대편, 과학·백과사전출판사, 1979,
　30~31쪽.

5) 金元龍, 《韓國考古學硏究》, 一志社, 1992년 도판, 93쪽; 任孝宰, 〈新石器時代 編
　年〉, 719~725쪽.

6) 許玉林, 〈東北地區新石器時代文化槪述〉, 《中國考古集成》東北卷 新石器時代(一),
　北京出版社, 1997, 37쪽.

7) 許玉林, 〈東北地區新石器時代文化槪述〉, 37~38쪽. 이 유적의 연대는 방사성탄소
　측정의 결과 지금부터 6055±96년·6180±96년·6205±96년·6255±170년으로 나
　타났다.

8) 許玉林, 〈東北地區新石器時代文化槪述〉, 47쪽. 이 유적의 연대는 방사성탄소측정
　의 결과 5430±90년이고 교정연대는 6080±130년이다.

9) 고동순, 〈양양 오산리 유적 발굴조사 개보〉, 《韓國新石器硏究》제13호, 2007,
　113~142쪽.

10) 朴玖貞, 〈'02 高城文岩里 先史遺蹟 發掘調査〉, 《韓國新石器硏究》제5호, 한국신

유적 1기층(서기전 5000년) 집자리에서는 그물추가 발견되었고[11], 특히
평양시 사동구역 금탄리 유적 제2문화층 및 삼석구역 남경 유적 신석기
시대 집자리에서는 그물추가 보통 한 장소에 600~650개 정도씩, 최고
2천 개까지 쌓여 있었다.[12] 남경 유적 31호 집자리에서는 그물추가 3천
여 점이나 출토되었다.[13] 돌그물추는 길이가 5~7㎝ 정도인 것부터 땅
콩알 정도 크기에 이르기까지 매우 다양하다. 이는 그물의 종류와 크기
에 따라 무게가 다른 추를 사용한 것으로, 그물의 종류가 여러 가지였
으며 실의 굵기도 다양했음을 알려 준다.[14] 실제로 광주군 동부면 미사
리(渼沙里) 유적(서기전 4000년)[15]에서는 석제의 그물뜨개바늘이 출토
되어[16] 가락바퀴로 낳은 베실로써 여러 가지 종류의 그물을 떠서 이용
했음을 확인할 수 있었다.[17]

　　이후 서기전 3000년~서기전 4000년 시기의 유적에서는 가락바퀴
나 바늘과 함께 뼈나 뿔로 만든 송곳 등이 대량으로 출토되어 방직이
이전보다 활발해졌음을 알게 해 준다. 만주지역의 내몽고자치구 소조달
맹 파림좌기(巴林左旗)의 부하구문(富河溝門) 유적(서기전 3510~서기전
3107년)[18]에서는 가락바퀴와 송곳이 대량으로 출토되었고, 매우 정교한
뼈바늘도 출토되었다.[19] 같은 시기에 속하는 내만기(奈曼旗) 대심타랍
(大沁他拉) 유적에서는 가락바퀴와 뼈송곳 및 바늘의 출토와 더불어 질

석기연구회, 2003, 87~103쪽.

11) 고고학·민속학연구소, 〈지탑리 원시 유적 발굴보고〉,《유적발굴보고》제8집, 1961.
12) 황기덕,《조선 원시 및 고대 사회의 기술발전》, 과학·백과사전출판사, 115~116쪽.
13) 사회과학원 력사연구소 고고학연구소,《원시사》, 과학백과사전종합출판사, 126쪽.
14) 사회과학원 력사연구소 고고학연구소,《원시사》, 128~129쪽.
15) 任孝宰, 〈新石器時代 編年〉, 719~725쪽.
16) 崔淑卿, 〈渼沙里遺蹟의 一磨石器〉,《考古美術》第4卷 第6號, 1963.
17) 사회과학원 력사연구소 고고학연구소,《원시사》, 128쪽.
18) 中國社會科學院考古研究所,《中國考古學中碳十四年代數据集》1965~1991, 文物出
　　版社, 55쪽; 이 유적의 방사성탄소측정연대는 서기전 2785±110년(4735±110 B.P.)
　　으로 교정연대는 서기전 3510년~3107년이다; 中國科學院考古研究所內蒙古工作
　　隊, 〈內蒙古巴林左旗富河溝門遺址發掘簡報〉,《考古》, 1964年 第1期, 565~569쪽.
19) 中國科學院考古研究所內蒙古工作隊, 〈內蒙古巴林左旗富河溝門遺址發掘簡報〉, 1~3쪽.

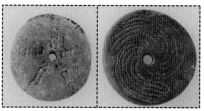

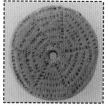

〈그림 1·1-1〉 곽가촌 유적 출토
가락바퀴

〈그림 2〉 오가촌 유적
출토 가락바퀴

그릇 표면과 밑바닥에 편직문(編織紋)이 찍힌 흔적[20]이 남아 있어 직물
생산기술의 상황을 확인시켜 주었다. 요령성 여대시 장해현 소주산(小
珠山) 유적(서기전 4000년)에서도 방직에 사용되었던 도구가 출토되었
다.[21] 특히 요령성 대련시 곽가촌 하층 유적(서기전 3780년~서기전
3530년)(그림 1·1-1)[22]과 장해현 오가촌 유적(그림 2)[23]에서는 다양
한 문양의 가락바퀴와 함께 뼈북·뼈바늘·뼈송곳·질송곳·뿔바늘 등 360
여 개에 달하는 도구들이 출토되어[24] 방직기술이 점차 더욱 발전하였
음을 보여 준다. 위의 그림에서와 같이 만주지역의 가락바퀴는 한반도
지역의 것과 마찬가지로 대부분 새김문양 질그릇과 같은 방법으로 점과
선을 누르거나 그어서 새겼다. 이는 중국이나 북방지역의 가락바퀴와는
차별화된 독자적인 특징을 지니고 있는 것이다.[25]

이러한 방직기술과 재봉도구의 발달은 한반도지역에서도 마찬가지로
나타난다. 직기(織機)의 경우 현재까지 출토된 유물로서는 한반도에서

20) 朱風瀚, 〈吉林奈曼旗大沁他拉新石器時代遺址調查〉, 《中國考古集成》 東北卷 新石
器時代(一), 407~417쪽.
21) 遼寧省博物館 外, 〈長海縣廣鹿島大長山島貝丘遺址〉, 66~77쪽.
22) 中國社會科學院考古研究所, 《中國考古學中碳十四年代數据集》 1965~1991, 70쪽
(이 유적의 방사성탄소측정연대는 서기전 3065±100년(5015±100 B.P.)으로 교
정연대는 서기전 3780~3530년이다); 郭富純·越錫金 主編, 《大連古代文明圖說》,
吉林文史出版社, 2010, 52쪽의 圖 2-49·52.
23) 郭富純·越錫金 主編, 《大連古代文明圖說》, 吉林文史出版社, 2010, 52쪽의 圖 2-65.
24) 許玉林·蘇小幸, 〈略談郭家村新石器時代遺址〉, 《中國考古集成》 東北卷 新石器時代
(二), 1400~1403쪽.
25) 박선희, 《한국고대복식-그 원형과 정체》, 지식산업사, 2002, 54~65쪽; 박선
희, 《고조선복식문화의 발견》, 지식산업사, 2011, 469~477쪽.

출토된 직기가 중국보다 앞선 연
대를 갖고 있다. 서포항 유적 1기
층(서기전 6000년)[26]에서는 수직
식 직기의 씨실 넣기에 쓴 뼈로
된 갈구리가 출토되었는데 그 유
물의 복원도는 〈그림 3〉과 같다.[27]

중국의 경우는 절강성 여요현
의 하모도 유적(서기전 5010년)
에서 나무로 된 위도(緯刀)(그림
4)가 출토되었는데 연구자들은
이를 수평식(水平式) '거직기'(踞

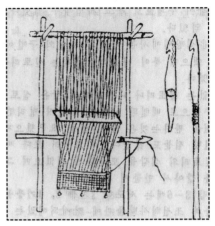

〈그림 3〉 서포항 유적 출토
뼈갈구리와 수직식 직기 복원도

織機)(그림 4-1)라고 밝혔다.[28] 이로 보아 중국의 하모도 유적에서 출
토된 목제 직기보다 서포항 유적에서 나온 뼈로 된 수직식 직기가 훨씬
앞선 연대에 만들어졌음을 알 수 있다.

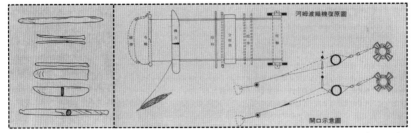

〈그림 4·4-1〉 하모도 유적 출토 위도와 직기 복원도 및 개구(開口) 시의도(示意圖)

한반도와 만주지역의 유적들에서는 이른시기부터 가락바퀴와 함께
뼈나 뿔로 만든 송곳과 바늘 등이 출토되어, 이 시기 마섬유 등을 이용

---

26) 《조선전사》 1, 1991에 실린 신석기 유적의 시기구분에서는 서포항 유적 1기
    층을 서기전 6000년기~5000년기로 편년했다. 任孝宰는 서기전 6000년으로 보
    고 있다(任孝宰, 〈新石器時代 編年〉, 707~736쪽).
27) 조선기술발전사편찬위원회, 《조선기술발전사》 1—원시·고대편, 과학백과사전
    종합출판사, 1997, 62쪽의 그림 3-7.
28) 沈從文, 《中國古代服飾硏究》, 上海書店出版社, 1997, 19쪽의 圖 16-2, 20쪽의
    圖 17-1.

하여 보편적으로 방직과 재봉이 이루어졌음을 알려 준다. 그 예로 흑룡
강성의 동부지역으로 러시아와 접경지대인 밀산현 신개류 유적(서기전
4239~서기전 3995년)[29]과 소주산 하층 유적(서기전 약 4000년경)[30]에
서 방직과 재봉에 사용된 도구들이 출토되었다. 이후 서기전 3000년~
서기전 4000년 시기의 유적에서는 가락바퀴나 바늘과 함께 뼈나 뿔로
된 송곳 등이 대량으로 출토되어 방직생산이 이전보다 활발해졌음을 알
게 해 준다. 그 예로 만주지역의 내몽고자치구 소오달맹 파림좌기 부하
구문 유적(서기전 3510년~서기전 3107년)[31]에서는 가락바퀴와 송곳이
대량으로 출토되었고, 매우 정교한 뼈바늘도 출토되었다.[32] 같은 연대에
속하는 내만기 대심타랍 유적에서는 가락바퀴와 뼈송곳 및 바늘의 출토
와 더불어 질그릇에서 편직문이 확인되어[33] 직물생산기술의 상황을 확
인시켜 주었다. 요령성 여대시 장해현 소주산 중층 유적(서기전 4000년)
에서도 방직과 직물에 사용된 도구가 출토되었다.[34] 특히 요령성 대련
시 곽가촌 하층 유적(서기전 3780년~서기전 3530년)[35]에서는 가락바
퀴·뼈북·뼈바늘·뼈송곳·질송곳·뿔바늘 등 360여 개에 달하는 방직과 재

29) 中國社會科學院考古研究所, 《中國考古學中碳十四年代數據集》 1965~1991, 96쪽;
    이 유적의 방사성탄소측정연대는 서기전 3480±90년(5430±90 B.P.)으로 교정
    연대는 서기전 4239년~서기전 3995년이다; 黑龍江省文物考古工作隊, 〈密山縣新
    開流遺址〉, 《中國考古集成》 東北卷 新石器時代(二), 2125~2142쪽; 譚英杰, 〈密山
    新開流遺址〉, 《中國考古集成》 東北卷 新石器時代(二), 2143~2144쪽.
30) 遼寧省博物館 外, 〈長海縣廣鹿島大長山島貝丘遺址〉, 《考古學報》, 1981年 第1期,
    66~110쪽.
31) 中國社會科學院考古研究所, 《中國考古學中碳十四年代數據集》 1965~1991, 55쪽;
    이 유적의 방사성탄소측정연대는 서기전 2785±110년(4735±110 B.P.)으로 교
    정연대는 서기전 3510년~서기전 3107년이다; 中國科學院考古研究所內蒙古工作
    隊, 〈內蒙古巴林左旗富河溝門遺址發掘簡報〉, 《考古》, 1964年 第1期, 565~569쪽.
32) 中國科學院考古研究所內蒙古工作隊, 〈內蒙古巴林左旗富河溝門遺址發掘簡報〉, 1~3쪽.
33) 朱風瀚, 〈吉林奈曼旗大沁他拉新石器時代遺址調査〉, 《中國考古集成》 東北卷 新石
    器時代(1), 407~417쪽.
34) 遼寧省博物館 外, 〈長海縣廣鹿島大長山島貝丘遺址〉, 66~77쪽.
35) 中國社會科學院考古研究所, 《中國考古學中碳十四年代數據集》, 1965~1991, 70쪽;
    이 유적의 방사성탄소측정연대는 서기전 3065±100년(5015±100 B.P.)으로 교정
    연대는 서기전 3780년~3530년이다.

봉에 사용된 도구들이 출토되었다.[36] 그중 가락바퀴는 크기와 중량이
다른 것들이 출토되어 굵기가 다른 여러 종류의 실들이 생산되었음을
알게 해 주었다. 특히 뼈로 만든 북에는 장방형의 구멍이 있어 직물을
짜는 도구로 사용되었음을 알 수 있다. 그 후 북방지역에서 방직과 재봉
기술은 점차 발전하여 더욱 섬세해졌다. 소주산 상층문화유형인 오가촌
유적에서 발굴된 뼈바늘은 길이가 7.1cm이고 굵기는 1.5mm였다.[37]

이러한 방직기술과 재봉도구의 발달은 한반도지역에서도 마찬가지
였다. 신석기 초기 유적인 서포항 유적 1기층과 신석기 중기의 유적인
서포항 유적 3기층·곽가촌 유적 1기층(서기전 4000년)[38] 및 좌가산 유
적과 신석기 후기의 유적인 서포항 유적 4기층(서기전 3000년)에서 바
늘통과 함께 정교한 바늘들과 가락바퀴 및 여러 형태의 뼈로 만든 북이
출토되었다.[39] 요동반도에 위치한 대련지역의 여러 유적에서도 북이 출
토되었다.[40] 북은 갈고리와 함께 날실들 사이에 씨실을 넣기 위한 도구
로서[41], 이 같은 북의 출현은 신석기 초기에 이미 직물을 만들었으며
신석기 중기에는 보편화되었음을 뜻한다.

---

36) 許玉林·蘇小幸, 〈略談郭家村新石器時代遺址〉, 《中國考古集成》 東北卷 新石器時代
   (二), 1400~1403쪽.
37) 遼寧省博物館 外, 〈長海縣廣鹿島大長山島貝丘遺址〉, 《考古學報》, 1981年 第1期,
   66~110쪽.
38) 사회과학원력사연구소 고고학연구소, 《원시사》, 과학백과사전출판사, 1997, 150쪽.
39) 김용간·서국태, 〈서포항원시 유적발굴보고〉, 《고고민속론문집》 4, 사회과학원
   출판사, 1972, 104~105쪽.
40) 劉俊勇·曲傳林, 〈大連新石器時代考古的分期問題〉, 《中國考古集成》 東北卷 신석기
   시대(二), 1339쪽; 劉俊勇·曲傳林, 〈大連新石器時代社會形態初探〉, 《中國考古集
   成》 東北卷 신석기시대(二), 1347쪽.
41) 이 뼈도구들에 대하여 김원룡은 신상(神像)과 여신상(女神像) 및 패식(佩飾)
   으로 보고 있으나(金元龍, 《韓國考古學研究》 3版, 一志社, 1992, 122~124쪽),
   북한학자들은 이를 북으로 보고 있다. 이 뼈도구들은 길이가 보통 7~8cm이고
   긴 것은 19~20cm 정도이며 끝부분은 모두 뾰족하고 귀 부분에는 거의 다 구
   멍이 있다. 이 뼈도구를 심으로 하고 거기에 실을 감은 다음 귀 부분의 구멍으
   로 실을 뽑아 쓰는 북으로 쓰였다는 것이 북한 학자들의 견해인데(조선기술발
   전사 편찬위원회, 《조선기술발전사》 1─원시·고대편, 과학백과사전종합출판사,
   1997, 61쪽) 타당성이 있다.

이후 신석기 후기인 농포 유적(서기전 3000년)에서는 가락바퀴가 95점이 나왔고, 같은 시대의 서포항 유적 5기층에서도 가락바퀴와 함께 바늘과 바늘통[42]이 나왔다. 서기전 2000년기에 해당하는 함경북도 회령군 오동 유적에서도 새김문양과 점문양의 가락바퀴가 출토되었다.[43] 같은 서기전 2000년대에 속하는 자강도 중강군 토성리 유적에서는 새김문양의 가락바퀴가 출토되었다. 이러한 사실은 신석기시대 후기까지 가락바퀴가 실생산에 널리 사용되었음을 의미한다.

고조선시기로 오면 가락바퀴가 점차 사라지고 더욱 생산성이 높은 물레가 개발되어 실생산을 높여 준다. 그 예로 무산 범의구석 유적 8호 집자리(서기전 2000년기 후반기)에서는 마섬유 실이 출토되었는데 가는 올을 자세로 꼰 것이었다.[44] 물레의 개발은 실의 생산량을 늘리고 질을 높이며 직물의 종류를 다양하게 해 주었다.[45] 물레의 등장과 더불어 함경북도 회령 오동 유적(서기전 2000년기 후반기)에서는 짐승의 어깨뼈로 만든 머리빗 모양의 바디[46]가 출토되었고, 강계시 공귀리 유적(서기전 2000년기 후반기)에서는 수직식 직기(그림 5)에 쓰인 흙추[47](그

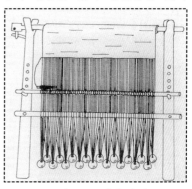

〈그림 5〉 공귀리 유적
수직식 직기 모형도

42) 고고학연구소, 〈서포항원시 유적발굴보고〉, 《고고민속론문집》 제4집, 사회과학원출판사, 1972, 69·105쪽. 바늘통은 짐승의 다리뼈의 한쪽 끝을 좀 잘라 버리고 쓴 것이고, 바늘은 길이가 17.5㎝·9.8㎝·10∼13㎝ 등으로 다양하고 모두 1㎜도 안 되는 가는 귀가 뚫려 있는 것으로 보아 바느질 기술이 정교했다고 생각된다.
43) 조선유적유물도감 편찬위원회, 《조선유적유물도감》 1-원시편, 조선유적유물도감편찬위원회, 1990, 191쪽의 그림 411.
44) 조선유적유물도감 편찬위원회, 《조선유적유물도감》 1-원시편, 202쪽의 그림 443.
45) 조선기술발전사편찬위원회, 《조선기술발전사》 1-원시·고대편, 62쪽.
46) 사회과학원 고고학 및 민속학 연구소, 《회령 오동 원시유적 발굴보고》-유적발굴보고 7, 사회과학원출판사, 1960, 52쪽 및 도판 CXX의 1; 사회과학원 력사연구소, 《조선전사》 1-원시편, 237쪽.

〈그림 6〉 공귀리 유적
출토 흙추

림 6)가 출토되었다. 이 유물들은 당시 수직식 직기가 사용되었음을 알게 해 준다.[48]

고조선 문화로 추정되는 하가점 하층문화에 속하는 서기전 17세기경의 내몽고자치구 오한기 대전자(大甸子) 유적에서[49] 직물의 흔적을 나타내는 칠목기(漆木器)와 함께 대나무 껍질로 직물처럼 엮어서 만든 기물이 출토되었다(제2부 제3장 2절의 그림 17 참조).[50] 이처럼 편직문이 보이는 기물은 당시 다양한 직조방법이 있었음을 간접적으로 알려 준다.

고조선의 청동기시대 유적들에서는 뼈바늘이 이전보다 많이 출토되어 의복의 생산량이 많았음을 말해 준다. 실제로 하가점 하층문화에 속하는 요령성 북표시 풍하(豊下) 유적에서 마포 조각이 출토되었고,[51] 본계(本溪)의 청동시대 동굴무덤 유적에서도 발견되었다.[52] 한반도의 함

---

47) 사회과학원 고고학 및 민속학 연구소,《회령 오동 원시유적 발굴보고》, 52쪽, 도판 120의 1; 과학원 고고학 및 민속학연구소,《강계시 공귀리 원시 유적 발굴 보고》-유적발굴보고 6, 사회과학원출판사, 1959, 28~30쪽; 조선 유적 유물 도감 편찬위원회,《조선 유적 유물 도감》1-원시편, 216쪽의 그림 486.

48) 조선기술발전사편찬위원회,《조선기술발전사》, 63쪽.

49) 최근에 고고학자들은 夏家店下層文化를 비파형동검문화의 전신으로 보며 고조선문화로 분류하고 있다(한창균,〈고조선의 성립배경과 발전단계 시론〉,《國史館論叢》第33輯, 國史篇纂委員會, 1992, 7~20쪽; 林炳泰,〈考古學上으로 본 濊貊〉,《韓國古代史論叢》1, 駕洛國史蹟開發硏究院, 1991, 81~95쪽 참조). 內蒙古自治區의 敖漢旗 大甸子遺蹟은 서기전 1440±90년(3390±90 B.P.)·1470±85년(3420±135 B.P.)으로 교정연대는 서기전 1695±135년·1735±135년이다(中國社會科學院考古硏究所 編著,《中國考古學中碳十四年代數據集》, 文物出版社, 1983, 25쪽); 劉觀民,〈內蒙古東南部地區靑銅時代的幾個問題〉,《中國考古集成》東北卷 靑銅時代(一), 628~631쪽.

50) 中國社會科學院考古硏究所 編著,《中國田野考古報告集-大甸子-夏家店下層遺址與墓地發掘報告》, 科學出版社, 1996, 191~192쪽.

51) 遼寧省文物干部培訓班,〈遼寧北票豊下遺址 1972年 春發掘簡報〉,《考古》, 1976年 3期, 197쪽.

52) 李恭篤,〈本溪發現多處洞穴墓地域遺址〉,《中國文物報》, 1988年 12月 9日 3版; 李宇峰,〈中國東北史前農作物的考古發現與研究〉,《中國考古集成》東北卷 綜述(1),

경남도 북청군 토성리 유적(서기전 1000년기
전반기)53)에서도 청동기를 싼 천이 출토되었다
(그림 7).54) 당시 직물 생산이 활발히 이루어
져 보급량이 많음을 알 수 있다. 그러한
까닭에 하가점 상층문화 유적인 서기전 1000
년경에 속하는 영성현(寧城縣) 남산근(南山根)
M101호묘 유적과 소흑석구묘 유적에서는 이

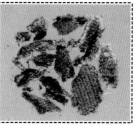

〈그림 7〉 북청군 토성리 유적
출토 천조각

들 직물을 다림질해서 입었을 청동다리
미(그림 7-1·2)가 출토되어55), 당시 고조
선사람들의 옷차림새가 매우 단아하였을
것으로 여겨진다.

하가점 상층문화 유적들에서는 마직
물조각들이 자주 출토되고 있다. 영성전
자(寧城甸子)의 소흑석 하가점 상층묘에
서는 묘주가 갑옷을 착용한 상태로 발굴
되었는데 갑옷 안에 마직물옷과 가죽옷,
모직물옷을 여러 겹 입은 상태였다. 마
직물옷을 속에 입고 그 위에 가죽옷을

〈그림 7-1·2〉
남산근무덤(위)과 소흑석구무덤
(아래) 출토 청동다리미

입었는데 옷 위에는 옥과 청동으로 만든 다양한 장식물들을 가득 달아
장식했다. 또한 오한기 주가지(周家地) 하가점 상층 제45호묘 유적에서
도 묘주가 마직물로 만든 옷을 입고 있었다. 묘주의 오른쪽 머리 부분
에는 백화수피로 만든 물건이 있고, 머리 정수리 부분과 얼굴에는 마직

299~300쪽.

53) 조선유적유물도감 편찬위원회, 《조선유적유물도감》 2-고조선·진국·부여편, 225쪽.

54) 김용간·안영준, 〈함경남도 량강도 일대에서 새로 알려진 청동기시대 유물에 대
한 고찰〉, 《조선고고연구》, 사회과학원 고고학연구소, 1986년 제1호, 24쪽; 조선
유적유물도감 편찬위원회, 《조선유적유물도감》 1-원시편, 동광출판사, 1990, 225
쪽의 그림 510.

55) 劉冰, 《赤峰博物館文物典藏》, 遠方出版社, 2006, 62·63쪽.

물로 만든 복면(覆面)을 덮었는데 청동장식단추와 녹송석(綠松石)으로
장식하고 다시 그 위를 부채 크기의 큰 조개로 덮었다. 목과 귀 부분도
화려하게 장식했다(그림 8과 제2부 3장의 그림 25·25-1 참조).56) 서주
시대(서기전 9세기~서기전 11세기경)에 속하는 요령성 건평 수천(水
泉) 유적에서는 묘주가 옷에 장식했던 다양한 양식의 청동장식단추들이
40여 개 출토되었는데, 이들 청동장식에 마섬유의 실 흔적이 남아 있
어57) 마실로 청동장식단추를 옷에 달았던 것으로 추정된다.

길림성의 서단산문화 유적(서기전 841년~서기전 2세기경)에서도
마직물과 모직물 조각이 함께 출토되어 여러 직물의 옷을 갖추어 입었
던 것으로 보이며, 이 옷들에 단 듯한 옥과 청동으로 만든 장식품이 약
2천 개 정도 출토되었다.58) 이러한 내용들은 당시 방직업과 장식품 제
작기술이 매우 발달했음을 말해 준다. 서기전 4세기경에 속하는 길림성
후석산(猴石山) 유적에서는 직기로 짠 마포가 출토되었다.59) 진래현 탄
도북강자(坦途北崗子) 청동기시대 묘 유적(약 서기전 841년~서기전 476
년경)에서도 두건으로 사용되었을 작은 마직물조각이 청동장식단추 뒷
면에 붙어 있는 상태로 이를 달았을 마실과 함께 출토되었다.60) 이러한
내용들은 한반도와 만주지역에 살았던 고조선사람들이 널리 직기를 사용
하여 마직물을 생산했으며 그 쓰임새도 많았음을 알게 한다.

여대시 장해현 상마석(上馬石) 유적(서기전 16세기~서기전 14세
기)61)에서 청동단검(靑銅短劍)과 검병(劍柄)과 함께 검수(劍首)를 덮은

56) 劉素霞,〈夏家店上層文化考古資料反映的有關民族習俗〉,《中國考古集成》 東北卷
   靑銅器時代(一), 416쪽; 中國社會科學院考古硏究所內蒙古工作隊,〈內蒙古敖漢旗
   周家地墓地發掘簡報〉,《中國考古集成》 東北卷 靑銅器時代(一), 814쪽.
57) 遼寧省博物館·朝陽市博物館,〈建平水泉遺址發掘簡報〉,《中國考古集成》 東北卷 靑
   銅器時代(二), 1438쪽.
58) 董學增,〈試論西團山文化的裝飾品〉,《中國考古集成》 東北卷 靑銅器時代(三), 2206
   쪽; 吉林省博物館·吉林大學考古專業,〈吉林市騷達溝山頂大棺整理報告〉,《考古》 1985
   年 10期, 901~907쪽.
59) 吉林地區考古短訓班,〈吉林猴石山遺址發掘簡報〉,《考古》, 1980年 第2期, 141쪽.
60) 郭民·李景冰·劉雪山·韓淑華,〈吉林省鎭來縣坦途北崗子靑銅時代墓葬淸理報告〉,
   《中國考古集成》 東北卷 靑銅器時代(三), 2522쪽.

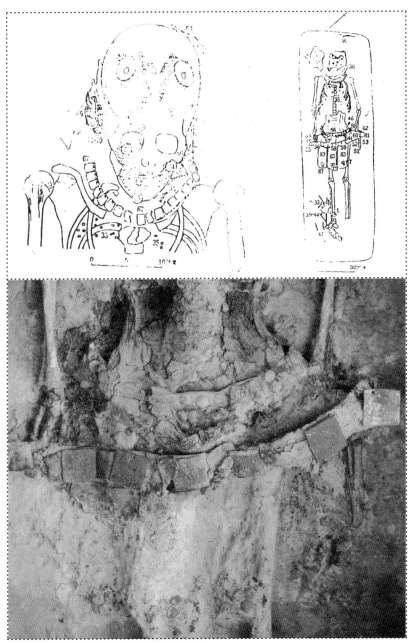

〈그림 8〉 오한기 주가지 하가점 상층 제45호 무덤 유적 출토 겉옷과 허리띠에
보이는 마직물 및 가죽의 흔적과 그 위에 네모와 세모양식의 장식단추를
장식했던 모습, 출토 상황 모사도

〈그림 9〉 광주 신창동 유적 출토 바디

〈그림 10·10-1〉
신창동 유적 토기 바닥에 보이는
직물 흔적과 부분

마포가 출토되었다. 요령성 심양시(沈陽市) 정가와자(鄭家洼子) 유적(서기전 841년~서기전 476년)[62]에서 출토된 경형식(鏡形飾) 위에 평문(平紋)의 마포 흔적이 있는데,[63] cm당 날실과 씨실이 각각 15올로 매우 세밀하다.[64] 길림시 후석산 유적(서기전 325년)에서 출토된 청동검을 넣었던 마포로 만든 주머니의 날실은 밀도가 cm당 약 20올이고 씨실은 약 10올 정도다. 이들은 가락바퀴로 실을 바싹 꼬아 방직기로 짠 것으로 확인되었다.[65] 발굴자들은 마포의 실은 가락바퀴를 사용한 것이고 날실과 씨실의 상태로 보아 원시적인 직기가 사용되었을 것으로 판단했다.

61) 中國社會科學院考古研究所, 《中國考古學中碳十四年代數據集》, 文物出版社, 1983, 29~30쪽.
62) 中國社會科學院考古研究所東北工作隊, 〈沈陽肇工街和鄭家洼子遺址的發掘〉, 《中國考古集成》 東北卷 靑銅時代(二), 1883~1888쪽.
63) 沈陽故宮博物館·沈陽市文物管理辨公室, 〈沈陽鄭家洼子的兩座靑銅時代墓葬〉, 《考古學報》, 1975年 1期, 142~153; 박진욱, 《조선고고학전서》-고대편, 과학·백과사전종합출판사, 1988, 71쪽.
64) 佟冬, 《中國東北史》, 吉林文史出版社, 1987, 277쪽.
65) 吉林地區考古短訓班, 〈吉林猴石山遺址發掘簡報〉, 《中國考古集成》 東北卷 靑銅時代(三), 2307쪽; 董學增·翟立偉, 〈西團山文化遺存所反映的穢貊族習俗考略〉, 《中國考古集成》 東北卷 靑銅時代(二), 2261쪽.

전남 광주의 초기 철기시대에 속하는 신창동 유적에서도 마직물과 관련된 도구와 직물의 흔적들이 여럿 발견되었다. 생산도구로 길이 69.8㎝의 실 자국이 있는 바디(그림 9)66)와 가락바퀴, 실감개를 비롯하여 토기 바닥에 직물흔적(그림 10·10-1)67)이 남아 있다. 이러한 고조선의 마직물 생산기술은 이후 열국으로 계승된다.

고조선에 속해 있던 열국들은 모든 지역에서 마직물을 짜서 복식의 재료로 삼았다. 고대 한국에서는 대마(大麻)와 지마(苧麻)를 주로 생산했다. 고구려는 포(布)·백(帛)·피(皮)를 복식의 재료로 삼았으나68) 포를 부세(賦稅)로 받았던 것으로 보아 포의 생산량이 많았던 것으로 보인다.69) 이 포가 어떤 것인지는 알 수 없으나, 비교적 후대의 기록이긴 하지만 고구려 유민들이 건국한 발해에 관한《발해국지장편》(渤海國志長編)의 내용으로 보아 고구려에서는 대마로 추포(麤布)를 만들고, 선마(線麻)와 경마(檾麻)를 길러 전(絟)과 저(紵)를 만들었음을 알 수 있다.70) 또한 전포(絟布)보다 더 고운 세백포(細白布)와 무늬 있는 전

---

66) 국립부여박물관,《고대직물》, 중앙문화재연구원, 2011, 9쪽의 01, 국립광주박물관.

67) 국립부여박물관,《고대직물》, 16쪽의 08·17쪽, 국립광주박물관.

68)《魏書》卷100〈高句麗傳〉. "백성들은 모두 토착민으로 산골을 따라 살고 布와 帛 및 皮로 옷을 지어 입는다(民皆土著, 隨山谷而居, 衣布帛及皮)."

69)《通傳》卷186〈邊防〉〈東夷〉高句麗條. "고구려는 …부세로 絹과 布 및 조를 받았다(高句麗 …賦稅則絹布及栗)."

70)《渤海國志長編》卷17〈食貨考〉. "삼가 발해가 布를 생산하였다는 말을 한 것을 살펴본다. 이미 동거란(東丹國)이 처음 건국하였을 때 해마다 추포 10만 단과 세포 5만 단을 거란(契丹)에 바치기로 약속했다. 이 포는 또 추포와 세포로 나누었다("謹案渤海産布說: 已見前東丹國初建, 約歲貢麤布十萬端·細布五萬端於契丹, 是布又有麤細之分.");渤海國志長編》卷17〈食貨考〉. "삼가 동단국 감로 3년(서기 928년) 인황왕(人皇王)이 백저(白紵)를 거란에 바쳤다는 것을 살펴본다: 이것 또한 발해에서 생산된 것이다.《說文》은 '紵는 檾에 속하며, 가는 것은 絟이고, 거친 것은 紵이다'라고 했다. …《盛京通志》는 '경마는 사인(士人)이 이것을 구하여 끈을 만들고, 그것을 밭에 심었다'고 기재했다.《吉林外紀》는 '마(麻)는 선마와 경마로 나누는데, 선마는 견실해 모두 끈으로 물건을 싸고 묶는 것으로 쓰고, 쓰임이 무궁해 길림성 북쪽에 심은 사람이 많았다. 해마다 수확이 담배보다 줄고 모두 내지로 운반했다'고 했다. 내가 살펴본 바 지금 봉천성·길림성 두 성에 마가 많이 생산되고, 인황왕이 바쳤다는 백저는 바로 경마와 선

(絟)71)인 60종포(綜布)를 생산했다.72) 《설문해자》에 경(蘔)은 '시속'(枲屬)이라 하였고 시(枲)는 '마'(麻)라고 하여 경과 시를 모두 마과(麻科)로 분류하였다. 이 가운데 경에서 가늘게 뽑은 것을 '전'73)이라 하고, 거칠게 뽑은 것을 '저'라고 했다.

마한은 포(布)로 만든 포(袍)를 입었고74), 변한과 진한에서도 폭이 넓은 경마로 곱게 짠 전인 세포(細布)를 만들었다.75) 삼한(三韓)에서는 경마로 만든 저포(紵布)를 생산했는데, 신분을 구분하지 않고 모두 백저포(白紵布)로 만든 옷을 입은 것으로 보아76) 백저포가 일반화되었다고

마를 말한다("謹案東丹國甘露三年, 人皇王獻白紵於丹: 此亦渤海所産也.《說文》云; 紵, 蘔屬, 細者爲絟, 粗者爲紵. …《盛京通志》載: 有蘔麻, 士人需此治繩, 種之田中.《吉林外紀》云; 麻有線麻·蘔麻之分, 線麻堅實, 一切繩套絪縛, 爲用無窮, 吉林城北種者居多. 每歲所收減於荞, 並皆轉運內地. 愚按, 今奉天吉林兩省多産麻, 人皇王所獻之白紵, 卽所謂蘔麻·線麻也." 고구려가 망한 뒤 그 유민들이 고구려의 국역에서 발해를 건국하였다. 요(遼)의 태조 아보기(阿保機)가 발해를 멸망시킨 뒤 동단국(서기 926~936년)으로 이름을 바꾸고 아들 야률배(耶律倍)를 국왕으로 봉하고 인황왕으로 불렀다. 발해에 들어와 꼭 마직물을 만들었다고 볼 수는 없다. 더 거슬러 올라가 고구려와 고조선에서 마직물을 만들었다고 보아야 할 것이다(박선희, 《한국고대복식-그 원형과 정체》, 108~109쪽 참조.)

71) 《설문해자》에서 종(綜)은 '기루'(機縷)라 했고, 누(縷)는 '선'(線)이라고 하였다. 종은 바디를 말한다. 보통 직기는 종을 1개 사용하는데, 60개의 종을 사용한 것은 무늬를 넣기 위한 것이다. 따라서 60종포는 무늬 있는 전(絟)을 말한다.

72) 《渤海國志長編》卷17〈食貨考〉. (《수서》에 '말갈의 부인은 포를 입었다'고 하였다. 발해 때에 흑수말갈(黑水靺鞨)이 60종포를 바쳤고, 발해는 또 배구(裵璆)를 사신으로 보내 세포를 후당(後唐)에 바쳤다. 또한 말갈이 세백포로 거란과 교역했다. 이는 모두 발해에서 포를 생산했다는 증거다. 현주(顯州)는 지금의 길림성 화전현지(樺甸縣地)로, 발해 때 포를 생산하는 것으로 유명했다. 지금 길림성에서 마를 생산하고 있는데 현주의 포 혹은 직마(織麻)가 이것이다("隋書謂靺鞨婦人服布. 渤海時, 黑水靺鞨獻六十綜布, 渤海又使裵璆貢細布於後唐. 又靺鞨以細白布與契丹交易. 此皆渤海産布之證. 顯州爲今吉林省樺甸縣地, 渤海時以産布名. 今吉林省産麻, 顯州之布或織麻爲之").

73) 《說文解字》. "紵, 蘔屬, 細者爲絟, 粗者爲紵."

74) 《後漢書》卷85〈東夷列傳〉馬韓條. "마한사람들은 …布로 만든 袍를 입고, 짚신을 신었다(馬韓人 …布袍草履)."

75) 《三國志》卷13〈烏丸鮮卑東夷傳〉弁辰條. "변진은 진한과 섞여 살았고, 역시 성곽이 있고, 의복과 거처는 진한과 같다. …또한 폭이 넓은 세포를 만들었다(弁辰與辰韓雜居, 亦有城郭, 衣服居處與辰韓同. …亦作廣幅細布)."

76) 《宣和奉使高麗圖經》卷20〈婦人〉. "신이 삼한의 의복제도를 들었지만, 염색에 대해서는 듣지 못했습니다. 다만 꽃무늬만은 금했습니다. …옛 풍속에 여자의

〈그림 11·11-1〉 청원 송대리
유적 출토 말모양
허리띠고리의 평직물 흔적

〈그림 12〉 김해 양동리 유적 출토
마직물 조각

하겠다. 실제로 삼한시대에 속하는 충청북도 청원군 송대리 유적에서 출토된 말모양 허리띠고리(그림 11·11-1)[77], 철도끼와 철제 손칼 등에 평직의 직물 흔적이 남아 있다. 같은 삼한의 유적인 김해 양동리 유적(서기전 2세기~서기 5세기)에서는 천조각(그림 12)이 출토되었고, 청동거울에도 직물 흔적이 남아 있다.[78] 그 밖에 삼한시대에 속하는 천안 청당동 유적에서도 평직의 직물조각(그림 13)[79]이 출토되었다.

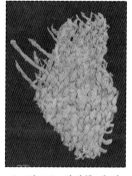

〈그림 13〉 청당동 유적
출토 평직물 조각

옷은 무늬 없는 저로 만든 황색(黃色) 치마였고, 위로는 공족과 귀가에서 아래로 백성과 하층민 및 처첩에 이르기까지 한 모양이어서 구별이 없습니다("臣聞三韓衣服之制, 不聞染色. 唯以花文爲禁. …舊俗女子之服白紵黃裳, 上自公族貴家, 下及民庶妻妾, 一槪無辨.").

77) 국립부여박물관,《고대직물》, 중앙문화재연구원, 2011, 18쪽의 09, 국립청주박물관 소장.
78) 국립부여박물관,《고대직물》, 24쪽의 13·26쪽의 14, 국립김해박물관 소장.
79) 국립부여박물관,《고대직물》, 27쪽의 15, 국립중앙박물관 소장.

이러한 내용들로부터 고조선시기 거의 대부분의 지역에서 경마로 전과 저를 생산했고, 또 섬세한 세포인 전보다 더 고운 마직물을 만들 수 있는 최고의 직조기술을 갖고 있었음을 알 수 있다. 부여에서는 백포로 만든 소매가 큰 포(袍)와 바지를 입었고[80], 거상(居喪) 때 부인들은 포면의(布面衣)를 입었다.[81] 부여가 생산했던 포는 고구려와 마찬가지로 대마와 선마 및 경마이며, 경마로 전과 저를 만들었을 것이다. 숙신도 포를 생산했고[82], 동옥저가 포를 조세로 받았던 것으로[83] 보아 이들도 많은 포를 만들었음을 알 수 있다.

〈그림 14〉 고령 지산동 고분군 출토 금동관에 보이는 직물

실제로 가야에서도 마직물 생산이 활발했음이 경북 고령군에 위치한 고령 지산동 고분군에서 다양하게 나타난다. 금동관(그림 14)과[84] 은제장식 투겁창, 철탁, 화살통장식, 철도끼등에서 이다. 합천 옥전 고분군에서 출토된 철제 투구에서도 평직물의 흔적(그림 15)이 보인다.[85]

이처럼 열국시대의 여러 나라들은 모두 고조선의 고유한 직물기술을 그대로 이어 받아 다양한 마직물을 생산하여 복식의 재료로 삼았음

80) 《三國志》 卷13 〈烏丸鮮卑東夷傳〉 夫餘傳. "국내에 있을 때 옷은 무늬 없는 것을 숭상하여 무늬 없는 포로 만든 큰 소매의 포와 바지를 입으며…(在國衣尙白, 白布大袂袍·袴…)."
81) 《三國志》 卷13 〈烏丸鮮卑東夷傳〉 夫餘傳에서 배송(裵松)은 《위략》의 내용을 빌어 "거상에 남녀가 모두 흰 옷을 입었고, 부인은 포면의를 입었다(其居喪, 男女皆純白, 婦人着布面衣)"라고 하였다.
82) 《晋書》 卷97 〈東夷列傳〉肅愼氏傳. "…布로 襠을 만드는데 길이는 1척 남짓하며 이것으로 앞뒤를 가린다(以布作襠, 徑尺餘, 以蔽前後)."
83) 《通典》 卷186 〈邊防〉〈東夷〉東沃沮條. "동옥저는 …조세로 초피·포·어·염을 받았다(東沃沮 …責其租稅貂布魚鹽)."
84) 국립부여박물관, 《고대직물》, 중앙문화재연구원, 2011, 36쪽의 21, 국립김해박물관 소장.
85) 국립부여박물관, 《고대직물》, 58쪽의 33, 국립청주박물관 소장.

을 알 수 있다. 이들 직물들이 고조선에서 계
승된 것임은 고려시대의 상소문 등에서 종종
외국의 물건을 금하고 우리나라의 토산물인
주(紬)86)·저포(紵布)·마포(麻布)를 써야 한다
고 한 내용으로부터 확인된다.87)

이후 신라에서도 건국 초기부터 마를 많이
재배했다.88) 왕실이 주도적으로 여자들에게
마포 생산을 권장하는 대회를 열었고, 남자들
에게는 활을 쏘게 하여 마포를 상으로 내리기
도 했다. 그 결과 마직물 생산기술은 더욱 발
달하여 문무왕 12년에는 40승포(升布) 6필과

〈그림 15〉 옥전 고분군 출토
철투구에 보이는 평직물

30승포 60필을,89) 경문왕 9년에는 40승 백첩포(白氎布) 40필과 30승 저
삼단(紵衫段) 40필을 당나라에 예물로 보냈다.90) 또한 일본에 금견(錦

86) 주(紬)는 굵은 실로 두껍게 짠 누에천으로 면포(縣布)를 말한다. 면은 한반도
   남부에 있었던 예(濊)와 한(韓)에서 생산했다. 박선희, 《한국고대복식-그 원형
   과 정체》, 제1부 제3장의 〈고대 한국의 絲織物〉 참조.
87) 《高麗史》,〈志〉卷39 刑法二. "우리나라는 토양에 맞는 세저(細紵)와 마포만
   사용했는데, 여러 해를 입을 수 있어 상하가 넉넉했다. 지금은 귀족이나 천한
   사람이나 가리지 않고 다투어 다른 나라의 물품과 바꾸고 있다(我朝, 只用土宜
   細紵麻布, 而能多歷年所, 上下饒足, 今也, 無貴無賤, 爭貿異土之物)."; 《高麗史》,
   〈志〉卷39 刑法二. "(충렬왕 23년 5월) …비록 혼인을 하는 집에서도 주저(紬
   紵)만을 쓰고 힘써 검약함을 좇아서 풍속을 이룰 것이며…(雖婚姻之家, 止用紬
   紵, 務從儉約, 以成風俗)."
88) 《南史》卷79〈列傳〉新羅條. "토지가 비옥하고 오곡을 심기에 마땅하고, 뽕과
   마가 많아 겸과 포로 된 옷을 지었다(土地肥美, 宜植五穀多桑麻作縑布服)".
89) 《三國史記》卷7〈新羅本紀〉文武王條. "(문무왕 12년) …우황 120푼·금 120
   분·40승포 6필·30승포 60필을 바쳤다(…牛黃百二十分·金百二十分·四十升布六
   匹·三十升布六十匹)."
90) 《三國史記》卷11〈新羅本紀〉景文王條. "(경문왕 9년) 가을 7월에 왕의 아들
   소판과 김윤 등을 당에 보내어 은혜를 사례하고, 겸하여 말 2필·부금 1백 냥·
   은 2백 냥·우황 15냥·인삼 1백 근·큰 꽃무늬 어아금 10필·작은 꽃무늬 어아금
   10필·조하금 20필·40승 백첩포 40필·30승 저삼단 40필…을 보냈다(秋七月, 遣
   王子蘇判金胤等入唐謝恩, 兼進奉馬二匹, 麩金一百兩, 銀二百兩, 牛黃十五兩, 人蔘
   一百斤, 大花魚牙錦一十匹, 小花魚牙錦一十匹, 朝霞錦二十匹, 四十升白疊布四十匹,
   三十升紵衫段四十匹…)."

絹)과 포를 예물로 보내기도 했다.91)

그 외에도 신라에서는 치밀포(緻密布)92)와 금홀포(金忽布, 金揔布·金總布)를 생산해 중국에 예물로 보냈다.93) 이 금홀포에 대해서는 아직 해석된 바가 없다. 그런데 《설문해자》의 조(絩)에 대한 설명에서, "《漢律》曰 …布謂之總綬組"라 하여 총(總)은 여러 가닥의 꼬은 실로 설명되고 있어 종(緵)이나 승(升)과 같은 의미로94) 사용되었음을 알 수 있다. 그러므로 금총포는 금실을 꼬아 섞어 짠 섬세한 저포일 것으로 추정된다.

〈그림 16〉 경주 천마총 출토 직물편

경주 천마총(서기 5세기 말~서기 6세기 초)에서는 금속유물에 부착되어 나온 직물과 안장의 상부에 남은 온전한 형태의 직물 편들이 출토되었다. 출토된 직물은 마직물(그림 16), 견직물, 모직물 등 다양한데, 평직에 금박을 입힌 직물, 경금 등도 보인다.95)

신라는 서기전 1세기경에 고조선에 속해 있던 진한(辰韓)에서 건국되었다. 그러므로 신라가 다양한 종류의 포를 생산할 수 있었던 것은 한(韓)에서 경마로 저포와 광폭세포(廣幅細布) 또는 백저포 등을 생산했던 기술을 이어받아 발전시킨 것이라 할 수 있다. 이는 김춘추가 당나

---

91) 《日本書紀》卷29〈天武天皇 下〉. "甲子에 신라에서 …조물은 금·은·철·정·금·견·포·피·말·개·나귀·낙타의 10여 종이었다(甲子新羅遣 …調物, 金·銀·鐵鼎, 錦·絹·布·皮·馬·狗·驟·駱駝之類十餘種)."
92) 《三國遺史》卷5〈感通〉善律還生. "섬세하게 짠 포도 이불 틈에 감추어 둔 것이 있습니다(并藏緻密布於寢褥間)."
93) 《三國史記》卷5〈新羅本紀〉眞德女王條. "(眞德女王 7년) 겨울 11월에 사신을 당에 보내어 금총포를 바쳤다(七年冬十一月, 遣使大唐, 獻金總布)."
94) 《儀禮》〈喪服〉에서 "布, 八十縷爲升"이라 했고, 《漢書》〈王莽傳〉의 '종'(緵)에 대하여 孟康이 "緵, 八十縷也"라 했다. 또한 《說文解字》는 종(稯)에 대하여 "布之八十縷爲稯"이라 했다. 승(升)은 종(緵)과 같은 뜻이다. 종(緵) 및 종(稯)은 통용이고, 종 또는 총(總)·총(揔) 등으로도 썼다.
95) 국립부여박물관, 《고대직물》, 116쪽의 69, 국립청주박물관 소장.

라의 복제(服制)를 받아들이기 이전까지 한의 고유한 복식 차림새를 그대로 따른 것에서도[96] 알 수 있다.

백제는 한강유역에서 건국하자마자 곧 마한지역을 점령했기 때문에 한의 마직물 생산기술을 이었다고 할 수 있다. 이는 서기 396년 고구려 광개토대왕의 공략을 받은 백제의 아신왕이 투항하며 세포 1,000필을 바친 사실에서 알 수 있다.[97] 백제는 고구려와 의복이 거의 같았다고 하므로[98] 백제에서도 고구려에서 생산했던 추포와 세포 및 세백포·60종포·청포(靑布) 등을 생산했다고 여겨진다. 실제로 베틀에 딸린 제구의 하나로 잉아의 뒤와 사침대 앞 사이에 날실을 걸치도록 만든 나무 부속인 비경이(그림 17)[99]가 부여의 궁남지 유적에서 출토되었다. 충남 공주시 소학동에 위치한 보통골 고분군에는 청동장식품을 감싼 상태의 평직물이 발견되었다(그림 18).[100] 공주 무

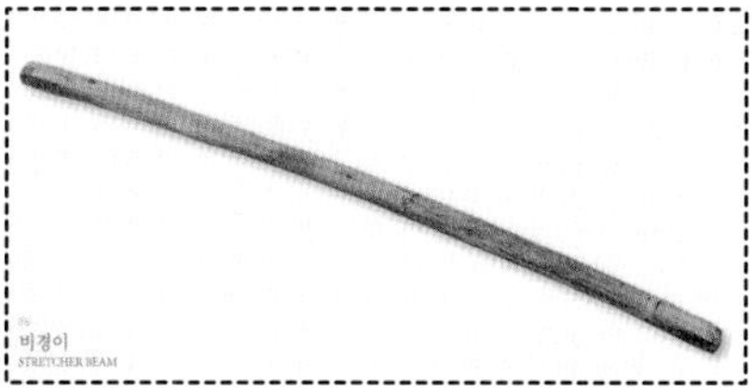

〈그림 17〉 부여 궁남지 출토 비경이

〈그림 18〉 공주 보통골 고분군 출토 마직물이 청동장식품을 감싸고 있는 모습

96) 《高麗史》, 〈志〉 卷26 輿服 1. "동국은 삼한으로부터 의장과 복식이 고유한 풍속을 좇다가 신라 태종왕에 이르러 당의 제도를 따르기를 청했고, 그 뒤 관복제도는 차츰 중국을 따랐다(東國自三韓, 儀章服飾循習土風, 至新羅太宗王, 請襲唐儀, 是後, 冠服之制, 稍擬中華)."

97) 《廣開土王陵碑》. "…백잔(百殘)이 의(義)에 복종치 않고 감히 나와 싸웠다. (광개토)왕이 크게 노하여 아리수를 건너 정병(精兵)을 보내어 성을 압박했다. …이에 (백)잔주(殘主)가 곤핍해지자, 男女生口 1천 명과 세포 1,000필을 바치고 (광개토)왕에게 투항하여, 지금부터 영구히 노객(奴客)이 될 것을 맹세했다(殘不服義, 敢出百戰, 王威赫怒, 渡阿利水, 遣刺迫城. □ □歸穴□便圍城, 而殘主困逼, 獻出男女生口一千人, 細布千匹, 歸王, 自誓, 從今以後, 永爲奴客)."

98) 《隋書》 卷81 〈列傳〉 百濟. "그들의 의복은 고려(고구려)와 대략 같다(其衣服與高麗(高句麗)略同)."; 《南史》 卷79 〈列傳〉 百濟傳. "언어와 복장은 대략 고(구)려와 같다(言語服章, 略與高麗同)."

99) 국립부여박물관, 《고대직물》, 12쪽의 그림 5, 국립청주박물관 소장.

〈그림 19·19-1〉 무령왕릉 출토
청동다리미 밑면에 보이는 평직물

령왕릉에서는 청동다리미 밑부분에
서 여러 겹의 섬세하게 짜여진 평
직물이 보인다(그림 19·19-1).[101]

〈표〉 한국 고대 마직물의 우리말 찾기

한자어	우리말
마포(麻布)	삼베
세마포(細麻布)	고운 삼베
흑마포(黑麻布)	검은 삼베
전(絟)	거친 모시
저(紵)	고운 모시
청포(靑布)	푸른 모시
문저포(紋紵布)	무늬고운모시
세저포(細紵布)	고운모시
홍저포(紅紵布)	붉은 고운모시
황저포(黃紵布)	누런 고운모시
백저포(白紵布)	민무늬 고운모시
금총포(金摠布)	금실 모시
광폭세포(廣幅細布)	넓은 폭 모시

100) 국립부여박물관, 《고대직물》, 72쪽의 그림 42, 국립공주박물관 소장.
101) 국립부여박물관, 《고대직물》, 74쪽의 그림 43·75쪽, 국립청주박물관 소장.

3) 누에천 생산의 고유성과 생산품의 우리말

고대 한국에서 생산한 사직물(絲織物)의 종류는 매우 다양하다. 예컨대 금(錦)·견(絹)·면(緜)·주(紬)·겸(縑)·증(繒)·백(帛)·능(綾)·기(綺)·환(紈)·나(羅)·사(紗)·단(緞)·연(練)·사곡(紗縠)·초(綃) 등이다. 사(絲)는 《설문해자》에서 "누에가 토해낸 것이다. 두 개의 사(糸)를 따랐고, 모든 누에실에 속하는 것은 모두 사(絲)를 따랐다"[1]고 했다. 누에실은 누에의 체내 좌우에 있는 두 사선(絲腺)에서 나오는데, 누에고치실에서 나오는 천연의 세리신을 이용해 두 가닥을 접착하여 뽑는다. '사'(絲)는 누에실이 어떻게 만들어졌는가를 대표하는 글자가 되고, '직'(織)은 이를 어떤 가공과정을 거쳐 어떻게 짰는가를 대표하는 글자가 될 것이다. 한 가닥으로 보이는 고치실은 누에의 체내 좌우에 한 개씩 있는 사선에서 나오는 두 가닥의 피브로인을 세리신이 덮는 형태로 접착한 것이다. 따라서 허신(許愼)이 "從二糸"라고 서술한 것은 누에실 뽑는 과정을 세밀하게 관찰한 결과라고 생각된다.

《한서》〈공손홍복식아관전〉(公孫弘卜式兒寬傳)에서 "첩(妾)은 사(絲)를 입지 않는다"고 했고, 《사기》〈평준서〉(平準書)에서는 "고조(高祖)는 상인들에게는 사로 만든 옷을 입지 못하게 하고 마차를 타지 못하도록 명령했다"고 했다. 또한 《산해경도찬》(山海經圖贊)〈중산경〉(中山經)에서 "양잠을 하지 않으면 사가 없고, 곡식을 심지 않으면 수확을 거둘 수 없다"라 한 것으로 보아 사를 폭넓게 누에천을 총칭하는 단어로 사용했음을 알 수 있다. 그러나 후대에 쓰여진 《발해국지장편》〈식화고〉(食貨考)에서는 "깨끗한 누에고치에서 실머리를 뽑아내 사라 한다"고 하여[2] 실의 의미로 사용한 예도 있다. 그러므로 누에실로 짠 천의 총칭으로 사는 적합하지 않으며 사직물로 부를 수 있을 것이다.

---

1) 《說文解字》. "絲, 蠶所吐也. 從二糸…, 凡絲之屬皆從絲."
2) 《漢書》卷58〈公孫弘卜式兒寬傳〉. "妾不衣絲.";《史記》卷30〈平準書〉. "高祖乃令賈人不得衣絲乘車.";《山海經圖贊》〈中山經〉. "不蠶不絲, 不稼不穡.";《渤海國志長編》卷17〈食貨考〉. "抽引精繭出緒曰絲."

종래의 연구에서는 이들을 총칭하여 모두 견직물(絹織物) 또는 비단 (緋緞), 주단(綢緞) 등으로 불렀다. 이렇게 부정확한 명칭을 사용해온 것 은 사직물(누에천)에 대한 정확한 한민족의 명칭이 없는 상태에서 습관 적으로 불러 온 대중적인 명칭이 그대로 수용되어 왔기 때문이라고 생 각된다.

《설문해자》는 견(絹)을 "증으로 보리줄기 같다(繒, 如麥稍)"고 했다. 또 증(繒)은 백(帛)이라고 했다. 《본초강목》에는 "백(帛)은 물들이지 않 은 누에실로 짠 것이고, 길이가 수건처럼 긴 까닭에 그 글자는 白과 巾 을 따랐다. 두터운 것은 증이라 하고, 겹실로 짠 것은 겸(縑)이라 한다" 는 내용이 있다.[3] 《설문해자》에서는 '견'(稍)을 '보리줄기'라고 했다.[4] 이 같은 견에 대해서 《발해국지장편》의 〈식화고〉는 "삼가 《석명》(釋名) 의 '견은 질긴 것이다. 그 실이 질기고 두터우면서도 성글다'고 한 것을 살펴보면, 《광아》(廣雅)에 '견은 겸(縑)'이라 했고, 《본초강목》에는 '견은 성근 백(帛)으로, 날것은 견(絹)이라 하고, 익힌 것은 연(練)'이라고 했 다. 인안(仁安) 9년 당(唐)에서 견을 내렸다"[5]고 하여 앞의 설명을 뒷받 침해 준다. 즉 견은 가공하지 않은 누에실로 짠 것으로, 두텁게 짠 것을 증 또는 백이라 하고 삶아 짠 것을 연이라 했다.

단(段)은 단(緞)이라 쓰기도 한다. 단에 대해 《설문해자》에는 "椎物 也. 從殳耑, 省聲"이라 했다. 즉, 물건을 묶는다는 뜻이다. 《천공개물》(天 工開物) 〈내복〉(乃服)에 "단은 먼저 실을 물들인 뒤 짠 것"[6]이라 했다. 신라 경문왕 9년에 왕자 김윤을 사은사로 보낼 때 단을 예물로 보냈던 것으로[7] 보아 통일신라 때 이를 생산했음을 알 수 있다. 그 밖에 고려 공양왕 3년에 단을 세(稅)로 거두었다는 것으로 보아[8] 고려시대부터

---

3) 이 책의 제4부 제1장 1절 1의 주 20과 같음.
4) 《說文解字》. "稍, 麥莖也."
5) 《渤海國志長編》 卷17 〈食貨考〉. "謹案釋名絹紐也. 其絲紐厚而疏也: 廣雅絹縑也. 本草綱目云: 絹, 疏帛, 生日絹, 熟日練, 仁安九年, 唐賜以絹."
6) 《天工開物》 〈乃服〉. "先染絲而後織者日緞."
7) 《三國史記》 卷7 〈新羅本紀〉 景文王 9年條.

단의 생산이 일반화되었던 것 같다.

중국의 경우도 송대에 와서 단 생산이 크게 발달했기 때문에, 그보다 앞서 중국에서 신라에 예물로 보낸 단은 그냥 단과 채단(綵段)의 두 종류뿐이었으나9) 이후 중국에서 고려에 보낸 단은 종류가 다양하여 금단(金段)·수단(繡段)·능소단(綾素段) 등이 있었다.10) 이상과 같이 단에는 여러 종류가 있었는데, 비단(緋緞)도 그 가운데 하나로 붉은색의 두터운 사직물(누에천)이었다.11)

한국에서는 비단과 함께 주단(綢緞)이 실크의 총칭인 것처럼 사용되고 있으나 이 역시 잘못된 것이다. 주(綢)는 《설문해자》에서 "繆也"라 했고, 무(繆)는 "枲之十絜也一曰綢繆"라고 했으며, 시(枲)는 "麻也"라 했고, 혈(絜)은 "'麻一耑也"라 했다.12) 《시경》13)이나 《한서》14)에서는 주와 무(繆)를 통용했고, 땔나무 등을 묶는 끈의 뜻으로 쓰였다. 또한 《시경》〈소아〉(小雅)에서는 주가 곱고 가지런하다는 뜻으로 쓰였다.15) 그러므로 주단은 비단과 마찬가지로 재질이 두텁고 촘촘하며, 한쪽 면에 윤기가 나도록 짠 실크라 하겠다.

이 같은 내용으로 볼 때, 한국에서 현재 일반적으로 모든 사직물(누

---

8) 《高麗史》卷79 〈志〉食貨2. "恭讓王 3년 3월에 …바라건대 지금부터 紗·羅·綾·段·絹子·綿布 등은 모두 官印을 사용하고, 그 가볍고 무거운 것과 길고 짧은 것에 따라 하나하나 稅를 거두고…(恭讓王三月三日, …願自今其紗羅綾段絹子綿布等, 皆用官印, 隨其輕重長短, 逐一收稅…)."

9) 《三國史記》卷4 〈新羅本紀〉眞平王條. "賻物段二百."; 《三國史記》卷5 〈新羅本紀〉眞德王條. "賜綵段三百."; 《三國史記》卷7 〈新羅本紀〉文武王條. "以金銀器及雜綵百段."

10) 《高麗史》卷31 〈世家〉忠烈王 22년조. "12월 辛亥에 帝가 王에게 金 4錠과 金段 2필·絹 2필을 내리고, 從臣에게 銀 5千錠·金段 18필·繡段 10필·綾素段 578필·絹 486필을 내렸다(十二月辛亥, 帝 賜王金四錠, 金段二匹, 絹二匹, 賜從臣銀五十錠·金段十八匹·繡段十匹·綾素段五百七十八匹·絹四百八十六匹)."

11) 《說文解字》. "緋帛, 赤色也."

12) 《說文解字》에서 "繆, 枲之十絜也. 一曰綢繆"라 했고, 枲는 '麻也'라 했고, "絜, 麻一耑也"라 했다.

13) 《詩經》〈唐風〉綢繆. "綢繆束薪."

14) 《漢書》卷76 〈張敞傳〉. "進退則鳴玉佩, 內飾則結綢繆."

15) 《詩經》〈小雅〉都人士. "저 군자 딸 綢의 곧기가 머리발 같다(彼君子女, 綢直如髮)."

에천)을 비단과 주단 등으로 부르는데 이것은 단이 많이 생산된 고려시
대부터 시작되었을 것으로 생각된다. 비단과 견 및 주단은 한국 고대
누에천의 총칭이 될 수 없으므로 시정되어야 할 것이다. 필자는 비록
처음이라 낯설지만 이 책에서 '누에천'을 한국 고대 사직물을 총칭하는
단어로 사용해 보고자 한다.

　종래의 연구에서 한국과 중국 및 일본 학자들은 고대 한국의 양잠
기술은 중국에서 수입된 것이라고 하였고, 지금도 마찬가지이다. 필자는
실제로 고대 한국의 양잠기술이 중국에서 수입되었는지 여부를 밝히기
위해《사기》와《한서》및《후한서》등의 기록과 고고학 발굴자료들을 면
밀히 검토하여, 고조선의 양잠기술이 중국에서 수입된 것이 아님과 평양
낙랑구역 무덤 출토 누에천들이 낙랑군이 아니라 최리왕의 낙랑국의 생
산품이라는 사실을 상세히 밝힌 바 있다.[16]

　중국의 누에천 생산은 서기전 2700년경부터였다. 중국에서는 실제
누에천이 1958년에 서기전 2700년경에 속하는 절강성 오흥현(吳興縣)
전산양(錢山樣) 신석기시대 유적에서 출토되었는데 집누에로 짠 것이었
다.[17] 이를 따라 중국 고고학계는 잠정적으로 서기전 2700년경을 누에
천 생산 시작연대로 보았고, 이후 그 연대를 더 끌어올리기 위해 노력
하였다. 1960년 산서성 예성현(芮城縣) 서왕촌(西王村)의 앙소문화 후기
층에서 도잠용(陶蠶蛹)이 가락바퀴 등과 함께 출토되었다. 이후 하남성
영양(榮陽) 청태촌(靑台村) 앙소문화 유적에서는 탄화된 누에천과 마직
물이 출토되었는데 발굴자들은 이 유적의 연대를 약 서기전 3700년경
으로 밝혔다.[18] 이런 여러 내용들은 앙소문화시대에 이미 방직이 시작
되었고, 누에천도 생산되었음을 확인시켜 준 셈이다.[19] 1978년 절강성
여요현 하모도의 신석기 유적(서기전 4900년)에서는 편직의 화문(花紋)

---

16) 박선희,《한국고대복식-그 원형과 정체》, 지식산업사, 2002, 125~188쪽; 박
　　선희,《고조선복식문화의 발견》, 지식산업사, 2011, 211~270쪽.
17) 回顧,《中國絲綢紋樣史》, 黑龍江美術出版社, 1990, 14~15쪽.
18) 越豊,《絲綢藝術史》, 文物出版社, 2005, 2쪽.
19) 回顧,《中國絲綢紋樣史》, 14쪽.

이 있고 누에가 그려진 그릇이 출토되었다.[20] 발굴자들은 이 누에를 집누에가 아닌 야생에서 집누에로 변화되어 가는 과도기의 것으로 보았다. 이로써 중국에서 누에천이 생산된 것은 야생누에의 경우 서기전 5000년경 이전으로 소급되고, 집누에의 경우 서기전 2700년경이라고 볼 수 있다. 고대 한국의 누에천 생산기술이 상·주 교체기에 중국에서 들어왔다는《한서》와《후한서》기록이 잘못임을 알 수 있다.

한국은 고대에 중국에서 누에천을 생산한 시기인 서기전 2700년보다 앞서 지금부터 약 6,000년 전에 이미 누에천을 독자적으로 생산하고 있었을 가능성이 크다. 요령성 동구현(東溝縣) 마가점진(馬家店鎭) 삼가자촌(三家子村)에 위치한 6,000년 전의 후와(后洼) 하층 유적에서 새김무늬 가락바퀴와 함께 벌레모양 조소품이 출토되어(그림 1·1-1),[21] 이러한 사실을 확인시켜 준다. 북한학자 조희승과 중국의 고고학자들은 이 조소품의 체형을 분석하여 누에로 추정했다.[22] 홍산문화에 속하는 내몽고 파림우기 나일사태 유적에서도 옥기가 다량 출토되었는데, 이 유적에서 새모양과 물고기모양 등의 조소품과 함께 옥잠 4개가 출토되었다(제3부

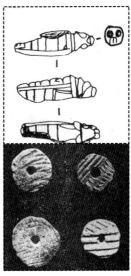

〈그림1·1-1〉
후와 하층 유적 출토
누에조소품과 가락바퀴

제1장 1절의 그림 1 참조).[23] 홍산문화의 또 다른 유적에서도 옥으로 만든 누에의 모형이 다수 출토되었다(제3부 제1장 1절의 그림 2~4 참조).[24]

20) 河姆渡遺址考古隊,〈浙江河姆渡遺址第二期發掘的主要收獲〉,《文物》, 1980年 第5期, 7~11쪽.
21) 許玉林·傅仁義·王傳普,〈遼寧東溝縣后洼遺址發掘槪要〉,《文物》, 1989年 12期, 1~22쪽, 圖 24의 10.
22) 조희승,《조선의 비단과 비단길》, 사회과학출판사, 2001, 12~13쪽.
23) 孫守道·劉淑娟,《紅山文化玉器新品新鑒》, 吉林文史出版社, 2007, 13쪽의 揷圖 13·14.
24) 巴林右旗博物館,〈內蒙古巴林右旗那斯台遺址調査〉,《中國考古集成》 東北卷 新石器時代(一), 北京出版社, 1997, 536쪽; 孫守道·劉淑娟,《紅山文化 玉器新品新鑒》,

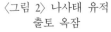

〈그림 2〉 나사태 유적   〈그림 3〉 홍산문화 유적
출토 옥잠   출토 옥잠

이러한 사실들은 고조선의 누에천 생산기술이
중국으로부터 수입된 것이 아니라 독자적인 발
달 과정을 이루었음을 입증해 주는 것이다. 아   〈그림 3-1〉 홍산문화
울러 기자에 의하여 고조선에 양잠기술이 전달   유적 출토 잠형 옥장식품
되었다는《후한서》〈동이열전〉에 나오는 기록은 기자를 높이기 위해 윤
색된 것임이 재확인된다. 한반도와 만주지역의 양잠기술은 홍산문화시
기부터 발전하였을 가능성이 커진다.

실제로 평양의 낙랑구역 무덤들에서 출토된 고조선시기 누에천의 특
성을 실험·분석한 결과 고조선에서 생산했던 누에천의 독자성과 고유성
이 확인되었다.25) 조희승은 "비단이 드러난 대표적인 묘들은 석암리 21
호·194호·205호·212호·214호·219호묘, 대동군 오야리 18호·19호묘, 정
백동 1호·2호·3호·37호·147호·166호·200호·389호묘, 정오동 1호·4
호·5호·12호·36호묘, 토성동34호·4호·486호묘들과 왕우묘(채협총)인
데, 여기에서 출토된 고대 비단들 가운데서 비교적 보존상태가 좋은 몇
례의 비단과 조선중앙력사박물관에 보존된 일제시기에 출토되었던 10
여 점의 고대 비단들과 함께 과학적으로 실험분석을 했다"26)고 말했다.

필자는 이를 더욱 분명히 하기 위해 조희승이 위의 묘에서 출토된
누에천을 분석한 〈고대비단 천 분석표〉와 1945년 이전 일본인에 의해

吉林文史出版社, 揷圖 13·14.; 載 烨·侯文海·鄭耿杰,《眞賞紅山》, 內蒙古人民出版
社, 2007, 76쪽.
25) 조희승,《조선의 비단과 비단길》, 사회과학출판사, 2001, 4~23쪽 참조.
26) 조희승,〈평양 락랑유적에서 드러난 고대비단에 대하여〉,《조선고고연구》, 사
회과학원 고고학연구소, 1996년 제1호, 20~24쪽.

분석된 〈고대비단 천 분석표〉[27]를 참고했다. 이들 천에 대한 실험분석표는 북한의 국가과학원 경공업과학분원 방직연구소 견가공연구실에서 진행된 것과 일본 교토 공예섬유대학 누노메 쥬로 명예교수의 실측자료이다.[28] 이들을 같은 시대의 중국의 누에천들과 비교·분석해 본 결과, 중국의 상대부터 한대까지의 평문견(平紋絹)은 날실과 씨실의 올수가 대체로 약 1 : 1이고, 전국시대의 평문견이 약 1.7 : 1 정도였다. 이와 달리 같은 시대인 고조선 평직천의 날실과 씨실 올수의 비율은 약 1.2 : 1~ 2 : 1로 매우 다양했다. 또한 중국 견의 경우 날실과 씨실의 직경이 같은 굵기인데 고조선 견의 실 직경은 매우 다양하게 나타났다.

또한 고조선 평문견의 섬유 직경은 약 7~11㎜으로 오늘날 생산되는 견섬유 직경의 평균 범위인 12~18㎜보다도 굵기가 훨씬 가늘어[29] 그 기술의 우수성을 충분히 짐작할 수 있다. 고조선이 생산한 누에실의 실 직경이 가는 것은 겹실로 짠 겸에서도 나타난다. 고조선 겸의 날실과 씨실의 올수가 중국 평문견에 사용된 홑실의 날실이나 씨실의 실 직경보다도 훨씬 가늘었다.

이렇게 실 직경이 가는 것은 나(羅)의 생산에서 더 뚜렷해진다. 중국의 나는 날실이 비교적 굵고 씨실은 가늘다. 그러나 고조선에서 생산한 나·평직견·겸 등은 모두 날실이 씨실보다 가늘었다.[30] 이는 현대의 누에천 생산 기술과 다름없는 높은 수준이었다.[31] 이렇듯 가는 실을 생산하여 중국보다 날실과 씨실의 밀도가 더 정교한 고조선만의 나를 생산했던 것이다. 이 같은 사실들은 고조선의 누에천 생산기술이 중국 직조기술에 의한 것이 아닌 독자적인 것임을 입증해 주는 것이다.

---

27) 조희승, 〈평양 락랑유적에서 드러난 고대비단에 대하여〉, 20~24쪽.
28) 조희승, 〈평양 락랑유적에서 드러난 고대비단에 대하여〉, 《조선고고연구》, 21쪽.
29) 위와 같음.
30) 박선희, 《한국고대복식-그 원형과 정체》, 147~149쪽 참조.
31) "경사(날실-warp)란 직물의 길이의 방향실로 일반적으로 위사(緯絲)에 비하여 꼬임도 많고 强한 실에 풀을 먹여 사용한다. 그 까닭은 織機에서 큰 힘을 받으며, 또한 북의 往來時 많은 摩擦을 받기 때문이다." 南相瑀, 《被服材料學》, 修學社, 1998, 221쪽 참조.

고조선의 누에천 생산기술의 또 다른 특징은, 누에실에서 생실을 뽑을 때 충분히 끓여 세리신을 완전히 제거하지 않고 반숙하여 수직기에서 짠 것으로 실 섬유들의 굵기가 매우 가늘어 2d에 못 미친다는 점이다.[32) 누에의 품종·사육시기에 따라서 차이가 있지만, 현대 생산 기술에서도 고치실의 섬도는 대체로 2.5~3.0d 정도[33)이다. 그러므로 고조선 섬유의 굵기가 현대의 섬유보다도 가늘게 생산되었음을 알 수 있다. 또한 고조선의 견처럼 정련 공정에서 세리신을 약간 남겨 두는 것이 탄성을 부여하는 데는 더 좋으며, 세리신이 섬유 표면에 0.5퍼센트가량 남아 있는 경우 완전히 정련된 경우에 견주어 염색이 최고 1.6배나 진하게 된다.[34)

이 같은 사실들은 고조선 사람들이 누에천 생산뿐만 아니라 염색기술 방면에도 높은 수준의 지식을 갖고 있었음을 나타낸다. 또한 고대한국의 사직물(누에천) 생산기술이 상·주 교체기에 중국에서 들어왔다는 사서의 기재는 의미가 없음을 알게 하며, 아울러 평양지역 출토 누에천 분석자료를 통해 평양 낙랑지역 문화의 국가 정체성을 새롭게 밝힐 수 있게 된다.

필자는 평양낙랑 유적 복식유물의 재료적 특성과 직조기술로 그 지역에 거주한 민족의 정체나 정치세력의 성격 등을 추적한 바 있다. 서기전 3세기에서 서기 2세기에 속하는 직물이 출토된 평양 낙랑구역의

32) 조희승, 〈평양락랑 유적에서 드러난 고대비단에 대하여〉, 《조선고고연구》, 사회과학원 고고학연구소, 1996년 제1호, 20~24쪽 참조. "중국에도 석잠누에와 넉잠누에가 있다. …사천석잠누에에는 몸에 반점이 없고 체격이 매우 작으며 경과가 빨라서 26일이면 고치를 틀기 시작한다. 고치는 작고 형태는 계란형 또는 짧은 방추형이다. 이 종의 고치는 실량이 적고 섬도가 현저하게 가늘다. 고치 질량은 1.106g이며 고치의 색갈(색깔)은 희다. 중국의 사천 석잠누에에는 색갈이 희며 형태는 길둥근형으로서 우리나라의 석잠누에와 생김새가 전혀 다르다. 우리나라의 것은 누런 황견이며 장구형이다. 우리나라 잠학계가 거둔 연구성과에 의하면 오늘날 중국종이라고 하는 길둥근형고치품종에서 장구형고치품종이 절대로 분리될 수 없다고 한다."
33) 남중희·신봉섭, 《실크과학》, 서울대학교출판부, 1998, 92·133·147쪽.
34) 남중희·신봉섭, 《실크과학》, 92·133·147쪽.

여러 묘들에서는 한민족이 생산한 석잠누에의 누에천만이 출토되었다. 또한 앞에서 서술한 바와 같이 낙랑구역에서 출토된 누에천들은 같은 시기 중국의 것과 다른 독창적인 직조방법과 염색기술 등을 보이고 있어35), 적어도 서기전 3세기에서 서기 2세기까지는 평양지역에 한사군의 낙랑군이 위치하지 않았다는 것이 확인된다.

《삼국사기》〈고구려본기〉와 《후한서》〈동이열전〉 등의 문헌자료와 고고학의 출토자료 등을 분석해 보면, 당시 대동강유역에는 최리왕의 낙랑국이 위치해 있었을 것으로 추정된다.36) 따라서 과거 일본인들이 한사군의 하나인 낙랑군의 유적과 유물로 해석한 평양 낙랑구역 출토 유적과 유물들은 낙랑군이 아니라 낙랑국 문화일 가능성이 큰 것이다.

《삼국지》〈위지〉(魏志) 예전(濊傳)에 따르면 진·한 교체기에 연(燕)·제(齊)·조(趙)의 백성 수만 명이 고조선으로 피해 왔고, 투항했던 연나라 출신 위만이 통치권을 빼앗았으며, 서한 무제가 위씨를 멸망시키고 군현을 설치한 뒤 한족(韓族)과 한족(漢族)이 서로 융화되기 시작했다고 했다.37) 위만이 조선의 영역을 통치했다고 하지만, 위만이 장악한 것은 고조선 서쪽 변경 일부지역의 상권(商權)이었을 뿐 통치권은 아니었다고 할 수 있다. 따라서 위만이 '퇴결이복'(魋結夷服)을 하고 고조선의 서부변경지역인 난하유역으로 건너오며 이후 이 지역에 한 무제가 군현을 설치하기까지 한반도와 만주지역의 한민족은 고유한 풍속을 그대로 지켜왔다고 하겠다.

한(漢)이 고조선의 서부변경 일부지역에 군현을 설치한 뒤부터 '호한초별무'(胡漢稍別無)라 하여38) 한민족의 고유한 풍속도 점차 한화(漢

---

35) 박선희, 《한국고대복식-그 원형과 정체》, 125~188쪽; 박선희, 《고조선복식문화의 발견》, 211~270쪽.

36) 박선희, 〈평양 낙랑유적 복식유물의 문화성격과 고조선〉, 《단군학연구》, 단군학회, 2009, 143~189쪽; 박선희, 《고조선복식문화의 발견》, 211~270쪽.

37) 《三國志》卷30〈魏志〉濊傳. "其後四十餘世朝鮮侯淮潛號稱王. 陳勝等起天下叛秦. 燕齊趙民避地朝鮮數萬口. 燕人衛滿魋結夷服, 復來王之. 漢武帝伐朝鮮, 分其地爲四郡. 自是之後, 胡漢稍別無."

38) 위와 같음.

化)되기 시작했고 한족도 한민족의 풍속에 점차 융화되기 시작했다고 하지만, 한(漢)은 이 지역을 중국의 영역으로 확보하기보다는 상권을 통해 이익을 추구하는 데 주력했다고 추정된다. 따라서 중국화시키기보다는 한민족의 고유성을 그대로 놓아두었을 것이다.

실제로 필자는 지난 연구에서 한반도와 만주지역에서 출토된 복식 자료 가운데 가락바퀴, 곡옥, 원형과 나뭇잎 모양의 장식, 긴 고리 모양의 허리띠 장식, 갑옷조각 등이 그 문양이나 양식 면에서 공통성을 지니면서도 중국이나 북방지역의 것과는 다른 차이점을 가지고 있음을 발견하였다. 또한 지역마다 조금씩 특성을 달리하기는 하지만, 한반도와 만주지역에서 사용한 가죽과 모피, 모직물, 마직물, 누에천, 면직물 등의 종류가 기본적으로는 같은 종류였음을 확인하였다. 또한 이것을 재료로 한 모자, 웃옷과 겉옷, 아래옷, 허리띠, 신 등의 복식 양식에서도 공통성을 확인하였다. 이러한 사실은, 복식물을 생산하고 사용했던 사람들이 동일한 정치체제를 갖는 하나의 국가에 속한 거주민들이었음을 보여 주는 것이다.

즉, 중국 및 북방지역의 복식 자료와 뚜렷한 차이를 보이는 한반도와 만주 지역 출토 복식 자료들을 분석하여 그 특징과 공통성을 확인하고, 이 유물들을 출토지별로 지도에 표기하여 그 분포 범위로 고조선의 영역을 확인하면[39] 한사군 설치 시기 지금의 평양을 중심으로 한 한반도 북부지역에서는 여전히 한민족의 특징적인 복식유물들이 출토되는 것을 볼 수 있다. 뿐만 아니라 필자가 앞의 제3부 제1장에서 한사군의 위치로 비정한 지금의 요령성지역에서도 중국 서한의 유물과 한민족의 유물이 공존한다.[40]

서한 무제와 흉노와의 전쟁이 중국을 위기로 몰아넣게 되자 무제는 정벌정책을 공존정책으로 바꾸게 되었다. 즉, 투항한 흉노를 후(侯)로

---

39) 박선희, 〈복식 양식과 장식기법으로 본 고조선의 복식문화권〉, 《고조선 복식문화의 발견》, 지식산업사, 2011,465~482쪽.
40) 이 책의 제3부 제3장과 제4장 및 〈지도 2·3〉 참조.

봉하여 그들의 존재를 인정하고 교역의 이권을 장악해 나갔던 것이다. 이렇게 한의 공존정책이 소제(昭帝)와 선제(宣帝)로 이어지면서 정착되어 갈 때 바로 신라·고구려·백제 등이 건국되었다. 이때가 바로 서기전 1세기이다. 흔히 진·한 교체기 이후 중국의 이주민과 한 무제에 의해 고조선의 체제와 문화가 중국의 영향을 크게 받았다고 생각하지만, 삼국 등이 건국되기까지의 과정을 잘 살펴보면 한민족은 중국화되기보다는 민족 고유성을 거의 그대로 지켜왔고, 이 고유성은 그 뒤에도 그대로 이어진 것으로 보인다.[41]

고구려는 고조선 멸망 이후 주변의 소국들을 병합하여 국력을 다진 뒤, 한반도와 만주를 재통합하여 고조선의 천하질서를 재건하기 위한 '다물'(多勿)이념의 실현을 진행한다. 광개토대왕 때는 형식적으로 이루어졌고, 장수왕 때부터는 실질적인 통합을 추구했다.[42] 다물이념은 단순히 지난날의 고조선 영토만을 병합하기 위한 것이 아니라 통치질서의 재건을 의미하는 것으로서, 이 같은 노력은 복식방면에서도 예외가 아니었다.

'중원고구려비'(中原高句麗碑)의 내용에서 그러한 사실이 확인된다.[43] 비문에 따르면, 고구려왕은 신라왕에게 의복을 내려 주었고 신라를 동이(東夷)로 불렀다. 그리고 〈광개토왕릉비문〉(廣開土王陵碑文)에는 고구려는 고조선을 계승한 나라로서 한반도와 만주의 거주민들은 당연히 자

---

41) 박선희,《한국고대복식-그 원형과 정체》, 151~152쪽 참조.

42) 박선희,《고구려 금관의 정치사》, 경인문화사, 2002 참조.

43)《中原 高句麗碑》. "5월에 高麗大王의 相王公과 新羅 寐錦은 대대로 형제같이 지내기를 원하여 서로 守天하기 위해 동으로 왔다. 寐錦 忌 太子 共 前部 大使者 多亏桓奴 主簿 道德 등이 …로 가서 跪營에 이르렀다. 太子 共 …尙 …上共看 명령하여 太翟鄒를 내리고 …寐錦의 의복을 내리고 建立處 用者賜之 隨者…. 奴客人 …諸位에게 敎를 내리고 여러 사람에게 의복을 주는 敎를 내렸다.(太子 共 이) 고구려 국토 내의 大位 諸位 상하에게 의복과 受敎를 궤영에서 내렸다(五月中高麗大王相王公 □ 新羅寐錦世世爲願如兄如弟 …太子共前部大使者多亏桓奴主簿道德 □ □ □安 □ □去 □ □ 到至跪營 □ 太子共 □ 尙 □上共看節賜太翟鄒 □ 食 □ □賜寐錦之衣服建立處用者賜之隨者節 □ □ 奴客人 □ 敎諸位賜上衣服敎東夷寐錦? 還來節敎賜寐錦土內諸衆人 □ □ □ □ 王國土)."

신들의 속민이 되어야 한다는 내용이 보인다. 즉 "백제와 신라는 옛날에 속민이었다"하였고,44) "동부여는 옛날에 추모왕의 속민이었다"45)고 하였는데 이는 역사적 사실이 아니다. 이것은 고조선시기 한반도와 만주지역의 거주민들이 고조선에 속해 있었고, 고구려는 고조선을 계승한 나라이므로 백제와 신라 및 동부여를 모두 고구려왕의 속민이라고 생각한 것으로 보인다. 고구려왕이 신라왕에게 의복을 내린 것도 같은 의미로 해석된다.

고구려는 중국의 복식제도를 받아들이지 않았다. 고구려는 양진남북조시대부터 중국의 나라들에 자주 사신을 파견하여 화친관계를 유지하며 중국으로부터 유교·불교·음양 오행사상 등을 받아들였다. 그러나 고분벽화에는 오행사상과 관련된 내용은 많이 보이면서도 복식의 여밈새〔袵形〕나 전체 모습에서는 중국의 영향을 발견할 수가 없다. 실제로 현존하는 〈사신도〉(그림 4)46)에서 확인된다. 이 그림은 당 태종(서기 627년~서기 649년) 때의 고구려, 백제, 신라 사신을 그린 〈왕회도〉(王會圖)로서, 고구려 고분벽화들에 보이는 고구려 복식의 모습과 문헌자료에 서술된 고대 한국의 복식이 갖는 독자성을 계속 유지했음을47) 알게 해 준다.

이 같은 고구려의 복식과 달리 양진남북조시대의 중국은 대수관삼(大袖寬衫)과 칠사롱관(漆紗籠冠)이 유행했고, 현학(玄學)과 불교(佛敎)·도교(道敎)의 영향 아래 문인(文人)들은 가슴을 드러낼 정도로 관박(寬博)한 의복을 입었다. 또한 고구려 고분벽화에는 오행사상과 관련된 내

44)《廣開土王陵碑文》. "百殘·新羅舊是屬民, 由來朝貢."
45)《廣開土王陵碑文》. "東夫餘舊是鄒牟王屬民, 中叛不貢."
46) 李天鳴,《中國疆域의變遷》上册, 國立故宮博物院, 臺北, 1997, 80쪽. 그림은 당태종시기의 〈왕회도〉로서 고구려·백제·신라의 사신을 그린 것이다. 〈왕회도〉는 염립본(閻立本, 서기 ?~서기 673년)의 작품으로 알려져 있지만, 대만 고궁박물원에서 출판한 《고궁서화록》(故宮書畫錄)에 따르면 정품인지의 여부를 가리지 못하여 이 〈왕회도〉를 〈간목〉(簡目)에 열입(列入)시킨다고 했다.
47) 박선희, 〈고대 한국 복식의 여밈새〉,《한국고대복식-그 원형과 정체》, 293~410 참조.

용은 많이 보이지
만 일반복식은 변
화가 없고 추상적
인 인물들의 의복
에서만 일부 변화
를 보일 뿐이다.

　당시 중국에서는
전쟁의 확대와 함
께 북방의 소수민족
들이 대거 남하하여
황하유역의 한족과

〈그림 4〉〈왕회도〉에 보이는 고구려·신라·백제 사신

함께 거주하게 되면서 이들의 생활습속이 점차 융합하여 복식 방면
에서도 북방민족의 영향을 받아 고습(袴褶)이나 양당(裲襠)을 입게 되
었다. 수·당시기에 이르면 남자의 복식은 주로 복두(幞頭)나 사모(紗帽)
를 쓰고 원령(圓領)의 포삼(袍衫)을 입었다. 그러나 고구려 복식에서는
이 같은 모습들이 전혀 나타나지 않는다. 고구려는 멸망할 때까지 다물
이념의 실현과 함께 고조선으로부터 이어져 내려온 고구려 복식의 고유
성을 유지했다고 할 수 있다.

　신라는 고구려나 백제보다 늦게 외래문물을 받아들임으로써 그들
문화의 고유성을 오래 보존했다. 법흥왕(서기 514년~서기 518년) 때
중국과의 대외관계에 노력을 기울였지만 불교의 공인은 고구려나 백제
보다 늦게 이루어졌고, 법흥왕에 이르러 신분에 따른 복식의 차이를 제
도화했으나[48] 신라 고유의 것을 그대로 고수했다.[49] 이차돈 순교비에

─────────

48)《三國史記》卷4〈新羅本紀〉法興王 7年條. "봄 정월에 율령을 반포하여 처음으
　로 백관의 공복을 붉은 빛과 자줏빛으로 하는 등급을 제정했다(春正月, 頒示律
　令, 始制百官公服朱紫之秩)."
49)《三國史記》卷33〈雜志〉色服. "신라 초기의 의복제도는 그 색을 알 수 없다.
　23대 법흥왕에 이르러 처음으로 6부 사람들의 복색존비의 제도를 정했는데,
　역시 이속이었다(新羅之初, 衣服之制, 不可考色. 至第二十三葉法興王, 始定六部人

〈그림 5〉이차돈 순교비에
보이는 신라 복식

양각되어 있는 이차돈의 순교 당시 입은 의복양식(그림 5)이 좋은 증거가 된다.50)

신라는 진덕여왕 2년에 김춘추가 당에 가서 당의 복제를 따르겠다고 한 이후 진덕여왕 3년(서기 649년)부터 당의 복제를 그대로 받아들였다.51) 그리고 문무왕 4년(서기 664년)에 이르러서는 부인들까지도 중국의 복제를 따르도록 했다.52)

백제는 서기전 18년 부여계의 혈통을 가진 비류왕에 의하여 건국되었고, 후사가 없자 그의 동생 온조가 왕위를 이었다. 고이왕 때 국가의 경제기반을 튼튼히 하면서 서기 246년경부터는 지금의 북경과 천진지역에 진출하고, 이후 산동성과 강소성 및 절강성까지 그 세력을 확장하여 수나라가 중국을 통일하기 직전까지 중국 동부 해안지역을 지배했다.53) 백제는 이 같은 국력신장과 사회발전에 따라 고이왕 27년(서기 260년) 관제와 신분제를 엄격하게 정돈했다. 관직과 품계에 따라 왕은 물론 관리들도 정해진 색깔의 옷을 입도록 하여 신분제를 확립하고 그에 따라 권위를 세우고자 했던 것이다.54) 그러나 이 같은 복식의 제정에서 고구려와 마찬가지로 당시 중국의 복식제도를 받아들이지 않았다.

服色尊卑之制, 猶是夷俗)."
50) 국사편찬위원회 소장, 《慶州栢栗寺石幢記》.
51) 《三國史記》卷5〈新羅本紀〉眞德王 3年條. "봄 정월에 처음으로 중국의 의관을 착용했다(春正月, 始服中朝衣冠)."
52) 《三國史記》卷6〈新羅本紀〉文武王 4年條. "교서를 내려 부인들도 중국 의복을 입게 했다(下 敎婦人亦服中朝衣裳)."
53) 윤내현, 《한국열국사연구》, 지식산업사, 1998, 381~418쪽.
54) 《三國史記》卷24〈百濟本紀〉古尒王 27年條. "2월에 명령을 내려 6품 이상은 자줏빛 옷을 입고 은 꽃으로 관을 장식하며 11품 이상은 붉은 옷을 입으며 16품 이상은 푸른 옷을 입게 했다(二月, 下令六品已上服紫, 以銀花飾冠. 十一品已上服緋, 十六品已上服靑)."

백제는 중국 농업경제의 기초가 되는 지역을 지배했기 때문에 중국의 농업기술을 받아들였을 가능성을 생각해 볼 수 있으나, 양잠 기술은 마한 지역이 이미 오랜 역사와 큰 보급량을 갖고 있었다. 마한에서는 이미 면포를 생산하여 대중화했기 때문에 백제인들이 사용한 금·나·견·백·겸포(縑布) 등은 마한으로부터의 기술을 이어받아 충분히 생산할 수 있었던 것이다. 오히려 백제사람들의 누에천 생산이 중국에 영향을 주었을 가능성이 더 크다. 아래에서도 밝혔지만, 겸이나 근이 한반도에서는 대중화되어 귀하게 여겨지지 않았던 것과는 달리 중국에서는 누에천의 사용을 지배계층에게만 국한하여 규제하고 있었기 때문이다.55)

따라서 백제는 적어도 수나라가 중국을 통일하기 이전(서기 589년) 자신들이 중국 동부 해안지역을 지배하던 시기까지는 정복국으로서 면모를 가지며 백제의 복식을 고수했다고 볼 수 있다. 이는 앞에 제시한 〈왕회도〉에서 확인된다. 이 그림에 나타나는 고구려·백제·신라 사신들의 의복은 7세기의 모습인데, 이보다 앞선 4세기에 해당하는 고구려 벽화고분인 안악 3호 고분벽화·각저총·약수리 고분벽화 등에 보이는 복식과 같은 모습을 하고 있다. 백제의 복식이 고구려와 같다고 한 문헌자료56)로 보아 백제 및 고구려와 신라가 같은 계통의 복식을 착용했음을 알 수 있는데, 이는 고조선시대부터 전해온 고대 한국 복식의 특징을 당 초까지 그대로 고수한 것이라고 할 수 있다.

이 시기 한반도에서 생산된 누에천은 당시 중국의 누에천과 문양의 기법에서 이미 큰 차이를 드러냈다. 중국의 경우 양진남북조시대는 다양한 종족의 혼혈과 함께 문화적인 혼합이 이루어진 상황 위에 서역(西域)을 통하여 들어온 불교문화의 성행과 페르시아나 로마 미술의 영향 등으로 누에천 문양도 형식과 내용 면에서 큰 변화를 갖게 되었다. 고

---

55)《漢書》卷1下〈高帝紀〉. "상인들은 물감을 들인 오색실로 섞어 짠 錦에 수놓은 옷, 무늬가 있는 綺로 만든 옷, 고운 베와 모시옷, 무늬 있는 모직물 옷을 입지 못하게 했다(賈人毋得衣錦繡·綺縠·絺·紵·罽)."

56)《隋書》卷81〈列傳〉新羅傳. "풍속·형정·의복은 대략 고구려·백제와 같다(風俗·刑政·衣服, 略與高(句)麗百濟同)."

구려 고분벽화나 위에 나열한 사신도 및 일본 정창원(正倉院)에 보관된 서기 7·8세기경에 만들어진 고구려와 신라의 누에천 및 신라의 모직물로 된 깔개[57] 등에는 이 같은 복합적인 문화 특색을 나타내는 중국의 문양이 이르기까지 보이지 않으며, 고대 한국의 고유한 문양만 나타난다. 이는 앞 절에서 실물을 표로 제시하였다.

고대 한국에서 생산한 누에천은 매우 종류가 다양하다. 고조선이 붕괴된 뒤 열국시대의 여러 나라에서는 지속적으로 이들 누에천의 특성을 더욱 개성있게 발달시켜 나갔다. 중국이나 북방과 비교되는 이들 직물의 고유한 특징에 대해서는 필자의 이전 저서에서 상세히 살폈다.

중국 누에천과 고조선 누에천을 비교하기 위해 누에 체세포의 염색체수, 날실과 씨실의 올수와 올수비, 실 직경, 섬유 직경, 실 충전도, 섬유단면의 계측값, 누에천 종류와 색상 등을 분석하였다.[58] 조희승은 누에의 품종에 대하여 "오늘의 모든 뽕누에 체세포의 염색체수(2n)는 56개이고 생식세포(n)는 28개이다. 중국을 비롯한 대륙에 야생하는 메누에도 체세포의 염색체수(2n)가 56개이고 생식세포(n)는 28개이다. 그런데 유독 우리나라에 야생하는 메누에의 반수체(n)만이 27개이다. …중국에도 석잠누에와 넉잠누에가 있다. …중국의 사천 석잠누에는 색갈이 희며 형태는 길둥근형으로서 우리나라의 석잠누에와 생김새가 전혀 다르다. 우리나라의 것은 누런 황견이며 장구형이다"라고[59] 밝혔다. 이러한 내용 등을 참고하면 고조선에서는 중국과 다른 품종의 누에로 양잠하여 독자적인 방법으로 다양하고 특색있는 누에천을 생산했음을 알 수 있다. 이들 독자적인 기술과 방법은 고조선의 유민들에게 그대로 전해졌고, 삼국 이후에는 더욱 양잠을 증가시켜 일반 평민들까지 누에천을 입을 수 있을 정도로 확대되었다고 하겠다.

---

57) 李如星, 《朝鮮服飾考》, 白楊堂, 1947, 295~296쪽; KBS 역사 스페셜, 1999년 2월 6일 방영.
58) 주 16·22와 같음.
59) 조희승, 〈평양 락랑유적에서 드러난 고대비단에 대하여〉, 《조선고고연구》, 23쪽.

앞에서 나열한 누에천 가운데 대표적인 몇 가지의 특징을 설명하고, 비교적 후대의 자료나 그 실물을 제시해 살펴보고자 한다.

금(錦)은 물감을 들인 오색실로 섞어 짠 누에천이다.[60] 《후한서》 〈동이열전〉에 "동이는 거의 모두 토착민으로서, 술 마시고 노래하며 춤추기를 좋아하고, 변(弁)을 쓰고 물감을 들인 오색실로 섞어 짠 누에천 〔錦〕으로 만든 옷을 입었다"[61]고 하여 고대에 한반도와 만주 일대에 위치하여 고조선에 속해 있던 나라들에서는 일반적으로 금으로 옷을 만들어 입었음을 알 수 있다. 《후한서》는 서기 25년부터 서기 220년까지의 동한시대에 관한 역사서이기 때문에 서기전 1세기경 고조선이 붕괴한 이후의 열국에 관한 당시의 상황을 연구하는 데 중요한 사료가 된다. 실제로 고조선의 금 (그림 6)이 조양지역에서 출토되었다.[62] 이 같은 고조선의 문화는 한민족 문화의 원형이라 할 수 있는데 이러한 한민족의 고유문화가 열국시대로 이어졌다.

고구려 사람들은 공공모임에는 모두 물감을 들인 오색실로

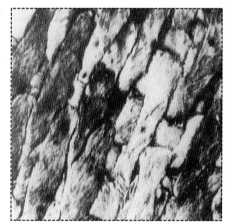

〈그림 6〉 요령성 조양 출토 고조선의 금 확대 부분

---

60) 《釋名》, 〈釋采帛〉. "금(錦)은 금(金)이다. 공을 들여 만들어 그 값이 금처럼 값지기 때문에 글자를 만드는데 백(帛)과 금(金)을 따랐다(錦, 金也. 作之用功, 重其價如金, 故其制字從帛與金也).";《渤海國志長編》卷17〈食貨考〉第四 錦綵. "삼가 설문의 '금(錦)은 물을 들여 무늬를 짠 것이다(錦, 襄色織文也)'라는 것을 살펴본다;《本草綱目》에서 '금(錦)은 오색실로 문양을 이루어 짠 것이다. 글자는 금(金)을 따랐고, 해성(諧聲)이다. 또한 이것을 귀하게 여겼다'고 했다(謹案設文錦襄色織文也: 本草綱目云: 錦以五色絲織成文章, 字從金諧聲, 且貴之也)."

61) 《後漢書》卷85〈東夷列傳〉序. "東夷率皆土著, 憙飲酒歌舞, 或冠弁衣錦."

62) 심연옥, 《한국 직물 오천년》, 고대직물연구소, 2002, 212쪽의 그림 Ⅱ-06. 위의 그림에서 보이는 고조선 經錦은 지금까지 출토된 것 가운데 가장 이른 시기의 것으로 요령성박물관 소장품으로 밝혔다.

〈그림 7〉 길림성 모아산 유적 출토
부여 금

섞어 수놓아 짠 누에천〔繡錦〕 옷을 입
었다.63) 부여 사람들은 물감을 들인
오색실로 섞어 수놓아 짠 누에천〔繡錦〕
으로 만든 옷과 청색 빛깔의 모직물
〔罽〕64) 옷을 즐겨 입었고,65) 동옥저
사람들은 고구려와 의복이 같았다.66)

부여에서 생산한 금이 길림성 모
아산 유적(그림 7)에서 출토된 바 있
다67). 고구려에서 금의 생산은 이후
더욱 발달하여 운포금(雲布錦)·오색
금(五色錦)·자지힐문금(紫地纈文錦)

등의 생산68)을 가져왔다. 고구려 사람들은 그들의 조국이 멸망한 이후
에도 금으로 만든 의복을 소중히 여기고 계속 사용했는데, 그 같은 사
실은 고구려 유민과 관련된 금석문(金石文)인 당 고종(高宗) 의봉(儀鳳)
4년(서기 679년)에 만들어진 연개소문의 장남인 천남생(泉男生)의 묘지
명(墓誌銘)의 내용에서 확인된다. 즉 "제기(祭器)를 안고 율여(律呂)를
살피다, 금수(錦繡)를 생각하며 낭묘(廊廟)에 올랐다. …그 사(詞)는 …
크게 국가의 경영을 도모하며 크게 백성의 삶을 살피었고 금(錦)과 수
(繡)의 옷을 입고 죄와 형을 논했다네. …작은 수레로 출무(出撫)하고,
금을 덧입고 새벽에 나서 높고 낮은 곳을 오르내리니 단주(亶洲)69)에

---

63) 《後漢書》 卷85 〈東夷列傳〉 高句麗傳. "其公會衣服皆錦繡, 金銀以自飾."
64) 이 책의 제4부 1장 1절 4)의 주 22 참조.
65) 《三國志》 卷30 〈烏丸鮮卑東夷傳〉 夫餘傳. "出國則尙繒繡錦罽."
66) 《後漢書》 卷85 〈東夷列傳〉 東沃沮傳. "언어·음식·거처·의복은 (고)구려와 비슷
    하다(言語·飮食·居處·衣服有似句驪.";《三國志》 卷30 〈烏丸鮮卑東夷傳〉 東沃沮傳.
    "음식·주거·의복·예절은 (고)구려와 비슷하다(食飮居處, 衣服禮節, 有似句麗)."
67) 심연옥, 《한국 직물 오천년》, 214쪽의 그림 08.01a.
68) 《翰苑》 〈蕃夷部〉 高(句)麗條.
69) 단주는 중국의 동해에 신선이 산다는 섬이다. 진시황이 서복(徐福)을 단주에
    보내 신선을 찾아오도록 한 유명한 이야기가 있다. 이곳서는 남생이 중국에서
    갇혀 살던 곳을 말한다.

갇혔다네"[70]라고 하여, 천남생이 금과 수로 만든 고구려의 옷을 입고 옛 고구려의 영광을 그리워하다 죽었다고 했다. 즉, 금수를 고구려의 고유한 상징으로 표현하고 있어, 고구려 멸망 이후에도 계속 그러한 풍속을 지켜 나갔음을 알게 해 준다.

마한사람들은 금을 널리 생산하고 이를 대중화하여 귀하게 여기지도 않았다.[71] 이후 백제와 신라 사람들도 한의 기술을 이어 금을 생산했다.[72] 백제가 건국 초기부터 누에치기를 권장했던 것도[73] 모두 고조선에 속해 있던 마한의 오랜 양잠과 그 직조 기술을 그대로 이은 것이라 하겠다.

고이왕(古尒王) 27년 관제(官制)를 정돈한 후 이어서 이에 따른 복식을 제정했다. 이때 왕은 자색(紫色)으로 된 큰 소매의 두루마기와 함께 청색(靑色)의 금으로 만든 바지를 입도록 했다.[74] 이 같은 금은 중국에 보내는 예물로도 사용되었다.[75] 백제에서 생산한 금이 충청남도 공주시 의당면 수촌리 고분군(4세기 후반~5세기 전반)에서 출토된 허리띠꾸미개(그림 8)[76]에서 일부 보인다.

〈그림 8〉 공주 수촌리 고분군 출토 백제 금

---

70) 《大唐故特進泉君墓誌》. "抱俎豆而窺律呂, 懷組繡而登廊廟. …其詞曰 : 訏謨國緯, 鳥弈人經, 錦衣繡服, 議罪詳刑(其一) …輕軒出撫, 重錦晨遊. 抑愓穋穴, 提封亶洲(其六)."

71) 《後漢書》 卷115 〈東夷列傳〉 韓傳. "금이나 보물과 물감을 들인 오색실로 섞어 수놓아 짠 누에천·청색 빛깔의 모직물 옷을 귀하게 여기지 않는다(不貴金寶錦罽)."；《後漢書》 卷85 〈東夷列傳〉 馬韓傳. "不貴金寶錦罽."；《三國志》 卷13 〈烏丸鮮卑東夷傳〉 馬韓傳. "不以金銀錦繡爲珍."

72) 《新唐書》 卷220 〈東夷列傳〉 百濟條. "왕은 소매가 큰 자주색 포와 푸른색 錦으로 만든 바지를 입었고…(王服大褽紫袍, 靑錦袴…)."

73) 《三國史記》 卷23 〈百濟本紀〉 始祖溫祚王 38年條. "3월에 사신을 보내 농업과 잠업을 권장했다(三月, 發使勸農桑)."

74) 《三國史記》 卷24 〈百濟本紀〉 古尒王條. "왕은 자색으로 된 큰 소매의 포와 푸른색 錦으로 된 바지를 입는다(王服紫大袖袍·靑錦袴)."

75) 《三國史記》 卷25 〈百濟本紀〉 蓋鹵王 18年條. "바친 錦布와 해산물은 비록 모두 오지 않았으나 卿의 지극한 마음은 잘 알았다(所獻錦布海物, 雖不悉達, 明卿至心)."

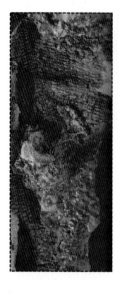

〈그림 9〉
경산 임당 고분군 출토
금동허리띠꾸미개에
붙어 있는 신라 금

신라는 건국부터 양잠을 권장했고,77) 일반 백성들이 금과 수놓은 옷을 입었다.78) 이후 진흥왕 15년과 문무왕 19년에는 좋은 금을 일본에 보냈고79) 진덕여왕 4년에는 오언시 〈태평송〉(太平頌)을 금에 짜 넣어 당나라에 보내기도 했다.80) 신문왕 2년에는 하금(霞錦)을 왜(倭)에 보내기도 했다.81) 이 같은 금의 생산기술은 더욱 발전하여 대화어아금(大花魚牙錦)·소화어아금(小花魚牙錦)·조하금(朝霞錦)82)을

---

76) 국립부여박물관,《고대직물》, 중앙문화재연구원, 2011, 76~77쪽의 그림44, 국립공주박물관 소장.

77)《三國史記》卷3〈新羅本紀〉朴赫居世 17年條. "王巡撫六部, 妃閼英從焉. 勸督農桑, 以盡地利."

78)《三國史記》卷3〈新羅本紀〉炤知麻立干 22年條. "가을 9월에 왕이 날기군에 갔다. 이 고을 사람 파로에게 딸이 있어 이름은 벽화라고 하고 나이는 열여섯 살인데 참으로 일국의 미인이었다. 그의 아버지가 그에게 錦繡를 입히고 물들인 견으로 가마를 덮어 씌워 왕에게 바쳤다(秋九月, 王幸捺己郡. 郡人波路有女子, 名曰碧花, 年十六歲, 眞國色也. 其父衣之以錦繡, 置轝覆以色絹, 獻王)."

79)《日本書紀》卷19〈欽明天皇〉15年條(주 62와 같음);《日本書紀》卷29〈天武天皇〉8年條. "甲子에 신라에서 아찬 김항나와 사찬 살류생을 보내 조공했다. 조공물은 金·銀·鐵·鼎·錦·絹·布·皮·말·개·노새·낙타의 종류로 10여 가지이다(甲子, 新羅遣阿飡金項那·沙飡薩虆生朝貢也. 調物, 金銀鐵鼎, 錦絹布皮, 馬狗騾駱駝之類, 十餘種)."

80)《三國史記》卷5〈新羅本紀〉眞德王 4年條. "6월에 사신을 당나라에 보내 백제를 무너트린 것을 알렸다. 왕은 錦을 짜 五言太平頌을 만들고, 김춘추의 아들 법민을 보내 당나라 황제에게 바쳤다(六月, 遣使大唐, 告破百濟之衆. 王織錦, 作五言太平頌, 遣春秋子法敏, 以獻唐皇帝)."

81)《日本書紀》卷29〈天武天皇〉10年條.. "乙酉에 신라에서 沙喙一吉飡 金忠平과 大奈末 金壹世를 보내서 예물을 주었다. 金·銀·銅·鐵·錦·絹·鹿皮·細布의 종류마다 각각 여럿이었다. 따로 天皇·皇后·太子에게 바치는 金·銀·霞錦·幡·皮의 종류가 각각 여럿이었다(乙酉, 新羅遣沙喙一吉飡金忠平·大奈末金壹世貢調. 金銀銅鐵錦絹鹿皮·細布之類各有數. 別獻天皇·皇后·太子, 金銀霞錦幡皮之類各有數)."

82) 이 책의 제4부 제1장 1절 1의 주 90과 같음.

〈그림 10〉 경산 임당
고분군 출토 말띠꾸미개에
붙어 있는 신라 금

〈그림 11〉 천마총 출토 금

생산하기에 이르렀다. 실제로 신라의 금을 경산 임당동 고분에서 출토된
유물들(그림 9·10)에서[83] 엿볼 수 있다. 또한 비교적 후대이지만 경주
천마총에서 화려한 색상의 금(그림 11)이 출토되었다.[84]

신라와 백제에서 중국에 예물로 금(錦)을 보낸 사실로 미루어 보아
한반도에서 생산된 금은 그 수준이 중국보다 앞섰거나 매우 특징적이었
을 것으로 생각된다. 고구려사람들은 공공모임에는 모두 물감을 들인
오색실로 섞어 수놓아 짠 누에천(繡錦) 옷을 입고 금(金)과 은으로 장식
한다[85]는 기록이 있는 것으로 보아 금으로 된 옷이 대중화되었음을 알
수 있다. 마한 사람들은 금(金)·보화·금(錦)·모직물 등을 귀하게 여기
지 않았으며, 오직 구슬을 귀중히 여겨서 옷에 꿰매어 장식하기도 하고
목이나 귀에 달기도 했다.[86] 고조선 사람들은 주변 지역보다 앞서 청동
으로 된 도구들을 이미 많이 사용했고, 청동으로 만들어진 화려한 단추
장식을 옷에 많이 장식했다. 청동은 그 광채가 금(金)보다 더욱 화려하
기 때문에 고조선 사람들이 금보다 선호하는 기호품이었고, 그러한 이

83) 국립부여박물관, 《고대직물》, 114쪽의 그림66, 영남대학교박물관 소장; 국립
    부여박물관, 《고대직물》, 115쪽의 그림67, 영남대학교박물관 소장.
84) 심연옥, 《한국 직물 오천년》, 216쪽의 그림 08.02.
85) 주 63과 같음.
86) 주 71과 같음.

유로 금이나 보화를 귀하게 여기지 않았었을 것이다. 사직물(누에천)과
질 좋은 가죽 또는 모직물 위에 청동단추와 장식품들이 어우러지면 매
우 화려하고 우아했을 것이다. 이로 보아 금(錦)으로 된 옷은 이미 대
중화 되어 모직물과 함께 주요한 복식재료였다고 생각된다.

견(絹)은 《설문해자》에서 "증(繒)으로 보리줄기 같다[87]고 했다. 증
은 두텁게 짠 누에천[88]이라 했고, 견(稍)은 보리줄기[89]라 했으므로, 견

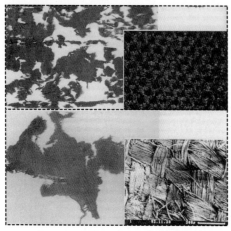

(絹)은 보리줄기처럼 두터운
누에실로 짠 누에천이라 해석
해야 할 것이다.

부여의 평견(平絹)(그림 12·
12-1)이 길림성 모아산 유적
에서 출토되었다.[90] 고구려에
서는 부세(賦稅)로서 견을 받
았던 것[91]으로 보아 견의 생
산이 일반화되었던 듯하다.

왕우묘(王旴墓)에서는   여
러 종류의 견(그림 13)이 출

〈그림 12·12-1〉 길림성 모아산 유적 출토
부여 평견과 부분 확대모습

토되었다.[92] 명문(銘文)이 있는 칠기도 출토되었는데 그 가운데 '영평
(永平) 12년'이라는 기록이 있었다. 영평 12년은 동한시대로 서기 69년
이 된다. 그리고 이 고분에서 수집된 목재를 이용하여 방사성탄소측정
을 한 결과는 서기 133년(1850±250 B.P.)이었다.[93] 왕우묘에서 출토된

87) 《說文解字》. "繒, 如麥稍."
88) 이 책의 제4부 제1장 1절 1의 주 20과 같음.
89) 《說文解字》. "稍麥莖也."
90) 심연옥, 《한국 직물 오천년》, 72쪽의 그림 03.01A·03.01B.
91) 《通傳》 卷186 〈邊防〉〈東夷〉"賦稅則絹布及栗."
92) 小場恒吉·梅本龜次郎, 《樂浪王光墓》, 朝鮮古蹟研究會, 昭和 10(1935); 駒井和愛,
    《樂浪》, 中央公論社, 昭和 47(1972), 5쪽.
93) 위와 같음. 王旴墓에서는 銘文이 있는 칠기가 출토되었는데 그 가운데 '永平
    十二年'이라는 기록이 있었다. 永平 12년은 東漢時代로 서기 69년이 된다. 그리

〈그림 13〉 왕우묘 출토
다양한 견의 확대사진

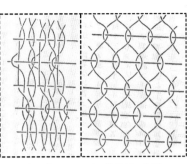

〈그림 14·14-1〉 왕우묘 출토
능문견 조직도

누에천이 서기 69년~서기 133년에 속한다
고 할 수 있는데 이 시기는 중국의 동한
시대이다. 견포(絹布)들은 동관(東棺)과 중
관(中棺) 및 서관(西棺)에서 많은 양이 출
토되었다. 발굴자들은 이 능문견(菱紋絹)들
의 일부 문양 조직도를 〈그림 14·14-1〉[94]
과 같이 제시하였고, 실제 출토된 모습은
〈그림 15〉[95]와 같다. 발굴자들은 이 가운데
〈그림 14〉는 경사 124, 위사 28로 매우 정
교한 직물이라고 밝혔다.[96]

〈그림 15〉 왕우묘 출토 능문견

　중국의 상대(商代) 평문(平紋)조직의 견
은 날실과 씨실의 올수가 대체로 같은데, 30올에서 50올 정도이다.[97]
이 같은 조직의 직조방법은 한대(漢代)까지 그대로 이어진다. 출토된 한
대의 누에천은 거의 대부분이 평문조직의 견이다. 일반적인 평문견은
날실과 씨실의 올수가 대략 서로 같으며 밀도는 ㎠당 50올~59올·40올

<hr />

고 이 古墳에서 수집된 木材를 이용하여 방사성탄소측정을 한 결과는 서기 133
년(1850±250 B.P.)이었다.

94）東京帝國大學文學部,《樂浪》, 刀江書院, 昭和 5(1930), 72쪽의 揷圖 37·38·39.
95）東京帝國大學文學部,《樂浪》, PL. CXXIV. 圖版124.
96）東京帝國大學文學部,《樂浪》,72쪽.
97）夏鼐,〈我國古代蠶,桑,絲,綢的歷史〉,《考古》, 1972年 第2期, 14쪽.

~49올·60올~69올이다.[98]

이처럼 고조선 누에천은 중국 누에천과 날실과 씨실 올 수의 비율·실 직경·직조방법·염색기술 등에서 큰 차이를 나타내고 있다.

이상에서 분석된 여러 가지 내용은 평양지역을 한사군의 낙랑군지역으로 보아 왔던 지난날의 한국 사학계의 통설이 잘못된 것임도 입증해 준다. 지금의 평양지역에는 한사군의 낙랑군과는 다른 한민족이 건국했던 최씨낙랑국(崔氏樂浪國)이 있었던 것이다.

신라에서는 건국조 박혁거세 거서간 17년(서기전 40년경)부터 양잠을 장려했고[99], 유리왕(儒理王)시대(서기 33년)에는 더욱 적극적인 잠업정책을 시행했다.[100] 이후 파사왕(婆娑王) 3년(서기 83년)에도 계속 양잠을 권장한 사실이 보인다.[101] 그 결과 색견(色絹)을 일반 평민들까지 사용하게 되었다.[102] 문무왕 5년(서기 665년)에는 견과 삼베의 계량 단위를 정한 것[103]으로 보아 견의 생산이 많았음을 알 수 있다.

견의 생산이 대량화된 결과 흥덕왕 9년 복제에 대한 규제를 강화하는 교지의 내용에서 다른 누에천과 달리 견은 육두품에서 평민에 이르기까지 모두 두루 사용하게 했던 것이다. 특히 평민들에게 속옷의 재료

---

98) 夏鼐, 위의 글, 17쪽.

99)《三國史記》卷1〈新羅本紀〉始祖赫居世西干 17年條. "백성들에게 농사와 양잠을 장려했다(勸督農桑)."

100)《通傳》卷185〈新羅傳〉. "(9년) 신라 6부를 둘로 나누어 王女 두 사람으로 하여금 각 부의 여자들을 통솔하여 7월 16일부터 매일 일찍 6부의 뜰에 모여 길쌈을 하게 하여 8월 보름에 그 성적을 따져 승부를 가리고 술과 음식을 승자에게 대접했다(王既定六部, 中分爲二, 使王女二人, 各率部內女子, 分朋造黨, 自秋七月既望, 每日早集大部之庭績麻, 乙夜而罷, 至八月十五日, 考其功之多少負者置酒食, 以謝勝者)."

101)《三國史記》卷1〈新羅本紀〉婆娑王 3年條. "春正月 …有司에게 농사와 양잠을 장려하고 군사를 훈련시켜 만일의 사변에 대비하게 했다(春正月 …宜令有司, 勸農桑練兵革, 以備不虞)."

102) 주 77과 같음.

103)《三國史記》卷6〈新羅本紀〉文武王 5年條. "겨울에 일선과 거열 두 주의 백성이 하서주에 군자를 보내니, 견과 포는 에전에 열 尋을 한 필로 했는데, 이를 고쳐 길이 일곱 步와 넓이 두자를 한 필로 했다(冬, 以一善·居列二州民輸軍資於河西州, 絹·布舊以十尋爲一匹, 改以長七步廣二尺爲一匹)."

로 견을 사용하게 했던 것104)으로 보아 이전에는 속옷의 재료로 견보다
더욱 고급의 옷감을 사용했을 가능성이 있고, 견은 생산이 많아 이미
귀한 옷감이 아니었던 것으로 생각된다. 이와 같이 생산량이 풍부한 견
은 4세기부터105) 5세기 초 일본에 보내졌고106) 오색힐견(五色纈絹)으로
만들어져 중국과의 교역에도 사용되었으며,107) 교견(鮫絹)을 만들어 진
영(眞影)을 그리는 데 사용하기도 했다.108) 백제에서는 일찍이 견을 생
산하여 서기 2세기경에는 오색채견(五色綵絹)을 생산하여 왜에 선물로
하사했고109), 고구려와 마찬가지로 부세로 받기도 했다.110)

겸(縑)의 특징에 관하여 《고악부》(古樂府)의 〈상산채미무〉(上山采蘼
蕪)에서는 "겸을 무늬 없이 짜는 것보다 성글게 짜는 것이 비교적 어렵
다"111)고 했고, 《설문해자》에는 겸은 병사(幷絲)로 짠 것이라고 설명되
어 있다.112) 《석명》(釋名)의 〈석채백〉(釋采帛)에는 "겸(縑)은 겸(兼)이라
고도 한다. 그 실은 가늘고 고우며, 여럿을 접하여 견(絹)을 만들어 겸
을 오색으로 물들이는데 가늘고 고와서 물이 새지 않는다"고 했고,113)

---

104) 《三國史記》 卷33 〈雜志〉 色服條.
105) 《日本書紀》 卷9 仲哀天皇 9年條. "신라왕 波沙 寐錦은 곧 微叱己知 波珍干岐를
  인질로 하여 금·은·채색 및 綾·羅·縑·絹을 80척의 배에 실어 보내며, 官軍을
  따르도록 했다(新羅王波沙寐錦, 卽以微叱己知波珍干岐爲質, 仍齎金銀彩色及綾·
  羅·縑·絹載于八十艘船, 令從官軍)."
106) 《日本書紀》 卷11 仁德天皇 7年條. "가을 9월 …신라인이 그를 두려워하여 헌
  납하니, 조물은 絹 1,460필 및 여러 가지 물건과 배 80척이었다(秋九月 …新羅
  人懼之, 乃貢獻, 調絹一千四百六十匹及種種雜物, 幷八十艘)."
107) 《諸蕃志》 卷上 〈新羅國〉. "중국에서 사신이 오면 반드시 날을 가린 뒤에 예를
  갖추어 조서를 받으며 …商船이 정박하면 오색으로 견을 엮고 한자로 널리 교
  역했다(中國使至, 必涓吉而後, 具禮受詔, …商船, 用五色纈絹及建本文字博易)."
108) 《三國遺事》 卷2 〈紀異〉 駕洛國記. "三尺 鮫絹에 초상화를 그렸다(以鮫絹三尺摸
  出眞影)."
109) 《日本書紀》 卷9 神功皇后 攝政 46年條. "이때 백제의 肖古王은 매우 기뻐하여
  대접을 후하게 하고, 五色 綵와 絹 각 한 필과 角弓箭 및 철 화살촉 40매를 爾
  波移에게 주었다(時, 百濟肖古王深之, 歡喜而厚遇焉, 仍以五色綵絹各一匹及角弓箭
  幷鐵鋌冊枚, 幣爾波移)."
110) 《周書》 卷49 〈列傳〉 百濟條. "賦稅以布絹絲麻及米等"
111) 《古樂府》, 〈上山采蘼蕪〉. "卽以織縑比織素爲慢, 織造也較難."
112) 《說文解字》. "縑, 幷絲繒也."

《급취편》(急就篇)의 "綈絡縑練素帛蟬"에 대해 안사고(顏師古)는 겸(縑)을 겸(兼)이라고도 하는데, 실을 겹쳐 짜 매우 치밀하다고 했다.114) 즉 겸은 가늘고 고운 겹실로 매우 치밀하게 짠 것임을 알 수 있다.

겸의 색상에 대해서는 《회남자》(淮南子)의 〈제속훈〉(齊俗訓)에 황색을 띠었다고 설명되어 있다.115) 현재까지의 출토자료로 보아 고조선에서 겸을 생산하기 시작한 상한 연대는 잠정적으로 서기전 3세기경인 중국의 전국 후기에 해당하는 시기로 생각된다. 중국의 경우 한대 이전의 사서에서는 겸이 보이지 않아 한대에 와서야 생산되었다고 여겨지는데, 이렇게 보면 고조선에서 겸을 생산하기 시작한 연대는 중국보다 앞선다고 하겠다.

고조선은 겸의 생산기술면에서도 중국보다 앞서 있었다. 정백동 200호(머리 부분의 겸)의 날실과 씨실의 실 직경은 각각 약 0.05mm와 약 0.056mm이고 정백동 200호(허리 부분의 겸)의 날실과 씨실의 실직경은 각각 약 0.03mm와 약 0.043mm이며, 정백동 389호 겸의 날실과 씨실의 실 직경은 약 0.037mm와 약 0.1mm이다.116) 겸은 병사(幷絲)로 짠 것이다. 그런데 고조선 겸의 실 직경은 중국 평문견에 사용된 병사하지 않은 날실이나 씨실의 실 직경인 약 0.1mm·0.08mm보다도 훨씬 가는 것으로 확인된다. 이러한 사실은 당시 고조선의 누에 실 생산기술이 중국보다 정교했음을 알게 해 준다. 그 까닭은 중국의 누에가 넉잠누에(사면잠)인 것과 달리 우리나라의 누에는 석잠누에(삼면잠)이며 이 석잠누에의 누에고치를 반숙하여 뽑은 누에실이기 때문이다. 넉잠누에의 실은 매우 굵으며 고치도 굵고 무겁기 때문이다.117)

중국의 경우 한대(漢代)에 지배신분층이 겸포(縑布)로 홑옷[118)]을 만들어 외출복으로 삼았던 점으로 보아 한대에 겸포가 대중화되지는 못했던 것으로 보인다. 이와 달리 한(韓)에 속한 마한[119)]과 진한[120)] 및 변진[121)]에서는 겸포를 생산했고 이어서 신라에서도 겸을 생산했다.[122)]

백제의 겸 생산에 관한 실물이 부여 능안골 고분군(그림 16)[123)]과 부여 능산리고분(그림 17)에서[124)] 출토되었다. 백제는 건국 후 온조왕이 하남 위례성으로 도읍을 옮기고 기반을 닦으면서 마한을 쳐서 그 영토를 지금의 정읍까지 확장했다.[125)] 마한·진한·변진의 여러 국왕의 선대는 모두 마한 종족 사람들이었고[126)], 마한·진한·변진에서는 겸을 생산했다. 그러므로 마한지역을 흡수한 백제는 당연히 양잠을 하고 높은 수준의 금(錦)과 겸을 생산했을 것이다.

〈그림 16〉 부여 능안골 고분군 출토 겸

부여와 고구려에서는 금은 많이 생산했으나 겸을 생산했다는 기록은 보이지 않는다. 부여에서는 금으로 만든 옷 말고도 외국에 나갈 때

---

118) 《漢書》卷97〈外戚傳〉. "(王)媼은 翁須을 위하여 縑으로 된 홑옷을 만들어 (劉)仲卿의 집에 보냈다(媼爲翁須作縑單衣, 送仲卿家)."
119) 《翰苑》〈蕃夷部〉三韓. "토지가 비옥하여 오곡을 심기에 알맞다. 뽕나무를 심고 누에를 길러서 겸포를 만들 줄 안다(土地肥美宜五穀知蠶桑作縑布)."
120) 《後漢書》卷85〈東夷列傳〉韓傳. "辰韓, …知蠶桑, 作縑布."
121) 《三國志》卷30〈烏丸鮮卑東夷傳〉弁辰傳. "曉蠶桑, 作縑布."
122) 《南史》卷79〈列傳〉新羅. "토지가 비옥하고 오곡과 상마를 심어 겸포로 옷을 만든다(土地肥美, 宜植五穀多桑麻作縑布服)."; 《梁書》卷54〈諸夷傳〉新羅. "토지가 비옥해서 오곡을 가꾸기에 알맞으며 뽕나무와 삼이 많아서 겸포를 만든다(土地肥美, 宜植五穀, 多桑麻, 作縑布)."
123) 국립부여박물관, 《고대직물》, 94쪽의 그림 55ⓑ, 국립부여박물관 소장.
124) 심연옥, 《한국 직물 오천년》, 73쪽의 그림 03.02A.
125) 윤내현, 《한국열국사연구》, 204쪽의 주 72참조.
126) 《後漢書》卷85〈東夷列傳〉. "한은 세 종족이 있으니, 하나는 마한, 둘째는 진한, 셋째는 변진이다. …그 여러 나라의 왕의 조상은 모두 마한 종족의 사람이다(韓有三種, 一曰馬韓, 二曰辰韓, 三曰弁辰. …其諸國王先皆是馬韓種人焉)."

〈그림 17〉 부여 능산리
고분 출토 백제 겸

두껍게 짠 누에천[繒]127)으로 만든 옷을 입었고, 고구려는 금으로 만든 옷을 입었다. 고구려와 부여에서 겸포를 별로 사용하지 않았던 것으로 보이는데, 위에서 서술했듯이 겸포는 매우 치밀하게 짠 것이기는 하지만 다른 누에천보다는 성글어서 추운 기후와 말을 많이 타는 북방지역에서는 알맞지 않아 두터운 질감의 누에천을 선호했기 때문이라 생각된다.

다음으로 나직물에 대하여 알아보기로 한다. 중국에서는 전국시대 나(羅)에 가까운 방목사(方目紗)나 방안사(方眼紗) 등이 직조되었고 이것이 발달하여 한대에 와서 정교한 나가 생산되었다. 그러나 고조선의 나직(羅織)은 중국보다 그 생산시기가 앞설 뿐만 아니라 중국의 나직보다 그 조직이 세밀했다.

나는 《설문해자》에는 새를 잡는 그물로128) 설명되어 있다. 《석명》의 〈석채백〉과 《발해국지장편》의 〈식화고〉에는 무늬가 성글게 짠 누에천으로 설명되어 있다.129) 그리고 《초사》(楚辭)의 〈초혼〉(招魂)에서는 나(羅)와 기(綺)가 같은 종류의 누에천으로 설명되어 있다.130) 기는 《설문해자》에 "文繒也"라 하여 무늬 있는 두껍게 짠 것이라 했고131), 《육서고》(六書故)의 〈공사육〉(工事六)에는 기가 흰 실로 문양이 있게 짠 것이라고 설명되어 있다.132) 또한 《한서》〈고제기〉(高帝紀)의 기에 대한 안사고의 주에

---

127) 이 책의 제4부 제1장 1절 1의 주 20과 같음.
128) 《說文解字》. "羅, 以絲罟鳥也, 從網, 從維古者芒氏初作羅."
129) 《釋名》〈釋采帛〉. "羅, 文羅疏也.";《渤海國志長編》卷17〈食貨考〉. "謹案類篇羅帛也, 釋名羅文疏羅也."
130) 《楚辭》〈招魂〉의 "羅幬張些"에 대한 注에서 "羅, 綺屬也"라 했다.
131) 《說文解字》. "綺, 文繒也."
132) 《六書故》〈工事六〉. "織采爲文曰錦, 織素爲文曰綺."

 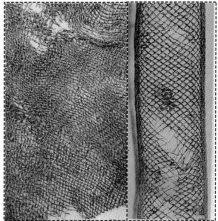

〈그림 18〉 왕우묘 출토 능문라   〈그림 19〉 석암리 212호묘 출토 나

서는 기가 무늬 있는 증(繒)이며 당대(唐代)의 세릉(細綾)이라 했다.[133]

　실제로 고조선 후기의 나가 평양 왕우묘(그림 18)와[134] 평양 석암리 212호묘(그림 19)에서[135] 출토되었고, 백제의 나가 부여 능안골 고분군에서[136] 출토되었다. 정백동 무덤과 석암리 212호 무덤[137]에서는 요령성과 한반도 지역의 특징적 청동기인 세형동검이 출토되어 이 무덤들은 고조선 유적임이 이미 확인되었다. 또한 정백동의 무덤과 석암리 212호 유적에서는 세형동검과 함께 "부조예군"(夫租薉君, 夫租濊君)이라고 새겨진 은인(銀印)이 출토되었는데,[138] '부조예군'은 고조선과 위만조선에서 사용했던 관직명이었음[139]이 이미 밝혀진 바 있다. 이러한 고고학 자료에 대한 분석 내용과 고조선의 고유한 누에천의 특징 등은 지금의 평양지역에는 한사군이 설치되어 있었다는 내용은 모순임을 알게

133)《漢書》卷1 下〈高帝紀〉. "賈人毋得衣錦繡綺縠絺紵罽"에 대한 顔師古의 注에서 "綺, 文繒也, 卽今之細綾也."
134) 심연옥,《한국 직물 오천년》, 162쪽의 그림 07.01.
135) 심연옥,《한국 직물 오천년》, 64쪽의 그림 02.02A·02.02B.
136) 국립부여박물관,《고대직물》, 94쪽의 그림55ⓐ, 국립부여박물관 소장.
137) 박진욱,《조선고고학전서》고대편, 과학백과사전종합출판사, 1988, 148~158쪽.
138) 백련행,〈조예군의 도장에 대하여〉,《문화유산》1962년 4호, 61쪽.
139) 尹乃鉉,《韓國古代史新論》, 一志社, 1986, 325~326쪽.

해 준다.

능(綾)은 《설문해자》에 가늘게 짠 백(帛)이라 했고[140], 《석명》의 〈석채백〉에는 능(綾)은 능(凌)인데 그 무늬가 보기에 얼음결과 같다[141]고 하여 세밀하면서도 얇은 누에천을 말하고 있다. 이상의 여러 가지 내용을 정리하면 나(羅)는 무늬가 성글게 짠 누에천이고, 기(綺)는 흰색 실로 얼음결과 같은 무늬를 넣어 짠 누에천으로, 모두 비교적 얇팍한 특징의 공통점을 가질 뿐 서로 다른 직물이라 하겠다.

부여 사람들이 무늬 없는 증을 생산했던 것과 달리 신라에서는 나[142]와 능 및 기, 그리고 증의 한 종류로 결이 고운 환(紈)[143]을 생산했음이 신라의 향가(鄕歌)에 보인다.[144] 또한 신라와 발해의 왕이 중국에 왕서(王書)나 별록(別錄)을 보낼 때 금화(金花)를 사용한 오색릉지(五色綾紙)를 사용하여 옷감 이외에 종이로도 썼음을[145] 알 수 있는데, 이 같은 누에천으로 만든 종이 생산은 고려시대로 이어져 고려에서 생산한 견지(繭紙)는 송나라의 수입품목이었다.[146]

고구려에서는 건국 시조인 동명왕 10년(서기전 27년) 서인(庶人)에게는 사(紗)나 나(羅)의 사용을 금지했고[147], 나는 가죽과 함께 주로 관(冠)을 만드는 데 사용되었다. 이는 나가 얇은 조직을 특성으로 하기

---

140) 《說文解字》 "綾, 東齊謂布, 帛之細曰綾."
141) 《釋名》 〈釋采帛〉. "綾, 凌也, 其文望之, 如冰凌之理也."
142) 《三國史記》 卷33 〈雜志〉 色服條; 문화재관리국, 〈발굴 유물의 보존 및 과학적 고찰〉−유물에 대한 실험결과의 고찰, 《天馬塚發掘報告書》, 1974, 240~245쪽.
143) 《說文解字》에 紈은 "素也"라 했다. 素는 《說文解字》에 "白緻繒也"라 하여 흰색의 결이 고운 두껍게 짠 누에천이다. 따라서 紈은 繒의 한 종류이다.
144) 《三國遺事》 卷5 〈避隱〉 永才遇賊. "(元聖王 때) …도둑들은 永才의 뜻에 감동되어 그에게 綾 2端을 주었다. …綺와 紈과 珠玉이 어찌 마음을 다스리겠는가(賊感其意, 贈之綾二端. …綺紈珠玉豈治心)."
145) 《渤海國志長編》 〈補遺〉. "무릇 신라와 발해왕의 國書 및 別錄에는 모두 金花五色綾紙로 썼고, 다음 白檀香木에 큰 무늬를 놓은 자개함에 銀으로 만든 자물쇠를 채웠다(凡新羅渤海王書及別錄, 竝用金花五色綾紙, 次白檀香木瑟瑟鈿函銀鑹)."
146) 《古事通》 第二編 〈海外의 商船〉. "송이 고려로부터 수입한 物貨는 銀·銅·人蔘·茯苓·白附子·黃漆·硫黃·布·繭紙·松烟墨·銅器·螺鈿·摺扇 등이었다."
147) 《增補文獻備考》 卷80 〈禮考〉. "동명왕 10년에 서인에게 무늬와 빛깔 있는 사와 나의 옷을 금했다(東明王十年, 禁庶人着紋彩紗羅衣)."

때문에 고구려의 기후조건과 말을 많이 타는 고구려인들의 생활에 옷감의 재료로서 실용적이지 못했기 때문이었을 것이다.

고구려 왕은 오색이 나는 누에천 옷을 입고 백라(白羅)로 만든 관을 썼으며 대신들은 청라관(靑羅冠)을 썼고 그 다음은 강라관(絳羅冠)을 썼는데 새 깃 둘을 꽂았고 금과 은을 섞어 테를 둘렀다.148) 일반 남자들 또는 귀한 자는 자라(紫羅)로 만들고 금과 은으로 장식한 소골(蘇骨)이라는 관을 썼다.149) 악공들의 경우에도 자라로 만든 모자를 쓰고 새 깃으로 장식하고 고동색의 큰 소매 웃옷 위에 자라로 만든 띠를 매었다.150) 이는 고구려인들이 일상생활에서 가무를 보편적으로 즐겼을 뿐만 아니라 그러한 생활에 신분의 제약을 받지 않았기151) 때문이었던 것으로 생각된다.

백제도 고구려와 마찬가지로 나로 관을 만들어 썼다. 왕은 오라관(烏羅冠)을 썼는데 특이한 것은 오라관 위에 금실로 꽃무늬를 짜넣어 장식했다는 점이다.152) 백제의 나는 다음 표와 같이 실제로 부여지역에서 출토되었다.

---

148) 《新唐書》 卷202 〈列傳〉 高麗傳.

149) 《周書》 卷49 〈列傳〉 高麗傳. "결혼한 남자는 소매가 넓은 웃옷과 통이 큰 바지, 흰 가죽띠에 누런 가죽신을 신는다. 그 관은 골소(骨蘇)라고 하는데, 대부분 자줏빛 羅로 만들었으며 금과 은을 섞어 장식했다(丈夫衣同袖衫, 大口袴, 白韋帶·黃革履, 其冠曰骨蘇, 多以紫羅爲之, 雜以金銀爲飾)."; 《北史》 卷94 〈列傳〉 高麗傳. "귀한 사람의 관은 소골이라 하고, 자줏빛 羅로 만들고 금과 은으로 장식했다. 큰 소매의 웃옷과 통 넓은 바지를 입고, 흰 가죽띠를 매고 누런 가죽신을 신었다(貴者其冠曰蘇骨, 多用紫羅爲之, 飾以金銀, 服大袖衫·大口袴·素皮帶·黃革履)."

150) 《三國史記》 卷32 〈雜志〉. "고구려 음악은 《通典》에 이르길 '악공들은 자색 羅로 만든 모자에 새 깃을 장식하고 누른 큰 소매 달린 웃옷에 자색 나로 만든 띠를 매고 통이 넓은 바지에 붉은 가죽신을 신고 오색 물을 들인 줄로 장식했다'(高句麗樂, 《通典》云 '樂工人紫羅帽, 飾以鳥羽, 黃大袖·紫羅帶·大口袴·赤皮鞾·五色緧繩)."

151) 《魏書》 卷100 〈高句麗傳〉. "그 풍속은 가무를 좋아하고 밤에 남녀가 모여서 놀이를 하는데 귀천의 제약을 받지 않는다(其俗謠好歌舞, 夜則男女羣聚而戲, 無貴賤之節)."

152) 《新唐書》 卷220 〈列傳〉 百濟傳. "왕은 소매가 큰 자줏빛 두루마기와 푸른색 바지를 입고 흰 가죽띠를 두르며 검은 색 가죽신을 신고 烏羅冠을 쓰는데 금실로 꽃무늬를 짜 넣어 장식했다(王服大袂紫袍, 靑錦袴, 素皮帶, 烏革履, 烏羅冠, 飾以金以金礚)."

부여 능안골 고분 출토 나153)	부여 능산리 고분 출토 나154)	부여 능산리 고분 출토 나155)
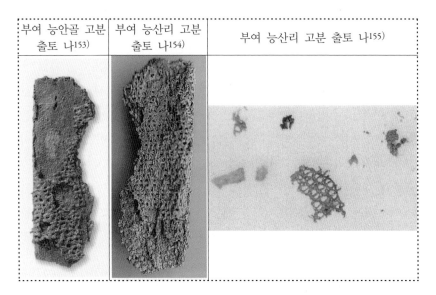		

그 밖에도 면(緜)·주(紬)·증(繒)·백(帛)·능(綾)·기(綺)·환(紈)·사(紗)·
단(緞)·연(練)·곡(縠)·초(綃) 등으로 불리는 누에천들이 생산되었다. 단
은 앞에서 서술한 바와 같이 먼저 실을 물들인 뒤 짠 것이다.156) 면은 예
와 한에서 많이 생산했는데157) 면과 주는 같은 성격과 특징을 가지는
직물로 굵은 실로 두껍게 짠 누에천이다.158) 능은 무늬가 얼음결이 어

---

153) 국립부여박물관,《고대직물》, 94쪽의 그림 55ⓐ, 국립부여박물관 소장.
154) 심연옥,《한국 직물 오천년》, 64쪽의 그림 07.02.
155) 심연옥,《한국 직물 오천년》, 64쪽의 그림 07.02a.
156) 주 6과 같음.
157)《後漢書》卷85〈東夷列傳〉濊傳.“(예에서는) 마를 심고 누에를 기를 줄 알아
    면포와 마포를 짰다(知種麻養蠶, 作緜布).”;《後漢書》卷85〈東夷列傳〉韓傳.“마
    한에서도 누에를 길러 면포를 생산했다(馬韓人知田蠶作緜布).”; 睡虎地秦墓竹簡
    整理小組,《睡虎地秦墓竹簡》,〈封診式〉穴盜, 文物出版社, 1978, 270~271쪽 ;《渤
    海國志長編》卷17〈食貨考〉第4.“삼가 綿은 본래 緜으로 쓴 것을 살펴본다.《本
    草綱目》에 ‘옛날의 綿絮는 누에고치실이 엉켜 천을 짤 수 없는 것이고, 지금의
    綿絮는 대부분이 木綿이다’라고 했다. 이 말의 분석은 매우 정확하다. 渤海와
    沃州의 緜은 곧 絲綿이다. 朱雀 4년에 唐에서 綿을 내렸고, 일본도 여러 번 綿
    을 보냈는데, 이는 곧 목면이 渤海에 없었기 때문이다(謹案綿本作緜 : 本草綱目
    云 : 古之綿絮乃繭絲纏延不可紡織者. 今之綿絮則多木綿. 此語分晰至確, 渤海沃州之
    緜卽絲綿也. 朱雀四年, 唐賜以綿, 日本亦屢以綿爲贈, 此卽木綿爲渤海之所無者).”
158)《說文解字》.“주는 굵은 실로 두껍게 짠 증이다(紬, 大絲繒也).”;《渤海國志長

리듯이 짠 백이며,159) 기는 무늬를 넣어 두텁게 짠 백이다.160) 즉 나와 기 및 능은 모두 백의 종류지만 무늬를 넣어 짜거나 날실과 씨실의 간격을 넓히고 좁힌 것이 다를 뿐이다. 연은 《설문해자》에서 "삶아 짠 증이라 했다.161) 연은 누에천을 삶아 희게 만드는 것이다. 탈색은 햇볕에 쪼이거나 삶아 햇볕에 쪼이는 방법들이 있다. 연은 직조방법보다는 가공, 즉 탈색기술로 분류된 것이라고 생각된다.

환(紈)은 여러 겹으로 겹쳐 촘촘히 짜서 생 누에고치실 본래의 색이 희게 나타난 것을 말한다.162) 사(紗)는 견에 속하는데163), 사는 누에고치실을 꼬아 짜지 않아 얇고 고운 천이고, 곡(縠)은 누에고치실을 바싹 꼬아 짰기 때문에 작은 매듭이 주름처럼 무늬져 보이는 천을 말한다.164) 초(綃)는 생 누에고치실을 겹처럼 두텁게 짜 희게 보이는 것으

篇》卷17〈食貨考〉. "삼가 《後漢書》〈東夷傳〉의 '예(濊)의 풍속에 면포(緜布)를 만들 줄 알았다'는 것을 살펴본다: 면포는 곧 주이다. 발해 때에 黑水靺鞨이 일찍이 어아주(魚牙紬)와 조하주(朝霞紬)를 唐에 바쳤으니, 이것이 발해 북부에서 紬를 생산했다는 증거가 된다. 龍州는 上京으로서 龍泉府에서 가장 큰 州이니 곧 지금의 寧安縣 지방으로 분명 黑水靺鞨과 가깝다(謹案後漢書東夷傳濊俗知作緜布 : 緜布卽紬也. 渤海時, 黑水靺鞨曾獻魚牙紬朝霞紬於唐, 此爲渤海北部産紬之證, 龍州爲上京, 龍泉府之首州, 卽今寧安縣地, 固近於黑水靺鞨也)."

159) 《說文解字》. "綾은 東齊에서는 布라 부르며, 帛 가운데 가는 것이 綾이라고 했다(綾, 東齊謂布, 帛之細曰綾).";《釋名》〈釋采帛〉. "綾은 凌이다. 그 무늬를 보면 얼음결 같다(綾, 凌也, 其文望之, 如冰凌之理也)."

160) 《說文解字》. "기는 무늬를 넣어 두껍게 짠 것이다(綺, 文繒也).";《漢書》卷1下〈高帝紀〉. "賈人毋得衣錦繡綺縠絺紵罽." 이 구절의 綺에 대해 안사고는 기란 '무늬 있는 증이며 唐代의 세릉(文繒也. 卽今之細綾也)'이라고 했다.

161) 《說文解字》. "練, 湅繒也.";《後漢書》卷10 上〈明德馬皇后紀〉李賢 注 : "常衣大練裾"에 대해 "大練, 大帛也"라 했다.;《太平御覽》卷820 布帛部所引〈魏文帝詔〉. "무릇 진귀한 것이 나는 곳은 모두 중국 및 서역인데, 다른 곳의 토산물이 이에 못미친다. 대군(代郡)의 황포(黃布)가 세밀하고, 낙랑(樂浪)의 연(練)이 깨끗하며, 강동(江東)의 태말포(太末布)가 희지만, 백첩(白疊)이 곱고 깨끗함만 못하다(夫珍玩所生, 皆中國及西域, 他方物比不如也. 代郡黃布爲細, 樂浪練爲精, 江東太末布爲白, 皆不如白疊鮮潔也)."

162) 《說文解字》에 환(紈)은 "素也"라 했고, 소(素)는 "白緻繒也"라 했다.

163) 《廣韻》. "사는 견에 속하고 방로라고도 부른다(紗, 絹屬. 一曰紡纑也)."

164) 《漢書》卷45〈江充傳〉. "강충이 사와 곡으로 된 단의를 입었다고 했다((江)充衣紗縠禪衣)." 사곡(紗縠)에 대하여 안사고는 "누에고치실을 뽑아 짠 것으로 가벼운 것은 사이고 주름진 것은 곡이라고 했다(紗縠, 紡絲而織之也. 輕者爲紗, 縐

로, 날실과 씨실의 간격을 벌려 성글게 보인다.[165] 신라에서는 아달라
(阿達羅) 이사금 4년(서기 158년)에 고운 초를 짰다는 기록[166]이 있다.

이상과 같이 고대 한국은 중국과 다른 독자적인 방법으로 고유한
특징을 지닌 누에천을 생산했고, 이러한 독자적인 생산방법과 기술력은
고조선 붕괴 이후 열국으로 그대로 전해져 삼국 이후에는 더욱 더 양잠
을 증가시켜 나갔다고 하겠다.

〈표〉 한국 고대 누에천의 우리말 찾기

한자어	우리말
금(錦)	색색이 누에천
견(絹)	날 누에천
증(繒)/백(帛)	두터운 날 누에천
연(練)	삶은 누에천
주(紬)/면포(緜布)	굵은 누에천
겸(縑)	겹 누에천
능(綾)	얼음결무늬 누에천
환(紈)	촘촘한 겹겹이 날 누에천
나(羅)	성근무늬 누에천
사(紗)	가벼운 누에천
곡(縠)	꼬인 매듭무늬 누에천

者爲縠)."
165) 《說文解字》. "絹, 生絲也."; 《廣韻》. "絹, 生絲繒也."
166) 《三國遺事》 卷1 〈紀異〉 延烏郎과 細烏女. "제8대 아달라왕이 즉위한 4년 정유
(丁酉)에 …내가 이 나라에 온 것은 하늘이 시킨 일인데, 어찌 돌아갈 수 있겠
는가. 그러나 나의 비가 짠 고운 초(絹)가 있으니 이것으로 하늘에 제사를 드
리면 될 것이라며 초를 주었다. 사자가 돌아와서 보고하고 그 말대로 하늘에
제사를 지냈다. 그런 뒤에 해와 달이 옛날과 같아졌다. 그 초를 임금의 창고에
간수하여 국보가 되었으니 그 창고를 귀비고(貴妃庫)라 불렀다(第八, 阿達羅王
卽位四年丁酉 …我到此國, 天使然也. 今何歸乎. 雖然朕之妃有所織細絹. 以此祭天可
矣. 仍賜其絹. 使人來奏. 依其言而祭之. 然後日月如舊. 藏其絹於御庫爲國寶. 名其庫
爲貴妃庫)."

4) 면직물 생산의 우수성과 생산품의 우리말

일반적으로 한반도에서 면직물을 짠 것은 고려 공민왕 15년 이후로
보고 있다. 고려 공민왕 12년 원나라에 서장관(書狀官)으로 갔던 문익점
이 귀국할 때 목화씨를 가져와 공민왕 14년에 목화 재배에 성공한 후[1]
호승(胡僧) 홍원(弘願)에게 직조기술을 배워 여종에게 한 필의 면직물을
짜게 했던[2] 시기를 기준으로 한 것이다.

이 같은 자료를 바탕으로 한민족이 한반도에서 면종자를 재배하게
된 것은 원나라에서 들여온 목면 종자에 의해서라고 생각해 왔다. 또한
한민족의 면직물 생산은 정천익이 호승 홍원에게 직조기술뿐만 아니라
생산도구인 취자거(取子車)와 소사거(繅絲車)까지 도움을 받아 만든 외
래적인 도구라는[3] 생각도 함께 하고 있다.

---

1) 《高麗史》卷111 〈列傳〉 文益漸傳. "문익점은 …원나라에 사신으로 갔다가 …돌
아오면서 목면씨를 가지고 와 장인 정천익(鄭天益)에게 그것을 심도록 부탁하였
다. 처음에는 재배방법을 몰라 거의 다 말라 버리고 한 그루만 남았는데, 3년
동안 풍년이 들어 마침내 크게 늘어났다. 그 목화씨를 뽑는 물레와 실을 켜는
물레는 모두 정천익이 새로 만들었다(文益漸 …奉使如元 …乃還得木縣種歸, 屬
其舅鄭天益種之. 初不曉培養之術, 幾槀止一莖, 在此三年, 遂大蕃衍. 其取子車繅絲
車, 皆天益創之).";《朝鮮王朝實錄》〈太祖實錄〉卷14 태조 7년 6월 13일조: "(문
익점이) …원나라에 갔다 돌아오면서 길가에서 목면나무를 보고 그 열매 10여
개를 따 주머니에 가득 채워 돌아왔다. 갑진년에 진주로 가서 고을 사람으로
전객령 벼슬을 마친 정천익에게 그 반을 주었다. 심어 길렀으나 겨우 한 대가
살았다. 천익이 가을에 목화씨 100여 개를 거두어 해마다 더 심었다. 정미년
봄에 고을 사람들에게 그 씨를 나누어주고 심도록 권하였다. 익점이 심은 것은
하나도 살지 못했다(赴元朝, 將還, 見路傍木縣樹, 取其實十許枚盛囊而來. 甲辰至
晉州, 以其半與鄉人典客令致仕鄭天益. 種而培養, 唯一枚得生. 天益至秋取實至百許
枚, 年年加種. 至丁未春, 分其種以給鄉里, 勸令種養. 益漸自種, 皆不榮)."

2) 《朝鮮王朝實錄》〈太祖實錄〉卷14 太祖 7年 6月 13日條: "호승 홍원이 천익의 집
에 들렀다가 목면을 보고 감격해 울면서 '오늘 고향의 물건을 다시 보게 될 줄
은 몰랐다'고 말했다. 천익이 여러 날 머물게 하며 실을 뽑고 천을 짜는 방법
을 물었다. 홍원이 상세한 것을 차근차근 설명하고 또 도구를 만들어 그에게
주었다. 천익이 집의 여종에게 가르쳐 무명 1필을 짜고, 이웃 마을에서 서로
전하며 배워 온 고을에 퍼지니, 10년도 안 되어 또 온 나라에 퍼졌다(胡僧弘願
到天益家, 見木縣感泣曰: 不圖今日復見本土之物. 天益留飯數日, 因問繅織之術. 弘
願備述其詳, 且作具與之. 天益敎其家婢織成一匹, 隣里傳相學得, 以遍一鄉, 不十年又
遍一國)."

3) 《星湖僿說》卷4 〈萬物門〉 蠶綿具. "우리나라 물레는 문익점의 장인 정천익이 처

그러나 이와 달리 고대 한국에서는 적어도 삼국시대 이전부터 문익점이 원나라로부터 들여온 것과 다른 품종인 초면(草綿)으로 면직물을 생산했다. 뿐만 아니라 이 초면으로 동아시아에서는 가장 섬세한 면직물을 생산하여 중국에 예물로 보내기도 하였다. 필자는 고조선의 면직물의 기원과 종류·특성·발달에 관하여 생태학적 차이에 따른 비교연구를 통한 결과를 〈고대 한국의 면직물〉4)과 〈생태계의 차이로 본 고조선 면직물〉5)에서 상세히 밝힌 바 있다.

《삼국사기》〈신라본기〉에 "(경문왕 9년) 가을 7월에 왕의 아들 소판(蘇判) 김윤(金胤) 등을 당나라에 보내여 은혜를 사례하고 겸하여 말 두 필, 부금(麩金) 1백 냥, 은 2백 냥, 우황 15냥, 인삼 1백 근, 큰 꽃무늬 어아금(魚牙錦) 10필, 작은 꽃무늬 어아금 10필, 조하금(朝霞錦) 20필, 40승(升) 백첩포(白氎布) 40필을 바치길…"6)이라 하여 서기 9세기에 신라에서 40승포의 면직물인 백첩포가 생산되어 중국에 보내는 예물로 사용되었음을 알 수 있다.

또한 《한원》(翰苑)의 〈번이부〉(蕃夷部)에 "고구려기(高句麗記)에서 말하길 그 나라 사람들은 모두 자지힐문금(紫地纈文錦)을 생산하고 다음으로 오색금(五色錦), 그 다음으로 운포금(雲布錦)을 생산하고 또한 백첩포(白疊布)를 생산했다"7)고 하여 고구려에서도 백첩포를 생산했음을 밝히고 있다. 이후 고려에서도 문익점이 목화를 들여오기 이전인 혜종(惠宗) 2년(서기 945년) 백첩포를 생산하여 진(晉)나라에 예물로 보냈다.8)

음으로 만든 것이다. 중국 물레와 비교하면 일을 갑절이나 할 수 있으니, 또한 묘하게 만들어졌다 하겠다(我國紡車卽文益漸 之舅鄭天益所瓶也. 捷疾比中國之器, 功必增培, 亦巧制也)."

4) 박선희, 〈고대 한국의 면직물〉, 《한국고대복식-그 원형과 정체》, 지식산업사, 2002, 190~217쪽.
5) 박선희, 〈생태계의 차이로 본 고조선 면직물〉, 《고조선 복식문화의 발견》, 지식산업사, 2011, 78~210쪽.
6) 이 책의 제4부 제1장 1절의 주 90과 같음.
7) 《翰苑》〈蕃夷部〉. "高麗記云 ： 其人亦造錦, 紫地纈文者爲上, 次有五色錦, 次有雲布錦, 又有造白疊布靑布而尤佳…."
8) 《高麗史》卷2〈世家〉惠宗 2年條. "晉나라가 范匡政과 張季凝 등을 보내여 왕을

이와 같이 고구려에서 생산된 것은 백첩포(白疊布)라 하고 신라와 고려에서 생산된 것은 백첩포(白氎布)라 하여 서로 달리 기재되어 있는데, 이들은 매우 곱고 섬세한 면직물로 동일한 것이다. 한반도에서 면직물을 짠 것은 고려시대부터 시작된 것이 아니었다.

또한 고고학 발굴자료에 따르면 한민족은 청동기시대부터 이미 물레를 만들어 사용했다. 그러므로 《성호사설》(星湖僿說)의 내용9)은 이익(李瀷)이 고고학 발굴자료를 참고힐 수 없었기 때문에 잘못 고증하여 기록한 것이라 하겠다. 또한 취자거와 소사거도 기존의 도구를 개량한 것으로 보아야 할 것이다. 이미 신라 때 동아시아에서 가장 섬세한 40 승 백첩포를 짤 수 있었던 사실이 이를 뒷받침 한다.

신라는 법흥왕 때부터 신분에 따른 복식의 차이를 제도화했는데, 신라 초기의 고유제도를 고수했다는 내용으로부터10) 신라가 초기에 생산한 마섬유의 승수(升數)를 짐작할 수 있다. 그 내용은 주로 진골대등(眞骨大等)으로부터 평민에 이르기까지 신발과 관(冠)에 사용되는 포의 승수를 대상으로 한 것으로서, 28승 이하로 사용하도록 규제했다.11) 이로 보아 28승 이상의 포도 생산되었음을 알 수 있다. 이는 그 후 문무왕시기에 40승과 30승의 포와 저포를 생산하여 중국에 예물로 보냈던 사실에서도 확인된다. 문무왕 12년(서기 673년) 40승포 6필과 30승포 60필을 당나라에 예물로 보냈고,12) 이후 경문왕 9년에는 40승 백첩포 40필과 30승 저삼단 40필을 당나라에 예물로 보냈다.13) 이 가운데 40승포의

책봉했다. …또 고려 국왕에게 준 칙서에는 다음과 같이 쓰여 있었다. …혜종은 사은품으로 가는 모시 1백 필, 白氎布 2백 필…(二年晉遣范匡政張季凝來册王, 勅曰 …又勅高麗國王省所奏進奉謝恩. …細苧布一百匹·白氎布二百匹…).

9) 주 3 참조.

10) 《三國史記》卷33〈雜志〉色服條. "22대 법흥왕 때에 이르러 처음으로 6부 사람들의 복색에서 존비의 제도를 정했는데 여전히 이속(夷俗)에 의거했다(至第二十三葉法興王, 始定六部人服色尊卑之制, 猶是夷俗)."

11) 《三國史記》卷33〈雜志〉色服條 참조.

12) 《三國史記》卷7〈新羅本紀〉文武王 12年條. "…우황 1백 20푼·金 120분·40升布 6필·30升布 60필을 바쳤다(…牛黃百二十分·金百二十分·四十升布六匹·三十升布六十匹)."

모습은 《성호사설》에 기재된 "우리나라 북도(北道)에는 한 필 포가 밥 그릇에 들어가는 것이 있으니 이것이 바로 40승포이다"14)라는 내용으로 미루어 그 섬세함을 짐작할 수 있다. 중국에서는 옛 문헌에서 30승포를 가장 섬세한 세포(細布)로 설명하고 있는 것으로15) 보아 고대 한국에서 생산한 40승포는 동아시아에서 가장 섬세한 마직물이었을 가능성이 있다.

면직물 생산도구의 경우에도 이웃 나라보다 이른 시기부터 발달했기 때문에 정천익이 호승 홍원에게 직조기술뿐만 아니라 생산도구까지도 도움 받아 만든 외래적인 것이었다고 보기 어렵다. 그것은 신석기 초기의 유적인 서포항 유적 1기층(서기전 6000년)과16) 신석기시대 중기의 유적인 곽가촌 유적 1기층(서기전 4000년) 및 좌가산 유적과 신석기후기의 서포항 유적 4기층(서기전 3000년)에서는 여러 형태의 뼈로 만든 북이 정교한 바늘들과 함께 출토되었다.17) 북은 갈구리와 함께 날실들 사이에 씨실을 넣어주기 위한 도구로서, 이 같은 북의 출현은 신석기시대 중기부터는 직물생산이 보편화되었음을 뜻한다.

신석기시대 초기부터 실 생산에 많이 써 왔던 가락바퀴는 청동기시대 말기에서 철기시대 초기에 이르러 점차 사라진다. 오랫동안 실 생산에 사용되던 가락바퀴가 사라졌다는 것은 가락바퀴보다 더 생산성이 높은 다른 도구가 개발되었다는 것을 의미한다. 무산 범의구석 유적 8호 집자리(서기전 2000년기 후반기)에서 불에 타다 남은 마섬유 실이 나왔다. 이 실은 가는 올을 자세로 꼰 것이다. 이는 물레로 실을 만들었음을

---

13) 주 6과 같음.
14) 《星湖僿說》 卷6 〈萬物門〉. "我國北道, 有入鉢布卽此類."
15) 《論語》〈子罕篇〉集解에서 孔安國은 "古者積麻三十升布以爲之"라 했다. 이에 대하여 《周禮》,〈弁師〉正義에서 孫詒讓은 江永이 이렇게 섬세한 布를 짤 수 있었는지 다음과 같이 의심했다. "古布幅闊二尺二寸, …若容三十升之縷二千四百, 則今尺一分地幾容一十八縷, 此必不能爲者也."
16) 고고학연구소, 《고고민속론문집》 4, 사회과학원출판사, 1972, 40~108쪽.
17) 사회과학원 력사연구소 고고학연구소, 《원시사》, 과학백과사전종합출판사, 1997, 150쪽.

말한다. 물레의 개발은 실의 생산량을 늘이고 질을 높이며 직물의 종류를 다양하게 해 주었다.[18]

물레의 등장과 더불어 함경북도 회령오동 유적(서기전 2000년기 후반기)에서는 짐승의 어깨뼈로 만든 머리빗 모양의 바디[19]가 출토되었고, 강계시 공귀리 유적에서는 수직식 직기에 쓰인 것으로 보이는 흙추[20]가 출토되었다. 이러한 유물은 당시 수직식 직기가 사용되었음을 알게 해 주는데, 2인용이었을 것으로 추정된다. 이러한 고고학의 출토자료로부터 한국 고대 면직물 생산 기술은 한민족이 원래 가지고 있던 직물생산 기술의 높은 수준 때문에 가능했다는 결론을 내릴 수 있다.

《삼국사기》〈잡지〉(雜志) 색복조(色服條)에 신라는 흥덕왕 9년(서기 835년) 복식에 관한 규제를 정한 교지에서 "옛 법전에 근거하여 명확하게 법령을 선포한다"고 하며 복식에서 사직물(누에천)과 함께 면주포를 많이 사용케 했다.[21] 면주포는 초면의 면(綿)실과 주(紬)를 짜는 사(絲)

---

18) 조선기술발전사편찬위원회, 《조선기술발전사》 원시·고대편, 과학백과사전종합출판사, 1997, 62쪽.

19) 사회과학원 고고학 및 민속학 연구소, 《회령 오동 원시유적 발굴보고》-유적발굴보고 7, 사회과학원출판사, 1960, 52쪽 및 도판 CXX의 1: 사회과학역사연구소 고고학연구소, 《조선전사》1, 과학백 과사전 종합출판사, 1991, 237쪽.

20) 사회과학원 고고학 및 민속학 연구소, 《회령 오동 원시유적 발굴보고》-유적발굴보고 7, 사회과 학원출판사, 1960, 52쪽, 도판 120의 1; 과학원 고고학 및 민속학연구소, 《강계시 공귀리 원시유적 발굴보고》-유적발굴보고 6, 사회과학원출판사, 1959, 28~30쪽.

21) 《三國史記》 卷33 〈雜志〉 色服條. "사람은 윗사람과 아랫사람이 있고 직위에는 높고 낮은 것이 있어서, 명분이 같지 않으며 의복도 역시 다른 것인데 …풍속은 질서가 없게 되었으므로 삼가 옛 법전에 근거하여 명확하게 법령을 선포하나니 …육두품은, …겉옷은 다만 면주와 주포를 쓰며 …바지는 다만 시견면주포(絁絹綿紬布)를 쓰며 …버선은 다만 시면주포(絁綿紬布)를 쓰고 …오두품은 …바지는 다만 면주포를 쓰며 …버선은 다만 면주를 쓰고 …사두품은 …내의와 등거리는 다만 시견면주포를 쓰고 …사두품에 속하는 여자는 겉옷은 다만 면주 이하를 쓰며 …띠는 수놓은 것과 땋은 것과 야초라직(野草羅織)과 승천라직(乘天羅織)과 월라(越羅)를 금하고 다만 면주 이하를 쓰고 …버선은 다만 적은 무늬 능직(綾織)과 시면주포를 쓰며 …평민의 여자는 겉옷은 다만 면주포를 쓰고 내의는 다만 시견면주포를 쓰며 …버선은 시면주 이하를 쓰며…(人有上下, 位有尊卑, 名例不同, 衣服亦異 …風俗至於陵夷, 敢律舊章, 以申明命 …六頭品, …表衣只用綿紬布, …袴只用絁絹綿紬布, …襪只用絁綿紬布, …五頭品, …袴

실을 섞어 짠 면과 사의 합사직물로 현대의 실크면과 같은 직물로 신라의 특산물이었다.[22] 즉 면주포는 초면과 굵은 사로 두텁게 짠 합사직물이었던 것이다.[23] 신라는 초면으로 면을 생산하여 그 생산량이 적기 때문에 이를 생산이 많은 사와 섞어 새로운 직물을 생산했던 것이다.

신라가 건국된 진한지역은 원래 마한에 종속되어 한(韓)의 일부를 이루고 있었기 때문에 한의 발달된 양잠기술을 받아들여 면과 사의 합사직물인 면주포의 생산이 가능했다고 여겨진다. 이 같은 합사직물인 면주포의 생산과 함께 고구려와 신라, 고려의 백첩포 생산은 이후에도 계속 이어져 문익점에 의해 중면(中棉)이 보급되기 이전까지 한국에서는 야생면인 초면이 줄곧 생산되었다.

고구려에서 백첩포를 생산했기 때문에 한민족의 면섬유 생산 시작연대는 삼국 이전으로 거슬러 올라갈 것으로 생각되며, 잠정적으로 열국시대의 시작연대인 서기전 1세기 중엽[24] 이전으로 추정된다. 그러나 열국시대의 나라들이 고조선의 기술을 이어 받았을 가능성이 크기 때문에 면섬유 생산 시작연대는 고조선시기로 소급될 수 있다고 생각된다.

실제로 최근에 부여 능산리 절터 백제시대 유적층에서 폭 2cm, 길이 약 12cm의 초면으로 짜여진 면직물(그림 1·1-1)이 출토되었다.[25] 이 면직물은 같은 층위에서 567년 백제 창왕시기에 만들어진 '창왕명 사리감'이 출토된 것과 비교해 보면 문익점이 원나라에서 목화를 들여온 시기보다 약 800년 앞선 것으로 확인되었다.

只用綿紬布, …襪只用綿紬, …四頭品, …內衣·半臂只用絁絹綿紬布, …四頭品女, 表衣只用綿紬已下, …帶禁繡組及野草羅乘天羅越羅, 只用綿紬已下, …襪只用小文綾絁綿紬布, …平人女, 表衣只用綿紬布, 內衣只用絁絹綿紬布, …襪用絁綿紬已下)."; 《三國史記》 卷33 〈雜志〉 車騎條. "육두품은, …안장 방석은 면주와 시포피(絁布皮)를 쓰고(六頭品, …鞍坐子用綿紬絁布皮, …)."

22) 박선희, 《고조선복식문화의 발견》, 213~214쪽.
23) 위와 같음.
24) 윤내현, 《한국열국사연구》, 지식산업사, 1998, 11쪽.
25) 국립부여박물관, 《고대직물》, 중앙문화재연구원, 2011, 88쪽의 51, 국립김해박물관 소장.

복건성 무이산(武夷山)
묘 유적에서 지금부터 약
3300년에서 3600년경에 해
당하는 중국에서 발견된 가
장 이른 시기의 면직물 옷
이 출토되었다. 이로 보면

중국에 면직물이 유입된 것은 상
(商)대 후기가 되며, 이러한 사실로
부터 상나라가 당시 면직물을 생산
했던 이웃 나라들과 교류를 가졌음
을 알 수 있다.26) 고대 한민족이
면직물을 생산했던 시기가 고조선
시기까지 소급된다면 고대 한민족
의 지역에서 수입했을 가능성도 소
홀히 할 수 없다.

그 까닭은 실제로 고조선에 속
해 있던 숙신은 제순(帝舜) 25년
(서기전 2209년)에 이미 중국과 접

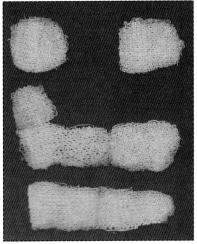

〈그림 1·1-1〉 능산리 사지 출토
면직물과 펼친 상태

촉하였고,27) 상나라와 주나라 모두 고조선과 교류했던 사실이 문헌자료
와 고고학의 출토자료로부터 밝혀지고 있기28) 때문이다. 즉 서주(西周)
무왕(武王)이 상을 멸망시키자 숙신이 호나무로 만든 화살과 돌화살촉
을 보내 왔고, 무왕은 그의 딸이 결혼할 때 그 화살에 '숙신이 보낸 화
살'이라고 글을 새겨 사위인 진후(陳侯)에게 배반하지 말라는 뜻으로 주
었던 것29)이 좋은 예이다.

26) 박선희,《고조선복식문화의 발견》, 178~210쪽.
27)《竹書紀年》〈五帝本紀〉帝舜有虞氏條.
28) 박선희,《한국고대복식-그 원형과 정체》, 27~30쪽·554~555쪽 참조.
29)《國語》卷5〈魯語〉下. "옛날에 (周의) 무왕이 상을 이기고 도(道)가 구이(九
夷)와 백만(百蠻)에 통하자 각각 그 지방의 특산물을 바치고 그들의 직분을 잊 이러한 내용들로 한민족이 가지고 있던 면직물 생산의 높은 수준을 바르게 인식하고, 고려시대 원나라로부터 목면종자가 들어온 이후 비로소 한반도에서 면직물이 생산되었다는 지금까지의 잘못된 인식을 바로 잡을 수 있을 것이다. 또한 백첩포와 면주포 및 시면주포가 우리의 고유한 직물임이 밝혀졌으므로 그 명칭도 한자어에서 벗어나 우리말로 불러야 할 것이다. 한민족이 생산했던 고유한 특징을 지닌 면직물들을 아래에서 우리말로 표현해 보았다.

〈표〉 한국 고대 면직물의 우리말 찾기

한자어	우리말
백첩포(白氈布, 白疊布)	면천
면주포(綿紬布)	누에면천
시면주포(絁綿紬布)	두터운 누에면천

문헌자료에 보이는 고대 직물에 관한 용어들은 중국의 용어를 빌려 우리의 직물들을 표현한 것이기 때문에 용어 자체에서 우리 직물들에 대한 설명이나 특성이 드러나지 않는 한계를 지닌다. 그동안 이러한 용어 구조에 대한 비판과 적절한 분석 없이 고스란히 우리 직물에 적용한 탓에, 우리의 직물들이 마치 중국의 직물들과 별로 차이가 없는 것처럼 인식되었다.

고조선이 붕괴된 이후 우리 민족은 열국시대 말기부터 외래문화를 수용하는 과정에서 지배층의 필요에 따라 외래문화를 지도이념으로 채택하였다. 따라서 직물문화에 이르기까지 한민족의 고유문화는 세월이

지 않도록 했다. 그러자 숙신씨는 호나무 화살과 돌화살촉을 바쳤는데 그 길이가 한 척 조금 넘었다. 선왕(先王)이 그의 영덕(令德)이 먼 곳까지 미친 사실을 후인들에게 보여 오래도록 거울로 삼고자 했다. 그런 까닭에 그 호나무를 '숙신씨가 바친 화살'이라고 새기고 태희(太姬, 주 무왕의 장녀)에게 나누어 주고 우호공(虞胡公)과 결혼시켜 진(陳)에 봉했다(昔武王克商, 通道於九夷百蠻, 使各以其方賄來貢, 使無忘職業. 於是肅愼氏貢楛矢石砮, 其長尺有咫. 先王欲昭其令德之致遠也, 以示後人, 使永監焉. 故銘其楛曰肅愼氏貢矢, 以分太姬, 配虞胡公而封諸陳)."

흐를수록 밑바닥에 깔리는 현상을 가져와, 그것을 천시하는 상황에 이르렀다. 그 결과 우리 민족의 고유한 직물 용어와 생산품들이 외래 직물과 용어로 대체되어 버리는 불행한 상황에 빠지게 된 셈이다.

이러한 문화구조로 말미암아 한민족의 고유문화는 외래문화와 대등한 관계에서 자극과 영향을 주고받을 수 있는 기회를 갖지 못했으며, 나아가서 새로운 문화 창출의 길을 막는 장애물이 되었다. 한민족의 고유문화를 핵심으로 하고 거기에 외래문화를 접목시키는 지혜를 발휘할 수 없었던 것이다.

이러한 문제의식을 바탕으로 이 책에서는 우리의 고유한 가죽 가공품과 직물들을 분석해 보고, 이들 가죽과 모직물, 마직물, 면직물, 사직물 등의 한자용어를 우리말로 바꾸어 보았다. 그러나 오랜 시기 동안 한자말 용어를 만족하게 생각하고 익숙하게 써 온 까닭에, 오히려 쉽고 정확한 우리말 용어를 낯설어하고 어색하게 여겨서 이를 온전한 학술용어로 쉽게 받아들이지도 않을 터이고 일상적으로 널리 쓰려고 하지도 않을 것이다. 그러나 누구에 의해서 언젠가는 제대로 된 우리말 용어를 만들어 쓰는 것이 바람직하다는 학문적 당위성을 인정한다면 이러한 작업을 외면하고 있을 수만은 없다. 그러므로 계속해서 보다 알기 쉽고 사용하기 편한 우리말 용어를 정성스럽게 가꾸어 나가는 작업을 하지 않을 수 없다. 그것이 우리 문화를 주체적으로 살리고 우리 학문을 온전하게 성장시키는 길이기 때문이다.

2. 복식재료의 척도 비교로 본 고조선의 복식문명권

고대 한국에서는 포를 가늠했던 치수에서 중국과 다른 규정을 사용했음이 고구려와 신라의 척도에서 보여진다. 폭관(幅寬)을 가늠했던 척도(尺度)는 어떻게 사용되었는지 알아보기로 한다.

〈그림 1〉 남한강 유역 단양 하진리(수양개 6지구) 출토 구석기 말기 눈금돌

　　한반도에서는 2014년 남한강유역인 충청북도 단양군 적성면 하진리의 후기 구석기 유적(수양개 6지구) 최하층에서 '눈금'을 새긴 돌제품이 출토되었다. 이 '눈금돌'(그림 1)은 약 1만 8,000년 전의 제3문화층에서 발굴되었는데, 길이 20.6cm, 너비 8.1cm, 두께 4.2cm의 규질사암 자갈돌에 0.41cm의 간격으로 눈금 21개를 새긴 것이었다. 한국선사문화원은 이 '눈금돌'을 동아시아에서 처음 발견된 것이라 밝혔다.[1] 이 유물은 남한강유역의 구석기 말기~신석기 초기 사람들이 이미 일정한 길이의 '눈금자'를 사용했던 것을 밝혀준다.

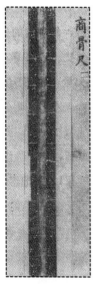

　　현재까지 중국에서 발견된 가장 이른 시기의 척(尺)은 하남성 안양 은허(殷墟)에서 출토된 상골척(商骨尺)(그림 2)과 상아척(商牙尺)이다. 이들은 모두 십진위제에 따라 음각이 되어 있다.[2]

　　포의 길이에 관한 규정을 보면, 신라는 문무왕 5년(서기 666년) 이전에 견이나 포는 10심(尋)을 1필로 했다. 문무왕 5년에 이를 바꾸어 길이 7보(步)와 폭의 넓이 2척을 1필로 했다.[3] 10심은 80척이다.

〈그림 2〉 은허
유적 출토 상골척

1) 《동아일보》, 2014년 6월 17일자 A16면; 《조선일보》, 2014년 6월 17일자 A20면.
2) 國家計量總局·中國歷史博物館·古宮博物院 主編, 《中國古代度量衡圖集》, 文物出版社, 1984, 1쪽·1쪽의 圖 1.
3) 《三國史記》 卷6 〈新羅本紀〉 文武王 5年條. "견과 포는 예전에 10심을 1필로 했

당시 당나라에서는 5척이 1보였다.[4] 그러나 신라에서는 문무왕 때 6척을 1보로 했다. 이는 선덕왕 12년(서기 643년)에 세워진 황룡사(皇龍寺) 구층탑의 높이로부터 알 수 있다.《황룡사구층목탑찰주본기》(皇龍寺九層木塔刹柱本記)에서 "鐵盤以上, 高口口, 以下高三十步三尺"라 하였고,《삼국유사》〈탑상〉(塔像)에서 "刹柱記云, 鐵盤以上, 高四十二尺, 以下一百八十三尺"[5]이라 했다. 이로 보면 철반(鐵盤) 이하(以下)의 높이 30보 3척은 183척과 같으므로, 이 두 개의 지수를 계산하면 1보는 6척이 된다. 따라서 7보는 42척이므로 1필의 길이가 약 반 정도 줄어든 셈이다.

《수호지진묘죽간》(睡虎地秦墓竹簡)의 〈금포율〉(金布律)에 따르면, 중국은 진제국의 경우 포의 폭이 2척 5촌이었다.[6]《한서》〈식화지〉에 의하면 한대에는 주대의 〈구부환법〉(九府圜法) 가운데 "布帛廣二尺二寸爲幅, 長四丈爲匹"로 한다는 기준에 따라 포 1필을 길이 4장(丈), 즉 40척으로 했음을 알 수 있다.[7] 실제로 돈황에서 출토된 한대의 물품인 '임성국항부겸'(任城國亢父縑) 위에 표기한 '幅廣二尺二寸, 長四丈'[8]이라는 내용을 통해 한(漢)에서는 포백(布帛)의 폭이 약 50.6cm인 2.2척을 표준으로 하고, 1필의 길이는 40척으로 했음이 확인된다. 또한 마왕퇴(馬王堆) 1호묘에서 출토된 실크는 대다수의 폭관이 48~51cm이고, 신강 민풍(民豐) 니아(尼雅)에서 출토된 만세여의(萬世如意) 금(錦)의 폭관은 47cm 정도인 것으로 보아[9] 진한(秦漢)시대의 중국과 북방지역에서 사용한 1척은 약 23.5~25.5cm 정도였음을 알 수 있다. 감숙성의 옥문관(玉門關)에서 출토된 소백(素帛)의 경우도 폭관이 50.43cm였다.[10]

는데, 길이 7보와 넓이 2척을 1필로 고쳤다(絹布舊以十尋爲一匹, 改以長七步廣二尺爲一匹)."
4)《舊唐書》卷48〈食貨志〉上. "武德七年(서기 624년), 始定律令, 以度田之制, 五尺爲步, 步二百四十爲畝, 畝百爲頃."
5)《三國遺事》卷3〈塔像〉. "皇龍寺九層塔".
6) 睡虎地秦墓竹簡整理小組,《睡虎地秦墓竹簡》,〈金布律〉, 文物出版社, 1978, 56쪽.
7)《漢書》卷24 下〈食貨志〉.
8)《流沙墮簡·考釋》四三.
9) 孫機,《漢代物質文化資料圖說》, 文物出版社, 1991, 72쪽.

양진남북조시대 오면 서위(西魏)가 아래 표에서 보이듯이 약 23.8cm 의 척을 사용한 것과 달리 동위(東魏)는 약 30cm 정도의 척을 사용했 다.11) 이는 서기 534년 이후 북위(北魏)가 동위와 서위로 나누어진 이 후 동위는 진(晋)의 이전 척으로 일척삼촌팔호(一尺三寸八毫)인 30.1cm 로12) 했기 때문이다. 이후 당(唐)은 29.3~31.2cm13)와 29.5~30.7cm 정 도14)의 척을 주로 사용했다.

필자는 실제로 서한(西漢)시대부터 당시대까지의 다양한 재료로 만 들어진 척도를 발굴자료를 참조하여15) 표로 정리하고 다양한 재료로 만들어진 척을 아래에 제시해 보았다.

〈표 1〉 서한시대부터 당시대까지 사용된 척의 재료와 척도 모음

그림 순서	시대	재료	척도	출토지
1	서한	木尺	23cm	1976년 廣西省 貴縣 羅泊灣 1호묘
2	서한	錯金鐵尺	23.2cm	1968년 河北省 滿城陵山 2호묘
3	서한	竹尺	23.6cm	1973년 甘肅省 金塔 金關 유적
4	서한	木尺	23.2cm	위와 같음
5	동한	菱形紋銅尺	23.46cm	1971년 湖南省 長沙 子彈庫 1호묘
6	동한	鳥獸紋銅尺	23.39cm	1959년 호남성 長沙 劉家冲 2호묘
7	동한	龍鳳紋銅尺	23.72cm	1973년 광서성 梧州 旺步 1호묘
8	동한	金銅尺	23.6cm	1956년 山東省 掖縣坊 北村묘
9	삼국·위(魏)	骨尺	23.8cm	1972년 甘肅省 嘉峪關 新城 2호묘
10	삼국·오(吳)	銀乳釘竹尺	24.2cm	1979년 江西省 南昌
11	서진	牙尺	24.15cm	1965년 北京市 八宝山 西晋묘
12	서진	木尺	24.5cm	1974년 강서성 南昌 永外正街 1호묘
13	후양(后涼)	骨尺	24.2cm	1975년 감숙성 敦煌 文化路 4호묘
14	북양	木尺	24.5cm	1963년 新疆 吐魯番 阿斯塔那 22호묘

10) 孫機, 《漢代物質文化資料圖說》, 75쪽의 注釋 1 참조.
11) 吳洛, 《中國度量衡史》, 臺灣商務印書館, 1937, 213쪽.
12) 國家計量總局·中國歷史博物館·古宮博物院 主編, 《中國古代度量衡圖集》, 19~20쪽.
13) 國家計量總局·中國歷史博物館·古宮博物院 主編, 《中國古代度量衡圖集》, 20~29쪽.
14) 丘光明, 《中國歷代度量衡考》, 科學出版社, 1992, 70~89쪽.

그림 순서	시대	재료	척도	출토지
15	남조	銅尺	25cm	中國歷史博物館 소장
16	남조	金銅尺	25.2cm	위와 같음
17	북위 (北魏)	銅尺	30.9cm	위와 같음
18	수(隋)~ 당초(唐初)	人物花卉銅尺	29.67cm	故宮博物館 소장
19	唐	龍紋銅尺	29.71cm	1958년 湖北省 武昌 何家壠묘
20	당	鏤牙尺	30.23cm	上海博物館 소장
21	당	雕花木尺	29cm	1966년 신강 吐魯番 阿斯塔那 44호묘

〈표 2〉 〈표 1〉에 제시한 시대별 척의 일부 실물

15) 國家計量總局·中國歷史博物館·古宮博物院 主編, 《中國古代度量衡圖集》, 2~29쪽 참조.

고구려가 사용했던 尺은 위에 제시된 중국이나 북방지역의 척도와
다르게 나타난다. 즉 고구려가 평양으로 천도한 이후 427년부터 552년
까지 약 120여 년 동안 고구려의 궁궐이었던 안학궁(安鶴宮)에서 사용
된 척은 1척을 34.7~35cm로 했고, 서기 498년에 건립된 금강사(金剛寺)
의 터에도 35cm의 척이 사용되었다.[16] 또한 고구려시대의 도시 유적으
로 밝혀진 평양성 외성 유적과 서기 7세기경의 유적인 강서대묘(江西大
墓)의 건축에서도 같은 척이 사용되었다.[17] 그럼에도 불구하고 일본학
자들은 고구려가 동위(東魏)의 척을 받아들였던 것으로 해석했는데[18]
이는 잘못이다. 위에서 서술했듯이 동위의 척은 30.1cm[19]이다.

이를 확인해 주는 고구려 척(그림 3)이 2000년 경기도 하남시 이성
산성에서 출토되었는데 발굴자들은 1척을 35.6cm로 했다고 밝혔다.[20]
이러한 내용으로 보아 고구려가 사용한 척도는 중국이나 북방지역과 다
름을 알 수 있다.

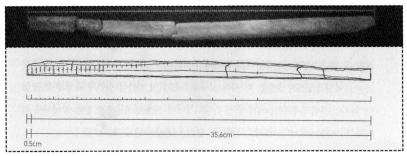

〈그림 3〉 하남 이성산성 C지구 N0E0의 제5문화층 출토 고구려 척과 모사도

신라의 경우도 앞에서 서술했듯이 문무왕 5년을 전후하여 척도를

16) 리화선, 〈안악궁의 터자리 복원을 위한 몇 가지 문제〉, 《력사과학》, 1980년
    제1호, 40~47쪽.
17) 關野貞, 《朝鮮の建築と美術》, 岩波書店, 1941, 345~399쪽.
18) 狩谷掖齋 著・富谷至 校注, 〈本朝度巧〉, 《本朝度量權衡巧》, 現代思潮社, 1978, 35
    쪽; 關野貞, 《朝鮮の建築と美術》, 363쪽.
19) 國家計量總局・中國歷史博物館・古宮博物院 主編, 《中國古代度量衡圖集》, 19~20쪽.
20) 신라천년의 역사와 문화 편찬위원회, 《신라의 학문과 교육・과학・기술》 연구
    총서 11, 경상북도문화재연구원, 2016, 251쪽의 그림 8; EBS 동영상, 역사채널
    ⓔ, 2012.6.29. 참고.

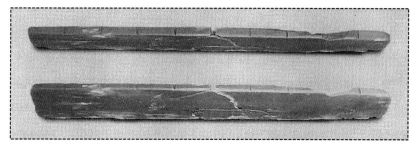

〈그림 4〉 하남 이성산싱 C지구 저수지 제4문화층 출토 척의 측면과 정면

수정했지만 고구려와 마찬가지로 이웃 나라의 영향을 받지 않고 신라 스스로의 척도에 따랐음을 알 수 있다. 또한 고조선 붕괴 이후 열국은 직물 생산에서뿐만이 아니라 척도에서도 고유의 기준을 지니고 있었음이 확인되었다. 그러나 하남 이성산성 C지구 저수지 제4문화층(그림 4)에서 출토된 척도는 29.8cm로[21] 고구려 척과 달리 당나라 척을 따른 것으로 보인다.

이러한 상황은 다음의 내용과 같이 설명될 수 있다. 즉 신라는 진덕왕 2년(서기 648년) 김춘추를 당나라에 보내 도움을 청할 때 중국의 복제를 따를 것을 약속했다.[22] 그리고 다음 해인 진덕왕 3년에 처음으로 중국의 복제를 실시했고,[23] 문무왕 4년(서기 664년)에는 부인의 의복까지도 중국의 복제를 따랐다.[24] 이러한 과정에서 부분적으로 당척이 신라에서 쓰여졌을 것이고 신라 후기에 이르면 아예 당척을 기준으로 하

21) 신라천년의 역사와 문화 편찬위원회, 《신라의 학문과 교육·과학·기술》연구 총서 11, 255쪽의 그림 9.
22) 《三國史記》卷6〈新羅本紀〉眞德王 2年條 참조.
23) 《三國遺事》卷4〈義解5〉慈藏定律. "(慈藏)이 일찍이 신라의 服章이 중국과 같지 않아, 중국의 조정에 건의했더니 허락하며 좋다고 했다. 이에 진덕왕 3년 기유(己酉)에 처음 중국의 의관을 착용했다. 명년 경술에 또 중국의 정삭을 받아들여 영휘의 연호를 처음 썼다. 이 뒤 당나라에 조회 때마다 蕃國보다 위에 있게 된 것은 자장의 공이다(甞以邦國服章不同諸夏, 擧議於朝, 僉允曰臧. 乃以眞德王三年己酉, 始服中朝衣冠. 明年庚戌, 又奉正朔始行永徽號. 自後每有朝覲列在上蕃, 藏之功也)."
24) 《三國史記》卷33〈雜志〉2 色服條. "문무왕 4년 또 부인의 의복을 개혁하니, 그 후로부터 의관이 중국과 같았다(文武王在位四年, 又革婦人之服, 自此已後, 衣冠同於中國)."

게 되었을 것이다.

그 예로 앞에서 서술했듯이 당나라에서는 5척이 1보였는데, 신라에서는 문무왕 때 의복양식에서 당나라를 따랐음에도 6척을 1보로 하여 신라의 척도를 그대로 사용하고 있었다. 신라가 문무왕 때 6척을 1보로 했음은 선덕왕 12년(서기 643년)에 세워진 황룡사 구층탑의 높이로부터 알 수 있다. "鐵盤以上, 高□□, 以下高三十步三尺"[25], "刹柱記云, 鐵盤以上, 高四十二尺, 以下一百八十三尺"[26]에서 철반 이하의 높이 30보 3척은 183척과 같으므로, 이 두 치수로 계산해 보면 1보는 6척이다. 그러나 이후 효성왕(孝成王, 서기 737년~서기 742년) 때와 진성여왕 때에는 당척을 사용했던 것으로 나타난다. 《삼국유사》 효성왕조[27]에는 관문성의 둘레가 6,792보 5척으로 40,757척이라 했는데, 1척을 29.4㎝로 관문성 둘레를 환산하면 약 11.98㎞이고, 현재의 관문성의 장성 길이가 약 12㎞로 같은 치수로 계산[28]되기 때문이다.

다음으로 포의 승수로부터 포의 섬세도를 비교해 보기로 한다. 《의례》(儀禮) 〈상복〉(喪服)에서 "布, 八十縷爲升"이라 한 것으로 보아, 1폭에서 날실(經線) 80올을 1승으로 했음을 알 수 있다. 승은 날실을 세는 단위로, 종(緵) 혹은 종(稯)로 쓰기도 한다. 한 포의 폭에 80올의 날실이 정경(整經)되었을 때를 1승이라고 한다. 승의 수가 많을수록 섬세한 직물인 것이다. 《한서》(漢書) 〈왕망전〉(王莽傳)에는 안주(顏注)에 맹강(孟康)의 말을 인용하여 "緵, 八十縷也"라 했다. 또한 《설문해자》 〈화부〉(禾部)에서도 종에 대하여 "布之八十縷爲稯"이라 했다.

《안자춘추》(晏子春秋) 〈내편잡〉(內篇雜)에 따르면 춘추시대 10종에서 12종을 세포(細布)로 구분했는데 이는 10종포를 기준으로 한 것이다.[29]

25) 《皇龍寺九層木塔刹柱本記》.
26) 《三國遺事》 卷3 〈塔像〉 皇龍寺九層塔.
27) 《三國遺事》 卷2 〈紀異〉 孝成王條. "…始築關門毛大(火)郡. 今毛火村. 屬慶州東南境. 乃防日本塞垣也. 周廻六千七百九十二步五尺.
28) 신라천년의 역사와 문화 편찬위원회, 《신라의 학문과 교육·과학·기술》 연구총서 11, 255쪽.

또한 《사기》〈효경본기〉(孝景本紀)에서는 "令徒隸衣七緵布"라 하여[30] 서한에서 형도(刑徒)와 노예가 7종포를 입었음을 알 수 있다. 중국의 경우 7종포에서 9종포는 조포(粗布)로 구분되는데, 가장 조(粗)한 7종포는 1폭(幅)에 날실이 560올이 되며 날실의 밀도는 모두 ㎝당 11.5올로 계산된다. 이러한 기준은 《한서》의 〈왕망전〉에서도 "自公卿以下, 一月之祿十緵布二匹"로 했던 것으로 보아 서한에 이르기까지 그대로였던 것으로 생각된다.

고조선의 유적인 요령성 심양시 정가와자 유적(서기전 841년~서기전 476년)[31]에서 발굴된 평문 마포 흔적[32]은 대략 9종 정도로 밝혀진다. 길림시 후석산(猴石山) 유적(서기전 325년)에서 출토된 청동검을 넣었던 마포 주머니는 약 12종에 해당하는 세포였다.[33]

중국의 서기전 2세기경의 서한 초기 유적인 마왕퇴 1호묘에서 출토된 N29-2호 대마포(大麻布)는 통폭(通幅)의 날실 총수가 810올로 10종포였다. 같은 묘에서 출토된 N27-2호 저포는 날실의 밀도가 ㎝당 32.4올이며 약 21종포였다. 그리고 N26-10호 저포는 날실의 밀도가 ㎝당 37.1올이며 약 23종포로[34] 춘추전국시대보다 훨씬 섬세한 포를 생산했음을 알 수 있다.

후대의 기록이긴 하지만 신라가 법흥왕 때부터 신분에 따른 복식의 차이를 제도화했는데 신라 초기의 고유제도를 고수했다는 내용으로부터[35] 신라가 초기에 생산했던 마섬유의 승수를 짐작할 수 있다. 그 내

29) 《晏子春秋》〈內篇雜〉下 第6. "十至十二緵, 則以爲細布, 而以十緵布爲其常制."

30) 《史記》 卷11 〈孝景本紀〉.

31) 中國社會科學院考古研究所東北工作隊, 〈沈陽肇工街和鄭家洼子遺址的發掘〉, 《中國考古集成》 東北卷 青銅時代(2), 1883~1888쪽; 沈陽故宮博物館·沈陽市文物管理辨公室, 〈沈陽鄭家洼子的兩座青銅時代墓葬〉, 《考古學報》, 1975年 1期, 142~153쪽; 박진욱, 《조선고고학전서》-고대편, 과학·백과사전종합출판사, 1988, 71쪽.

32) 佟冬, 《中國東北史》, 吉林文史出版社, 1987, 277쪽.

33) 吉林地區考古短訓班, 〈吉林猴石山遺址發掘簡報」, 《中國考古集成》 東北卷 青銅時代(三), 2307쪽; 董學增·翟立偉, 〈西團山文化遺存所反映的穢貊族習俗考略〉, 《中國考古集成》 東北卷 青銅時代(2), 2261쪽.

34) 孫機, 《漢代物質文化資料圖說》, 文物出版社, 1991, 72쪽.

용은 주로 신발과 관에 사용되는 포의 승수로 진골대등으로부터 평민에 이르기까지를 대상으로 한 내용으로서 28승포 이하로 사용하도록 규제했다.[36) 이로 보아 28승 이상의 포도 생산되었음을 알 수 있다. 이는 그 후 문무왕 때 40승포와 30승포 그리고 저포를 생산하여 중국에 예물로 보냈던 사실로부터도 확인된다. 또한 흥덕왕 9년에 내린 규제를 보면 당시 귀족인 진골대등 남자는 26승 이하의 포로 하고 진골 여자는 28승 이하 포로 제한했으며, 가장 신분이 낮은 평민 남자는 12승 이하의 포로 규제했다. 그러나 문무왕 때 40승포와 저포를 생산했으므로 섬세한 직물 생산기술이 발달했던 것이다.[37)

《논어》〈자한편〉(子罕篇)의 "麻冕, 禮也"에 대하여 공안국(孔安國)은 "冕, 緇布冠也. 古者績麻三十升布以爲之", 즉 너무 조밀하여 만들기 어렵다고 했다. 1승이 80루로 30승은 2,400루가 되기 때문일 것이다. 이에 대하여 《주례》(周禮)〈변사〉(弁師) 정의(正義)에서 손이양(孫詒讓)은 강영(江永)이 섬세한 30승포를 과연 짤 수 있었는지 의심했다.[38) 이로 보아 중국에서는 30승포를 가장 섬세한 세포로 설명하고 있는 것으로 생각된다. 후한 말의 채옹(蔡邕)은 《독단》(獨斷)에서 "用三十六升布則太密. 非所容也"라 하여 36승포는 만들 수 없는 것으로 단정했다. 이러한 내용으로 보면 고대 한국에서 생산한 40승포는 매우 섬세한 마직물이었을 가능성이 크다.

신라는 마를 많이 재배했고[39) 8월 15일이면 풍악을 베풀고 관리들에게 활을 쏘게 하여 포를 상으로 내린 것으로 보아 마의 생산수준이

---

35) 《三國史記》卷33〈雜志〉色服條. "23대 법흥왕에 이르러 처음으로 6부 사람들의 복색존비의 제도를 정했는데, 역시 夷俗이었다(至第二十三葉法興王, 始定六部人服色尊卑之制, 猶是夷俗)."

36) 《三國史記》卷33〈雜志〉色服條 참조.

37) 위와 같음.

38) 《周禮》〈弁師〉正義. "古布幅闊二尺二寸 …若容三十升之縷二千四百, 則今尺一分地幾容一十八縷, 此必不能爲者也."

39) 《南史》卷79〈列傳〉新羅條. "토지가 비옥하여 오곡을 심기에 마땅하고, 뽕과 마가 많아 겸과 포로된 옷을 지었다(土地肥美, 宜植五穀, 多桑麻, 作縑布服)".

매우 우수했던 것으로 보인다. 그 결과 문무왕 때와[40] 이후 경문왕 때 마직물 40승포와 면직물인 백첩포 40승포를 생산했다.[41] 그 밖에도 신라는 치밀포(緻密布)[42]를 생산했다. 또한 크고 작은 폭의 대소포(大小布) 및 모시포(毛施布)를 생산하여 중국에 보내는 예물로 사용한 것으로 보아 그 품질이 우수했을 것으로 생각된다.

신라는 서기전 1세기경 진한에서 건국되었다. 따라서 신라가 여러 종류의 매우 섬세한 포를 생산할 수 있었던 것은 한(韓)이 경마(檾麻)로 저포와 광폭세포(廣幅細布) 또는 백저포(白紵布) 등을 생산한 기술을 이어받아 발전시킨 것이라 할 수 있겠다. 이는 신라가 태종 무열왕시기 당의 제도를 따르기 이전까지 한(三韓)의 의장과 복식의 토풍(土風)을 그대로 따른 것으로[43]부터도 알 수 있다.

3. 복식과 문헌으로 본 한국 고대사 체계의 재정립

1) 복식자료와 양식의 특성연구에서 고대사를 찾는 길

1980년 무렵 만주지역에서 대규모 유적들이 발굴되면서 후기 신석기문화인 홍산문화와 초기 청동기문화인 하가점 하층문화에 대한 연구가 크게 주목되었다. 중국 학계는 이들 문화가 황하 중류유역의 문화에서 전파된 것으로 정리하고, 그 틀에 맞추어 만주지역의 선사문화를 규

---

40) 《三國史記》卷7〈新羅本紀〉文武王條. "(문무왕 12년) …우황 1백 20푼·金 120 분·40승포 6필·30승포 60필을 바쳤다(…牛黃百二十分·金百二十分·四十升布六匹·三十升布六十匹)."
41) 이 책의 제4부 제1장 1절 1의 주 90과 같음.
42) 《三國遺史》卷5〈感通〉善律還生. "아울러 치밀포를 이불과 요 사이에 감추어 두었다(并藏緻密布於寢褥間)."
43) 《高麗史》〈志〉卷26 輿服 1. "동국은 삼한으로부터 의장과 복식이 고유한 풍속을 좇다가 신라 태종왕에 이르러 당의 제도를 따르기를 청했고, 그 뒤 관복제도는 차츰 중국을 따랐다(東國自三韓, 儀章服飾循習土風, 至新羅太宗王, 請襲唐儀, 是後, 冠服之制, 稍擬中華)."

명하고자 했다. 그러나 발굴이 계속 이어지면서 만주지역 선사문화는 중국의 황하유역과는 다른 독특한 문화성격을 보이기 시작했다. 중국학계의 단순한 논리는 빗나갈 수밖에 없었고, 결국 하나의 독립된 성격을 지닌 문화로 인정하여 이를 요하문명이라 총칭했다.

이후에도 중국 학계는 여전히 요하문명을 황하 중류유역의 문화로부터 독립시키지 않고 황하유역의 황제(黃帝)문화에 포함시키고자 했다. 이것은 한반도와 연해주 등의 고대문화를 변방의 문화로 격하시키려는 의도에서 비롯된 것이다. 따라서 최근 학국학계에서 요하문명이라는 명칭을 그대로 사용하고 있는 것은 모순이다. 만주지역 선사문화는 황하문명이 아니라 고조선문명과의 계승관계를 확연히 보여 주고 있다. 우리가 요하문명이라는 명칭을 그대로 사용한다면 고조선문명을 황제문화에 포함시키는 것에 동의하는 것과 마찬가지가 된다.

이 책의 제1·2부에서 홍산문화의 복식유물들을 해석하고 이를 고조선 복식문화와 관련해 고찰하였다. 그 결과 곡옥 하나만을 보아도 한반도와 만주 전 지역에서는 중국보다 앞서 신석기시대 초기부터 생산하기 시작하여 고조선 복식문화로 이어나갔음을 알 수 있다. 아래에서는 고고학 발굴보고서 등을 중심으로 이웃 나라와의 비교를 통해 홍산문화로부터 비롯된 우리 복식문화를 실증적으로 분석한 내용을[1] 제시하고자 한다. 아울러 홍산문화를 고스란히 이어받은 고조선 복식문화가 이후 삼국시대에 이르기까지 일관되게 보여 주는 지속성의 실체와 정체는 고조선 복식문화권을 설정할 수 있는 좋은 자료가 될 것이다.

고대 한민족 복식은 장식기법에 큰 비중을 두었는데, 장식의 크기와 양식의 차이 및 기하학적인 선의 방향을 달리하며 개성적인 아름다움을 이루어 냈다. 이러한 독창적인 장식기법과 직조기법, 염색기법 등이 절제 있게 복합된 복식 양식은 홍산문화로부터 비롯된 것으로, 이후 고조선으로 이어져 전통기법을 이루며 정체성을 이어간다. 복식자료의 전반

---

1) 박선희, 《한국고대복식-그 원형과 정체》, 지식산업사, 2002; 박선희, 《고조선 복식문화의 발견》, 지식산업사, 2011.

적인 성격분석을 진행하는 과정에서 홍산문화가 고조선이 출현한 초기 청동기시대에 속하는 하가점 하층문화로 발전했고, 다시 고조선의 비파형동검문화인 하가점 상층문화로 발전했음을 재인식하게 된다.

고조선 이전 시기부터 복식에 장식되던 다양한 양식의 장식들은 고조선시대에 오면 직물의 발달과 함께 양식이 더 화려해져 옥과 청동, 철로 만들어진 장식단추들을 더욱 적극적으로 복식에 사용되어 입체감과 역동성을 나타냈다. 이러한 장식기법이 고구려시기에 오면 의복에 장식물을 다는 대신 염색과 직조, 자수 등의 기법으로 동일한 장식효과를 나타내거나 이를 장식단추와 병행하여 사용했다.[2] 이것이 고구려 고분벽화의 복식에 기하학문양이 많이 나타나게 되는 까닭이다.

고구려 사람들은 서로 다른 기하학문양의 형상성을 독특하게 잘 조형화하여 복식에서 자유롭게 표현하였다. 고분벽화에 보이는 고구려 복식에서 그들이 추구했던 주체적인 시각의 조형적 자유의지와 다양성을 살펴볼 수 있다. 고구려 사람들이 복식에 나타냈던 기하학문양은 중국이나 북방지역에서 나타나지 않아, 고조선 이래 확립된 복식문화의 공간적 정체성과 시간적 지속성을 확인할 수 있게 한다.

고구려에서는 고조선의 전통을 이어서 직조기술뿐만 아니라 염색기술이 매우 발달한 사실을 실제로 출토된 직물과 고분벽화에 보이는 구성원들의 다양한 의복의 색상과 화려한 문양을 통해서 알 수 있다. 고구려 사람들은 고조선을 이어 윗옷과 아래옷, 겉옷 등의 여러 옷을 하나하나 다른 색실로 짜거나 문양을 표현하여 옷 전체를 다양한 색으로 조합했다. 그 위에 아름다운 문양을 곳곳에 수놓거나, 구슬과 금은으로 만든 장식단추를 사용하여 화려하고 아름다운 복식문화를 이루었다.

이처럼 고조선으로부터 이어지는 복식특징들은 우리다운 문화적 정체성을 시각적으로 보여 주는 결정적 자료로, 당시 복식의 양식적 독창성과 고유성을 잘 드러낸다. 그러므로 한반도와 만주지역의 선사시대로

---

2) 위와 같음.

부터 열국시대에 이르기까지 복식의 재료와 양식, 기법 등에 관해 이웃 나라와 비교 연구하는 것은 고조선과 이를 계승한 한민족 복식문화권에 관한 실증적 해석을 올바르게 할 수 있는 길이다. 아울러 복식유물의 특징적 차이로부터 한국 고대사 체계의 중심에 있는 위만조선 및 한사 군의 의미와 위치를 재해석할 수 있게 될 것이다. 이들은 중국의 정치 세력들이므로, 그 위치했던 지역에서는 중국 복식유물이 나타거나 적어 도 한민족 특징의 복식유물과 중국 복식유물이 혼합되어 나타나야 하기 때문이다. 또한 현행하는 한국 고대사 체계대로 기자의 후손인 준왕이 단군조선의 뒤를 이었다면 고조선 이후 한반도와 만주지역의 복식유물 에는 중국복식의 특징이 나타나야만 할 것이다.

그런데 실제로 선사시대로부터 열국시대에 이르기까지 한반도와 만 주의 대부분 지역에서는 한민족의 특징적인 복식유물들이 나타난다. 다 만 만주의 요서지역 유적에서 중국복식유물이 나타거나 한민족 특성 의 복식유물과 중국복식유물이 혼합되어 나타나, 이 지역이 정치세력의 교체로 말미암아 복식 성격에서 변화 양상을 가졌을 것으로 추정될 뿐 이다.

이 장에서는 한반도와 만주지역의 선사시대로부터 열국시대에 이르 기까지의 복식 양식과 재료적 특성연구로부터 그 지역 거주 민족의 정 체를 올바르게 추적하고 문헌자료 해석의 문제점을 보완해 역사체계를 재해석해 보고자 하였다. 복식유물의 국적을 알게 되면, 해당 복식이 분 포되어 있는 지역 주민들의 국적도 자연스레 재해석할 수 있을 것이라 여겨진다. 복식이 민족적 정체성을 증언하는 시각적 기호 역할을 할 수 있기 때문이다.

필자는 지난 연구에서 한반도와 만주지역에서 출토된 복식자료들을 분석하여 그 특징과 공통성을 확인하고 아울러 중국 및 북방지역의 복 식자료와 비교하여 그 차이점을 밝힌 바 있다. 그리고 한반도와 만주지 역에서 출토된 공통성을 지닌 복식유물의 분포 범위를 근거로, 이들의 출토지를 각 내용별로 지도에 표기하여 고조선의 복식문화권을 확인한 바 있다.[3] 동일한 복식품을 생산하고 사용했던 사람들은 동일한 정치체제를 갖는 하나의 국가에 속한 거주민들이었음을 말해 준다. 이들에게 공통의 귀속의식이 없었다면 공통성을 지닌 복식문화를 만들어낼 수 없었을 것이다.

필자가 연구에 사용했던 복식자료들은 지배층과 피지배층의 생활용품 모두를 근거로 분석하여 객관성과 구체성을 가지고자 했다. 그 대상이 되었던 유물자료들은 가락바퀴, 원형과 나뭇잎모양의 장식, 긴 고리모양의 허리띠장식, 곡옥, 귀걸이, 갑옷조각 등이 그 문양과 양식 면에서 동질성을 지니면서도 중국이나 북방지역의 것과는 차이점을 가지고 있음을 알 수 있었다. 그리고 한반도와 만주지역에서 사용한 직물들의 종류가 지역마다 특성을 달리하지만 기본적으로는 같은 종류였음을 확인하였다. 또 이것을 재료로 하여 만든 모자, 웃옷과 겉옷, 아래옷, 허리띠, 신 등의 복식 양식에서 공통성을 확인하였다. 또한 중국이나 북방지역과 구별되는 고조선 복식의 고유한 특징으로 머리양식에 따른 옥고와 변이나 절풍양식이 나타나는 지역, 의복에 굽은 옥과 옥장식을 사용했던 지역연구, 또한 장식기법과 염색기법의 특성이 동일하게 나타나는 지역 등을 표시하였다(제1부 제1장의 지도 1). 복식재료와 복식 양식이 일본열도에 미친 영향 등에 관해서는 이 책의 제4부 제3장에서 갑옷을 중심으로 다루고자 한다. 그리고 고구려 금관 관련 연구를 통해 고조선을 이은 고구려 관모의 원형과 나뭇잎양식의 금제관식 및 금동제 관식과 같은 양식의 출토범위와 고구려 금관과 금제관식 및 금동제관식 출토지역을 표기하였다(지도 1)[4].

---

3) 박선희, 《고조선 복식문화의 발견》, 465~482쪽; 박선희, 《고구려 금관의 정치사》, 447~459쪽 참조.
4) 위와 같음.

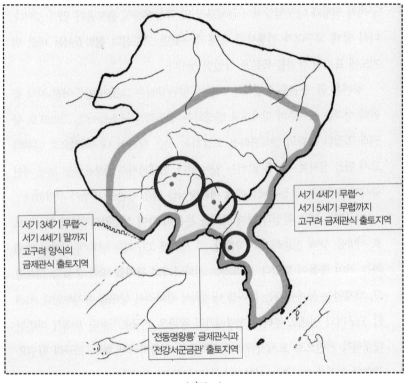

서기 4세기 무렵~
서기 5세기 무렵까지
고구려 금제관식 출토지역

서기 3세기 무렵~
서기 4세기 말까지
고구려 양식의
금제관식 출토지역

'전동명왕릉' 금제관식과
'전강서군금관' 출토지역

〈지도 1〉

■ 고조선을 이은 고구려 관모의 원형과 나뭇잎양식의 금제관식 및 금동제 관식과
  같은 양식의 관식 출토범위
◉ 고구려 금관과 금제관식 및 금동제 관식 출토지역

2) 《삼국유사》·《위서》에 보이는 고대사 체계

한반도와 만주의 대부분 지역에서는 신석기시대 초기부터 의복에
구슬 등을 옥기와 함께 화려하게 장식했다. 고조선시대에 오면 의복 장
식이 더욱 화려해져, 옥과 청동, 철을 재료로 하여 만들어진 장신구와
장식단추가 적극적으로 사용되기 시작했다. 고조선 붕괴 이후 열국과
삼국시대 사람들은 고조선의 복식 양식과 장식기법을 그대로 계승하여
복식뿐만 아니라 여러 예술품들과 마구(馬具) 등의 생활용품에 이르기
까지 일정하게 장식단추 양식을 적용하여 발전시켜 나갔다.

특히 고조선을 계승한 고구려와 열국에서는 의복뿐만 아니라 금관과 관장식에 일정하게 장식단추모양의 원형과 나뭇잎모양의 장식을 달았다. 이는 당시의 중국이나 북방지역에서는 볼 수 없는 한민족의 고유한 양식이다. 따라서 한반도와 만주지역에 위치했던 고조선과 열국시대 복식이 동일한 양식으로 나타나는 점을 감안한다면, 고조선 붕괴 이후 고조선에 속했던 지역들이 한국 고대사 체계의 내용처럼 중국의 정치세력으로 교체되었다고 해석하기 어렵다.

현재 통용되는 한국 고대사의 체계는 '단군조선 — 준왕 — 위만조선 — 한사군 — 열국시대'로 되어 있다. 이 책의 제3부 1장 1절에서 기자의 40여 대 후손인 '조선후'(朝鮮侯) 준왕은 분명히 중국혈통으로 스스로 왕이라 일컬었던 것임을 서술했다. 기자가 고조선으로 망명 온 시기는 서기전 1100년경이었고, 위만이 망명 온 시기는 서기전 195년이었으며, 한사군의 낙랑군이 축출된 시기는 서기 313년이다. 이러한 한국 고대사 체계를 받아들인다면 우리민족은 1,400여 년간 중국인의 지배를 받았다는 것이 된다. 기자의 고조선 통치를 인정하지 않고 위만조선으로부터 계산해도 500여 년 동안 중국의 지배를 받았던 것이 된다.

이것이 사실이라면 실제로 기자가 망명 온 서기전 1100년경부터 약 1,400여 년의 기간 동안 한반도와 만주지역에서 출토된 복식유물에 중국복식의 성격이 나타나야만 한다. 그러나 실제로 고조선시기에 형성된 한민족 복식의 고유한 특징들은 열국시대로 그대로 이어지고, 단지 지금의 요서지역 복식유물에서 한민족 복식과 중국복식의 특징들이 혼합되어 나타나고 있을 뿐이다. 제4부 제1장 1절에서는 문헌에 보이는 기자에 관한 내용을 검토해 우리나라 양잠기술이 중국의 영향으로 이루어진 것이 아님과, 기자가 망명했던 서기전 12세기경 당시 조선에서는 이미 누에를 치고 옷감 등을 짰다는 사실[5]을 밝혔다. 아울러 고대 한국의 사직물(누에천) 생산 수준이 당시의 중국보다 앞섰음을 서술했다. 또한

---

5) 박선희, 《한국고대복식-그 원형과 정체》, 125~188쪽.

한사군의 낙랑군지역으로 추정된 평양지역 복식유물이 중국의 것이 아닌 한민족 특징의 복식유물임도 밝혔다. 따라서 이러한 내용들은 고조선 붕괴 이후 평양을 중심을 하는 지역에 중국의 정체세력이 존속했던 것으로 통용되는 한국 고대사 체계에 재검토를 필요로 한다.

우리나라 고대사 체계는 《삼국유사》와 《제왕운기》, 《고려사》, 《세종실록》에서 보인다. 문제는 《삼국유사》와 《제왕운기》 등에 기록된 고대사 체계가 서로 다르다는 점이다. 《삼국유사》에서는 '고조선(단군조선) ― 열국시대'로 이어지는 체계가 확인된다. 《삼국유사》 〈고조선〉조에는 "《위서》(魏書)에 이르기를 지금으로부터 2천 년 전에 단군 왕검이 있어 도읍을 아사달에 정하고 나라를 열고 조선이라 일컬으니 고(高, 堯)와 같은 시대라 하였다. 《고기》에 이르기를 …(단군 왕검)은 평양성에 도읍하고 비로소 조선이라 불렀다. 또 도읍을 백악산 아사달로 옮겼는데 이름을 궁홀산이라고 하고 금미달이라고도 한다. 나라를 다스린 지 1,500년 되던 해인 주 무왕이 즉위한 기묘년에 기자를 조선에 봉하니 단군은 곧 장당경으로 옮겼다가 뒤에 아사달로 돌아와 은거하다가 산신이 되었다. 수명이 1,908년이었다"고 기록하고 있다.

위의 내용에 보이는 기자에 대하여 다음의 기록들이 있다. 《사기》에 기자는 세가나 열전으로 독립해 기록되지 못하였고, 다만 〈송미자세가〉에 부분적으로 언급되었다. 〈송미자세가〉에도 "무왕은 기자를 조선에 봉하였으나 신하는 아니었다"고 했다. 이는 기자가 조선으로 이주한 서주의 신하가 아니라 고조선의 제후였음을 말하는 것이다. 그래서 뒤에 쓰여진 《한서》에서도 감옥에서 풀려난 기자가 상을 떠나 조선으로 갔다고는 했지만, 후 등으로 봉해졌다고는 하지 않았던 것이다. 《사기》의 서술대상은 중국의 천자를 중심으로 그의 통치 아래 있는 곳만을 포함시켰으며 그 밖의 지역은 제외했기 때문이다.

그러나 《후한서》에 와서는 기자가 조선의 후로 봉해졌다고 완전히 바뀌었다. 이러한 왜곡은 《사기》, 《한서》, 《후한서》가 쓰일 당시의 정치적 상황도 함께 작용했다고 하겠다. 《사기》가 쓰였을 때 비록 한 무제가 위씨(衛氏)를 공략한 뒤 그 점령지역에 군현을 설치했지만 아직 확실히 점령하지 못했던 것으로 보인다.6) 《한서》가 쓰였던 동한 때에는 고구려의 국력이 급성장하여 고구려의 옛 영토를 되찾는 등 중국을 압박했기 때문에 한의 군현이었던 지역을 되찾고자 기자와 조선을 관계지으려 했던 것으로 보인다. 그러나 《후한서》가 쓰여졌을 때는 고구려가 위 등의 공략으로 도읍이 완전히 파괴당하는 위축을 보였기 때문에 조선을 기자의 봉지로 하여 중국의 영역에 넣으려는 의도를 보였다고 하겠다.

중국 문헌에서는 '조선후' 기자가 지금의 하북성 창려현(昌黎縣) 난하(灤河)유역의 갈석산(碣石山) 부근에 있었던 것으로 나타난다. '조선후' 기자가 난하유역에 있었음은 《대명일통지》(大明一統志) 〈영평부〉(永平府) 고적(古蹟)조에, "조선성(朝鮮城)이 영평부 경내에 있는데 전해오기를 기자가 봉함을 받았던 땅이라고 한다"는 기록에서도 알 수 있다. 명시대의 영평부는 난하유역에 있었다.7) 실제로 요서지역의 대릉하유역에서는 상주의 유물이 출토되었고, 특히 요령성 객좌현 유적에서는 기자와 관련이 있을 것으로 생각되는 기후방정(箕侯方鼎)이 발견되기도 했다.8) 이러한 내용들은 기자조선이 지금의 요서 지역인 난하유역에 있었음을 알게 한다. 위만조선은 서기전 195년에 서한으로부터 조선으로 망명한 위만이 기자의 후손인 준왕의 정권을 빼앗아 건국되었다.9) 한사군은 서한 무제가 위만조선을 멸망시키고 그 지역에 설치한 군이다.10) 따라서 '조선후' 기자와 위만조선, 한사군은 계승관계에 있으며 같은 곳에 위치했음을 알 수 있다.11)

6) 《史記》 卷115 〈朝鮮列傳〉 참조.
7) 윤내현, 《고조선연구》, 一志社, 1992, 368~378쪽.
8) 喀左縣文化館·遼寧省博物館·朝陽地區博物館, 〈遼寧喀左縣北洞村出土的殷周青銅器〉, 《考古》 1974年 第6期, 364~372쪽.
9) 《三國志》 〈烏丸鮮卑東夷傳〉 '韓'傳의 주석으로 실린 《魏略》.
10) 《史記》 〈朝鮮列傳〉; 《漢書》 〈朝鮮傳〉·〈地理志〉.
11) 윤내현, 《고조선연구》, 378~395쪽.

이러한 사실과 《삼국유사》〈고조선〉조의 내용을 종합해 보면 고조선 영역은 원래 난하유역까지였고, 지금의 요서지역에 '조선후' 기자, 위만조선, 한사군이 등장한 시기에 고조선은 한반도를 포함한 만주지역에서는 지금의 난하유역에 이르는 요동 지역[12]을 차지하고 있었다고 하겠다. 그러므로 《삼국유사》와 중국 기록에 보이는 한국 고대사 체계는 고조선이 한반도와 만주의 요동과 요서지역을 차지하고 있다가 붕괴되고 이어서 열국시대가 출현한 것이 된다. 그리고 '조선후' 기자와 위만조선, 한사군은 고조선의 중심에서 일어난 정치세력이 아니라 고조선의 서부 변경지대인 지금의 요서 지역에서 일어난 사건으로 한국사의 주체가 될 수 없다는 것도 알 수 있다.

3) 《제왕운기》·《고려사》·《세종실록》 고대사 체계

《제왕운기》와 《고려사》〈지리지〉, 《세종실록》〈지리지〉에는 위의 내용과 전혀 다른 한국 고대사 체계가 보인다. 이는 오늘날 통용되는 한국 고대사 체계로, 《제왕운기》 기록에 근거하여 '전조선(고조선, 단군조선) — 후조선(기자조선) — 위만조선 — 한사군 — 열국'의 순서로 되어 있다.

고조선을 한국사의 시작으로 한 것은 《삼국유사》와 같다. 그러나 《삼국유사》와 달리 《제왕운기》에서는 고조선이 멸망한 후 164년이 지나 서주 무왕(武王) 원년 기자가 서주에서 고조선 지역으로 망명해 스스로 나라를 세워 후조선이라 했다[13]고 되어 있다. 기자는 고조선을 멸망시킨 후 같은 지역에 기자조선을 세웠고, 그의 41세 후손인 준왕은 위만에게 나라를 빼앗겨 기자조선은 928년 만에 망하였다는 것이다. 이후

---

12) 윤내현, 앞의 책, 187쪽. "고조선시대(중국은 서한 초 이전)에는 지금의 난하유역을 요동(遼東)이라 불렀는데, 일반 의미의 요동지역, 즉 넓은 의미의 요동은 난하유역으로부터 그 동쪽지역인 지금의 요서(遼西)지역을 지칭하는 말이었다. 그 요동의 서부 일부는 진제국과 서한제국의 요동군이었다."

13) 《帝王韻紀》 卷下 〈後朝鮮紀〉.

위만은 서한 고조(高祖) 12년 준왕의 정권을 빼앗아 위만조선을 세웠는데, 나라를 세운 지 88년이 되던 손자 우거(右渠) 때 서한 무제(武帝)의 침략을 받아 멸망하였고 그곳에 한사군이 설치되었으며, 한사군의 뒤를 이어 부여(扶餘), 남북옥저(南北沃沮), 고례(高禮), 예(穢), 맥비류(貊沸流), 시라(尸羅) 등의 열국이 세워진 것으로[14] 되어 있다.

이러한 한국 고대사 체계는《고려사》〈지리지〉〈서경유수관평양부〉(西京留守官平壤府)조와《세종실록》〈지리지〉〈평양부〉(平壤府)조에도 보이는데, 단군조선을 전조선, 기자조선을 후조선이라 부르고 위만조선과 함께 삼조선이라 하였다. 또한 지금의 평양을 이들의 도읍지로 보았다. 따라서 위만조선과 이후 설치된 한사군의 위치는 지금의 평양지역이 되었던 것이다.

이처럼 서로 다른 견해가 나타나게 된 원인은《고려사》에서 비롯된다.《고려사》에서는 숙종 7년 10월에, "예부(禮部)에서 주청하기를, 우리의 교화는 기자로부터 시작되었는데 그가 사전(祀典)에 올라 있지 않으니 기자의 분영(墳塋)을 구하고 사당을 지어 그를 제사 지내도록 하는 것이 좋겠다고 하자 숙종은 그렇게 하도록 하였다"[15]고 했다. 또한 충숙왕 12년 10월에는 평양부에 명하여 기자사(箕子祠)를 세우고서 제사를 지냈다.[16] 그 결과 평양에는 기자의 묘와 사당이 등장하게 되었다.

이러한 상황 변화는 모화사상의 영향이라고 여겨지는데, 결과적으로 기자의 위상이 높아졌고 기자조선이 고조선의 뒤를 이은 것으로 체계화되었던 것이다. 기자조선이 한국 고대사 체계에 놓이면서 자연히 위만조선과 한사군도 한국 고대사 체계의 중심에 들어오게 되었다. 또한 이들이 모두 평양을 중심으로 한반도 북부에 위치했던 것으로 체계화되었다. 따라서 한국 문헌에 고대사 체계가《삼국유사》에 보이는《위서》와 같은 중국 문헌에 기록된 것과 달리 정리된 것은 고려시대에 기자를 고

---

14)《帝王二韻紀》卷下〈漢四郡及列國紀〉.
15)《高麗史》卷63 志17 禮5 吉禮小祀 雜祀.
16) 위와 같음.

조선의 뒤를 이은 통치자로 윤색한 데서 비롯된 것이라 하겠다.

이후 조선시대까지 한국 문헌에는 고조선에 이어 기자조선이 있었던 것으로 되어 있었다. 근세조선 후기에는 고조선보다 기자조선의 중요성이 더 강조되기도 했다. 그러나 일제 강점기 이후에는 오랜 옛날에 기자가 황하유역으로부터 멀리 한반도까지 왔다는 것은 있을 수 없는 일이라며 기자조선이 부인되었다. 한국학자들은 이를 받아들여 기자조선이 있었던 기간을 한씨조선이라 부르는 견해17)와 예맥조선이라 부르는 견해18)를 제출하였다.

준왕을 기자의 후손이 아니라 한씨조선이나 예맥조선의 왕으로 보게 된 것이다. 이러한 과정을 거치면서 한국 고대사 체계는 현재 통용되는 '단군조선 ─ 준왕(한씨조선 또는 예맥조선) ─ 위만조선 ─ 한사군 ─ 열국'의 순서로 체계화되었다. 기자조선이 삭제되고 대신 준왕이 삽입되었다.

앞에 서술한 대로《사기》〈송미자세가〉(宋微子世家)에는 기자가 서주 초기 주나라 무왕에 의해 조선에 봉해졌다고 했다. 또한《후한서》와 마찬가지로《상서대전》(尚書大傳)〈은전〉(殷傳)〈홍범〉(洪範)조에서는 조국인 상나라가 주족에게 멸망되자 기자는 치욕을 참을 수 없어 조선으로 도망하였는데 주무왕이 그 소식을 듣고 그를 그곳에 봉했다고 기록되어 있다. 준왕은《위략》,《후한서》〈동이열전〉,《삼국지》〈오환선비동이전〉 등의 기록에 따르면 기자의 40여 세 후손으로서 위만에게 정권을 빼앗긴 사람이다. 그리고《사기》〈조선열전〉과《한서》의 〈조선전〉·〈지리지〉 등에는 서한 무제가 위만조선을 멸망시키고 그곳에 4개의 군을 설치했다고 했다. 따라서 '조선후' 기자의 역사를 삭제하는 것은 모순이다.

문헌사료를 올바르게 해석하면 '조선후' 기자, 위만조선, 한사군은 같은 지역에서 일어난 같은 정치세력의 변화이다. '조선후' 기자가 있었던 위치를 고조선의 서부 변경인 난하유역으로 본 사료에 따르면, '조선

---

17) 李丙燾, 〈三韓問題의 新考察〉,《震檀學報》3卷, 震檀學會, 1935, 98~99쪽.
18) 金貞培, 〈소위 箕子朝鮮과 考古學上의 問題〉,《韓國民族文化의 起源》, 高麗大學校 出版部, 1973, 180~198쪽.

후' 기자, 위만조선, 한사군은 고조선의 서부에 위치해 있어 한국사의 중심에 있을 수 없다. 서주의 망명자가 거주했던 '조선후' 기자지역에 뒤를 이어 위만조선이 서고 그 지역에 다시 서한의 행정구역인 한사군이 설치되었으므로 이 중국 정치세력들은 같은 곳에 위치해 있었다고 보아야 할 것이다.

복식문화의 특성연구로부터 한반도와 만주지역의 정치세력의 변화를 고찰해도 마찬가지 해석이 가능하다. 한민족의 복식유물 가운데 복식 양식 전체는 물론이며 표지문화라 할 수 있는 청동장식단추 하나만을 예로 들어 해석한다 해도 중국과 북방지역의 경우 그 생산연대가 고조선보다 늦고 출토지도 매우 적다. 그러나 고조선의 영역이었던 한반도와 만주지역에서는 거의 모든 청동기시대 유적과 철기시대 유적에서 다양한 크기의 청동장식단추들이 다량 출토된다. 복식에 사용된 청동장식단추 양식은 고조선 붕괴 이후 열국으로 이어져 나라마다 특색을 조금씩 달리할 뿐 부여와 고구려, 예, 한, 옥저 등에서 널리 유행했다. 열국에서는 장식단추의 크기와 양식에 차이를 두거나 기하학적인 문양의 방향을 달리하여 자유롭게 개성화했다. 청동장식단추는 고조선시대부터 일반복식에서뿐만 아니라 특수복식인 갑옷과 투구 등에도 적극적으로 사용되었다. 이러한 양식은 고구려를 중심으로 삼국에 이어져 금관을 비롯한 여러 예술품과 마구 등 생활용품에 이르기까지 한민족의 중요한 장식양식으로 자리 잡게 되었다.

이처럼 장식단추 양식은 고조선 이전 시기부터 복식에 장식물로서 다양하게 사용되었고, 고조선 붕괴 이후 열국으로 이어지고 다시 삼국시대로 이어지며 한민족의 중요한 복식기법으로 자리 잡게 되었다. 따라서 고대 한민족 복식에 보이는 장식단추에 대한 비교 분석과 통시적 전승을 검토해 보아도 한국 고대사 체계에 '조선후' 기자와 위만조선, 한사군이 중심에 있을 수 없다는 추론이 가능하다.

고대에 우리 민족은 동아시아 최초로 고조선이라는 국가를 세웠고, 붕괴 이후 열국으로 분열되었지만 여전히 한민족의 나라로 이어졌다.

'조선후' 기자, 위만조선, 한사군 등은 고조선의 서부 변경에서 일어난 사건으로 한국사의 중심이 될 수 없다. 현행하는 한국 고대사의 체계를 받아들인다면, 우리 민족은 고조선을 건국했지만 오래지 않아 멸망하여 기자가 통치했으며, 다시 위만의 통치 아래 있다가 끝내 한사군의 설치로 서한의 영토에 편입되었다는 것이 된다. 결국 우리 민족은 매우 오랜 기간 중국인들의 지배를 받은 것이 된다.

《삼국유사》에 보이는 한국 고대사 체계의 근거 사료인 《위서》의 내용은 중국 문헌의 기록이다. 중국인들이 올바르게 기록한 내용을 우리가 잘못 해석하고 있는 것은 아닐까? 한국 고대사에 관한 역사왜곡은 이웃 나라가 아니라 우리 자신이 하고 있는 것이다.

제2장 특수복식 갑옷의 양식과 과학기술로 본
고조선 복식문명권

1. 비교연구를 통해 본 고조선 뼈와 가죽갑옷의 종류와 생산양식

고조선의 무기와 갑옷은 고조선의 무력과 경제수준 및 사회수준을 이해하는 중요한 요소이다. 그동안 고조선의 무기에 관한 연구는 비파형동검[1]을 비롯하여 고조선의 다른 부분에 관한 연구보다 비교적 많은 편임에도 불구하고, 방어무기로서 중요한 역할을 한 갑옷과 투구에 관한 연구는 거의 이루지지 않았다. 필자가 한국 고대 갑옷의 종류와 특징에 관한 연구에서[2] 부분적으로 다루었을 뿐이다. 이 글은 필자의 선행연구의 내용을 토대로 그동안 새로이 출토된 발굴자료 등을 이웃 나라의 것과 비교 분석하여 진행하였다.

그동안 한국 고대 갑옷에 관한 연구가 고구려·백제·신라·가야의 사국시대부터 다루어진 것은, 고조선의 청동기와 철기 시작연대가 동아시아에서 가장 이른 시기였음에도 불구하고 중국이나 북방지역에서 전래되었을 것이라는 잘못된 인식에서 비롯되었던 것이다. 고조선에서 다양한 종류의 높은 수준으로 만들어진 갑옷을 동아시아에서 가장 앞서 생

---

1) 중국학자들은 일찍이 고조선 청동칼 가운데 칼날양식에 굴곡이 있고 3등분의 조립식으로 만들어진 것을 중국의 악기인 비파를 닮았다고 하여 비파형동검이라 명명하였다. 이후 한국과 중국학자들은 모두 이를 그대로 따르고 있다. 또한 한국학자들은 이 청동칼이 요령성지역에서 많이 출토되어 이를 요령식동검이라 명명하기도 했다. 그러나 이 청동칼은 고조선의 고유양식을 보여 주는 독창적인 것으로, 그 출토지역이 한반도와 만주 전 지역에 걸쳐 있어 한국과 중국의 학자들이 명명한 요령식동검이나 비파형동검 모두 적합하지 않다고 여겨진다. 필자는 '고조선 청동칼' 혹은 '고조선 청동검'으로 부르는 것이 옳을 것으로 생각된다.
2) 박선희, 《한국고대복식-그 원형과 정체》, 지식산업사, 2002, 547~612쪽.

산했으리라고 생각지 않았던 것이다.

또한 고대에 한민족은 중국이나 북방지역으로부터 문화를 수입하여 발전시켰다고 믿어 왔다. 따라서 사국시대에 착용한 갑옷들은 고조선으로부터 계승된 것이 아니라, 그 원류가 북방 유목민의 무장 형태에 있다거나3) 중국계통의 무장방법과 밀접한 연관을 가질 것으로 보았고4), 북방계통의 무장모습을 기본으로 하면서 중국계통의 무장방법을 들여와 복합적으로 형성시킨 것으로 보기도 했다.5) 또한 일본학계에서는 일본에서 출토된 갑주(甲冑)들이 그들의 문화적 소산이며 나아가 한반도 남부 고분에서 출토된 갑주 또한 일본에서 만들어진 것이라 주장한다.6) 이 같은 견해들은 일본학계의 통설로 되어 있으며 '임나일본부'(任那日本府)설을 방증하려는 하나의 근거로 삼고 있다.7) 그 밖에 가야지역에서 많이 보이는 종장판갑옷은 영남지역에서 기원한다고 보는 견해도8) 제출되어 있다.

이러한 주장들은 고조선 갑옷의 실체를 밝혀 내지 못한 데 따른 귀결이다. 또한 그간 학계에는 이미 한국과 중국의 문헌자료와 고고학적 자료를 토대로 하여 고조선의 영역이 난하유역과 갈석산지역을 중국과의 경계로 하여 지금의 하북성 동북부로부터 내몽고자치구 동부·요령

3) 石田英一郎·江上波夫·岡正雄·八幡一郎, 〈朝鮮半島との關係〉, 《日本民族の起源》, 平凡社, 1969, 104~116쪽; 駒井和愛, 〈スキタイの社會と文化－武器〉, 《考古學槪說》, 講談社, 1972, 380~381쪽; 이은창, 《한국복식의 역사》－고대편, 교양국사총서, 1978, 127쪽; 전주농, 〈고구려시기의 무기와 무장(Ⅱ)〉, 《문화유산 1》, 사회과학원출판사, 1959, 53~68쪽.

4) 金舜圭·宋桂鉉·金正子·宋亮燮·韓長煥, 《韓國의 軍服飾 發達史 Ⅰ》, 國防軍事研究所, 1997, 13~156쪽; 金榮珉, 〈嶺南地域 板甲에 대한 一考察〉, 《古文化》 第46輯, 韓國大學博物館協會, 1995, 124쪽; 金榮珉 〈嶺南地域 板甲에 대한 再考〉, 《울산사학》, 2000, 62~67쪽.

5) 李殷昌, 〈三國時代武具〉, 《韓國の考古學》, 河出書房, 1972, 229~237쪽.

6) 末永雅雄, 《增補 日本上代の甲冑》, 創元社, 1981; 野上丈助, 〈甲冑製作技法と系譜をめぐゐ問題點(上)〉, 《考古學研究》 第21卷 第4號, 1975; 末永雅雄·伊東信雄, 《挂甲の系譜》, 雄山閣, 1979.

7) 穴澤和光·馬目順一, 〈南部朝鮮出土の鐵製鋲留甲冑〉, 《朝鮮學報》 第78輯, 1976.

8) 신경철, 〈동래복천동고분군의 갑주와 마구〉, 《가야사 복원을 위한 복천동고분군의 재조명》, 제1회 부산광역시립복천박물관 학술발표대회, 1997.

성·길림성·흑룡강성 및 한반도를 그 강역으로 하고 있었음이 밝혀졌음에도 불구하고[9], 아직까지 이 지역에서 출토된 고조선의 갑옷 조각이나 투구 등의 유물들이 올바르게 규명되지 못하였다. 특히 발굴 당사자인 중국학자들이 고조선의 유물들을 막연히 북방민족이나 중국의 것으로 분류하여 연구를 진행해 나가는 탓에, 고조선을 비롯한 고구려 등의 유적 및 유물의 국적을 규명하기 위한 우리 학자들의 재해석이 절실한 실정이다. 이러한 상황은 고조선 갑옷의 실체가 제대로 밝혀지지 못하고 있는 직접적인 요인이 될 것이다.

따라서 필자는 문헌자료와 고조선시대(서기전 2300년경~서기전 2세기 말이나 1세기 초)[10]의 고조선 영역에서 출토된 갑옷과 관계된 유물자료를 중국 및 북방지역의 것과 비교 분석하여 고조선 갑옷의 실체를 밝혀보고자 한다. 또한 복식은 왕조가 바뀌더라도 그 기술과 형식이 쉽게 변화하지 않으며, 설사 외래적 요소가 가해졌다 하더라도 전통적 기술과 양식은 새로운 요소와 함께 그대로 지속되기 때문에 필요에 따라 후대의 자료도 보조 자료로 이용할 것이다.

이 글에서는 고조선의 주요한 방어무기였던 갑옷의 종류와 양식 및 기술적 특징을 상세히 분석하였다. 아울러 고조선과 중국 및 북방지역의 갑옷 생산 시작연대와 합금비율에 관한 비교 분석을 통해 고조선이 이웃 나라보다 우월한 무력을 가지고 있었음을 재확인했다.

1) 고조선 뼈갑옷의 생산 양식과 특징

고조선보다 앞선 신석기시대 유적에서 뼈갑편이 출토되어서 뼈를 재료로 하여 만든 갑옷이 가장 이른 시기에 생산되었던 것으로 여겨진

9) 박선희, 《고조선복식문화의 발견》, 지식산업사, 2011, 471쪽; 박선희, 《고구려 금관의 정치사》, 경인문화사, 2013, 456쪽; 윤내현·박선희·하문식, 《고조선의 강역을 밝힌다》. 지식산업사, 119~197쪽.
10) 윤내현, 《고조선연구》, 一志社, 1994, 307~357쪽.

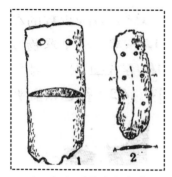

〈그림 1〉대목단둔 유적
출토 뼈갑편 모사도

다. 지금까지 고조선의 영역이었던 한반도와 만주지역에서 출토된 뼈갑편 가운데 가장 이른 연대의 것은 신석기시대 후기의 유적들로 밝혀진 흑룡강성 조원현(肇源縣)에 위치한 망해둔(望海屯) 유적11)과 영안현(寧安縣)에 위치한 대모단둔(大牡丹屯) 유적에서 출토된 것이다.12) 망해둔 유적의 무덤에서는 7편의 뼈갑편이 출토되었는데, 발굴자들은 모두 동물의 늑골(肋骨)로 정교하게 만들어졌다고 밝혔으나 사진은 제시하지 않았다. 아울러 이 유적이 북부여와 읍루부락의 특징을 지니는데 북부여의 문화요소가 더욱 많다고만 밝혔다.13) 대모단둔 유적에서는 뼈갑편이 3편 출토되었다. 뼈갑편 가운데 비교적 상태가 좋은 뼈갑편(그림 1)은 짐승의 뼈로 만든 것으로, 가로 약 3㎝, 세로 약 7㎝ 정도이고 여러 개의 구멍이 나 있다. 그 가운데 하나는 망해둔 유적에서 출토된 것과 서로 같다14)고 한 것으로 보아 두 유적에서 출토된 뼈갑편의 양식이 장방형일 것으로 여겨진다. 실제로 흑룡강성 영안현(寧安縣) 동승(東升) 신석기 유적에서 장방형의 구멍이 있는 뼈갑편이 출토되어(그림 2)15) 모두 같은 양식의 뼈갑편을 생산했음을 알 수 있다.

〈그림 2〉동승 유적
출토 뼈갑편 모사도

그동안의 고고발굴과 연구에 의하여 한반도와 만주에는 구석기시대부터 계속해서 사람들이 살고 있었음이 확인되었고, 신석기시대나

11) 丹化沙, 〈黑龍江肇源望海屯新石器時代遺址〉,《考古》, 1961年 第10期, 544~545쪽.
12) 黑龍江省博物館, 〈黑龍江寧安大牡丹屯發掘報告〉,《考古》, 1961年 第10期, 546~551쪽.
13) 丹化沙, 〈黑龍江肇源望海屯新石器時代遺址〉,《考古》, 1961年 第10期, 544~545쪽.
14) 주 11과 같음.
15) 寧安縣文物管理所, 〈黑龍江寧安縣東升新石器時代遺址調查〉,《中國考古集成》東北卷 新石器時代(二), 1992, 北京出版社, 2105~2107쪽, 圖 5의 8·圖版貳의 2.

청동기시대의 주민들이 다른 곳으로부터 이주해 왔다는 견해가 성립될
수 없다는 사실이 밝혀지게 되었다. 따라서 흑룡강성 지역은 한민족의
오랜 거주지였음을 알 수 있다. 한국의 고고학 편년은 서기전 8000년경
에 보편적으로 신석기시대가 시작되었고, 서기전 2500년경에 청동기시
대가 시작되었던 것으로 밝혀졌다.[16] 그리고 최근의 고고학 발굴과 연
구에 따르면 아래에 서술하겠지만 홍산문화 후기(서기전 3500년~서기
전 3000년) 유적에서 청동유물들이 출토되어 서기전 25세기보다 앞선
시기에 청동기시대가 시작되었을 것으로 추정된다. 그러므로 신석기시
대 후기에 속하는 위의 흑룡강성지역의 두 유적은 한민족이 적어도 서
기전 25세기보다 훨씬 앞선 시기부터 뼈로 만든 갑옷을 생산했음을 알
려 주는 것이다. 이 같은 뼈갑옷은 이후 고조선의 대부분 지역에서 계
속해서 생산되었음을 아래의 내용을 통해서 알 수 있다.

고조선의 서기전 2000년 후반기 유적에 속하는 함경북도 무산 범의
구석 유적 40호 집자리에서는 동물의 뼈를 얇게 갈아서 장방형으로 만

16) 요서지역의 하가점 하층문화에 속하는 내몽고자치구 적봉시(赤峰市) 지주산
(蜘蛛山) 유적은 그 연대가 서기전 2015±90년(3965±90 B.P.)이고 교정연대는
서기전 2410±140년(4360±140 B.P.)이다. 이 연대는 지금까지 확인된 하가점
하층문화의 연대 가운데 가장 이른 것인데, 실제로 이 문화가 시작된 것은 유
적의 연대보다는 다소 앞서기 때문에 서기전 2500년경으로 잡을 수 있을 것이
다. 한반도에서도 서기전 25세기로 올라가는 청동기 유적이 발굴되었다. 즉 문
화재관리국에서 발굴한 경기도 양평군 양수리의 고인돌 유적에서 채집한 숯에
대한 방사성탄소측정 결과는 서기전 1950±200년이고, 교정연대는 서기전 2325
년경이다. 또한 목포대학박물관에 의해 발굴된 전남 영암군 장천리 주거지 유적
에서는 수집된 숯에 대한 방사성탄소측정 결과는 서기전 2190±120년(4140±120
B.P.)과 1980±120년(3930±120 B.P.)이고, 교정연대는 서기전 2630년과 2365
년경이다(中國社會科學院考古硏究所 編著,《中國考古學中碳十四年代數據集》, 文
物出版社, 1983·1992, 27·55쪽; 李浩官·趙由典,〈楊平郡兩水里支石墓發掘報告〉,
八堂·昭陽댐水沒地區遺蹟發掘綜合調査報告, 文化財管理局, 1974, 295쪽; 崔盛洛,
《靈巖長川里住居址》2, 木浦大學博物館, 1986, 46쪽); 신숙정,〈한국 신석기-청
동기시대의 전환과정에 대하여-문화발달과정에 대한 자연스러운 이해를 위한
몇 가지 제언〉,《전환기의 고고학》1, 학연문화사, 2002, 15~44쪽. "…남한지
방의 탄소자료들과 요동지방의 것들을 참고할 때 북한에서 주장하는 기원전
2000년기의 청동기문화라는 것이 '제형식의 무문토기'의 발생을 의미한다면 그
다지 무리할 것도 없다는 생각이다."

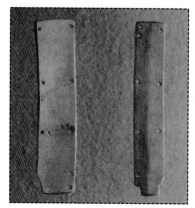

〈그림 3〉 범의구석 40호
집자리에서 출토된 뼈갑편

든 두 쪽의 뼈갑편(그림 3)이 발굴되
었다. 이 뼈갑편은 길이 11.7cm, 너비
2.2~3cm, 두께 3mm이고 두 줄로 대칭
되는 구멍을 뚫었다. 발굴자들은 끈으
로 연결시켰을 것으로 생각되는 부분
에 닳은 흔적이 있어 갑옷에 달았던
것으로 추정했다.[17)

문헌자료로는 《진서》(晋書) 〈숙신
전〉(肅愼傳)에 고조선의 영역에 있던
숙신에서 가죽과 뼈로 만든 갑옷을
만들었다는 내용이 대표적인 예가 될 것이다.

　　(숙신에는) 소와 양은 없고 돼지를 많이 길러, 그 고기는 먹고 가죽은 옷
을 만들며 털은 짜서 포를 만들었다. …석노(石砮)와 가죽과 뼈로 만든 갑옷이
있고, 단궁(檀弓)은 3자 5치이며, 고시(楛矢)의 길이는 1자가 조금 넘었다.[18)

위의 기록은 지금의 요서지역에 있던 숙신이 이후 연해주지역으로
이동한 후의 상황을 말한 것이다. 《사기》 〈사마상여전〉(司馬相如傳)은
"오유(烏有) 선생은 말하기를 …또한 제(齊)의 동쪽에는 큰 바다가 펼쳐
져 있고 남쪽에는 낭사(琅邪)가 있으니 성산(成山)에 궁궐을 짓고 지부
(之罘)에서 사냥하며 발해(勃澥, 渤海)에 배를 띄우고 맹제(孟諸)에서 노
니나니 바로 숙신과 이웃된다. 오른쪽은 탕곡(湯谷)과 경계 삼고 청구
(靑丘)에 가을 농토를 일구고 해외를 방황하니…"[19)라 하여 숙신이 발

17) 황기덕, 〈무산범의구석 유적 발굴보고〉, 《고고민속론문집》 6, 사회과학원출판
　　사, 1975, 165쪽; 조선유적유물도감 편찬위원회, 《조선유적유물도감》 1－고조
　　선·진국·부여편, 203쪽의 그림 447.
18) 《晋書》 卷97 〈東夷列傳〉 肅愼氏傳. "無牛羊, 多畜猪, 食其肉, 衣其皮, 積毛以爲布
　　…有石砮, 皮骨之甲, 檀弓三尺五寸, 楛矢長尺有咫."
19) 《史記》 卷117 〈司馬相如傳〉. "烏有先生日: …且齊東陼巨海, 南有琅邪, 觀乎成山,
　　射乎之罘, 浮勃澥, 游孟諸, 邪與肅愼爲隣, 右以湯谷爲界, 秋田乎靑丘, 傍偟乎海外…"

해만과 인접해 있었으며 원래 지금의 요서지역에 위치했다는 점을 알려준다.

숙신도 요서지역에 위치하면서 동북지역에 거주했던 다른 종족의 사신들과 마찬가지로 '성주대회'(成周大會)에 참석하였다.[20] 이러한 기록들은 숙신인들이 이른 시기 우수한 활과 화살, 화살촉 등의 수공업품과 함께 가죽과 뼈로 만든 갑옷을 생산하였으며 일찍부터 중국과 교류했던 사실을 알려 준다.

고조선시대 숙신의 유적지로 추정되는 내몽고자치구 적봉시의 하가점 상층문화 유적에서 장방형 양식의 뼈로 만들어진 2개의 뼈갑편이 출토되었다(그림 4).[21] 발굴자들은 뼈갑편을 단순히 골패(骨牌)로 분류했다.[22] 그러나 필자는 이 뼈갑편이 장방형양식으로 편면(片面)에 구멍이 대칭되어 뚫려진 상태로 보아 뼈갑편으로 분류되어야 할 것으로 생각한다. 중국학자들이 이 뼈갑편을 골패로 정리한 까닭은, 고대 중국에서는 뼈로 만든 갑옷을 생산하지 않아서 이 지역의 유물을 중국의 유물로 편입시키는

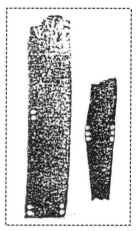

〈그림 4〉 하가점 상층문화 유적 출토 뼈갑편

과정에서 이 갑편의 기능을 올바르게 파악하지 못했기 때문일 것이다. 게다가 중국학자들은 이 지역이 현재 그들의 영토이기 때문에 되도록 고대로부터 자신들의 연고권을 주장하고자 이곳의 유적들을 늘 중국의 유적으로 보거나 중국의 유적과 관련지어 해석하고자 했다. 이러한 까닭에 고대에 이 지역에 위치했던 나라와 종족을 한국 고대사와 관련이 없는 것으로 해석하기 일쑤이다. 이 뼈갑편이 발굴된 하가점 상층 유적

20) 《逸周書》卷7〈王會〉篇.
21) 中國科學院考古研究所內蒙古工作隊, 〈赤峰葯王廟·夏家店遺址試掘報告〉, 《中國考古集成》東北卷 靑銅時代(一), 688쪽의 圖版壹肆.
22) 中國科學院考古研究所內蒙古工作隊, 위의 글, 663~688쪽.

보고의 내용에서도 마찬가지였다. 그 결과 고조선에서 뼈갑옷을 만들었다는 중요한 사실을 밝히고자 하지 않았던 것이다.[23]

또한 발굴자들은 이 유적을 출토된 청동유물들과 중국에서 만들어진 청동 유물들을 기준으로 비교하여, 서주 초기에서 춘추시기에 속하는 것으로 보았다. 그러나 뼈갑편이 출토된 비파형동검문화인 하가점 상층문화는 서기전 2500년경~서기전 1500년경에 속하는 고조선의 초기 청동기문화인 하가점 하층문화를 계승한 고조선의 문화이기 때문에 단순히 그 시기가 서주 초기에서 춘추시기로 분류될 수 없다고 생각한다. 더구나 이 유적에서는 철기 유물이 전혀 출토되지 않았기 때문에, 서기전 770년~서기전 403년에 속하는 춘추시기로는 더욱 분류될 수 없다. 일반적으로 철기시대로 진입한 고조선의 유적에서는 항상 청동기와 철기가 함께 출토되며, 후기로 갈수록 청동기보다 철기의 비율이 차츰 높아지는 특징을 갖는다.

그러므로 필자는 한창균(韓昌均)이 한반도와 만주에서 발굴된 고고학 자료들을 종합하고 세밀하게 분석·검토하여 고조선의 문화층인 하가점 상층문화기를 서기전 1500년 무렵~철기시대 이전에 속하는 것으로 편년한[24] 연대를 따르고자 한다. 고조선 철기문화의 시작연대는 중국보다 앞선 서기전 12세기 이전으로 거슬러 올라가기[25] 때문에 위의 뼈갑편이 출토된 하가점 상층문화 유적의 연대는 당연히 서기전 12세기보다 훨씬 앞서야 한다. 따라서 고조선에서 뼈갑옷을 생산한 연대는 하가점 상층문화 유적의 연대보다도 훨씬 이전으로 거슬러 올라가야 할 것이다. 만주지역에서는 앞에서 서술한 바와 같이 신석기시대 후기에 속하는 망해둔 유적과 대모단둔 유적에서 뼈갑편이 보이고, 한반도에서도 서기전 2000년기 후반기에 속하는 범의구석 유적에서 뼈갑편이 출

23) 박선희, 《한국 고대 복식-그 원형과 정체》, 지식산업사, 2002, 553쪽.
24) 한창균, 〈고조선의 성립배경과 발전단계 시론〉, 《國史館論叢》第33輯, 國史編纂委員會, 1992, 29~31쪽.
25) 박선희, 《한국고대복식-그 원형과 정체》, 595쪽 참조.

토되기 때문이다.

흑룡강성 빈현(賓縣) 경화(慶華) 유적에서는 장방형의 뼈갑편 네 점이 출토되

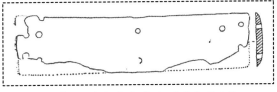

〈그림 5〉 경화 유적 출토 뼈갑편 모사도

었는데(그림 5)[26], 이 유적은 전국 초기에서 서한 말기(서기전 9세기~서기 3세기)에 해당한다. 이는 고조선에서 지속적으로 뼈갑옷을 생산했음을 말해 준다. 뼈갑편은 길이 13.4cm, 너비 3.2cm, 구멍 0.3cm이며 대칭하여 10개의 둥근 구멍이 뚫려 있다. 흑룡강성 지역은 본래 고조선 초기부터의 통치영역으로[27], 고조선이 붕괴된 뒤 요서지역에 있었던 북부여가 서기전 59년 지금의 길림성 부여현(夫餘縣) 지역으로 이주하면서 동부여라는 새로운 국명을 사용하여 정착했던 곳이며,[28] 중국에 한 번도 점령된 적이 없는 곳이다.

같은 흑룡강성 태래현(泰來縣)의 평양전역(平洋磚歷)묘에서는 앞에 서술한 신석기시대에 속하는 동승 유적에서 출토된 것과 유사한 양식의 뼈갑편의 부분(그림 6)이 출토되었다. 뼈갑편은 장방형으로 남아 있는 부분에 장방형과 원형의 구멍이 하나씩 나 있다. 발굴자들은 이 유적이 청동기시대에서 초기철기시대에 걸쳐 있는 유적으

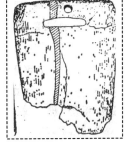

〈그림 6〉 평양전역묘 출토 뼈갑편 모사도

로 춘추 만기에서 전국시대에 속한다고 하였다.[29] 이 유적에서는 금으로 만들어진 장신구들이 보이는데, 그 가운데 귀걸이(그림 7)는 동부여의 유적인 노하심(老河深)묘 유적과 서차구(西岔溝)묘에서 출토된 금사

26) 黑龍江省文物考古研究所,〈黑龍江賓縣慶華遺址發掘簡報〉,《考古》, 1988年 第7期, 596~598쪽, 圖 7의 25.
27) 윤내현,《고조선연구》, 170~306쪽.
28) 윤내현,《열국사연구》, 지식산업사, 1998, 271~296쪽.
29) 黑龍江省文物考古研究所,〈黑龍江省泰來縣平洋磚歷墓地發掘簡報〉,《中國考古集成》 東北卷 靑銅時代(三), 2750~27577쪽, 圖 8의 8.

〈그림 7〉
평양전역묘
출토 귀걸이

(金絲) 등으로 만든 귀걸이와 거의 동일한 양식의 것이어서 서로 계승관계에 있는 문화층으로 추정된다.[30]

길림성 왕청현(汪淸縣) 금성(金城)에서 동쪽으로 8리 정도 떨어진 곳에 위치한 서기전 5~6세기경에 속하는 금성(金城)묘 유적에서도 위의 유적들에서 출토된 것과 유사한 형태의 뼈갑편(그림 8)이 출토되었다.[31] 발굴자들은 이를 단순히 뼈골판으로 분류했으나, 한 면을 잘 연마하고 일정한 간격으로 구멍을 내거나 중심부에 구멍을 내었으며, 직선과 사선문양을 새긴 것으로 보아 뼈갑편이었을 것으로 추정된다.

문헌자료의 새로운 분석과 동일한 복식 유물의 특징적 고유양식 등의 연구에 따르면, 위의 뼈갑편들이 출토된 길림성과 흑룡강성 지역은 모두 고조선 강역에 포함된다.[32] 이러한 내용은 고조선의 여러 지역에서 건국 초기부터 붕괴된 이후에 이르기까지 장방형을 특징으로 하는 뼈갑편으로 만든 갑옷을 줄곧 생산했었음을 알게 한다. 이와 달리 중국에서는 뼈로 만든 갑옷을 생산했다는 문헌 기록이 없고, 아직까지 유물이 출토된 바도 없다.

고조선에서 이처럼 이웃 나라보다 이른

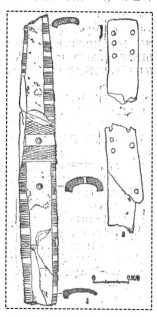

〈그림 8〉 왕청현 금성 유적
출토 뼈갑편

30) 孫守道, 〈'匈奴西岔溝文化'古墓群的發現〉, 《文物》 1960年 第8·9期, 25~36쪽; 吉林省文物工作隊·長春市文管會·楡樹縣博物館, 〈吉林楡樹縣老河深鮮卑墓群部分墓葬發掘簡報〉, 《文物》 1985年 第2期, 68~82쪽.

31) 吉林省文物考古硏究所, 〈吉林汪淸金城古墓葬發掘簡報〉, 《考古》 1986年 第2期, 125~131쪽; 劉法樣·何明, 〈金城墓葬發掘簡報〉, 《中國考古集成》 東北卷 新石器時代 (二), 1877~1881쪽, 圖 7.

32) 주 9와 같음.

시기부터 뼈갑옷을 비롯한 갑옷들을 발달시켜 나갔던 까닭은 기마문화
가 발달했기 때문이라 생각된다. 고생물학자들은 '말'(Equus sp.)의 원
산지가 북아메리카 대륙으로, 베링해협을 건너 유라시아 대륙으로 들
어왔다고 보았다. 서양에서는 종래의 우크라이나 데레이프카(Dereivka)
유적(서기전 4200년~서기전 3700년)의 말뼈를 가축화된 것으로 추정했
다. 그러나 최근 방사성동위원소 14번 탄소연대측정 결과가 서기전 790
년~서기진 520년으로 측정되자 가축화된 말은 동방에서 전래된 것으
로 추정했다. 베링해협을 건너온 말이 유라시아 대륙에서 처음으로 만
난 초원지대는 바로 고조선에 속해 있던 북류 송화강과 눈강유역의 넓
은 초원이다.[33)]

　　실제로 길림성과 흑룡강성지역의 신석기 유적들에서는 뼈갑옷 조각
과 함께 말뼈가 출토된다. 흑룡강성 조원현의 망해둔 유적과[34)] 길림성
농안(農安)의 좌가산(左家山) 신석기 유적에서 말뼈가 출토되었다. 발굴
자들은 말뼈가 가축화된 돼지와 개 등과 함께 출토되었으나 말이 길들
여진 것인지 여부는 단정하기 어렵다고 했다.[35)] 그러나 이 지역 유적들
에서 마구들이 자주 출토되어져 가축화되기 시작한 연대가 이를 것으로
판단된다.

　　고조선의 영역이었던 한반도와 만주지역의 대부분의 유적에서는 금
속제 마구들이 많이 출토된다. 농경국가였던 고조선에서 말을 교통과
통신수단 및 운반수단 등으로 사용한 듯하다. 그 밖에 군대에서도 주로
기마병이 발달하여 이웃 나라보다 강한 군대력을 가질 수 있었다고 여
겨진다. 이와 달리 중국은 서기전 307년경 전국시대 조의 무령왕이 처
음으로 기병제도와 기사법의 호복기사(胡服騎射)를[36)] 시작했을 뿐이다.

---

33) 신용하, 〈고조선의 기마문화와 농경·유목의 복합구성〉, 《고조선단군학》 제26호,
　　고조선단군학회, 2012, 159~247쪽.
34) 黑龍江省博物館, 〈黑龍江寧安大牧丹屯發掘報告〉, 《考古》 1961年 第10期, 549~550쪽.
35) 陳全家, 〈農安左家山遺址動物骨骼鑑定及痕迹研究〉, 《東北考古集成》 新石器時代(二),
　　1780~1789쪽.
36) 《戰國策》 〈趙策〉.

이러한 고조선의 발달된 기병제도는 이후 열국시대에 이르러 고구려와
한반도 남쪽의 열국에서 말갑옷이 매우 수준 높은 발전상을 보여 주게
된 요인이라 하겠다.

2) 고조선 가죽갑옷의 종류와 생산 양식

다음으로 가죽갑옷에 대해서 살펴보기로 한다. 《진서》(晋書) 동이열
전 〈숙신전〉은 앞에서 서술했던 석노(石砮)와, 가죽과 뼈 갑옷, 단궁(檀
弓), 고시(楛矢)에 관한 내용에 이어 다음과 같이 기록하고 있다.

> 주무왕(周武王) 때에 그 고시와 석노를 바쳤다. …위(魏)나라 경원(景元)
> 말경에 고시·석노·궁갑(弓甲)·초피(貂皮) 등을 바쳤다.[37]

위의 내용은 숙신에서 서주 초기(서기전 11세기경)부터 위(魏)나라
(서기 220~서기 265년) 때에 이르기까지 가죽갑옷을 줄곧 생산했었음
을 밝혀 주고 있다. 이는 비교적 후대의 기록이다. 그러나 숙신은 중국
의 동북쪽에 거주했던 종족 가운데 가장 일찍 중국과 교류를 가졌다.
《죽서기년》(竹書紀年)에 따르면, 중국의 제순(帝舜) 25년(서기전 2209
년)에 숙신의 사신이 중국을 방문했다.[38] 그 후 서주 무왕(武王)이 상
나라를 멸망시키자(서기전 12세기~서기전 11세기 경) 숙신의 사신이
서주를 방문한 사실이 《국어》(國語) 〈노어〉(魯語)에 보인다. 즉 "옛날에
(주의) 무왕이 상나라를 이겼을 때 도(道)가 구이(九夷)와 백만(百蠻)에
통하여 각각 그 지방의 재화를 가지고 와서 바치도록 하고 그들의 직분
을 잊지 않도록 했다. 그래서 숙신씨(肅愼氏)는 호목으로 만든 화살과
돌화살촉을 바쳤는데 그 길이가 1자가 조금 넘었다. 선왕은 그의 영덕
(令德)이 먼 곳까지 미친 사실을 밝혀 후인에게 보여 오래도록 거울을

---

37)《晋書》卷97〈列傳〉肅愼. "有石砮, 皮骨之甲, 檀弓三尺五寸, 楛矢長尺有咫. …周
武王時, 獻其楛矢·石砮. …魏景元末, 來貢楛矢·石砮·弓甲·貂皮之屬
38)《竹書紀年》〈五帝本紀〉帝舜有虞氏條.

삼게 하고 싶었다. 그런 까닭에 그 호목에 '숙신씨가 바친 화살'이라고 새겨 태희(太姬, 주 무왕의 장녀)에게 나누어 주고 우호공(虞胡公)과 결혼시켜 진(陳)에 봉했다"[39]고 했다.

이처럼 숙신이 가져간 화살과 돌화살촉을 무왕이 사위에게 '숙신이 보낸 화살'이라는 글을 새겨 기념으로 준 것은 그 품질이 우수했음을 말해 주는 것이다. 그 생산연대는 서기전 11세기경보다 훨씬 거슬러 올라갈 것으로 생각되며, 이러한 무기류와 힘께 생산했을 가죽갑옷의 경우도 마찬가지일 것이다. 숙신에서 생산한 뼈갑옷의 생산시기가 신석기시대 후기인 점으로 보아 가죽갑옷도 매우 이른 시기부터 생산하기 시작했을 것으로 생각된다.

중국 가죽갑옷의 경우 안양(安陽) 후가장(侯家莊) 서북강(西北岡) 1004호 상(商)왕조의 묘에서 출토된 것(그림 9)이 가장 이른 연대의 것이다. 서북강 1004호 묘가 만들어진 시기는 서기전 1300년경이며, 묘주는 무정(武丁)의 아들로 추정된다.[40] 가죽갑옷의 양식은 앞가슴과 등 부분은 큰 조각의 두터운 가죽으로 만들어졌고, 어깨와 허리부분은 활동하기 편리하도록 비교적 작은 장방형 갑편을 연결하여 만들었다.[41] 이 갑

〈그림 9〉 서북강 1004호묘 출토 가죽갑옷 일부의 모사도

---

39) 《國語》卷5 〈魯語〉下. "昔武王克商, 通道於九夷百蠻, 使各以其方賄來貢, 使無忘職業, 於是肅愼氏貢楛矢石砮, 其長尺有咫. 先王欲昭其令德之致遠也, 以示後人, 使永監焉. 故銘其楛曰肅愼氏貢矢, 以分太姬, 配虞胡公而封諸陳."

40) 張光直 지음, 尹乃鉉 옮김,《商文明》(Shang Civilization), 民音社, 1989, 152~167쪽; Kwang-chih Chang, *The Archaeology of Ancient China*, Fourth edition, Yale University, 1986, 152~167쪽·322~331쪽. M1004호는 무정의 아들의 무덤으로, 무정 다음의 세대에 해당한다. 무정의 묘인 M1001호의 방사성탄소측정 연대는 서기전 1085년(3035±100 B.P.)·서기전 999년(2949±100 B.P.)으로 나타났고 수정연대는 서기전 1210±160년이다. 따라서 M1004호는 이 시기에 속하거나 이 시기보다 조금 늦을 것이므로 서기전 1300년경이다.

41) 楊泓, 〈中國古代的甲胄〉上篇,《考古學報》, 1976年 1期, 20~21쪽.

옷은 대단히 정교하게 만들어졌는데 도안들이 흑색, 홍색, 백색, 황색의 네 가지 색상으로 이루어졌다.42) 중국의 경우 왕실(王室)묘에서만 이 같은 갑옷이 발견되는 점과 가죽갑편 양식이 고조선 뼈갑편 양식과 같은 장방형을 띠는 특징으로 볼 때 고조선의 영향을 받았거나 고조선으로부터의 수입품일 가능성이 클 것으로 생각된다.

필자는 서북강 1004호묘에서 출토된 갑옷에 나타난 문양과 양식을 분석하여 이 가죽갑옷이 중국 상왕조의 생산품이 아니라 고조선의 것일 가능성을 분석한 바 있다.43) 즉 갑옷은 복식의 한 유형으로 상(商)시대 복식문양과 비교해 보는 것이 가능할 것이다. 안양 후가장의 은허(殷墟) 유적에서 대리석으로 만들어진 후가장상(侯家莊象, 서기전 1210±160년)이 발굴되었다. 상나라 사람을 표현한 후가장상(그림 10)은 깃에 두른 선과 허리의 요대(腰帶)에 사회문(斜回紋)과 방승문(方勝紋)을 장식했다. 이제(李濟)는 이 글에서 후가장상의 꿇어앉은 모습과, 소둔(小屯)에서 출토된 두 다리를 쭈그리고 앉은 대리석상의 모습을 상왕조의 두 가지 습속으로 보고, 두 석상에 보이는 서로 다른 문양으로 양자의 관계를 논했다. 그는 중국 경전에서 준거(蹲踞)와 기거(箕踞)의 모습을 예의 없는 동이의 습속이라고 보는 관점에 대하여 그것은 주조인(周朝人)의 관점으로 상인(商人)의 습속을 본 견해라고 밝히면서, 이를 뒷받침할 수 있는 자료로서 갑골의 상형문자에 묘사된 궤좌준거(跪坐蹲踞)의 모

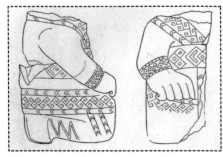

습을 제시했고, 소둔석상(小屯石象)의 관조문식(寬條文飾)이 채도문화의 채회필법(彩會筆法)을 이은 것과 달리 후가장 석상에 조각된 세조문식(細條文飾)은 흑도문화(黑陶文化)의 작풍(作風)을 계승한 것으로 분석했다.44)

〈그림 10〉 은허 유적 출토 석조인상 모사도

42) 楊泓,〈甲和鎧〉-中國古代軍事裝備禮記之三,《文物》, 1978年 第5期, 78쪽.
43) 박선희,《한국고대복식-그 원형과 정체》, 지식산업사, 2002, 555~558쪽 참조.

후가장상과 거의 같은 시기인 안양
은허 부호묘(婦好墓)에서 출토된 옥인(玉
人)(그림 11)45)의 복식에는 수면문(獸面
紋)과 용문(龍紋)이 보인다. 하남성 안양
에서 발굴된 소둔석상(그림 12)46)과 사
반마석조상(四盤磨石造像)(그림 13)47)은
모두 수면문이다. 이러한 예로 보면 상왕
조의 주된 복식문양은 사회문·방승문·수
면문(獸面紋, 饕餮紋)·용문 등으로 정리된
다. 상왕조는 복식뿐만 아니라 청동기에
도 수면문(獸面紋)과 호두문(虎
頭紋) 및 용문을 주된 문양으로
삼았고, 그 외에 인문(鱗紋)·환
대문(環帶紋)·운뢰문(雲雷紋) 등
을 첨가한 것이 특징이다.48) 이
러한 상나라 문양의 특징과 달
리 서북강 1004호묘에서 출토
된 가죽갑옷은 잔줄문양 및 타
래문양과 유사한 불꽃문양으로
장식되었다. 이러한 모습은 고조
선과 이후 열국의 유물 등에서
자주 나타나는 문양 특징이다.

〈그림 11〉 안양 은허 부호묘
출토 옥인

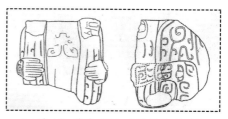

〈그림 12〉 안양 출토 소둔석상 모사도

〈그림 13〉 안양 출토 사반마석조상 모사도

44) 李濟, 〈跪坐蹲居與箕踞〉, 《李濟考古學論文集 上》, 聯經出版事業公司, 臺北, 1977,
　　563~588쪽·圖版參.
45) 上海市戲曲學校中國服裝史研究組 編著, 周汛·高春明 撰文, 《中國服飾五千年》, 商
　　務印書館香港分館, 1984, 18쪽의 그림 14.
46) 李濟, 〈民國十八年秋季發掘殷墟之經過及其重要發現〉, 《安陽發掘報告》 第2期, 249~250쪽.
47) 陳仁濤, 《金匱論古初集》, 香港亞洲石印局印, 1952.
48) 上海博物館靑銅器研究組 編, 《商周靑銅器紋飾》, 文物出版社, 1984.

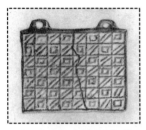

〈그림 14〉 오금당 유적
출토 청동장식품

서북강 1004호묘에서 출토된 가죽갑옷에는 사선문양과 네모문양이 연속되어 보이는데, 청동기로는 요령성 금서현(錦西縣) 오금당(烏金塘) 유적에서 출토된 장방편평형식(長方扁平形飾)(그림 14)[49]과 요령성 조양시 고산자향(孤山子鄕) 대랍한구(大拉罕溝) 851호묘에서 발굴된 부채꼴 양식의 청동도끼에서도 유사한 문양이 보인다.[50] 황해북도 봉산군(鳳山郡) 송산리(松山里) 솔뫼골 돌림묘에서 출토된 잔줄문양거울에서도 마찬가지이다.[51] 또한 흑룡강성 송눈평원(松嫩平原)에서 발굴된 서주(西周) 중기에 해당하는 시기의 청동기문화인 백금보문화(白金宝文化) 유적에서 출토된 질그릇 통형관(筒形罐)에서도 같은 양식의 줄문양이 나타나고,[52] 같은 시대에 속하는 길림성 대안현성(大安縣省) 단기둔(端基屯) 유적에서 출토된 통형관(筒形罐)에서도 나타난다.[53] 이 두 문화 유적에서는 고조선의 특징적 유물인 청동장식단추와 청동방울들이 질그릇들과 함께 출토되었다.

또한 타래문양과 유사한 불꽃문양이 새겨진 질그릇은 고조선보다 앞선 함경북도 선봉군 굴포리 서포항 유적의 신석기시대문화층(서기전 5000년기~서기전 3000년기 후반기)에서 출토되었고(그림 15)[54], 요령성

〈그림 15〉 서포항 유적 출토
타래문양 질그릇

49) 錦州博物館, 〈遼寧錦西縣烏金塘東周墓調査記〉, 《考古》, 1960年 第5期, 7~9쪽.

50) 李殷福, 〈建平孤山子·楡樹林子靑銅時代墓葬〉, 《中國考古集成》 東北卷 靑銅時代(二), 1428쪽.

51) 조선유적유물도감 편찬위원회, 《조선유적유물도감》 1 – 고조선·진국·부여편, 44쪽.

52) 譚英杰·越善桐, 〈松嫩平原靑銅文化芻議〉, 《中國考古集成》 東北卷 靑銅時代(三), 2706쪽.

53) 吉林大學歷史系考古專業·吉林省博物館考古隊, 〈大安漢書遺址發掘的主要收獲〉, 《中國考古集成》 東北卷 靑銅時代(三), 2536쪽.

〈그림 17〉 소등과묘
출토 청동단추문양
모사도

〈그림 16·16-1〉 대전자 유적 출토
채색질그릇에 보이는 불꽃문양

하가점 하층문화 유적인 오한기 대전자 유적에서 출토된
고조선 초기의 채색질그릇에서도 보인다(그림 16·16-1).55)
흑룡강성 부유현(富裕縣) 소등과묘(小登科墓) 유적에서 발

굴된 청동단추에도 구
름문양(그림 17)이 나
타나며56), 내몽고자치
구 오한기 철장구(鐵
匠溝)묘에서 발굴된 청
동장식에도 구름문양

〈그림 17-1〉
철장구묘 출
토 청동장식
문양 모사도

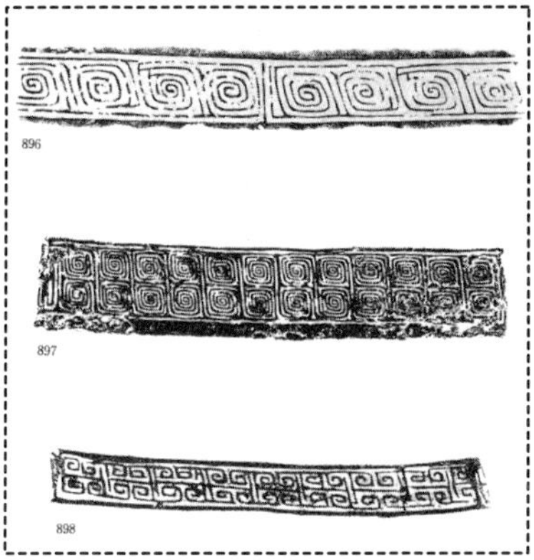

(그림 17-1)이 보인다.57) 이 구름문
양은 상왕조의 청동기에 보이는 운뢰
문(그림 17-2)58)과는 차이가 있다.

〈그림 17-2〉
상나라 청동기에 보이는 문양 모사도

54) 조선유적유물도감 편찬위원회,《조선유적유물도감》-원시편, 68~69쪽의 그림
89·90.

55) 邵國田 主編,《敖漢文物精華》, 內蒙古文化出版社, 2004, 33~34쪽.

56) 黑龍江省文物考古研究所,〈黑龍江小登科墓葬及相關問題〉,《中國考古集成》東北卷
靑銅時代(三), 2773쪽, 圖 3의 7.

57) 邵國田,〈敖漢旗鐵匠溝戰國墓地調査簡報〉,《中國考古集成》東北卷 靑銅時代(一),
827쪽, 圖 8의 8.

58) 上海博物館靑銅器硏究組編著,《商周靑銅器紋飾》, 文物出版社, 1984, 310쪽.

요령성 심양시 우홍구 정가와자촌 정가와자 3지점 무덤(서기전 7세기~서기전 5세기)에서는 타래문양과 유사한 불꽃문양이 새겨진 방패모양 청동장식품이 출토되었다.59) 이후 타래문양과 유사한 불꽃문양은 점차 불꽃을 상징하는 불꽃문양으로 정형화되어, 열국시대로 오면서 관식과 허리띠장식 등 금속복식유물과 고분벽화에 자주 나타나게 된다. 이것은 태양신을 섬기는 고조선의 전통이 그대로 이어져 나갔음을 알게 하는 것이다.

복식유물뿐만 아니라 타래문양과 유사한 불꽃문양은 한반도와 만주지역의 고조선 영역에서 출토된 질그릇과60) 부채꼴 모양의 청동장식과 청동도끼61), 잔줄문양 거울62) 등에도 자주 나타난다. 이들 문화 유적에서는 고조선의 특징적 유물인 청동단추와 청동방울들이 질그릇과 함께 출토되었다.

이처럼 서북강 1004호 상왕조묘에서 출토된 가죽갑옷에서 보이는 문양은 상대의 복식이나 청동기 또는 질그릇 등에서는 찾아볼 수 없는 것으로, 고조선의 영역에서 출토된 복식유물과 청동기 및 질그릇 문양 등에서 그 동질성이 확인된다. 이러한 사실과 서북강 1004호 상왕조의 묘에서 출토된 가죽갑옷이 부분적으로 장방형의 갑편으로 이루어진 것으로 보아 이것은 일찍부터 장방형의 뼈갑편으로 구성된 갑옷을 생산했던 고조선의 영향이거나 고조선으로부터의 수입품일 가능성이 크다. 이

---

59) 조선유적유물도감 편찬위원회, 《조선유적유물도감》-원시편, 69쪽.

60) 조선유적유물도감 편찬위원회, 《조선유적유물도감》-원시편, 91쪽; 앞의 책, 《조선유적유물도감》-원시편, 68~69쪽; 譚英杰·越善桐, 〈松嫩平原靑銅文化鄒議〉, 《中國考古集成》 東北卷 靑銅時代(三), 2706쪽; 吉林大學歷史系考古專業·吉林省博物館考古隊, 〈大安漢書遺址發掘的主要收獲〉, 《中國考古集成》 東北卷 靑銅時代(三), 2536쪽.

61) 錦州博物館, 〈遼寧錦西縣烏金塘東周墓調査記〉, 《考古》, 1960年 第5期, 7~9쪽; 李殷福, 〈建平孤山子·榆樹林子靑銅時代墓葬〉, 《中國考古集成》 東北卷 靑銅時代(二), 1428쪽; 黑龍江省文物考古硏究所, 〈黑龍江小登科墓葬及相關問題〉, 《中國考古集成》 東北卷 靑銅時代(三), 2773쪽; 邵國田, 〈敖漢旗鐵匠溝戰國墓地調査簡報〉, 《中國考古集成》 東北卷 靑銅時代(一), 827쪽.

62) 조선유적유물도감 편찬위원회, 《조선유적유물도감》-고조선·진국·부여편, 86쪽.

상의 내용으로부터 고조선 초기의 가죽갑옷은 서북강 1004호묘에서 출토된 가죽갑옷처럼 큰 가죽편과 장방형의 가죽갑편을 부분적으로 연결하여 만들었을 가능성을 엿볼 수 있다.[63]

실제로 그러한 양식의 서기전 2세기에서 서기전 1세기경에 해당하는 가죽갑옷(그림 18)이 석암리 129호분에서 발견되었다. 발굴자들은 이 갑옷이 서관(西棺)의 남쪽 부분에 장방형의 가죽갑편을 이은 1벌 정도의 어린갑양식 갑옷이며, 가죽갑편 위에 흑칠을 하였고, 갑편을 연결한 가죽끈이 남아 있다고 했다.[64]

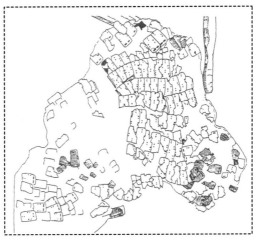

〈그림 18〉 석암리 129호분 출토 가죽갑옷의 부분

고조선 장방형 갑편양식의 영향을 받았을 중국의 갑편양식은 춘추시대와 전국시대에도 그대로 지속된다.[65] 그러나 이후에 서한시대에 생산된 호북성 장사시(長沙市) 남교(南郊) 후가당(侯家塘)에서 출토된 가죽갑편은 비교적 크기가 작은 장방형과 방원형(方圓形) 및 타원형(橢圓形)을 띠게 된다.[66] 이러한 변화는 중국보다 앞서 철찰갑편(鐵札甲片)을

---

63) 박선희, 《한국고대복식-그 원형과 정체》, 549~561쪽 참조.

64) 梅本杜人·中村春壽, 《樂浪漢墓》 第2冊, 石巖里 第219號墓 發掘調査報告, 奈良.

65) 춘추 후기에 속하는 호남성 장사 유성교(瀏城橋) 1호무덤에서 출토된 가죽갑옷을 구성하는 주된 가죽갑편이 장방형으로 나타난다(楊泓, 〈甲和鎧〉, 《文物》, 1978年 第5期, 77쪽). 전국시대에 속하는 호북성 江陵縣 藤店 1號墓에서 출토된 가죽갑편은 장방형과 장호형(長弧形)이고(荊州地區博物館, 〈湖北江陵藤店一號墓發掘簡報〉, 《文物》, 1973年 第9期, 7~17쪽), 전국 후기에서 서한 초기로 구분되는 호북성 장사시 좌가공산(左家公山) 54·장(長)·좌(左) 15호묘에서 출토된 가죽갑편은 정방형에 가까운 장방형이었으며(湖南省文物管理委員會, 〈長沙出土的三座大型木槨墓〉, 《考古學報》, 1957年 第1期, 93~102쪽), 이들 가죽 갑편은 얇은 가죽줄로 연결되었다.

생산한 고조선 철갑편 양식으로, 고조선으로부터 영향을 받았을 것으로
생각된다.

　위에서 서술했듯이 숙신은 위나라 경원(景元) 말경(서기 260년~서
기 263년)으로 고구려 중천왕(中川王)시기에도 고시(楛矢)·석노(石砮)·
초피와 함께 궁갑을 중국에 예물로 보냈는데, 이는 이후 무제(武帝)의
원강(元康) 초기(서기 291~299년)인 고구려 서천왕(西川王) 22년에서
봉상왕(烽上王) 8년에 이르는 시기에까지 지속되었다. 서기 대명(大明)
3년(서기 459년)에 고구려가 중국에 숙신씨의 고시와 석노를 예물로 보
내기도 했다.[67] 이러한 내용은 고조선시대에 숙신이 생산한 무기와 방
어 장비들이 중국에 큰 영향을 주었을 뿐만 아니라 이후 고구려와 열국
에 계승되었으며 그 품질이 우수했음을 알려 주는 것이라 하겠다.

　그러면 고조선에서는 어떠한 재료를 사용하여 뼈와 가죽갑옷을 만
들었는지 알아보기로 한다. 고조선에서 일찍부터 뼈와 가죽으로 만들어
진 갑옷을 생산할 수 있었던 것은 사냥과 목축업 및 가공도구와 기술이
발달한 덕분이었다. 고조선은 일찍부터 특수한 고급가죽과 일반가죽을
많이 생산했다. 문헌 자료에 나타난 고조선에서 생산한 특수가죽의 생
산지와 생산 품목을 보면, 고조선에는 비(貔)·붉은 표범·누런 말곰이
있었고, 고조선에 속해 있던 발(發)과 조선(朝鮮)에는 문피(文皮)와 표
범이, 예(濊)에는 문피와 반어(班魚)가 있었음이 다음의 내용에서 밝혀
진다.

　먼저 서주 선왕(宣王) 때(서기전 828년~서기전 782년)의 작품인
《시경》(詩經)의 〈한혁〉(韓奕)편에는 고조선에서 비의 가죽[68]과 붉은 표

66) 湖南省文物管理委員會, 〈被盜掘過的古墓葬, 是否還值得淸理?-記 55, 長, 侯, 中
　　M018號墓發掘〉, 《文物參考資料》, 1956年 10期, 37~41쪽 ; 楊泓, 〈中國古代的甲
　　冑〉上篇, 23쪽.
67) 《晉書》 卷97 〈列傳〉 肅愼. "魏景元末, 來貢楛矢·石砮·弓甲·貂皮之屬. 魏帝詔歸於
　　相府, 賜其王傁雞·錦罽·緜帛. 至武帝元康初, 復來貢獻."
68) 貔에 대해 이 책의 제4부 1장 1절의 '가죽과 모피, 모직물 생산품의 고유성과
　　우리말'의 주 12 참조.

범·누런 말곰 가죽 등을 서주에 수출했음을 이야기하고 있다.[69] 또한 《관자》(管子)의 〈규도〉(揆道)편에는 제국(齊國)의 환공(桓公)과 관중(管仲)이 나눈 대화에서 관중은 발과 조선의 특산물[70]로 빛깔이 화려하고 무늬가 아름다우며 광채가 나는 범과 표범류의 가죽인 문피[71]를 해내의 7가지 중요 특산물 가운데 세 번째로 꼽고 있다.

《이아》(爾雅) 〈석지〉(釋地)에서도 동북지역에 있는 척산(斥山)의 문피가 가장 아름답다고 했다.[72] 《수서》 〈지리지〉에서는 척산은 지금의 산동반도 동래군(東萊郡) 문등현(文登縣)에 있다고 했고, 《한서》 〈지리지〉에 의하면 동래군은 청주(靑州)에 속한다고 했다. 청주는 《사기》 〈제태공세가〉(齊太公世家)에 관중의 무덤에 대한 주석으로 실린 《사기정의》(史記正義)에서 관중의 무덤은 청주 임치현(臨淄縣) 남쪽 21리 떨어진 우산(牛山) 위에 있고, 환공의 무덤과 이어져 있다고 했다.[73] 이로 보아 우산과 척산은 청주에 속하며 지금의 산동반도 지역에 위치했던 것이다. 《관자》 〈경중갑〉(輕重甲)편에 의하면 더 구체적으로 척산은 영주(營州) 구역 안에 있어 발해를 건너 요동에서 동북지역의 특산물을 사들였던 것이다.[74]

---

69) 《詩經》, 〈大雅〉 湯之什 韓奕. "즐거운 韓侯의 땅이여, 냇물과 못물이 넘쳐흐르고, 방어와 연어가 큼직큼직하며, 암사슴 수사슴이 모여 우글거리고, 곰도 말곰도 있으며 삵쾡이도 범도 있다. …예물로 貔 가죽과 붉은 표범·누런 말곰 가죽 바치었도다(孔樂韓土, 川澤訏訏, 魴鱮甫甫, 麀鹿訏訏, 有熊有羆, 有貓有虎. …獻其貔皮, 赤豹黃羆)."

70) 《管子》 卷23 〈揆道〉. "桓公問管子, 曰: 吾聞海內玉幣七筴, 可得而聞乎. 管子對, 曰: …陰山之礝䃥一筴也, 燕之紫山白金一筴也, 發·朝鮮之文皮一筴也."

71) 《爾雅》 〈釋地〉의 文皮에 대해 郭璞은 "虎豹之屬, 皮有縟綵者, 是文皮, 卽文豹之皮也"라고 했다.

72) 《爾雅》 〈釋地〉. "東北之美者, 有斥山之文皮焉."

73) 《隋書》 〈地理志〉. "東萊郡文登縣有斥山."; 《漢書》 〈地理志〉. "屬靑州."; 《史記》 〈齊太公世家〉에 관중의 무덤에 대한 주석으로 실린 《史記正義》에서 "管仲冢在靑州臨淄縣南二十一里牛山上, 與桓公冢連."

74) 《爾雅》 〈釋地〉의 斥山에 대해 《正義》의 내용을 보면 다음과 같다. "이것은 영주의 이익을 설명하는 것이다. 《수서》 〈지리지〉에 따르면, 동래군 문등현에 척산이 있다. 《태평환우기》에는 바로 《이아》의 척산이라 기록하고 있다. 척산은 지금의 등주부 영성현 남쪽 120리에 있다. 《관자》 〈규도〉편의 '발과 조선의 문

위의《관자》의 내용은 관중이 중국에서 발해를 건너 요동에서 발과
조선 등 동북지역으로부터 고급의 문피를 구입하고 있는 것을 알고 그
들의 교역품을 받아들인다면 중국을 침략하지 않을 것이라고 대책을 내
놓았던 사실을 알게 한다. 또한 당시 고조선 문명권의 서부지역에서 형
성된 상권(商圈)을 이해할 수 있게 한다.

《후한서》〈동이열전〉예전(濊傳)에서는 "무늬가 아름다운 표범의 가
죽이 많고, 과하마(果下馬)가 있으며, 바다에는 반어가 나는데, 사신이
올 때마다 이들을 바쳤다"75)고 하였다. 이러한 내용은 지금의 강원도
지역으로 옮겨간 예76)에서도 문피가 생산되었고 바다에서는 반어의 가
죽이 특산물로 생산되어 중국에 예물로 주거나 수출되었음을 알 수 있
다. 반어는《이아》·《정의》·《위략》(魏略)77) 등에 의하면 물개일 것으로
간주된다.

또한《관자》〈경중갑〉편에는 다음과 같은 내용이 보인다.

환공(桓公)이 "사이(四夷)가 불복하니 그 역정(逆政)이 천하에 퍼질 것을
걱정해 나를 괴롭히고 있다. 내가 이를 위해 할 수 있는 길이 있겠는가?"라고
말했다. 관자가 "오와 월이 내조(來朝)하지 않으면 주상(珠象)을 교역의 화폐
로 하고, 발과 조선이 내조하지 않으면 문피와 타복(鼧服)을 교역의 화폐로 청
하십시오. …한 장의 표범가죽이 큰 값으로 계산된다면 8,000리나 떨어진 발과
조선도 내조하게 될 것입니다"라고 대답했다.78)

___

피', 또한 〈경중갑〉편에서 '발과 조선이 내조하지 않는 것은 文皮와 鼧服을 화
폐로 할 것으로 청했다'고 한 발과 조선의 지역이다. 척산은 영주 구역 안에
있는데, 영주에서 바다를 건너면 요동 땅이므로 동북의 훌륭한 산물을 모을 수
있었다(此釋營州之利也.《隋書》〈地理志〉: 東萊郡文登縣有斥山.《太平寰宇記》: 以
爲卽爾雅之斥山矣. 斥山在今登州府榮成縣南一百二十里.《管子》〈揆道〉篇: 發朝鮮
之文皮, 又《輕重甲》篇: 發朝鮮不朝, 請文皮鼧服而爲幣乎. 斥山在營州域內, 營州越
海有遼東地, 故能聚東北之美)."
75)《後漢書》卷85〈烏丸鮮卑東夷傳〉濊傳. "又多文豹, 有果下馬, 海出班魚, 使來皆獻之."
76) 윤내현,《고조선 연구》, 451~452쪽.
77) 이 책의 제4부 제1장 1절 1의 주 14와 같음.
78)《管子》卷24〈輕重甲〉. "桓公曰: 四夷不服, 恐其逆政游於天下, 而傷寡人, 寡人之
行爲此有道乎. 管子對, 曰: 吳·越不朝, 珠象而以爲幣乎. 發·朝鮮不朝, 請文皮鼧服
而以爲幣乎, …一豹之皮容金也, 然後八千里之發·朝鮮可得而朝也."

이 시기 중국은 변방민족들의 공략으로 주의 제후국들이 멸망 위기에 처하게 되었다. 제나라 환공은 이러한 문제를 해결할 수 있는 방법을 관중에게 물었다. 이에 대하여 관중은 이들의 특산물을 비싼 값으로 사 준다면 이들은 교역을 위하여 공략하지 않을 것이라고 대책을 제시했던 것이다. 즉, 발과 조선의 문피와 새의 털로 만든 고급 모직물옷인 타복(綈服)[79]을 교역품으로 받아 준다면 그들은 8천 리나 되는 먼 곳에서도 교역을 위해 내조할 것이라고 했던 것이다. 이러한 내용으로부터 중국과 인접해 있던 발과 조선 및 예 등이 춘추시대 이전에 그들의 특산물인 문피와 타복을 중국 등지에 수출했음을 알 수 있다. 이러한 고급 가죽들은 교역 혹은 예물 용으로 만들어진 특수 가죽갑옷의 재료로 사용되었을 가능성이 크다. 상나라에서는 갑옷을 지배계층이 주로 사용했기 때문이다.

이후 춘추전국시대에 이르러 전쟁이 가속화되면서 중국의 병사들은 주로 소가죽과 물소가죽, 들소가죽 등을 사용하여[80] 만든 가죽갑옷을 입었다. 그리고 소가죽 위에 주홍색의 칠(漆)을 하였는데, 그 실제 예가 호남성(湖南省) 장사(長沙) 유성교(瀏城橋) 1호무덤에서 출토된 춘추시대 후기의 가죽갑옷이다.[81] 전국시대의 것으로는 호북성(湖北省) 수현(隨縣) 유적에서 출토된 가죽갑옷이 잇다. 이는 장방형의 가죽갑편을 평면으로 나열하여 만든 것이다(그림 19·20).[82]

〈그림 19〉 수현 유적 출토 갑옷 복원품

---

79) 《管子》〈輕重甲〉篇의 주석에서 綈를 '落毛也'라고 밝히고 있고, 《集韻》에서 綈는 본래 氄로 쓰며 '鳥易毛也'라고 하므로, 綈服은 새의 털로 만든 모직물 옷이라 하겠다.

80) 《左傳》 宣公 2年條. "…牛則有皮, 犀兕尙多, 棄甲則那? 築城之役人又對唱道, 從其有皮, 丹漆若何?…"

81) 楊泓, 〈甲和鎧〉-中國古代軍事裝備禮記之三, 《文物》, 1978年 第5期, 77~83쪽.

82) 凱風, 《中國甲胄》, 上海古籍出版社, 2006, 26쪽의 그림 29·30.

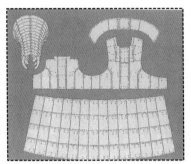

〈그림 20〉 수현 유적 출토
가죽갑옷의 복원 평면도

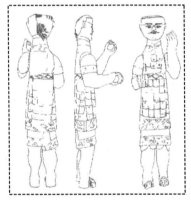

〈그림 21〉 중국의
전국시대 무사도용 모사도

가죽갑옷의 갑편이 매우 넓게 만들어
졌는데, 실제 전국시대에 속하는 무사
목용(武士木俑)의 가죽갑옷에서 잘 나
타난다(그림 21).[83] 이와 유사한 칠피
(漆皮)갑편들이 전국시대(서기전 403
년경~서기전 221년경)에 속하는 호북
성 수현의 증후을(曾侯乙)묘에서도 출
토되었다. 칠피갑편은 사대(絲帶)로 엮
었으며, 가죽갑편을 엮어서 투구와 말
갑옷 및 말투구를 만들었을 것이다.[84]

한반도와 만주지역에서는 지금까
지 출토품이 없어 한민족이 어떠한
가죽을 주된 재료로 갑옷을 생산하였
는지 알 수 없다. 그러나 춘추시대 제
(齊)나라의 관서(官書)인 《고공기》(考
工記)에 피갑(皮甲)의 사용 연한(年限)
에 대한 내용이 보이는데 서갑(犀甲)
은 수명이 백 년이고, 시갑(兕甲)은 2

백 년이며, 합갑(合甲)은 3백 년이라고 한[85] 내용으로 보아 소가죽이
유용했을 가능성을 엿볼 수 있다.

그러면 실제로 한민족은 어떠한 가죽으로 갑옷을 생산했는지 특수
가죽 이외에 일반적인 가죽생산에 대하여 알아보기로 한다. 《삼국사기》
〈온달전〉(溫達傳)은 고구려에서 매년 3월 3일 왕과 신하 및 5부의 군사
들이 모두 낙랑에 모여 사냥하고[86], 여기서 잡은 멧돼지와 사슴을 제사

83) 凱風, 《中國甲冑》, 26쪽의 그림 31.
84) 周寶中, 《中國傳統工藝全集·文物修復和辨僞》, 大象出版社, 2007, 185~188쪽.
85) 《考工記》. "犀甲, 七屬, 壽百年, 兕甲, 六屬, 壽二百年, 合甲, 五屬, 壽三百年."
86) 《三國史記》 卷45 〈列傳〉 溫達傳. "至其日, 王出獵, 羣臣及五部兵士皆從."

의 희생물로 바쳤음[87]을 기록하고 있다. 행사의 규모로 보아 고구려에
는 많은 사람들이 일시에 참여하여 사냥할 수 있을 정도로 멧돼지와 사
슴이 많이 살고 있었음을 알 수 있다. 이 사냥에서 잡은 멧돼지는 집돼
지보다 질긴 가죽을 제공했을 것으로 가죽갑옷의 재료가 되었을 것이다.

《삼국지》의 〈오환선비동이전〉(烏丸鮮卑東夷傳) 부여전(夫餘傳)에서
"푸른 새털로 짠 계(罽)를[88] 숭상하고, 대인은 그 위에다 여우·유(狖)·
희거나 검은 담비로 만든 가죽옷을 덧입었다"[89]고 하여 부여에서는 여
우, 너구리(狖)[90], 담비가 많이 나고, 좋은 말과 담비, 놜(豽)[91]이 모피
의 재료가 되었음을 알 수 있다. 담비가죽은 숙신에서도 생산되었고,[92]
동옥저 사람들은 담비가죽으로 조세를 받을 정도로 생산량이 많았다.[93]
여우, 너구리, 담비, 놜은 작은 털 짐승인데, 사냥으로 획득하여 복식재
료로 썼을 것으로 여겨진다.

고구려 고분벽화에서 복식의 재료로 쓰인 사냥 동물의 다양한 종류
와 그 양적인 풍부함을 살펴볼 수 있다. 무용총 〈수렵도〉에서는 산을
사이에 두고 사냥이 진행되고 있어 그 큰 규모를 짐작할 수 있는데, 호
랑이, 여우, 사슴 등이 보인다. 약수리 벽화고분의 〈수렵도〉 역시 단체
사냥을 그린 것인데, 호랑이, 멧돼지, 여우, 사슴, 노루, 곰 등이 보인다.
덕흥리 벽화고분 〈수렵도〉도 단체 사냥을 묘사한 것으로 호랑이, 곰, 사
슴, 멧돼지, 노루, 꿩 등이 보이며, 장천 제1호분의 〈야유·수렵도〉에서

87) 《三國史記》 卷45 〈列傳〉 溫達傳. "高句麗常以春三月三日, 會獵樂浪之丘. 以所獲猪
　　鹿祭天及山川神.";《三國史記》 卷32 〈雜志〉 祭祀. "高句麗常以三月三日, 會獵樂浪
　　之丘, 獲猪鹿祭天及山川."
88) 이 책의 제4부 1장의 1절 '가죽과 모피, 모직물 생산품의 고유성과 우리말'의
　　주 22 참조.
89) 《三國志》 卷13 〈烏丸鮮卑東夷傳〉 扶餘傳. "在國 …履革鞜. 出國則尙繪繡錦罽, 大
　　人加狐狸狖白黑貂之裘."
90) 狖은 《說文解字》에서 "쥐의 종류에 속한다(鼠屬)"고 했고, 《後漢書》 〈班固傳〉의
　　주석으로 실린 〈倉頡篇〉에서 "狖은 너구리 닮은 것이다(狖似狸)"라고 했다.
91) 이 책의 제4부 제1장 1)의 주 25와 같음.
92) 《晉書》 卷97 〈東夷列傳〉 肅愼條. "魏景元末, 來貢楛矢·石砮·弓甲·貂皮之屬."
93) 《後漢書》 卷85 〈東夷列傳〉 東沃沮傳. "責其租稅, 貂布魚鹽."

는 노루, 사슴, 멧돼지, 담비, 족제비, 수달, 꿩, 사냥개 등이 보인다.

그 밖에 안악 3호 고분의 〈육고도〉(肉庫圖)에는 꿩, 멧돼지, 노루 등을 걸어 놓고 훈연하는 장면이 묘사되어 있다. 이 동물들은 이미 박피 (剝皮)가 되어 있는 상태이다. 이는 고구려 사람들이 사냥에서 잡은 짐 승의 고기를 훈연법을 써서 저장 식품으로 만들었다는 것을 말해 주기도 하지만, 동물의 몸체가 분리되지 않은 채 박피된 점에서 동물의 털이나 가죽이 가죽갑옷의 생산 등 복식의 재료로 이용되었음을 나타내기도 한다.

고조선의 영역이었던 한반도와 만주지역의 신석기시대 사람들은 정착생활과 함께 농업과 목축업을 발전시켰는데, 사냥 또한 중요한 위치를 차지하고 있었던 것이다. 한국의 신석기시대 유적에서 발굴된 짐승 뼈에는 말사슴, 노루, 사슴과 같은 동물을 비롯하여 멧돼지, 사향노루, 산양, 표범, 곰, 족제비, 여우, 승냥이, 청서와 같은 쥐목 동물, 물개, 넝에, 고래와 같은 바다짐승의 것도 있었다. 또한 궁산 유적의 한 문화층에서는 현재 볼 수 없는 물소도 있었다.94) 이 같은 발굴 자료들은 문헌자료와 벽화에 나타나는 동물 관련 내용을 뒷받침해 준다.

실제 출토된 짐승뼈 가운데 많은 수를 차지하는 것은 사슴이나 노루 같은 사슴과의 짐승들이다.95) 한반도 북부 지역에 사슴이 많았던 것은 고조선에 속해 있던 부여가 분열된 뒤 난하 상류 유역에 위치해 있던 북부여지역에96) '녹산'(鹿山)97)이라는 지명이 있었던 것을 통해서도

---

94) 조선기술발전사 편찬위원회, 《조선기술발전사》 원시·고대편, 과학백과사전종합출판사, 1997, 23쪽.

95) 사회과학원력사연구소 고고학연구소, 《조선전사》 1 - 원시편, 과학·백과사전종합출판사, 1991(2판)(백산학회 영인본), 140쪽; 김신규, 〈미송리 동굴의 동물유골에 대하여〉, 《문화유산》, 1961년 6호, 11쪽; 김신규, 〈립석리 원시 유적에서 나온 짐승 뼈에 대하여〉, 《고고 민속》, 1965년 1호, 사회과학원출판사, 41~48쪽; 김신규, 〈농포 원시 유적의 동물 유골에 대하여〉, 《문화유산》, 1962년 2호, 44~60쪽; 김신규, 〈무산 범의 구석 원시 유적에서 나온 짐승 뼈에 대하여〉, 《고고 민속》, 1963년 4호, 사회과학원출판사, 11~20쪽.

96) 尹乃鉉, 〈扶餘의 분열과 變遷〉, 《祥明史學》 第三·四合輯, 1995, 475쪽.

97) 《資治通鑑》 卷97 〈晉紀〉 孝宗穆皇帝條. "처음에 부여는 녹산에 거주했는데 백

알 수 있으며, 고구려[98]와 백제 지역[99]의 경우에도 마찬가지로 사슴이
풍부했다.

안악 3호 고분벽화의 〈우사도〉(牛舍圖)에는 검은소가 보이고, 약수
리 고분벽화에서도 〈우사도〉가 그려져 있다. 덕흥리 고분벽화의 〈부인
교차도〉(夫人轎車圖)와 〈우교차도〉(牛轎車圖)에서도 소가 보여 목축업의
발달과 더불어 교통수단으로도 소가 많이 쓰였다고 생각된다. 이처럼
사냥과 목축업의 발전으로 신석기시대부터 청동기시대의 유적들에서는
다양한 집짐승과 야생짐승들의 뼈가 함께 출토되는데, 집짐승의 종류는
주로 개, 돼지, 소, 말, 양 등이었다.

한반도와 만주지역에서 생산된 야생짐승으로 가장 많은 수를 차지
하는 것은 사슴과 멧돼지 등이고, 집짐승으로는 돼지와 소, 말, 양 등을
들 수 있다. 이 가운데 가죽갑옷 생산에 사용된 것으로는 비교적 질기
고 견고한 가죽인 멧돼지와 돼지, 소가죽을 들 수 있을 것이다. 중국에
서 소가죽이 주된 갑옷의 재료로 사용되었던 것과 달리 한반도와 만주
지역에서는 비교적 적은 양이 사용되었을 것으로 여겨진다.

그것은 소가 가축으로 길들여진 것은 다른 집짐승보다 비교적 늦은
서기전 4000년기였는데,[100] 소뼈는 두만강유역의 청동기시대 유적들에
서 출토되긴 하나 발굴된 수가 적다. 이는 지질 때문이기도 하지만 당
시 사람들이 소를 기른 목적이 식용이나 가죽보다는 주로 노동력을 얻
기 위해서였기 때문일 것이다.[101] 평안북도 염주군 주의리의 토탄층에

제의 침략을 받아 부락이 쇠퇴하고 흩어져서 서쪽의 연(燕) 가까이 이주했으
나 성책(城柵) 등을 설치하지 않았다(初, 夫餘居于鹿山, 爲百濟所侵, 部落衰散,
西徙近燕而不設備)."

98) 《三國史記》 卷13 〈高句麗本紀〉瑠璃王 21年條. "국내성(國內城)의 위나암(尉那
巖)에 이르러 그곳 산수가 깊고 험하며 토양이 오곡을 심기에 적당함을 알았
다. 또 순록과 물고기와 자라들의 생산이 많았다(至國內尉那巖, 見其山水深險,
地宜五穀, 又多麋鹿魚鼈之産)."

99) 《三國史記》 卷24 〈百濟本紀〉古爾王 3年條. "겨울 10월에 왕이 서해의 큰 섬에
서 사냥을 하여 손수 40마리의 사슴을 쏘아 맞혔다(冬十月, 王獵西海大島, 手射
四十鹿)."

100) 림영규, 〈원시시대 집짐승 기르기에 대한 몇 가지 고찰〉, 《조선고고연구》, 35쪽.

서 출토된 고조선의 평후치와 수레바퀴 조각은 이를 뒷받침해 준다.[102]
그러나 소가죽은 견고한 장점을 가지고 있어 다른 짐승들의 가죽과 함
께 갑옷의 재료로 이용되었을 것이다.

그 밖에 가장 많이 출토되는 집짐승의 뼈는 개와 돼지이다. 개는 사
람들이 처음으로 기른 집짐승으로, 구석기시대 후기에 길들여져 신석기
시대에 와서는 보편적으로 기르게 되었다.[103] 공주 석장리 유적(서기전
30000년 전~서기전 20000년 전)의 집자리에서 개 모양의 돌조각품이
나온 것이 이를 실증해 준다.[104] 신석기시대 전기에 속하는 궁산 유적
1기층(서기전 6000년~서기전 5000년)과 서포항 유적 1·2기층 및 신석
기시대 후기에 속하는 농포 유적(서기전 3000년)에서도 상당한 양의 개
뼈가 출토되는 등, 신석기시대의 유적에서는 거의 예외 없이 발견할 수
있다. 이후 청동기시대에 속하는 오동 유적(서기전 2000년기 후반)에서
는 출토된 전체 동물 뼈 가운데 개와 돼지의 것이 가장 많았다.[105]

또한 당시 고조선 지역에서는 양도 많이 길렀던 것으로 보인다. 청
동기시대로 오면 신석기시대 유적에 견주어 발굴되는 짐승의 뼈에서 산
짐승의 비율이 집짐승보다 낮아지는데,[106] 돼지·양·말·개 등의 집짐승
의 뼈가 많이 출토되어 이들이 주요한 가축들이었음을 알게 해 준다.
고조선에 속해 지금의 요서지역에 위치하고 있었다가 연해주 지역으로
이동하여 읍루를 세웠던 숙신[107]사람들은 돼지를 사육하고 일찍이 그

101) 사회과학원력사연구소, 《조선전사》 1 - 원시편, 225~226쪽.
102) 조선기술발전사 편찬위원회, 《조선기술발전사》 원시·고대편, 1997, 170~171쪽.
103) 림영규, 〈원시시대 집짐승 기르기에 대한 몇 가지 고찰〉, 《조선고고연구》
    1996년 제1호, 사회과학원 고고학연구소, 34쪽.
104) 림영규, 〈원시시대 집짐승 기르기에 대한 몇 가지 고찰〉, 《조선고고연구》
    1996년 제3호, 사회과학원출판사, 34쪽.
105) 김신규, 〈회령오동원시 유적의 포유 동물상〉, 《고고 민속》 3호, 사회과학원
    출판사, 1963, 46~47쪽; 김신규, 〈농포 원시 유적의 동물 유골에 대하여〉, 《문
    화유산》 2호, 47~50쪽; 김신규, 〈미송리 동굴의 동물 유골에 대하여〉, 《문화유
    산》 6호, 5~7쪽.
106) 고고학연구소, 《고고민속론문집》 2, 119쪽; 사회과학원력사연구소, 《조선전
    사》 1 - 원시편, 223~224쪽.

털로 모포(毛布)를 만들었다.[108) 고구려에서는 돼지털로 짠 모직물인 장일(障日)[109)을 생산했던 것으로 보아 돼지의 생산량이 가장 많았던 것으로 여겨진다. 이러한 모직물은 앞의 제4부 1장 1절에서 밝혔듯이 목과 등에 긴 털이 있는 돼지 품종으로 생산한 것으로, 가죽갑옷에 부분적으로 사용되었을 것으로 생각된다. 돼지는 사육이 빠르기 때문에 가죽을 대량으로 쉽게 얻을 수 있고, 털이 적은 동물은 털이 많은 동물보다 가죽이 질기고 강한 장점[110)을 지니고 있기 때문에 가죽갑옷의 재료로 가장 쓰임새가 컸을 것으로 생각된다.

부여에서는 건국신화에 돼지우리와 마구간이 등장하고[111) 마가(馬加)·우가(牛加)·저가(豬加)·구가(狗加)[112) 등 짐승의 이름이 관직명으로 사용된 것을 볼 때 목축업이 발달했음을 알 수 있다. 토성자 유적의 돌관무덤에서는 돼지 이빨과 돼지뼈가 대량으로 출토되어[113) 부여 사람들이 돼지를 많이 길렀음을 알 수 있다. 숙신사람들도 돼지를 많이 길러 고기는 식용으로 하고 가죽과 뼈는 갑옷을 만들고 털은 짜서 포를 만들었다.[114) 숙신인들이 세운 나라인 읍루에서도 돼지를 많이 길러 그

---

107) 윤내현, 《고조선 연구》, 459쪽.
108) 《晉書》卷97〈東夷列傳〉肅愼傳. "소와 양은 없고 돼지를 많이 길러서, 그 고기는 먹고 가죽은 옷을 만들며 털을 모아 布를 만들었다(無牛羊, 多畜猪, 食其肉, 衣其皮, 績毛以爲布)."
109) 《翰苑》,〈蕃夷部〉高(句)麗條.
110) 宋啓源·李茂夏·蔡榮錫, 《皮革과 毛皮의 科學》, 先進文化社, 1998, 42쪽.
111) 《後漢書》卷85〈東夷列傳〉夫餘傳. "왕이 돼지우리에 버리게 했으나, 돼지가 입김을 불어주어 죽지 않았다. 다시 마구간에 옮겼으나 말도 역시 그같이 했다(王令置於豕牢, 豕以口氣噓之, 不死. 復徙於馬蘭, 馬亦如之)."
112) 《後漢書》卷85〈東夷列傳〉夫餘傳. "여섯가지 가축의 이름으로 관명을 지어 마가·우가·구가가 있으며 그 읍락은 모두 諸加에 소속되었다(以六畜名官, 有馬加·牛加·狗加, 其邑落皆主屬諸加)."
113) 吉林省博物館,〈吉林江北土城子古文化遺址及石棺墓〉, 《中國考古集成》東北卷 靑銅時代(三), 北京出版社, 2358~2363쪽.
114) 《晉書》卷97〈列傳〉肅愼傳. "소와 양은 없고 돼지를 많이 길러서, 그 고기는 먹고 가죽은 옷을 만들며 털을 모아 포를 만들었다. …돌로 만든 살촉(石砮)과, 가죽과 뼈로 만든 갑옷…(無牛羊, 多畜猪, 食其肉, 衣其皮, 積毛以爲布 …有石砮, 皮骨之甲…)."

가죽으로 갑옷을 만들기도 했다.115)

이상의 내용들로부터 한반도와 만주지역의 고조선에서는 고조선보다 앞선 신석기시대 이른 시기부터 뼈와 가죽 등을 재료로 하여 동아시아에서 가장 이른 시기에 다양한 갑옷을 생산했음을 알 수 있다. 고조선은 건국 초기부터 뼈갑옷을 여러 지역에서 생산하여 붕괴될 때까지 줄곧 생산했으며 뼈갑편의 양식은 장방형을 특징으로 했다. 이와 달리 중국의 경우는 뼈로 만든 갑옷을 생산했다는 문헌기록이나 유물이 발견된 바가 없다. 고조선의 가죽갑옷은 가죽갑편의 양식이 뼈갑편과 같은 장방형으로 만들어졌으며 고조선 붕괴 이후에도 계속 생산되었는데 중국이 선호하는 귀중품이었다.

중국의 갑편은 고조선의 영향을 받았기 때문에 춘추전국시대에도 고조선 갑편의 특징인 장방형의 모습을 보인다. 이후 서한시대에 오면 이 같은 갑편은 이미 중국보다 앞서 생산된 고조선 철갑편 양식의 영향을 받아서 비교적 크기가 작은 장방형과 방원형 및 타원형을 띠게 된다. 고조선문명권의 한민족은 일반복식에서뿐만 아니라 갑옷에서도 독특한 양식과 고유의 전통을 가지고 있었던 것이다.

2. 비교연구를 통해 본 고조선 금속갑옷 기법과 합금기술의 과학성

1) 고조선 청동갑옷의 종류와 기법 및 합금기술의 특징

고조선이 청동을 갑옷의 재료로 삼은 것은 매우 이른 시기였을 것으로 생각된다. 그것은 홍산문화 유적에서 청동과 관련된 자료들이 출토되어 홍산문화가 신석기시대에서 청동기시대로 가는 동석병용시대에

---

115) 《後漢書》卷85 〈東夷列傳〉 挹婁傳. "돼지 기르기를 좋아하며 그 고기는 먹고 가죽은 옷을 해 입는다(好養豕, 食其肉, 衣其皮)."

속하는 중요한 과도기적 문화임이 밝혀졌기[116) 때문이다. 즉 홍산문화 후기(서기전 3500년~서기전 3000년) 유적에서 주조틀과 동환(銅環)이 출토되어 이 시기 청동 주조기술이 있었음이 밝혀졌다.[117)

그 외에 오한기 왕가영자 향서태 유적에서는 도범(陶范)이 출토되었고, 건평 우하량 제사 유적에서도 청동환과 질그릇 솥〔坩鍋〕 등이 출토되어 야련(冶鍊) 작업이 있었음을 알 수 있다. 서기전 2700년경의 홍산문화의 객좌 유적에서는 적탑수에서 동광(銅礦)을 채취한 흔적을 발견했고, 적봉 일대에서는 동광 채취 상황과 야련 유적을 발견했다.[118) 이보다 앞선 우하량 유적 85M3에서는 옥장식 및 옥귀걸이 양식과 유사한 청동 귀걸이가 출토되었다.[119) 이처럼 지금까지 홍산문화 후기 금속문화가 발견된 지역이 적봉, 오한기, 건평, 객좌 등인 점으로 보아 제사 유적지를 중심으로 금속문화가 발달하기 시작했음을 알 수 있다.

홍산문화 단계에서는 청동기 생산수준이 초보적인 상태이므로, 대량으로 출토되는 옥장식과 옥단추 등은 주로 의복에 장식으로 사용되고 갑옷에도 장식용 등의 목적으로 부분적으로 쓰였을 것이라 생각된다.

지금까지 고조선의 영역에서 발굴된 청동장식단추로 가장 연대가 앞서는 것은 서기전 25세기에 해당하는 평양부근 강동군 룡곡리 4호 고인돌 유적에서 출토된 청동장식단추이다.[120) 같은 청동기시대 초기에 속하는 길림성 대안현(大安縣) 대가산(大架山) 유적에서도 청동장식단추가 출토되었다.[121) 서기전 20세기 후기에 해당하는 황해북도 봉산군 신

116) 白雲翔·顧智界 整理, 〈中國文明起源座談紀要〉, 《考古》, 1989年 第12期, 1110~1120쪽.
117) 楊虎, 〈遼西地區新石器—銅石幷用時代考古文化序列與分期〉, 《文物》, 1994年 第5期, 48쪽; 郭大順, 〈赤峰地區早期冶銅考古隨想〉, 《內蒙古文物考古文集》, 中國大百科全書出版社, 1994, 278~282쪽; 劉素俠, 〈紅山諸文化所反映的原始文明〉, 《中國考古集成》 東北卷 新石器時代(一), 176~178쪽.
118) 王曾, 〈紅山文化的走向〉, 《中國考古集成》 東北卷 新石器時代(一), 190~195쪽 참조.
119) 遼寧省文物考古研究所, 《牛河梁—紅山文化遺址發掘報告(1983-2003年度)》, 2012, 文物出版社, 圖版 167-3·4.
120) 강승남, 〈고조선시기의 청동 및 철 가공기술〉, 《조선고고연구》, 1995년 2기, 사회과학원출판사, 21~22쪽; 김교경, 〈평양일대의 단군 및 고조선 유적유물에 대한 연대 측정〉, 《조선고고연구》, 1995년 제1호, 사회과학원출판사, 30쪽.

흥동 유적에서 청동장식단추 조각이 출토되었고,[122] 서기전 16세기에
해당하는[123] 요령성 대련시(大連市) 여순구구(旅順口區) 우가촌(于家村)
상층 유적에서도 청동장식단추가 출토되었다.

　실제로 청동장식단추가 의복에 사용된 예로 중국에서는 서주시대
말기(서기전 9세기 경)의 위국(衛國)의 유적인 준현(濬縣) 신촌(辛村)
위묘(衛墓)에서 크고 작은 청동장식단추들이 처음으로 발견되었다. 중
국학자들은 이를 방어용 갑옷에 달아 사용했던 것으로 보고 이를 중국
갑옷의 기원으로 보았다.[124] 그러나 이후 위묘보다 앞선 상대(商代) 후
기의 유적들인 하남성 안양(安陽) 곽장촌(郭莊村) 유적,[125] 산동성 보덕
현(保德縣) 유적,[126] 하남성 안양 곽가장(郭家莊) 상대 차마갱(車馬坑)
유적,[127] 섬서성 수덕언두촌(綏德墕頭村) 유적[128] 등에서 청동장식단추
가 출토되었다. 상대 후기에서 서주 초기의 유적으로는 섬서성 순화현
(淳化縣) 유적,[129] 산동성 교현(膠縣) 서암(西菴) 유적,[130]과 하북성 북

121)　吉林省文物工作隊, 〈吉林大安縣洮兒河下游右岸新石器時代遺址調査〉, 《考古》,
　　　1984年 第8期, 692~693쪽.
122) 김용간, 〈금탄리 원시 유적 발굴 보고〉, 《유적발굴보고》 제10집, 사회과학원
　　　출판사, 1964, 38쪽.
123) 이 유적의 방사성탄소측정연대는 서기전 3230±90년(5180±90 B.P.)·3280±85
　　　년(5230±85 B.P.)으로 교정연대는 서기전 3505~3555년이 된다.(中國社會科學
　　　院考古硏究所實驗室, 〈放射性碳素測定年代報告(七)〉, 《考古》, 1980年 第4期, 373·
　　　北京大學歷史系考古專業碳十四實驗室, 〈碳十四年代側定報告(三)〉, 《文物》, 1979年
　　　第12期, 78쪽).
124) 郭宝鈞, 〈濬縣辛村古殘墓之淸理〉, 《田野考古報告》 第1冊, 188쪽; 郭宝鈞, 〈殷周
　　　的靑銅武器〉, 《考古》, 1961年 第2期, 117쪽; 內蒙古自治區文物工作隊, 〈呼和浩特
　　　二十家子古城出土的西漢鐵甲〉, 《中國考古集成》 東北卷 秦漢至三國(一), 197쪽.
125) 安陽市文物工作隊, 〈河南安陽郭莊村北發現一座殷墓〉, 《考古》, 1991年 第10期,
　　　902~909쪽.
126) 吳振錄, 〈保德縣新發現的殷代靑銅器〉, 《文物》, 1972年 第4期, 62~64쪽.
127) 中國社會科學院考古硏究所安陽工作隊, 〈安陽郭家庄西南的殷代馬車坑〉, 《考古》,
　　　1988年 第10期, 882~893쪽.
128) 陝西省博物館, 〈陝西綏德墕頭村發現一批窖藏商代銅器〉, 《文物》, 1975年 第2期,
　　　83~84쪽.
129) 淳化縣文化館 姚生民, 〈陝西淳化縣出土的商周靑銅器〉, 《考古與文物》, 1986年 第
　　　5期, 12~22쪽.
130) 山東省昌濰地區文物管理組, 〈膠縣西菴遺址調査試掘簡報〉, 《文物》, 1977年 第4

경시(北京市) 창평현(昌平縣) 백정(白淨)에서 청동장식단추들이 출토되었다.[131] 서암 유적은 차마갱(車馬坑)으로, 말에 장식했던 청동장식이 비교적 많은 양 출토되었다. 이어서 서주시대의 유적인 감숙성 영현(寧縣) 서구(西溝) 유적,[132] 섬서성 부풍현(扶風縣) 소이촌(김李村) 유적,[133] 하남성 평정산시(平頂山市) 유적,[134] 강소성 단도(丹徒) 대항모자곽(大港母子槨) 유적,[135] 섬서성 기산(岐山)·부풍(扶風) 유적,[136] 장안(長安) 보도촌(普渡村) 유적[137] 등에서도 청동장식단추들이 출토되었다. 이들 청동장식단추의 모습은 원형과 'ㅗ'형이었다. 발굴자들은 이를 동포(銅泡)로 지칭했고, 이후 중국학자들은 이를 갑포(甲泡)로 분류했다.[138] 동포라는 명칭은 중국 고고학자들이 붙인 이름이며, 서양학자들은 이것을 단추와 비슷하다고 하여 청동단추(bronze button)라 부른다. 필자는 고조선의 경우 이를 옷·신발·활집·투구·마구 등 여러 곳에 장식용으로 사용했으므로 청동장식단추로 분류하고자 한다. 이러한 출토 상황으로 보아 중국에서 청동장식단추의 생산은 그 상한 연대가 상대 후기인 서기전 11세기경으로 거슬러 올라가는 셈이 된다.

이러한 내용들로부터 고조선의 청동장식단추 생산은 중국보다 매우 앞선 시기부터 시작되었음을 알 수 있다. 중국의 청동장식단추는 고조

期, 63~71쪽.

131) 北京市文物管理處, 〈北京地區的又一重要考古收穫－昌平白淨西周木槨墓的新啓示〉, 《考古》, 1976年 第4期, 246~258쪽.

132) 慶陽地區博物館, 〈甘肅寧縣集村西溝出土的一座西周墓〉, 《考古與文物》, 1989年 第6期, 25~26쪽.

133) 扶風縣文化館 羅西章·陝西省文管會·吳鎭烽 尙志儒, 〈陝西扶風縣召李村一號西周墓淸理簡報〉, 《文物》, 1976年 第6期, 61~65쪽.

134) 平頂山市文管會 張肇武, 〈河南平頂山市出土西周應國靑銅器〉, 《文物》, 1984年 第12期, 29~31쪽.

135) 鎭工博物館·丹徒縣文管會, 〈江蘇丹徒大港母子墩西周銅器墓發掘簡報〉, 《文物》, 1984年 第5期, 1~10쪽.

136) 陝西省文物管理委員會, 〈陝西岐山·扶風周墓淸理記〉, 《考古》, 1960年 第8期, 8~11쪽.

137) 中國社會科學院考古硏究所灃西發掘隊, 〈1984年長安普渡村西周墓葬發掘簡報〉, 《考古》, 1988年 第9期, 769~777쪽.

138) 楊泓, 〈戰車與車戰－中國古代軍事裝備禮記之一〉, 《文物》, 1977年 第5期, 82~90쪽.

선의 영향을 받아 만들어졌을 가능성이 크다. 중국 상왕조의 청동기는 고조선 초기의 문화인 하가점 하층문화와 밀접한 관계를 갖기 때문에 더욱 그러하다. 하가점 하층문화(豊下文化라고도 부른다)는 황하(黃河) 유역의 초기 청동기 문화인 이리두(二里頭)문화나 상(商)문화와는 전혀 다른 청동기문화로, 시작연대가 서기전 2500년경이다. 하가점 하층문화는 중국의 상시대보다 훨씬 앞선 시기부터 존재했으며, 비파형동검문화인 하가점 상층문화의 전신이자 고조선의 초기 청동기문화로 중국의 상시대 초기에 해당한다. 비파형동검문화는 한반도와 만주 전 지역에 널리 분포되어 있었던 문화였다. 이 하가점 하층문화에 대해 장광직(張光直)은 "상(商)에 인접한 최초의 금속사용 문화 가운데 하나였으므로 상의 가장 중요한 혁신 가운데 하나—청동기 주조—의 최초 기원을 동부 해안 쪽에서 찾는 것은 가능할 것이다"[139]라고 하였다.

청동기문화의 시작연대를 보면 황하유역은 서기전 2200년경이고 고조선지역과 문화적으로 관련이 있는 시베리아의 카라수크문화는 서기전 1200년경에 시작되었다. 고조선의 청동기문화는 적어도 서기전 25세기보다 앞서므로 동아시아에서 청동기 생산의 시작연대는 고조선이 가장 이르다고 하겠다.

〈그림 22〉 심양 북외의 청동기시대 유지

---

139) 張光直 지음, 尹乃鉉 옮김, 《商文明》, 民音社, 1988, 435쪽.

　　최근 2017년 발굴보고에 따르면 요령성 심양 신민시(新民市) 법합우진(法哈牛鎭) 파도영자촌(巴圖營子村) 북외유지(北嵬遺址)(그림 22)에서 지금부터 약 3,000년~3,800년에 속하는 비파형 동검이 1점 출토되어 고조선의 청동기 시작연대가 이웃 나라보다 앞섰음을 뒷받침해 주고 있다. 2018년 1월에 열린 〈2017년도 요령성고고업무회보회〉(2017年度遼寧省考古業務匯報會)에서 요령성문물고고연구소는 북외유지가 10만 평방미터나 되는 큰 규모의 유적지이며, 발굴된 청동기시대 방지와 묘장 등에서 비파형동검, 부채꼴 청동 도끼의 돌거푸집, 돌구슬꾸러미 등이 출토되었다고 했다. 이 유적에서 출토된 비파형동검뿐만 아니라 부채꼴 청동도끼도 고조선 고유양식의 것이다. 이 북외유지의 문화성격은 신락(新樂)상층문화의 청동기시대에 속하며, 이 유적지의 연대는 위에 서술한 바와 같이 지금부터 약 3,000년~3,800년 전으로 추정된다. 비파형동검은 묘의 부장품이 아니라, 방 유적지 외부에서 발견되었다.[140] 곽대순(郭大順)은 이것이 현재까지 중국의 동북3성지역에서 발견된 비파형동검 가운데 가장 이른 비파형동검(그림 23)이라고 밝혔다.[141]

〈그림 23〉 심양 북외 유적 출토 비파형동검

　　이러한 내용들은 중국의 청동단추 생산이 고조선의 영향일 가능성을 뒷받침한다. 또한 고조선 청동장식단추가 가지는 그 고유특징에서도 확인된다. 첫째로 중국의 경우는 산동성을 중심으로 위에 서술한 몇 개 지역을 시작으로 하여 감숙성·섬서성·하남성 등에서 소량의 청동장식

140)《遼寧日報》, "2017年度我省重要考古成果发布", 2018.1.19. 이 기사는 중국사회과학원 고고연구소 홈페이지(www.kaogu.cn)에도 새로운 소식으로 실려 있다(http://www.kaogu.cn/cn/xccz/20180119/60778.html).《瀋陽日報》 2018년 1월 19일자에는 "沈阳北崴遗址出土青铜短剑 完善青铜考古学序列"로 보도되었고,《中國新聞網》 2018년 2월 10일자에는 "辽宁北崴遗址出土东北地区 年代最早青铜剑"라 하여 동북지역에서 가장 이른 시기에 만들어진 청동검으로 소개되었다.
141)《中國新聞網》 2018년 2월 10일자. "辽宁北崴遗址出土东北地区年代最早青铜剑"(http://www.dzwww.com/xinwen/guoneixinwen/201802/t20180211_17035668.htm).

단추가 발견되었으나 그 출토지가 매우 적다. 산동성지역은 위의 장광직의 견해에서도 나타나듯이 발해만을 통해 고조선의 영향을 받을 수 있는 좋은 지리적 조건을 가진다.

이러한 중국의 경우와 달리, 고조선의 영역이었던 한반도와 만주지역에서는 거의 모든 청동기시대 유적에서 다양한 크기와 문양의 청동장식단추들이 발견된다(〈표 8〉 청동장식단추의 출토지 일람표 참조).142) 둘째로 위에서 언급한 서암(西菴) 유적과 백부(白浮) 유적에서 발굴된 청동장식단추는 신촌(辛村) 위묘(衛墓)에서 출토된 청동장식단추와 마찬가지로 원형과 'ㅗ'형의 모습이며, 둥근 가장자리에 좁은 선이 둘러진 모습이다. 큰 크기의 청동장식단추는 그 양식에서 두 개의 선이 중심부에 그어져 있다.143) 이 같은 양식은 감숙성·섬서성·하남성 등에서 출토된 청동장식단추에서도 같은 양상으로 나타난다. 이처럼 중국 청동장식단추에 보이는 문양은 중국의 청동기나 질그릇 및 가락바퀴 등에서 나타나는 상왕조의 특색이 아니라 오히려 고조선의 청동장식단추 양식과 유사하다.

고조선의 청동장식단추 양식는 주로 원형에 잔줄문양이 새겨져 있다. 잔줄문양 혹은 빛살문양은 신석기시대부터 고조선 영역에서 출토되는 가락바퀴와 청동기 및 질그릇 등에 특징적으로 나타나거나 고조선의 청동거울이나 비파형동검 검집에 주로 보여지는 문양의 모습으로, 고조선 유물 특징과 그 맥락을 같이한다.

청동장식단추는 고조선에서 의복뿐만 아니라 모자나 신발 또는 활집 등에 이르기까지 복식의 여러 부분에 다양하게 사용되었다.144) 특히

---

142) 박선희 《한국고대복식-그 원형과 정체》, 608~612쪽 참조

143) 山東省昌濰地區文物管理組, 〈膠縣西菴遺址調査試掘簡報〉, 《文物》, 1977年 第4期, 66쪽, 圖 5의 8·13·14·15·16.

144) 中國科學院考古研究所內蒙古工作隊, 〈赤峰葯王廟·夏家店遺址試掘報告〉, 《中國考古集成》 東北卷 靑銅時代(一), 678~680쪽; 조선유적유물도감 편찬위원회,《조선유적유물도감》 1-고조선·진국·부여편, 외국문종합출판사, 1989, 70쪽; 박진욱,《조선고고학전서》, 과학 백과사전 종합 출판사, 1997, 50·57~58쪽.

고조선에 속해 있던 예(濊)에서는 일반적으로 남자들이 입는 웃웃에 청동장식단추와 같은 양식으로 여러 촌(寸) 크기의 은화(銀花)를 꿰매어 장식했다.[145] 1촌은 10분의 1척이다. 수호지진묘죽간정리소조(睡虎地秦墓竹簡整理小組)는 《수호지진묘죽간》(睡虎地秦墓竹簡)의 "창률"(倉律)에서 1척을 지금의 약 0.23㎝로 보고 있으므로 이를 따르면 1촌은 2.3㎝이다. 그러므로 예에서 옷에 단 수촌이나 되는 은화는 적어도 2촌 이상이므로 5㎝ 이상 되었을 것으로 추정된다. 당시 곡령(曲領)을 입은 예 사람들의 옷차림새는 무척 화려했을 것이다.

이러한 옷차림새는 일반인의 의복도 화려하게 장식할 수 있었던 고조선 복식만의 특징으로, 중국이나 북방지역에서는 찾아볼 수 없다. 5세기경으로 추정되는 고구려 마조총(馬曹塚)의 〈수렵도〉[146]에 보이는 기사(騎士)의 복식에도 청동단추 사용 양식이 보이고 있어, 고조선 복식의 특징이 열국시대로 이어져 이후 오랜 기간 지속성을 가지며 발달해 나갔음을 알 수 있다.

위에 서술했듯이 고조선에서 청동장식단추가 복식의 여러 부분에 다양하게 사용되었던 점과 예의 곡령의 경우를 보면 청동단추는 종래의 일반화된 분류처럼 장식품으로 구분될 수 있다. 청동장식단추가 소량일 경우는 청동구슬이나 다른 장식품들과 함께 사용되었다고 할 수 있으나, 의복에 달아맨 수량이 많을 때는 갑옷의 구성물로서 기능했을 것으로 생각된다.

실제로 고조선 유적 가운데 누상묘와 정가와자 6512호묘 등에서 청동장식단추가 매우 많이 출토되었다. 누상 1호묘의 경우 청동장식단추 41점이 출토되었는데, 이 1호묘는 서쪽 절반 부분의 유물이 완전히 없어진 상태[147]이므로 실제로는 더욱 많은 양의 청동장식단추가 있었을

145) 《三國志》卷30 〈烏丸鮮卑東夷傳〉 濊傳. "男女皆衣著曲領, 男子繫銀花廣數寸以爲飾."
146) 王承禮·韓淑華, 〈吉林輯安通溝第12號高句麗壁畵墓〉, 《考古》, 1964年 第2期, 67~72쪽.
147) 고고학연구소, 《고고민속론문집》 1, 사회과학원출판사, 1970, 86~93쪽; 박진욱, 《조선고고학전서》, 34~39쪽.

것으로 생각된다. 이 청동장식단추들은 대체로 원형이고 직경 3~8㎝ 정도의 크기였다.[148] 필자가 이들 남아 있는 40여 개 정도의 청동장식 단추들을 최소치로 하여 실험해 본 결과[149] 이를 옷에 매달았을 때 옷 표면을 거의 덮을 수 있어 충분히 갑옷으로서 역할이 가능했을 것이다. 또한 정가와자 6512호묘에서는 매장자의 발 부분에서 온전한 청동장식 단추들이 다량 발굴되었다. 이는 긴 가죽신에 달았던 장식물로 추정되는데, 청동장식단추의 직경이 2.4㎝의 것이 124개이고, 직경 1.7㎝ 되는 것이 56개 출토되어[150] 그 개별 크기와 개수를 종합하면 가죽신을 빼곡히 덮을 것으로 보인다. 이 같은 복식양식은 청동의 빛나는 색상을 통해 전쟁터에서 적에게 경외감을 주기 위한 것일 수도 있고, 또한 적의 무기로부터 방어 성격을 가진 청동갑옷의 초기양식으로 볼 수도 있을 것이다.

고조선에서는 일반인이 평상복에서 청동이나 은 등으로 화려한 장식을 했으므로 청동장식단추가 갑옷에 응용된 것은 비교적 이른시기부터였을 것으로 생각된다. 또한 청동을 사용하기 시작하면서부터 종래의 돌이나 뼈 등으로 만들던 공구나 무기를 청동으로 만들어 나갔기 때문에 가죽이나 뼈로 만들던 갑옷 재료도 자연스레 청동으로 대체되었을 것이다.

〈그림 24〉
상시대 청동투구

청동투구의 경우에도 고조선은 청동장식단추를 사용하여, 중국의 수면문식(獸面紋飾)과 수비(獸鼻)의 모습을 특징으로 한 투구와 양식 면에서 크게 구별된다. 그 예로 중국의 안양 후가장 1004호묘에서 발굴된 청동투구(그림 24)는 범주(范鑄)된 것으로 수면문식과 수비의 모습을

148) 고고학연구소, 《고고민속론문집》 1, 도판 41; 조선유적유물도감 편찬위원회, 《조선유적유물도감》 1-고조선·진국·부여편, 60쪽.
149) KBS 역사스페셜 87회 기획 2부작 제1편, 비밀의왕국 고조선편.
150) 박진욱, 《조선고고학전서》 고대편, 56~59쪽.

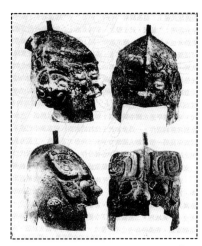

〈그림 25〉 후가장 1004호묘 출토 청동
투구

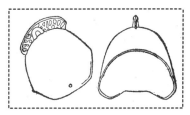

〈그림 26〉 북경 백부 2호묘
출토 청동투구 모사도

나타내었고151), 상시대의 또 다른 청동투구(그림 25)152)는 간단히 수면(獸面)만을 나타내었는데, 모두 청동투구의 맨 윗부분에는 속이 빈 둥근 동관(銅管)을 세워 영식(纓飾)을 꽂게 했다. 서주시대(서기전 1046년~서기전 771년)에 속하는 청동투구로는 북경(北京) 백부(白浮) 2호묘에서 출토된 청동투구(그림 26)가 있는데, 뒷부분에 긴 장식을 했다.153) 이보다 늦은 전국시대 중후기에 해당하는 하남성 낙양(洛陽)의 금촌(金村)에서 출토된 호인무인상(胡人武人像)에 보이는 이마를 덮는 투구의 양식(그림 27)154)도 있다.

이와 달리 고조선에서는 서기전 1000년~서기전 476년경에 속하는 요령성 소조달맹(昭烏達盟) 영성현 남산근 101호묘에서 284개의 청동장식단추와 함께 청동투구(그림 28)가 출토되었는데, 높이가 23.8㎝이고 가장자리에

〈그림 27〉 금촌 출토
호인무인상

151) 沈從文,《中國古代服飾研究》, 商務印書館, 香港, 1992, 76쪽, 圖 29의 5.
152) 黃能馥·陳娟娟,《中華服飾藝術源流》, 高等敎育出版社, 1994, 41쪽의 그림 1.
153) 楊泓,〈甲和鎧－中國古代軍事裝備禮記之三〉,《文物》, 1978年 第5期, 77~83쪽.
154) 黃能馥·陳娟娟,《中華服飾藝術源流》, 75쪽의 그림 20.

〈그림 28〉 남산근 101호묘 출토   〈그림 29〉 영성 필사영자
청동투구   유적 출토 청동투구

청동장식단추로 장식했다.[155] 투구 윗면에는 장식을 걸었을 네모난 돌
출부분이 있고, 투구면은 청동장식단추 장식 이외에 세로로 대칭된 줄
이 있으며 비파형동검과 함께 출토되었다. 소조달맹 적봉시 미려하(美
麗河)에서 출토된 청동투구의 양식도 남산근에서 출토된 것과 같은데
청동장식단추가 청동투구의 좌우에 각기 1개씩 장식되어 있다.[156] 이와
동일한 형태의 청동투구(그림 29)가 소조달맹 영성현 소흑석구(小黑石
溝)와[157] 서기전 8세기경에 해당하는 내몽고자치구 영성(寧城) 필사영
자(必斯營子) 유적에서도 출토되었다.[158]

이들 청동투구는 상왕조의 것과 달리 맨 윗부분에 네모진 장방형의
돌출부위를 달고 네모난 구멍을 냈다. 이 청동투구는 고조선유물의 특
징인 비파형동검과 부채꼴모양의 도끼 및 청동장식단추들과 함께 출토
되었다. 이러한 양식의 공통점은 청동장식단추로 장식하고 윗부분에 장
식품을 달 수 있도록 네모난 돌출부분을 세웠던 것이다.

서기전 8세기~서기전 7세기에 해당하는 요령성 금서현 오금당 유적

155) 劉冰, 《赤峰博物館文物典藏》, 遠方出版社, 2006, 50쪽. 遼寧省昭烏達盟文物工作站,
　　〈寧省縣南山根的石槨墓〉, 《考古學報》, 1973年 2期, 27~40쪽; 李逸友, 〈內蒙古昭烏
　　達盟出土的銅器調查〉《考古》, 1959年 6期, 276~277쪽.
156) 文物出版社, 《內蒙古出土文物選集》, 1963, 22쪽, 圖31; 李逸友, 〈內蒙昭烏達盟
　　出土的銅器調查〉《考古》, 276~277쪽.
157) 項春松, 〈小黑石溝發現的青銅器〉, 《中國考古集成》 東北卷 青銅時代(一), 752~754쪽.
158) 遼寧省博物館·遼寧省文物考古研究所, 《遼河文明展》, 2006, 57쪽.

에서도 동일한 청동투구가 방패형 청동기(그림 30)와 청동장식단추, 부

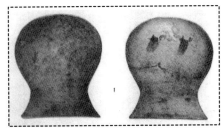

채꼴모양 청동도끼, 비파형청동
검 등과 함께 출토되었다.[159]
또한 이후 서기전 5세기경으로
추정되는 요령성 금서(錦西) 유
적에서 동일한 양식의 청동투구
가 금팔찌와 청동장식단추 등과
함께 발굴되었다.[160]

〈그림 30〉 오금당 유적 출토 방패형 청동기

　　이상의 내용으로 보아 고조선에서는 중국보다 매우 앞선 시기부터
청동장식단추로 장식된 복식을 착용하기 시작하여 이후 갑옷과 투구에
응용하였음을 알 수 있다. 시베리아의 청동기문화는 서기전 1800년경에

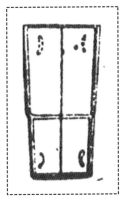

시작되므로 동아시아에서 고조선이 가장 이른 시
기에 청동장식단추로 장식한 갑옷과 투구를 생산
했을 것으로 추정된다.

　　청동갑편을 이용한 갑옷은 고조선의 경우 지
금까지의 출토물로는 서기전 11세기경으로 추정
되는 요령성 조양현 위영자(魏營子) 유적에서 출
토된 장방형의 청동갑편(그림 31)이 있다. 이 청
동갑편과 함께 청동투구 조각과 원형의 청동장식
단추, 청동장식과 청동방울, 금팔찌 등이 함께 출
토되었다.[161]

〈그림 31〉 위영자 유적
출토 청동갑편 모사도

　　이러한 장방형의 청동갑편은 아니지만 서기전 8세기 이전에 속할
것으로 여겨지는 요령성의 소조달맹 영성현 남산근 유적에서는 〈그림

159) 조선유적유물도감 편찬위원회, 《조선유적유물도감》 1 - 고조선·진국·부여편,
　　44~45쪽.
160) 韓立新, 〈錦西沙鍋屯發現春秋晩期墓葬〉, 《中國考古集成》 東北卷 靑銅時代(二),
　　1580쪽.
161) 郭大順, 〈試論魏營子類型〉, 《中國考古集成》 東北卷 靑銅時代(二), 1413~1423
　　쪽, 圖 2.

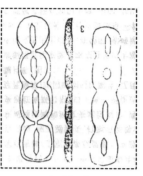

〈그림 32〉
남산근 유적
출토 연주양식
청동장식형 갑편

〈그림 33〉
파림우기 유적 출토
청동장식형 갑편 모사도

32〉와 같은 연주형(聯珠形) 청동장식이 무려 160개나 출토되었다. 뒷면에 직물의 흔적을 가진 이 청동장식은 길이 5.7cm, 너비 1cm으로 의 뒷면에 7개의 단추구멍이 있는 긴 단추양식으로 되어 있는데, M4 유골의 가슴과 배 부분에서 집중적으로 출토되었다. 하가점 유적에서도 같은 유형의 것이 출토되었는데162) 그 수량과 크기로 보아 이들을 모두 배열하면 갑옷의 역할을 했을 것으로 여겨진다. 같은 예가 서기전 8세기~서기전 5세기에 속하는 요령성 파림우기 유적에서 비파형동검과 청동단추 등과 함께 출토된 연주양식의 청동장식(그림 33)163)이다. 이것은 길이 4.8~5.5cm, 너비 1~1.4 cm, 두께 0.2~0.3cm이다. 서기전 1000년경에 속하는 하가점 상층문화로 적봉지역에서 출토된 청동장식단추는 또 다른 양식을 나타내는데 뒷면에 단추구멍이 있어(그림 33-1)164) 역시 의복에 달았던 것으로 추정된다.

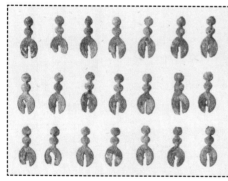

〈그림 33-1〉 적봉 출토
청동장식단추들

특히 가죽 위에 청동장식단추와 연주형 청동장식이 어우러져 갑옷

162) 中國科學院考古硏究所內蒙古工作隊, 〈寧城南山根遺址發掘報告〉, 《中國考古集成》 東北卷 靑銅時代(二), 709~725쪽, 圖版柒의 7.
163) 董文義, 〈巴林右旗發現靑銅短劍墓〉, 《中國考古集成》 東北卷 靑銅時代(一), 839 쪽의 圖 1.
164) 劉冰, 《赤峰博物館文物典藏》, 遠方出版社, 2006, 82쪽.

〈그림 34〉 주가지 45호묘 유적 출토상황

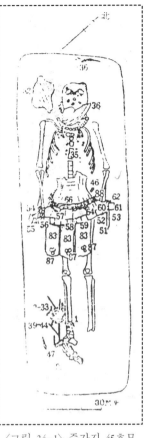

〈그림 34-1〉 주가지 45호묘
수장품 분포도

의 모습을 보여 주는 경우로는 서기전 11세기~서기전 8세기에 속하는 내몽고 오한기의 하가점 상층문화 유적인 주가지묘(周家地墓) 45호묘 유적을 들 수 있다. 이 유적에서는 연주형 청동장식과 원형과 방형 등의 청동장식단추가 어우러져 화려한 갑옷을 입은 무사(그림 34·34-1)[165]의 모습이 잘 나타난다. 〈그림 34〉에서 보이듯이 허리에는 두개의 원형 청동장식이 일정한 간격으로 연이어 연결된 좁은 혁대(길이 73.10㎝, 너비 3.2㎝)를 둘렀다. 그 아래에 방형의 청동장식이 연결된 더 넓은 붉은색 가죽혁대(너비 4.3㎝, 현재의 길이 67.3㎝)를 둘렀는데, 가죽혁대부터 아래로 다시 붉은색의 긴 가죽줄(너비 3.6㎝)이 줄줄이 길게 드리워져 있고 그 위로 원형의 청동장식단추가 여러 문양을 이루었다. 허리에는 청동칼과 청동화살 등을 차고 있다. 중국학자들은 혁대 아래로 드리워진 부분을 폐슬(蔽膝)로 분류했

---

165) 邵國田, 《敖漢文物精華》, 內蒙古文化出版社, 2004, 39쪽; 中國社會科學院考古研究所內蒙古工作隊, 〈內蒙古敖漢旗周家地墓地發掘簡報〉, 《中國考古集成》東北卷 靑銅時代(一), 814~820쪽, 圖 2.

으나, 필자가 보기에는 허리 아래 부분의 갑옷의 활동성을 고려한 것으로 갑옷양식의 한 유형으로 여겨진다.

이상의 내용으로부터 고조선에서는 초기부터 다양한 양식의 청동장식과 청동장식단추를 의복에 배열하여 화려한 갑옷을 만들었으며 장식단추 뒷면에 직물의 흔적이 있는 것으로 보아 갑옷의 재료로 직물과 가죽을 복합적으로 사용했던 것으로 생각된다. 연주형 청동장식이 다량으로 갑옷을 장식했던 것으로 보아 일반적으로 많이 사용된 원형의 청동장식단추 이외에도 청동갑옷의 구성물로 사용된 장식의 양식이 매우 다양했음을 알 수 있다.

〈그림 35·35-1〉 서암 유적 출토 개갑과 복원도

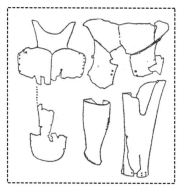

〈그림 36〉 이가산묘에서 출토된 청동갑편 모사도

중국의 경우 청동갑편이 발견된 예가 매우 드물다.[166] 서기전 11세기~서기전 10세기경에 해당하는 산동성 교현(膠縣) 서암 유적의 차마갱에서 순장되었을 것으로 추정되는 인골(人骨)의 머리 부분에서 청동개갑이 출토되었는데, 발굴자들은 이를 청동 배갑(背甲)과 청동 흉갑(胸甲)으로 (그림 35·35-1) 분류하였다. 흉갑의 너비는 37㎝이고, 높이는 28㎝이다.[167] 그 외에 전국 말기에서 서한 초기의 유적으로 분류된 운남성(雲南省) 강천(江川) 이가산묘(李家山墓)에서 청동으로 만들

---

166) 何堂坤, 〈滇池地區幾件靑銅器的科學分析〉, 《文物》, 1985年 第4期, 62쪽.

167) 山東省昌濰地區文物管理組, 〈膠縣西菴遺址調査試掘簡報〉, 《文物》, 1977年 第4期, 63~71쪽; 凱風, 《中國甲冑》, 上海古籍出版社, 17쪽의 그림 38.

어진 개갑(鎧甲)이 발굴되었다(그림 36)[168]. 이 청동갑옷은 전체가 큰 동편(銅片)으로 구성된 것이다.

문제는 군사장비 관련 전문학자인 중국학자 양홍(楊泓)이 요령성 정가와자 유적에서 출토된 청동장식단추유물 등을 중국의 청동갑옷으로 분류하고, 앞에 서술한 서암 유적의 청동개갑에 백부 2호묘 출토 청동투구를 씌우고 정가와자 출토 상황에 보이는 신발 복원도를 조합하여 상주시대 갑옷의 양식으로 〈그림 37〉과 같이 복원도를 제시하였다는 것이다. 이 논문이 1977년에 출판된 것으로 보아 동북공정은 우리가 알고 있는 2002년부터가 아니라 훨씬 이전부터 시작된 것이라고 하겠다.

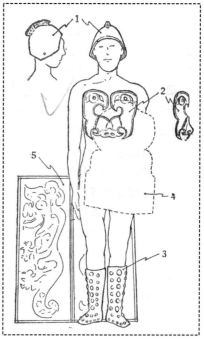

〈그림 37〉 개갑과 투구를 착용한 상주시대 무사의 추정 복원도

그러면 고조선의 청동가공기술을 어떠한지 살펴보기로 한다. 앞에서 밝혔듯이 고조선은 중국보다 앞선 시기부터 청동을 생산하기 시작했기 때문에 고조선지역에서 생산된 청동장식들이 중국이나 북방지역으로부터 전달되어 왔을 것이라는 견해는 성립될 수 없다. 이 같은 사실은 고조선과 중국 및 북방지역의 청동합금이 진행된 시기와 청동기의 성분 차이로 더욱 분명해진다.

청동가공기술이 발달하기 이전에는 자연계에서 손쉽게 얻을 수 있는 자연동이나 산화동을 주로 이용했다. 그러나 자연동이나 산화동은 무르기 때문에, 이 같은 단점을 보완하기 위하여 석과 연을 비롯한 다

168) 雲南博物館,〈雲南江川李家山古墓群發掘報告〉,《考古學報》, 1975年 第2期, 97~156쪽.

른 원소들을 합금하여 주조하는 기술을 발전시켰다. 한국에서 청동가공
기술의 이 같은 발전 모습은 서기전 2000년기의 유적들에서 이미 찾아
볼 수 있다. 서기전 2000년기 전반기에 나온 청동제품들은 석과 연을
비롯한 여러 가지 원소들을 합금하여 만든 높은 수준의 청동제품이다.
하가점 상층문화 유적인 요령성 임서현(林西縣) 대정(大井) 고동광(古銅
礦)에서 출토된 고풍관(鼓風管)은 합금과정에 필요한 열처리 조절기술
을 보여 준다.169) 이러한 풍구(풀무)의 종류에는 후대의 것으로 보아
디딜풍구와 손풍구 등을 들 수 있다. 땔감으로는 열량이 높은 참나무
숯을 비롯하여 여러 종류 나무들의 숯을 이용하였을 것이다.170)

　청동가공기술의 발전은 서기전 2000년기 말에 이르러 더욱 두드러
지게 나타난다. 이 시기 한반도와 만주지역에서 출토된 여러 청동제품
들은 동과 석 및 연 등이 주성분으로, 그 함유량이 기물의 특성에 맞게
제조되었다. 청동에서 석과 연은 합금의 세기를 높여 주고 녹이 스는
것을 방지시켜 준다. 고조선사람들은 청동제품마다 특성에 맞는 성격을
가지는 청동을 만들기 위해 노력했다.

　고조선의 청동합금은 초기부터 연과 석의 함량이 높은 것이 특징이
다. 청동합금에서 연은 연신성을 높이고 주물을 용이하게 하여 제품의
질을 높여 준다.171) 아연은 섭씨 420도의 비교적 낮은 온도에서 녹기
시작하므로 섭씨 1천 도까지 가열된 구리와 주석에 아연을 섞어 주물을
만드는 일은 매우 고도의 기술을 필요로 한다.172) 석은 청동기 표면에
윤택이 나고 산화를 방지한다. 석이 청동에 16~20% 들어갈 때 세기가
가장 높아지며 그 이상일 때는 견고하지만 쉽게 부서진다. 석은 16% 정
도에서는 'α-고용체단상조직'이지만 그 이상일 때는 부스러지기 쉬운

169) 靳楓毅, 〈夏家店上層文化及其族屬問題〉, 《中國考古集成》 東北卷 靑銅時代(一),
　　399쪽, 圖 2의 19.
170) 리태영, 《조선광업사》, 공업종합출판사(백산자료원), 1991, 26~27쪽.
171) 강승남, 〈고조선시기의 청동 및 철 가공기술〉, 《조선고고연구》, 1995년 제2
　　호, 사회과학원 고고학연구소, 22~23쪽.
172) 양재승, 《과학이 보인다》, 식안연, 2013, 66쪽.

'α+δ조직'이 되기 때문이다.[173] 또한 연은 석과 함께 청동 합금의 세기를 높여 주고 녹이 슬게 되는 것을 방지하며 주물온도를 낮춰 준다.[174] 이 같은 청동합금의 성질을 참고로 하여 고조선과 중국 청동기의 성분분석을 비교해 보기로 한다. 고조선의 서기전 2000년기 유적에서 출토된 청동기의 화학성분표는 다음과 같다.[175]

〈표 1〉 고조선 청동기 유물의 화학성분

유적명	유물명	화학조성(%)									
		Cu (동)	Sn (주석)	Pb (납)	Zn (아연)	As (비소)	Sb (안티몬)	Si (규소)	Fe (철)	Ni (니켈)	Co (탄소)
롱곡리 5호 고인돌	비파형창끝	80.90	6.50	10.10	–	0.20	0.05	0.07	0.03	0.06	0.08
라진초도	장식품	53.93	22.30	5.11	13.70	–	–	–	–	–	–
라진초도	치레거리	83.40	7.20	8.00	0.05	0.30	0.85	0.08	0.12		
라진초도	청동덩어리	67.23	25.00	7.50	0.05	흔적	0.24	0.05	0.14		0.002
북청군 토성	원판형동기	57.70	25.00	7.00	1.00	5.00	2.00	0.30	2.00	–	–

중국의 서기전 약 2000년기에 속하는 감숙성 제가문화(齊家文化) 유적에서 발굴된 홍동(紅銅)의 화학성분은 다음과 같다.[176]

〈표 2〉 감숙성 제가문화 유적에서 발굴된 홍동의 화학성분

동기(銅器)· 함량(含量)· 성분(成分)	동(銅)	연(鉛)	석(錫)	안티몬〔銻〕	니켈〔鎳〕
銅刀(AT5 : 249)	대량	≤0.03%	0.1~0.3%	0.01%	0.03%
銅錐(T13 : 1)	대량	≤0.03%	0.1%	–	–

173) 강승남, 〈우리나라 원시 및 고대 유색금속의 이용에 대한 고찰〉, 《조선고고연구》, 1992년 제4호, 사회과학원 고고학연구소, 39~43쪽.

174) 강승남, 〈우리나라 고대 청동가공기술에 관한 연구〉, 《조선고고연구》, 1990년 제3호, 사회과학원 고고학연구소, 34~38쪽.

175) 강승남, 〈우리나라 고대 청동가공기술에 관한 연구〉, 35쪽. 〈표 1〉 참조; 강승남, 〈서기전 1000년기 후반기 우리나라 청동야금기술의 특징에 대하여〉, 《조선고고연구》, 1990년 제7기, 32쪽의 〈표 1〉 참조.

위 〈표 1〉과 〈표 2〉의 내용에서 서기전 2000년기 고조선 유물과 중국 유물은 화학성분상으로 매우 큰 차이가 있음을 알 수 있다. 제가문화 유적에서 발굴된 홍동의 성분으로부터 중국에서는 이 시기에 거의 자연동(自然銅)에 가까운 성분이 사용되었다고 생각되며 야련의 단계를 거쳤다고 보기 어렵다. 이와 비교해 고조선의 청동기들은 이미 기물마다 그 용도에 맞도록 성분배합이 이루어져 있다.

비파형창끝과 치레거리를 보면, 석과 연이 비슷한 양으로 섞였는데, 이것은 석과 연이 10%를 넘지 않을 정도로 혼합될 때 금속조직을 치밀하게 하고 주물의 흐름성과 늘임성을 높이는[177] 효과를 내고자 노력한 모습을 보여 준다. 장식품이나 원판형동기 또는 청동덩어리는 복식에 다는 장식품으로, 석의 함유량이 모두 20% 이상을 지킨 것은, 석의 함량이 높을수록 청동이 아름다운 색깔의 광택을 나타내는 특성을 이용한 것이다. 석이 14%보다 많으면 회색을 나타내기 시작하고, 20% 이상에서는 뚜렷한 회색 또는 은백색으로서 광택이 아름다운 단계가 된다.[178] 실제로 서기전 4세기경에 속하는 길림성 후석산 유적에서는 직기로 짠 마포와 함께 청동거울과 무기류 등이 많이 출토되었는데, 청동장식단추의 경우 동 56.31%, 주석 33.14%, 납 10.55%의 함량을 나타내 매우 광택이 많이 나게 하였음을 알 수 있다.[179]

서기전 16세기에 해당하는 하남성 정주(鄭州)에서 출토된 방정(方鼎)의 경우[180] 〈표 3〉의 성분분석을 보면, 이 시기에 이미 동과 석 및 납의 합금기술이 있었던 것으로 보이며 납의 비율이 비교적 높게 나타난다.

〈표 4〉의 성분분석에서 서기전 13세기에 해당하는 하남성 안양(安

---

176) 甘肅省博物館, 〈甘肅武威皇娘娘台遺址發掘報告〉, 《考古學報》, 1960年 第2期, 53~72쪽; 北京鋼鐵學院 中國冶金簡史編寫小組, 《中國冶金簡史》, 科學出版社, 1978, 10쪽.
177) 강승남, 〈우리 나라 고대 청동가공기술에 관한 연구〉, 36쪽.
177) 강승남, 〈우리 나라 고대 청동가공기술에 관한 연구〉, 35쪽.
179) 賈瑩, 〈吉林猴石山遺址出土銅器地域性〉《北方文物》, 1996年 第3期, 15~19쪽; 吉林地區考古短訓班, 〈吉林猴石山遺址發掘簡報〉《考古》1980年 第2期, 141쪽.
180) 北京鋼鐵學院 中國冶金簡史編寫小組, 《中國冶金簡史》, 24쪽의 表 1-3 참조.

〈표 3〉 하남성 정주에서 출토된 방정의 화학성분

유적명	유물명	화학조성(%)									
		Cu	Sn	Pb	Zn	As	Sb	Si	Fe	Ni	Co
정주 유적	방정	75.09	3.48	17				0.2			

〈표 4〉 하남성 안양 출토 무기류의 화학성분

유석명	유물명	화학조성(%)									
		Cu	Sn	Pb	Zn	As	Sb	Bi	Fe	Ni	Co
안양	동괴	83.79	13.07	0							
	동도	93.13	0	5.53							
	동족	83.46	0	9.08					1.40	0.03	

〈표 5〉 안양 소둔에서 출토 무기와 예기, 장식물의 화학성분

유적명	유물명	화학조성(%)									
		Cu	Sn	Pb	Zn	As	Sb	Bi	Fe	Ni	Co
안양	동과	88.98	4.01	2.59					0.13	0.09	
	장식물	80.25	16.27	0.22					0.12	0.07	
	예기	79.12	20.32	0.05					0.04	0.03	

陽)에서 출토된 무기류[181] 가운데 동도(銅刀)와 동족(銅鏃)의 경우 주석과 아연 등이 전혀 섞이지 않았다. 같은 서기전 13세기에 속하는 안양 소둔(小屯)에서 출토된 여러 가지 청동기들의 성분을 보면(표 5)[182], 예기(禮器)나 장식품에는 석(錫)이 많이 포함되어 있고 견고해야 할 과(戈)에는 소량이 들어 있음을 알 수 있다. 또한 납의 성분이 적은 것이 공통점이고 석이 기물의 용도에 적절치 못한 함량으로 나타난다.

　서기전 13세기 말에서 서기전 12세기 초에 속하는 하남성 안양현 은허(殷墟) 부호묘(婦好墓)에서 출토된 대형 예기인 사모신대방정(司母辛大方鼎)의 경우[183] 그 성분내용으로부터 부호묘에서 출토된 예기의 경우

181) 北京鋼鐵學院 中國冶金簡史編寫小組, 《中國冶金簡史》 編寫小組, 24쪽의 表1-3 참조.
182) 北京鋼鐵學院 中國冶金簡史編寫小組, 《中國冶金簡史》, 24쪽의 表1-2b 참조.

도 여전히 연(鉛) 성분이 적고, 석 함유량도 'α-고용체단상조직'이 될
수 있는 16%에 미치지 못하므로 강도가 높지 못하고 광택도 적었을 것
이다. 고조선에서 청동의 질을 높이기 위하여 사용된 성분들인 비소·안
티몬·비스무트(Bi, 鉍)·코발트(Co, 鈷)·은(Ag, 銀) 등의 성분은 보이지
않는다. 이전 시기 청동기에 없던 아연성분이 새로이 나타날 뿐이다.

〈표 6〉 은허 부호묘 출토 예기의 화학성분

유적명	유물명	화학조성(%)									
		Cu	Sn	Pb	Zn	As	Sb	Bi	Fe	Ni	Co
부호묘	사모신대방정	83.60	12.62	0.50	0.16				0		
	부호우방정 (婦好偶方鼎)	80.20	14.16	1.69	0.33				0		

이처럼 중국 청동기 전반에 나타나는 합금의 미발달 상황은 청동단
추의 경우도 역시 마찬가지다. 발굴자들이 제시한 청동분석표 가운데
같은 시기에 만들어진 청동장식단추가 분석된 예가 없어, 고조선 초기
인 서기전 25세기경에 만들어진 평양시 상원군 룡곡리 4호 고인돌 유적
출토 청동장식단추와 서기전 7세기에서 서기전 5세기에 속하는 정가와
자 6512호묘 출토 청동장식단추의 화학성분을 분석한 〈표 7〉의 내
용[184]과, 서주시기(약 서기전 11세기~서기전 9세기)에 만들어진 청동
장식단추의 화학성분인 〈표 8〉의 내용을 비교해 보자.

〈표 7〉과 〈표 8〉의 비교를 통해 고조선은 서기전 25세기에 이미 적
당한 양의 석을 사용했고 이러한 합금기술이 지속적으로 이어졌음을 알
수 있다. 반면에 후대에 속하는 서주의 청동장식단추 가운데 하나는 석
을 적당량 섞었으나 다른 하나는 소량으로 적당량이 아니다.

---

183) 中國社會科學院考古硏究所, 《殷墟婦好墓》, 中國田野考古報告集, 考古學專刊, 丁種
    第23號, 文物出版社, 1980, 16쪽.
184) 조선기술발전사 편찬위원회, 《조선기술발전사》, 과학백과사전종합출판사, 1997,
    44~46쪽; 瀋陽故宮博物院·瀋陽市文物管理辨公室, 〈瀋陽鄭家窪子的兩座靑銅時代
    墓葬〉, 《考古學報》, 1975年 第1期, 153쪽.

〈표 8〉 서주시기 청동장식단추의 화학성분

시대	유물명	화학조성(%)					
		Cu	Sn	Pb	Zn	Fe	Ni
서주시대	청동단추	74.48	16.16	3.97	0.08	0.07	−
서주시대	청동단추	85.45	9.44	2.33	0.07	0.10	0.01

〈표 7〉 정가와자 6512호묘 출토 청동장식단추의 화학성분

유적명	유물명	화학조성(%)											
		Cu	Sn	Pb	Zn	Bi	Sb	As	Fe	Ni	Co	Si	Ag
룡곡리 4호 고인돌	청동 단추	76.0	15.0	7.0	−	0.06 ~ 0.1	0.06 ~ 0.1	0.6 ~ 1	0.03 ~ 0.06	0.01 ~ 0.03	0.006 ~ 0.01	0.3 ~ 0.6	0.06 ~ 0.1
정가와자 6512호묘	청동 단추	73.08	11.26	5.53	미량	0.5 ~3		0.5 ~3	반(伴) 미량	미량		미량	

연 성분을 보아도 서주시기 단추의 함유량이 훨씬 적다. 이러한 분석내용은 중국의 합금상태가 강도와 녹스는 것을 방지하는 기술 수준이 고조선보다 낮았음을 말해 준다. 중국의 이 같은 낮은 수준의 청동합금 기술은 고조선 말기에 속하는 전국 후기에서 서한시대에 속하는 시기에 운남성(雲南省)의 전지(滇池)지구에서 출토된 유물의 성분 분석에서도 그대로 나타난다. 즉 전지지구의 강천이가산(江川李家山) 유적에서 출토된 동탁(銅鐲)과 청동 비갑편(臂甲片)에서도 마찬가지이다(표 9·9-1).

운남성 전지지구의 강천이가산·강천죽원산(江川竹園山)·정공석비촌(呈貢石碑村) 유적에서 약 0.12cm 두께의 청동 비갑편 2개와 탁(鐲) 2개, 모(矛)·검(劍)·검초식(劍鞘飾)이 각 1개씩 출토되었다.[185] 이들의 기본 성분은 주로 동과 석 두 가지이고 대부분 연을 포함하지 않았다. 중국 학자들은 청동을 주조할 때 석의 함량이 25% 정도인 경우 합금의 강도가 최대치에 이르고, 석의 함량이 28% 정도인 경우 경도가 최대라고 했다.[186] 동탁과 비갑편에 관한 성분분석표와 표면분석표를 살펴보자.

185) 何堂坤, 〈滇池地區幾件靑銅器的科學分析〉, 《文物》, 1985年 第4期, 59~64쪽.

〈표 9〉 운남성 전지지구 강천이가산 유적의 동탁과 비갑편 성분분석표

시양 편호 (試樣編號)	시양 명칭 (試樣名稱)	성분(%)				
		동(銅)	석(錫)	연(鉛)	철(鐵)	규(硅)
D3	동탁	79.069	20.930			
D4		82.768	14.482	2.486	0.152	0.11
D1	비갑편	92.951	7.048			
D2		89.880	10.120			
2개 갑편의 평균 성분		91.416	8.584			

〈표 9-1〉 운남성 전지지구 출토 동탁과 비갑편의 표면 성분분석표

시양 편호	시양 명칭	분석 부위 급기상태	성분(%)						
			동	석	연	철	규	사(鉛)	인(磷)
D3	동탁	1. 정표면(正表面), 흑칠색(黑漆色), 유광택(有光澤)	35.233	60.993	0.715	0.414	1.350		1.292
		2. 횡단면(橫斷面), 부식층 중심	47.140	51.149			1.709		
D4		1. 정표면, 옥황색(玉黃色)	12.607	64.489	17.697	3.314	1.245		0.646
		2. 정표면, 흑색	7.054	11.289	37.279	11.289	10.424	21.498	8.766
		3. 횡단면, 부식층내	41.177	49.514	6.051	0.990	1.173		1.092
D1	비갑편	1. 정표면, 유백색(乳白色)	62.038	34.362	0.889	1.003	0.729		0.976
D2		2. 정표면, 옥록색(玉綠色)	83.38	14.992	0.192	0.129	0.746	0.086	0.542
		3. 횡단면, 부식층 중심	48.61	46.289	1.547	0.445	1.090		2.015

중국학자들은 전지지구에서 출토된 2개 갑편의 평균 성분은 청동이 91.416%이고 석이 8.584%로, 일정한 강도와 인성(靭性)을 구비하여 전

---

186) 北京鋼鐵學院 中國冶金簡史編寫小組,《中國冶金簡史》, 59쪽.

쟁에서 보호능력을 갖추게 했다고 밝혔다.[187] 그러나 석이 청동에 16~20% 들어갈 때 세기가 가장 높아지므로 강도가 낮은 상태로 분석된다. 또한 표면에는 석의 함량이 비교적 높고 동의 함량이 비교적 낮은 것이 특징인데, 석 함량이 20% 이상일 때는 단단하지만 쉽게 부서지는 성질임을 고려하면[188] 청동갑편이 결코 견고하게 만들어졌다고 볼 수 없겠다.

또한 〈표 9-1〉에서 보이듯이 동탁과 비갑편의 표면 성분은 대체로 석의 함유량이 20%를 훨씬 뛰어넘어 표면이 매우 약하게 만들어진 것으로 분석된다. 〈표 9〉의 분석 결과처럼 대체적으로 전국 후기에서 서한시대에 이르기까지 석의 함유량이 16%에 훨씬 못 미치고 연 등의 기타 성분도 거의 보이지 않아 청동주조 수준이 분명히 고조선보다 낮다.

〈표 10〉 송산리 유적 등에서 출토된 청동기들의 성분분석

유적명	연대	유물명	화학조성(%)					
			동	석	연	아연	철	은
봉산군 송산리	서기전 3세기 ~서기전 2세기	도끼	40.55	18.30	7.50	24.50	1.05	
연산군 반천리	서기전 3세기 ~서기전 2세기	좁은놋단검	78.20	17.12	4.32		0.05	흔적
순천	서기전 3세기 ~서기전 2세기	단검	73.14	19.77	6.39			
봉산군 송산리	서기전 3세기 ~서기전 2세기	거울	42.19	26.78	5.56	7.36	1.65	
봉산군 송산리	서기전 3세기 ~서기전 2세기	잔줄무늬 거울	41.19	26.70	7.36	5.56	1.05	
봉산군 송산리	서기전 3세기 ~서기전 2세기	청동도끼	40.55	18.30	24.50	7.50	1.05	

〈표 10〉에 정리한 황해북도 봉산군 송산리 유적 등에서 출토된 청

---

187) 何堂坤, 〈滇池地區幾件靑銅器的科學分析〉, 《文物》, 1985年 第4期, 60쪽.
188) 강승남, 〈우리나라 고대 청동가공기술에 관한 연구〉, 《조선고고연구》, 1990년 제3호, 사회과학원 고고학연구소, 34~38쪽.

동기들의 성분분석에서 고조선사람들은 좁은 놋단검과 단검을 만들 때 석의 비율을 17~19% 정도로 하여 굳기와 세기를 우수하게 했음을 알 수 있다. 석의 비율이 이보다 많으면 재질이 물러지게 된다. 반면에 청동거울은 반사효과를 높이기 위해 석을 많이 섞어 거울면을 되도록 희게 하였으며, 도끼를 만들 때에는 재질을 단단하게 하기 위해 석을 적게 넣고 아연을 많이 넣었다.[189] 고조선의 청동기유물들은 동과 석만으로 만든 청동합금은 거의 없고 연·청동 혹은 연·아연·청동제품이다. 청동(석청동)은 동에다 석을 넣은 것을 주성분으로 하고 기타 약간의 다른 금속들이 들어간 동합금이다. 연청동은 동에다 연을 넣은 것을 주성분으로 하는 청동이다. 아연청동은 동에다 석, 아연 등을 넣어 그것을 주성분으로 한 합금이다. 연·아연·청동은 동에다 석, 연, 아연 등을 넣어 주성분으로 한 동의 합금형태를 말한다. 황동(놋쇠)은 동과 아연을 주성분으로 한 동의 합금을 말한다. 청동제품은 청동(석청동), 연청동, 아연청동, 황동(놋쇠) 등으로 구분되는데[190], 위 표에 보이는 좁은 놋단검과 청동단검은 모두 연청동제품이다. 연청동제품은 동과 석, 연을 주성분으로 하는 동의 합금이다. 동에 석이 3~8%, 연이 3~10% 들어가도록 합금하면 절석가공하기 좋고 주조성이 좋기 때문이다.[191]

위의 고조선의 송산리 유적과 거의 같은 시기인 중국의 진시황시기(서기전 259년~서기전 210년)에 속하는 임동현(臨潼縣) 진용갱(秦俑坑)의 발굴에서 출토된 동검(銅劍)과 동족(銅鏃)의 화학분석 내용을 비교해 보기로 한다.

〈표 11〉에 보이는 동검과 동족은 당시로서는 가장 높은 수준을 갖추었을 것으로 여겨진다. 앞에서 살펴본 운남성 전지지구의 것과 달리, 진대의 병기는 대부분 역양(櫟陽)과 함양(咸陽), 옹(雍) 등의 도성(都城)에 위치한 관영제조장에서 중앙정부의 관리 아래 만들어졌기 때문이다.

---

189) 리태영, 《조선광업사》, 공업종합출판사(백산자료원), 1991, 46~49쪽.
190) 리태영, 《조선광업사》, 22~24쪽.
191) 리태영, 《조선광업사》, 46~49쪽.

〈표 11〉 임동현 진용갱 출토 동검과 동족의 성분분석

化編驗號	품명과 규격	화학성분(%)			
		석	연	자(鋅)	동
	동검(殘)	21.38	2.18	0.041	여량(余量)
	동족	11.10	7.71	0.098	여량

발굴자들은 동검과 동족은 주로 동과 석의 합금으로 만들어졌고, 기타 니켈, 마그네슘(Mg), 알루미늄(Al), 아연, 규소, 망간(Mn), 타이타늄 (Ti), 몰리브덴(Mo), 코발트, 나이오븀(Nb) 등은 매우 소량이어서 표기 하지 않았다고 했다. 그리고 동검의 석 함유량이 21.38%로 비교적 많은 것을 보면 조직을 촘촘하게 하여 강도를 높인 중탄강(中碳鋼) 정도의 강도(HRb 106도)이다. 동족의 함량은 동검보다 낮아 강도는 동검보다 약하다고 보았다. 또한 연의 함량이 비교적 커서 의미하는 바가 크다. 이는 연이 독성이 있어 사용시 살상력이 증가할 것을 고려한 것으로 보 인다.[192] 그러나 위에서 서술했듯이 석이 청동에 16~20% 포함될 때 세 기가 가장 높아지는 성격에 비추어 보면 동검은 세기가 높은 편이나 동 족은 석 함량이 낮은 상태이며, 연 성분의 함유량은 비교적 높아진 상 태이나 여전히 부족한 것으로 나타난다.

위의 다양한 비교로부터 고조선은 중국보다 앞서 기물에 맞게 합금 이 잘 된 청동으로 만든 청동장식단추를 생산하여 갑옷으로 응용했고, 이후에는 훨씬 강도가 높고 윤택이 풍부한 우수한 품질의 청동으로 장 식한 갑옷을 생산했다고 생각된다. 대부분의 청동장식단추 양식은 앞면 이 볼록하고 뒷면은 오목하며 여기에 단추고리가 붙어 있는데, 이러한 기술은 미세한 잔줄문양 거울들에서도 보이듯이 주물기술이 매우 발달 했음을 보여 주는 것이다. 이러한 내용들과 함께 고조선의 중국보다 앞 선 다양한 청동합금기술은 고대 한국의 청동가공기술이 중국이나 북방 지역과 무관하게 독자적으로 발달했음을 알게 해 준다. 고조선은 서기

192) 秦鳴,〈秦俑坑兵馬俑軍陣內容〉,《文物》 1975年 第11期, 19~23쪽.

전 2000년기에 이미 아연193)을 사용했는데, 중국은 이보다 늦은 서기전 13세기 말에서 서기전 12세기 초부터 청동합금에 아연성분을 사용하기 시작했음을 알 수 있다. 중국의 이 같은 아연의 합금기술은 이후 서주시대로 이어진다. 이러한 결과로 볼 때, 한국의 청동기에는 아연이 함유되어 있고 중국의 청동기에는 아연이 없으므로 한국 청동기와 중국 청동기는 전혀 무관하며 오로지 스키토-시베리아 계통과만 직접적으로 관계가 있다194)는 의견은 성립될 수 없을 것이다.

한반도와 만주지역에서 출토된 청동제품들은 위에서 보이듯이 동·석·연 등 3원소를 주요 합금으로 한다. 그러나 시베리아 지역의 청동합금은 동·비소 합금이거나 동·석·비소합금으로, 동·석합금은 적은 비중을 차지한다. 또한 구소련 북깝까즈(북캅카스)지역의 청동합금은 동·비소합금이거나 동·석·비소합금 또는 동·석합금 등으로, 이들 지역에서 나온 청동합금들은 비소를 많이 포함하고 있다.195) 이러한 북방지역 청동기 성분의 특징으로 고조선의 청동기가 스키토-시베리아 계통이 아님을 알 수 있다. 또한 위에서 분석했듯이 고조선 청동합금의 기술이 중국보다 훨씬 다양한 수준으로 발달했다는 특징이 나타나기 때문에 한국 청동기의 기원을 중국 상대의 청동기에서 찾는 견해도196) 모순임을 말해 준다.

2) 철갑옷의 종류와 기법 및 합금기술의 특징

고조선에서 언제부터 철찰갑으로 갑옷을 만들었는지는 정확히 알

---

193) 최상준, 〈우리 나라 원시시대 및 고대의 쇠붙이 유물분석〉, 《문화유산》, 1966년 3호, 43~46쪽.
194) 金貞培, 《韓國民族文化의 起源》, 高麗大學校出版部, 1973, 137쪽.
195) 강승남, 〈서기전 1000년기 후반기 우리나라 청동야금기술의 특징에 대하여〉, 31~36쪽.
196) 李亨求, 〈靑銅器文化의 비교 Ⅰ(東北亞와의 비교)〉, 《韓國史論》 13, 國史編纂委員會, 1986, 344~400쪽.

수 없다. 지금까지 발견된 유물로는 아래에 서술할 평양시 낙랑구역 정백동 1호묘에서 발견된 철찰갑(鐵札甲)쪽뿐이다.[197] 우선 고조선에서 언제부터 철을 생산하기 시작했는지 알아보고 이를 중국이나 북방지역과 비교해 고조선 철기 생산기술을 가늠해 보고자 한다. 고조선에서는 청동으로 갑옷을 만들었기 때문에 철기를 사용하기 시작하면서 철을 갑옷 재료로 사용했을 것이다.

김원룡(金元龍)은 한국의 철기시대 시작연대를 서기전 3세기로 보고 있다.[198] 북한학자 황기덕과 김섭연은 길림성 소달구(騷達溝) 유적 돌곽묘에서 출토된 철기에 대한 분석에 근거하여 서기전 8~7세기 또는 그 이전으로 소급해 보아야 한다고 주장했다[199]. 윤내현은 중국의 전국시대에 해당하는 요령성지역의 유적에서 보편적으로 출토되는 철기의 제조 기술 수준이 황하 중류유역과 동등하고 철제 농구가 많이 출토되고 있다는 점에 근거하여, 철기가 보편화되기까지는 오랜 기간이 필요할 뿐만 아니라 황하 중류유역과 기술 수준이 동등하다면 그 시작연대도 비슷할 것으로 보고, 한국의 철기 시작연대가 서기전 8세기보다 앞설 것으로 보고 있다.[200]

이 같은 주장들을 명확하게 확인시켜 주는 유물이 바로 평양지역의 강동군 송석리 1호 돌판묘에서 나온 서기전 12세기경에 해당하는 순도 높은 철로 만든 쇠거울이다. 이 쇠거울은 직경 15㎝, 두께 0.5㎝의 둥근 양식으로 뒷면에 1개의 꼭지가 있는데, 절대연대는 3104±179 B.P.로[201] 한국의 철기 시작연대가 서기전 12세기 이전으로 거슬러 올라갈 수 있

197) 조선유적유물도감 편찬위원회, 《조선유적유물도감》 1 – 고조선·진국·부여편, 112쪽.
198) 金元龍, 《韓國考古學槪說》 第3版, 一志社, 1986, 101~103쪽; 崔夢龍, 〈歷史考古學硏究의 方向〉, 《韓國上古史》, 民音社, 1991, 98~99쪽.
199) 황기덕·김섭연, 〈우리나라 고대 야금기술〉, 《고고민속론문집》, 과학백과사전출판사, 1983, 172쪽.
200) 윤내현, 《고조선연구》, 108쪽.
201) 조선기술발전사 편찬위원회, 《조선기술발전사》, 46~47쪽; 강승남, 〈고조선시기의 청동 및 철 가공기술〉, 《조선고고연구》, 1995년 2호, 24쪽.

음을 입증해 주었다. 이 유적의 발굴 결과는 황기덕·김섭연·윤내현의 주장을 확실하게 뒷받침해 주고 있으며, 고조선의 철기 시작연대가 중국보다 무려 4~6세기 정도나 앞섰음을 알게 해 준다.

강동군 송석리 1호 무덤에서 나온 쇠거울은 저탄소강이며, 굳기는 브리넬(brinell) 경도로 148이었다. 금상학적으로 연철이나 선철을 두드려 만든 것이 아니라 용해로에서 직접 얻은 쇳물로 주조한 페라이트 (ferrite)에 뻬를리트(perlite, 펄라이트)가 함께 있는 강철조직으로 밝혀 졌다.[202] 강동군 송석리 1호묘에서 나온 쇠거울의 화학조성표는 아래 〈표 1〉과 같다.

〈표 1〉 강동군 송석리 1호 무덤 출토 쇠거울의 화학성분표

유 물	C(탄소)	Si(규소)	Mn(망간)	S(황)
쇠거울	0.06%	0.18%	흔적	0.001%

철의 재질은 탄소의 함유량에 따라 연철과 선철(주철), 강철 등으로 분류하는데, 연철은 탄소 함량이 0.01% 이하이고, 선철은 2% 이상(보통 3.7~4.3%)이며, 강철은 탄소 2% 이하(보통 0.7~0.8%)이다. 탄소가 적은 연철은 튐성은 높지만 매우 무른 것이 약점이다. 선철은 굳기는 하지만 깨지기 쉬운 약점이 있고, 연철과 선철의 중간 정도의 탄소를 포함하고 있는 강철이 튐성과 굳기가 모두 높다.[203] 송석리 1호 무덤에서 나온 쇠거울은 탄소가 0.06%로 강철 성분에 가깝다고 하겠다.

탄소함량이 낮은 강철은 용해로에서 선철과 산화제를 작용시켜 만들어진다. 일반적으로 연철은 철광석에 포함된 철에서 산소를 제거하는 방법인 산화철의 환원으로 만들어지는데, 이러한 철은 용해로에서 액체 상태를 이루지 못하고 돌입자들과 엉켜진 반응용상태의 고체가 된다. 이때 공구를 사용해 불순물을 제거하는데, 금상학적 조직은 순수 페라 이트 조직에 가까우며 굳기가 매우 낮은 것이 특징이다. 그러나 송석리

---

202) 강승남, 〈고조선시기의 청동 및 철 가공기술〉, 24~25쪽.
203) 리태영, 《조선광업사》, 공업종합출판사, 1991, 61쪽.

1호묘에서 출토된 쇠거울은 탄소가 적은 저탄소강임에도 굳기가 연철보다 세고, 조직도 페라이트와 펄라이트가 함께 존재하며 유황이 매우 적은 양 들어 있어 용해로에서 만들어진 강철이라 하겠다. 이 같은 질 좋은 강철은 연철이나 선철의 생산 공정이 선행되어야 하는 것이기 때문에 고조선 철기생산의 시작연대는 이보다 몇백 년 정도 더 거슬러 올라갈 것이다.[204]

또한 강동군 향목리 1호 고인돌에서 철장과 쇠줄 및 철촉이 출토되었는데 연대는 2604 B.P.로 서기전 7세기경으로 측정되었다. 이 향목리의 철기류들은 그 화학성분이 C 1.00%, Si 0.15%, S 0.007%로 나타나 선철의 단계를 넘어 강철의 단계로 제철기술이 제강기술 단계에 이르렀음을 알려 주고 있다.[205]

중국 학계는 철기의 시작연대에 대해서는 아직 일치된 견해를 제출하지 못하고 있다. 일찍이 장홍검(章鴻劍)이 《중국동기철기시대연혁고》(中國銅器鐵器時代沿革考)에서 중국의 철기 시작연대를 춘추와 전국시대 사이로 서기전 5세기경으로 보았다.[206] 이 견해는 《오월춘추》(吳越春秋) 〈합려내전〉(闔閭內傳), 《순자》(荀子) 〈의병〉(議兵)편, 《여씨춘추》(呂氏春秋) 〈귀졸〉(貴卒)편, 《사기》 〈화식열전〉(貨殖列傳) 등의 문헌 분석과 호남성 장사(長沙) 양가산(楊家山) 65호묘에서 춘추 만기에 속하는 철검(鐵劍)이 출토된 내용을 종합하여[207] 중국에서 철기가 이 시기에 만들어지기 시작했을 것으로 본 것이다. 이후 계속된 고고학의 발굴에 따르면 중국에서 출토된 철기제품 가운데 가장 이른 것은 1954년에 장사 용동파(龍洞坡) 52·826호묘에서 발굴된 춘추 만기의 철삭(鐵削)[208]이었다.

204) 강승남, 〈고조선시기의 청동 및 철 가공기술〉, 25쪽.
205) 조선기술발전사 편찬위원회, 《조선기술발전사》 1, 과학백과사전종합출판사, 1996, 42~43쪽.
206) 楊寬, 《中國古代冶鐵技術發展史》, 上海人民出版社, 1982, 17~24쪽.
207) 長沙鐵路車站建設工程文物發掘隊, 〈長沙新發現春秋晚期的鋼劍和鐵器〉, 《文物》 1978年 第10期, 44~48쪽.
208) 顧鐵符, 〈長沙52·826號墓在考古學上諸問題〉, 《文物參考資料》, 1957年 第9期, 68~70쪽.

장흥검은 오(吳)나라와 초(楚)나라 등의 나라에서 가장 이르게 야철
(冶鐵)기술이 시작되어 철제병기를 제작했다고 밝혔다. 당시의 병기는
여전히 청동으로 만들어진 것이 대다수였는데, 전국시대로부터 서한시
대까지인 서기전 4세기에서 서기가 시작되는 시기까지 철기가 발전하였
다고 보았다. 이 시기는 농기구와 일용품들이 철제로 많이 만들어졌다.
그러나 병기는 여전히 청동을 겸용하였다. 중국 철기의 전성시대는 동
한시대 이후로, 서기 1세기경 이후인 셈이다. 동한의 병기가 모두 철제
로 만들어지면서 청동제품이 사라지기 시작했고, 심지어 청동제품이 금
지되기까지 했다.209)

황전악(黃展岳)은 중국 철기의 시작연대를 춘추시대(서기전 770년~
서기전 403년)로 보고 있으며, 구체적으로는 춘추시대 중반기인 약 서
기전 6·7세기 사이 정도로 추정하고 있다.210) 춘추 만기에서 전국 초기
에 속하는 철기 가운데 초나라의 것이 가장 많고, 오나라와 한(韓)나라
지역에서 철산(鐵鏟)과 철부(鐵斧) 등이 출토되어 당시 철기 생산이 초
나라를 중심으로 비교적 중국의 남방지역에서부터 발전했다고 보았
다.211) 양관(楊寬)의 경우에도 지금까지의 고고발굴 유물로 보아 춘추 만
기의 유적에서 출토된 철기가 가장 이를 것으로 보고, 주로 동남쪽 지역에
위치했던 초나라와 오나라, 한나라 등의 유적과 유물을 예로 들었다.

실제로 초나라의 경우는 장사 양가산(楊家山) 65호묘(춘추 만기), 장
사 요령(窰岭) 15호묘(춘추와 전국시대 사이), 신양(信陽) 장태관(長台
關) 1호묘(춘추 만기 혹은 춘추와 전국시대 사이) 등에서 제기와 무기
및 허리띠장식 등이 출토되었다. 오나라의 경우는 강소(江蘇) 육합정교
(六合程橋) 1·2호묘(춘추 만기)에서 철제무기가 출토되었고, 한나라의
것으로는 산서 장치분(長治分) 수령(水岭) 12·14호묘(전국 초기)와 삼

209) 楊寬, 《中國古代冶鐵技術發展史》, 上海人民出版社, 1982, 30~33쪽.
210) 北京鋼鐵學院 中國冶金簡史編寫小組, 《中國冶金簡史》, 科學出版社, 1978, 44쪽;
    黃展岳, 〈關于中國開始冶鐵和使用鐵器的問題〉, 《文物》, 1976年 第8期, 62~70쪽.
211) 黃展岳, 〈關于中國開始冶鐵和使用鐵器的問題〉, 《文物》 1976年 第8期, 62~70쪽.

문협(三門峽) 후천(后川) 2040호묘(전국 초기)에서 철제 농기구와 무기가 출토되었다.212) 이러한 내용들을 종합하면 중국에서 철기의 시작연대는 대략 서기전 6·7세기 사이일 것으로 추정된다.

고조선은 서기전 8~7세기경에 이미 압록강 중상류 및 두만강유역에서 연철을 생산하고 있었다.213) 서기전 7~5세기로 추정되는 무산 범의구석 유적 제5문화층에서 나온 쇠도끼는 완전히 녹은 상태의 선철로 주조한 것으로, 탄소 함유량이 4.2%인 백색주철로서 용해온도가 가장 낮고 주조싱도 좋아 수물하기 용이한 것으로 분석되었다. 특히 백색주철은 군기가 높고 견딜성이 좋아 도끼의 재료로 적당하다.214)

〈표 2〉 서기전 7세기~서기전 5세기 범의구석 유적 출토 쇠도끼의 화학조성

유 물	C	Si	Mn	P(인)	S
쇠도끼	4.4%	0.2%	0.006%	0.196%	0.035%

이러한 제철 수준으로 고조선에서는 서기전 6세기~서기전 5세기경에 이르러 연철(두드림철)을 생산하던 생산단계에서 선철(주철)을 생산하는 단계로 발전했음이 확인되고, 이후 연철, 선철, 강철들을 모두 생산하여 무기와 공구 및 농기구 등에 널리 사용하게 되었음을 알 수 있다. 특히 서기전 6세기를 전후한 시기에 이미 질 좋은 백색주철을 생산하였다는 것은 제철기술발전사에서 드문 일이다.215)

서기전 4세기~3세기로 추정되는 같은 무산 범의구석 유적의 제6문화층을 비롯하여 서기전 2세기를 전후한 시기의 자강도 시중군 로남리, 풍청리, 중강군 토성리, 평안북도 영변군 세죽리 등의 여러 유적에서 나온 철기 분석 결과 선철제품과 함께 강철제품이 확인되었다. 이러한 내용은 고조선에서 주철로부터 강철을 생산한 시기가 서기전 3세기경일

212) 楊寬, 《中國古代治鐵技術發展史》, 30쪽의 "春秋末期戰國早期出土的鐵器統計表" 참조.
213) 역사편집부, 《고고민속론문집》 8, 과학백과사전출판사, 1983년판 172~174쪽.
214) 조선기술발전사 편찬위원회, 《조선기술발전사》, 47쪽.
215) 황기덕, 《조선원시 및 고대 사회의 기술발전》, 과학백과사전출판사, 51쪽.

것임을 알게 한다.216) 또한 이 내용들은 고조선이 다양한 철제품으로 철
갑을 생산하기 시작한 연대가 중국보다 훨씬 앞섰음을 추정하게 한다.

〈표 3〉 강철제품의 화학조성표217)

유물명	출토지	연대	화학조성(%)				
			C	Si	Mn	P	S
도끼	세죽리	서기전 3세기~2세기	1.43	0.100	0.180	0.009	0.011
도끼	세죽리	서기전 3세기~2세기	0.70	0.040	0.150	0.008	0.004
도끼	범의구석	서기전 2세기~1세기	1.55	0.100	0.120	0.007	0.008
도끼	운성리	서기전 2세기~1세기	0.62	0.250	0.010	0.041	0.012
도끼	풍청리	서기전 2세기~서기 전후	0.45	0.009	0.040	0.070	0.016
도끼	로남리	서기전 2세기~서기 전후	0.72	0.020	0.110	0.032	0.013
창	풍청리	서기전 2세기~서기 전후	0.31	0.080	0.0500	0.007	0.008
손칼	토성리	서기전 2세기~서기 전후	0.15	0.130	0.010	0.027	0.008
도끼	심귀리	서기전 2세기~서기 전후	0.85	0.060	0.076	0.075	0.014

철은 탄소성분의 함유량 정도에 따라 굳기와 세기가 달라진다. 위
〈표 3〉의 강철제품들은 탄소 함유량이 0.15~1.55% 사이로 나타난다. 강
철은 탄소 0.25% 이하의 극연강부터 탄소를 1.0% 이상을 포함하는 극
경강까지 여러 가지의 재질로 나누어지는데, 경강은 보통 공구용으로
쓰이는 강철(탄소 0.6~0.7% 이상)과 구조용강(0.5~0.6%)로 구분된다.
이러한 내용으로 보면 도끼류는 견고성을 필요로 하는 공구강이고, 손
칼은 가공에 쓰이는 연강으로, 무기류인 창은 반연강으로 만들어졌다.
같은 도끼도 풍청리와 운성리묘에서 출토된 것은 그 성분으로 보아 도
구라기보다 무기류에 속했을 것으로 생각된다.218) 또한 도끼들의 경우
탄소함유량은 풍천리에서 출토된 것을 제외하고 모두 탄소가 0.6% 이

216) 황기덕, 《조선원시 및 고대 사회의 기술발전》, 49쪽.
217) 황기덕, 《조선원시 및 고대 사회의 기술발전》, 53쪽.
218) 황기덕, 《조선원시 및 고대 사회의 기술발전》, 53~54쪽.

상인 공구강으로 제작되었다.[219] 이 같은 탄소함유량으로 보아 고조선은 중국의 전국시대에 해당하는 시기에 이미 강철이 널리 생산되었음을 확인할 수 있다.

중국은 춘추 만기부터 철기를 생산하기 시작하여 서한시대에 와서야 주철 제조기술이 비교적 발달하지만 그 수준은 고조선에 미치지 못했다. 중국의 하남성 공현(鞏縣) 철생구(鐵生溝) 유적에서 출토된 철기는 C(4.0%), Si(0.27%), Mn(0.125%), P(0.15%), S(0.043%)를 함유한 것으로 나타나[221] 백색주철로 분석된다. 서한시대 중산국왕(中山國王) 유승(劉勝)의 무덤인 하북성(河北省) 만성현(滿城縣) 2호묘에서 출토된 철기의 경우도 마찬가지로 C(4.15%), Si(0.04%), Mn(0.02%), P(0.34%), S(0.031%)로 나타난다.[222] 같은 중국의 하남성(河南省) 정주시(鄭州市)에 위치한 서한시대에 속하는 고형진(古滎鎭) 야철(冶鐵) 유적에서 출토된 철괴(鐵塊)에 대한 화학조성 분석 결과가 〈표 4〉의 내용이다.

〈표 4〉 고형진 야철 유적에서 출토된 철괴에 대한 화학조성 분석표[220]

적철편호 (積鐵編號)	취양부위 (取樣部位)	화학성분(%)				
		C	Si	Mn	P	S
일(一)	철구방향(鐵口方向)	3.97	0.28	0.30	0.264	0.078
	철구대면(鐵口對面)	4.52	0.19	0.20	0.239	0.111
	철류하부(鐵瘤下部)	1.46	0.38	0.14	0.121	0.025
	철류상부(鐵瘤上部)	0.73	0.07	0.06	0.057	0.034
오(五)	북부(北部)	3.53	0.16	0.15	0.378	0.065

철은 탄소의 함유량에 따라 연철과 선철(주철), 강철 등으로 분류되는데, 연철은 탄소 함량이 0.01% 이하이고, 선철은 2% 이상(보통 3.7~

---

219) 박영초, 〈고조선에서의 제철 및 철재 가공기술의 발전〉, 《조선고고연구》, 1989년 1기, 6~10쪽.
220) 鄭州市博物館, 〈澠池縣發現的古代窖藏鐵器〉, 《文物》, 1978年 第2期, 39쪽, 表2.
221) 河南省文化局文物工作隊, 《鞏縣鐵生溝》, 文物出版社, 1962, 21쪽.
222) 楊寬, 《中國古代冶鐵技術發展史》, 上海人民出版社, 1982, 87쪽.

4.3%)이며. 강철은 탄소를 2% 이하(보통 0.7~0.8%)라고 서술하였다. 이러한 기준으로 본다면 고형진 야철 유적 출토 철괴의 분석표에서 철류상부가 0.73%로 강철이고, 철구대면이 백색주철이며 대부분은 선철에 해당하는 것으로 나타났다. 백색주철은 굳기가 높고 견딜성이 좋으나, 선철은 굳기는 하지만 깨어지기 쉬운 약점을 가진다.

내몽고자치구 호화호특시(浩和浩特市) 이십가자고성(二十家子古城)에서 출토된 서한 원제(元帝)시기부터 평제(平帝)시기(서기전 48년~서기 8년)로 추정되는 갑편의 경우 탄소성분의 함유량이 0.1~0.5%로, 발굴자들은 저탄강(低炭鋼)으로 보았다.[223] 저탄강은 위에 서술했듯이 탄소가 0.25% 이하로, 극연강(extramild steel)과 같은 의미이다. 이 같은 예로보아 중국은 고조선 후기에 해당하는 서한후기에 이르러 강철이 부분적으로 만들어졌으나, 제철 수준은 연강에 머물렀으며 여전히 철기제품이 용도에 맞게 제조되지 못했던 것으로 보인다. 이어서 중국의 서한후기이후 제철 발달 상황을 고찰해 보기로 한다.

중국의 하남성 민지(澠池)에서 출토된 동한시대~위진남북조시대의 철도끼와[224] 고조선의 서기전 3세기에서 서기전 1세기에 속하는 철도끼의 화학조성[226]을 비교해보면 〈표 5〉와 같이 분석된다.

중국 민지에서 출토된 철도끼들의 경우 동한시대의 것으로 분류되는 기물의 원편호(原編號) 299와 471은 모두 탄소성분이 0.6%에 훨씬 미치지 못하고, 위진남북조시대의 것으로 분류되는[227] 원편호 254·277·257

223) 內蒙古自治區文物工作隊, 〈浩和浩特二十家子古城出土的西漢鐵甲〉, 《中國考古集成》 東北卷 秦漢至三國(一), 190~198쪽.

224) 澠池縣文化館 河南省博物館, 〈澠池縣發現的古代窖藏鐵器〉, 《文物》, 1976年 第8期, 45~51쪽; 北京鋼鐵學員金屬材料系中心化驗室, 〈河南澠池窖藏鐵器檢驗報告〉, 《文物》, 1976年 第8期, 52~58쪽.

225) 北京鋼鐵學員金屬材料系中心化驗室, 〈河南澠池窖藏鐵器檢驗報告〉, 《文物》, 1976年 第8期, 52쪽.

226) 박영초, 〈고조선에서의 제철 및 철재 가공기술의 발전〉, 《조선고고연구》, 1989년 1기, 6~10쪽.

227) 澠池縣文化館 河南省博物館, 〈澠池縣發現的古代窖藏鐵器〉, 49~51쪽.

〈표 5〉 동한~위진남북조시기 하남성 민지 출토 철기의 화학분석표[225]

기명	기건 원편호	조직 상태	화학성분(%)				
			C	Si	Mn	P	S
철침(鐵砧)	62	주태 (鑄態)	4.15	0.04	0.02	0.031	0.34
화범(鏵范)	419	주태	4.40	0.10	0.11	0.029	0.24
신안(新安) 화범	420	주태	2.31	0.21	0.19	0.031	0.38
진우주(津右周) I식(式) 부범(斧范)	346	주태	3.46	0.07	0.05	0.028	0.38
민(電) 화(鏵)	158	주태	4.47	0.06	0.04	0.028	0.24
I식(式) 부(斧)	471	탈탄퇴화 (脫碳退火)	0.24	0.16	0.41	0.014	0.14
신안 II식 부	254	탈탄퇴화	0.87	0.69	0.25	0.024	0.27
"電口口" II식 부	277	탈탄퇴화	0.87	0.05	0.60	0.011	0.14
"電池軍口" II식 부	299	탈탄퇴화	0.29	0.10	0.58	0.011	0.11
능우(陵右) II식 부	257	탈탄퇴화	0.6~0.9	0.16	0.05	0.020	0.11
신안 염(鐮)	528	탈탄퇴화	0.57	0.21	0.14	0.019	0.34

은 탄소성분이 모두 0.6% 이상으로 나타났다. 그러나 같은 동한 중기에 만들어진 산동성 창산현(蒼山縣) 한묘(漢墓)에서 출토된 환수강도(環首鋼刀)는 탄소함유량이 0.6~0.7%의[228] 강철로 만들어진 것으로 나타났다. 이러한 내용으로부터 중국에서는 동한시기부터 제철제강기술이 비교적 발전하기 시작하여 위진남북조시대에 와서야 고조선의 수준에 이르렀다고 하겠다. 이처럼 고조선이 중국보다 앞선 제철제강 기술을 가졌던 점으로 미루어 보아 철찰갑(鐵札甲)도 중국의 것보다 훨씬 우수한 철로 만들어졌을 것이다.

228) 李衆, 〈中國封建社會前期鋼鐵冶練技術發展的探討〉, 《考古學報》, 1975年 第2期, 14쪽; 劉心健·陳自經, 〈山東蒼山發現東漢永初紀年鐵刀〉, 《文物》, 1974年 第12期, 61쪽.

철기의 성분분석 내용의 고찰로부터 고조선의 철기생산 시작연대가
중국보다 무척 앞섰음을 알 수 있다. 뿐만 아니라 고조선 지역에서는
철의 생산이 풍부하여 철제류의 생산품들이 중국보다 앞서서 발달했을
것으로 추정된다. 이러한 발달상황은 청동기 제작기술이 이웃 나라보다
앞섰던 상황에 고조선의 영역이었던 한반도와 만주지역에 풍부한 철산
지가 있었기 때문에 가능했던 것으로 여겨진다.

고조선시대에 청천강을 북쪽 경계로 하여 한반도 중부와 남부 전
지역을 차지하고 있었던 한(韓) 가운데229) 진한(辰韓)과 변한(弁韓) 지
역에서는 철이 생산되어 예(濊)와 마한(馬韓)·왜(倭)에서 사 갔으며, 모
든 무역에서 철을 화폐처럼 사용했다.230) 이는 한에서 철의 생산이 풍
부했음을 의미하는데, 이 같은 풍부한 철의 생산은 철제의 무기와 갑옷
의 생산을 보다 활발하게 했을 것이다.

실제로 고조선 후기의 유적인 평양시 낙랑구역 정백동(貞柏洞) 1호
묘에서 찰갑(札甲)쪽이 출토되었다. 이 유적의 연대는 서기전 3세기경
에 속하는 것으로 추정되었는데 그 까닭은 다음과 같다. 이 무덤에서
'부조예군'(夫租薉君)이라고 새겨진 은인(銀印)(그림 38)이 출토되었는
데 이 은인을 한(漢)이 준 것으로 보고, 묘(墓)의 연대를 서기전 2세
기 또는 서기전 1세기경으로 추정하는 견해가 있지만231) 정확한 것은
아니다. 이에 대하여 다음과 같은 견해가 제출되었다. 즉《한서》(漢書)

〈지리지〉에 따르면 부조현(夫
租縣)은 낙랑군에 속해 있었
는데, 낙랑군 지역은 한사군
이 설치되기 이전에는 위만조
선에 속해 있었고, 그 이전에
는 고조선에 속해 있었다. 따

〈그림 38〉 부조예군묘 출토 은인

229) 윤내현,《고조선연구》 472~474쪽.
230)《後漢書》卷85〈東夷列傳〉韓傳;《三國志》卷30〈烏丸鮮卑東夷傳〉弁辰傳.
231) 金廷鶴,〈靑銅器의 展開〉,《韓國史論》13, 國史編纂委員會, 1983, 133쪽.

라서 '부조예군'은 고조선과 위만조선에서 사용했던 관직명이었고 부조
예군의 원주지(原住地)는 난하 하류 동부연안이었다. 아울러 부조예군묘
에서 은인과 함께 요령성과 한반도 지역의 특징적인 청동기인 세형동검
이 출토되어 이 묘의 주인공은 중국계가 아니라 고조선계였음을 알게
해 준다. 따라서 이 은인은 한(漢)으로부터 주어진 것이 아니라 고조선
이나 위만조선에서 만들어졌을 것으로 보았다.232) 따라서 이 은인이 위
만조선에서 만들어졌다면 위만조선이 서기전 195년부터 180년 사이에
건국되어 서기전 108년에 멸망했으므로 대략 서기전 2세기경에 만들어
진 것으로 볼 수 있으나, 고조선에서 만들어졌다면 그 연대는 위만조선
이 설치되기 이전으로 거슬러 올라가기 때문에 서기전 2세기경보다 훨
씬 앞서야 할 것으로 보았다.

이 같은 견해의 타당성은 박진욱의 견해에서 더욱 명확히 뒷받침된
다. 박진욱은 정백동 1호묘의 상한연대를 서기전 3세기로 잡았다. 그는
초기 놋단검문화의 하한이 서기전 4세기인데
이 무덤에서 출토된 좁은 놋단검 검집의 형태
가 변화한 점, 그리고 출토된 청동제와 철제
수장품들의 비율이 비슷하게 나타난 점에 가
장 큰 비중을 두고, 그 상한연대를 좁은 놋단
검 후기로 진입되는 서기전 3세기경으로 보았
다.233) 따라서 필자는 이 정백동 1호묘의 연대
를 서기전 3세기경으로 보고자 한다.

낙랑구역 정백동 1호묘에서 출토된 갑편
(그림 39·39-1)의 양식은 아래쪽이 둥근 장방
형의 것, 타원형의 것, 장방형의 것 등으로 장
방형에서 약간의 변화를 보여 주었고, 꿰어 붙

〈그림 39〉
정백동 1호묘 출토 철갑편

232) 尹乃鉉,《韓國古代史新論》, 一志社, 1993, 305~343쪽.
233) 박진욱,《조선고고학전서》고대편, 과학백과사전종합출판사, 1988, 147~168
쪽 참조.

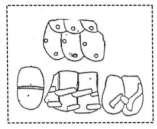

〈그림 39-1〉 정백동 1호묘
출토 철갑편 모사도

인 상태는 고기비늘과 같은 인갑(鱗甲)이었
다. 오른쪽 아래의 것이 11.2cm이고, 나머지
는 길이가 3cm 내외, 너비가 2cm 내외이고
두께가 불과 2mm인 매우 작고 얇은 철판이
다. 이러한 소찰편들을 쇠줄로 연결한 찰편
에는 상하 좌우 가장자리에 구멍이 뚫려 있
다.234) 이것은 경주 황남리 109호묘에서 나
온 작은 소찰과 같은 양식이다. 갑옷 전체의 모습은 알 수 없으나 위의
자료를 통해 고조선에서는 적어도 서기전 3세기 이전부터 철갑옷이 생
산되었음을 알 수 있다.

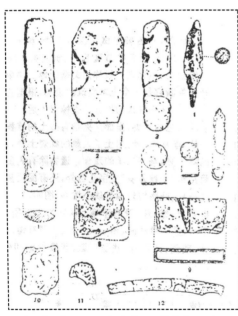

〈그림 40〉 조로고윤성 출토 철갑편 모사도

내몽고자치구   조로고윤
성(朝魯庫倫城)에서   철갑편
3편과 철로 만든 장식단추
2개가 발굴되었다(그림 40).
중국학자들은 이를 모두 철
갑편으로 분류했다. 또 이
유적에서 출토된 오수전(五
銖錢)은 초기 오수전의 특징
을 가지고 있으며 동반 유
물들이 서한 중기에 속하는
것으로 분석되어 서한 중기
의 유적으로 분류되었다.235)
중국학자들은 일반적으로 서
한 중기를 무제(武帝)시기부

234) 조선유적유물도감 편찬위원회, 《조선유적유물도감》 1-고조선·진국·부여편,
112쪽의 그림 236.; 사회과학원 고고학 및 민속학 연구소, 〈고조선의 무기〉,
《고고민속》, 사회과학원출판사, 1966년 1기, 39쪽.
235) 蓋山林·陸思賢, 〈內蒙古境內戰國秦漢長城遺蹟〉, 《中國考古集成》 東北卷 靑銅時
代(一), 1041~1048쪽.

터 선제(宣帝)시기(서기전 140년~서기전 50년)까지로 잡는다.[236] 오수전은 원수(元狩) 5년(서기전 118년)에 처음으로 만들어졌기 때문에 적어도 이 유적의 상한은 서기전 118년을 넘지 못할 것이다. 〈그림 40〉에서 위쪽의 가장 큰 철조각은 방패의 부분이고, 바로 옆의 긴 철편과 둥근 청동장식단추가 갑옷의 구성물이었을 것이다.

중국학자들은 《한서》〈지리지〉 등에 조로고윤성에 대한 기록이 없어 이를 한이나 북방민족의 성일 것으로 막연히 분류하고 있다. 그러나 조로고윤성은 고조선을 이은 고구려의 성일 가능성이 크다. 일단 이 성은 진(秦)시대에 쌓은 장성의 외곽지역에 위치하고 있다. 또한 '조로고윤'(朝魯庫倫)은 몽고어(蒙古語)로 돌을 깎아 쌓은 석두성(石頭城)이라는 뜻을 지닌다. 중국에서는 춘추·전국시대부터 진·한 시기에 이르기까지 거의 다 토담이나 흙과 돌을 섞어 장성을 쌓았기 때문에, 돌로 쌓은 조로고윤성은 중국의 성으로 분류될 수 없다. 고구려의 성은 돌로 쌓는 것을 특징으로 하기 때문에 조로고윤성은 고조선을 계승한 고구려 초기의 성으로 해석된다.

조로고윤성에서 멀지 않은 지역에는 황하유역 문화와는 다르고 한반도 문화와 같은 성격을 지닌 소조달맹[237], 적봉[238] 등의 유적지들이 위치하고 있다. 또한 조로고윤성에서 출토된 철갑편의 양식을 통해서도 이 지역 문화가 황하유역 문화와 차이를 보여 주고 있음을 알 수 있다. 주목되는 점은 철갑편으로 분류된 5편 가운데 2개가 장식단추 양식으

---

236) 勞榦, 《秦漢史》, 華岡出版有限公司, 1975, 40~62쪽; 王綿厚, 《秦漢東北史》, 遼寧人民出版社, 1994, 87~130쪽.

237) 내몽고자치구 소조달맹 파림좌기(巴林左旗)의 부하구문(富河溝門) 유적에서는 점뼈가 출토되었는데, 이 유적은 방사성탄소측정으로 서기전 2785±110년(4735±110 B.P.)이라는 연대를 얻었고 교정연대는 서기전 3350±145년(5300±145 B.P.)이다(中國科學院考古研究所內蒙古工作隊, 〈內蒙古巴林左旗富河溝門遺址發掘簡報〉, 《考古學報》, 1964年 1期, 1~3쪽; 京大學歷史系考古專業碳十四實驗室, 《中國考古學中碳十四年代數據集》).

238) 內蒙古自治區의 赤峰에서는 후기 신석기시대의 성터가 발견되었다(佟柱臣, 〈赤峰東八家石城址勘査記〉, 《考古通迅》, 1957年 6期, 15~22쪽).

로, 고조선에서 사용했던 청동장식단추를 철기가 사용되면서 철로 만들었다는 것이다. 아래에서 밝히겠지만 중국은 서한시대에 철갑편으로 만들어진 어린갑(魚鱗甲)의 양식의 갑옷을 만들었으나 철장식단추가 달린 양식의 갑옷은 없었다. 이러한 여러 특징들로부터 조로고윤성 유적은 고조선 유적이라 할 수 있고, 고조선은 청동기시대에 사용하던 청동장식단추를 철기시대에 와서는 철장식단추로 만들어 이를 철갑편과 함께 갑옷의 구성부분으로 사용했음을 알 수 있다.

요령성 본계시(本溪市) 만족자치현(滿族自治縣) 남전진(南甸鎭)의 적탑보자촌 유적에서는 고조선의 특징적인 부채꼴 모양의 철도끼, 비파형 동검 등과 함께 철투구를 구성했던 49개의 갑편과 철조각 3개가 출토되었다(그림 41). 발굴자들은 이 유적을 서한묘로 보았다.[239] 그러나 이 유적에서 출토된 철갑편양식이 장방형과 아래쪽이 둥근 장방형양식으

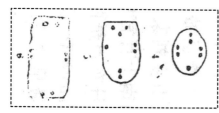

〈그림 41〉 적탑보자촌 유적 출토
철투구 갑편 모사도

로 고조선 갑편양식을 그대로 나타내고, 또 그 출토 위치로 보아 고조선의 갑옷과 투구의 구성물로 분류되어야 할 것이다.

그러면 중국은 언제부터 철갑을 생산했는지 알아보기로 한

다. 중국학자들은 춘추 말기인 서기전 6세기에 속하는 강소성(江蘇省) 육합정교(六合程橋) 동주(東周)무덤에서 출토된 철환(鐵丸)과 구부러진 철조(鐵條)[240]를 감정한 결과, 철조는 초기에 만들어진 연철(煉鐵)이고 철환은 가장 일찍 만들어진 것으로 생철(生鐵)이라고 밝혔다.[241] 또한 전국 초기에 속하는 낙양(洛陽) 수니제품창(水泥制品廠)에서 출토된 서기전 5세기의 유물인 철분(鐵錛)과 철산(鐵鏟)을 감정한 결과, 철산은

239) 楊永葆, 〈本溪南田滴塔堡子發現漢代鐵器〉, 《中國考古集成》 東北卷 秦漢至三國 (二), 1177쪽의 圖1.

240) 江蘇省文物管理委員會·南京博物院, 〈江蘇六合程橋東周墓〉, 《考古》, 1965年 第3期, 105~115쪽; 南京博物院, 〈江蘇六合程橋二號東周墓〉, 《考古》, 1974年 第2期, 119쪽.

241) 李衆, 〈中國封建社會前期鋼鐵冶金技術發展的探討〉, 《考古學報》, 1975年 第2期, 1~22쪽.

퇴화 처리를 거친 주철(鑄鐵)이었으나 둘 다 생철로 만들어진 것이었다.242) 이러한 내용으로 보아 중국은 전국시대 초기까지 생철을 생산했던 것으로 여겨지며 제철제강 수준은 거의 발달되지 않았다고 하겠다. 생철에서 주철(선철)로의 기술은 전국시대 중후기에 와서야 보편적으로 발달되나, 연강(煉鋼)기술은 여전히 초기단계에 속하여 강철제품이 농기구 등에 사용되지 못했다.243)

중국 제철기술의 이 같은 상황으로 볼 때 철갑이 출현한 것은 대략 전국시대 말기로 추정된다. 중국은 춘추시대(서기전 770년~서기전 403년)까지 철갑을 생산하지 못했다. 《여씨춘추》〈귀졸〉(貴卒)편에는 중산국(中山國)의 오구구(吾丘鳩)가 철갑을 입고 싸웠다는 내용이 있다.244) 연(燕)나라의 장군 소진(蘇秦)은 한(韓)의 선왕(宣王)을 찾아가 한군의 칼과 창은 적의 견갑(堅甲)과 철막(鐵幕)을 자를 수 있는데 왜 진(秦)의 편에 섰는지를 지적하며 진나라와 맞설 것을 설득하려고 했다. 이 '철막'에 대하여 유현(劉玄)은 팔과 다리를 덮은 철로 만든 옷이라고 했다. 소진이 한왕에게 대책을 말했던 때는 서기전 332~서기전 312년이다. 이 기록에 따라 중국에서 철갑의 출현은 서기전 4세기경인 전국 말년으로 추정된다.245)

실제로 전국 후기에 속하는 하북성 이현(易縣) 연하도(燕下都) 44호 묘에서 원각장방형(圓角長方形) 양식의 89개 철갑편으로 만든 투구(그림 42)가 철제 무기들과 함께 출토되어246) 전국시대에 이미 청동갑편의

---

242) 주 240과 같음.
243) 大冶鋼歷·冶軍,〈銅綠山古礦井遺址出土鐵制及銅制工具的初步鑒定〉,《文物》, 1975年 第2期, 19~25쪽.
244)《呂氏春秋》卷21〈貴卒編〉. "越氏攻中山. 中山之人多力者曰吾丘鳩, 衣鐵甲操鐵杖以戰, 所擊無不碎, 所沖無不陷."
245) 楊泓,〈關于鐵甲·馬鎧和馬鐙問題〉,《考古》, 1961年 第12期, 693~696쪽;《戰國策》卷26〈韓策〉. "當敵則斬甲盾鞮鍪鐵幕也.";《史記》卷69〈蘇秦列傳〉의 鐵幕에 대해《史記索隱》에는 "謂以鐵爲臂脛之衣, 言其劍利, 能斬之也."라 했다.
246) 楊泓,〈甲和鎧－中國古代軍事裝備禮記之三〉,《文物》, 1978年 第5期, 81쪽; 上海市戲曲學校中國服裝史研究組編著, 周迅·高春明撰文,《中國服飾五千年》, 商務印書館香港分館, 1984, 28쪽.

〈그림 42〉 연하도
무양태(武陽台) 출토
철갑편으로 만들어진 투구

〈그림 43〉
진 병마용 출토 무사

〈그림 43-1〉 진 병마용 출토
무사의 부분

양식을 그대로 계승한 철갑편을 사용했음을 알 수 있다. 그러나 철갑의 사용이 일반화된 것은 아니었다. 진제국(秦帝國)시대의 철갑 실물이 지금에 이르기까지 출토된 예가 없기 때문에 당시 철갑이 생산되었을 것

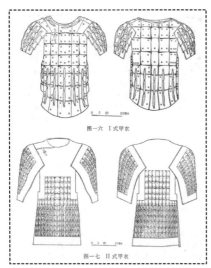

〈그림 44〉 진 병마용 출토
무사 갑옷의 모사도

으로 볼 수 없다. 섬서 임동(臨潼) 출토의 진 병마용에 나타난 진제국시대 갑옷의 경우도 갑편이 모두 가죽으로 만들어졌고, 부분적으로 금속으로 상감(上嵌)하거나 코뿔소의 가죽을 사용한 것이었다.[247] 진용(秦俑)에서 보이는 갑옷은 철갑이 아니라 주로 앞가슴과 등부분 및 어깨만을 덮는 가죽 갑옷(그림 43·43-1)인 것이다.

진 병마용에 나타난 갑옷은 〈그림 44〉[248]의 모사도와 같이 흉

247) 孫機,《漢代物質文化資料圖說》, 文物出版社, 1991, 146~147쪽; 上海市戲曲學校 中國服裝史研究組編著, 周迅·高春明撰文,《中國服飾五千年》, 47~51쪽.

부의 갑편은 모두 상편이 하편에 겹쳐 있고, 복부의 갑편은 모두 하편
이 상편에 겹쳐지며 중간을 향하여 양측에서 포개지는 상태로 조합되어
있다. 중국학자들은 이 갑편들이 가죽으로 만들어진 것으로 어떤 부분
은 금속갑편을 모방하고 있는 것처럼 보인다고 했다.[249] 이러한 갑편
양식은 고조선의 연이어 겹쳐져 연결된 어린갑편보다 신축성과 활동성
면에서 미숙했을 것으로 생각된다.

3) 고조선과 서한제국 철갑 생산기법과 철갑기병

중국에서 철갑은 서한시대에 이르러 보급되기 시작했다. 서한 초기
에 속하는 무제 이전까지 군대는 여전히 보병(步兵) 위주였으며, 철갑
또한 널리 보급되지 못했다. 철갑의 양식도 여전히 진제국의 양식을 따
라 주로 앞가슴과 등 부분만을 덮는 것이었다. 무제 때에 이르러 흉노
와의 전쟁으로 기병부대의 수가 크게 증가하면서 철제 개갑(鎧甲)이 보
급되기 시작했으나 여전히 가죽갑옷이 철갑옷보다 많이 사용되었다.

일반적으로 서한시대 흉노와 전투하는 변방부대는 철갑으로 무장했
다고 알려져 있으나 실제 상황은 다르게 나타난다.《거정한간》(居廷漢
簡)의 철갑에 관한·자료에 혁갑(革甲)과 혁제무(革鞮瞀)에 대한 기록[250]
이 철갑과 철제무에 대한 기록[251]보다 많은 것은 군대의 일부만이 철갑
으로 무장했음을 밝혀 준다. 이 같은 상황은 출토 유물로도 확인된다.
양가만(梁家灣) 1호묘 등에서 찰갑이 발견되었으나 전체 기병용(騎兵俑)

248) 始皇陵秦俑坑考古發掘隊,〈臨潼縣秦俑坑試掘第一號簡報〉,《文物》1975年 第11期,
　　10쪽의 圖 16·17.
249) 孫機,《漢代物質文化資料圖說》, 文物出版社, 1991, 146쪽.
250) 居廷漢簡原簡號 99·1, 182·6, 14·22, 239·8, 184·4 등의 簡.
251) 勞榦,《居廷漢簡考釋》, 商務印書館, 1949年, 409쪽. "第五火隊長李嚴, 鐵鞮瞀二
　　中毋絮今已裝, 鐵鎧二中毋絮今已裝…"《居廷漢簡甲篇》第12號(3·26)·"□鐵鎧"《居
　　廷漢簡甲篇》第2286號(520·26)(中國科學院考古硏究所,《居廷漢簡甲編》, 科學出版
　　社, 1959年, 2쪽)·"□土火隊長□宣, 鐵鎧二□, 鐵□…"(3·7)·"登山火隊, 鐵鞮瞀
　　一"(28·18)·"鐵鉏瞀若干, 其若干幣絶可繼"(49·26).

가운데 찰갑을 입은 기병용은 100분의 8 정도밖에 되지 않았다.[252] 또한 제1장에서 서술한 전국 후기에서 서한 초기로 구분되는 호북성 장사시(長沙市) 좌가공산(左家公山) 15호묘와[253] 서한시대에 속하는 호북성 장사시 남교(南郊) 후가당(侯家塘)에서도[254] 모두 철갑이 아닌 가죽갑편이 유물로 출토된 사실도 같은 까닭이라 해석된다. 한대 초기에는 철갑보다 가죽갑옷이 군대에서 큰 비중을 차지했고 철갑은 널리 보급되지 못했다고 하겠다.

이처럼 철갑이 발달하지 못한 요인에는 기병의 부족도 큰 몫을 차지한다. 전국시대 조(趙)나라 무령왕(武靈王)은 북방 민족으로부터 기병의 전투방식을 들여왔으나 군대에서 기병이 차지하는 비율은 100분의 8 정도였고[255], 진과 연의 기병이 다소 우수했으나 역시 기병의 비율은 매우 낮았다.[256] 이후 진제국과 서한제국 초기에도 군대에서는 여전히 보병이 주가 되었는데, 병마의 부족이 큰 요인이었다.

서한제국은 문제(文帝)에 이르러 흉노에 대한 대비책으로 조착(鼂

---

252) 楊泓, 〈騎兵和甲騎具裝〉-中國古代軍事裝備禮記之二, 《文物》, 1977年 第10期, 28쪽.

253) 湖南省文物管理委員會, 〈長沙出土的三座大型木槨墓〉, 《考古學報》, 1957年 第1期, 93~102쪽.

254) 湖南省文物管理委員會, 〈被盜掘過的古墓葬, 是否還值得淸理?-記55,長,侯,中M018號墓發掘〉, 《文物參考資料》, 1956年 10期, 37~41쪽; 楊泓, 〈中國古代的甲冑〉 上篇, 23쪽.

255) 《史記》 卷81 〈廉頗藺相如列傳〉. "이에 전차 1,300대, 말 13,000마리, 정예군사 5만 명, 활을 잘쏘는 병사 10만 명을 선발하여 두루 갖추어 많은 전쟁 연습을 시켰다(於是乃具選車得千三百乘, 選騎得萬三千匹, 百金之士五萬人, 彀者十萬人, 悉勒習戰)."; 《史記》 卷102 〈張釋之馮唐列傳〉. "그런 까닭에 李牧은 그의 지혜와 재능을 다하니 뽑은 전차 1,300대, 활을 쏘는 기병 13,000명, 정예군사 10만 명을 보내 북쪽으로는 선우를 몰아냈고…(故李牧乃得盡其智能, 遣選車千三百乘, 彀騎萬三千, 百金之士十萬, 是以北逐單于…)."

256) 《史記》 卷69 〈蘇秦列傳〉. "…연나라 동쪽에는 조선과 요동이 있고, 북쪽으로 林胡와 樓煩이 있고, 서쪽으로 雲中과 九原이 있고, …갑옷을 두른 병사가 수십만이고, 전차 600대, 말이 6,000필이 있고, 식량은 몇 년을 견딜 수 있다(…燕東有朝鮮·遼東, 北有林胡·樓煩, 西有雲中·九原, …帶甲數十萬, 車六百乘, 騎六千匹, 栗支數年)."; 《史記》 卷70 〈張儀列傳〉. "진나라의 땅이 천하의 반이고, …호분의 군사가 100만 여 명이고, 전차가 1,000대이며 말이 만 필이고, 쌓인 양식이 산더미 같다(秦地半天下, …虎賁之士百餘萬, 車千乘, 騎萬匹, 積栗如丘山)."

錯)의 양마(養馬)와 갑옷의 중요성을 주장하는 건의를 받아들여 비로소 말을 기르기 시작했다. 그러나 당시에는 문제의 즉위(卽位)문제로[257] 제후왕(諸侯王)과 열후(列侯)에게 정치와 경제의 독립을 인정하면서 철을 국유화시키지 못했기 때문에[258] 갑옷의 생산여건은 여전히 답보상태였다. 경제(景帝) 때는 양마의 규모가 많이 증가했지만[259] 갑옷의 생산은 마찬가지였다. 이후 오초칠국(吳楚七國)의 난(亂)이 평정된 이후 무제 때에 이르러서야 세후왕과 열후가 완전히 식읍(食邑) 신분으로 변질되어 정치의 핵심에서 밀려나면서 비로소 염철(鹽鐵)이 국유화될 수 있었고[260], 이에 따라 갑옷생산도 발달하기 시작했다.

따라서 중국의 군대는 무제 시대부터 개갑으로 무장한 기병(騎兵)의 수가 크게 증가하게 되었다고 하겠다. 이때 갑편양식도 대형찰갑에서 비교적 세밀하고 입체적인 어린갑으로 발전했는데, 이를 현갑(玄甲)이라 부르기도 했다. 이 현갑은 바로 철갑을 가리키는 것으로[261], 현갑의 실제 모습은 서한 후기로 분류되는 낙양 서교(西郊)에 위치한 3023호 한묘(漢墓)에서 출토된 갑편(그림 45)[262]에서 보인다.

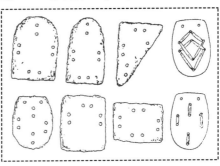

〈그림 45〉 낙양 3023호 한묘 출토
철갑편 모사도

257) 朴仙姬, 〈西漢 帝國의 建國과 序二等 封建〉, 檀國大學校 博士學位論文, 1996, 202~226쪽.

258) 朴仙姬, 〈漢文帝時 帝權變化에 대한 새로운 인식〉-汝陰侯家墓 출토자료 등을 근거로, 《史學志》 第25輯, 1992, 73~96쪽.

259) 《漢書》 卷5 〈景帝紀〉景帝 6年條. "匈奴入鴈門至武泉, 入上郡取苑馬." '取苑馬'에 대하여 如淳은 "漢儀注太僕牧師諸苑三十六所, 分布北邊·西邊. 以郞爲苑監, 官奴婢三萬人, 養馬三十萬疋"이라 하여 36개 지역, 官奴婢 3만명에게 말을 키우도록 했음을 알 수 있다.

260) 주 257과 같음.

261) 《史記》 卷111 〈衛將軍驃騎列傳〉. "元狩6年而卒. 天子悼之, 發屬國玄甲軍…."에 주석으로 실린 《史記正義》에서 玄甲은 '鐵甲'이라고 했다.

262) 中國科學院考古研究所洛陽發掘隊, 〈洛陽西郊漢墓發掘報告〉, 《考古學報》, 1963年

〈그림 46〉 무고 유적 출토 철갑편

서한시대 무제 이전의 갑옷과 갑편의 양식을 고조선의 것과 비교해보면 다음과 같다. 서기전 179년에 사망한 서한 제왕(齊王) 유양(劉襄)의 묘에서 발굴된 철갑옷은 어린갑 양식으로, 부분적으로 장방형의 갑편과 아래쪽이 둥근 장방형 양식의 갑편을 연결했다. 제왕 유양묘에서 출토된 철갑옷의 특징은 일정 수량의 갑편 위에 금편(金片) 혹은 은편(銀片)을 붙여 장식하였는데, 이들 갑편을 붉은 사대(絲帶)로 엮어 능형도안(菱形圖案)을 만든 점이 특징이다. 제왕 유양의 어린갑편은 거의 정사각형에 가까운 방형과 아래쪽이 둥근 장방형이다.263) 정사각형의 갑편양식은 서한시기에 속하는 장안성(長安城) 무고(武庫) 유적에서도 출토되었다(그림 46).264) 또한 서한 남월왕묘(南越王墓)에서 출토된 서기전 128년~서기전 117년에 속하는 철갑옷의 경우는 갑편의 양식이 모두 〈그림 47〉과 같이 사각말원적(四角抹圓的) 장방형이었다.265)

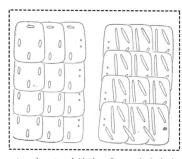

〈그림 47〉 남월왕묘출토 상당갑편 정명과 후면 연결 모사도 부분

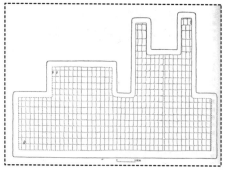

〈그림 47-1〉 남월왕묘 출토 갑옷의 복원도

2期, 34~35쪽, 圖 27, 圖版壹, 4·5.

263) 山東省淄博市博物館·臨淄區文管所·中國社會科學院考古研究所技術室,〈西漢齊王鐵甲胄的復原〉,《考古》, 1987年 第11期, 1032~1046쪽.

264) 周寶中,《中國傳統工藝全集·文物修復和辨僞》, 大象出版社, 2007, 193쪽의 圖 8-14.쪽.

265) 中國社會科學院考古研究所技術室·廣州市文物管理委員會,〈廣州西漢南越王墓出土鐵鎧甲的復原〉,《考古》, 1987年 第9期, 853~859쪽.

이 갑옷의 양식은 복원도(그림 47-1)처럼 소매 없는 웃옷양식으로, 철 갑의 가장자리는 가죽과 면직물을 사용하고 안감으로 견직물을 사용했 다. 발굴자들은 철갑편을 마(麻)끈이 아니라 사대로 연결한 것이 특수 하다고 했다.

서한 제왕 유양묘과 서한 남월왕묘에서 발굴된 갑편양식은 평양시 낙랑구역 정백동 1호묘에서 발견된 고조선 찰갑양식과 유사하다. 고조 선의 찰갑은 아래쪽이 둥근 장방형이 고 모서리마다 한 개씩 연결부분인 구멍이 뚫려 있는데, 제왕 유양의 것 (그림 48)은 한 모서리에 구멍이 두 개씩 뚫려 있다. 서한 남월왕묘에서 출토된 찰갑의 연결구멍은 두 가지 양식인데, 제왕 유양묘에서 출토된 갑옷처럼 사대로 엮어 능문도안(菱紋 圖案)을 했다(그림 48-1).[266] 이는 진대(秦代)에 만들어진 갑옷의 엮음 방식에서 부분 발전된 양식이다.

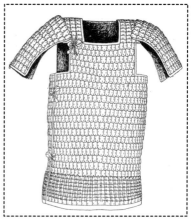

〈그림 48〉 제왕 유양묘 출토
갑옷 복원도

제왕 유양묘에서 출토된 갑옷과 남월 왕묘 출토 갑옷 모 두 제후왕의 것이라 는 점에서는 동일하 지만, 그 양식과 내 용은 다음과 같은 차 이를 가진다. 첫째, 제왕 유양묘에서 출

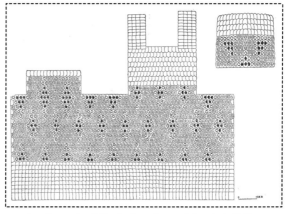

〈그림 48-1〉 제왕 유양묘 출토 갑옷 평면 복원도

266) 위와 같음.

〈그림 48-2〉
제왕 유양묘 출토
투구 복원도

토된 갑옷이 남월왕묘에서 출토된 갑옷보다 조금 이른 시기에 만들어졌다. 둘째, 두 어린갑옷의 양식은 같으나 제왕 유양묘에서 출토된 갑옷은 어깨부분을 갑편으로 덮어 보호하였다. 셋째, 제왕 유양묘에서 출토된 갑옷은 갑옷과 같은 어린갑의 상태로 투구(그림 48-2)가 있으나, 남월왕묘에서 출토된 갑옷은 투구가 없다. 넷째, 두 갑옷 모두 갑편 위에 사대를 엮어 능형도안의 장식효과를 나타냈으나, 제왕 유양묘 출토 갑옷은 이외에도 일부분 갑편 위에 금편과 은편을 장식한 것이 특징적이다.

현재까지 출토된 중국 서한시대 철갑 가운데 가장 발전된 양상을 보이는 것은 내몽고자치구 호화호특시 동남쪽지역 성터 유적에서 출토된 서한 무제 후기에 만들어졌을 것으로 추정되는 철갑이다. 발굴자들은 이 성터에서 '정양승인'(定襄丞印) 등의 봉니(封泥)가 출토되어 서한 정양군 (定襄郡) 소속의 현치(縣治) 소재지로 보고 있으며, 소반냥전 (小半兩錢)이 갑옷과 함께 출토되어 무제 후기에 만들어졌을 것으로 보고 있다. 갑옷은 〈그림 49〉처럼 장방형과 아래부분이 둥글진 방형에 가까운 어린갑으로 웃옷을 덮을 정도의 길이인데, 갑편과 갑편은 마끈과 마껍질을 꼰 것을 이중으로 사용하여 연결하였다.[267] 고조선 철갑옷의 전체 모

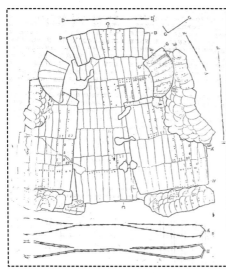

〈그림 49〉 철개갑의 정면과 부면도

---

267) 內蒙古自治區文物工作隊, 〈浩和浩特二十家子古城出土的西漢鐵甲〉, 《中國考古集成》 東北卷 秦漢至三國(一), 190~198쪽.

습을 알 수 없어 위에서 분석된 중국 철갑편과 생산시기 및 양식만을 비교하면 다음과 같이 정리된다. 고조선의 경우 철장식단추는 고조선에서 철기시대의 시작연대인 서기전 12세기경부터 생산되기 시작했는데 장식품 이외에 갑옷의 구성물로도 사용되었을 것으로 추정된다. 갑옷에 청동장식단추와 철장식단추가 사용되는 것은 고조선 갑옷의 고유한 특징이다.

또한 고조선의 경우 어린상(魚鱗狀)의 찰갑이 발굴된 정백동 유적이 서기전 3세기경에 속하는 것으로 추정되기 때문에 현재까지 출토된 자료에 따르면 고조선에서 어린갑이 생산된 시기가 중국에서 어린갑이 생산된 서한 초기보다 훨씬 이르다고 하겠다.

고조선 어린갑 찰갑은 장방형인 것과 아래쪽이 둥근 장방형 및 타원형 양식이 특징인데, 서한 초기 묘들에서 발굴된 찰갑편은 고조선의 것과 유사하다. 무제시기에 와서야 비교적 세밀하고 아래쪽이 긴 타원형의 찰갑이 사용된다. 그 밖에 고조선의 철갑편과 중국의 철갑편은 그 연결구멍에 차이가 있는데, 고조선의 갑편은 구멍을 쇠줄로 연결했으나[268] 중국의 갑편은 사대나 가죽끈으로 연결했다.

이러한 내용으로부터 중국은 무제 시기(서기전 141년~서기전 87년)에 와서 군대에서 철갑의 기병이 큰 비중을 차지하게 되었고 또한 찰갑편의 형태도 고조선의 것과 같이 비교적 세밀하게 발전했음을 알 수 있다. 이 시기는 고조선이 붕괴되어 간 시기로서, 이 같은 무제시기 군대 장비의 변화는 고조선을 무너트린 한 요인이 되었을 것으로 생각된다. 무제는 위만조선을 쳐서 멸망시키고, 그 지역에 낙랑·임둔·진번의 세 군을 설치한 후 여세를 몰아 고조선의 변경을 침략하여 그곳에 현토군을 설치했다. 이 과정에서 고조선은 중국과 큰 전쟁을 치르게 되

---

268) 박진욱, 〈삼국 시기의 갑옷과 투구〉, 《고고민속》, 1963년, 17쪽; 사회과학원 고고학 및 민속학 연구소, 〈고조선의 무기〉, 《고고민속》, 1966년 1기, 사회과학원출판사, 39쪽; 전주농, 〈고조선의 공예〉, 《문화유산》, 1961년 1기, 사회과학원출판사, 93쪽.

었는데, 철갑기병이 없었던 무제 이전의 중국과의 전쟁과는 달리 피해 가 매우 컸을 것으로 생각된다.[269]

현재 통용되는 한국고대사 체계는 준왕(準王)이 고조선의 마지막 왕 으로 되어 있고, 위만이 정변을 일으켜 준왕의 정권을 탈취하여 고조선 이 멸망한 것으로 보고 있다. 그러나 《사기》〈조선열전〉에 보이는 준왕 은 고조선의 왕이 아니라 기자의 41세 후손일 뿐이다. 〈조선열전〉의 기 록은 고조선이 아니라 위만조선에 관한 것이다.[270] 고조선이 붕괴되면 서 열국이 독립하여 동부여가 서기전 59년, 신라가 서기전 57년, 고구 려가 서기전 37년에 각기 독립된 국가를 건국해 나갔기 때문에 이 시기 를 고조선의 멸망시기로 볼 수 있을 것이다. 이 시기는 중국에서 무제 의 뒤를 이어 선제(宣帝, 서기전 73년~서기전 49년)와 원제(元帝, 서기 전 49년~서기전 33년)가 즉위한 시기로 중국에서 철기가 매우 발달한 시기였다.

서한제국은 이전시기와 달리 철기의 발달과 보급으로 경제력이 증 강하고 갑옷과 무기가 발달하게 되었다. 고조선은 이 시기에 서한과 세 차례에 걸친 큰 전쟁을 치루게 되었던 것이다. 가장 먼저는 서기전 3세 기경의 고조선과 연나라의 조·연전쟁이다. 필자는 앞의 제3부 제1장 1 절과 2절에서 기자 일족이 지금의 난하 하류 동부유역에 위치한 객좌의 일부 지역인 산만자(山灣子), 소파태구(小波汰溝), 북동촌(北洞村) 등에 거주했음을 밝힌 바 있다. 그리고 기자의 일족이 거주했던 낙랑군 조선 현이 바로 이 지역들을 포함한 지역이었음도 규명하였다. 그리고 《위 략》에서 진개가 빼앗았다는 2천 리 가운데 동호(東胡)지역의 1천 리를 제외하면 빼앗긴 고조선지역은 1천 리 정도라고 볼 수 있는데, 이후 상 당 부분 다시 수복되었음을 알 수 있다. 이 1천 리에 속하는 지역에 진 번과 지역명칭으로서 조선이 있었다. 이 영역을 수복하는 과정에서 고

---

269) 박선희,《한국고대복식-그 원형과 정체》, 582쪽.
270) 이 책의 제3부 제1장 2절의 '문헌과 유물로 본 '조선후' 거주지와 조·연전쟁' 참조.

조선의 국력이 많이 소모되었을 것으로 생각된다.

두 번째의 전쟁은 고조선과 위만조선의 전쟁으로, 위만이 건국 이후 서한의 외신(外臣)이 되어 서한의 지원을 받으면서 고조선에 속해 있던 진번과 임둔을 비롯하여 주변지역을 침탈하여[271] 영토를 넓혀 위만조선과 충돌할 수밖에 없었다. 그러나 고조선은 위만조선의 침략을 모두 물리치지 못했다. 세 번째 전쟁은 위만이 서한의 외신으로서 의무를 지키지 않고 동이족의 천자 알현을 방해하였기 때문에 일어난 것이었다.[272] 서한은 서기전 108년 위만조선을 멸망시키고 그 지역에 낙랑군, 진번군, 임둔군을 설치했으며, 서기전 107년에 고조선의 서부지역을 침략하여 현토군을 설치하였다.

서기전 3세기경부터 서기전 2세기를 거쳐 서기전 107년경에 이르기까지 줄곧 이어진 서한과의 전쟁은 고조선의 국력이 크게 손실을 입게된 까닭이며, 결국 열국으로 분열을 가져왔음을 알 수 있다. 그러나 고조선 갑옷과 투구 등의 높은 수준이 이후 열국으로 이어지면서 나라마다 제각기 고유한 특징을 지니며 말갑옷과 말투구 및 등자에 이르기까지 매우 발달된 양상을 보여 준다.

---

271) 《史記》卷115〈朝鮮列傳〉. "遼東太守卽約滿爲外臣, …以聞, 上許之, 以故滿得兵威財物, 侵降其旁小邑·眞番·臨屯皆來服屬."
272) 《史記》卷115〈朝鮮列傳〉. "遼東太守卽約滿爲外臣, 保塞外蠻夷, 無使盜邊, 諸蠻夷君長欲入見天子, 勿得禁止."

제3장 특수복식으로 본 고조선 복식문명과
열국시대로의 계승과 발전

1. 비교연구를 통해 본 동부여 갑옷에 보이는 고조선 갑옷 특징

1) 고조선 갑옷양식을 이은 뼈갑옷의 양식적 특징

부여는 문헌기록에 북부여(北扶餘)·동부여(東扶餘)·졸본부여(卒本扶餘)·부여(扶餘) 등으로 나타난다. 이 글에서는 동부여에 관한 내용을 밝혀 보고자 한다. 여러 부여 가운데 동부여를 세운 해부루왕이 단군의 아들이라고 전해 오고 있어 고조선을 계승한 가장 정통성을 지닌 나라가 되기 때문이다.

우선 동부여의 건국과 그 영역에 관하여 알아보기로 한다. 《삼국유사》에 북부여와 동부여를 분류하여 서술한 기록이 보인다. 즉 북부여에 대해서는 "《고기》(古記)에 이르기를, 전한(前漢)의 선제(宣帝) 신작(神爵) 3년 임술(壬戌) 4월 8일에 하느님이 흘승골성(訖升骨城)에 내려와서 오룡거(五龍車)를 타고 도읍을 정하여 왕이라 일컬으며 나라 이름을 북부여라 하였다. 스스로 이름하여 해모수(解慕漱)라 하였는데 아들을 낳아 이름을 부루(扶婁)라 하고 해(解)로써 씨를 삼았다. 왕은 나중에 상제(上帝)의 명으로 도읍을 동부여로 옮겼다. 동명제(東明帝)가 북부여를 계승하여 일어나 졸본주(卒本州)에 도읍하여 졸본부여라 하였는데 바로 고구려의 시조이다"[1]라 했다.

동부여에 대해서는 "북부여 왕 해부루의 상(相)이었던 아란불(阿蘭弗)이 꿈을 꾸었는데, 하느님이 내려와 이르기를 '장차 내 자손으로 하

---

1) 《三國遺事》卷1 〈紀異〉 北扶餘條.

여금 이곳에 나라를 세우도록 하려 하니 너는 이곳을 피하라. 동쪽의 바닷가에 가섭원(迦葉原)이라 이름하는 땅이 있는데 토양이 기름지니 왕도(王都)를 세우기에 알맞다'고 했다. 아란불이 왕에게 권하여 도읍을 그곳으로 옮기고 나라 이름을 동부여라 했다"[2]고 서술하였다.

　　이러한 《삼국유사》 기록은 북부여 왕 해부루가 동쪽의 가섭원이라는 곳으로 옮겨 동부여를 건국했고, 추모왕은 졸본부여에서 고구려를 건국했으며, 북부여와 동부여 및 졸본부여가 서로 다른 나라였음을 알게 해 준다. 《삼국사기》에 부여는 독립된 항목으로 서술되어 있지 않고 단지 〈고구려본기〉 시조 동명성왕조에 북부여와 동부여에 관한 내용이 실려 있는데, 부여 왕 해부루가 동쪽의 가섭원으로 옮겨 동부여를 세웠다[3]고 하여 앞의 《삼국유사》의 기록과 일치한다.

　　해부루왕에 관해서는 《제왕운기》와 《삼국유사》에 보인다. 《제왕운기》 〈한사군급열국기〉의 주석에 "《단군본기》(檀君本紀)에 이르기를, '비서갑(非西岬) 하박(河泊)의 딸과 결혼하여 아들을 낳았는데 이름이 부루(夫婁)였다'"[4]고 하였다. 이러한 내용에서 부여의 해부루왕은 단군의 아들이라고 전해 왔음을 알 수 있다. 《삼국유사》 〈기이〉 고구려조의 저자 자신의 주석을 보면, "《단군기》(壇君記)에 이르기를, '단군이 서하(西河) 하백의 딸과 친하여 아들을 낳아 부루라 이름하였다' 하였는데, 지금 이 기록(《삼국유사》 〈기이〉편)을 살펴보건대 해모수가 하백의 딸을 사통하여 뒤에 주몽을 낳았다 하였다. 《단군기》에 '아들을 낳아 부루라 이름하였다' 하였으니 부루와 주몽은 어머니가 다른 형제일 것이다"[5]라고 했다. 이 내용으로 보아 단군과 해모수는 같은 사람이었음을 알 수 있다.

2) 《三國遺事》 卷1 〈紀異〉 東扶餘條.
3) 《三國史記》 卷13 〈高句麗本紀〉 始祖 東明聖王條.
4) 《帝王韻紀》 卷下 〈漢四郡及列國紀〉의 주석. "《檀君本紀》曰, 與非西岬河泊之女婚, 而生男名夫婁."
5) 《三國遺事》 卷1 〈紀異〉 高句麗條의 저자 자신의 주석. "《壇君記》云, 君與西河河伯之女要親, 有産子, 名曰夫婁, 今按此記, 則解慕漱私河伯之女, 而後産朱蒙. 《壇君記》云, 産子名曰夫婁, 夫婁與朱蒙異母兄弟也."

단군은 해모수라고도 불렸던 것이다. 단군은 고조선의 최고 통치자에
대한 칭호로서 하느님 또는 하느님의 아들이라는 의미를 지니고 있는
데[6] 해모수는 해머슴애, 즉 해의 아들이라는 뜻이었다.[7] 이러한 의미
로부터 《삼국유사》에서 북부여의 건국자를 해모수라 기록하게 된 까닭
을 이해하게 된다. 《제왕운기》에서 말했듯이 부여 왕 해부루의 아버지
는 단군으로 해모수라고도 불렸던 것이다.

동부여는 서기전 59년에 북부여의 해부루왕(解夫婁王)이 동쪽의 가
엽원(迦葉原)으로 이주하여 건국한 나라였다. 정치의 중심지는 지금의
길림성 북부에 있는 부여현(扶餘縣)지역으로[8] 길림성 북부와 내몽고자
치구 동부 일부 및 흑룡강성지역을 차지하고 있었으며, 건국 초기부터
서기 494년 고구려에 투항할 때까지 이 지역에 계속 거주했다. 동부여
가 위치했던 길림성 북부와 흑룡강성지역은 부여족이 이동해 오기 전에
는 예족(濊族)이 거주했던 곳이다. 지금의 요서지역에서 고조선에 속해
있던 예(濊)는 그 지역을 위만조선이 점령하자 영토를 잃고 동쪽으로
이동하여 잠시 길림성 북부와 흑룡강성 지역에 자리를 잡았다. 그러나
동부여가 이곳으로 이주해 오자 함경남도 남부와 강원도 지역으로 다시
이주했다.[9] 이러한 과정으로 보면, 위만조선은 서기전 195년~서기전
180년 사이에 건국했고[10] 동부여는 서기전 59년에 건국했으므로, 예가
길림성과 흑룡강성 지역에 이주하여 거주했던 기간은 서기전 195년부
터 서기전 60년까지이고, 이후 동부여가 서기 494년경까지 거주했다고
하겠다.

동부여에서는 고조선의 갑옷 생산양식을 그대로 이어 뼈와 청동 및
철 등을 재료로 한 갑옷을 생산했다. 동부여에서 생산한 뼈갑옷은 흑룡

---

6) 崔南善,〈不咸文化論〉,《六堂崔南善全集》2 (玄岩社, 1973), 56~61쪽.
7) 金庠基,〈國史上에 나타난 建國說話의 檢討〉,《東方史論叢》(서울대학교출판부,
   1984), 6~7쪽의 주 7) 참조.
8) 尹乃鉉,〈扶餘의 분열과 變遷〉,《祥明史學》第三·四合輯, 1995, 447~480쪽.
9) 윤내현,〈扶餘의 분열과 變遷〉, 463~477쪽.
10) 윤내현,《고조선 연구》, 一志社, 1994, 360~367쪽.

강성 영안현(寧安縣)에 위치한 동강(東康) 유적에서 출토된 뼈갑편(그림 1)을 통해 알 수 있다. 뼈갑편은 다양한 뼈용품 및 철기들과 함께 출토되었다. 뼈갑편의

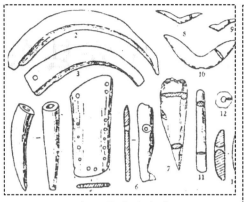

〈그림 1〉 동강 유적 출토
뼈갑편과 뼈도구들 모사도

〈그림 2〉
난서하구
유적 출토
뼈갑편
모사도

가장자리에는 구멍이 15개 뚫려 있고, 길이 5.4㎝, 너비 2.2㎝이다. 발굴자들은 이 유적의 연대를 탄소연대 측정에 따라 서기 255년경으로 보고 있다.11) 같은 시기인 흑룡강성의 난서하구(蘭西河口) 유적에서도 여전히 장방형의 뼈갑편(그림 2)이 출토되어12) 부여에서 생산한 뼈갑편이 고조선 양식을 그대로 계승했음을 알 수 있다. 이 뼈갑편은 앞장에서 서술한 서기전 5~6세기경에 속하는 길림성 왕청현(汪淸縣) 금성(金城) 유적에서 출토된 갑편과 유사하다.

2) 고조선 갑옷양식을 이은 청동갑옷과 철갑옷의 특징

부여의 갑옷에 대하여 《삼국지》의 〈오환선비동이전〉 부여전에서는, "(부여사람들은) 활·화살·칼·창을 무기로 하고, 집집마다 갑옷〔鎧〕과 무기를 보유했다. …적군의 침입이 있으면 제가(諸加)들이 몸소 전투를 하

---

11) 黑龍江省博物館考古部·哈爾濱師範學院歷史系,〈寧安縣東康遺蹟第二次發掘記〉,
《中國考古集成》東北卷 靑銅時代(三), 2819~2822쪽·圖 3.
12) 郝思德·李陳奇,〈寧安縣東康遺蹟第二次發掘記〉,《中國考古集成》東北卷 靑銅時代
(三), 2806~2808쪽, 圖二의 6.

고…"13)라고 기록하고 있다. 이 내용은 고조선이 붕괴된 이후의 동부여에 관한 상황을 말하는 것이다.

동부여는 고조선의 뒤를 이은 열국 가운데 가장 정통성을 지닌 국가였으므로 그들의 무기와 갑옷은 고조선의 것을 그대로 계승했을 것이라 여겨진다. 《삼국지》에서 부여 사람들이 집집마다 자체적으로 갑옷과 무기를 보유하고 있었다고 기록한 것은 고조선의 지배층부터 일반 농민의 유적에 이르기까지 항상 무기가 출토되는 상황과 일치된다.

《삼국지》에서 부여가 생산했다는 개(鎧)는 어떠한 갑옷을 말하는지 알아보기로 한다. 《설문해자》에서는 개에 대하여 "갑야"라 하였다. 《주례》(周禮) 〈사갑〉(司甲) 정씨주(鄭氏注)에서 "예전의 가죽으로 만든 갑옷은 갑(甲)이라 하고 지금 금속으로 만든 것은 개(鎧)라고 한다(古用皮謂之甲, 今用金謂之鎧)"는 내용에서 금속으로 만든 갑옷을 가리켰음을 알 수 있다.14) 《주서》(周書) 〈비서〉(費誓)의 갑주(甲冑)에 대한 주석으로 《상서정의》(尙書正義)에서도 중국에서 갑옷과 투구를 갑주로 일컫다가 진한시기 이래 철을 사용해 만들면서 개(鎧)와 두무(兜鍪)라고 하였다고15) 하므로 동부여가 생산하여 집집마다 보유했던 갑옷(鎧)은 철갑(鐵甲)을 가리킨다고 하겠다.

동부여의 갑옷과 투구를 살펴볼 수 있는 유물이 길림성 유수현(榆樹縣) 노하심촌(老河深村)의 무덤들에서 출토되었다. 발굴자들은 이 무덤

---

13) 《三國志》 卷30 〈烏丸鮮卑東夷傳〉 夫餘傳. "以弓矢刀矛爲兵, 家家自有鎧仗 …有敵, 諸加自戰…."
14) 賈公彦이 疏를 단 《周禮》에는 司甲이 없다. 그러나 《康熙字典》에는 周禮 夏官 司甲疏를 인용했다. 《周禮》 司甲의 鄭氏注에는 다음과 같은 내용이 나온다. "古用皮謂之甲, 今用金謂之鎧. 初學記首鎧之兜鍪, 亦曰冑. 臂用皮鎧謂之扞, 頸鎧謂之鉭鍛."
15) 《商書》 〈費誓〉의 甲冑에 대하여 孔穎達은 疏에 "說文에 冑는 兜鍪라고 했고, 兜鍪는 首鎧라고 했다. 經典은 모두 甲冑이라고 했다. 秦 이래 鎧와 兜鍪의 글이 처음 쓰였다. 옛날 가죽으로 갑을 만들었고 秦漢以來 철을 사용했다. 鎧·鍪 두 자 모두 金을 따르는 것은 모두 鐵로 이를 만들었기 때문에 이름으로 했다(說文云: 冑, 兜鍪也. 兜鍪, 首鎧也. 經典皆言甲冑. 秦世已來始有鎧·兜鍪之文. 古之作甲用皮, 秦漢以來用鐵, 鎧·鍪二字皆從金, 盖用鐵爲之, 而因以作名也)"라고 썼다.

을 동한(서기 25년~서기 220년) 초기 혹은 이보다 약간 늦은 시기에 속할 것으로 추정했다. 종족문제에 관해서는, 이 유적이 동한시기 선비족이 거주하던 길림성지역에 위치했으므로 선비족의 유적이라고 단정하거나[16] 부여족의 유적이라고 주장했다.[17] 그러나 시기와 위치 및 유물의 특징에서 노하심촌 유적은 동부여의 것으로 추정된다. 실제 유물들의 특징은 어떠한지 살펴보기로 한다.

노하심촌 유적은 한시대의 묘장 128기가 발굴되는 큰 규모의 유적이다. 유적의 북부지역에 위치한 11호묘는 남녀합장묘이고, 11호묘에서 남쪽으로 2m 떨어진 곳에 위치한 1호묘는 여성묘인데 둘 다 비교적 규모가 크다. 1호묘는 장방형의 토갱수혈묘(土坑竪穴墓)인데 묘 바닥에 길이 2.57m, 너비 0.8m의 나무판에 홍색칠편(紅色漆片)이 붙어 있어 붉은 옻칠(髤紅漆)의 기술이 있었음을 알게 한다.

1호묘는 수장품이 매우 풍부한데, 묘주의 머리 위에서 매장할 때 관 위에 놓았을 쌍이도호(雙耳陶壺)가 발견되었고, 묘 안에서는 묘주의 주변에서 철도(鐵刀) 3개, 금동환(金銅環) 1개, 금이식(金耳飾) 2개, 목걸이, 은완식(銀腕飾)과 실크 조각, 은반지, 금반지 5개, 가죽신발의 잔편, 재갈(鐵馬鑣) 등의 마구류가 출토되었다(그림 3).[18] 목걸

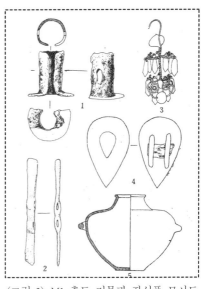

〈그림 3〉 M1 출토 기물과 장식품 모사도

16) 吉林省文物工作隊·長春市文管會·榆樹縣博物館, 〈吉林榆樹縣老河深鮮卑墓群部分墓葬發掘簡報〉,《文物》1985年 第2期, 68~82쪽; 周寶中,《中國傳統工藝全集·文物修復和辨僞》, 大象出版社, 2007, 185~188쪽.

17) 劉景文, 〈從出土文物簡析古代夫餘族的審美觀和美的裝飾〉,《中國考古集成》東北卷 秦漢至三國(二), 1242~1245쪽.

18) 吉林省文物工作隊·長春市文管會·榆樹縣博物館, 〈吉林榆樹縣老河深鮮卑墓群部分

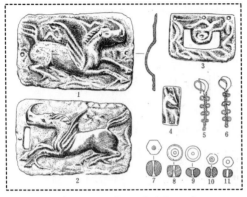

〈그림 4〉 M56 출토 장식품 모사도

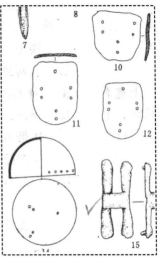

〈그림 5〉 M56 출토
철주정과 철갑편

이는 원형으로 만들어진 266개의 마노(瑪瑙)구슬과 6개의 금관(金管)으로 이루어진 매우 화려한 것이다. 이는 《후한서》〈동이열전〉 부여전에서 "명마(名馬)와 적옥(赤玉)과 초(貂), 날(貀)이 생산되며, 큰 구슬의 크기는 마치 대추와 같다"[19]고 한 내용에서 표현된 대추만한 구슬이 마노로 만들어진 것임을 확인할 수 있다.

11호묘에서는 주산알 모양의 청동식과 금동환을 비롯하여 철로 만든 마구와 무기류가 출토되었다. 특히 철갑편 43개와 다양한 양식의 철에 금을 입힌 허리띠장식이 여럿 출토되었다. 철갑편의 양식은 원각장방형으로 너비 1.45㎝, 길이 2.9㎝의 것이다.

그 밖에도 56·57·58호묘에서는 생산공구와 무기, 갑옷과 투구편, 생활용구, 장식품 등이 매우 풍부하게 출토되었다. 56호묘에서는 장식품으로 금동으로 만든 패식, 금이식과 함께 다양한 양식의 청동장식단추가 나왔다(그림 4).[20]

다양한 무기류와 철갑편과 투구편(그림 5)이 철로 만든 긴 길이와

墓葬發掘簡報〉, 75쪽의 圖 10의 부분.

19)《後漢書》卷85〈東夷列傳〉. "出名馬·赤玉·貂·貀, 大珠如酸棗."

20) 吉林省文物工作隊·長春市文管會·楡樹縣博物館, 〈吉林楡樹縣老河深鮮卑墓群部分墓葬發掘簡報〉, 73쪽의 圖 7.

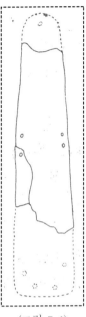

〈그림 6〉 M56
출토 철화살집

〈그림 7〉
투구편 출토 상황

〈그림 7-1〉
M56 출토 철
투구편 모사도

짧은 길이의 화살집(그림 6)[21]과 함께 나왔다. 철투구는 1개로 주정(胄頂)과 주편(胄片)으로 만들어졌다. 주정의 꼭대기에는 5개의 구멍이 있고, 가장자리로 작은 구멍이 20개 있다. 주편(胄片)은 50여 개로, 윗부분은 좁고 아래는 평평하고 약간 구부러진 장조형(長條形)이다(그림 7·7-1)[22]. 한 벌의 철개갑과 철투구가 출토되었는데 출토시 이미 흩어져 있는 상태였다(그림 8).[23] 철갑옷은 복원은 안 되었으나, 대략적으로 몸 부분의 철갑편은 478편, 소매 부분은 207편이 출토되었으므로 실제로는 더 많은 수량이었을 것이다. 몸 부분의 갑편은 상방하원(上方下圓)의 장방형이고 대소의 구별이 있다. 소매부분은 상원하방(上圓下方)

---

21) 위와 같음.

22) 위와 같음; 周寶中,《中國傳統工藝全集·文物修復和辨僞》, 大象出版社, 2007, 191쪽의 圖 8-10.

23) 吉林省文物工作隊·長春市文管會·楡樹縣博物館,〈吉林楡樹縣老河深鮮卑墓群部分墓葬發掘簡報〉, 72쪽의 圖 6.

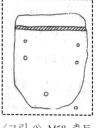

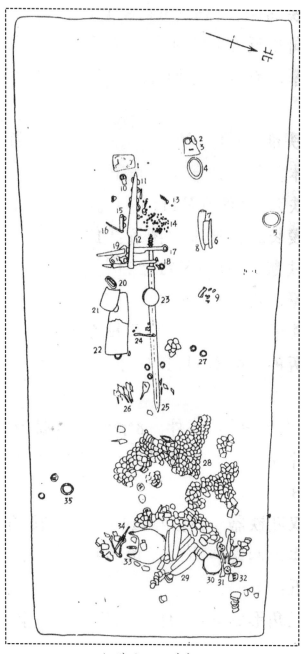

〈그림 8〉 M56 평면도:
철갑편과 철주편·철주정 등의 출토 상황 모사도

으로 짧고 넓은 양식이며, 길이 3.7cm, 너비 4cm이다. 57호묘는 56호묘의 북쪽에 위치하는데, 수장품이 비교적 적으나 장식품과 철제도구와 철제 무기 및 철갑편 5개가 출토되었다. 패형(貝形) 청동장식단추 10개와 금이식 1개, 원각장방형의 철갑편이 출토되었다. 56호묘의 남쪽 2m 지점에 위치하는 58호묘에서는 패형과 원형의 청동장식단추 68개, 은이식(銀耳飾) 2개, 마노(瑪瑙)목걸이와 다양한 철도구, 철갑편 5개(그림 9)24)등이 출토되었다.

M56의 출토 상황에서 나타나듯이 갑편의 수량이 많은 데다, 발굴자들은 부패된 것과 남아 있는 잔편 등을 더하면 갑편의 수량이 훨씬 많았을 것으로 보고 있다. 이 갑편들과 마구의 장식품 및 부속품들이 함께 출토되어, 출토된 갑편에 말갑옷이 포함되었을 가능성도 추정된다. 동부여에서는 좋은 말이 많이 생산되었기 때문에25) 군대에도 기병(騎兵)의 수가 많고 고구려처럼 말갑옷도 생산했을 것으로 여겨지기 때문이다.

발굴자들은 이 노하심 유적과 요령성 서풍현(西豊縣)에 위치한 서차구(西岔溝) 고묘군(古墓群)에서 출토된 유물들이 문화의 내용상 서로 밀접한 관계를 갖는다고 했다. 그리고 노하심 유적이 서차구 고묘군 유적보다 생산력과 사회발전의 수준이 훨씬 앞섰다고 보았다.26) 요령성 서풍 서차구묘는 발굴자들에 따르면 서기전 206년에 시작된 서한 초기부터 선제(서기전 74년~서기전 50년) 초기에 속하는 흉노족 혹은 오환(烏桓)족의 유적으로 분류되기도 하고27) 부여족의 유적으로 분류되기도

---

24) 吉林省文物工作隊·長春市文管會·榆樹縣博物館, 〈吉林榆樹縣老河深鮮卑墓群部分墓葬發掘簡報〉, 79쪽의 圖 14.

25) 《後漢書》 卷85 〈東夷列傳〉 夫餘國傳. "동이의 영역에서 가장 평평한 지역으로서 그 땅은 오곡이 자라기에 알맞았다. 좋은 말·붉은 옥·담비·날이 생산되고…(於東夷之域, 最爲平敞, 土宜五穀. 出名馬·赤玉·貂貀…)."

26) 吉林省文物工作隊·長春市文管會·榆樹縣博物館, 〈吉林榆樹縣老河深鮮卑墓群部分墓葬發掘簡報〉, 《文物》1985年 第2期, 68~82쪽.

27) 孫守道, 〈'匈奴西岔溝文化'古墓群的發現〉, 《文物》1960年 第8·9期, 25~36쪽; 曾庸, 〈遼寧西豊西岔溝古墓群爲烏桓文化遺蹟論〉, 《中國考古集成》 東北卷 秦漢之三國

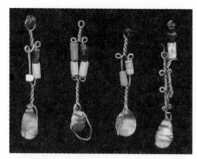

〈그림 10〉 금사 마노장식 귀걸이

〈그림 11〉 서차구 유적 출토 가죽혁대에
장식한 청동장식단추들 잔편

한다.[28] 서차구묘에서 출토된 유물과 이보다 후에 만들어진 노하심 무덤 유적은 연대에 차이가 있지만, 모두 토갱묘(土坑墓)이고 유물의 특징이 서로 동질성과 계승성을 보여 준다. 〈그림 2〉에서 보이는 노하심묘의 귀걸이양식과 서차구묘의 것(그림 10)이 비슷한 양식이며,[29] 의복 위에 원형과 주산알 양식 등의 청동장식단추(그림 11)와 마노목걸이를 사용한 것도 마찬가지이다. 그 밖에 두 유적에서 모두 고조선 유적에서만 나타나는 햇살문양의 청동장식단추와 청동방울이 출토

되었다.[30] 또한 두 유적 모두 동물을 표현한 유사한 양식의 청동장식품들(그림 12·12-1·2)이 보인다.[31] 서차구 유적에서는 병기와 마구 등 많은 유물들이 한 대의 화폐 등과 함께 출토되어 요령성 서부에 위치하고 있던 위만조선 및 한사군과의 접촉을 말해 주기도 한다. 특히 중국학자들은 서차구 유적에서

〈그림 12〉 서차구
유적 출토 청동장식

〈그림 12-1〉
서차구 유적 출토
청동장식

(二), 944~946쪽.

28) 董學增, 〈關于我國東北系'觸角式'劍的探討〉, 《中國考古集成》 東北卷 青銅時代 (一), 35~42쪽.

29) 孫守道, 〈'匈奴西岔溝文化'古墓群的發現〉, 34쪽의 11; 遼寧省博物館·遼寧省文物考古研究所, 《遼河文明展》, 2006, 106쪽.

30) 孫守道, 〈'匈奴西岔溝文化'古墓群的發現〉, 936쪽.

31) 孫守道, 〈'匈奴西岔溝文化'古墓群的發現〉, 34쪽의 10·12.

〈그림 12-2〉
서차구 유적 출토
금동장식

조형(鳥形)안테나식 동병철검(銅柄鐵劍) 12개가 출토되어(그림 13)[32] 부여족의 유적일 것으로 추정했다.

지금까지 발견된 안테나검은 모두 24개이다. 그 가운데 동병동검(銅柄銅劍)이 10개이고 동병철검이 14개이다. 동병동검은 길림성의 화전현(樺甸縣) 서황산(西荒山)에서 3개가 출토되었고[33], 길림성 영길현(永吉縣) 조랍가왕둔(鳥拉街汪屯)에서도 1개가 출토되었다.[34] 일본의 대마도에서도 2개가 출토되었다.[35] 또한 출토지는 알 수 없으나 일본인 산본제이랑(山本梯二郎)이 1개를 소장하고 있고, 강상파부(江上波夫)의 《경로도고》(經路刀考)에 2개가 수록되어 있으며, 영국의 Eumorfopoulos가 1개를 소장하고 있다.[36] 동병철검은 요령성 서풍현 서차구에서 12개[37], 길림성 동료현(東遼縣) 석역향(石驛鄉)에서 1개가 출토되었으며 길림시 교양반산(郊兩半山)에서 1개가 채집되었다.[38] 대영박물관에 소장되어 있는 안테나검은 출토지가 정확하지 않은데 세형동검이므로 한국이나

〈그림 13〉 서차구
유적 출토 청동검

---

32) 遼寧省博物館·遼寧省文物考古研究所, 《遼河文明展》, 2006, 102쪽의 1.

33) 吉林省文物工作隊·吉林博物館, 〈吉林樺甸西荒山屯青銅短劍墓〉, 《東北考古與歷史》, 1982年 1期.

34) 陳家槐, 〈吉林永吉縣鳥拉街出土'觸角式劍柄'銅劍〉, 《考古》 1984年 2期.

35) 中口裕, 《銅の考古學》, 東京, 1972.

36) 江上波夫, 〈經路刀考〉 《東方學報》 第3册; 梅原末治, 〈有炳細形銅劍の一新例〉, 《考古學雜誌》 昭和 20年 17卷 第9號.

37) 孫守道, 〈'匈奴西岔溝文化'古墓群的發現〉 《文物》 1960年 8·9期. 25~36쪽.

38) 劉升匯, 〈東遼縣石驛公社古代墓群出土文物〉, 《博物館研究》 1983年 3期; 吉林省文物志編委會, 《吉林市郊區文物志》, 1983年.

일본 출토품으로 보기도 한다. 한반도에서는 평양과 대구에서 발견되었으며 평양에서 출토된 것과 비슷한 것이 일본의 대마(對馬) 봉촌삼근(峰村三根)에서 발굴되었다.[39] 이처럼 조형안테나검은 한반도에서는 평양과 대구에서 출토되었고, 만주에서는 요령성과 길림성에서만 출토되었으며, 한반도의 영향을 받았던 일본의 대마도에서 출토되었을 뿐이다. 이 조형안테나식 동병철검의 형식에 대해서 대영박물관에서는 스키타이형 검(劍)이라고 설명하고 있고, 한국학자들과 일본학자들은 내몽고 오르도스 지방에서 출발된 형식이 서차구를 중개지점으로 하여 한국에 나타났다[40]고 주장했다.

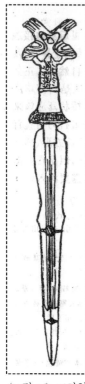

그러나 이 같은 주장들이 매우 성급했음을 알려 주는 다음의 유물이 발견되었다. 1986년 길림성 교하현(蛟河縣)에서 종래에 발굴되었던 동검들보다 검자루 부분의 조형(鳥形)이 매우 사실적인 '대두쌍조수'(對頭雙鳥首) 동검(그림 14)이 발굴되었다. 발굴자들은 이 동검의 연대를 임운(林澐)의 견해에 따라 전국시대 초기인 서기전 5세기경으로 편년하고[41] 서단산문화유물로 보기도 했다.[42] 이 시기 길림성지역은 고조선에 속해 있던 영역인데, 주로 요하 동쪽과 백두산 서북쪽에 위치하고 있던 해두국(海頭國)·개마국(蓋馬國)·구차국(句茶國)·조나국(藻那國)·주나국(朱那國)[43] 등이 있었던 곳으로 추정된다. 이와 같이 교하현에서 발굴된 동검의

〈그림 14〉 교하현 유적 출토 청동검 모사도

39) 金元龍, 《韓國考古學硏究》, 一志社, 1992, 241~244쪽.

40) 金元龍, 《韓國考古學硏究》, 241~261쪽; 秋山進吾, 〈中國東北地方の初期金屬文化の樣相(下)〉, 《考古學雜志》 54-4, 328~329쪽.

41) 董學增, 〈吉林蛟河發現'對頭雙鳥首'銅劍〉, 《中國考古集成》 東北卷, 靑銅時代(三), 2466~2467쪽.

42) 陳永祥, 〈蛟河縣出土一件靑銅短劍〉, 《中國考古集成》 東北卷, 靑銅時代(三), 2467쪽.

43) 윤내현, 《고조선 연구》, 470~472쪽.

검자루부분 조형이 간화(簡化)되지 않고 사실적이라는 점과 교하현의
동검을 비롯하여 서차구와 한국 및 일본에서 발견된 안테나검이 모두
세형동검이라는 점은, 교하현지역을 중심으로 조형안테나검이 만들어지
기 시작했을 가능성을 시사한다. 이 교하현에서 출토된 동검의 검자루
에는 고조선지역에서 주로 나타나는 새김무늬의 문양이 돌려져 있다.
이러한 사실들은 노하심 유적과 서차구 유적 및 교하현 유적은 고조선
시대부터 얼국시대에 걸친 한민족의 유적임을 알려 주는 충분한 증거가
되며, 노하심 유적과 이보다 앞선 연대에 속하는 서차구 유적이 동부여
의 유적임도 확실히 밝혀 준다.

　　노하심 유적에서 발굴된 철갑편은 고조선의 갑편과 거의 같다. 〈그
림 5·7-1·9〉에서 보이듯이 어린갑편은 좁고 긴 장방형과 아래쪽이 둥
근 장방형으로 나타난다. 단지 철갑 세 면의 구멍 수가 고조선시대의
것보다 1개씩 더 많다. 또 한 가지 중요한 것은, 소매부분이 207편의 갑
편44)으로 만들어졌는데 한쪽 편이 모두 둥근 장방형 양식으로 만들어
졌다는 점이다. 노하심 유적이 동한(서기 25년~서기 220년) 초기 혹은
이보다 약간 늦은 시기에 속할 것으로 추정되는데, 동일 시기는 아니지

만 중국의 서한 전왕(滇
王) 왕족묘에서 출토된
금동장식에 보이는 무
사의 개갑(鎧甲)은 장방
형에 가까운 큰 갑편이
나열되어 무릎까지 내
려와 있다(그림 15)45).
이러한 양식은 진대의
섭서(陝西)　임동(臨潼)

〈그림 15〉 전왕 왕족묘 출토 금동장식에 보이는 무사

44)　吉林省文物工作隊·長春市文管會·楡樹縣博物館,〈吉林楡樹縣老河深鮮卑墓群部分
　　墓葬發掘簡報〉, 76쪽.
45)　黃能馥·陳娟娟,《中華服飾藝術源流》, 高等敎育出版社, 1994, 145쪽의 그림 100.

〈그림 16〉 섬서 임동 출토   〈그림 17〉 양가만 유적 출토
     진 무사도용   개갑 복원도

에서 출토된 갑옷을 입은 진 무사도용(武士陶俑)의 갑옷(그림 16)⁴⁶⁾과
유사하다. 섬서 함양(咸陽) 양가만(楊家灣) 유적에서 출토된 개갑을 입
은 무사갑옷의 갑편은 아래 부분을 둥글린 것이지만 갑편과 갑편을 나
열하였을 뿐 옆으로 겹쳐지지 않은 상태이다(그림 17)⁴⁷⁾. 이들 모두 소

매부분에는 갑편을 사용하지
않았다. 이러한 사실은 노하
심 유적의 철갑편이 중국계
통과는 다른 동부여의 것임
을 더욱 확실하게 해 주며,
넓은 철갑편을 연결하여 만
든 북방민족의 같은 시기의
철갑옷(그림 18)⁴⁸⁾과도 무관

〈그림 18〉 흉노족 철갑옷   함을 알 수 있다. 동부여는

---

46) 上海市戲曲學敎中國服裝史硏究編著, 周汛·高春明 撰文, 《中國服飾五千年》, 商務
    印書館香港分館, 1984, 51쪽의 그림 83.
47) 上海市戲曲學敎中國服裝史硏究編著, 周汛·高春明 撰文, 위의 책, 50쪽의 그림 79.
48) 凱風, 《中國甲冑》, 上海古籍出版社, 2006, 52쪽의 그림 54.

중국보다 앞선 고조선의 제철제강기술을 이어 우수한 어린갑의 갑옷과 말갑옷을 생산했다고 하겠다.

동부여가 고조선의 합금기술을 계승했음은 요령성 서풍현 서차구 유적에서 출토된 청동장식품(그림 19)[49]에서도 확인된다. 이 청동장식은 삼족오와 호랑이 곰 등이 표현되어 있어 단군신화의 내용을 상징하고 있는 것으로 해석되는데, 현재의 요령성과 길림성 접경지역에 위치한 서풍현의 바로 위에 위치한 평강(平岡)지역에서도 동일한 양

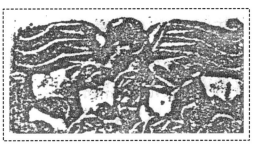

〈그림 19〉 서차구 유적 출토 청동장식

〈그림 20〉 평강 유적 출토 금동장식

식의 금동으로 만들어진 장식품(그림 20)[50]이 출토되었다. 이로써 동부여 사람들이 청동합금기술뿐만 아니라 고조선의 건국과정을 담고 있는 단군신화의 내용을 그대로 계승하고 있음을 알 수 있다.

49) 曾庸, 〈西豊西岔溝匈奴古墓群〉, 《中國考古集成》 東北卷 秦漢之三國(二), 946쪽.
50) 徐秉昆·孫守道, 《東北文化》, 上海遠東出版社·商務印書館, 1998, 129쪽의 그림 149.

2. 비교연구를 통해 본 고구려 갑옷에 보이는 고조선 갑옷 특징

1) 고조선 갑옷양식을 이은 고구려 갑옷의 종류와 특징

이 글은 비교연구를 통해 고구려 갑옷과 투구가 고조선 갑옷양식과 생산기법을 이어 이웃 나라와 다른 고유한 특징을 발달시켜 나간 사실을 밝히고, 이로부터 요서지역 출토 갑옷과 투구 등의 국적을 바르게 밝히는 데 목적이 있다. 그동안 방어무기로서 중요한 역할을 한 고구려의 갑옷과 투구 등에 관한 연구는 있었으나, 고조선 갑옷과의 연관성 연구는 거의 이루지지 않았다. 필자가 한국 고대 갑옷의 종류와 특징에 관한 비교 연구에서[1] 부분적으로 서술했을 뿐이다.

이 글에서는 선행연구를 토대로 하고 새로이 출토된 고조선과 고구려 갑옷에 대하여 분석된 여러 내용들을 바탕으로, 이를 계승하여 발전시킨 고구려 갑옷의 종류와 양식 및 기술적 특징을 밝히고 중국 및 북방지역의 것과 비교해 보고자 한다. 이러한 고찰을 통해 고구려 갑옷의 생산시기와 기술적 양식 등에 대한 종래의 잘못된 견해가 수정될 수 있을 것이다. 아울러 서기 4세기경에 속하는 조양지역 고분들과 안악 3호 벽화고분 묘주의 국적문제를 올바르게 밝히는 데도 도움이 될 것으로 생각된다.

고구려 갑옷에 대하여 《주서》(周書) 〈열전〉(列傳) 고(구)려전에서는, "병기는 갑옷·쇠뇌·활·화살·극(戟)·삭(矟)·모(矛)·정(鋌)이 있다"[2]고 했다. 또한 《양서》(梁書) 〈동이열전〉 고(구)려전에서는, "고구려의 말은 모두 작아 산에 오르기 편리하다. 나라 사람들은 기력(氣力)을 숭상하여 활·화살·칼·창을 잘 다루었고, 철갑옷을 입고 전투를 익혀, 옥저(沃沮)·동예(東穢)가 모두 복속했다"[3]고 했다.

---

1) 박선희, 《한국고대복식-그 원형과 정체》, 지식산업사, 2002, 547~612쪽; 박선희, 〈비교연구를 통해 본 고조선 갑옷의 종류와 기술적 특징〉, 《고조선단군학회 제65회 학술발표회-고조선문화와 사상의 재조명》, 2016.11, 49~85쪽.
2) 《周書》 卷49 〈列傳〉 高(句)麗傳. "兵器有甲弩弓箭戟稍矛鋌."

이러한 사서의 내용으로부터 고구려는 전쟁에서 철갑옷을 입고 다양한 무기를 가지고 싸웠음을 알 수 있다. 《주서》와 《양서》는 모두 당 태종시기에 편찬된 것으로서, 고구려 초기의 상황에 대한 것을 알기에는 비교적 후대의 기록이다. 그러나 고조선은 뼈갑옷·가죽갑옷·청동갑옷·철갑옷을 생산했기 때문에, 고조선에 속해 있던 고구려가 독립국이 되면서 자연스레 고조선의 갑옷 생산기술을 이어 더욱 발달된 철갑옷을 생산했을 것으로 생각된다.

위 사서에 보이는 고구려가 철갑옷을 입은 시기는 옥저와 동예를 복속시켰을 때이다. 고구려는 태조대왕 4년(서기 56년, 동한 광무제 中元 원년)에 동옥저를 복속시켰다.[4] 고구려가 건국된 것은 서기전 37년이므로, 이는 100여 년도 지나지 않은 건국 초기에 해당하는 일이다. 따라서 고구려가 철갑옷을 입은 시점은 건국 이전까지 소급될 수 있을 것이고, 이는 고구려지역의 거주민들이 고조선의 갑옷 생산기술을 이어 철갑옷을 만들었을 것임을 말해 준다. 그 간접적인 증거로는 고구려 보장왕 4년(서기 645년)에 당 태종이 고구려에 침입할 때 요동성 추모왕 사당에 있었다는 '소갑'(銷甲)과 창에 관한 내용[5]을 들 수 있다. 《삼국사기》의 기록으로 보아 동명왕의 사당은 동명왕 사후에 세워져 고구려가 멸망할 때까지 남아 있었던 것으로 보인다.

고구려 갑옷의 특징을 밝히려면, 건국 다음 해부터 이웃 나라와 계속 전쟁을 치루어 나가는 과정에서 고구려가 중국이나 북방지역 갑옷양식에서 영향을 받았는지 여부도 살펴보아야 할 것이다. 먼저 중국과 북

---

3) 《梁書》卷54〈列傳〉高(句)麗傳. "其馬皆小, 便登山. 國人尙氣力, 便弓矢刀矛. 有鎧甲, 習戰鬪, 沃沮·東穢皆屬焉."

4) 《三國史記》卷14〈高句麗本紀〉. 太祖大王 4年條. "秋七月. 伐東沃沮, 取其土地爲城邑, 拓境東至滄海, 南至薩水."

5) 《三國史記》卷21〈高句麗本紀〉寶臧王 4年條. "성안에 주몽의 사당이 있고 사당에는 철갑옷과 날카로운 창이 있었는데, 망령되게 이전 연나라시대에 하늘이 내려준 것이라고 했다(城有朱蒙祠, 祀有銷甲銛矛. 妄言前燕世天所降)."; 《三國史記》卷23〈百濟本紀〉. "(多婁王) 2년 봄 정월에 왕이 시조 동명왕의 사당에 배알했다(二年春正月, 謁始祖東明廟)."

방지역의 갑옷에 대하여 알아보기로 한다.

중국의 경우 서한시대에 속하는 운남성 진령(晋寧) 석채산(石寨山)의 전왕(滇王) 왕족묘에서 출토된 금동으로 만들어진 장식6)에 갑옷을 입고 투구를 쓴 무사(제4부 제3장 1절 2의 그림 15 참조)가 보인다. 중국학자들은 이를 개갑무사라고 설명하지만, 이 무사가 입은 갑옷편이 넓은 방형이고 평면으로 이어져 무릎 아래까지 길게 내려온 것으로 보아 가죽갑편을 연결한 갑옷으로 생각된다. 철갑편으로 이처럼 만들었다면 활동성이 있다고 보기 어렵기 때문이다. 진대(秦代) 가죽갑옷의 모습에서 보이는 가죽갑편의 평면적인 나열과 길이가 긴 양식을 그대로 보여 주고 있을 뿐이다(제4부 제2장 2절의 그림 43·43-1 사진 참조).

동한시대(서기 25년~서기 220년)에 속하는 산동성 기남현(沂南縣)에 위치한 화상석묘(畫像石墓) 전실 남벽에는 갑개(甲鎧)가 새겨져 있어 어린갑(漁鱗甲)의 모습을 살펴볼 수 있다(그림 1).7) 이 화상석에 표현된 갑옷은 어깨를 덮도록 되어 있고 가슴을 보호하는 부분은 어린갑편으로 연결했으며 허리 아래는 큰 가죽편을 둥글게 연결한 것으로 보인

〈그림 1〉기남현
화상석묘에 보이는
어린갑의 모사도

다. 즉 이 갑옷은 어깨의 일부와 가슴부분만을 찰갑으로 하였는데 아랫부분이 원형의 큰 찰(札)로 구성된 어린갑 양식으로 진대 가죽갑옷의 모습을 거의 그대로 계승하고 있을 뿐 목부분은 그대로 노출되었다. 또 다른 예가 산서성 함양(咸陽)의 양가만(楊家灣) 한묘(漢墓)에서 출토된 보졸도용(步卒陶俑)의 모사도(그림 2)8)에서 확인되는데 가슴과 등 부분만을 가죽으로 엮어 만든 가죽갑옷을 입었다.

6) 黃能馥·陳娟娟, 《中華服飾藝術源流》, 高等教育出版社, 1994, 145쪽의 그림 100.
7) 南京博物院, 《沂南古畫象石墓發掘報告》, 文物出版社, 1956年, 15쪽, 圖版 31; 楊泓, 〈關于鐵甲·馬鎧和馬鐙問題〉, 《考古》, 1961年 第12期, 693~696쪽.
8) 沈從文, 《中國古代服飾研究》, 商務印書館, 香港, 1992, 138쪽의 揷圖 47의 2.

중국학자 양홍(楊泓)은 이
러한 당시 중국의 부분적인
어린갑이 일본 고대 갑주(甲
胄)에 매우 큰 영향을 주었다
고 보고 있다. 일본의 5세기
경 고분시대 무덤 유적에서는
철갑주들이 자주 출토되는데,
이들 가운데 찰갑(札甲)으로
만들어진 것은 일본인들이 꽤

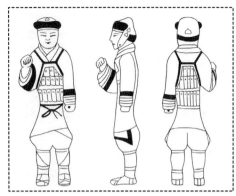

〈그림 2〉 양가만 한묘 출토 보졸도용 모사도

갑(挂甲)이라고 부르는 어린갑을 말한다. 뿐만 아니라 일본의 5세기경
의 고분들에서 출토되는 단갑(短甲)의 기원은 중국이라고 보고 있다.9)
중국학자들은 단갑을 철양당갑(鐵裲襠甲)이라 부른다. 그러나 중국학자
들은 한반도와 만주지역에 거주했던 한민족이 이른 시기부터 다양한 갑
옷을 만들어 이웃 나라에 영향을 주었던 사실을 소홀히 했다. 더구나
일본의 꽤갑과 단갑 생산이 한반도로부터 이주한 신라와 가야 및 백제
사람들의 고조선 갑옷 생산기술을 계승한 것이었음을 연구하지 않았다.

필자는 제4부 제2장 1절에서 중국은 상왕조시대부터 고조선의 장방
형 갑편 양식의 영향을 받기 시작하여 이후 춘추와 전국시대에도 그대
로 계승되었고, 이후 서한시대에 생산된 철갑편도 고조선 철갑편의 영
향을 받았음을 밝힌 바 있다. 특히 고조선시대 숙신이 생산한 무기와 방
어 장비들이 중국에 영향을 주었음을 분석하였다.10)

중국은 양진(兩晉)시대(서기 265년~서기 420년)에 용수개(筩袖鎧)
(그림 3)11)를 많이 제작했다. 〈그림 3〉과 같은 용수개는 어린문양이 새
겨져 있는데 거북이 등껍질문양을 새기기도 한다. 전체가 통판으로 되

9) 楊泓, 〈關于鐵甲·馬鎧和馬鐙問題〉, 《考古》, 1961年 第12期, 694쪽.
10) 이 책의 제4부 2장 2절 참조.
11) 上海市戲曲學校中國服裝史研究組編著, 周汛·高春明撰文, 《中國服飾五千年》, 商務
印書館香港分館, 1984, 70쪽.

〈그림 3〉 위진남북조시대
철투구를 쓰고
용수개를 입은 무사도용

〈그림 4〉 북조의
갑옷을 입고 투구를
쓴 채색도용

어 있고 그 위에 문양을 새긴
것으로 보아 가죽으로 만들어
졌을 것으로 여겨진다. 용수
개는 이처럼 문양을 새기기도
하지만 어린갑편으로 만들어
지기도 하는데, 그 예가 〈그림
4〉의 투구를 쓴 북조(北朝)시
대(서기 386년~서기 581년)
의 채색도용12)이다. 이 경우
도 어린갑의 크기가 매우 크
므로 금속을 재료로 하였다기
보다는 가죽으로 만들어졌을
것으로 판단된다. 동한 후기
에 속하는 하남성 합현(陝縣) 유가거묘(劉家渠墓)에서 출토된 도용은 활
을 겨누고 있는 모양인데, 이 갑옷의 경우도 〈그림 5〉13)와 같이 용수개
의 특징을 보여 주고 있다. 용수개는 동한 개갑의 특징으로, 아래 부분
이 넓은 원형인 찰을 어린갑으로 연결하여 원용(圓甬)모습의 갑옷을 만

든 것이다. 앞과 뒤가 연접되
어 있으며, 어깨 부분에 팔을
보호하는 좁고 기다란 짧은
소매가 있어 용수개라 불리운
다.14) 〈그림 3~5〉의 갑옷이
모두 용수개로 분류되는 까닭
은 좁은 소매에 있다.

〈그림 5〉 유가거묘 출토 도용 모사도

12) 上海市戱曲學校中國服裝史硏究組編著, 周汛·高春明撰文,《中國服飾五千年》, 70쪽
    의 그림 119.
13) 黃河水庫考古隊,〈河南陝縣劉家渠漢墓〉,《考古學報》, 1965年 第1期, 135~136·138
    쪽의 圖 27·139쪽의 圖 28과 圖版陸-2.
14) 上海市戱曲學校中國服裝史硏究組編著, 周汛·高春明撰文,《中國服飾五千年》, 70쪽.

고구려의 갑옷이 웃옷과 아래옷 전부를 어린갑옷으로 입는 경우가
많은 것과 달리 이들 갑옷은 웃옷만을 어린갑으로 했다. 고구려는 서한
과 동한시기를 거쳐 양진시대에 이르기까지 중국과 줄곧 교류하고 충돌
을 반복하면서도 위에 서술한 양당개 혹은 용수개와 같은 양식의 갑옷
을 받아들이지 않았다. 더구나 최씨낙랑국이 있었던 한반도의 대동강유
역에 동한이 군현을 설치하여 더욱 중국 갑옷의 영향을 받기에 수월했
음에도 불구하고 한반도에서 출토되는 갑옷유물과 고구려 고분벽화 등
에는 중국 갑옷의 특징들이 보이지 않는다. 오히려 고조선 갑옷의 생산
기술과 양식을 그대로 계승하여 다양하게 발전시킨 모습이 벽화와 고고
학의 갑편 출토자료 등에서 확인된다. 이는 다음 장에서 서술할 말갑옷
의 경우 더욱 그러하다.

중국의 삼국·양진·남북조시대(서기 220년~서기 581년)는 전쟁의
확대와 함께 북방의 소수민족들이 대거 남하하여 황하유역의 한족(漢
族)과 섞여 거주하게 되면서 생활습속이 점차 융합된다. 이후로 한족은
좁고 기다란 소매의 짧은 웃옷과 허리띠가 있는
호복을 입기 시작했다.15) 용수개도 이 같은 호복
의 영향으로 만들어진 것이다. 동한 말기나 삼국
시대(서기 220년~서기 265년)에 오면 철개(鐵
鎧)의 제작이 활발해지는데,《태평어람》(太平御覽)
은 이 철개를 강개(剛鎧)라고도 했다.16) 이러한
용수개는 서진(西晉, 서기 265년~서기 316년)이
전국을 통일한 후 개갑의 주요 양식이었음이 서
진묘(西晉墓)에서 출토된 도용들(그림 6)에서 확
인된다.17) 용수개는 동진(東晉)시대(서기 317년~

〈그림 6〉 서진묘 출토
갑옷무사 도용

15) 林仙姬,〈고대 한국 복식의 袵形〉,《韓國民俗學》30, 1998, 361쪽;《한국 고대
복식 그 원형과 정체》제2부 6장〈고대 한국 복식의 여밈새〔袵形〕〉참조.
16)《太平御覽》卷353〈諸葛亮傳〉."勅作部作五折剛鎧, 十折矛以給之."
17) 出光美術館,《中國の考古學展−北京大學考古學發掘成果》, 平凡社, 1995, 82쪽의
그림 109; 河南省文化局文物工作隊第二隊,〈洛陽西晉墓的發掘〉,《考古學報》, 1957

〈그림 7〉 동진 벽화묘에
보이는 무사 모사도

서기 419년)에 이르기까지도 크게 유행한 갑
옷양식이었지만, 넓은 장방형의 갑편을 평면
으로 연결한 모습(그림 7)으로 별다르게 발전
한 양식은 보이지 않는다.[18] 따라서 용수개의
갑편 양식은 아래 부분이 넓은 원형인 찰갑편
과 넓은 장방형의 찰갑편이 주요 특징이라고
하겠다.

특히 남북조시대(서기 420년~서기 589년)
에 오면 기병이 군대에서 중요한 부분을 차지
하면서 갑옷이 더욱 발전하

기 시작해 흉갑(胸甲)과 배갑(背甲)으로 이루어진 양
당개(裲襠鎧)가 생산되었다. 이는 출토된 도용과 벽화
등에서 이 시대 기병(騎兵)들이 철양당(鐵裲襠)을 입
고 투구를 썼음을 알 수 있는 까닭이다.

양당개는 북위(北魏)~동위(東魏)에 속하는 무인용
(武人俑)(그림 8)[19]에서 볼 수 있다. 이 양당개를 복
원한 전시도는 〈표 1-그림 9〉[20]와 같다. 이 복원도
에서 볼 수 있듯이 양당개는 위에 서술한 함양의 양
가만 한묘에서 출토된 보졸도용의 모사도(그림 2 참
조)에서 조금 진전된 모습으로, 가슴 부분의 어린갑
을 폭넓게 하여 방어범위를 확대하였다. 또한 하북
성 곡양현(曲陽縣) 고씨묘(高氏墓)에서 출토된 도용[21]

〈그림 8〉
북위~동위시기
양당개를 입은
무인용

年 第1期, 169~186쪽; 河南省文化局文物工作隊第一隊, 〈河南鄭州晉墓發掘記〉, 《考
古通訊》, 1957年 第1期, 37~41쪽.

18) 雲南省文物工作隊, 〈雲南省昭通后海子東晉壁畫墓淸理簡報〉, 《文物》, 1963年 第12
期, 4쪽, 圖版肆의 2.

19) 黃能馥·陳娟娟, 《中華服飾藝術源流》, 高等敎育出版社, 1994, 161쪽의 그림 17.

20) 上海市戲曲學校中國服裝史硏究組編著, 周汛·高春明撰文, 《中國服飾五千年》, 71쪽
의 그림 120.

21) 河北省博物館 文物管理處, 〈河北曲陽發現北魏墓〉, 《考古》 1972年 第5期, 33~35

그림 9	그림 10
양당개를 복원한 전시도	명광개를 복원한 전시도

〈표 1〉 양당개와 명광개의 복원도

등에서도 양당개를 볼 수 있다. 북조(서기 386년~서기 581년) 초기의 무덤인 서안(西安) 초광파(草廣坡) 1호 무덤에서 출토된 도용의 경우도 투구를 쓰고 양당(兩襠)을 입었는데(제3부 제3장의 그림 41 참조)[22], 이는 《송사》(宋史)에서 말하는 '갑기구장'(甲騎具裝)으로[23] 기병뿐만이 아니라 말도 갑옷을 입고 있는 상태를 말한다.

이러한 양당개 이외에 명광개(明光鎧)라고 불리는 갑옷이 북위(서기 386년~서기 534년)의 수장용(隨葬俑)(그림 11)[24]과 북제(北齊, 서기 550년~서기 577년)의 병용(兵俑)(그림 12·13)[25]에서 보이는데, 이를 복원하면 〈그림 10〉[26]의 모습이다. 〈그림 8〉과 〈그림 12〉의 양당개와 명광개를 입은 무사용들은 모두 바지폭이 넓고 무릎 아래서 묶이는 고

쪽, 圖版拾.

22) 陝西省文物管理委員會,〈西安南郊草廣坡村北朝墓的發掘〉,《考古》1959年 第6期, 285~287쪽.

23)《宋史》卷148〈儀衛志〉儀衛 6. "甲騎具裝, 甲人鎧也. 具裝, 馬鎧也."

24) 黃能馥·陳娟娟,《中華服飾藝術源流》, 高等敎育出版社, 1994, 161쪽의 그림 18.

25) 黃能馥·陳娟娟,《中華服飾藝術源流》, 162쪽의 그림 19; 東京國立博物館,《黃河文明展覽》, 中 日新聞社, 1986, 127쪽의 그림 102.

26) 上海市戲曲學校中國服裝史研究組編著, 周汛·高春明撰文,《中國服飾五千年》, 72쪽의 그림 122.

〈그림 13〉
북제의 무사도용

〈그림 14〉
유세공묘 출토
명광개를 입은
무사도용 모사도

〈그림 11〉 북위의 수
장용이 입은 명광개

〈그림 12〉 북제의
병용이 입은 명광개

습(袴褶)을 입고 있다. 북조시대에 속하는 하북성 경현(景縣) 봉씨묘(封
氏墓)에서 출토된 무사용(武士俑) 등은 서로 다른 갑옷과 평상복을 입었
는데 〈그림 9·10〉과 같이 기본적으로 모두 고습을 입었다. 고습은 북방
소수민족의 남자 복식으로, 위진남북조시대에 크게 유행하였다.

수대업(隋大業) 11년의 무덤인 서안(西安) 백록원(白鹿原) 유세공묘
(劉世恭墓)에서 출토된 무사용의 경우는 목둘레부터 어깨까지 개갑으
로 연결되었을 것으로 여겨지는 명광개를 입은 모습(그림 14)27)이다.
이러한 명광개들의 모습은 지금의 고차(庫車)부근에 위치했던 서역(西
域) 귀자국(龜玆國)의 병사들이 입었던 갑옷의 특징인 가슴 좌우부분에
타원형의 호심원(護心圓)을 넣은 모습을 그대로 모방하고 있어(그림
15·15-1)28) 이 당시 중국의 갑옷은 서역의 영향을 많이 받고 있었다
고 여겨진다.

27) 柳涵, 〈北朝的鎧馬騎俑〉,《考古》, 1959年 第2期, 97~100쪽.
28) 李肖冰,《中國西域民族服飾硏究》, 新疆人民出版社, 1995, 130쪽의 그림 232·233.

〈그림 15〉 극자이(克孜爾) 석굴 　　　　　〈그림 15-1〉 극자이 석굴 '쟁분불사이'의
'쟁분불사이'(爭分佛舍利) 벽화 　　　　　　　　사병장(士兵裝) 모회(摹繪)

　문제는 갑옷의 명칭이다. 중국학자들은 양당개에 대해서는 통일하고 있지만 가슴에 두 개의 둥근원이 있는 〈그림 11〉와 〈그림 12〉의 갑옷을 명광개라고 부르기도 하고, 경현 봉씨묘 출토의 경우(표 2의 그림 16-2) 간단히 갑옷으로만 구분하기도 한다.[29] 이처럼 중국학자들이 명광개에 대하여 명확히 구분하지 못하는 까닭은 어디에 있는지 고찰해 보자.

　《삼국사기》〈백제본기〉에는 백제가 무왕(武王) 27년(서기 627년) 당나라에 명광개를 예물로 보냈고,[30] 《신당서》(新唐書)〈고려전〉에는 보장왕(寶藏王) 4년 고구려와 당의 전쟁에서 당나라 군사가 고구려의 명광개를 1만 벌이나 노획했다고 했다.[31] 이러한 내용으로 보아 고구려는

---

29) 沈從文,《中國古代服飾硏究》, 商務印書館, 香港, 1992, 186쪽의 圖 93의 左·中·右.
30) 《三國史記》卷27〈百濟本紀〉武王條. "27년(서기 627년)에 당나라에 사신을 보내여 명광개라는 갑옷을 예물로 보냈다(遣使入唐, 獻明光鎧)."
31) 《三國史記》卷21〈高句麗本紀〉寶藏王 4年條. "…말갈사람 3천 3백 명을 붙잡아서 전부 산 채로 묻어 버렸다. 말 5만 필, 소 5만 두, 명광갑옷 1만 벌을 노획했고 기타 기재들도 이만큼 되었다(收靺鞨三千三百人, 悉坑之. 獲馬五萬匹·牛五萬頭. 明光鎧萬領, 它器械稱是)."; 《新唐書》卷220〈列傳〉高麗傳. "太宗은 酋長 3천 5백 명을 가려내어 모두 벼슬을 주어서 내지로 들여보내고, 나머지 3만 명은 (그 나라로) 돌려보냈다. 말갈사람 3천여 명은 목을 베었다. 노획물은 우마 십만 필과 명광개 1만 벌이었다(帝料酋長三千五百人, 悉官之, 許內徙, 餘衆三萬縱還之. 誅靺鞨三千餘人, 獲馬牛十萬, 明光鎧萬領)."

| 그림 16-1
양당개와
고습을 입은
관리도용 모사도 | 그림 16-2
투구를 쓰고
방패를 든
무사도용 모사도 | 그림 16-3
고습을 입은
복종(僕從)도용
모사도 |

〈표 1〉 하북성 경현 봉씨묘 출토 도용 모사도

명광개를 매우 많이 생산했던 것으로 생각된다. 또한 백제에서 당나라에 명광개를 예물로 보냈던 사실로 미루어 보아 백제의 명광개 생산기술이 매우 뛰어났다고 추정되며, 이와 달리 중국에서는 명광개가 매우 귀했던 것으로 해석된다.《주서》(周書)〈채우전〉(蔡祐傳)에 북제(北齊)와 북주(北周)의 군대가 망산(邙山)에서 전쟁을 할 때 북주의 장군 채우(蔡祐)가 명광개를 입어 북제의 군사들이 그를 철맹수(鐵猛獸)라 불렀고 당황해하며 피했다는 내용[32]이 있는 것으로 볼 때 당시 중국에서 명광개는 군대의 통솔자만이 입었던 귀한 것이었음을 알 수 있다.

고구려 벽화에서 일부 중국학자들이 명광개로 분류한 가슴에 둥근 원의 모습을 넣은 갑옷은 전혀 찾아볼 수 없어《주서》와《신당서》에 기재된 명광개는 고구려벽화에 보이는 고조선 갑옷으로부터 계승된 어린 갑옷의 한 종류일 가능성이 크다.《신당서》가 쓰인 송대와《주서》가 쓰인 당대는 몸 전체를 덮는 어린갑으로 된 갑옷과 말갑옷이 크게 보급된 시기이기 때문에 위의 그림에 보이는 호심원을 짜넣은 양당개와 고구려에서 생산한 어린갑옷류를 구분치 못하여 동일하게 명광개라고 했을 리는 없다. 따라서 지금의 중국학자들이 호심원이 있는 양당개를 명광개

---

32)《周書》卷27〈列傳〉蔡祐傳. "祐時著明光鎧, 所向無前. 敵人咸曰, 此是鐵猛獸也, 皆遽避之."

로 보는 것은 잘못이라 하겠다.

중국은 남북조시대에 와서 명광개를 착용하기 시작했는데, 학자들이 분류한 북위(서기 386~534년)의 명광개의 모습(그림 11)과 북제의 명광개의 모습(그림 12)은[33] 모두 서역 갑옷의 특징인 가슴 좌우부분에 어린상(魚鱗狀) 타원형(橢圓形)의 호심원을 짜 넣은 양당개에서 호심원만을 찰갑이 아닌 철판으로 크게 확대시킨 모습이고, 다른 부분도 찰갑이 아닌 것으로 나타난다. 중국의 문헌에 명광개라는 명칭에 대한 설명은 보이지 않는다. 가슴에 둥글게 한 원호(圓護) 부분이 태양광선에 반사되어 빛나기 때문에 단순히 명광개라고 불렀을 것으로 갑옷 관련 연구자들이 추측했을 뿐이다.[34]

이상의 중국이나 북방지역의 갑옷과 달리 고구려의 갑옷은 그 찰(札)의 양식이 매우 다양했다. 이 같은 찰들로 구성된 갑옷은 군대의 역할에 따라 다양하게 만들어졌다. 그러나 고구려의 갑옷에서는 위에서 언급된 중국의 양당(兩襠)의 모습이나 초광파 1호묘에서 출토된 도용이 입고 있는 갑옷과 투구 및 말갑옷의 모습 또는 기남(沂南) 화상석묘에서 보이는 개갑의 모습은 전혀 보이지 않는다. 또한 유세공묘에서 출토된 무사용의 갑옷과 같이 서역의 영향을 받은 갑옷의 모습도 찾아볼 수 없다.

《삼국사기》〈고구려본기〉 보장왕 4년조에 기재된 고구려와 당나라의 전쟁에서 고구려 초기부터 발달했던 갑옷의 수준과 그 생산 규모를 가늠할 수 있는 내용이 보인다. 이세적(李世勣)이 밤낮으로 12일을 공략해도 고구려의 요동성은 함락되지 않았다. 태종이 정병(精兵)을 이끌고 수백 겹으로 에워싸며 이세적을 지원했으나 결국 함락시키지 못했던 것이다. 이는 요동성의 주몽왕 사당에 전연(前燕. 서기 337년~370년)의 모용외(慕容廆) 때(서기 269년~서기 333년) 하늘이 내린 소갑(銷甲)과

33) 楊泓,〈中國古代的甲冑〉下篇,《考古學報》, 1976年 2期, 69~71쪽.
34) 楊泓,〈中國古代的甲冑〉下篇, 69쪽; 上海市戲曲學校中國服裝史研究組編著, 周汛·高春明撰文,《中國服飾五千年》, 70쪽.

섬모(銛矛)가 있기 때문이라는 소문이 퍼졌다. 이세적의 공략이 다시 시작되고 성안이 불안해지자 고구려는 소문을 이용하는 전법을 썼다. 즉 미인을 부신(婦神)으로 꾸며 추모왕이 기뻐하니 성은 반드시 지켜질 것이라고 성안의 군사와 백성을 안심시키고 용기를 북돋우는 것이었다. 이세적이 석포(石砲)로 공략하자 성안에서는 이를 그물로 막았지만 역부족이었다. 이때 백제군사는 금빛 나는 칠을 한 금휴개(金髹鎧)35)와 황금과 같은 빛을 내는 문개(文鎧)36)를 입고 당나라를 돕고 있었다. 당 태종과 이세적은 백제군사가 입은 갑옷이 햇빛에 번쩍이는 것을 보고 화공(火功)을 생각해 냈고, 결국 요동성은 화공으로 함락되었다.37)

당나라 군사는 요동성에 이어 안시성을 공략했다. 고구려는 북부의 욕살 고연수와 남부의 욕살 고혜진 및 말갈병 등 15만을 안시성으로 보냈지만, 결국 이들도 패배하여 고연수와 고혜진은 남은 3만 6,800명을 이끌고 투항했으며 남은 말갈병 3,800명은 모두 생매장되었다. 이때 당나라가 고구려로부터 빼앗은 전리품은 말과 소 각 5만 필과 명광갑옷이 1만 벌이나 되었다.38) 고구려의 구원병은 이처럼 투항했지만 결국 안시성만은 끝까지 지켜 당 태종을 회군하게 했다. 이러한 내용으로부터 당시 고구려의 갑옷 생산규모가 매우 컸음을 알 수 있다.

---

35) 《通傳》卷185. "西南海中有三島, 出黃漆樹似小櫸樹而大, 六月取汁漆器物, 若黃金 其光奪目.";《新唐書》卷220〈列傳〉百濟傳. "有三島, 生黃漆, 六月刺取瀋, 色若金."

36) 《三國史記》卷21〈高句麗本紀〉寶臧王4年條. "이때 백제가 금휴개를 바쳤고, 또 현금으로 만든 문개를 만들어서 사졸들이 입고 다녔다(時, 百濟上金髹鎧, 又 以玄金爲文鎧, 士被以從)."

37) 《三國史記》卷21〈高句麗本紀〉寶臧王 4年條. "李世勣攻遼東城, 晝夜不息, 旬有二 日, 帝引精兵會之, 圍其城數百重, 鼓噪聲振天地. 城有朱蒙祠, 祠有鎖甲銛矛, 妄言前 燕世天所降. 方圍急, 飾美女以婦神, 巫言: 朱蒙悅, 城必完. 勣列砲車, 飛大石過三百 步, 所當輒潰. 吾人積木爲樓, 結絙網, 不能拒, 以衝車撞陴屋碎之. 時, 百濟上金髹 鎧, 又以玄金爲文鎧, 士被以從. 帝與勣會, 甲光炫日, 南風急, 帝遣銳卒, 登衝竿之末, 熱其西南樓. 火延燒城中, 因揮將士登城, 我軍力戰不克, 死者萬餘人, 見捉勝兵萬餘 人. 男女四萬口, 糧五十萬石, 以其城爲遼州. …帝至安市城, 進兵攻之. 北部耨薩高延 壽南部耨薩高惠眞帥我軍及靺鞨兵十五萬, 救安市. …延壽眞, 帥其衆三萬六千八百 人, 請降, 入軍門, 拜伏請命, 帝簡耨薩已下官長三千五百人, 遷之內地, 餘皆縱之, 使 還平壤, 收靺鞨三千三百人, 悉坑之, 獲馬五萬匹牛五萬頭明光鎧萬領."

38) 위와 같음.

그러면 이러한 전쟁 과정에서 실제로 어떠한 양식의 갑옷이 사용되었는지, 위에 제시한 중국의 갑옷과 같은 무렵인 서기 4세기에서 서기 5세기에 속하는 고구려 고분벽화에 나타나는 고구려 갑옷의 특징을 정리해보기로 한다. 고구려 갑옷이 어떠한 독자적인 특징들을 가지는지 갑옷을 구성하는 찰의 형상과 찰의 구성 특징들을 〈표 3〉의 그림을 중심으로 찾아보겠다.

안악 2호 고분벽화 남벽 입구부의 좌우 쪽에서 수호 역할을 담당하고 있는 〈무사도〉(표 3-그림 1)의 찰은 윗부분이 원형으로 되었다.[39] 찰의 접합상태가 교차된 사행선과 그 위에 수평의 평행선으로 나타나는 것으로는 안악 2호 고분벽화 연도 동측벽에 그려 있는 〈무사도〉(표 3-그림 2)와 감신총(서기 5세기 초)[40]의 〈무사도〉(표 3-그림 3·3-1)[41] 및 약수리 고분벽화(서기 4세기 말~서기 5세기 초)의 투구를 쓴 무사의 목갑옷(표 3-그림 4)에서 확인된다.[42]

장방형 소찰로 아래쪽이 원형으로 되어 있는 것으로는 삼실총(서기 5세기 초)의 입구부를 수호하는 제2실 서벽의 무사의 모습(표3-그림 5)을 들 수 있다. 이러한 예와 달리, 좁다란 장방형의 찰로서 구성된 것은 안악 3호 고분벽화(서기 4세기 중엽) 회랑의 〈대행렬도〉에 나타나는 무사들로, 행렬 좌우의 가장 바깥쪽에 배속되어 호위의 임무를 담당하고 있는 기마무사들(표 3-그림 6)을 들 수 있다.

이와 달리 안악 3호 고분벽화 행렬도 개마무사의 갑옷(그림 17)은 아래가 둥근 장방형이고 투구는 장방형으로 되어 서로 다른 양식으로 배합된 상태로 꼭대기에는 길게 솟은 장식이 화려하게 꽂혀 있다.

39) 고고학 및 민속학 연구소, 〈안악 제1호 및 제2호분 발굴보고〉, 《유적발굴보고》 4, 사회과학원출판사, 1960, 13~21쪽.
40) 金元龍, 《韓國壁畵古墳》, 一志社, 1983, 104~104쪽.
41) 朝鮮總督府, 《朝鮮古蹟圖譜》第二冊, 1915.
42) 朝鮮畵報社, 《高句麗古墳壁畵》, 朝鮮畵報社出版部, 1985.
43) 전주농, 〈고구려시기의 무기와 무장 Ⅱ〉-고분 벽화 자료를 주로 하여, 《문화유산》, 1959, 54쪽 그림 참조.

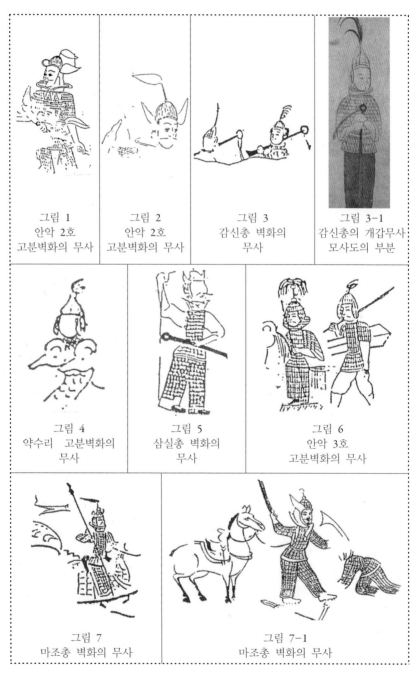

〈표 3〉 고구려 고분벽화에 보이는 갑옷을 구성한 찰의 양식과 특징 모사도[43]

쌍영총 벽화(서기 5세기 말)에
나타난 무사의 경우와 마조총 벽화
에 보이는 무사의 경우(표 3-그림
7·7-1)도 이와 같으나 안악 3호
고분벽화의 것보다 찰 길이가 짧게
표현되었다.

이처럼 고구려 고분벽화에 보이
는 갑옷을 구성한 다양한 찰의 양
식들은 실제로 고구려 유적인 길림
성 집안현에 위치한 동태자(東台子)
유적(그림 18)[44], 우산하(禹山下)
41호 고분(그림 19)[45], 요령성 심
양시 동릉구(東陵區)에 위치한 석태
자(石台子) 고구려산성 유적[46], 요
령성 무순시(撫順市)에 위치한 고이
산성(高爾山城) 유적[47]
에서 출토된 철갑편들
에서 확인된다.

〈그림 17〉 안악 3호 고분벽화
〈행렬도〉에 보이는 개마무사

그 밖에도 집안(集
安)의 고구려 왕릉들
에서 철갑편과 금동
갑편들이 출토되었다.

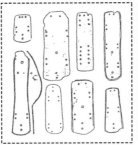

〈그림 18〉 동태자 유적
출토 철갑편의 모사도

〈그림 19〉 우산하 41호묘
출토 철갑편의 모사도

44) 耿鐵華, 〈高句麗兵器初論〉, 《中國考古集成》 東北卷 兩晋至隋唐(二), 1992, 244~245쪽.

45) 吉林省博物館文物工作隊, 〈吉林集安的兩座高句麗墓〉, 《中國考古集成》 東北卷 兩
晋至隋唐(二), 569~576쪽.

46) 李曉鐘·劉長江·佀俊岩, 〈沈陽石台子高句麗山城試掘報告〉, 《中國考古集成》 東北
卷 兩晋至隋唐(二), 282~287쪽.

47) 徐家國·孫力, 〈遼寧撫順高爾山城發掘簡報〉, 《中國考古集成》 東北卷 兩晋至隋唐
(二), 298~310쪽.

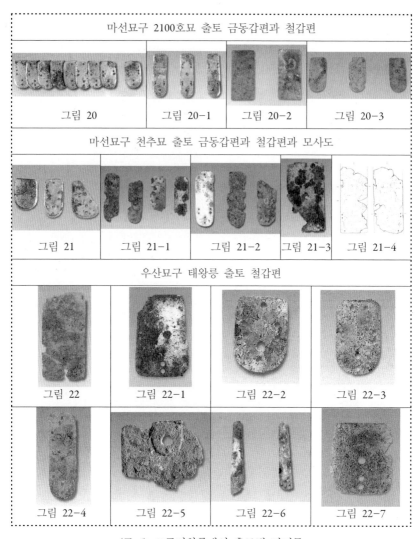

마선묘구 2100호묘 출토 금동갑편과 철갑편

그림 20   그림 20-1   그림 20-2   그림 20-3

마선묘구 천추묘 출토 금동갑편과 철갑편과 모사도

그림 21   그림 21-1   그림 21-2   그림 21-3   그림 21-4

우산묘구 태왕릉 출토 철갑편

그림 22   그림 22-1   그림 22-2   그림 22-3

그림 22-4   그림 22-5   그림 22-6   그림 22-7

〈표 4〉 고구려왕릉에서 출토된 갑편들

집안시 통구촌에 위치한 칠성산 871호묘와 칠성산 211호묘에서는 방형
으로 보이는 철갑편의 잔편이 출토되었다.[48] 집안시 마선향촌에 위치한
마선묘구 2100호묘에서는 크고 작은 금동갑편이 30여 편 출토되었는데

---

48) 吉林省文物考古硏究所·集安市博物館 編著, 《集安高句麗王陵》-1990~2003年集安
高句麗王陵調査報告, 文物出版社, 2004, 39~48쪽, 84~95쪽.

모두 아래쪽이 타원형이고(그림 20·20-1)[49], 철갑편은 263편인데 다양
한 크기의 방형과 아래쪽이 타원형인 두가지 양식이다.[50] 마선향촌에
위치한 천추묘(千秋墓)에서도[51] 아래쪽이 타원형인 금동갑편 3편과 장
방형의 철갑편이 21편(그림 21·21-1)[52] 출토되었다. 우산묘구에 위치
한 태왕릉(太王陵)에서는 철갑편이 모두 237편 출토되었는데 발굴자들
은 정장방형(呈長方形), 장방형, 원각장방형(圓角長方形), 제형(梯形), 어
린형(魚鱗形; 短鱗形, 小鱗形, 長鱗形) 등 여러 양식과 크기의 조형 등으
로(표 4-그림 22·22-1~7) 구분하였다.[53]

　서울특별시 광진구와 경기도 구리시에 걸쳐있는 아차산 4보루에서
는 철갑편과 투구를 이루었던 갑편들(그림 23·23-1)이 철제 무기들과
함께 출토되었다. 이와 같이 찰들로 튼튼히 구성된 갑옷은, 중국의 용수
개처럼 활동성이 부족한 상태로 단순히 신체의 윗부분만을 보호하게 되
어 있는 것이 아니라 전투에서 무사들의 역할과 기능에 따른 활동에 적
합하도록 다양하게 만들어졌다.

　벽화에 나타난 갑옷의 형식은 크게 두 가지로 구분할 수 있다. 갑옷

〈그림 23〉 아차산 출토　　　　　〈그림 23-1〉 아차산 출토
　　　고구려 철갑편　　　　　　　　　고구려 철투구 갑편

49) 吉林省文物考古硏究所·集安市博物館 編著, 위의 책, 圖版 60의 3·7, 圖版 65의 1·4.
50) 吉林省文物考古硏究所·集安市博物館 編著, 위의 책, 138~167쪽.
51) 吉林省文物考古硏究所·集安市博物館 編著, 위의 책, 168~216쪽.
52) 吉林省文物考古硏究所·集安市博物館 編著, 위의 책, 185쪽의 圖 148, 圖版 66의
　　7, 圖版 38의 1,2,3.
53) 吉林省文物考古硏究所·集安市博物館 編著, 위의 책, 276~283쪽의 圖版 86의 1,
　　16·圖版 87의 4·圖版 84의 1, 7·圖版 85의 21, 10.

이 웃옷과 아래옷으로 구성된 것과 웃옷만 입은 경우이다. 먼저 웃옷과 아래옷을 모두 입는 경우에는 허리 부분에 띠를 매어 갑옷을 몸에 맞추었다. 또한 웃옷과 아래옷을 모두 갑옷으로 입는 경우, 다시 소매까지 찰로 구성된 어린갑으로 된 것과 소매가 없는 것의 두 가지로 나뉘는데, 소매가 있는 경우는 그 길이가 손목까지 오는 것(표 3-그림 3·7·7-1)과 팔꿈치까지 오는 것(표 3-그림 1·6)이 있다. 쌍영총의 기마무사와 마조총 전투도[54], 감신총 고분벽화에 보이는 무사갑옷은 소매가 손목까지 오는 것이고, 삼실총과 안악 3호 고분벽화에 보이는 무사는 소매가 팔꿈치까지 오는 것이다. 또한 〈표 3-그림 5〉의 삼실총 무사가 입은 갑옷은 팔 부분은 찰제로 구성되지 않았다.

둘째로는 갑옷으로 웃옷만 입는 경우이다. 이 경우 소매가 팔꿈치까지 있는 경우는 〈표 3-그림 6〉의 모습이다. 이러한 종류의 갑옷에서 공통적으로 볼 수 있는 특징은 경갑(頸甲)이 없다는 것이다. 또한 이 같은 종류의 갑옷을 입은 자는 보병으로, 갑옷의 아래옷이 없는 대신에 정강이가리개 등을 사용했을 것으로 여겨진다. 정강이가리개는 행동을 편리하게 할 뿐만 아니라 적의 화살로부터 다리를 보호해 주는 역할을 했을

〈그림 24〉 경주 황남대총 출토
신라의 은제 팔뚝가리개

것이다. 고구려 고분벽화에서 상세히 나타나지 않지만, 안악 3호 고분벽화 〈행렬도〉의 보병에게서 각반을 한 모습이 보인다. 신라의 팔뚝가리개 (그림 24)와 유사했을 것으로 생각된다. 〈그림 24〉[55] 등을 정강이가리개로도 해석하지만, 이는 팔 부분이 노출된 갑옷에서 팔을 보호하기 위한 팔뚝가리개로 해석된다.

셋째, 고분벽화에 보이는 무사들

---

54) 王承禮·韓淑華, 〈吉林輯安通溝第12號高句麗壁畫墓〉, 《考古》 1964年 第2期, 70쪽.
55) 국립경주박물관, 《국립경주박물관》, 통천문화사, 130쪽의 그림 267.

은 대부분 목 부분을 보호하는 경갑을 하고 있다. 안악 2호 고분벽화의 수문장들은 경갑 아래에 나란히 매단 세 개의 방울을 앞가슴까지 드리 웠는데(표 3-그림 1), 이는 무관들의 계급과 관계가 있을 것으로 추정 된다. 삼실총에 보이는 무사들이 입은 갑옷은 인체의 곡선에 잘 맞게 만들어져 활동성이 컸을 것으로 생각되며, 아래 갑옷의 바지폭이 넓은 편이지만 특수신발을 신어 활동성을 고려한 모습이다. 이 같은 모습은 안악 제3호 고분벽화에서도 보인다.

또한 〈표 5〉에서처럼 신발바닥에 정(釘)이 솟은 신은 집안(集安) 동 구(洞溝) 12호 고분벽화와 장천 2호 고분벽화에 보이는 개마무사들의 경우에서도 보인다. 실제로 집안에서 철정과 금동정56)으로 만든 정이 솟은 신발바닥이 출토되었다(표 5-그림 1~5). 발굴자들은 이 신들이 매우 정교하게 만들어졌다고 했다. 이 같은 양식의 신은 중국이나 북방 지역에서는 생산되지 않은 것이다.

그 밖에 긴 겉옷 양식으로 된 갑옷이다. 안악 제3호 고분벽화 행렬 도에 보이는 긴 겉옷 양식의 무사의 옷은 얼굴만 내놓고 머리와 목을 완전히 보호하는 모습을 하고 있는데, 투구의 모양이 행렬도의 좌우에 배치된 개마 기병들의 것과 같은 것으로 보아 갑옷의 성격을 가졌을 것 으로 여겨진다.

이상의 내용으로부터 고구려가 건국 이후 계속 갑옷을 발전시켜 나 간 것과는 달리, 중국은 동한 이후 철개(鐵鎧)가 활발히 만들어지기 시 작했으나 양진시대에 이르기까지 용수개만이 주로 사용된 점으로 보아 다양한 변화 없이 보급량만 확대되었던 것으로 생각된다. 중국이 일률 적으로 거의 같은 모습의 용수개를 입은 것과 달리, 고구려의 갑옷은 기병과 보병으로 구성된 군대의 구성과 역할에 따라 그들의 기능을 충 분히 발휘할 수 있도록 다양성을 지녔음을 알 수 있다.

투구의 경우도 용수개를 입은 중국의 무사는 〈그림 3~5〉와 같이 귀

---

56) 耿鐵華, 〈高句麗文物古蹟四題〉, 《中國考古集成》 東北卷 兩晋至隋唐(二), 465~467쪽.

그림 1 집안 승리촌(勝利村) 우산하묘(禹山下墓) 출토 금동정이 솟은 신바닥	그림 2 집안시(集安市) 출토 금동정이 솟은 신바닥	그림 3 집안시 마선묘(麻線墓) 출토 금동정이 솟은 신바닥
	 	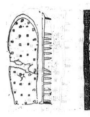
신바닥 길이 32㎝ 신바닥의 중간 너비 11㎝ 현존하는 정 18개 (원래 정의 개수 22개) 釘의 길이 1.2㎝	치수 알 수 없음	신바닥 길이 32㎝ 신바닥의 중간 너비 11.5㎝ 현존하는 정 27개 (원래 정의 개수 35개) 釘의 길이 1.2㎝

그림 4 집안 우산묘구(禹山墓區) M3109 적석묘 출토	그림 5 집안 칠성산묘구(七星山墓區) M1223 방단(方壇) 적석묘 출토
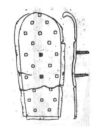	
신바닥 길이 31㎝ 신바닥의 중간너비 12㎝ 현존하는 정 2개(원래 정의 개수 23개) 釘의 길이 1.2㎝	신바닥 길이 30㎝ 신바닥의 중간 너비 10.3㎝ 현존하는 정 8개(원래 정의 개수 23개) 정의 길이 3.2㎝

〈표 5〉 고구려 금동정 신바닥과 철정 신바닥과 모사도[57]

가 덮힌 투구를 썼다. 이 투구들은 주물 쇠투구이다. 북주(北周)의 초광
파(草廣坡) 1호묘에 보이는 개마기용(제3부 제3장 3절의 그림 41 참조)

---

57) 耿鐵華, 〈高句麗文物古蹟四題〉, 《中國考古集成》 東北卷 兩晋至隋唐(二), 465~466

에서 보이는 투구는 가죽투구이다.[58] 그러나 안악 제3호분(서기 4세기 중엽) 벽화의 행렬도 좌우에 배치된 개마를 탄 무사가 쓴 투구(표 3-그림 6)는 용수개에 쓴 투구와 비슷하게 귀에서 목 부분을 완전히 가리고 있다. 고구려 투구는 표면이 찰갑옷처럼 소찰의 철합상태가 표현되어 있고, 투구의 가장자리는 붉게 채색했다.[59] 그 밖에 용수개에 쓴 투구의 꼭대기에는 긴 끈이 바로 투구 윗부분에 세워서 장식되어 있는데,[60] 고구려의 투구는 꼭대기에 반구형(半求形)의 장식을 엎어 붙이고, 그 위로 한 뼘 이상의 축관을 세워 그 위에 상평하원(上平下圓)의 장식을 올려서 긴 털을 하나 가득 담은 뒤 좌우로 반반씩 갈라 길게 늘어지도록 꾸몄다.[61]

이처럼 고구려 갑옷 생산기술에서 다양한 양식적 특성과 과학적 편리성을 보여 주는 것은 중국보다 앞서 뼈갑옷·가죽갑옷·청동갑옷·철갑옷을 생산했던 고조선의 기술을 계승하여 이미 중국보다 앞선 생산기술을 갖고 있었기 때문이었을 것으로 생각된다. 고구려는 이러한 기술력을 바탕으로 고조선의 천하질서를 재건하기 위한 대외전쟁을 줄곧 치루어 나가면서 독자적인 양식의 갑옷을 더욱 발전시켜 나갔던 것이다.

이와 달리 중국에서는 전국시대 말기부터 철갑을 생산하기는 했지만, 진제국시대에 와서도 주로 가죽갑편을 부분적으로 이용한 갑옷만을 생산했다. 서한 무제시기부터 흉노와의 전쟁으로 가슴을 중심으로 신체 부분만을 가리는 갑옷에서 개갑(鎧甲)으로 무장한 기병의 수가 크게 증가함에 따라 어린갑을 생산했지만, 여전히 가죽갑옷이 철갑옷보다 많이 사용되었다. 중국은 주철 제조기술도 서한시대에 와서야 발전하기 시작

쪽; 遼寧省博物館·遼寧省文物考古研究所,《遼河文明展》, 2006, 111쪽.

58) 柳涵,〈北朝的鎧馬騎俑〉,《考古》, 1959年 第2期, 99쪽의 그림 1.

59) 전주농,〈고구려시기의 무기와 무장 Ⅱ〉-고분 벽화 자료를 주로 하여,《문화유산》, 1959, 61쪽.

60) 上海市戱曲學校中國服裝史研究組編著, 周汛·高春明撰文,《中國服飾五千年》, 70쪽; 河南省文化局文物工作隊第二隊,〈洛陽西晉墓的發掘〉,《考古學報》, 1957年 第1期, 169~186쪽.

61) 주 59와 같음.

〈그림 27〉 돈황막고 285굴
남벽에 보이는 앞부분이
통으로 된 양당개를 입은 관군

〈그림 28〉 명옥 유적 출토
무사소상

하여 그 수준이 여전히 고조선에 미치지 못했고, 동한 중기에 이르러 제철제강기술이 비교적 발전하고, 양진남북조시대에 와서야 고조선의 수준에 이른다.[62] 양진남북조시대는 북방민족들의 영향으로 황하유역을 중심으로 호복이 성행하는 국면이 형성되었는데 이 같은 상황은 철갑의 양식에도 영향을 주게 되었다.

북방의 갑옷은 어떠했는지 알아보기로 한다. 북위시대(서기 386년~서기 535년)에 속하는 맥적산(麥積山) 맥찰(麥察) 127굴 벽화에 보이는 갑옷·말갑옷의 모습(제3부 제3장 3절의 그림 47 참조)[63]과 돈황 285굴의 서위(西魏)벽화(서기 536년~서기 558년)에 보이는 기병의 모습(그림 27)[64]은 가죽갑옷에 철편을 드문드문 박아 넣거나 매우 큰 철편을 연결한 형태를 보여준다.[65] 또한 서방의 영향을 받았을 것으로 분석되는 서기 6세기~7세기에 속하는 명옥(明屋) 유적에서 출토된 무사소상(武士塑像)(그림 28)[66]은 그리스 무사들의 모습에 가깝다. 서기 7세기 중엽에 속하는 고창지역의 아사탑나(阿斯塔那) 고묘에서 개갑을 입은 무사용(그림 29·29-1)[67]이

---

62) 주 1과 같음.
63) 柳涵,〈北朝的鎧馬騎俑〉,《考古》, 1959年 第2期, 97쪽의 圖2의 1.
64) 黃能馥·陳娟娟,《中華服飾藝術源流》, 160쪽의 그림15·16.
65) 柳涵,〈北朝的鎧馬騎俑〉, 97~100쪽.
66) 李肖冰,《中國西域民族服飾研究》, 新疆人民出版社, 1995, 94쪽의 그림 165.

출토되었는데, 긴 겉옷 양식
의 갑옷으로 만들어져 철갑이
아닌 가죽갑옷으로 추정된다.
이처럼 북방지역의 갑옷들은
고구려 갑옷과는 그 찰갑의
재료와 양식 및 투구 등에서
확연히 차이가 있다.

　고구려 갑옷과 중국 및
북방지역 갑옷의 또 다른 큰
차이는 목 부분에서도 나타난
다. 중국의 갑옷은 앞의 그림
에서 확인되는 바와 같이 투

〈그림 29〉 아사탑나　〈그림 29-1〉 아사탑나묘
　　출토 무사용　　　　　출토 무사용

구를 길게 드리워서 목부분을 덮었을 뿐이다. 또한 목 부분을 달리 처
리하지 않고 갑옷의 웃옷을 높이거나 목 뒷부분의 깃을 올렸고, 또는

〈그림 28〉의 경우처럼 목
부분을 그대로 깊게 노출시
킨 모습을 보여 준다. 이러
한 북방지역의 갑옷양식은
이후 8세기 무렵에 이르기
까지 그대로 지속되었음이
서역에서 출토된 '병사입상
형'(兵士立像型)(그림 30)과
이것으로 만들어진 '병사입
상'(兵士立像)(그림 30-1)에
서68) 알 수 있다.

〈그림 30〉　　　　　〈그림 30-1〉
서역 출토 병사입상형　서역 출토 병사입상

---

67) 李肯冰,《中國西域民族服飾研究》, 198쪽의 그림 368; 上海市戱曲學校中國服裝史
　　研究組編著, 周汛·高春明撰文,《中國服飾五千年》, 103쪽의 그림 183.
68) 東京國立博物館,《ドイツ·トウルフアン西域美術展》, 朝日新聞社, 1991, 140쪽

그림 31

그림 31-1

그림 31-2

서기 7세기 무렵에 속하는 신강 위구르자치구 회골하궁(回鶻夏宮) 유적의 불사(佛寺) 벽화인 〈왕자출행도〉(王子出行圖)(그림 31)는 무사장(武士將)인 왕자(그림 31-1)를 비롯하여 깃발을 든 기마무사들(그림 31-2)이 행군하고 있는데, 모두 가죽으로 만든 정교한 양식의 개갑(鎧甲)을 입었다. 이 개갑은 정교하게 만들어졌고, 목 부분을 어깨와 연결시켜 한 벌로 하였고, 투구를 목 부분까지 길게 드리웠으며, 무사들의 윗옷과 아래옷은 분리되어 편리성이 돋보인다.

북방지역의 이러한 가죽편으로 만들어진 개갑은 명광개의 양식에도 여전히 지속된다. 그 예가 돈황 막고굴 380굴 동벽에 있는 수(隋)나라 무사의 갑옷(그림 32)[69]으로, 앞에서 서술한 남북조시대(서기 420년~589년)에 입던 명광개 양식에 앞에 서술한 회골하궁(回鶻夏宮) 유적 〈왕자출행도〉에 보이는 개갑양식을 합쳐 놓은 듯하다. 특히 남북조시대에 유행했던 명광개의 단점이었던 목 부분을 투구의 길이와 어깨부분을 길게 드리워 보완한 것으로 나타난다. 그러나 여전히 갑옷의 주재료로는 가죽이 사용되었다.

〈그림 32〉
돈황 막고굴 380굴 동벽
수나라 무사 모사도

이러한 북방지역의 갑옷과 달리 고구려 고분벽화에 보이는 갑옷은 대부분 철로 만든 개갑이며 목갑옷이 별도로 구성되어 있다. 고구려 갑옷은 안악 2호 고분벽화(표 3-그림 1·2)에서 보는 것처럼 목의 윗부분에서 둘려져 앞부분에서 여미게 된 것으로, 귀밑까지 보호하게 되어 있다. 삼실총 벽화에 보이는 갑옷(표 3-그림 5)의 경우는 밑에서 위로 벌려져 여며진 모습이다. 감신총의 경우도 〈표 3-그림 3〉과 같이 목 부분에 찰편으로 만들어진 목갑옷이 보인다. 이처럼 고구려의 철갑옷은 전쟁에서 무기에 대

---

69) 黃能馥·陳娟娟, 《中華服飾藝術源流》, 高等敎育出版社, 1994, 186쪽의 圖 5.

〈그림 34〉 동구 12호 고분벽화에 보이는
단갑을 입은 기마인 모사도

〈그림 33〉 덕흥리 고분벽화
〈행렬도〉에 보이는 단갑을 입은 무사

한 충분한 방어력과 공격력을 함께
가지고 있는 높은 수준의 갑옷이었
다고 하겠다.

고구려는 찰갑 이외에 단갑(短
甲)을 생산했음이 덕흥리 고분벽화 행렬도(그림 33)와 길림성 집안현
동구(洞溝) 12호 고분벽화에 보이는 기마인의 모습(그림 34)에서[70] 나
타난다. 행렬도에 보이는 무사는 가슴부분은 단갑으로 하고 허리 아래
와 바지는 찰갑으로 하여 활동성을 고려해 만든 갑옷을 입고 있다. 동
구 12호 고분벽화에 보이는 기마인 역시 가슴 부분과 팔 부분을 단갑으
로 하고 청동장식단추를 여러 곳에 장식했다.

중국의 경우 지금까지 출토된 단갑으로 가장 이른 연대의 것은 전
국 말기에서 서한 초기에 해당하는 운남성 강천(江川) 이가산묘(李家山
墓)에서 출토된 청동으로 만든 단갑(제4부 제2장 2절 1의 그림 36 참
조)[71]이다. 이 단갑은 앞가슴과 등 부분이 큰 통판으로 연결되어 있어
활동성 면에서 미숙하고, 팔 부분과 정강이 부분의 경우에도 역시 마찬
가지 모습이다. 또한 이보다 후대에 만들어진 상해 박물관에 소장된 북
위(北魏)의 기마도용에 보이는 단갑(그림 35)[72] 역시 기마인의 경우는

---

70) 李殿福, 〈1962年春季吉林輯安考古調査簡報〉, 《中國考古集成》 東北卷 兩晋至隋唐
　　(二), 822~824쪽.
71) 雲南省博物館, 〈雲南江川李家山古墓群發掘報告〉, 《考古學報》, 1975年 2期.

모두 통판으로 되어 있는데 목 부분까지 갑옷으로 가린 점으로 보아 가죽을 재료로 했을 것으로 여겨진다. 이러한 북방지역의 갑옷과 고구려 단갑을 비교해 보면 어린갑과 단갑을 활동성에 맞게 복합적으로 사용한 고구려 갑옷제작 기술이 훨씬 우수하다고 여겨진다.

〈그림 35〉 북위 기마도용 모사도

앞에서 서술했듯이 중국의 삽편은 고조선의 영향을 받아 춘추전국시대에도 고조선 갑편의 특징인 장방형의 모습을 보인다. 이후 서한시대에 오면 이러한 갑편양식은 중국보다 앞서 생산된 고조선 철갑편 양식의 영향을 받아 크기가 작은 장방형과 방원형 및 타원형을 띠게 된다.

삼국양진남북조(서기 220년~서기 581년)시대는 전쟁의 확대와 함께 북방의 소수민족들이 남하하여 한족(漢族)과 함께 거주하게 되면서 생활습속이 점차 융합하게 된다. 이후로 한족은 좁고 기다란 소매의 짧은 웃옷과 허리띠가 있는 호복을 입기 시작했는데 이러한 변화는 일반복식에서뿐만 아니라 갑옷에서도 크게 보이기 시작한다. 그 예로 남북조시대의 갑옷은 낙양(洛陽) 영무석실(寧懋石室)에서 출토된 무사석각화(그림 36)[73]의 갑옷 차림새를 들 수 있다. 이 무사석각화의 무사는 갈미관(鶡尾冠)을 쓰고, 어린갑에 호심원을 넣은 갑옷을 입고 있다. 갈미관과 어린갑은 고구려로부터의 영향일 가능

〈그림 36〉 낙양 영무석실 출토 무사석각화의 갑옷을 입은 무사 모사도

72) 楊泓, 〈中國古代的甲冑〉 下篇, 64쪽.
73) 沈從文, 《中國古代服飾研究》, 商務印書館, 香港, 1992, 197쪽의 그림 左.

〈그림 37〉고궁박물원 소장
수나라 도용 모사도

〈그림 37-1〉무창 출토
청자용 모사도

성이 크고, 호심원을 넣은 양식은 서역으로부터의 영향을 받은 것으로, 복합적인 성격의 갑옷을 생산하였다고 하겠다.

중국 수(隋)나라 시대의 갑옷과 투구는 주로 남북조시대의 명광개 양식에 철갑편과 가죽갑편으로 만들어진 어린갑을 활용했으며 부분적으로 문양이 있는 천을 사용해 화려한 양식의 갑옷을 생산하기도 했다. 이러한 갑옷은 무릎길이까지 내려오는 치마양식(그림 37·37-1)74)으로 만들어졌다. 〈그림 37〉은 고궁박물원에서 소장품으로 기본적으로 고습을 입은 무사도용이며, 〈그림 37-1〉은 무한(武漢) 수묘(隋墓)에서 출토된 치마양식으로 만들어진 명광개를 입은 수나라 무사 모습이다.

〈그림 38〉서안
한삼채단백양처
(韓森寨段伯陽妻)
고씨묘(高氏墓)
출토 도용 모사도

〈그림 39〉
서안 양두진이상묘
(羊頭鎭李爽墓) 출토
도용 모사도

당(唐)시대에 오면 갑옷의 종류가 이전보다 매우 다양해지며 갑옷과 투구가 실전에 많이 사용되는데, 명광갑옷 양식을 기본으로 하여 철갑(鐵甲)과 피갑(皮甲) 및 직물로 만든 것들(그림 38·39)75)이 생산되었다. 철갑을 생산할 때

74) 沈從文,《中國古代服飾研究》, 210쪽의 圖 106·211쪽의 圖 107.
75) 沈從文,《中國古代服飾研究》, 286쪽의 圖 137의 上右·下左.

도 이전에는 갑편과 갑편 사이를 가죽끈이나 누에천을 꼰 끈으로 연결
했으나, 당대에는 가죽끈과 철징으로 연
결하였다. 갑편을 철징으로 연결하는 방
법은 고조선의 고유 양식이었다. 중국의
경우 매우 늦게 이 방법을 사용했는데
갑편이 공격에 잘 해체되지 않는 장점이
있다.

이 시기 북방지역에서도 당나라와
유사한 직물과 가죽을 주된 재료로 한
갑옷을 많이 생산했다. 신강(新疆) 토로
번(吐魯番) 아사탑나에서 출토된 채색목
용(彩色木俑)(그림 40)은76) 화려한 견포
갑(絹布甲)을 입었다. 같은 지역에서 출

〈그림 40〉 아사탑나 출토 채색목용

토된 기마병은 피갑을 입었는데 투구와
갑옷을 같은 양식으로 한 벌을 이루게
(그림 29-1)77)했다. 기마병들은 가슴과
등 모두 원호가 있고 뒷목을 덮는 갑옷
을 입기도(그림 41)78) 했다.

이상의 내용으로부터 고구려의 갑옷
은 중국이나 북방지역의 것 또는 북방지
역의 영향을 받은 중국의 갑옷과는 다른
모습으로, 동부여 갑옷과 마찬가지로 고
조선 갑옷의 특징을 계승하여 독자적으
로 발전시켜 나갔던 것임을 알 수 있다.

〈그림 41〉 고창(高昌)
혁색근마야동(赫色勤摩耶洞)
벽화 〈분사리도〉(分舍利圖)의
기사 모사도

76) 上海市戲曲學敎中國服裝史研究編著, 周汛·高春明 撰文, 《中國服飾五千年》, 102쪽
     의 그림 182.
77) 上海市戲曲學校中國服裝史研究組編著, 周汛·高春明撰文, 《中國服飾五千年》, 103
     쪽의 그림 183.
78) 沈從文, 《中國古代服飾硏究》, 289쪽의 圖 139.

2) 고조선 갑옷양식을 이은 고구려 말갑옷의 고유성

중국학자 유함(柳涵)은 1959년 북조(北朝)의 개마(鎧馬)에 관한 연구에서 중국에서 가장 이른 개마의 형상이 4세기 중엽에 속하는 안악 3호 고분벽화에 보이는 기병과, 북조 초기로 4세기 말경에 속하는 초광파 1호 고분에서 출토된 개마기용이라고 서술했다.79) 안악 3호 고분은 유함을 비롯한 중국의 학자들이 중국의 고분으로 인식하는 등 그 묘주에 대하여 국내외 학계에서 논란이 되고 있다. 필자는 안악 3호 고분벽화에 보이는 복식의 다양한 내용을 분석하여 안악 3호 고분이 고구려 왕릉이라는 견해를 제출한 바 있다.80) 더구나 안악 3호 벽화에 보이는 고구려 갑옷의 고유한 특징은 복식방면에서 안악 3호 고분이 고구려의 왕릉임을 입증하는 또 하나의 귀중한 자료가 된다. 이 점은 아래에 서술할 개마의 생산연대와 개마복식의 양식에서도 보완될 것이다.

〈그림 42〉 초광파 1호묘
출토 기마무사도용 모사도

고구려의 개마는 중국이나 북방지역보다 생산 시작연대가 이르다. 서기 4세기 중엽에 속하는 고구려의 안악 3호 고분벽화에서 보이는 개마는 중국의 북조 초기에 속하는 초광파 1호 고분의 도용에서 보이는 개마(그림 42)81)보다 연대가 훨씬 앞선 것이다. 그러나 안악 3호 고분벽화보다 앞선 서기 3세기경에 속하는 강원도 철령 유적에서 개마모형들이 출토되었다. 이 개마모형들은 고구려 개마가 보여 주는 모습을 모두 갖추고 있어 고구려에서 개마의 출현시기가 3세기 이전으로 올라갈 가능성을 추정하게 한다.

---

79) 柳涵, 〈北朝的鎧馬騎俑〉, 《考古》, 1959年 第2期, 100쪽.
80) 朴仙姬, 〈고대 한국 복식의 裌形〉, 《韓國民俗學》 30, 民俗學會, 1998, 333~338쪽; 박선희, 〈복식의 비교연구에 의한 안악 3호 고분 묘주의 국적〉, 《白山學報》 제76호, 白山學會, 2006.
81) 陝西省文物管理委員會, 〈西安南郊草廣坡村北朝墓的發掘〉, 《考古》 1959年 第6期, 285~287쪽.

이는 《삼국사기》 〈고구려본기〉에 보이는 동천왕 20년(서기 246년)
의 다음의 내용에서 설명된다.

> 왕이 모든 장수들에게 일러 말하기를 "위(魏)나라의 많은 군사가 도리어
> 우리의 적은 군사만 같지 못하다. 관구검(毌丘儉)은 위나라의 명장이지만 오늘
> 에는 그의 목숨이 나의 손에 있구나." 하고 곧 철기(鐵騎) 5천을 거느리고 쫓
> 아가서 쳤다.[82]

위의 내용으로부터 갑옷을 입은 개마기병이 5천이었음을 알 수 있
고, 서기 3세기 이전에 이미 개마가 출현했다고 추정된다. 서기 3세기
이전에 개마가 출현했다는 사실은 어린갑옷의 출현도 이보다 훨씬 앞섰
을 가능성을 보여 준다.

고구려에서 개마가 중국보다 앞서 이른 시기에 출현했을 가능성은
아래 내용에서도 밝혀진다. 유함은 1961년에 오면 앞의 주장과 달리 중
국에서 東漢 말기부터 개마가 사용되었을 가능성을 다음의 내용을 예로
들어 설명하고 있다. 즉 《북당서초》(北堂書鈔)에서 조식(曹植, 서기 192
년~서기 232년)이 〈선제사신개표〉(先帝賜臣鎧表)에서 열거한 개마 가운
데 "馬鎧一領"의 기록과 《태평어람》(太平御覽) 〈위무군책령〉(魏武軍策令)
의 "…本初馬鎧三百具, 吾不能十具…"[83]의 내용을 조위(曹魏)시기(서기
220년~서기 265년) 개마를 사용한 증거로 제시한 것이다. 그러나 그
규모로 보아 당시 군대에서 아직 보편화되지 못했던 것으로 생각했다.
이러한 내용을 바탕으로 중국에서 개갑이 사용된 시기는 위나라 초기로
볼 수 있으나 이보다 앞선 시기의 자료가 찾아지지 않는 까닭에 유함의
견해처럼 동한 말기로 역급되는 것은 무리가 있다고 생각된다.

개마복식의 양식을 고구려 고분벽화에 보이는 개마와 중국 및 북방
지역에서 처음으로 보이는 개마의 모습을 비교해 보면, 그 양식에서 다

---

82) 《三國史記》 卷17 〈高句麗本紀〉 東川王 20年條. "王謂諸將曰'魏之大兵, 反不如我
    之小兵. 毌丘儉者魏之名將, 今日命在我掌握之中乎'乃領鐵騎五千, 進而擊之."
83) 《北堂書鈔》 卷21; 《太平御覽》 卷356 〈魏武軍策令〉.

〈그림 43〉 철령 유적 출토 개마모형

음과 같은 차이를 갖는다. 물론 앞선 생산연대를 갖는 고구려 개마가 중국이나 북방지역보다 훨씬 발달된 모습을 보여 준다. 고구려 개마의 형태를 보여 주는 실물자료로는 황해남도 신원군에 있는 장수산성의 고구려 유적에서 나온 3세기경의 개마모형84)을 들 수 있고, 또 안악 3호 고분벽화 행렬도에서 보이는 개마와 유사한 것으로 3세기를 전후한 시기로 편년되는 강원도 고산군과 회양군 경계에 위치한 철령의 고구려 유적에서 나온 많은 양의 기마모형들과 갑옷을 입힌 개마들을 들 수 있

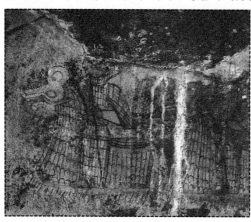

〈그림 44〉 안악 3호 고분벽화의 개마무사

다(그림 43)85). 안악 3호 고분벽화(그림 44) 이외에 약수리 고분벽화, 삼실총 벽화, 개마 고분벽화(그림 45), 쌍영총 벽화, 덕흥리 고분벽화(그림 46)에서도 찾아볼 수 있다. 또한 3세기 무렵의 장수산성 유적과 철령 유적에서 출토된

84) 안병찬, 〈장수산일대의 고구려 유적유물에 대하여〉, 《조선고고연구》, 1990년 제2호, 7~11쪽.
85) 리순진, 〈강원도 철령 유적에서 발굴된 고구려기마모형에 대하여〉, 《조선고고연구》, 1994년 제4호, 2~6쪽.

〈그림 45〉 개마총에 보이는 개마

〈그림 46〉 덕흥리 고분벽화의 개마무사

기마모형들 가운데는 간혹 안장을 얹은 모습과 등자가 보이고 있어, 고
구려의 등자 생산연대가 주변국보다 앞선 것으로 생각된다.

중국의 경우 한(漢)시대에 등자를 사용하지 않았고, 이후 한말에서
조위시대에 이르기까지도 마찬가지였다.[86) 중국에서 발견된 고고학 자
료 가운데 서진(西晋)시기에 비로소 등자가 보인다. 장사(長沙)지역에서
서진(西晋) 영령(永寧) 2년(서기 302년) 무덤에서 출토된 유도(釉陶) 기
용(騎俑) 가운데 말안장 왼쪽으로 삼각형의 작은 등자가 보이기도 하는

---

86) 楊泓, 〈關于鐵甲·馬鎧和馬鐙問題〉, 《考古》, 1961年 第12期, 695쪽.

〈그림 47〉 장사 서진묘 출토
마갑 복원도

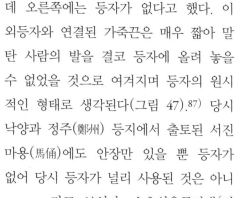

〈그림 48〉 초역파 1호묘 출토 도마용

데 오른쪽에는 등자가 없다고 했다. 이
외등자와 연결된 가죽끈은 매우 짧아 말
탄 사람의 발을 결코 등자에 올려 놓을
수 없었을 것으로 여겨지며 등자의 원시
적인 형태로 생각된다(그림 47).[87] 당시
낙양과 정주(鄭州) 등지에서 출토된 서진
마용(馬俑)에도 안장만 있을 뿐 등자가
없어 당시 등자가 널리 사용된 것은 아니
라고 보인다. 오호십육국시대(서
기 304년~서기 439년)에 속하는
서안(西安) 초역파(草歷坡) 1호묘
에서 등자가 있는 도마용(陶馬俑)
(그림 48)[88]이 출토되어 중국에
서 등자가 사용되기 시작한 시기
는 서기 4세기 전후로 추정된다.
이러한 내용으로 보면 고구려의
등자 생산 연대가 중국보다 약 1
세기 정도 앞섰음을 알 수 있다.

기마에서 등자의 사용은 기병이 보병을 압도하는 큰 이점이 된다.
등자는 말탄 기병이 창칼로 보병인 적을 향해 일격을 가할 때, 지렛대
역할을 하여 힘을 가해 주는 중요한 마구이다. 등자에 발을 버티고 서
면 갑옷을 입은 기병의 몸무게가 창칼로 찌르는 데 그대로 실어져 그
타력이 땅에서 대항하는 보병이나 안장과 등자 없이 말을 타는 경우보
다 3배 이상 커진다.[89]

---

87) 楊泓,〈關于鐵甲·馬鎧和馬鐙問題〉, 695쪽의 圖2의 3; 湖南省博物館,〈長沙兩晋
南朝隋墓發掘報告〉,《考古學報》1959年 3期.

88) 陝西省文物管理委員會,〈西安南郊草歷坡村北朝墓的發掘〉,《考古》1959年 第6期,
285~287쪽, 圖版肆의 2.

89) 존 카터 코벨 지음, 김유경 편역,《부여기마족과 왜(倭)》, 글을 읽다, 2014,

고구려 개마는 말갑옷과 말투구 및 등자로 구성된다. 말갑옷의 경우, 4세기 중엽에 속하는 안악 3호 고분벽화무덤과 4세기 말에서 5세기 초에 해당하는 약수리 고분벽화의 개마에서 가죽갑옷과 철갑옷이 함께 나타난다. 안악 3호 고분벽화의 〈대행렬도〉에는 철갑옷 대오와 가죽갑옷 대오가 따로 분리되어 행진하는 모습이 보인다. 그런데 가죽갑옷 행렬의 수가 적고 또 5세기경에 해당하는 벽화에는 나타나지 않는 것으로 보아 이후 고구려 군대의 개마는 모두 철갑으로 무장되었던 것으로 생각된다.

말투구의 경우 귀막이의 부분은 꽃잎처럼 보이는 양식으로 된 것과 둥근 양식으로 된 것 두 가지이다. 철령 유적에서 나온 개마모형들과 삼실총, 쌍영총, 개마총의 고분벽화에 보이는 귀막이는 꽃잎양식으로 표현되어 장식적인 효과를 보이는 것이 특징적이다. 안악 3호 고분벽화와 약수리 고분벽화의 것은 둥근 양식이다. 이러한 고구려의 개마와 5세기 혹은 6세기경에 이르러서야 처음으로 나타나는 중국 및 북방의 개마는 다음과 같은 차이를 갖는다.

고구려의 개마는 말투구가 한벌에 속한다. 그러나 함양 저장만 북주묘(서기 6세기경)의 개마기용(그림 25)[90]과 서안 초광파 1호묘(서기 5세기경)의 개마기용(그림 11)[91] 및 북조시대인 서기 5세기~6세기경에 속하는 하남성 등현 채회화전도상(彩繪畵磚圖象)(그림 49)[92]에서 보이는 개마들은 말투구가 없다.

〈그림 49〉 하남성 등현
채회화전도상에 보이는 개마 모사도

41~42쪽.
90) 柳涵, 〈北朝的鎧馬騎俑〉, 97쪽 圖2의 1.
91) 陝西省文物管理委員會, 〈西安南郊草廣坡村北朝墓的發掘〉, 《考古》 1959年 第6期, 285~287쪽.
92) 陳大章, 〈河南鄧縣發現北朝七色彩繪畵象磚墓〉, 《文物》 1958年 第6期, 55쪽.

고구려의 말투구는 아래턱이 자유스럽게 만들어졌고 귀막이와 볼 보호용 구조면이 있는 것이 특징이다. 그러나 북방지역의 돈황 285굴 서위벽화에 보이는 말투구는 말의 앞부분을 제외한 모든 부분을 철갑으로 감싸고 있어 활동성에 제약이 있어 보이며(그림 36·36-1), 고구려 말투구에 보이는 귀막이와 볼 보호용 구조면도 없다. 맥적산 맥찰 127굴 북위벽화(서기 5세기~서기 6세기경)에 보이는 말투구(그림 26)는 전체를 철판으로 씌워 활동성이 미약하고 귀막이와 볼 보호용 구조면도 없다.

고구려의 말갑옷으로 서기 4세기경에 속하는 태성리 1호 고분과 약수리 고분벽화의 개마들은 아랫부분이 타원형 찰편을 연결한 찰갑옷으로 구성되어 있다. 그리고 장방형의 찰편을 연결한 찰갑옷을 말발굽만 보일 정도로 길게 드리우고, 말잔등에는 갑옷을 덧씌운 모습이다. 이와 달리 맥적산 맥찰 127굴 북위벽화에 보이는 개마(그림 26)는 가죽갑옷에 철편을 드문드문 박아 넣은 것이다. 함양 저장만 북주묘 개마기용(그림 25)은 육각형의 찰갑을 연결하여 만든 것으로, 말의 몸만을 가리고 있어 말의 다리 부분은 그대로 드러난다. 서안 초장파 1호묘 개마기용(그림 11)은 말의 몸 부분만 갑옷을 씌우고 말머리와 말의 목 부분은 그대로 드러나 미숙한 발달상태를 보여 준다.

〈그림 50〉 고창 출토
기마무사니용

북방지역의 경우 당나라시기에 이르러서도 말갑옷은 그리 발달하지 않았던 것으로 나타나다. 그 예로 고창(高昌)지역의 고성에서 출토된 '기마무사니용'(騎馬武士泥俑)(그림 50)도[93] 무사는 가죽갑옷으로 무장했으나 말은 갑옷을 입지 않았다. 같은 시기에 속하는 위구르지역 벽화의

---

93) 李肖冰,《中國西域民族服飾研究》, 203쪽의 그림 377.

〈왕자출행도〉(그림 31)에[94] 보이는 왕자와 그를 호위한 무사들 모두 말은 갑옷을 입지 않았다.

이상의 비교로부터 중국이나 북방지역 개마의 형태가 고구려 개마의 형태보다 훨씬 미숙한 것으로 확인되었다. 고구려 개마의 생산시기가 중국이나 북방지역보다 약 2세기 정도 앞섰다는 점이 실물에서 증명되었다. 따라서 중국이나 북방지역의 개마는 등자에 이르기까지 고구려의 영향을 받았을 가능성이 매우 높을 것으로 추정된다.

3) 고구려 갑옷양식의 특징에서 찾아지는 평양성

《삼국사기》〈고구려본기〉 보장왕 4년조에는 "성안에 주몽의 사당이 있고 사당에는 철갑옷과 날카로운 창이 있었는데 망령되게 이전 연나라 시대에 하늘이 내려준 것이라고 했다"는[95] 내용이 보인다. 연나라는 주(周)나라 초기인 서기전 1100년 무렵부터 진(秦) 통일 이전인 서기전 222년에 이르기까지 중국의 북부지역에 있던 나라이다. 이러한 내용에서 고구려가 건국 이전 고조선에 속해 있을 시기부터 이미 고조선의 철갑옷과 예리한 무기들을 사용했음을 말해 준다. 또한 이러한 사서의 내용은 동명왕의 사당이 동명왕 사후 세워져 고구려가 멸망할 때까지 요동성지역에 남아 있었음도 알게 한다. 고구려는 서기전 37년 주몽에 의해 재건되었기 때문에 요동성 지역에 주몽의 사당이 있다는 기록은 옳을 것이다.

주몽왕은 고구려를 건국한 뒤 다음 해부터 나라의 기틀을 굳건히 하기 위해 영토를 확장하기 시작하였는데, 처음으로 통합한 나라는 송양왕(松讓王)의 비류국(沸流國)이었다.[96] 주몽왕은 비류국을 통합하는

---

94) 李肖冰, 《中國西域民族服飾研究》, 184쪽의 그림 338.
95) 《三國史記》 卷21 〈高句麗本紀〉寶藏王 4年條. "城有朱蒙祠, 祀有鎖甲銛矛. 妄前燕世天所降."
96) 《三國史記》 卷13 〈高句麗本紀〉始祖 東明聖王條. "왕은 비류수(沸流水) 중에 채

과정에서 자신을 "천제"(天帝)라 했고, 비류국을 통합한 후에 그 지역을 "다물도"(多勿都)라 불렀다.《삼국사기》〈고구려본기〉시조 동명성왕 2년조에 "고구려 나라말에 옛 땅의 회복을 다물(多勿)이라 하므로 그와 같이 이름한 것"[97]이라 하여 다물이 옛 땅을 회복한다는 의미로 사용되었음을 알 수 있다.

비류국은 고구려에서 그리 멀지 않은 곳에 위치했던 나라[98]이지만 고구려에 속해 있던 나라는 아니었다. 그런데 고구려에서 비류국을 통합한 이후 '다물도'라 부른 것은 고구려가 고조선에 속해 있던 옛 땅을 수복했음을 의미한다고 생각된다. 고구려는 자신들이 고조선을 계승했다는 의식을 가지고 있었기 때문이다. 이러한 고구려 사람들의 생각은 〈광개토왕릉비문〉에 잘 나타나 있다. 즉 비문내용 가운데 "백제와 신라는 옛날에 속민(屬民)이었다. …동부여는 옛날에 추모왕의 속민이었다"[99]고 한 내용이다. 실제로 백제와 신라가 고구려에 복속된 적이 없

소의 잎사귀가 흘러 내려오는 것을 보고 상류에 사람이 살고 있음을 알았다. 그래서 사냥을 하면서 찾아가 비류국에 이르렀다. 그 국왕 송양이 나와보고 말하기를, "寡人이 바다 귀퉁이에 치우쳐 있어 일찍이 君子를 얻어 보지 못하다가 오늘 의외로 서로 만나보니 또한 다행한 일이 아닌가. 그런데 나는 그대가 어디서 왔는지 모르겠다"하였다. (이에 왕은) 대답하기를, "나는 天帝의 아들인데 이곳에 와서 모처에 도읍하였다"고 했다. 송양이 말하기를, "우리는 여기서 여러 대에 걸쳐 왕으로 있었지만 땅이 좁아 두 임금을 섬기기는 어렵겠다. 그대는 도읍을 정한 지 며칠 되지 않으니 우리의 부용(附庸)이 되는 것이 어떻겠는가"라고 하였다. 그 말에 왕은 분노하여 그와 시비를 하다가 또한 서로 활쏘기를 하여 재주를 시험해 보니 송양이 대항할 수 없었다(王見沸流水中有菜葉逐流下, 知有人在上流者, 因以獵往尋, 至沸流國. 其國王松讓出見曰, 寡人僻在海隅, 未嘗得見君子, 今日邂逅相遇, 不亦幸乎, 然不識吾子自何而來. 答曰, 我是天帝子, 來都於某所. 松讓曰, 我累世爲王, 地小不足容兩主, 君立都日淺, 爲我附庸可乎. 王忿其言, 因與之鬪辯, 亦相射以校藝, 松讓不能抗).";《三國史記》卷13〈高句麗本紀〉始祖東明聖王條. "2년 여름 6월에 (沸流國 王) 松讓이 나라를 들어와 항복하자 (왕은) 그곳을 多勿都라 하고 송양을 봉하여 그곳의 主로 삼았다. 고구려 나라말에 옛 땅의 회복을 多勿이라 하므로 그와 같이 이름한 것이다(二年, 夏六月, 松讓以國來降, 以其地爲多勿都, 封松讓爲主, 麗語謂復舊土爲多勿, 故以名焉)."

97) 위와 같음.
98) 위와 같음.
99)《廣開土王陵碑文》. "百殘·新羅舊是屬民, 由來朝貢. …東夫餘舊是鄒牟王屬民, 中叛不貢."

고 동부여도 추모왕의 지배를 받았던 사실이 없다.

그러므로 이러한 비문의 내용은 고구려가 고조선을 계승한 나라이므로 한반도와 만주지역의 고조선에 속해 있던 백제와 신라 및 동부여 등의 백성들은 마땅히 고구려에 속해야 한다는 의미로 해석된다. 고구려는 고조선의 영토만의 병합이 아니라 통치질서의 재건을 의미하는 천하질서를 구축하고자 다물을 실현해 나갔던 것이다. 고구려는 건국 다음 해부터 국가의 기틀을 다지는 전쟁을 계속 치루어 나갔으며 이러한 고구려 다물이념의 실현은 중국의 서한이나 동한 및 북방에 있던 선비(鮮卑)와도 충돌이 불가피하게 되었다. 고구려는 이처럼 계속 이어지는 전쟁과정에서 무기와 갑옷을 고조선시기보다 더욱 다양하게 발전시켜 나갔을 것이다.

추모왕은 고조선에 속해 있던 나라들을 병합해 나갔는데, 서기전 32년(추모왕 6년)에는 행인국(荇人國)을[100], 서기전 28년에는 북옥저(北沃沮)를 멸망시켜 그 지역을 성읍(城邑)으로 만들었다.[101] 유리왕(琉璃王) 11년(서기전 9년)에는 선비를 공략해서 속국으로 만들기도 했다.[102] 이처럼 국가의 기반을 다지던 고구려는 서기 12년(유리왕 31년)부터 중국과의 충돌이 더욱 자주 반복되었다.

고구려와 왕망(王莽)의 충돌은 왕망이 흉노를 침략하기 위해 현토군(玄菟郡)에 속해 있던 고구려현(高句麗縣) 사람들을 군사로 동원하자 이들이 모두 서한 국경 밖으로 도망해 고구려로 왔기 때문이었다.[103] 고

---

100) 《三國史記》卷13〈高句麗本紀〉始祖 東明聖王條. "六年, …冬十月, 王命烏伊·扶芬奴, 伐太白山東南荇人國, 取其地爲城邑."
101) 《三國史記》卷13〈高句麗本紀〉始祖 東明聖王條. "十年, …冬十一月, 王命扶尉猒, 伐北沃沮滅之, 以其地爲城邑."(《後漢書》〈東夷列傳〉과 《三國志》〈烏丸鮮卑東夷傳〉의 東沃沮傳).
102) 《三國史記》卷13〈高句麗本紀〉琉璃明王 11年條.
103) 《後漢書》卷85〈東夷列傳〉高句驪傳. "王莽 초에 句驪(고구려)의 병사를 징발하여 匈奴를 정벌하게 하였으나, 그 사람들이 그것을 하고 싶어하지 않자 강압적으로 그들을 보냈더니 모두 국경 밖으로 도망하여 (중국의 변경을) 침략하였다. 遼西大尹 田譚이 그들을 추격하다가 전사하였다. 왕망은 장수 嚴尤에게 명하여 그들을 추격하도록 하였는데, (엄우는) 句驪 侯 騶를 꾀어 국경 안으로

구려는 왕망의 침략에 대응하여 서기 14년(유리왕 33년)에 왕망이 세운 신(新)의 현토군 고구려현을 습격하여 빼앗았다.104) 또한 서기 26년(대무신왕 9년)에는 개마국(蓋馬國)과 구다국(句茶國)을 병합했고105), 서기 28년(대무신왕 11년)에는 동한의 요동태수(遼東太守)가 침략하자 이를 물리쳤다.106) 그러나 고구려는 계속된 전쟁으로 국력이 충실하지 않아 서기 32년(대무신왕 15년)에는 최리왕의 낙랑국을 침략하여 항복하게 하였으나107), 한편으로는 동한에 사신을 보내 조공을 하기도 하였다.108) 이후 서기 37년(대무신왕 20년)에는 최씨낙랑국을 아예 멸망시켰다.109) 요서지역에 있던 낙랑군은 서기 313년(美川王 14년)에 축출되

들어오게 하고는 그의 목을 베어 長安에 전달하였다. 왕망은 크게 기뻐하면서 高句驪 王의 칭호를 바꾸어 下句驪 侯라 부르게 하였다. 이에 貊人이 변방을 노략질하는 일이 더욱 심해졌다(王莽初, 發高句驪兵以伐匈奴, 其人不欲行, 彊迫遣之, 皆亡出塞爲寇盜. 遼西大尹田譚追擊, 戰死. 莽令其將嚴尤擊之, 誘句驪侯騶入塞, 斬之, 傳首長安. 莽大說, 更名高句驪王爲下句驪侯. 於是貊人寇邊愈甚)."

104) 《三國史記》 卷13 〈高句麗本紀〉 琉璃明王條. "三十三年, …秋八月, 王命烏伊·摩離領兵二萬, 西伐梁貊滅其國, 進兵襲取漢高句麗縣."

105) 《三國史記》 卷14 〈高句麗本紀〉 大武神王條. "9년 10월에 왕이 개마국을 친히 정벌하여 그 왕을 죽이고 백성을 위안시켰으며, 약탈은 하지 않고 다만 그 땅을 군현으로 삼았다. 12월에 구다국 왕이 개마(蓋馬)가 멸망했다는 소식을 듣고 자기에게도 해가 미칠까 두려워 나라를 들고 와서 항복하였다. 이로 말미암아 영토를 점점 널리 개척하게 되었다(九年, 冬十月, 王親征蓋馬國, 殺其王, 慰安百姓, 毋虜掠, 但以其地爲郡縣. 十二月, 句茶國王, 聞蓋馬滅, 懼害及己, 擧國來降, 由是, 拓地浸廣)."

106) 《三國史記》 卷14 〈高句麗本紀〉 大武神王條. "11년 가을 7월에 漢나라의 遼東太守가 병사를 거느리고 와서 치자, 왕은 여러 신하를 모아놓고 싸워서 지킬 계책을 물었다. …한나라의 장수는 말하기를, …지금 온 글을 보니 말이 온순하고 공손하니 어찌 입을 빌어 황제께 보고하지 아니하랴, 하고는 드디어 철수하였다(十一年, 秋七月, 漢遼東太守, 將兵來伐, 王會群臣, 問戰守之計. …漢將謂, …今聞來旨, 言順且恭, 敢不藉口以報皇帝, 遂引退)."

107) 《三國史記》 卷14 〈高句麗本紀〉 大武神王 15年條. "崔理王은 鼓角이 소리를 내지 아니하므로 방비를 하지 않고 있다가 갑자기 우리 군사가 성 아래에 이른 뒤에야 고각이 다 부서진 것을 알았다. 그래서 드디어 그 딸을 죽이고 나와서 항복하였다(崔理以鼓角不鳴, 不備, 我兵掩至城下, 然後知鼓角皆破, 遂殺女子, 出降)."

108) 《三國史記》 卷14〈高句麗本紀〉大武神王 15年條. "遣使入漢朝貢, 光武帝復其王號. 是建武八年也."; 《後漢書》 卷 85,〈東夷列傳〉 高句驪傳. "建武八年, 高句驪遣使朝貢, 光武復其王號."

109) 《三國史記》 卷14 〈高句麗本紀〉大武神王條. "二十年, 王襲樂浪滅之."

었으므로, 서기 37년(대무신왕 20년)에 멸망된 낙랑은 한사군의 낙랑군이 아니라 대동강유역의 낙랑국이라 하겠다.

고구려가 서기 37년(대무신왕 20년)에 최씨낙랑국을 멸망시켰으나[110], 이후 《삼국사기》〈신라본기〉기림이사금(基臨尼師今) 3년(서기 300년)조에는 낙랑국이 신라에 귀순하여 왔음을 밝히고 있다.[111] 그런데 이보다 앞서 《삼국사기》〈고구려본기〉대무신왕(大武神王) 27년(서기 44년)에 동한의 광무제(光武帝)가 바다를 건너 낙랑을 침략하고 그 땅에 군현을 설치하여[112] 살수(薩水) 이남지역이 한(漢)에 속하게 되었다고 했다.

이러한 일련의 사건들을 간략히 정리하면 다음의 내용과 같다.

(1) 서기 37년에 고구려가 청천강 남쪽에 위치했던 낙랑국을 멸망시켰다.

(2) 이후 7년 후인 서기 44년 동한의 광무제는 낙랑국을 정벌하여 그 땅에 한의 군현을 설치했다.

(3) 이로부터 256년 후인 서기 300년에 낙랑국은 신라에 귀순했다.

위의 사실들은 고구려가 낙랑국을 멸망시켰으나 동한의 광무제가 낙랑국 지역을 정벌한 후 최씨낙랑국이 재건되어 동한이 이 지역과 친밀한 관계를 맺으며 군사와 교역의 거점으로 활용했을 가능성을[113] 생각하지 않을 수 없게 한다. 동한은 성장해 나가는 고구려를 배후에서 견제하고자 했을 가능성이 크다.

고구려가 동한에 맞서기 위해 약 5년이 지난 서기 49년(모본왕 2년)에 동한의 북평군(北平郡)·어양군(漁陽郡)·상곡군(上谷郡)·태원군(太

---

110) 위와 같음.
111) 《三國史記》卷2〈新羅本紀〉基臨尼師今 3年條. "樂浪·帶方兩國歸服."
112) 《三國史記》卷14〈高句麗本紀〉大武神王條. "二十七年, 秋九月, 漢光武帝, 遣兵渡海伐樂浪, 取其地爲郡縣, 薩水已南, 屬漢."
113) 윤내현, 《한국열국사연구》, 지식산업사, 1998, 305쪽

原郡)을 침략하였는데, 동한의 요동태수 제융(祭彤)이 화친을 원하여 국경을 회복했다.[114] 그러나 고구려의 침략지역들은 대부분 북경 부근지역과 산서성 태원시에 위치한 태원군 등으로, 고구려가 동한의 영토 안으로 깊숙이 진출하였던 사실을 말해 준다. 이처럼 고구려가 한반도 청천강 이남의 최리낙랑국을 멸망시켰지만, 이 지역에 동한의 세력이 들어오자 요서지역을 거쳐 동한의 영역을 침략해 나갔던 것은 무기와 군대장비의 우수성이 이를 뒷받침했을 것으로 생각된다. 이러한 전쟁과정에서 고구려의 갑옷과 동한 및 선비의 갑옷 등은 서로 영향을 주고받았을 것으로 여겨진다.

동한은 서기 25년에 건국되어 서기 220년에 멸망하였으므로 이 시기까지 한반도의 최리낙랑국 지역에서 견제력을 가졌을 것으로 여겨진다. 이러한 까닭으로 지금의 대동강유역에서는 동한시대의 유물들이 많이 출토된다. 예를 들어 대동강유역에서 대진원강(大晉元康) 혹은 낙랑예관(樂浪禮官)·낙랑부귀(樂浪富貴) 등의 문자가 새겨져 있는 기와가 출토되었다.[115] '대진원강'은 서진(西晉)의 혜제(惠帝) 연호(서기 291년~서기 299년)이다. 또한 '낙랑예관'과 '낙랑부귀'의 글귀가 있는 기와가 출토되는데 이는 최씨낙랑국의 국명으로 해석되어져야 할 것이다.

왕우묘(王盱墓)에서 출토된 칠기에는 '영평(永平) 12년'의 명문이 보인다.[116] '영평 12년'은 동한의 명제(明帝) 시기로 서기 69년이다. 그러므로 왕우묘는 서기 69년 이전에 조성된 것은 아니라고 여겨진다. 필자는 왕우묘에서 출토된 진한 밤색의 누에실을 겹쳐 두껍게 평직으로 짠 겸포(縑布)가 중국의 실크가 아닌 고조선의 특징을 가진 직물이었음을

114) 《三國史記》 卷14 〈高句麗本紀〉 慕本王條. "二年, 春, 遣將襲漢北平·漁陽·上谷·太原, 而遼東太守蔡彤, 以恩信待之, 乃復和親.";《後漢書》卷85〈東夷列傳〉高句驪傳. "建武二十五年, 春, 句驪寇右北平·漁陽·上谷·太原, 而遼東太守祭彤以恩信招之, 皆復款塞."

115) 關野貞 等, 《樂浪時代の遺蹟》, 古蹟調査特別報告, 第4册, 朝鮮總督府, 昭和 2(1927), 22~23쪽·43쪽.

116) 駒井和愛, 《樂浪》, 中央公論社, 昭和 47(1972), 123쪽.

밝힌 바 있다.117) 왕우묘에서 출토된 실크는 서기 69년~서기 133년에 속한다고 할 수 있는데 이 시기는 중국의 동한시대에 해당한다. 이 고분에서 수집된 목재를 이용한 방사성탄소연대 측정 결과는 서기 133년(1850±250 B.P.) 이었다.118) 그 밖에 서기전 3세기~서기 2세기경에 속하는 낙랑이라는 기호가 표시되어 있는 정백동 여러 묘에서 출토된 평문견(平紋絹)과 항라(亢羅) 등의 경우도 마찬가지로 중국의 직물과 다른 한민족 고유의 특징을 가진 것이었다.119)

고구려는 모본왕(慕本王, 서기 48년~서기 53년) 때부터 시작하여 미천왕(서기 300년~서기 330년) 때까지 지금의 요서지역으로 적극적으로 진출하여 동한과 자주 전쟁을 치루었으며 전쟁 규모도 자연스레 확대되었다. 이처럼 고구려가 중국의 서한과 동한이라는 통일제국과 맞서 요서지역으로 진출했던 것은 그 목표가 고조선의 영토를 수복하는 데 있었다고 보아야 할 것이다. 이러한 과정에서 고구려는 고조선에서 사용하던 무기와 갑옷 등의 방어장비를 더욱 발전시켜 사용했을 것이다. 앞에서 서술했듯이 무기와 갑옷이 요동성의 추모왕 사당에 보관된 것은 바로 다물이념을 실현하겠다는 상징적인 의미였을 것이다.

이 같은 고구려 사람들의 의지는 갑옷 생산에도 큰 발전을 가져왔다. 좋은 예로 고구려는 요서지역으로 진출하기 위해 동천왕 20년(서기 247년) 위나라의 관구검과의 전투에서 철기 5천 명을 거느리고 싸웠는데120), 이 철기는 바로 병사와 말이 모두 갑옷을 입은 군사를 말하는 것이다. 고조선시대에 병사들만 입던 철제 찰갑옷이 열국시대로 오면서 전쟁이 빈번해지자 말에게도 입힌 것으로, 그 갑옷의 우수성은 물론 생산력이 활발했음을 짐작할 수 있다. 이러한 병사와 말이 모두 갑옷으로

117) 박선희,《한국고대복식-그 원형과 정체》, 지식산업사, 2002, 125~188쪽.
118) 小場恒吉·榧本龜次郎,《樂浪王光墓》, 朝鮮古蹟研究會, 昭和 10(1935); 駒井和愛,《樂浪》, 5쪽.
119) 박선희,《한국고대복식-그 원형과 정체》, 125~188쪽.
120)《三國史記》卷17〈高句麗本紀〉東川王 20年條. "왕은 …곧 철기 5천을 거느리고 진격했다(王 …乃領鐵騎五千, 進而擊之)."

무장한 기병은 기마병이 우수한 북방민족과의 전쟁에서도 효과를 거두는 데 일조했을 것으로 여겨진다.

서기 3세기 말경 서진(서기 265년~서기 316년)에서는 외척들이 정권을 장악하여 8왕의 난이 일어나 매우 혼란한 정세였다. 이를 틈타 중국 동북지역에 거주하던 선비가 성장하여 세력을 확장하고자 했다. 선비의 모용외(慕容廆)는 고구려를 서기 293년(봉상왕 2년)과 296년(봉상왕 5년) 두 차례에 걸쳐 침략했지만 결국 패하고 다시 침범하지 못했다.[121] 이후 서기 304년경에 이르면 저족(氐族)이 중국 북부에 대성(大成)을 건국한 것을 시작으로 선비, 흉노(匈奴), 저, 강(羌), 갈(羯) 등의 이민족이 중국 북부지역에 단명한 정권들을 세우고 교체되는 혼란기가 줄곧 이어졌다. 고구려로서는 이를 좋은 기회로 삼아 고조선의 옛 땅이었던 지금의 요서 지역을 되찾기 위해 미천왕 3년부터 16년에 이르기까지 서진정책(西進政策)을 시작했다.

고구려는 미천왕 3년(서기 302년)에 왕이 직접 군사 3만명을 이끌고 현토성을 공격하여 8천 명을 사로잡아 평양으로 옮겼다.[122] 당시 평양지역에는 한사군의 낙랑군이 아닌 최씨낙랑국이 있었다. 그런데 최씨낙랑국은 서기 300년에 낙랑국이 신라에 귀순하였으므로 이때 평양지역은 고구려 영토였다. 이후 미천왕 12년(서기 311년)에는 요동군의 서안평현을 침략하여 차지하였고,[123] 미천왕 14년(서기 313년)에는 낙랑군을 침공하였으며,[124] 다음 해에는 대방군을 침략했다.[125] 그 다음 해

---

121) 《三國史記》卷17〈高句麗本紀〉烽上王條. "二年, 秋八月, 慕容廆來侵, …時新城宰北部小兄高奴子, 領五百騎迎王, 逢賊奮擊之, 廆軍敗退."; 《三國史記》卷 17 〈高句麗本紀〉烽上王條. "五年, 秋八月, 慕容廆來侵, 至故國原, …王以高奴子爲新城太守, 善政有威聲, 慕容廆不復來寇."

122) 《三國史記》卷17 〈高句麗本紀〉美川王條. "(美川王) 3년 가을 9월에 왕은 군사 3만 명을 이끌고 玄菟郡에 침입하여 8천 명을 사로잡아 平壤으로 옮겼다(三年, 秋九月, 王率兵三萬侵玄菟郡, 虜獲八千人, 移之平壤)."

123) 《三國史記》卷17 〈高句麗本紀〉美川王條. "(美川王) 12년 가을 8월에 장수를 보내 요동군의 서안평현을 쳐서 이를 차지하였다(十二年, 秋八月, 遣將襲取遼東西安平)."

124) 《三國史記》卷17 〈高句麗本紀〉美川王條. "(美川王) 14년 겨울 10월에 낙랑군

에는 현토군을 격파하였다.[126] 이처럼 고구려는 10여 년 동안 지금의 난하유역에 이르기까지의 고조선 옛 땅을 온전하게 수복하였던 것이다.

그 결과 요령성 조양지역에서 1982년 이후 1990년대에 이르기까지 원대자촌 벽화묘[127]의 발굴을 시작으로 이 유적과 연대가 가까울 뿐만 아니라 유사한 성격의 유물들이 출토되는 유적의 발굴이 이어졌다. 그 예로 요령성 조양 원대자촌에 위치한 왕자분산묘군(王子墳山墓群)의 태 M8713:1묘[128], 십이대향전역(十二臺鄉磚歷) 88M1묘[129], 전초구(田草溝) 묘[130], 칠도령향(七道嶺鄉) 삼합성(三合成)묘[131]와 조양과 가까운 북표 현의 라마동(喇嘛洞)묘와[132] 방신촌(房身村)묘[133]를 들 수 있다. 이 무덤들과 관련해서는 이 책의 제3부 제3장에서 동천왕이 천도한 평양성이 지금의 조양지역임을 상세히 밝혔다.

이 묘들에서 출토되는 유물의 성격과 양식이 동일한 성격을 나타내고 있어 묘주의 국적이 같을 것으로 여겨지는데, 주목할 것은 위의 묘

에 쳐들어가 남녀 2천여 명을 사로잡았다(十四年, 冬十月, 侵樂浪郡, 虜獲男女二千餘口)."

125) 《三國史記》 卷17 〈高句麗本紀〉 美川王條. "(美川王) 15년 가을 9월에 남쪽으로 대방군에 쳐들어갔다(十五年, …秋九月, 南侵帶方郡)."

126) 《三國史記》 卷17 〈高句麗本紀〉 美川王條. "(美川王) 16년 봄 2월에 玄菟城을 공격하여 격파하였는데 죽이거나 획득한 사람이 매우 많았다(十六年, 春二月, 攻破玄菟城, 殺獲甚衆)."

127) 遼寧省博物館文物隊·朝陽地區博物館文物隊, 〈朝陽袁台子東晋壁畵墓〉 《文物》 1984年 第6期, 29~45쪽.

128) 遼寧省文物考古研究所·朝陽市博物館, 〈朝陽王子墳山墓群 1987, 1990年度考古發掘的主要收穫〉, 《文物》 1997年 第11期, 4~18쪽.

129) 遼寧省文物考古研究所·朝陽市博物館, 〈朝陽十二臺鄉磚歷88M1發掘簡報〉, 《文物》, 1997年 第11期, 19~32쪽.

130) 遼寧省文物考古研究所·朝陽市博物館·朝陽縣文物管理所, 〈遼寧朝陽田草溝晋墓〉, 《文物》, 1997年 第11期, 33~41쪽

131) 于俊玉, 〈朝陽三合成出土的前燕文物〉, 《文物》 1997年 第7期, 42~48쪽.

132) 徐秉琨·孫守道, 《東北文化-白山黑水中的農牧文明》, 上海遠東出版社·商務印書館(香港), 1998, 141쪽의 그림 169.

133) 陳大爲, 〈遼寧北票房身村晋墓發掘簡報〉, 《考古》1960年 第1期, 24~26쪽. 방신촌묘의 연대에 대하여 田立坤은 서기 3세기 말에서 서기 4세기 초로 보았다(田立坤, 〈三燕文化遺存的初步研究〉, 《遼海文物學刊》, 1991年 第1期).

들에서 한결같이 한민족의 특징적 유물인 청동방울과 달개장식 등이 출
토된다는 것이다. 특히 조양 십이대영자 향전역 88M1묘에서는 철로 만
든 갑옷과 투구, 목갑옷, 마면갑 등의 갑옷과 금동으로 만든 화려한 마
구의 부속품들이 대량 출토되었다. 출토품 가운데 특히 금동으로 만들
어진 마차장식과 허리띠장식은 그 양식과 문양이 원대자촌 벽화묘의 것
과 동일하다. 전초구묘는 북표현의 방신촌묘와 비교하면 석실(石室)과
목관(木棺), 금관식, 금기(金器) 등의 성격이 서로 동일하다.134)

묘 명	발굴시기	위치	추정 건축 시기
왕자분산묘군 태 M8713:1묘	1987년·1990년	조양	서기 220~서기 336년
십이대향전역 88M1묘	1988년	조양	서기 337년~서기 370년
전초구묘	1989년	조양	서기 3세기 후기~서기 4세기 전기
삼합성묘	1995년	조양	서기 337년~서기 370년
방신촌묘	1956년~1957년	북표	서기 265년~서기 419년
라마동묘	1979년	북표	서기 337년~서기 370년

특히 조양 십이대향전력 88M1묘에서는 고구려양식의 철제 갑옷 1
벌과 말갑옷 및 투구 등과 함께 금동제 마구들이 많은 양 출토되었다.
이 묘에서 출토된 안교(鞍橋)에는 꼬리가 화려하고 나는 듯한 삼족오와
유사한 새문양이 투조의 방식으로 가득 채워져 있다. 이와 동일한 문양
의 안교가 북표현 라마동묘에서도 출토되었다.135) 같은 양식의 안교가
조양 삼합성묘에서 출토되었는데, 앞의 십이대향전력 88M1묘와 라마동
묘의 것보다 더욱 다양한 내용을 표현하고 있다.136) 이처럼 요령성의
조양과 북표 지역은 금제관식과 함께 출토된 유물들의 성격과 규모 및
수준 등으로 보아 이 지역이 당시 고구려의 중심지였을 것으로 생각하

---

134) 위와 같음.
135) 徐秉琨·孫守道, 《東北文化-白山黑水中的農牧文明》, 141쪽의 그림 169.
136) 于俊玉, 〈朝陽三合成出土的前燕文物〉, 《文物》, 1997年 第11期, 42~48쪽.

지 않을 수 없다.

금제관식이 만들어진 시기는 왕자분산묘군의 태 M8713:1묘의 연대가 서기 3세기 초기~서기 3세기 중엽으로 가장 이르고, 방신촌묘와 전초구묘가 3세기 말기에서 4세기 초기로 정리된다. 따라서 묘주들은 고구려의 동천왕(서기 227년~ 248년)시기부터 고국원왕(서기 331년~서기 371년) 재위 초기 사이에 살았던 고구려 왕족들일 것으로 추정된다. 이 시기는 동천왕 시기로 고구려가 종묘와 사직을 평양성에 옮겼을 때이다.

동천왕시기의 평양성 위치에 대하여 《삼국사기》〈고구려본기〉 동천왕 21년조에는 "봄 2월에 왕이 환도성은 병란을 겪어서 다시 도읍할 수 없다 하여 평양성을 쌓고 백성들과 종묘와 사직을 옮겼다. 평양이란 본시 선인왕검의 살던 곳이다. 혹은 왕의 도읍터 왕검이라 한다"[137]고 했다. 이처럼 동천왕이 평양성을 쌓고 백성들과 종묘와 사직을 옮긴 시기는 서기 247년이다. 문헌자료 등을 통한 동천왕시기 평양성에 대한 문제는 필자의 이전 논저[138]에서 이미 밝힌 바 있다.

원대자 벽화묘에 나타난 〈갑사기마도〉(甲士騎馬圖)(제3부 제3장 3절의 그림 40 참조)는 말의 머리 부분이 훼손되었는데, 말과 말을 타고 있는 기사 모두 갑옷을 입은 철기(鐵騎)의 모습이다. 〈갑사기마도〉에 나타나는 철기의 모습 가운데 개마 양식이 고구려 고유의 특징을 보여 준다. 중국이나 북방지역의 개마가 말 무릎 위까지 찰갑이 덮힌 것과 달리 고구려의 개마는 말의 무릎 아래 정강이에 이르기까지 찰갑이 내려오는 것이 특징인데[139], 위 벽화에서 보이는 개마의 찰갑은 말의 정강이까지 내려와 있다. 그리고 개마의 찰갑 접합양식이 안악 2호 고분벽화의 무사와 비슷하다.

십이대영자 향전역 88M1묘에서는 고구려 고유 양식의 물고기 비늘

---

137) 《三國史記》卷17 〈高句麗本紀〉東川王 21年條. "21年 春2月, 王以丸都城經亂, 不可復都, 築平壤城, 移民及廟社. 平壤者本仙人王儉之宅也. 或云王之都王儉."

138) 박선희, 〈조양 袁台子村 벽화묘의 국적과 고구려 영역 확대〉, 《고조선단군학》 제31호, 고조선단군학회, 2014, 39~126쪽.

139) 박선희, 《한국고대복식-그 원형과 정체》, 613~674쪽 참조.

양식의 철갑옷, 투구, 목 갑옷, 마면갑, 철로 만든 등자, 금동으로 만든 마구와 삼족오를 닮은 나는 듯한 새문양이 연속문양으로 투조된 안장 등 다량의 유물이 출토되었다. 그 양식과 재질에서 동일한 마구가 원대자촌 벽화묘에서도 출토되었다.140) 원대자촌 벽화묘에서 출토된 철제재갈과 조양 왕자분산묘군 M9001:3에서 출토된 것과 같은 양식의 것이다.141) 또한 십이대영자 향전역 88M1묘 출토 금동마구와142) 허리띠장식의 양식과 문양이143) 원대자촌 벽화묘에서 출토된 금동제 마구와144) 허리띠장식의 양식과 문양145)이 동일하다. 금동제 허리띠장식은 모두 화려한 새문양이 대칭되어 있다. 원대자촌벽화묘에서 출토된 철제 재갈과 금동 마구는 조양 칠도령향 삼합성묘에서 출토된 것과 같은 양식이다. 발굴자들은 삼합성묘에서 출토된 철모(鐵矛), 철족(鐵鏃) 및 마구 등의 양식이 원대자촌 벽화묘에서 출토된 것과 서로 같으며 시대도 서로 가깝다고 했다.146)

또한 십이대영자 향전역 88M1묘에서 출토된 갑옷과 투구 및 목갑옷(제3부 제3장의 2절 그림 22·23 참조) 등은 고조선갑옷의 고유 양식인 어린갑을 계승한 고대 한국 갑옷의 특징적인 요소를 그대로 나타내고 있어147) 고구려 유적으로 분류된다. 그림에서와 같은 양식의 투구는 서기 4세기 무렵에 속하는 김해 예안리 150호묘에서도 출토된 바 있다.148) 또한 같은 양식의 투구가 요령성 무순시 고이산성 유적149)에서

---

140) 遼寧省博物館文物隊·朝陽地區博物館文物隊, 〈朝陽袁台子東晋壁畫墓〉, 34쪽의 圖 24.
141) 遼寧省文物考古研究所·朝陽市博物館, 〈朝陽王子墳山墓群 1987, 1990年度考古發掘的主要收穫〉, 《文物》 1997年 第11期, 15쪽의 圖 31.
142) 遼寧省文物考古研究所·朝陽市博物館, 〈朝陽十二臺鄉磚歷88M1發掘簡報〉, 《文物》, 1997年 第11期, 27쪽의 圖 20.
143) 遼寧省文物考古研究所·朝陽市博物館, 위의 글, 30쪽의 圖 31·31쪽의 圖 35.
144) 遼寧省博物館文物隊·朝陽地區博物館文物隊, 〈朝陽袁台子東晋壁畫墓〉, 35쪽의 圖 29.
145) 遼寧省博物館文物隊·朝陽地區博物館文物隊, 〈朝陽袁台子東晋壁畫墓〉, 34쪽의 圖 20, 35쪽의 圖30의 2.
146) 于俊玉, 〈朝陽三合成出土的前燕文物〉, 《文物》 1997年 第7期, 42~48쪽.
147) 박선희, 〈고조선의 갑옷 종류와 특징〉, 《한국고대복식-그 원형과 정체》, 547~612쪽.

출토된 바 있다. 서기 5세기 중엽에 속하는 동래구 복천동 10호묘와 11
호묘에서 출토된 투구와 목갑옷 및 단갑(短甲)150), 서기 5세기 후반기
에 속하는 경상북도 고령 지산동 32호묘에서 출토된 투구151), 부산시
시립박물관에 소장된 단갑 등은 갑편의 크기는 서로 다르지만 모두 장
방형을 공통적인 특징으로 하고 있다. 이 장방형의 갑편으로 연결한 단
갑과 비교할 때 연결갑편의 형태는 서로 다르지만 작고 둥근 장식단추
양식의 철징으로 이음새를 처리한 점을 공통적인 특징으로 한다. 십이
대영자 향전역 88M1묘에서 출토된 갑옷과 투구 및 목갑옷 등도 모두
같은 기법으로 갑편을 연결하였다. 이 같은 갑편 연결방식을 고구려로
부터 신기법이 한반도 남부에 들어온 것으로 보는 견해가 있지만152),
이는 고조선의 청동장식단추와 철장식단추의 기법153)을 그대로 계승하
여 이은 것이다.

또한 서기 5세기 후반에 속하는 부산시 연산동 고분에서 출토되었
다고 전하는 철투구154)와 출토지 미상인 숭실대학교박물관 소장 철투
구 및 고려대학교박물관 소장 철투구는 십이대영자 향전역 88M1묘에서
출토된 투구와 공통점을 갖는다. 투구를 구성한 찰갑의 형태가 모두 장
방형의 모습이며, 투구의 찰갑과 찰갑의 연결부분을 작고 둥근 장식단
추양식의 철징을 이용하여 장식효과도 함께 나타내고 있다. 이 같은 연
결기법은 중국이나 북방지역에 없는 고조선 청동투구만이 갖는 특징인
데, 고조선 시대에 만들어진 청동투구의 형식을 그대로 잇되 더욱 많은

148) 申敬澈, 〈金海禮安里古墳群第4次發掘調査報告〉, 《韓國考古學年報》 8, 1980, 154~162쪽.
149) 徐家國·孫力, 〈遼寧撫順高爾山城發掘簡報〉, 《中國考古集成》 東北卷 兩晋至隋唐
    (二), 298~310쪽.
150) 申敬澈, 〈釜山市福泉洞古墳群遺跡一次發掘調査槪要와 意義〉, 《釜山直轄市立博物
    館年報》第三輯, 1981; 鄭澄元·申敬澈, 〈東萊福泉洞古墳群Ⅰ〉, 《釜山大學校博物館
    遺跡調査報告》 第5輯, 1983.
151) 金鐘徹, 〈高靈池山洞古墳群〉, 《啓明大學校博物館遺跡調査報告》 第一輯, 1982.
152) 鄭澄元·申敬澈·定森秀夫訳, 〈古代韓日甲冑斷想〉, 《論集武具》, 學生社, 1991,
    281~282쪽.
153) 박선희, 〈여러나라시대의 갑옷〉, 《한국고대복식-그 원형과 정체》, 613~673쪽.
154) 穴澤和光·馬目順一, 〈南部朝鮮出土の鐵製鋲留甲冑〉, 《朝鮮學報》 第七六輯, 1975.

〈그림 52〉 십이대영자 향전역 88M1묘
출토 마면갑

청동장식단추를 사용하여 장식효
과를 높였다.

　그 밖에 십이대영자 향전역
88M1묘에서 출토된 마차 구성물
과 등자 등의 양식은 광개토대왕
릉에서 출토된 것과 유사하다. 그
리고 이 조양에는 현재까지 당시
의 고구려 산성이 그대로 남아 있
기 때문에155) 그 시기 고구려인들
이 이 지역에서 활동했음을 보다
확실히 증명해 준다. 특히 이 유
적에서는 철로 만든 말투구(그림
52)가 출토되었는데, 중국학자들
은 이것이 중국에서 발굴된 것 가운데 가장 이른 시기로 전연(前燕)의
것으로 보고 있다.156) 그러나 이 말투구는 당시 북방지역이나 중국보다
약 2세기 정도나 앞선 고구려의 것으로, 고구려 말갑옷의 고유한 양식
이다.157)

　이상의 분석된 내용으로부터 조양지역의 십이대영자 향전역 88M1
묘는 고구려묘인 것이 분명해진다. 그리고 위에서 비교분석한 왕자분산
묘군의 태 M8713:1묘의 연대가 서기 3세기 초기~서기 3세기 중엽으로
가장 이르고, 조양의 방신촌묘와 전초구묘 및 십이대영자 향전역 88M1
묘가 3세기 말기에서 4세기 초기로 정리된다. 그리고 조양의 원대자촌
벽화묘와 삼합성묘 및 북표현 라마동묘의 연대는 서기 4세기 초~서기
4세기 중엽에 속한다고 보았다.

---

155) 遼寧省文物考古硏究所·朝陽市博物館·朝陽縣文物管理所,〈遼寧朝陽田草溝晋墓〉,
　　　《文物》, 33~41쪽.
156) 田立坤·張克擧,〈前燕的甲騎具裝〉,《文物》, 1997年 11期, 72~75쪽.
157) 박선희,《한국고대복식-그 원형과 정체》, 613~670쪽.

갑옷과 말갑옷 양식 등을 분석한 여러 내용들로 볼 때, 서기 3세기부터 서기 4세기 중엽 이전까지 조성된 조양지역의 묘들은 그 국적을 고구려로 해석할 수밖에 없다. 묘주는 고구려의 동천왕(서기 227년~서기 248년)시기부터 고국원왕이 재위 12년(서기 342년)에 환도산성으로 도읍을 옮길 때까지 지금의 조양지역에 위치한 평양성에 살았던 고구려 왕족들이라 하겠다. 더구나 이들 조양지역의 여러 무덤들에서 중국 복식에서 사용하지 않았던 고구려 고유 양식의 금제관식이 보이고 원대자촌 벽화고분에는 삼족오가 그려진 〈태양도〉와 〈흑웅도〉도 보인다.

지금까지 우리 역사연구에서 중국학자들의 발굴보고서와 연구내용이 비판과 분석 없이 그대로 받아들인 경우가 많아 위에 서술한 고구려 유적들의 국적은 물론 유물들이 제자리를 찾아가지 못했다. 그 결과 한반도지역의 갑옷도 중국이나 북방문화의 영향으로 이루어졌다는 인식이 크다. 그러나 주변국과 고구려 갑옷을 비교해 보면, 한반도와 만주지역에 보이는 갑옷의 재료와 양식 면에서 동질성이 확인된다. 이러한 동질성은 신석기시대부터 이어지는 고조선 지역의 토착문화로, 중국이나 북방지역의 갑옷 재료 및 양식과 구별된다. 따라서 갑옷만을 주목하더라도 고조선의 갑옷양식과 그 전통을 이어받은 고구려의 갑옷양식들은 고대 한민족에 의한 자생적 토착문화로서 자리매김될 수 있을 것이다. 현재 고구려 갑옷을 연구할 수 있는 귀중한 유물들이 발굴되고 있어[158] 고구려 갑옷에 관해서 더욱 풍부한 내용들이 밝혀질 것으로 기대된다. 경기도 연천군 무등리 2보루에서 출토된 찰갑(그림 53)도 좋은 예가 된다.

고조선은 뼈갑옷·가죽갑옷·청동갑옷·철갑옷을 동아시아에서 가장 먼저 독자적으로 생산했을 뿐 아니라, 중국 갑옷에 영향을 준 나라이다. 고구려의 갑옷과 말갑옷은 이러한 고조선 갑옷양식을 계승하여 매우 특징적으로 발전했으며 같은 시기의 중국이나 북방지역의 갑옷보다

---

158) 서울대학교 박물관·연천군선사문화관리사업소, 《연천 부등리 2보루 2차 발굴조사 현장설명회 자료집》 2011.

훨씬 우수하였다. 따라서
중국과 북방지역은 물론
일본의 갑옷 생산에 크게
영향을 주었다. 한 마디로
고대 갑옷은 모두 고조선
과 고구려 문화에서 확산
된 것이라 해도 지나치지
않다. 우리 학계가 중국과
북방복식의 영향론을 펼치

〈그림 53〉 연천 무등리 2보루 출토
6~7세기경 찰갑

는 전파주의적 해석에서 벗어나게 되길 기대한다.

3. 한반도 남부에 보이는 고조선 갑옷 특징과 일본열도에 준 영향

1) 고조선 갑옷양식을 이은 백제 갑옷의 종류와 특징

《삼국사기》〈백제본기〉시조 온조왕조에는 "그 세계(世系)가 고구려
와 더불어 부여에서 함께 나왔기 때문에 부여로써 성씨를 삼았다"[159]
고 했다. 이로부터 백제 왕실은 부여계 혈통으로 성씨는 부여임을 알
수 있다. 성왕(聖王)시기에는 국호를 남부여라고 하여[160] 백제가 부여
계였음을 밝히고 있다.

이처럼 백제 왕실은 부여계로 동부여와 마찬가지로 고조선 갑옷의
생산양식을 계승하였을 것으로 생각된다. 실제로 백제 초기의 유적으로
알려진 몽촌토성(夢村土城)에서 장방형의 뼈로 만든 어린갑(魚鱗甲)의

---

159) 《三國史記》卷23〈百濟本紀〉始祖 溫祚王條. "其世系與高句麗同出扶餘, 故以扶
餘爲氏."
160) 《三國史記》卷26〈百濟本紀〉聖王 16年條. "봄에 도읍을 사비성으로 옮기고
국호를 남부여라 하였다(春, 移都於泗沘, 國號南扶餘)."

〈그림 1〉 몽촌토성 출토 뼈갑편

뼈갑편(그림 1)[161]들이 다량 출토되었다. 그리
고 백제의 영역이었던 남원(南原) 철산리 M1-A
무덤에서 좁고 긴 장방형의 철투구를 구성했던
갑편이 발견되었다(그림 2).[162] 이 갑편들은 그
양식으로 보아 앞장에서 서술한 노하심촌(老河
深村) 유적에서 출토된 동부여의 철투구편과
같은 양식으로 고조선 갑편의 특징인 장방형을
위주로 하였는데, 좁고 긴 장방형과 아래쪽이
둥근 장방형의 갑편으로 구성된 어린갑옷이었
을 것으로 생각된다.

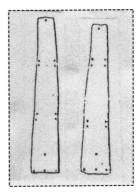

〈그림 2〉 남원 월산리
M1-A무덤 출토
철투구편 일부 모사도

백제는 온조왕 14년(서기전 5년)에 도읍을 하남위례성으로 옮긴 후,
온조왕 26년과 27년에 걸쳐 마한을 침략하여 국읍(國邑)을 차지하고 주
민들을 한산(漢山, 지금의 남한산) 북쪽에 이주시켜 마한의 중심부까지
영토를 확보하고 국가의 기틀을 확고히 했다.[163] 이후 온조왕 36년에

---

161) 서울대학교박물관, 《서울대학교박물관 발굴 유물 도록》, 1977, 270쪽.
162) 金榮來, 《南原·月山里古墳發掘調査報告》, 全州, 1983.
163) 《三國史記》 卷23 〈百濟本紀〉 始祖 溫祚王條. "二十六年, 秋七月, 王曰, 馬韓漸
弱, 上下離心, 其勢不能久, 儻爲他所幷, 則脣亡齒寒, 悔不可及, 不如先人而取之, 以

이르면 그 영토가 현재 전라북도 정읍까지 달했다.164)

고이왕 13년(서기 246년)에는 위(魏)의 관구검(毌丘儉)이 낙랑태수 유무(劉茂), 대방태수 궁준(弓遵)과 함께 고구려를 침략했다. 이 시기 고이왕은 위가 전란에 있는 기회를 틈타 좌장(左將) 진충(眞忠)을 보내 난하 동쪽지역에 위치했던165) 낙랑군의 변방지역을 습격하여 그곳의 주민을 빼앗았다.166)

낙랑군이 지금의 난하 동쪽에 위치해 있었으므로 위의 내용은 백제 군사가 지금의 요서지역에 진출했음을 알게 해 준다. 이후 백제는 서기 246년경부터는 지금의 북경과 천진지역에 진출하였고, 이후 그 영역을 남쪽으로 확장하여 하북성·산동성·강소성·절강성 등지의 동부해안지역 에까지 그 세력을 확장하여 서기 581년 수나라가 중국을 통일하기 직전 까지 중국 동부 해안지역을 지배해 왔다. 이에 관해서는 《송서》(宋書), 《남제서》(南齊書), 《양서》(梁書), 《남사》(南史), 《북제서》(北齊書), 《통전》, 《문헌통고》(文獻通考) 등에 기록되어 있고, 이후 이와 관련하여 선학들 의 연구가 계속 이어졌다.167)

제4부 2장에서 서술했듯이 중국은 동한시기부터 철개(鐵鎧)가 발달

免後艱.";《三國史記》卷23〈百濟本紀〉始祖 溫祚王 26年條. "冬十月, 王出師陽言 田獵, 潛襲馬韓, 遂并其國邑, 唯圓山·錦峴二城, 固守不下.";《三國史記》卷23〈百 濟本紀〉始祖 溫祚王 27年條. "夏四月, 二城降, 移其民於漢山之北, 馬韓遂滅."

164) 《三國史記》卷23〈百濟本紀〉始祖 溫祚王 36년조에는, "팔월에 원산과 금현의 두 성을 수리하고 고사부리성을 쌓았다(八月, 修葺圓山·錦峴二城, 築古沙夫里城)."

165) 이 책의 제3부 1장의 3절 참조.

166) 《三國史記》卷24,〈百濟本紀〉古尒王條. "十三年, 秋八月, 魏幽州刺史毌丘儉與 樂浪太守劉茂·朔(帶)方太守王(弓)遵伐高句麗, 王乘虛遣左將眞忠, 襲取樂浪邊民, 茂聞之怒, 王恐見侵討, 還其民口."

167) 《增補文獻備考》卷 14〈輿地考〉2, 歷代國界 2; 申采浩,《朝鮮上古史》, 丹齋 申 采浩全集 上(改訂版), 丹齋申采浩先生紀念事業會, 1987, 204~205쪽; 鄭寅普,《朝 鮮史研究》下卷(서울신문사, 1947), 60~65쪽; 김세익,〈중국 료서지방에 있었 던 백제의 군에 대하여〉,《력사과학》, 1967년 1호, 1~10쪽;〈중국 료서지방에 있었던 백제의 군에 대하여〉(계속),《력사과학》, 1967년 3호, 13~23쪽; 金庠基, 〈百濟의 遼西經略에 對하여〉,《東方史論叢》(서울대학교출판부, 1984), 426~433 쪽(原載,《白山學報》, 第3號, 1967); 方善柱,〈百濟軍의 華北進出과 그 背景〉,《白 山學報》, 第11號, 1971, 1~30쪽; 윤내현,《한국열국사연구》, 1998, 381~418쪽.

하기 시작하여 삼국시대에
오면 용수개(筩袖鎧)가 개
갑(鎧甲)의 주요 양식이 되
며 개마(鎧馬)도 등장하기
시작한다. 그러나 당시 군
대에서 개마를 착용한 기병
의 수는 아주 적었다.[168]
이후 동진시대와 남북조시
대에 와서야 양당개(兩當
鎧)와 함께 개마가 군대에
보편적으로 보급되었다. 그
러므로 백제가 위나라의 후
방인 북경과 천진지역에 진
출한 이 시기 위나라의 군
대에는 개마가 매우 적었던
것으로 생각되며 수당시기
에 이르기까지 마찬가지였
던 것으로 나타난다.

〈그림 3·3-1〉 개마기병이 보이는
〈면주도〉의 일부분

그 실제 상황이 당나라의

중장기병(重裝騎兵)을 그린 〈면주도〉(免冑圖)의 일부분(그림 3·3-1)[169]에
서 확인된다. 이 〈면주도〉는 당나라 대종(代宗) 영태(永泰) 원년에 회흘
(回紇)과 토번(吐蕃)이 반기를 들자 명장인 곽자의(郭子儀)가 수십명의
기병을 거느리고 회흘에 갔던 사실을 그린 것인데, 일부 기병의 말만 개
마로 나타난다.

이러한 중국의 개마 생산력 수준과 달리, 백제는 고구려와 마찬가지

168)《太平御覽》卷356〈魏武軍策令〉. "(袁)本初馬鎧三百具, 吾不能有十具."; 《晋書》
卷44〈列傳〉"盧欽傳". "御府人馬鎧."
169) 李天鳴,《中國疆域的變遷》上册, 國立故宮博物院, 臺北, 1997, 89쪽.

로 군대에서 개마가 차지하는 비중이 매우 컸으며, 이처럼 우월한 장비
를 갖춘 기마병은 백제의 중국 진출에 크게 도움이 되었을 것으로 생각
된다. 이는 백제의 갑옷 종류가 다양하고 우수했으며,170) 또한 고구려
개마의 생산 시기가 중국이나 북방지역보다 약 2세기 정도 앞섰기 때문
에 백제에 영향을 주었을 가능성도 설명될 수 있다.

　〈그림 4〉〈사신도〉의 백
　　　제사신 부분

백제는 국력신장과 더불어 고이왕 27년(서기
260년) 관제와 신분제를 엄격하게 정돈했다. 관직
과 품계에 따라 왕은 물론 관리들도 정해진 색깔
의 옷을 입도록 하여 신분제를 확립하고자 했던
것이다.171) 그러나 이 같은 복식 제정 과정에서
고구려와 마찬가지로 중국의 복식제도를 받아들
이지 않았다. 이러한 사실은 백제가 적어도 수나
라가 중국을 통일(서기 589년)하기 이전 자신들
이 중국의 동부 해안지역을 지배하던 시기까지는
정복국으로서의 면모를 가지며 백제의 복식을 고
수했다고 볼 수 있으며 갑옷 역시 마찬가지일 것
으로 생각된다. 이러한 상황은 서기 7세기경으로
추정되는 사신도에 보이는 백제사신(그림 4)172)
과 서기 6세기경으로 추정되는 남경박물원 구장
본 〈백제사신도〉(그림 5)에서 확인할 수 있다.

---

170) 《三國史記》卷21〈高句麗本紀〉寶臧王4年條. "이때 백제가 금휴개를 바쳤고,
또 현금으로 문개를 만들어서 사졸들이 입고 다녔다(時, 百濟上金髹鎧, 又以玄金
爲文鎧, 士被以從)."; 《三國史記》卷27〈百濟本紀〉武王條. "27년(서기 627년)에
당나라에 사신을 보내어 명광개라는 갑옷을 예물로 보냈다.(遣使入唐, 獻明光
鎧)."

171) 《三國史記》卷24〈百濟本紀〉古爾王條. "(27년) 2월에 명령을 내려 6품 이상
은 자줏빛 옷을 입고 은 꽃으로 관을 장식하며 11품 이상은 붉은 옷을 입으며
16품 이상은 푸른 옷을 입게 했다(二月, 下令六品以上服紫, 以銀花飾冠, 十一品
以上服緋, 十六品以上服靑)."

172) 李天鳴,《中國疆域的變遷》上冊, 國立故宮博物院, 臺北, 1997, 80쪽.

〈양직공도〉(梁職貢圖)의 모본(模本)은 여럿이 전해온다. 남경박물원 구장본 말고도 대만 고궁박물관에 소장되어 있는 염립본(閻立本, ?~673년)의 〈왕회도〉(王會圖)와 남당(南唐, 937~975년) 때 고덕겸(顧德謙)[173] 이 모사한 〈양원제번객입조도〉(梁元帝蕃客入朝圖) 등이 있다. 이 가운데 연대로 보면 염립본의 모본이 가장 이르고, 고덕겸의 모본이 가장 늦으며 남경박물원 구장본은 그 연대가 명확하지 않다. 이들 그림이 모본이

라고 하지만 원본을 모 사한 것이 아니라 요지만 을 간추린 것으로 작가 스스로의 견해가 많이 개 입되어 있다. 따라서 이 들 그림의 복식을 직공도 가 그려졌을 당시 각국의 사신들이 입었던 복식이 라고 보기는 어렵다. 이 는 세 그림에서 백제 사 신만을 뽑아 비교해 보면 쉽게 알 수 있는데, 가장 흐트러짐이 없는 것은 남 경박물원 구장본이다.

〈그림 5〉 남경박물원 구장본 백제사신도

문헌과 전래하는 〈양직공도〉에 고구려와 신라가 포함되어 있다. 즉 장초금(張楚金)이 지은 《한원》(翰苑)에 〈양원제직공도〉(梁元帝職貢圖)의 고(구)려 자료를 인용했고, 도선(道先)이 645년에 지은 《속고승전》(續高僧傳)에서도 〈양직공도〉(梁職貢圖)의 신라 자료를 인용했다. 〈양직공도〉가 그려진 배경은 다음과 같다. 양을 건국한 무제(武帝) 소연(蕭衍)은 즉위 3년(서기 504년) 4월 8일 도교(道敎)를 버리고 불교를 국교로 선

---

173) 南唐(937~975)의 顧德謙; 江寧人, 工人物, 多喜寫道像, 雜工動植, 後主李煜曰: "古有愷之, 今有德謙, 二顧相繼, 爲畵絶矣. 有蕭翼賺蘭亭圖."

포하였다. 무제 즉위 40년을 기념하여 일곱째 아들 소역(蕭繹), 즉 원제
가 양과 외교관계를 맺고 있는 나라들이 보낸 사신을 그리게 하고 이
나라들의 지리와 풍속 등을 기술토록 하였다. 이를 〈양직공도〉라고 불
렀던 것이다. 원제가 554년 12월에 피살된 것으로 보아 〈양직공도〉는
바로 554년 12월 이전에 처음 그려졌을 것이다.

〈그림 5〉 남경박물원 구장본의 백제 사신 옆으로 백제에 관한 다음
의 내용들이 보인다.

> 百濟, 舊來夷, 馬韓之屬. 晉末駒瑟略, 有遼東樂浪, 亦有遼西晉王縣. 自晉已來,
> 常修蕃貢. 義熙中, 其王餘腆, 宋元嘉中, 其王餘毗, 齊永明中, 其王餘太皆受中國官
> 爵. 梁初以太爲征東將軍, 尋爲高句麗所破. 普通二年(서기 521년), 其王餘隆(무령
> 왕)遣使奉表云累破高麗. 所治城曰固麻, 謂邑曰檐魯, 於中郎扉縣有二十二檐魯, 分
> 子弟宗族爲之. 旁小國有叛, 波卓多羅·前羅·斯羅止迷, 麻連上已文下·枕羅等附之.
> 言語衣服略同高麗, 行不張, 拱拜不申足. 以帽爲冠, 襦曰174)複衫, 袴曰褌. 其言口諸
> 夏, 亦秦韓之遺俗.

위의 내용에서는 당시 요동지역에 낙랑군이 있었던 사실로부터 백
제가 고구려와 언어와 의복이 같다고 하는 내용에 이르기까지 다양한
사실을 알려 주고 있다. 백제와 고구려가 의복이 같다고 한 점에서 갑
옷도 예외이지 않았을 것이다.

양 무제 소연은 502년 4월 제(齊)로부터 제위를 선양받았다. 당시
고구려의 공략으로 위기에 몰렸던 백제의 무령왕은 12년(512년) 고구
려를 견제해 줄 것을 바라며 처음으로 양에 사신을 보냈다. 이후 무령
왕 21년에 다시 사신을 보내자 양 무제는 무령왕을 '행도독백제제군사
진동대장군백제왕'(行都督百濟諸軍事鎭東大將軍百濟王)에서 '사지절도독백
제제군사영동대장군백제왕'(使持節都督百濟諸軍事寧東大將軍百濟王)으로 책
봉하였다. 무령왕은 책봉을 받은 다음 해 죽었고, 매지권(買地卷)에 바

---

174) 《梁書》〈百濟傳〉의 "呼帽曰冠, 襦曰複衫, 袴曰褌. 其言口諸夏, 亦秦韓之遺俗云."
을 옮겨 쓰다 曰을 白으로 잘못 쓴 것이라 하겠다.

로 '영동대장군백제사마왕'(寧東大將軍百濟斯麻王)이라고 한 것에서 책봉 사실이 확인된다. 무령왕의 아들 성왕(聖王)이 즉위하자 성왕 2년 양은 성왕을 '지절도독백제제군사수동장군백제왕'(持節都督百濟諸軍事綏東將軍百濟王)으로 책봉하였다. 백제는 성왕 12년에 사신을 보냈고, 성왕 19년 (서기 541년)에도 사신을 보내 모시박사(毛詩博士)·열반등경의(涅槃等經義)와 함께 공장(工匠)과 화사(畵師) 등을 보내줄 것을 요청하였고, 양은 이를 허락하였다. 성왕 27년(서기 549년) 양의 수도가 후경(侯景)에게 함락된 것을 모르고 사신을 보냈다가 후경에게 붙잡혔고, 후경의 난이 평정된 뒤 사신이 귀국하였다. 그리고 위덕왕(威德王) 14년(서기 567년)에는 진(陳)에 사신을 보냈다. 양 원제가 〈직공도〉를 그리게 한 것은 백제 위덕왕 즉위년(서기 554년) 12월 이전인 것이다.

양직공도의 模本은 여러 개가 전해온다. 현재 남경박물원 구장본과 대만 고궁박물관에 소장되어 있는 염립본의 〈왕회도〉, 그리고 남당 때 (서기 937~975년) 고덕겸이 모사한 〈양원제번객입조도〉 등이 있다. 위의 내용으로 보아 연대로 보면 남경박물원 구장본이 적어도 서기 554년 이전일 것이므로 가장 이르다고 하겠다. 따라서 처음 그려진 남경박물원 구장본의 백제 사신은 바로 무령왕과 성왕 재위 시의 복식을 입었음에 틀림없다.[175] 이러한 내용들에서 백제는 중국과 밀접한 관계를 가지면서도 백제 고유의 복식양식과 갖춤새를 변화시키지 않았음을 확인할 수 있다.

고이왕의 뒤를 이은 책계왕(責稽王)과 분서왕(汾西王)은 고구려의 침략에 대비하면서 아차성과 사성을 수축하여 방비하기도 했다.[176] 이러

---

175) 필자는 이전 연구에서 남경박물원 구장본에서 보이는 백제사신의 복식은 무령왕과 성왕 당시의 복식이 아닐 것으로 판단했다(박선희, 《한국고대복식－그 원형과 정체》, 339~341쪽). 그러나 관모 등에 관한 새로운 연구를 통해(박선희, 《우리 금관의 역사를 밝힌다》 참조) 남경박물원 구장본의 백제복식은 백제 고유의 복식양식인 것으로 바로잡고자 한다.

176) 《三國史記》 卷24 〈百濟本紀〉 責稽王 元年條. "…遂出師救之, 高句麗怨, 王慮其侵寇, 修阿且城·蛇城, 備之."

한 과정에서 축성뿐만 아니라 군대장비와 기마군대의 규모와 수준도 더욱 성장해 갔을 것으로 생각된다. 한편으로는 지금의 요서지역에 확보했던 백제 영토를 확장하는 데도 더욱 주력하였다. 그러나 고구려와의 전쟁 과정에서 책계왕은 난하유역에서 사망하였고[177], 분서왕은 낙랑군의 서쪽 현을 차지했지만 낙랑군 태수가 보낸 자객에게 살해되었다.[178]

이 시기 고구려는 지금의 요서지역에 위치했던 한사군을 축출하고 고조선의 옛 땅을 거의 수복하였다. 이와 관련해서는 이 책의 제3부 제3장에서 상세히 서술하였다. 고구려는 이후 백제와 신라를 통합하기 위하여 남쪽으로 진출하기 시작했다. 그 예로 백제 근초고왕 24년(서기 369년) 고구려 고국원왕이 보병과 기병 2만 명으로 백제를 침공하였는데 태자 근구수(近仇首)가 이를 맞아 싸워 고구려 군사를 크게 이기고 5천여 명을 포로로 붙잡기도 했다.[179] 2년 후 고구려가 다시 침략해 왔는데, 근초고왕은 이를 격파한 뒤 태자와 함께 3만 명의 병사를 이끌고 고구려의 평양성을 공격하여 고국원왕이 백제군의 화살에 맞아 사망하기에 이른다.[180]

그러나 이후 아신왕은 광개토대왕의 남진정책으로 수천 명의 병사를 잃고[181] 남녀 포로 1천 명과 세포(細布) 1천 필을 바치고 고구려의 노객(奴客)이 되겠다는 맹세를 하는 등 큰 어려움에 처하게 된다.[182] 개로왕은 북위(北魏)와 연합하여 고구려를 협공하고자 사신을 파견하였으나 북위가 받아들이지 않아 뜻을 이루지 못하였고[183], 이후 장수왕의 침

---

177) 《三國史記》卷24〈百濟本紀〉責稽王 13年條.

178) 《三國史記》卷24〈百濟本紀〉汾西王 7年條.

179) 《三國史記》卷24〈百濟本紀〉近肖古王 24年條. "秋九月, 高句麗王斯由帥步騎二萬, 來屯雉壤, 分兵侵奪民戶, 王遣太子以兵徑至雉壤, 急擊破之, 獲五千餘級, 其虜獲分賜將士."

180) 《三國史記》卷24〈百濟本紀〉近肖古王 26年條. "高句麗擧兵來, 王聞之伏兵於浿河上, 俟其至急擊之, 高句麗兵敗北, 冬, 王與太子帥精兵三萬, 侵高句麗攻平壤城, 麗王斯由力戰拒之, 中流矢死."

181) 《三國史記》卷25〈百濟本紀〉阿莘王 4年條.

182) 〈廣開土王陵碑文〉永樂 6年. "百殘王困逼, 獻出男女生口一千人, 細布千匹, 歸王自誓, 從今以後, 永爲奴客."

략으로 한성(漢城)이 포위되고 개로왕은 살해되었다.[184] 개로왕의 뒤를 이은 문주왕(文周王)이 한성을 회복하지만 적합하지 않은 것으로 판단하여 도읍을 지금의 공주인 웅진으로 옮겼다.[185] 이후 무령왕(武寧王)은 백가(苩加)의 반란을 평정하고[186] 사회를 안정시키고[187] 고구려와 말갈의 침략을 물리쳐 백제의 국력을 부강하게 했다.[188] 공주 무령왕릉에서 출토된 많은 유물들이 이 같은 당시 백제의 국력을 알게 해 준다.[189]

무령왕을 이은 성왕(聖王)은 도읍을 지금의 부여인 사비로 옮기고 나라 이름을 남부여로 고치며 중흥을 꾀했다.[190] 신라와 연합해 고구려 침략에 맞섰고[191], 장군 달사(達巳)를 시켜 고구려 도살성(道薩城)을 빼앗기도 했다.[192] 이후 성왕은 신라 및 가야와 연합해 고구려 군사를 한강유역에서 물리쳐 한강유역 하류는 백제가 차지하고 상류는 신라가 차지하였다.[193] 위덕왕(威德王)시기에는 중국의 진(陳) 및 북제(北齊)와 우호관계를 맺었다. 북제가 위덕왕에게 '사지절도독동청주제군사동청주자사'(使持節都督東靑州諸軍事東靑州刺史)라는 작위를 내린 것으로 보아[194] 백제의 동청주(東靑州) 지배를 승인한 것으로 생각된다. 동청주는 지금의 산동성 즉묵(卽墨)지역이다. 이러한 과정에서 백제의 갑옷이 중국이나 북방지역의 영향을 충분히 받을 수 있었다. 그러나 앞에 서술한 〈사신도〉[195]와 남경박물원 구장본에서도 확인되듯이 일반복식에서 중

183) 《三國史記》卷25〈百濟本紀〉蓋鹵王 18年條. "王以麗人屢犯邊鄙, 上表乞師於魏, 不從, 王怨之, 遂絶朝貢."
184) 위와 같음.
185) 《三國史記》卷26〈百濟本紀〉文周王 元年條.
186) 《三國史記》卷26〈百濟本紀〉武寧王 元年條.
187) 《三國史記》卷26〈百濟本紀〉武寧王 10年條.
188) 《三國史記》卷26〈百濟本紀〉武寧王 2·3·7·12年條 참조.
189) 文化財管理局,《武寧王陵》發掘調査報告書, 文化公報部 文化財管理局, 1973.
190) 《三國史記》卷26〈百濟本紀〉聖王 16年條. "春, 都移於泗沘, 國號南扶餘."
191) 《三國史記》卷26〈百濟本紀〉聖王 26年條.
192) 《三國史記》卷26〈百濟本紀〉聖王 28年條.
193) 《三國史記》卷44〈居柒夫列傳〉;《日本書紀》卷19〈欽明天皇〉9~12年條.
194) 《三國史記》卷27〈百濟本紀〉威德王 14·17·18·19·24年條 참조.
195) 주 172와 같음.

국이나 북방적 요소가 전혀 보이지 않는다.

〈사신도〉에 나타나는 고구려·백제·신라사신들의 의복은 7세기의 모습인데, 이보다 앞선 4세기에 해당하는 고구려 고분벽화인 안악 3호 고분벽화·각저총·약수리 고분벽화 등에 보이는 복식의 모습과 같은 양식을 하고 있다. 《수서》〈열전〉신라전에서도 이들 세 나라가 같은 계통의 복식을 착용하고 있다는 기재와[196] 일치한다. 고조선 붕괴 이후 열국은 고조선시대부터 전해온 복식양식을 당 초기까지 그대로 고수했음을 알 수 있다. 이러한 상황은 갑옷의 경우에서도 마찬가지로 나타난다.

성왕의 뒤를 이은 위덕왕은 중국의 남조(陳)·북조(北齊)와 우호적인 입장을 견지했다. 그러한 까닭에 북제는 위덕왕에게 사지절도독동청주제군사동청주자사라는 작위를 내렸다.[197] 이는 백제가 지금의 산동성 즉묵 지역인 동청주를 지배하고 있던 상황을 승인한 것이다. 앞에 서술한 바와 같이 백제는 고이왕 때부터 중국 동북부지역에 진출하여 차츰 남쪽을 향하여 영역을 확장하기 시작하여 하북성·산동성·강소성·절강성 등지의 동부 해안지역을 지배해 나갔다. 시기적으로 영역 변화는 있었으나 위덕왕 때까지 지배력이 지속되다가 수나라가 중국을 통일하는 서기 581년경에 이르러 끝맺게 된다.[198] 이러한 백제의 중국진출은 막강한 군사력의 뒷받침 없이는 불가능한 것으로 고구려보다 갑옷의 종류가 다양하게 발달했던 요인이 될 것이다.

고구려 갑옷의 경우 고조선의 갑옷을 계승했음이 밝혀졌듯이 백제 갑옷도 일반 복식의 경우와 마찬가지로 예외이지 않음을 아래의 내용을 통해서 확인할 수 있다. 그러나 백제의 갑옷은 그 종류가 아래의 내용에서처럼 매우 다양했다고 여겨진다.

---

196) 《隋書》卷81〈列傳〉新羅傳. "風俗·刑政·衣服은 대략 고구려·백제와 같다(風俗·刑政·衣服略與高(句)麗百濟同)."

197) 《三國史記》卷27〈百濟本紀〉威德王 14·17·18·19·24年條 참조.

198) 윤내현,〈백제의 중국 동부 지배〉,《傳統과 現實》제8호, 고봉학술원, 1996, 287~328쪽.

(1) 무왕 27년(서기 627년) 백제는 당나라에 명광개(明光鎧)를 보냈다.[199]

(2) 무왕 38年(서기 638년)에는 철갑(鐵甲)을 보냈다.[200]

(3) 무왕 40년에는 금갑(金甲)을 예물로 보냈다.[201]

(4) 의자왕 6년(서기 646년)에는 고구려에 금휴개(金髹鎧)를 예물로 보내고, 현금(玄金)으로 문개(文鎧)도 만들어 보내와 사졸(士卒)들이 입게 했다.[202]

이상의 자료로 보아 백제가 생산한 갑옷의 종류는 명광개·철갑·금갑·금휴개·문개로 매우 다양했음을 알 수 있다. 이들이 어떠한 종류와 양식의 갑옷이었는지 살펴보기로 한다.

중국 문헌들에는 남북조시대에 이르러 명광개를 착용한 것으로 기재되어 있다. 그러나 학자들이 분류한 북위의 명광개의 모습(그림 6[203], 제4부 제3장 2절의 그림 12~14 참조)과 북제(北齊)의 명광개의 모습(그림 7)은[204] 모두 서역 갑옷의 특징인 가슴 좌우에 타원형의 호심원(護心圓)을 넣은 양당개의 모습에서 호심원만을 크게 확대한 모습으로, 다른 부분에도 찰갑 등은 구성되어 있지 않았다. 사실상 중국의 문헌자료에 명광개라는 명칭에 대한 설명은 보이지 않는다. 학자들은 다만

---

199) 《三國史記》 卷27 〈百濟本紀〉 武王條. "27년에 당나라에 사신을 보내어 명광개라는 갑옷을 예물로 보냈다(遣使入唐, 獻明光鎧)."

200) 《三國史記》 卷27 〈百濟本紀〉. "遣使入唐, 獻鐵甲雕斧."

201) 《三國史記》 卷27 〈百濟本紀〉. "又遣使於唐, 獻金甲雕斧."

202) 《三國史記》 卷21 〈高句麗本紀〉. "(寶藏王 4年) 때 백제(의자왕 6년)가 金髹鎧를 바치었고, 또 玄金으로 文鎧를 만들어서 사졸들이 입고 다녔는데 당주가 勣과 만나자 갑옷의 광채가 태양에 빛났다(時百濟上金髹鎧, 又以玄金爲文鎧, 士被以從. 帝與勣會, 甲光炫日).";《新唐書》 卷220 〈列傳〉 高麗傳. "이때에 백제가 금휴개를 바치고, 또 현금으로 산오문개를 만들어 (보내 와) 사졸들이 (그것을) 입고 종군했다. 태종과 (이)적의 (군사가) 모이자 갑옷이 햇빛에 번쩍거렸다(時百濟上金髹鎧, 又以玄金爲山五文鎧, 士被以從, 帝與勣會, 甲光炫日)."

203) 黃能馥·陳娟娟, 《中華服飾藝術源流》, 高等敎育出版社, 1994, 165쪽의 그림 25.

204) 楊泓, 〈中國古代的甲胄〉 下篇, 《考古學報》, 1976年 2期, 69~71쪽.

〈그림 7〉 북제의
양당개 모사도

〈그림 6〉 북위의 양당개를 입은 무사도용과 문인도용들

가슴에 둥글게 한 원
호(圓護) 부분이 태양
광선에 반사되어 빛
나기 때문에 명광개

라고 불렀을 것으로 추측하고 있어,205) 그 분류에서 서로 달리 착오를
일으키고 있는 것이다. 그 까닭은 중국에서 명광개가 생산되지 않았고
고구려와 백제 및 신라에서 주로 생산되었기 때문인 것이다.

《주서》〈채우전〉에 북주의 장군인 채우가 명광개를 입은 사실과 북
제의 군사들이 당황했다는 내용206)이 있는 것으로 보아 당시 중국에서
명광개는 군대의 통솔자만이 입었던 귀한 것이었음을 알 수 있다. 또한
채우가 입었던 명광개도 백제에서 당나라에 명광개를 예물로 보냈던 사
실207) 등으로 미루어 보아 고구려나 백제 등에서 보낸 것을 입었던 것
으로 여겨진다.

이 같은 중국의 경우와 달리 《신당서》〈고려전〉에 보장왕 4년 고구
려와 당의 전쟁에서 당나라 군사가 고구려의 명광개를 1만 벌이나 노획
했다는 내용이 있는 것으로 보아208) 고구려가 명광개를 다량 생산하여

205) 楊泓,〈中國古代的甲胄〉下篇,《考古學報》, 69쪽; 上海市戱曲學校中國服裝史硏究
　　組編著, 周汛·高春明撰文,《中國服飾五千年》, 商務印書館香港分館, 1984, 70쪽.
206) 《周書》卷27〈列傳〉蔡祐傳. "祐時著明光鎧, 所向無前. 敵人咸曰, 此是鐵猛獸也,
　　皆遽避之."
207) 주 39와 같음.
208) 이 책의 제4부 제3장 2절 1의 주 31과 같음.

출전하는 군사들
이 모두 입었다고
여겨진다.

　고구려 고분벽
화에서는 중국학자
들이 명광개로 분
류한 가슴에 둥근
원의 모습이 있는
갑옷은 찾아볼 수
없다. 따라서 《주
서》와 《신당서》에
기록되어 있는 명
광개는 고구려 고
분벽화에 보이는

〈그림 8〉 등현 화상
전묘(畵像磚墓) 묘문
벽화의 양당개를 입
은 집의검문관(執儀
劍門官) 모사도

〈그림 9〉 돈황 285굴 벽화에 보이는
양당개를 입은 기마무사의 모사도

어린갑옷의 한 종류일 가능성이 높다. 《신당서》가 쓰인 송대(宋代)와 《주
서》가 쓰인 당대(唐代)에는 중국에서도 몸 전체를 덮는 어린갑으로 된
갑옷과 말갑옷이 크게 보급된 시기이기 때문에 호심원을 짜넣은 양당
개와 고구려에서 생산한 어린갑옷양식을 구분하지 못하고 동일하게 명
광개로 분류하였을 것으로 생각되지 않는다. 현재 중국학자들이 호심
원이 있는 양당개를 명광개로 분류하는 것은 모순이다.

　호심원이 있는 양당개 이외에 또 다른 양식의 양당개는 앞뒤로 큰
조각의 가죽을 연결하고 가죽허리띠를 단단히 묶는 양식으로 아래에는
통이 넓은 양식의 바지인 고습(袴褶)을 입는 경우(그림 8)[209]로, 남북
조시대에 크게 유행하였다. 어린갑양식으로 만들어졌으나 〈그림 9〉에서
와 같이 어린갑이 연결된 큰 가죽판을 앞 위로 대고 허리띠를 맨 경우
(그림 9)에도 양당개로 구분된다.[210]

209) 沈從文, 《中國古代服飾硏究》, 上海書店出版社, 1997, 184쪽의 圖 92의 일부.
210) 沈從文, 《中國古代服飾硏究》, 190쪽의 圖 95.

신라의 금관무덤에서 나온 찰갑의 경우는 2절에서 밝히지만 동(銅)으로 만든 것과 철(鐵)로 만들고 동을 씌운 것이 있는데, 철로 만든 것과 달리 동의 빛은 금보다 더욱 화려하다. 이 같은 예로 보아 고구려와 백제에서 만든 명광개와 백제에서 만든 금갑은 동으로 만들었거나 철로 만들고 동을 씌운 것일 가능성이 매우 크다.

백제에서 생산한 금휴개(金髹鎧)는 금빛 나는 칠을 한 갑옷이라 해석된다. 이 금칠(金漆)에 대하여 《통전》에 아래의 내용이 보인다.

> 서남쪽으로 바다 가운데 세 섬이 있는데, 거기에서 황칠수(黃漆樹)가 난다. 그 나무는 소가수(小榎樹)와 비슷하나 크다. 6월에 즙을 받아 기물(器物)에 칠을 하면 황금과 같이 그 광채가 눈이 부셨다.211)

같은 내용이 《신당서》〈열전〉 백제전에도 보인다.212) 《통전》과 《신당서》의 내용으로 보면 금휴개는 철갑편 표면에 황칠수의 수액(樹液)인 금칠을 발라서 만들었을 가능성이 크다. 황칠금(黃漆金)이 생산되는 지역에 대하여 《해동역사》(海東繹史)에서는 완도(莞島)로213), 《성호사설》(星湖僿說)에서는 제주도로214) 설명하고 있다.

금휴개는 금빛 나는 칠을 입힌 갑옷이라 해석되므로 이를 금휴개라 불렀을 것이다. 중국에서는 이 금칠이 생산되지 않으므로 금휴개는 한반도로부터의 수입품이거나 예물로 받은 귀한 물건이었다고 하겠다.

문개(文鎧)는 《삼국사기》〈고구려본기〉 보장왕 4년조에 "…또 현금(玄金)으로 만든 문개를…"이라는 내용이 보이고 있어 현금으로 만들어

---

211) 《通傳》卷185. "西南海中有三島, 出黃漆樹似小榎樹而大, 六月取汁漆器物, 若黃金其光奪目." 《新唐書》卷220 〈列傳〉百濟傳. "有三島, 生黃漆, 六月刺取潗, 色若金."
212) 《新唐書》卷220 〈列傳〉百濟傳. "有三島, 生黃漆, 六月刺取潗, 色若金."
213) 《海東繹史》卷26. "謹按, 黃漆金産於唐津加里浦島, 古所謂莞島也, 我邦一域, 惟此島産黃漆."
214) 《星湖僿說》卷21 〈經史門〉徐市. "통전에서 말하길 백제는 바다 가운데 세 섬이 있어 황칠수가 나는데, 6월에 그 즙을 내어서 그릇에다 칠하면 황금빛과 같다고 했다. 이는 지금의 황칠이란 것인데, 오직 제주에서만 생산된다(通典云, 百濟海中有三島, 出黃漆樹, 六月取汁柒器物, 若黃金, 此乃今之黃漆, 而惟濟州産)."

졌다고215) 여겨진다. 현갑(玄甲)은 철갑으로도216) 설명되어 문개가 철로 만들어진 것임을 알 수 있다. 그러므로 현금은 철이나 금과 같은 금속을 재료로 하여 만들어진 갑옷으로 설명된다. 아래 가야와 신라의 갑옷부분에서 서술하지만 신라사람들이 유석(鍮石)이라 불리우는 황금처럼 빛나는 황동(黃銅)217)을 많이 사용했던 점으로 보아 백제의 경우도 유석을 철과 함께 사용하여 문개를 만들었을 것으로 생각된다.《삼국사기》에서 문개가 현금으로 만들어졌다고 설명된 것이 바로 이와 같은 까닭이다. 금갑 역시 유석으로 만들어졌을 것이다. 따라서 금휴개나 명광개를 단순히 도금한 쇠찰갑으로 해석하거나218) 백제의 명광개를 황칠(黃漆)을 한 금휴개와 같은 것으로 보는 것219)은 잘못이다.

한(漢)·위(魏)의 문학작품에는 현갑에 대한 내용이 자주 보이는데, 반고(班固)의 〈봉연산명〉(封燕山銘)에는 "玄甲耀日"220)이라 하고, 《삼국지》에는 조비(曹丕)가 황초(黃初) 6년 광릉(廣陵)에서 병사들을 바라보며 지은 시귀절 가운데 "玄甲耀日光"221)의 내용으로 현갑의 빛나는 모습이 잘 묘사되어 있다. 그러나 백제의 금휴개와 문개의 모습에 대하여 《삼국사기》에서는 "甲光炫日"이라 하여 중국의 현갑보다 더욱 밝게 빛나는 모습으로 묘사하고 있다.222) 이처럼 백제의 금휴개와 문개가 중국의

---

215)《三國史記》卷21〈高句麗本紀〉寶臧王4年條. "이 때에 백제가 금휴개를 바치고, 또 현금으로 만든 문개를 군사들에게 입혀 종군했다(時, 百濟上金髹鎧, 又以玄金爲文鎧, 士被以從)."

216)《史記》卷111〈衛將軍驃騎列傳〉에 '玄甲'에 대한 주석으로 실린 正義에서 "玄甲, 鐵甲也"라 했다.

217)《演繁露》. "黃銀者, 果何物也. 世有鍮石者, 質實爲銅, 而色如黃金, 特差淡耳, 黃銀殆鍮石也. 鍮金屬也, 而附石爲字者, 爲其不皆天然自生, 亦有用盧甘石煮鍊而成者, 故兼擧兩物而合爲之名也.";《本草綱目》〈金石部〉. "赤銅下李時珍曰, '赤銅爲用最多, 人以爐甘石鍊爲黃銅, 其色如金'."

218) 고고학연구소,《고고민속론문집》2, 사회과학원출판사, 1970, 59~60쪽("… 갑옷을 만든 재료도 삼국이 모두 쇠를 썼거나 또는 거기에 도금했다. 도금한 쇠찰갑은 고구려나 백제에서 다 '명광개', '금휴개'라고 불렸는데 이것은 고구려 백제의 도금한 쇠찰갑이 같았다는 것을 의미하는 것이다)."

219) 이도학,《새로 쓰는 백제사》, 푸른역사, 1997, 529쪽.

220)《六臣注文選》卷56《四部叢刊》第28冊〈封燕山銘〉.

221)《三國志》卷2〈魏書〉文帝紀.

현갑보다 더욱 빛나는 것은, 현갑은 양당개의 종류로 가슴 부분에만 호
심원을 짜 넣은 것이고 금휴개와 문개는 갑옷 전체를 금속으로 만든 어
린갑 종류여서 몸동작이 있을 때마다 빛나는 정도에서 큰 차이가 있기
때문이다.

　그 밖에 철갑의 실물은 서기전 3세기~서기전 5세기로 추정되는 청
주시 신봉동 백제고분군에서 철제 단갑(그림 10)이 출토되었다.223) 이
단갑은 철징으로 연결한 특징을 보이는데, 이는 고조선시기부터 줄곧
사용되었던 갑편 연결방식이다. 같은 방식으로 만들어진 철제 단갑이 충
북 음성의 망이산성 유적(표 1)에서도 출토되었다.224) 이 철제단갑은
방형의 철편을 인체에 맞게 이어 만든 것으로 고령 지산동 32호분225)
과 협천 옥전 28호분226), 동래 복천동 112호분227) 등에서 출토된 갑옷
과 같은 유형이다. 이와 관련해서는 가야와 신라갑옷 부분에서 상세히
밝히고자 한다.

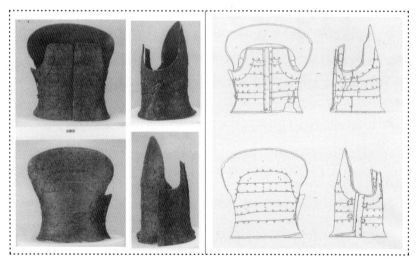

〈표 1〉 망이산성 유적 출토 철제단갑과 모사도

222)《說文解字》에 따르면 현(炫)은 '燿燿也'라 했고, 요(燿)는 '照也'라 했다. 조
　　(照)는 '明也'라 하여, 현과 요는 같은 의미이나 위의 해석으로 보아 현이 요보
　　다 강한 의미를 가지고 있다.
223) 忠北大學校博物館·國立淸州博物館,《淸州 新鳳洞 百濟古墳群 發掘調査報告書

백제가 생산한 갑옷으
로 위에 설명한 명광개·철
갑·금갑·금휴개·문개 이
외에 "貞觀十九年四月二十一
日" 등의 붉은 글자가 보
이는 가죽갑편에 칠을 입
힌 많은 양의 삽옷편(그림
11)이 공주 공산성 성안마
을에서 출토되었다. 현재
가죽은 남아있지 않지만
이 갑편들은 위에 서술한
의자왕시기 고구려에 예물
로 보냈다는 금휴개의 한
종류일 가능성이 많다.

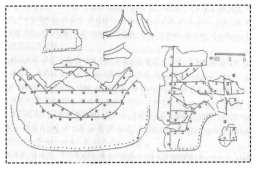

〈그림 10〉 신봉동 백제고분군 출토
철제 단갑의 부분 모사도

《당육전》(唐六典)에 당
나라에서 생산한 갑옷으
로 모두 13종류의 갑옷 명
칭이 보인다. 그 갑옷 명

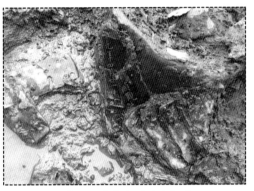

〈그림 11〉 공산성 성안마을 출토
옻칠 가죽갑옷 조각

칭은 명광갑·광요갑(光要甲)·세린갑(細鱗甲)·산문갑(山文甲)·오추갑(烏鎚
甲)·백포갑(白布甲)·조견갑(皂絹甲)·포배갑(布背甲)·보병갑(步兵甲)·피갑
(皮甲)·수갑(水甲)·소자갑(鎖子甲)·마갑(馬甲)이다. 주석에서는 이 가운
데 명광갑·광요갑·세린갑·산문갑·오추갑·소자갑은 모두 철갑이며, 나머

-1990年度 調査-》, 1990.

224) 권상열·윤종균·성재현, 〈望夷山城 出土遺物의 性格〉, 《고고학지》 제14집, 한
    국고고미술연구소, 2005, 87~113쪽.

225) 金種徹, 《高靈 池山洞 古墳群》, 啓明大學校博物館, 1981.

226) 趙榮濟 외, 《陝川 玉田古墳群Ⅵ》, 慶尙大學校博物館, 1997.

227) 宋桂鉉 외, 〈東萊 福泉洞古墳群 第5次 發掘調査 槪報〉, 《博物館研究論文集》 3,
    釜山廣域市博物館, 1995.

지 갑옷들은 명칭에 나타나는 재료로 만든 것이고 피갑은 서시(犀兕, 외뿔들소 가죽)이 주재료라고 밝혔다. 그러나 실물이 남아 있지 않아 그 양식과 상세한 재료 등은 알 수 없다고 했다.228)

이러한 내용으로 본다면, 당시 중국에서 칠을 입힌 갑옷을 생산했다는 기록과 실제 유물이 없기 때문에 공산성에서 출토된 많은 양의 갑편 생산지는 백제라고 해석된다. 《책부원구》(册府元龜)에는 "당 태종이 정관(貞觀) 19년(서기 645년, 백제 의자왕 9년)에 백제에 사신을 파견해 금칠을 채취해서 산문갑에 칠했다"는 내용이 보인다. 산문갑은 《당육전》에서 철갑이라 했는데 공산성에서 출토된 갑편들은 철갑이 아닌 것으로 보아 백제에서 생산한 가죽갑옷의 한 종류였을 것으로 생각된다.

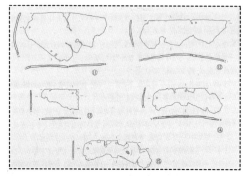

〈그림 12〉 주월리 유적 출토
단갑과 어린갑편들 모사도

백제의 판갑과 어린갑의 갑옷편(그림 12)들이 파주(坡州)의 주월리(舟月里) 유적에서 출토되었다.229) 그 밖에 가평의 대성리 유적, 하남 미사리 유적, 인천 운북리 유적, 용인 수지유적, 포천의 자작리와 성동리 유적, 화성 사창리 유적, 오산 수청동 유적, 청주 봉명동 유적과 신봉동 유적, 함평

〈그림 13〉 오산 수청동 유적 출토
5세기경의 찰갑

---

228) 沈從文, 《中國古代服飾硏究》, 288쪽 참조.

229) 李仁淑·金奎相, 《坡州 舟月里 遺蹟》-京畿道博物館 遺蹟調査報告 第1册, 1999, 京畿道博物館, 142쪽의 도면 46의 부분.

신덕리 유적, 광주 쌍암동 유적, 고흥 안동 유적, 여수 죽림리 유적, 장성 만무리 유적, 음성 망이산성, 부여의 송국리 유적과 죽막동 유적 등에서 판갑과 갑편들이 출토된 바 있다. 이러한 사실들은 백제가 고조선 갑옷양식을 계승하여 초기부터 전 지역에서 다양한 양식과 기법의 갑옷을 지속적으로 발전시켜 나갔음을 알게 해 주는 것이다.

2) 고조선 갑옷양식을 이은 가야와 신라 갑옷의 특징

신라가 건국된 경주지역은 고조선에 속해 있던 한의 지역이다. 서기 전 1세기경에 고조선이 붕괴되자 한은 독립국이 되었고, 진왕이 독립국의 왕으로서 한의 전 지역을 통치하게 되었다. 고조선 붕괴 이후 한은 독립국이 되었지만 사회 혼란이 계속되자 경주지역 사람들을 중심으로 새로운 통치조직의 필요성을 느끼며 신라를 건국했던 것이다. 신라를 건국한 핵심세력은 고조선시대부터 경주를 중심으로 경상북도지역에 살고 있었던 토착인들로 그 지역의 명문거족이었다. 가야 역시 지금의 김해를 중심으로 한 경상남도 지역의 토착인들이 건국했던 것으로, 그들은 가야를 건국하기 훨씬 전부터 정치세력을 형성하고 있었다. 가야는 신라와 마찬가지로 고조선 붕괴 이후 한이 독립했지만 통치질서가 확립되지 못해 사회가 어지럽자 가야국을 세워 독립했던 것이다.

신라는 서기전 57년에 한의 동부지역인 진한지역에서 건국되었고, 가야는 서기 42년에 한의 동남지역인 변한지역으로 지금의 김해에서 건국되었으므로 신라와 가야는 모두 한의 사회수준을 계승한 나라였다고 하겠다. 한은 고조선을 계승한 나라 가운데 하나로서 상당히 발달한 국가단계의 사회였다. 고조선이 국가단계의 사회였으므로 고조선에 속해 있던 한도 마찬가지인 것이다. 그러므로 한에서 건국한 신라와 가야는 건국 당시 이미 발달한 국가사회였다고 하겠다. 실제로《후한서》〈동이열전〉한전(韓傳)의 다음 내용에서 명확해진다.

변진(弁辰) 사람과 진한(辰韓) 사람들은 섞여 사는데 성곽과 의복은 모두 같지만 언어와 풍속에는 다른 점이 있다. 그 사람들의 형체는 모두 장대하고 머리칼은 아름다우며 의복은 깨끗하다. 그리고 형과 법은 준엄하다.[1)]

또한 같은 내용이《삼국지》〈오환선비동이전〉한전에도 기재되어 있다.

변진(弁辰)과 진한(辰韓)은 섞여 사는데, … 법(法)과 풍속(風俗)은 특별히 준엄하였다.[2)]

이러한 내용들은 신라가 건국되기 이전 한(韓)시대에 이미 진한과 변한 지역의 법이 매우 준엄했음을 말하고 있는 것이다. 이처럼 진한과 변한이 한의 일부로 법이 준엄했다는 것은 고조선의 법치를 이어 이미 발달한 국가사회 단계였음을 알려 준다.

가야 또한 이러한 한의 사회수준을 이었기 때문에 건국 초기부터 발달한 국가단계 사회였던 것이다. 이러한 내용은 실제 고고학의 여러 자료에서 증명된다. 좋은 예로 서기전 9세기경에 속하는 경남 창원시 덕천리 유적을 들 수 있다. 덕천리 유적에서는 지석묘(支石墓)·석관(곽)묘〔石棺(槨)墓〕·석개토광묘(石蓋土壙墓) 등이 발굴되었고, 비파형동검과 관옥 등이 출토되었다.[3)] 이러한 유물들의 출토사실은 가야가 건국되기 이전부터 이 지역에서 사회신분의 분화가 이루어지고 전문 직업인들이 대거 출현했었던 상황을 알려 준다. 또한 서기전 1세기경의 것으로 추정되는 다호리 유적에서는[4)] 다양한 청동기와 철기를 비롯하여 칠기 등 많은 양의 유물이 출토되었다.[5)] 그 밖에 가야의 여러 지역의 유적에서

---

1)《後漢書》卷85〈東夷列傳〉韓傳 弁辰條. "弁辰與辰韓雜居, 城郭衣服皆同, 言語風俗有異. 其人形皆長大, 美髮, 衣服絜清. 而刑法嚴峻."
2)《三國志》卷30〈烏丸鮮卑東夷傳〉韓傳. "弁辰與辰韓雜居, …法俗特嚴峻."
3) 慶南大學校 博物館,《昌原 德川里 遺蹟》, 指導委員會議 및 現場說明會 資料, 1996.3.6; 李相吉 著, 武末純一 譯,〈韓國·昌原德川里遺跡發掘調査槪要〉,《古文化談叢》第32集, 九州古文化硏究會, 1994.
4) 李健茂 등,〈義昌 茶戶里遺蹟 發掘進展報告(Ⅰ)〉, 53쪽.
5) 李健茂 등,〈義昌 茶戶里遺蹟 發掘進展報告(Ⅰ)〉,《考古學誌》第1輯(韓國考古美術研究所, 1989), 5~174쪽;〈昌原 茶戶里遺蹟 發掘進展報告(Ⅱ)〉,《考古學誌》第3

는 무기를 비롯하여 투구·갑옷·마구류 등과 함께 발달된 철제 농기구 등이 출토되었다. 이러한 사실은 가야 건국 이전에 이미 철기문화가 발달했던 국가단계의 사회였으며 고조선 붕괴 이후 이러한 사회수준이 한(韓)으로 이어지고 그 터전 위에서 가야가 건국되었음을 말해 준다.

　　가야의 여러 지역에서 출토된 갑옷류는 철기문화가 매우 발달된 양상을 보여 준다. 갑옷을 입고 투구를 쓴 가야무사의 모습에 대해《삼국유사》〈가락국기〉(駕洛國記)에는 "그들이 처음 왔을 때 갑옷을 입고 투구를 쓰고 활에 화살을 당긴 한 용사가 사당 안에서 나오더니…"[6]라고 기재되어 있다. 실제로 다음 〈표 1〉에서 보이듯이 경상북도 경산시 임당동지역의 초기 철기시대 유적에서 세형동검·철검 등과 함께 투구와 목갑옷(그림 1)이 출토되었다. 발굴자들은 임당 유적이《삼국사기》〈신라본기〉 파사왕조에 등장하는 진한의 한 소국이었던 압독국의 유적일 것으로 추정하였다.[7] 이 철투구과 철목갑옷은 모두 고조선시대부터 사용되어 왔던 장방형의 갑편을 연결하여 만든 제작기법과 같은 것으로 고구려의 것과도 같은 양식의 것이다. 특히 김해 두곡 유적에서 출토된 채양이 있는 철투구(그림 5)는 철장식단추를 사용하여 만든 것으로 고조선 복식과 투구양식의 특징을 그대로 계승하였다.

　　같은 양식의 투구와 목갑옷들이 전라북도 남원시 월산리 유적(그림 2)[8], 김해의 예안리 고분군(그림 3)[9]·양동리 고분군 107호묘(그림 4)[10]·두곡 유적(그림 5)[11] 등에서도 출토되었다. 이들은 대부분 환두

　　輯, 韓國考古美術硏究所, 1981, 5〜111쪽 ; 〈昌原 茶戶里遺蹟 發掘進展報告(Ⅲ)〉,
　　《考古學誌》 第5輯, 韓國考古美術硏究所, 1994, 5〜113쪽.
6) 《三國遺事》 卷2 〈駕洛國記〉. "初之來也, 有躬擐甲冑, 張弓挾矢, 猛士一人, 從廟中出."
7) 한국토지공사 토지박물관,《생명의 땅, 역사의 땅》-토지박물관 연구총서 제13집, 2005, 한국토지공사 토지박물관, 80〜85쪽.
8) 박천수, 옹보식, 이주헌, 류창환,《가야의 유적과 유물》, 학연문화사, 2003, 122쪽.
9) 박천수, 옹보식, 이주헌, 류창환,《가야의 유적과 유물》, 262쪽 ; 부산대학교박물관,《金海禮安里古墳群 Ⅰ》, 1985.
10) 박천수, 옹보식, 이주헌, 류창환,《가야의 유적과 유물》, 231쪽.
11) 박천수, 옹보식, 이주헌, 류창환,《가야의 유적과 유물》, 205쪽.

그림 1
경산시 임당동 유적 출토 철투구와 철목갑옷

그림 2
남원시 월산리 M1호분 출토 철목갑옷

그림 3
김해 예안리 고분군 출토 철투구

그림 4
김해 양동리 고분군 107호묘 출토
철목갑옷

그림 5
김해 두곡 유적 출토 철투구

〈표 1〉 가야의 철투구와 철목갑옷

대도를 비롯하여 많은 양의 철기와 청동기 등과 함께 출토되어 당시 가야의 여러 지역에서 갑옷이 발달하여 크게 보급되었음을 알 수 있다. 서기 4세기경에 속하는 김해 예안리 150호 고분에서 철제투구를 구성

했던 긴 장방형과 윗면이 둥근 장방형의 철갑편들이 출토되었다.[12] 가
야는 서기 42년에 독립국으로 출범하여 서기 400년경에 이르기까지 지
금의 김해지역에 있었던 금관가야가 대가야로서 가야 전체를 통치했다.
그러므로 예안리 150호 고분은 금관가야의 유물로 볼 수 있다. 이러한
양식의 투구는 안악 2호 고분벽화에 보이는 무사가 쓰고 있는데, 실제
로 그와 같은 유물이 요령성 무순시 고이산성 유적[13]과 조양시 십이대
향전역 88M1묘에서 칠목갑옷과 함께 출토된 바 있다(제3부 제3장 2절
의 그림 22·23 참조).[14]

　이러한 어린갑으로 만들어진 갑옷과 투구뿐만 아니라 가슴과 등을
보호해 주는 판갑과 말머리가리개도 이들과 한 벌을 이루었을 것으로
생각되는데, 〈표 2〉의 내용에서 알 수 있다. 이들 판갑(그림 6~10)[15]
은 거의 같은 양식으로 고구려와 신라에서 만들어진 것과 같은 양식이
다. 그리고 가야의 말머리가리개는 제4부 제3장 2절에서 서술했듯이(그
림 54 참조) 고구려의 말갑옷과 한 벌을 이룬 듯 유사한 양식으로 중국
이나 북방지역의 것과 전혀 다른 양식이다. 동래(東萊)·고령(高靈)·함양
(咸陽)·부산(釜山) 등의 지역은 가야가 차지했던 영역으로서 이 지역에
서 출토되는 것은 가야의 유물이므로 철판갑의 양식이 서로 같은 특징
을 갖는 것은 당연하다고 하겠다. 서기전 1세기경으로 추정되는 경상남

12) 申敬澈, 〈金海禮安里古墳群第4次發掘調査報告〉, 《韓國考古學年報》 8, 1980, 154
　　~162쪽.
13) 徐家國·孫力, 〈遼寧撫順高爾山城發掘簡報〉, 《中國考古集成》 東北卷　兩晋至隋唐
　　(二), 298~310쪽.
14) 遼寧省文物考古硏究所·朝陽市博物館, 〈朝陽十二台鄕磚歷88M1發掘簡報〉, 《文物》,
　　1977年　第11期, 19~32쪽.
15) 박천수, 옹보식, 이주헌, 류창환, 《가야의 유적과 유물》, 205쪽(그림 6); 박천
　　수, 옹보식, 이주헌, 류창환, 《가야의 유적과 유물》, 117쪽(그림 7)·東亞大學校
　　博物館, 1972, 咸陽上栢里古墳群發掘調査報告; 박천수, 옹보식, 이주헌, 류창환,
　　《가야의 유적과 유물》, 310쪽(그림 8)·창원대학교 박물관, 1993; 阿羅伽耶의
　　古墳群Ⅰ, 박천수, 옹보식, 이주헌, 류창환, 《가야의 유적과 유물》, 282쪽(그림
　　9, 9-1)·부산대학교박물관, 1983 동래복천동고분군Ⅰ; 박천수, 옹보식, 이주
　　헌, 류창환, 《가야의 유적과 유물》, 206쪽(그림 10).

그림 6
김해 두곡 유적 출토 43호·72호묘 출토 철판갑의 앞면과 뒷면

그림 7
함양 상백리 유적 출토 철판갑과 철투구

그림 8
함안군 도항리 유적출토 철판갑

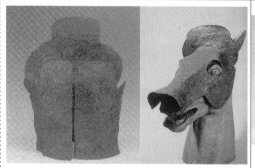

그림 9, 9-1
부산 복천동 고분군 출토
철판갑과 철말머리가리개

그림 10
김해 두곡 유적 출토
철말머리가리개

〈표 2〉 가야의 철판갑과 철말머리가리개

도 의창군 동면 다호리(茶戶里) 유적에서는 칠기(漆器) 찰갑편(札甲片)이 출토되어16), 신라 못지않은 가야의 다양한 종류의 갑옷 생산이 가야 건국 이전부터 매우 발달한 기초 위에서 이어져 온 것임을 알게 해 준다.

《진서》(晋書) 〈열전〉 마한(馬韓)조에서는 "활·방패·창·큰 방패를 잘 쓰며…"라 하였고, 《진서》〈열전〉 진한(辰韓)조에서는 "그 풍속은 마한과 비슷하며, 병기도 역시 마한과 비슷하다"고 서술하고 있다. 이 내용으로부터 한(韓)의 진한과 마한 및 변한은 같은 병기를 사용했음을 알수 있다.17) 그런데 한(韓)의 북쪽 경계는 지금의 청천강 하류지역과 대동강 상류지역이었다. 진국(辰國)은 단군의 직할국으로 지금의 요하 유역으로부터 청천강에 이르는 지역에 위치하고 있어 한과 진국은 청천강 하류와 대동강 상류를 경계로 남북으로 마주하고 있었다. 한은 고조선에 속해 단군의 통솔을 받았지만 때에 따라서는 진국의 통치자인 비왕(裨王)의 지시를 받기도 했다. 따라서 한은 고조선의 중앙문화를 많이 받아들였던 것이다.18) 이 같은 상황에서 진한과 마한에서 사용한 갑옷과 무기류는 고조선의 생산기법과 양식을 그대로 이었을 것이며, 신라와 가야의 갑옷도 고조선의 갑옷 생산양식을 거의 그대로 이었을 것으로 생각된다. 앞의 〈표 1·2〉의 고고학 출토 자료들은 이를 실제로 확인시켜 주는 것이다.

이처럼 우수한 갑옷은 그 재료가 되는 철의 생산이 활발했음을 의

---

16) 李建茂 등,〈義昌 茶戶里遺蹟 發掘進展報告(Ⅰ)〉,《考古學誌》第1輯, 韓國考古美術研究所, 1989, 5~174쪽;〈昌原 茶戶里遺跡 發掘進展報告(Ⅱ)〉,《考古學誌》第3輯, 韓國考古美術研究所, 1981, 5~111쪽;〈昌原 茶戶里遺蹟 發掘進展報告(Ⅲ)〉,《考古學誌》第5輯, 韓國考古美術研究所, 1994, 5~113쪽.

17) 《晋書》卷97〈列傳〉馬韓. "활·방패·창·큰 방패를 잘 쓰며…(善用弓楯矛櫓).";《晋書》卷97〈列傳〉辰韓. "그 풍속은 마한과 비슷하며, 병기도 역시 마한과 비슷하다(其風俗可類馬韓, 兵器亦與之同).";《三國志》卷30〈烏丸鮮卑東夷傳〉弁辰傳. "(변진)의 나라에서는 철이 생산되는데 한·예·왜인들이 모두 와서 사 간다. 모든 시장에서의 매매는 철로 이루어져서 마치 중국에서 돈을 쓰는 것과 같으며 또 두 군에도 공급했다. …보전을 잘하며 병장기는 마한과 같다(國出鐵, 韓·濊·倭皆從取之. 諸市買皆用鐵, 如中國用錢, 又以供給二郡 …便步戰, 兵仗與馬韓同)."

18) 윤내현,《고조선 연구》, 512~526쪽 참조.

미하는데, 가야 지역은 건국 이전부터 철을 대량으로 생산하여 이를 기
반으로 사회가 크게 발전하였음을 알 수 있다. 《후한서》 〈동이열전〉 한
전 진한조에서 다음과 같이 확인된다.

> 나라에서는 철이 생산되는데 예(濊)·왜(倭)·마한(馬韓) 등이 모두 와서 사
> 간다. 모든 무역에 있어서 철을 화폐로 사용한다."19)

또한 《삼국지》 〈오환선비동이전〉 한전 변진조의 내용에서도 마찬가
지이다.

> 나라에서는 철이 생산되는데 한(韓)·예(濊)·왜인(倭人)들이 모두 와서 사
> 간다. 시장에서 모든 매매는 철로 이루어져서 마치 중국에서 돈을 사용하는 것
> 과 같으며 또 (낙랑군과 대방군의) 두 군에도 공급하였다.20)

위의 내용들은 진한지역에서 철이 많이 생산되어 마한을 비롯하여
예· 왜· 낙랑군과 대방군과의 무역이 활발했음을 알려 준다. 또한 모든
무역에서 철을 화폐로 사용했다고 하여21) 철의 생산이 매우 풍부했음
을 의미하고 있다. 한반도 남부 여러 유적들에서는 철기와 함께 화폐로
사용되었을 것으로 보는 철정(鐵鋌)(그림 11)이22) 많이 출토되어 이러
한 사실을 확인시켜준다. 이처럼 풍부한 철의 생산은 갑옷과 무기도 다
양한 양식으로 많은 양을 생산해 나갈 수 있게 하였을 것이다.

그러한 결과 한은 풍부한 경제력을 바탕으로 중국에 사신을 보내
정치적 왕래를 활발히 했다. 《진서》 〈동이열전〉 마한전에는 한이 중국
의 서진과 서기 3세기 말경까지 활발히 교류했던 사실이23) 기재되어

---

19) 《後漢書》 卷85 〈東夷列傳〉 韓傳 辰韓條. "國出鐵, 濊·倭·馬韓並從市之. 凡諸貿
易, 皆以鐵爲貨."
20) 《三國志》 卷30 〈烏丸鮮卑東夷傳〉 韓傳 弁辰條. "國出鐵, 韓·濊·倭皆從取之. 諸市
買皆用鐵, 如中國用錢, 又以供給二郡."
21) 주 19·20과 같음.
22) 金元龍, 《韓國考古學槪說》, 第3版, 一志社, 1986, 140쪽·246쪽; 국립광주박물관,
《국립광주박물관》, 통천문화사, 1994, 38쪽의 그림 69.
23) 《晉書》 卷97 〈東夷列傳〉 馬韓傳. "(西晉의) 武帝 太康 元年(서기 280년)과 2년

〈그림 11〉 복천동 유적 출토 철정　　〈그림 12〉 영산강유역 출토 철정

있다. 뿐만 아니라 한은 일본열도와도 교류가 활발했다. 일본열도의 야
요이(彌生)문화는 서기전 3세기경에서 서기 3세기까지 약 600여 년 동
안 지속되었는데 그 문화의 주요소들은 한반도에서 건너간 문화의 특징
들이다.[24] 한반도에서 일본열도로 건너간 이주민들은 기타큐슈(北九州)
를 중심으로 일본의 여러 곳에 소국들을 건립했을 것으로 나타난다.[25]

　한의 지역에서 건국된 신라의 경우에도 초기에는 가야와 같은 양식
의 철판갑과 철목갑옷을 생산했음이 아래의 〈표 3〉에서 확인된다(그림
13~16). 이러한 갑옷 제작 기법은 이후 마립간시기에 이르기까지 그대
로 지속되어 고유성을 지켜 나갔다. 이를 〈표 4〉에 정리하였다(그림 17
~23).

　신라는 진골·6두품·5두품·4두품뿐만 아니라 일반 평민들도 차기(車

에 그들의 왕이 자주 사신을 파견하여 토산품을 조공하였고, 太康 7년(서기
286년), 8년(서기 287년), 10년(서기 289년)에도 자주 왔다. 太熙 元年(서기
290년)에는 東夷校尉 何龕에게 와서 조공을 바쳤다. 咸寧 3년(서기 277년)에
다시 (사절이) 왔으며 이듬해에 또 內附하기를 청하였다(武帝太康元年·二年,
其主頻遣使入貢方物, 七年·八年·十年, 又頻至. 太熙元年, 詣東夷校尉何龕上獻, 咸
寧三年復來, 明年又請內附)."

24) 沈奉謹,〈彌生文化를 통하여 본 韓·日文化의 交流關係〉,《韓國史論》16 ─ 古代韓·
　　日關係史, 國史編纂委員會, 1986, 36~65쪽; 全榮來,〈靑銅器의 비교 Ⅲ(日本과 비
　　교)〉,《韓國史論》13 ─ 韓國의 考古學 Ⅱ·下, 國史編纂委員會, 1983, 448~509쪽.
25) 조희승,《일본에서 조선소국의 형성과 발전》, 과학백과사전종합출판사, 1990,
　　44쪽.
26) 신라천년의 역사와 문화 편찬위원회,《사로국 시기》-자료집 01, 경상북도문

그림 13·13-1	그림 14
구정동 3호묘 출토 철판갑과 철목갑옷26)	울산시 중산동 유적 출토 철판갑과 철투구27)

그림 15	(그림 16)경주 구어리
포항 마산리 출토 철판갑과 철목갑옷28)	목곽묘 출토 철목갑옷29)

〈표 3〉 신라초기 철판갑과 철목갑옷

騎)와 기물(器物) 및 가옥에 이르기까지 금·은·유석·철·동·납 등을 사용했다.37) 이로 보아 신라에서는 철뿐만이 아니라 금·은·유석·동·납의

　　　화재연구원, 2016, 206·207쪽.
27) 신라천년의 역사와 문화 편찬위원회, 《사로국 시기》-자료집 01, 226쪽.
28) 신라천년의 역사와 문화 편찬위원회, 《사로국 시기》-자료집 01, 253쪽.
29) 신라천년의 역사와 문화 편찬위원회, 《사로국 시기》-자료집 01, 213쪽.
30) 신라천년의 역사와 문화 편찬위원회, 《사로국 시기》-자료집 02,172·173쪽.
31) 신라천년의 역사와 문화 편찬위원회, 《사로국 시기》-자료집 02, 173쪽.
32) 신라천년의 역사와 문화 편찬위원회, 《사로국 시기》-자료집 02, 151쪽.
33) 신라천년의 역사와 문화 편찬위원회, 《사로국 시기》-자료집 02, 174쪽.
34) 신라천년의 역사와 문화 편찬위원회, 《사로국 시기》-자료집 02, 257쪽.

그림 17·17-1
포항 옥성리 나-17호·29호묘 출토
철투구와 철목갑옷[30]

그림 18
경주 사라리 55호묘 출토
철판갑[31]

그림 19·19-1
상주 신흥리고분군 출토
철투구와 철목갑옷[32]

그림 20·20-1
안동시 금소리고분 출토
철투구편과 철말갑옷편[33]

그림 21
복천동 21호분 출토
철투구[34]

그림 22·22-1
옥성리 고분군 나-17호·
29호 목곽묘 출토
철투구와 철목갑옷[35]

그림 23·23-1
복천동 10·11호분 출토
철말머리가리개와 철판갑[36]

〈표 4〉 신라 마립간기 철투구와 철판갑 및 철말머리가리개

생산이 많았음을 알 수 있다. 신라는 법흥왕 때 6부 사람들의 복색에서 존비를 구별하는 제도를 처음 규정했는데, 이전에는 우리의 습속에 의 했다고 한 것38)으로 보면 계층의 큰 구분 없이 금·은·유석·철·동·납 등을 복식·거마·기물·가옥 등에 사용했던 것으로 해석된다.

이러한 복식재료의 풍부한 배경은 갑옷의 경우에도 철과 유석 및 동 등을 자유롭게 재료로 사용하게 되었을 것이다. 특히 신라 사람들이 즐겨 사용한 유석은 바로 금과 같은 색이 나는 황동을 가리키는 것으로39) 고구려와 백제가 만든 명광개 혹은 金甲이 바로 이 황동으로 만든

---

35) 신라천년의 역사와 문화 편찬위원회, 《사로국 시기》-자료집 02, 280쪽.
36) 신라천년의 역사와 문화 편찬위원회, 《사로국 시기》-자료집 02, 259·261쪽.
37) 《三國史記》卷33〈雜志〉車騎條. "진골은… 고리는 금·은·유석을 금하며 말방 울도 금·은·유석을 금했다. 6두품은… 고리는 유석·동·철을 쓴다.… 진골은… 자갈과 등자는 금·유석을 쓰거나 도금을 하거나 구슬을 다는 것을 금하며… 6 두품은… 자갈과 등자는 금·은·유석을 쓰거나 도금·도은을 하거나 구슬 다는 것을 금하며… 6두품 여자는… 자갈과 등자는 금·은·유석을 쓰거나 도금·도은 을 하거나 구슬 다는 것을 금하며 …5두품은 …자갈과 등자는 금·은·유석을 금하고 도금·도은을 하거나 새겨넣지 못하며, …5두품 여자는 …자갈과 등자 는 금·은·유석을 금하고…(眞骨 …環禁金銀鍮石, 步搖亦禁金銀鍮石. 六頭品 …環 用鍮銅鐵. …眞骨 …銜鐙禁金鍮石鍍金綴玉, …六頭品 …銜鐙禁金銀鍮石及鍍金銀綴 玉, …六頭品女 …銜鐙禁禁金銀鍮石及鍍金銀綴玉, …五頭品 …銜鐙禁金銀鍮石, … 五頭品女 …銜鐙禁金銀鍮石, …四頭品女至百姓女 …銜鐙禁金銀鍮石…).";《三國史 記》卷33〈雜志〉"器用"條. "4두품에서 백성들에 이르기까지 금·은·유석과 붉은 바탕에 돋음을 한 칠그릇의 사용을 금하며…(四頭品至百姓, 禁金銀鍮石朱裏平文 物,…).";《三國史記》卷33〈雜志〉屋舍條. "진골은 금·은·유석과 채색으로 장식 하지 못하며, …6두품은 …금·은·유석·백랍과 채색으로 장식하지 못하며, …5 두품은 …금·은·유석·동·납과 채색으로 장식하지 못하며, …4두품에서 백성에 이르기까지, …금·은·유석·동·납으로 장식하지 못하며, …(眞骨, …不飾以金銀 鍮石五彩, …六頭品, …不飾以金銀鍮石白蠟五彩, …五頭品, …不以金銀鍮石銅鑞五 彩爲飾, …四頭品至百姓, …不以金銀鍮石銅鑞爲飾…)."
38) 《三國史記》卷33〈雜志〉色服條. "신라 초기의 의복제도는 그 색깔을 상고할 수 없다. 23대 법흥왕에 이르러 처음으로 6부 사람들의 복색에서 존비를 구별 하는 제도를 규정했는데, 그때까지는 아직 동방 습속에 의거했다(新羅之初, 衣 服之制, 不可考色. 至第二十三葉法興王, 始定六部人服色尊卑之制, 猶是夷俗)."
39) 《演繁露》. "黃銀者, 果何物也. 世有鍮石者, 質實爲銅, 而色如黃金, 特差淡耳, 黃銀 殆鍮石也. 鍮金屬也, 而附石爲字者, 爲其不皆天然自生, 亦有用盧甘石煮鍊而成者, 故 兼舉兩物而合爲之名也.";《本草綱目》〈金石部〉. "赤銅下李時珍曰, '赤銅爲用最多, 人以爐甘石鍊爲黃銅, 其色如金.'"

갑옷으로 금빛을 띠었던 것이다.

《삼국사기》기재에 유석이 금과 은 다음으로 나열되고 동이나 철 및 납보다 앞에 나열된 것으로 보면 신라사람들은 유석을 귀중한 금속재료로 삼았음을 알 수 있다. 또한 신라인들은 도금(鍍金)과 도은(鍍銀) 기술이 매우 발달하여 이러한 기법을 다양한 복식재료에 활용했다. 이러한 기술은 합금기술뿐만 아니라 도금과 판금(板金), 누금(鏤金) 등의 금속가공기술이 발전했던 고조선의 영향을 받았던 것으로 여겨진다. 실제로 서기전 1000년대 말에 고조선에서 생산되어 널리 사용된 마구류와 수레 부속품들 가운데는 아말감합금의 수은도금을 한 금동제품들이 자주 보인다.40) 신라인들은 이러한 기술들을 갑옷에도 이용했을 것으로 생각된다. 그 실제 예로 경주 황남리 109호 고분과 금관 고분41)을 비롯한 신라 고분들에서 철과 유석으로 만든 갑편이 출토되었다. 또한 황남리 109호 고분에서는 철로 만든 여섯 가지 종류의 장방형의 찰갑 약

440여 개(그림 24)가 목갑옷을 구성했을 찰갑들과 함께 나왔다.42) 황오동 54호 고분43)과 황오리 14호 고분44)에서도 같은 양식의 찰갑이 나왔다. 금관 고분에서는 크고 작은 두 종류의 장방형의

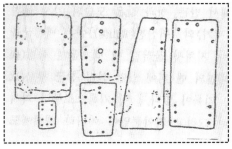

〈그림 24〉 황남리 109호묘 출토 갑편

찰갑들이 출토되었는데 금동으로 만들어진 것(그림 25)이다. 또한 갑옷

40) 황기덕, 《조선원시 및 고대사회의 기술발전》, 과학·백과사전출판사, 1997, 44쪽.
41) 濱田耕作·梅原末治, 〈慶州金冠塚と其遺物〉, 《古蹟調査報告》 第3冊, 1924; 朝鮮總督府, 〈慶州金冠塚と其遺寶〉, 《古蹟調査特別報告 第3冊》, 似玉堂, 1924.
42) 齋藤忠, 〈慶州皇南里第109號墳〉, 《昭和9年度古蹟調査報告》 第1冊, 1937; 李熙濬, 〈慶州 皇南洞 第 109號墳의 構造再檢討〉, 《三佛金元龍敎授停年退任紀念論叢》, 1987.
43) 有光敎一, 〈皇吾里第54號墳甲塚〉, 《古蹟調査槪報 慶州古墳昭和八年》, 1934.
44) 齋藤忠, 〈慶州皇南里第109號墳皇吾里第14號墳調査報告〉, 《昭和九年度古蹟調査報告》 1, 1937.

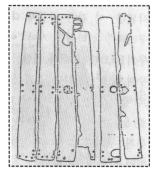

〈그림 25〉 금관묘 출토 갑편   〈그림 26〉 천마총 출토   〈그림 27〉 복천동 고분
금동제 팔뚝가리개   출토 가야 철팔뚝가리개

에서 팔을 보호하기 위한 팔뚝가리개로 황남동 제98호분 남분(제4부 제
3장 3절 1의 그림 24 참조)45)과 천마총(그림 26)46) 등에서는 금동과
은으로 만든 것이 출토되었다. 같은 양식으로 만들어진 가야의 철팔뚝
가리개(그림 27)가 복천동 유적에서 출토되어47), 신라의 팔뚝가리개는
가야의 양식을 그대로 이었음을 알 수 있다.

   열국의 투구들은 찰갑을 연결하는 기법에서 공통점을 가진다. 서기
5세기 후반에 속하는 부산시 연산동 고분에서 출토되었다고 전하는 철
투구(그림 28)48)와 출토지 미상인 숭실대학교박물관 소장 철투구(그림
29), 고려대학교박물관 소장 철투구(그림 30)는 공통점을 갖는다. 그림
에서와 같이 모두 챙이 있고 투구를 구성한 찰갑의 양식이 장방형이며,
찰갑의 연결부분을 판갑에서와 마찬가지로 작고 둥근 장식단추형 철징
으로 연결부분을 처리하여 장식효과도 함께 보여 준다. 이처럼 장식단
추양식의 철징을 사용하는 연결기법은 중국이나 북방지역에 없는 고조
선 청동투구만이 갖는 고유한 특징이다.49) 이들 투구들은 고조선 시대

45) 金正基 外,《慶州皇南洞 98號古墳(南墳)發掘略報告》, 1976; 金正基 外,《皇南大
    塚(北墳)》, 1985.
46) 金正基 外,《天馬塚》, 1974.
47) 신라천년의 역사와 문화 편찬위원회,《마립간 시기Ⅱ》-자료집 03, 260쪽의
    그림 ⑤.
48) 穴澤和光·馬目順一,〈南部朝鮮出土の鐵製鋲留甲冑〉,《朝鮮學報》第七六輯, 1975.
49) 이 책의 제4부 제2장 참조.

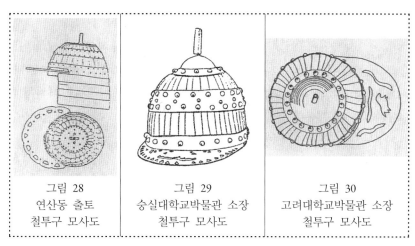

| 그림 28
연산동 출토
철투구 모사도 | 그림 29
숭실대학교박물관 소장
철투구 모사도 | 그림 30
고려대학교박물관 소장
철투구 모사도 |

〈표 5〉 채양이 있는 철투구들의 모사도

에 만들어진 청동투구의 형식을 그대로 계승하여 고조선 청동투구보다
더욱 많은 청동장식단추를 사용하여 장식효과를 높였다. 숭실대학교박물
관 소장 철투구와 고려대학교박물관 소장 철투구는 모두 한반도 남부에
서 발견되었다는 점과 채양이 달린 양식으로 보아 가야의 유물로[50] 추
정된다.

　고구려의 경우 쌍영총의 기마무사도와 삼실총 기마 무장의 경우 雙
角 철투구를 썼다. 그러나 약수리 고분벽화·감신총·안악 3호 고분벽화·
안악 2호 고분벽화에 보이는 무사들은 모두 챙이 없는 철투구와 같은
모습의 투구를 쓰고 있다. 고구려의 철투구는 숭실대학교박물관 소장
철투구와 고려대학교박물관 소장 철투구 등과 그 양식에서 거의 같지만
앞부분에 챙이 없다는 점이 다르다. 또한 서기 5세기 중엽에 속하는 동
래구 복천동 10호·11호 고분에서 출토된 투구와[51] 서기 5세기 후기에
속하는 경상북도 고령 지산동 32호 고분에서 출토된 투구[52]의 경우 그

---

50) 조희승, 《가야사연구》, 사회과학출판사(백산자료원), 1994, 550쪽.
51) 申敬澈, 〈釜山市福泉洞古墳群遺跡一次發掘調查槪要와 意義〉, 《釜山直轄市立博物
　　館年報》第三輯, 1981; 鄭澄元·申敬澈, 〈東萊福泉洞古墳群Ⅰ〉, 《釜山大學校博物館
　　遺跡調查報告》第5輯, 1983.
52) 金鐘徹, 〈高靈池山洞古墳群〉, 《啓明大學校博物館遺跡調查報告》第一輯, 1982.

모습이 긴 장방형의 찰갑으로 만들어져 다른 투구들보다 비교적 긴 양
식으로 윗부분을 둥글게 마무리했다. 이 둥근 정부(頂部)의 철제복발(鐵
製伏鉢)을 북방적인 요소로 보고53) 몽고발형(蒙古鉢形) 투구라 부르기도
하는데, 이러한 특징들이 고구려가 받은 몽골의 영향이라 해석되기도
한다.54)

　　그러나 북방지역에서는 둥근 정부의 철제복발을 하거나 긴 장방형
의 찰갑을 연결하여 만든 투구를 사용하지 않았다. 이는 일부 학자들이
고구려의 갑옷과 투구가 북방지역의 영향을 받았을 것이라는 모순된 선
입관을 갖고 있기 때문이다. 오히려 신라나 가야의 투구는 고구려 투구
와 같은 모습을 하고 있으면서 단지 정부의 마무리 모습에서 변형을 보
일 뿐이다.

　　투구와 찰갑으로 구성된 갑옷이나 판갑이 작고 둥근 장식단추형 철
징으로 연결된 것은 고조선의 청동장식단추와 철장식단추의 기법(技法)

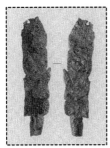

을 그대로 계승한 것으로 전쟁에서 갑옷이 해체되
지 않기 위함이었을 것이다. 이는 한을 비롯하여 가
야·고구려·백제·신라의 갑옷 생산기법에서 모두 동
일하게 나타나 한반도와 만주지역이 갑옷 양식과
기법에서도 하나의 문화권을 이루고 있다고 하겠다.

　　한반도와 만주지역에서는 이러한 판갑과 찰갑에
대항하기 위한 무기로 고구려55)와 신라56), 가야57)
에서 만든 창과 같은 모습의 무기들이 출토되었는

〈그림 31〉 밀양시
사포리 유적
출토 무기

데(그림 31·32), 북한학자 박진욱은 이를 가시돋친무기58)라 이름했다.

53) 鄭澄元·申敬澈·定森秀夫 譯, 〈古代 韓國甲冑斷想〉《論集 武具》, 野上丈助 編,
　　1991, 學生社, 282쪽.
54) 末永雅雄, 《日本上代の甲冑》, 創元社, 1944.
55) 耿鐵華, 〈高句麗兵器初論〉《中國考古集成》東北卷 兩晋至隋唐(二), 243쪽.
56) 신라천년의 역사와 문화 편찬위원회, 《사로국 시기》-자료집 03, 229쪽.
57) 李賢珠, 〈有刺利器에 대해서〉, 《東萊 福泉洞古墳群》 2, 釜山大, 1990, 87~97쪽.
58) 박진욱은 이 무기를 가시돋친 무기라 부르고 그림에 보이는 형태와 같이 ①
　　가시가 앞으로 향한 것, ② 가시가 뒤로 향한 것, ③ 가시가 둥근 것, ④ 가시

《삼국사기》의 〈귀산전〉(貴山傳)에
백제군을 무찌르고 전진하던 신라
군이 퇴각해 갈 때 백제군의 복병
이 갑자기 뛰어나와서 대열의 맨
뒤에 있던 신라장군 무은(武殷)을
걸어서 끌어내렸다는 기록이 있
다.[59) 이러한 기록으로부터 가시
돋친무기는 고구려·백제·신라·가
야에서 사용했음을 알 수 있다.
그것은 열국 모두 갑옷이 발달되
었기 때문에 갑옷을 착용한 병사

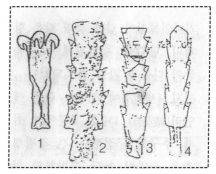

〈그림 32〉 출토 무기 모사도
1. 동태자 유적 출토
2. 달서면 50호묘 출토
3. 금령총 출토
4. 황남리 82호묘 출토

들 간에 싸움에서 가시돋친 무기가 필요했을 것이라 여겨진다.

　　경북 경주시 황오동 쪽샘지구 'C10호묘'에서는 5세기경에 사용되었
을 것으로 추정되는 찰갑과 찰편으로 이루어진 마갑(馬甲)과 마구류(그
림 33)가[60) 출토되었다. 경남 합천(陜川)의 옥전고분군(玉田古墳群)에서
는 마갑이 출토되었고[61), 경남 함안 도항리 마갑총(馬甲塚)에서는 환두
대도를 비롯하여 말갑옷과 투구(그림 34)[62)가 출토되어, 고구려 고분벽

가 돋친 낫으로 분류했다. 이들은 ①의 경우는 경주 황남리 제109호 무덤 제2
곽과 제82호무덤 동쪽 주곽(主郭)·경북 달성군 달서면 제50호 무덤 제2 석곽·
경주 금령총(金鈴塚)에서 출토되었다.②의 경우는 경북 달성군 달서면 제37호
와 59호 무덤·경주 식리총(飾履塚)·경주 황오리 무덤 남곽과 황오리 제14호
무덤 제2곽에서 출토되었다. ③의 경우는 황오리 무덤 북곽·황남리 제109호
무덤 제3곽과 제82호 무덤 서쪽 주곽에서 출토되었다. ④의 경우는 금령무덤
에서 출토되었다(박진욱, 〈신라의 가시 돋친 무기에 대한 약간의 고찰〉, 《고고
민속》 1963년 3, 21~32쪽 참조).

59)《三國史記》卷45〈列傳〉貴山傳. "伏猝出, 鉤而下之."
60) 국립경주문화재연구소·경주시, 《경주 쪽샘유적 발굴조사 보고서Ⅰ》-A地區,
　　2011; 국립경주문화재연구소, 경주시 황오동고분군 '쪽샘지구 C10호묘'에서
　　기자회견, 2009년 6월 2일.
61) 경상대학교 박물관, 〈합천 옥전고분 1차 발굴조사개보〉, 1986·〈합천 옥전고
　　분군Ⅰ-목곽묘〉, 1988·〈합천 옥전고분군Ⅱ-M3호분〉, 1990·〈합천 옥전고분
　　군Ⅲ-M1·M2호분〉, 1992·〈합천 옥전고분군Ⅳ-M4·M6·M7호분〉, 1993.
62) 昌原文化財硏究所, 《咸安道項里古墳群Ⅰ》, 昌原文化財硏究所, 1997.

〈그림 33〉 황오동 쪽샘지구 C10호묘
출토 찰갑과 말갑옷 등의 출토 상황

〈그림 34〉 함안 도항리 마갑총 출토
말갑옷과 투구 등의 상황

화에 보이는 찰갑 기마 무장이 낙동강유역의 신라와 가야 지역에도 있
었음을 알게 해 준다.

〈그림 35〉 김해시 덕산리
출토 기마인물형 뿔잔

김해시 대동면 덕산리 가야지역에서 출
토된 국보 275호인 도제 '기마인물형 뿔잔'
(그림 35)은 금령총 출토 기마인물형 토기
와 유사한 양식으로 방패와 갑옷 및 등자가
상세히 묘사되어 있다. 특히 어린갑 양식은
물론 말갑옷의 길이가 말 무릎 아래까지 내
려오는 것은 중국이나 북방지역과 다른 고
구려의 고유 양식이다.

이처럼 한반도 남쪽 지역에서 출토된 갑
옷편과 그 부속물들은 그 구성된 찰갑의 형

태가 고조선의 장방형을 그대로 계승하고 있고 전체 모습에서 고구려 갑옷의 양식과 같은 모습으로 나타나 고조선의 양식을 계승했던 것으로 인식된다. 이 같은 한반도의 갑옷생산기술은 일본의 초기 갑옷생산에 깊은 영향을 주게 된다.

일본에서 서기 4세기[63]와 5세기경에 만들어진 철갑옷과 철투구들은 신라와 가야의 갑옷과 같은 양식의 것이다. 일본학자들은 일본 갑옷은 도래(渡來)한 대륙(大陸) 공인(工人)의 제작기술을 응용하여[64], 도래한 대륙의 공인과 한반도 남부에서 귀화해 온 기술자들과의 기술교류에 의해[65] 또는 일본의 공인과 조선과 중국에서 도래한 공인을 통합한 공인조직(工人組織)에 의하여[66] 모두 일본에서 만들어졌다고 주장했다. 또는 연산동(連山洞)과 상백리(上栢里)에서 출토된 갑옷과 투구를 일본의 것으로 단정하고 일본이 한반도 남부를 경영했다는 방증(傍証) 자료로 삼기도 한다.[67] 또한 중국학자들은 4세기 혹은 5세기경의 일본 갑옷은 중국의 영향을 받은 한반도의 기술을 이은 것이라고 주장했다.[68]

그러나 제4부 제3장 2절에서 밝혀졌듯이 고구려 갑옷의 다양한 양식과 특징들은 북방지역의 것 또는 북방지역의 영향을 받은 중국의 갑옷과는 다른 모습을 보여 준다. 고구려 갑옷은 부여를 비롯한 열국의 갑옷들과 마찬가지로 고조선 갑옷의 특징을 그대로 계승했다. 더구나 고구려의 개마 생산시기가 현재까지의 출토품으로 보아 중국이나 북방지역보다 약 2세기 정도 앞선다는 점 등은 일본의 고분에서 출토된 갑

---

63) 小野山節,〈古墳時代の裝身具と武器〉,《日本原始美術大系 5》, 誹談社, 1978, 81~82쪽, 圖 35.

64) 北野耕平,〈中期古墳の副葬品とその技術史的意義〉-鐵製甲冑における新技術の出現,《武具》, 學生社, 1991, 75~95쪽.

65) 野上伩助,〈古墳時代における甲冑の變遷とその技術史的意義〉,《武具》, 學生社, 1991, 97~137쪽.

66) 小林謙一,〈甲冑製作技術の變遷と工人の系統〉,《武具》, 學生社, 1991, 149~198쪽.

67) 穴澤和光·馬目順一,〈南部朝鮮出土の鐵製鋲留甲冑〉,《朝鮮學報》第七六輯,《武具》, 1975, 235~269쪽.

68) 楊泓,〈日本古墳時代甲冑及其和中國甲冑的關係〉,《考古》1985年 第1期, 61~77쪽; 楊泓,〈中國古代馬具的發展和對外影響〉,《文物》, 1984年 第9期, 45~54쪽.

옷과 투구들이 신라나 가야로부터의 수입품이거나 한반도로부터 영향을 받아서 만들어졌음을 증명해 준다.

일본의 고분에서는 고조선과 고구려 등의 유적에서 발견되는 것과 같은 청동제 갑편은 출토되지 않는다. 1872년 오사카(大阪)부 사카이(堺)시에 위치한 인덕릉(仁德陵)이라 전하는 다이센(大山)고분에서 금과 같은 청동으로 만든 단갑(短甲)이 발굴되었으나, 어떠한 이유에서인지 발굴을 진행하지 않고 다시 매장되었으며 모습만을 그려서 남겼다.[69] 중국학자 양홍(楊泓)은 이 인덕릉에서 출토된 갑옷의 형태와 화려한 미관으로 보아 일본이 철갑옷을 사용하기 이전 단계의 생산된 청동갑옷을 보여 주는 것으로는 볼 수 없다고 했다.[70] 이러한 양홍의 견해는 매우 타당성이 있다.

그것은 한반도와 만주 전 지역에는 적어도 서기전 25세기경에 이미 청동기 문화가 있었고 서기전 13세기경에는 철기문화가 출현했다.[71] 그러나 일본열도에는 서기전 300년경에 그동안 한민족이 이루어 놓은 청동기문화와 철기문화가 한꺼번에 전달되는 현상이 일어났었기 때문이다. 일본열도의 청동기문화는 고조선 후기에 한반도의 남부지역으로부터 전달되어 시작되었던 것이다. 일본열도에서 청동기문화가 가장 이르게 나타나는 지역은 한반도에서 무문토기·고인돌·벼농사 등의 문화요소들을 가장 이르게 받아들였던 기타큐슈지역이었다. 이 지역에서는 야요이문화 중기에 이르러 한반도의 남부지역에서 만들어진 청동기를 그대로 수입해 사용하다가 차츰 이를 모방하여 제작하기 시작했다. 고조선의 제품들이 그대로 일본열도에 수입된 것을 일반적으로 박재동기(舶載銅器)라고도 부르는데, 대표적인 것으로 다뉴세문경·세형동검·동모(銅矛)·동과(銅戈)·동탁(銅鐸) 등이다. 고조선 후기에는 일본열도에 철기도 수출되었다. 그래서 야요이문화시대의 철기 유적들은 한반도에서 가까

---

69) 末永雅雄, 《增補 日本上代の甲冑》, 木耳社, 1981, 81-82, 圖 35.
70) 楊泓, 〈日本古墳時代甲冑及其和中國甲冑的關係〉, 《考古》, 1985年 第1期, 61쪽.
71) 제1부 1장 1절의 주 27과 제4부 2장 2절의 주 204 참조.

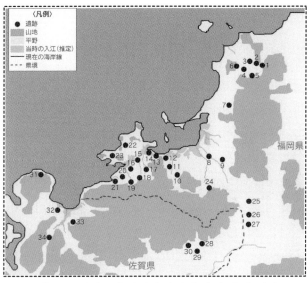

〈지도 1〉 한민족의 특징적 유물과 유적 출현 지역

지도 1의 유적지명					
1	富地原梅木遺蹟	2	德重高田遺蹟	3	田久松ケ浦遺蹟
4	久原遺蹟	5	朝町竹重遺蹟	6	田熊石畑遺蹟
7	馬渡·束ケ浦遺蹟	8	比惠遺蹟	9	上月隈遺蹟
10	束入部遺蹟	11	吉武遺蹟群	12	野方久保遺蹟
13	今宿遺蹟	14	今山遺蹟	15	志登支石墓群
16	上町向原遺蹟	17	三雲南小路遺蹟	18	三坂七尾遺蹟
19	長野宮ノ前遺蹟	20	石崎曲り田遺蹟	21	木舟三本松遺蹟
22	久米遺蹟	23	新町遺蹟	24	安德台遺蹟
25	隈·西小田遺蹟	26	小郡若山遺蹟	27	寺福童遺蹟
28	二塚山遺蹟	29	古野ケ里遺蹟	30	三津永田遺蹟
31	大友遺蹟		32	菜畑遺蹟	
33	宇木汲田遺蹟		34	德須惠遺蹟	

운 지역에 집중적으로 분포되어 있는데, 주로 서일본(西日本)의 기타큐
슈지역과 오사카지역이다. 이 가운데 기타큐슈의 후쿠오카(福岡)지역이
가장 발달된 모습으로 나타난다.72)

현재까지 일본열도에서 출토된 야요이시대의 주된 유적들은 위에 서술한 바와 같이 규슈(九州)의 후쿠오카현과 사가(佐賀)현에 가장 많이 분포되어 있다(지도 1과 지도 1의 유적지명 표 참조)[73]. 이토시마(糸島)지방에는 주로 야요이문화시대 초기의 유적들이 분포되어 있다. 대표적으로 우다가와라(宇田川原) 유적 등에서 한반도와 만주지역에서 출토되는 동일한 양식의 유병식마제석검(有炳式磨制石劍) 등이 출토된다. 그리고 가라쓰(唐津)지방과 후쿠오카 평야지역 및 이토시마지방에서는 주로 야요이문화시대 중기로부터의 유적들이 밀집되어 있다. 그 대표적으로 구메(久米) 유적·이마주쿠(今宿) 유적·가미마치(上町) 유적·미사카나나오(三坂七尾) 유적·기후네산본마쓰(木舟三本松) 유적·니시후루카와(西古川) 유적·이시자키쇼지(石崎小路) 유적·이바라아카사키(井原赤崎) 유적들로, 모두 세형동검이 출토되어[74] 고조선 사람들이 일본열도로 대거 이주하여 야요이문화를 출현시켰던 사실을 확인시켜 준다.

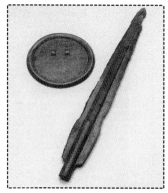

〈그림 36〉 우키군덴 유적 12호 옹관묘 출토

가라쓰지방의 우키군덴(宇木汲田) 유적 12호 옹관묘(甕棺墓)에서는 다뉴세문경과 세형동검(그림 36)[75]이 함께 출토되었고, 후쿠오카평야의 요시타케 다카키(吉武高木) 유적 3호 목관묘에서도 다뉴세문경과 세형동검 및 곡옥 등의 복식유물(그림 37)[76]들이 출토되었다. 다쿠마이시하다케(田熊石畑) 유적에서도 청동제 무기와 옥장신구들(그림 4)[77]이 다량 출토되었다.

---

72) 조희승,《일본에서 조선소국의 형성과 발전》, 백과사전출판사, 1990 참조.
73) 糸島市立伊都國歷史博物館, 《倭國創生》−平成25年度 伊都國歷史博物館秋季特別 展, 平成 25年(2103년).
74) 糸島市立伊都國歷史博物館, 《倭國創生》, 11쪽.
75) 糸島市立伊都國歷史博物館, 《倭國創生》, 7쪽.
76) 糸島市立伊都國歷史博物館, 《倭國創生》, 8쪽.

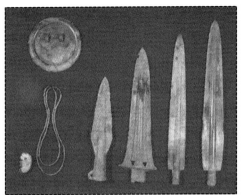

〈그림 37〉 요시타케 다카키 유적
3호 목관묘 출토

〈그림 38〉
다쿠마이시하다케 유적 출토

　고조선의 강역이었던 한반도와 만주 지역에서는 청동기문화에서 철기문화로 이어지는 데 많은 시간이 걸렸고, 이 기간 동안 고인돌무덤·옹관묘·벼농사·양잠 등 복식관련 기술 등에서 통시적인 발달사를 가진다. 그러나 일본열도에서는 청동기와 철기·고인돌·옹관묘·벼농사·복식관련 생산품과 특징적 기술요인 등이 발달사 없이 한꺼번에 야요이문화의 요소로 출현하였다. 이러한 현상들은 일본열도의 조몬(繩文)문화 후기부터 고조선 사람들이 일본열도로 대거 이주하여 야요이문화를 출현시켰던 사실과 깊은 관련이 있다고 생각된다. 고인돌 출현이 좋은 예가 되는데, 이 시기 일본열도에 전파된 고인돌무덤의 분포는 규슈의 북부를 중심으로 후쿠오카현, 시가(滋賀)현, 구마모토(熊本)현, 나가사키(長崎)현 등에 집중되어 있고, 가고시마(鹿兒島)현과 미야자키(宮崎)현 등에서도 발굴되고 있다. 현재까지 발견된 고인돌은 약 6백여 기나[78] 된다.

　일본열도에는 야요이문화의 뒤를 이어 서기 4세기경에 고분문화가

---

77) 糸島市立伊都國歷史博物館, 《倭國創生》, 17～18쪽.
78) 西谷正, 《東アジアにおける支石墓の總合的研究》, 九州大學文學部考古學研究室, 1997; 王建新, 〈日本列島における東北アジア系靑銅器文化の伝播と發展〉《東北アジアの靑銅器文化》, 同成社, 1999, 132～159쪽.

출현하는데, 이 문화는 한반도의 가야지역에서 건너간 것이었다. 서기 4세기부터 철정(鐵鋌)이 가야지역에서 일본열도로 전달되어 이것을 이용한 본격적인 철기생산이 시작되었기 때문이다. 서기 5세기 전반기에 철제 마구류 등이 만들어졌고 서기 5세기 후반에 철제의 갑옷과 투구가 제조되었는데, 이 같은 제조기술들은 모두 한반도의 가야에서 건너간 것이었다.79) 그러므로 인덕릉에서 발견된 단갑의 재질이 금과 같은 청동이라 했는데, 이는 앞에 서술했듯이 신라 사람들이 즐겨 사용한 유석, 즉 황동을 가리키는 것이라 생각되며 신라나 가야로부터의 수입품이었을 것으로 생각된다.

〈그림 39〉 니자와 139호분 출토
판갑과 투구

〈그림 40〉 니자와 281호분 출토
판갑과 투구

나라(奈良)현 고조(五條)시 네코츠카(猫塚)와 시가현 신카이(新開)고분, 오사카부의 시치칸(七觀)고분80), 나라현 가시하라(橿原)시 니자와센츠카(新沢千塚)(그림 39·40)81) 등에서 출토된 유물은 가야의 유적인 동래 복천동 10호와 11호 고분의 유물과 거의 일치하는데, 나라지방의 초기 고총고분(高塚古墳)은 입지조건과 내부구조 및 장법 등에서 한반도의 가야 고분과 비슷한 양상을 띠고 있다.82) 함양 상백리 출토 판갑과 오사카부 미나미카와치(南河內)군 구로히메야마(黑姬山)고분

79) 조희승, 《가야사연구》, 226~567쪽 참조.

80) 網干善敎, 《五條猫塚古墳》, 奈良縣史跡名勝天然記念物調査報告, 1962; 西田弘·鈴木博司·金關恕, 《新開古墳》, 滋賀縣史跡調査報告 第12冊, 1961; 樋口隆康·岡崎敬·宮川徒, 〈和泉國七觀古蹟調査報告〉, 《古代學研究》 27, 1961.

81) 奈良縣立橿原考古學研究所附屬博物館, 《新沢千塚の遺宝とその源流》-特別展圖錄 第40冊, 1992, 75쪽의 그림 145·75쪽의 그림 146.

82) 尹石曉, 〈伽倻의 倭地進出에 대한 一研究〉, 白山學會 編, 《百濟·新羅·伽倻史 研究》, 白山資料院, 1995, 302쪽.

에서 출토된 판갑(그림 41)
도 같은 양식과 기법을 보여
준다.[83] 이러한 사실들은 이
들 유적과 유물의 주인공들
이 한반도의 가야계였음을
증명해 주는 것으로, 일본에
서 출토되는 갑주(甲冑)들은
한반도로부터의 수입품이거
나 한반도에서 일본열도로
이주한 가야인들이 한민족

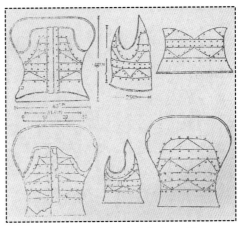

〈그림 41〉 함양 상백리 출토(위),
구로히메야마고분 출토(아래) 판갑 모사도

의 발달된 문화를 그곳에 전
달했던 결과였다.

특히 채양이 있는 가야의 고유한 양식의 투구는 일본에서 5세기에
한정되어 보이는데[84] 여러 지역에서 고루 출토된다. 〈표 6〉에 보이듯이
규슈 후쿠오카현 쓰키오카(月岡) 고분에서 채양 달린 투구(그림 42)가
8개 출토되었는데, 판갑이 함께 출토되어 8개로 한 조를 이루었다. 〈그
림 42〉은 백금철(白金鐵)에 금동장식을 한 채양 달린 투구이며[85], 서기
5세기 후반기에 속하는 나라현 고조시 네코츠카고분에서 드러난 채양
달린 투구(그림 43)는[86] 두 종류로, 하나는 철판에 금동을 입힌 것이고,
다른 하나는 백철판에 금동을 입힌 것이다. 그 양식으로 보아 고구려양
식의 이음기법에 챙이 달린 가야양식이 결합된 모습이다. 오사카 온시
시츠카(御獅子塚) 출토 금동챙투구(그림 44)는[87] 연산동에서 출토된 철
투구와 유사한 양식이다. 또한 서기 6세기경 후기 고분시대에 속하는

83) 조희승, 《가야사연구》, 551쪽.
84) 조희승, 《가야사연구》, 550쪽.
85) 조희승, 《가야사연구》, 571쪽.
86) 조희승 《가야사연구》, 553쪽.
87) 奈良縣立橿原考古學研究所附屬博物館, 《新沢千塚の遺宝とその源流》-特別展圖錄
　　 第40冊, 57쪽.

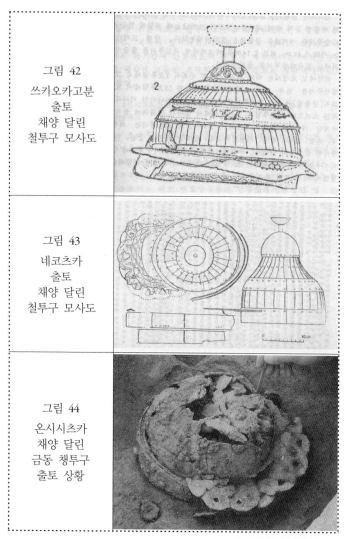

그림 42 쓰키오카고분 출토 채양 달린 철투구 모사도	
그림 43 네코츠카 출토 채양 달린 철투구 모사도	
그림 44 온시시츠카 채양 달린 금동 챙투구 출토 상황	

〈표 6〉 일본 출토 채양 달린 철투구들

나라현 와타누키칸논야마(綿貫觀音山)고분에서 출토된 철투구(그림 45)는[88] 매우 균형잡힌 모습을 보이는데 앞에 나열한 투구들과 마찬가지

---

88) 福岡縣立歷史博物館·NHK広島放送局·NHKサービスセンター·福山文化振興協議會·中國新聞社,《藤ノ木古墳とその時代展》, 大塚工藝社, 1989, 85쪽.

<그림 45> 나라현
와타누키칸논야마고분 출토
철투구

<그림 46> 평안북도 룡오리산성
출토 고구려 철투구

로 이음새는 모두 일정한 간격으로 철장식 단추를 사용해 고정하였다.

이러한 투구 양식은 감신총 개갑무사의 투구와도 유사한데(제4부 제3장 2절의 표 3-그림 3-1), 실제 모습이 평안북도 태천군 룡산리 룡오리산성에서 출토된 철투구(그림 46)에서[89] 보인다. 이 투구 역시 와타누키칸논야마고분 출토 철투구와 마찬가지로 고조선 철장식단추 양식으로 이음새를 처리했다. 이러한 내용으로 보아 일본 갑옷과 투구의 원류는 고조선과 고구려, 부여 등의 갑옷 생산기술에 기초하고 있다고 하겠다.

말머리가리개도 앞에 제시한 복천동 유적 출토(그림 9-1, 그림 23)의 것은 일본 와카야마(和歌山)현 오타니(大谷)고분에서 출토된 것(그림 47)과 거의 같은 양식이다. 말머리가리개는 모두 안면, 양볼과 귀를 비롯하여 뒷부분을 각각 보호하도록 구성되어 있다.

<그림 47> 오타니고분 출토
말머리가리개

---

89) 조선유적유물도감편찬위원회,《조선유적유물도감 4》-고구려편(2), 민족문화, 1993, 241쪽의 16.

지금까지 출토된 말머리가리개는 한반도와 만주지역에서 모두 13점 출토되었는데 일본에서는 사이타마(埼玉)현의 쇼군산(將軍山)고분과 오타니고분에서 출토된 2점이 유일하다. 이들 말머리 가리개의 연결방법은 역시 갑옷과 투구의 방법과 동일하다.

이러한 사실들은 이 시기 한반도로부터 기마문화가 일본지역에 전래되었음을 알게하는 것이다. 서기 5세기 이후 일본 고분들의 부장품들은 그 이전 시기 무덤에서 보여 주는 부장품과 달리 갑작스럽게 마구들이 출현하고 벽화에 말그림이 그려지며 토기로 말이 만들어져 당시 예술의 주요 주제가 되었다. 일본의 4세기 고분벽화에는 말과 함께 배가 그려져 있는데 후기의 그림에는 말이 배에 실려 있거나 내리는 장면 모두 그려져 있어 한반도로부터 기마문화가 진입했음을 말해 주는 것이다.[90] 구마모토현 야마가(山鹿)시 벤케이가아나(弁慶ヶ穴) 고분벽화에 보이는 말을 배에 태운 내용이 좋은 예이다.

이처럼 가야와 신라의 갑옷은 제작양식과 기법에서 고조선의 갑옷 생산방식을 계승했고 이후 일본 초기 갑옷 생산에 크게 영향을 주어, 서기 4세기와 5세기경에 만들어진 일본의 갑옷과 말갑옷들은 모두 한반도의 것과 같은 모습을 지니게 되었다.

이러한 사실에 대하여 일본학자들은 일본 갑옷생산이 도래한 중국 공인의 제작기술을 응용하거나 이들과 한반도 남부에서 온 기술자들의 교류에 의해서였을 것이라는 견해를 보인다. 또한 일본의 공인과 한반도와 중국에서 온 공인조직에 의해 모두 일본에서 만들어졌을 것이라도 생각한다. 게다가 연산동과 상백리 출토 갑옷과 투구 등은 아예 일본의 것으로 단정하여 일본의 한반도 남부경영을 방증하는 자료로 삼기도 한다. 또한 중국학자들은 4세기~5세기 일본의 갑옷 생산이 중국의 영향을 받은 한반도의 기술을 이은 것이라고 단정하고 있는 실정이다.

고구려 갑옷의 다양한 양식과 생산기법은 북방지역의 것 또는 북방

---

90) 존 카터 코벨 지음·김유경 편역,《부여기마족과 왜(倭)》, 글을 읽다, 2014, 56
    ~57쪽.

〈지도 2〉 복식유물로 본 고조선문명권

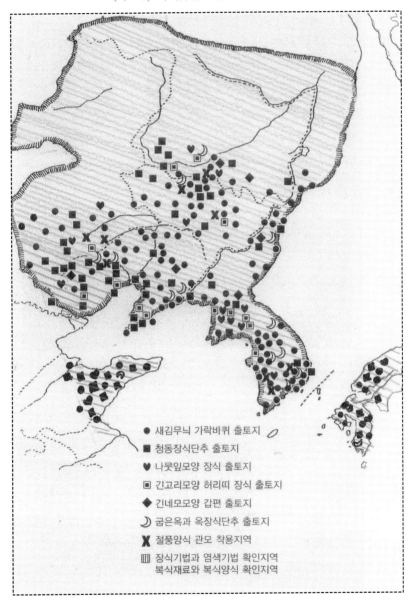

● 새김무늬 가락바퀴 출토지

■ 청동장식단추 출토지

♥ 나뭇잎모양 장식 출토지

▣ 긴고리모양 허리띠 장식 출토지

◆ 긴네모모양 갑편 출토지

☾ 굽은옥과 옥장식단추 출토지

✖ 절풍양식 관모 착용지역

▥ 장식기법과 염색기법 확인지역
   복식재료와 복식양식 확인지역

* 액이고납하(額爾古納河) 유역과 흑룡강성 북부지역에서는 유물들이 거의 출토되지 않고 있어 유물 분포를 표시할 수 없다. 그 까닭에 대해서는 제1부 1장 〈지도 1〉에서 설명하였다.

지역의 영향을 받은 중국의 갑옷과 다른 모습으로, 부여 등 열국의 갑옷과 마찬가지로 고조선 갑옷의 특징을 고스란히 계승한 것이다. 또한 고구려 말갑옷의 생산시기가 중국이나 북방지역보다 적어도 2세기 정도 앞섰다는 점 등은, 일본의 고분에서 출토된 갑옷과 투구들이 신라와 가야로부터의 수입품이거나 한민족에 의해서 만들어진 것으로 해석하게 하는 좋은 증거가 될 것이다.

열국시대의 갑옷은 고조선보다 앞선 시기로부터 시작되어 발전한 고조선 갑옷의 양식과 생산기법을 계승하여 나라마다 다소 특징적으로 발전했으며, 같은 시기의 중국이나 북방지역의 갑옷보다 훨씬 우수하여 이웃 나라의 영향을 주었다. 열국시대 동부여·고구려·백제·신라·가야 등의 대외 활동은 이웃 나라보다 뛰어난 다양한 무기와 갑옷 등의 무력의 우월성이 기반이 되었을 것으로 생각된다. 고조선문명권의 범주가 갑옷양식과 생산기법에서도 한반도와 만주 전 지역은 물론 일본열도에 이르기까지 명확한 분포양상을 나타내고 있음이 확인된다.

제5부

복식문화의 비교 연구로 본
고조선문명권의 성립과 계승

복식문화로 본 고조선문명권의 성립과 계승

　지금까지 한반도와 만주지역을 중심으로 하여 고조선문명(Gojoseon Civilization)이 어떻게 형성되고 성장해 나갔는지 문헌과 복식유물 등을 중심으로 이웃 나라와 비교연구를 통해 밝혀보았다. 고조선은 동북아시아에서 가장 먼저 출현한 국가단계의 사회로 학계에서 구분하는 문명사회라는 정의와 부합한다. 고조선의 강역이었던 한반도와 만주지역은 선사시대부터 황하문명과는 그 성격을 달리하며 이른 시기부터 동질성의 문화를 공유하고 문화공동체를 이루었다. 고조선 건국과 함께 우리 겨레가 형성되고 역사의 출발점이 되었으므로 고조선문명은 우리문화의 원형인 것이다.

　필자는 고조선문명의 진실한 모습을 밝히기 위해 이 책의 내용을 모두 제5부로 나누고 각장과 절에서 세분화하여 고찰했다. 제1부와 제2부에서는 복식의 양식적 특징과 기능을 분석하고 제의문화의 기능과 외형적 고유성을 해석하여 홍산문화와 고조선문명과의 관련성을 밝히고, 나아가 고조선문명의 정의와 범위를 제시하였다. 그리고 이 과정에서 고조선이 동아시아에서 가장 이른 시기에 청동기문화와 철기문화를 출현시키고 이웃나라에 영향을 주었음을 주목하였다. 청동의 발명은 국가가 출현하게 되는 요인이 되기도 하지만, 이를 도구로 하여 고대문명을 지속적으로 발전시켜 나가는 원동력이 되기 때문이다. 고조선 사람들의 청동과 철에 대한 지식과 응용기술을 이웃 나라와 비교연구를 통해 상세히 밝혔다.

　일반적으로 고조선은 서기전 2333년에 건국되었다고 보고 있다. 《제왕운기》에 고조선이 건국된 시기가 중국의 요임금 즉위년인 무진년(서기전 2333년)이라고 기록된 것에 따른 것이었다. 《삼국유사》〈고조선〉조에는 단군 왕검이 고조선을 건국한 해는 요임금 50년이라고도 기록되어 있어 《제왕운기》의 기록과 50년의 차이가 난다. 이러한 문헌기록의 내용을 토대로 실제 고고학의 발굴유물 자료로 보면 고조선의 건국 시기는 《제왕운기》와 《삼국유사》의 기록보다 앞설 가능성도 충분히 보인다. 그것은 고고학의 자료 가운데 홍산문화에서 발견되는 청동기의 출현에서이다.

제1부에서는 홍산문화 유적 발견이후 금속문화의 기원문제가 홍산문화로부터 시작되었을 것으로 추정되었던 사실을 서술하였다. 홍산문화는 신석기시대에서 청동기시대로 가는 동석병용시대에 속한다. 중국학자들은 홍산문화 후기(서기전 3500년~서기전 3000년)유적에서 발견된 유물들의 주조형태가 간단하지 않은 점을 주목하며 홍산문화 초기에 이미 연동(煉銅)과 주동(鑄銅)의 발달된 기술이 있었을 것으로 판단했다. 홍산문화를 이은 청동기시대로 일컬어지는 하가점 하층문화는 서기전 2500년경으로 확인되었다. 그러나 청동기문화의 발달양상은 요서지역에서뿐만 아니라 서기전 4000년경에 속하는 요동지역 심양의 신락상층문화 유적에서도 일찍이 나타난다. 한반도에서는 남한지역의 경우 경기도 양수리의 지석묘와 전남 영암군 장천리의 집자리 등의 청동기시대 유적이 모두 서기전 2500년경으로 확인되었다. 북한지역에서는 평안남도 성천군 용산무덤에서 서기전 31세기경의 청동합금 조각이 출토되었고, 강동군 룡곡리 5호 고인돌 무덤에서는 서기전 25세기경으로 측정된 비파형 청동창끝이 발굴되었다. 평안남도 상원군 용곡 4호 고인돌 무덤에서도 서기전 26세기경에 속하는 청동장식단추가 출토되는 등 여러 유적들에서 합금된 청동제품들이 보인다.

한반도와 만주지역과 달리 중국의 황하유역에서 가장 이른 청동기문화인 이리두문화는 서기전 2000년경으로 비교적 늦은 시기에 나타난다. 고조선지역과 문화적으로 관련이 있는 시베리아의 카라수크문화는 서기전 1200년경에 시작되었다. 이러한 내용으로 볼 때 한반도와 만주 지역의 청동기시대 시작연대가 동아시아에서 가장 이른 시기였으며, 아울러 위의 《제왕운기》와 《삼국유사》에 보이는 서기전 24세기의 고조선 건국은 이른 시기부터 시작되었던 청동기문화에 기반을 두고 이루어진 것으로 생각된다. 고조선은 적어도 서기전 24세기보다 훨씬 이전에 금속문화를 기반으로 하여 건국되었던 동아시아 최초의 고대국가였던 것이다.

필자는 문헌자료 고고학의 출토자료 등을 근거로 홍산문화로부터 지속성을 지니며 고조선 복식에 일관되게 표현되는 장식기법과 예술 의지를 통해 고조선 제의문화에 접근할 수 있었다. 특히 홍산문화의 제단유적과 한반도의 돌돌림 유적에서 보이는 동일한 건축의지를 비롯하여 복식 등에 표현되는 고유한 특징들은 이웃 나라와 구분되는 제의문화권을 형성하고 있어, 이러한 문화특성들이 고조선문명권을 밝히는 하나의 접근방법이 될 것이다. 그것은 우리 민족이 신석기시대로부터 한반도와 만주 전 지역에서 거주하면서 하나의 복식문화권과 제의문화권을 형성해 왔고, 청동기시대에는 고조선을 세워 하나의 민족을 이루었기 때문이다.

홍산문화에서 보이기 시작하는 달개 혹은 장식단추에 대한 통시적 전승만을 보아도, 이러한 장식기법이 고조선시대 한반도와 만주지역 복식 등에 광범위하게 사용되고 여러 나라와 삼국으로까지 계승되는 통시적인 변천사를 잘 보여 주고 있다. 이러한 장식기법의 발달 양상만을 시기별로 검토해 보아도 홍산문화가 고조선이 출현한 초기 청동기시대인 하가점 하층문화로 발전했고 다시 고조선 비파형동검문화인 하가점 상층문화로 발전했음을 인식할 수 있다. 그러나 중국에서는 홍산문화를 포함한 만주의 고대문화를 총칭하여 '요하문명'(遼河文明)이라 부르며 이를 황제문화에 포함시키고 있다. 이러한 명칭이 사용된 것은 한반도와 연해주 지역의 고대문화를 배제시키거나 변방지역의 문화로 격하시키려는 목적을 가지고 있기 때문인 것이다. 한반도와 만주지역 선사문명의 성격은 황하문명과는 확연한 차이점을 보이고 있기 때문에 결코 요하라는 하나의 강 이름으로 포괄될 수 없다. 우리가 이 용어를 그대로 따른다면 중국의 역사왜곡을 옳다고 인정하는 것이 된다. 우리는 한반도와 만주, 연해주, 일본열도에 존재한 동질성의 문화를 총칭하여 반드시 '고조선문명'(古朝鮮文明)이라 불러야 할 것이다.

홍산문화 유적들에서는 옥장식물이 많이 출토되는데 주로 인물과 동물, 식물, 곤충형상을 사실적으로 조각한 것 또는 추상적인 동물형상을 조각한 것들이다. 그러나 같은 시기 다른 지역의 유적에서는 이 같은 양식의 옥기가 보이지 않는다. 홍산문화 이외의 유적들에서는 주로 장식품과 비실용성 공구를 조각한 것들이 출토된다. 이러한 특징적 현상은 같은 지역의 홍산문화보다 앞선 시대의 유적에서도 마찬가지로 나타난다. 흑룡강성과 길림성지역에서 출토된 옥기양식은 홍산문화지역과 달리 주로 장식품과 비실용성 생산도구이다. 이는 홍산문화 유적들의 성격은 대규모 종교의식과 밀접한 관련을 갖고 있어 제단 유적들에서 사람과 자연, 짐승들을 대상으로 한 주술적인 의식이 있었으며, 이를 옥으로 형상화해 제의복식 등에 사용했을 것으로 해석된다. 이와 달리 흑룡강성지역과 길림성지역의 무덤들은 단순히 주검을 매장한 무덤들이기 때문에 장식품과 비실용성의 생산도구만을 일상의 패식 혹은 장례의식 용도로 만들어 사용했을 것이다.

한반도의 평양지역과 만주 홍산문화지역의 제단 유적에서 유독 동물과 인물 등을 형상화한 옥기들이 출토되는 것은 다양한 생명들에 대한 풍요와 다산을 기원하는 의미의 선인(仙人)을 중심으로 거행된 제의문화가 있었기 때문이라 여겨진다. 한반도와 만주 요서지역의 제단 유적이 동일하게 돌돌림양식으로 나타나고 평양지역과 홍산문화지역에서 출토된 옥기가 같은 양식을 보이는 것은 이들 지역이 같은 성격의 제의문화권으로 제의의 중심지역이었음을 보여 준다. 이러한 내용은 홍산문화지역과 고조선시기 평양지역 제단 유적들이 시간적인 선후의 차이를 가지지만 제의의 주체는 동일했을 것으로 해석하게 한다. 홍산문화지역은 서기전 3000년에 이르면 기후와 해수면의 변화 등으로 역사적인 변화를 보이지만 하가점 하층과 상층문화의 주체인 고조선사람들이 여전히 이 지역에 집중 거주했었다. 동석병용시대에 속하는 홍산문화와 이를 이은 소하연문화는 초기 청동기문화인 고조선의 하가점 하층문화로 이어지고 다시 비파형동검문화인 하가점 상층문화로 발전했다. 홍산문화지역에는 이후 시기 이러한 사실을 뒷받침하는 고고학의 출토자료로 고조선의 특징적인 청동기문화가 집중 분포되어 나타난다.

문헌자료로 《삼국사기》·《삼국유사》·《통전》 등에 대한 새로운 해석을 통해 홍산문화지역에 뒤이어 단군 왕검이 거주했었음을 밝혔다. 또한 《통전》과 《삼국사기》의 내용으로부터 고구려는 위만조선의 도읍인 왕검성을 동천왕시기 되찾아 평양성을 축조하고 서기 247년 천도하였던 사실과, 《삼국사기》와 《삼국유사》의 내용으로부터 단군 왕검이 처음 나라를 세우고 도읍한 곳인 평양성은 고구려 동천왕시기에 천도한 평양성과 같은 곳임을 분석했다. 시기는 서로 다르지만 고조선과 위만조선 그리고 고구려가 동천왕시기 도읍했던 평양성의 위치에 관해서는 《구당서》·《신당서》·《회남자》·《관자》·《수서》·《괄지지》·《통전》 등의 분석과 고고학의 출토 유물분석을 통해 바로 조양지역이었음을 밝혔다. 현재 한국학계에서는 이러한 점들을 소홀히 하고 있어 중국학자들이 조양을 포함하여 당시 요서지역 등을 발굴하고 선비족 무덤이라고 한 내용을 비판과 분석 없이 그대로 받아들이고 있다. 그 결과 한국 고대문화의 다양한 내용들이 삼연(三燕)문화, 즉 북방문화 또는 선비족의 영향으로 이루어졌다는 선긋기로 무분별하게 연결시켜 왔다. 한반도 남부와 만주 집안지역의 한국 고대문화의 다양한 내용들이 삼연문화, 즉 북방문화의 영향으로 이루어졌다는 영향설과 전래설로 무분별하게 해석해 왔던 것이다. 신라와 가야지역 문화에 대한 해석에서 더욱 그러하다.

《삼국유사》〈고조선〉조·《사기》〈진시황본기〉·《한서》〈교사지〉·《삼국사기》〈고구려본기〉 등의 해석으로부터 진시황이 선인과 불사의 약을 구하러 서불(서복) 등을 보냈던 지역은 한반도였다. 또한 연나라 사람

노생을 보내 선인을 찾고자 했을 때 고조선의 선인이 살고 있었던 지역
은 요동지역으로 고조선의 영역이었던 지금의 요서지역이었다. 진시황
재위시기 고조선의 강역은 갈석산이 있는 창려현까지 이르렀다. 이러한
내용들에서 고조선시기부터 고구려시기까지 한반도와 만주지역 모두
홍산문화의 제의적 전통을 그대로 이어갔음을 알 수 있다. 또한 진시황
시기 한반도와 만주지역에는 모두 선인이 살았으며, 단군 왕검은 고조
선의 통치자이며 선을 추구했을 고조선 최고의 종교 지도자로서 선인이
라 불리었던 것이다. 그러므로 제단 유적들은 선인이 종교의식을 거행
했던 곳으로 한반도와 만주지역은 모두 고조선과 동일한 성격의 제의문
화권이었던 것이다. 고조선 제의문화의 특징은 홍산문화에서 자주 보이
는 관모양식의 전통과 상징적인 조형물들을 의복에 달거나 걸어서 표현
한 갖춤새 있는 복식으로 의식을 거행하는 화려한 제의문화였다고 추정
된다. 이러한 제의문화의 특징이 신석기시대부터 고조선시기까지 한반
도와 만주 모든 지역에서 동일하게 나타나 같은 제의문화권이었던 사실
들이 재확인된다.

　홍산문화 이전 시기부터 옥 등을 재료로 한 둥근 장식단추는 고조
선 복식에 가장 많이 사용된 것으로 지속적으로 화려한 장식기법을 이
룬다. 특히 장식단추 표면에 사용된 문양은 한반도와 만주지역에서 출
토되는 질그릇이나 가락바퀴, 바늘통, 청동거울, 청동방울 등에 보이는
한민족의 특징적인 햇살무늬와 사선으로 표현되는 기하학문양이 위주
가 된다. 이러한 둥근 장식을 많이 사용하는 복식양식은 태양을 숭배하
는 천신신앙의 전통을 배경으로 한다고 여겨진다. 이 둥근 장식은 고조
선 이전 시기부터 복식 장식물로 다양하게 사용되어져 이후 열국과 삼
국으로 이어지며 한민족의 중요한 장식양식으로 자리 잡게 된다. 고대
한민족 복식에 보이는 달개 혹은 장식단추에 대한 비교 분석과 통시적
전승의 검토로부터 주로 원형과 나뭇잎모양으로 표현되는 장식기법은
생명력 있는 조형의지와 역동적이며 생동하는 우리 민족의 정서를 줄곧
표현해 온 고유한 문화 인소로서 그 정체성이 올바르게 자리매김되어야

할 것으로 생각된다. 고조선 복식에 나타나는 장식기법과 문양의 고유성은 문화적 정체성을 오롯이 드러내는 결정적 자료로서 고조선문명권을 증언하는 시각적 기호인 것이다.

제2부에서는 고조선문화와 직접 관련이 있는 홍산문화를 이은 소하연(小河沿)문화 유적(서기전 3000년~서기전 2000년)에서 출토된 '인형방식'에 보이는 의복양식을 고찰하였다. 이 인형식은 고조선시기 복식양식과 발전사를 추정할 수 있는 중요한 유물자료로서 머리양식과 의복양식 이외에 장식기법, 허리띠 양식, 문양 등을 사실적으로 보여 주고 있다. 이 인형식에 나타나는 복식양식에 주목하는 까닭은 소하연문화가 홍산문화보다 늦은 동석병용시대에 속하는 문화로 뒤이어 초기 청동기시대에 속하게 되며 고조선문화로 분류되는 하가점 하층문화로 바로 계승되기 때문이다. 또한 소하연문화와 하가점 하층문화의 사람들은 체질 인류학적인 특징에서도 같은 계통의 인종일 것이라고 밝혀졌다. 이러한 내용들은 홍산문화의 전통을 이은 소하연문화의 사람들이 하가점 하층문화의 고조선사람들과 같은 계통의 종족이었음을 말해 준다. 고조선의 비파형동검문화인 하가점 상층 유적에서 출토된 장식단추는 그 양식과 종류에서 고조선의 하가점 하층문화와 서로 계승관계에 있다. 고조선의 하가점 하층문화로 이어지는 소하연문화 '인형방식' 웃옷에 나타난 둥근달개장식의 사용이 홍산문화로부터 비롯되어 일관되게 후기에 이르기까지 고조선 영역에 전반적으로 확산된 것은 복식문화의 시대적인 조형적 양상으로 볼 수도 있다. 하지만 달개장식의 사용이 고조선 이후 열국시대에 이르기까지 지속적으로 사용되고 이후 고구려의 불꽃문양을 표현한 금관과 금동관 등에도 나타나는 것으로 보아 태양신을 섬기는 천신신앙의 문화적인 전통이 계승된 것으로 해석된다.

《삼국사기》·〈광개토왕릉비문〉·〈모두루묘지〉·《단군기》 등의 내용으로부터 단군과 해모수가 같은 사람이라는 점과 천제의 아들인 단군을 해모수라고도 불렀음을 알 수 있다. 또한 추모왕은 북부여에서 출생하여 그곳에서 성장했지만 그의 혈통은 고조선의 단군계였다. 단군은 고조선의 정치와 종교의 최고 우두머리 즉 최고 통치자에 대한 칭호이다. 해모수의 해(解)는 하늘의 해, 모수(慕漱)는 '머슴애'를 뜻하는 것으로 해모수는 해의 아들, 즉 일자(日子)를 의미한다. 즉 고조선의 단군은 해의 아들이라고 불리었으며 태양신을 상징한다. 따라서 고구려는 홍산문화로부터 비롯되고 소하연문화를 이은 고조선문화를 계승하여 태양을 숭배하는 전통과 장식양식 및 표현기법에 이르기까지 달개장식을 달아 태양의 기능인 열과 빛의 모습을 복식 등에 표출했다고 하겠다. 소하연문화의 '인형방식'에 나타나는 복식양식과 장식기법은 한국 고대복식의 원형이 중국이나 북방 호복계통에서 비롯되었다는 종래의 통설화된 견해들이 모순임을 잘 나타내 주고 있다. 아울러 홍산문화 복식의 특징적 요소들이 소하연문화로 이어지고 다시 고조선의 고유한 복식전통의 밑거름이 되었다고 하겠다.

　　제3부에서는 복식문화와 정치체제 분석으로부터 고조선문명의 지리 영역을 고찰했다. 우리나라 국사교과서에 준왕은 단군 왕검이 세운 고조선의 마지막 왕으로서 위만에게 정권을 빼앗긴 것으로 기술되어 있다. 이러한 내용이 옳다면 준왕은 단군의 혈통이며 위만조선이 고조선을 멸망시킨 것으로 된다. 그러나 한국과 중국의 문헌에 준왕은 단군조선의 왕이 아니라 중국의 서주에서 단군조선으로 망명한 기자의 후손으로 기록되어 있다. 또한 중국 서한에서 망명한 위만은 기자의 후손인 준왕의 정권을 빼앗아 위만조선을 건국하였고, 이후 서한은 위만조선을 멸망시킨 뒤 그 지역에 한사군을 설치했다. 이러한 일련의 사실들이 모두 우리 역사의 주류에 위치하고 있어 문헌에 대한 재해석과 출토된 유물 등의 비교분석을 통한 검토가 필요하다. 《사기》·《논어》·《상서대전》·《후한서》·《삼국지》·《한서》·《금본죽서기년》·《위서》·《통전》·《태강지(리)지》·《진서》 등의 분석으로부터 다음의 내용이 정리된다. 기자와 그 후손들은 연나라와 국경을 접하고 있었다. 이들은 고조선 서부 변경지역에 위치하여 세력을 형성하며 중국 사람들에게 '조선후'로 불렸다. 기자의 40여 대 후손인 준왕은 중국 혈통으로, 스스로 왕이라 일컬었던 것

이며 단군조선을 멸망시킨 적이 없다. 그러므로 한국 고대사 체계에서는 단군조선을 이은 것으로 삽입될 수 없으며, 기자나 기자 일족은 주류에 위치할 수 없고 '기자조선'이라는 용어도 사용될 수 없다.

문헌분석과 고고학의 유물자료들로부터 지금의 요동지역과 요서지역은 한반도지역과 마찬가지로 서기전 2세기 무렵까지 고조선사람들이 거주하던 지역으로 고조선문명권을 형성하고 있었음을 알 수 있다. 또한 기자 일족은 난하 하류유역에 위치한 객좌지역의 산만자, 소파태구, 북동촌 등을 주요 거점으로 존재했을 것으로 추정된다. 기자의 일족이 거주했던 낙랑군 조선현이 바로 이 지역들을 포함한 지역이었다. 복식유물의 분석으로부터 서기전 2500년경부터 서기전 400년경 무렵에 이르기까지 조양, 적봉, 영성, 건평지역 등의 유물들이 가장 양적으로 풍부하고 질적으로도 수준 높은 화려한 양식들이었음을 알 수 있다. 또한 이들 유물들은 제의적 상징의미도 크게 표현하고 있어 이 지역이 고조선의 정치적 중심지였을 가능성을 추정하게 한다. 그 밖에 비교적 북쪽에 위치한 적봉, 오한기, 옹우특기, 임서, 파림우기, 극십극등기와 조양, 건평, 영성 등에서는 서기전 3세기에 이르기까지 고조선의 특징적 유적과 유물들만이 나타나 고조선의 진번 혹은 임둔지역이었을 것으로 추정된다.

고조선문명권의 변화내용을 더욱 명확히 하기 위해 연나라 소왕 때 진개가 조선을 침략했던 사실을 확인해야 할 것이다. 진개의 침략으로 고조선의 영역이 축소되고 국력이 쇠약해졌는지 여부를 문헌과 고고학의 출토유물로부터 고찰해 본 결과 다음의 내용이 정리된다. 《위략》에서 진개가 빼앗았다는 2천 리는 동호지역의 1천 리를 제외하면 고조선지역은 1천 리 정도를 빼앗겼다고 볼 수 있는데 이후 상당 부분 다시 수복되었다. 이 1천 리에 속하는 지역에 진번과 지역명칭으로서의 조선이 있었다. 그리고 임둔지역은 진개의 침략과 무관한 지역이라고 하겠다. 고조선의 조선과 진번 및 임둔지역의 위치를 추정해 보면 다음의 내용이다. 한사군의 낙랑군 조선현이 난하 하류유역 갈석산에 가까운 지역이었다고 한 내용과, 《염철론》〈비호〉편의 기록에서 진번과 조선지역이 연나라의 요(徼)가 있던 곳으로 고조선이 다시 수복한 지역이라고 했다. 따라서 고조선의 조선지역은 기자족이 거주했던 객좌지역과 인접한 고조선이 다시 수복한, 유물의 흔적을 보이는 건창·능원·금서지역일 가능성이 크다. 또한 진번지역은 연나라의 요가 있던 곳인데 고조선이 다시 수복했던 지역으로 조선지역보다 난하유역에서 떨어져 있었을 것으로, 적봉·북표·조양·건평·영성·오한기·옹우특기·임서·파림우기·극십극등기 등의 지역으로 매우 넓은 지역이었다. 진개의 침략과 무관했던 의현·부신·금주·금현지역 등은 임둔지역에 속했을 것이다.

평양 낙랑구역의 출토직물들이 과학적인 분석결과 고조선 고유의 직물이라고 밝혀진 여러 사실들은 한사군의 낙랑군이 대동강유역에 위치했다고 보는 종래의 통설이 모순임을 알려준다. 일본인들이 대동강유역에서 발굴한 유적에서 낙랑과의 관계를 보여 주는 유물이 출토되자 그것들을 모두 한사군의 낙랑군에 관한 것으로 해석한 것이 잘못이라는 점을 다시 확인한 셈이다. 사실상 지금까지 대동강유역에서 발견된 유물과 유적에는 이 지역이 한사군의 낙랑군이었다는 기록을 보여 주는 것은 없다. 실제로 낙랑구역의 무덤들에서는 직물과 함께 중국이나 북방지역에서 만들어진 유물도 있지만 한민족의 유물이 다량 출토되어 이 지역에 최리왕이 다스렸던 낙랑국이 위치했을 것으로 추정된다. 고대 문헌에 나타난 낙랑은 한사군의 낙랑군뿐만 아니라 열국시대 최리왕이 다스렸던 낙랑국이 있다. 《후한서》〈동이열전〉에는 예의 서쪽에 낙랑이 있다고 했고, 한전에서는 마한의 북쪽에 낙랑이 있는데, 마한은 당시 황해도 지역에 위치하고 있다고 했다. 이러한 내용으로 보아 《후한서》〈동이열전〉에 설명된 낙랑은 최리왕의 낙랑국으로서 그 위치는 대동강유역이며 고구려의 남쪽 경계인 청천강과 가깝게 위치하고 있었다. 최리왕의 낙랑국은 적어도 서기전 1세기경 이전에 건국되어 서기 300년까지 존속했으므로 서기전 1세기 전후한 시기에 속하는 낙랑구역의 나(羅)직물과 견(絹)직물, 또 서기 2세기경에 속하는 겸(縑)직물은 낙랑국의 유물일 가능성이 크다. 따라서 사서에 기재된 서기 300년에 멸망한 낙랑은 최리왕의 낙랑국으로 대동강유역에 위치해 있었고, 서기 313년에 고구려의 침략을 받은 낙랑은 한사군의 낙랑군이었다는 사실이 확인된다. 아울러 일본인들이 한사군의 하나인 낙랑군의 유적과 유물로 해석한 평양 낙랑구역에서 발굴한 유적과 유물들은 최리왕의 낙랑국 문화라는 것을 알 수 있다. 그러므로 당시 대동강유역에는 최리왕의 낙랑국이 위치해 있었기 때문에 한사군의 낙랑군이 대동강유역에 위치했다는 주장은 성립될 수 없음을 알 수 있다.《구당서》·《신당서》·《괄지지》·《통전》 등의 문헌자료에 기재된 내용과 요서지역에서 출토된 고고학 유물자료의 교차 비교분석에서 고구려의 평양성과 한사군의 낙랑군은 같은 지역에 위치해 있었음을 확인할 수 있다. 또한 평양성과 위만조선의 왕검성은 동일하며, 평양성과 낙랑군의 위치는 지금의 요서지역이었음을 분석하였다. 평양성은 난하의 동쪽에 위치한 낙랑군 지역이며 서안평현과 인접해 있었는데, 위만조선의 왕검성이었던 평양성은 낙랑군 지역으로 서안평현과 인접해 있던 발해만 북부지역에 위치한 조양지역임을 밝혔다.

서한제국 '서이등'(序二等) 봉건정치체제에 대한 상세한 분석은 위만이 고조선으로 망명했던 요인과 서한제국의 외신(外臣)을 주장하면서도 고조선의 관료조직을 따랐던 까닭을 밝힐 수 있게 한다. 또한 위만이 망명과정에서 연나라 진개가 복속시킨 바 있는 고조선의 진번을 다시 복속시키며 세력을 확장해 나갔던 사실을 분석하여 위만조선의 위치가 난하 동부유역이었음을 밝힐 수 있다. 이러한 분석의 목적은 위만조선이 고조선의 뒤를 이은 나라가 아니었다는 사실을 밝히는 데 있다. 연나라 사람 위만은 진 통일과정에서 망명자들과 무리를 이루었고,《사기》〈조선열전〉의 내용대로 노관이 반란을 일으킨 시점에 난하 하류유역으로 망명하여 나라를 세운 후 이전에 진개가 복속시킨 바 있는 고조선의 진번을 다시 복속시키며 세력을 확장해 나갔던 것으로 추정된다. 이러한 일련의 과정으로부터 주목되는 것은 위만은 고조선을 대체한 세력이

아님을 알 수 있다는 것이다. 연왕 노관이 반란을 일으킨 시점은 고조
12년 2월이다. 이때 노관은 유방이 자제로 왕을 봉하고 있음을 인식하고
유방의 아들을 왕으로 추대하였다. 이런 노관이 유씨가 아닌 이성왕은
자신과 장사왕 오예 두 사람만 남았다며 여후가 유방이 죽기에 앞서 이
성왕과 대신들을 제거할 것이라며, 자신이 반란을 일으킨 까닭을 설명하
였다. 이러한 내용으로 보면 노관이 흉노로 망명한 연대가 서기전 195년
이므로 위만의 망명도 이 연대와 같거나 가까울 것으로 생각된다. 중요
한 것은 연왕 노관이 반란을 일으키고 흉노로 망명한 원인을 올바르게
규명하는 문제이다. 이 과정에서 위만이 난하유역의 고조선지역으로 망
명하게 되었기 때문이다. 즉 노관의 반란과 위만의 망명은 모두 서한제
국의 왕과 열후의 '서이등'봉건이 몰락하고 황제의 전제화가 시작되면
서 일으켜진 일들로 당시 서한 정치체제의 변화를 주목해야 한다.

　문헌자료와 고고학의 출토자료 등을 근거로 고조선 발식과 복식을
이웃 나라와 비교한 결과 위만이 패수를 건너 고조선 서부변경지역으로
망명할 때 고조선의 복식 차림새였을 가능성에 접근할 수 있다. 또한
위만이 위만조선을 세운 후 서한의 외신을 자처하면서도 서한의 정치체
제를 따르지 않았던 까닭을 서한의 '서이등'봉건정치체제 성격과 위만
조선 관료체제에서 분석해 보았다. 위만이 서한의 정치체제를 받아들이
지 않은 것은 서한제국에서 왕이 독립된 지위를 가지지 못했던 점이 가
장 큰 요인이었음을 알 수 있었다. 유방이 '초한지쟁'에서 항우에게 승
리하기 위하여 그들의 힘을 필요로 했던 강력한 왕들 대신 통치 경험이
나 능력이 절대 부족한 유방의 어린 아들들로 대체할 수 있었던 것도
바로 이런 왕의 지위 변화에서 가능했다고 할 수 있다. 그리고 유방이
어린 아들의 수만큼 왕으로 봉할 수 있었던 것과 문제(文帝)가 제나라
등 거대한 왕국을 군의 크기로 분봉을 할 수 있었던 기반도 바로 유방
의 황제 즉위 때 이미 완성되어 있었던 것이다. 따라서 이러한 서한제
국의 이름뿐인 왕의 지위는 위만이 서한의 외신을 자처하면서도 서한제
국의 정체체제를 받아들이지 않았던 요인이었다고 생각된다.

　문헌과 복식유물 등의 분석으로부터 조양지역의 서기 3세기부터 서기 4세기 중엽 이전까지 조성된 여러 무덤들의 국적이 고구려임을 재확인했다. 아울러 동천왕시기 천도한 도읍인 평양성은 지금의 요서지역인 난하의 동쪽에 위치한 조양지역임을 밝혔다. 이 지역에 고구려가 진출할 수 있었던 배경은 전한시대부터 서기 3세기경까지의 흉노와 오환 및 선비 등의 활약상과 요령성지역에 대한 진출상황에서 가능성을 확인할 수 있게 된다. 즉 흉노는 서기 3세기경까지 요령성 지역에 아직 진출하지 않았으며, 오환은 서기 3세기 초기 조양지역에서 멸망했다. 선비는 서기 180년경 단석괴(檀石槐)의 사망과 더불어 분열시대를 맞이해 삼국시대 초기에는 선비의 여러 부락 중에서 가비능(軻比能)이 가장 강성했지만 서기 235년 조위의 왕웅에게 살해되면서 결국 선비의 여러 부락은 흩어지거나 조위에 복속되고 만다. 그 후 3세기 중기부터 후기에 이르기까지 선비는 통일되지 않았고, 각 지역에는 소규모 부족이 산재하였을 뿐이다. 따라서 서기 약 3세기 초 지금의 요서지역인 고대의 요동지역에는 강성한 세력이 없었다고 하겠다. 이러한 상황은 고구려의 동천왕이 이 시기 요서지역에 진출할 수 있었던 좋은 배경이 되었다. 동천왕이 조양지역의 평양성으로 천도한 시기는 재위 21년인 서기 247년이다. 이후 동천왕이 서기 248년 사망하고 중천왕, 서천왕, 봉상왕, 미천왕이 뒤이어 계승하였고 고국원왕 12년에 수도를 환도산성으로 옮길 때까지 고구려의 수도는 평양성이었다. 고구려는 서기 247년에서 서기 342년까지 조양지역의 평양성에 약 75년 동안 머물렀던 것이다. 따라서 본문에서 다양한 복식유물과 벽화의 내용을 대상으로 분석한 서기 3세기에서 서기 4세기경에 속하는 조양과 부근지역의 왕자분산묘군 태M8713:1묘·십이대향전역 88M1묘·전초구묘·삼합성묘·방신촌묘·라마동묘 등의 국적은 고구려로 재검토되어야 마땅하다.

　미천왕은 서기 302년에 3만 명의 군사를 이끌고 현토군에 침입하여 8천 명을 사로잡아 평양으로 옮겼고, 서기 311년에는 장수를 보내 요동군의 서안평현을 침략해 이를 차지했으며, 서기 313년에는 낙랑군을 침략하여 남녀 2천여 명을 사로잡았다. 다음해에는 대방군에 쳐들어갔고, 이어 현토성을 격파하였다. 이러한 과정을 거쳐 미천왕시기 고구려는 지금의 난하 유역까지 고조선 옛 땅을 완전히 수복했다. 한사군의 낙랑군이 대동강유역에 있었던 것으로 잘못 인식하면 이 시기 고구려가 서쪽과 남쪽의 양쪽에서 전쟁을 했던 것으로 해석하게 된다. 당시 지금의 대동강유역의 평양지역에는 한사군의 낙랑군(郡)이 아니라 최리왕의 낙랑국(國)이 있었고, 한의 북쪽에는 대방군(郡)이 아니라 대방국(國)이 위치해 있었다. 최리왕의 낙랑국과 대방국은 서기 300년에 멸망하였으므로 이 시기에 평양 지역은 고구려의 영토였다. 고구려가 서로 다른 두 지역에서 동시에 일으켜지는 위험한 전쟁을 했을 리 없다. 앞에 나열한 고구려의 전쟁들은 지금의 요서지역에 서로 인접해 있었던 낙랑군, 현토군, 대방군, 요동군을 침략했던 것이며, 당시 고구려가 지금의 조양지역에 위치했던 평양성을 거점으로 했기 때문에 가능했던 일이라 여겨진다.

제4부에서는 고조선으로부터 이어지는 복식의 기본이 되는 복식재료와 양식의 특징들을 고찰하여 우리다운 문화적 정체성을 보여 주는 재료의 고유성과 양식적 독창성을 도식화했다. 한반도와 만주지역의 선사시대로부터 열국시대에 이르기까지의 복식재료와 양식, 기법 등에 관한 이웃 나라와의 비교 연구는 고조선과 이를 계승한 한민족 복식문화권에 관한 실증적 해석을 할 수 있는 좋은 방법이기 때문이다. 아울러 복식유물의 특징적 차이로부터 한국 고대사 체계의 중심에 있는 위만조선 및 한사군의 의미와 위치를 재해석할 수 있게 되었다. 이들은 중국의 정치세력들로 그 위치했던 지역에서는 중국의 특징적 복식유물이 나타거나 적어도 한민족 특징의 복식유물과 중국 복식유물이 혼합되어 나타나야 하기 때문이다. 또한 현행하는 한국 고대사 체계대로 기자의 후손인 준왕이 단군조선의 뒤를 이었다면 고조선 이후 한반도와 만주지역의 복식유물에는 중국복식의 특징이 나타나야만 할 것이다. 그런데 실제로 선사시대로부터 열국시대에 이르기까지 한반도와 만주의 대부분

지역에서는 한민족의 특징적인 복식유물들이 나타나고 있다. 단지 만주의 요서지역 유적에서 중국복식유물이 나타나거나 한민족 특성의 복식유물과 중국의 복식유물이 혼합되어 나타나 이 지역이 정치세력의 교체로 말미암아 복식의 성격에서 변화 양상을 보였던 것으로 추정된다.

한반도와 만주지역의 선사시대로부터 열국시대에 이르기까지의 복식양식과 재료적 특성연구로부터 그 지역 거주 민족의 정체를 올바르게 추적하고 문헌자료 해석의 문제점을 보완해 역사체계를 재해석해 보았다. 복식유물의 국적을 알게 되면, 해당 복식이 분포되어 있는 지역 주민들의 국적도 자연스레 확인할 수 있을 것이기 때문이다. 따라서 필자는 한반도와 만주지역에서 출토된 복식자료들을 분석하여 그 특징과 공통성을 확인하고 아울러 중국 및 북방지역의 복식자료와 비교하여 그 차이점을 밝혔다. 그리고 한반도와 만주지역에서 출토된 공통성을 지닌 복식유물의 분포범위를 근거로, 이들의 출토지를 각 내용별로 지도에 표기하여 고조선의 복식문화권을 확인했다. 그것은 동일한 복식물을 생산하고 사용했던 사람들은 동일한 정치체제를 갖는 하나의 국가에 속한 거주민들이었음을 보여 주기 때문이다. 이들에게 공통의 귀속의식이 없었다면 공통성을 지닌 복식문화를 만들어낼 수 없었을 것이다.

현재 통용되는 한국 고대사의 체계는 '단군조선 ― 준왕 ― 위만조선 ― 한사군 ― 열국시대'로 되어 있다. 기자가 고조선으로 망명 온 시기는 서기전 1100년경이었고, 위만이 망명 온 시기는 서기전 195년이었으며, 한사군의 낙랑군이 축출된 시기는 서기 313년이다. 이러한 한국 고대사 체계를 받아들인다면 우리 민족은 1,400여 년 동안 중국인의 지배를 받았다는 것이 된다. 기자의 고조선 통치를 인정하지 않고 위만조선으로부터 계산해도 500여 년 동안 중국의 지배를 받았던 것이 된다. 이것이 사실이라면 실제로 기자가 망명 온 서기전 1100년경부터 약 1400여년의 기간 동안 한반도와 만주지역에서 출토된 복식유물에 중국 복식의 성격이 나타나야만 한다. 그러나 실제로 고조선시기에 형성된 한민족 복식의 고유한 특징들은 열국시대로 그대로 이어지고, 단지 지금의 요서지역 복식유물에서 한민족 복식과 중국 복식의 특징들이 혼합되어 나타나고 있을 뿐이다.

복식재료 연구에서는 문헌에 보이는 기자에 관한 내용을 검토해 우리나라 양잠기술이 중국의 영향으로 이루어진 것이 아님과 기자가 망명했던 서기전 12세기경 당시 조선에서는 이미 누에를 치고 옷감 등을 짰다는 사실을 밝혔다. 아울러 한국 고대 사직물(누에천) 생산 수준이 당시의 중국보다 앞섰음을 서술했다. 또한 한사군의 낙랑군지역으로 추정된 평양지역 복식유물이 중국의 것이 아닌 한민족 특징의 복식유물임도 밝혔다. 따라서 이러한 실제 내용들은 고조선 붕괴 이후 평양을 중심으로 하는 지역에 중국의 정치세력이 존속했던 것으로 통용되는 한국 고대사 체계에 대한 재검토가 반드시 필요함을 말해 주고 있는 것이다. 고대 우리 민족은 동아시아 최초로 고조선이라는 국가를 세우고 붕괴이후 열국으로 분열되었지만, 여전히 한민족의 나라로 이어졌다. 기자조선, 위만조선, 한사군 등은 고조선의 서부 변경에서 일어난 사건으로 결코 한국사의 중심이 될 수 없는 것이다.

한반도와 만주지역에서는 고조선보다 앞선 신석기 이른 시기부터 고조선에 이르기까지 뼈와 가죽 등을 재료로 하여 동아시아에서 가장 이른 시기에 다양한 갑옷을 생산했다. 고조선은 건국 초기부터 뼈갑옷을 여러 지역에서 생산하여 붕괴될 때까지 줄곧 생산했으며 뼈갑편의 형태는 장방형을 특징으로 했다. 이와 달리 중국의 경우는 뼈로 만든 갑옷을 생산했다는 문헌기록이나 유물이 발견된 바 없다. 고조선의 가죽갑옷은 가죽갑편의 형태가 뼈갑편 형태와 같은 장방형 양식으로 만들어졌으며 고조선 붕괴 이후에도 계속 생산되었는데, 중국이 선호하는 귀중품이었다. 중국의 갑편은 고조선의 영향을 받았기 때문에 춘추전국시대에도 고조선 갑편의 특징인 장방형의 모습을 보인다. 이후 서한시대에 오면 이 같은 갑편은 이미 중국보다 앞서 생산된 고조선 철갑편 양식의 영향을 받아서 비교적 크기가 작은 장방형과 방원형 및 타원형을 띠게 된다. 중국은 무제시기에 와서 군대에서 철갑기병이 큰 비중을 차지했고 또한 찰갑편의 양식도 고조선의 것과 같이 비교적 세밀하게 발전했음을 알 수 있다. 이 시기는 고조선이 붕괴되어 가는 시기로서 이 같은 무제시기 군대 장비의 변화는 고조선을 붕괴시킨 한 요인이 되었을 것으로 생각된다. 무제는 위만조선을 쳐서 멸망시키고 그 지역에 낙랑·임둔·진번의 세 군을 설치한 후 여세를 몰아 고조선의 변경을 침략하여 그곳에 현토군을 설치했다. 이 과정에서 고조선은 중국과 큰 전쟁을 치르게 되었는데, 철갑기병이 없었던 무제 이전의 중국과의 전쟁과는 달리 그 피해가 매우 컸을 것으로 생각된다.

현재 통용되는 한국 고대사 체계는 준왕이 고조선의 마지막 왕으로 되어 있고 위만이 정변을 일으켜 준왕의 정권을 탈취하여 고조선이 멸망한 것으로 보고 있는 것이다. 그러나 《사기》〈조선열전〉에 보이는 준왕은 고조선의 왕이 아니라 기자의 41세 후손일 뿐이다. 〈조선열전〉의 기록은 고조선이 아니라 위만조선에 관한 것이다. 고조선이 붕괴되면서 열국이 독립하여 동부여 서기전 59년, 신라 서기전 57년, 고구려 서기전 37년으로는 각기 독립된 국가를 건국해 나갔기 때문에 이 시기를 고조선의 멸망시기로 볼 수 있을 것이다. 이 시기는 중국에서 무제의 뒤를 이어 선제와 원제가 즉위한 시기로 중국에서 철기가 매우 발달한 시기였다. 서한제국은 이전 시기와 달리 철기의 발달과 보급으로 경제력이 증강하고 갑옷과 무기가 발달하게 되었다. 이 시기 고조선은 서한과 세 차례에 걸친 큰 전쟁을 치르게 되었던 것이다. 가장 먼저는 서기전 3세기경의 고조선과 연나라의 조·연전쟁이다. 필자는 문헌과 고고학의 유물 분석으로부터 기자 일족은 지금의 난하 하류 동부유역에 위치한 객좌의 일부 지역인 산만자, 소파태구, 북동촌 등에 거주했음을 밝혔다. 기자의 일족이 거주했던 낙랑군 조선현은 바로 이 지역들을 포함한 지역이었다. 그리고 《위략》에서 진개가 빼앗았다는 2천 리는 동호 지역의 1천 리를 제외하면 고조선지역은 1천 리 정도를 빼앗겼다고 볼 수 있는데 이후 상당 부분 다시 수복되었다. 이 1천 리에 속하는 지역에 진번과 지역명칭으로서의 조선이 있었다.

두 번째의 전쟁은 고조선과 위만조선의 전쟁으로, 위만이 건국 이후 서한의 외신이 되어 서한의 지원을 받으면서 고조선에 속해 있던 진번과 임둔을 비롯하여 주변지역을 침탈하여 영토를 넓혀 위만조선과 충돌할 수밖에 없었다. 그러나 고조선은 위만조선의 침략을 모두 물리치지 못했다. 세 번째 전쟁은 위만이 서한의 외신으로서의 의무를 지키지 않고 동이족들의 천자 알현을 방해하였기 때문에 일으켜진 것이었다. 서한은 서기전 108년 위만조선을 멸망시키고 그 지역에 낙랑군, 진번군, 임둔군을 설치하고, 서기전 107년에 고조선의 서부지역을 침략하여 현토군을 설치하였다. 이러한 서기전 3세기경부터 서기전 2세기를 거쳐 서기전 107년경에 이르기까지 줄곧 이어진 서한과의 전쟁은 고조선의 국력이 크게 손실을 입게 된 까닭이며 결국 열국으로의 분열을 가져왔던 것이다.

필자는 비교연구를 통해 고구려 갑옷과 투구가 고조선 갑옷양식과 생산기법을 이어 이웃 나라와 다른 고유한 특징을 발달시켜 나갔던 사실을 밝히고, 이로부터 요서지역 출토 갑옷과 투구 등의 국적과 안악 3호 벽화고분 묘주의 국적문제를 새로이 밝혔다. 그동안 고구려 방어무기로서 중요한 역할을 한 갑옷과 투구 등에 관한 연구가 있었으나 고조선 갑옷과의 연관성 연구는 거의 이루지지 않았다. 고조선 갑옷에 대하여 분석된 여러 내용들을 토대로 하여 이를 계승하여 발전시킨 고구려 갑옷의 종류와 양식 및 기술적 특징을 밝히고 중국 및 북방지역의 것과 비교해 보았다. 고구려 갑옷이 이웃 나라의 갑옷보다 다양한 양식적 특성과 과학적 편리성을 보여 주는 것은, 고구려의 경우 중국보다 앞서 뼈갑옷·가죽갑옷·청동갑옷·철갑옷을 생산했던 고조선의 기술을 계승하여 이미 중국보다 앞선 생산기술을 갖고 있었기 때문이었을 것으로 생각된다. 고구려는 이러한 기술력을 바탕으로 고조선의 천하질서를 재건하기 위한 대외전쟁을 줄곧 치러 나가면서 독자적인 양식의 갑옷을 더욱 발전시켜 나갔다. 중국이나 북방지역의 갑옷과 달리 고구려의 갑옷은 그 찰의 양식이 매우 다양하다. 이 같은 찰들로 구성된 갑옷은 군대의 역할에 따라 다양하게 만들어졌다. 또한 고구려의 개마는 중국이나 북방지역보다 앞서 생산되었다. 서기 4세기 중엽에 속하는 고구려의 안악 3호 고분벽화에서 보이는 개마는 중국의 북조 초기 도용들에서 보이는 개마보다 그 연대가 훨씬 앞선 것이다. 그런데 안악 3호 고분벽화보다 앞선 서기 3세기경에 속하는 강원도 철령 유적에서 개마모형들이 출토되었다. 이 개마모형들은 고구려 개마가 보여 주는 모습을 모두 갖추고 있기 때문에, 고구려에서 개마의 출현 시기가 3세기 이전으로 올라갈 가능성을 추정하게 한다. 따라서 중국이나 북방지역의 개마는 고구려의 영향을 받았을 가능성이 매우 높을 것으로 추정되며, 고대 한국의 말갑옷이 북방지역이나 중국으로부터의 영향을 받았을 것이라는 견해는 수정되어야 할 것이다.

중국의 경우는 이와 달리 전국시대 말기부터 철갑을 생산하기는 했지만, 진제국시대에 와서도 주로 가죽갑편을 부분적으로 이용한 갑옷만을 생산했다. 서한 무제시기부터 흉노와의 전쟁으로 부분적인 갑옷에서 개갑으로 무장한 기병의 수가 크게 증가함에 따라 어린갑을 생산했지만, 여전히 가죽갑옷이 철갑옷보다 많이 사용되었다. 중국은 주철제조 기술도 서한시대에 와서야 비교적 발전하지만 그 수준은 여전히 고조선에 미치지 못했고 동한 중기에 이르러 제철 제강 기술이 비교적 발전하고 양진남북조시대에 와서야 고조선의 수준에 이른다. 양진남북조시대는 북방민족들의 영향으로 황하유역을 중심으로 호복이 성행하는 국면이 형성되었는데 이 같은 상황은 철갑의 양식에도 영향을 주게 되었다. 북방의 경우는 북위시대에 속하는 맥적산 맥찰 127굴 벽화에 보이는 갑옷과 말갑옷의 모습과 그리고 돈황 285굴 서위 벽화에 보이는 기병의 모습은 가죽갑옷에 철편을 드문드문 박아 넣거나 매우 큰 철편을 연결한 형태를 보여 준다. 또한 서방의 영향을 받은 것으로 여겨지는 서기 6세기~7세기에 속하는 명옥 유적에서 출토된 무사상은 그리스 무사들의 모습과 비슷하다. 서기 7세기 중엽에 속하는 고창지역의 아사탑나무덤에서 개갑을 입은 무사용이 출토되었는데 긴 겉옷 양식의 갑옷으로 만들어져 철갑이 아닌 가죽갑옷이었을 것으로 여겨진다. 이처럼 북방지역의 갑옷들은 고구려 갑옷과는 그 찰갑의 재료와 양식 및 투구 등에서 확연히 차이를 가진다. 고구려의 갑옷은 중국이나 북방지역의 것 또는 북방지역의 영향을 받은 중국의 갑옷과는 다른 모습으로, 동부여 등의 갑옷과 마찬가지로 고조선 갑옷의 특징을 계승하여 독자적으로 발전시켰던 것임을 알 수 있다.

백제 왕실은 부여계로 동부여와 마찬가지로 고조선 갑옷의 생산양식을 계승하여 다양한 양식과 기법의 갑옷을 지속적으로 발전시켜 나갔다. 중국의 개마 생산력 수준과 달리 백제는 고구려와 마찬가지로 군대에서 개마가 차지하는 비중이 매우 컸으며, 이처럼 우월한 장비를 갖춘 기마병은 백제의 중국 진출에 크게 도움이 되었다고 여겨진다. 백제가 생산한 갑옷의 종류는 명광개·철갑·금갑·금휴개·문개 등으로 매우 다양하다. 신라는 서기전 57년에 한의 동부지역인 진한지역에서 건국되었고, 가야는 서기 42년에 한의 동남지역인 변한지역으로 지금의 김해에서 건국되었으므로 신라와 가야는 모두 한의 사회수준을 계승한 나라였다고 하겠다. 한은 고조선을 계승한 나라 가운데 하나로서 상당히 발달한 국가단계의 사회였다. 고조선이 국가단계의 사회였으므로 고조선에 속해 있던 한도 마찬가지인 것이다. 그러므로 한에서 건국한 신라와 가야는 건국 당시 이미 발달한 국가사회였다고 하겠다. 진한지역에서 철이 많이 생산되어 마한을 비롯하여 예·왜·낙랑군과 대방군과의 무역이 활발했음을 알려준다. 또한 모든 무역에서 철을 화폐로 사용했다고 하여 철의 생산이 매우 풍부했음을 말해 준다. 한반도 남부 여러 유적들에서는 철기와 함께 화폐로 사용되었을 것으로 보는 철정이 많이 출토되어 이러한 사실을 알 수 있다. 이처럼 풍부한 철의 생산은 갑옷과 무기생산에서도 다양한 양식으로 많은 양을 생산해 나갈 수 있게 하였을 것이다. 그 결과 한은 풍부한 경제력을 바탕으로 중국에 사신을 보내 정치적 왕래를 활발히 했다. 뿐만 아니라 한은 일본열도와도 교류가 활발했다. 일본열도의 야요이문화는 서기전 3세기경에서 3세기까지 약

600여 년 동안 지속되었는데 그 문화의 주요소들은 한반도에서 건너간 문화의 특징들이었다.

가야와 신라의 갑옷은 제작양식과 기법에서 고조선의 갑옷 생산방식을 계승했고 이후 일본 초기 갑옷 생산에 크게 영향을 주어, 서기 4세기와 5세기경에 만들어진 일본의 갑옷류는 모두 한반도의 것과 같은 모습을 지니게 되었다. 이에 대하여 일본학자들은 일본 갑옷생산이 도래한 중국 공인의 제작기술을 응용하거나 이들과 한반도 남부에서 온 기술자들의 교류에 의해서였을 것이라는 견해를 갖기도 한다. 또한 일본의 공인과 조선과 중국에서 도래한 공인조직에 의하여 모두 일본에서 만들어졌을 것이라는 견해를 제기한다. 더구나 연산동과 상백리 출토 갑옷과 투구를 일본의 것으로 단정하여 일본의 한반도 남부경영을 방증하는 자료로 삼기도 한다. 게다가 중국학자들은 서기 4세기~서기 5세기 일본의 갑옷 생산이 중국의 영향을 받은 한반도의 기술을 이은 것이라고 주장하고 있다. 고구려 갑옷의 다양한 양식과 생산기법은 북방지역의 것 또는 북방지역의 영향을 받은 중국의 갑옷과 다른 모습으로, 부여 등 열국의 갑옷과 마찬가지로 고조선 갑옷의 특징을 고스란히 계승했던 것이다. 또한 고구려 말갑옷 생산시기가 중국이나 북방지역보다 적어도 2세기 정도 앞섰다는 점 등은, 일본의 고분에서 출토된 갑옷과 투구들이 신라와 가야로부터의 수입품이거나 한민족에 의해서 만들어진 것으로 해석하게 하는 좋은 증거가 된다.

지금까지 우리 역사연구에서 중국학자들의 발굴보고서와 연구내용이 분석과 비판 없이 그대로 받아들여지는 경우가 많아 고구려 유적들의 국적은 물론 유물들이 제자리를 찾아가지 못했다. 그 결과 한반도지역의 갑옷과 관련된 연구도 중국이나 북방문화의 영향으로 이루어졌다는 인식이 크다. 그러나 고구려 갑옷과 주변국의 비교연구를 통해 다음과 같은 중요한 사실들을 알 수 있다. 한반도와 만주 지역에 보이는 갑옷재료와 갑옷양식에서 동질성이 확인되었다. 이러한 동질성은 신석기시대로부터 이어지는 고조선 지역의 토착문화로 중국이나 북방지역의 갑옷 재료 및 양식과 구별된다. 따라서 갑옷만을 주목하더라도 고조선의 갑옷양식과 그 전통을 이어받은 고구려의 갑옷양식들은 고대 한민족에 의한 자생적 토착문화로서 자리매김될 수 있을 것이다. 또한 고조선은 뼈갑옷·가죽갑옷·청동갑옷·철갑옷을 동아시아에서 가장 먼저 독자적으로 생산한 나라일 뿐 아니라, 중국 갑옷에 영향을 준 나라이다. 고구려의 갑옷과 말갑옷은 이러한 고조선 갑옷양식을 계승하여 매우 특징적으로 발전했으며 같은 시기의 중국이나 북방지역의 갑옷보다 훨씬 우수하였다. 따라서 중국과 북방지역은 물론 일본의 갑옷 생산에 크게 영향을 주었다. 한 마디로 고대 갑옷은 모두 고조선과 고구려문화에서 확산된 것이라 해도 지나치지 않다. 이상의 고찰로서 열국시대의 갑옷은 고조선의 갑옷을 계승하여 나라마다 다소 특징적으로 발전했으며, 같은 시기의 중국이나 북방지역의 갑옷보다 훨씬 우수했음을 확인했다. 열국시대 동부여·고구려·백제·신라·가야 등의 대외 활동은 이 같은 주변국보다 뛰어난 무구와 무력의 우월성이 기반이 되었을 것으로 생각되며, 고조선문명권의 범주는 갑옷과 말갑옷 양식 및 생산기법에서도 한반도와 만주 전 지역은 물론 일본열도에 이르기까지 명확한 분포양상을 나타내고 있다.

지금까지 길게 이어진 이웃 나라와의 비교를 통한 고조선 복식의 특성연구가 한민족문화의 정체성을 밝히고, 복식양식과 복식재료의 고유성에 관한 분포연구는 고조선강역과 고조선문명권의 지리적 경계를 파악하는 데까지 이르게 하였다. 고조선강역을 밝히는 작업도 긴요하지만, 고조선문명권 설정은 앞으로 다른 분야연구와 관련하여 학제적 연구로 이어져야 할 절실한 과제라고 생각된다.

참고문헌

1. 기본 사료

(1) 문헌자료

《嘉禮都監儀軌》《管子》《格致鏡原》《癸巳類稿》《古今注》《高麗史》《高麗史節要》《古事記》《括地志》《舊唐書》《國語》《今本竹書紀年》《南史》《南齊書》《論衡》《唐會要》《大東野乘》《大明一統志》《大載禮記》《東京通志》《東觀漢記》《東明王編》《東史綱目》《梁書》《論語》《孟子》《文獻通考》《渤海國志長編》《方言》《本草綱目》《北史》《北齊書》《史記》《史記索隱》《史記正義》《史記集解》《山海經》《三國史記》《三國遺事》《三國志》《尙書》《檜經》《西漢會要》《釋名》《宣和奉使高麗圖經》《說文解字》《星湖僿說》《續日本紀》《宋書》《水經注》《隋書》《詩經》《新唐書》《新增東國輿地勝覽》《呂氏春秋》《演繁露》《鹽鐵論》《魏略》《魏書》《爾雅》《日本書紀》《一切經音義》《逸周書》《資治通鑑》《潛夫論》《戰國策》《齊民要術》《諸蕃志》《帝王韻紀》《朝鮮王朝實錄》《周禮》《周書》《竹書紀年》《晉書》《秦會要》《冊府元龜》《天工開物》《春秋左傳》《太平御覽》《通典》《風俗通儀》《漢官六種》《韓非子》《漢書》《漢書新證》《翰苑》《淮南子》《後漢書》

(2) 고고학자료

고고학 및 민속학연구소, 《강계시공귀리 원시유적 발굴보고》-유적발굴보고 제6집, 사회과학원출판사, 1959.

고고학 및 민속학연구소, 《나진초도 원시유적 발굴보고서》-유적발굴보고 제1집, 사회과학원출판사, 1956.

고고학 및 민속학연구소, 《회령오동 원시유적 발굴보고》-유적발굴보고 제7집, 사회과학원출판사, 1960.

고고학 및 민속학연구소, 《궁산리 원시유적 발굴보고》-유적발굴보고 제2집, 사회과학원출판사, 1957.

고고학연구소, 〈상원 검은모루유적 발굴중간보고〉, 《고고민속론문집》 제1집, 사회과학원출판사, 1969,

고고학연구소, 〈서포항 원시유적 발굴보고〉, 《고고민속론문집》 제4집, 사회과학원출판사, 1972.

〈廣開土王陵碑文〉

고동순, 〈양양 오산리유적 발굴조사 개보〉, 《韓國新石器研究》 제13호, 한국신석기학회, 2007.

국립경주박물관, 《국립경주박물관》, 통천문화사, 1995.

국립광주박물관, 《국립광주박물관》, 통천문화사, 1994.

국립김해박물관, 《국립김해박물관》, 통천문화사, 1998.

국립문화재연구소, 《고성문암리유적》, 국립문화재연구소, 2004.

국립문화재연구소, 《풍납토성》Ⅰ, 국립문화재연구소, 2001.

國立夫餘文化財硏究所, 《綾山里百濟古墳發掘調査報告書》, 국립부여문화재연구소, 1988.

국립중앙박물관, 《국립중앙박물관》, 통천문화사, 1991.

국립중앙박물관, 《암사동》, 국립박물관 고적조사보고 제26책, 국립중앙박물관, 1994.

국사편찬위원회소장, 《慶州 栗栗寺 石幢記》.

金東鎬, 〈咸陽上栢里古墳群發掘調査報告〉, 《東亞大學校博物館 1972年度古蹟調査報告》, 1972.

金榮來, 〈南原·月山里古墳發掘調査報告〉, 원광대학교 마한·백제문화연구소, 1983.

金元龍, 〈廣州渼沙里 櫛文土器遺蹟〉, 《歷史學報》 14, 역사학회, 1961.

金鐘徹, 《高靈池山洞古墳群》, 계명대학교박물관 학술조사보고 제1집, 고령군, 1981.

김용간, 〈금탄리 원시 유적 발굴 보고〉, 《유적발굴보고》 제10집, 사회과학원출판사, 1964.

김재원·윤무병, 《義城 塔里 古墳》, 국립박물관, 1962.

도유호, 〈조선의 구석기시대 문화인 굴포문화에 관하여〉, 《고고 민속》, 1964년 2호, 사회
    과학원출판사, 1964.

도유호·황기덕, 〈지탑리 유적 발굴 중간보고〉 1, 《문화유산》 5, 사회과학원출판사, 1957.

리순진, 〈신암리 유적 발굴 중간 보고〉, 《고고민속》, 사회과학원출판사, 1965년 2호.

리순진·김재용, 《락랑구역일대의 고분발굴보고》, 사회과학출판사, 백산자료원, 2002.

문화재관리국 문화재연구소, 《黃南大塚》 경주시 황남동 제98호 고분 북분발굴조사보고
    서, 문화재관리국, 1985.

문화재관리국, 《武寧王陵 발굴조사보고서》, 문화공보부 문화재관리국, 1973.

문화재관리국, 《天馬塚發掘調査報告書》, 문화재관리국, 1974.

朴玧貞, 〈高城文岩里 先史遺蹟 發掘調査〉, 《韓國新石器硏究》 제5호, 한국신석기학회, 2003.

백홍기, 《양양군 가평리 주거지 발굴조사보고》 Ⅰ, 강릉대학교박물관, 1984.

北濟州郡·濟州大學校博物館, 《濟州高山里遺蹟》, 제주대학교박물관, 1998.

사회과학원 고고학연구소 전야고고대, 〈나무곽무덤 – 정백동 37호무덤〉, 《고고학자료집》
    제5집, 과학·백과사전출판사, 1978.

서울대학교박물관, 《서울대학교박물관 발굴 유물 도록》, 서울대학교박물관, 1977.

석광준, 〈오덕리 고인돌 발굴 보고〉, 《고고학 자료집》 4집, 사회과학출판사, 1974.

성환문화원, 〈天安 埋藏文化財 關聯 資料集〉, 《鄕土文化》 제13집, 성환문화원, 1997.

역사편집부, 《궁산원시유적발굴보고》, 과학·백과사전출판사, 1983.

李南奭·李勳·李賢淑, 《白石洞遺蹟》, 공주대학교박물관·충청남도 천안시, 1998

李隆助·禹鐘允 編著, 《선사유적발굴도록》, 충북대학교박물관, 1998.

이융조·우종윤 편저, 《중원지역의 구석기유적》, 충북대학교박물관, 2005.

李仁淑·金奎相, 《坡州 舟月里 遺蹟》–京畿道博物館 遺蹟調査報告 第1冊, 京畿道博物館, 1999.

李亨求, 《晉州 大坪里 玉房 5地區 先史遺蹟》, 선문대학교·경상남도, 2001.

李浩官·趙由典, 〈楊平郡兩水里支石墓發掘報告〉, 《八堂·昭陽댐水沒地區遺蹟發掘綜合調査報
    告》, 문화재관리국, 1974.

任孝宰·權鶴洙, 《鰲山里遺蹟》–서울대학교박물관 고고인류학총간 9책, 서울대학교박물관, 1984.

任孝宰·李俊貞, 《鰲山里遺蹟》 Ⅲ, 서울대학교박물관, 1988.

장호수 엮음, 〈범의구석유적 청동기시대층(2~4기)〉, 《북한의 선사고고학》 3–청동기시
    대와 문화, 백산문화, 1992.

장호수 엮음, 〈서포항유적 청동기문화층〉, 《북한의 선사고고학》 3-청동기시대와 문화, 백산문화, 1992.

장호수 엮음, 〈청동기시대 짐승〉, 《북한의 선사고고학》 3-청동기시대와 문화, 백산문화, 1992.

제주도·제주대학교박물관, 《濟州高山里遺蹟-고산리유적 성격규명을 위한 학술조사보고서》, 2003.

조선유적유물도감편찬위원회, 《조선유적유물도감》 1-원시편, 조선유적유물도감편찬위원회, 1988.

조선유적유물도감편찬위원회, 《조선유적유물도감》 2-고조선·부여·진국편, 조선유적유물도감편찬위원회, 1989.

조선화보사, 《高句麗古墳壁畵》, 조선화보사출판부, 1985.

조중공동고고학발굴대, 《중국 동북지방의 유적발굴보고》, 사회과학원출판사, 1966.

崔盛洛, 《靈巖 長川里 住居址》 2, 목포대학박물관, 1986.

崔秉鉉, 《皇南大塚-北墳發掘調査報告書》, 文化財管理局 文化財研究所, 1975.

한국고대사회연구소 編, 《韓國古代金石文》 제1권, 가락국사적개발연구원, 1992.

한국문화재보호재단, 《문화유적발굴도록》, 한국문화재보호재단, 1993.

한남대학교박물관, 《옥천 대천리유적 발굴조사》 현장설명회자료집, 2000.

許興植 編, 《韓國金石全文》 中世下, 아세아문화사, 1984.

황기덕, 〈무산범의구석유적 발굴보고〉, 《고고민속론문집》 제6집, 사회과학원출판사, 1975.

《泉男産 墓誌銘》.

吉林省文物考古研究所, 〈吉林白城靶山墓地發掘簡報〉, 《中國考古集成》 東北卷 新石器時代(二), 北京出版社, 1997.

喀左縣文化館·朝陽地區博物館·遼寧省博物館, 〈遼寧省喀左縣山灣子出土商周靑銅器〉, 《文物》 1977年 第12期.

郭大順·張克擧, 〈遼寧省喀左縣東山嘴紅山文化建築群址發掘簡報〉, 《文物》 1984年 11期.

國家文物局古文獻研究室·新疆維吾爾自治區博物館·武漢大學歷史系, 《吐魯番出土文書》 第一冊, 文物出版社, 1981.

吉林省文物考古研究所·集安市博物館, 《集安高句麗王陵-1990~2003年 集安高句麗王陵調査報告》, 文物出版社, 2004.

吉林省博物館·永吉縣文化館, 〈吉林永吉星星哨石棺墓第三次發掘〉, 《考古學集刊》 3, 中國社會科學出版社, 1983.

吉林地區考古短訓班, 〈吉林猴石山遺址發掘簡報〉, 《考古》 1980年 第2期.

董學增, 〈關于我國東北系'觸角式'劍的探討〉, 《中國考古集成》 東北卷 靑銅時代(一), 北京出版社, 1992.

佟柱臣, 〈赤峰東八石城址勘查記〉, 《考古通訊》 1957年 第6期.

文物編輯委員會, 《文物考古工作三十年》, 文物出版社, 1979.

孫守道, 〈'匈奴西岔溝文化'古墓群的發現〉, 《文物》 1960年 第8·9期.

睡虎地秦墓竹簡整理小組, 《睡虎地秦墓竹簡》, 文物出版社, 1978.

新疆維吾爾自治區博物館, 〈新疆民豊縣北大沙漠中古遺址墓葬區東漢合葬墓淸理簡報〉, 《文物》 1960年 第6期.

沈陽古宮博物館·沈陽市文物管理辨公室, 〈沈陽鄭家洼子的兩座靑銅時代墓葬〉, 《考古學報》

1975年 第1期.

沈陽新樂遺址博物館·沈陽市文物管理辦公室, 〈遼寧沈陽新樂遺址搶救淸理發掘簡報〉, 《中國考古集成》 東北卷 新石器時(二), 北京出版社, 1997.

沈陽市文物管理辦公室, 〈沈陽新樂遺址試掘報告〉, 《中國考古集成》 東北卷 新石器時(二), 北京出版社, 1997.

邵國田, 〈敖漢旗鐵匠溝戰國墓地調査簡報〉, 《中國考古集成》 東北卷 靑銅時代(一), 北京出版社, 1997.

楊虎, 〈內蒙古敖漢旗興隆洼遺址發掘簡報〉, 《考古》 1985年 第10期.

熱河省博物館籌備組, 〈熱河凌源縣海島營子村發現的古代靑銅器〉, 《文物參考資料》 1955年 第8期.

王增新, 〈遼寧撫順市蓮花堡遺址發掘簡報〉, 《考古》 1964年 第6期.

遼寧省文物考古硏究所, 《牛河梁−紅山文化遺址發掘報告(1983−2003年度)》, 2012, 文物出版社.

遼寧省文物干部培訓班, 〈遼寧北票縣豊下遺址1972年春發掘報告〉, 《考古》 1976年 第3期.

遼寧省文物調査訓練班, 〈1979年朝陽地區文物調査發掘的主要收獲〉, 《遼寧文物》 1989年 第1期.

遼寧省文物考古硏究所·朝陽市博物館, 〈朝陽十二台鄕磚歷88M1發掘簡報〉, 《文物》, 1977年 第11期.

遼寧省博物館·昭烏達盟文物工作站·赤峰縣文化館, 〈內蒙古赤峰縣四分地東山嘴遺址試掘簡報〉, 《中國考古集成》 東北卷 新石器時代(一), 北京出版社, 1997.

劉振華, 〈吉林省原始文化中的幾種新石器時代遺存〉, 《中國考古集成》 東北卷 新石器時代(二), 北京出版社, 1997.

劉謙, 〈錦州山河營子遺址發掘報告〉, 《中國考古集成》 東北卷 新石器時代(二), 北京出版社, 1997.

李恭篤, 〈本溪發現多處洞穴墓地域遺址〉, 《中國文物報》 1988年 12月 9日 3版.

田廣金, 〈近年來內蒙古地區的匈奴考古〉, 《考古學報》 1983年 第1期.

浙江省文管會·浙江省博物館, 〈河姆渡發現原始社會重要遺址〉, 《文物》 1976年 第8期.

中國科學院考古硏究所, 《新中國的考古收獲》, 文物出版社, 1962.

中國科學院考古硏究所內蒙古工作隊, 〈寧城南山根遺址發掘報告〉, 《考古學報》 1975年 第1期.

中國社會科學院考古硏究所 編著, 《中國田野考古報告集 考古學專刊 第48號 大甸子》, 科學出版社, 1996.

中國科學院考古硏究所內蒙古工作隊, 〈赤峰葯王廟, 夏家店遺址試掘報告〉, 《中國考古集成》 東北卷 靑銅時代(一), 北京出版社, 1997.

中國社會科學院考古硏究所, 《新中國的考古發現和硏究》, 文物出版社, 1984.

中國社會科學院考古硏究所, 《中國考古學中碳14年代數據集》, 文物出版社, 1983.

中國社會科學院考古硏究所內蒙古工作隊, 〈內蒙古敖漢旗興隆洼遺址發掘簡報〉, 《考古》 1985年 第10期.

中國社會科學院考古硏究所東北工作隊, 〈內蒙古寧城縣南山根102號石棺墓〉, 《考古》 1981年 第4期.

中國社會科學院考古硏究所實驗室, 〈放射性碳素測定年代報告(一五)〉, 《考古》 1988年 第7期.

陳大爲, 〈遼寧北票房身村晋墓發現簡報〉, 《考古》, 1960年 1期.

許玉林·傅仁義·王傅昔, 〈遼寧東溝縣后洼遺址發掘槪要〉, 《中國考古集成》 東北卷 新石器時代(二), 北京出版社, 1997.

網干善敎, 《五條猫塚古墳》, 奈良縣史跡名勝天然記念物調査報告, 1962.

關野貞 等, 《樂浪郡時代の遺蹟》−古蹟調査特別報告 第4冊, 朝鮮總督府, 昭和 2年(1927年).

關野貞, 〈平壤附近に於ける樂浪時代の墳墓 一〉, 《古蹟調查特別報告》 第一冊, 朝鮮總督府,
　　大正 11年(1922年).

駒井和愛, 《樂浪》, 中央公論社, 昭和 47(1972).

奈良國立博物館, 《正倉院展圖錄》, 昭和 53年(1975年).

奈良國立博物館, 《正倉院展圖錄》, 1994.

東京國立博物館, 《日本古美術展 圖錄》, 1964.

東京國立博物館, 《黃河文明展 圖錄》, 1986.

東京國立博物館, 《高松塚などからの新發見の考古品 圖錄》, 1977.

東京國立博物館·京都國立博物館·朝日新聞社, *Central Asian Art from the Museum of
　　Indian ART, Berlin, SMPK*, 朝日新聞社, 1991.

東京國立博物館·日本中國文化交流協會·日本經濟新聞社, 《曾侯乙墓 特別展 圖錄》, 1992.

東京帝國大學文學部, 《樂浪》, 刀江書院, 昭和 5(1930).

馬場是一郎·小川敬吉, 〈梁山夫婦塚と其遺物〉, 《古蹟調查特別報告》 第5冊, 朝鮮總督府, 1926.

梅原末治, 〈慶州金鈴塚飾履塚發掘調查報告〉, 《大正十三年度古蹟調查報告》 第1冊, 朝鮮總督
　　府, 1924.

濱田耕作·梅原末治, 〈慶州金冠塚と其遺寶〉, 《古蹟調查特別報告》 第3冊, 朝鮮總督府, 1924.

西田弘·鈴木博司·金關恕, 〈新開古墳〉, 滋賀縣史跡調查報告 第12冊, 1961.

水野清一, 〈滿洲舊石器時代の骨角器資料〉, 《人類學雜誌》 48-12, 1933.

小場恒吉·榧本龜次郎, 《樂浪王光墓》, 朝鮮古蹟研究會, 昭和 10年(1935年).

有光敎一, 〈皇吾里第54號墳甲塚〉, 《古蹟調查槪報 慶州古墳昭和八年》, 1934.

日本經濟新聞社, 《中華人民共和國古代靑銅器展 圖錄》, 1976.

直良信夫, 〈朝鮮 潼關鎭 發掘 舊石器時代の遺物〉, 《滿蒙學術調查研究報告》 6-3, 1940.

齋藤忠, 〈慶州皇南里第109號墳皇吾里第14號墳調查報告〉, 《昭和九年度古蹟調查報告》 1, 1937.

朝鮮古蹟研究會, 〈慶尙北道 達成郡 遠西面 古蹟調查報告〉, 《1923年度古蹟調查報告》 第1冊,
　　1923.

朝鮮總督府, 〈慶州金冠塚と其遺寶〉, 《古蹟調查特別報告》 第3冊, 似玉堂, 1924.

朝日新聞社, 《大英圖書館收藏 敦煌·樓蘭古文書展 圖錄》, 1983.

樋口隆康·岡崎敬·宮川徙, 〈和泉國七觀古蹟調查報告〉, 《古代學研究》 27, 1961.

河北新報社·日本對外文化協會, 《河北新報創刊85周年·十字屋仙台店開店10周年記念草原の
　　シルクロード展 圖錄》, 1982.

布目順郎, 《絹と布の考古學》, 雄山閣, 1988.

2. 저서

기수연, 《후한서 동이열전연구—삼국지 동이전과의 비교를 중심으로》, 백산자료원, 2005.

김기흥, 《삼국 및 통일신라 세제의 연구》, 역사비평사, 1994.

金東旭, 《百濟의 服飾》, 백제문화개발연구원, 1985.

金東旭, 《增補 韓國服飾史研究》, 아세아문화사, 1979.

金東旭, 《新羅의 服飾》, 신라문화선양회, 1979.

김병모, 《금관의 비밀》, 푸른역사, 1998.

김석형, 《초기조일관계사》 하, 사회과학원출판사, 1988.

김열규, 《한국 고대문화와 인접문화와의 관계》, 정화인쇄문화사, 1981.

김용준, 《고구려 고분벽화 연구》, 사회과학원출판사, 1958.

김원룡, 《한국미술사》, 범문사, 1968.

金元龍, 《韓國壁畵古墳》, 일지사, 1983.

金元龍, 《韓國考古學硏究》 제3판, 일지사, 1992.

金元龍, 《韓國美術全集》 I－原始美術, 동화출판공사, 1973.

金元龍·崔茂藏·鄭永和, 《韓國舊石器文化硏究》, 한국정신문화연구원, 1981.

金貞培, 《韓國民族文化의 起源》, 고려대학교출판부, 1973.

金哲埈, 《韓國古代社會硏究》, 지식산업사, 1976.

金哲埈, 《韓國古代史硏究》, 서울대학교 출판부, 1990.

金泰植, 《伽倻聯盟史》, 일조각, 1993.

高福男, 《韓國傳統服飾史硏究》, 일조각, 1991.

노태돈, 《단군과 고조선사》, 사계절, 2000.

도유호, 《조선 원시 고고학》, 백산자료원 영인본, 1994.

단군학회 엮음, 《남북 학자들이 함께 쓴 단군과 고조선 연구》, 지식산업사, 2005.

리순진·장주협, 《고조선문제연구》, 평양, 1973.

리순진·장주협 편집, 《고조선문제 연구》, 사회과학원출판사, 1973.

리지린, 《고조선연구》, 과학원출판사, 1963.

리지린, 《고조선 연구》, 학우서방, 1964.

리태영, 《조선광업사》, 공업종합출판사, 1991.

무함마드 깐수, 《新羅 西域交流史》, 단국대학교출판부, 1992.

문화관광부, 《고대에도 한류가 있었다》, 지식산업사, 2007.

민길자, 《세계의 직물》, 한림원, 1998.

朴南守, 《新羅手工業史》, 신서원, 1996.

박선미, 《고조선과 동북아의 고대화폐》, 학연문화사, 2009.

박선희, 《한국고대복식-그 원형과 정체》, 지식산업사, 2002.

박선희, 《우리금관의 역사를 밝힌다》, 지식산업사,

박선희, 《고조선 복식문화의 발견》, 지식산업사, 2011.

박선희, 《고구려 금관의 정치사》, 경인문화사, 2015.

朴一錄, 《韓國 絹의 文化史的 硏究》, 원광대학교출판국, 1997.

박진욱, 《조선고고학전서》-고대편, 과학·백과사전종합출판사, 1997.

朴眞奭·姜孟山 외 공저, 《中國境內 高句麗遺蹟硏究》, 예하출판주식회사, 1991.

박진석·강맹산, 《고구려 유적과 유물연구》, 동북조선민족교육출판사, 1999.

복기대, 《요서지역의 청동기시대 문화연구》, 백산자료원, 2002.

복기대 외, 《고구려의 평양과 그 여운》, 주류성, 2017.

복기대 외, 《4~5세기 동북아시아 고구려계 벽화고분의 이해》, 주류성, 2017.

백종오, 《고구려와 중원문화》, 주류성, 2014.

백종오, 《고구려 기와의 성립과 왕권》, 주류성, 2006.

백종오, 《고구려 남진정책 연구》, 서경문화사, 2004.

백홍기·지현병, 《강원영동지방의 선사문화연구》, 문화재연구소·강릉대박물관, 1991.

百濟文化硏究院, 《古墳과 窯址》, 1997.

사회과학원고고학연구소, 《고조선문제연구론문집》, 사회과학원출판사, 1977.

사회과학원고고학연구소,《조선고고학개요》, 과학·백과사전출판사, 1977.

사회과학원력사연구소,《조선고대사》, 과학·백과사전출판사, 1979.

사회과학원력사연구소,《조선문화사》, 과학·백과사전출판사, 1988.

사회과학원력사연구소,《고조선사·부여사·구려사·진국사》, 과학·백과사전출판사, 1991.

사회과학원력사연구소,《백제·전기 신라 및 가야사》, 과학·백과사전출판사, 1991.

사회과학원력사연구소,《조선전사》 1 – 원시편, 과학·백과사전출판사, 1979.

사회과학원력사연구소,《조선전사》 2 – 고대편, 과학·백과사전출판사, 1979.

사회과학원력사연구소,《고구려사》, 과학·백과사전출판사, 1991.

사회과학원력사연구소 고고학연구소,《원시사》, 과학·백과사전출판사, 1997.

석광준,《각지 고인돌 무덤조사 발굴보고》, 백산자료원, 2002.

孫寶基,〈石莊里의 後期 舊石器時代 집자리〉,《韓國史硏究》 9, 1973.

손보기,《구석기유적》–한국·만주, 한국선사문화연구소, 1990.

신라천년의 역사와 문화 편찬위원회,《마립간 시기 I》 02 자료집, 경상북도문화재연구원,
        2016.

신숙정,《우리나라 남해안지방의 신석기문화연구》, 학연문화사, 1994.

신용하,《韓國民族의 形成과 民族社會學》, 지식산업사, 2001.

신용하,《增補 申采浩의 社會思想硏究》, 나남출판, 2003,

愼鏞廈,《韓國 原民族 形成과 歷史的 傳統》, 나남출판, 2005.

신용하,《古朝鮮 國家形成의 社會史》, 지식산업사, 2010.

신용하,《한국민족의 기원과 형성연구》, 서울대학교출판문화원, 2017.

申瀅植,《高句麗史》, 이화여자대학교출판부, 2003.

申瀅植,《百濟史》, 이화여자대학교출판부, 1992.

申瀅植,《新羅史》, 이화여자대학교출판부, 1985.

申采浩,《朝鮮上古史》, 丹齋 申采浩全集 上, 丹齋 申采浩先生記念事業會, 1978.

申采浩,《朝鮮上古史》, 인물연구소, 1982.

申采浩,《韓國史硏究草》, 乙酉文化社, 1987.

손영종,《고구려사》 1, 과학백과사전출판사, 1990.

손영종,《고구려사》 2, 과학·백과사전출판사, 1997.

손영종,《고구려사》 3, 과학·백과사전출판사, 1999.

宋桂鉉·金舜圭,〈古代의 軍服飾〉,《韓國의 軍服飾發達史》 1, 국방군사연구소, 1997.

심연옥,《중국의 역대직물》, 한림원, 1998.

심연옥,《한국직물문양이천년》, 삼화인쇄출판사, 2006.

심연옥,《한국 직물 오천년》, 고대직물연구소, 2002.

유 엠 부찐 저, 이항제·이병두 역,《고조선》, 소나무, 1990.

柳喜卿,《한국 복식사 연구》, 이화여자대학교출판부, 1980.

尹乃鉉,《商王朝史의 硏究》, 경인문화사, 1978.

尹乃鉉,《中國의 原始時代》, 단국대학교 출판부, 1982.

尹乃鉉,《商周史》, 민음사, 1984.

尹乃鉉,《韓國古代史新論》, 일지사, 1986.

尹乃鉉,《윤내현교수의 한국고대사》, 삼광출판사, 1989.

尹乃鉉·朴成壽·李炫熙,《새로운 한국사》, 삼광출판사, 1989.

윤내현,《고조선연구》, 일지사, 1994.

윤내현, 《한국열국사연구》, 지식산업사, 1998.

윤내현·박선희·하문식, 《고조선의 강역을 밝힌다》, 지식산업사, 2007.

윤명철, 《단군신화, 또 다른 해석》, 백산자료원, 2007.

윤명철, 《한민족의 해양활동과 동아지중해》, 학연문화사, 2002.

윤명철, 《바닷길은 문화의 고속도로였다》, 사계절, 2001.

윤명철, 《역사전쟁》, 안그라픽스, 2004.

尹武炳, 《韓國靑銅器文化硏究》, 예경산업사, 1996.

李京子, 《韓國服飾史論》, 일지사, 1998.

李基東, 《百濟史硏究》, 일조각, 1997.

李基白, 《韓國史新論》, 일조각, 1977.

李基白·李基東, 《韓國史講座》 1-古代編, 일조각, 1982.

이난영, 《한국고대의 금속공예》, 서울대학교출판부, 2000.

이난영, 《신라의 토우》, 교양 국사 총서 편찬위원회, 1976.

李道學, 《百濟 고대국가 연구》, 일지사, 1995.

이도학, 《새로 쓰는 백제사》, 푸른역사, 1997.

李丙燾, 《韓國古代史硏究》, 박영사, 1981.

李炳銑, 《韓國古代國名地名硏究》, 螢雪出版社, 1982.

李如星, 《朝鮮服飾考》, 백양당, 1947.

이은창, 《한국 복식의 역사》-고대편, 세종대왕기념사업회, 1978.

이정훈, 《발로 쓴 反동북공정-동아시아 문명사는 다시 써야 한다》, 지식산업사, 2009.

李龍範, 《韓滿交流史 硏究》, 동화출판공사, 1989.

李鐘旭, 《新羅國家形成史硏究》, 일조각, 1982.

李賢惠, 《三韓社會形成過程硏究》, 일조각, 1984.

李亨求, 《韓國古代文化의 起源》, 까치, 1991.

이형구, 《단군과 단군조선》, 살림터, 1999.

이형구, 《발해연안에서 찾은 한국 고대문화의 비밀》, 김영사, 2004.

이청규 외, 《요하유역의 초기 청동기문화》, 동북아역사재단, 2009.

仁濟大學校 加耶文化硏究所, 《加耶諸國의 鐵》, 신서원, 1995.

杉本正年 저·문광희 역, 《동양복장사논고》 고대편, 경춘사, 1995.

임영미, 《한국의 복식문화》 1, 경춘사, 1996.

임재해 외, 《한국신화의 정체성을 밝힌다》, 지식산업사, 2008.

임재해, 《고조선문화의 높이와 깊이》, 경인문화사, 2015.

오강원, 《서단산문화와 길림지역의 청동기문화》, 學硏文化社, 2008.

오영찬, 《낙랑군연구》, 사계절, 2006.

우실하, 《전통문화의 구성원리》, 소나무, 1998.

우실하, 《전통음악의 구조와 원리:삼태극의 춤 동양음악》, 소나무, 2004.

우실하, 《고조선의 강역과 요하문명》, 동아지도, 2007.

우실하, 《동북공정 너머 요하문명론》, 소나무, 2007.

우실하, 《동북공정의 선행작업과 중국의 국가전략》, 울력, 2004.

우실하, 《3수 분화의 세계관》, 소나무, 2012.

전호태, 《고구려 생활문화사연구》, 서울대학교출판문화원, 2016.

전호태, 《고구려 벽화고분》, 돌베개, 2016.

鄭玩燮, 《織物의 起源과 交流》, 서경문화사, 1997.

鄭寅普, 《朝鮮史研究》 下卷, 서울신문사, 1947.

장국종·홍희유, 《조선농업사》 1, 농업출판사, 1989.

張光直 저·尹乃鉉 역, 《商文明》, 민음사, 1988.

조선기술발전사편찬위원회, 《조선기술발전사》 원시·고대편, 과학·백과사전종합출판사, 1997.

조선유적유물도감편찬위원회, 《조선유적유물도감》 4-고구려편, 조선유적유물도감편찬위원회, 1989.

조희승, 《가야사연구》, 사회과학원출판사, 1994.

조희승, 《조선의 비단과 비단길》, 사회과학출판사, 2001.

조희승, 《일본에서 조선소국의 형성과 발전》, 과학·백과사전종합출판사, 1990.

조현종·양성혁·윤온식, 《安島貝塚》, 국립광주박물관, 2009.

존 카터 코벨 지음·김유경 편역, 《부여기마족과 왜(倭)》, 글을 읽다, 2014.

장우진, 《원시사회사 개요》, 백산자료원, 2002.

秦弘燮, 《土器 土偶 瓦塼》-韓國美術全集 3, 동화출판공사, 1974.

千寬宇, 《古朝鮮史·三韓史研究》, 일조각, 1991.

千寬宇, 《伽倻史研究》, 일조각, 1991.

채희국, 《고구려 역사 연구》-평양 천도와 고구려의 강성, 김일성종합대학출판사, 1982.

崔南善, 《六堂崔南善全集》 2, 玄岩社, 1973.

최무장·임연철, 《高句麗壁畵古墳》, 신서원, 1990.

최무장, 《고구려고고학》 I, 민음사, 1995.

崔夢龍·李憲宗·姜仁旭, 《시베리아의 선사고고학》, 주류성, 2003.

최상준 등, 《조선기술발전사》 2-삼국시기·발해·후기신라편, 과학·백과사전종합출판사, 1996.

崔鍾圭, 《三韓考古學研究》, 서경문화사, 1995.

河文植, 《古朝鮮 地域의 고인돌 研究》, 백산자료원, 1999.

하문식, 《우리의 선사문화 2》, 지식산업사, 2000.

하문식, 《우리의 선사문화 3》, 지식산업사, 2002.

하문식, 《고조선사람들이 잠든 무덤》, 주류성, 2017.

한국토지공사 토지박물관, 《생명의 땅, 역사의 땅》-토지박물관 연구총서 제13집, 한국토지공사 토지박물관, 2005.

韓國考古學研究會, 《韓國考古學地圖》, 서울대학교 고고미술사학과, 1984.

韓國文化財保護協會, 《韓國의 服飾》, 문화공보부 문화재관리국, 1982.

황기덕, 《조선 원시 및 고대 사회의 기술발전》, 과학·백과사전출판사, 1997.

丘光明, 《中國歷代度量衡考》, 科學出版社, 1992.

國家計量總局·中國歷史博物館·古宮博物院 主編, 《中國古代度量衡圖集》, 文物出版社, 1984.

國立故宮博物院, 《故宮書畫錄》 增訂本一, 國立故宮博物院, 1956.

吉林省文物考古研究所·集安市博物館, 《集安高句麗王陵-1990~2003年 集安高句麗王陵調查報告》, 文物出版社, 2004.

吉林省集安市文物局, 《高句麗王城王陵及貴族墓葬》, 上海學界圖書出版公司, 2008.

郭大順, 《龍出遼河源》, 百花文藝出版社, 2001.

郭富純·越錫金, 《大連古代文明圖說》, 吉林文史出版社, 2010.

盖山林, 《中國岩畵學》, 北京, 書目文獻出版社, 1995.

凱風,《中國甲冑》, 上海古籍出版社, 2006.

段拭,《漢畫》, 中國古典藝術出版社, 1958.

覃旦冏,《中華藝術史綱》上冊, 光復書局, 1972.

覃旦冏,《中華藝術史論》, 光復書局, 1980.

譚其驤 主編,《中國歷史地圖集》第5冊 -隋·唐·五代十國時期, 地圖出版社, 1982.

佟冬,《中國東北史》, 吉林文史出版社, 1987.

董粉和,《中國秦漢科技史》, 人民出版社, 1994.

杜石然·范楚玉·陳美東·金秋鵬·周世德·曹婉如 著, 川原秀城·日原傳·長谷部英一·藤井隆·近
    藤浩之 譯,《中國科學技術史》上, 東京大學出版會, 1997.

勞榦,《居廷漢簡考釋》, 商務印書館, 1949.

勞榦,《秦漢史》, 華岡出版有限公司, 1975.

勞榦,《勞榦學術論文集》甲編 上冊, 藝文印書館, 1976.

孟昭凱·金瑞淸 編著,《五千年的文明:牛河梁遺址》, 中國文聯出版社, 2009.

北京鋼鐵學院 中國冶金簡史編寫小組,《中國冶金簡史》, 科學出版社, 1978.

裵安平,《農業 文化 社會-史前考古文集》, 科學出版社, 2006.

尙秉和,《歷代社會風俗事物考》, 臺灣商務印書館, 1975.

上海市戲曲學校中國服裝史硏究組, 周迅·高春明撰文,《中國服飾五千年》, 商務印書館香港分館,
    1984.

上海博物館靑銅器硏究組 編,《商周靑銅器紋飾》, 文物出版社, 1984.

昭國田,《敖漢旗文物精華》, 內蒙古文化出版社, 2004.

孫機,《漢代物質文化紫蓼圖說》, 文物出版社, 1991.

孫守道·劉淑娟,《紅山文化玉器新品新鑒》, 吉林文史出版社, 2007.

宋鎭豪,《中國春秋戰國習俗史》, 人民出版社, 1994.

史念海,《河山集》, 生活·讀書·新知三聯書店, 1963.

徐秉珉·孫守道,《中國地域文化大系-東北文化》, 上海遠東出版社·商務印書館, 1998.

石陽,《文物載千秋》, 內蒙古出版集團·內蒙古人民出版社, 2012.

新疆維吾爾自治區博物館,《新疆歷史文物》, 文物出版社, 1978.

沈福文,《中國漆藝美術史》, 人民美術出版社, 1992.

沈從文,《中國古代服飾硏究》, 商務印書館, 香港, 1992.

岳慶平,《中國秦漢習俗史》, 人民出版社, 1994.

楊寬,《中國古代冶鐵技術發展史》, 上海人民出版社, 1982.

吳洛,《中國度量衡史》, 臺灣商務印書館, 1937.

于建設,《紅山玉器》, 遠方出版社, 2004.

于建設,《赤峰金銀器》, 遠方出版社,, 2006.

遼寧省博物館·遼寧省文物考古硏究所,《遼河文明展》, 2006.

遼寧省文物考古硏究所,《牛河梁-紅山文化遺址發掘報告(1983-2003年度)》, 文物出版社, 2012.

王肯·隋書金·宮欽科·耿瑛·宋德胤·任光偉,《東北俗文化史》, 春風文藝出版社, 1992.

王冬力,《紅山石器》, 華齡出版社, 2007.

王綿厚,《秦漢東北史》, 遼寧人民出版社, 1994.

王伯敏,《中國美術通史》, 山東敎育出版社, 1987.

王永强·史衛民·謝建猷,《中國少數民族文化史》, 東北卷 壹, 廣西敎育出版社, 1999.

王迅,《東夷文化與淮夷文化硏究》, 北京大學出版社, 1994.

王宇淸,《中國服裝史綱》, 中華大典編印會, 1978.

王獻唐,《黃縣箕器》, 山東出版社, 1960.

王獻唐,《山東古國考》, 齊魯書社, 1983.

王禹浪·王宏北,《高句麗·渤海古城址研究滙編》(上), 哈爾濱出版社, 1994.

王孝通,《中國商業史》, 臺灣商務印書館, 1974.

王恢,《中國歷史地理》上·下冊, 臺灣 學生書局, 1976.

遼寧省博物館·遼寧省文物考古研究所,《遼河文明展》, 2006.

容鎔,《中國上古時期科學技術史話》, 中國環境科學出版社, 1990.

劉慶孝·諸葛鎧,《敦煌裝飾圖案》, 山東人民出版社, 1982.

劉錫成,《中國原始藝術》, 上海文藝出版社, 1998.

劉冰 主編,《赤峰博物館 文物典藏》, 遠方出版社, 2006.

李德潤·張志立,《古民俗研究》, 吉林文史出版社, 1990.

李福順·劉曉路,《中國春秋戰國藝術史》, 人民出版社, 1994.

李浴·劉中澄·凌瑞蘭·李震·可平·王乃功,《東北藝術史》, 春風文藝出版社, 1992.

李肖冰,《中國西域民族服飾研究》, 新疆人民出版社, 1995.

李濟,《李濟考古學論文集 上》聯經出版事業公司, 臺北, 1977.

李天鳴,《中國疆域的變遷》上冊, 國立故宮博物院, 臺北, 1997.

李學勤,《東周與秦代文明》, 文物出版社, 1984.

林幹,《匈奴通史》, 人民出版社, 1986.

呂思勉,《秦漢史》上冊, 開明書店, 1947.

越岡·陳鍾毅,《中國棉業史》, 臺灣聯經出判事業公司, 1997.

越豊,《絲綢藝術史》, 文物出版社, 2005.

張廣文,《玉器史話》, 紫禁城出版社, 1991.

蔣孔陽 主編,《中國古代美學藝術史論文集》, 上海古籍出版社, 1981.

張博泉·魏存成,《東北古代民族·考古與疆域》, 吉林大學出版社, 1998.

張英,《吉林出土銅鏡》, 文物出版社, 1990.

張仲立,《秦陵銅車馬與車馬文化》, 陝西人民教育出版社, 1994.

張曉凌,《中國原始藝術精神》, 重慶出版社, 1992.

蔣猷龍,《家蠶遺傳育種學》, 中國農業科學院 蠶業研究所主編, 1981.

田昌五,《古代社會形態研究》, 天津人民出版社, 天津, 1980.

箭內五 編著·和田淸 增補·李毓澍 編譯,《中國歷史地圖》, 九思叢書 3, 九思出版社, 1977.

鄭若葵,《中國遠古暨三代習俗史》, 人民出版社, 1994.

陳夢家,《漢簡綴述》考古學專刊甲種第十五號, 中國社會科學院考古研究所 編輯, 中華書局, 1980.

陳仁濤,《金匱論古初集》, 香港亞洲石印局印, 1952.

陣玉龍·楊通方·夏應元·范毓周,《漢文化論綱》-兼述中朝中日中越文化交流, 北京大學出版社, 1993.

陳恩林,《中國春秋戰國軍事史》, 人民出版社, 1994.

陳槃,《不見於春秋大事表之春秋方國稿》1冊, 中央研究院歷史語言研究所, 民國59(1970).

戴煒·侯文海·鄭耿杰,《眞賞紅山》, 內蒙固人民出版社, 2007.

周迅·高春明,《中國古代服飾大觀》, 重慶出版社, 1995.

周寶中,《中國傳統工藝全集·文物修復和辨僞》, 大象出版社, 2007.

中國科學院考古研究所,《廟底溝與三里橋》, 科學出版社, 1959.

中國農業博物館農史研究室 編·閔宗殿·彭治富·王潮生 主編, 《中國古代農業科技史圖說》, 農
　　業出版社, 1989.
中國社會科學院考古研究所 編, 《新中國的考古發現和研究》, 文物出版社, 1984.
中國社會科學院考古研究所, 《中國田野考古報告集 考古學專刊 第48號 大甸子》, 科學出版社, 1996.
中國社會科學院 考古研究所, 《大甸子─中國田野考古報告集》, 考古學傳刊 丁種 第48號, 科學
　　出版社, 1996.
中國社會科學院邊疆考古研究中心 編, 《新疆石器時代與靑銅時代》, 文物出版社, 2008.
中國社會科學院考古研究所 編著, 《新中國的考古發現和研究》, 文物出版社, 1984.
中國社會科學院考古研究所 編著, 《中國考古學中碳十四年代數據集》, 文物出版社, 1983.
中國鋼鐵學院·中國冶金簡史編寫小組, 《中國冶金簡史》, 科學出版社, 1978.
中原虎南, 《織物雜考》, 紡織雜誌社, 1934.
朝陽市文化局·遼寧省文物考古研究所, 《牛河梁遺址》, 學苑出版社, 2004.
趙丕承, 《五胡史綱》, 藝軒圖書出版社, 2000.
馮澤芳, 《中國的棉花》, 財政經濟出版社, 1956.
郝欽銘, 《棉作學》上冊, 商務印書館, 1939.
玄應, 《一切經音義》 卷1 〈大方等大集經〉 卷15 "音義".
湖北省荊州地區博物館, 《江陵馬山一號楚墓》, 文物出版社, 1985.
湖南省博物館·中國科學院考古研究所, 《長沙馬王堆一號漢墓》, 文物出版社, 1973.
河姆渡遺址博物館, 《河姆渡文化精粹》, 文物出版社, 2002.
黃能馥·陳娟娟, 《中華服飾藝術源流》, 高等敎育出版社, 1994.
黃斌·黃瑞, 《走進東北古國》, 遠方出版社, 2006.
回顧, 《中國絲綢紋樣史》, 黑龍江美術出版社, 1990.
侯外廬, 《漢代社會與漢代思想》, 香港 嵩華出版事業公司, 1978.
慧琳, 《一切經音義》 卷4 〈大般若經〉 卷398 "音義".
巴林右旗博物館文物精品薈萃, 《文物載千秋》, 內蒙古出版集團 內蒙古人民出版社, 2012.

江上波夫, 《ユーテンの古代北方文化の硏究》, 山川出版社, 1951.
關野貞, 《朝鮮の建築と美術》, 岩波書店, 1941.
駒井和愛, 〈スキタイの社會と文化─武器〉, 《考古學槪說》, 講談社, 1972.
駒井和愛, 《樂浪》, 中央公論社, 昭和 47年(1972年).
奈良県立橿原考古學硏究所附屬博物館, 《新沢千塚の遺宝とその源流》, 明新印刷株式會社, 1992.
奈良県立橿原考古學硏究所 編集, 《藤ノ木古墳とその時代》展, 大塚巧藝社, 1989.
大塚初重·白石太一郎·西谷正·町田章, 《考古學による日本歷史》 1～18冊, 雄山閣, 1996.
杜石然·范楚玉·陳美東·金秋鵬·周世德·曹婉如 著, 川原秀城·日原傳·長谷部英一·藤井隆·近
　　藤浩之 譯, 《中國科學技術史》上, 東京大學出版會, 1997.
渡邊素舟, 《中國古代文樣史》上, 雄山閣, 昭和 51年(1976年).
東京國立博物館, 《黃河文明展》, 中日新聞社, 1986.
文化廳·東京國立博物館, 《高松塚新發見る考古品》, 昭和 52年(1977年), 東京國立博物館.
末永雅雄, 《日本上代の甲冑》, 創元社, 1944.
末永雅雄, 《增補 日本上代の甲冑》, 木耳社, 1981.
末永雅雄·伊東信雄, 《挂甲の系譜》, 雄山閣, 1979.
末永雅雄, 《增補 日本上代の甲冑》, 創元社, 1981.

文物出版社, 《內蒙古出土文物選集》, 1963.

梅原末治, 《蒙古ノイン・ウテ發見の遺物》, 平凡社, 1960.

網干善教, 《五條猫塚古墳》, 奈良縣史跡名勝天然記念物調査報告, 1962.

濱田耕作・梅原末治, 〈慶州金冠塚と其遺物〉, 《古蹟調査報告》 第3冊, 1924.

福岡縣立歷史博物館・NHK広島放送局・NHKサービスセンター・福山文化振興協議會・中國新聞社, 《藤ノ木古墳とその時代展》, 大塚工藝社, 1989.

石田英一郎・江上波夫・岡正雄・八幡一郎, 《日本民族の起源》, 平凡社, 1969.

小場恒吉・榧本龜次郎, 《樂浪王光墓》, 朝鮮古蹟研究會, 昭和 10年(1935年).

狩谷掖齋 著・富谷至 校注, 《本朝度量權衡巧》, 現代思潮社, 1975.

岩村忍, 《中央アジアの遊牧民族》, 講談社, 1970.

李成市, 《古代東アヅアの民族と國家》, 岩波書店, 1998.

林巳奈夫, 《中國玉器總說》, 吉川弘文館, 1999.

永島暉臣愼, 《彌生人の見た樂浪文化》, 大阪府立彌生文化博物館, 1993.

町田章, 《古代東アヅアの裝飾墓》, 同朋舍, 1987.

齊藤忠, 《北朝鮮考古學の新發見》, 雄山閣, 1996.

齊藤忠, 《古墳文化と壁畫》, 雄山閣, 1997.

中口裕, 《銅の考古學》, 東京, 1972.

朝鮮古蹟研究會, 《樂浪彩篋冢》, 東京, 1934.

朝鮮古墳研究會, 《樂浪王光墓》, 民族文化, 1935.

朝鮮總督府, 〈慶州金冠塚と其遺寶〉, 《古蹟調査特別報告 第3冊》, 似玉堂, 1924.

鳥居龍藏, 《史學雜誌》 25-7, 1914.

香山陽坪, 《騎馬民族の遺産》, 新潮社, 1970.

布目順郞, 《絹と布の考古學》, 雄山閣, 1988.

出光美術館, 《中國の考古學展-北京大學考古學發掘成果》, 平凡社, 1995.

Akishev., K. A., *Issyk Mound: The Art of Saka in Kazakhstan,* Moscow: Iskusstvo Publishers, 1978.

Daniel, Glyn, *The First Civilizations,* Thamas & Hudson, London, 1968.

Parrot, Andre, *Nineveh and Babylon,* Thames and Hudson, 1972.

Chang, Kwang-chih, *The Archaeology of Ancient China,* Fourth Edition, Yale University Press, 1986.

Artamonov, M. I., *Treasures from Scythian Tombs,* trans. Kupriyanova, Thames & Hudson, 1969.

Service, Elmen R., *Primitive Social Organization,* Random House, 1962.

Sullivan, Michael, *The Arts of China,* Revised Edition, University of California Press, 1979.

Rudenko, Sergei I., *Frozen Tombs of Siberia—The Pazyryk Burials of Iron-Age Horsemen,* University of California, 1970.

Rudenko, Sergei I., *Frozen Tombs of Siberia,* trans. M. W. Thompson, J. M. dent & Sons Ltd., 1970.

Rice, T. T., *The Scythians,* London; Thames and Hudson, 1957.

Jettmar. K., *Art of the Stepps,* Heidelberg, 1966.

3. 논문

강승남, 〈우리나라 고대 청동가공기술에 관한 연구〉, 《조선고고연구》 1990년 제3호, 사회과학원고고학연구소.

강승남, 〈기원전 1000년기 후반기 우리나라 청동야금기술의 특징에 대하여〉, 《조선고고연구》 1990년 제7기, 사회과학원고고학연구소.

강승남, 〈우리나라 원시 및 고대 유색금속의 이용에 대한 고찰〉, 《조선고고연구》 1992년 제4호, 사회과학원고고학연구소.

강승남, 〈고조선시기의 청동 및 철 가공기술〉, 《조선고고연구》 1995년 제2기, 사회과학원고고학연구소.

강승남, 〈락랑유적의 금속 유물에 대하여〉, 《조선고고연구》 1996년 제2호, 사회과학원고고학연구소.

姜仁求, 〈中國東北地方의 古墳〉, 《韓國 上古史의 諸問題》, 한국정신문화연구원, 1987.

강인숙, 〈고구려에 선행한 고대국가 구려에 대하여〉, 《력사과학》 1991년 제2기, 과학·백과사전출판사.

고고학연구소, 〈두만강 류역의 청동기시대 문화〉, 《고고민속론문집》 제2집, 사회과학원출판사, 1970.

고고학·민속학연구소, 〈지탑리 원시유적 발굴보고〉, 《유적발굴보고》 제8집, 1961.

고동순, 〈양양 오산리유적 발굴조사 개보〉, 《韓國新石器硏究》 제13호, 2007.

孔錫龜, 〈安岳3號墳 主人公의 冠帽에 대하여〉, 《高句麗硏究》 제5집, 고구려연구회, 1998.

김교경, 〈흑요석의 물붙임층 연대측정법〉, 《조선고고연구》 1990년 제3호, 사회과학원고고학연구소.

김교경, 〈평양일대의 단군 및 고조선 유적유물에 대한 연대 측정〉, 《조선고고연구》 1995년 제1호, 사회과학원고고학연구소.

김신규, 〈미송리 동굴의 동물 유골에 대하여〉, 《문화유산》 1961년 제6호, 사회과학원출판사.

김신규, 〈농포 원시 유적의 동물 유골에 대하여〉, 《문화유산》 1962년 제2호, 사회과학원출판사.

김신규, 〈회령오동원시유적의 포유 동물상〉, 《고고민속》 제3호, 사회과학원출판사, 1963.

김신규, 〈무산 범의 구석 원시 유적에서 나온 짐승 뼈에 대하여〉, 《고고민속》 1963년 제4호, 사회과학원출판사.

김신규, 〈우리나라 원시 유적에서 나온 포유 동물상〉, 《고고민속론문집》 제2집, 사회과학원출판사, 1970.

金庠基, 〈國史上에 나타난 建國說話의 檢討〉, 《東方史論叢》, 서울대학교출판부, 1984.

金庠基, 〈百濟의 遼西經略에 對하여〉, 《東方史論叢》, 서울대학교출판부, 1984.

김세익, 〈중국 료서지방에 있었던 백제의 군에 대하여〉, 《력사과학》, 1967년 1호, 과학백과사전출판사.

김용간·안영준, 〈함경남도 량강도 일대에서 새로 알려진 청동기시대유물에 대한고찰〉, 《조선고고연구》 1986년 제1호, 사회과학원고고학연구소.

김용간, 〈금탄리 원시 유적 발굴 보고〉, 《유적발굴보고》 제10집, 사회과학원출판사, 1964.

김용남, 〈궁산문화에 대한 연구〉, 《고고민속론문집》 제8집, 과학·백과사전출판사, 1983.

김용준, 〈백제 복식에 관한 자료〉, 《문화유산》, 사회과학원출판사, 1959.

김용준, 〈안악 제3호분(하무덤)의 연대와 그 주인공에 대하여〉, 《문화유산》, 1957.

金榮珉, 〈嶺南地域 板甲에 대한 一考察〉, 《古文化》 제46집, 한국대학박물관협회, 1995.

金元龍, 〈廣州漢沙里 櫛文土器遺蹟〉, 《歷史學報》 14, 1961.

金元龍, 〈春川校洞 穴居遺跡과 遺物〉, 《歷史學報》 20, 1963.

金正基, 〈新石器時代 住生活〉, 《韓國史論》 17, 국사편찬위원회, 1987.

金貞培, 〈소위 箕子朝鮮과 考古學上의 問題〉, 《韓國民族文化의 起源》, 高麗大學校 出版部, 1973.

金廷鶴, 〈青銅器의 展開〉, 《韓國史論》 13-韓國의 考古學 Ⅱ·上, 국사편찬위원회, 1983.

盧泰敦, 〈한국인의 기원과 국가형성〉, 《한국사특강》, 서울대학교출판부, 1990.

盧泰敦, 〈古朝鮮 중심지의 변천에 대한 연구〉, 《韓國史論》 23, 1990.

도유호, 〈왕검성의 위치〉, 《문화유산》, 1962-5.

도유호·황기덕, 〈시딥리 유적 발굴 중간보고(1)〉, 《문화유산》 5, 사회과학원출판사, 1957.

리순진, 〈강원도 철령유적에서 발굴된 고구려기마모형에 대하여〉, 《조선고고연구》 1994년 제2호, 사회과학원고고학연구소.

리지린, 〈삼국사기를 통해 본 고조선의 위치〉, 《력사과학》, 1966년 3호.

리지린, 〈고조선과 3한 사람들의 해상활동〉, 《력사과학》 1962년 제1호, 과학·백과사전출판사.

리화선, 〈안악궁의 터자리 복원을 위한 몇 가지 문제〉, 《력사과학》, 1980년 제1호.

리태형, 〈고구려의 철광업과 제철야금기술의 발전〉, 《력사과학》 1990년 제2호, 과학·백과사전출판사.

림영규, 〈원시시대 집짐승 기르기에 대한 몇 가지 고찰〉, 《조선고고연구》 1996년 제1호, 사회과학원 고고학연구소.

류충성, 〈새로 발견된 룡성구역 화성동 고대 제단유적〉, 《조선고고연구》, 1998년 제4호, 사회과학출판사.

복기대, 〈하가점 하층문화의 기원과 사회성격에 관한 시론〉, 《한국상고사학보》 제19호, 한국상고사학회, 1995.

복기대, 〈중국 요서지역 청동기시대문화의 역사적 이해〉, 《단군학연구》 제5호, 단군학회, 2001.

복기대, 〈臨屯太守章 封泥를 통해 본 漢四郡의 위치〉, 《白山學報》 제61호, 백산학회, 2001.

朴仙姬, 〈漢文帝時 帝權變化에 대한 새로운 인식-汝陰侯家墓 출토자료 등을 근거로〉, 《史學志》 제25집, 단국사학회, 1992.

朴仙姬, 〈고대 한국 복식의 袥形〉, 《韓國民俗學》 30, 민속학회, 1998.

朴玧貞, 〈'02 高城文岩里 先史遺蹟發掘調査〉, 《韓國新石器研究》 제5호, 한국신석기연구회, 2003.

박영초, 〈고조선에서의 제철 및 철재 가공기술의 발전〉, 《조선고고연구》 1989년 제1기, 사회과학원고고학연구소.

박진욱, 〈3국시기의 갑옷과 투구〉, 《고고민속》 3, 사회과학원출판사, 1963.

박진욱, 〈신라의 가시 돋친 무기에 대한 약간의 고찰〉, 《고고민속》 3, 사회과학원출판사, 1963.

박진욱, 〈비파형단검문화의 발원지와 창조자에 대하여〉, 《비파형단검문화에 대한 연구》, 과학·백과사전출판사, 1987.

박창수, 〈고구려시기의 마구일식이 드러난 지경동무덤〉, 《력사과학》, 1977년 제3호, 과학백화사전출판사.

方善柱, 〈百濟軍의 華北進出과 그 背景〉, 《白山學報》, 11 號, 白山學會, 1971.

백련행, 〈부조예군의 도장에 대하여〉, 《문화유산》 1962년 제4호, 사회과학원출판사.

사회과학원 고고학 및 민속학연구소, 〈고조선의 무기〉, 《고고민속》 1966년 제1기, 사회과학원출판사.

사회과학원력사연구소, 〈조선사람의 기원과 인종적 특징〉, 《조선전사》 1 – 원시편, 과학·
　　백과사전출판사, 1979.

西谷正, 〈加耶와 倭의 文物交流〉, 《加耶史論》, 고려대학교한국학연구소, 1993.

선희창, 〈여러 가지 구리합금과 그 이름〉, 《고고민속》 1, 사회과학원출판사, 1966.

孫寶基, 〈石莊里의 後期 舊石器時代 집자리〉, 《韓國史研究》 9, 1973.

손보기, 〈구석기문화〉, 《한국사》 1, 국사편찬위원회, 1977.

손보기, 〈石壯里의 전기·중기구석기文化層〉, 《한국사연구》 7, 1972.

손영종, 〈덕흥리벽화무덤의 주인공의 국적문제에 대하여〉, 《력사과학》 1987년 제1호, 과
　　학·백과사전출판사.

손영종, 〈락랑문화의 유적유물에 대하여〉, 《력사과학》 2005년 제4호, 과학·백과사전출판사.

손영종, 〈락랑문화의 조선적 성격〉, 《력사과학》, 2005년 제1호, 과학백과사전출판사.

宋鎬晸, 《古朝鮮 國家形成 過程 硏究》, 서울대 박사논문, 1999.

宋鎬晸, 〈遼東地域 靑銅器文化와 美松里型土器에 관한 考察〉, 《韓國史論》 24, 1991.

申敬澈, 〈金海禮安里古墳群第4次發掘調査報告〉, 《韓國考古學年報》 8, 부산광역시박물관, 1980.

신용하, 〈고조선 국가의 형성과 고조선 금속문화〉, 《단군학연구》 21호, 단군학회, 2009.

신용하, 〈고조선 국가의 요동··요서 지역으로의 발전〉, 《고조선단군학》 25호, 고조선단군
　　학회, 2011.

신용하, 〈고조선의 기마문화와 농경·유목의 복합구성〉, 《고조선단군학》 26호, 고조선단
　　군학회, 2012.

신용하, 〈고죽국의 성립과 고조선후국의 지위〉, 《고조선단군학》 28호, 고조선단군학회,
　　2013.

신용하, 〈고조선 국가의 영역 확대와 고조선 청동기 분포〉, 《사회와 역사》 101호, 한국사
　　회사학회, 2014.

신용하, 〈고조선문명 형성의 기반과 한강문화의 세계최초 단립벼 및 콩의 재배 경작〉, 《고
　　조선단군학》 31호, 고조선단군학회, 2014.

신용하, 〈고조선문명 형성에 들어간 貊族의 紅山문화의 특징〉, 《고조선단군학》 32호, 고
　　조선단군학회, 2015.

안병찬, 〈장수산일대의 고구려유적유물에 대하여〉, 《조선고고연구》 1990년 제2호, 사회
　　과학원고고학연구소.

柳在學, 《樂浪瓦塼銘文의 書藝史的 考察》, 홍익대 석사논문, 1988.

윤광수, 〈토성동 486호 나무곽무덤 발굴보고〉, 《조선고고》, 1994년 제4기, 사회과학출판사.

尹乃鉉, 〈古朝鮮과 三韓의 관계〉, 《韓國學報》 제52집, 일지사, 1988.

尹乃鉉, 〈三韓지역의 사회발전〉, 《白山學報》 제35집, 백산학회, 1988.

尹乃鉉, 〈古代文獻에 나타난 朝鮮의 地理槪念〉 – 제4차 조선학국제학술토론회 발표논문,
　　북경, 1992.

尹乃鉉, 〈古代朝鮮考〉, 《中齋張忠植博士 華甲紀念論叢》, 中齋張忠植博士 華甲紀念論叢刊行
　　委員會, 1992.

尹乃鉉, 〈古朝鮮과 中國의 交涉〉, 《배달문화》 제10호, 민족사바로찾기국민회의, 1993.

尹乃鉉, 〈古朝鮮의 經濟的 基盤〉, 《白山學報》 제41호, 백산학회, 1993.

尹乃鉉, 〈古朝鮮 社會의 身分構成〉, 《傳統과 現實》 제4호, 고봉학술원, 1993.

尹乃鉉, 〈古朝鮮의 宗敎와 그 思想〉, 《東洋學》 제23집, 단국대학교부설 동양학연구소, 1993.

尹乃鉉, 〈人類社會 進化上의 古朝鮮 位置〉, 《史學志》 제26집, 단국사학회, 1993.

尹乃鉉, 〈扶餘의 분열과 變遷〉, 《祥明史學》 제3·4합집, 상명사학회, 1995.

尹乃鉉, 〈高句麗의 移動과 建國〉, 《白山學報》 제45호, 백산학회, 1995.

尹乃鉉, 〈백제의 중국 동부 지배〉, 《傳統과 現實》 제7호, 고봉학술원, 1996.

尹乃鉉, 〈가야의 건국과 성장에 대한 재고찰〉, 《史學志》 제30집, 단국사학회, 1997.

尹乃鉉, 〈고구려의 多勿理念 실천〉, 《竹堂 李炫熙敎授 華甲紀念韓國史論叢》, 동방도서, 1997.

尹武炳, 〈遼寧地方의 靑銅器文化〉, 《韓國上古史의 諸問題》, 한국정신문화연구원, 1987.

尹石曉, 〈伽倻의 倭地進出에 대한 一硏究〉, 《百濟·新羅·伽倻史 硏究》, 백산학회, 1995.

尹龍九, 〈三韓의 朝貢貿易에 대한 一考察−漢代 樂浪郡의 교역형태와 관련하여〉, 《歷史學報》 제162집, 1998.

李基白, 〈古朝鮮의 國家 형성〉, 《韓國史市民講座》 제2집, 일조각, 1988.

이동주, 〈암사동유적 편년의 새로운 시점〉, 《韓國新石器硏究》 제5호, 한국신석기연구회, 2003.

李丙燾, 〈三韓問題의 新考察〉, 《震檀學報》 3卷, 震檀學會, 1935.

李丙燾, 〈夫餘考〉, 《韓國古代史硏究》, 박영사, 1981.

李丙燾, 〈樂浪郡考〉, 《韓國古代史硏究》, 박영사, 1976.

李丙燾, 〈平壤東黃城考〉, 《韓國古代史硏究》, 博英社, 1976.

李丙燾, 〈檀君說話의 解釋과 阿斯達問題〉, 《韓國古代史硏究》, 博英社, 1981

李蘭暎, 〈百濟 金屬工藝의 對外交涉−금공기법을 중심으로〉, 《百濟 美術의 對外交涉》, 예경, 1998.

李鮮馥, 〈신석기·청동기시대 주민교체설에 대한 비판적 검토〉, 《韓國古代史論叢》 1, 가락국사적개발연구원, 1991.

이영문, 〈韓半島 出土 琵琶形銅劍 形式分類 試論〉, 《博物館紀要》 7, 단국대학교 중앙박물관, 1991.

이융조, 〈編年〉, 《韓國史論》 12, 국사편찬위원회, 1986.

李龍範, 〈三國史記에 보이는 이슬람 商人의 貿易品〉, 《韓國史學論叢》, 李弘稙博士回甲紀念, 신구문화사, 1969.

李龍範, 〈海外貿易의 發展〉, 《韓國史》 3, 국사편찬위원회, 탐구당, 1981.

李種旭, 〈高句麗 初期의 地方統治制度〉, 《歷史學報》 94·95합집, 1982.

李賢珠, 〈有刺利器에 대해서〉, 《東萊 福泉洞古墳群》 2, 부산대학교, 1990.

李亨求, 〈靑銅器文化의 비교(東北亞와의 비교)〉, 《韓國史論》 13, 국사편찬위원회, 1986.

林炳泰, 〈考古學上으로 본 濊貊〉, 《韓國古代史論叢》 1, 가락국사적개발연구원, 1991.

임상택, 〈한반도중부지역 신석기시대 중기 토기의 양상〉, 《선사와 고대》 13호, 1999.

임진숙, 〈고대 및 중세초기 우리나라의 동합금기술〉, 《력사과학》 1991년 제4호, 과학·백과사전출판사.

임재해, 〈단군신화로 본 고조선 문화의 기원 재인식〉, 《단군학연구》 제19호, 단군학회, 2008.

임재해, 〈'신시본풀이'로 본 고조선문화의 형성과 홍산문화〉, 《단군학연구》 제20호, 단군학회, 2009.

任孝宰, 〈新石器時代 編年〉, 《韓國史論》 12, 국사편찬위원회, 1983.

우실하, 〈'요하문명론'의 초기 전개 과정에 대한 연구〉, 《단군학연구》 제21호, 단군학회, 2009.

우실하, 〈홍산문화의 곰토템족과 단군신화의 웅녀족〉, 《고조선단군학》 27호, 고조선단군학회, 2012.

우실하, 〈요하문명, 홍산문화 지역의 지리적 기후적 조건〉, 《고조선단군학》 제30호, 고조선단군학회, 2014.

윤명철, 〈'고조선문화권'의 海洋經濟에 대한 탐구〉, 《고조선단군학》 36호, 고조선단군학회, 2017.

윤명철, 〈해양질서의 관점으로 본 王險城의 성격과 위치〉, 《고조선단군학》 33호, 고조선단군학회, 2015.

尹明喆, 〈檀君神話와 고구려 建國神話가 지닌 正體性(IDENTITY) 탐구〉, 《단군학연구》 제6호, 단군학회, 2002.

全相運, 〈韓國古代金屬技術의 科學史的 硏究〉, 《傳統科學》 제1집, 한양대학교한국전통과학연구소, 1980.

전주농, 〈안악 하무덤(3호분)에 대하여〉, 《문화유산》, 사회과학원출판사, 1959.

전주농, 〈고구려 시기의 무기와 무장〉 I, 《문화유산》 5, 사회과학원출판사, 1958.

전주농, 〈고구려시기의 무기와 무장〉 II, 《문화유산》 1, 사회과학원출판사, 1959.

전주농, 〈고조선의 공예〉, 《문화유산》 1961년 제1기, 사회과학원출판사.

조희승, 〈평양 락랑유적에서 드러난 고대 비단에 대하여〉, 《조선고고연구》, 1996년 제1호, 사회과학원 고고학연구소.

주영헌, 〈약수리 고분을 통한 고구려 벽화분의 연대에 관한 연구〉, 《문화유산》 3, 사회과학원출판사, 1959.

秦弘燮, 〈百濟·新羅의 冠帽·冠飾에 關한 二三의 問題〉, 《史學志》, 단국대학교사학회, 1973.

車勇杰, 〈高句麗 前期의 都城〉, 《國史館論叢》 48, 1993.

천석근, 〈안악 제3호 무덤벽화의 복식에 대하여〉, 《조선고고연구》, 사회과학원고고학연구소, 1986년 제3호.

천석근, 〈고구려 옷에 반영된 계급 신분 관계의 고찰〉, 《력사과학》, 과학·백과사전출판사, 1987.

최삼용, 〈신석기시대의 뼈연모 제작기술 연구〉, 《韓國新石器硏究》 제10호, 한국구신석기연구회, 2005.

최상준, 〈우리나라 원시시대 및 고대의 쇠붙이 유물분석〉, 《고고민속》 1, 사회과학원출판사, 1966.

崔盛洛, 《靈巖 長川里 住居址》 2, 목포대학교박물관, 1986.

崔淑卿, 〈渼沙里遺蹟의 一磨石器〉, 《考古美術》 제4권 제6호, 1963.

최택선, 〈고구려 벽화무덤의 주인공 문제에 대하여〉, 《력사과학》, 과학·백과사전출판사, 1985년 4호.

최원희, 〈고구려 녀자 옷에 관한 연구〉, 《문화유산》 2, 사회과학원출판사, 1962.

하문식, 〈고조선의 돌돌림유적에 관한 문제〉, 《단군학연구》 10호, 단군학회, 2004.

하문식, 〈고조선의 돌돌림유적 연구 : 追補〉, 《단군학연구》 16호, 단군학회, 2007.

하문식, 〈태자하유역 특이 고인돌에 대한 연구〉, 《백산학보》 86호, 백산학회, 2010.

하문식, 〈요동지역 문명의 기원과 교류〉, 《동양학》 49호, 동양학연구소, 2011.

하문식, 〈고조선시기 요남지역 무덤의 몇 예: 돌널무덤, 돌덧널무덤, 움무덤, 독무덤〉, 《백산학보》 104호, 백산학회, 2016.

한인호, 〈고조선초기의 금제품에 대한 고찰〉, 《조선고고연구》 1995년 제1호, 사회과학원

　　出版社.

한창균, 〈고조선의 성립배경과 발전단계 시론〉, 《國史館論叢》 제33집, 국사편찬위원회, 1992.

허순산, 〈고구려 금귀걸이〉, 《력사과학》, 1985년 4호, 과학·백과사전출판사.

황기덕·김섭연, 〈우리나라 고대 야금기술〉, 《고고민속론문집》, 과학·백과사전출판사, 1983.

賈瑩, 〈吉林猴石山遺址出土銅器地域性〉, 《北方文物》, 1996年 第3期.

賈鴻恩, 〈翁牛特旗大泡子青銅短劍墓〉, 《中國考古集成》 東北卷 青銅時代(一), 北京出版社, 1997.

嘉峪關市文物淸理小組, 〈嘉峪關漢畫像磚墓〉, 《文物》 1972年 第12期.

甘肅省博物館, 〈甘肅武威皇娘娘台遺址發掘報告〉, 《考古學報》, 1960年 第2期.

郭大順, 〈赤峰地區早期冶銅考古隨想〉, 《內蒙古文物考古文集》, 中國大百科全書出版社, 1994.

郭 民·李景冰·劉雪山·韓淑華, 〈吉林省鎭來縣坦途北崗子青銅時代墓葬淸理報告〉, 《中國考古
　　集成》 東北卷 青銅器時代(三), 北京出版社, 1997.

姜念思, 〈建平縣喀喇沁出土距今約四千年的石磬〉, 《遼寧文物》 第1期, 1980.

江蘇省文物管理委員會·南京博物院, 〈江蘇六合程橋東周墓〉, 《考古》 1965年 第3期.

靳楓毅, 〈夏家店上層文化及其族屬問題〉, 《中國考古集成》 東北卷 青銅時代(一), 北京出版社,
　　1997.

耿鐵華, 〈高句麗兵器初論〉, 《中國考古集成》 東北卷 兩晋至隋唐(二), 北京出版社, 1992.

耿鐵華, 〈高句麗文物古蹟四題〉, 《中國考古集成》 東北卷 兩晋至隋唐(二), 北京出版社, 1992.

蓋山林·陸思賢, 〈內蒙古境內戰國秦漢長城遺蹟〉, 《中國考古集成》 東北卷 青銅時代(一), 1997.

喀左縣文化館·朝陽地區博物館·遼寧省博物館, 〈遼寧省喀左縣山灣子出土殷周青銅器〉, 《中國考
　　古集成》 東北卷 青銅時代(二), 北京出版社, 1997.

高美璇, 〈本溪縣傅樓鄉越甸青銅時代遺址〉, 《中國考古集成》 東北卷 青銅時代(二), 北京出版
　　社, 1997.

高漢玉·王任曹·陳雲昌, 〈台西村商代遺址出土的紡織品〉, 《文物》 1979年 第6期.

考古研究所西安工作隊, 〈新石器時代村落遺址的發現－西安半坡〉, 《考古通迅》 1955年 第3期.

曲石, 〈略論東北新石器時代文化〉, 《中國考古集成》 東北卷 新石器時代(一), 北京出版社,
　　1997.

曲貴春, 〈古代穢貊研究〉, 《中國考古集成》 東北卷 青銅時代(一), 北京出版社, 1997.

郭大順, 〈赤峰地區早期冶銅考古隨想〉, 《內蒙古文物考古文集》, 中國大百科全書出版社, 1994.

郭大順·張克擧, 〈遼寧省喀左縣東山嘴紅山文化玉器墓的發現〉, 《文物》 1984年 第11期.

郭大順·張克擧, 〈遼寧喀左東山嘴紅山文化遺址第一,二次發掘簡介〉, 《中國考古集成》 東北卷
　　新石器時代(二), 北京出版社, 1997.

郭珉·李景冰, 〈吉林省乾安縣新石器時代遺址調查〉, 《中國考古集成》 東北卷 新石器時代(二),
　　北京出版社, 1997.

郭民·李景冰·劉雪山·韓淑華, 〈吉林省鎭來縣坦途北崗子青銅時代墓葬淸理報告〉, 《中國考古
　　集成》 東北卷 青銅器時代(三), 北京出版社, 1997.

郭宝鈞, 〈殷周的青銅武器〉, 《考古》 1961年 第2期.

靳楓毅, 〈夏家店上層文化及其族屬問題〉, 《中國考古集成》 東北卷 青銅時代(一), 北京出版社.

靳楓毅, 〈論中國東北地區含曲刃青銅短劍的文化遺存〉, 《考古學報》 1982年 第4期.

錦州博物館, 〈遼寧錦西縣烏金塘東周墓調査記〉, 《考古》 1960年 第5期.

錦州市博物館, 〈遼寧錦西縣台集屯徐家溝戰國墓〉, 《中國考古集成》 東北卷 青銅時代(二), 北京
　　出版社, 1997.

考古研究所西安工作隊, 〈新石器時代村落遺址的發現-西安半坡〉, 《考古通迅》1955年 第3期.

吉林大學考古敎硏室, 〈農安左家山新石器時代遺址〉, 《中國考古集成》 東北卷 新石器時代
   (二), 北京出版社, 1997.

吉林省文物考古研究所·白城地區博物館·長岭縣文化局, 〈吉林長岭縣腰井子新石器時代遺址〉,
   《中國考古集成》東北卷 新石器時代(二), 北京出版社, 1997.

吉林省博物館·永吉縣文化館, 〈吉林永吉星星哨石棺墓第3次發掘〉, 《考古學集刊》3, 中國社會
   科學出版社, 1983.

吉林省博物館, 〈吉林江北土城子古文化遺址及石棺墓〉, 《中國考古集成》 東北卷青銅時代(三), 北
   京出版社, 1997.

吉林地區考古短訓班, 〈吉林猴石山遺址發掘簡報〉, 《考古》 1980年 第2期.

吉林大學歷史系考古專業·吉林省博物館考古隊, 〈大安漢書遺址發掘的主要收獲〉, 《中國考古集
   成》 東北卷 青銅時代(三), 北京出版社, 1997.

吉林省文物考古研究所, 〈吉林汪清金城古墓葬發掘簡報〉, 《考古》 1986年 第2期.

吉林省文物工作隊, 〈吉林大安縣洮兒河下游右岸新石器時代遺址調查〉, 《考古》 1984年 第8期.

吉林省文物工作隊后崗組, 〈鎏金靑銅飛馬牌飾〉, 《中國考古集成》 東北卷 秦漢至三國(二), 北
   京出版社, 1997.

吉林省文物工作隊·吉林市博物館, 〈吉林樺甸西荒山屯青銅短劍墓〉, 《中國考古集成》 東北卷靑
   銅時代(三), 北京出版社, 1997.

吉林省文物工作隊·長春市文管會·楡樹縣博物館, 〈吉林楡樹縣老河深鮮卑墓群部分墓葬發掘簡
   報〉, 《文物》 1985年 第2期.

吉林省博物館文物工作隊, 〈吉林集安的兩座高句麗墓〉, 《中國考古集成》 東北卷兩晋至隋唐
   (二), 北京出版社, 1992.

吉林省文物工作隊·集安文管所, 〈1976年集安洞溝高句麗墓清理〉, 《中國考古集成》東北卷 兩
   秦至隋唐(二), 北京出版社, 1992.

吉林省博物館·吉林大學考古專業, 〈吉林市騷達溝山頂大棺整理報告〉, 《中國考古集成》 東北卷
   靑銅時代(三), 北京出版社, 1997.

金 立, 〈江陵鳳凰山八號漢墓竹簡試釋〉, 《文物》, 1976年 第6期.

錦州博物館, 〈遼寧錦西縣烏金塘東周墓調查記〉, 《考古》, 1960年 第5期.

內蒙古自治區文物工作隊, 〈浩和浩特二十家子古城出土的西漢鐵甲〉, 《中國考古集成》 東北卷
   秦漢至三國(一), 北京出版社, 1992.

內蒙古自治區文化局文物工作組, 〈內蒙古自治區發現的細石器文化遺址〉, 《中國考古集成》 東
   北卷 新石器時代(一), 北京出版社, 1997.

內蒙古自治區文物工作隊, 〈1959年呼和浩特郊區美岱古城發掘簡報〉, 《文物》 1961年 9期.

內蒙古文物工作隊·內蒙古博物館, 〈和林格爾發現一座重要的東漢壁畵墓〉, 《文物》 1974年 第1期.

內蒙古文物考古研究所·呼倫貝爾盟文物管理站·額爾古納右旗文物管理所, 〈額爾古納右旗拉布達林
   鮮卑墓郡發掘簡報〉, 《中國考古集成》 東北卷 兩晋至隋唐(一), 北京出版社, 1992.

內蒙固自治區文物考古研究所·克什克騰旗博物館, 〈內蒙古克什克騰旗龍頭山遺址第一, 二次
   發掘簡報〉, 《中國考古集成》 東北卷 靑銅時代(一), 北京出版社, 1997.

段拭, 〈江蘇銅山洪樓東漢墓出土紡織畵象石〉, 《文物》 1962年 第3期.

丹化沙, 〈黑龍江肇源望海屯新石器時代遺址〉, 《考古》 1961年 第10期.

丹東市文化局文物普查隊, 〈丹東市東溝縣新石器時代遺址調查和試掘〉, 《中國考古集成》 東北
   卷 新石器時代(二), 北京出版社, 1997.

譚英杰, 〈密山新開流遺址〉, 《中國考古集成》 東北卷 新石器時代(二), 北京出版社, 1997.

譚英杰·越善桐, 〈松嫩平原青銅文化鄒議〉, 《中國考古集成》 東北卷 青銅時代(三), 北京出版社, 1997.

東北考古發掘團, 〈吉林西團山石棺墓發掘報告〉, 《中國考古集成》 東北卷 青銅時代(三), 北京出版社, 1997.

佟柱臣, 〈赤峰東八家石城址勘查記〉, 《考古通迅》 1957年 第6期.

佟柱臣, 〈郭家村下層新石器的考察〉, 《中國考古集成》 東北卷 新石器時代(二), 北京出版社, 1997.

董文義, 〈巴林右旗發現青銅短劍墓〉, 《中國考古集成》 東北卷 青銅時代(一), 北京出版社, 1997.

董學增, 〈試論西團山文化的裝飾品〉, 《中國考古集成》 東北卷 青銅時代(三), 北京出版社, 1997.

董學增·翟立偉, 〈西團山文化遺存所反映的穢貊族習俗考略〉, 《中國考古集成》 東北卷 青銅時代(三), 北京出版社, 1997.

董學增, 〈關于我國東北系'觸角式'劍的探討〉, 《中國考古集成》 東北卷 青銅時代(一), 北京出版社, 1997.

董學增, 〈吉林市郊二道岭子·虎頭砬子 新石器時代遺址調查〉, 《中國考古集成》東北卷 新石器時代(二), 北京出版社, 1997.

董學增, 〈吉林蛟河發現'對頭雙鳥首'銅劍〉, 《中國考古集成》 東北卷 青銅時代(三), 北京出版社, 1997.

杜爾伯特蒙古族自治縣博物館, 〈黑龍江省杜爾伯特李家崗新石器時代墓葬清理簡報〉, 《中國考古集成》 東北卷 新石器時代(二), 北京出版社, 1997.

南京市博物館, 〈南京象山 5號·6號·7號墓清理簡報〉, 《文物》 1972年 第11期.

黎家芳, 〈新樂文化的科學價值和歷史地位〉, 《中國考古集成》 東北卷 新石器時代(二), 北京出版社, 1977.

澠池縣文化館 河南省博物館, 〈澠池縣發現的古代窖藏鐵器〉, 《文物》 1976年 第8期.

馬沙, 〈試析新樂文化的原始農業〉, 《中國考古集成》 東北卷 新石器時代(二), 北京出版社, 1977.

馬德謙, 〈談談吉林龍潭山·東團山一帶的漢代遺物〉, 《中國考古集成》 東北卷 秦漢之三國(二), 北京出版社, 1997.

撫順市博物館, 〈撫順小甲邦東漢墓〉, 《中國考古集成》 東北卷 秦漢至三國(二), 北京出版社, 1997.

武威克·劉煥新·常志强, 〈黑龍江省刀背山新石器時代遺存〉, 《中國考古集成》 東北卷 新石器時代(二), 北京出版社, 1997.

裴耀軍, 〈西豊和隆的兩座石棺墓〉, 《中國考古集成》 東北卷 青銅時代(二), 北京出版社, 1997.

裴耀軍, 〈遼寧昌圖縣發現戰國,漢代青銅器及鐵器〉, 《中國考古集成》 東北卷 青銅時代(二), 北京出版社, 1997.

方殿春·劉葆華, 〈遼寧阜新縣胡頭溝紅山文化玉器墓的發現〉, 《文物》 1984年 第6期.

方起東, 〈吉林輯安高句麗霸王朝山城〉, 《考古》 1962年 第11期.

付惟光·辛建, 〈滕家崗遺址出土的刻劃紋飾藝術〉, 《中國考古集成》 東北卷 新石器時(二), 北京出版社, 1997.

傅宗德·陳莉, 〈遼寧喀左縣出土戰國器物〉, 《中國考古集成》 東北卷 青銅時代(二), 北京出版社, 1997.

范品清, 〈遼寧凌源縣出土一批尖首刀化〉, 《中國考古集成》 東北卷 青銅時代(二), 北京出版社,

1997.

北京大學歷史系考古專業碳十四實驗室, 〈碳十四年代側定報告(三)〉, 《文物》, 1979年第12期.

白雲翔·顧智界 整理, 〈中國文明起源座談紀要〉, 《考古》 1989年 第12期.

憑永謙·鄧寶學, 〈遼寧建昌普查中發現的重要文物〉, 《文物》, 1983年 第9期.

沙比提, 〈從考古發掘資料看新疆古代的棉花種植和紡織〉, 《文物》 1973年 第10期.

山東省昌濰地區文物管理組, 〈膠縣西菴遺址調查試掘簡報〉, 《文物》 1977年 第4期.

山東省昌濰地區文物管理組, 〈膠縣西菴遺址調查試掘簡報〉, 《文物》, 1977年 第4期.

常任俠, 〈古磬〉, 《文物》, 1978年 第7期.

徐殿魁·曹國鑒, 〈偃師杏園東漢壁畵墓的淸理與臨摹禮記〉, 《考古》 1987年 第10期.

徐家國·孫力, 〈遼寧撫順高爾山城發掘簡報〉, 《中國考古集成》 東北卷 兩晋至隋唐(二), 北京
    出版社, 1997.

孫守道·郭大順, 〈牛河梁紅山文化女神像的發現與硏究〉, 《文物》 1986年 第6期.

孫長慶·殷德明·于志耿, 〈黑龍江古代玉器文化問題的提出與硏究〉, 《中國考古集成》 東北卷新
    石器時代(二), 北京出版社, 1997.

新疆維吾爾自治區博物館·沙比提, 〈從考古發掘資料看新疆古代的棉花種植和紡織〉, 《文物》
    1973年 第10期.

辛店山, 〈康平順山屯靑銅時代遺址試掘報告〉, 《中國考古集成》 東北卷 靑銅時代(二), 北京出
    版社, 1997.

沈陽市文物工作組, 〈沈陽伯官屯漢魏墓葬〉, 《考古》 1964年 第11期.

沈陽市文物工作組, 〈沈陽地區出土的靑銅短劍資料〉, 《中國考古集成》 東北卷 靑銅時代(二),
    北京出版社, 1997.

沈陽市文物管理辦公室, 〈沈陽新樂遺址試掘報告〉, 《中國考古集成》 東北卷 新石器時代(二),
    北京出版社, 1997.

沈陽市文物管理辦公室, 〈新民高台山新石器時代遺址〉, 《中國考古集成》 東北卷新石器時代
    (二), 北京出版社, 1997.

沈陽新樂遺址博物館·沈陽市文物管理辦公室, 〈遼寧沈陽新樂遺址搶救淸理發掘簡報〉, 《中國考
    古集成》 東北卷 新石器時代(二), 北京出版社, 1997.

瀋陽故宮博物院·瀋陽市文物管理辦公室, 〈瀋陽鄭家窪子的兩座靑銅時代墓葬〉, 《考古學報》
    1975年 第1期.

邵國田, 〈敖漢旗鐵匠溝戰國墓地調查簡報〉, 《中國考古集成》 東北卷 靑銅時代(一), 北京出版
    社, 1997.

邵國田, 〈內蒙古昭烏達盟敖漢旗李家營子出土的石范〉, 《中國考古集成》 東北卷 靑銅時代
    (一), 北京出版社, 1997.

昭烏達盟文物工作站, 〈赤峰縣三眼井出土秦鐵權〉, 《中國考古集成》 東北卷 靑銅時代(一), 北
    京出版社, 1997.

孫 機, 〈玉器 I〉, 《漢代物質文化資料圖說》, 文物出版社, 1991.

孫守道, 〈'匈奴西岔溝文化'古墓群的發現〉, 《文物》 1960年 第8·9期.

孫守道·郭大順, 〈牛河梁紅山文化女神頭像的發現與硏究〉, 《文物》 1986年 第8期.

孫長慶·殷德明·于志耿, 〈黑龍江古代玉器文化問題的提出與硏究〉, 《中國考古集成》東北卷 新
    石器時代(二), 北京出版社, 2007.

陝西省文物管理委員會, 〈西安南郊草場坡村北朝墓的發掘〉, 《考古》 1959年 第6期.

何明, 〈吉林省新石器時代的考古發現與認識〉, 《中國考古集成》 東北卷 新石器時(二), 北京出

版社, 1997.

韓立新, 〈錦西沙鍋屯發現春秋晚期墓葬〉, 《中國考古集成》 東北卷 青銅時代(二), 北京出版社, 1997.

許玉林·傅仁義·王傳普, 〈遼寧東溝縣后洼遺址發掘槪要〉, 《文物》 1989年 第12期.

安志敏, 〈裵李崗·磁山和仰韶〉, 《考古》 1979年 第4期.

梁志龍, 〈遼寧本溪劉家哨發現青銅短劍墓〉, 《中國考古集成》 東北卷 青銅時代(二), 北京出版社, 1997.

魏海波, 〈本溪梁家出土青銅短劍和双鈕銅鏡〉, 《中國考古集成》 東北卷 青銅時代(二), 北京出版社, 1997.

魏海波, 〈本溪連山關和下馬塘發現的兩座石棺墓〉, 《中國考古集成》 東北卷 青銅時代(二), 北京出版社, 1997.

于崇源, 〈新樂下層陶器施紋方法的研究〉, 《遼寧省考古博物館學會成立大會會刊》, 1981年.

于俊玉, 〈朝陽三合成出土的前燕文物〉, 《文物》 1997年 第7期.

閻奇, 〈凌源縣發現燕國錢〉, 《中國考古集成》 東北卷 青銅時代(二), 北京出版社, 1997.

劉冰, 〈試論夏家店上層文化的青銅短劍〉, 《中國考古集成》 東北卷 青銅時代(一), 北京出版社, 1997.

劉觀民, 〈中國文明起源座談紀要〉, 《考古》 1989年 12期, 北京出版社, 1997.

劉觀民, 〈內蒙古赤峰市大佃子墓地述要〉, 《中國考古集成》 東北卷 青銅時代(一), 北京出版社, 1997.

劉觀民, 〈內蒙古東南部地區青銅時代的幾個問題〉, 《中國考古集成》 東北卷 青銅時代(一), 北京出版社, 1997.

劉法樣·何明, 〈金城墓葬發掘簡報〉, 《中國考古集成》 東北卷 新石器時代(二), 北京出版社, 1997.

劉素俠, 〈紅山諸文化所反映的原始文明〉, 《中國考古集成》 東北卷 新石器時代(一), 北京出版社, 1997.

劉俊勇·曲傳林, 〈大連新石器時代考古的分期問題〉, 《中國考古集成》 東北卷 新石器時代(二), 北京出版社, 1997.

劉俊勇·曲傳林, 〈大連新石器時代社會形態初探〉, 《中國考古集成》 東北卷 新石器時代(二), 北京出版社, 1997.

劉大志·柴貴民, 〈略左老爺廟鄕青銅短劍墓〉, 《中國考古集成》 東北卷 青銅時代(二), 北京出版社, 1997.

嚴文明, 〈黃河流域新石器時代早期文化的新發現〉, 《考古》 1979年 第1期.

黎家芳, 〈新樂文化的科學價値和歷史地位〉, 《中國考古集成》 東北卷 新石器時代(二), 北京出版社, 1997.

梁思永, 〈遠東考古學上的若干問題〉, 《梁思永考古論文集》, 科學出版社, 1959.

楊虎, 〈內蒙古敖漢旗興隆洼遺址發掘簡報〉, 《考古》 1985年 第10期.

楊虎, 〈關于紅山文化的幾個問題〉, 《慶祝蘇秉琦考古五十五周年論文集》, 文物出版社, 1989.

楊虎, 〈遼西地區新石器-銅石幷用時代考古文化序列與分期〉, 《文物》, 1994年 第5期.

楊泓, 〈關于鐵甲·馬鎧和馬鐙問題〉, 《考古》 1961年 第12期.

楊泓, 〈戰車與車戰-中國古代軍事裝備禮記之一〉, 《文物》 1977年 第5期.

楊泓, 〈甲和鎧〉, 《文物》 1978年 第5期.

楊泓, 〈騎兵和甲騎具裝〉-中國古代軍事裝備禮記之二, 《文物》 1977年 第10期.

楊泓, 〈中國古代的甲冑〉上篇, 《考古學報》 1976年 第1期.

楊泓, 〈中國古代的甲冑〉下篇, 《考古學報》 1976年 第2期.

楊泓, 〈日本古墳時代甲冑及其和中國甲冑的關係〉, 《考古》 1985年 第1期.

楊泓, 〈中國古代馬具的發展和對外影響〉, 《文物》 1984年 第9期.

嚴文明, 〈黃河流域新石器時代早期文化的新發現〉, 《考古》 1979年 第1期.

黎家芳, 〈新樂文化的科學價値和歷史地位〉, 《中國考古集成》 東北卷 新石器時代(二), 北京出版社, 1997.

黎瑤渤, 〈遼寧北票縣西官營子北燕馮素弗墓〉, 《文物》 1973年 第3期.

吳震, 〈介紹八件高昌契約〉, 《文物》 1962年 第7·8期.

吳振錄, 〈保德縣新發現的殷代靑銅器〉, 《文物》, 1972年 第4期.

敖漢旗博物館, 〈敖漢旗南台地趙宝溝文化遺址調查〉, 《中國考古集成》 東北卷 新石器時代(一), 北京出版社, 1997.

殷志强, 〈紅山·良渚文化玉器的比較研究〉, 《北方文物》 1988年 第1期.

義縣文物管理所, 〈義縣出土靑銅短劍〉, 《中國考古集成》 東北卷 靑銅時代(二), 北京出版社, 1997.

姚鑒, 〈河北望都縣漢墓的墓室結構和壁畫〉, 《文物參考資料》 1954年 第12期.

容觀琼, 〈關于我國南方棉紡織歷史硏究的一些問題〉, 《文物》 1979年 第8期.

于臨祥, 〈考古簡訊－旅順老鐵山發現古墓〉, 《考古通訊》 1956年 第3期.

魏運亨·卜昭文, 〈阜新査海出土七八千年前的玉器〉, 《中國考古集成》 東北卷 新石器時代(二), 北京出版社, 1997.

王國范, 〈吉林通楡新石器時代遺址調查〉, 《中國考古集成》 東北卷 新石器時代(二), 北京出版社, 1997.

王菊耳, 〈新樂文化遺址出土煤精制品試析〉, 《中國考古集成》 東北卷 新石器時代(二), 北京出版社, 1997.

王承禮·韓淑華, 〈吉林輯安通溝第12號高句麗壁畫墓〉, 《考古》 1964年 第2期.

王嗣洲, 〈試論大連地區原始文化社會經濟形態〉, 《中國考古集成》 東北卷 新石器時代(二), 北京出版社, 1997.

王永强·史衛民·謝建猷, 《中國小數民族文化史]北方卷》 上·貳, 廣西敎育出版社, 1999.

王珍仁·于臨祥, 〈大連地區漢代花紋小磚芻議〉, 《中國考古集成》 東北卷, 秦漢至三國(二), 北京出版社, 1997.

王禹浪·王宏北, 《高句麗·渤海古城址硏究滙編》 上, 哈爾濱出版社, 1994.

王曾, 〈紅山文化的走向〉, 《文史硏究》 1987年 第1輯.

王曾, 〈紅山文化的走向〉, 《中國考古集成》 東北卷 新石器時代(一), 北京出版社, 1997.

寧安縣文物管理所, 〈黑龍江寧安縣東升新石器時代遺址調查〉, 《中國考古集成》 東北卷 新石器時代(二),北京出版社, 1992.

遼寧歷史文物, 〈喀左北洞村發現的商周靑銅器〉, 《中國考古集成》 東北卷 靑銅時代(二).

遼寧省博物館 外, 〈長海縣廣鹿島大長山島貝丘遺址〉, 《考古學報》 1981年 第1期.

遼寧省文物考古硏究所·朝陽市博物館, 〈朝陽十二台鄕磚歷88M1發掘簡報〉, 《文物》 1997年 第11期.

遼寧省文物考古硏究所·吉林大學考古學系, 〈遼寧彰武平安堡遺址〉, 《中國考古集成》 東北卷 靑銅時代(二), 北京出版社, 1997.

遼寧省文物考古硏究所·喀左縣博物館, 〈喀左和尙溝墓地〉, 《中國考古集成》 東北卷 靑銅時代

(二), 北京出版社, 1997.

遼寧省博物館·昭烏達盟文物工作站·赤峰縣文化館, 〈內蒙古赤峰縣四分地東山嘴遺址試掘簡報〉, 《中國考古集成》 東北卷 新石器時代(一), 北京出版社, 1997.

遼寧省文物考古研究所·喀左縣博物館, 〈喀左和尚溝墓地〉, 《中國考古集成》 東北卷 青銅時代(二), 北京出版社, 1997.

遼寧省文物考古研究所·朝陽市博物館·朝陽縣文物管理所, 〈遼寧朝陽田草溝晋墓〉, 《文物》 1997年 第11期.

遼寧省博物館文物隊·朝陽地區博物館文物隊·朝陽縣文化館, 〈朝陽袁台子東晋壁畵墓〉, 《文物》 1984年 第6期.

遼寧省文物考古研究所·朝陽市博物館, 〈朝陽十二臺鄉磚歷88M1發掘簡報〉, 《文物》, 1997年 第11期.

遼寧省文物考古研究所, 〈遼寧牛河梁紅山文化"女神廟"與積石塚群發掘簡報〉, 《中國考古集成》 東北卷 新石器時代(二), 北京出版社, 1997.

遼寧省文物干部培訓班, 〈遼寧北票豊下遺址 1972年 春發掘簡報〉, 《考古》 1976年 第3期.

遼寧省博物館, 〈遼寧凌源縣三官甸青銅短劍墓〉, 《考古》 1985年 2期.

遼寧省文物考古研究所, 〈遼寧凌源縣五道河子戰國墓發掘簡報〉, 《中國考古集成》東北卷 青銅時代(二), 北京出版社, 1997.

遼寧省博物館·昭烏達盟文物工作站·敖漢旗文化館, 〈遼寧敖漢旗小河沿三種原始文化的發現〉, 《文物》 1977年 第12期.

遼寧省文物考古研究所, 〈遼寧牛河梁紅山文化"女神廟"與積石塚群發掘簡報〉, 《文物》 1986年 第8期.

遼寧省博物館文物工作隊·朝陽地區博物館文物組, 〈遼寧建平縣喀喇沁河東遺址試掘簡報〉, 《考古》, 1983年 第11期.

遼寧省博物館 外, 〈長海縣廣鹿島大長山島貝丘遺址〉, 《考古學報》 1981年 第1期.

遼寧省博物館·旅順博物館, 〈大連市郭家村新石器時代遺址〉, 《中國考古集成》 東北卷 新石器時代(二), 北京出版社, 1997.

遼寧省博物館·旅順博物館·長海縣博物館, 〈長海縣廣鹿島大長山島貝丘遺址〉, 《中國考古集成》 東北卷 新石器時代(二), 北京出版社, 1997.

遼寧省文物考古研究所·朝陽市博物館·朝陽縣文物管理所, 〈遼寧朝陽田草溝晋墓〉, 《文物》, 1997年 第11期.

劉國祥, 〈紅山文化墓葬形制與龍玉制度研究〉, 《首届紅山文化國際學術硏討會》 資料集, 2004.

劉國祥, 〈西遼河流域新石器時代至早期青銅時代考古學文化槪論〉, 《遼寧師範大學學報》 2006年 第1期, 社會科學出版社.

劉劍, 〈義縣出土石棺〉, 《中國考古集成》 東北卷 青銅時代(二), 北京出版社, 1997.

劉謙, 〈遼寧錦州漢代貝賣墓〉, 《考古》 1990年 第8期.

劉謙, 〈錦州山河營子遺址發掘報告〉, 《中國考古集成》 東北卷 新石器時代(二), 北京出版社, 1997.

劉景文, 〈從出土文物簡析古代夫餘族的審美觀和美的裝飾〉, 《中國考古集成》 東北卷 秦漢至三國(二), 北京出版社, 1997.

劉景文, 〈西團山文化青銅器〉, 《文物》 1984年 5期.

劉素俠, 〈紅山諸文化所反映的原始文明〉, 《中國考古集成》 東北卷 新石器時代(一), 北京出版社, 1997.

劉素霞, 〈夏家店上層文化考古資料反映的有關民族習俗〉, 《中國考古集成》 東北卷青銅時代(一), 北京出版社, 1992.

劉淑娟, 〈山灣子商周青銅器斷代及銘文簡釋〉, 《中國考古集成》 東北卷 青銅時代(二), 北京出版社, 1992.

劉紅宇, 〈長春市德惠縣原始文化遺址調查述要〉, 《中國考古集成》 東北卷 新石器時代(二), 北京出版社, 1997.

劉俊勇·曲傳林, 〈大連新石器時代社會形態初探〉, 《中國考古集成》 東北卷 新石器時代(二), 北京出版社, 1997.

柳涵, 〈北朝的鎧馬騎俑〉, 《考古》 1959年 第2期.

劉謙, 〈錦州山河營子遺址發掘報告〉, 《中國考古集成》 東北卷 新石器時代(二), 北京出版社, 1997.

劉振華, 〈吉林省原始文化中的幾種新石器時代遺存〉, 《中國考古集成》 東北卷 新石器時代(二), 北京出版社, 1997.

劉晉祥, 〈趙宝溝文化初論〉, 《中國考古集成》 東北卷 新石器時代(一), 北京出版社, 1977.

陸思賢, 〈翁牛特旗石崩山原始文字釋義〉, 《中國考古集成》 東北卷 新石器時代(一), 北京出版社, 1997.

陸思賢·陳棠棟, 〈達茂旗出土的古代北方民族金飾件〉, 《文物》 1984年 第1期.

尹玉山, 〈吉林永吉學古漢墓清理簡報〉, 《中國考古集成》 東北卷 秦漢至三國(二), 北京出版社, 1997.

王國范, 〈吉林通楡新石器時代遺址調查〉, 《中國考古集成》 東北卷 新石器時代(二), 北京出版社, 1997.

王曾, 〈紅山文化的走向〉, 《中國考古集成》 東北卷 新石器時代(一), 北京出版社, 1997.

越振東, 〈遼寧阜新胡頭溝新石器時代紅山文化積石塚二次清理研究探索〉, 《中國考古集成》 東北卷 新石器時代(二), 北京出版社, 1997.

伊克昭盟文物工作站, 〈內蒙古準格爾旗寶亥淸發現青銅器〉, 《文物》 1987年 第12期.

李慶發, 〈遼陽上王家村晉代壁畫墓清理簡報〉, 《文物》, 1959年 第7期, 文物出版社.

李凱·劉承斌, 〈錦縣白台子鄉王家窩鋪出土戰國錢幣〉, 《中國考古集成》 東北卷 青銅時代(二), 北京出版社, 1997.

李景冰, 〈鎮賓聚寶山砂場遺址調查〉, 《中國考古集成》 東北卷 新石器時代(二), 北京出版社, 1997.

李恭篤, 〈昭烏達盟石棚山考古新發現〉, 《中國考古集成》 東北卷 新石器時代(一), 北京出版社, 1997.

李恭篤·高美璇, 〈紅山文化玉雕藝術初析〉, 《史前研究》 1987年 第3期.

李恭篤·高美璇, 〈試論小河沿文化〉, 《中國考古集成》 東北卷 新石器時代(一), 北京出版社, 1997.

李恭篤, 〈本溪發現多處洞穴墓地域遺址〉, 《中國文物報》 1988年 12月 9日 3版.

李恭篤, 〈試論遼西地區兩種彩陶文化的特征及其關係〉, 《中國考古集成》 東北卷新石器時代(二), 北京出版社, 1997.

李恭篤·高美璇, 〈內蒙古烏漢旗四陵山紅山文化窘址〉, 《中國考古集成》 東北卷新石器時代(一), 北京出版社, 1997.

李文信, 〈遼陽發現的三座壁畫古墓〉, 《文物參考資料》 1955年 第5期.

李文信, 〈吉林市附近之史迹及遺物〉, 《中國考古集成》 東北卷 綜述(二), 北京出版社, 1997.

李品淸·佟宝山,〈阜新地區先秦古遺存研究綜術〉,《中國考古集成》東北卷 靑銅時代(二),北京出版社, 1997.

李蓮,〈吉林安廣縣永合屯細石器遺址調查簡報〉,《中國考古集成》東北卷 新石器時代(二),北京出版社, 1997.

李殿福,〈1962年春季吉林輯安考古調查簡報〉,《中國考古集成》東北卷 兩晋至隋唐(二),北京出版社, 1997.

李殿福,〈建平孤山子·楡樹林子靑銅時代墓葬〉,《中國考古集成》東北卷 靑銅時代(二),北京出版社, 1997.

李殿福,〈集安洞溝三座壁畫墓〉,《考古》1983年 第4期.

李衆,〈中國封建社會前期鋼鐵冶煉技術發展的探討〉,《考古學報》1975年 第2期.

李濟,〈跪坐蹲居與箕踞〉,《李濟考古學論文集》上, 聯經出版事業公司, 臺北, 1977.

李濟,〈民國十八年秋季發掘殷墟之經過及其重要發現〉,《安陽發掘報告》第2期-中央研究院歷史語言研究所專刊 1, 北平北海公園內本所, 1930.

李曉鍾,〈沈陽北陵地區發現新石器時代遺物〉,《中國考古集成》東北卷 新石器時代(二),北京出版社, 1997.

李曉鍾,〈沈陽新樂遺址1982-1988年發掘報告〉,《中國考古集成》東北卷 新石器時代(二),北京出版社, 1997.

李曉鐘·劉長江·佴俊岩,〈沈陽石台子高句麗山城試掘報告〉,《中國考古集成》東北卷 兩晋至隋唐(二),北京出版社, 1997.

李華東·王傳朴·祝延學,〈略談東溝境內新石器文化〉,《中國考古集成》東北卷 新石器時代(二),北京出版社, 1997.

李學勤,〈論'婦好'墓的年代及有關問題〉,《文物》1977年 第11期.

李孝定,〈從幾種史前和有史早期陶文的觀察鑑測中國文化的起源〉,《南陽大學學報》第3期, 1969.

李宇峰,〈中國東北史前農作物的考古發現與研究〉,《中國考古集成》東北卷 綜述(1),北京出版社, 1997.

李宇峰,〈概述建國以來紅山文化的考古發現與研究進展〉,《中國考古集成》東北卷 新石器時代(一),北京出版社, 1997.

李華東·王傳朴·祝延學,〈略談東溝境內新石器文化〉,《中國考古集成》東北卷 新石器時代(二),北京出版社, 1997.

李振石,〈遼寧喀左縣北洞村出土的殷周靑銅器〉,《中國考古集成》東北卷 靑銅時代(二),北京出版社, 1997.

李濟,〈跪坐蹲居與箕踞〉,《李濟考古學論文集》上, 聯經出版事業公司, 臺北, 1977.

李濟,〈民國十八年秋季發掘殷墟之經過及其重要發現〉,《安陽發掘報告》第2期.

黎瑤渤,〈遼寧北票縣西官營子北燕馮素弗墓〉,《文物》1984年 第6期.

林沄,〈中國東北系銅劍初論〉,《考古學報》1980年 第2期.

林雪川,〈寧城小黑石溝夏家店上層文化顎骨的人像復原〉,《中國考古集成》東北卷靑銅時代(一),北京出版社, 1997.

于俊玉,〈朝陽三合成出土的前燕文物〉,《文物》, 1997年 第11期.

于鳳閣,〈依安縣烏裕爾河大橋新石器時代遺址調查〉,《中國考古集成》東北卷 新石器時代(二),北京出版社, 1997.

雲南博物館,〈雲南江川李家山古墓群發掘報告〉,《考古學報》, 1975年 第2期.

敖漢旗博物館,〈敖漢旗南台地趙宝溝文化遺址調査〉,《中國考古集成》東北卷 新石器時代

(一), 北京出版社, 1997.

魏運亭·卜昭文, 〈阜新査海出土七八千年前的玉器〉, 《中國考古集成》 東北卷 新石器時代(二), 北京出版社, 1997.

越振東, 〈遼寧阜新胡頭溝新石器時代紅山文化積石塚二次清理研究探索〉, 《中國考古集成》 東北卷 新石器時代(二), 北京出版社, 1997.

安陽市文物工作隊, 〈河南安陽郭莊村北發現一座殷墓〉, 《考古》, 1991年 第10期.

楊永葆, 〈本溪南田滴塔堡子發現漢代鐵器〉, 《中國考古集成》 東北卷 秦漢至三國(二), 北京出版社, 1997.

楊虎, 〈關于紅山文化的幾個問題〉, 《中國考古集成》 東北卷 新石器時代(一), 北京出版社, 1997.

楊虎, 〈關于紅山文化的幾個問題〉, 《慶祝蘇秉琦考古五十五周年論文集》, 文物出版社, 1989.

楊 虎, 〈遼西地區新石器-銅石并用時代考古文化序列與分期〉, 《文物》, 1994年 第5期.

陸思賢, 〈翁牛特旗石崩山原始文字釋義〉, 《中國考古集成》 東北卷 新石器時代(一), 北京出版社, 1997.

張光直, 〈殷商文明起源研究上的一個關鍵問題〉, 《中國史學論集》 第3輯, 幼獅文化事業公司, 1979.

張靜·田子義·李道升, 〈朝陽小波赤青銅短劍墓〉, 《中國考古集成》 東北卷 青銅時代(二), 北京出版社, 1997.

張宏源, 〈長沙漢墓織綉品的提花和印花〉, 《文物》 1972年 第9期.

張柏忠, 〈內蒙古科左中旗六家子鮮卑墓群〉, 《考古》 1989年 第5期.

張博泉, 〈"明刀"幣研究續說〉, 《北方文物》2004年 第4期, 北方文物出版社.

張發穎, 〈沈陽新樂遺址木雕鳥形藝術品〉, 《中國考古集成》 東北卷 新石器時代(二), 北京出版社, 1997.

張洪波, 〈凌源發現夏家店下層文化祭祀遺址〉, 《中國考古集成》 東北卷 青銅時代(二), 北京出版社, 1997.

張少青·許志國, 〈遼寧康平縣越家店村古遺址及墓地調査〉, 《中國考古集成》 東北卷 新石器時代(二), 北京出版社, 1997.

張雪岩, 〈吉林集安東大坡高句麗墓葬發掘簡報〉, 《考古》 1991年 第7期.

張震澤, 〈喀左北洞村出土青銅銘文考釋〉, 《中國考古集成》 東北卷 青銅時代(二), 北京出版社, 1997.

張震澤, 〈匽侯盂考說〉, 《中國考古集成》 東北卷 青銅時代(二), 北京出版社, 1997.

張錫瑛, 〈東北地區鏡形器之管見〉, 《中國考古集成》 東北卷 青銅時代(一), 北京出版社, 1997.

張錫瑛, 〈試論東北地區先秦銅鏡〉, 《中國考古集成》 東北卷 青銅時代(一), 北京出版社, 1997.

田廣生, 〈通楡出土金馬牌飾〉, 《文物》 1987年 第3期.

田立坤, 〈三燕文化遺存的初步研究〉, 《遼海文物學刊》, 1991年 第1期.

浙江省文管會·浙江省博物館, 〈河姆渡發現原始社會重要遺址〉, 《文物》 1976年 第8期.

浙江省文物管理委員會, 〈吳興錢山漾遺址第一·二次發掘報告〉, 《考古學報》 1960年 第2期.

陳大爲, 〈遼寧北票房身村晋墓發掘簡報〉, 《考古》, 1960年 1期.

陳大爲, 〈朝陽縣溝門子晋壁畫墓〉, 《中國考古集成》 東北卷 兩晋至隋唐(二), 北京出版社, 1997.

陳大章, 〈河南鄧縣發現北朝七色彩繪畫象磚墓〉, 《文物》 1958年 第6期.

陳全家, 〈農安左家山遺址動物骨骼鑑定及痕迹研究〉, 《東北考古集成》 新石器時代(二),北京出版社, 1997.

陳永祥, 〈蛟河縣出土一件青銅短劍〉, 《中國考古集成》 東北卷, 青銅時代(三), 北京出版社,

1997.

陳惠, 〈內蒙古石崩山陶文試釋〉, 《中國考古集成》 東北卷 新石器時代(一), 北京出版社, 1997.

秦鳴, 〈秦俑坑兵馬俑軍陣內容〉, 《文物》 1975年 第11期.

趙承澤, 〈星星哨石棺墓織物殘片的初步探討〉, 《考古學集刊》 3, 中國社會科學出版社, 1983.

朝陽地區博物館·喀左縣文化館, 〈遼寧喀左大城子眉眼溝戰國墓〉, 《中國考古集成》 東北卷 青
銅時代(二), 北京出版社, 1997.

鐘遐, 〈從蘭溪出土的棉毯談到我國南方棉紡織的歷史〉, 《文物》 1976年 第1期.

種遐, 〈從河姆渡遺址出土猪骨和陶猪試論我國養猪的起源〉, 《文物》 1976年 第8期.

朱貴, 〈遼寧朝陽十二臺營子青銅短劍墓〉, 《中國考古集成》 東北卷 青銅時代(一), 北京出版社,
1997.

周亞利, 〈紅山文化祭祀舞蹈考〉, 《中國考古集成》 東北卷 新石器時代(二), 北京出版社, 1997.

朱風瀚, 〈吉林奈曼旗大沁他拉新石器時代遺址調查〉, 《中國考古集成》 東北卷 新石器時代
(一), 北京出版社, 1997.

中國科學院考古研究所內蒙古工作隊, 〈內蒙古巴林左旗富河溝門遺址發掘簡報〉, 《考古學報》
1964年 第1期.

中國社會科學院考古研究所實驗室, 〈放射性碳素測定年代報告〉 六, 《考古》 1979年 第1期.

中國社會科學院考古研究所, 《中國考古學中碳十四年代數據集》 1965~1991, 文物出版社,
1992.

中國社會科學院考古研究所內蒙古工作隊, 〈內蒙古敖漢旗趙宝溝一號遺址發掘簡報〉, 《中國考
古集成》 東北卷 新石器時代(一), 北京出版社, 1977.

中國社會科學院考古研究所, 《殷墟婦好墓》, 中國田野考古報告集, 考古學專刊, 丁種 第23號,
文物出版社, 1980.

中國社會科學院考古研究所 編著, 《大甸子》-夏家店下層文化遺址與墓地發掘報告, 科學出版
社, 1996.

中國科學院考古研究所安陽工作隊, 〈安陽殷墟五號墓的發掘〉, 《考古學報》 1977年第2期.

中國社會科學院考古研究所內蒙古工作隊, 〈赤峰西水泉紅山文化遺址〉, 《中國考古集成》 東北
卷 新石器時代(一), 北京出版社, 1997.

中國科學院考古研究所洛陽發掘隊, 〈1959年河南偃師二里頭試掘簡報〉, 《考古》 1961年 第2期.

中國社會科學院考古研究所, 〈-遺址保存完好房址布局清晰葬俗奇特出土玉器時代之早爲國內
之最-興隆洼聚落遺址發掘獲碩果〉, 《中國考古集成》 東北卷 新石器時代(一), 北京出
版社, 1997.

中國社會科學院考古研究所東北工作隊, 〈沈陽肇工街和鄭家洼子遺址的發掘〉, 《中國考古集成》
東北卷 青銅時代(二), 北京出版社, 1997.

中國科學院考古研究所內蒙古工作隊, 〈赤峰葯王廟·夏家店遺址試掘報告〉, 《中國考古集成》 東
北卷 青銅時代(一), 北京出版社, 1997.

中國科學院考古研究所洛陽發掘隊, 〈洛陽西郊漢墓發掘報告〉, 《考古學報》 1963年 第2期.

中國社會科學院考古研究所內蒙古工作隊, 〈內蒙古敖漢旗興隆洼遺址發掘簡報〉, 《中國考古集
成》 東北卷 新石器時代(一), 北京出版社, 1997.

中國社會科學院考古研究所內蒙古工作隊, 〈內蒙古敖漢旗周家地墓地發掘簡報〉, 《中國考古集
成》 東北卷 青銅時代(一), 北京出版社, 1997.

中國社會科學院考古研究所技術室·廣州市文物管理委員會, 〈廣州西漢南越王墓出土鐵鎧甲的
復原〉, 《考古》 1987年 第9期.

中國社會科學院考古研究所內蒙古工作隊,〈內蒙古敖漢旗周家地墓地發掘簡報〉,《考古》 1984 年 第5期.

中國科學院考古研究所內蒙古工作隊,〈寧城南山根遺址發掘報告〉,《中國考古集成》東北卷 靑銅時代(一), 北京出版社, 1997.

陳家槐,〈吉林永吉縣烏拉街出土'觸角式劍柄'銅劍〉,《考古》1984年 第2期.

陳大爲,〈遼寧北票房身村晉墓發掘簡報〉,《考古》1960年 第1期.

陳星灿,〈紅山文化彩陶筒形器是陶鼓推考〉,《中國考古集成》東北卷 新石器時代(一), 北京出版社, 1997.

陳相偉,〈吉林輯安渾江中遊的三處新石器時代遺址〉,《中國考古集成》 東北卷 新石器時代(二), 北京出版社, 1997.

陳全家·越賓福,〈左家山新石器時代遺址的分期及相關文化遺存的年代序列〉,《中國考古集成》東北卷 新石器時代(二), 北京出版社, 1997.

集安縣文物保管所,〈集安高句麗墓葬發掘簡報〉,《考古》1983年 第4期.

曾庸,〈西豐西岔溝匈奴古墓群〉,《中國考古集成》東北卷 秦漢之三國(二), 北京出版社, 1997.

崔双來,〈從考古學角度談丹東地區甖業的起源與發展〉,《中國考古集成》 東北卷綜述(二), 北京出版社, 1997.

巴林右旗博物館,〈內蒙古巴林右旗那斯台遺址調査〉,《考古》1987年 第6期.

夏鼐,〈碳—14測定年代和中國史前考古學〉,《考古》1977年 第4期.

夏鼐,〈我國古代蠶,桑,絲,綢的歷史〉,《考古》1972年 第2期.

河姆渡遺址考古隊,〈浙江河姆渡遺址第二期發掘的主要收獲〉,《文物》1980年 第5期.

項春松,〈小黑石溝發現的靑銅器〉,《中國考古集成》東北卷 靑銅時代(一), 北京出版社, 1997.

何堂坤,〈滇池地區幾件靑銅器的科學分析〉,《文物》, 1985年 第4期.

何明,〈吉林省新石器時代的考古發現與認識〉,《中國考古集成》東北卷 新石器時代(二), 北京出版社, 1997.

許明綱,〈旅大市長海縣新石器時代貝丘遺址調査〉,《中國考古集成》 東北卷 新石器時代(二), 北京出版社, 1997.

許明綱,〈旅大市長海縣新石器時代貝丘遺址調査〉,《中國考古集成》 東北卷 新石器時代(二), 北京出版社, 1997.

許玉林·蘇小幸,〈略談郭家村新石器時代遺址〉,《中國考古集成》東北卷 新石器時代(二), 北京出版社, 1997.

許玉林,〈遼寧蓋縣東漢墓〉,《文物》1993年 第4期.

許玉林,〈東北地區新石器時代文化槪述〉,《東北考古集成》東北卷 新石器時代(一), 北京出版社, 1997.

許玉林·傅仁義·王傳普,〈遼寧東溝縣后洼遺址發掘槪要〉,《中國考古集成》東北卷 新石器時代(二), 北京出版社, 1997.

許玉林·楊永芳,〈遼寧岫岩北溝西山遺址發掘簡報〉,《中國考古集成》東北卷 新石器時代(二), 北京出版社, 1997.

許玉林·金尤柱,〈遼寧丹東地區鴨綠江右岸及其支流的新石器時代遺存〉,《中國考古集成》東北卷 新石器時代(二), 北京出版社, 1997.

許玉林,〈后洼遺址考古新發現與研究〉,《中國考古集成》 東北卷 新石器時代(二), 北京出版社, 1997.

許玉林·蘇小幸,〈略談郭家村新石器時代遺址〉,《中國考古集成》 東北卷 新石器時代(二), 北京出版社, 1997.

荊州地區博物館, 〈湖北江陵馬山磚廣一號墓出土大批戰國時期絲織品〉, 《文物》 1982年 第10期.

荊州地區博物館, 〈湖北江陵藤店一號墓發掘簡報〉, 《文物》 1973年 第9期.

胡竟良, 〈關于棉業的史料〉, 《胡竟良先生棉業論文選集》, 中國棉業出版社, 1948.

何明, 〈吉林省新石器時代的考古發現與認識〉, 《中國考古集成》 東北卷 新石器時代(二), 北京出版社, 1997.

黃展岳, 〈關于中國開始冶鐵和使用鐵器的問題〉, 《文物》 1976年 第8期.

黃河水庫考古隊, 〈河南陝縣劉家渠漢墓〉, 《考古學報》, 1965年 第1期.

項春松, 〈小黑石溝發現的靑銅器〉, 《中國考古集成》 東北卷 靑銅時代(一), 北京出版社, 1997.

湖南省博物館, 〈長沙兩晋南朝隋墓發掘報告〉, 《考古學報》 1959年 3期.

湖南省文物管理委員會, 〈長沙出土的三座大型木槨墓〉, 《考古學報》 1957年 第1期.

湖南省博物館·中國科學院考古硏究所·文物編輯委員會, 〈長沙馬王堆一號漢墓發掘簡報〉, 文物出版社, 1972.

黑龍江省文物考古工作隊, 〈密山縣新開流遺址〉, 《中國考古集成》 東北卷 新石器時代(二), 北京出版社, 1997.

黑龍江省博物館, 〈黑龍江寧安大牡丹屯發掘報告〉, 《考古》 1961年 第10期.

黑龍江省文物考古硏究所, 〈黑龍江賓縣慶華遺址發掘簡報〉, 《考古》 1988年 第7期, 北京出版社, 1997.

黑龍江省博物館考古部·哈爾濱師範學院歷史系, 〈寧安縣東康遺蹟第二次發掘記〉, 《中國考古集成》 東北卷 靑銅時代(三).

黑龍江省文物考古硏究所, 〈黑龍江小登科墓葬及相關問題〉, 《中國考古集成》 東北卷 靑銅時代(三), 北京出版社, 1997.

黑龍江省博物館, 〈黑龍江寧安大牧丹屯發掘報告〉, 《中國考古集成》 東北卷 新石器時代(二), 北京出版社, 1997.

黑龍江省文物考古硏究所, 〈黑龍江商志業布力新石器時代遺址清理簡報〉, 《中國考古集成》 東北卷 新石器時代(二), 北京出版社, 1997.

黑龍江省博物館, 〈昻昻溪新石器時代遺址的調查〉, 《中國考古集成》 東北卷 新石器時代(二), 北京出版社, 1997.

黑龍江省博物館, 〈黑龍江東寧大城子新石器時代居住地〉, 《中國考古集成》 東北卷 新石器時代(二), 北京出版社, 1997.

龐志國, 〈吉林農安縣元寶溝新石器時代遺址發掘〉, 《中國考古集成》 東北卷 新石器時代(二), 北京出版社, 1997.

靑松, 〈介紹一件靑銅陰陽短劍〉, 《中國考古集成》 東北卷 靑銅時代(一), 北京出版社, 1997.

關野貞, 〈平壤附近に於ける樂浪時代の墳墓 一〉, 《古蹟調査特別報告》 第一冊, 朝鮮總督府, 大正 11년(1922년).

駒井和愛, 〈スキタイの社會と文化－武器〉, 《考古學槪說》, 講談社, 1972.

梅原末治, 〈羅州潘南面の寶冠〉, 《朝鮮學報》 第14輯, 朝鮮學會, 1959.

梅原末治, 〈有柄細形銅劍の一新例〉, 《考古學雜誌》 17卷 第9號, 昭和 20年(1945年).

梅原末治, 〈韓三國鼎立時代の金銅の杏と冠帽〉, 《朝鮮半島の考古學》, 美術史學會, 1964(昭和 39년).

北野耕平, 〈中期古墳の副葬品とその技術史的意義〉－鐵製甲胄における新技術の出現, 《武具》, 學生社, 1991.

石田英一郎·江上波夫·岡正雄·八幡一郎, 〈朝鮮半島との關係〉, 《日本民族の起源》, 平凡社, 1969.

小野山節, 〈古墳時代の裝身具と武器〉, 《日本原始美術大系》 5, 講談社, 1978.

小林謙一, 〈甲冑製作技術の變遷と工人の系統〉, 《武具》, 學生社, 1991.

狩谷掖齋 著·富谷至 校注, 〈本朝度巧〉, 《本朝度量權衡巧》, 現代思潮社, 1978.

水野淸一, 〈滿洲舊石器時代の骨角器資料〉, 《人類學雜誌》 48-12, 1933.

小野山節, 〈古墳時代の裝身具と武器〉, 《日本原始美術大系 5》, 講談社, 1978.

深津行德, 〈臺灣故宮博物院所藏 '梁職貢圖'模本について〉, 《朝鮮半島に流入した諸文化要素の研究》 2, 學習院大學東洋文化硏究所 調査硏究報告 No.44, 1999.

野上丈助, 〈甲冑製作技法と系譜をめぐる問題點(上)〉, 《考古學硏究》 第21卷 第4號, 1975.

野上仗助, 〈古墳時代における甲冑の變遷とその技術史的意義〉, 《武具》, 學生社, 1991.

永島暉臣愼, 〈高句麗古墳の流れと影響〉, 《日本の古代6-王權をめぐる戰い》, 中央公論社, 1986.

永島暉臣愼, 〈樂浪遺蹟の發掘と研究の現狀〉, 《彌生人の見た樂浪文化》, 大阪府立彌生文化博物館, 1993.

李殷昌, 〈三國時代武具〉, 《韓國の考古學》, 河出書房, 1972.

直良信夫, 〈朝鮮 潼關鎭 發掘舊石器時代の遺物〉, 《滿蒙學術調査研究報告》 6-3, 1940.

朝鮮總督府, 〈梁山夫婦と其遺物〉, 《古蹟調査特別報告》 第5冊, 1927.

增田精一, 〈武器·武裝-騎馬戰鬪と札甲〉, 《考古學講座》 5 原史文化 下, 雄山閣, 1965.

增田精一, 〈馬面と馬甲〉, 《國家の起源》, 角川新書, 1966.

中原虎南, 《織物雜考》, 紡織雜誌社, 1934.

秋山進吾, 〈中國東北地方の初期金屬文化の樣相〉下, 《考古學雜志》 54-4.

太田英藏, 〈'天工開物'中的機織技術〉, 《天工開物研究論文集》, 東方學出版社, 1959.

布目順郞, 〈樂浪土城出土の絹織物について〉, 《彌生文化博物館研究報告》 1, 大阪府立彌生文化博物館, 1992.

穴澤和光·馬目順一, 〈南部朝鮮出土の鐵製鋲留甲冑〉, 《朝鮮學報》 第78輯, 1976.

찾아보기